NUEVO DICCIONARIO

HEBREO-ESPAÑOL

POR

ABRAHAM COHEN FERNANDEZ

Contiene:

Las palabras de la Biblia, la literatura medieval, contemporánea y moderna, el ritual de oraciones y muchos neologismos.

EDITORIAL SIGAL
CORRIENTES 2854
BUENOS AIRES

מִלּוֹן חָדָשׁ

עִבְרִי־סְפָרַדִּי

מאת

אברהם כהן פרנגרס

מ כ י ל :

המלים שבתנ"ך, הספרות העברית, התפילות

והרבה מלים חדשות ובינלאומיות.

הוֹצָאַת סֶגֶל בּוּאֶנוֹס אַיְרֶס

Queda hecho el depósito que establece la ley 11.723
Impreso y editado en la Argentina

Se terminó de imprimir en el mes de mayo de 1978 en los Talleres Gráficos OFFSET GRAMA S.R.L., Matheu 1165, Bs. As. - Argentina.

NUEVO DICCIONARIO

HEBREO-ESPAÑOL

POR

ABRAHAM COHEN FERNANDEZ

Contiene:

Las palabras de la Biblia, la literatura medieval, contemporánea y moderna, el ritual de oraciones y muchos neologismos.

EDITORIAL SIGAL
CORRIENTES 2854
BUENOS AIRES

הקדמה

הננו מוסרים ספר זה לצבור בהיותנו משוכנעים שבא למלא צורך חיוני אשר בו מרגישים אנו זה זמן רב, היות ועד היום טרם הוצא לאור אף חבור מסוג זה. מאמצים גדולים הושקעו כדי לעשותו מועיל ביותר וכדי להקל את למוד השפה העברית והפצתה בין היהדות הדוברת ספרדית.

מלון עברי-ספרדי זה, הראשון במינו, מכיל את המלים שבתנ"ך, הספרות העברית, התפילות והמלים החדשות והמחודשות שנת-אזרחו בשפתנו. כדי להקל על הקריאה,המב-טא הנכון והמדויק של כל מלה ניתן בסוג-ריים באותיות לועזיות.

עם התפתחות המדע והתגליות הטכניות האחרונות, מצאנו לנכון להוסיף במלון זה הרבה מונחים זרים ובינלאומיים שהתאזרחו בשפה העברית ושגורים בספרות ובדבור.

על אף הקשיים הטכניים הרבים שנוצ-רו לנו בהדפסת ספר זה, מצליחים אנו היום למסור בידי הקורא מלון עברי-ספרדי ש-לם אשר, בלי ספק, יהיה לעזר נאמן לכל אשר יחפוץ להגדיל את ידיעותיו בלשון ה-קדש, דבר אשר מאמצנו להאמין כי רבה תהיה תועלתו.

המחבר

PROLOGO

Entregamos este libro al público convencidos de que viene a suplir una necesidad que venimos sintiendo desde hace mucho tiempo, no habiéndose publicado hasta hoy ni una sola obra de este género. Nuestros mayores esfuerzos han sido consagrados para hacerlo verdaderamente útil y para facilitar el estudio del hebreo y su difusión entre el judaísmo de habla española.

Este diccionario Hebreo-español, el primero en su género, contiene las palabras de la Biblia, la literatura medieval, contemporánea y moderna, el ritual de oraciones y muchos neologismos. Para facilitar su lectura, la pronunciación exacta de cada palabra ha sido cuidadosamente escrita en letras latinas.

Siguiendo el desarrollo de las ciencias y los últimos descubrimientos técnicos, hemos creído conveniente incluír en esta composición, muchas voces extranjeras e internacionales que se van introduciendo en nuestra lengua.

A pesar de las múltiples dificultades técnicas que hemos tenido en la impresión de esta obra, hemos logrado presentar hoy al lector, un diccionario verdaderamente completo que podrá ayudar considerablemente a todo quien desee aumentar sus conocimientos hebreos, lo que nos hace confiar en la buena acogida que ha de merecer este libro.

EL AUTOR

הָאָלֶף־בֵּית הָעִבְרִי
El alfabeto hebreo

Valor	Nombre		Pronunciación	Letra
1	álef	אָלֶף	h (muda)	א
2	bet	בֵּית	b	בּ
	vet	בֵית	v	ב
3	guímel	גִּימֶל	g, gu	ג
4	dálet	דָּלֶת	d	ד
5	he	הֵא	h (aspirada)	ה
6	vav	וָו	v	ו
7	zayin	זַיִן	z	ז
8	jet	חֵית	j,h	ח
9	tet	טֵית	t	ט
10	yod,yud	יוֹד, יוּד	y,ll	י
20	caf	כַּף	c,k	כּ
	jaf	כַף	j	כ, ך
30	lámed	לָמֶד	l	ל
40	mem	מֵם	m	מ, ם
50	nun	נוּן	n	נ, ן
60	sámej	סָמֶך	s,c	ס
70	ayin	עַיִן	h (muda)	ע
80	pe	פֵּא	p	פּ
	fe	פֵא	f	פ, ף
90	tzadi	צָדִי	tz	צ, ץ
100	cof,cuf	קוֹף, קוּף	k,c	ק
200	resh	רֵישׁ	r	ר
300	shin	שִׁין	sh	שׁ
	sin	שִׂין	s,c	שׂ
400	tav	תָּו	t	ת

Vocales - תְּנוּעוֹת

Pequeñas - קְטַנּוֹת			Grandes - גְּדוֹלוֹת		
o	קָמָץ	ָ	a	קָמָץ	ָ
e	סֶגּוֹל	ֶ	e	צֵירֵי	ֵ
i	חִירִיק חָסֵר	ִ	i	חִירִיק מָלֵא	ִי
o	חוֹלָם חָסֵר	ֹ	o	חוֹלָם מָלֵא	וֹ
u	קֻבּוּץ	ֻ	u	שׁוּרוּק	וּ
a	פַּתַּח	ַ		חֲטוּפוֹת:	
e	חֲטַף־סֶגּוֹל	ֱ	e	שְׁוָא	ְ
o	חֲטַף־קָמָץ	ֳ	a	חֲטַף־פַּתַּח	ֲ

רָאשֵׁי תֵּיבוֹת שֶׁבָּאוּ בְּמִלּוֹן זֶה

Abreviaturas empleadas en este diccionario.

Masculino.	זָכָר.	ז.
Masculino y femenino.	זָכָר וּנְקֵבָה.	זו"נ
Masculino dual.	זָכָר זוּגִי.	ז"ז
Masculino plural.	זָכָר רַבִּים.	ז"ר
Pronombre personal.	מִלַּת גּוּף.	מ"ג
Pronombre impersonal.	מִלַּת גּוּף סְתָמִי.	מג"ס
Conjunción.	מִלַּת חִבּוּר.	מ"ח
Preposición.	מִלַּת יַחַס.	מ"י
Negación.	מִלַּת שְׁלִילָה.	מל"ש
Interjección.	מִלַּת קְרִיאָה.	מ"ק
Femenino.	נְקֵבָה.	נ.
Femenino plural.	נְקֵבָה רַבִּים.	נ"ר
Unión, anexión.	סמיכות.	ס'
Verbo reflejo.	פֹּעַל חוֹזֵר.	פ"ח
Verbo transitivo.	פֹּעַל יוֹצֵא.	פ"י
Verbo intransitivo.	פֹּעַל עוֹמֵד.	פ"ע
Verbo trans. e intrans	פֹּעַל עוֹמֵד וְיוֹצֵא	פעו"י
Plural	רַבִּים.	ר'
Véase.	רְאֵה.	ר'
Adjetivo numeral.	שֵׁם מִסְפָּר.	ש"מ
Colectivo.	שֵׁם קִבּוּץ.	ש"ק
Adjetivo.	תֹּאַר.	ת.
Adverbio.	תֹּאַר הַפֹּעַל.	תה"פ

Mas. - masculino.
Fem. - femenino.
Sing. - singular.
Plu. - plural.

Fig. - sentido figurado.
Pref.- prefijo.
Mus. - música.

א, (álef) Primera le-
tra del alfabeto he-
breo. No es pronunci-
ada sino llevando una
vocal. Su valor numé-
rico es 1.
אָאוֹרְטָה, נ. (aorta)
Aorta.
אָב, ז. (av) Padre. Pa-
triarca.
-אָב זָקֵן (av-zakén)
Abuelo.
-אָב בְּחָכְמָה, אָב בַּתּוֹרָה
(av-bejojmá, av-batorá)
Inteligente, sabio.
-אָב חוֹרֵג (av-joreg)
Padrastro.
אָב, ז. (av) Undécimo
mes del calendario he-
breo. Corresponde a
agosto.
אֵב, ז ר׳ אֵבִים (ev)
Planta joven.
אַבָּא, ז. (aba) Papá.

אָבְגּוּסְט, ז. (avgust)
Agosto.
אַבְגָּר, ז. (avgar) Agri-
monia.
אָבַד (אָבַד, יֹאבַד) פ"ע
Perderse.
-הֵאָבֵד Ser perdido.
-אִבֵּד Perder.
-הִתְאַבֵּד Suicidarse.
-אִבֵּד עַצְמוֹ לָדַעַת
Suicidarse.
אֲבֵדָה, נ. (avedá) Pérdida. Baja.
אֲבַדּוֹן, ז. (avadón) Destrucción. Infierno.
אַבְדָן, אָבְדָן, ז. (avdán)
Ruina, destrucción.
אָבָה (אָבָה, יֹאבֶה) פ"ע
Querer.
אֵבֶה, ז. (eve) Caña.
אַבְהוּת, נ. (av-hut) Pa-,
ternidad.
אַבְהִי, ת. (av-hí) Pater-
no, paternal.

Canutil- (abuv) אַבּוּב, ז.
lo, tubo. Flauta.
(abuv- rof-im) Estetoscopio. -אַבּוּב־רוֹפְאִים
Perdi- (avud) אָבוּד, ת.
do.
Pérdida.(ibud) אִבּוּד, ז.
Exterminación, ruina.
¡Ay de (avoy) אֲבוֹי, מ"ק.
mí! ¡Ay!
Triste- (ibul) אִבּוּל, ז.
za.
(evolutzya) אֶבוֹלוּצְיָה, נ.
Evolución.
(evolu- אֶבוֹלוּצְיוֹנִי, ת.
tzyoni) Evolucionista.
Petri- (ibún) אִבּוּן, ז.
ficación.
Pesebre.(evus) אֵבוּס, ז.
Engor- (avus) אָבוּס, ת.
dado.
Agua-(avocado) אֲבוֹקָדוֹ, ז.
cate.
An- (avucá) אֲבוּקָה, נ.
torcha.
Hebilla.(avzem) אַבְזֵם, ז.
Acceso-(evzar) אֶבְזָר, ז.
rio, cosa ajena.
Espada, (évaj) אֶבַח, ז.
sable.
Ruina, (ivjá) אִבְחָה, נ.
destrucción, matanza.
Diagnosticar. אִבְחֵן, פ"י.
Diag- (avján) אַבְחָן, ז.
nóstico.
Diag- (avjaná) אַבְחָנָה, נ.
nosis, diagnóstico.
(avtobús) אַבְטוֹבּוּס, ז.
Autobús.
(avto- אַבְטוֹבִּיוֹגְרָפִי, ת.
biyografi) Autobiográfico.

(avto- אַבְטוֹבִּיוֹגְרַפְיָה, נ.
biyográfiya) Autobiografía
(avtograf) אַבְטוֹגְרָף, ז.
Autógrafo.
(avtodi- אַבְטוֹדִידַקְט, ז.
dakt) Autodidacto.
(avtomó- אַבְטוֹמוֹבִּיל, ז.
vil) Automóvil.
(avtomat) אַבְטוֹמָט, ז.
Autómata.
(avtomatí) אַבְטוֹמָטִי, ת.
Automático.
Pa- (avatíaj) אֲבַטִּיחַ, ז.
tilla, sandilla.
(avatíaj- -אֲבַטִּיחַ צָהֹב
tzahov) Melón.
Ocio-(avtalá) אַבְטָלָה, נ.
cidad.
Prima- (aviv) אָבִיב, ז.
vera.
-חַג הָאָבִיב, ר׳ פֶּסַח.
-חֹדֶשׁ הָאָבִיב, ר׳ נִיסָן.
Pri- (avivî) אֲבִיבִי, ת.
maveral.
Pobre,(evyón) אֶבְיוֹן, ז.
mendigo, miserable.
Con- (aviyoná) אֲבִיּוֹנָה, נ.
cupiscencia.
(evyonút) אֶבְיוֹנוּת, נ.
Pobreza.
Duelo, (avilá) אֲבִילָה, נ.
lamentación.
Engorde.(avisá) אֲבִיסָה, נ.
Grifo. (avik) אָבִיק, ז.
Ojal.
Alambi- (abik) אַבִּיק, ז.
que.
Valiente,(abir) אַבִּיר, ת.
fuerte, poderoso.
Valen-(abirut) אַבִּירוּת, נ.
tía. Caballería.

Caba-(abirí) .ת, אַבִּירִי
lleresco.
Elevarse. הִתְאַבֵּךְ (אָבַךְ)
אָבַל (אָבַל, יֶאֱבַל) פ"ע
Estar en duelo, lamen-
tar, entristecerse.
Lamentar, llorar. הֶאֱבַל-
Causar un duelo. הֶאֱבִיל-
Entristecerse. Entris-
tecer.
Estar en duelo, הִתְאַבֵּל-
Entristecerse, llorar,
lamentar.
(ével) ר' אֲבָלִים .ז, אֵבֶל
Duelo, luto.
En duelo, (avel) .ת, אָבֵל
triste.
(avel) אֲבֵלוֹת ר' .נ, אָבֵל
Pasturaje, prado.
Pero. (aval) .תה"פ, אֲבָל
Due-(avelut) .נ, אֲבֵלוּת
lo, tristeza.
(e- ר' אֲבָנִים .נ, אֶבֶן
ven) Piedra. Pesa.
אֶבֶן טוֹבָה, אֶבֶן יְקָרָה-
(even-tová, even-yeca-
rá) Piedra preciosa.
אֶבֶן טַפִּין, אֶבֶן טַפִּית-
ר' נְטִיף.
(even-mash- אֶבֶן מַשְׁחֶזֶת-
jézet) Afiladera.
(even-piná) אֶבֶן פִּנָּה-
Piedra angular.
(even-bdil) אֶבֶן בְּדִיל-
Plomada.
(even-sho- אֶבֶן שׁוֹאֶבֶת-
évet) Imán.
Petrificar. .פ"י, אִבֵּן
Petrificarse. הִתְאַבֵּן-
Hijo. (ibn) .ז, אִבְּן
Cinturón. (avnet) .ז, אַבְנֵט

De pie-(avní) .ת, אַבְנִי
dra.
(ovnáyim) .ז"ר, אָבְנַיִם
Horma de alfarero. Lu-
gar para parir. Asiento.
אָבַס (אָבַס, יֶאֱבֹס) פ"י,
Engordar, cebar.
(absoluti) .ת, אַבְּסוֹלוּטִי
Absoluto.
(absolu- .ז, אַבְּסוֹלוּטִיזְם
tizm) Absolutismo.
Ab- (absurd) .ז, אַבְּסוּרְד
surdo, absurdidad.
(absurdi) .ת, אַבְּסוּרְדִי
Absurdo.
(abstrakti) .ת, אַבְּסְטְרַקְטִי
Abstracto.
(ava-buá) .נ, אֲבַעְבּוּעָה
Ampolla, úlcera.
(ava-bu- .נ"ר, אֲבַעְבּוּעוֹת
ot) Viruela.
Pro- (av-ayá) .נ, אַבְעָיָה
blema, cuestión.
Cinc, zinc. (avatz) .ז, אָבָץ
Luchar. ,הֵאָבֵק (אָבַק)
Espolvorear. אִבֵּק-
Cubrirse de polvo. אֻבַּק-
Desempolvar. הֶאֱבִיק-
Luchar, pelear. הִתְאַבֵּק-
Polvo. (avak) .ז, אָבָק
Fig. poco.
(avak-srefá) אֲבַק שְׂרֵפָה-
Pólvora.
(évek, .נ, אִבְקָה .ז, אֶבֶק
ivcá) Ojal.
(avcá, a- .נ, אַבְקָה, אֲבָקָה
vacá) Polvo.
(evcaliptus) .ז, אֶבְקָלִפְּטוּס
Eucalipto.
Estambre. (avcán) .ז, אַבְקָן
.ר' אֵיבָר ,אֵבֶר

(éver) אֵבֶר, ז. ר' אֵבָרִים
Miembro. Órgano. Vuelo.
Término (en álgebra).
Endurecer. Me- אָבַר, פ"י.
dir. Volar.
Volar. הֶאֱבִר-
Endurecerse. הִתְאַבֵּר-
Plomo. (avar) אֲבָר, ז.
Pluma. (evrá) אֶבְרָה, נ.
Ala.
Bro- (avromá) אַבְרוֹמָה, נ.
ma.
Joven, (avrej) אַבְרֵךְ, ז.
muchacho.
(abracada- אַבְרַקַדַבְּרָא, נ.
bra) Abracadabra.
(avrakim) אַבְרָקִים, ז"ר.
Calzón ancho.
Erica. (avrash) אַבְרָשׁ, ז.
(dé- אַגַּב (דֶּרֶךְ־), מ"י.
rej-hagav) A propósito, por otra parte.
A propó-(ágav) אַגַּב, מ"י.
sito. Por medio de.
Aga- (agava) אֲגָבָה, נ.
ve.
אָגַד (אָגַד, יֶאֱגֹד) פ"י
Asociar, unir, atar.
Asociarse, unir- הֵאָגֵד-
se, atarse.
Asociar, unir. אִגֵּד-
Asociarse, unir- הִתְאַגֵּד-
se.
(é- אֶגֶד, ז. ר' אֲגָדִים
gued) Atadura, ligadura, haz, lío, unión.
Atadu-(agudá) אֲגֻדָּה, נ.
ra, haz. Nudo. Asociación, corporación, unión. Manojo.
Leyen-(agadá) אַגָּדָה, נ.
da, relato, cuento.

Legen- (agadí) אַגָּדִי, ת.
dario.
(egoízm) אֶגוֹאִיזְם, ז.
Egoísmo.
(egoíst) אֶגוֹאִיסְט, ת.
Egoísta.
Asocia- (igud) אִגּוּד, ז.
ción, corporación.
Pul- (agudal) אֲגוּדָל, ז.
gar.
Nuez. (egoz) אֱגוֹז, ז.
(egoz-hodu) אֱגוֹז הֹדּוּ-
Nuez de coco.
Nogal. (egozá) אֱגוֹזָה, נ.
Rodeo, (iguf) אִגּוּף, ז.
encierro.
Recogi- (agur) אָגוּר, ת.
do, amontonado.
Moneda (agorá) אֲגוֹרָה, נ.
pequeña, óbolo. Fortín.
Colección.
(a- אֲגִיד, ז. ר' אֲגִידִים
gid) Braquia.
Liga- (aguidá) אֲגִידָה, נ.
dura, unión.
Amonto-(aguirá) אֲגִירָה, נ.
namiento, recogimiento.
(égue) אֶגֶל, ז. ר' אֶגָלִים
Gota. Lluvia, aguacero.
Lago. (agam) אֲגַם, ז.
Junco. Prado.
Triste, (aguem) אָגֵם, ת.
melancólico.
An- (agmón) אַגְמוֹן, ז.
zuelo.
(agmat-né- אַגְמַת־נֶפֶשׁ, נ.
fesh) Melancolía.
(agán) אַגָּן, ז. ר' אַגָּנוֹת
Paila, cuenco, aljofaina. Fig. luna. Cuenca.
elvis.

(o- אֹגֶן, ז. ר' אֲגָנִים
guen) Asa. Borde, ex-
tremidad. Ala.
Pera. (agás) אַגָּס, ז.
Peral.
(agaf) אֲגַף, ז. ר' אֲגַפִּים
Ala, flanco, costado ,
sección.
אָגַף (אָגַף, יֶאֱגֹף) פ"י
Cerrar, tapar.
Rodear. -אִגֵּף
(eguip- אֶגִּפְּטוֹלוֹגְיָה, נ.
tologuia)Egiptología.
Late- (agapí) אֲגַפִּי, ת.
ral, del flanco.
אָגַר (אָגַר, יֶאֱגֹר) פ"י
Amontonar, recoger, co-
leccionar.
Ser amontonado, -הֵאָגֵר
ser recogido.
Colec-(igrón) אִגְּרוֹן, ז.
ción de cartas.
Diccio-(agrón). אַגְרוֹן, ז
nario, vocabulario.
Ag-(agronom) אַגְרוֹנוֹם, ז.
rónomo.
(agronomi) אַגְרוֹנוֹמִי, ת.
Agronómico.
(agronó- אַגְרוֹנוֹמְיָה, נ.
mya) Agronomía.
Pu- (egrof) אֶגְרוֹף, ז.
ño.
Boxeo.(igruf) אִגְרוּף, ז.
Puño.
(egrofán) אֶגְרוֹפָן, ז.
Pugilista. Boxeador.
(egrofanut) אֶגְרוֹפָנוּת, נ
Boxeo.
Jar-(agartel) אֲגַרְטֵל, ז.
ra, florero.
Boxear. אִגְרֵף, פ"י.

Agra- (agrarí) אַגְרָרִי, ת.
rio, agronómico.
Carta. (iguéret) אִגֶּרֶת, נ.
Escrito.
(iguéret-jov) -אִגֶּרֶת חוֹב
Bono.
-אִגֶּרֶת מְלִיצָה, אִגֶּרֶת
(iguéret-mlitzá, הַמְלָצָה
iguéret-hamlatzá) Carta
de recomendación.
Vapor. (ed) אֵד, ז.
Gas.
En- (אָדַב) הֶאֱדִיב, פ"י.
tristecer, afligir.
Evaporar, va- אִדָּה, פ"י.
porizar.
Evaporarse, va- -הִתְאַדָּה
porizarse.
Onda. (advá) אַדְוָה, נ.
Evapo- (iduy) אִדּוּי, ז.
ración. Sublimación.
Señor. (adón) אָדוֹן, ז.
Dueño, patrón.
Se-(adonut) אֲדוֹנוּת, נ.
ñoría.
Mi se- (adonay) אֲדוֹנָי,
ñor. Dios.
Fanáti- (aduk) אָדוּק, ת.
co, religioso.
אדות, ר' אודות.
Vaporo- (edí) אֵדִי, ת.
so.
Cortés, (adiv) אָדִיב, ת.
civilizado.
(adivut) אֲדִיבוּת, נ.
Urbanidad, cortesía ,
cortesanía.
Ro- (adimut) אֲדִימוּת, נ.
jez, rubor, sonrojo,
vergüenza.

Fa- (adicut) .נ,אֲדִיקוּת
natismo. Adherencia.
Vigoroso,(adir).ת,אַדִּיר
poderoso. Sublime,emi-
nente. Opulento.
Fu- (adirut) .נ,אַדִּירוּת
erza, grandeza, auto-
ridad.
Indi- (adish) .ת,אָדִישׁ
ferente, flemático.
In-(adishut).נ,אֲדִישׁוּת
diferencia, frialdad.
Hombre, (adam) .ז,אָדָם
persona, individuo.
-בֶּן אָדָם, ר׳ בְּנֵי אָ-
Persona, (ben-adam) דָם
hombre, gente, indivi-
duo.
(adam-ya-rí)אָדָם יַעֲרִי-
Orangután.
(pere-adam) פֶּרֶא אָדָם-
Hombre salvaje.
(a- אָדֹם,ת. ר׳ אֲדֻמִּים
dom)Rojo, colorado.
Rojez, ru-(ódem).ז,אֹדֶם
bor. Colorete. Rubí.
אָדֹם (אָדַם, יֶאְדַּם) פ"ע
Enrojecer, sonrojarse.
Enrojecer, sonro-אִדֵּם-
jar.
Enrojecer. Son- הֶאְדִּים-
rojar.
Sonrojarse. הִתְאַדֵּם-
(adamdumí) .ת,אֲדַמְדּוּמִי
Rojizo.
Ro- (adamdam).ת,אֲדַמְדַּם
jizo, rosado.
אֲדָמָה,נ. ר׳ אֲדָמוֹת
(adamá) Tierra. Suelo.
(admat-ne- אַדְמַת־נֵכָר-
jar) Tierra ajena.

(admat-ha- אַדְמַת־הַקֹּדֶשׁ-
códesh)La Tierra Santa.
אִישׁ־אֲדָמָה, עוֹבֵד אֲדָמָה-
(ish-adamá, oved-ada-
má) Agricultor.
(avodat- עֲבוֹדַת־אֲדָמָה-
adamá) Agricultura.
אַדְמוּמִי, ר׳ אֲדַמְדַּם.
(admumit) .נ,אַדְמוּמִית
Rojez.
Peliro-(admón).ז,אַדְמוֹן
jo, rojizo.
Ro- (admoní) .ת,אַדְמוֹנִי
jizo, pelirojo.
Ro- (admut) .נ,אַדְמוּת
jez.
(ad- .ז,אַדְמִינִיסְטְרָטוֹר
mi-tor) Administrador.
(ad-.ת,אַדְמִינִיסְטְרָטִיבִי
mi-tivi)Administrativo.
(-tz-.נ,אַדְמִינִיסְטְרַצְיָה
yá) Administración.
Al- (admiral).ז,אַדְמִירָל
mirante.
Sa- (adémet) .נ,אַדֶּמֶת
rampión.
(e- אֶדֶן,ז. ר׳ אֲדָנִים
den) Pedestal, base.Ba-
rra, carril.
Seño-(adnut) .נ,אַדְנוּת
ría, autoridad.
אֲדֹנָי, ר׳ אֲדוֹנָי.
אָדַק (אָדַק, יֶאְדַּק) פ"י
Apretar, adherir.
Ser apretado, a- הֶאְדַּק-
pretarse. Adherir.
Cuentago- (édek).ז,אֶדֶק
tas, gotero.
Manto. Ar- (éder).ז,אֶדֶר
ce. Gloria, magnifi -
cencia.

(אדר) הָאְדַר, Ser pode-
roso.
אַדֵּר- Glorificar.
הַאְדֵּר- Glorificar, elevar, alabar.
אֻדַּר- Ser glorificado.
הִתְאַדֵּר- Glorificarse.
אֲדָר, ז. Sexto mes (adar).
del calendario hebreo.
Corresponde a febrero-
marzo.
אַדְרַבָּא, אַדְּרַבָּה, תה"פ.
(ádraba) Al contrario,
con mayor razón.
אִדְרָה, נ. Hueso, (idrá)
espina (de pescado).
אַדְרִיכָל, ר' אַרְדִּיכָל.
אַדַּרְכּוֹן, אֲדַרְכְּמוֹן, ז.
(adarcón, adarkmón) Dra-
cma.
אַדֶּרֶת, נ. ר' אֲדָרוֹת (a-
déret) Manto, capa. Glo-
ria, magnificencia.
אָדַשׁ, פ"ע. Ser indiferen-
te.
אִדֵּשׁ- Neutralizar.
הִתְאַדֵּשׁ- Hacerse indife-
rente.
אָהַב (אָהַב, יֶאֱהַב) פ"י.
Amar, querer.
הֶאֱהַב- Ser amado.
אִהֵב- Amar. Enamorar.
הֶאֱהִב- Enamorar.
הִתְאַהֵב- Enamorarse.
אַהַב, ז. ר' אֲהָבִים, אֹ-
הַב, ז. ר' אֲהָבִים (áhav,
óhav) Amorío, amor.
אַהֲבָה, נ. Amor. (ahavá)
אַהֲבָה עַצְמִית- (ahavá-
atzmit) Egoísmo, amor
propio.

אֲהַבְהָבִים, ז"ר (ahavhavim)
Amoríos.
אָהַד, פ"י. Querer, sim-
patizar.
אֲהָדָה, נ. Simpa- (ahadá)
tía.
אֲהָהּ, מ"ק. ¡Ah! (ahá)
¡Ay!
אָהוּב, ת. Querido, (ahuv)
amado, amante.
אָהוּד, ת. Amable, (ahud)
simpático.
אֲהוּרְמִין, ז. Ah-(ahurmin)
rimán (dios persa).
אָהַל (אָהַל, יֶאֱהַל) פ"ע
Extender un toldo.
הֶאֱהִל- Estar en un tol-
do.
אִהֵל- Extender un tol-
do.
הַאֲהִל- Alumbrar. Som-
brar.
אֹהֶל, ז. ר' אֹהָלִים, אֳהָ-
לִים. (óhel) Toldo, ti-
enda.
אֲהָל, ז. Aloe. (ahal)
אָהֳלִיָּה, נ. (ohaliyá)
Campamento.
אוֹ, מ"ק. O, u. (o)
אוֹב, ז. ר' אוֹבוֹת (ov)
Odre, pellejo. Hechi-
cero, ventrílocuo.
בַּעַל אוֹב- (báal-ov)
Nigromante, hechicero.
אוֹבֵד, ת. Perdi- (oved)
do, desviado.
אוֹבְּיֶקְט, ז. (obyekt)
Objeto.
אוֹבְּיֶקְטִיב, ז. (obyektiv)
Objetivo.

(obyectivi) אוביקטיבי, ת.
Objetivo.
(obyec- .אוביקטיביות, נ
tíviyut) Objetividad.
Río, acue- (uval) אובל, ז.
ducto. Afluente.
(obelisk) .אובליסק, ז
Obelisco.
אוגוסט, ר׳ אבגוסט.
Recoge- (oguer) .אוגר, ז
dor, coleccionador.
Tizón. An- (ud) .אוד, ז
torcha, tea.
Oda. (oda) .אודה, נ
(al-odot) (על־) אודות
Sobre, respecto a, con relación a.
(odiseya) .אודיסיה, נ
Odisea.
Ser desea- ,האוה (אוה)
do.
Desear, querer. אוה-
Ser deseado. אוה-
Codiciar, anhe- התאוה-
lar, desear.
Deseo, an- (avá) .אוה, נ
helo.
Querido, (ohev) .אוהב, ז
amigo. Enamorado.
Ohm. (ohm) .אוהם, ז
Deseo, (ivuy) .אווי, ז
anhelo.
Pato. (avás) .אווז, ז
Auto. (oto) .אוטו, נ
אוטובוס, ר׳ אבטובוס.
אוטוביוגרפיה, ר׳ אב-
טוביוגרפיה.
אוטוגרף, ר׳ אבטוגרף.
אוטומוביל, ר׳ אבטומו-
ביל.
אוטומט, אוטומטי, ר׳
אבטומט, אבטומטי.

¡Ay! ¡Ah! (oy) .אוי, מ"ק
¡Ay de mí!
אויב, ז. ר׳ אויבים
(oyev) Enemigo.
¡Ay! (oya) .אויה, מ"ק
¡Ay de mí!
Tonto, (évil) .אויל, ז
imbécil, bobo.
(evilut) .אוילות, נ
Estupidez, torpeza.
In- (evilí) .אוילי, ת
sensato, torpe.
Aire. (avir) .אויר, ז
Vacío. Espacio.
(dóar-avir) דאר־אויר-
Correo aéreo.
(jel-avir) חיל־אויר-
Aviación militar.
(mézeg-avir) מזג־אויר-
Clima, temperatura.
Atmós- (avirá) .אוירה, נ
fera. Ambiente.
(avi-) .אוירודינמיקה, נ
Aerodinámica.
(aviro- .אווירודרום, ז
drom) Aeródromo.
Aero-(avirón) .אוירון, ז
plano, avión.
(avironut) .אוירונות, נ
Aviación.
(avi-) .אוירוסטטיקה, נ
Aerostática.
(avirí) .אוירי, ת
Aéreo.
(aviriyá) .אויריה, נ
Aviación.
Organismo, (ul) .אול, ז
órgano. Señor, noble.
(ultimá- .אולטימטום, ז
tum) Ultimátum.
Ul- (ultra) .אולטרה, ת
tra.

Quizá, (ulay) .תה"פ ,אולי
puede ser, es posible.
Pero, (ulam) .מ"ח ,אולם
sólo.
(u- אולמים 'ר .ז ,אולם
lam) Sala, pabellón.
(olimpiá- .נ ,אולמפיאדה
da) Olimpíada.
Navaja. (olar) .ז ,אולר
Bobada, (ivélet) .נ ,אולת
tontería.
Valua- (omed) .ז ,אומד
dor.
(o- אומנת 'נ .ז ,אומן
mén) Niñero, educador.
(umán) .ז ,אמן ,אומן
Profesional, artesano.
(u- .נ ,אמנות ,אומנות
manut) Arte. Profesi-
ón.
(on) אונים 'ר .ז ,און
Fuerza, valentía. Ri-
queza.
(aven) אונים 'ר .ז ,און
Engaño, injusticia. An-
gustia, dolor. Ídolos.
(ish-aven) איש און-
Malvado, perverso.
Engaño. (onaá) .ז ,אונאה
(evanguél- .ז ,אונגליון
yon) Evangelio.
(oná, .ז ,אוני 'ר .נ ,אונה
oney) Contrato.
(uni- .ת ,אוניברסיטאי
versitaí) Universitario.
(univér- .נ ,אוניברסיטה
sita) Universidad.
(univer- .ת ,אוניברסלי
sáli) Universal.
(uná) .נ ,אנה ,אונה
Lóbulo.
El que (onén) .ז ,אונן
está en primer día de
duelo.
Gancho, (uncal) .ז ,אונקל
garfio.
Pana- (ofé) .ז ,אופה
dero.
(opozít- .נ ,אופוזיציה
zya) Oposición.
Obra, (opus) .ז ,אופוס
composición.
Óptico. (opti) .ת ,אופטי
(optimist) .ז ,אופטימיסט
Optimista.
(opticay) .ז ,אופטיקאי
Óptico.
(óptica) .נ ,אופטיקה
Óptica.
.אפי 'ר ,אופי
.אפיני 'ר ,אופיני
(ópyum) .ז ,אופיום
Opio.
Ofir. (ofir) .ז ,אופיר
אופנים 'ר .ז ,אופן
(ofán) Rueda.
(ofanóa) .ז ,אופנוע
Motocicleta.
(ofanoán) .ז ,אופנוען
Motociclista.
(ofanáyim) .ז"ז ,אופנים
Bicicleta.
Ci- (ofanán) .ז ,אופנן
clista.
Ópe- (ópera) .נ ,אופרה
ra.
Ope- (opereta) .נ ,אופרטה
reta.
פעו"י (יאיץ ,אץ) אוץ
Apresurarse, afanarse,
darse prisa.
Apresurar. -האץ
אוצרות 'ר .ז ,אוצר
(otzar) Tesoro.

Oc- (octava) אוֹקְטָבָה, נ.
tava.
(octóber) אוֹקְטוֹבֶּר, ז.
Octubre.
On- (okiyá) אוֹקְיָה, נ.
za.
(okyánus) אוֹקְיָנוּס, ז.
Océano.
אוֹר, ז. ר' אוֹרִים, אוֹ-
Luz, claridad, (or) רוֹת
Fig. alegría.
(or-leyom) אוֹר לְיוֹם-
Víspera, noche anterior
Editar, pu- הוֹצֵא לָאוֹר-
blicar.
(ur) אוּר, ז. ר' אוּרִים
Llama, fuego, luz, ilu-
minación.
אוֹר (אוֹר, יֵאוֹר)פעו"י
Aclararse, alumbrarse,
brillar.
Ser alumbrado. הֵאוֹר-
Aclarar, alumbrar. הָאֵר-
Fig. alegrar. Editar,
publicar.
Ser aclarado. הוּאַר-
Ser favora- הָאֵר פָּנִים-
ble.
אָרַר (אָרַר, יָאֹר) ר'
אָרַר.
Espía. (orev) אוֹרֵב, ז.
Teje- (oreg) אוֹרֵג, ז.
dor.
Or- (organi) אוֹרְגָנִי, ת.
gánico.
(organizm). אוֹרְגָנִיזְם, ז.
Organismo.
Luz, cla- (orá). אוֹרָה, נ.
ridad. Fig. alegría, fe-
licidad.

(lij-orá) -לִכְאוֹרָה
Según se cree, parece
que.
אֹרָה, ר' אֹרָה.
Venti-(ivrur) אִוְרוּר, ז.
lación, aeración.
Empaca- (orez) אוֹרֵז, ז.
dor.
אוֹרֵחַ, ז. נ' אוֹרַחַת, ר'
אוֹרְחִים, נ"ר אוֹרְחוֹת
(oréaj) Huésped.
(hajna- הַכְנָסַת אוֹרְחִים-
sat-orjim) Hospitalidad,
recepción de huéspedes.
(jadar-or- חֲדַר אוֹרְחִים-
jim) Sala.
Cara- (orjá) אוֹרְחָה, נ.
vana.
Luminoso, (orí) אוֹרִי, ת.
brillante.
(originál). אוֹרִיגִינָל, ז.
Original.
(origui- אוֹרִיגִינָלִי, ת.
nali) Original.
Ilu- (urim) אוּרִים, ז"ר.
minaciones.
(u- אוּרִים וְתֻמִּים, ז"ר.
vetumim) Oráculos.
(oryentá- אוֹרְיֶנְטַצְיָה, נ.
tzya) Orientación.
(avrirí) אַוְרִירִי, ת.
Aéreo.
Ra- (orit) אוֹרִית, נ.
dio (metal).
אוֹרַיְתָא, נ. ר' תּוֹרָה.
(orloguín) אוֹרְלוֹגִין, ז.
Reloj.
Uranio. (urán) אוּרָן, ז.
Ventilar, אִוְרֵר, פ"י.
airear.

Deletrear.
Enton- (az) אָז,תה"פ.
ces.
De entonces, (meaz) מֵאָז-
de aquel tiempo.
Ad- (azhará) אַזְהָרָה,נ.
vertencia.
(Hierba, (ezov) אֵזוֹב,ז.
Musgo.
(azoviyón) אֱזוֹבְיוֹן,ז.
Lavándula.
Nivela- (izún) אִזּוּן,ז.
ción, equilibrio. Audición..
אֵזוֹר,ז. ר' אֲזוֹרִים
(ezor) Cinturón, ceñidor. Zona, región.Fig. fuerza.
(ezor-haa- אֵזוֹר הָאָרֶץ-
retz) Zona terrestre.
(ezor-ha- אֵזוֹר הַמַּזָּלוֹת-
mazalot) Zodíaco.
(ezor-hajom) אֵזוֹר הַחֹם-
Zona tórrida.
(ezor-ha- אֵזוֹר הַקּוֹר-
cor) Zona glacial.
Ceñido, (azur) אָזוּר,ת.
rodeado.
Cin- (azorá) אֲזוֹרָה,נ.
turón, ceñidor.
Regio-(azorí) אֲזוֹרִי,ת.
nal.
Enton- (azay) אֲזַי,תה"פ.
ces.
Acción (azirá) אֲזִירָה,נ.
de ceñir.
Ora- (azcará) אַזְכָּרָה,נ.
ción hecha en memoria de alguien. El nombre de Dios. Recuerdo, recordación.

Ser ventilado, אֻוְרַר-
ser aireado.
Ventilarse, הִתְאַוְרֵר-
airearse.
(ortodox) אוֹרְתוֹדוֹכְּס,ז.
Ortodoxo.
(ortodo- אוֹרְתוֹדוֹכְּסִי,ת.
xi) Ortodoxo.
(ortoped) אוֹרְתוֹפֵּד,ז.
Ortopedista.
(ortopedi) אוֹרְתוֹפֵּדִי,ת.
Ortopédico.
(ortoped- אוֹרְתוֹפֵּדְיָה,נ.
ya) Ortopedia.
אָוַשׁ (אָוֵשׁ, יֶאֱוַשׁ) פ"ע
Zumbar, murmurar, hacer ruido.
Mur- (ivshá) אִוְשָׁה,נ.
mullo, murmurio.
(ot) אוֹת,ז. ר' אוֹתוֹת
Señal, signo, indicio. Emblema, símbolo.
(ot-cavod) אוֹת כָּבוֹד-
Medalla.
אוֹת, אוֹתִיָּה,נ. ר' אוֹ-
(ot, otiyá) תִיּוֹת
Letra.
(ארת) הֵאוֹת (נֵאוֹת, יֵ-
Aceptar, consen- אות)
tir.
אוֹתִי, אוֹתְךָ, אוֹתָךְ,אוֹ-
תוֹ, אוֹתָהּ, אוֹתָנוּ, אֶתְ-
כֶם, אֶתְכֶן, אוֹתָם,אוֹתָן.
(otí, otjá, otaj, otó, otá, otanu, etjem, etjén, otam, otán) Me, te, te (fem.), lo, la, nos, os, os (fem.)los, las.
(avat-né- אַוַּת־נֶפֶשׁ,נ.
fesh) Deseo, anhelo.
Señalar. אוֹתֵת,פ"י.

אָזַל (אָזַל, יֶאֱזַל) פ"ע
Irse. Terminarse, aca-
barse; agotarse.
אָזַל־יָד, ר' אָזְלַת־יָד.
(ozlat-yad) אָזְלַת־יָד, נ.
Incapacidad.
Cuña, (izmel) אִזְמֵל, ז.
lanceta.
אִזְמַרְגַּד, אִזְמָרַגְד, ז.
(izmargad, izmaragd)Es-
meralda.
אָזַן (אָזַן, יֶאֱזֹן) פ"ע
Escuchar.
Pesar. Equilibrar, אִזֵּן-
poner en equilibrio.
Ser equilibrado. אֻזַּן-
Escuchar. הֶאֱזִין-
Equilibrarse. הִתְאַזֵּן-
(ozen) אֹזֶן, נ. ר' אָזְנַיִם
Oreja. Asa.
Revelar, des- גִּלָּה אֹזֶן-
cubrir, avisar.
(kvad-ozen) כְּבַד־אֹזֶן-
Sordo.
Escuchar. הִרְכִּין אֹזֶן-
Cerrar la אָטַם הָאֹזֶן-
oreja.
Escuchar. הִטָּה אֹזֶן-
Abrir las פָּקַח אָזְנַיִם-
orejas, ser atento.
-אֹזֶן־הָמָן, ר' אָזְנֵי הָמָן
Buñue- (ozen-hamán)
lo.
Cinturón. (azén) אָזֵן, ז.
Auricular, (ozní) אָזְנִי, ת.
de la oreja.
Auri-(ozniyá) אָזְנִיָּה, נ.
cular, receptor.
Sirena. (az-acá) אַזְעָקָה, נ.
Alarma.
(azikim) אֲזִקִּים, ז"ר.
posas.
Esqui- (izcaf) אִזְקָף, ז.
fe.
אָזַר (אָזַר, יֶאֱזֹר) פ"י
Ceñir, fajar. Fig. re-
forzar, armar.
Ser ceñido, ser הֶאֱזַר-
armado.
Ceñir. Fig. armar, אִזֵּר-
reforzar.
Ceñirse. Fig. ar- הִתְאַזֵּר-
marse, equiparse.
אָזַר חֲלָצַיִם, אָזַר מָתְנַיִם-
Ceñirse. Fig. armarse.
Alentar, ani- אָזַר חַיִל-
mar.
Natu- (izrúaj). אִזְרוּחַ, ז.
ralización.
אֶזְרוֹעַ, ר' זְרוֹעַ.
Ciuda-, (ezraj) אֶזְרָח, ז.
dano. Árbol.
Naturalizar, אִזְרַח, פ"י.
aclimatar.
Naturalizarse. הִתְאַזְרֵחַ-
Na-(ezrajut) אֶזְרָחוּת, נ.
cionalidad.
Civil, (ezrají). אֶזְרָחִי, ת.
cívico, del ciudadano.
(aj) אָח, ז. ר' אַחִים
Hermano.
(aj-joreg) אָח חוֹרֵג-
Hermanastro.
Fogón, ho- (aj) אָח, ז.
gar.
¡Ay! (aj) אָח, מ"ק.
¡Ayayay!
Pasturaje, (aj) אַח, ז.
prado.
Mochuelo, (óaj) אֹחַ, ז.
buho.
Uno. (ejad) אֶחָד, ש"מ.

ternidad.
Argu- (ajvá) אֶחֱוָה ,נ.
mento.
Fra- (אחוה) הִתְאַחֲוָה,
ternizar.
Cogido, (ajuz) אָחוּז ,ת.
agarrado, asido.
Inte-... (...)אָחוּז ,ז.
porcentaje, tanto por
ciento.
Por- (ajuzim) אֲחוּזִים-
centajes, intereses.
Toma, (ijuz) אִחוּז ,ז.
cogida, agarro.
Unido, (ajuy) אָחוּי ,ת.
pegado.
Sutura. (ijuy) אִחוּי ,ז.
Costura.
Aviso, (ajvayá) אַחְוָיָה,נ.
explicación.
Deseo, (ijul) אִחוּל ,ז.
voto.
אָחוֹר ,ז. ר' אֲחוֹרַיִם
(ajor)Trasera, trasero.
De- (ajor) אָחוֹר ,תה"פ.
trás, atrás.
Hacia (leajor) לְאָחוֹר
atrás.
Por (meajor) מֵאָחוֹר
detrás.
Demora, (ijur) אִחוּר ,ז.
tardanza.
Pos- (ajorí) אֲחוֹרִי ,ת.
terior.
אֲחוֹרַיִם ,ר' אָחוֹר
(ajoraní) אֲחוֹרַנִּי,ת.
Posterior.
(ajo- אֲחוֹרַנִּית,תה"פ.
ranit) Hacia atrás.
(a- אָחוֹת ,נ. ר' אֲחָיוֹת
jot) Hermana. Enfer-
mera.

Unida- (ajadim) אֲחָדִים-
des. Unos.
Unánime- (keejad) כְּאֶחָד-
mente.
Once (ajad-asar אַחַד עָשָׂר-
(mas.).
-פֶּה אֶחָד, קוֹל אֶחָד,לֵב
(pe-ejad, אֶחָד, שְׁכֶם אֶחָד
col-ejad, lev-ejad,shjem
ejad) Unánimemente, sin
excepción.
אֶחָד (אָחַד, לְאָחַד) פֹעַ"י
Unir.
Ser unido,unirse. הֶאֱחַד-
Unir. אֶחַד-
Unir. הֵאָחַד-
Ser unido. הֶאֱחַד-
Unirse. הִתְאַחַד-
Unión, (ajdut) אַחְדוּת,נ.
unidad.
אֲחָדֹרֹת, ר' אַחַת.
Uni-(ajdutí) אַחְדוּתִל,ת.
tario, unionista.
Parti- (ajadí) אֲחָדִי ,ת.
cular, único.
אֲחָדִים, ר' אֶחָד.
Al (laajadim) לַאֲחָדִים-
detal.
(ajé- אַחֶדֶת,נ.ר' אֲחָדֹות
det) Unidad.
Ser unido,, הֵאָחֶה (אחה)
ser cosido.
Unir, coser. אָחָה-
Unirse, frater- הִתְאָחֶה-
nizar.
Prado, (aju) אָחוּ ,ז.
pasturaje.
Unión, (ijud) אִחוּד ,ז.
asociación.
Unido. (ajud) אָחוּד ,ת.
Enigmático.
Fra- (ajavá) אַחֲוָה,נ.

אָחוֹת חוֹרֶגֶת- (ajot-jo-réguet) Hermanastra.

אָחוֹת רַחֲמָנִיָּה- (ajot-rajamaniyá)Enfermera.

אָחוֹת הַשֶּׁמֶשׁ- (ajot-ha-shémesh) Girasol.

אָחַז (אָחַז, יֶאֱחֹז) פ"י Coger, asir, agarrar , tener.

הֵאָחֵז- Cogerse.

אַחֵז- Tapar, cubrir (?).

הֵאָחֵז- Ser unido.

הֶאֱחִז- Encender.

הִתְאַחֵז- Ser cogido.

אָחַז עֵינַיִם- Engañar, prestidigitar.

אֲחֻזָּה,נ. (ajuzá). Propiedad, dominio.

אָחִיד,ת. (ajid) Uniforme, único.

אֲחִידוּת,נ. (ajidut) Unidad.

אֲחִיזָה,נ. (ajizá) Toma, cogida.

אֲחִיזַת עֵינַיִם- (ajizat-eináyim) Engaño.

אַחְיָן,ז. (ajyán) Sobrino.

אַחְיָנִית,נ. (ajyanit) Sobrina.

אִחֵל,פ"י. Desear, formular un voto.

אַחֲלַי, אַחֲלֵי, מ"ק. (aja-lay) ¡Ojalá! ¡Dios quiera!

אַחְלָמָה,נ. (ajlamá) Amatista.

אִחְסֵן,פ"י. Almacenar.

אֻחְסַן- Ser almacenado.

אַחְסָנָה,נ. (ajsaná) Almacenamiento.

אַחְפָּר,ז. (ajpar) Fósil.

אָחַר (אָחַר, יֶאֱחַר) פ"ע Estar furioso.

אֵחַר,פ"ע. Demorar, retardar.

אֻחוֹר- Ser retardado.

הֶאֱחִיר- Retardar, atrasar.

הִתְאַחֵר- Demorarse.

אַחֵר,ת. נ' אַחֶרֶת,ר' אֲחֵרִים, נ"ר אֲחֵרוֹת (a-jer) Otro. Extranjero.

אַחַר,תה"פ. (ajar) Después, detrás.

מֵאַחַר- (meajar) Puesto que.

אַחַר כָּךְ, אַחַר כֵּן, אַחֲרֵי כֵן- (ajar-caj, ajar-kén, ajarey-jen) Después.

אַחֲרַאי,ת. (ajaraí) Responsable.

אֲחָרָה,נ. (ajará) Ira, furia.

אַחֲרוֹן,ת. (ajarón) Último.

בָּאַחֲרוֹנָה, לָאַחֲרוֹנָה- (baajaroná, laajaroná) Últimamente.

הַיָּם הָאַחֲרוֹן- (hayam-haajarón) El mar Mediterráneo.

אַחֲרוֹנִים- (ajaroním) Posteridad.

אַחֲרֵי, ר' אַחֲרַאי.

אַחֲרֵי,תה"פ. (ajarey) Después, detrás, tras.

אַחֲרֵי אֲשֶׁר, אַחֲרֵי שֶׁ- (ajarey-asher, ajrey-she)Puesto que. Después que.

Cerrado, (atum).ת, אָטוּם
tapado. Macizo.
(atum-af) אָטוּם אַף-
Privado del olfato.
אָטוּם לֵב, אֲטוּם מוֹחַ-
(atum-lev, atum-móaj)
Bobo, torpe, estúpido.
Atomo. (atom) .ז, אָטוֹם
Ató- (atomi) .ת, אֲטוֹמִי
mico.
(ptza- פְּצָצָה אֲטוֹמִית-
tzá-it) Bomba atómica.
Teji- (etún) .ז, אֵטוּן
do.
Amai- .פ"י, הֶאֱט (אטט)
nar, aflojar, moderar.
Lento, (ití) .ת, אִטִּי
tardo.
Len-(itiyut) .נ, אִטִּיּוּת
titud, tardanza.
Imper- (atim) .ת, אָטִים
meable.
Obs- (atimá) .נ, אֲטִימָה
trucción.
(etimo-.נ, אֶטִימוֹלוֹגְיָה
lógya) Etimología.
Es- (atimut).נ, אֲטִימוּת
tupidez, torpeza.
(i-.נ, אִטְלוּלָה, אִטְלוּלָא
tlulá) Burla, chanza.
(it-.ז, אִטְלִיז, אַטְלִיז
liz, at-)Carnicería.
(atlas) .ז, אַטְלַס
Atlas.
אָטַם (אָטַם, יֶאֱטֹם) פ"י
Cerrar, obstruír.
Ser cerrado, ta- הֵאָטֵם-
pado, obstruído.
Cerrar, obstruír. הַאֲטֵם-
Zócalo. (ótem) .ז, אֹטֶם
Obstrucción.

(ajarey-jen) אַחֲרֵי כֵן-
Después.
Detrás (meajarey) מֵאַחֲרֵי-
de.
Res-(ajarayut).נ, אַחֲרָיוּת
ponsabilidad. Garantía.
Seguro.
Fin, (ajarit) .נ, אַחֲרִית
terminación. Resto.
De (ajéret) .תה"פ, אַחֶרֶת
otro modo, sino.
(ajashdar- .ז, אֲחַשְׁדַּרְפָּן
pán) Sátrapa.
(ajashterán) .ז, אֲחַשְׁתְּרָן
Correo, paje, mulo (?).
Una. Una (ajat) .נ, אַחַת
vez.
(ajat-esré) אַחַת עֶשְׂרֵה-
Once (femenino).
Juntos, (keajat) כְּאַחַת-
al tiempo.
Con una (beajat) בְּאַחַת-
idea, con unanimidad,
unánimemente.
(bevat-ajat) בְּבַת אַחַת-
A la vez.
(at) .ז, אַט ר' אִטִּים
Tranquilidad.
Tranquila- (at).תה"פ, אַט
mente, lentamente, poco
a poco.
(leat-leat) לְאַט לְאַט-
Lentamente, poco a poco,
despacio.
(et) .ז, אִט ר' אִטִּים
Hechicero, brujo.
Gancho. (étev) .ז, אֶטֶב
(atavizm) .ז, אַטָבִיזְם
Atavismo.
Escara- (atad) .ז, אָטָד
mujo.

(atmosfe- .אַטְמוֹסְפֵירָה,נ
ra) Atmósfera.
אָטַר (אָטַר, יֶאֱטַר) פ"י.
Cerrar, obstruír.
(iter) אִטֵּר,ת. נ׳ אִטֶּרֶת
Paralítico, tullido,bal-
dado.
(iter-yad-יַד יָמִין) אִטֵּר יַד-
yamín) Zurdo.
(atrofya) .אַטְרוֹפְיָה,נ
Atrofia.
Zurde- (itrut).אִטְּרוּת,נ
ría.
אִטְרִיָּה, אִטְרִית,נ. ר׳
(itriyá, itrit) אִטְרִיּוֹת
Fideo.
(i) אִי,ז. ר׳ אִיִּים
Isla. Chacal.
Pe- (jatzí-i) חֲצִי אִי-
nínsula.
¿En qué (ey) .אֵי,תה"פ
lugar?¿Dónde?
(ey-lazot) אֵי-לָזֹאת-
Por esto.
(ey-fáam) אֵי-פַּעַם-
Alguna vez.
En algún(ey-sham)אֵי-שָׁם-
sitio.
¡Ay! ¡Oh! (i) .אִי,מ"ק
No, in, im, des(prefijo)
(i-emún) אִי-אֵמוּן-
Desconfianza.
(i-efshar) אִי-אֶפְשָׁר-
Imposible.
(i-efsha- אִי-אֶפְשָׁרוּת-
rut) Imposibilidad.
(i-havaná) אִי-הֲבָנָה-
Equivocación, error.
(i-hakshavá)אִי-הַקְשָׁבָה-
Desobediencia. Inaten-
ción.
(i-hitjas-אִי-הִתְחַשְּׁבוּת-
hvut)Desconsideración.
(i-zehirut)אִי-זְהִירוּת-
Descuido, imprudencia.
(i-yejólet) אִי-יְכֹלֶת-
Imposibilidad.
In- (i-yatziv)אִי-יַצִּיב-
constante, instable.
(i-yetzivut)אִי-יְצִיבוּת-
Instabilidad.
Des- (i-cavod)אִי-כָּבוֹד-
honor.
In-(i-mnujá) אִי-מְנוּחָה-
quietud.
De- (i-naim) אִי-נָעִים-
sagradable.
(i-neimut) אִי-נְעִימוּת-
Desagrado.
Des- (i-séder) אִי-סֵדֶר-
orden.
In- (i-tzédek) אִי-צֶדֶק-
justicia.
Anor-(i-raguil)אִי-רָגִיל-
mal.
(i-shivyón) אִי-שִׁוְיוֹן-
Desigualdad.
(i-shéket) אִי-שֶׁקֶט-
Ruido.
אָיַב (אָיַב, יֶאֱיַב) פ"י
Odiar.
Ser odiado. הֵאָיֵב-
Odiar. אַיֵּב-
Rencor, (eyvá) .אֵיבָה,נ
odio.
אֵיבָר, אֵבָר, ר׳ אֵבָר.
(eyd, id) .אֵיד, אִיד,ז
Fiesta (de los paganos).
Evaporar. .אִיֵּד,פ"י
Evaporarse. הִתְאַיֵּד-
(idea) .אִידֵאָה,נ
Idea.

Asesino, ladrón.
(ish-levav) אִישׁ לֵבָב-
Hombre misericordioso.
(ish-jésed) אִישׁ חֶסֶד-
Bienhechor.
(ish-lashón) אִישׁ לָשׁוֹן-
Maldiciente, calumniador.
(ish-maj-ovot) אִישׁ מַכְאוֹבוֹת-
Hombre enfermo.
En- (ish-ití) אִישׁ עִתִּי-
viado, delegado.
(ish-tzavá) אִישׁ צָבָא-
Militar, soldado.
(ish-riv) אִישׁ רִיב-
Adversario, rival.
(ish-madón) אִישׁ מָדוֹן-
Pendenciero.
(ish-miljamá) אִישׁ מִלְחָמָה-
Varón de guerra.
(ish-reim) אִישׁ רֵעִים-
Hombre amable.
(ish-sadé) אִישׁ שָׂדֶה-
Agricultor, campesino.
(ish-rajil) אִישׁ רָכִיל-
Calumniador.
(ish-shem) אִישׁ שֵׁם-
Hombre famoso.
אִישׁ שְׁלוֹמִי, -שְׁלוֹמוֹ-
(ish-shlomí, -shlomó)
Amigo.
(ish-sfatá-yim) אִישׁ שְׂפָתַיִם-
Hombre elocuente.
(ish-tóar) אִישׁ תֹּאַר-
Hombre hermoso.
(ish-tvuná) אִישׁ תְּבוּנָה-
Hombre inteligente.
(ish-taha-pujot) אִישׁ תַּהְפֻּכוֹת-
Hombre irreflexivo.

(iratz-yonali) אִירַצְיוֹנָלִי ת.
Irracional.
(ish) אִישׁ, ז. ר׳ אִישִׁים
Prohombre, personaje.
(ish) אִישׁ, ז. ר׳ אֲנָשִׁים
Hombre. Persona. Marido, esposo.
(éshet-ish) אֵשֶׁת אִישׁ-
Mujer casada.
Cada (ish-ish) אִישׁ אִישׁ-
uno.
(ish-adamá) אִישׁ אֲדָמָה-
Agricultor.
(ish-elo-him) אִישׁ אֱלֹהִים-
Varón de Dios, profeta.
(ish-e-munim) אִישׁ אֱמוּנִים-
Hombre fiel.
(ish-emet) אִישׁ אֱמֶת-
Hombre justo.
Hom-(ish-af) אִישׁ אַף-
bre colérico.
(ish-bey-náyim) אִישׁ בֵּינַיִם-
Intermediario.
(ish-bli-yáal) אִישׁ בְּלִיַּעַל-
Malvado, perverso.
(ish-dva-rim) אִישׁ דְּבָרִים-
Hombre elocuente.
(ish-damim) אִישׁ דָּמִים-
Asesino, homicida.
(ish-dáat) אִישׁ דַּעַת-
Cuerdo, juicioso.
(ish-jáyil) אִישׁ חַיִל-
Valiente.
(ish-zróa) אִישׁ זְרוֹעַ-
Hombre violento.
(ish-ja-mudot) אִישׁ חֲמוּדוֹת-
Hombre gracioso.
(ish-jemá) אִישׁ חֵמָה-
Hombre colérico.
(ish-iamás) אִישׁ חָמָס-

(ish-tja- אִישׁ-תְּכָכִים
jim) Hombre astuto.
(zera-ana- זֶרַע-אֲנָשִׁים
shim) Fig. hijos.
Bosque, (ishá) אִישָׁה, נ.
arboleda.
Pupila, (ishón) אִישׁוֹן, ז.
niña del ojo. Centro.
Enano.
Personal, (ishí) אִישִׁי, ת.
privado.
Per-(ishiyut) אִישִׁיּוּת, נ.
sonalidad.Personaje.
(ishit) אִישִׁית, תה"פ.
Personalmente.
Deletrear. אִיֵּת, פ"י.
Entrada, (itón) אִיתוֹן, ז.
corredor.
Sólido, (eytán). אֵיתָן, ת.
fijo.
Sanarse, חָזַר-לְאֵיתָנוֹ
curarse, restablecer-
se, alentarse.
(yéraj- יֶרַח-הָאֵיתָנִים
haeytanim) El mes de
תשרי.
(nájal-ey- נַחַל-אֵיתָן
tán) Río caudal.
(eytanut) אֵיתָנוּת, נ.
Estabilidad.
Pero, (aj) אַךְ, תה"פ.
sólo.
So-(aj-verak) אַךְ-וָרַק
lamente.
Diges-(icul) אִכּוּל, ז.
tión. Consumo.
Co- (ajul) אָכוּל, ת.
mido.
Menti-(ajzav) אַכְזָב, ת.
roso.
Desesperar. אִכְזֵב, פ"י.

Desesperar- הִתְאַכְזֵב-
se.
De- (ajzavá) אַכְזָבָה, נ.
sesperación.
(ajzar, אַכְזָר, אַכְזָרִי, ת.
ajzarí) Cruel.
Hacer cruel. אִכְזֵר, פ"י.
Hacerse cruel, הִתְאַכְזֵר-
ser cruel.
(ajzariyut) אַכְזְרִיּוּת, נ.
Crueldad.
(ajateys) אֲכָטֵיס, ז.
Agata.
Comida.(ajilá) אֲכִילָה, נ.
Manducación.
אָכַל (אָכַל, יֹאכַל) פ"י
Comer. Consumir. Absor-
ber.
Ser comido. הֶאֱכַל-
Digerir.Consumir. אִכֵּל-
Ser consumido. אֻכַּל-
Dar de comer. הֶאֱכִיל-
Digerirse. Con- הִתְאַכֵּל-
sumirse.
Comi- (ójel) אֹכֶל, ז.
da.
Comida, (ojlá) אָכְלָה, נ.
alimento.
(ujlosiyá) אֻכְלוֹסִיָּה, נ.
Población.
(ujlosim) אֻכְלוֹסִים, ז"ר.
Población, plebe, popu-
lacho, público.
Glotón, (ajlán) אַכְלָן, ז.
comedor.
(ajlanut) אַכְלָנוּת, נ.
Glotonería.
Poblar. אִכְלֵס, פ"י.
Ser poblado. אֻכְלַס-
Gan-(akélet) אַכֶּלֶת, נ.
grena.

Sucie-(ilúaj) אִלּוּחַ, ז.
dad, impureza.
Socio, (alúaj) אָלוּחַ, ת.
impuro.
Nombre (elul) אֱלוּל, ז.
del duodécimo mes del
calendario hebreo.Co-
rresponde a septiembre.
(iluley) אִלּוּלֵי, מ"ח.
Si no.
Mudez, (ilum) אִלּוּם, ז.
mudismo.
Alum- (alum) אָלוּם, ז.
bre.
(alumín- אָלוּמִינְיוּם, ז.
yum) Aluminio.
(alón, אַלּוֹן, אֵלוֹן, ז.
elón) Encina.
Cóni- (aloní) אַלּוֹנִי, ת.
co. De la encina.
(ilustra- אִלּוּסְטְרַצְיָה, נ.
tzya) Ilustración.
Gober- (aluf) אַלּוּף, ז.
nador, jefe. Amigo.To-
ro.Campeón. Brigadier.
(rav-aluf) -רַב אַלּוּף
General.
Domadu-(iluf) אִלּוּף, ז.
ra, domesticación.
Obliga-(ilutz) אִלּוּץ, ז.
ción.
Obli- (alutz) אָלוּץ, ת.
gado.
Corromper. אָלַח, פ"י.
Corromperse. -הֶאֱלַח
Corrup- (élaj) אֶלַח, ז.
ción.
Tele- (aljut) אַלְחוּט, ז.
grafía sin hilos.
(aljutaí) אַלְחוּטָאִי, ת.
Telegrafista.

(aljutí) אַלְחוּטִי, ת.
Telegráfico.
Telegra- אִלְחֵט, פ"י.
fiar.
(altru- אַלְטְרוּאִיזְם, ז.
ízm) Altruísmo.
(altru- אַלְטְרוּאִיסְט, ז.
íst) Altruísta.
(alter- אַלְטֶרְנָטִיבָה, נ.
nativa) Alternativa.
Cola de (alyá) אַלְיָה, נ.
cordero. Lóbulo.
Daño,(alijá) אֲלִיחָה, נ.
corrupción.
Idolo. (elil) אֱלִיל, ז.
Fig. torpe, estúpido.
Vanidad.
(oved- -עוֹבֵד אֱלִילִים
elilim) Idólatra.
Dio- (elilá) אֱלִילָה, נ.
sa,
(elilut) אֱלִילוּת, נ.
Idolatría.
Pa- (elilí) אֱלִילִי, ת.
gano, idólatra.
אֱלִילִיּוּת, ר' אֱלִילוּת.
Poderoso,(alim) אַלִּים, ת.
fuerte.
(alimut) אַלִּימוּת, נ.
Poder, fuerza.
(alifut) אַלִּיפוּת, נ.
Campeonato.
אַלְכֹּהֹל, ר' כֹּהַל.
(alcoholí) אַלְכֹּהֳלִי, ת.
Alcohólico.
(alcoho- אַלְכֹּהֳלִיּוּת, נ.
liyut)Alcoholismo.
(alkimaí) אַלְכִּימָאִי, ת.
Alquimista.
(alkimya) אַלְכִּימְיָה, נ.
Alquimia.

(alajsón) .ז, אֲלַכְסוֹן
Diagonal.
(baalajsón) -בַּאֲלַכְסוֹן
Oblicuamente.
(alajsoní) .ת, אֲלַכְסוֹנִי
Diagonal, oblicuo.
(alajso- .נ, אֲלַכְסוֹנִיּוּת
niyut) Oblicuidad.
Investigar, .פ"י, אָלַל
buscar.
(alelay) .מ"ק, אַלְלַי
¡Maldición! ¡Ay!
אָלַם (אָלַם, יֶאֱלַם) פ"ע
Ser mudo, callar.
Callarse, enmu- -הֵאָלֵם
decerse.
Hacer gavillas. -אִלֵּם
Enmudecer.
Enmudecer. For- -הַאֲלֵם
tificar.
Enmudecerse. -הִתְאַלֵּם
Mudez, (élem) .ז, אֵלֶם
silencio.
אִלֵּם, ת. נ׳ אִלֶּמֶת, ר׳ אִלְּמִים
Mudo. (ilem)
Estúpido, torpe.
Grueso, (alam) .ת, אַלָּם
gordo. Poderoso.
אַלְמֹג, אַלְמוֹג, ז. ר׳ אַלְמֻגִּים
Sán- (almog)
dalo.
אֲלֻמָּה, נ. ר׳ אֲלֻמּוֹת, אֲלֻמִּים
Gavilla.(alumá)
Viudez.(almón).ז, אַלְמוֹן
Encina.
Mudez,(ilamón).ז, אִלָּמוֹן
mutismo.
Fu-(almoní) .ת, אַלְמוֹנִי
lano.
Mudez,(ilmut).נ, אִלְּמוּת
mutismo.

Vio-(alamut) .נ, אַלָּמוּת
lencia.
In-(almávet) .נ, אַלְמָוֶת
mortalidad.
(il- ,מ"ח, אִלְמָלֵא, אִלְמָלֵי
malé, ilmaley) Si no,
si, si no fuera por.
Viu- (almán) .ז, אַלְמָן
do.
(almón).ז, אַלְמוֹן, אַלְמֹן
Viudez.
Dejar viudo .פ"י, אַלְמֵן
o viuda.
Viudar, quedar -הִתְאַלְמֵן
viudo o viuda.
(almaná) .נ, אַלְמָנָה
Viuda.
(almanut) .נ, אַלְמָנוּת
Viudez.
Ele-(element) .ז, אֶלְמֶנְט
mento.
(elementari).ת, אֶלְמֶנְטָרִי
Elementario.
(almatéjet) .נ, אַלְמַתֶּכֶת
Metaloide.
(aluntit) .נ, אֲלֻנְטִית
Toalla.
Ca- (aluncá) .נ, אֲלֻנְקָה
milla.
Elás-(elasti) .ת, אֶלַסְטִי
tico.
(elastiyut).נ, אֶלַסְטִיּוּת
Elasticidad.
Avel- (ilsar) .ז, אִלְסָר
lana.
אָלַף (אָלַף, יֶאֱלַף) פ"י
Aprender.
Domar. Enseñar. -אִלֵּף
Ser domado. -אֻלַּף
Multiplicarse. -הֶאֱלִיף
(élef) .ז, אֶלֶף ר׳ אֲלָפִים

Mil. Ganado mayor.
אֶלֶף, אַלְפָא, נ. ר׳ אַלְ-
(álef, álfa) פִין
Alfa. -אֶלֶף-בֵּית, אֶלְפְבֵּית,
(álef-beyt,al- אֶלְפְבֵּיתָא
efbeyta) Alfabeto. Abe-
cedario.
(alefbeyti). אָלֶפְבֵּיתִי, ת.
Alfabético.
Abe-(alfón) אַלְפוֹן, ז.
cedario.
Milé- (alpit) אַלְפִּית, נ.
simo.
Estudio.(ulpán). אֻלְפָּן, ז.
Ley. Instrucción, ins-
tituto de enseñanza.
Cace- (ilpás) אִלְפָּס, ז.
rola.
(elipsa) אֶלִיפְּסָה, נ.
Elipse.
Ser obli- (אלץ) הֶאֱלַץ,
gado.
Obligar, forzar. -אִלֵּץ
Ser obligado. -אֻלַּץ
(elektrod) אֶלֶקְטְרוֹד, ז.
Eléctrodo.
(elekt- אֶלֶקְטְרוֹמַגְנֵט, ז.
romagnet) Electroi -
mán.
(elektrón) אֶלֶקְטְרוֹן, ז.
Electrón.
אֱלֹקִים, ר׳ אֱלֹהִים.
Al- (alcalí) אַלְקָלִי, ת.
calino.
Al-(alcurán) אַלְקֻרְאָן, ז.
corán.
Sal- (iltit) אִלְתִּית, נ.
món.
אִלְתַּר, לְאַלְתַּר, תה"פ.
(lealtar) En seguida,
inmediatamente.
אֵם, נ. ר׳ אִמּוֹת, אִמָּ-
Madre. (em) הוֹת
Capital, metrópoli.
Matriz. Clisé.
(em-hadérej) -אֵם הַדֶּרֶךְ
Bifurcación de un ca-
mino.
(imot- -אִמּוֹת הַקְּרִיאָה
hakriá) Las letras:
ה,א,ו,י,
(em-ha- -אֵם הַמַּרְגָּלִית
margalit) Nácar.
(em-zkená) -אֵם זְקֵנָה
Abuela.
(em-joré- -אֵם חוֹרֶגֶת
guet) Madrastra.
Si. (im) אִם, מ"ק.
Cuando.
(ki-im) -כִּי אִם
Solamente, sólo.
Hasta(ad-im) -עַד אִם
que.
(biltí-im) -בִּלְתִּי אִם
Excepto, salvo.
A (im-ki) -אִם כִּי
pesar de, aunque.
Pues, (im-ken) -אִם כֵּן
entonces.
(ela-im- -אֶלָּא אִם כֵּן
ken) Solamente si.
(om) אֹם, ז. ר׳ אֻמִּים
Nación.
Tuerca. (om) אֹם, ז.
Mamá. (ima) אִמָּא, נ.
Ameba.(ameba) אֲמֵבָּה, נ.
(ambulans) אַמְבּוּלַנְס, ז.
Ambulancia.
Tina, (ambat) אַמְבָּט, ז.
tinaja, baño.

Baño.(ambátya). נ. אמבטיה
Cuarto de baño.
(ambítzya) אמביציה, נ.
Ambición.
אמד (אמד, יאמד) פ"י
Valuar, tasar, estimar.
Conjeturar.
Ser valuado, ser -האמד
estimado.
(ómed) אמד, ז. ר' אמדות
Valuación, apreciación,
conjetura.
(umadut) אמדות, תה"פ.
Aproximadamente.
(umdán, אמדן, ז. אמדנה, נ.
úmdana) Valuación, es-
timación.
(amá) אמה, נ. ר' אמהות
Esclava, sirvienta, mo-
za, ama.
(amá) אמה, נ. ר' אמות
Codo (medida). Antebra-
zo. Dedo corazón.Canal.
(amat-hamáyim -אמת המים
Canal, dique.
-אמת הסף, ר' אמות
(amat - hasaf) הספים
Jamba.
Matriz. (imá) אמה, נ.
Nación, (umá) אמה, נ.
pueblo.
Mater-(imahut) אמהות, נ.
nidad.
אמהות, ר' אם.
Materno.(imahí) אמהי, ת.
Estimado,(amud) אמוד, ת.
valuado.
(amodaut) אמודאות, נ.
Buceo.
(amoday) אמודאי, ז.
Buzo.

Débil, (amul) אמול, ת.
pobre, desgraciado.
Maniquí,(imum) אמום, ז.
horma.
Apren- (amón) אמון, ז.
diz. Educador.
Entrena-(imún) אמון, ז.
miento, ejercicio.
Fideli-(emún) אמון, ז.
dad, confianza.
Amo- (amán) אמון, ז.
níaco.
Fiel. (amún) אמון, ת.
Educado.
אמונה, נ. ר' אמונות
(emuná) Fe, creencia.
Confianza.
(emuná- -אמונה טפלה
tfelá) Superstición.
De la (emuní) אמוני, ת.
fe.De la confianza.
(emunim) אמונים, ז"ר.
Creencia. Confianza.
(amonit) אמוניט, ז.
Amonita.
(amonyak) אמוניק, ז.
Amoníaco.
Adop- (imutz) אמוץ, ז.
ción.
Pala- (imur) אמור, ז.
bra.
Di- (amur) אמור, ת.
cho.
אמורא, ז. ר' אמוראים
Amorá) Rabino comenta-
dor de la Mishná. Co-
mentador, intérprete .
Verifi-(imut) אמות, נ.
cación.
Pudien-(amid) אמיד, ת.
te, rico.

אֲמִידָה, נ. ר׳ אֹמֶד.
Ri-(amidut) אֲמִידוּת, נ.
queza, opulencia.
Ter-(emim) אֵמִים, ז"ר.
ror, pavor, espanto.
Vali- (amitz) אַמִּיץ, ת.
ente.
Va-(amitzut) אַמִּיצוּת, נ.
lor, ánimo, valentía.
Cima, (amir) אָמִיר, ז.
vértice.
Emir, (emir) אָמִיר, ז.
amir.
Pala-(amirá) אֲמִירָה, נ.
bra, habla, decir.
(amalgama) אֲמַלְגָּמָה, נ.
Amalgama.
Misera-(umlal) אֻמְלָל, ת.
ble, desgraciado.
Hacer des- אִמְלֵל, פ"י.
graciado.
Ser hecho des- אֻמְלַל-
graciado.
אָמַן (אָמַן, יֶאֱמַן) פ"י
Eduoar, criar. Recoger,
amontonar.
Ser educado. Veri- הֶאֱמַן-
ficarse. Existir.
Entrenar, ejerci- אִמֵּן-
tar. Verificar, ra-
tificar.
Creer. Tener con- הֶאֱמִין-
fianza.
Ser confiado. הָאֳמַן-
Entrenarse, הִתְאַמֵּן-
ejercitarse.
Artis- (omán) אָמָּן, ז.
ta.
אֹמֶן, ר׳ אוּמָן.
Amén.(amén) אָמֵן, תה"פ.
Confianza,(omen) אֹמֶן, ז.
fidelidad.

Verdad, (amén) אֵמֶן, ז.
creencia, confianza.
Edu- (omná) אָמְנָה, נ.
cación.
Sostén,(omná) אָמְנָה, נ.
apoyo, soporte.
(ktav-haa- כְּתַב הָאָמָנָה-
maná)Carta credencial.
(omná) אָמְנָה, תה"פ.
Cierto, en verdad.
(amnón- אַמְנוֹן־וְתָמָר, ז.
vetamar) Pensamiento.
(oma- אָמָנוּת, אֻמָּנוּת, נ.
nut, umanut) Profesión.
Arte.
אָמָנוּתִי, אֻמָּנוּתִי, ת.
(omanutí, umanutí)Pro-
fesional. Artístico.
אָמְנָם, אֻמְנָם, תה"פ.
(omnám, umnám) Pero.
En verdad.
(emantzi- אֶמַנְצִפַּצְיָה, נ.
pátzya)Emancipación.
(impuls) אִמְפּוּלְס, ז.
Impulso.
(amfibi) אַמְפִיבִּי, ת.
Anfibio.
(empiri) אֶמְפִּירִי, ת.
Empírico.
(amfi- אַמְפִיתֵאַטְרוֹן, ז.
teatrón) Anfiteatro.
Amper,(amper) אַמְפֵּר, ז.
amperio.
(imper- אִמְפֶּרְיָאלִיזְם, ז.
yalizm) Imperialismo.
(imper- אִמְפֶּרְיָאלִיסְט, ז.
yalist) Imperialista.
(imperya) אִמְפֶּרְיָה, נ.
Imperio.
(impre- אִמְפְּרֶסַרְיוֹ, ז.
saryo) Impresario.

Diciendo, (lemor) לֵאמֹר- es decir.
(zot-omé- זֹאת אוֹמֶרֶת- ret) Es decir.
(ómer, אֹמֶר, אֵמֶר, ז. émer) Habla, palabra.
אֶמְרָאָה, ר׳ הַמְרָאָה.
Palabra, (imrá) אִמְרָה, נ. habla. Proverbio, divisa, máxima.
(américa) אֲמֵרִיקָה, נ. América.
(americani) אֲמֵרִיקָנִי, ת. Americano.
(amarcal) אֲמַרְכָּל, ז. Jefe.
Anoche. (émesh) אֶמֶשׁ, ז. Obscuridad.
(émesh) אֶמֶשׁ, תה"פ. Anoche.
Obscure- (אמש) הֶאֱמִשׁ, cerse.
Obscurecer. אַמֵּשׁ-
Obscurecerse. הַאֲמֵשׁ-
Nocturno. (amshí) אַמְשִׁי, ת.
Verdad, (emet) אֱמֶת, נ. realidad. Fidelidad, cumplimiento.
Verdadera- (bee-) בֶּאֱמֶת- mente, en verdad.
Verificar. אַמֵּת, פ"י.
Verificarse, הִתְאַמֵּת- rectificarse.
Verdad, (amitá) אֲמִתָּה, נ. realidad, axioma.
Rea- (amitut) אֲמִתּוּת, נ. lidad, verdad.
Saco, (amtájat) אַמְתַּחַת, נ. costal.
Verda- (amití) אֲמִתִּי, ת. dero, auténtico.
אֲמִתִּיּוּת, ר׳ אֲמִתּוּת.

אָמֹץ (אָמַץ, יֶאֱמַץ) פ"ע
Ser valiente, ser poderoso, vencer.
Adoptar. Animar. אִמֵּץ-
Escoger, elegir. Cerrar los ojos.
Ser animado. Ser אֻמּוֹץ- adoptado.
Glorificar. הֶאֱמִץ-
Animarse, es- הִתְאַמֵּץ- forzarse.
(a- אָמֹץ, ת. ר׳ אֲמֻצִּים motz) Gris.
Valor, (ómetz) אֹמֶץ, ז. ánimo.
(umtzá) אֻמְצָא, אֻמְצָה, נ. Biftec.
In- (amtzaá) אַמְצָאָה, נ. vención.
Valor, (amtzá) אַמְצָה, נ. ánimo.
Grisá- (amutzí) אֲמֻצִּי, ת. ceo.
Medio, (emtza) אֶמְצַע, ז. mitad, centro.
(emtzaut) אֶמְצָעוּת, נ. Medio. Intermedio.
Cen- (emtzaí) אֶמְצָעִי, ת. tral, medio.
(emtzaim) אֶמְצָעִים, ז"ר. Medios.
(emtzaiyut) אֶמְצָעִיּוּת, נ. Mediocridad.
(emtzait) אֶמְצָעִית, נ. Centro, medio.
אָמֹר (אָמַר. יֹאמַר) פ"י
Decir, hablar.
Ser dicho. הֵאָמֵר-
Ponerse en huelga. אִמֵּר-
Respetar, glo- הֶאֱמִר- rificar. Escoger.
Alabarse. Ser הִתְאַמֵּר- dicho.

(amatlá) נ, אֲמַתְלָה, אַמְתְּלָא
Pretexto, motivo.
(leán) .תה"פ, לְאָן , אָן
Donde, adonde.
(ad-ana) עַד. אָנָה-
Hasta cuando.
Favor, (ana) .מ"ק, אָנָּא
por favor.
(anguina) .נ, אַנְגִּינָה
Angina.
(inductor) .ז, אִנְדּוּקְטוֹר
Inductor.
(induktzya).נ, אִנְדּוּקְצְיָה
Inducción.
(indi- .ת, אִנְדִּיבִידוּאָלִי
viduali) Individual, personal.
(in- .ז, אִנְדִּיבִידוּאָלִיזם
dividualizm) Individualismo.
(in- .ז. אִנְדִּיבִידוּאָלִיסְט
dividualist) Individualista.
(indigó) .ז, אִנְדִּיגוֹ
Añil, índigo.
Índi-(index) .ז, אִנְדֶּכְּס
ce, índex.
(andro- .ז, אַנְדְּרוֹגִינוֹס
guinós) Andrógino.
(andarta) .נ, אַנְדַּרְטָה
Busto.
(andrala- נ, אַנְדְּרָלָמוּסְיָה
musya) Confusión.
אָנָה (אָנָה, יְאַנֶּה) פ"ע
Llorar, gemir, entristecerse. Engañar.
Ocasionar, causar. אִנָּה-
Engañar.
Ser ocasionado, אֻנָּה-
acontecer.
Pretextar. הִתְאַנָּה-

(ana) .תה"פ, אָנָה
¿Dónde? ¿Adónde?
אָנָה, ר' אוֹנָה.
אָנוּ, ר' אֲנַחְנוּ.
(a-.נ, אֲנוֹדָה ,ז. אָנוֹד
nod, anoda) Ánodo.
(invalid) .ז, אִנְוָלִיד
Inválido.
(anomalya) .נ. אֲנוֹמַלְיָה
Anomalía.
Triste, (anún) .ת, אָנוּן
melancólico.
Ano- (anona) .נ, אֲנוֹנָה
na.
(inventar) .ז, אִנְוֶנְטָר
Inventario.
(anonimi) .ת. אֲנוֹנִימִי
Anónimo.
Obliga-(anús) .ת, אָנוּס
do, forzado.
Obliga-(inús) .ז, אִנּוּס
ción.
(anófeles) .ז, אֲנוֹפֶלֶס
Anofeles.
(anormali) .ת, אֲנוֹרְמָלִי
Anormal.
Grave, (anush) .ת, אָנוּשׁ
incurable.
El (enosh) .ז, אֱנוֹשׁ
hombre.
(enoshut) .נ, אֱנוֹשׁוּת
Humanidad.
Hu-(enoshí) .ת, אֱנוֹשִׁי
mano.
אֱנוֹשִׁיּוּת, ר' אֱנוֹשׁוּת.
Suspirar, הֶאֱנַח, (אנח)
gemir.
Suspirar. הִתְאַנֵּחַ-
Suspi-(anajá) .נ. אֲנָחָה
ro, gemido.
(anájnu) .מ"ג, אֲנַחְנוּ

אֳנִיָּה,נ. ר' אֳנִיּוֹת (o-niyá) Barco, buque, nave, navío.
אֳנִיַּת-מִלְחָמָה (oniyat-miljamá) Barco de guerra.
אֳנִיַּת-מַשָּׂא (oniyat-masá) Barco de carga.
אֳנִיַּת-מַשְׁחִית (oniyat-mashjit))Torpedero.
אֳנִיַּת-סוֹחֵר (oniyat-so-jer) Barco mercante.
אֳנִיַּת-נוֹסְעִים (oniyat-nos-im) Paquebote.
אֳנִיַּת-קִיטוֹר (oniyat-kitor) Barco de vapor.
אֳנִיַּת-מִפְרָשׂ (oniyat-mifrás) Barco de velas.
אֳנִיַּת-דּוּגָה (oniyat-dugá) Barco de pesca.
אֳנִיַּת-שִׁרְיוֹן (oniyat-shiryón) Barco blindado.
אֲנִיָּה,נ. Triste-(aniyá) za, melancolía.
אָנִין, אֲנִין-הַדַּעַת,ת. (anín-hadáat) Sensible, sentimental.
אֲנִינָה, אֲנִינוּת,נ. (a-niná, aninut) Tristeza, melancolía.
אֲנִינוּת-הַדַּעַת,נ. (-hadá-at) Sensibilidad.
אֲנִיסָה,נ. Opre-(anisá) sión.
אֲנִישׁוּת,נ. (anishut) Gravedad.
אָנִיץ,ז. Pedún-(anitz) culo. Paquete.
אֲנָך,ז. Onix, ónice. (anaj).
אֲנָך,ז. Plomada, (anaj) Perpendicular.

Nosotros. Nosotras.
אִנְטֶגְרָלִי,ת. (integrali) Integral.
אִנְטוּאִיצְיָה,נ. (intui-tzya) Intuición.
אֲנָטוֹמִי,ת. (anatomi) Anatómico.
אֲנָטוֹמְיָה,נ. (anatomya) Anatomía.
אִנְטִימִי,ת. (intimi) Intimo.
אִנְטִימִיּוּת,נ. (intími-yut) Intimidad.
אַנְטִיפָּתִי,ת. (antipati) Antipático.
אַנְטִיפַּתְיָה,נ. (antipat-ya) Antipatía.
אַנְטִישֵׁמִי,ת. (antishemi) Antisemita.
אַנְטִישֵׁמִיּוּת,נ. (antishé-miyut) Antisemitismo, Odio a los judíos.
אַנְטִיתֶזָה,נ. (antitesa) Antítesis.
אִנְטֶלִיגֶנְטִי,ת. (inteli-guenti) Inteligente.
אִנְטֶלִיגֶנְצְיָה,נ. (inte-liguentzya) Inteligencia.
אִנְטֶלֶקְטוּאָלִי,ת. (inte-lectuali) Intelectual.
אַנְטֶנָּה,נ. An-(antena) tena.
אִנְטֶנְסִיבִי,ת. (intensi-vi) Intensivo.
אִנְטֶרֶס,ז. In-(interés) terés.
אַנְטַרְקְטִי,ת. (antarcti) Antártico.
אֲנִי,מ"ג. Yo. (aní)
אֳנִי,זו"נ. Escua-(oni) dra, barcos.

Ladrón, (anás) אַגָּס, ז.
bandolero.

(instink) אִנְסְטִינְקְט, ז.
Instinto.

(instin-ת. אִנְסְטִינְקְטִיבִי
ktivi) Instintivo.

אָנֹף (אָנַף, יֶאֱנֹף) פ"ע
Irritarse, enfadarse.

Irritar, enojar. הֶאֱנִיף-

Irritarse, eno- הִתְאַנֵּף-
jarse.

Cólera, (énef) אַנֶף, ז.
furia.

Garza.(anafá) אֲנָפָה, נ.

Gangueo.(inpuf) אִנְפּוּף, ז.

Ganguear. אִנְפֵּף, פ"ע.

(informá- אִנְפּוֹרְמַצְיָה. נ.
tzya) Información.

(intzident) אִנְצִידֶנְט, ז.
Incidente.

(entzi- אִנְצִיקְלוֹפֶּדִי, ת.
clopedi)Enciclopédico.

(entzi- אִנְצִיקְלוֹפֶּדְיָה, נ.
clopedya)Enciclopedia.

אָנֹק (אָנַק, יֶאֱנֹק) פ"ע
Quejarse, gemir.

Gemir, quejarse, הֶאֱנִיק-
lamentar.

Lamenta-(anacá) אֲנָקָה, נ.
ción, lamento, lloro,
gemido.

(inkvizi- אִנְקְוִיזִיצְיָה, נ.
tzya) Inquisición.

Garfio, (ancol) אַנְקוֹל, ז.
garabato.

Gor- (ancor) אַנְקוֹר, ז.
rión.

Onza.(unkiyá) אֻנְקִיָּה, נ.

Enér-(energui) אֶנֶרְגִי, ת.
gico.

Enchapar. Ser- אַנֵּךְ, פ"י.
virse de la plomada.

Per- (anajut) אֲנָכוּת, נ.
pendicularidad.

(anojí) אֲנֹכִי. מ"ג.
Yo.

Per- (anají) אֲנָכִי, ת.
pendicular.

(anojiyut) אֲנֹכִיּוּת, נ.
Egoísmo.

(anojiyí) אֲנֹכִיִּי ת.
Egoísta.

(analogya) אֲנָלוֹגִיָה, נ.
Analogia.

(analiza) אֲנָלִיזָה, נ.
Análisis.

Ana-(analiti) אֲנָלִיטִי. ת.
lítico.

(anemya) אֲנֶמְיָה, נ.
Anemia.

אָנֹן (אָנַן, יֶאֱנַן) פ"ע
Lamentar, quejarse.

Lamentar, llo- הֶאֱנִן-
rar.

Quejarse. הִתְאוֹנֵן-

Ananá, (ananás) אֲנָנָס, ז.
ananás.

אָנֹס (אָנַס, יֶאֱנֹס)פ"י
Obligar, forzar, vio-
lentar.

Ser obligado, ser הֶאֱנַס-
violentado.

Raptar, desvalijar, אַנֵּס-
robar.

Nombre(anusím) אֲנוּסִים-
dado en la Edad Media
en España a los judíos
conversos.

Obligación, (ones). אֹנֶס, ז.
violencia.

אֶנֶרְגְיָה, נ. (energya) Energía.

-אֶנֶרְגְיָה פּוֹטֶנְצְיָאלִית (energya-potentzyálit). Energía potencial.

-אֶנֶרְגְיָה קִינֶטִית (energya-kinétit) Energía cinética.

אֲנַרְכְיָה, נ. (anarjya) Anarquía.

אֲנַרְכִיזְם, ז. (anarjizm) Anarquismo.

אֲנַרְכִיסְט, ז. (anarjist) Anarquista.

אֹנֶשׁ, ז. (ónesh) Debilidad.

(אנש) הֶאֱנַשׁ Enfermarse, gravemente.

-הֶאֱנֵשׁ Enfermar gravemente.

-הִתְאַנֵּשׁ Formarse, hacerse.

אֲנָשִׁים, ר׳ אִישׁ.

אַנְתּוֹלוֹגְיָה, נ. (antologya) Antología.

אַנְתְּרוֹפּוֹלוֹגְיָה, נ. (antropologya) Antropología.

אַסְדָּה, נ. (asdá) Balsa, almadía.

אָסוּךְ, ז. (asuj) Vasija, aceitera.

אָסוּם, ת. (asum) Abundante.

אִסּוּם, ז. (isum) Almacenamiento.

אָסוֹן, ז. ר׳ אֲסוֹנוֹת (asón) Accidente, desgracia.

אִסּוּף, ז. (isuf) Recolección, recogimiento.

אֲסוּפִי, ז. (asufí) Niño encontrado.

אֲסוֹצְיַאצְיָה, נ. (osotziatzya) Asociación.

אָסוּר, ת. (asur) Atado, amarrado, encadenado. Prohibido. Arrestado, detenido.

אָסוּר, תה"פ. (asur) Prohibido.

אִסּוּר, ז. (isur) Prohibición, interdicción.

אֵסוּר, ז. ר׳ אֱסוּרִים (esur) Cadenas, esposas.

-בֵּית הָאֵסוּר, בֵּית הָאֲסוּרִים (beyt-haesur, beyt-haasurim) Cárcel, prisión.

אִסְטוּמְכָא, נ. (istumca) Estómago.

אִסְטְנִיס, ז. (istnis) Delicado, sensible.

אִסְטְנִיסוּת, נ. (istnisut) Delicadeza, sensibilidad.

אַסְטֵרוֹאִידִים, ז"ר. (asteroídim) Asteroides (planetas pequeños).

אַסְטְרוֹלוֹג, ז. (astrolog) Astrólogo.

אַסְטְרוֹלוֹגְיָה, נ. (astrologya) Astrología.

אַסְטְרוֹנוֹם, ז. (astronom) Astrónomo.

אַסְטְרוֹנוֹמִי, ת. (astronomi) Astronómico.

אַסְטְרוֹנוֹמְיָה, נ. (astronomya) Astronomía.

אַסְטְרָטֶגִי, ת. (astrategui) Estratégico.

אַסְטְרָטֶגְיָה, נ. (astrategya) Estrategia.

Mé- (asyá) .ז,אַסְיָא
dico.
Asia. (asia) .נ,אַסְיָה
Cosecha.(asif) .ז,אָסִיף
Otoño.
(jag-haasif) חַג-הָאָסִיף
La fiesta de los Ta-
bernáculos (Sucot).
Colecta,(asifá) .נ,אֲסִיפָה
recogimiento, recogida,
recolección.
,אֲסִירִים ר' .ז,אָסִיר
(asir) אֲסִירִים ר' ,אַסִּיר
Preso. Cautivo, prisi-
onero.
(asir-todá) אֲסִיר תּוֹדָה-
Muy agradecido.
Asiá-(asyati) .ת,אַסְיָתִי
tico.
Encar-(asirá) .נ,אֲסִירָה
celamiento.
(ascola) .נ,אַסְכּוֹלָה
Escuela.
Reja.(ascala) .נ,אַסְכָּלָה
Escala.
Dif- (ascará) .נ,אַסְכָּרָה
teria.
Pa- (ésel) .ז,אֶסֶל
lanca.
Is- (íslam) .ז,אִסְלָאם
lam.
Excu- (aslá) .נ,אַסְלָה
sado.
Convertir al .פ"י,אִסְלֵם
islamismo.
Alma- .פ"י,הֶאֱסִם ,אָסַם
cenar.
Granero,(asam) .ז,אָסָם
almacén.
Cosecha (ósem) .ז,אֹסֶם
abundante.

.נ,אַסְמַכְתָּה ,אַסְמַכְתָּא
(asmajtá) Garantía.
(ismargad) .ז,אִסְמַרְגְּד
Esmeralda.
פ"י (אָסַף ,יֶאֱסֹף) אָסַף
Recoger, reunir, colec-
cionar, amontonar. Con-
vocar. Aniquilar. Sanar,
curar.
Ser recogido. Re- הֵאָסֵף-
unirse. Esconderse.Mo-
rir.
Recoger, amonto- אַסֵּף-
nar. Albergar.
Ser recogido, ser אֻסַּף-
coleccionado.
Reunirse. הִתְאַסֵּף-
הֵאָסֵף אֶל עַמּוֹ , הֵאָסֵף-
Unirse a su אֶל אֲבוֹתָיו
pueblo, unirse a sus
padres: morir.
(ó- אֳסָפִים ר' .ז,אֹסֶף
sef) Recogimiento, re-
cogida, colecta. Cole-
cción.
(a- אֲסָפִים ר' .ז,אָסֹף
sof) Granero, almacén,
depósito.
Reunión,(asefá) .נ,אֲסֵפָה
asamblea. Recogimien-
to. Colección.
.נ"ר,אֲסֻפּוֹת (אספה)
(asupot) Sociedad.Co-
lección.
As- (asfalt) .ז,אַסְפַלְט
falto.
Co- (asfán) .ז,אַסְפָן
leccionador, coleccio-
nista.
(asfanut) .נ,אַסְפָנוּת
Colección.

Es-(aspanej) .ז, אַסְפָּנֵךְ
pinaca.
(asafsuf) .ז, אֲסַפְסוּף
Plebe, populacho.
Pro-(aspacá) .נ, אַסְפָּקָה
visión, suministro.
(aspeclar- .נ, אַסְפַּקְלַרְיָה
yá) Espejo.
(aspargós) .ז, אַסְפַּרְגוֹס
Espárrago.
(asparguel) .ז, אַסְפַּרְגֵּל
Membrillo.
(iscutlá) .נ, אִסְקוּטְלָה
Paila, aljofaina.
Um- (ascupá) .נ, אַסְקֻפָּה
bral.
אָסַר (אָסַר, יֶאֱסֹר) פ"י
Atar, amarrar. Encarce-
lar. Uncir. Prohibir
interdecir.
Ser atado, ser הֵאָסֵר-
amarrado. Ser encarce-
lado. Ser prohibido.
Ser atado. Ser אֻסַּר-
encarcelado.
(esar, i- .ז, אֱסָר, אִסָּר
sar) Voto, promesa.
Atadura,(asará) .נ, אֲסָרָה
amarradura.
(ísru-jag) .ז, אִסְרוּ חַג
El día siguiente a una
fiesta.
Esté- (esteti) .ת, אֶסְתֶּטִי
tico.
(astma) .נ, אַסְתְּמָה
Asma.
(aster) .ז, אַסְתֵּר
Aster.
אַף, ז. ר׳ אַפִּים, אַפַּיִם
(af) Nariz. Cólera.
(al - af) עַל אַף-

A pesar de.
אִישׁ אַף, בַּעַל אַף, קְצַר-
(ish-af, báal-af, אַפַּיִם
cótzer-apáyim) Hombre
irascible, colérico,,
furioso.
(érej-apá- אֶרֶךְ אַפַּיִם-
yim) Paciente.
(órej-apá- אֹרֶךְ אַפַּיִם-
yim) Paciencia.
(al- עַל אַפּוֹ וְעַל חֲמָתוֹ-
apó-veal-jamató) A pe-
sar de él.
Aunque, (af) .מ"ח, אַף
También.
אַף עַל פִּי, אַף עַל גַּב-
(af-al-pi, af-al-gav)
Aunque.
(af-al- אַף עַל פִּי כֵן-
pi-jen) Sin embargo, no
obstante, a pesar de.
Aun- (af-ki) אַף כִּי-
que.
אָפַד (אָפַד, יֶאְפֹּד) פ"י
Ceñir, vestir.
Vestirse. הֵאָפֵד-
Vestir. Glorifi- אַפֵּד-
car, alabar.
Ceñidor.(afudá).נ, אֲפֻדָּה
Chaleco. Vestido.
Palacio.(apéden).ז, אַפֶּדֶן
Pabellón.
אָפָה (אָפָה, יֹאפֶה) פ"י
Cocer al horno, horne-
ar.
Ser cocido. הֵאָפֵה-
Cocerse. הִתְאַפֵּה-
אֵפֹה, ר׳ אוֹפָה.
אֵפוֹא, ר׳ אֵיפוֹא.
אֵפוֹד, ז. ר׳ אֵפוֹדִים
(efod) Casulla, vesti-

אָפַז (אָפַז, יֶאֱפַז) פ"ע
Burlarse.
אֶפִּטְרוֹפּוּס, אַפּוֹטְרוֹפּוּס,
(epitrópus, apotro- .ז
pus) Tutor. Administrador.
אֶפִּטְרוֹפְּסוּת, נ.
(epitrop-sut) Tutela, tutoría.
אֳפִי, אֹפִי, ז.
(ofi) Temperamento.
אַפִּי, ת. Nasal. (apí)
אֶפִּי, ת. Epico. (epi)
אֶפִּיגְרַם, ז. (epigram)
Epigrama.
אֶפִּיגְרַף, ז. (epigraf)
Epígrafe.
אֶפִּידֶמְיָה. נ. (epidemya)
Epidemia.
אֶפִּידֶרְמִיס, ז. (epider-mis) Epidermis.
אֲפִיָּה, נ. Cocción, (afiyá) cocimiento.
אֲפִיּוּת, נ. (afiyut)
Temperamento.
אֶפִּיזוֹדָה, נ. (epizoda)
Episodio.
אֶפִּיזוֹדִי, ת. (epizodi)
Episódico.
אֶפִּיַטְרוֹס, ז. (epiyatrós)
Veterinario.
אָפְיִי, ת. Carac- (ofyí) terístico.
אָפִיל, ת. Tardío, (afil) tardo.
אֶפִּילוֹג, ז. (epilog)
Epílogo.
אֲפִילוּ, אַפִּלּוּ, מ"ח. (a-filu) Aunque, a pesar de, aún cuando, a pesar de que.

mento de los sacerdotes israelitas.
אִפּוֹדְרוֹם, ז. (ipodrom)
Hipódromo.
אָפוּי, ת. Hornea-(afuy) do, cocido al horno.
אִפּוּל, ז. Obscu-(ipul) recimiento.
אַפּוֹלוֹ, אַפּוֹלוֹן, ז. (a-polo, apolon) Apolo, (dios del sol).
אַפּוֹלוֹגְיָה, נ. (apolog-ya) Apología.
אַפּוֹלִיטִי. ת. (apoliti)
Apolítico.
אִפּוּן, ז. ר' אֲפוּנָה.
אִפּוּן, ז. Instru-(ipún) mento de tortura.
אֲפוּנָה, נ. Al-(afuná) verja.
אֶפּוֹס, ז. Epope- (epos) ya.
אֶפּוֹפֵּיָה, נ. (epopeya)
Epopeya.
אָפוּץ, ת. Apretado, (afutz) comprimido.
(אַפּוּקֵי) לְאַפּוּקֵי, (laa-pukey) Excepto, salvo, fuera de.
אַפּוֹקְרִיפִים, ז"ר. (apo-crífim) Apócrifos (libros sagrados).
אִפּוּר, ז. Afeite. (ipur)
אֲפוֹרִיזְם, ז. (aforizm)
Aforismo.
אַפּוֹתֵאוֹזָה, נ. (apoteosa)
Apoteosis.
אִפּוֹתֵיקָה, נ. (ipoteyca)
Hipoteca.
בַּנְק אִפּוֹתֵקָאִי- (bank-i-potecay) Banco hipotecario.

Nariz.(apáyim).ז"ר, אַפַּיִם
Ventanas de la nariz .
Cólera, furia, ira.
Caracteri- .פ"י, אִפְיֵן
zar
Carac-(ofyaní) .ת, אָפְיָנִי
terístico.
(afi-.נ, אֲפִיסוּת . אֲפִיסָה
sá, afisut) Pérdida,
falta.
אַפִּיפְיוֹר, אֲפִיפְיוֹר, ז.
(apifyor, afifyor) Pa-
pa.
(apifyo- .נ, אַפִּיפְיוֹרוּת
rut)Papado,pontificado.
(apifyorí) .ת, אַפִּיפְיוֹרִי
Papal.
Cauce. (afik) .ז, אָפִיק
Canal.
(aficomán) .ז, אֲפִיקוֹמָן
Postre, sobremesa, so-
brecomida.
(epicoros) .ז, אֶפִּיקוֹרוֹס
Ateo. Epicúreo.
(epicors- .נ, אֶפִּיקוֹרְסוּת
ut)Ateísmo.Epicureísmo.
(epicorsí) .ת, אֶפִּיקוֹרְסִי
Ateo. Epicúreo.
אָפַל (אָפַל, יֶאֱפַל) פ"ע
Obscurecerse.
Obscurecer. Tar- הֶאֱפִיל-
dar, demorar.
(ófel, .נ, אֲפֵלָה .ז, אֹפֶל
afelá) Obscuridad.
Obscuro, (afel) .ת, אָפֵל
sombrío. Fig. desgra -
ciado.
אֲפֵלָה,נ. ר' אֹפֶל.
(aflulí) .ת, אַפְלוּלִי
Sombrío.
אַפְלוּ, ר' אֲפִילוּ.
(aflulit) .נ, אַפְלוּלִית
Obscuridad, sombra.
(aplatoni) .ת, אַפְּלָטוֹנִי
Platónico.
Obs-(afelut) .נ, אֲפֵלוּת
curidad.
אָפַן (אָפַן, יֶאֱפֹן) פ"י
Andar en bicicleta.Dar
vueltas, girar.
Girar, rodar, dar הֶאֱפִין-
vueltas.
Atormentar. אִפֵּן-
(o- אֹפֶן, ז. ר' אֳפַנִּים
fen) Modo, manera. As-
pecto, forma.
(bejol-ofen) בְּכָל אֹפֶן-
A toda costa. De todos
modos.
(beshum-ofen) בְּשׁוּם אֹפֶן-
De ningún modo.
Cin-(afundá) .נ, אֲפֻנְדָּה
turón, cinto.
(apendit- .ז, אַפֶּנְדִּיצִיט
zit)Apendicitis.
Mo- (ofná) .נ, אָפְנָה
da.
De (ofnatí) .ת, אָפְנָתִי
moda, a la moda.
אָפֵס (אָפַס, יֶאְפַּס) פ"ע
Cesar, terminarse.
(e- אֶפֶס, ז. ר' אֲפָסִים
fes) Cero. Vanidad.Ex-
tremidad, fin,término.
Nada,(efes) .תה"פ, אֶפֶס
sin, pero, solamente,
sólo.
(o- אֹפֶס, ז. ר' אֲפָסִים
fes) Talón, calcañar ,
calcáneo.
(af-.נ, אַפְסִיּוּת , אַפְסוּת
sut, afsiyut) Vanidad,
nulidad.
(apistak) .ז, אַפְּסְטָק

Pistacho.
Nulo, (afsí) .ת, אַפְסִי
vano.
Nihi- (afsán) .ז, אַפְסָן
lista.
(afsanut) .נ, אַפְסָנוּת
Nihilismo.
(afsanyá) .נ, אַפְסַנְיָה
Suministro.
Brida,(afsar) .ז, אַפְסָר
riendas.
Vanidad, (efa) .ז, אֶפַע
nada.
Víbora. (ef-é) .ז, אֶפְעֶה
אָפַף (אָפַף, יֶאֱפֹף) פ"י
Rodear, cercar.
אָפַץ (אָפַץ, יֶאֱפֹץ) פ"י
Apretar.
Conte- (אפק) הִתְאַפֵּק,
nerse, aguantar, abs-
tenerse.
Hori- (ofek) .ז, אֹפֶק
zonte.
Efecto, (efekt).ז, אֶפֶקְט
acción.
(efektivi) .ת, אֶפֶקְטִיבִי
Efectivo.
Horizon-(ofkí) .ת, אָפְקִי
tal.
Ceniza. (éfer) .ז, אֵפֶר
Fig. vanidad, nada.
Incinerar, .פ"י, אִפֵּר
quemar. Pintar.
Dar color gris. הֶאֱפִר-
Pintarse el ros-הִתְאַפֵּר-
tro. Reducirse a ceniza.
Gris. (afor) .ת, אָפֹר
Máscara. (afer) .ז, אֲפֵר
Pasturaje,(afar).ז, אָפָר
prado.
(afrodita) .נ, אַפְרוֹדִיטָה
Afrodita (diosa).
Pi- (efróaj) .ז, אֶפְרֹחַ
chón, polluelo.
(efrojí) .ת, אֶפְרוֹחִי
Del polluelo.
(afrurí) .ת, אֲפַרוּרִי
Grisáceo.
(apiryón) .ז, אַפִּרְיוֹן
Silla de manos.
(april) .ז, אַפְּרִיל
Abril.
אַפְרִיקָאִי, אַפְרִיקָנִי .ת,
(africái, africani) A-
fricano.
(áfrica) .נ, אַפְרִיקָה
Africa.
אַפַרְכָּס .ז, אַפַרְכֶּסֶת .נ,
(afarcás, afarkéset)Em-
budo. Pabellón de la o-
reja. Auricular.
(afarsemón).ז, אֲפַרְסְמוֹן
Bálsamo.
Du-(afarsek) .ז, אֲפַרְסֵק
razno.
(afarpar) .ת, אֲפַרְפַּר
Grisáceo.
Efra-(efratí) .ת, אֶפְרָתִי
teo,de la tribu Efraín.
Deseo, (éfesh) .ז, אֶפֶשׁ
voluntad.
(efshar) .תה"פ, אֶפְשָׁר
Posible, puede ser.
(i-efshar) אִי-אֶפְשָׁר
Imposible.
Posibilitar..פ"י, אִפְשֵׁר
Permitir.
(efsharut) .נ, אֶפְשָׁרוּת
Posibilidad.
Po- (efsharí) .ת, אֶפְשָׁרִי
sible.
Apático.(apati).ת, אַפָּתִי

Apatía.(apatya). אַפַּתְיָה, נ

Angosto, (atz) .אָץ, ת

estrecho.

אֶצְבַּע,נ., ר' אֶצְבָּעוֹת

(etzba) Dedo. Índice.

(etzba-e- אֶצְבַּע אֱלֹהִים-

lohim) Dedo de Dios :

milagro.

(etzbaón) .אֶצְבָּעוֹן, ז

Dedal.

(etzbeoní) .אֶצְבְּעוֹנִי, ת

Pulgarcito, enano.

(etzbeonit). אֶצְבְּעוֹנִית, נ

Digital.

Pul- (etzbaí) .אֶצְבָּעִי, ת

garcito, enano.

Alga. (atzá) .אַצָּה, נ

(itztabá) .אִצְטַבָּה, נ

Anaquel, estante.

(itztagnín) .אִצְטַגְנִין, ז

Astrólogo.

(itztag- .אִצְטַגְנִינוּת, נ

ninut) Astrología.

אִצְטַדְיוֹן, אִצְטָדִין .ז

(itztadín, itztadyón)

Estadio.

(itztavaná) .אִצְטְוָנָה, נ

Cilindro.

(itztavaní) .אִצְטְוָנִי, ת

Cilíndrico.

Sobre-(itztela). אִצְטְלָה, נ

todo, manto.

(itztrubal) .אִצְטְרֻבָּל, ז

Cono.

(a- אָצִיל, ז., ר' אֲצִילִים

tzil) Noble, hidalgo ,

aristócrata.

אַצִּיל, ז. אַצִּילָה, נ. ר'

(atzil, אַצִּילוֹת, אַצִּילִים

atzilá) Brazo, articu-

lación.

(atzilut) .אֲצִילוּת, נ

Nobleza, aristocracia.

No- (atzilí) .אֲצִילִי, ת

ble, hidalgo.

Amon-(atzirá) .אֲצִירָה, נ

tonamiento.

Donde, (étzel) .אֵצֶל, מ"י

a casa de. Cerca de.

אצל (אָצַל, יֶאֱצַל) פ"י

Separar. Impedir.

Ser separado, הֵאָצֵל-

ser alejado.

Ennoblecer. אַצֵּל-

Separar, quitar. הַאֲצֵל-

Ennoblecer.

Ennoblcerse. הִתְאַצֵּל-

Bra-(etz-adá) .אֶצְעָדָה, נ

zalete, manilla.

אצר (אָצַר, יֶאֱצֹר) פ"י

Amontonar, acumular ,

depositar.

Ser acumulado, הֵאָצֵר-

ser depositado.

Acumular, depo- אַצֵּר-

sitar, almacenar.

Nombrar un te- הַאֲצֵר-

sorero.

Ser depositado. הִתְאַצֵּר-

(ekdó- ,ז, אֶקְדָּח ,אֶקְדּוֹחַ

aj, ekdaj) Revólver ;

pistola.

Car- (ekdaj) .אֶקְדָּח, ז

búnculo, rubí.

(ekdájat) .אֶקְדַּחַת, נ

Carbúnculo, rubí.

(academi) .אֲקָדֶמִי, ת

Académico.

(academya) .אֲקָדֶמְיָה, נ

Academia.

Gamuza. (aco) .אַקּוֹ, ז

(acumu- .אֲקוּמוּלָטוֹר, ז

mulátor)Acumulador.

(economi) .אֶקוֹנוֹמִי, ת
Económico.
(economya).אֶקוֹנוֹמְיָה, נ
Economía.
Acu- (acord) .אַקוֹרְד, ז
erdo.
(acordyón).אַקוֹרְדְּיוֹן, ז
Acordeón.
(akvaryón) .אַקְוַרְיוֹן, ז
Acuario.
Acua-(akvarel).אַקְוָרֶל, ז
rela.
(actuali) .אַקְטוּאָלִי, ת
Actual.
Ac- (activ) .אַקְטִיב, ז
tivo.
(activi) .אַקְטִיבִי, ת
Activo.
(activi- .אַקְטִיבִיוּת, נ
yut) Actividad.
Acli-(iclum) .אִקְלוּם, ז
matación.
Cli- (aclim) .אַקְלִים, ז
ma.
(aclimi) .אַקְלִימִי, ת
Climático.
Aclimatar. .אִקְלֵם, פ"י
Aclimatarse. -הִתְאַקְלֵם
Ac- (aktzya) .אַקְצְיָה, נ
ción, bono.
(aktzyoner).אַקְצְיוֹנֵר, ז
Accionista.
Plaza (acra) .אַקְרָה, נ
fuerte.
(acrobat) .אַקְרוֹבָּט, ז
Acróbata.
(acrobá- .אַקְרוֹבָּטִיקָה, נ
tica) Acrobacia.
(acros- .אַקְרוֹסְטִיכוֹן, ז
tijón) Acróstico.
Área(medida).(ar) .אר ז

(ariel, .אֲרִאֵל, אֶרְאֵל, ז
er-el) Ángel.
אָרַב (אָרַב, יֶאֱרֹב) פ"ע.
Acechar, espiar.
Acechar, -אָרֵב, הֶאֱרִב
espiar.
(érev,ó- .אֶרֶב, אֹרֶב, ז
rev) Emboscada.
Langosta.(arbé) .אַרְבֶּה, ז
Chimenea.(arubá).אֲרֻבָּה, נ
Abertura, orificio.Pa-
lomar. Fig. ojo.
Movimi- (orbá) .אָרְבָּה, נ
ento, oscilación. Em-
barcación.
Cua-(arba) .אַרְבַּע, ש"מ
tro (fem.).
(arbá-esré) -אַרְבַּע עֶשְׂרֵה
Catorce (fem.).
Cuatro(arbaá).אַרְבָּעָה, ש"מ
(mas.).
(arbaá-asar)-אַרְבָּעָה עָשָׂר
Catorce (mas.)
(arbaón) .אַרְבָּעוֹן, ז
Tetraedro.
(arbaim) .אַרְבָּעִים, ש"מ
Cuarenta.
(arba-a- .אַרְבַּעְתַּיִם, ת, תה"פ
táyim) Cuádruple.
אָרַג (אָרַג, יֶאֱרֹג) פ"י
Tejer. Componer un li-
bro.
Ser tejido. Ser -הֶאֱרַג
compuesto.
Alinear. -אָרֵג
Tejido. (éreg) .אֶרֶג, ז
Composición.
Ergio. (erg) .אֶרְג, ז
Organi-(irgún).אִרְגּוּן, ז
zación.
(argván) .אַרְגָּוָן, ז

אָרוֹן, ז. ר׳ אֲרוֹנוֹת
(arón) Armario, Cajón.
Ataúd.
Cómo-(aronit) אֲרוֹנִית, נ.
da, armario pequeño.
(arús) אָרוּס, אָרוּשׂ, ז.
Novio.
(a- אֲרוּסָה, אֲרוּשָׂה, נ.
rusá) Novia.
אֵרוּסִים, אֵרוּסִין, אֵ-
(erusim, erusín) רוּשִׂים
Esponsales.
Mal- (arur) אָרוּר, ת.
dito.
Ca-(urvatán) אֻרְוָתָן, ז.
ballerizo.
(é- אֶרֶז, ז. ר׳ אֲרָזִים
rez) Cedro.
ארז (אָרַז, יֶאֱרֹז) פ"י
Empacar, empaquetar,
embalar.
Arroz. (órez) אֹרֶז, ז.
ארח (אָרַח, יֶאֱרַח) פ"ע
Caminar, andar.
Albergar. אֵרַח-
Albergar. הֶאֱרִיחַ-
Ser albergado, הִתְאָרֵחַ-
alojarse.
(ó- אֹרַח, ז. ר׳ אֳרָחוֹת
raj) Camino. Manera,
modo. Costumbre, há-
bito, uso.
אֹרְחָה, ר׳ אוֹרְחָה.
אֲרִי, אַרְיֵה, ז. ר׳ אֲ-
(arí, ar- רָיוֹת, אֲרָיִים
yé) León.
(arí-ha- אֲרִי הַבַּרְדְּלָס-
bardelás) Leopardo.
אֲרִי־הַיָּם, אֲרִי־הַמַּיִם-
(arí-hayam, arí-hamá-
yim) Otaria.
(ariel) אֲרִיאֵל, ז.

Púrpura.
(argvaní) אַרְגְּוָנִי, ת.
Purpúreo.
(argvanit) אַרְגְּוָנִית, נ.
Manto de púrpura.
Caja, (argaz) אַרְגָּז, ז.
cofre, cajón.
(arguiá) אַרְגִּיעָה, נ.
Instante, momento.
(argamán) אַרְגָּמָן, ז.
Púrpura. Manto de púr-
pura. Rubí.
(argmaní) אַרְגְּמָנִי, ת.
Purpúreo.
Organizar. אִרְגֵּן, פ"י.
Ser organizado. אֹרְגַּן-
Organizarse. הִתְאַרְגֵּן-
Latón. (arad) אָרָד, ז.
Trufa. (éred) אֶרֶד, ז.
(ardijal) אַרְדִּיכָל, ז.
Arquitecto.
(ardija- אַרְדִּיכָלוּת, נ.
lut) Arquitectura.
(ardijalí) אַרְדִּיכָלִי, ת.
Arquitectural.
ארה (אָרָה, יֶאֱרֶה) פ"י
Recoger, recolectar.
Cuadra, (urvá) אֻרְוָה, נ.
caballeriza.
Empacado, (aruz). אָרוּז, ת.
embalado.
(arujá). אֲרוּחָה, אֲרֻחָה, נ.
Comida.
(arujat- אֲרוּחַת בֹּקֶר-
bóker) Desayuno.
(arujat- אֲרוּחַת צָהֳרַיִם-
tzohoráyim) Almuerzo.
(arujat-é- אֲרוּחַת עֶרֶב-
rev) Cena, comida.
(arujá,. אֲרוּכָה, אֲרֻכָה, נ.
arucá) Cura, curación.

Parlotear, הַאֲרֵךְ לָשׁוֹן-
charlar.
Contenerse. הַאֲרֵךְ רוּחַ-
(a- אָרֹךְ ,ת. ר' אֲרֻכִּים
roj) Largo.
Largor, (órej) אֹרֶךְ ,ז.
longitud. Duración.
אֹרֶךְ אַף, אֹרֶךְ אַפַּיִם-
(órej-af, órej-apáyim)
Pacincia.
(órej-yamim) אֹרֶךְ יָמִים-
Longevidad.
(órej-rúaj) אֹרֶךְ רוּחַ-
Paciencia.
(cav - órej) קַו־אֹרֶךְ-
Meridiano.
(arjaizm) אַרְכָאִיזְם ,ז.
Arcaísmo.
Plazo, (arcá) אַרְכָּה ,נ.
dilación. Duración.
(ar- אַרְכֻּבָּה, אַרְכּוּבָה ,נ.
cuvá, arcubá) Rodilla.
Pedúnculo. Manubrio.
Ganga. (arcof) אַרְכּוֹף ,ז.
Estribo.
(arjeyo- אַרְכֵיאוֹלוֹג ,ז.
log) Arqueólogo.
(arjeo- אַרְכֵאוֹלוֹגִי ,ת.
logui) Arqueológico.
(arjeo- אַרְכֵאוֹלוֹגְיָה ,נ.
logya) Arqueología.
(arjiyón) אַרְכִיּוֹן ,ז.
Archivo.
(arjitekt) אַרְכִיטֶקְט ,ז.
Arquitecto.
(arji- אַרְכִיטֶקְטוּרָה ,נ.
tectura) Arquitectura.
Locuaz, (arcán) אַרְכָן ,ז.
verboso.
(arajraj) אֲרַכְרַךְ ,ת.
Oblongo, largo, apai-
sado.

Héroe, valiente.
Tejido, (arig) אָרִיג ,ז.
tela.
Tejido, (arigá) אֲרִיגָה ,נ.
tejedura, textura.
Recogi-(ariyá) אֲרִיָּה ,נ.
miento, recolección.
Em- (arizá) אֲרִיזָה ,נ.
paque.
Baldosa, (aríaj) אָרִיחַ ,ז.
baldosín.
Cua- (arijí) אֲרִיחִי ,ת.
drado.
Lar-(arijut) אֲרִיכוּת ,נ.
gura. Duración.
(arijut- אֲרִיכוּת יָמִים-
yamim) Longevidad.
Aparcero, (arís) אָרִיס ,ז.
granjero.
אֲרִיסוּת, אֲרִיסִיּוּת ,נ.
(arisut, arisiyut) Apar-
cería.
(aristo- אֲרִיסְטוֹקְרָט ,ז.
crat) Aristócrata.
(aris- אֲרִיסְטוֹקְרַטְיָה ,נ.
tocrátya) Aristocracia.
Mal-(arirá) אֲרִירָה ,נ.
dición.
אָרַךְ (אָרַךְ, יֶאֱרַךְ) פ"ע
Ser largo. Prolongarse.
Ser prolongado. הֹאֲרַךְ-
Alargar, prolongar הֶאֱרִיךְ-
Sanarse, curarse, alen-
tarse.
Alargar- הַאֲרֵךְ, הִתְאָרֵךְ-
se, prolongarse.
הַאֲרֵךְ אַף, הַאֲרֵךְ נֶפֶשׁ-
Contener la cólera.
Vivir mu- הַאֲרֵךְ יָמִים-
cho tiempo.
Hablar de- הַאֲרֵךְ דְּבָרִים-
masiado.

אַרְמוֹן, ז. ר׳ אַרְמוֹנוֹת
(armón) Palacio.
אֲרַמִּי, ז. Arameo.(aramí)
No-judío.
אֲרָמִית, נ. Idioma(aramit).
arameo.
אֹרֶן, ז. ר׳ אֳרָנִים (o-
ren) Pino.
אַרְנָב, ז. Liebre (arnav)
macho.
אַרְנֶבֶת, נ. (arnévet)
Liebre.
אַרְנוֹנָה, נ. Im-(arnoná)
puesto.
אָרְנִיָּה, נ. Boleto(orniyá).
(hongo).
אַרְנָק, ז. Monedero,(arnak).
billetera.
אָרַס (אָרַס, יְאָרֵס) פ"י
Desposar.
-הָאָרֵס, אֹרַס, הִתְאָרֵס
Desposarse.
אֶרֶס, ז. Veneno, (eres)
toxina.
אַרְסִי, ת. Venenoso,(arsí).
tóxico.
אַרְסִיּוּת, נ. (arsiyut)
Toxicidad.
אַרְסָן, ז. Ar- (arsán)
sénico.
אָרַע (אָרַע, יְאָרַע) פ"ע
Ocurrir, acontecer,su-
ceder, pasar.
-אֵרַע Suceder, ocurrir,
acontecer.
-הִתְאָרֵעַ Ocurrir, suceder, acontecer.
אַרְעִי, ת. Tempora-(ar-í)
rio, provisional.
אַרְעַי, ז. Acciden-(ar-ay).
te,casualidad.

אַרְעִיּוּת, נ. (ar-iyut)
Casualidad.
אֶרֶץ, נ. ר׳. אֲרָצוֹת
(éretz)Tierra,país.
-אֶרֶץ יִשְׂרָאֵל, אֶרֶץ כְּ-
נַעַן, אֶרֶץ הַכַּרְמֶל, אֶ-
רֶץ הַצְּבִי, (éretz-yis-
rael, éretz-kenaan ,
-hacarmel,-hatzví)La
Tierra Santa.
-אֶרֶץ הַקֹּדֶשׁ, הָאָרֶץ הַ-
קְּדוֹשָׁה (éretz-hacódesh,
haáretz-hakdoshá) La
Tierra Santa.
-הָאָרֶץ La (haháretz)
Tierra: Israel.
-דֶּרֶךְ אֶרֶץ (dérej-éretz)
Urbanidad, cortesía,
respeto.
-חוּץ לָאָרֶץ (jutz-la-
áretz) El exterior.
-עַם הָאָרֶץ (am-haáretz)
El pueblo del país .
Ignorante.
-אֶרֶץ מוֹלֶדֶת (éretz-
molédet) Suelo patrio.
-עַם הָאַרְצוּת (am-haar-
tzut) Ignorancia.
אַרְצִי, ת. Ter- (artzí)
restre. Nacional.
אַרְצִית, נ. (artzit)
Comején.
אָרָק, ז. Aguar- (árak)
diente.
אַרְקְטִי, ת. Artico(arkti)
אֶרֶקֶת, נ. Ic-(aréket)
tericia.
אָרֹר (אָרַר, אָר, יָאֹר)
פ"י Maldecir.
-הֵאוֹר, הָאָרֵר Der mal-
decido.

Maldecir. ־אָרַר
Ser mal- הִתְאָרֵר ,הוּאַר־
decido.
Maldi- (érer) .ז ,אֵרֶר
ción.
Desposarse. .פ"י ,אָרַשׂ
Ser desposado. ־אוֹרַשׂ
אָרַשׂ (אָרַשׂ ,יְאָרֵשׂ) פ"ע
Hablar.
Habla,(aréshet) .נ ,אֲרֶשֶׁת
palabra.
(esh) אִשִּׁים ר׳ .נ ,אֵשׁ
Fuego.
Ma- (eshbol) .ז ,אֶשְׁבּוֹל
zorca.
(eshbóren) .ז ,אֶשְׁבּוֹרֶן
Foso, hoyo, hueco.
Cascada,(éshed) .ז ,אֶשֶׁד
salto.
Declive,(ashedá) .נ ,אֲשֵׁדָה
ladera.
אִשָּׁה ,נ. ס׳ אֵשֶׁת ,ר׳ נָ־
Mujer. Es- (ishá) שִׁים
posa.
(éshet-jáyil) אֵשֶׁת־חַיִל
Mujer piadosa, fuerte.
Mu-(éshet-jen) אֵשֶׁת־חֵן
jer hermosa.
(ishé) אִשִּׁים ר׳ .ז ,אִשֶּׁה
Holocausto, sacrificio.
Car- (ashvá) .נ ,אַשְׁוָה
rete, bobina.
Abeto.(ashúaj) .ז ,אַשּׁוּחַ
Paso, (ashur) .ז ,אָשׁוּר
huella, rastro, indicio,
señal. Boj.
Sanción,(ishur) .ז ,אשוּר
ratificación, aprobación.
Asiria. (ashur) ,אַשּׁוּר
Asirio,(ashurí) .ת ,אַשּׁוּרִי
de Asiria.

Femi-(ishut) .נ ,אִשּׁוּת
neidad.
Base, (oshyá) .נ ,אָשְׁיָה
fundamento.
Bote-(ashishá) .נ ,אֲשִׁישָׁה
lla, frasco. Pan de
higos.
(é- אֲשָׁכִים ר׳ .ז ,אֶשֶׁךְ
shej) Testículo.
(ashcavá) .נ ,אַשְׁכָּבָה
Entierro.
(tfilat- תְּפִלַּת־אַשְׁכָּבָה
ashcavá) Oración fú-
nebre.
אֶשְׁכּוֹל ,ז. ר׳ אֶשְׁכּוֹלוֹת
(eshcol) Ramo, manojo,
paquete.
אֶשְׁכּוֹלִית ,נ. ר׳ אֶשְׁכּוֹ־
Grape-(eshcolit) לִיּוֹת
fruit.
Ale-(ashkenaz) .ז ,אַשְׁכְּנַז
mania.
(ashkenazí) .ת ,אַשְׁכְּנַזִּי
Askenazí: judío de ori-
gen alemán.
(ashkena- .נ ,אַשְׁכְּנַזִּית
zit) Idioma alemán. I-
dish.
Cur- (ushcaf) .ז ,אֻשְׁכָּף
tidor. Talabartero.
Rega-(eshcar) .ז ,אֶשְׁכָּר
lo, presente.
(eshcróa) .ז ,אֶשְׁכְּרוֹעַ
Boj.
Tamarisco,(éshel) .ז ,אֶשֶׁל
taray. Hotel.
Po- (ashlag) .ז ,אַשְׁלָג
tasio, potasa.
(as hlagán) .ז ,אַשְׁלְגָן
Potasio.
Espe-(ashlayá) .נ ,אַשְׁלָיָה
ranza vana.

אָשַׁם (אָשֵׁם, יֶאְשַׁם) פ"ע
Ser culpable.
Acusar, culpar, inculpar. -הֶאְשִׁים
Ser acusado. -הֻאְשַׁם
Culpable. (ashem) אָשֵׁם, ת.
Culpa, pecado. (asham) אָשָׁם, ז.
Pecador, rebelde. (ashmay) אַשְׁמַאי, ת.
(ashmeday) אַשְׁמְדַאי, ז.
Lucifer, jefe de los demonios.
אַשְׁמוּרָה, אַשְׁמֹרֶת, נ. (ashmurá, ashmóret) Vela, velada, vigilia, velación.
Obscuridad. Fig. sepulcro. (ashmán) אַשְׁמָן, ז.
Ventanilla. (eshnav) אֶשְׁנָב, ז.
Brujo, hechicero. (ashaf) אַשָּׁף, ז.
Basura. (ashpá) אַשְׁפָּה, נ.
Carcaj, aljaba. (ashpá) אַשְׁפָּה, נ.
Hospitalización. (ishpuz) אִשְׁפּוּז, ז.
Hospitalizar. אִשְׁפֵּז, פ"י
Ser hospitalizado. -אֻשְׁפַּז
Huésped. (ushpiz) אֻשְׁפִּיז, ז.
(ushpizján) אֻשְׁפִּיזְכָן, ז.
Mesonero, posadero, ventero.
Porción. (eshpar) אֶשְׁפָּר, ז.
Decorador. ( ) אַשְׁפָּר, .

אִשְׁקוּקָה, אִשְׁקוּקֵי, ז.
(ishcucá, ishcukey)
Ajedrez.
(ishcucán) אִשְׁקוּקָן, ז.
Ajedrista.
אָשַׁר (אָשֵׁר, יֶאְשַׁר) פ"ע
Marchar, andar.
Marchar, andar. -אִשֵּׁר
Conducir, dirigir. Alabar, glorificar. Ratificar, confirmar.
Ser aprobado, confirmado, ratificado. -אֻשּׁר
Aprobarse, confirmarse. Ser feliz, hacerse feliz. -הִתְאַשֵּׁר
Felicidad. (ósher) אֹשֶׁר, ז.
אֲשֶׁר, מ"י, מ"ג, תה"פ.
(asher) Que, el cual, la cual, los cuales, el que, la que, los que.
Donde. (baasher) Porque. -בַּאֲשֶׁר
(el-asher) Donde. -אֶל אֲשֶׁר
Cuando. (caasher) Como. -כַּאֲשֶׁר
De, de (measher) donde. Porque. -מֵאֲשֶׁר
Crédito. (ashray) אַשְׁרַאי, ז.
Aprobación. Visa. (ashará) אַשְׁרָה, נ.
אֲשֵׁרָה, נ. ר' אֲשֵׁרוֹת, אֲשֵׁרִים
Astarte, (asherá) Astartea: diosa del cielo entre los pueblos semíticos.
Feliz, dichoso. (ashrey) אַשְׁרֵי, מ"ק

אָשֵׁשׁ. פ"י. Fortificar, animar.

-אוּשַׁשׁ Ser fortificado.

-הִתְאוֹשֵׁשׁ Fortificarse, animarse.

אֵשֶׁת, ר' אִשָּׁה.

אֶשְׁתָּקַד, תה"פ. (eshtacad) El año pasado.

אַתְּ, מ"ג. ר' אַתֶּן (at) Tú (fem.).

אֵת, מ"י. A, con, (et) junto, cerca de.

-מֵאֵת De, de (meet) parte de, por.

אֵת, ז. ר' אִתִּים, אֵ-תִים Azadón, (et) laya.

אַתְאִיזְם, ז. (ateízm) Ateísmo.

אַתְאִיסְט, ז. (ateíst) Ateo.

אָתָא, אָתָה (אָתָא, אָתָה, יֶאֱתֶה) פ"ע Venir, llegar.

-הֵתָה Traer.

אַתָּה, מ"ג. ר' אַתֶּם (atá) Tú (mas.).

אַתֵּה, פ"י. Tutear.

אָתוֹן, נ. ר' אֲתוֹנוֹת (atón) Asna, burra.

אִתּוּר, ז. (itur) Fijación.

אִתּוּת, נ. (itut) Señalamiento, indicación.

אַתְחַלְתָּא, ר' הַתְחָלָה.

אֶתִּי, ת. (eti) Etico.

אֲתִיָּה, נ. (atiyá) Venida, llegada.

אַתִּיק, ז. (atik) Columna.

אֶתִּיקָה, נ. (ética) Etica.

אֶתְכֶם, מ"ג. (etjem) Os, a vosotros.

אֶתְכֶן, מ"ג. (etjén) Os, a vosotras.

אַתְלֵט, ז. (atlet) Atleta.

אַתְלֶטִיקָה, נ. (atlética) Atletismo.

אַתֶּם, מ"ג. נ' אַתֶּן (atem) Vosotros (mas.).

אֶתְמְהָה, מ"ק. (etmehá) ¡es asombroso!

אֶתְמוֹל, תה"פ. (etmol) Ayer.

אֶתְמוֹלִי, ת. (etmolí) De ayer.

אַתֶּן, מ"ג. (atén) Vosotras.

אֶתְנָה, נ. אֶתְנָן, ז. (etná, etnán) Regalo, don, dádiva.

אֶתְנוֹגְרַפְיָה, נ. (etnografya) Etnografía.

אֶתְנִי, ת. (etni) Etnico.

אֶתְנָן, ר' אֶתְנָה.

אֶתְנַרְךְ, ז. (etnarj) Gobernador, jefe.

אַתֵּר, פ"י. Localizar.

-הִתְאַתֵּר Localizarse.

אֶתֶר, ז. (éter) Eter.

אַתְרָאָה, נ. (atraá) Advertencia.

אֶתְרוֹג, ז. ר' אֶתְרוֹגִים (etrog) Cidra: una de las cuatro plantas empleadas en Sucot.

אַתֵּת, פ"י. Señalar, indicar.

-אוּתַּת Ser señalado.

אַתָּת, ז. (atat) Telegrafista.

ב

Segunda letra (bet) ,ב
del alfabeto hebreo .
Su valor numérico es
de 2.
(בְּ, בָּ, בַּ, בֶּ, בִּ , בְּ)־בְּ
(be, ba, ba, be, bi ,
be)En,para,con,por.
.בָּא , ר׳ בּוֹא
Futuro, (ba) .בָּא, ז
porvenir.
(haolam-ha- הָעוֹלָם הַבָּא-
bá)El mundo futuro.
Re- (ba-cóaj) בָּא כֹּחַ-
presentante. apoderado.
(ba-bayamim) בָּא בַּיָּמִים-
Anciano. viejo.
-בָּרוּךְ הַבָּא , ר׳ בְּרוּ-
(baruj-habá) כִים הַבָּאִים
Bienvenido.
Venida. (biá) .בִּאָה, נ
Entrada.
Explica- (beur).בֵּאוּר, ז
ción.

Expli-(beurí) .בֵּאוּרִי, ת
cativo.
(be- .בְּאוּשׁ, ז. בְּאוּשָׁה, נ
ush, beushá) Uvas da-
ñadas.
Dañado.(baush) .בָּאוּשׁ, ת
(baut-cóaj) .בָּאוּת־כֹּחַ, נ
Poder, representación.
Feti- (beishá).בְּאִישָׁה, נ
dez, hedor.
(beem- .בְּאֶמְצָעוּת, תה"פ
tzaut) Por medio de,por
intermedio de.
(beofen) .בְּאֹפֶן, תה"פ
De manera que.
Explicar. .בֵּאֵר, פ"י
Ser explicado. הִתְבָּאֵר-
Ser explicado. בֹּאוּר-
Explicar. הַבְאֵר-
Explicarse. הִתְבָּאֵר-
(be- בְּאֵר, נ. ר׳ בְּאֵרוֹת
er) Fuente, pozo . Ho-
yo.

בָּאשׁ (בָּאַשׁ, יִבְאַשׁ) פ"ע
Heder. Corromperse.
Hacerse odiar. הִבָּאֵשׁ-
Arrancar las ma- בָּאֵשׁ-
las hierbas.
Heder. Corromper. הַבְאֵשׁ-
Corromperse. Ser odiado.
Estar casi maduro.
Podrirse. הָבְאַשׁ-
Hacerse odiar. הִתְבָּאֵשׁ-
Fetidez,(beosh) .ז, בְּאשׁ
hedor.
Mala (bo-shá) .נ, בָּאְשָׁה
hierba. Hedor.
(baasher) .תה"פ, בַּאֲשֶׁר
Donde. Por.
(bavá) .נ, בָּבָה, בָּבָא
Puerta.
(ba- .נ, בָּבַת־הָעַיִן, בָּבָה
vat-haáyin) Pupila, ni-
ña del ojo.
Muñeca. (bubá) .נ, בֻּבָּה
Rever- (bavuá) .נ, בָּבוּאָה
beración, reflexión.
Ma- (bavonag) .ז, בָּבוֹנָג
tricaria.
En el(bivjinat) ,בִּבְחִינַת
sentido de.
Babel. (bavel) ,בָּבֶל
Babilonia.
Babiló-(bavlí) .ת, בַּבְלִי
nico, babilonio.
(biblyograf).ז, בִּבְלִיוֹגְרָף
Bibliógrafo.
(bibliyo-.ת, בִּבְלִיוֹגְרָפִי
grafi) Bibliográfico.
(biblio-.נ, בִּבְלִיוֹגְרַפְיָה
grafya) Bibliografía.
(bevar, .ז, בִּיבָר, בֵּבָר
bivar) Jardín zoológi-
co. Castor.

(bevat- .תה"פ, בְּבַת אַחַת
ajat) De una vez.
(pat- .נ, פַּת בַּג .ז, בַּג
bag) Porción, comida ,
alimento.
בָּגַד (בָּגַד, יִבְגֹּד) פ"ע
Traicionar.
(bé- בְּגָדִים ר' .ז, בֶּגֶד
gued) Vestido, traje,
vestidura. Traición.
Trai-(bogdot) .נ, בָּגְדוֹת
ción.
En (beguéder) תה"פ, בְּגֶדֶר
los límites de.
(ba- בָּגוֹדָה נ' .ת, בָּגוֹד
god) Traidor.
Trai- (bguidá) .נ, בְּגִידָה
ción, perfidia.
(bguidut) .נ, בְּגִידוּת
Traición.
Adulto, (baguir).ז, בָּגִיר
adolescente.
Adoles-(bguirá).נ, בְּגִירָה
cencia.
Por,(biglal) .מ"י, בִּגְלַל
por causa de.
(begapó) .תה"פ, בְּגַפּוֹ
Solo.
בָּגַר (בָּגַר, יִבְגַּר) פ"ע
Hacerse mayor.
Hacerse הָבְגֵר, הִתְבַּגֵּר-
mayor.
.בַּגְרוּת ר' .ז, בֶּגֶר
Ado- (bagrut) .נ, בַּגְרוּת
lescencia.
(teudat- תְּעוּדַת בַּגְרוּת-
bagrut) Bachillerato.
(bad) בַּדִּים ר' .ז, בַּד
Tela. Pantalla. Parte,
porción. Ficción, in-
vención. Rama. Garrote,

palo. Rama.
(beyt-habad) בֵּית־הַבַּד-
Prensa, lagar.
(bilvad, מִלְבַד , בִּלְבַד-
milvad) Salvo, fuera
de, excepto.
Sólo, sola- (levad)לְבַד-
mente. Solo,separado.
בָּדָא (בָּדָא, יִבְדָּא) פ"י
Inventar, imaginar.
Inventar,imaginar.בִּדֵּא-
Ser desmentido. הִתְבַּדֵּא-
Ficción,(bada-).נ, בַּדָּאוּת
invención.
Menti-(baday) .ת, בַּדַּאי
roso.
בָּדַד (בָּדַד, יִבְדֹּד) פ"י
Estar solo, estar aban-
donado. Aislar.
Ser aislado. הִבָּדֵד-
Aislar, בּוֹדֵד, הַבְדֵּד-
separar.
Ser aislado. בּוֹדַד-
Aislarse; הִתְבּוֹדֵד-
(leva-,תה"פ,לְבָדָד, בָּדָד
dad) Solo, aislado,se-
parado.
בָּדָה (בָּדָה, יִבְדֶּה) פ"י
Inventar, imaginar,cre-
ar en la imaginación.
Inventar,imaginar.בִּדָּה-
Ser desmentido. הִתְבַּדָּה-
Ais- (badud) .ת, בָּדוּד
lado.
Aisla-(bidud) .ז, בִּדּוּד
miento.
Alegre,(badúaj).ת, בָּדוּחַ
contento.
בָּדוּי ,ת. נ׳ בְּדוּיָה, ר׳
בְּדוּיִם, נ"ר בְּדוּיוֹת
(baduy) Inventado.

Ficción,(biduy).ז, בִּדּוּי
invención.
Bedui-(bédvi) .ז, בֶּדְוִי
no.
Aisla-(badul) .ת, בָּדוּל
do, separado.
Exami-(baduk) .ת, בָּדוּק
nado. Corregido.
(bdut, .נ, בְּדוּתָה, בְּדוּת
bdutá) Invención, fic-
ción.
בָּדַח (בָּדַח, יִבְדַּח) פ"ע
Estar alegre.
Divertir. בִּדַּח-
Ameno,(badají) .ת, בַּדְחִי
placentero.
Farsa,(badjit).נ, בַּדְחִית
comedia.
Bufón,(badján) .ז, בַּדְחָן
chistoso.
(badjanut) .נ, בַּדְחָנוּת
Chanza, diversión.
Chis-(badjaní).ת, בַּדְחָנִי
toso.
(bdiá, .נ, בְּדִיָּה, בְּדִיאָה
bdiyá) Invención, fic-
ción.
Lagar,(bdidá) .נ, בְּדִידָה
prensa.
So- (bditut).נ, בְּדִידוּת
ledad, aislamiento.
Ficción,(bdayá).נ, בְּדָיָה
invención.
Chis-(badíaj) .ת, בַּדִּיחַ
toso.
Chis-(bdijá) .נ, בְּדִיחָה
te, anécdota:
Alegría(bdijut).נ, בְּדִיחוּת
Estaño.(bdil) .ז, בְּדִיל
Escoria.

En ella, (bah) בָּהּ, con ella.
Vacío, (bohu) בֹּהוּ, ז. caos.
Asustado, (bahul). בָּהוּל, ת. inquieto.
(behejlet) בְּהֶחְלֵט, תה"פ. Absolutamente.
Alabas- (báhat) בַּהַט, ז. tro.
Inquie-(behi- בְּהִילוּת, נ. lut) tud, emoción.
Brillante. (bahik) בָּהִיק, ת.
(behicut) בְּהִיקוּת, נ. Brillantez, lustre.
בָּהִיר, ת. נ׳ בְּהִירָה (bahir) Claro, sereno, límpido.
Cla-(behirut) בְּהִירוּת, נ. ridad, limpidez.
Espantarse, הִבָּהֵל (בהל) asustarse.
Espantar, asustar, בִּהֵל- alarmar.
Ser espantado, ser בֻּהַל- asustado.
Alarmar, asustar, הִבְהִיל- espantar.
Asustarse, es- הִתְבַּהֵל- pantarse.
(báhal, בַּהַל, ז. בֶּהָלָה, נ. behalá) Pavor, espanto, terror, pánico.
Arriero, (beham) בֶּהָם, ז. burrero, boyero.
Bestializar. בִּהֵם, פ"י. Conducir bestias.
(be- בְּהֵמָה, נ. ר׳ בְּהֵמוֹת hemá) Bestia.
Hipo-(behemot) בְּהֵמוֹת, ז. pótamo.

Por. (bdil) בְּדִיל, מ"ח.
Se- (bdilá) בְּדִילָה, נ. paración.
(bdiávad) בְּדִיעֲבַד, תה"פ. Después.
Examen, (bdicá) בְּדִיקָה, נ. investigación.
בָּדַל (בָּדַל, יִבְדֹּל) פ"י Separar. Separarse.
Separarse. Dife- הִבָּדֵל- rir, ser diferente.
Separar, distin- הִבְדִּיל- guir. Decir la הַבְדָּלָה.
Ser separado. Di- הֻבְדַּל- ferir.
Separarse, ale- הִתְבַּדֵּל- jarse, aislarse.
(ba- בָּדָל, ז. ר׳ בְּדָלִים dal) Pieza, pedazo. Lóbulo de la oreja.
Sepa- (badel) בָּדֵל, ת. rado.
Separa-(bdelut) בְּדֵלוּת, נ. ción, diferencia.
Cristal. (bdólaj) בְּדֹלַח, ז.
(badlanut) בַּדְלָנוּת, נ. Desinterés.
בָּדַק (בָּדַק, יִבְדֹּק) פ"י Examinar. Inspeccionar. Corregir.
Ser examinado. הִבָּדֵק- Ser corregido.
Grieta. (bédek) בֶּדֶק, ז. Reparación. Investigación.
(bad- בַּדְקָן, בַּדְקָנִי, ת. cán, badcaní) Examinador.
Desparramar, בִּדֵּר, פ"י esparcir.
Ser dispersado, הִתְבַּדֵּר- esparcirse.

בַּהֲמִי, ת. Bes- (bahamí) tial.

בֹּהֶן, ז. ר' בְּהוֹנוֹת (bo-hen) Pulgar.

בָּהק (בָּהַק, יִבְהַק) פ"ע Brillar.

-הִבָּהֵק Ser brillante.

-בָּהֵק Lucir, brillar.

-הִבְהֵק Alumbrar.

-הֻבְהַק Ser alumbrado.

-הִתְבַּהֵק Empezar a brillar.

בֹּהַק, ז. Salpulli-(bóhak) do, herpe.

בָּהַר, פ"י. Aclarar.

-הִבְהֵר Aclarar.

-הִתְבַּהֵר Aclararse.

בַּהֶרֶת, נ. Pos- (baheret) tilla.

בּוֹ, מ"י. En él. (bo)

בּוֹא (בָּא, יָבוֹא) פ"ע Venir. Entrar.

-הָבֵא Traer, introducir.

-הוּבָא Ser traído, ser conducido.

-בּוֹא אֶל אֲבוֹתָיו Fig. mirir.

-בּוֹא הַשֶּׁמֶשׁ La puesta del sol.

-בּוֹא בַּיָּמִים Entrar en los días: envejecer.

-בּוֹא עַל שְׂכָרוֹ Recibir una recompensa.

-בּוֹא עַל הֶחָתוּם Firmar, suscribir.

-הָבֵא לִידֵי Traer, ocasionar, causar.

בּוֹגֵד, ז. ר' בּוֹגְדִים (bogued) Traidor.

בּוֹגֵר, ז. נ' בּוֹגֶרֶת, ר' בּוֹגְרִים, נ"ר בּוֹגְרוֹת (boguer) Adolescente adulto, mayor. Bachiller.

בּוֹדֵד, ת. Soli-(boded) tario, aislado.

בּוּדְהִיזְם, ז. (budhizm) Budismo.

בּוֹהֵמִי, ת. Bo-(bohemi) hemo. Bohemio.

בּוֹדֵק, ז. Exa- (bodek) minador.

בּוּז, ז. בּוּזָה, נ. (buz, buza) Desdén, desprecio.

בּוּז (בָּז, יָבוּז) פ"י Desdeñar, despreciar.

בּוֹחֵן, ז. Exa- (bojén) minador.

בּוֹחֵר, ז. Elector, (bojer) votante. Escogedor.

בּוֹטָנִי, ת. Bo- (botani) tánico.

בּוֹטָנִיקָה, נ. (botánica) Botánica.

בּוֹיְקוֹט, ז. (boycot) Boycot.

בּוֹטֵחַ, ז. Con- (botéaj) fiado.

(בּוֹךְ) הִבּוֹךְ Embrollarse.

-הֵבֵךְ Embrollar.

בּוֹכְּס, ז. Boxeo. (box)

בּוֹכְּסֶר, ז. Bo- (boxer) xeador.

בּוּל, ז. ר' בּוּלִים (bul) Estampilla, sello. Producto. Pedazo. El mes de

בּוּלָאוּת, נ. (bulaut) Filatelia.

Botella, (buk) .ז ,בּוּק
redoma.
Vacío, (bucá) .נ ,בּוּקָה
desierto.
(bu-.נ ,בּוּקִיצָה .ז ,בּוּקִיץ
kitz, bukitzá) Olmo.
Esté- (bokek) .ת ,בּוֹקֵק
ril.
Boyero. (boker) .ז ,בּוֹקֵר
(bor) ר׳ בּוֹרוֹת .ז ,בּוֹר
Pozo, hoyo. Fig. Tumba.
Estanque.
Boro. (bor) .ז ,בּוֹר
Ignorante, (bur) .ת ,בּוּר
inculto.
(admat-bur) אַדְמַת בּוּר-
Tierra inculta.
בּוּר (בָּר, יָבוּר) פ"ע
Ser inculto.
Dejar inculto. הֹבַר-
Excavar. בֵּוֵּר-
Creador. (boré) .ז ,בּוֹרֵא
(burganut) .נ ,בּוּרְגָּנוּת
Burguesía.
Bur-(burganí) .ז ,בּוּרְגָּנִי
gués.Mesonero.Soldado,
militar.
Di- (bordam) .ז ,בּוּרְדָּם
senteria.
Igno- (burut) .נ ,בּוּרוּת
rancia.
Fugitivo, (boréaj) .ז ,בּוֹרֵחַ
prófugo.
Sapona-(borit) .נ ,בּוֹרִית
ria, jabonera (planta).
Merca- (bursa) .נ ,בּוּרְסָה
do, plaza.
Cur-(burskí) .ז ,בּוּרְסְקִי
tidor. Curtiduría.
Escogedor. (borer) .ז ,בּוֹרֵר
Arbitro.

Fila-(bulaí) .ז ,בּוּלָאִי
telista.
(bul-.ז ,בֻּלְבּוּס ,בּוּלְבּוּס
bús) Papa.
Bull-(búldog) .ז ,בּוּלְדוֹג
dog.
Salien-(bolet) .ת ,בּוֹלֵט
te, prominente.
Bo-(buletín) .ז ,בּוּלֶטִין
letín, folleto.
(bolshevi- .נ ,בּוֹלְשֶׁבִיּוּת
yut) Bolcheviquismo.
(bolshevik) .ז ,בּוֹלְשֶׁבִיק
Bolchevique.
Po-(boléshet) .נ ,בּוֹלֶשֶׁת
licia secreta.
Castor.(boné) .ז ,בּוֹנֶה
Constructor.
בּוּס (בָּס, יָבוּס) פ"י
Pisotear, hollar. Des-
deñar.
Pisotear, hol- בּוֹסֵס-
lar.
Ser hollado, ser הוּבַס-
pisoteado.
Rodar, encene- הִתְבּוֹסֵס-
garse.
Huer-(bustán) .ז ,בּוּסְתָּן
ta.
(bustenay) .ז ,בּוּסְתְּנַאי
Huertero, hortelano.
Ampolla. (buá) .נ ,בּוּעָה
Burbuja. Vejiga.
(boaz, .ז ,בּוֹעֲזִי ,בּוֹעַז
boazí) Burgués.
Combusti-(boer) .ת ,בּוֹעֵר
ble.
Lino (butz) .ז ,בּוּץ
fino.
Vendi-(botzer) .ז ,בּוֹצֵר
miador.

בוררות, נ. Ar-(borerut) bitraje.
בוש (בוש, יבוש) פ"ע Avergonzarse.
-בושש Demorar.
-ביש Avergonzar.
-הבש Avergonzar.
-התבושש, התביש Avergonzarse.
בוש, ז. בושה, נ. (bosh, bushá) Vergüenza.
בז, ז. (baz) Botín, despojo.
בזא (בזא, יבזא) פ"י Cortar.
בזבוז, ז. (bizbuz) Gasto, desperdicio.
בזבז, פ"י. Gastar. Desperdiciar, malgastar.
בזבזן, ז. (bazbezán) Gastedor. Malgastador.
בזבזנות, נ. (bazbezanut) Desperdicio.
בזה (בזה, יבזה) פ"י Desdeñar, despreciar.
-הבזה Ser desdeñado.
בזה, נ. (bizá) Saqueo, pillaje, despojo.
בזה נפש, ת. (bzo-néfesh) Desdeñado, despreciado.
בזוז, ז. (bazoz) Ladrón, ratero.
בזוי, ת. (bazuy) Desdeñado, despreciado.
בזוי, ז. (bizuy) Desdén, desprecio.
בזז (בז, בזז, יבז) פ"י Saquear, despojar.
-הבוז, הבזז Ser saqueado, ser despojado.
-בזוז Ser despojado.
-התבוזז Ser despojado.
בזול, תה"פ. (bezol) Barato.
בזיון, ז. ר' בזיונות (bizayón) Desdén, desprecio, humillación.
בזיזה, נ. (bezizá) Robo, saqueo.
בזיך, ז. (bazij) Taza, copa.
בזיל הזול, תה"פ. (bezil-hazol) Baratísimo, muy barato.
בזך, ר' בזיך.
בזלת, נ. (bazalto) Basalto.
בזק, ז. (bazak) Relámpago.
בזק (בזק, יבזק) פ"י Dispersar.
-הבזק Penetrar.
-הבזק Dispersar, diseminar.
בזר (בזר, יבזר) פ"י Dispersar, esparcir.
-בזר Dispersar.
-בזור Ser dispersado.
בזר, ז. (bazar) Bazar.
בחון, ז. (bajón) Atalaya.
בחון, ת. (bajún) Examinado.
בחון, ז. (bajón) Examinador.
בחור, ז. ר' בחורים (bajur) Muchacho, mozo, joven, mancebo.
בחור, ת. (bajur) Elegido, escogido.
בחורה, נ. ר' בחורות (bajurá) Muchacha, doncella.
בחורון, ז. (bajurón) Muchachito.

בְּחוּרוֹת, נ"ר. בְּחוּרִים,
(bjurot, bjurim) ז"ר.
Juventud.
Revuel-(bajush).ת, בָּחוּשׁ
to, meneado.
(bejezcat).תה"פ, בְּחֶזְקַת
En estado de.
Asco, (bjilá) .נ, בְּחִילָה
repugnancia.
בְּחִינָה, נ. ר׳ בְּחִינוֹת
(bjiná) Examen. Experimento.
Pasar un בִּבְחִינָה עָמַד-
examen.
Presentar-לִבְחִינָה עָמַד-
se a un examen.
(bivjinat) בִּבְחִינַת-
Como, parecido a, lo mismo que.
מִבְּחִינָה שֶׁל, מִבְּחִינַת-
(mibjiná-shel, mibjinat)
De este punto de vista, visto como.
Favori- (bajir).ת, בָּחִיר
to, elegido.
Elec- (bjirá) .נ, בְּחִירָה
ción. Escogimiento.
(beyt-hab-הַבְּחִירָה בֵּית-
jirá) El Templo.
(zjut-bji-בְּחִירָה זְכוּת-
ra) Derecho de votos.
Meneo, (bjishá).נ, בְּחִישָׁה
revolvimiento.
Higo casi (bójal).ז, בֹּחַל
maduro.
בָּחַל (בָּחַל, יִבְחַל) פ"ע
Aborrecer, repugnar.
Asco, re- (bájal).ז, בַּחַל
pugnancia, fastidio, aborrecimiento.

בָּחַן (בָּחַן, יִבְחַן) פ"י
Examinar, probar, ensayar, experimentar.
Ser examinado. הִבָּחֵן-
Examinar. בַּחֵן-
Distinguir, dis-הַבְחֵן-
cernir.
Examen, (bojan) .ז, בֹּחַן
prueba.
Atala- (bajan) .ז, בַּחַן
ya.
בָּחַר (בָּחַר, יִבְחַר) פ"י
Escoger, elegir.
Ser escogido, הִבָּחֵר-
ser elegido.
Preferir. בַּחֵר-
Ser escogido. בֻּחוֹר-
Escoger. הַבְחֵר-
Ser preferido. הָבְחַר-
Ju-(bajarut) .נ, בַּחֲרוּת
ventud.
Es- (bajarán) .ז, בַּחֲרָן
cogedor.
(bajaranut) .נ, בַּחֲרָנוּת
Escogimiento.
בָּחַשׁ (בָּחַשׁ, יִבְחַשׁ) פ"י
Menear, rebullir.
Ser meneado, בֻּחוּשׁ-
ser rebullido.
(bá- .נ, בַּחֲשָׁה, .ז, בַּחַשׁ
jash, bajashá) Cucharón.
בָּטָא (בָּטָא, יִבְטָא) פ"ע
Pronunciar, charlar.
Ser pronunciado. הִבָּטֵא-
Pronunciar. Ex- בַּטֵּא-
presar.
Ser pronunciado. בֻּטּוֹא-
Ser expresado.
Ser pronunciado. הָבְטֵא-
Expresarse. הִתְבַּטֵּא-

בִּטָּחוֹן, ז. ר׳ בִּטְחוֹנוֹת
(bitajón) Seguridad.Con fianza.
(misrad-) מִשְׂרַד הַבִּטָּחוֹן - Ministerio de Seguridad
בַּטָּטָה, נ. (batata) Batata.
בְּטִיחוּת, נ. (btijut) Seguridad. Confianza.
בָּטִיל, ת. Ocioso.(batil)
בַּטִּישׁ, ז. (batish) Allanador.
בָּטֵל (בָּטֵל, יִבְטַל) פ"ע
Ser ocioso. Ser abolido, ser anulado.
הִבָּטֵל - Cesar, discontinuar.
בַּטֵּל - Abolir, anular, cancelar, suprimir.
בֻּטּוֹל - Ser abolido, anulado, cancelado.
הִתְבַּטֵּל - Abolirse, anularse, cancelarse.
בָּטֵל, ת. Ocioso. (batel) Cancelado, anulado.
(over-batel) עוֹבֵר בָּטֵל - Ocioso.
בַּטָּלָה, נ. (batalá) Ociosidad. Vanidad.
בַּטַּלְיוֹן, ז. (batalyón) Batallón.
בַּטְלָן, ז. (batlán) Perezoso, ocioso.
בַּטְלָנוּת, נ. (batlanut) Pereza, ociosidad.
בַּטְלָנִי, ת. (batlaní) Ocioso, negligente.
בֶּטֶן, נ. (beten) Abdomen, vientre, barriga. Fig. seno.

בִּטְאוֹן, ז. (bitaón) Periódico, órgano.
בָּטָה (בָּטָה, יִבְטֶה) פ"י
Charlar, parlotear.
בִּטּוּא, ר׳ בִּטּוּי.
בָּטוּחַ, ת. (batúaj) Seguro, cierto.
בִּטּוּחַ, ז. (bitúaj) Seguro, seguridad, garantía.
(jevrat-bi- חֶבְרַת בִּטּוּחַ - túaj) Compañía de seguros.
בַּטּוּחָה, נ. (batujá) Seguridad, garantía.
בְּטוּחוֹת, בְּטוּחוֹת, תה"פ.
(batujot, btujot) Seguramente, seguro.
בִּטּוּי, ז. (bituy) Pronunciación. Expresión, locución.
(bituy- בִּטּוּי אַלְגֶּבְּרִי - alguebri) Expresión.
בִּטּוּל, ז. (bituy) Supresión, cancelación, abolición. Desdén.
בֵּטוֹן, ז. Hormigón.(betón)
בָּטַח (בָּטַח, יִבְטַח) פ"ע
Confiar, tener confianza.
בַּטֵּחַ - Asegurar.
הִבָּטֵחַ - Ser asegurado.
הִבְטִחַ - Asegurar.
הֻבְטַח - Ser asegurado.
בֶּטַח, ז. (bétaj) Seguridad.
בֶּטַח, תה"פ. (bétaj) Seguro, seguramente.
לָבֶטַח - (lavétaj) Tranquilamente.
בִּטְחָה, נ. (bitjá) Seguridad, quietud, confianza.

(biyograf) בִּיוֹגְרָף ,ז.
Biógrafo.

(biyografi) בִּיוֹגְרָפִי ,ת.
Biográfico.

(biyograf- בִּיוֹגְרָפְיָה ,נ.
ya) Biografía.

(biyolog) בִּיוֹלוֹג ,ז.
Biólogo.

(biyologui) בִּיוֹלוֹגִי ,ת.
Biológico.

(biyologya) בִּיוֹלוֹגְיָה ,נ.
Biología.

Esceno- (biyum) בִּיּוּם ,ז.
grafía teatral.

(byurocrat) בִּיּוּרוֹקְרָט ,ז.
Burócrata.

(byurocra- בִּיּוּרוֹקְרָטִי ,ת.
ti) Burocrático.

(byuro- בִּיּוּרוֹקְרַטְיָה ,נ.
cratya) Burocracia.

Afrenta,(biyush) בִּיּוּשׁ ,ז.
humillación.

(beyoter) בְּיוֹתֵר ,תה"פ.
Más. Tan, mucho.

(bizantini) בִּיזַנְטִינִי ,ת.
Bizantino.

(beyijud) בְּיִחוּד ,תה"פ.
Especialmente.

Domes- (biyut) בִּיּוּת ,נ.
ticación.

Poner en es- בַּיֵּם ,פ"י.
cena.

Ser puesto en בַּיַם-
escena.

בַּיֵּם, ר' בַּמַאי.
Escenario,(bimá) בִּימָה ,נ.
estrado.

Del (bimatí) בִּימָתִי ,נ.
escenario.

בִּין (בֵּן, יָבִין) פ"ע
Comprender, entender.

(pri-beten) פְּרִי בֶטֶן-
Fig. hijos.

(bo- בֶּטֶן ,ז. ר' בְּטָנִים
ten) Pistacho. Maní.

Forro.(bitná) בִּטְנָה ,נ.
בֶּטְנָה, ר' בֶּטֶן.

Pista-(botná) בָּטְנָה ,נ.
chero.

Con-(batnún) בַּטְנוּן ,ז.
trabajo.

(batnuní) בַּטְנוּנִי ,ת.
Barrigudo.

(batnunit) בַּטְנוּנִית ,נ.
Violoncelo.

בָּטַשׁ (בָּטַשׁ, יִבְטֹשׁ) פ"י
Pisar, hollar. Menear,
rebullir.

En mí, (bi) בִּי ,מ"י.
por mí.

Por favor.(bi) בִּי ,מ"ק.
בִּי, ר' בַּיִת.

בֵּל דָּאַר, ר' בֵּית דֹּאַר-
בֵּי דִּין, ר' דִּיּוּתָה.-
בֵּי רַב, ר' בֵּית-מִדְרָשׁ.-
(bar-bey-rav)בַּר-בֵּי-רַב-
Alumno.

Venida, (biá) בִּיאָה ,נ.
entrada.

בִּיאַת כֹּחַ, ר' בָּאוּת כֹּחַ-
(biat-ha- בִּיאַת הַשֶּׁמֶשׁ-
shémesh)Puesta del sol.

Cloaca, (bib) בִּיב ,ז.
alcantarilla.

Canalizar. בִּיֵּב ,פ"י.
בִּיֵּב, ר' בְּבָר.

(beygonya) בֵּיגוֹנְיָה ,נ.
Begonia.

(bigamya) בִּיגַמְיָה ,נ.
Bigamia.

בֵּידְאָר, ר' בֵּית דֹּאַר-
Canali-(biyuv) בִּיּוּב ,ז.
zación.alcantarillado.

-הִבּוֹן Ser inteligente.
-בּוֹנֵן Comprender. Cuidar.
-הֵבִין Comprender, entender.
-הוּבַן Ser entendido, ser comprendido.
-הִתְבּוֹנֵן Mirar, ver. Mostrarse inteligente.
בַּיִן, ז. Medio. (beyn)
בֵּין, מ"י. Entre, (beyn) en medio de.
-בֵּין הָעַרְבַּיִם, בֵּין הַשְּׁמָשׁוֹת (beyn-haarbáyim, beyn-hashmashot) Crepúsculo.
-בֵּין כֹּה וָכֹה (beyn-co-vajó) Entretanto, mientras.
-בֵּין כָּךְ וּבֵין כָּךְ, בֵּין כָּךְ וָכָךְ (beyn-caj-ubeyn-caj) beyn-caj-vejaj) De todos modos.
-בֵּינִי, בֵּינְךָ, בֵּינֵךְ, בֵּינוֹ, בֵּינָהּ, בֵּינֵינוּ, בֵּינֵיכֶם, בֵּינֵיכֶן, בֵּינֵיהֶם, בֵּינֵיהֶן (byní, beynjá, beynej, beynó, beyná, beyneynu, beyneyjem, beyneyjén, beyneyhem, beyneyhén) Entre mí, entre ti, entre tí (fem.), entre él, entre ella, etc.
בִּינָה, נ. Inteli- (biná) gencia, comprensión.
בִּינוֹם, ז. Bi- (binom) nomio.
בֵּינוֹנִי, ת. Re-(beynoní) gular, mediano, mediocre
-בֵּינוֹנִי פּוֹעֵל (beynoní-poel) Tiempo presente activo.
-בֵּינוֹנִי פָּעוּל (beynoní-paul) Tiempo presente pasivo.
-הַמַּעֲמָד הַבֵּינוֹנִי (hama-amad-habeynoní) La clase media.
בֵּינוֹנִיּוּת, נ. (beynoni-yut) Mediocridad.
בֵּינוֹת, מ"י. ר' בֵּין.
בֵּינַיִם, ז"ז, ר' בֵּין.
-אִישׁ בֵּינַיִם (ish-beynáyim) Intermediario.
-יְמֵי הַבֵּינַיִם (yemey-ha-beynáyim) Edad Media.
-מִלְחֶמֶת בֵּינַיִם (miljémet-beynáyim) Duelo.
בִּינִית, נ. Barbo. (binit)
בֵּינְלְאֻמִּי, ת. (beynleumí) Internacional.
בֵּינְתַיִם, בֵּינָתַיִם, תה"פ. (beyntáyim, beynatáyim) Mientras tanto.
בִּיסְקְוִיט, ז. (biskvit) Galleta.
בִּיסֶקְטְרִיסָה, נ. (bisekt-risa) Bisectriz.
בֵּיצָה, נ. ר' בֵּיצִים (beytzá) Huevo.
-בֵּיצָה מְגֻלְגֶּלֶת (beytzá-megulguélet) Huevo tibio
-בֵּיצָה שְׁלוּקָה (beytzá-shlucá) Huevo duro.
בֵּיצִי, ת. (beytzí) Oval.
בֵּיצִיָּה, נ. (beytziyá) Tortilla.
בֵּיצִית, נ. Ova-(beytzit) rio.
בְּיֹקֶר, תה"פ. (beyóker) Caro.

בַּיָּר, ז. (bayar) Fontanero. Cavador.
בַּיִר, ז. (báyir) Pozo, alberca.
בִּירָה, נ. (birá) Capital. Metrópoli. Ciudadela.
בִּירָה, נ. (bira) Cerveza.
בַּיָּרָה, נ. (bayará) Huerta, naranjal.
בִּירִית, נ. (birit) Liga, jarretera.
בִּירָנִית, נ. (biranit) Plaza fuerte, ciudadela.
בִּישׁ, הִתְבַּיֵּשׁ, ר׳ בּוֹשׁ.
בִּישׁ, ת. (bish) Malo.
-עֵסֶק בִּישׁ (ések-bish) Mal negocio.
בִּישׁוֹף, ז. (bishof) Obispo.
בִּישׁוּת, נ. (bishut) Mal, maldad.
בַּיְשָׁן, ת. (bayshán) Tímido.
בַּיְשָׁנוּת, נ. (bayshanut) Timidez, vergüenza.
בַּיְשָׁנִי, ת. (bayshaní) Tímido.
בֵּית, נ. ר׳ בֵּיתִין (bet) Nombre de la segunda letra del alfabeto hebreo.
בַּיִת, ז. ר׳ בָּתִּים (báyit) Casa. Hogar. Estrofa. El Templo.
-בֵּית אָב (beyt-av) Casa paterna. Familia.
-בֵּית אוּלְפָּן, בֵּית אוּלְפָּנָא (beyt-ulpán, beyt-ulpana) Colegio, escuela.
-בֵּית אוּמָן (beyt-umán) Taller.
-בֵּית אוֹצָר (beyt-otzar) Tesoro.
-בֵּית אוֹצַר סְפָרִים (beyt-otzar-sfarim) Biblioteca.
-בֵּית אֲסוּרִים (beyt-asurim) Prisión, cárcel.
-בֵּית הַבָּד (beyt-habad) Almazara, viga.
-בֵּית הַבּוֹר (beyt-habor) Prisión, calabozo.
-בֵּית הַבְּחִירָה, בֵּית הַבִּירָה (beyt-habjirá, beyt-habirá) La Casa elegida, la Casa de la Capital : el Templo.
-בֵּית הַבְּלִיעָה (beyt-habliá) Faringe, garganta.
-בֵּית גְּנָזִים (beyt-gnazim) Archivo.
-בֵּית הַגַּת (beyt-hagat) Lagar.
-בֵּית דִּין (beyt-din) Tribunal.
-בֵּית דְּפוּס (beyt-dfus) Tipografía.
-בֵּית זְרוֹעַ (beyt-zróa) Manga.
-בֵּית חוֹלֵי רוּחַ (beyt-joley-rúaj) Casa de locos, manicomio.
-בֵּית חוֹלִים (beyt-jolim) Hospital.
-בֵּית חַיִּים (beyt-jayim) Cementerio.
-בֵּית חֲרוֹשֶׁת (beyt-jaróshet) Fábrica.
-בֵּית חִנּוּךְ (beyt-jinuj) Establecimiento educativo
-בֵּית הַבְרָאָה (beyt-havraá) Sanatorio.

(beyt-misjar-sfarim) בֵּית מִסְחַר סְפָרִים- Librería.
(beyt-margóa) בֵּית מַרְגּוֹעַ- Sanatorio.
(beyt-marzéaj) בֵּית מַרְזֵחַ- Cabaret, taberna.
(beyt-merjatz) בֵּית מֶרְחָץ- Baño.
(beyt-mircájat) בֵּית מִרְקַחַת- Farmacia, botica.
(beyt-meshugaim) בֵּית מְשֻׁגָּעִים- Casa de locos.
(beyt-mishpat) בֵּית מִשְׁפָּט- Tribunal, juzgado.
(beyt-nivjarim) בֵּית נִבְחָרִים- Parlamento.
בֵּית נְכוֹת, בֵּית נְכֹאת- (beyt-nejot) Museo.
(beyt-néfesh) בֵּית נֶפֶשׁ- Perfumador, pebetero.
(beyt-sóhar) בֵּית סֹהַר- Cárcel, prisión.
(beyt-séfer) בֵּית סֵפֶר- Colegio.
(beyt-séfer-gavóha) בֵּית סֵפֶר גָּבוֹהַּ- Colegio superior.
בֵּית סֵפֶר יְסוֹדִי, בֵּית סֵפֶר עֲמָמִי- (beyt-séfer-yesodí,-amamí) Escuela primaria.
בֵּית סֵפֶר תִּיכוֹן (תִּיכוֹ-נִי)- (beyt-séfer-tijón, beyt-séfer-tijoní) Bachillerato.
(beyt-sfarim) בֵּית סְפָרִים- Biblioteca.
בֵּית עוֹלָם, בֵּית עָלְמִין- (beyt-olam, beyt-olmín) Cementerio.

(beyt-yayin) בֵּית יַיִן- Taberna.
(beyt-yetzicá) בֵּית יְצִיקָה- Fundición.
(beyt-yetzirá) בֵּית יְצִירָה- Fábrica, taller.
(beyt-yir-á) בֵּית יִרְאָה- Templo, iglesia.
(beyt-yetomim) בֵּית יְתוֹמִים- Orfanato.
(beyt-cavod) בֵּית כָּבוֹד- Excusado, retrete.
בֵּית כֶּלֶא, בֵּית כְּלוּא- (beyt-kele, beyt-clu) Cárcel, prisión.
(beyt-kneset) בֵּית כְּנֶסֶת- Sinagoga.
(beyt-kisá) בֵּית כִּסֵּא- Excusado, retrete.
(beyt-midrash) בֵּית מִדְרָשׁ- Colegio, escuela.
(beyt-mejokekim) בֵּית מְחוֹקְקִים- Legislación.
(beyt-majasé) בֵּית מַחֲסֶה- Asilo.
(beyt-mapéjet) בֵּית מַהְפֶּכֶת- Prisión.
(beyt-moed-lejol-jay) בֵּית מוֹעֵד לְכָל חַי- Cementerio.
(beyt-mitbajáyim) בֵּית מִטְבָּחַיִם- Matadero.
(beyt-mejes) בֵּית מֶכֶס- Aduana.
(beyt-mlajá) בֵּית מְלָאכָה- Taller.
(beyt-malón) בֵּית מָלוֹן- Hotel.
(beyt-misjar) בֵּית מִסְחָר- Establecimiento comercial.

tico, del hogar.
בִּיתָן, ז. (bitán). Palacio.
Pabellón. Stand.
בְּךָ, ז. בָּךְ, נ. מ"ג (bejá, baj) En ti (mas.), en ti (fem.).
בָּכָא, ז. ר' בְּכָאִים (bajá) Árbol del bálsamo.
Lamentación, lloro.
בִּכְדֵי, תה"פ. (bijdey) Para.
בְּכֹה, תה"פ. (bejó) Así.
בָּכָה (בָּכָה, יִבְכֶּה) פ"ע Llorar.
בַּכֵּה- Llorar, lamentar.
הַבְכֵּה- Hacer llorar.
בֶּכֶה, ז. (beje) Lloro.
בִּכּוּר, ז. (bikur) Maduración. Preferencia.
בְּכוֹר, ז. ר' בְּכוֹרִים, בְּכוֹרוֹת (bejor) Primogénito.
בְּכוֹר־אָבִיב, ז. (bejor-aviv) Prímula.
בְּכוֹרָה, נ. (bjorá) Primogenitura. Primogénita.
הַצָּגַת בְּכוֹרָה- (hatzagat-) Estreno.
בִּכּוּרָה, בַּכּוּרָה, נ. (bicurá, ba-) Higo prematuro
בִּכּוּרִים, ז"ר. (bicurim) Primicias.
חַג הַבִּכּוּרִים, יוֹם הַבִּכּוּרִים- (jag-habicurim, yom-habicurim) Pentecostés.
בָּכוּת, נ. (bajut) Lamentación, lloro.
בֶּכִי, ז. (beji) Lloro, gemido.

בֵּית עוֹלָמִים (beyt-olamim) El Templo.
בֵּית עָם (beyt-am) Asamblea, club.
בֵּית עֵקֶד סְפָרִים (beyt-éked-sfarim) Biblioteca.
בֵּית פְּקֻדּוֹת (beyt-pkudot) Cárcel, prisión.
בֵּית קִבּוּל- (beyt-kibul) Tanque, vasija.
בֵּית קְבָרוֹת- (beyt-kvarot) Cementerio.
בֵּית קָפֶה- (beyt-café) Café.
בֵּית רַבָּם- (beyt-rabam) Escuela.
בֵּית רֶגֶל- (beyt-réguel) Media.
בֵּית הַשְּׁאוּבָה, בֵּית הַשּׁוֹאֵבָה- (beyt-hasheuvá, beyt-hashoevá) Lugar del cual extraían agua en la segunda noche de la Fiesta de los Tabernáculos.
בֵּית שֶׁחִי- (beyt-sheji) Sobaco.
בֵּית שִׁמּוּשׁ- (beyt-shimush) Excusado, retrete
בֵּית תַּבְשִׁיל- (beyt-tavshil) Cocina.
בַּיִת רִאשׁוֹן- (báyit-rishón) Primer Templo, construído por Salomón.
בַּיִת שֵׁנִי- (báyit-shení) Segundo Templo. Construído por Zorobabel.
בֵּית תְּפִלָּה- (beyt-tfilá) Templo.
בַּיֵּת, פ"י. Domesticar.
בֵּיתִי, ת. (beytí) Domés-

(bjiyá, בְּכִיָּה, בִּכְיָה, נ.
bijyá) Lloro.
Llorón.(bajyán) בַּכְיָן, ז.
(bajyanut) בַּכְיָנוּת, נ.
Lloradera.
(bakir, בַּכִּיר, בָּכִיר, ת.
bajir)Mayor. Prematuro.
Pri- (bjirá) בְּכִירָה, נ.
mogénita.
Prime-(bakirá) בַּכִּירָה, נ.
ra época de lluvias.
Lloro, (bjit) בְּכִית, נ.
lamentación.
(bejol- בְּכָל זֹאת, תה"פ.
zot) Sin embargo.
(bején,. בְּכֵן, וּבְכֵן, מ"י
uvjén) Entonces.
Pistón,(bujná) בֻּכְנָה, נ.
émbolo.
Madurar. Pre- בִּכֵּר, פ"י.
ferir, favorecer.
Nacer primero. בֻּכּוֹר-
Ser favorecido.
Parir por prime- הַבְכֵּר-
ra vez.
Ser prematuro. הִתְבַּכֵּר-
Becuadro.(becar) בֵּכָּר, ז.
Camello (béjer) בֵּכֶר, ז.
joven.
Camella (bijrá) בִּכְרָה, נ.
joven.
No. (bal) בַּל, מל"ש.
Que no, (leval) לְבַל-
para que no.
(beló) בְּלֹא, תה"פ.
Sin.
(balat) בַּלָּאט, תה"פ.
Despacio.
Ropa- (balay) בַּלַּאי, ז.
vejero.
בְּלָאִים, ז"ר. בְּלָאוֹת, נ"ר

(blaim, blaot) Hara-
pos, andrajos, jiro-
nes.
(bilvad) בִּלְבַד, תה"פ.
Solamente, sólo.
Em-(bibul) בִּלְבּוּל, ז.
barazo, embrollo.
בִּלְבּוּס, ר' בּוּלְבּוּס.
Embrollar, בִּלְבֵּל, פ"י.
embarazar.
Embrollarse. הִתְבַּלְבֵּל-
(balbelán) בַּלְבְּלָן, ז.
Embrollón.
Fortifi- (בלג) הַבְלֵג,
car. Fortificarse.
Ser alejado. הֻבְלַג-
Balada.(balada) בַּלָּדָה, נ.
Mensa-(baldar) בַּלְדָּר, ז.
jero. Cartero.
בָּלָה (בָּלָה, יִבְלֶה) פ"ע
Dañarse, podrirse.
Usar,deteriorar. בִּלָּה-
Ser usado, ser הֻבְלָה-
deteriorado.
Podrirse. הָבְלָה-
Podrirse. הִתְבַּלָּה-
Pasar el בִּלָּה זְמַן-
tiempo.
Usado, (balé) בָּלֶה, ת.
viejo, podrido.
Mez- (bilá) בִּלָּה, נ.
cla.
Pesadil-(balahá בַּלָּהָה, נ.
la, terror, espanto.
(bilhartzya) בִּלְהַרְצְיָה, נ.
Schistosoma.
Talla, (blo) בְּלוֹ, ז.
tributo.
בְּלוֹאִים, בְּלוֹיִים, ז"ר
(bloim, bloyim) Andra-
jos, harapos.

בָּלוּט, ז. Bellota.(balut).
Glándula.
בַּלּוּטָה, נ. Glán-(balutá)
dula.
בִּלּוּי, ז. Consumo,(biluy).
consunción.
בָּלוּי, ת. Usado, (baluy)
viejo.
בָּלוּל, ת. Mez- (balul)
clado.
בָּלוּם, ת. Cerrado,(balum).
tapado. Lleno.
בָּלוּס, ת. Mezcla- (balús).
do, revuelto.
בָּלוּעַ, ת. Tragado.(balúa).
Oculto, escondido.
בְּלוּעָה, נ. Tor- (bluá)
bellino.
בְּלוֹרִית, נ. Cope-(blorit).
te, bucle.
(בלח) הִבְלִיחַ, Vacilar.
בלט (בָּלַט, יִבְלֹט) פ"ע
Sobresalir, resaltar.
-הִבְלִיט Hacer resaltar.
-הֻבְלַט Ser resaltado.
-הִתְבַּלֵּט Sobresalir, resaltar.
בַּלֶּט, ז. Ballet. (balet).
בְּלִי, מל"ש. Sin.No. (bli).
-עַד בְּלִי דַי (ad-bli-day)
Sin fin.
-בְּלִי סָפֵק (bli-safek)
Sin duda, seguro.
בְּלִי, ז. Ruina, (bli)
destrucción.
בְּלָיָה, בְּלִיָּה, נ. (blayá,
bliyá) Putrefacción.
בִּלָּיוֹן, ז. Putre-(bilayón)
facción.
בִּלְיוֹן, ז. Bil-(bilyón)
lón.

בְּלִיטָה, נ. Resalto,(blitá)
saliente, relieve.
בְּלִיל, ז. Forraje (blil)
mojado.
בְּלִילָה, נ. Mezcla, (blilá)
mezclamiento.
בְּלִימָה, נ. Nada, (blimá)
vanidad. Detención.
-בְּלִימַת פֶּה (blimat-pe)
Silencio.
בְּלִיסְטְרָא, בְּלִיסְטְרָה, נ. ר׳
בְּלִסְטְרָאוֹת Ca- (blistrá)
tapulta, balista.
בְּלִיעָה, נ. Engulli- (bliá)
miento. Glotonería.
-בֵּית הַבְּלִיעָה (beyt-hablia)
Faringe.
בְּלִיַּעַל, ז. Maldad,(bliyáal).
malicia. Perverso, malva-
do, infame.
בִּלְיַרְד, ז. Billar (bilyard).
(juego).
בְּלִישָׁה, נ. Investi-(blishá).
gación, pesquisa.
בלל (בָּלַל, יָבֹל, יִבְלֹל)
פ"י. Mezclar, menear, re-
bullir, revolver. Embro-
llar.
-הֻבְלַל Ser mezclado.
-הִתְבּוֹלֵל Mezclarse, asimilarse.
בַּלָּלַיְקָה, נ. Tiple(balalayca)
ruso.
בלם (בָּלַם, יִבְלֹם) פ"י
Cerrar. Abozalar. Conte-
nerse. Parar.
-בָלוֹם Dañarse
-הֻבְלַם Detenerse.
-הִתְבַּלֵּם Cerrarse.
בַּלָּם, בֶּלֶם, ז. (balam, bé-
lem) Dique, barrera.

בְּלְמוּס, ר׳ בּוּלְמוּס.
Bañe- (balán) .ז, בַּלָּן
ro.
Toal- (balnit).נ, בַּלָּנִית
lla.
בָּלַס (בָּלַס, יִבְלֹס) פ"י
Recolectar higos. Mezclar, menear.
(bal- .ז, בַּלְסָמוֹן, בַּלְסָם
sam, balsemón) Bálsamo.
בָּלַע (בָּלַע, יִבְלַע) פ"י
Engullir, tragar.
Ser tragado, ser הִבָּלַע-
engullido.
Tragar, engullir. בִּלַּע-
Fig. exterminar.
Ser engullido. בֻּלַּע-
Fig. ser exterminado.
Esconder, ocultar הִבְלִיעַ-
Hacer tragar.
Ser tragado. הֻבְלַע-
Ser tragado, de- הִתְבַּלַּע-
saparecer.
Bocado. (bela) .ז, בֶּלַע
Astucia.
Momento. (balá) .ז, בַּלַּע
Glotón. (balá) .ז, בַּלָּע
(bil-adey) .מ"י, בִּלְעֲדֵי
Sin, excepto, salvo.
Glo- (bal-án) .ז, בַּלְעָן
tón.
Glo-(bal-anut). נ, בַּלְעָנוּת
tonería.
בָּלַק (בָּלַק, יִבְלֹק) פ"י
Arruinar, destruír.
Destruír. בִּלֵּק-
Ser destruído. בֻּלַּק-
בָּלַשׁ (בָּלַשׁ, יִבְלֹשׁ) פ"י
Pesquisar, investigar.
Ser investigado. הִבָּלֵשׁ-
Pesquisar. בִּלֵּשׁ-

Detec- (balash) .ז, בַּלָּשׁ
tive.
Poli-(balashut). נ, בַּלָּשׁוּת
cía secreta.
Detec-(balashí) .ת, בַּלָּשִׁי
tive.
Filólo-(balshán). ז, בַּלְשָׁן
go, lingüísta.
(balshanut) .נ, בַּלְשָׁנוּת
Filología, lingüística.
Lin-(balshaní) .ת, בַּלְשָׁנִי
güístico.
בַּלֶּשֶׁת, ר׳ בּוֹלֶשֶׁת.
No. (biltí) .מ"י, בִּלְתִּי
Sin. Sólo, solamente.
Sal-(bilti-im) בִּלְתִּי אִם-
vo, excepto.
Para (leviltí) לְבִלְתִּי-
que no.
En ellos. (bam). מ"נ, בָּם
Esce- (bamaut) .נ, בַּמָּאוּת
nografía teatral.
Empresa-(bamay) .ז, בַּמַּאי
rio, escenógrafo.
Bambú. (bámbuk). ז, בַּמְבּוּק
Escenario, (bamá) .נ, בָּמָה
estrado. Altar.
Escenifiar. .פ"י, בִּמֵּה
En, con. (bemó). מ"י, בְּמוֹ
Esceno-(bimuy) .ז, בִּמּוּי
grafía teatral.
(bimzu- .תה"פ, בִּמְזוּמָנִים
manim) Al contado.
(bemezid) .תה"פ, בְּמֵזִיד
Adrede.
Bemol. (bemol) .ז, בֶּמוֹל
(bimcom) .תה"פ, בִּמְקוֹם
En lugar de, en vez de.
(bemaftía). תה"פ, בְּמַפְתִּיעַ
Súbitamente.

בֵּן, ז. ר' בָּנִים (ben) Hijo. Niño, varón. Rama. Digno de.

בֶּן-אָדָם (ben - adam) Persona, hombre.

בְּנֵי-אָדָם (bney-adam) Gente, personas.

בֶּן-אָח, בֶּן אָחוֹת (ben-aj, ben-ajot) Sobrino.

בֶּן-בַּיִת (ben-báyit) Amigo. Esclavo.

בֶּן-בְּלִיַּעַל (ben-bliyáal) Perverso, malvado.

בֶּן-בְּלִי שֵׁם (ben-bli-shem) Hombre ordinario, vulgar.

בֶּן-בָּקָר (ben-bacar) Ternero.

בֶּן-בְּרִית (ben-brit) Aliado. Correligionario, judío.

בֶּן-גִּיל (ben-guil) Hermano de leche.

בֶּן-דּוֹד, בֶּן דּוֹדָה (ben-dod, ben doda) Primo, (hijo del tío, de la tía)

בֶּן-זוּג (ben-zug) Compañero.

בֶּן-זְקֻנִים (ben-zcunim) Hijo menor.

בֶּן-חוֹרֵג (ben-joreg) Hijastro.

בֶּן-חוֹרִים, בֶּן חוֹרִין (ben-jorim, ben-jorín) Libre.

בֶּן-חַיִל (ben-jáyil) Valiente, héroe.

בֶּן-חֲלוֹף (ben-jalof) Efímero, pasajero.

בֶּן-טוֹבִים (ben-tovim) Hijo de familia distinguida.

בֶּן-יוֹם, בֶּן יוֹמוֹ (ben-yom, ben-yomó) Efímero, pasajero.

בֶּן-יִשְׂרָאֵל, ר' בְּנֵי יִשְׂרָאֵל Hijo (ben-yisrael) de Israel, israelita.

בֶּן-כְּפָר (ben-kfar) Campesino.

בֶּן-כְּרַךְ (ben-craj) Ciudadano.

בֶּן-לְוָיָה (ben-levayá) Compañero.

בֶּן-מָוֶת (ben-mávet) Digno de muerte.

בֶּן-מִינוֹ (ben-minó) De su clase.

בְּנֵי-הַמִּזְרָח (bney-hamizraj) Los orientales.

בֶּן-נֵכָר (ben-nejar) Extranjero.

בֶּן-הָעוֹלָם הַבָּא (ben-haolam-habá) Digno de la vida futura.

בֶּן-שַׁחַר (ben-shájar) Aurora.

בֶּן-תּוֹרָה (ben-torá) Erudito, sabio.

בֶּן-תַּרְבּוּת (ben-tarbut) Civilizado.

בֶּן-תַּעֲרוּבוֹת (ben-taaruvot) Rehén.

בֶּן חַרְצִית, ז. (ben-jartzit) Piretro, pelitre.

בַּנָּאוּת, נ. (banaut) Construcción.

בַּנַּאי, ז. (banay) Constructor, albañil.

בָּנֹה (בָּנָה, יִבְנֶה) פ"י
Edificar, construír.
Ser edificado, ser construído. הִבָּנֵה-
Ser construído. בֻּנֹּה-
Arreglar,reparar. בַּנֵּה-
Edifica-(binuy) ción, construcción. בִּנּוּי, ז.
Edifica-(banuy) do, construído. בָּנוּי, ת.
Ga-(benzín) solina. בֶּנְזִין, ז.
Cons- (bniyá) trucción,edificación. בְּנִיָּה, נ.
Edifi-(binyán) cio. Construcción.Forma de conjugación. בִּנְיָן, ז.
Bana-(banana) na, plátano. בַּנָּנָה, נ.
Banco. (bank) בַּנְק, ז.
(bancaut) Banco (el negocio). בַּנְקָאוּת, נ.
Ban-(bancaí) cario. בַּנְקָאִי, ת.
Bajo. (bas) בַּס, ז.
Pisar, pisotear, hollar. בָּסֹה, פ"י.
Aro- (bisum) matización. בִּסּוּם, ז.
Insta-(bisús) lación, fundamento. בִּסּוּס, ז.
Agra- (basim) dable. בָּסִים, ת.
Base. (basís) בָּסִיס, ז.
Fun-(bsisí) damental. בְּסִיסִי, ת.
בָּסֹם (בָּסַם, יִבְסַם) פ"ע
Ser agradable.
Perfumar. בַּסֵּם-
Ser perfumado. בֻּסֹּם-
Perfumarse. הִתְבַּסֵּם-
Perfu- (basam) mero. בַּסָּם, ז.
Bismuto.(bismut) בִּסְמוּת, ז.
בָּסֹס (בָּסַס, יִבְסֹס) פ"י
Pisotear, romper.
Ser quebrantado. הִבָּסֵס-
Basar. בַּסֵּס-
Ser basado. Fortificarse. בֻּסֹּס-
Basarse. Establecerse. הִתְבַּסֵּס-
Agraz, (bóser) fruta sin madurar. בֹּסֶר, ז.
בָּסֹר (בָּסַר, יִבְסֹר) פ"י
Desdeñar, despreciar.
בִּסְתָּן, ר' בּוּסְתָּן.
בִּסְתָּנַאי, ר' בּוּסְתָּנַאי.
Ampol-(ba-búa) la. Burbuja. בַּעְבּוּעַ, ז.
Bor- (biebúa) boteo. בִּעְבּוּעַ, ז.
Por.(baavur) Para. בַּעֲבוּר, מ"י.
Borbotar. Brotar, salir. בַּעְבֵּעַ, פעו"י.
Borbotar. הִתְבַּעְבֵּעַ-
(baad) Para, por. בַּעַד, מ"י. ס' בְּעַד
Por (mibáad) detrás. מִבַּעַד-
בָּעֹה (בָּעָה, יִבְעֶה) פ"י
Borbotar. Pedir, preguntar. Pacer. Rezar.
Ser descubierto. הִבָּעֵה-
Pacer. הַבְעֵה-
Todo (beod) tiempo que.Otros,más. בְּעוֹד, תה"פ.
Punta- (biut) pié, patada. בְּעוּט, ז.
Mujer (beulá) casada. בְּעוּלָה, נ.

jón) Confiado.
(báal-báyit) בַּעַל בַּיִת-
Dueño, patrón.
(báal-brit) בַּעַל בְּרִית-
Aliado, amigo.
(báal-basar) בַּעַל בָּשָׂר-
Gordo.
(báal-guf) בַּעַל גּוּף-
Robusto, fuerte.
(báal-dva- בַּעַל דְּבָרִים-
rim) Adversario.
(báal-din) בַּעַל דִּין-
Adveraario.
(bá- בַּעַל דֵּעָה, בַּעַל דַּעַת-
al-deá, báal-dáat) Sensato, cuerdo.
(báal-dim- בַּעַל דִּמְיוֹן-
yón) Visionario.
(báal-higa- בַּעַל הִגָּיוֹן-
yón) Sensato, cuerdo.
בַּעַל הוֹן, בַּעַל רְכוּשׁ-
(báal-hon, báal-rejush)
Capitalista.
(báal-hazayá) בַּעַל הֲזָיָה-
Visionario.
(báal-zica- בַּעַל זִכָּרוֹן-
rón) Memorioso.
(báal-zacán) בַּעַל זָקָן-
Barbudo.
(báal-zróa) בַּעַל זְרוֹעַ-
Violento.
(báal-jov) בַּעַל חוֹב-
Acreedor. Deudor.
(báal-jótem) בַּעַל חֹטֶם-
Orgulloso.
(báal-jayim) בַּעַל חַיִּים-
Ser, animal.
(báal-jalo- בַּעַל חֲלוֹמוֹת-
mot) Soñador.
(báal-jemá) בַּעַל חֵמָה-
Irascible, colérico.

בִּעוּר, ז. Limpia-(biur)
miento, exterminación.
בְּעוּת, נ. Espanto, (biut)
susto, terror.
בֹּעַז, ז. Burgués, (boaz)
opulento.
בָּעַט (בָּעַט, יִבְעַט) פ"י
Dar patadas, patalear, cocear.
בִּעֵט- Cocear.
הִתְבַּעֵט- Patalear.
בַּעַט, ז. בַּעֲטָה, נ. ר׳
בְּעִיטָה.
בַּעְטָן, ז. נ׳ בַּעְטָנִית
(baatán) Coceador.
בְּעָיָה, נ. Proble- (beayá).
ma.
בְּעִיטָה, נ. Punta-(beitá)
pié, patada, coz.
בְּעִילָה, נ. Unión (beilá)
sexual.
בְּעִיר, ז. Ganado. (beir)
בָּעִיר, ת. Combus- (bair)
tible.
בָּעַל (בָּעַל, יִבְעַל) פ"י
Gobernar, mandar, dominar. Casarse.
הִבָּעֵל- Ser casada.
בַּעַל, ז. ר׳ בְּעָלִים (bá-
al) Marido, esposo. Dueño.
(báal-eg- בַּעַל אֶגְרוֹף-
rof) Hombre violento.
(báal-ov) בַּעַל אוֹב-
Hechicero, brujo.
(báal-a- בַּעַל אַחֲרָיוּת-
jarayut) Responsable.
(báal-uma- בַּעַל אֻמָּנוּת-
nut) Artesano.
(báal-af) בַּעַל אַף-
Colérico.
(báal-bita- בַּעַל בִּטָּחוֹן-

(báal-cóaj) בַּעַל כֹּחַ-
Fuerte, robusto.
(báal-kis) בַּעַל כִּיס-
Rico, opulento.
(báal-canaf) בַּעַל כָּנָף-
Ave.
(báal-ki- בַּעַל כִּשְׁרוֹן-
sh-rón) Talentoso.
(báal-lashón) בַּעַל לָשׁוֹן-
Calumniador.
(báal-mum) בַּעַל מוּם-
Inválido.
(báal-mzi- בַּעַל מְזִמּוֹת-
mot) Embustero.
(báal-móaj) בַּעַל מֹחַ-
Inteligente.
(báal-mla- בַּעַל מְלָאכָה-
já) Artesano.
(báal-mamón) בַּעַל מָמוֹן-
Rico, capitalista.
(báal-mik- בַּעַל מִקְצוֹעַ-
tzóa) Profesional.
(báal-nisa- בַּעַל נִסָּיוֹן-
yón) Experimentado.
(báal-néfesh) בַּעַל נֶפֶשׁ-
Tenaz.
(báal-comá) בַּעַל קוֹמָה-
Alto.
(báal-shem) בַּעַל שֵׁם-
Hechicero. Famoso.
(báal-simjá) בַּעַל שִׂמְחָה-
Festejante.
(báal-sear) בַּעַל שֵׂעָר-
Cabelludo.
(báal-torá) בַּעַל תּוֹרָה-
Erudito, sabio.
(báal-tshu- בַּעַל תְּשׁוּבָה-
vá) Penitente.
(beal- בְּעַל פֶּה, תה"פ.
pe) De memoria.
Dueña, (baalá) בַּעֲלָה, נ.
patrona, señora.
(baalat-ov) בַּעֲלַת אוֹב-
Ventrílocua, pitonisa.
(baalat-yofi) בַּעֲלַת יֹפִי-
Mujer hermosa.
(baalat- בַּעֲלַת כְּשָׁפִים-
kshafim) Hechicera.
Pa- (baalut) בַּעֲלוּת, נ.
tronato.
(baalil) בַּעֲלִיל, תה"פ.
Con claridad.
(beal- בְּעַל כָּרְחוֹ, תה"פ.
corjó) A pesar de él.
(bealmá) בְּעָלְמָא, תה"פ.
Así, simplemente.
Zinc, (báatz) בַּעַץ, ז.
cinc.
Estañar. בַּעֵץ, פ"י.
En (beétzem) בְּעֶצֶם, תה"פ.
realidad, realmente.
(baaki- בַּעֲקִיפִין, תה"פ.
fín) Indirectamente.
בָּעַר (בָּעַר, יִבְעַר) פעו"י
Quemarse, inflamarse.
Ser estúpido.
Ser estúpido, ser הִבָּעֵר-
torpe.
Quemar, inflamar. בִּעֵר-
Pacer.
Ser quemado, ser בֹּעַר-
inflamado.
Encender, infla- הִבְעֵר-
mar. Devastar.
Bobo, tor-(baar) בַּעַר, ז.
pe, estúpido.
Incen- (beerá) בְּעֵרָה, נ.
dio.
Estu-(baarut) בַּעֲרוּת, נ.
pidez, torpeza.
(beérej) בְּעֵרֶךְ, תה"פ.
Aproximadamente.

Asustarse,,הִבָּעֵת (בעת)
espantarse.
Asustar,espantar. בַּעֵת-
Espantar,asustar.הַבְעֵת-
Asustarse, es- הִתְבַּעֵת-
pantarse.
Susto, (beatá) בְּעָתָה,נ.
terror, pavor, miedo.
(bifney) בִּפְנֵי,תה"פ.
Delante de.
(bifnim) בִּפְנִים,תה"פ.
En, dentro de.
(beferush)בְּפֵרוּשׁ,תה"פ.
Claramente.
(bifrat) בִּפְרָט,תה"פ.
Especialmente.
Barro, lodo,(botz) בֹּץ,ז.
fango.
Apa-(bitzbutz) בִּצְבּוּץ,ז.
rición.
Brotar, sa- בִּצְבֵּץ,פ"ע.
lir, aparecer.
Panta- (bitzá) בִּצָּה,נ.
no.
Reali-(bitzúa) בִּצּוּעַ,ז.
zación. Arbitraje.
Fortifi-(bitzur) בִּצּוּר,ז.
cación. Oración.
Forti-(batzur) בָּצוּר,ת.
ficado. Recolectado.
(betzavta) בְּצַוְתָּא,תה"פ.
Juntos, unidos.
Corte.(btziá) בְּצִיעָה,נ.
Realización.
Vendi-(batzir) בָּצִיר,ז.
mia. Uvas. Fortifica-
do, fuerte.
Ven-(btzirá) בְּצִירָה,נ.
dimia.
Bote,(bitzit) בִּצִּית,נ.
lancha, canoa.

בָּצָל, בְּצַל,ז. ר' בְּצָלִים
(batzal,-tzel)Cebolla.
Brotar, echar בִּצֵּל,פ"ע.
vástagos.
Echar vástagos, הִבְצִיל-
brotar.
בָּצַע (בָּצַע, יִבְצַע) פ"י
Cortar, arrancar, rom-
per. Ser ávido.
Realizar, ejecu- בִּצַּע-
tar.
Ser realizado, בֻּצַּע-
Codicia,(betza) בֶּצַע,ז.
lucro. Fragmento.
Panta- (batzá) בָּצָע,ז.
no.
בָּצַץ (בָּצַץ, יִבְצוֹץ) פ"י
Hacer brotar.
Pasta,(batzek) בָּצֵק,ז.
masa.
בָּצַק (בָּצַק, יִבְצַק) פ"ע
Leudar.
(bé- בֶּצֶר,ז. ר' בְּצָרִים
tzer)Yacimiento de oro.
בָּצַר (בָּצַר, יִבְצֹר) פ"י
Vendimiar. Fortificar.
Disminuír, achicar.
Ser cortado, ser הִבָּצֵר-
vendimiado.
Fortificar. בִּצֵּר-
Ser fortificado. בֻּצַּר-
Fortificarse. הִתְבַּצֵּר-
Redil,(botzrá) בָּצְרָה,נ.
aprisco.
Pla-(bitzarón) בִּצָּרוֹן,ז.
za fuerte. Sequía.
(ba- בַּצֹּרֶת,נ. ר' בַּצָּרוֹת
tzóret) Sequía.
Botel-(bakbuk) בַּקְבּוּק,ז.
la, redoma, frasco.

בַּקְבּוּקוֹן, ז. (bakbucón) Botellita.

בִּקּוּעַ, ז. (bicúa) Rajadura.

בִּקּוּר, ז. (bicur) Visita. Crítica.

בִּקּוּשׁ, ז. (bicush) Pedido.

בַּקְטֶרְיָה, נ. (bacteria) Bacteria.

בַּקְטֶרְיוֹלוֹגְיָה, נ. (bacteriologya) Bacteriología.

בָּקִי, בָּקִיא, ת. (bakí) Experto.

בְּקִיאוּת, נ. (bkiut) Experiencia, erudición.

בִּקְיָה, בַּקְיָה, נ. (bikyá, bakyá) Vicia.

בָּקִיעַ, בְּקִיעַ, ז. (bakía, bkía) Rajadura.

בְּקִיעָה, נ. (bkiá) Rajadura.

בָּקַע (בָּקַע, יִבְקַע) פ"י Rajar, hender. Estallar, hacer explosión.

-הִבָּקַע Reventarse, hacer explosión.

-בִּקַּע Rajar. Desgarrar, rasgar.

-בֻּקַּע Ser rajado.

-הָבְקַע Ser rajado, ser forzado, violentado.

-הַבְקַע Forzar, violentar, ocupar una ciudad.

-הִתְבַּקַּע Reventarse, rajarse.

בֶּקַע, ז. (béca) Nombre de una moneda antigua.

בִּקְעָה, נ. ר׳ בְּקָעוֹת (bik-á) Valle.

בְּקַעַת, נ. (bkáat) Fragmento.

בָּקַק (בָּקַק, בַּק, יָבֹק, יִבְקַק) פ"י Vaciar, desocupar. Romper.

-הִבּוֹק Ser vaciado, ser despoblado.

-בּוֹקֵק Vaciar, desolar.

בָּקַר, פ"י. Apacentar, cuidar el ganado.

-בִּקֵּר Criticar, censurar, controlar. Visitar, frecuentar.

-בֻּקַּר Ser examinado.

בָּקָר, ז. ר׳ בְּקָרִים (bacar) Ganado mayor, bóvidos, especie bovina.

-בֶּן בָּקָר (ben-bacar) Ternero.

-עֶגְלַת בָּקָר (églat-bacar) Ternera.

-פַּר בֶּן בָּקָר (par-ben-bacar) Novillo, ternero.

בַּקָּר, ז. (bacar) Boyero.

בֹּקֶר, ז. ר׳ בְּקָרִים (bóker) Mañana.

-הַבֹּקֶר (habóker) La mañana. Esta mañana.

-לִבְקָרִים, לַבְּקָרִים (livcarim, labcarim) Todas la mañanas.

בַּקָּרָה, נ. (bacará) Examen, crítica, control.

בְּקֵרוּב, תה"פ. (bekeruv) Aproximadamente.

בְּקָרוֹב, תה"פ. (becarov) Pronto.

בִּקֹּרֶת, נ. (bicóret) Crítica. Censura.

בַּקֶּרֶת, נ. (bakéret) Vaca.

בִּקָּרְתִּי, ת. (bicortí)

(bar-minán) -בַּר מִנָּן
Lejos de nosotros.
בָּרא (בָּרָא, יִבְרָא) פ"י
Crear.
Ser creado. -הִבָּרֵא
Talar, derribar. -בֵּרֵא
Sanarse, alentar- -הַבְרֵא
se. Sanar, curar.
(bere-shit) בְּרֵאשִׁית,
Génesis.
(bereshit). בְּרֵאשִׁית, תה"פ
En el principio.
(mibereshit) -מִבְּרֵאשִׁית
Del principio.
Cisne. (barbur) בַּרְבּוּר, ז.
Bárbaro. (barbar). בַּרְבַּר, ז
(bó- בֹּרֶג, ז. ר' בְּרָגִים
reg) Tornillo.
בָּרג (בָּרַג, יִבְרֹג) פ"י
Atornillar.
Ser atornillado. -הִבָּרֵג
Atornillarse. -הִתְבָּרֵג
Atornillar. -הַבְרֵג
Espi- (borguí) בָּרְגִּי, ת.
ral.
(burganut) בֻּרְגָּנוּת, נ.
Burguesía.
(burganí) בֻּרְגָּנִי, ת.
Burgués.
בָּרד (בָּרַד, יִבְרֹד) פ"ע
Granizar.
Cubrirse de gra- -הִבָּרֵד
nizo.
Granizo. (barad) בָּרָד, ז.
(ba- בָּרֹד, ת. ר' בְּרֻדִּים
rod) Rayado.
Pan- (bardelás). בַּרְדְּלָס, ז
tera.
בִּרְדָּם, ר' בּוֹרְדָּם.
Capucha. (bardás). בַּרְדָּס, ז
בָּרה (בָּרָה, יִבְרֶה) פ"י
Escoger. elegir. Comer.

Crítico.
Pedir. Buscar, בִּקֵּשׁ, פ"י
querer, desear.
Ser pedido. Ser -בֻּקַּשׁ
buscado.
Ser pedido. -הִתְבַּקֵּשׁ
Ser rogado. Ser invi-
tado.
Peti- (bacashá) בַּקָּשָׁה, נ.
ción, solicitud, ruego.
Por (bevacashá) -בְּבַקָּשָׁה
favor. A la orden.
Pedi- (bakshán). בַּקְשָׁן, ז
dor.
Choza, (biktá) בִּקְתָּה, נ.
cabaña.
Trigo, (bar) בָּר, בַּר, ז.
cereales. Prado.
(bar) בַּר. ת. נ' בָּרָה
Limpio, puro. Experto.
Salvaje, silvestre. Ex-
terior. Distinguido.
Hijo. Alum- (bar). בַּר, ז
no.
(bar-dáat) -בַּר דַּעַת
Inteligente,
(bar-mazal) -בַּר מַזָּל
Favorecido por la su-
erte.
(bar-mitzvá) -בַּר מִצְוָה
Muchacho que tiene tre-
ce años y debe cumplir
los preceptos de Dios,
siendo considerado re-
ligiosamente mayor.
Hom- (bar-nash) -בַּר־נַשׁ
bre, persona,
(bar-plugta) -בַּר פְּלֻגְתָּא
Adversario.
Excepto, (bar) בַּר, תה"פ.
salvo, fuera de.

Fugi- (barján) בַּרְחָן, ז.
tivo.
Boina. (beret) בֶּרֶט, ז.
Cla-(barí) בָּרִי, תה"פ.
ro, seguro.
Salud. (bori) בֹּרִי, ז.
Pureza.
(ba- בָּרִיא, ת. נ׳ בְּרִיאָה
rí) Sano.
Creación.(briá) בְּרִיאָה, נ
Criatura, ser.
(briut) בְּרִיאוּת, נ.
Salud.
(beri-beri) בֶּרִי־בֶּרִי, ז.
Beriberi.
(brigada) בְּרִיגָדָה, נ.
Brigada.
(brigadir) בְּרִיגָדִיר, ז.
Brigadier.
Comida,(biryá) בִּרְיָה, נ.
alimento.
Criatu-(briyá) בְּרִיָּה, נ.
ra, ser.
Bario.(baryon) בַּרְיוֹן, ז.
Déspota.(bir-) בִּרְיוֹן, ז.
(biryonut) בִּרְיוֹנוּת, נ.
Despotismo.
(briyot) בְּרִיּוֹת, נ"ר.
Gente.
Sa- (baryut) בַּרְיוּת, נ.
lud.
Cerro- (bríaj) בְּרִיחַ, ז.
jo. Clavícula.
Fugi- (baríaj) בָּרִיחַ, ז.
tivo.
Huída, (brijá) בְּרִיחָה, נ.
fuga.
Ba-(baritón) בָּרִיטוֹן, ז.
rítono.
Britá- (briti) בְּרִיטִי, ז.
nico.

saborear.
Dar de comer. הַבְרֵה-
בָּרוּא, ז. ר׳ בְּרוּאִים
(barú) Ser, criatura.
Creado.
(bar- בַּרְוָז, ז. נ׳ בַּרְוָזָה
vaz) Pato.
Bruto. (bruto) בְּרוּטוֹ, ז.
בָּרוּךְ, ת. נ׳ בְּרוּכָה, ר׳
Bendito,(baruj) בְּרוּכִים
bendecido.
(baruj-habá) בָּרוּךְ הַבָּא-
Bienvenido.
Bromo. (brom) בְּרוֹם, ז.
Estuche, joyera.
(barométer) בָּרוֹמֶטֶר, ז.
Barómetro.
Barón. (barón) בָּרוֹן, ז.
Bron-(bronza) בְּרוֹנְזָה, נ.
ce.
(bronji- בְּרוֹנְכִיטִיס, ז.
tis) Bronquitis.
Claro. (barur) בָּרוּר, ת.
Escogido, elegido.
Aclara-(berur) בֵּרוּר, ז.
ción. Elección.
(brurot) בְּרוּרוֹת, תה"פ.
Con claridad.
Ciprés.(brosh) בְּרוֹשׁ, ז.
בְּרוֹת, ר׳ בְּרוֹשׁ.
(barut, בָּרוּת, בָּרוֹת, נ.
barot) Alimento,comida.
Grifo,(bérez) בֶּרֶז, ז.
llave.
Hierro.(barzel) בַּרְזֶל, ז.
(msilat- מְסִילַת בַּרְזֶל-
barzel)Ferrocarril.
בָּרַח (בָּרַח, יִבְרַח) פ"ע
Huír, fugarse, escaparse.
Expeler, hacer הַבְרֵחַ-

בְּרִיךְ, ר' בָּרוּךְ.
בְּרִיכָה, נ. (brijá) Arrodillamiento. Pollada. Rama.
בְּרִילְיוּם, ז. (berilyum) Berilio, glucinio.
בָּרִיקָדָה, נ. (baricada) Barricada.
בֹּרִית, נ. (borit) Jabón.
בְּרִית, נ. ר' בְּרִיתוֹת (brit) Pacto, alianza.
-בְּרִית מִילָה (brit-milá) Circunsición.
-אֲרוֹן הַבְּרִית (arón-habrit) El Arco de la alianza.
-אַרְצוֹת הַבְּרִית (artzot-habrit) Los Estados Unidos.
-אֵשֶׁת בְּרִית (éshet-brit) Esposa legítima.
-לוּחוֹת הַבְּרִית (lujot-habrit) Las tablas de la Ley.
-הַבְּרִית הַחֲדָשָׁה (habrit-hajadashá) El Nuevo Testamento.
בָּרַיְתָא, בְּרַיְתָא, נ. (braytá) Mishná exterior; colección de decisiones rabínicas que no fueron incluídas en la Mishná.
בָּרַךְ (בָּרַךְ, יִבְרַךְ) פ"ע Arrodillarse.
-הִבָּרֵךְ Bendecirse.
-בֵּרֵךְ Bendecir. Felicitar.
-בֹּרַךְ Ser bendecido. Ser felicitado.
-הִבְרִיךְ Arrodillar.
-הָבְרַךְ Ser arrodillado.
-הִתְבָּרֵךְ Bendecirse. Felicitarse.
בֶּרֶךְ, נ. ר' בִּרְכַּיִם (bérej) Rodilla.
בְּרָכָה, נ. (brajá) Bendición. Felicitación. Abundancia.
בְּרֵכָה, נ. (brejá) Piscina. Alberca.
בְּרַם, תה"פ (bram) Pero. En verdad.
בַּרְנַשׁ, ז. (barnash) Hombre, persona.
בִּרְסָה, ר' בּוּרְסָה.
בִּרְסִי, בִּרְסְקִי, ר' בּוּרְ-
בָּרַק (בָּרַק, יִבְרֹק) פ"י Brillar, centellear.
-הִבְרִיק Hacer brillar. Telegrafiar.
בָּרָק, ז. ר' בְּרָקִים (barak) Brillo. Relámpago.
בַּרְקַאי, ז. (barcay) Estrella de la mañana.
בַּרְקָנִים, בַּרְקָן, ר' אַ-בַּרְקָנִים.
בָּרֶקֶת, בָּרְקַת, נ. (baréket, barcat) Agata.
בָּרַר (בַּר, בָּרַר, יָבֹר, יִבְרֹר) פ"י Separar, escoger. Examinar.
-הִבַּר Purificarse.
-בֵּרֵר Aclarar. Purificar.
-הֵבֵר Purificar. Pulir.
-הֻבְרַר Ser aclarado, aclararse.
-הִתְבָּרֵר Aclararse. Purificarse
בְּרֵרָה, בְּרֵירָה, נ. (brerá) Opción, alternativa.

Aroma, (bósem) בֹּשֶׂם, ז.
perfume.
בָּשָׂם, בֶּשֶׂם, ר׳ בְּשָׂמִים.
Aro- (bosmí) בָּשְׂמִי, ת.
mático.
Ver- (boshná) בָּשְׁנָה, נ.
güenza.
בָּשְׁנִית, ר׳ בָּזִלְת.
(bish-at) בִּשְׁעַת, תה"פ.
En tiempo de.
Avisar, anun- בִּשֵּׂר, פ"י.
ciar. Profetizar.
Recibir una no- -בְּשׂוֹר
ticia.
Recibir una no- -הִתְבַּשֵּׂר
ticia.
(ba- בָּשָׂר, ז. ר׳ בְּשָׂרִים
sar) Carne. Pulpa. Fig.
cuerpo.
Car-(basar-jay) -בָּשָׂר חַי
ne cruda.
(báal-basar) -בַּעַל בָּשָׂר
Gordo.
(bisroní) בִּשְׂרוֹנִי, ת.
Carnívoro.
Car-(basraní) בַּשְׂרָנִי, ת.
noso, carnudo.
Vergüen-(bóshet) בֹּשֶׁת, נ.
za, pudor. Fig. ídolo.
(bóshet-pa- בֹּשֶׁת פָּנִים, נ.
nim) Pudor.
(bat) בַּת, נ. ר׳ בָּנוֹת
Hija. Niña.
(bat- -בַּת אָח, בַּת אָחוֹת
aj, bat-ajot) Sobrina.
(bat-bliyáal) -בַּת בְּלִיַּעַל
Malvada, perversa.
(bat-brit) -בַּת בְּרִית
Aliada, amiga.
(bat-guil) -בַּת גִּיל
Hermana de leche.

Resto, (brará) בְּרֵרָה, נ.
residuo.
Esco-(barerán) בָּרְרָן, ז.
gedor.
(bishvil) בִּשְׁבִיל, מ"י.
Para, por.
(beshagám) בְּשַׁגָּם, מ"י.
Porque.
Coc- (bishul) בִּשּׁוּל, ז.
ción, cochura. Madura-
ción.
בְּשׁוּם אֹפֶן, -מָקוֹם, -פָּ-
נִים, ר׳ שׁוּם.
Aro- (bisum) בִּשּׂוּם, ז.
matización.
No- (bsorá) בְּשׂוֹרָה, נ.
ticia, nueva, novedad.
Tiempo (bashil) בָּשִׁיל, ז,
de la maduración.
(besim-lev) בְּשִׂים לֵב, תה"פ.
Con consideración.
בָּשַׁל (בָּשֵׁל, יִבְשַׁל) פ"ע
Cocinar. Madurar.
Guisar, cocinar. -בִּשֵּׁל
Ser cocinado. -בְּשׁוּל
Madurar. -הִבְשִׁיל
Cocinarse, co- -הִתְבַּשֵּׁל
cerse. Madurar.
Cocido. (bashel) בָּשֵׁל, ת.
Maduro.
Por, (beshel). בְּשֶׁל, מ"י.
para.
(beshelmí) בְּשֶׁלְּמִי, תה"פ
¿Por quién?
Aromatizar, בִּשֵּׂם, פ"י.
perfumar.
Ser perfumado, -בֻּשַּׂם
ser aromatizado.
Perfumarse. -הִתְבַּשֵּׂם
Estar ebrio.
Perfu-(basam) בַּשָּׂם, ז.
mero.

-בַּת זוּג (bat-zug) Compañera.

-בַּת זְקֻנִים (bat-zkunim) Hija menor.

-בַּת חוֹרִין (bat-jorín) Libre.

-בַּת חַיִל (bat-jáyil) Valiente.

-בַּת טוֹבִים (bat-tovim) Hija de buena familia.

-בַּת יִשְׂרָאֵל (bat-israel) Hija de Israel.

-בַּת יַעֲנָה (bat-yaaná) Avestruz.

-בַּת עַיִן (bat-áyin) Pupila,niña del ojo.

-בַּת קוֹל (bat-col) Eco, voz divina.

-בַּת שְׂחוֹק (bat-sjok) Sonrisa.

-בַּת שִׁיר, בַּת הַשִּׁירָה (bat-shir, bat-hashirá) Musa, inspiración.

-בְּבַת אַחַת (bevat-ajat) De una vez.

בָּתָה, בַּתָּה,נ. (Batá) Erial, landa.

בָּתוּל,ז. Joven.(batul)

בְּתוּלָה,נ. Vir- (btulá) gen.

בְּתוּלִים,ז"ר. (btulim) Virginidad.

-מַסַּע בְּתוּלִים (masá-btulim) Viaje de estreno.

בִּתּוּר,ז. Disec- (bitur) ción.

בְּתוֹר, בְּתוֹרַת,תה"פ. (betor, betorat) Como, en calidad de.

בִּתֵּק,פ"י. Cortar, arrancar.

בָּתַר (בָּתַר, יִבְתֹּר) פ"י Cortar.

-בִּתֵּר Cortar, rajar.

-בֻּתַּר Ser cortado, ser rajado.

בָּתַר,תה"פ. Des-(batar) pués, detrás.

בֶּתֶר,ז. ר' בְּתָרִים (béter) Pedazo, trozo. Fístula.

-הָרֵי בֶתֶר (harey-béter) Montes entrecortados.

בַּתְרָא,ת. Últi- (batra) mo.

בִּתְרוֹן,ז. Valle.(bitrón)

Tercera (guímel) ,ג
letra del alfabeto hebreo. Su valor numérico es 3.

גֵּא, גֵּאֶה,ת. נ׳ גֵּאָה
(gue, gueé) Orgulloso.

גָּאה (גָּאָה, יִגְאֶה) פ"ע
Elevarse, alzarse, enorgullecerse.

הִתְגָּאָה- Enorgullecerse.

גֵּאָה,נ. (gueá) Orgullo.

גֵּאוֹגְרָף,ז. (gueograf)
Geógrafo.

גֵּאוֹגְרָפִי,ת. (gueografi)
Geográfico.

גֵּאוֹגְרַפְיָה,נ. (gueografya) Geografía.

גַּאֲוָה,נ. (gaavá) Orgullo.

גָּאוּל,ת. (gaul) Redimido.

גֵּאוֹלוֹג,ז. (gueolog)
Geólogo.

גֵּאוֹלוֹגְיָה,נ. (gueologya) Geología.

גֵּאוֹלוֹגִי,ת. (gueologui)
Geológico.

גֵּאוֹמֶטְרִי,ת. (gueometri)
Geométrico.

גֵּאוֹמֶטְרִיָּה,נ. (gueometrya) Geometría.

גָּאוֹן,ז. (gaón) Altura, elevación, eminencia. Orgullo. Gloria, majestad. Genio. Gaón : título de honor dado a los presidentes de las Yeshivot en Babilonia.

גְּאוֹנוּת,גְּאוֹנִיּוּת,נ.
(gueonut, gueoniyut) Genio, ingeniosidad.

גְּאוֹנִי,ת. (gueoní) Ingenioso.

גֵּאוּת,נ. (gueut) Gloria, majestad, grandeza, elevación, eminencia.

גָּבַב (גָּבַב, יָגֹב, יִגְבֹּב) פ"י Recoger, reunir. Arquear, torcer. Amontonar.
הִגָּבֵב- Ser recogido, ser amontonado.
גִּבֵּב- Amontonar, recoger.
הִתְגַּבֵּב- Amontonarse, recogerse.
גָּבַהּ (גָּבַהּ, יִגְבַּהּ) פ"ע Ser alto, ser elevado, ser exaltado.
הִגְבִּיהַּ- Alzar, elevar, enaltecer. Enaltecerse.
הִגְבִּהַּ- Alzarse, elevarse, enaltecerse.
הִתְגַּבֵּהַּ- Elevarse, enaltecerse.
גָּבֹהַּ, ת. Alto, (gavóha) elevado.
גֹּבַהּ, ז. Altura, (gobah) elevación, Estatura.
גַּבָּה, נ. ר' גַּבּוֹת (gabá) Ceja.
גָּבָה (גָּבָה, יִגְבֶּה) פ"י Cobrar, recaudar.
הִגָּבֶה- Ser cobrado, ser recaudado.
הִגְבָּה- Hacer cobrar, hacer recaudar.
גַּבְהָה, נ. Or- (gvohá) gullo.
גַּבְהוּת, נ. Altura, (gavhut) elevación, orgullo.
גַּבְהָן, ת. Orgu- (gavhán) lloso.
גִּבּוּב, ז. Amonto-(guibuv) namiento.
גָּבוּי, ת. Cobrado. (gavuy)
גִּבּוּי, ז. Cobranza (guivuy)

גֵּאוּת וָשֵׁפֶל- (gueut-va-shefel) Marea, flujo y reflujo.
גַּאַוְתָן, ת. Or-(gaavtán) gulloso.
גַּאַוְתָנוּת, נ. (gaavtanut) Orgullo.
גְּאֵיוֹן, ז. Orgul-(gueeyón) loso, presuntuoso.
גָּאַל (גָּאַל, יִגְאַל) פ"י Liberar, libertar, salvar. Ensuciar.
הִגָּאֵל- Ser libertado. Ser ensuciado.
גֵּאֵל- Ensuciar, profanar.
גֹּאַל- Ser profanado.
הִגְאֵל- Ensuciar, profanar.
הִתְגָּאֵל- Profanarse, hacerse impuro.
גֹּאַל, ז. Sucie- (góal) dad, profanación.
גְּאֻלָּה, נ. Libera-(gueulá) ción, rescate.
גַּב, ז. Espalda. (gav) Altura, elevación.
גֵּב, ז. ר' גֵּבִים (guev) Pozo. Tabla. Langosta.
גֹּב, ז. Cueva, ca- (gov) verna, gruta.
גֶּבֶא, ז. Pozo. (gueve) Laguna.
מֵי- גְּבָאִים (mey-gvaim) Agua estancada.
גְּבָאוּת, נ. Re-(gabaut) caudación;
גַּבַּאי, ז. Cobra- (gabay) dor, recaudador. Jefe (de una sinagoga).

גְּבוּל, ז. ר' גְּבוּלִים
Frontera,(gvul) גְּבוּלוֹת
límite.
Mezcla,(guibul).ז, גִּבּוּל
amasamiento.
Fron-(gvulá) .נ, גְּבוּלָה
tera, límite.
Fabri-(guibún) .ז, גִּבּוּן
cación del queso.
גִּבּוֹר, ז. נ' גִּבּוֹרָה
(guibor) Héroe. Protagonista.
He- (gvurá) .נ, גְּבוּרָה
roísmo. Valentía.
Cris-(guibush) .ז, גִּבּוּשׁ
talización.
(gui- גִּבֵּחַ, ת. נ' גִּבַּחַת
béaj)Calvo por delante.
Cal-(gabájat) .נ, גַּבַּחַת
vicie.
Cobran-(gviyá) .נ, גְּבִיָּה
za, recaudación.
Ele-(gvihá) .נ, גְּבִיהָה
vación.Fig. joroba.
גְּבִין, ז. ר' גָּבָה.
Que- (gviná) .נ, גְּבִינָה
so.
De o (gviní) .ת, גְּבִינִי
como el queso,esponjoso
Copa.(gavía) .ז, גָּבִיעַ
Cáliz.
Cá-(gvión) .ז, גְּבִיעוֹן
liz.
Có- (gvií) .ת, גְּבִיעִי
nico.
Señor,(gvir) .ז, גְּבִיר
Rico, opulento.
Señora.(gvirá).נ, גְּבִירָה
Rica, opulenta.
Se- (gvirut).נ, גְּבִירוּת
ñoria. Riqueza.

Cristal.(gavish).ז, גָּבִישׁ
(gvishí) .ת, גְּבִישִׁי
Cristalizado.
גָּבַל (גָּבַל, יִגְבֹּל) פ"י
Limitar. Mezclar,amasar.
Ser limitado,ser הִגָּבֵל-
fijado.
Mezclar,amasar. גַּבֵּל-
Limitar, determinar, amojonar. הַגְבֵּל-
Ser limitado. הֻגְבַּל-
Amasarse. Ser הִתְגַּבֵּל-
limitado.
Masa,(gavlul) .ז, גַּבְלוּל
pasta.
Ca- (gavlut) .נ, גַּבְלוּת
deneta.
Jorobado,(guibén).ז, גִּבֵּן
corcovado.
Hacer .גִּבֵּן, הַגְבֵּן, פ"י
queso. Jorobar, corcovar.
Cuajarse. Joro- הִתְגַּבֵּן-
barse, corcovarse.
Que- (gabán) .ז, גַּבָּן
sero.
(gav- .גַּבְנוּן, גַּבְנֻן, ז
nún,-nón) Corcova.
(ga-.גַּבְנוּנִי, גַּבְנֻנִּי, ת
vnuní) Convexo,elevado.
(gavnuni- .נ, גַּבְנוּנִיּוּת
yut) Convexidad.
Jo-(guibnut) .נ, גִּבְנוּת
roba, corcova.
Hacer con- .פ"י, גִּבְנֵן
vexo o jorobado.
Hacerse conve- הִתְגַּבְנֵן-
xo o jorobado.
Yeso. (gueves) .ז, גֶּבֶס

Enyesar. Mez- גָּבַס, פ"י.
clar con yeso.
(gueva, גֶּבַע, ז. גִּבְעָה, נ.
guiv-á) Colina.
(guiv- גִּבְעוֹל, גִּבְעֹל, ז.
ol) Tallo.
גָּבַר (גָּבַר, יִגְבַּר) פ"ע
Vencer. Ser fuerte, ser
poderoso, numeroso.
Reforzar. גִּבֵּר-
Reforzar. הִגְבִּר-
Reforzarse, forti- הִתְגַּבֵּר-
ficarse. Vencer.
(gué- גֶּבֶר, ז. ר' גְּבָרִים
ver) Hombre. Gallo.
Viri-(gavrut) גַּבְרוּת, נ.
lidad.
Varonil, (gavri) גַּבְרִי, ת.
viril.
(gavrit) גַּבְרִית, תה"פ.
Como el gallo.
גְּבֶרֶת, נ. ר' גְּבָרוֹת,
Se- (gvéret) גְּבִירוֹת
ñora.
Héroe, (gvartán) גְּבַרְתָּן, ז.
valiente.
גָּבַשׁ (גָּבַשׁ, יִגְבַּשׁ) פ"י
Amontonar.
Cristalizar. Con- גִּבֵּשׁ-
densar.
Ser cristalizado. גֻּבַּשׁ-
Ser condensado.
Cristalizarse. הִתְגַּבֵּשׁ-
(gavshushit). גַּבְשׁוּשִׁית, נ.
Colina, ribazo.
Manga, (guvtá) גֻּבְתָּה, נ.
manguera.
Hor- (guibtón) גִּבְתּוֹן, ז.
telano.
גַּג, ז. ר' גַּגּוֹת, גַּגִּים
(gag) Techo, tejado.

Teja-(gagón) גַּגּוֹן, ז.
dillo.
Aljo-(guiguit) גִּגִּית, נ.
faina, platón.
Fabri- (gagán) גַּגָּן, ז.
cante de tejados.
Coriandro, (gad) גַּד, ז.
cilantro. Suerte, felicidad. Júpiter.
(gudgueda- גֻּדְגְּדָנִית, נ.
nit) Cereza.
גָּדַד (גַּד, גָּדַד, יָגֹד,
Cortar, am- יִגְדֹּד) פ"י
putar. Reunirse.
Ser cortado. הִגָּדֵד-
Cortar. גִּדֵּד-
Reunirse. Ras- הִתְגּוֹדֵד-
guñarse, arañarse.
Orilla, (gadá) גָּדָה, נ.
borde.
Regi- (gdud) גְּדוּד, ז.
mento, tropa, legión.
Surco.
Cortado. (gadud) גָּדוּד, ת.
Arañado, rasguñado.
Ras-(gdudá) גְּדוּדָה, נ.
guño, araño.
Re-(gdudit) גְּדוּדִית, נ.
gimento pequeño.
Le-(gdudán) גְּדוּדָן, ז.
gionario.
גָּדוֹל, ת. נ' גְּדוֹלָה, ר'
גְּדוֹלִים, נ"ר גְּדוֹלוֹת.
(gadol) Grande.
Creci-(guidul) גִּדּוּל, ז.
miento. Cría, educación.
גְּדוּלָּה, ר' גְּדֻלָּה.
Corta-(gadum) גָּדוּם, ת.
do, amputado.
Cortado, (gadúa) גָּדוּעַ, ת.
talado.

Engrandecerse, הִתְגַּדֵּל-
agrandarse, crecer.
Grande, (gadel) גָּדֵל, ת.
creciente.
Tamaño, (gódel) גֹּדֶל, ז.
grandor. Grandeza.
Pelu- (gadal) גַּדָּל, ז.
quero, barbero.
Gran-(gdulá) גְּדֻלָּה, נ.
deza, gloria.
Gran-(gadlut) גַּדְלוּת, נ.
deza.
Orgul-(gadlán) גַּדְלָן, ז.
loso.
(gadlanut) גַּדְלָנוּת, נ.
Orgullo.
(gui- גִּדֵּם, ת. נ׳ גִּדֶּמֶת
dem) Manco.
גדם (גָּדַם, יִגְדֹּם) פ"י
Amputar, cortar.
Ser amputado, ser הִגָּדֵם-
cortado.
Ser amputado, הִתְגַּדֵּם-
ser cortado.
Tallo, (guédem) גֶּדֶם, ז.
tajo.
Man-(guidmut) גִּדְמוּת, נ.
camiento
גדע (גָּדַע, יִגְדַּע) פ"י
Cortar, talar, arrancar.
Ser cortado, ser הִגָּדַע-
arrancado.
Arrancar, talar, גִּדַּע-
cortar.
Ser arrancado, גֻּדַּע-
ser talado.
Insultar, גִּדֵּף, פ"י.
blasfemar.
Plu- (gadaf) גַּדָּף, ז.
ma, ala.

Arranca-(guidúa) גִּדּוּעַ, ז
miento, tala.
גִּדּוּף, ז. גִּדּוּפָה, גְּדוּ-
(guiduf, guidufá, פָה, נ.
gdufá) Blasfemia,
Cerca-(guidur) גִּדּוּר, ז.
do, acción de cercar.
Cerca-(gadur) גָּדוּר, ת.
do, empalizado.
Lleni-(gadush) גָּדוּשׁ, ת.
simo
(gdi) גְּדִי, ז. ר׳ גְּדָיִים
Cabrito.
גַּדְיָא, ר׳ גַּדְיֵי.
Reco-(gdidá) גְּדִידָה, נ.
lección. Araño.
Ca- (gdiyá) גְּדִיָּה, נ.
bra.
Franja. (gadil) גְּדִיל, ז.
fleco, trenza.
Creci-(gdilá) גְּדִילָה, נ.
miento. Cría.
Arran-(gdiá) גְּדִיעָה, נ.
camiento, tala.
Blas-(gdifá) גְּדִיפָה, נ.
femia, insulto.
Cerca-(gdirá) גְּדִירָה, נ.
do, acción de cercar.
Gavi-(gadish) גָּדִישׁ, ז.
llero. Ribazo, colina.
Amon-(gdishá) גְּדִישָׁה, נ.
tonamiento de gavillas.
גדל (גָּדַל יִגְדַּל) פ"ע
Crecer, agrandarse, engrandecerse. Trenzar.
Engrandecer, edu- גִּדֵּל-
car, criar.
Ser educado, ser גֻּדּוֹל-
criado. Ser grande.
Agrandar. Agran- הִגְדִּיל-
darse.

גדר (גדר, יגדר) פ"י
Cercar, empalizar. Determinar. Recolectar. Arrancar.
הגדר- Ser cercado. Contenerse.
גדר- Cortar, rajar.
הגדר- Definir.
התגדר- Enorgullecerse, alabarse.
גדר, גדר, נ. ר' גדרים, גדרות (gader, guéder) Palizada, barrera, cercado, vallado.
גדרה, נ. (gderá) Cercado.
גדרון, ז. (guidrón) Troglodita.
גדש (גדש, יגדש) פ"י
Amontonar, acumular, recoger. Llenar.
הגדש- Ser amontonado.
הגדש- Llenar.
גדש, ז. (gódesh) Exceso, sobrante.
גה, ז. ר' גהים (gueha) Brillo, lustre.
גהה (גהה, יגהה) פ"י
Curar, sanar. Torcer, doblar. Inclinarse.
הגהה- Ofuscar, deslumbrar, alentar, sanar, curar, restablecer (?).
גהה, נ. (guehá) Remedio, cura.
גהוץ, ז. (guihutz) Planchado.
גהוק, ז. (guihuk) Hipo.
גהור, ז. (guihur) Aliento.

גהץ (גהץ, יגהץ) פ"ע
Estar contento, alegre.
גהץ- Planchar.
גהוץ- Ser planchado.
הגהץ- Planchar.
התגהץ- Plancharse.
גהק, פ"ע. Hipar, tener hipo.
גהק, ז. (gáhak) Hipo.
גהר (גהר, יגהר) פ"ע
Inclinarse.
גהר, ז. (gáhar) Inclinación.
גב, גו, ז. (gav, guev) Espalda. Centro.
גואבה, נ. (guava) Guayaba. Guayabo.
גואל, ז. ר' גואלים (goel) Salvador, rescatador.
(גוב) הגב, Contestar, responder.
גוב, גובאי, גובי, ז. (gov, govay) Langosta.
גובה, ז. (gové) Cobrador, recaudador.
גוביינא, גוביינה, נ. (govayna) Cobranza, recaudación.
גובל, ז. (govel). Límite.
גוד (גד, יגוד) פ"י
Atacar, acometer.
גוד, ז. (god) Odre.
גודל, ר' אגודל
גודר, ז. (goder) Constructor de cercas.
גודרות, נ"ר. (godrot) Ganado menor.
גוה, נ. (guevá) Espalda, cuerpo. Orgullo.

גִּוּוּן, ז. (guivún) Coloración. Mezcolanza de colores.
גִּוּוּעַ, ז. (guivúa) Tortura, suplicio, tormento.
גַּזָּז, ז. (gavaz) Eunuco, criado. sirviente.
גוז (גָּז, יָגוּז) פעו"י Pasar, desaparecer.
-הָגוֹז Desaparecer.
-הֵגֵז Traer rápidamente.
גוזֵז, ז. (gozez) Esquilador.
גוֹזָל, ז. ר' גוֹזָלִים, גוֹזָלוֹת (gozal) Pichón.
גוֹי, ז. ר' גוֹיִים (goy) Pueblo, nación. No-judío.
גוֹיָה, נ. (goyá) No-judía.
גְּוִיָּה, נ. (gviyá) Cuerpo. Cadáver.
גוֹיוּת, נ (goyut) Extranjería. Estado del גוֹי o no-judío.
גְּוִיל, ז. (gvil) Pergamino. Piedra bruta.
גְּוִיעָה, נ. (gviá) Muerte. Agonía.
גוֹלָה, נ. (golá) Destierro, exilio.
גוֹלֶה, ז. ר' גוֹלִים (golé) Desterrado.
גוֹלֵל, ז. (golel) Tapa de una tumba.
גוֹלְף, ז. Golf. (golf)
גוֹמֶא, גוֹמָה, נ. (gumá) Hoyo, hueco.
גוּמִי, גֻּמִּי, ז. (gumi) Caucho.
גּוֹמֵל, ז. (gomel) Hacedor, hechor.
גּוֹמְלִים, גּוֹמְלִין, ז"ר. (gomlim, gomlín) Mutualidad.
גּוּמָץ, גֻּמָּץ, ז. (gumatz) Hoyo, pozo.
גָּוֶן, ז. ר' גְּוָנִים (gaven) Color. Matiz.
גִּוֵּן, פ"י. Colorar, pintar.
-גֻּוַּן Ser colorado, ser pintado.
-הִתְגַּוֵּן Pintarse, colorarse.
ג'וּנְגֶל, ז. (syúnguel) Selva.
גַּוְנוּנִי, ת. (gavnuní) Abigarrado.
גוס (גָּס, יָגוּס) פ"ע Enorgullecerse. Romper.
-הֵגֵס Enorgullecer.
גוֹסֵס, ז. (gosés) Agonizante.
גָּוַע (גָּוַע, יִגְוַע) פ"ע Morir.
-הִגְוִיעַ Matar.
גוּף, ז. ר' גוּפִים, גוּפוֹת (guf) Cuerpo. Materia, substancia.
-גוּף רִאשׁוֹן (guf-rishón) Primera persona.
-גוּף שֵׁנִי (guf-shení) Segunda persona.
-גוּף שְׁלִישִׁי (guf-shlishí) Tercera persona.
גוף (גָּף, יָגוּף) פ"י Tapar, obstruir.
-הֵגֵף Cerrar.
-הוּגַף Ser cerrado.

Cadá- (gufá) גּוּפָה, נ.
ver.
Ca-(gufiyá) גּוּפִיָּה, נ.
miseta.
Cor-(gufif). גּוּפִיף, ז.
púsculo.
Cor-(gufaní). גּוּפָנִי, ת.
poral, corpóreo.
(gufani- גּוּפָנִיּוּת, נ.
yut) Corporalidad.
Bajo. (gutz) גּוּץ, ת.
(gur, gor) גּוּר, גּוֹר, ז.
Cacharro.
גּוּר (גָּר, יָגוּר) פ"ע
Vivir, morar, habitar.
Temer. Reunirse.
Morar, vivir, הִתְגּוֹרֵר-
habitar.
(gorila) גּוֹרִילָה, נ.
Gorila.
גּוֹרָל, ז. ר' גּוֹרָלוֹת
(goral) Destino, Su-
erte. Sorteo.
Fa-(goralí) גּוֹרָלִי, ת.
tal.
גּוֹרֵם, ז. ר' גּוֹרְמִים
(gorem) Causa, factor.
(goréret) גּוֹרֶרֶת, נ.
Remolcador.
Bloque, (gush) גּוּשׁ, ז.
sección.
Gótico. (goti) גּוֹתִי, ת.
Vellón. (guez) גֵּז, ז.
Esquilla.
Gas. (gaz) גַּז, ז.
(gaz-hama- גַּז הַמָּאוֹר-
or) Gas del alumbrado.
Teso-(guizbar) גִּזְבָּר, ז.
rero, cajero.
(guizbarut) גִּזְבָּרוּת, נ.
Tesorería.

גָּזָה (גָּזָה, יִגְזֶה) פ"י
Quitar.
Vellón. (guizá) גִּזָּה, נ.
Esquila, lana.
Gasa, (gaza) גַּזָּה, נ.
velo.
Gaseosa. (gazoz) גָּזוֹז, ז.
גְּזוּזְטְרָה, גְּזוֹזְטְרָה, נ.
(gzuztrá, gzoztrá) Bal-
cón.
Roba-(gazul) גָּזוּל, ת.
do.
(gazolín) גָּזוֹלִין, ז.
Gasolina.
Arran-(guizum) גִּזּוּם, ז.
camiento. Exageración.
Amenaza.
Corte, (guizur) גִּזּוּר, ז.
acción de cortar.
גָּזַז (גָּזַז, יָגֹז) פ"י
Cortar. Esquilar, tun-
dir.
Ser cortado. הִגָּזֵז-
Esqui- (gazaz) גַּזָּז, ז.
lador.
Es- (gaziz) גָּזִיז, ז.
quila, esquileo.
(gazézet) גַּזֶּזֶת, נ.
Tiña.
Corte, (gzizá) גְּזִיזָה, נ.
esquila, esquileo.
Frag- (gazir) גָּזִיר, ז.
mento, pedazo, trozo.
Rajable, (gazir) גָּזִיר, ת.
fácil de cortar.
Corte, (gzirá) גְּזִירָה, נ.
acción de cortar.
Piedra (gazit) גָּזִית, נ.
tallada. Talladura, en-
talladura.

גָּזַל (גָּזַל, יִגְזֹל) פ"י
Saquear, robar.
Ser robado, ser הִגָּזֵל-
saqueado.
(gázel, גָּזֵל, גֶּזֶל, ז.
guézel) Robo.
Robo, (gzelá) גְּזֵלָה, נ.
rapiña.
Ra- (gazlán) גַּזְלָן, ז.
tero, ladrón.
(gazlanut) גַּזְלָנוּת, נ.
Robo, depredación.
גָּזַם (גָּזַם, יִגְזֹם) פ"י
Cortar. Amenazar.
Ser cortado. הִגָּזֵם-
Cortar. Amenazar. גַּזֵּם-
Exagerar. הַגְזֵם-
Ser exagerado. הָגְזַם-
Langosta. (gazam) גָּזָם, ז.
גִּזְמָא, גִּזְמָה, נ. ר' גוּזְ-
(guzmá) מוֹת, גוּזְמָאוֹת
Exageración.
Exa-(gazmán) גַּזְמָן, ז.
gerador.
(gue- גֶּזַע, ז. ר' גְּזָעִים
za) Tronco. Raza.
Racial. (guiz-í) גִּזְעִי, ת.
Del tronco, del tal-
lo.
(guiz-iyut) גִּזְעִיּוּת, נ.
Raza.
גָּזַר (גָּזַר, יִגְזֹר) פ"י
Cortar. Talar, cerce-
nar. Decretar. Decidir
resolver.
Ser cortado. Ser הִגָּזֵר-
decretado.
Cortarse. הִתְגַּזֵּר-
(gué- גֶּזֶר, ז. ר' גְּזָרִים
zer) Pedazo, trozo.
Zanahoria.

Cortador. (gazar) גַּזָּר, ז.
(gzar-din) גְּזַר־דִּין, ז.
Sentencia.
גְּזֵרָה, נ. ר' גְּזֵרוֹת
(gzerá) Decreto. Landa:
Predestinación.
(gzerá-sha- גְּזֵרָה שָׁוָה-
vá) Semejanza, pareci-
do.
Figura. (guizrá) גִּזְרָה, נ.
Talla, corte. Balcón.
Conjugación.
Eti-(guizrón) גִּזָּרוֹן, ז.
mología.
גָּחָה (גָּחָה, יִגְחֶה) פ"י
Quitar, sacar.
Sonri-(guijuj) גִּחוּךְ, ז.
sa, rictus sardónico.
Incli-(gajún) גָּחוּן, ת.
nado, rebajado.
Vien- (gajón) גָּחוֹן, ז.
tre.
Peli- (guijor) גִּחוֹר, ת.
rojo, rojizo.
Quema. (gjilá) גְּחִילָה, נ.
Incli-(gjiná) גְּחִינָה, נ.
nación.
גָּחַךְ (גָּחַךְ, יִגְחַךְ) פ"ע
Sonreír, reír.
Sonreír, burlarse, גִּחֵךְ-
chancear.
Chan-(gajeján) גַּחֲכָן, ז.
cero, burlón.
(gajejanut) גַּחֲכָנוּת, נ.
Chanza, burla.
גָּחַל (גָּחַל, יִגְחַל) פ"ע
Quemarse.
Quemar. הִגְחִיל-
(gajalilit) גַּחֲלִילִית, נ.
Lampiro, luciérnaga.

גַּחֶלֶת, נ. ר׳ גֶּחָלִים (gajélet) Brasa. Furúnculo.

גָּחַן (גָּחַן, יִגְחַן) פ"ע Inclinarse.

גֵּט, ז. ר׳ גִּטִּים, גִּטִּין (guet) Divorcio, carta de repudio.

גֶּטוֹ, ז. ר׳ גֶּטָאוֹת (gueto) Ghetto.

גַּי, גַּיְא, גַּיא, גֵּיא, ז. ר׳ גֵּאָיוֹת (gay, guey) Valle.

גִּיגִית, ר׳ גִּגִּית.

גִּיד, ז. (guid) Vena. Vaso.

גִּיֵּד, פ"י. Arrancar (las venas).

גִּיּוּד- Ser arrancado, ser cortado.

גִּיּוּד, ז. (guiyud) Arrancamiento, corte.

גֵּיהִנּוֹם, ז. (gueyhinom) Infierno.

גִּיּוּס, ז. (guiyús) Reclutamiento.

גִּיּוּר, ז. (guiyur) Proselitismo.

גִּיּוֹר, גִּיּוֹרָא, ז. (guiyor, -ra) Prosélito.

גִּיּוֹרֶת, נ. (guiyóret) Prosélita.

גֵּיזֶר, ז. (guéyzer) Géyser, fuente de agua caliente.

גִּיחַ (גָּח, יָגִיחַ) פ"ע Salir, precipitarse.

הֵגִיחַ- Precipitarse, salir.

גִּיטָרָה, נ. (guitara) Guitarra.

גִּיל (גָּל, יָגִיל) פ"ע Alegrarse, regocijarse, contentarse.

גִּיל, ז. (guil) Alegría, júbilo. Edad. Badajo.

גִּילָה, נ. (guilá) Alegría, júbilo.

גִּימוֹן, ז. (guimón) Bozal.

גִּימַטְרִיָּה, נ. (guimatriyá) Valor numérico de las letras.

גִּימֶל, נ. (guímel) Nombre de la tercera letra del alfabeto.

גִּיֵּס, פ"י. Reclutar.

גִּיּוּס- Ser reclutado.

הִתְגַּיֵּס- Reclutarse.

גִּיס, ז. (guis) Cuñado, hermano político.

גַּיִס, ז. ר׳ גְּיָסוֹת (gáyis) Tropa, ejército.

גַּיָּס, ז. (gayás) Reclutador.

גִּיסָה, נ. (guisá) Cuñada, hermana política.

גִּיר, ז. (guir) Cal, creta. Tiza. Espuma.

גִּיֵּר, פ"י. Judaizar, convertir al judaísmo.

הִתְגַּיֵּר- Convertirse al judaísmo.

גִּירוֹסְקוֹפּ, ז. (guiroscop) Giroscopio.

גִּירִית, נ. (guirit) Tejón.

גִּירָפָה, נ. (guirafa) Jirafa.

גִּישָׁה, נ. (guishá) Acercamiento. Acceso.

Pila, mon-(gal) .ז, גַּל
tón. Onda. Ola. Tor-
tuga. Aldaba.
Bola. (gol) .ז, גֹּל
Esco- (glay) .ז, גְּלַאי
te.
Detec-(galay) .ז, גַּלַּאי
tor.
Pelu- (galav) .ז, גַּלָּב
quero, barbero.
Vuel-(guilgul).ז, גִּלְגּוּל
ta. Metamorfosis. Me-
tempsicosis.
Rodar, arro- פ"י, גִּלְגֵּל
llar. Amasar.
Ser arrollado, גֻּלְגַּל-
ser girado.
Dar vueltas, הִתְגַּלְגֵּל-
rodar. Sufrir metamor-
fosis o metempsico-
sis.
, גַּלְגַּל, ז. ר׳ גַּלְגַּלִּים
Rueda. (galgal) גַּלְגִּלִּים
Paja.
(galgal-גַּלְגַּל שֶׁל בְּאֵר-
shel-beer) Torno, ca-
brestante.
(galgal-גַּלְגַּל הַמַּזָּלוֹת-
hamazalot) Zodíaco.
(galgnilón) .ז, גַּלְגִּלּוֹן
Ruedita, aro.
(galgalí) .ת, גַּלְגַּלִּי
Redondo. .
(galgui- .ז"ז, גַּלְגִּלַּיִם
láyim) Patín.
גַּלְגִּלִּית, נ. ר׳ גַּלְגִּלִּי-
Patín. (galguilit) וֹת
(galguélet) .נ, גַּלְגֶּלֶת
Polea.
(gulgólet) .נ, גֻּלְגֹּלֶת
Cráneo. Fig. cabeza,
individuo.
Piel, (guéled) .ז, גֶּלֶד
cuero. Costra.
גָּלַד (גָּלַד, יִגְלַד) פ"ע
Congelarse, secarse.
Congelarse, se- הִגְלִיד-
carse.
Secarse, conge- הִגְלִיד-
larse.
Suela. (guildá) .נ, גִּלְדָּה
(gladia- .ז, גְּלַדְיָאטוֹר
tor) Gladiador.
(gu- גֻּלָּה, נ. ר׳ גֻּלּוֹת
lá) Bola. Fuente. A-
ceitera.
גָּלָה (גָּלָה, יִגְלֶה) פ"י
Descubrir, destapar .
Ser desterrado.
Ser descubierto. הִגָּלָה-
Ser desterrado.
Descubrir, re- גִּלָּה-
velar.
Ser descubierto, גֻּלָּה-
ser desvestido.
Desterrar. הִגְלָה-
Ser desterrado. הָגְלָה-
Descubrirse. הִתְגַּלָּה-
Globo. (-bus). ז, גְּלוֹבּוּס
Con-(galud) .ת, גָּלוּד
gelado, seco.
Afei-(guilúaj). ז, גִּלּוּחַ
tada.
Afei-(galúaj) .ת, גָּלוּחַ
tado.
(majshir-מַכְשִׁיר גִּלּוּחַ-
Máquina de afeitar.
Des- (galuy) .ת, גָּלוּי
cubierto.
(begaluy) בְּגָלוּי-
Francamente, públicamente.

Des- (guiluy) .ז, גִּלּוּי
cubrimiento, revelaci-
ón.
(guiluy-lev) גִּלּוּי- לֵב
Franqueza.
(guiluy- עֲרָיוֹת גִּלּוּי-
arayot) Incesto, unión
incestuosa.
(guiluy- פָּנִים גִּלּוּי-
panim) Insolencia.
(guiluy- רֹאשׁ גִּלּוּי-
rosh) Cabeza descu-
bierta.
Tar-(gluyá) .נ, גְּלוּיָה
jeta postal.
Píl-(glulá) .נ, גְּלוּלָה
dora.
(guilulim).ז"ר, גִּלּוּלִים
Idolos.
Manto,(glom) .ז, גְּלוֹם
sobretodo.
Guar-(galum) .ת, גָּלוּם
dado, conservado. No
elaborado.
Galón.(galón) .ז, גָּלוֹן
Galvani- .פ"י, גִּלְוֵן
zar.
Ser galvani- גֻּלְוַן-
zado.
(galvano- .ז, גַּלְוָנוֹמֶטֶר
méter) Galvanómetro.
Gal-(galvaní) .ת, גַּלְוָנִי
vánico.
(galvaniyut).נ, גַּלְוָנִיּוּת
Galvanismo.
.נ, גְּלוּסְקָה, גְּלוּסְקָא
(gluscá) Pan blanco ,
bizcocho.
(gloscamá) .נ, גְּלוֹסְקְמָה
Sarcófago, relicario.

Graba-(guiluf) .ז, גִּלּוּף
do, grabadura.
Clisé,(glufá) .נ, גְּלוּפָה
cliché.
(גלופין) בְּגִלּוּפִין, תה"פ
(beguilufín) Borracho,
ebrio.
(glucosa) .נ, גְּלוּקוֹזָה
Glucosa.
גָּלוּת, נ. ר' גָּלֻיּוֹת
(galut) Destierro.
Del (galutí) .ת, גָּלוּתִי
destierro.
Sacer- (galaj) .ז, גַּלָּח
dote.
Afeitar. .פ"י, גִּלַּח
Ser afeitado. גֻּלַּח-
Afeitarse. הִתְגַּלֵּחַ-
(galajut) .נ, גַּלָּחוּת
Sacerdocio.
Tón-(galájat) .נ, גַּלַּחַת
sura, parte afeitada.
(syelatina).נ, ג'לָטִינָה
Gelatina.
Ondu- (galí) .ת, גַּלִּי
lado.
Galo. (gali) .ת, גָּלִי
Galera.(galéa).נ, גַּלְיאָה
Hielo.(glid) .ז, גְּלִיד
Helado.(glidá).נ, גְּלִידָה
Hela-(glidán).ז, גְּלִידָן
dero.
(guilyoti-.נ, גִּלְיוֹטִינָה
na) Guillitina.
גִּלָּיוֹן .ז, ר' גִּלְיוֹנוֹת,
Hoja,(guilayón) גִּלְיוֹנִים
pliego de papel. Volu-
men, rollo.
Cilin-(galíl) .ז, גָּלִיל
dro, rollo. Departamen-
to, distrito.

túpido, idiota. Estatua. Larva.
(jó- .ז, גֹּלֶם, חֹמֶר גֹּלֶם
mer-guélem) Materia prima.
So- (galmud) .ת, גַּלְמוּד
litario, abandonado. Melancólico, triste.
No (golmí) .ת, גָּלְמִי
elaborado.
.גַּלְסְקָה, ר׳ גָּלוּסְקָה
Abrirse, ,הִגָּלַע (גלע)
reventarse.
Descubrir. -גַּלַּע
Inflamarse, es- -הִתְגַּלַּע
tallar.
.גַּלְעִין, ז. גַּלְעִינָה, נ
(gal-ín, gal-iná) Pepa, núcleo, almendra.
Que(gal-iní) .ת, גַּלְעִינִי
tiene pepa.
גָּלַף (גָּלַף, יִגְלֹף) פ״י
Esculpir, grabar.
Esculpir, grabar, -גִּלֵּף
tallar.
Ser esculpido, -גֻּלַּף
ser grabado.
Grabador. (galaf) .ז, גַּלָּף
Co-(glufcá) .נ, גְּלֻפְקָה
bija.
Ga-(galerya) .נ, גַּלֶּרְיָה
lería.
גָּלַשׁ (גָּלַשׁ, יִגְלֹשׁ) פ״ע
Escurrirse, resbalarse, deslizarse.
Hervir. -הִגְלִישׁ
Ser hervido. -הֻגְלַשׁ
Pati-(galash) .ז, גַּלָּשׁ
nador.
Pla-(guilshón) .ז, גִּלְשׁוֹן
neador.

Acci-(glilá) .נ, גְּלִילָה
ón de arrollar.
Ci- (glilí) .ת, גְּלִילִי
líndrico.
Manto. (glimá) .נ, גְּלִימָה
Sotana.
On-(galyaní) .ת, גַּלְיָנִי
dulado.
Gra-(glifá) .נ, גְּלִיפָה
bado, grabadura.
(glitzerín) .ז, גְּלִיצֶרִין
Glicerina.
(glicoguén) .ז, גְּלִיקוֹגֶן
Glicógeno.
Des-(glishá) .נ, גְּלִישָׁה
liz, deslizamiento.
גָּלַל (גָּלוֹתִי, גַּל, גָּלַל,
יָגֹל, יִגְלֹל) פ״י Arro-
llar, rodar.
Ser arrollado. -הִגֵּל
Arrollar, rodar. -גִּלְגֵּל
Ser arrollado. -גּוֹלֵל
Arrollar, rodar. -הֵגֵל
Ro- הִתְגּוֹלֵל, הִתְגַּלְגֵּל-
dar, dar vueltas.
גָּלָל, גֵּלֶל, ז. ר׳ גְּלָ-
(galal, guélel) לִים
Estiércol, excremento.
(big- .גָּלָל, בִּגְלַל, מ״י
lal) Porque, por motivo de.
גָּלַם (גָּלַם, יִגְלֹם) פ״י
Doblar, plegar.
Desarrollarse. -הִגָּלֵם
Transformarse en larva
Desarrollar. -גִּלֵּם
Desar- הִגָּלֵם, הִתְגַּלֵּם-
rollarse. Transformarse en larva.
(gó- גֹּלֶם, ז. ר׳ גְּלָמִים
lem) Feto, embrión. Es-

(galéshet) .נ, גַּלֶּשֶׁת
Eczema.
También. (gam) .מ"ח, גַּם
Tam-(gam-ken) גַּם כֵּן-
bién.
גמא (גָּמָא, יִגְמָא) פ"י
Tragar, engullir, be-
borrotear.
Engullir, tra- גִּמֵּא-
gar.
Abrevar. הִגְמָא-
Papiro.(gome) .ז, גֹּמֶא
Tar-(guimgum).ז, גִּמְגּוּם
tamudeo, tartamudez .
Duda.
Tartamudear..פ"ע, גִּמְגֵּם
(gó-גְּמָדִים ר' .ז, גֹּמֶד
med) Codo (medida).
Enano. (gamad) .ז, גַּמָּד
Pequeño.
גמד (גָּמַד, יִגְמַד) פ"י
Medir (con el codo).
Achicarse, re- הִגַּמֵּד-
ducirse.
Bro- (guimuz) .ז, גִּמּוּז
tadura.
Deste-(gamul) .ת, גָּמוּל
tado.
Mérito,(gmul) .ז, גְּמוּל
recompensa.
Bozal,(guimol).ז, גִּמּוֹל
esportilla.
Re- (gmulá) .נ, גְּמוּלָה
compensa, pago.
Tala,(guimum) .ז, גִּמּוּם
corta.
Talado,(gamum).ת, גָּמוּם
cortado.
גִּמּוֹן, ר' גִּמּוֹל.
(guimonit) .נ, גִּמּוֹנִית

Faja, correa.
Tra- (guimúa) .ז, גִּמּוּעַ
go.
גָּמוּר, ת. ר' גְּמוּרִים
(gamur) Terminado, aca-
bado, completo.
Ter- (guimur) .ז, גִּמּוּר
minación, fin.
Arrancar. .פ"י, גָּמַז
Ca-(gamjón) .ת, גַּמְחוֹן
prichoso.
גְּמִי, ר' גּוֹמֶי.
Tra-(gmiá) .נ, גְּמִיאָה
go.
Liga,(gumiyá) .נ, גֻּמִיָּה
caucho.
Pago.(gmilá) .נ, גְּמִילָה
Maduración. Destete.
Re-(gmilut) .נ, גְּמִילוּת
compensa, pago.
(gmilut- גְּמִילוּת חֶסֶד-
jésed) Beneficencia.
גְּמִיעָה, ר' גְּמִיאָה.
Fin, (gmirá) .נ, גְּמִירָה
terminación, término.
Fle-(gamish) .ת, גָּמִישׁ
xible.
(gmishut) .נ, גְּמִישׁוּת
Flexibilidad.
גמל (גָּמַל, יִגְמֹל) פעו"י
Destetar. Madurar. Pa-
gar, remunerar.
Ser destetado. הִגָּמֵל-
גָּמָל, ז. ר' גְּמַלִּים
(gamal) Camello.
Camel-(gamal) .ז, גַּמָּל
lero.
גַּמָּל, ר' גִּימֵל.
Ca-(g-malá) .נ, גְּמַלָּה
mella.

גַּמֶּלֶת, נ. Cara-(gamélet) vana.

גמם (גָּמַם, יָגֹם, יִגְמֹם) פ"י Arrancar, talar. Pelar.

הִגָּמֵם- Ser arrancado, ser pelado.

גִּמְנַסְיָה, נ. (guimnasya) Gimnasio, liceo.

גֹּמֶע, ר' גֹּמֶא.

גמר (גָּמַר, יִגְמֹר) פעו"י Acabar, terminar, concluír. Resolver.

הִגָּמֵר- Ser terminado, ser acabado. Madurar.

גְּמָר, גֶּמֶר, ז. (gmar, guémer) Fin, terminación, acabamiento.

גְּמָרָא, נ. (gmará) Estudio. Tradición. Guemará: comentario de la Mishná; forma con ésta el Talmud.

גֻּמְרָה, נ. (gumrá) Brasa. Furúnculo.

גַּמְרָן, ז. (gamrán) Fanático.

גַּמְרָנוּת, נ. (gamranut) Fanatismo.

גְּמָשָׁה, נ. (gmashá) Bota, botina.

גַּן, ז. ר' גַּנִּים (gan) Jardín, huerto, parque.

גַּן יְלָדִים- (gan-yeladim) Jardín infantil.

גַּן יָרָק- (gan-yarak) Huerta.

גַּן חַיּוֹת- (gan-jayot) Jardín zoológico.

גַּן עֵדֶן- (gan-eden) Paraíso, gloria.

גַּן שַׁעֲשׁוּעִים- (gan-shaashuim) Parque.

גְּנַאי, ר' גְּנַי.

גֵּנֵאוֹלוֹגְיָה, נ. (gueneologya) Geneología.

גנב (גָּנַב, יִגְנֹב) פ"י Robar.

הִגָּנֵב- Ser robado.

גַּנֵּב- Robar.

גֻּנַּב- Ser robado.

הַגְנֵב- Colar, pasar contrabando.

הִתְגַּנֵּב- Colarse, infiltrarse.

גַּנָּב, ז. (ganav) Ratero, ladrón.

גְּנֵבָה, נ. (gnevá) Robo, saqueo.

גֻּנְדָּא, נ. (gunda) Escuadra.

גַּנְדֵּר, פ"י. Adornar, hermosear.

גֻּנְדַּר- Ser hermoseado, ser adornado.

הִתְגַּנְדֵּר- Adornarse, hermosearse.

גַּנְדְּרָן, ז. (ganderán) Coquetón.

גַּנְדְּרָנוּת, נ. (ganderanut) Coquetería.

גִּנָּה, נ. ר' גִּנּוֹת (guiná) Jardín, huerta.

גִּנָּה, פ"י. Reprobar, desaprobar, censurar.

גֻּנָּה- Ser reprobado, ser censurado.

הִתְגַּנָּה- Reprobarse.

גָּנוּב, ת. (ganuv) Robado.

גְּנוֹגֶנֶת, נ. (gnoguénet) Talego, bolsa, costal, saco.

גנוז ת. (ganuz) Guardado, archivado.

גנוי ז. (guinuy) Reprobación, vituperación.

גנון ז. (guinún) Gangueo. Defensa.

גנון ז. (ganón) Kindergarten.

גנונה נ. (gnoná) Tejadillo.

גנות נ. (gnut) Reprobación, ignominia.

גנז ז. ר' גנזים (guénez) Archivo.

בית־גנזים (beyt-gnazim) Archivo.

גנוסיא נ. (gnusyá) Cumpleaños.

גנז (גנז, יגנז) פ"י Guardar, archivar. Recoger.

הגנז־ Ser guardado, ser archivado. Morir.

גנז ז. (ganaz) Archivista.

גנזך ז. (ganzaj) Archivo, tesoro.

גנח (גנח, יגנח) פ"ע Toser, expectorar. Gemir, suspirar.

גני ז. (gnay) Oprobio, reprobación.

גניזה נ. (gnizá) Conservación, ocultación. Archivo.

גניחה נ. (gnijá) Gemido, suspiro.

גנן (גנותי, גן, גנן, יגן) פ"י Defender, proteger. Ganguear.

הגן־ Defender, proteger.

התגונן־ Defenderse.

גנן ז. (ganán) Jardinero.

גננות נ. (gananut) Jardinería.

גננת נ. (ganénet) Jardinera. Maestra de párvulos.

גנרטור ז. (guenerátor) Generador.

גנרל ז. (guéneral) General.

גס ת. (gas) Grueso, grosero, rudo, áspero.

גסה (גסה, יגסה) פ"ע Hipar.

גסוי ז. (guisuy) Hipo, acción de hipar.

גסות נ. (gasut) Grosería, aspereza.

גסיסה נ. (gsisá) Agonía.

גסס (גסס, יגסס) פ"ע Agonizar.

הגס־ Endurecer.

געגועים ז"ר. (ga-gu-im) Nostalgia, ansia, deseo.

געגע, פ"י. Cavar, excavar.

התגעגע־ Sentir nostalgia, desear.

געה (געה, יגעה) פ"ע Mugir, bramar.

געול ז. (guiul) Pecado, ignominia. Purificación, lavado con agua caliente.

געיה, געיה נ. (gueiyá, ga-ayá) Mugido, bramido.

גְּעִילָה, נ. (gueilá) Asco,
ignominia.
גָּעַל (גָּעַל, יִגְעַל) פ"י
Fastidiarse, dar asco.
Ensuciarse. -הִגָּעֵל
Abortar. Purifi- -הַגְעֵל
car, lavar con agua hir-
viendo.
Ser purificado, -הֻגְעַל
ser lavado con agua hir-
viendo.
Ensuciarse. -הִתְגָּעֵל
גַּעַל, גֹּעַל נֶפֶשׁ, ז. (góal-néfesh) Asco, repug-
nancia.
גָּעַר (גָּעַר, יִגְעַר) פ"ע
Reprender. Maldecir.
גַּעַר, ז. גְּעָרָה, נ. (gáar,
guearà) Reprensión, re-
primenda.
גָּעַשׁ (גָּעַשׁ, יִגְעַשׁ) פ"ע
Temblar, agitarse, con-
moverse.
גַּעַשׁ, ז. גְּעָשָׁה, נ. (gáash,
gueashá) Temblor, agi-
tación.
(har-gáash) -הַר גַּעַשׁ
Volcán.
Infinitivo del גַּעַת,
verbo
Cuerpo. (gaf) .גַּף, ז
Altura, elevación. Ala.
Orilla, Oreja, asa.
Solo. (begapó) -בְּגַפּוֹ
Orilla. (gapá) .גַּפָּה, נ
Estacada. Escuadrilla.
גֶּפֶן, ז. ר' גְּפָנִים (gue-
fen) Vid, viña. Fig.
uva, vino.
גֶּפֶס גֶּפְסוֹס, גִּפְסִים,
ר' גֶּבֶס.

Enyesar- ,הִגָּפֵס (גפס)
se.
Enyesar. -גַּפֵּס
Abrazar. .גִּפֵּף, פ"י
Ser abrazado. -גֻּפַּף
Cedro, (gófer) .גֹּפֶר, ז
pino (?).
Sul- (gofrá) .גָּפְרָה, נ
fato.
Fós-(gafrur) .גַּפְרוּר, ז
foro, cerilla.
Azufre.(gofrit) גָּפְרִית, נ.
(gofritî) .גָּפְרִיתִי, ת
Azufrado, sulfuroso.
(gofritaní) .גָּפְרִיתָנִי, ת
Sulfato.
Chispa, (guetz) .גֵּץ, ז
centella.
Extranjero.(guer) .גֵּר, ז
Prosélito.
Hoyo, foso,(gar) .גָּר, ז
Pastor.
Sarna.(garav) .גָּרָב, ז
Eczema. Cántaro.
(gué- גֶּרֶב, נ. ר' גַּרְבַּיִם
rev) Calceta, media.
Gra-(garguir) .גַּרְגִּיר, ז
no, pepita. Baya.
Pepi-(garguer) .גַּרְגֵּר, ז
ta, grano.
(garguerán) .גַּרְגְּרָן, ז
Glotón.
(garguera- .גַּרְגְּרָנוּת, נ
nut) Glotonería.
(garguéret) .גַּרְגֶּרֶת, נ
Garganta. Laringe.
גָּרַד (גָּרַד, יִגְרֹד) פ"י
Rascar, raer, raspar.
Pelar.
Rascar, raer. -גֵּרֵד
Rascarse. -הִתְגָּרֵד

Raspa-(guéred) .ז, גֶרֶד
dura.
Solo.(greda).תה"פ, גְרֵדָא
Cepa.(gardom) .ז, גַרְדּוֹם
Cadalso, patíbulo.
Cortar, ta- .פ"י, גְרְדֵם
lar.
Viruta.(gródet).נ, גְרֹדֶת
Ras- (garédet) .נ, גָרֶדֶת
quina.
Rumia, (guerá) .נ, גֵרָה
rumiadura. Obolo. Prosélita. Pepita de algarroba.
Excitar, esti- .פ"י, גֵרָה
mular. Irritar.
Irritarse. Empe- הִתְגָרָה-
ñar la lucha. Luchar, pelear.
(groguéret) .נ, גְרוֹגֶרֶת
Higo seco.
Rasca-(guerud) .ז, גֵרוּד
dura, raspadura.
(grutaot).נ"ר, גְרוּטָאוֹת
Trapos, ropa vieja.
Exci-(gueruy) .ז, גֵרוּי
tación.
Cau- (garum) .ת, גָרוּם
sado.
Cuello.(garón) .ז, גָרוֹן
Garganta.
Gutu-(groní) .ת, גְרוֹנִי
al, laríngeo.
Gruesa.(gros) .ז, גְרוֹס
Malo, (garúa) .ת, גָרוּעַ
peor.
Dismi-(guerúa) .ז, גֵרוּעַ
nución, reducción.
Rastri-(garuf) .ת, גָרוּף
llado.

Re- (guerur) .ז, גֵרוּר
molque.
Re- (garur) .ת, גָרוּר
molcado.
גֵרוּשׁ.ז. ר' גֵרוּשִׁים
(guerush) Expulsión. Divorcio.
(gue-גֵרוּשִׁים, גֵרוּשִׁין-
rushim, guerushín)Divorcio.
Piastra.(grush).ז, גְרוּשׁ
גָרוּשׁ,ת. נ' גְרוּשָׁה
(garush) Divorciado.
Extran-(guerut).נ, גֵרוּת
jería. Conversión al judaísmo.
Ser cor- ,הֻגְרַד (גרד)
tado.
גַרְזֶן,ז. ר' גַרְזִנִּים
(garzén) Hacha, segur.
Del (guerí) .ת, גֵרִי
prosélito.
Sequía.(garid) .ז, גָרִיד
גְרִידָא, ר' גְרֵדָא.
Ras- (gridá) .נ, גְרִידָה
cadura, raspadura.
Gue-(guerila).נ, גֵרִילָה
rrilla.
Cau- (grimá) .נ, גְרִימָה
sa. Lapidación.
Migaja,(gris) .ז, גְרִיס
grano.
Reduc-(griá) .נ, גְרִיעָה
ción, disminución.
Peo-(griut) .נ, גְרִיעוּת
ría, mala calidad.
Ras-(grifá) .נ, גְרִיפָה
trillada.
Re-(grirá) .נ, גְרִירָה
molque.

Rifar, ,הַגְרֵל (גרל)
sortear.
גָּרַם (גָּרַם, יִגְרֹם) פ"י
Causar.
Ser causado. הִגָּרֵם-
Quebrantar. גָּרֵם-
Hueso.(guérem) גֶּרֶם, ז.
Substancia.
(gram, גְּרַם, גַּרְמָא, ז.
grama) Causa.
Gramo. (gram) גְּרַם, ז.
(gramofón) גְּרָמוֹפוֹן, ז.
Gramófono.
Mate- (garmí) גַּרְמִי, ת.
rial.
(go- גֹּרֶן, ז. ר' גְּרָנוֹת
ren)Depósito, almacén.
(graniyón) גְּרַנְיוֹן, ז.
Geranio.
גָּרַס (גָּרַס, יִגְרֹס) פ"ע
Quebrantar. Ser que-
brantado. Pensar.
Ser quebrantado. הִגָּרֵס-
Ser quebrantado. גֹּרַס-
Quebrantar. הַגְרֵס-
Ser quebrantado. הֻגְרַס-
(guirsá). גִּרְסָא, גִּרְסָה, נ.
Texto.
גָּרַע (גָּרַע, יִגְרַע) פ"י
Reducir, disminuír.Ser
pequeño, ser poco.
Ser disminuído, הִגָּרַע-
ser reducido.
Disminuír. Ex- גָּרַע-
traer, sacar.
Empeorar. הִתְגָּרַע-
Peluquero, (gará). גָּרָע, ז.
médico ignorante.
Dé-(gueraón) גֵּרָעוֹן, ז.
ficit. Defecto.
Pepi-(gar-ín) גַּרְעִין, ז.
ta, grano, núcleo.
גַּרְעִינָה, נ. ר' גַּרְעִין.
(gar-iní) גַּרְעִינִי, ת.
Pepitoso.
(gar-énet) גַּרְעֶנֶת, נ.
Tracoma.
גָּרַף (גָּרַף, יִגְרֹף) פ"י
Barrer, rastrillar.Ar-
rastrar. Amontonar.
Ser rastrillado. הִגָּרֵף-
Ser amontonado.
Bacín. (graf) גְּרָף, ז.
Conde. Gráfico.
גְּרָפָה, ר' שְׁפַּעַת.
(grafolog) גְּרָפוֹלוֹג, ז.
Grafólogo.
(grafolo- גְּרָפוֹלוֹגְיָה, נ.
gya) Grafología.
Grá-(grafi) גְּרָפִי, ת.
fico.
Grafito.(grafit) גְּרָפִיט, ז.
(grafica) גְּרָפִיקָה, נ.
Grafía.
גָּרַר (גָּר, גָּרַר, יָגֹר, יִגְרֹר,
Remolcar, ti- פ"י (יָגֵר)
rar. Raer. Rumiar.
Ser remolcado. הִגָּרֵר-
Ser raído.
Raer, raspar. Re- גָּרֵר-
molcar.
Ser raído, ser גֹּרוֹר-
raspado.
Remolque.(grar) גְּרָר, ז.
Sazón.
(mjonit- מְכוֹנִית גְּרָר-
grar) Remolcador.
Remol-(grara) גְּרָרָא, ז.
que.
Trineo.(grará) גְּרָרָה, נ.
Mira (de arma).
גֶּרֶשׂ, ר' גְּרִיס.

(gashmut, gashmiyut) Realidad, materialidad.
גַּשְׁמִי, ת. Ma-(gashmí) terial.
גֶּשֶׁר, ז. ר׳ גְּשָׁרִים (gué-sher) Puente.
גָּשַׁר (גָּשַׁר, יִגְשֹׁר) פ"י Construír un puente.
-הִגָּשֵׁר Ser construído un puente.
-הִגְשִׁר Construír un puente.
גַּשָּׁר, ז. Cons- (gashar) tructor de puentes.
גִּשְׁרוֹן, ז. (guish-rón) Puente pequeño.
גָּשַׁשׁ (גָּשַׁשׁ, יִגְשֹׁשׁ) פ"י Palpar, tentar, tocar.
-הִגָּשֵׁשׁ Ser palpado, ser tocado.
-גִּשֵּׁשׁ Palpar, tentar.
-הִתְגּוֹשֵׁשׁ Luchar, pelear.
גַּשָּׁשׁ, ז. Bus-(gashash) cador de huellas.
גֶּשֶׁת, Infinitivo del verbo
גִּשְׁתָּה, נ. ר׳ גִּשְׁתּוֹת (guishtá) Pipeta, sifón.
גַּת, נ. ר׳ גִּתּוֹת, גִּתִּים (gat) Lagar, prensa. Tumba.
גִּתִּי, ז. נ׳ גִּתִּית, ר׳ג-תִּיִּים, נ"ר גִּתִּיּוֹת (guití) Lagarero, prensador.
גִּתִּית, נ. ר׳ גִּתִּיּוֹת (guitit) Nombre de un instrumento músico usado por los pueblos antiguos.

גֶּרֶשׂ, ז. Fruto. (guéresh).
גָּרַשׁ (גָּרַשׁ, יִגְרֹשׁ) פ"י Expulsar, despedir, expeler. Divorciar.
-הִגָּרֵשׁ Ser expulsado, ser despedido.
-גֵּרֵשׁ Expulsar, despedir. Divorciar.
-גֹּרַשׁ Ser expulsado, ser despedido. Ser divorciado.
-הִתְגָּרֵשׁ Divorciarse.
גֵּרְשַׁיִם, ז"ר. (guershá-yim) Comillas.
גָּשׁוּם, ת. Llu- (gashum) vioso.
גִּשּׁוּם, ז. Reali-(guishum) zación.
גִּשּׁוּר, ז. Cons-(guishur) trucción de un puente.
גִּשּׁוּשׁ, ז. Pal-(guishush) pamiento.
גְּשִׁירָה, נ. ר׳ גִּשּׁוּר.
גְּשִׁישָׁה, נ. ר׳ גִּשּׁוּשׁ.
גֶּשֶׁם, ז. ר׳ גְּשָׁמִים (gué-shem) Lluvia.
-גֶּשֶׁם זַעַף (guéshem-zá-af) Lluvia torrencial.
גֶּשֶׁם, ז. Subs-(ghéshem) tancia.
גָּשַׁם (גָּשַׁם, יִגְשַׁם) פעו"ל Llover.
-הִגָּשֵׁם Ser encarnado.
-גִּשֵּׁם Realizar. Materializar.
-הִגְשִׁם Llover. Realizar. Materializar.
-הֻגְשַׁם Ser realizado. Ser materializado.
-הִתְגַּשֵּׁם Realizarse.
גַּשְׁמוּת, גַּשְׁמִיּוּת, נ.

ד

ד, Cuarta (dálet)
letra del alfabeto he-
breo. Su valor numéri-
co es 4.

דְ־, דִ־, De. (de, di),

דָא, מ"ג. Esta. (da)

דָאַב (דָּאַב, יִדְאַב) פ"ע
Entristecerse, sentir
dolor, sufrir.

-הִדְאִב Sufrir.

-הַדְאֵב Entristecer, ha-
cer sufrir.

דַּאַב, ז., דְּאָבָה, נ. (dá-
av, deavá). Dolor, an-
gustia, languidez.

דְּאָבוֹן, ז. (deavón) Dolor, sufrimiento.

דָּאַג (דָּאַג, יִדְאַג) פ"ע
Inquietarse, preocu-
parse.

-הִדְאִג Inquietar, pre-
ocupar.

-הֻדְאַג Ser preocupado,
ser inquietado.

דְּאָגָה, נ. ר' דְּאָגוֹת
(deagá) Inquietud, de-
sasosiego, preocupación

דָּאָה (דָּאָה, יִדְאֶה) פ"ע
Volar, planear.

-הַדְאֵה Hacer volar o
planear.

דָּאָה, נ. Milano. (daá)

דָּאוֹן, ז. (daón) Pla-
neador.

דְּאִיָּה, נ. (deiyá) Vuelo,
planeo.

דֵּאִיזְם, ז. (deízm) De-
ísmo.

דֵּאִיסְט, ז, (deíst) Deísta.

דֹּאַר, דּוֹאַר, ז. (dóar)
Correo.

-דֹּאַר אֲוִיר (dóar-avir)
Correo aéreo.

-בּוּל דֹּאַר (bul-dóar)
Sello postal.

-בֵּי דֹאַר, בֵּית דֹּאַר
(bey-dóar, beyt-dóar)
Correo.

(tevat-dóar) תֵּבַת דֹּאַר-
Apartado postal.
דֹּב, ז. ר' דֻּבִּים (dov)
Oso.
-דֹּב הַקֶּרַח, הַדֹּב הַלָּבָן
(dov-hakéraj, hadov-
halaván) Oso blanco.
Abundan- (dové) .דֹּבֶא, ז
cia.
(דבב) דּוֹבֵב, פעו"י.
Hablar.
Hablar, decir. -דּוֹבֵב
Odio, (dvav) .דְּבָב, ז
rencor.
(báal-dvav) -בַּעַל דְּבָב
Enemigo, adversario.
דֻּבְדְּבָן, ז. ר' דֻּבְדְּבָנִים
(duvdeván) Cereza.Ce-
rezo.
Calumnia.(dibá) .דִּבָּה, נ
Calumniar, .דִּבָּה, פ"ע
maldecir, hablar mal.
Osa. (dubá) .דֻּבָּה, נ
Odiado.(davuv) .דָּבוּב, ת
Habla,(dibuv) .דִּבּוּב, ז
rezo.
Osezno.(dubón) .דֻּבּוֹן, ז
Pegami-(dibuk) .דִּבּוּק, ז
ento. Demonio.
Pegado,(davuk) .דָּבוּק, ת
unido.
Habla, (dibur) .דִּבּוּר, ז
palabra.
Dicho,(davur) .דָּבוּר, ת
hablado.
Zánga-(dabur) .דַּבּוּר, ז
no.
דְּבוֹרָה, נ. ר' דְּבוֹרִים
(dvorá) Abeja.
Verbal,(diburi).דִּבּוּרִי, ת
del habla.

En- (dvorit).דְּבוֹרִית, נ
jambre.
דִּבְיוֹן, ז. ר' דִּבְיוֹנִים
(divyón) Excremento ,
estiércol.
Pegajoso,(davik).דָּבִיק, ת
viscoso.
Pega-(dvicá) .דְּבִיקָה, נ
miento, unión.
(dvicut) .דְּבִיקוּת, נ
Viscosidad.
Santua-(dvir) .דְּבִיר, ז
rio. Palacio.
דְּבֵלָה, נ. ר' דְּבֵלִים, ד-
Higo (dvelá) בֵלוֹת
seco.
דבק (דָּבַק, יִדְבַּק) פ"ע
Pegarse, unirse.Alcan-
zar.
Pegarse, unir- -הִדָּבֵק
se.
Pegar, unir. -דַּבֵּק
Ser pegado. -דֻּבַּק
Pegar, unir. Al- -הִדְבִּיק
canzar.
Ser pegado. -הֻדְבַּק
Pegarse, unir- -הִתְדַּבֵּק
se.
(da- דָּבֵק, ת. נ' דְּבֵקָה
vek) Pegado, unido.
(dé- דֶּבֶק, ז. ר' דְּבָקִים
vek) Cola, engrudo, go-
ma. Juntura.
Galio. (dvecá) .דְּבֵקָה, נ
Vis- (dvecut) .דְּבֵקוּת, נ
cosidad. Unión, pega-
miento, pegadura.
Pegajo-(dvekí) .דְּבֵקִי, ת
so, viscoso.
(da- דָּבָר, ז. ר' דְּבָרִים
var) Palabra, habla.Al-

אֶרֶץ זָבַת חָלָב וּדְבַשׁ-
(éretz-zavat-jalav-ud-
vash) Tierra de la que
mana la leche y la miel
Dañarse. ,הִדְבִּשׁ (דבש)
Guara-(divshá) .דִּבְשָׁה, נ
po. Meliloto.
Melo- (divshí) .דִּבְשִׁי, ת
so.
Co- (divshón) .דִּבְשׁוֹן, ז
librí.
Pa- (duvshán) .דֻּבְשָׁן, ז
nal.
(duvshanit) .דֻּבְשָׁנִית, נ
Panal pequeño.
Jo- (dabéshet) .דַּבֶּשֶׁת, נ
roba (del camello).
(dag) דָּג, ז. ר' דָּגִים
Pescado, pez.
(dag-malúaj) דַּג מָלוּחַ-
Arenque.
(dag-hajérev) דַּג הַחֶרֶב-
Pez espada.
(dag-mo- דַּג מֹשֶׁה רַבֵּנוּ-
shé-rabenu) Rodaballo.
(dag-hapa- דַּג הַפַּטִּישׁ-
tish) Martillo.
Hacer cosqui-. דִּגְדֵּג, פ"י
llas, cosquillar.
Cos-(digdug) .דִּגְדּוּג, ז
quilleo.
Peces, (dagá) .דָּגָה, נ
pescados.
דגה (דָּגָה, יִדְגֶּה) פ"ע
Multiplicarse.
Multiplicarse. הִדַּגָּה-
Multiplicar. הִדְגָּה-
דגוגית, ר' דוגית.
Ilustre,(dagul) .דָּגוּל, ת
distinguido.
Eleva-(digul) .דִּגּוּל, ז
ción de la bandera.

go. Cosa.
(divrey- דִּבְרֵי הַיָּמִים-
hayamim) Historia.
(aséret- עֲשֶׂרֶת הַדְּבָרִים-
hadvarim) Los diez man-
damientos.
Hablar. .דִּבֵּר, פ"י
Conversar. הִדַּבֵּר-
Hablar. Extermi- דַּבֵּר-
nar, destruír.
Ser hablado. דֻּבּוּר-
Someter. הִדְבִּיר-
Ser ha- הֻדְבַּר, הִתְדַּבֵּר-
blado. Hablar, decir,
conversar.
Seducir. דַּבֵּר עַל לֵב-
Consolar.
Peste. (déver) .דֶּבֶר, ז
Prado, (dóver) .דֹּבֶר, ז
pasturaje.
(di- דִּבֵּר, ז. ר' דִּבְּרוֹת-
ber) Habla, palabra.
(aséret- עֲשֶׂרֶת הַדִּבְּרוֹת-
hadibrot)El Decálogo,
los diez mandamientos.
Jefe, (dabar) .דַּבָּר, ז
guía.
דִּבְרָה, נ. ר' דִּבְרוֹת
(divrá) Palabra.
Balsa, (dovrá) .דֹּבְרָה, נ
almadía.
(dvarim) .דְּבָרִים, ז"ר
Deuteronomio.
Ha- (dabrán) .דַּבְּרָן, ז
blador.
(dábranut) .דַּבְּרָנוּת, נ
Habladuría.Elocuencia.
Miel. (dvash) .דְּבַשׁ, ז
(jalat-dvash)חַלַּת דְּבַשׁ-
Panal.
(mey-dvash) מֵי דְּבַשׁ
Hidromel, aguamiel.

דָּגַר (דָּגַר, יִדְגֹּר) פ"י
Empollar, encobar, incubar.
דָּגַשׁ (דָּגַשׁ, יִדְגֹּשׁ) פ"י
Poner un דָּגֵשׁ.
Recibir un דָּגֵשׁ. הִדָּגֵשׁ-
Poner un דָּגֵשׁ. דַּגֵּשׁ-
Acentuar. Poner un דָּגֵשׁ. הִדְגִּשׁ-
Ser acentuado. הֻדְגַּשׁ-
Ser puesto un דָּגֵשׁ.
דָּגֵשׁ, ז. ר' דְּגֵשִׁים (dagesh) Punto que se pone en algunos casos en las letras para cambiar su pronunciación.
דַּד, ז. ר' דַּדִּים (dad)
Teta. Grifo. Punta.
דִּדָּה, פעו"י. Brincar, saltar. Echar. Ayudar a caminar.
Obrar despacio. הִדַּדָּה-
דֵּדוּקְטִיבִי, ת. (deductivi)
Deductivo.
דֵּדוּקְצְיָה, נ. (deduktzya)
Deducción.
(דהב) הַדְהֵב, Avergonzar. Entristecer.
דָּהָה, פ"ע. Desteñirse.
Desteñirse. דֻּהָה-
Desteñir. הִדְהָה-
דָּהֶה, ת. Desteñido. (dehé)
Débil.
דִּהוּי, ז. דְּהִיָּה, נ. (dihuy, dehiyá) Acción de desteñir.
דָּהוּי, ת. (dahuy) Desteñido.
דְּהַיְנוּ, תה"פ. (dehaynu)
Es decir, a saber.
דְּהִימָה, נ. (dehimá) Asombro.

דִּגּוּן, ז. (digún) Amontonamiento.
דָּגוֹן, ז. (dagón) Dagón, dios filisteo.
דָּגוּשׁ, ת. (dagush) Que tiene un דָּגֵשׁ
דָּגִיג, ז. (daguig) Pescadito.
דְּגִילָה, נ. (dguilá) Elevación de la bandera.
בֵּית הַדְּגִילָה- (beyt-hadguilá) El Templo.
דְּגִירָה, נ. (dguirá) Incubación, empolladura.
דָּגַל (דָּגַל, יִדְגֹּל) פ"ע
Izar la bandera. Distinguirse.
Reunirse debajo de la bandera. הִדָּגֵל-
Convocar. Elevar. הִדְגִּל-
Izar la bandera. דַּגֵּל-
Elevar.
דֶּגֶל, ז. ר' דְּגָלִים (dégel) Bandera.
דַּגָּל, דַּגְּלָן, ז. (dagal, daglán) Portaestandarte.
דַּגֵּם, הַדְגֵּם, Dar ejemplo.
Ser mostrado como modelo. הֻדְגַּם-
דֻּגְמָא, דֻּגְמָה, נ. ר' דֻּגְמָאוֹת, דֻּגְמוֹת (dugmá)
Ejemplo, modelo, muestra, espécimen.
דֻּגְמָתִי, ת. (dugmatí)
Ejemplar.
דָּגָן, ז. ר' דְּגָנִים (dagán) Cereales. Centeno.
דְּגָנִיָּה, נ. (dganiyá) Centaura, centaurea.

Trote, (dehirá). נ, דְּהִירָה
galope.
Dalia. (dahlya). נ, דַּהְלְיָה
Asom-. פ"ע, הִדָּהֵם (דהם)
brarse.
Asombrar. הִדְהֵם-
Pomada, (dóhan) .ז, דֹּהַן
ungüento.
דָּהַר (דָּהַר, יִדְהַר) פ"ע
Trotar, galopar.
דַּהֲרָה, נ. ר' דַּהֲרוֹת
(deharáa) Trote, galope.
Tro-(daharán) .ז, דַּהֲרָן
tador.
Dos, doble. (du) , דּוּ
(du-partzu- דּוּ-פַּרְצוּפִי-
fí) Hipócrita.
(du-crav) דּוּ-קְרָב-
Duelo.
(du-shavu- דּוּ-שְׁבוּעוֹן-
ón) Revista bimensual.
(du-síaj) דּוּ-שִׂיחַ-
Diálogo.
(du-tajmó- דּוּ-תַחְמוֹצֶת-
tzet) Anhídrido.
Do. (do) .ז, דוֹ
Dúo, dueto. (duet) ז, דּוּאֶט
(dualizm) .ז, דּוּאָלִיזְם
Dualismo.
דְּוָאר, ר' דֹּאַר.
דּוֹבֵב, ר' דבב.
דַּוָּג, ר' דַּיָּג.
דּוּג (דָּג, יָדוּג) פ"י
Pescar.
Pes- (dugá) .נ, דּוּגָה
ca.
(sirat-du- סִירַת דּוּגָה-
gá) Lancha de pesca.
Lancha (duguit) נ, דּוּגִית
de pesca.
Dogma. (dogma) .נ, דּוֹגְמָה
(dogmati) .ת, דּוֹגְמָטִי
Dogmático.
(doguéret) .נ, דּוֹגֶרֶת
Incubadora.
(dud) דְּוָדִים ר' .ז, דּוּד
Caldera, tonel, barril.
Calde- (davad) .ז, דַּוָּד
rero, tonelero.
(dod) דּוֹדִים ר' .ז, דּוֹד
Tío. Amante.
דּוּדָא, ז. ר' דּוּדָאִים
(dudá) Mandrágora. Cesto.
Tía. (dodá) .נ, דּוֹדָה
(dodim) .ז"ר, דּוֹדִים
Amoríos, amores.
Primo. (dodán) .ז, דּוֹדָן
(dodanit) .נ, דּוֹדָנִית
Prima.
דָּוָה (דָּוָה, יִדְוֶה) פ"ע
Doler, entristecerse.
Entristecerse. הִדְוָה-
Triste, (davé) .ת, דָּוֶה
doloroso.
Dolo-(davuy) .ת, דָּווּי
roso.
Ser en- ,הָדוֹחַ (דוח)
juagado.
Enjuagar. Alejar. הֵדִיחַ-
Ser alejado. Ser הוּדַח-
enjuagado.
דו"ח, ר' דִּין וְחֶשְׁבּוֹן.
Anfibio. (dujay). ז, דּוּחַי
Dolor, (dvay) .ז, דְּוַי
enfermedad.
Doloroso, (davay). ת, דַּוָּי
doliente.
דְּוִיז, ז. ר' דְּוִיזִים
(deviz) Devisa.
דּוּךְ (דָּךְ, יָדוּךְ) פ"י
Machacar, majar.
Ser machacado. הוּדַךְ-
דּוּכִיפַת, נ. ר' דּוּכִיפוֹת,
(duijfat) Abubilla.

דּוּכָן, ז. Tribu-(duján) na, estrado. Anaquel.

דּוּכָנָא, ר' דּוּכָן.

דּוֹלְפִין, ז. (dolfín) Delfín.

דּוֹלָר, ז. Dólar. (dólar)

דּוֹם (דָּם, יָדוֹם) פ"ע Callar, esperar.

דּוּמָה, נ. Silen-(dumá) cio. Tumba.

דּוֹמֶה, ת. Pare- (domé) cido.

דּוּמִיָּה, נ. Si-(dumiyá) lencio, quietud.

דּוֹמִינוֹ, ז. (dominó) Dominó.

דּוֹמִינְיוֹן, ז. (dominyón) Dominio.

דּוֹמִינִיקָנִי, ז. (dominí- cani) Dominicano.

דּוּמָם, תה"פ. Si-(dumam) lenciosamente, tranquilamente.

דּוֹמֵם, ז. Mine- (dumam) ral, inanimado.

דּוֹמַנִי, Me pa-(domani) rece.

דּוּן (דָּן, יָדוּן) פ"י Examinar, pesar, estimar. Juzgar. Tratar.

דּוּנָם, ז. Dúnam, (dúnam) 1000 metros cuadrados.

דּוֹנַג, ז. Cera. (dónag)

דּוּץ (דָּץ, יָדוּץ) פ"ע Alegrarse, regocijarse, slatar, brincar.

דּוּק (דָּק, יָדוּק) פ"ע Reflexionar.

דַּוְקָא, תה"פ. So-(davcá) lamente, exclusivamente.

דּוֹקְטוֹר, ז. (dóctor) Doctor.

דּוּקְרָב, ז. (ducrav)

דּוּקְרָנִי, ת. (docraní) Punzante.

דּוֹר, ז. ר' דּוֹרוֹת (dor) Siglo. Generación. Época.

דּוּר, ז. Círculo, (dur) redondo.

דּוּר (דָּר, יָדוּר) פ"ע Vivir, morar, habitar.

דַּוָּר, דַּוָּאר, ז. (davar) Cartero.

דּוּרָה, נ. Zahina, (dura) sorgo.

דּוֹרוֹן, ז. ר' דּוֹרוֹנוֹת (dorón) Regalo, presente.

דּוֹרֵשׁ, ז. Predi-(doresh) cador. Exigente. Solicitante.

דּוּשׁ (דָּשׁ, יָדוּשׁ) פ"י Hollar, pisotear. Trillar. Acostumbrarse.

הִדּוֹשׁ- Ser hollado, ser pisoteado.

דַּיֵּשׁ- Hollar, pisotear.

הִדּוּשׁ- Ser hollado, pisoteado. Ser trillado.

דַּוְשָׁה, נ. ר' דַּוְשׁוֹת (davshá) Pedal.

דָּחָה (דָּחָה, יִדְחֶה) פ"י Rechazar. Retrasar, atrasar.

הִדָּחֵה- Ser rechazado. Ser atrasado.

דָּחוּי, ת. Atra-(dajuy) sado. Rechazado.

דִּחוּי, ז. Atraso, (dijuy) plazo. Rechazo.

דחוס, ת. (dajús) Apretado.
דחוף, ת. (dajuf) Urgente, apremiante.
דחוק, ת. (dajuk) Estrecho, angosto. Apretado;
דחוק, ז. (dijuk) Explicación incomprensible.
דחי, ז. (deji) Fracaso.
דחיה, נ. (dejiyá) Retrazo. Rechazo.
דחיל, ת. (dajil) Terrible.
דחילה, נ. (djilá) Terror, espanto.
דחילות, נ. (djilut) Miedo, cobardía.
דחיסות, נ. (djisut) Aprieto.
דחיפה, נ. (djifá) Empuje, estímulo.
דחיפות, נ. (djifut) Urgencia.
דחיקה, נ. (djicá) Apretadura, empuje.
דחליל, ז. (dajlil) Espantapájaros.
דחן, ז. (dojan) Mijo.
דחס (דחס, ידחס) פ"י Apretar, condensar.
דחס, ז. (dojas) Aprieto, opresión.
דחף, ז. (dájaf) Impulso.
דחף (דחף, ידחף) פ"י Empujar.
הדחף- Ser empujado.
דחק (דחק, ידחק) פ"י Empujar, apretar, oprimir.
הדחק- Empujarse, apretarse.
דחק- Apretar, empujar.
דחק, דחק, ז. (dójak, djak) Aprieto, opresión. Apretamiento.
בדחק- Con (bedójak) economía, con aprieto, económicamente.
דחקות, נ. (dajacut) Aprieto, opresión.
דטקטור, ר' גלאי.
דטרמיניזם, ז. (determinizm) Determinismo.
די, ז. (day) Suficiente.
די, תה"פ (day) Bastante, harto, suficiente.
דיאגונל, ר' אלכסון.
דיאגנוזה, ר' אבחנה.
דיאגרמה, נ. (diagrama) Diagrama.
דיאז, ז. (diez) Diesi.
דיאטה, נ. (dieta) Dieta.
דיאלוג, ר' דו-שיח.
דיאלקט, ז. (dialekt) Dialecto.
דיאלקטיקה, נ. (dialéctica) Dialéctica.
דיאמטר, ר' קטר.
דיאפזון, ר' קולן.
דיאפרגמה, נ. (diafragma) Diafragma.
דיביזיה, נ. (divizya) Divisa. División.
דיג (דג, ידיג) פ"י Pescar.
דיג, ז. (dayag) Pescador.
דיג, ז. (dáyig) Pesca.
דיגות, נ. (dayagut) Pesca.
דידקטי, ת. (didakti)

Ser juzgado. Ser הִדּוֹן-
discutido, tratado.
Juzgar, discutir, דַּיֵּן-
tratar.
דִּין, ז. ר׳ דִּינִים
(din) Justicia. Juicio.
Precepto, mandato, ley.
(-vejesh- דִּין וְחֶשְׁבּוֹן-
bón) Protocolo, cuentas.
(beyt-din) בֵּית-דִּין-
Tribunal.
(báal-din) בַּעַל-דִּין-
Adversario.
(gzar-din) גְּזַר-דִּין-
Sentencia.
(jómer-ha- חֹמֶר הַדִּין-
dín) Castigo máximo.
(yom-hadín) יוֹם הַדִּין-
El día del juicio.
(orej-din) עוֹרֵךְ-דִּין-
Abogado.
(psak-din) פְּסַק-דִּין-
Sentencia.
Juez. (dayán) דַּיָּן, ז.
Ju-(dayanut) דַּיָּנוּת, נ.
risprudencia.
Dínamo. (dínamo) דִּינָמוֹ, ז.
Di-(dinami) דִּינָמִי, ת.
námico.
(dinamit) דִּינָמִיט, ז.
Dinamita.
(dinámica) דִּינָמִיקָה, נ.
Dinámica.
Dinar. (dinar) דִּינָר, ז.
Gacha, (daysá) דַּיְסָה, נ.
mazamorra.
Disco. (discus) דִּיסְקוּס, ז
Alegría. (ditzá) דִּיצָה, נ.
Precisar. Ser. דִּיֵּק, פ"ע.
puntual.
Balu- (dayek) דַּיֵּק, ז.
arte.

Didáctico.
(didáctica) דִּידַקְטִיקָה, נ.
Didáctica.
Milano. (dayá) דַּיָּה, נ.
דְּיוֹ, זו"נ. ר׳ דְּיוֹאוֹת
(dyo) Tinta.
Pesca. (diyug) דִּיּוּג, ז.
דְּיוֹטָה, נ. ר׳ דְּיוֹטוֹת,
(dyotá) ר׳ דְּיוֹטָאוֹת
Piso de una casa.
Arbitra-(diyún). דִּיּוּן, ז
je. Debate, negociación.
(dyonún) דְּיוֹנוּן, ז.
Cefalópodos.
Carre-(dyofán). דְּיוֹפָן, ז
ta, carro de dos ruedas
Preci- (diyuk) דִּיּוּק, ז.
sión, exactitud.
Pre-(bidyuk) בְּדִיּוּק-
cisamente.
Retra-(dyocán). דְּיוֹקָן, ז
to, grabado, imagen.
Inqui-(dayor) דַּיּוֹר, ז.
lino.
Sufi- (dayut) דַּיּוּת, נ.
ciencia.
Ósmo- (diyut) דִּיּוּת, נ.
mosis.
Tintero. (dyotá) דְּיוֹתָה, נ.
(dizenter- דִּיזֶנְטֶרְיָה, נ.
ya) Disentería.
(da- דַּיָּל, ז. נ׳ דַּיֶּלֶת
yal) Camarero.
Acu-(dilator) דִּילָטוֹר, ז
sador, calumniador.
(dilator- דִּילָטוֹרְיָה, נ.
ya) Acusación.
Dilema. (dilema) דִּילֶמָּה, נ
Am- (dimós) דִּימוֹס, ז.
nistía, perdón.
דִּין (דָּן, יָדִין) פ"י
Juzgar. Tratar.

gustia, aflicción.
דִּכְדֵּךְ, פ"י. Afligir, en- tristecer.
-הִדַּכְדֵּךְ Ser quebrantado, ser atormentado.
דָּכָה (דָּכָה, יִדְכֶּה) פ"ע Estar quebrantado, oprimido, afligido.
-הִדָּכֵה Ser quebrantado, oprimido, afligido.
-דִּכֵּה Oprimir, afligir, quebrantar.
דַּכָּה, נ. Quebran-(dacá) tamiento, opresión.
דִּכּוּי, ז. Opre- (dicuy) sión, resignación.
דָּכוּי, ת. Opri- (dajuy) mido.
דֳּכִי, ז. ר׳ דְּכָאִים (do- ji) Opresión, resignación. Ruido.
דִּכְדֵּךְ, ר׳ דִּכְדֵּךְ.
דֻּכָּס, ז. Du- (ducás) que.
דֻּכָּסוּת, נ. (ducasut) Ducado.
דַּל, ת. נ׳ דַּלָּה (dal) Pobra, miserable. Flaco, poco delgado.
דַּל, ז. Puerta. (dal)
דֹּלֶב, ז. Arce. (dólev)
דָּלַג (דָּלַג, יִדְלֹג) פ"ע Saltar, brincar. Omitir.
-דִּלֵּג Brincar, saltar. Omitir.
דִּלְגִּית, נ. (dilguit) Cuerda.
דִּלְדּוּל, ז. Em- (dildul) pobrecimiento.
דִּלְדֵּל, פ"י. Empobrecer.

דַּיְקָן, ז. Puntu-(daycán) al. Minucioso.
דַּיְקָנוּת, נ. (daycanut) Puntialidad, exactitud. Minuciosidad.
דַּיְקָנִי, ר׳ דַּיְקָן.
דִּיר, ז. Aprisco, (dir) redil, porqueriza.
דַּיָּר, ז. נ׳ דַּיֶּרֶת (da- yar) Arrendatario, locatario.
דִּירָה, נ. ר׳ דִּירוֹת (dirá) Apartamento, habitación, morada.
דַּיִשׁ, ז. Trilla. (dáyish)
דַּיָּשׁ, ז. Tril- (dayash) lador.
דִּישָׁה, נ. Tril-(dishá) la, trilladura.
דִּישׁוֹן, ז. An-(dishón) tílope.
דַּךְ, ת. ר׳ דַּכִּים (daj) Oprimido.
(דכא) הִדַּכָּא, Ser oprimido, ser humillado.
-דִּכֵּא Oprimir, entristecer.
-דֻּכּוֹא Ser oprimido, ser humillado.
-הִדְכִּא Oprimir.
-הֻדְכָּא Ser oprimido, ser humillado.
דַּכָּא, ת. Humil-(dacá) lado, oprimido.
דַּכָּא, ז. Opre-(dacá) sión, humillación.
דִּכָּאוֹן, ז. Opre-(dicaón) sión, angustia.
דִּכָּאוּת, נ. Opre-(dik-ut) sión, angustia.
דִּכְדּוּךְ, ז. An- (dijduj)

Debilitar.
Ser empobrecido, דלדל-
Ser debilitado.
Em- הדלדל, התדלדל-
pobrecerse.
דלה, דלת הארץ, דלת
(dalat-haáretz, .נ, העם
dalat-haam) El pueblo,
la plebe.
Bu- (dalá) .נ, דלה
cle. Mecha.
דלה (דלה, ידלה) פ"י
Sacar agua de un pozo.
Ser sacada (agua הדלה-
de un pozo).
Sacar, slavar. דלה-
Sacar agua de הדלה-
un pozo. Alzar.
Ser alzado, ser הדלה-
levantado.
Salto, (dilug) .ז, דלוג
brinco.
Tur-(dalúaj) .ת, דלוח
bio.
Acción (diluy) .ז, דלוי
de sacar agua de un
pozo.
Delga-(dalul) .ת, דלול
do, flaco. Claro.
(dluiyim).ז"ר, דלועים
Cucurbitáceas.
Po- (dalut) .נ, דלות
breza.
דלח (דלח, ידלח) פ"י
Turbar, enturbiar.
Enturbiarse. הדלח-
Asustar, espantar. דלח-
Enturbiar. הדלח-
Alcan-(dalájat).נ, דלחת
tarilla. Agua turbia.
(daltonizm) ז, דלטוניזם
Daltonismo.
(daltonist) ז, דלטוניסט
Daltonista.
דלטור, דלטוריה, ר'
דילטור, דילטוריה.
דלי, ז. ר' דליים
(dli) Balde, cubo.
דליגה, נ. ר' דלוג.
Acción (dliyá) .נ, דליה
de sacar agua de un
pozo.
Acción(dlijá) .נ, דליחה
de enturbiar, turbio.
Delgado, (dalil).ת, דליל
claro, no espeso.
Cordón. (dlil) .ז, דליל
Cla-(dlilut).נ, דלילות
ridad.
Com- (dalik) .ת, דליק
bustible.
In- (dlicá) .נ, דליקה
cendio, encendimiento.
(dalit, .נ, דלית, דליה
daliyá) Rama.
דלל (דל, דלל, ידל,
Debilitarse, ידלל, פ"ע
aflojarse. Disminuir,
reducirse.
Aclarar. דלל-
Empobre- הדל, הדלל-
cer.
דלעת, נ. ר' דלועים
(dláat) Calabaza con-
fitera.
דלף (דלף, ידלף) פ"ע
Gotear, lagrimear.
דלף, ז. ר' דלפים
(délef) Goteo.
Canal. (dilpá) .נ, דלפה
Po-(dalfón) .ז, דלפון
bre.

דֶּלְפִין, ר׳ דּוֹלְפִין.
דָּלַק (דָּלַק, יִדְלַק) פעו"י
Encender, quemar. Per-
seguir.
Ser encendido. הִדָּלֵק-
Encender. הַדְלֵק-
Com- (délek) דֶּלֶק, ז.
bustible.
In- (dlecá) דְּלֵקָה, נ.
cendio.
Infla-(daléket). דַּלֶּקֶת, נ
mación.
דַּלְקַמָּן, ר׳ לְקַמָּן.
(dé- דֶּלֶת, נ. ר׳ דְּלָתוֹת
let) Puerta. Columna
de una página.
(dá- דָּלֶת, נ, ר׳ דָּלְתִין
let) Nombre de la cu-
arta letra del alfa-
beto hebreo.
Delta. (delta). דֶּלְתָּא, נ
Rom-(daltón). דַּלְתּוֹן, ז
bo, losange.
(dam) דָּם, ז. ר׳ דָּמִים
Sangre.
(ish-damim) אִישׁ דָּמִים-
Asesino.
(shfi- שְׁפִיכוּת דָּמִים-
jit-damim) Asesinato.
Humillación.
De-(demagog). דֶּמָגוֹג, ז
magogo.
(demagogui). דֶּמָגוֹגִי, ת
Demagógico.
(demagogya). דֶּמָגוֹגְיָה, נ
Demagogia.
Cre-(dimdum). דִּמְדּוּם, ז
púsculo.Decadencia.
Estar ato- דִּמְדֵּם, פ"ע.
londrado, aturdido.
דָּמָה (דָּמָה, יִדְמֶה) פעו"י
Semejar, parecerse.Ex-
terminar.Imaginarse.
Parecerse, se- הִדָּמֵה-
mejar.Ser exterminado.
Pensar, imaginar- דַּמֵּה-
se. Comparar.
Parecer. דַּמֵּה-
Compa- הִדַּמֵּה, הִתְדַּמֵּה-
rarse.Ser semejante.
Silencio,(dumá) דֻּמָּה, נ.
(demograf- דֶּמוֹגְרַפְיָה, נ
ya) Demografía.
Compa-(dimuy) דִּמּוּי, ז.
ración. Semejanza,pa-
recido.
Compa-(damuy) דָּמוּי, ת.
rado. Parecido.
Calla-(damum) דָּמוּם, ת.
do, silencioso.
Ane-(dmumit). דְּמוּמִית, נ
mona, anemone.
(democrat) דֶּמוֹקְרָט, ז.
Demócrata.
(democrati). דֶּמוֹקְרָטִי, ת
Democrático.
(democrat- דֶּמוֹקְרַטְיָה, נ
ya) Democracia.
(demora- דֶּמוֹרָלִיזַצְיָה, נ
lizatzya)Desmoralización
דְּמוּת, נ. ר׳ דְּמֻיּוֹת
(dmut)Imagen.Semejanza.
Silen- (domí) דֳּמִי, ז.
cio, reposo.
דִּמְיוֹן, ז. ר׳ דִּמְיוֹנוֹת
(dimyón) Imaginación.
Semejanza, parecido.
(báal-dim- בַּעַל דִּמְיוֹן-
yón) Visionario, so-
ñador, meditabundo.
(dimyoní) דִּמְיוֹנִי, ת.
Imaginario, ficticio,
irreal.

דָּמִים, ז"ר. (damim) Sangres. Valor, precio.
דְּמִיעָה, נ. (dmiá) Lloro.
דָּמַם (דָּמַם, דַּם, יִדֹּם) פ"ע. Callar, enmudecerse. Cesar. Pararse, detenerse.
-הִדֵּם Callar.
-דּוֹמֵם Hacer callar.
-הֵדַם, הִדְמֵם Destruír. Hacer callar.
דְּמָמָה, נ. (dmamá) Silencio. Murmurio.
דֹּמֶן, ז. (domen) Abono, estiércol.
דִּמֵּן, פ"י. Estercolar, abonar.
דָּמַע (דָּמַע, יִדְמַע) פ"ע Llorar, lagrimear.
דֶּמַע, ז. (dema) Lágrima. Jugo.
דִּמְעָה, נ. ר' דְּמָעוֹת (dim-á) Lágrima.
דִּנֵּג, פ"י. Encerar.
-דֻּנַּג Ser encerado.
דַּנְדְּנָה, נ. (dandaná) Menta.
דִּסְקוֹנְטוֹ, ז. (disconto) Descuento.
דִּסְקוּס, ר' דִּיסְקוּס.
דַּע, Imperativo del verbo ידע.
דֵּעַ, ז. ר' דֵּעִים (dea) Conocimiento.
דֵּעָה, נ. ר' דֵּעוֹת (deá) Conocimiento. Opinión, idea, razón. Inteligencia.
דְּעִיכָה, נ. (deijá) Apagamiento, extinción.
דָּעַךְ (דָּעַךְ, יִדְעַךְ) פ"ע Vacilar. Aplastar.
-הִדָּעֵךְ Vacilar. Ser aplastado.
דַּעַץ, ר' רַעַץ.
דַּעַת, נ. ר' דֵּעוֹת (dáat) Saber, conocimiento.
דַּעַת, Infinitivo del verbo ידע.
-הֶסַּח דַּעַת Dejar de pensar en, olvidar.
-חַוַּת דַּעַת (javat-dáat) Opinión.
-חֲסַר דַּעַת (jasar-dáat) Tonto, estúpido.
-יִשּׁוּב הַדַּעַת (yishuv-dáa) Reflexión.
-טֵרוּף הַדַּעַת (teruf-ha-dáat) Locura.
-מִתְקַבֵּל עַל הַדַּעַת (mit-cabel-al-had'aat) Razonable.
-קַל־דַּעַת (cal-dáat) Irreflexivo.
-קַלּוּת דַּעַת (calut-dáat) Irreflexión.
-שִׁקּוּל דַּעַת (shicul-dáat) Reflexión.
-שָׁפוּי בְּדַעְתּוֹ (shafuy-bedaató) Sensato.
-אֵינוֹ שָׁפוּי בְּדַעְתּוֹ (eynó-shafuy-bedaató) Insensato, loco.
דַּעְתָּן, ז. (da-tán) Inteligente, razonable.
דַּעְתָּנוּת, נ. (da-tanut) Inteligencia, razón.
דַּף, ז. ר' דַּפִּים (daf) Hoja. Lámina.
דִּפְדּוּף, ז. (difduf) Acción de hojear.
דִּפְדֵּף, פ"י. Hojear.
דַּפְדֶּפֶת, נ. (dafdéfet)

Bloque, bloc.
Impren-(dfus) .ז, דְּפוּס
ta, tipografía. Horma,
molde.
(difterya) .נ, דִּפְתֶּרְיָה
Difteria.
Defecto.(dofi) .ז, דֹּפִי
Desprecio, desdén.
דְּפִיצִים, ר' גֵּרָעוֹן.
Gol- (dficá) .נ, דְּפִיקָה
peo.
דִּפְלוֹמָה, ר' תְּעוּדָה.
(diplomat) .ז, דִּפְלוֹמָט
Diplomático.
(diplomati).ת, דִּפְלוֹמָטִי
Diplomático.
(diplomat-.נ, דִּפְלוֹמַטְיָה
ya) Diplomacia.
דֹּפֶן, זו"נ. ר' דְּפָנִים,
Pared, (dofen) דְּפָנוֹת
lado.
(yotze-dofen)יוֹצֵא דֹּפֶן-
Sobresaliente.
Laurel.(dafná) .נ, דַּפְנָה
Dafne.
(defensiva) .נ, דֶּפֶנְסִיבָה
Defensiva.
דָּפַס(דָּפַס, יִדְפֹּס) פ"י
Imprimir.
Ser impreso. הִדָּפֵס-
Imprimir. הִדְפִּיס-
Ser impreso. הֻדְפַּס-
Tipógra-(dapás) .ז, דַּפָּס
fo, impresor.
דָּפַק (דָּפַק, יִדְפֹּק) פ"י
Golpear. Empujar.
(dó- דֹּפֶק, ז. ר' דְּפָקִים
fek) Pulso.
דֶּפֶקְט, ר' חִסָּרוֹן, מוּם.
דֶּפֶקְטִיבִי, ר' לָקוּי.
Cua- (diftar) .ז, דַּפְתָּר
derno.

(detzigram) .ז, דֶּצִיגְרַם
Decigramo.
(detzilíter).ז, דֶּצִילִיטֶר
Decilitro.
(detziméter).ז, דֶּצִימֶטֶר
Decímetro.
(detzémber) .ז, דֶּצֶמְבֶּר
Diciembre.
(de- .נ, דֶּצֶנְטְרָלִיזַצְיָה
tzentralizatya) Des-
centralización.
דַּק, ת. נ' דַּקָּה, ר' דַּ-
(dak) קִּים, נ"ר דַּקּוֹת
Delgado, sutil.
Polvo. Mi-(dak) .ז, דַּק
nuto. Nube.
Delgadez. (dok) .ז, דֹּק
Tela delgada. Cielo.
(decagram) .ז, דֶּקָגְרַם
Decagramo.
Dé- (decada) .נ, דֶּקָדָה
cada, decena.
Gra-(dikduk) .ז, דִּקְדּוּק
mática. Precisión.
(dikdukí) .ת, דִּקְדּוּקִי
Gramático.
Ser exacto, .פ"ע, דִּקְדֵּק
ser puntual.
(dakdecán) .ז, דַּקְדְּקָן
Gramático.Cuidadoso.
Minuto.(dacá) .נ, דַּקָּה
Balcón.
Tala- (dacor) .ז, דָּקוֹר
dro, perforador.
Del- (dacut) .נ, דַּקּוּת
gadez.
Dic-(diktátor).ז, דִּקְטָטוֹר
tador.
(diktatura).נ, דִּקְטָטוּרָה
Dictadura.
(diktatori).ת, דִּקְטָטוֹרִי
Dictatorial.

De nuestros Rabinos.
Poner. פ"י, הִדְרֵג (דרג)
escaleras, hacer escaleras. Graduar.
Esca-(dargá) .נ, דַּרְגָּה
lón, peldaño. Grado.
Sofá, (dargash) .ז, דַּרְגָּשׁ
canapé.
(dardur) .ז, דַּרְדּוּר
Barril, tonel.
דַּרְדָּס, ז. ר' דַּרְדָּסִים
Media, calceta.
Niño, (dardak) .ז, דַּרְדַּק
muchacho.
(dardakay) .ת, דַּרְדְּקָאִי
Infantil.
Cen- (dardar) .ז, דַּרְדַּר
taura.
Dispersar, .פ"י, דַּרְדֵּר
arrojar.
Dis- הִדַּרְדֵּר, הִתְדַּרְדֵּר-
persarse.
Gra- (darug) .ת, דָּרוּג
duado.
Gra- (derug) .ז, דֵּרוּג
duación. Construcción de escaleras.
Druso. (druzi). ת, דְּרוּזִי
(darvini-.ז, דַּרְוִינִיזְם
zm) Darwinismo.
Exten-(daruj) .ת, דָּרוּךְ
dido. Pisado.
Laga-(droj) .ז, דְּרוֹךְ
rero.
Sur, (darom) .ז, דָּרוֹם
sud, mediodía.
Me-(dromí) .ת, דְּרוֹמִי
ridional.
(dro- דְּרוֹמִית מִזְרָחִית-
mit-mizrajit) Sudeste.

Dác-(dáctil) .ז, דַּקְטִיל
tilo, esdrújulo.
Del- (dakik) .ת, דָּקִיק
gadito, muy delgado.
Se- (dkicá) .נ, דְּקִיקָה
gundo.
דְּקִיקוֹת, ר' דַּקּוֹת.
Picadu-(dkirá) .נ, דְּקִירָה
ra. Golpe, cuchillada.
(dé- דֶּקֶל, ז. ר' דְּקָלִים
kel) Palmera.
Reci-(diclum). ז, דִּקְלוּם
tación.
(decalíter) .ז, דֶּקָלִיטֶר
Decalitro.
Recitar. .פ"י, דִּקְלֵם
Ser recitado. דֻּקְלַם-
Decano. (decán) .ז, דֶּקָן
דָּקַק (דָּקַק, דַּק, יָדֹק)
Adelgazar. Quebrantar, pulverizar. פעו"י
Pulverizar. הֵדַק-
דָּקַר (דָּקַר, יִדְקֹר) פ"י
Picar, punzar.
Ser picado. Ser punzado. הִדָּקֵר-
Ser picado, ser punzado. דֻּקַּר-
Pala, (déker) .ז, דֶּקֶר
laya. Puñal.
Nácar. (dar) .ז, דַּר
Opro-(deraón). ז, דֵּרָאוֹן
bio, ignominia.
דָּרְבוֹן, דָּרְבָן, ז. ר'
Es-(darvón) דָּרְבוֹנוֹת
puela. Clavo.
Puer-(darbán) .ז, דַּרְבָּן
co espín.
Espolear. .פ"י, דִּרְבֵּן
Ser espoleado. דֻּרְבַּן-
(derabanán) , דְּרַבָּנָן

דַּרְכּוֹן, ז. דַּרְכִּיָּה, נ. (darcón, darkiyá) Pasaporte.
דַּרְכְּמוֹן, ז. (darkmón) Dracma.
(דרם) הַדְרֵם, Dirigirse hacia el sur.
דְּרָמָה, נ. Drama. (drama)
דְּרָמָטוּרְג, ז. (dramaturg). Dramaturgo.
דְּרָמָטוּרְגְיָה, נ. (drama-turgya) Dramaturgia.
דְּרָמָטִיקָן, ז. (dramati-cán) Dramático.
דְּרָמָתִי, ת. (dramati) Dramático.
דְּרָמָתִיּוּת, נ. (dramáti-yut) Dramatismo.
דָּרַס (דָּרַס, יִדְרֹס) פעו"י Pisar, hollar.
הִדָּרֵס- Ser pisado, ser hollado.
דְּרַסְטִי, ת. (drasti) Drástico.
דְּרָקוֹן, דַּרְקוֹן, ז. (dra-cón, darcón) Dragón, monstruo.
דְּרָקוֹנִי, ת. (draconi) Draconiano.
(דרר) הַדְרֵר, Libertar.
דְּרָרָא, דְּרָרָה, נ. (drará). Pérdida. Contestación, queja.
דָּרַשׁ (דָּרַשׁ, יִדְרֹשׁ) פעו"י Pedir, exigir, solicitar. Buscar. Predicar. Comentar, explicar.
הִדָּרֵשׁ- Ser pedido. Ser buscado. Ser solicitado. Ser explicado.
הִתְדָּרֵשׁ- Explicarse.

דְּרוֹמִית מַעֲרָבִית- (dro-mit-maaravit) Sudoeste.
דָּרוּס, ת. Pisado, (darús) hollado. Devorado.
דְּרוֹר, ז. Liber-(dror) tad. Golondrina.
דָּרוּשׁ, ת. Nece-(darush) sario. Pedido.
דָּרוּשׁ, ז. Ser- (darush) món.
דְּרִיכָה, נ. Pisa-(drijá) da, pisadura, piso.
דְּרִיסָה, נ. Pisa-(drisá) da.
דְּרִישָׁה, נ. Peti-(drishá) ción, reclamación, solicitud. Investigación.
דְּרִישַׁת שָׁלוֹם- (drishat-shalom) Saludes.
דָּרַךְ (דָּרַךְ, יִדְרֹךְ) פ"י Pisar, hollar.
הִדָּרֵךְ- Ser pisado, ser hollado.
הַדְרֵךְ- Conducir, dirigir, guiar.
הֻדְרַךְ- Ser dirigido, ser guiado, ser conducido.
דֶּרֶךְ, זו"נ. ר׳ דְּרָכִים (dérej) Camino, vía.
דֶּרֶךְ אַגַּב- (dérej-ágav) Por otra parte, además.
דֶּרֶךְ אֶרֶץ- (dérej-éretz) Cortesía.
כְּדֶרֶךְ- Como. (kedérej)
אֵם הַדֶּרֶךְ- (em-hadérej) Encrucijada.
פָּרָשַׁת דְּרָכִים- (parashat-drajim) Encrucijada.
דֶּרֶךְ, תה"פ. Por, (dérej) hacia.

Inter-(drash) .ז, דְּרָשׁ
pretación,comentario.
Ser- (drashá) .נ, דְּרָשָׁה
món. Interpretación.
Pre- (darshán) .ז, דַּרְשָׁן
dicador.
(darshanut) .נ, דַּרְשָׁנוּת
Predicación.
Solapa. (dash) .ז, דַּשׁ
(dé- דְּשָׁאִים ר׳ .ז, דֶּשֶׁא
she) Pasto, hierba.
פ"ע (דָּשָׁא, יִדְשָׁא) דָּשָׁא
Verdear, brotar.
Desterronar. -דִּשֵּׁא
Brotar. -הִדְשָׁא
Pas- (dish-á) .נ, דִּשְׁאָה
tura.
Cubi- (dashú) .ת, דָּשׁוּא
erto de pasto.
Engor-(dishún) .ז, דִּשּׁוּן
de, abonamiento.
(dé- דְּשָׁנִים ר׳ .ז, דֶּשֶׁן.
shen) Aceite. Ceniza.
Estiércol,abono.
Gordo,(dashén) .ת, דָּשֵׁן
fértil.
Ferti-(dóshen) .ז, דֹּשֶׁן
lidad, gordura.

פ"ע (דָּשַׁן, יִדְשַׁן) דָּשַׁן
Engordar,estar gordo.
Engordar. -הִדְשִׁן
Engordar. Quitar -דִּשֵּׁן
la ceniza.
Ser engordado. -דּוּשַּׁן
Ser engordado. -הֻדְשַׁן
(dashnut) .נ, דַּשְׁנוּת
Gordura,fertilidad.
Acei-(dashní) .ת, דַּשְׁנִי
toso, gordo.
(דָּשַׁשׁ, יָדוּשׁ, יִדְשֹׁשׁ) דָּשַׁשׁ
Quebrantar, pulve- פ"י
rizar, romper.
(dat) דָּתוֹת ר׳ .נ, דָּת
Religión. Ley. Orden,
decreto.
(dat-moshé) -דַּת מֹשֶׁה
Ley mosaica,mosaísmo.
Mudar de -הֵמִיר אֶת דָּתוֹ
religión,convertirse.
Reli- (datí) .ת, דָּתִי
gioso, fanático, de-
voto.
(datiyut) .נ, דָּתִיּוּת
Religiosidad, fanatis-
mo, devoción, fervor
religioso.

ה

Quinta letra (he) ,ה
del alfabeto hebreo.
Equivale a la "h" as-
pirada.Su valor es 5.
(ha, he)(,הֶ- ,הָ-) ,הַ-
El, la, los, las.
(ha, he)(,הֶ- ,הָ-) ,הֲ-
Prefijo interrogativo:
¿Es verdad que...? ¿Es
posible que...?
Dios. (adón;adonay) ,ה׳
Señor, don.
הֵא,נ. ר׳ הֵאִים,הֵאִין
(he) Nombre de la quin-
ta letra del alfabeto.
(he-hayedia)הֵא הַיְדִיעָה-
Artículo definido.
הֵא הַשְּׁאֵלָה, הֵא הַתְּמִהָה-
(he-hash-elá, he-hatema)
Prefijo interrogativo.
(heavcut) .הֵאָבְקוּת,נ
Lucha.

Acci-(haadamá).הַאֲדָמָה,נ
ón de enrojecer.
Glo-(haadará) .הַאְדָּרָה,נ
rificación.
Acep-(heotut).הֵאוֹתוּת,נ
tación.
Au- (haazaná) .הַאֲזָנָה,נ
dición.
¡Ah! (heaj) .הֶאָח,מ"ק
¡Hurra!
Ata-(haajazá) .הַאֲחָזָה,נ
dura, cogida, unión.
Aflojar, amai-.הֵאֵט,פ"י
nar, moderar.
(heatá, .הֵאָטָה, הַאֲטָה,נ
haatá) Aflojamiento,mo-
deración.
Acci-(haajalá).הַאֲכָלָה,נ
ón de dar de comer.
(haalahá) .הַאֲלָהָה,נ
Deificación.
Dete-(haalajá).הַאֲלָחָה,נ
rioración.

הָאַלְמוּת, נ. (healmut) Mutismo.

הַאֲמָדָה, נ. (haamadá) Valuación.

הַאֲמָנָה, נ. (haamaná) Certificado, atestación. Fe, confianza.

הַאֻמְנָם, (haumnam) ¿Es verdad? ¿Es posible?

הַאֲמָרָה, נ. (haamará) Engrandecimiento.

הַאֲמָתָה, נ. (haamatá) Verificación.

הַאֲנָשָׁה, נ. (haanashá) Humanización.

הָאָצָה, נ. (heatzá) Aceleración.

הָאָרָה, נ. (heará) Aclaración, iluminación.

הַאְרָחָה, נ. (haarajá) Hospitalización.

הַאֲרָכָה, נ. (haarajá) Prolongación. Plazo.

הַאֲשָׁמָה, נ. (haashamá) Acusación.

הֲבָאָה, נ. (havaá) Traída.

הֲבַאי, הֲבַי, ז. (havay) Exageración. Tontería.

הַבְאָשָׁה, נ. (hav-ashá) Humillación. Hedor.

הַבְדָּדָה, נ. (havdadá) Aislamiento.

הֶבְדֵּל, ז. (hevdel) Diferencia.

הַבְדָּלָה, נ. (havdalá) Separación. Oración del sábado por la noche. Bendición de esa oración.

הִבָּדְלוּת, נ. (hibadlut) Aislamiento.

הָבָה, מ"ק. (hava) ¡Ya! ¡Vamos!

הַבְהָב, ז. (havhav) Fig. sacrificio.

הִבְהֵב, פ"י. Asar, tostar.

הִבְהוּב, ז. (hivhuv) Asadura, tostadura.

הֶבְהֵק, ז. (hevhek) Brillo, lustre, chispa.

הַבְהָקָה, נ. (havhacá) Chispa.

הַבְהָרָה, נ. (havhará) Aclaración.

הִבּוּר, ז. (hibur) Pronunciación.

הַבְחָנָה, נ. (havjaná) Distinción, discernimiento. Diagnosis

הַבֵּט, ר' נָבַט.

הַבָּטָה, נ. (habatá) Mirada.

הַבְטָאָה, נ. (havtaá) Pronunciación, expresión.

הַבְטָחָה, נ. (havtajá) Promesa. Seguridad.

הַבְטָיָה, נ. (havtayá) Expresión, pronunciación.

הַבְטָלָה, נ. (havtalá) Ociosidad. Cesación.

הָבֵא, ר' בּוֹא.

הָבֵן, ר' בִּין.

הַבֵּעַ, ר' נָבַע.

הָבֵשׁ; ר' בּוֹשׁ.

הַבְכָּרָה, נ. (havcará) Primer parto.

הָבַל (הָבַל, יֶהְבַּל) פ"ע Obrar tontamente, hacer tonterías.

(havrajat-הַבְרָחַת הַמֶּכֶס-hamejes) Contrabando.
Injer-(havrajá) הַבְרָכָה, נ.
to. Arrodillamiento.
Lus-(havracá) הַבְרָקָה, נ.
tración, brillo.
Ma-(havshalá) הַבְשָׁלָה, נ.
duración.
Timo- (hagay) הַגַּאי, ז.
nel, timonero.
Reac- (hagavá) הֲגָבָה, נ.
ción, contestación.
Ele-(hagvahá) הַגְבָּהָה, נ.
vación, levantamiento, exaltación.
Li- (hagbalá) הַגְבָּלָה, נ.
mitación.
Re- (hagbará) הַגְבָּרָה, נ.
fuerzo.
הַגֵּד, ר׳ נָגַד.
Le- (hagadá) הַגָּדָה, נ.
yenda, historia. Habla, decir.
Legen-(hagadí) הַגָּדִי, ת.
dario.
En- (hagdalá) הַגְדָּלָה, נ
grandecimiento, ampliación.
Defi-(hagdará). הַגְדָּרָה, נ.
nición. Determinación.
(hagdashá) הַגְדָּשָׁה, נ.
Amontonamiento.
הָגֹה (הָגָה, יֶהְגֶּה) פעו״י
Gemir, mugir, bramar. Hablar, pronunciar. Separar, alejar. Meditar, pensar.
Ser pronunciado. הֻהְגָּה-
Corregir. הַגֵּהַּ, פ״י.
Ruido. (hegue) הֶגֶה, ז.
Palabra, sonido. Gemido.

הֶבֶל, ז. ר׳ הֲבָלִים (hé-vel) Aliento. Vanidad. Vapor.
Abs-(havlagá) הַבְלָגָה, נ.
tención.
Acen-(havlatá). הַבְלָטָה, נ.
tuación.
Vano, (havlí) הַבְלִי, ת.
tonto, absurdo.
En- (havlaá) הַבְלָעָה, נ.
gullimiento.
Com- (havaná) הֲבָנָה, נ.
prensión.
Ébano. (hovné) הָבְנֶה, ז.
Ebo-(hovnit) הָבְנִית, נ.
nita.
Ex- (habaá) הַבָּעָה, נ.
presión.
הֶבְעֵר, ז. הַבְעָרָה, נ. (hev-er, hav-ará) Quema, incendio.
Susto, (hav-atá). הַבְעָתָה, נ.
espanto.
הָבֹר (הָבַר, יַהֲבֹר) פ״י
Expresar.
הֶבֶר, ר׳ בּוֹר.
Cura, (havraá) הַבְרָאָה, נ.
curación, convalecencia.
Crea-(hibar-ut) הִבָּרְאוּת, נ
ción.
Acción (havragá). הַבְרָגָה, נ
de atornillar.
Sílaba. (havará) הֲבָרָה, נ.
Ruido. Pronunciación.
Fo- (hibarón) הִבָּרוֹן, ז.
nética.
Fo-(hevroní) הֶבְרוֹנִי, ת.
nético.
Disi-(havrajá) הַבְרָחָה, נ.
mulación.

הֶגֶה, ז. Timón. (hegue)
הַגָּהָה, נ. Cor-(hagahá) rección.
הִגּוּי, ז. Con- (higuy) ducción.
הָגוּן, ת. Decen-(hagún) te, honesto, recto, conveniente.
הָגוּת, נ. Pensa-(hagut) miento.
הַגְזָמָה, נ. Exa-(hagzamá) geración.
הַגַּי, ר' הַגַּאי.
הָגִיג, ז. Pensa- (haguig) miento, meditación.
הָגָיָה, הֲגִיָּה, נ. (hagayá, haguiyá) Pronunciación. Meditación.
הִגָּיוֹן, ז. ר' הֶגְיוֹנוֹת (higayón) Lógica. Pensamiento. Sonido.
הֶגְיוֹנִי, ת. (hegyoní) Lógico.
הָגִין, ר' הָגוּן.
הֲגִינוּת, נ. (haguinut) Decencia, honestidad.
הֲגִירָה, נ. (haguirá) Emigración.
הַגְלָאָה, הַגְלָיָה, נ. (hag-laá, haglayá) Destierro, exilio.
הַגְלָדָה, נ. Con-(hagladá) gelación.
הֶגְמוֹן, ז. Obis-(hegmón) po, cardenal. Gobernador.
הֶגְמוֹנְיָה, נ. (hegmonya) Hegemonía.
(הגן) כְּהֹגֶן, תה"פ. (ke-hoguen) Bien, como merece.
הַגְנָבָה, נ. In- (hagnavá) filtración.
הַגָּנָה, הֲגַנָּה, נ. (haga-ná) Protección, defensa.
הַגָּסָה, נ. Me- (hagasá) neo.
הַגְעָלָה, נ. (hag-alá) Escaldadura.
הַגָּפָה, נ. Cierre. (hagafá)
הָגַר, פ"ע. Emigrar.
הִגְרוֹמֶטֶר, ז. (higrométer) Higrómetro.
הִגְרוֹמֶטְרִיָּה, נ. (higro-metrya) Higrometría.
הַגְרִי, ת. Agareno, (hagrí) árabe, ismaelita.
הַגְרֵל, ז. ר' הַגְרָלָה.
הַגְרָלָה, נ. Rifa. (hagralá) Sorteo. Lotería.
הַגְרָמָה, נ. In-(hagramá) clinación.
הַגָּשָׁה, נ. Traí-(hagashá) da, acercamiento.
הַגְשָׁמָה, נ. Rea-(hagshamá) lización. Encarnación.
הֵד, ז. Eco. (hed)
הַדְאָבָה, נ. Su-(had-avá) frimiento.
הַדְבָּקָה, נ. Pe-(hadbacá) gamiento, unión.
הִדַּבְּקוּת, נ. (hidabcut) Unión. Contagio.
הַדְגָּמָה, נ. Mu-(hadgamá) estra, modelo.
הַדְגָּשָׁה, נ. (hadgashá) Acentuación.
הֲדָדִי, ת. Mutuo, (hadadí) mutual, recíproco.
הֲדָדִיּוּת, נ. (hadadiyut) Mutualidad, reciprocidad.

הָדה (הָדָה, יְהְדֶּה) פ"י
Extender.
Resonar, so- הִדְהֵד, פ"ע.
nar.
Ate-(hadhamá) הַדְהָמָה, נ.
rramiento.
Ban-(hadom) הֲדוֹם, ז.
queta.
Apre-(hiduk) הִדּוּק, ז.
tamiento.
Honor, (hidur) הִדּוּר, ז.
Respeto. Adorno.
Adorna-(hadur) הָדוּר, ת.
do, elegante.
Tor- (hadur) הָדוּר, ז
tuosidad.
Enjua-(hadajá) הֲדָחָה, נ.
gadura. Rechazamiento.
Indú. (hodi) הֹדִּי, ת.
הֶדְיוֹט, ז. ר' הֶדְיוֹטִים,
Simple, (hedyot) הֶדְיוֹטוֹת
ordinario. Idiota.
(hedyotut) הֶדְיוֹטוּת, נ.
Idiotez. Simplicidad.
(hedyoti) הֶדְיוֹטִי, ת.
Simple. Idiota.
Em-(hadifá) הֲדִיפָה, נ.
puje.
הָדַךְ, (הָדַךְ, יַהְדֹךְ) פ"י
Pisar, hollar.
(hadcaá) הַדְכָּאָה, נ.
Opresión.
(hidaldelut). הִדַּלְדְּלוּת, נ
Empobrecimiento.
Encen-(hadlacá). הַדְלָקָה, נ
dimiento, acción de
encender.
הֹדֶם, ר' הֲדוֹם.
Pare-(hidamut). הִדַּמּוּת, נ.
cido, semejanza.
Mirto. (hadás) הֲדַס, ז.

Mirto. (hadasá) הֲדַסָּה, נ.
Mir-(hadasí) הֲדַסִּי, ת.
táceo.
הָדַף (הָדַף, יֶהְדֹּף) פ"י
Empujar, rechazar.
Ser empujado. הֶהְדַּף-
Empuje, (hédef) הֶדֶף, ז.
impulso.
Impreso. (hedpés) הֶדְפֵּס, ז.
Im-(hadpasá) הַדְפָּסָה, נ.
presión.
Apretar. הָדַק, פ"י.
Ser apretado. הֻדַּק-
Apretarse. הִתְהַדֵּק-
הֶדֶק, ז. ר' הֲדָקִים
(hé-dek) Gatillo, disparador. Gancho.
הָדַר (הָדַר, יֶהְדַּר) פ"י
Adornar. Respetar.
Ser respetado. הֶהְדַּר-
Adornar, hermo- הִדֵּר-
sear. Ser exacto.
Adornarse. Glo- הִתְהַדֵּר-
rificarse, alabarse.
(ha- הָדָר, ז. ר' הֲדָרִים
dar) Gloria, magnificencia, esplendor. cidra. Agrios, agrumes.
Magni- (héder) הֶדֶר, ז.
ficencia, esplendor.
(hidravli) הִדְרַבְלִי, ת.
Hidráulico.
(majbesh- מַכְבֵּשׁ הִדְרַבְלִי-
hidravli) Prensa hidráulica.
(hidravli- הִדְרַבְלִיקָה, נ
ca) Hidráulica.
Gra-(hadragá). הַדְרָגָה, נ.
dación, graduación.
(behadragá) בְּהַדְרָגָה-
Gradualmente.

Gra-(hadraguí) .ת, הַדְרָגִי
dual, graduado.
Magni-(hadará) .נ, הֲדָרָה
ficencia, esplendor.
(hidrolog- .נ, הִדְרוֹלוֹגְיָה
ya) Hidrología.
הִדְרוֹלִי, הִדְרוֹלִיקָה, ר'
הִדְרַבְלִי, הִדְרַבְלִיקָה.
(hidros- .נ, הִדְרוֹסְטָטִיקָה
tática) Hidrostática.
(hidrofo- .נ, הִדְרוֹפוֹבְיָה
bya) Hidrofobia.
(hidroplán) .ז, הִדְרוֹפְּלָן
Hidroplano.
Di-(hadrajá) .נ, הַדְרָכָה
rección, conducta.
Di- (hadramá) .נ, הַדְרָמָה
rección hacia el sud.
¡Otra (hadrán) , הַדְרָן
vez!
¡Ay! (ha) ,מ"ק, הָהּ
¡Ay! ¡Oh! (ho) .מ"ק, הוֹ
Él. Él es, (hu) .מ"ג, הוּא
es.
הָוָא (הָוָא, יֶהֱוֵא) פ"ע
Estar, ser.
Servirse, .פ"ע, הוֹאִיל
dignarse.
(hoil-ve) , הוֹאִיל וְ-
Como, puesto que.
Trans-(hovalá) .נ, הוֹבָלָה
porte.
Astrólogo.(hover .ז, הוֹבֵר
Conve-(hoguén) .ת, הוֹגֵן
niente, decente, justo.
Majestad,(hod) .ז, הוֹד
esplendor.
(hod-malju- הוֹד מַלְכוּתוֹ
tó) Su Majestad.
(hod-maala- הוֹד מַעֲלָתוֹ
tó) Su Excelencia.

(hod-kdu- הוֹד קְדוּשָּׁתוֹ
sható) Su Santidad,
su reverencia.
(ho- .נ, הוֹדָאָה, הוֹדָיָה
daá, hodayá) Confesión.
Agradecimiento.
(ho- .תה"פ, הוֹדוֹת לְ-
dot-le) Gracias a.
הוֹדִי, ר' הֹדִּי.
Aviso,(hodaá) .נ, הוֹדָעָה
anuncio.
(ha- .נ. ר' הַוּוֹת הַוָּה
vá) Desgracia. Fraude.
Desgra-(hová) .ז, הֹוָה
cia, accidente.
Ser, hacerse. .פ"ע, הָוָה
Hacer, realizar.
Hacerse, formar- הִתְהַוָּה
se, realizarse.
Presente.(hové) .ז, הוֹוֶה
Soñador,(hozé) .ז, הוֹזֶה
meditabundo.
Baja (hozalá) .נ, הוֹזָלָה
de precio.
¡Ay! ¡Ya! (hoi) .מ"ק, הוֹי
Rito, (havay) .ז, הֲוַי
costumbre.
Exis-(havayá) .נ, הֲוָיָה
tencia. Polémica.
Prue-(hojajá) .נ, הוֹכָחָה
ba, demostración.
(holadá) .נ, הוֹלָדָה
Parto.
Trans-(holajá) .נ, הוֹלָכָה
porte, acción de llevar.
Loco, (holel) .ת, הוֹלֵל
indecente.
(holelut) .נ, הוֹלֵלוּת
Locura, indecencia.
הוֹם (הֵמְתִי, אֲהוּם) פ"י
Conmover.

Ser conmovido. הָאוֹם-
Gritar, הָהֵם-
Ruidoso,(homé) .הוֹמֶה,ת
conmovido.
(homogueni) .הוֹמוֹגֶנִי,ת
Homogéneo.
(homogue-.הוֹמוֹגֶנִיּוּת,נ
nyut) Homogeneidad.
Humor.(humor) .הוּמוֹר,ז
(humori) .הוּמוֹרִי,ת
Humorístico.
(humorist) .הוּמוֹרִיסְט,ז
Humorista.
(humoris-.הוּמוֹרִיסְטִי,ת
ti)Humorístico.
(humanizm) .הוּמָנִיזְם,ז
Humanismo.
(humanist) .הוּמָנִיסְט,ז
Humanista.
(humanisti).הוּמָנִיסְטִי,ת
Humanistico.
Capital,(hon) .הוֹן,ז
riqueza.Valor, poder.
Bas-(hon) .הוֹן,תה"פ
tante.
(ho- .הוֹנָאָה, הוֹנָיָה,נ
naá, honayá) Engaño.
Aumen-(hosafá).הוֹסָפָה,נ
to. Suplemento.
In-(hoadá) .הוֹעָדָה,נ
vitación.
Apa- (hofaá) .הוֹפָעָה,נ
rición. Presentación.
Gas-(hotzaá) .הוֹצָאָה,נ
to. Sacamiento, extracción. Edición,editorial
(hotzaá- הוֹצָאָה לָאוֹר-
laor) Edición.
(hotzaá- הוֹצָאָה לְפוֹעַל-
lafóal) Ejecución.
(hotzaat- הוֹצָאַת סְפָרִים-
sfarim)Casa editorial.
Hockey.(hokey) .הוֹקִי,ז
Publi-(hocaá) .הוֹקָעָה,נ
cación.
Reco-(hocará) .הוֹקָרָה,נ
nocimiento. Encarecimiento.
.הור, ר' הוֹרָה
Orden,(horaá) .הוֹרָאָה,נ
indicación. Enseñanza.
Baja,(horadá) .הוֹרָדָה,נ
disminución. Bajada.
Padre.(horé) .הוֹרֶה,ז
Madre. (horá) .הוֹרָה,נ
Baile (hora) .הוֹרָה,נ
popular israelí.
(horim) .הוֹרִים,ז"ר
Padres, parientes.
הוֹרְמוֹן,ז. ר' הוֹרְמוֹ-
Hormón, (hormón) נִים
hormona.
(hurmiz) .הוּרְמִיז,ז
Ormazd, Ormuzd.
He-(horashá) .הוֹרָשָׁה,נ
rencia.
(hoshavá) .הוֹשָׁבָה,נ
Asentamiento.
Ex-(hoshatá) .הוֹשָׁטָה,נ
tensión.
הוֹשַׁעְנָא,נ. ר' הוֹשַׁעְ-
Hosan- (hoshaaná) נוֹת
na.
¡Sál-(hosha-na),הוֹשַׁעְנָא
vamos!
(hosha-ná-הוֹשַׁעְנָא רַבָּא-
rabá) Séptimo día de la Fiesta de los Tabernáculos (Sucot).
Conspirar,,הוֹתֵת (הות)
maquinar,atacar (?).

הותר, ר' יֻתַּר.

הַזָּאָה, הַזָּיָה, נ. (hazaá, hazayá) Aspersión.

הַזָּדָה, נ. Inten-(hazadá) to, propósito.

הִזְדַּהוּת, נ. (hizdahut) Identificación.

הִזְדַּוְּגוּת, נ. (hizdavgut) Unión, fusión. Unión sexual.

הִזְדַּיְּנוּת, נ. (hizdaynut) Armamento.

הִזְדַּכְּכוּת, נ. (hizdakjut) Purificación.

הִזְדַּמְּנוּת, נ. (hizdamnut) Ocasión, oportunidad.

הִזְדַּעְזְעוּת, נ. (hizda-ze-ut) Temblor, conmoción.

הִזְדַּקְּנוּת, נ. (hizdaknut) Envejecimiento.

הִזְדַּקְּקוּת, נ. (hizdakecut) Necesidad. Purificación.

הִזְדָּרְזוּת, נ. (hizdarzut) Apresuramiento, prisa.

הָזָה (הָזָה; יֶהֱזֶה) פ"ע Imaginar, soñar.

הַזְהָבָה, נ. (hazhavá) Dorado, doradura.

הַזְהָמָה, נ. In-(hazhamá) fección.

הַזְהָרָה, נ. Ad- (hazhará) vertencia.

הֲזָזָה, נ. Mo- (hazazá) vimiento.

הַזָּיָה, ר' הַזָּאָה.

הֲזָיָה, נ. Imagi-(hazayá) nación, fantasía.

הַזְכָּרָה, נ. Re-(hazcará) cuerdo, recordación.

הַזָּלָה, נ. Baja (hazalá) del precio.

הַזָּלָה, נ. Goteo,(hazalá) vertimiento.

הֲזַמָּה, נ. Refu-(hazamá) tación.

הַזְמָנָה, נ. In-(hazmaná) vitación. Pedido. Preparación.

הַזָּנָה, נ. Nutri-(hazaná) ción, alimentación.

הַזְנָחָה, נ. (haznajá) Abandono.

הַזְעָקָה, נ. Si-(haz-aeá) rena, alarma.

הֶזֵּק, ז. Daño,(hezek) perjuicio.

הַזְרָחָה, נ. Bri-(hazrajá) llo. Salida (del sol).

הַזְרָקָה, נ. (hazracá) Inyección.

הַחְבָּאָה, נ. Ocul-(hajbaá) tación.

הַחְזָקָה, נ. Man-(hajzacá) tenimiento. Cogida.

הַחְזָרָה, נ. Res-(hajzará) titución, devolución.

הַחְטָאָה, נ. Ac-(hajtaá) ción de no hacer blanco

הַחְיָאָה, נ. Resu-(hajyaá) rrección, renacimiento.

הַחְכָּרָה, נ. (hajcará) Arrendamiento.

הֶחְלֵט, ז. De- (hejlet) cisión.

-בְּהֶחְלֵט (behejlet) Absolutamente, decididamente.

הַחְלָטָה, נ. De-(hajlatá) cisión.

הֶחְלֵטִי, ת. De-(hejletí) cidido.

הַחְלָמָה, נ. (hajlamá)

Cura, convalecencia.
Cam-(hajlafá) .הַחְלָפָה, נ
bio, conversión.
Des-(hajlacá) .הַחְלָקָה, נ
lizamiento.Alisadura.
Debi-(hajlashá) .הַחְלָשָׁה, נ
litación.Moderación.
Oxi-(hajmatzá) .הַחְמָצָה, נ
dación.Acidificación.
Con-(hajmará) .הַחְמָרָה, נ
fiscación.Excomunión.
Al-(hajsaná) .הַחְסָנָה, נ
macenamiento.
Dis-(hajsará) .הַחְסָרָה, נ
minución, reducción.
Des-(hajaravá) .הַחְרָבָה, נ
trucción, demolición.
Con-(hajramá) .הַחְרָמָה, נ
fiscación. Excomunión.
Ace-(hejashá) .הֶחָשָׁה, נ
leración.
(hajshajá) .הַחְשָׁכָה, נ
Obscurecimiento.
Subs-(hajtamá) .הַחְתָּמָה, נ
cripción.
Me- (hatavá) .הֲטָבָה, נ
joramiento.
Re-(hatbalá) .הַטְבָּלָה, נ
mojo. Bautizo.
Hun-(hatbaá) .הַטְבָּעָה, נ
dimiento. Acuñación.
Selladura.
Abor-(hituy) .הִטּוּי, ז
daje, inclinación.
In- (hatayá) .הַטָּיָה, נ
clinación.
Pro- (hetel) .הֶטֵּל, ז
yección (en geom.).
Re- (hatlaá) .הַטְלָאָה, נ
miendo.
Impo-(hatalá) .הַטָּלָה, נ

sición. Postura, pu-
esta.
Ocul-(hatmaná) .הַטְמָנָה, נ
tación.
Acen-(hat-amá) .הַטְעָמָה, נ
tuación.
Vue-(hatasá) .הַטָּסָה, נ
lo.
Carga, (hat-aná) .הַטְעָנָה, נ
acción de cargar.
Dis-(hatafá) .הַטָּפָה, נ
curso. Goteo.
(het- .הַטְרָחָה, נ .הֶטְרֵחַ, ז
reaj, hatrajá) Molestia.
Suspiro. (hi) .הִי, ז
¡Ay! (hi) .הִי, מ"ק
Ella, (hi) .הִיא, מ"ג
ella es, es.
Como.(heyaj) .הֵיאַךְ
(higyena) .הִיגְיֵנָה, נ
Higiene.
(higyeni) .הִיגְיֵנִי, ת
Higiénico.
(heydad) .הֵידָד, מ"ק
¡Hurra!
(huyadot) .הֻיָּדוֹת, נ"ר
Agradecimiento.
(הָיָה (הָיָה, יִהְיֶה, יְהִי
Estar, ser. Hacer- .פ"ע
se. Tener.
Se hizo, se -נִהְיָה
formó.
Pri-(hiyulí) .הִיּוּלִי, ת
mero, primordial.
.הֱיוֹת, ר׳ הָיָה
(heyot-she) ,הֱיוֹת שֶׁ
Puesto que, ya que.
Muy (heytev) .הֵיטֵב, תה"פ
bien, bien, bueno.
,הֵיכָל, ז. ר׳ הֵיכָלִים

Infinitive del ,הַכּוֹת
verbo הִכָּה ,véase נָכָה
De-(hajzavá) .הַכְזָבָה, נ
seperación. Mentís.
(haj-jadá) .הַכְחָדָה, נ
Destrucción, extermi-
nación.
הֶכְחֵשׁ, ז. הַכְחָשָׁה, נ.
(hejjesh, hajjashá) Re-
futación, negación.
(haj-jashá) .הַכְחָשָׁה, נ
Enflaquecimiento.
(hají, פ"הַכִּי, הָכֵי, תה
hajey) Así.
הֲכִיָּה, ר' הַכָּאָה.
Hi-(hajlaá) .הַכְלָאָה, נ
bridación.
Ge-(hajlalá) .הַכְלָלָה, נ
neralización. Inclusión
Hu- (hajlamá). הַכְלָמָה, נ
millación, ofensa.
(hajén) .הָכֵן, תה"פ
Firmemente, alerta.
Pre- (hajaná) .הֲכָנָה, נ
paración.
Renta (hajnasá) .הַכְנָסָה, נ
Introducción.
(haj- הַכְנָסַת אוֹרְחִים-
nasat-orjim) Hospita-
lidad.
הַכְנָסָה בִּבְרִיתוֹ שֶׁל-
(hajnasá- אַבְרָהָם אָבִינוּ
bivritó-shel-abraham-
avinu) Fig. circuncidar.
(bul-haj- בּוּל הַכְנָסָה-
nasá) Sello fiscal.
(-hajnasá) מַס הַכְנָסָה-
Impuesto sobre la renta
Su-(hajnaá) .הַכְנָעָה, נ
misión.
(hexaméter) .הֶכְסָמֶטֶר, ז
Hexámetro.

Palacio. (heyjal) הֵיכָלוֹת
Templo. Santuario, san-
cta.
(heyján) .הֵיכָן, תה"פ
Donde.
(heylaj) .הֵילָךְ, מ"ח
Aquí, por aquí.
(hey- .הֵילֵל בֶּן שַׁחַר, ז
lel-ben-shájar) Brillo,
luz, claridad (?).
(heymenu) .הֵימֶנּוּ, מ"ג
De él.
(heymena) .הֵימֶנָּה, מ"ג
De ella.
(heymanut) .הֵימָנוּת, נ
Fidelidad.
הִין (הֵנַתִּי, יָהִין) פ"ע
Atreverse.
Atreverse. הֵהִין-
Nombre (hin) .הִין, ז
de una medida para los
líquidos que equivalía
a seis לֹג . Un לֹג
equivalía al volumen de
seis huevos.
(haynu) .הַיְנוּ, תה"פ
Esto es.
(haynu-haj) הַיְנוּ הָךְ-
Lo mismo.
Es de-(dehaynu) דְּהַיְנוּ-
cir, a saber.
(hiye- הִיֵּרוֹגְלִיפִים, ז"ר
roglifim) Jeroglíficos.
(hiyerárji- .הִיֶּרַרְכִיָּה, נ
ya) Jerarquía.
Aquí. (hajá) .הָכָא, תה"פ
Su-(haj-avá) .הַכְאָבָה, נ
frimiento.
Golpeo, (hacaá) .הַכָּאָה, נ
golpeadura.
Em-(hajbadá) .הַכְבָּדָה, נ
barazo, estorbo.

Ofen-(hajsafá) .נ ,הַכְסָפָה
sa. Plateadura.
Irri-(haj-asá) .נ ,הַכְעָסָה
tación.
(hej-.נ ,הַכְפָּלָה .ז ,הֶכְפֵּל
pel, hajpalá) Multiplicación. Duplicación.
הכר (הָכַר ,לַחְכֹּר) פ"ע
Herir, enojar.
Reco- (heker) .ז ,הֶכֵּר
nocimiento.
Conoci-(hacará) .נ ,הַכָּרָה
miento, reconocimiento.
Arrogancia.Aprobación.
-הַכָּרַת טוֹבָה (תוֹדָה)
(hacarat-tová-(todá)-)
Gratitud,reconocimiento.
-הַכָּרָה פְּנִימִית (hacarápnimit) Conciencia.
(hekerut) .נ ,הֶכֵּרוּת-
Conocimiento.
Pro-(hajrazá) .נ ,הַכְרָזָה
clamación, anuncio.
Obli-(hejréaj) .ז ,הֶכְרֵחַ
gación.
Obli- (hajrajá) .נ ,הַכְרָחָה
gación.
In- (hejrejí) .ת ,הֶכְרֵחִי
dispensable,obligatorio.
(hejrejiyut).נ ,הֶכְרֵחִיּוּת
Obligación,necesidad.
Pre- (hejréa) .ז ,הֶכְרֵעַ
ponderencia.Decisión.
Pre-(hajraá) .נ ,הַכְרָעָה
ponderencia. Decisión.
Ex-(hajratá) .נ ,הַכְרָתָה
terminación.
Golpe.(hacashá) .נ ,הַכָּשָׁה
Mordisco.
Mal (hajshalá) .נ ,הַכְשָׁלָה
éxito, tropiezo.

Adapta-(hejsher) .ז ,הֶכְשֵׁר
ción. Certificado de
כַּשְׁרוּת.
Adap-(hajshará) .נ ,הַכְשָׁרָה
tación, apropiación.
Preparación. Aptitud.
(hejsherut) .נ ,הֶכְשֵׁרוּת
Adaptación. Justicia.
Dic-(hajtavá) .נ ,הַכְתָּבָה
tado.
Man-(hajtamá) .נ ,הַכְתָּמָה
cha,acción de manchar.
Co-(hajtará) .נ ,הַכְתָּרָה
ronación.
Luz, cla-(hel) .ז ,הֵל
ridad.
En (haló) .תה"פ ,הֲלֹא
verdad, pero,
Ser .פ"ע ,הֻהְלָא (הלא)
alejado.
(hal-a) .תה"פ ,הָלְאָה
Adelante.
(vején-hal- -וְכֵן הָלְאָה
a) Etcétera, y así sucesivamente.
Nacionalizar. פ"י ,הִלְאִם
Na-(hal-amá) .נ ,הַלְאָמָה
cionalización.
(halbaná) .נ ,הַלְבָּנָה
Blanqueo.
(albanat- -הַלְבָּנַת פָּנִים
panim) Humillación.
Ves-(halbashá).נ ,הַלְבָּשָׁה
tuario.Acción de vestir
(hulé- .נ ,הוּלֶדֶת ,הֻלֶּדֶת
det) Nacimiento.
(yom-hulédet) -יוֹם הֻלֶּדֶת
Cumpleaños.
Claridad,(hilá) .נ ,הִלָּה
aureola.
(halvaá) .נ ,הַלְוָאָה

Pasar. הֻהֲלַךְ-
Caminar, andar, הִלֵּךְ-
irse.
Conducir, llevar. הוֹלִיךְ-
Pasear, andar. הִתְהַלֵּךְ-
Echarse הָלַךְ לְאִבּוּד-
a perder, dañarse.
הָלַךְ לְעוֹלָמוֹ, הָלַךְ בְּ-
Fig. mo- דֶּרֶךְ כָּל הָאָרֶץ
rir.
Calumniar, הָלַךְ רָכִיל-
hablar mal.
Ser estafa- הָלַךְ שׁוֹלָל-
do, ser engañado.
Transeún-(hélej). ז, הֵלֶךְ
te, caminante. Corriente.
Tributo, (halaj) ז, הֲלָךְ
impuesto.
Pre-(halajá) נ, הֲלָכָה.
cepto rabínico.
(cahalajá) כַּהֲלָכָה-
En regla.
(lahalajá) לַהֲלָכָה-
Teóricamente, aparentemente, según parece se cree que.
(hilcaj) מ"ח, הִלְכָּךְ.
Por esto.
Cami-(halján) ז, הַלְכָן.
nador.
הִלְכְתָא, ר׳ הֲלָכָה.
Ensalzar, ala-. פ"ע, הָלַל
bar. Brillar. Ser arrogante.
Alabar, loar, en- הִלֵּל-
salzar, elogiar.
Enloquecer. הוֹלֵל-
Ser alabado. הֻלַּל-
Brillar, lucir, הֵהֵל-
resplandecer.

Préstamo.
(halvay) מ"ק, הַלְוַאי.
¡Ojalá!
(haloguén) ז, הָלוֹגֵן.
Halógeno.
Fu-(halvayá) נ, הַלְוָיָה.
nerales, exequias. Acompañamiento.
Paso, (hiluj) ז, הִלּוּךְ.
marcha.
Alaban-(hilul) ז, הִלּוּל.
za, elogio, glorificación.
Boda, (hilulá) נ, הִלּוּלָא.
matrimonio.
(hilulim) ז"ר, הִלּוּלִים.
Fiestas, alegría.
הָלוֹם, ר׳ הֲלֹם.
Ese, (halaz) מ"ג, הַלָּז.
aquél, ésa, aquélla.
Ése, (halazé) מ"ג, הַלָּזֶה.
aquél.
Ésa, (halezú) מ"ג, הַלֵּזוּ.
aquélla.
Sol-(haljamá) נ, הַלְחָמָה.
dadura.
(helyograf) ז, הֶלְיוֹגְרָף.
Heliógrafo.
Helio. (helyum) ז, הֶלְיוּם.
(helyométer) ז, הֶלְיוֹמֶטֶר.
Heliómetro.
Paso, (halij) ז, הָלִיךְ.
marcha. Costumbre.
Mar-(halijá) נ, הֲלִיכָה.
cha. Ida. Costumbre, hábito. Paso, modo de andar.
Gol-(halimá) נ, הֲלִימָה.
peo.
הָלַךְ (הָלַךְ, יֵלֵךְ) פ"ע
Irse, caminar, andar.

Re-(halcashá) .הַלְקָשָׁה, נ
traso, demora.
De-(halshaná) .הַלְשָׁנָה, נ
nuncia, acusación.
Ellos, (hem) .הֵם, מ"ג
ellos son, son.
הָמָה (הָמָה, יֶהֱמֶה) פ"ע
Hacer ruido, gemir, mugir, gruñir.
הֵמָּה. ר' הֵם
Ruido, (himhum). הִמְהוּם. ז
gemido, murmurio.
Murmurar, .הִמְהֵם, פ"ע
hacer ruido.
(hemoglo- הֵמוֹגְלוֹבִּין, ז
bín) Hemoglobina.
Apre-(hamhará). הַמְהָרָה, נ
suramiento, aceleración.
Atur-(hamum) .הָמוּם, ת
dido, atolondrado.
הָמוֹן, ז. ר' הֲמוֹנִים
(hamón) Muchedumbre, multitud. Mucho. Plebe.
Po-(hamonut). הֲמוֹנוּת, נ
pularidad.
Popu-(hamoní) .הֲמוֹנִי, ת
lar, vulgar, banal.
(hamoniyut). הֲמוֹנִיּוּת, נ
Popularidad. Vulgaridad.
Letra(hamjaá) .הַמְחָאָה, נ
de cambio, cheque.
(hamjazá) .הַמְחָזָה, נ
Dramatización.
Rea-(hamjashá). הַמְחָשָׁה, נ
lización.
Ruido, (hemyá) .הֶמְיָה, נ
gemido. Deseo, anhelo.
Triste, (hamim) .הָמִים, ת
melancólico.
Cintu-(hemyán) .הֶמְיָן, ז
rón, ceñidor.

Alabarse, loarse, -הִתְהַלֵּל
Enloquecerse, -הִתְהוֹלֵל
estar loco.
Alabanza, (halel) .הַלֵּל, ז
elogio. Nombre de una oración.
Es-(halalu) .הַלָּלוּ, מ"ג
tos, estas.
(haleluyá) ,הַלְלוּיָהּ
Aleluya : alabad a Dios.
הָלַם (הָלַם, יַהֲלֹם) פ"י
Golpear. Aturdir. Sentar bien.
Aquí. (halom) .הֲלֹם, תה"פ
Golpe. (hólem) .הֹלֶם, ז
Golpe. (hélem) .הֶלֶם, ז
Fuerza.
Mazo. (halmut) .הַלְמוּת, נ
Golpe.
Mazo. (halmán) .הַלְמָן, ז
Queja. (halaná) .הֲלָנָה, נ
Aposentamiento. Aplazamiento.
Heléni-(heleni) .הֶלֵּנִי, ת
co. Helenista.
(heleniyut) .הֶלֵּנִיּוּת, נ
Helenismo.
Ca- (hal-azá) .הַלְעָזָה, נ
lumnia. Traducción.
En- (hal-atá) .הַלְעָטָה, נ
gorde.
Broma, (halatzá) .הֲלָצָה, נ
chanza. Retórica.
Chis-(halatzí) .הֲלָצִי, ת
toso.
Pali-(halcaá) .הַלְקָאָה, נ
za, azotazo.
Dar de comer .הִלְקִט, פ"י
a un ave.
Vaina. (helket) .הֶלְקֵט, ז

Ruido,(hamit) .הַמִּית, נ
gemido.
Ruido,(hamulá) .הַמֻּלָּה, נ
tumulto.
Sal-(hamlatá) .הַמְלָטָה, נ
vación. Parto.
Co-(hamlajá) .הַמְלָכָה, נ
ronación.
(ham-הַמְלָכָה, הִמָּלְכוּת, נ.
lajá, himaljut) Consejo, acción de aconsejar
(hamlatzá) .הַמְלָצָה, נ
Recomendación.
הָמַם (הָמַם, יָהֹם) פ"י
Perturbar, desconcertar.
(himnón) .הִמְנוֹן, ז
Himno.
(himan-ut) .הִמָּנְעוּת, נ
Impedimiento.
Desleír, di- .הֵמֵס, פ"י
solver, derretir.
(hamasá).הֲמַסָּה, הֲמָסָה, נ
Derretimiento.
Tro-(ham-adá) .הַמְעָדָה, נ
piezo.
Dis-(ham-atá) .הַמְעָטָה, נ
minución, reducción.
Ama-(ham-asá) .הַמְעָסָה, נ
samiento.
In-(hamtzaá) .הַמְצָאָה, נ
vención. Suministro.
Re-(hamraá) .הַמְרָאָה, נ
pulsa. Vuelo. Engorde.
Apuesta.
Cambio,(hamará).הֲמָרָה, נ
conversión.
(hamrajá) .הַמְרָכָה, נ
Ablandamiento.
(hamratzá) .הַמְרָצָה, נ
Estímulo.
Con-(hemshej) .הֶמְשֵׁךְ, ז
tinuación. Prolongación.
Con-(hamshajá).הַמְשָׁכָה, נ
tinuación.
(himashjut) .הִמָּשְׁכוּת, נ
Prolongación.
Au-(hamshel) .הַמְשֵׁל, ז
toridad, gobierno.
Com-(hemshel) .הֶמְשֵׁל, ז
paración.
Com-(hamshalá).הַמְשָׁלָה, נ
paración. Gobierno.
Matan-(hamatá) .הֲמָתָה, נ
za, acción de matar.
Es-(hamtaná) .הַמְתָּנָה, נ
pera.
En- (hamtacá) .הַמְתָּקָה, נ
dulzadura.
Ellas, (hen) .הֵן, מ"ג
ellas son, son.
Sí, He (hen) .הֵן, מ"ק
aquí.
(hen-tzédek) הֵן צֶדֶק-
Juramento, palabra de honor.
Placer,(hanaá) .הֲנָאָה, נ
deleite, gusto.
Geo-(handasá) .הַנְדָּסָה, נ
metría. Ingeniería.
Geo-(handasí) .הַנְדָּסִי, ת
métrico.
הֵנָּה, ר' הֵן.
He (hiné) .הִנֵּה, מ"ק
aquí, he allí.
-הִנְנִי, הִנְּנִי, הִנְּךָ, וכו'
(hineni, hinjá) Estoy, estoy presente, estas, estas presente, yo, tú.
Aquí. (hena) .הֵנָּה, תה"פ
Gozar, de-, הֶהֱנָה (הנה)
leitarse.

Delei- . הַנָּה, הַהֲנָה, פ"י.
tar.
Deleitarse. הִתְהַנָּה-
Con-(hanhagá) .הַנְהָגָה, נ
ducta. Dirección.
Direc-(hanhalá) הַנְהָלָה, נ
ción. Administración.
Rectoría.
Re- (hanajá) .הֲנָחָה, נ
baja.
Posi-(hanajá) .הַנָּחָה, נ
ción, postura. Dejada.
Suposición, conjetura.
Di-(hanjayá) .הַנְחָיָה, נ
rección.
Ba-(hanmajá) .הַנְמָכָה, נ
jada. Disminuación.
Ex-(hanmacá) .הַנְמָקָה, נ
plicación.
Movi-(hanaá) .הֲנָעָה, נ
miento, acción de mover.
Enca-(han-alá). הַנְעָלָה, נ
denamiento, cierre. Calzadura.
Acci-(han-amá). הַנְעָמָה, נ
ón de deleitar.
Eleva-(hanafá) .הֲנָפָה, נ
ción. Cernidura.
Apro-(henpek) .הֶנְפֵּק, ז
bación.
(henetz, .הֶנֵץ, הָנֵץ, ז
hanetz) Brillo, resplandor, lustre.
Brote, (hanatzá). הֲנָצָה, נ
brotadura.
Ama-(hanacá) .הֲנָקָה, נ
mantamiento.
Ele-(hinas-ut) הִנָּשְׂאוּת, נ
vación.
¡Chito! (has) .הַס, מ"ק
¡silencio!

הָסֵב, ר׳ סָבַב.
הָסֵב, הֵסֵב, ז. הֲסִבָּה, נ.
(hasev, hesev, hasibá)
Asentamiento.
(he- .הֶסְבֵּר, ז. הַסְבָּרָה, נ
sber, hasbará) Explicación, interpretación.
Tras-(hasagá) .הַסָּגָה, נ
lado.
(hasagat- הַסָּגַת גְּבוּל-
gvul) Fig. robo.
En- (hesguer) .הֶסְגֵּר, ז
carcelamiento. Cuarentena.
Encar-(hasgará) הַסְגָּרָה, נ
celamiento. Entrega.
(he- .הֶסְדֵּר, ז. הַסְדָּרָה, נ
sder, hasdará) Arreglo, conciliación.
Callar. .הַסָּה, פ"ע
Hacer callar הַסָּה-, הֶהֱסָה
Disi-(hasvaá) .הַסְוָאָה, נ
mulación.
Enmude-(hiduy) .הִסּוּי, ז
cimiento.
Vaci-(hisús) .הִסּוּס, ז
lación, hesitación.
Aleja-(heséaj) .הֶסֵּחַ, ז
miento.
(hesáj-ha- הֶסַּח הַדַּעַת-
dáat) Olvido.
Ale- (hasajá) .הֲסָחָה, נ
jamiento.
(histori) .הִסְטוֹרִי, ת
Histórico.
(historya) .הִסְטוֹרְיָה, נ
Historia.
(his- .הִסְטוֹרְיוֹגְרַפְיָה, נ
toryografya) Historiografía.
(historyón) .הִסְטוֹרְיוֹן, ז

ción, seducción.
(histabjut) .הִסְתַּבְּכוּת, נ
Complicación,embrollo.
(histaglut) .הִסְתַּגְּלוּת, נ
Adaptación.
(histagfut) .הִסְתַּגְּפוּת, נ
Suplicio.
(histagrut) .הִסְתַּגְּרוּת, נ
Aislamiento, retiro.
(histadrut) .הִסְתַּדְּרוּת, נ
Organización.
(histadru-.הִסְתַּדְּרוּתִי, ת
tí)De la organización.
(hasatá).הַסָּתָה, הַסָּתָה, נ
Tentación, seducción.
(histove- .הִסְתּוֹבְבוּת, נ
vut) Rodeo, volteo.
(histofe- .הִסְתּוֹפְפוּת, נ
fut) Frecuentación.
(histaygut) .הִסְתַּיְּגוּת, נ
Delimitación.
(histaclut) .הִסְתַּכְּלוּת, נ
Observación, miramiento, mirada.
(histaclu-.הִסְתַּכְּלוּתִי, ת
tí) Observador.
(histaknut) .הִסְתַּכְּנוּת, נ
Peligro, riesgo.
(histalcut) .הִסְתַּלְּקוּת, נ
Alejamiento, retiro.Muerte, fallecimiento.
(histanenut).הִסְתַּנְּנוּת, נ
Filtración.
(histaafut) .הִסְתַּעֲפוּת, נ
Ramificación.
(histaarut) .הִסְתַּעֲרוּת, נ
Invasión,precipitación.
(histapcut) .הִסְתַּפְּקוּת, נ
Sobriedad, temperencia, moderación.
Ocul-(hester) .הֶסְתֵּר, ז

Hitoriador.
Acuer-(heskem) .הֶסְכֵּם, ז
do. Aceptación.
(hascamá) .הַסְכָּמָה, נ
Aceptación.
Acep-(heskemí) .הֶסְכֵּמִי, ת
tado. Del acuerdo.
Habi-(hascaná) .הַסְכָּנָה, נ
tuación, costumbre.
Acer-(hasmajá) .הַסְמָכָה, נ
camiento, arrimo, aproximación.Grado,título.
Son-(hasmacá) .הַסְמָקָה, נ
rojo, rubor.
Cola-(hasnaná) .הַסְנָנָה, נ
dura.
Vacilar, titu-.הַסֵּס, פ"ע
bear.
Vaci-(hasesán) .הַסְּסָן, ז
lante, vacilador.
(hasesanut) .הַסְּסָנוּת, נ
Vacilación.
Lamen-(hesped) .הֶסְפֵּד, ז
tación, velorio. Oración fúnebre.
Ora-(haspadá) .הַסְפָּדָה, נ
ción fúnebre.
Capa-(hespek) .הֶסְפֵּק, ז
cidad.
Pro-(haspacá) .הַסְפָּקָה, נ
visión,abastecimiento, suministro.
(hesek, .הֶסֵּק, ז.הַסָּקָה, נ
hasacá) Calefacción, calentamiento.
Quita, (hasará) .הֲסָרָה, נ
retiro, recogimiento, recogida.
(hsratá) .הַסְרָטָה, נ
Filmación.
Tenta-(heset) .הֶסֵּת, ז

Ac-(haamacá) .נ,הַעֲמָקָה
ción de profundizar.
Gra- (haanacá).נ,הַעֲנָקָה
tificación.
Em- (haasacá) .נ,הַעֲסָקָה
pleo.
Ries-(haapalá).נ,הַעְפָּלָה
go, atrevimiento.
Unión(haaraá) .נ,הַעֲרָאָה
sexual.
(haar-.ז,(שֶׁמֶשׁ) הַעֲרֵב
ev) Puesta del sol.
Nota, (heará) .נ,הֶעָרָה
observación.
Va-(haarajá) .נ,הַעֲרָכָה
luación, apreciación.
Ad-(haaratzá) .נ,הַעֲרָצָה
miración, veneración.
En-(haashará) .נ,הַעֲשָׁרָה
riquecimiento.
Copia, (heetek) .ז,הֶעְתֵּק
ejemplar. Traspaso.
Copia, (ha-tacá) נ,הַעְתָּקָה
ejemplar. Traspaso.
Sú-(ha-tará) .נ,הַעְתָּרָה
plica. Abundancia.
Ma- (hafganá) .נ,הַפְגָּנָה
nifestación.
En-(hafgashá) .נ,הַפְגָּשָׁה
cuentro.
Ce-(hafugá) .נ,הֲפוּגָה
sación, tregua.
Contras-(hipuj).ז,הִפּוּךְ
te. Volteo.
Susto, (hafjadá) נ,הַפְחָדָה
acción de asustar.
So-(hafajá) .נ,הֲפָחָה
plo.
(hafjatá) .נ,הַפְחָתָה
Disminución.
(heptagón) .ז,הֶפְטָגוֹן

tación.
Di- (hastará) .נ,הַסְתָּרָה
simulación, ocultación.
(histarcut) .נ,הִסְתַּרְקוּת
Peinado.
(histatrut) .נ,הִסְתַּתְּרוּת
Escondimiento.
Em-(haavadá) .נ,הַעֲבָדָה
pleo. Avasallamiento.
Trans-(haavará).נ,הַעֲבָרָה
porte, traspaso, tras-
lado.
Pre- (haadafá).נ,הַעֲדָפָה
ferencia. Exceso.
Au- (heeder) .ז,הֶעְדֵּר
sencia.
Gesto, (haavayá) נ,הַעֲוָיָה
mueca.
Inso- (heazá) .נ,הֶעָזָה
lencia. Atrevimiento.
Coro-(haatará).נ,הַעֲטָרָה
nación.
Alza, (haalaá) .נ,הַעֲלָאָה
aumento. Elevación,
ascenso.
(haalaat- הַעֲלָאַת גֵּרָה-
guerá) Rumia.
Hu- (haalavá) .נ,הַעֲלָבָה
millación.
הַעֲלָיָה, ר' הַעֲלָאָה.
Disi- (heelem) .ז,הֶעְלֵם
mulación, desaparición,
olvido.
Desa-(haalamá).נ,הַעֲלָמָה
parición, disimulación.
(healmut) .נ,הֶעָלְמוּת
Desaparición.
Para-(haamadá).נ,הַעֲמָדָה
da, postura, posición.
(haamasá) .נ,הַעֲמָסָה
Carga.

Divi-(haflagá) .נ, הַפְלָגָה
sión, separación. Exageración. Zarpa, navegación.
Aborto.(hapalá).נ, הַפָּלָה
Acción de tumbar.
Di-(haflayá) .נ, הַפְלָיָה
ferencia, distinción.
(hipnoza) .נ, הִפְנוֹזָה
Hipnosis. Hipnotismo.
Hip-(hifnut) .ז, הִפְנוּט
notización.
Hipnotizar. .פ"י, הִפְנֵט
Ser hipnotizado. הֻפְנַט-
Vol-(hafnayá) .נ, הַפְנָיָה
teo.
Pér-(hefsed) .ז, הֶפְסֵד
dida.
Inte-(hefsek) .ז, הֶפְסֵק
rrupción, cesación, descanso.
Cesa-(hafsacá).נ, הַפְסָקָה
ción, interrupción, recreo.
הִפְעִיל, ר' פָּעַל.
הֻפְעַל, ר' פָּעַל.
Efec-(haf-alá).נ, הַפְעָלָה
to, funcionamiento.
Pro-(hafatzá) .נ, הֲפָצָה
pagación, publicación, difusión.
(hef-נ, הַפְצָרָה ,ז, הֶפְצֵר
tzer, haftzará) Insistencia, porfía.
Bom-(haftzatzá).נ, הַפְצָצָה
bardeo.
Ex- (hafacá) .נ, הֲפָקָה
tracción, sacamiento.
(hafcadá) .נ, הַפְקָדָה
Consignación.
Abo-(hafcaá) .נ, הַפְקָעָה

Heptágono.
(haf-נ, הַפְטוֹרָה ,הַפְטָרָה
tará, haftorá) Despedida, fin. Capítulo de la Biblia que es leído en la sinagoga después de la lectura de la Ley.
Terminación.
(hafijá) .נ, הֲפִיכָה
Volteo.
הָפַךְ (הָפַךְ, יַהֲפֹךְ) פ"י
Voltear, volcar. Cambiar, transformar.
Voltearse, cam- הֵהָפֵךְ-
biarse, transformarse, volcarse.
Voltear. הַפֵּךְ-
Ser volteado. הֻהְפַּךְ-
Voltearse, vol- הִתְהַפֵּךְ-
carse. Cambiarse.
הֵפֶךְ, הֶפֶךְ, ז. ר' הֲפָ-
Revés, (héfej) כִים
contrario.
Des-(hafejá) .נ, הֲפֵכָה
trucción.
Con- (hafjí) .ת, הֲפַכִי
trario, opuesto.
(hafjiyut) .נ, הֲפַכִיוּת
Contrariedad.
(hafajpaj) .ת, הֲפַכְפַּךְ
Inconstante.Tortuoso.
(hafajpeján).ז, הֲפַכְפְּכָן
Inconstante.
(hafajpe- .נ, הֲפַכְפְּכָנוּת
janut) Inconstancia.
(ha-, הַפְלֵא וָפֶלֶא ,הַפְלֵא
flé-vafele)¡Es asombroso! ¡Qué milagro!
Sepa-(haflaá).נ, הַפְלָאָה
ración, diferencia.Esplendor.

lición. Toma.

Propie-(hefker). ז, הֶפְקֵר dad pública, cosa sin dueño, objeto o tierra de nadie.

(hefkerut) .נ, הֶפְקֵרוּת Libertinaje.

Abolición, (hefer). ז, הֵפֵר anulación.

Aboli-(hafará) .נ, הֲפָרָה ción, incumplimiento.

Sepa-(hafradá). נ, הַפְרָדָה ración. Análisis.

Exa-(hafrazá) .נ, הַפְרָזָה geración.

Vue-(hafrajá) .נ, הַפְרָחָה lo.

Deta-(hafratá). נ, הַפְרָטָה lle, acción de detallar.

Mo- (hafraá) .נ, הַפְרָעָה lestia.

Di- (hefresh) .ז, הֶפְרֵשׁ ferencia.

Se-(hafrashá) .נ, הַפְרָשָׁה paración.

Despe-(hefshet). ז, הֶפְשֵׁט llejadura, desolladura, acción de desvestir.

(hefshet- הֶפְשֵׁט מֵעַיִם- meáyim) Disentería.

(hafshatá) .נ, הַפְשָׁטָה Desolladura. Acción de desvestir. Abstracción.

(hef-נ, הַפְשָׁרָה .ז, הֶפְשֵׁר sher, hafshrá) Acción de entibiar.

(haftaá) .נ, הַפְתָּעָה Sorpresa.

Posi-(hatzavá) .נ, הַצָּבָה ción, postura.

Voto, (hatzbaá). נ, הַצְבָּעָה votación. Señalamiento, indicación.

Pre- (hatzagá) .נ, הַצָּגָה sentación. Pieza. Exposición.

(hatzdaá) .נ, הַצְדָּאָה Torneo.

(hatz-daá) .נ, הַצְדָּעָה Saludo militar.

Jus-(hatzdacá). נ, הַצְדָּקָה tificación.

Ale-(hatz-halá) נ, הַצְהָלָה gría.

De-(hatz-hará). נ, הַצְהָרָה claración.

(hitztabrut) נ, הִצְטַבְּרוּת Acumulación.

(hitztadcut) נ, הִצְטַדְּקוּת Justificación, disculpa.

(hitztofe-. נ, הִצְטוֹפְפוּת fut) Multitud.

(hitztay- .נ, הִצְטַיְּדוּת dut) Provisión.

(hitztay- .נ, הִצְטַיְּנוּת nut) Excelencia.

(hitztalvut) נ, הִצְטַלְּבוּת Crucificación.

(hitztam- .נ, הִצְטַמְצְמוּת tzemut) Contracción, restricción. Frugalidad, sobriedad.

(hitztamcut) נ, הִצְטַמְּקוּת Secamiento, arrugamiento.

(hitztane- .נ, הִצְטַנְּנוּת nut) Resfrío.

(hitztaarut) נ, הִצְטַעֲרוּת Entristecimiento, sufrimiento.

(hitztarjut). הִצְטָרְכוּת, נ
Necesidad.
(hitztarfut). הִצְטָרְפוּת, נ
Adherencia. Ingreso.
Sal-(hatzalá) הַצָּלָה, נ.
vación, salvamiento.
Pros-(hatzlajá) הַצְלָחָה, נ
peridad, éxito.
Pu-(hatzlalá) הַצְלָלָה, נ.
rificación. Hundimiento.
Azo-(hatzlafá). הַצְלָפָה, נ
tamiento, zurriagazo.
Ad-(hatzmadá) הַצְמָדָה, נ.
herencia, unión.
Bro-(hatzmajá). הַצְמָחָה, נ
te, brotadura.
Arma, (hótzen) הֹצֶן, ז.
corcel (?).
Mo- (hetznéa) הֶצְנֵעַ, ז.
destia.
(hatznaá) הַצְנָעָה, נ.
Disimulación.
Pro-(hatzaá) הַצָּעָה, נ.
posición. Ofrecimien-
to. Consejo.
Inun-(hatzafá) הֲצָפָה, נ.
dación.
Disi-(hatzpaná) הַצְפָּנָה, נ
mulación, ocultación,
escondimiento.
Mi- (hatzatzá) הֲצָצָה, נ.
rada ligera.
Opre-(hatzacá) הֲצָקָה, נ.
sión.
Fun-(hatzacá) הַצָּקָה, נ.
dición.
Ne-(hatzrajá) הַצְרָכָה, נ.
cesidad.
Acci-(hatzatá) הַצָּתָה, נ.
ón de encender.
Vó-(hacaá) הֲקָאָה, נ.
mito.
Com-(hakbalá) הַקְבָּלָה, נ.
paración. Paralelismo.
(ha- הַקָּדוֹשׁ בָּרוּךְ הוּא,
cadosh-baruj-hu)El San-
to bendito sea : Dios.
Anti-(hekdem) הֶקְדֵּם, ז.
cipación, prontitud.
(behekdem) -בְּהֶקְדֵּם
Pronto.
Pre-(hakdamá) הַקְדָּמָה, נ.
facio, prólogo. Prelu-
dio. Anticipación.
Cosa(hekdesh) הֶקְדֵּשׁ, ז.
sagrada. Consagración,
Hospicio.
(hakdashá) הַקְדָּשָׁה, נ.
Consagración. Dedica-
ción.
Asam-(hakhel) הַקְהֵל, ז.
blea, reunión.
San-(hacazá) הַקָּזָה, נ.
gradura.
(hektogram) הֶקְטוֹגְרָם, ז.
Hectogramo.
(hektograf) הֶקְטוֹגְרָף, ז.
Hectógrafo.
(hektolí- הֶקְטוֹלִיטֶר, ז.
ter) Hectolitro.
(hektométer). הֶקְטוֹמֶטֶר, ז
Hectómetro.
Achi-(haktaná). הַקְטָנָה, נ
camiento, reducción.
Hectárea. (hektar) הֶקְטָר,
(he-. הֶקְטֵר, ז. הַקְטָרָה, נ
kter, haktará) Fumiga-
ción, sahumerio.
Ali-(hacalá) הֲקַלָּה, נ.
vio. Facilitación.
Gra-(haclatá) הַקְלָטָה, נ.
bación.

Cumpli-(hakem) .ז, הָקֵם
miento. Elevación.

Eleva-(hacamá) .נ, הֲקָמָה
ción, levantamiento.Cum-
plimiento.

(hak- .נ, הַקְנָיָה ,הַקְנָאָה
naá, haknayá) Adquisi-
ción.

Irri-(haknatá).נ, הַקְנָטָה
tación.

Fas-(haksamá) .נ, הַקְסָמָה
cinación.

Luxa-(hacaá) .נ, הֲקָעָה
ción.

Periferia,(hekef).ז, הֶקֵּף
perímetro.

Con-(hakpaá) .נ, הַקְפָּאָה
gelación.

Seve-(hakpadá).נ, הַקְפָּדָה
ridad. Irritación.

Rodeo,(hacafá) .נ, הֲקָפָה
vuelta. Crédito. Ton-
sura.

De (hekefí) .ת, הֶקֵּפִי
la periferia, del pe-
rímetro.

Suma(haktzavá).נ, הַקְצָבָה
fija.

Des-(hacatzá) .נ, הֲקָצָה
pertamiento.

Ace-(haktzaá) .נ, הַקְצָעָה
pilladura.

Lec-(hakraá) .נ, הַקְרָאָה
tura. Dictado.

Acer-(hacravá).נ, הַקְרָבָה
camiento, aproximación,
Inmolación.

Ra- (hacraná) .נ, הַקְרָנָה
diación.

Con-(hacrashá).נ, הַקְרָשָׁה
gelación.

Compa-(hekesh) .ז, הֶקֵּשׁ
ración, analogía. De-
ducción.

Obe-(hakshavá).נ, הַקְשָׁבָה
diencia. Atención.

Golpe.(hacashá).נ, הֲקָשָׁה
Analogía, comparación.

(har) הָרִים ר׳ .ז, הַר
Montaña, monte.

(har-gáash) הַר גַּעַשׁ-
Volcán.

Apa-(heraut) .נ, הֵרָאוּת
rición.

Fig.(har-el) .ז, הַרְאֵל
altar.

(harbé) .תה"פ, הַרְבֵּה
Mucho.

(harbatzá) .נ, הַרְבָּצָה
Riego. Acostamiento.

הַרְבֵּרִין ,ר׳ עַשְׂבִּיָּה.

הָרַג (הָרַג, יַהֲרֹג) פ"ע
Matar.

Ser matado. -הֵהָרֵג

Ma- (héreg) .ז, הֶרֶג
tanza.

Asesino,(harag) .ז, הָרָג
ladrón.

Ma- (haregá) .נ, הֲרֵגָה
tanza.

Ir- (hargazá) .נ, הַרְגָּזָה
ritación.

Rito,(herguel) .ז, הֶרְגֵּל
costumbre.

Apa-(hargaá) .נ, הַרְגָּעָה
ciguamiento.

Sensa-(herguesh).ז, הֶרְגֵּשׁ
ción, sentimiento.

(hargashá) .נ, הַרְגָּשָׁה
Sensación, sentimiento.

(harduf) .ז, הַרְדּוּף
Oleandro.

הַרְדָּמָה, נ. (hardamá) Adormecimiento.
הָרֹה (הָרְתָה, תַּהֲרֶה) פ"ע Concebir, empreñarse.
הָרָה, ת"נ. (hara) Preñada, encinta, embarazada.
הָרָה, נ. (hara) Concepción, preñez.
הִרְהוּר, הַרְהוֹר, ז. (hirhur, harhor) Meditación, pensamiento.
הַרְהֵר, פ"ע. Meditar.
הֵרוֹאִי, ת. (heroi) Heroico.
הֵרוֹאִיוּת, ר' גְּבוּרָה.
הָרוּג, ז. (harug) Muerto, asesinado.
הַרְוָחָה, נ. (harvajá) Ensanchamiento.
הֵרוֹן, ז. (herón) Concepción.
הַרְחָבָה, נ. (harjavá) Ensanchamiento.
הֲרָחָה, נ. (harajá) Olfacción.
הַרְחָצָה, נ. (harjatzá) Lavado, lavamiento.
הֶרְחֵק, ז. (herjek) Distancia. Alejamiento.
הֶרְחֵק, תה"פ. (herjek) Lejos.
הַרְחָקָה, נ. (harjacá) Alejamiento.
הַרְטָבָה, נ. (hartavá) Mojadura.
הֲרֵי, תה"פ. (harey) He aquí. De verdad, pero.
הֲרֵינִי- (hareyni) Estoy presente, heme aquí, yo.
הֲרִיגָה, נ. (harigá) Matanza, acción de matar.

הֲרִיָּה, נ. ר' הֲרִיּוֹת (hariyá) Mujer encinta, mujer embarazada.
הֵרָיוֹן, ז. (herayón) Preñez, concepción.
הֲרִיסָה, נ. (harisá) Demolición, destrucción, ruina.
הֲרִיסוּת, נ. (harisut) Destrucción.
הֶרְכֵּב, ז. (herkev) Injerto. Composición.
הַרְכָּבָה, נ. (harcavá) Composición. Injerto. Montadura. Armadura.
הַרְכָּזָה, נ. (harcazá) Concentración.
הַרְכָּנָה, נ. (harcaná) Inclinación, agachada.
הֲרָמָה, נ. (haramá) Alza, levantamiento.
הַרְמוֹן, ז. ר' הַרְמוֹנוֹת (harmón) Palacio. Harén, harem.
הַרְמוֹנִי, ת. (harmoni) Armónico.
הַרְמוֹנְיָה, נ. (harmonya) Armonía.
הַרְמוֹנִיקָה, ר' מַפּוּחִית.
הֶרְמֵטִי, ת. (hermeti) Hermético.
הָרֹס (הָרַס, יַהֲרֹס) פ"י Destruír, demoler, arruinar.
-הֵהָרֵס Ser destruído, ser demolido.
הֶרֶס, ז. (heres) Destrucción.
הַרְסָנִי, ת. (harsaní) Destructor.
הָרָעָה, נ. (haraá) Clamor.

Timo. (héret) .הֶרֶת, נ
Her-(hartajá) .הַרְתָּחָה, נ
vor, acción de hervir.
Re-(hartaá) .הַרְתָּעָה, נ
troceso.
Engaño, (hashaá). הַשָּׁאָה, נ
incitación.
Alza, (hasaá) .הַשָּׂאָה, נ
traslado.
(hash-ayá) .הַשְׁאָיָה, נ
Destrucción.
(hash-alá) .הַשְׁאָלָה, נ
Préstamo. Figurado.
-בְּדֶרֶךְ הַשְׁאָלָה, בְּהַשְׁאָלָה
(bedérej-hash-alá, be-)
En sentido figurado.
(hash-ará) .הַשְׁאָרָה, נ
Dejamiento.
(hishaarut) .הִשָּׁאֲרוּת, נ
Quedada.
(hisha- הִשָּׁאֲרוּת הַנֶּפֶשׁ-
arut-hanéfesh) Inmortalidad del alma.
De- (hashev) .הָשֵׁב, ז
volución.
De-(hashavá) .הֲשָׁבָה, נ
volución.
(hashavá) .הַשָּׁבָה, נ
Devolución.
(hashbajá) .הַשְׁבָּחָה, נ
Mejoramiento.
(hashbaá) .הַשְׁבָּעָה, נ
Juramento.
(hashbará) .הַשְׁבָּרָה, נ
Venta.
Anu-(hashbatá). הַשְׁבָּתָה, נ
lación, abolición. Paro, lock-out.
Alcance, (heseg) .הֶשֵּׂג, ז
posibilidad, capacidad.

Empeoramiento.
En-(har-alá) .הַרְעָלָה, נ
venenamiento.
Ata-(har-ashá) .הַרְעָשָׁה, נ
que, asalto.
Descanso, (héref) .הֶרֶף, ז
pausa.
(bli-héref) -בְּלִי הֶרֶף
Sin descanso, sin cesar.
(héref-aiyin) -הֶרֶף עַיִן
Guiño, parpadeo.
הַרְפַּתְקָה, נ. ר׳ הַרְפַּתְקָ-
Aven- (harpatcá) אוֹת
tura.
(harpatcán) .הַרְפַּתְקָן, ז
Aventurero.
(harpatca- .הַרְפַּתְקָנוּת, נ
nut) Aventura.
הַרְצָאָה, נ. ר׳ הַרְצָאוֹת
(hartzaá) Conferencia, discurso. Aceptación.
Prín-(hertzog) .הֶרְצוֹג, ז
cipe.
Pu-(harcavá) .הַרְקָבָה, נ
trefacción.
(herakvut) .הֵרָקְבוּת, נ
Putrefacción.
Va- (haracá) .הֲרָקָה, נ
ciamiento.
(hé- הֶרֶר, ז. ר׳ הֲרָרִים
rer) Montaña.
Mon-(hararí) .הֲרָרִי, ת
tañoso.
(harshaá) .הַרְשָׁאָה, נ
Autorización.
Ma-(harshamá) .הַרְשָׁמָה, נ
trícula. Apuntamiento, inscripción.
Cul-(harshaá) .הַרְשָׁעָה, נ
pación.

Alcance, (hasagá). הַשָּׂגָה, נ. capacidad. Posibilidad.
Vi-(hashgajá) הַשְׁגָּחָה, נ. gilancia. Providencia.
(hashgará) הַשְׁגָּרָה, נ. Habituación.
(hashvaá, hashvayá) הַשְׁוָאָה, הַשְׁוָיָה, נ. Comparación. Igualamiento Ecuación.
Afi-(hashjazá) הַשְׁחָזָה, נ. ladura, aguzamiento.
(hashjalá') הַשְׁחָלָה, נ. Acción de enhebrar.
(hashjará) הַשְׁחָרָה, נ. Ennegrecimiento.
(hashjatá) הַשְׁחָתָה, נ. Daño, exterminación, deterioración.
Acu-(hastaná) הַשְׂטָנָה, נ. sación.
Po-(hasigá) הַשִּׂיגָה, נ. sibilidad, alcance.
(hashcavá) הַשְׁכָּבָה, נ. Acostamiento.
Inte-(haskel) הַשְׂכֵּל, ז. ligencia.
(hascalá) הַשְׂכָּלָה, נ. Inteligencia, instrucción, civilización.
(hashkém) הַשְׁכֵּם, תה"פ. Temprano, de madrugada.
(hashcamá) הַשְׁכָּמָה, נ. Madrugada.
(hashcaná) הַשְׁכָּנָה, נ. Establecimiento.
(hascará) הַשְׂכָּרָה, נ. Arrendamiento.
(hashlajá) הַשְׁלָחָה, נ. Envío.
(hashlatá) הַשְׁלָטָה, נ. Dominación.
(hashlayá) הַשְׁלָיָה, נ. Desesperación, desencanto.
(hashlajá) הַשְׁלָכָה, נ. Lanzamiento, echada.
(hashlamá) הַשְׁלָמָה, נ. Terminación, perfeccionamiento. Pacificación, reconciliación.
(hashlashá) הַשְׁלָשָׁה, נ. Secuestro, secuestración.
(hashmadá) הַשְׁמָדָה, נ. Exterminación.
Pre-(heshmet) הֶשְׁמֵט, ז. scindencia. Abolición, cancelación.
(hashmatá) הַשְׁמָטָה, נ. Prescindencia. Cancelación, abolición.
(hsahmaná) הַשְׁמָנָה, נ. Engrosamiento, engorde.
(hashmaá) הַשְׁמָעָה, נ. Aviso, anuncio.
(hashmatzá) הַשְׁמָצָה, נ. Insulto, humillación.
(hishaanut) הִשָּׁעֲנוּת, נ. Recostamiento.
(hash-ará) הַשְׁעָרָה, נ. Suposición, hipótesis, conjetura.
(hashpalá) הַשְׁפָּלָה, נ. Humillación.
(hashpaá) הַשְׁפָּעָה, נ. Influencia.
(hashcaá) הַשְׁקָאָה, נ. Riego.
Tan-(hashacá) הַשָּׁקָה, נ.

gencia.

הַשְׁקֵט, ז. (hashket) Reposo, tranquilidad.

הַשְׁקָטָה, נ. (hashcatá) Silencio, acción de tranquilizar o hacer callar.

הַשְׁקָעָה, נ. (hashcaá) Consignación, depósito, acción de depositar. Hundimiento.

הַשְׁקָפָה, נ. (hashcafá) Mirada. Revista. Aspiración. Opinión.

הַשְׁרָאָה, נ. (hashraá) Inducción. Revelación.

הַשָּׁרָה, נ. (hashará) Caída, acción de tumbar.

הַשְׁרָשָׁה, נ. (hashrashá) Arraigamiento.

הִשְׁתַּבְּחוּת, נ. (hishtabjut). Alabanza.

הִשְׁתַּבְּרוּת, נ. (hishtabrut). Rompimiento.

הִשְׁתַּגְּעוּת, נ. (hishtag-ut). Enloquecimiento.

הִשְׁתַּדְּלוּת, נ. (hishtadlut). Esfuerzo.

הִשְׁתּוֹבְבוּת, נ. (hishtovevut) Bribonería.

הִשְׁתַּוּוּת, נ. (hishtavut) Igualdad.

הִשְׁתּוֹלְלוּת, נ. (hishtolelut) Enloquecimiento.

הִשְׁתּוֹמְמוּת, נ. (hishtomemut) Asombro, admiración.

הִשְׁתּוֹקְקוּת, נ. (hishtokecut) Deseo, anhelo.

הִשְׁתַּזְּפוּת, נ. (hishtazfut). Quema (del sol).

הִשְׁתַּחֲוָאָה, הִשְׁתַּחֲוָיָה, נ. (hishtajavaá, hishtajavayá) Prosternación.

הִשְׁתַּחְרְרוּת, נ. (hishtajrerut) Liberación.

הִשְׁתַּטְּחוּת, נ. (hishtatjut) Acostamiento,

הִשְׁתַּיְּכוּת, נ. (hishtayejut) Pertenencia.

הִשְׁתַּכְלְלוּת, נ. (hishtajlelut) Perfeccionamiento

הִשְׁתַּכְּרוּת, נ. (hishtacrut) Embriaguez.

הִשְׁתַּלְּבוּת, נ. (hishtalvut) Cruce.

הִשְׁתַּלְּטוּת, נ. (hishtaltut) Dominación.

הִשְׁתַּלְּמוּת, נ. (hishtalmut) Perfeccionamiento.

הִשְׁתַּלְשְׁלוּת, נ. (hishtalshelut) Evolución, desarrollo.

הִשְׁתַּמְּטוּת, נ. (hishtamtut) Fuga, escape, huída.

הִשְׁתַּמְּשׁוּת, נ. (hishtamshut) Uso, empleo.

הַשְׁתָּנָה, נ. (hashtaná) Acción de orinar.

הִשְׁתַּנּוּת, נ. (hishtanut) Cambio.

הִשְׁתַּעְבְּדוּת, נ. (hishtaabdut) Sumisión, sujeción.

הִשְׁתַּעַמְמוּת, נ. (hishtaamemut) Aburrimiento.

הִשְׂתָּעֲרוּת, נ. (histaarut). Invasión.

הִשְׁתַּעַשְׁעוּת, נ. (hishtasheut) Juego.

הִשְׁתַּפְּכוּת, נ. (hishtapjut) Derramamiento, derrame.

הִשְׁתַּפְּרוּת, נ. (hishtaprut) Mejoramiento.

הַשְׁתָּקָה, נ. (hashtacá)

Acción de hacer callar.
(hishtak-ut). נ, הִשְׁתַּקְעוּת
Establecimiento.
(histarerut). נ, הִשְׂתָּרְרוּת
Dominación.
(hishtarshut). נ, הִשְׁתָּרְשׁוּת
Arraigamiento.
(hishtatfut). נ, הִשְׁתַּתְּפוּת
Participación.
(hishtatcut). נ, הִשְׁתַּתְּקוּת
Silencio.
(hit-abdut) . נ, הִתְאַבְּדוּת
Suicidio.
(hit-ablut) . נ, הִתְאַבְּלוּת
Duelo, luto.
(hit-abnut) . נ, הִתְאַבְּנוּת
Petrificación.
(hit-avcut) . נ, הִתְאַבְּקוּת
Lucha.
(hit-agdut) . נ, הִתְאַגְּדוּת
Organización, unión.
(hit-agre- . נ, הִתְאַגְרְפוּת
fut) Boxeo.
(hit-adut) . נ, הִתְאַדּוּת
Evaporación.
(hit-admut) . נ, הִתְאַדְּמוּת
Sonrojo, rubor.
(hit-ahavut). נ, הִתְאַהֲבוּת
Enamoramiento.
(hit-one- . נ, הִתְאוֹנְנוּת
nut) Queja.
(hit-oshe- . נ, הִתְאוֹשְׁשׁוּת
shut) Animación.
(hit-azrut) . נ, הִתְאַזְּרוּת
Refuerzo, animación.
(hit-azre- . נ, הִתְאַזְרְחוּת
jut) Naturalización.
(hit-ajdut) . נ, הִתְאַחְדוּת
Unión. Unificación.
(hit-ajazut). נ, הִתְאַחֲזוּת
Establecimiento.

(hit-ajarut). נ, הִתְאַחֲרוּת
Retardación, demora.
הִתְאַיְּדוּת, ר' הִתְאַדּוּת.
(hit-ajze- . נ, הִתְאַכְזְרוּת
rut) Crueldad.
(hit-aclut). נ, הִתְאַכְּלוּת
Digestión.
(hit-alme- . נ, הִתְאַלְמְנוּת
nut) Acción de enviudar
Con-(het-em) . ז, הֶתְאֵם
formidad.
(hat-amá) . נ, הַתְאָמָה
Acuerdo, armonía.
(hit-amnut). נ, הִתְאַמְּנוּת
Entrenamiento.
(hit-amtzut). נ, הִתְאַמְּצוּת
Esfuerzo.
(hi-amtut) . נ, הִתְאַמְּתוּת
Verificación.
(hit-asfut). נ, הִתְאַסְּפוּת
Reunión.
(hit-apcut). נ, הִתְאַפְּקוּת
Abstinencia.
(hit-acle- . נ, הִתְאַקְלְמוּת
mut) Aclimatación.
(hit-arjut). נ, הִתְאָרְכוּת
Alargamiento. Prolongación.
(hit-ashrut). נ, הִתְאַשְּׁרוּת
Ratificación.
(hitbagrut). נ, הִתְבַּגְּרוּת
Maduración.
(hitbadlut). נ, הִתְבַּדְּלוּת
Aislamiento.
(hitbaharut). נ, הִתְבַּהֲרוּת
Aclaración.
(hitbode- . נ, הִתְבּוֹדְדוּת
dut) Aislamiento.
(hitbole- . נ, הִתְבּוֹלְלוּת
lut) Asimilación.
(hitbone- . נ, הִתְבּוֹנְנוּת

nut) Observación.
(hitboshe- התבוששות, נ.
shut) Vergüenza.
(hit-bazut) התבזות, נ.
Humillación.
(hitbatlut) התבטלות, נ.
Abolición. Ociosidad.
(hitbalbe- התבלבלות, נ.
lut) Embrollo.
(hitbasesut) התבססות, נ.
Acción de basarse.
(hitbatzrut) התבצרות, נ.
Fortificación.
(hitbarerut) התבררות, נ.
Aclaración.
(hitbashlut) התבשלות, נ.
Maduración. Cocción.
(hitgaut) התגאות, נ.
Enorgullecimiento.
(hitbagrut) התבגרות, נ.
Adolescencia.
(hitgabrut) התגברות, נ.
Vencida, refuerzo.
(hitgabshut) התגבשות, נ.
Cristalización.
(hitgadlut) התגדלות, נ.
Engrandecimiento.
(hitgone- התגוננות, נ.
nut) Defensa.
(hitgoshe- התגוששות, נ.
shut) Lucha.
(hitgalgue- התגלגלות, נ.
lut) Rodeo, volteo.
(hitgalut) התגלות, נ.
Revelación.
(hitgaljut) התגלחות, נ.
Afeitada.
(hitgande- התגנדרות, נ.
rut) Coqueteo.
(hitgaashut) התגעשות, נ.
Arrebato, arranque de
ira. Efervescencia.
(hitgarut) התגרות, נ.
Pelea, riña.
(hitgashmut) התגשמות, נ.
Realización.
(hitdabcut) התדבקות, נ.
Pegamiento, unión.
(hitdalde- התדלדלות, נ.
lut) Empobrecimiento.
(hatdará) התדרה, נ.
Frecuencia.
(hithadrut) התהדרות, נ.
Hermoseamiento.
(hithavut) התהוות, נ.
Formación.
(hithole- התהוללות, נ.
lut) Enloquecimiento.
(hit-hapjut) התהפכות, נ.
Volteo. Transformación.
(hitvadut) התודות, נ.
Confesión.
(hitvad-ut) התודעות, נ.
Conocimiento.
Fundi- (hituj) התוך, ז.
ción.
(hitvakjut) התוכחות, נ.
Discusión.
Ironía, (hitul) התול, ז.
burla.
(hitulí) התולי, ת.
Irónico.
(hatulim) התולים, ז"ר.
Burlas.
(hitvaadut) התועדות, נ.
Reunión.
התז, ר' נתז.
Salpi- (hatazá) התזה, נ.
cadura. Decapitación.
Chorreadura.
(hitjabevut) התחבבות, נ.
Cariño.

(hijabcut) .נ, הִתְחַבְּקוּת
Abrazo.
(hitjabrut) .נ, הִתְחַבְּרוּת
Unión, junción.
(hitjadshut) נ, הִתְחַדְּשׁוּת
Renovación, renuevo.
(hitjazcut) .נ, הִתְחַזְּקוּת
Refuerzo.
(hitjayvut) .נ, הִתְחַיְּבוּת
Compromiso, obligación.
(hitjayut) .נ, הִתְחַיּוּת
Resurrección.
(hitjakejut) נ, הִתְחַכְּכוּת
Roce, raspadura, rascadura.
(hitjakmut) .נ, הִתְחַכְּמוּת
Astucia, superchería.
Co-(hatjalá) .נ, הַתְחָלָה
mienzo, principio.
(hitjalja- .נ, הִתְחַלְחֲלוּת
lut) Temblor, miedo.
Pri-(hatjalí) .ת, הַתְחָלִי
mero, elementario.
(hitjalfut) .נ, הִתְחַלְּפוּת
Cambio.
(hitjalcut) .נ, הִתְחַלְּקוּת
Divisibilidad. Resbalada, deslizamiento.
(hitjamemut) נ, הִתְחַמְּמוּת
Calefacción.
(hitjamtzut) נ, הִתְחַמְּצוּת
Acción de agriarse.
(hitjamcut) .נ, הִתְחַמְּקוּת
Fuga, escapada, huída.
(hitjanenut) נ, הִתְחַנְּנוּת
Súplica, ruego.
(hitjasdut) .נ, הִתְחַסְּדוּת
Hipocresía.
(hitjapsut) .נ, הִתְחַפְּשׂוּת
Disimulación, disfraz.
(hitjatzfut) נ, הִתְחַצְּפוּת
Descaro, insolencia.
(hitjarut) .נ, הִתְחָרוּת
Concurso, certamen. Competencia. Match.
(hitjartut) .נ, הִתְחָרְטוּת
Arrepentimiento.
(hitjashvut) נ, הִתְחַשְּׁבוּת
Consideración.
(hitjashme- נ, הִתְחַשְׁמְלוּת
lut) Electrización.
(hitjatnut) .נ, הִתְחַתְּנוּת
Casamiento.
(hityabshut) נ, הִתְיַבְּשׁוּת
Secamiento.
(hityadedut) נ, הִתְיַדְּדוּת
Acción de amistarse.
(hityahadut) נ, הִתְיַהֲדוּת
Conversión al judaísmo.
(hityajadut) נ, הִתְיַחֲדוּת
Unión.
(hityajasut) נ, הִתְיַחֲסוּת
Genealogía. Relación.
(hityasdut) .נ, הִתְיַסְּדוּת
Fundación.
(hityaatzut) נ, הִתְיָעֲצוּת
Consulta, consejo.
(hityaput) .נ, הִתְיַפּוּת
Embellecimiento.
(hityapjut) .נ, הִתְיַפְּחוּת
Sollozo, lloro.
(hityacrut) .נ, הִתְיַקְּרוּת
Encarecimiento.
(hityashvut) נ, הִתְיַשְּׁבוּת
Establecimiento, colonización. Juicio.
(hityashnut) נ, הִתְיַשְּׁנוּת
Envejecimiento.
הִתִּיךְ, ר' נָתַךְ.
Fun-(hatajá) .נ, הַתָּכָה
dición.
(hitcone- .נ, הִתְכּוֹנְנוּת

nut) Preparación. Establecimiento.

הִתְכַּוְּצוּת, נ. (hitcavtzut). Contracción, encogimiento.

הִתְכַּחֲשׁוּת, נ. (hitcajashut) Reniego,

הִתְכַּנְּסוּת, נ. (hitcansut) Reunión.

הִתְכַּסּוּת, נ. (hitcasut) Tapamiento.

הִתֵּל, הֵתֵל, פ"י Burlarse.

הִתְלַבְּנוּת, נ. (hitlabnut) Blanqueo.

הִתְלַבְּשׁוּת, נ. (hitlabshut). Acción de vestirse.

הִתְלַהֲבוּת, נ. (hitlahavut). Entusiasmo.

הִתְלוֹנְנוּת, נ. (hitlonenut). Queja.

הִתְלוֹצְצוּת, נ. (hitlotze-tzut) Bufonada.

הִתָּלוּת, נ. (hitalut) Dependencia, sujeción.

הֲתֻלִּים, ר' הִתּוּלִים.

הִתְלַכְּדוּת, נ. (hitlakdut). Unión, cohesión.

הִתְלַמְּדוּת, נ. (hitlamdut). Aprendisaje.

הִתְלַקְּחוּת, נ. (hitlakjut). Abrasamiento.

הָתָם, תה"פ. Allá, (hatam) allí.

הַתְמָדָה, נ. Asi-(hatmadá) duidad, aplicación.

הִתְמַהְמְהוּת, נ. (hitma-me-hut) Demora.

הִתְמוֹגְגוּת, נ. (hitmogue-gut) Fundición.

הִתְמוֹדְדוּת, נ. (hitmode-dut) Acostamiento. Rivalidad.

הִתְמוֹטְטוּת, נ. (hitmote-tut) Derrumbe.

הִתְמַזְּגוּת, נ. (hitmazgut). Unión, mezcla. Armonía.

הִתְמַכְּרוּת, נ. (hitmakrut). Consagración, dedicación, abnegación.

הִתְמַלְּאוּת, נ. (hitmal-ut). Lleno. Cumplimiento.

הִתְמַנּוּת, נ. (hitmanut) Abono. Nombramiento.

הִתְמַסְּרוּת, נ. (hitmasrut). Consagración.

הִתְמַעֲטוּת, נ. (hitmaatut). Disminución, reducción.

הִתְמַצְּאוּת, נ. (hitmatz-ut) Orientación.

הִתְמַרְמְרוּת, נ. (hitmarme-rut) Amargura.

הִתְמַשְּׁכוּת, נ. (hitmeshjut) Prolongación.

הִתְמַתְּחוּת, נ. (hitmatjut). Estiramiento.

הִתְנָאוּת, נ. (hitnaut) Embellecimiento.

הִתְנַבְּאוּת, נ. (hitnab-ut). Profecía, visión.

הִתְנַגְּדוּת, נ. (hitnagdut). Oposición, resistencia, contrariedad.

הִתְנַגְּשׁוּת, נ. (hitnagshut) Choque, colisión.

הִתְנַדְּבוּת, נ. (hitnadvut). Ofrenda. Acto voluntario.

הִתְנַדְּפוּת, נ. (hitnadfut). Sublimación.

הִתְנַהֲגוּת, נ. (hitnaha-gut) Conducta.

הִתְנוֹדְדוּת, נ. (hitnodedut) Movimiento.

הִתְנַוְּנוּת, נ. (hitnavnut) Degeneración.

הִתְנַחֲלוּת, נ. (hitnajalut) Establecimiento, colonización.

הִתְנַחֲמוּת, נ. (hitnajamut) Consolación. Arrepentimiento.

הִתְנַכְּלוּת, נ. (hitnaclut) Conspiración.

הִתְנַכְּרוּת, נ. (hitnacrut) Disimulación, disfraz.

הִתְנַעֲרוּת, נ. (hitnaarut) Despertamiento. Sacudida. Renovación.

הִתְנַפְּחוּת, נ. (hitnapjut) Hinchamiento.

הִתְנַפְּלוּת, נ. (hitnaplut) Ataque, agresión.

הִתְנַצְּלוּת, נ. (hitnatzlut) Excusa.

הִתְנַצְּרוּת, נ. (hitnatzrut) Conversión al cristianismo

הִתְנַקְּמוּת, נ. (hitnakmut) Venganza.

הִתְנַקְּשׁוּת, נ. (hitnakshut) Atentado, complot.

הִתְנַשְּׂאוּת, נ. (hitnas-ut) Enorgullecimiento.Elevación.

הִתְעַבְּרוּת, נ. (hit-abrut) Concepción.

הִתְעוֹדְדוּת, נ. (hit-odedut) Consuelo.

הִתְעַוְּרוּת, נ. (hit-avrut) Ceguedad.

הִתְעוֹרְרוּת, נ. (hit-orerut) Despertamiento.

הִתְעַכְּבוּת, נ. (hit-akvut) Demora, retraso.

הִתְעַכְּלוּת, נ. (hit-aclut) Digestión.

הִתְעַלּוּת, נ. (hit-alut) Elevación.

הִתְעַלְּמוּת, נ. (hit-almut) Disimulación.

הִתְעַלְּפוּת, נ. (hit-alfut) Desmayo.

הִתְעַמְּלוּת, נ. (hit-amlut) Gimnasia.

הִתְעַמְּקוּת, נ. (hit-amcut) Estudio a fondo.

הִתְעַנְּגוּת, נ. (hit-angut) Goce, deleite.

הִתְעַנּוּת, נ. (hit-anut) Atormentamiento.

הִתְעַנְיְנוּת, נ. (hit-anyenut) Interés.

הִתְעַסְּקוּת, נ. (hit-ascut) Ocupación.

הִתְעַצְּבוּת, נ. (hit-atzvut) Entristecimiento.

הִתְעַצְּלוּת, נ. (hit-atzlut) Pereza.

הִתְעַצְּמוּת, נ. (hit-atzmut) Refuerzo.

הִתְעַקְּמוּת, נ. (hit-akmut) Torcimiento.

הִתְעַקְּשׁוּת, נ. (hit-akshut) Obstinación.

הִתְעָרְבוּת, נ. (hit-arvut) Apuesta. Entremetimiento. Mezcla.

הִתְעַשְּׁרוּת, נ. (hit-ashrut) Enriquecimiento.

הִתְפָּאֲרוּת, נ. (hitpaarut) Jactancia, orgullo.

הִתְפּוֹצְצוּת, נ. (hitpotzetzut) Explosión.

הִתְפּוֹרְרוּת, נ. (hitpore-

rut)Desmenuzamiento.
הִתְפַּחֲמוּת, נ. (hitpajmut)
Carbonización.
הִתְפַּטְּמוּת, נ. (hitpatmut)
Engorde.
הִתְפַּטְּרוּת, נ. (hitpatrut)
Dimisión.
הִתְפַּיְּסוּת, נ. (hitpayesut)
Convencimiento.
הִתְפַּלְּאוּת, נ. (hitpal-ut)
Admiración, asombro.
הִתְפַּלְּגוּת, נ. (hitpalgut)
División, separación.
הִתְפַּלְסְפוּת, נ. (hitpalse-
fut)Acción de filosofar.
הִתְפַּנְּקוּת, נ. (hitpancut)
Acción de mimar.
הִתְפָּעֵל, ר׳ פָּעַל.
הִתְפַּעֲלוּת, נ. (hitpaalut)
Emoción.
הִתְפַּצְּלוּת, נ. (hitpatz-
lut) Ramificación.
הִתְפַּקְּעוּת, נ. (hitpak-ut)
Estallido.
הִתְפַּקְּרוּת, נ. (hitpacrut)
Libertinaje.
הִתְפָּרְדוּת, נ. (hitpardut)
Separación.
הִתְפַּרְסְמוּת, נ. (hitparse-
mut) Publicación, fa-
ma.
הִתְפָּרְצוּת, נ. (hitpartzut)
Invasión.
הִתְפָּרְקוּת, נ. (hitparcut)
Desarme.
הִתְפַּשְּׁטוּת, נ. (hitpashtut)
Dilatación. Propagaci-
ón, Acción de des-
vestirse.
הִתְפַּתְּחוּת, נ. (hitpatjut)
Desarrollo, desenvol-
vimiento.
הִתְפַּתְּלוּת, נ. (hitpatlut)
Tortuosidad.
הִתְקַבְּצוּת, נ. (hitcabtzut)
Reunión, amontonamiento.
הִתְקַדְּמוּת, נ. (hitcadmut)
Adelanto, progreso.
הִתְקַדְּרוּת, נ. (hitcadrut)
Obscurecimiento.
הִתְקַדְּשׁוּת, נ. (hitcadshut)
Santifiacción.
הִתְקַהֲלוּת, נ. (hitcahalut)
Reunión.
הִתְקוֹמְמוּת, נ. (hitcome-
mut) Insurrección.
הִתְקַיְּמוּת, נ. (hitcayemut)
Realización.
הַתְקָנָה, נ. (hatcaná)
Arreglo.
הַתְקָפָה, נ. (hatcafá) Ataque, asalto, ofensiva.
הִתְקַפְּלוּת, נ. (hitcaplut)
Doblamiento.
הִתְקַצְּפוּת, נ. (hitcatz-
fut) Irritación.
הִתְקַצְּרוּת, נ. (hitcatzrut)
Acortamiento.
הִתְקָרְבוּת, נ. (hitcarvut)
Acercamiento.
הִתְקָרְרוּת, נ. (hitcarerut)
Resfrío, resfriado.
הִתְקָרְשׁוּת, נ. (hicarshut)
Congelación.
הִתְקַשּׁוּת, נ. (hitcashut)
Endurecimiento.
הִתְקַשְּׁטוּת, נ. (hitcashtut)
Adornamiento.
הִתְקַשְּׁרוּת, נ. (hitcashrut)
Unión, ligadura.
הִתַּר, ר׳ נָתַר.
הֶתֵּר, ז. (héter) Permiso.

Desatadura.
Ad-(hatraá) .הַתְרָאָה, נ
vertencia.
(hitrabut) .הִתְרַבּוּת, נ
Multiplicación.
(hitravre- .הִתְרַבְרְבוּת, נ
vut)Enorgullecimiento.
(hitragzut). הִתְרַגְּזוּת, נ
Irritación.
(hitraglut). הִתְרַגְּלוּת, נ
Habituación, costumbre
(hitragshut) הִתְרַגְּשׁוּת, נ
Emoción, excitación.
Permiso.(hatará) הַתָּרָה, נ
Desanudación.
(hitrome-. הִתְרוֹמְמוּת, נ
mut) Elevación.
(hitrone-. הִתְרוֹנְנוּת, נ
nut) Alegría.
(hitroaut) הִתְרוֹעֲעוּת, נ
Acción de amistarse.
(hitrofe-. הִתְרוֹפְפוּת, נ
fut), Debilitación.
(hitrotze- הִתְרוֹצְצוּת, נ
tzut) Movimiento. Andadura, paseo.
(hitrok- .הִתְרוֹקְנוּת, נ
nut) Vaciamiento.
(hitro- .הִתְרוֹשְׁשׁוּת, נ
sheshut)Empobrecimiento.
(hitraja- .הִתְרַחֲבוּת, נ
vut) Ensanchamiento.
(hitraja- .הִתְרַחֲצוּת, נ
tzut) Baño.
(hitraja- .הִתְרַחֲקוּת, נ
cut) Alejamiento.
(hitraja- .הִתְרַחֲשׁוּת, נ
shut)Acontecimiento.
(hitrakvut). הִתְרַכְּבוּת, נ
Unión, composición.
(hitrakzut). הִתְרַכְּזוּת, נ
Concentración.

(hitrakjut). הִתְרַכְּכוּת, נ
Ablandamiento.
Ac-(hatramá) .הַתְרָמָה, נ
ción de hacer contribuír
(hatraá) .הַתְרָעָה, נ
Lamentación.
(hitreut) .הִתְרֵעוּת, נ
Acción de amistarse.
(hitraamut). הִתְרַעֲמוּת, נ
Queja.
.הִתְרַעֲנוּת, הִתְרַעַנְנוּת, נ
(hitraanut, hitraanut)
Refrescadura.
(hitrap-ut). הִתְרַפְּאוּת, נ
Debilitación.Pereza.
(hitraput) .הִתְרַפּוּת, נ
Pereza. Debilitación.
(hitrapsut). הִתְרַפְּסוּת, נ
Sumisión.
(hitratzut) .הִתְרַצּוּת, נ
Consentimiento.
(hitrakmut). הִתְרַקְּמוּת, נ
Bordado, formación.
(hitrak-ut). הִתְרַקְּעוּת, נ
Dilatación.
(hitrashlut) הִתְרַשְּׁלוּת, נ
Negligencia.
(hitrashmut) הִתְרַשְּׁמוּת, נ
Impresión.
.התש, ר׳ נָתַשׁ
De- (hatashá) .הַתָּשָׁה, נ
bilitación.
(hata- .הַתָּשָׁה, הַתָּשָׁה, נ
shá) Debilitación. Arrancamiento.
.הִתְשׁוֹטֵט, ר׳ שׁוט
-הִתְשׁוֹטְטוּת, נ. ר׳ הִתְ
(hitshotetut)שׁוֹטְטִיּוּת
Andadura, paseo, vuelta, marcha.
הָתַת, ר׳ הות

ו

ו, Sexta letra (vav) del alfabeto hebreo. Su valor numérico es 6.

וְ־(וּ־, וַ־, וָ־, וֶ־, וִ־) (ve, u, va, ve, vi) Y.

וָאדִי, ר׳ וָדִי.

וָאט, ר׳ וָט.

וּבְכֵן, מ"ח. En-(uvjén) tonces.

וְגוֹמֵר, (vegomer) Etcétera.

וִדֵּא, פ"ע. Asegurar.

וַדָּאוּת, נ. Se-(vadaut) guridad, certeza.

וַדַּאי, ז. Segu-(vaday) ridad, certeza.

וַדַּאי, ת. Seguro, (vaday) cierto.

-בְּוַדַּאי (bevaday) Seguramente.

וַדָּאִי, ת. Seguro, (vadaí) asegurado.

(ודה) הִתְוַדָּה, Confe- sarse.

וִדּוּי, ז. Confe-(viduy) sión.

וַדִּי, ר׳ וַדַּאי.

וָדִי, ז. Río. (vadi)

וָו, ז. Gancho, (vav) ganzúa, garfio.

וָו, נ. Nombre de (vav) la sexta letra del alfabeto hebreo. Equivale a la "v".

וָוִית, נ. Gancho(vavit) pequeño.

ווֹלְט, ז. Voltio, (volt) volt.

ווֹלְטָג׳, ז. (voltady) Voltaje.

ווֹלְטְמֶטֶר, ז. (volt-méter) Voltámetro.

וָזִיר, ז. Minis-(vazir) tro.

וָזֶלִין, ז. (vazelín) Vaselina.

וָט, ז. Vatio, watt. (vat)

וֶטוֹ, ז. Veto. (veto.

וֶטֶרִינָר, ז. (veterinar)
Veterinario.
וֶטֶרָן, ז. Vete-(veterán)
rano.
וַי, מ"ק. Ay (vay)
וִיאוֹלָה, נ. (viola)
Viola.
וִיאוֹלוֹנְצֶ׳לוֹ, ר׳ בַּטְנוּ-
נִית.
וִיזָה, ר׳ אַשְׁרָה.
וִיטָלִיזְם, ז. (vitalizm)
Vitalismo.
וִיטָמִין, ז. (vitamín)
Vitamina.
וִילוֹן, ז. ר׳ וִילָאוֹת,
וִילוֹנוֹת Vi- (vilón)
sillo, cortina.
וִיסְקִי, ז. Whisky. (viski)
וִיקוֹנְט, וִיסְקוֹנְט, ז.
(vicont, viscont) Viz-
conde.
וַיִּקְרָא, (vayicrá)
Levítico.
וִכּוּחַ, ז. Dis-(vicúaj)
cusión.
(וכח) הִתְוַכֵּחַ Discutir.
וֶכַח, ז. Dis- (véjaj)
cusión.
וַכְּחָן, ז. Dis-(vakján)
cutidor.
וַכְּחָנוּת, נ. (vakjanut)
Discusión.
וְכוּלֵהּ, וְכוּלוֹ, (vejule,
vejulo) Etcétera.
וָלָד, ז. ר׳ וְלָדוֹת (va-
lad) Niño. Feto.
וַלְדָנִית, נ. (valdanit)
Paridera.
וַלְס, ז. Vals. (vals)
וֻלְקָן, ר׳ הר געש.
וֻלְקָנִי, ת. Vol-(vulcani)
cánico.
וָלֶרְיָנָה, נ. (valeryana)
Valeriana.
וֶנוּס, ז. Venus. (venus)
וָנִיל, ז. Vainilla. (vanil)
וָסָל, ת. Vasallo. (vasal)
וֶסֶת, נ. ר׳ וְסָתוֹת (vé-
set) Menstruación. Rito.
וִסֵּת, פ"י. Regular.
וַסָּת, ז. Regulador. (vasat)
וִעֵד, פ"י. Fijar.
-הִתְוַעֵד Reunirse.
וַעַד, ז. ר׳ וְעָדִים (vá-
ad) Comité, reunión.
וָעֶד, תה"פ. (vaed)
Eternamente.
וַעֲדָה, נ. Junta, (vaadá)
comité.
וִעוּד, ז. Reunión. (viud)
Fijación.
וְעִידָה, נ. Junta, (veidá)
reunión.
וֶקְטוֹר, ז. Vector. (vector)
וֵרֵד, פ"י. Enrojecer.
-הוֹרֵד Enrojecer.
וֶרֶד, ז. ר׳ וְרָדִים (vé-
red) Rosa.
וָרוֹד, ת. ר׳ וְרֻדִּים (va-
rod) Rosado.
וַרְדִּי, ת. Rosado. (vardí)
Rosáceo.
וַרְדִּינָה, נ. (vardina)
Rosal.
וְרַדְרַד, ת. (vradrad)
Rosáceo.
וָרִיאַצְיָה, נ. ר׳ שִׁנּוּי.
וָרִיד, ז. Arteria. (varid)
וְרִידִי, ת. Ar-(vridí)
terial.
וַרְדִּינוֹן, ז. (vardinón)
Aceite de rosas.

וֶשֶׁט, ז. Fa- (véshet)
ringe.
וִתּוּר, ז. Abdica-(vitur)
ción, concesión.
וָתִיק, ת. Vetera-(vatik)
no, antiguo. Justo.
וָתִיקוּת, נ. (vaticut)
Antigüedad, decanato.
וַתִּיקָן, ז. Va-(vaticán)
ticano.
וֶתֶק, ז. Anti- (vétek)
güedad.
וִתֵּר, פ"י Abdicar, ceder,
renunciar.

וַתְּרָא, וַתְּרָה, נ. (vatrá)
Bagatela.
וִתָּרוֹן, ז. ר' וִתְּרוֹנִים
(vitarón) Concesión,
abdicación.
וַתְּרָן, ז. ר' וַתְּרָנִית,
ר' וַתְּרָנִים, נ"ר וַתְּ-
רָנִיּוֹת Gé-(vatrán)
neroso, indulgente.
וַתְּרָנוּת, נ. ר' וַתְּרָנֻ-
יּוֹת In- (vatranut)
dulgencia, generosidad, concesión, abdicación.

ז

Séptima le-(zayin) ,ז
tra del alfabeto he-
breo. Su valor numé-
rico es 7.
Lobo. (zeev) .ז ,זְאֵב
Loba.(zeevá) .נ ,זְאֵבָה
Lobero.(zeeví) .ת ,זְאֵבִי
(zeev-hayam).ז ,זְאֵב־הַיָּם
Lobina, róbalo.
Lupus.(zeevit).נ ,זְאֵבִית
זַאֲטוּט ,ז. ר׳ זַאֲטוּטִים
(zaatut) Niño.
Esta. (zot) .מ״ג ,זֹאת
(zot-oméret)זֹאת אוֹמֶרֶת-
Es decir, a saber.
Así, (cazot) כְּזֹאת-
de este modo.
(ey-lazot) אֵי לָזֹאת-
Por esto.
(bejol-zot) בְּכָל זֹאת-
Sin embargo.
זָב ,ר׳ זוֹב.
Fluyente. (zav) .ת ,זָב
זבד (זָבַד, יִזְבֹּד) פ״י
Regalar,gratificar.

Ser regalado. הִזָּבֵד-
Regalar, gra- הִזְבִּיד-
tificar.
Regalo, (zéved) .ז ,זֶבֶד
gratificación.
Nata.(zivdá) .נ ,זִבְדָּה
Cebú. (zebu) .ז ,זֶבּוּ
Mosca. (zvuv) .ז ,זְבוּב
(zvuv-habá-זְבוּב הַבַּיִת-
yit)La mosca casera.
(zvuvón) .ז ,זְבוּבוֹן
Mosquito.
De- (zibúaj) .ז ,זִבּוּחַ
gollación.
Morada,(zvul) .ז ,זְבוּל
estancia.
Abo- (zibul) .ז ,זִבּוּל
namiento.
(zavón, .ז ,זְבוּן ,זָבוֹן
zvun) Cliente.
Venta.(zibún) .ז ,זִבּוּן
(ziburit) .נ ,זִבּוּרִית
Terreno incultivable.
Flujo,(zavut) .נ ,זָבוּת
fluencia.

זָבַח (זָבַח, יִזְבַּח) פ"י
Degollar, inmolar.
Ser degollado, הִזָּבַח-
ser inmolado.
Degollar. זִבַּח-
Ser degollado. זֻבַּח-
(zé- זֶבַח,ז. ר' זְבָחִים
vaj) Víctima, sacrifi-
cio. Festín.
Dego-(zvijá) .זְבִיחָה,נ
llación, inmolación.
(zé- זֶבֶל,ז. ר' זְבָלִים
vel) Basura. Estiércol,
abono.
(zével-kimi) זֶבֶל כִּימִי-
Abono, estiércol.
זָבַל (זָבַל, יִזְבֹּל) פ"י
Morar, vivir.
Ser abonado. הִזָּבֵל-
Abonar,estercolar. זִבֵּל-
זַבָּל,ז. ר' חִפּוּשִׁית.
Esterco-(zabal) .זַבָּל,ז
lero. Basurero.
(zavlegán) .זַבְלְגָן,ז
Llorón.
זַבְלִית, ר' חִפּוּשִׁית.
Mula-(zabélet) .זַבֶּלֶת,נ
dar, basurero.
זָבַן (זָבַן, יִזְבַּן) פ"י
Comprar.
Vender. זַבֵּן-
Ser vendido. הִזְדַּבֵּן-
Vendedor.(zabán).זַבָּן,ז
Cebra.(zebra) .זֶבְּרָה,נ
Hollejo (zag) .זָג,ז
(de uva).
Vidrie-(zagag) .זַגָּג,ז
ro.
Vidriar. Fijar.זִגֵּג,פ"י
vidrios.
Ser fijados vidrios.זֻגַּג-

Bizco.(zagdán) .זַגְדָּן,ז
Acción (zigug) .זִגּוּג,ז
de vidriar.
(zguguit) .זְגוּגִית,נ
Vidrio. Esmalte.
Vi- (zagut) .זַגּוּת,נ
driosidad.
Hacer trans-.זִגְזֵג,פ"י
parente.
Zigzag. (zigzag).זִגְזַג,ז
Malvado, (zed) .זֵד,ז
perverso.
Hoyo, (zadá) .זָדָה,נ
hueco.
זָדוֹן,ז. ר' זְדוֹנִים,
So- (zadón) זְדוֹנוֹת
berbia.
Adre-(bezadón) בְּזָדוֹן-
de, intencionalmente.
Mal-(zedón) .זֵדוֹן,ז
vado, perverso.
So-(zedoní) .זְדוֹנִי,ת
berbio.
זֶה,מ"ג. נ' זֹאת, ר'
Este. (ze) אֵלֶּה
(ze-ata) זֶה עַתָּה-
Ahora, acaba de.
Aquí. (bazé) בָּזֶה-
Con.
Así, como (cazé) כָּזֶה-
éste.
De aquí.(mizé) מִזֶּה-
De esto.
(zo, zo) .זֹה, זוֹ, מ"ג
Esta.
(za- זָהֹב,ת. ר' זְהֻבִּים
hov) Dorado.
Oro. (zahav) .זָהָב,ז
(zahav-laván) זָהָב לָבָן-
Platino.
Do- .(זהב) הַזְהֵב,פ"י

rar.
Ser dorado. -הִזְהִב
Do-(zehavhav) זְהַבְהַב, ת.
rado, rubio.
Do- (zehaví) זְהָבִי, ת.
rado.
Identificar. זִהָה, פ"י.
Ser identificado. -זֻהָה
Identificarse. -הִזְדַהֵה
Estar de acuerdo.
Oro- (zahaván) זַהֲבָן, ז.
péndola, oriol.
Parecido, (zehé) זֵהֶה, ת.
idéntico.
Este es. (zehu) זֶהוּ, מ"ג.
Gulden. (zahuv) זָהוּב, ז.
Dora-, (zihuv) זִהוּב, ז.
dura.
Orgu- (zahoha) זָהוֹהַ, ז.
llo.
Identi-(zihuy) זִהוּי, ז.
ficación.
Infec-(zihum) זִהוּם, ז.
ción.
Brillo, (zihur) זִהוּר, ז.
resplandor.
(zehorim) זְהוֹרִים, ז"ר.
Galas.
(zehorit) זְהוֹרִית, נ.
Púrpura.
Identi-(zehut) זֵהוּת, נ.
ficación, identidad.
(teudat- -תְּעוּדַת זֵהוּת
zehut) Cédula.
Idén-(zehutí) זֵהוּתִי, ת.
tico.
(za- זָהִיר, ז. נ׳ זְהִירָה
hir) Circunspecto, pru-
dente.
Brillo, (zehirá). זְהִירָה, נ
resplandor.

(zehirut) זְהִירוּת, נ.
Prudencia, precaución,
cuidado.
Infectar, en-. זִהֵם, פ"י,
suciar.
Ser ensuciado, -זֻהוֹם
ser infectado.
(zó- זֹהַם, ז. זֻהֲמָה, נ.
ham, zuhamá) Suciedad,
porquería.
Cuidar. (זהר) הִזָּהֵר,
Brillar. -זָהַר
Advertir. -הִזְהִיר
Ser advertido. -הֻזְהַר
Brillo, (zóhar) זֹהַר, ז.
luz, resplandor.
זַהֲרוּר, ז. ר׳ זַהֲרוּרִים
(zaharur) Brillo, luz,
resplandor.
(zaharurí) זַהֲרוּרִי, ת.
Rojizo.
(zaharurit). זַהֲרוּרִית, נ
Cinta roja.
זְהָרִית, נ. ר׳ זַרְחָן.
זוֹ, ר׳ זה.
Que, (zu) זוּ, מ"י.
el cual,
זָו, זִיו, ז. ר׳ זִיר.
(zoolog) זוֹאוֹלוֹג, ז.
Zoólogo.
(zoologui). זוֹאוֹלוֹגִי, ת
Zoológico.
(zoolog- זוֹאוֹלוֹגְיָה, נ.
ya) Zoología.
זוּב (זָב, יָזוּב) פ"ע
Manar, fluír, correrse.
Hacer fluír, ha- -הֵזִיב
cer manar.
Emanación, (zov) זוֹב, ז.
efluvio.
זוּג, ז. ר׳ זוּגוֹת

(zug) Par, pareja.
Campana, (zug) זוג, ז.
copa.
Unir, ligar, זִוֵּג, פ"י.
casar.
Unirse. הִזְדַּוֵּג-
Esposa. (zugá) זוּגָה, נ.
Par. (zuguí) זוּגִי, ת.
Dual.
(zuguiyut) זוּגִיּוּת, נ.
Calidad de par.
זוד (זָד, יָזוּד) פ"ע
Ensoberbecerse.
Cocinar, hacer הֵזִיד-
hervir. Obrar con malicia.
Male-(zavad) זַבָּד, ז.
tero.
(zohé) זוֹהֵא, זוֹהֶה, ת.
Orgulloso.
Unión, (zivug) זִוּוּג, ז.
casamiento. Compañero.
זוז (זָז, יָזוּז) פ"ע.
Moverse, correrse.
Mover, correr. הֵזִיז-
Ser movido, ser הוּזַז-
corrido.
Nombre de (zuz) זוּז, ז.
una moneda antigua.
זוח (זָח, יָזוּחַ) פ"ע
Moverse. Enorgullecerse.
זוֹחֵל, ז. ר' זוֹחֲלִים
(zojel) Reptil.
Fondo, (zot) זוט, ז.
parte inferior.
(zutá) זוּטָא, ז. ר' זוּטוֹת
Pequeño, chiquito.
Pequeñez.
Peque-(zotar) זוֹטָר, ת.

ño, chico.
(zavit) זָוִית, נ. ר' זָוִיּוֹת
Ángulo. Rincón.
(zavit-jadá) זָוִית חַדָּה-
Angulo agudo.
(zavit-yeshará) זָוִית יְשָׁרָה-
Angulo recto.
(zavit-kehá) זָוִית קֵהָה-
Ángulo obtuso.
-זָוִיּוֹת מִצְרָנִיּוֹת, זָוִיּוֹת צְמוּדוֹת
(zaviyot-mitzraniyot,-tzmudot)
Ángulos adyacentes.
(zaviyot-codcodiyot) זָוִיּוֹת קָדְקֳדִיּוֹת-
Ángulos opuestos.
(mad-zavit) מַד-זָוִית-
Transportador.
(keren-zavit) קֶרֶן זָוִית-
Rincón.
(zavitón) זָוִיתוֹן, ז.
Cartabón, escuadra.
An-(zavití) זָוִיתִי, ת.
gular, anguloso.
זול (זָל, יָזוּל) פ"י
Prodigar. Ser barato.
Abaratar. Humillar. הֵזִיל-
Ser abaratado. הוּזַל-
Precio (zol) זוֹל, ז.
económico, baratura.
Ba-(bezol) בְּזוֹל-
rato.
-בְּזוֹל הַזּוֹל, בְּזִיל הַזּוֹל
(bezol,-hazol, bezil,-hazol) Muy barato.
Ba-(zolut) זוֹלוּת, נ.
ratura.
Glo-(zolel) זוֹלֵל, ת.
tón.
(zolelut) זוֹלְלוּת, נ.

Glotonería.
(zolelán) .זוֹלְלָן, ת
Glotón.
זוּלַת,תה"פ. (זוּלָתִי,
Salvo,(zulat) (זוּלָתְךָ
excepto, fuera de.
El (hazulat) -הַזּוּלַת
prójimo.
Excluí-(zulatí).ת, זוּלָתִי
do.
(zulatiyut) .נ, זוּלָתִיּוּת
Filantropía.
Mal- (zomem) .ת, זוֹמֵם
vado, perverso.
(ed-zomem) -עֵד זוֹמֵם
Testigo falso.
זוּן (זָן, יָזוּן) פ"י.
Nutrir, alimentar.
Ser alimentado. -הִזּוֹן
Nutrir, alimen- -הֵזֵן
tar.
(zun) .ז, ר' זוּנִים
Loliáceas.
Ramera,(zoná) .נ, זוֹנָה
prostituta.
זוּעַ (זָע, יָזוּעַ) פ"ע
Moverse. Sudar.
Sudar. Hacer su- -הֵזִיעַ
dar.
Ter- (zvaá) .נ, זְוָעָה
ror, espanto, tem-
blor.
זוּר (זָר, יָזוּר) פע"י
Exprimir, aplastar .
Alejarse.
Alejarse. -הִזּוֹר
Estornudar. -זוֹרֵר
Círculo,(zur) .ז, זוּר
circunferencia.
Bizco. (ziver) .ז, זֵוֵר
.זוֹרֵר, ר' זוּר

.זוֹרְקוֹר, ר' זַרְקוֹר
Irritado, (zaj) .ת, זָח
enojado.
Mo- .זחח) הִזּוֹחַ, פ"ע)
verse.
Mover. Humillar. -הֵזַח
Humillar. -הֻזְחָה
(zjóaj- .ת, (הַלֵּב) זְחוֹחַ
halev) Orgulloso.
(zaj- .נ, (הַדַּעַת) זַחוּת
ut-hadáat) Orgullo.
(zjijut) .נ, זְחִיחוּת
Orgullo.
Ar-(zjilá) .נ, זְחִילָה
rastramiento.
זָחַל (זָחַל, יִזְחַל) פ"ע
Arrastrarse. Temer.
Arrastrarse. -הִזָּחֵל
(zá- זַחַל, ז. ר' זְחָלִים
jal) Larva.
En-(zajlil) .ז, זַחְלִיל
granaje, cadena.
Ar-(zajalán) .ת, זַחְלָן
rastrador.
Or- (zajtán) .ז, זַחְתָּן
gulloso.
(zivá, .נ, זִיבָה, זִיבוּת
zivut) Efluvio. Goteo,
emanación.
זֵידוֹן, ת. ר' זֵידוֹנִים
(zeydón) Fogoso, her-
voroso.
Brillo,(ziv) .ז, זִו, זִיו
resplandor.
(jódesh-ziv) -חֹדֶשׁ זִיו
El mes de אִיָּר.
Arma-(ziyún) .ז, זִיּוּן
mento. Decoración.
(beyt-ziyún) -בֵּית זִיּוּן
Arsenal.
(zivanit) .נ, זִיוָנִית

(zá- זַיִת, ז. ר' זֵיתִים
yit) Oliva, aceituna. Aceituno, olivo.
Del ta-(kezáyit) כְּזַיִת- maño de una aceituna.
(shemen- שֶׁמֶן זַיִת זָךְ- záyit-zaj) Aceite de oliva puro.
Acei- (zayat) זַיָּת, ז. tunero.
(zaj) זַךְ, ת. ר' זַכִּים Puro, limpio.
Pureza, (zoj) זֹךְ, ז. limpieza.
Inocente, (zacay) זַכַּאי, ת. puro, justo.
זכה (זָכָה, יִזְכֶּה) פ"ע Ganar, triunfar, lograr éxito. Purificar.
Disculpar, jus- זִכָּה- tificar. Hacer triunfar
Purificarse, ser הִזַּכָּה- purificado.
Ser disculpado, הִזְדַּכָּה- ser justificado.
Justifi-(zicuy). זִכּוּי, ז. cación. Concesión.
Puri- (zicuj) זִכּוּךְ, ז. ficación.
Puri- (zajuj) זָכוּךְ, ת. ficado.
Vi- (zjují) זְכוּכִי, ת. drioso.
זְכוּכִית, נ. ר' זְכוּכִיּוֹת (zjujit) Vidrio.
(zju- זְכוּכִית מַגְדֶּלֶת- magdélet) Lente, lupa.
Varones (zajur) זָכוּר, ז.
זְכוּת, נ. ר' זְכֻיּוֹת (zjut) Derecho, mérito. Privilegio.

Muguete.
Fal- (siyuf) זִיּוּף, ז. sificación.
Her-(zivtán) זִיוְתָן, ת. moso, bonito.
Insectos. (ziz) זִיז, ז. Resalto, saliente. Antena. Movimiento.
Movi- (zizá) זִיזָה, נ. miento.
Ana-(zizit) זִיזִית, נ. quel.
(zil, zi- זִיל, זִילָה, נ. lá) Goteo.
(zim) זִים, ז. ר' זִימִים Braquia, agalla.
Arma. (zayin) זַיִן, ז.
(cley-zayin) כְּלֵי זַיִן- Armas.
Nombre (zayin) זַיִן, נ. de la séptima letra del alfabeto hebreo.
Armar. זַיֵּן, פ"י
Ser armado. זֻיַּן-
Armarse. הִזְדַּיֵּן-
Temblor. (zía) זִיעַ, ז.
Falsificar. זַיֵּף, פ"י.
Ser falsificado. זֻיַּף-
Cerda. (zif) זִיף, ז.
(zayaf, זַיָּף, זַיְּפָן, ז. zayfán) Falsificador.
(zayfanut) זַיְּפָנוּת, נ. Falsificación.
Centella, (zik) זִיק, ז. chispa. Tempestad.
Centella, (zicá) זִיקָה, נ. chispa.
Estambre. (zir) זִיר, ז. Ramo.
Arena, (zirá) זִירָה, נ. palenque.

זַכּוּת, נ. (zacut) Pureza, claridad.
זִכְּזוּךְ, ז. (zijzuj) Purificación.
זִכֵּךְ, פ"י. Purificar, limpiar.
-זִכְזוּךְ Ser purificado, ser limpiado, purificarse.
זַכַּי, ר' זַכַּאי.
זְכִיָּה, נ. (zjiyá) Mérito, Ganancia.
זִכָּיוֹן, ז. (zicayón) Mérito. Concesión.
זְכִירָה, נ. (zjirá) Recuerdo.
זָכַךְ (זָכַךְ, יִזְךְ) פ"ע Estar limpio, puro.
-זִכֵּךְ Purificar.
-הֵזַךְ Purificar.
-הִזְדַּכֵּךְ Purificarse.
זָכַר (זָכַר, יִזְכֹּר) פ"ע Recordarse, acordarse.
-הִזָּכֵר Recordarse.
-הַזְכֵּר Recordar, acordar.
-הֻזְכַּר Ser recordado.
זָכָר, ז. ר' זְכָרִים (zajar) Macho. Masculino.
זֵכֶר, זֶכֶר, ז. (zéjer) Recuerdo, memoria.
-לְזֵכֶר En (lezéjer) memoria de.
-זִכְרוֹ לִבְרָכָה (zijrólivrajá) Sea su memoria para bendición, que en paz descance.
זִכָּרוֹן, זִכְרוֹן, ז. ר' זִכְרוֹנוֹת (zicarón, zijrón) Recuerdo, memoria.
-זִכְרוֹנוֹ לִבְרָכָה ר' זִכְרוֹ לִבְרָכָה.
-סֵפֶר זִכְרוֹנוֹת (séfer-zijronot) Memorándum, libro de apuntes.
זַכְרוּת, נ. (zajrut) Virilidad.
זַכְרוּתִי, זַכְרִי, ת. (zajrutí, zjarí) Viril, masculino.
זִכְרִינִי, ז. זִכְרִיָּה, נ. (zijrini, zijriyá) Miosota, raspilla.
זַכְרָן, ת. (zajrán) Memorioso.
זַכְרָנוּת, נ. (zajranut) Memoria.
זַל, ת. (zal) Barato. Sin valor.
ז"ל, ר' זִכְרוֹ לִבְרָכָה.
זָלַג (זָלַג, יִזְלֹג) פ"י Gotear, correrse.
זִלּוּג, ז. (zilug) Goteo, corrimiento.
זִלּוּחַ, ז. (zilúaj) Chorreadura.
זִלּוּף, ז. (ziluf) Salpicadura.
זָלוּת, נ. (zalut) Baratura.
זִלּוּת, נ. (zulut) Bajeza.
זִלְזוּל, ז. (zilzul) Desdén.
זִלְזֵל, פ"י. Desdeñar
-זֻלְזַל Ser desdeñado.
-הִזְדַּלְזֵל Desdeñarse.
זַלְזַל, ז. (zalzal) Ram.
זַלְזֶלֶת, נ. (zalzélet) Clemátide.

זָלַח, ז. Per- (zélaj) fume.
זְלִיגָה, נ. (zligá) Goteo.
זְלִילָה, נ. Glo-(zlilá) tonería.
זְלִיפָה, נ. Goteo, (zlifá) corrimiento.
זָלַל (זָלַל, יִזְלֹל) פ"י Tragar, comer con avidez.
זִלְעֵף, פ"י. Quemar.
-זִלְעֵף Ser quemado.
זַלְעָפָה, זִלְעָפָה, נ. (zal-a-fá, zil-afá) Temblor.
זָלַף (זָלַף, יִזְלֹף) פ"י Derramar, verter.
-הִזָּלֵף Ser derramado, gotear.
-זִלֵּף Derramar, gotear, salpicar.
-זֻלַּף Ser mojado, ser salpicado.
-הִזְלִיף Salpicar, derramar.
-הָזְלַף Ser salpicado, ser derramado.
זִמָּה, נ. Deprava-(zimá) ción. Pensamiento.
זְמוּם, ז. Bozal. (zmum)
זָמוּם, ת. Abo- (zamum) zalado.
זִמּוּן, ז. Invi- (zimún) tación. Preparación.
זְמוֹרָה, נ. Cepa. (zmorá) Rama.
זִמְזוּם, ז. (zimzum) Zumbido.
זִמְזֵם, פ"ע. Zumbar.
זָמִיר, ז. Canto. (zamir) Ruiseñor.

זְמִירָה, נ. Canto, (zmirá) cántico. Vendimia.
-זְמִירוֹת (zmirot) Salmos de la oración de la mañana.
זָמִית, נ. Salmuera. (zamit)
זָמַם (זָמַם, יָזֹם) פעו"י Pensar, tramar. Abozalar.
-הוּזַם Ser desmentido.
-זִמֵּם, הֵזֵם Desmentir.
-הוּזַם, הִזְדַּמֵּם Ser desmentido.
זְמָם, ז. Bozal, (zmam) Pensamiento.
זְמַן, זְמָן, ז. (zman) Tiempo.
-בִּזְמַן שֶׁ (bizmán-she) En tiempo que.
-מִזְּמַן Hace (mizmán) mucho tiempo.
-כָּל זְמַן שֶׁ (col-zman-she) Todo tiempo que, hasta que.
-בִּזְמַנּוֹ En su (bizmanó) tiempo.
-בְּלֹא זְמַנּוֹ, קֹדֶם זְמַנּוֹ (beló-zmanó, códem-zmanó) Prematuramente.
-בְּמֶשֶׁךְ הַזְּמַן, בִּמְרוּצַת הַזְּמַן (beméshej-hazmán, bimrutzat-) Con tiempo.
זִמֵּן, פ"י. Preparar. Invitar. Hacer encontrar.
-הִזְמִין Invitar, convidar. Hacer un pedido.
-הִזְדַּמֵּן Encontarse, hallarse casualmente.
-הֻזְמַן Ser invitado. Ser hecho un pedido.
זִמְנָה, נ. Tiempo. (zimná)

זְמַנִּי, ת. Tempo-(zmaní) ral, provisional.
זָמֹר (זָמַר, יִזְמֹר) פ"י Escamondar.
-הִזָּמֵר Ser escamondado.
-זַמֵּר Cantar, tocar.
-זֻמַּר Ser escamondado.
זֶמֶר, ז. Canto, (zémer) canción. Gamuza.
-כְּלֵי זֶמֶר (cley-zémer) Instrumentos músicos.
זַמָּר, ז. Cantor, (zamar) cantante.
זְמַרְגַּד, ז. (zmargad) Esmeralda.
זִמְרָה, נ. Canto, (zimrá) música. Lo mejor.
זַמֶּרֶת, נ. Can- (zaméret) tante, cantora, cantadora.
זַן, ז. Especie, (zan) género.
זָן, ז. Comida, (zan) alimento.
זַנַּאי, ז Adúltero. (zanay)
זִנֵּב, פ"י. Cortar la cola.
זָנָב, ז. ר' זְנָבוֹת (zanav) Rabo, cola.
-זְנַב־הָאַרְנֶבֶת (znav-ha-arnévet) Liebrecilla.
-זְנַב־הַסּוּס (znav-hasús) Cola de caballo.
-זְנַב־הַסְּנוּנִית (znav-hasnunit) Macaón.
-זְנַב הַשּׁוּעָל (znav-hashual) Rabo de zorra.
זְנַבְנָב, ז. Co- (znavnav) lita.
זַנְגְּבִיל, ז. (zangvil) Canela.

זָנֹה (זָנָה, יִזְנֶה) פ"ע Prostituír, fornicar.
-זַנֵּה Cometer adulterio.
-הַזְנֵה Formicar.
-זֻנֵּה Prostituír.
-הֻזְנֵה Prostituír.
זְנוּנִים, ז"ר. (znunim) Prostitución, adulterio.
זִנּוּק, ז. Salto. (zinuk)
זְנוּת, נ. Pros- (znut) titución.
זָנֹחַ (זָנַח, יִזְנַח) פ"י Abandonar.
-הִזָּנֵחַ Ser abandonado.
-הַזְנֵחַ Abandonar.
זַנַּי, ר' זַנַּאי.
זְנִיחָה, נ. Aban-(znijá) dono.
זְנִיקָה, נ. Salto. (znicá)
זֶנִית, נ. Cenit. (zenit)
זִנֵּק, פ"ע. Saltar, brincar. Correrse.
זֵעָה, נ. Sudor, (zeá) transpiración.
זַעֲוָה, נ. Terror, (zaavá) horror.
זָעוּם, ת. Persona (zaum) contra la que se está airado. Irritado.
זָעוּף, ת. Irri- (zauf) tado.
זַעֲזוּעַ, זִעְזוּעַ, ז. (zaazúa, ziezúa) Temblor, conmoción, sacudida.
זִעְזַע, פ"י. Conmover, sacudir.
-הִזְדַּעְזַע Conmoverse.
זַעֲטוּט, ר' זַאֲטוּט.
זְעִימָה, נ. Irri-(zeimá) tación.
זָעִיר, ת. Chico, (zair)

pequeño.
(zeeyr) .תה"פ ,זְעֵיר
Poco.
Pe-(zeirut) .נ ,זְעִירוּת
queñez.
זָעַךְ (זָעַךְ, יִזְעַךְ) פ"י
Apagar, extinguir.
Apagarse. -הִזָּעֵךְ
Apagar, extinguir. -זִעֵךְ
זָעַם (זָעַם, יִזְעַם) פעו"י
Irritarse.
Irritarse. -הִזָּעֵם
Irritarse. -זוֹעֵם
Irritar. -הִזְעֵם
Cólera, (záam) .ז ,זַעַם
irritación.
זָעַף (זָעַף, יִזְעַף) פ"ע
Irritarse, enfurecerse.
Irritarse. -הִזָּעֵף
Irritarse. -זִעֵף
Furor, (záaf) .ז ,זַעַף
cólera.
Irritado, (zaef) .ת ,זָעֵף
triste.
זָעַק (זָעַק, יִזְעַק) פ"ע
Lamentar, gritar. Re-
unir.
Ser convocado. -הִזָּעֵק
Llamar, convocar, -הִזְעִיק
reunir;
Grito, (záak) .ז ,זַעַק
lamentación.
Grito, (zeacá) .נ ,זְעָקָה
clamor.
Pe-(zaarurí) .ת ,זַעֲרוּרִי
queño, chico.
(zafuf, .נ ,זָפוּף, זָפוּת
zafut) Alquitranado, em-
breado.
Embrea-(ziput) .נ ,זִפּוּת
dura, alquitranado.

Alquitranar, .פ"י ,זִפֵּף
embrear.
Ser alquitranado, -זוּפַּף
ser embreado.
Buche, (zéfek) .ז ,זֶפֶק
estómago.
Bocio, (zapéket). נ ,זַפֶּקֶת
papera.
זָפַת (זָפַת, יִזְפֹּת) פ"י
Alquitranar, embrear.
Ser alquitranado, -הִזָּפֵת
ser embreado.
Alquitranar. -זִפֵּת
Ser alquitranado. -זוּפַּת
Alquitrán, (zéfet). נ ,זֶפֶת
brea.
Alquitra-(zapat). ז ,זַפָּת
nador, embreador.
(zek) .ר' זִקִּים .ז ,זֵק
Llama, cohete, chispa.
Grillos.
Deber, (zicá) .נ ,זִקָּה
obligación. Relación.
(zkunim) .ז"ר ,זְקוּנִים
Vejez.
Esbelto, (zacuf). ת ,זָקוּף
derecho.
Menes-(zacuk) .ת ,זָקוּק
teroso, necesitado. Pu-
rificado.
Refina-(zicuk) .ז ,זִקּוּק
ción, depuración.
Cohete. (zicuk) .ז ,זִקּוּק
Chispa, centella.
(zkukit) .נ ,זְקוּקִית
Cohete.
Cen- (zakif) .ז ,זָקִיף
tinela.
Erec- (zkifá) .נ ,זְקִיפָה
ción, enderezamiento.
Traspaso.

Ser obligado. הִזָּקֵק-
Necesitar. הִזְדַּקֵּק-
Re- (zacak) זַקָּק, ז.
finador.
זָקַר (זָקַר, יִזְקֹר) פ"י
Empujar, echar.
Em- הִזָּקֵר, הִזְדַּקֵּר-
pujarse, precipitarse.
Ramo, ra- (zer) זֵר, ז.
millete. Guirlanda.
Ajeno, ex-(zar) זָר, ת.
tranjero, extraño.
(zará) זָרָא, זָרָה, נ.
Aversión, repugnancia.
Ca- (זרב) זֵרוֹב, פ"ע.
lentarse.
Zapa- (zérev) זֶרֶב, ז.
tilla.
(zarbuvit) זַרְבּוּבִית, נ.
Grifo.
(zyargón) זִ'רְגּוֹן, ז.
Jerga.
Ramo. (zéred) זֶרֶד, ז.
זָרַד (זָרַד, יִזְרֹד) פעו"י
Escamondar, cortar.
Aullar.
זָרָה (זָרָה, יִזְרֶה) פ"י
Dispersar.
Dispersarse. הִזָּרָה-
Dispersar. In- זֵרָה-
vestigar.
Ser dispersado. זוֹרָה-
Corte, (zerud) זֵרוּד, ז.
tala.
Estí-(zeruz) זֵרוּז, ז.
mulo.
Dis- (zeruy) זֵרוּי, ז.
persión.
Disper-(zaruy) זָרוּי, ת.
sado, disperso.
זְרוֹעַ, נ. ר' זְרוֹעוֹת

Cama-(zikit) זִקִּית, נ.
maleón.
זָקֵן (זָקֵן, זָקַן, יִזְקַן)
Envejecerse. פ"ע
Envejecer. הִזָּקֵן-
Envejecerse. הִזְדַּקֵּן-
(za- זָקֵן, ז. ר' זְקֵנִים
kén) Viejo, anciano.
Vejez.(zoken) זֹקֶן, ז.
Barba. (zacán) זָקָן, ז.
(zkan-hasav) זְקַן־הַסָּב-
Barba de viejo.
(zkan-hatá- זְקַן־הַתַּיִשׁ-
yish) Barba cabruna.
(zkan-hat- זְקַן־הַתְּכֵלֶת-
jélet) Centaura.
Vieja, (zkená) זְקֵנָה, נ.
anciana. Abuela.
Vejez, (zikná) זִקְנָה, נ.
ancianidad.
Vejez,(ziknut). זִקְנוּת, נ.
ancianidad.
זְקֻנִים, ר' זְקוּנִים.
Andro-(zaknán) זַקְנָן, ז.
pogón.
זָקַף (זָקַף, יִזְקֹף) פ"י
Erigir, enderezar.
Ser enderezado. הִזָּקֵף-
Ser registrado.
Ser enderezado. הֻזְקַף-
Erigir, enderezar. הִזְקִיף-
Enderezarse. הִזְדַּקֵּף-
Cate- (zakef) זָקֵף, ז.
to.
זָקַק (זָקַק, יָזֹק) פ"ע
Purificar, refibar.
Necesitar. Unir- הִזָּקֵק-
se.
Purificar. זִקֵּק-
Ser purificado. זֻקַּק-
Obligar. הִזְקִיק-

miento. Inyección.
Es- (zrirá) .נ ,זְרִירָה
tornudo.
זָרַם (זָרַם, יִזְרֹם) פ"ע
Correrse, fluír, manar.
Hacer correr, הִזְרִים-
hacer fluír.
Ser he- הֻזְרַם, זוֹרַם-
cho circular.
(zé- זְרָמִים ר' .ז ,זֶרֶם
rem) Corriente, torrente.
Tor- (zirmá) .נ ,זִרְמָה
rente.
(zar- .ז ,זַרְנִיךְ, זַרְנִיק
nij, zarnik) Arsénico.
זָרַע (זָרַע, יִזְרַע) פ"י
Sembrar.
Ser sembrado. הִזָּרַע-
Ser sembrado. זוֹרַע-
Dar simiente. הִזְרִיעַ-
(ze- זְרָעִים ר' .ז ,זֶרַע
ra) Semilla, simiente,
semen. Fig. posteridad,
hijos.
Semil- (zeraón) .ז ,זֵרָעוֹן
la, simiente.
Seminal. (zar-í) .ת ,זַרְעִי
זָרַק (זָרַק, יִזְרֹק) פ"י
Botar, echar, arrojar,
lanzar.
Ser echado, ser הִזָּרֵק-
lanzado, ser arrojado.
Lanzar, arrojar. זֵרֵק-
Ser arrojado, ser זוֹרַק-
lanzado, ser echado.
Inyección. (zérek) .ז ,זֶרֶק
(zarcor) .ז ,זַרְקוֹר
Proyector.
Medir. .פ"י ,זֵרֵת
Palmo, (zéret) .נ ,זֶרֶת
cuarta. Dedo meñique.

(zróa) Brazo.
Semilla. (zerúa) .ז ,זֵרוּעַ
Sembrado. (zarúa) .ת ,זָרוּעַ
Rareza. (zarut) .נ ,זָרוּת
Extranjería.
Estimular, .פ"י ,זֵרֵז
apresurar.
Ser estimulado, זוֹרַז-
ser apresurado.
Estimularse, הִזְדָּרֵז-
apresurarse.
Cha- (zarzif) .ז ,זַרְזִיף
parrón, aguacero.
Es- (zarzir) .ז ,זַרְזִיר
tornido.
Desbordar. .פ"ע ,זַרְזֵף
זָרַח (זָרַח, יִזְרַח) פ"ע
Brillar, lucir. Salir,
levantarse (el sol).
Aclarar. Dirigir- הִזְרִיחַ-
se hacia el este.
Brillo, (zéraj) .ז ,זֶרַח
luz.
Fosfato. (zarjá) .נ ,זַרְחָה
Fósforo. (zarján) .ז ,זַרְחָן
זַרְחַת, ר' גַּחְלִילִית.
Goteo. (zrivá) .נ ,זְרִיבָה
Dis- (zriyá) .נ ,זְרִיָּה
persión.
Ligero, (zariz) .ת ,זָרִיז
ágil.
(zrizut) .נ ,זְרִיזוּת
Agilidad.
Orto, (zrijá) .נ ,זְרִיחָה
salida del sol. Brillo.
Cor- (zrimá) .נ ,זְרִימָה
riente.
Siembra. (zariá) .ז ,זָרִיעַ
Siem- (zriá) .נ ,זְרִיעָה
bra.
Lanza- (zricá) .נ ,זְרִיקָה

ח

ח, (jet) Octava letra del alfabeto hebreo. Su valor numérico es 8.

חֹב, ז. ר׳ חֳבִים (jov) Seno, interior.

(חבא) הֵחָבֵא Esconderse, ocultarse.

-חַבֵּא, הַחְבֵּא Esconder, ocultar.

-חֻבּוֹא Ser escondido, ser ocultado.

-הִתְחַבֵּא Esconderse, ocultarse.

חָבַב, פ"י Querer, aficio- narse.

-חַבֵּב Querer, aficio- narse.

-חֻבּוֹב Ser querido.

-הִתְחַבֵּב Hacerse querer.

חָבֹה (חָבָה, יֶחְבֶּה) פ"ע Esconderse.

חִבָּה, נ. (jibá) Afición, afecto, cariño.

חִבּוּב, ז. (jibuv) Cariño, afición.

חִבּוּט, ז. (jibut) Bati- miento.

חָבוּט, ת. (javut) Batido, golpeado.

חָבוּי, ת. (javuy) Oculto, escondido.

חִבּוּל, ז. (jubil) Daño, perjuicio.

חֲבוֹל, ז. חֲבוֹלָה, נ. (ja- vol, javolá) Arras, hipoteca.

חָבוּק, ת. (javuk) Unido, pegado. Abrazado.

חִבּוּק, ז. (jibuk) Abrazo, abrazamiento.

חָבוּר, ת. (javur) Unido, pegado.

חִבּוּר, ז. (jibur) Unión, conexión. Adición, suma. Redacción, composición.

zo, abrazamiento.
En- (javishá) .חֲבִישָׁה, נ
carcelamiento.Atadura.
חָבִית, נ. ר' חָבִיוֹת
(javit) Barril, tonel.
חֲבִיתָּה, ר' חֲבִתָּה.
חָבַל (חָבַל, יַחְבֹּל) פ"י
Perjudicar. Tomar arras.
הֵחָבֵל- Herirse.
חִבֵּל- Destruír, arruinar. Proyectar. Concebir, ponerse preñada.
חֻבּוֹל- Ser dañado.
הִתְחַבֵּל- Dañarse.
חֲבָל, מ"ק. ¡Qué (javal) lástima!
חֶבֶל, ז. ר' חֲבָלִים (jével) Cuerda, lazo.Región. Compañía.
חֶבְלֵי שֵׁנָה- (javley-shená) Sueño.
חֵבֶל, ז. ר' חֲבָלִים (jével) Dolor.
חֶבֶל, ר' חֲבוֹל.
חִבֵּל, ז. Cuerda.(jibel)
חֲבַלְבַּל, ז. (javalbal) Convolvuláceas.
חֲבָלָה, נ. Daño,(jabalá) destrucción.
חֲבָלָה, ר' חֲבוּלָה.
חַבְלָן, ז. Des- (jablán) tructor, perjudicador.
חַבְלָנִית, נ. (jablanit) Torpedero.
חָבַס (חָבַס, יַחְבֹּס) פ"י
Apretar, aplastar.
הֵחָבֵס- Ser aplastado.
חֹבֶץ, ז. חֻבְצָה, נ (jóvetz, juvtzá) Grasa,residuo (de la mantequilla).

וָו הַחִבּוּר- (vav-hajibur) Conjunción copulativa.
מִלַּת חִבּוּר- (milat-jibur) Conjunción.
חַבּוּרָה, חֲבוּרָה, נ (jaburá, javurá) Llaga, absceso.
חֲבוּרָה, נ. Compa-(javurá) ñía.
חָבוּשׁ, ת. Puesto.(javush) Vendado. Preso.
חַבּוּשׁ, ז. Mem- (jabush) brillo.
חָבַט (חָבַט, יַחְבֹּט) פ"י
Batir, golpear, sacudir.
הֵחָבֵט- Ser golpeado, ser batido, ser sacudido.
חִבֵּט- Arrojar, lanzar.
הִתְחַבֵּט- Esforzarse.
חֶבֶט, ז. Hebilla.(jévet)
חֶבֶט, ז. חֲבָטָה, נ. (jévet, javat) Golpeo, batimiento.
חָבִיב, ת. Favo- (javiv) rito, querido.
חֲבִיבוּת, נ. Ama-(javivut) bilidad, afición.
חֶבְיוֹן, ז. Se- (jevyón) creto, misterio.
חֶבְיוֹנָה, נ. To- (jevyoná) nelete.
חֲבִיטָה, נ Golpeo, (javitá) golpeo.
חֲבִילָה, נ. Lío, (javilá) paquete, manojo.
חָבִיץ, ז. חֲבִיצָה, נ. (javitz, javitzá) Torta. Pudín.
חֲבִיקָה, נ. Abra-(javicá)

חֲבַצֶּלֶת, נ. (javatzélet) Lirio, azucena.

חָבַק (חָבַק, יַחֲבֹק) פ"י Abrazar.

-חַבֵּק Abrazar.

-הִתְחַבֵּק Abrazarse.

-חָבַק יָדַיִם Cruzar los brazos.

חֵבֶק, ז. (jévek) Cincha. Jarrete.

חָבַר (חָבַר, יַחְבֹּר) פעו"י Unirse. Reunirse. Exorcizar.

-חִבֵּר Unir. Componer. Adicionar, sumar.

-חֻבּוֹר Ser unido. Ser adicionado. Ser compuesto

-הַחְבֵּר Perorar.

-הִתְחַבֵּר Unirse, amigarse. Componerse. Adicionarse.

חֶבֶר, ז. ר' חֲבָרִים (jéver) Banda, compañía. Brujería.

חָבֵר, ז. ר' חֲבֵרִים (javer) Amigo, compañero. Ca,arada. Socio. Docto, sabio.

חַבָּר, ז. (jabar) Socio, amigo. Brujo.

חֲבַרְבּוּר, ת. (javarbur) Manchado.

חֲבַרְבּוּרָה, נ. (javarburá) Mancha.

חֲבֵרָה, נ. ר' חֲבֵרוֹת (javerá) Amiga, compañera.

חֶבְרָה, נ. ר' חֲבָרוֹת (jevrá) Sociedad.

חֲבֵרוּת, נ. (javerut) Amistad. Asociación.

חַבְרוּתִי, ת. (javrutí) Social. Amigable.

חַבְרוּתִיּוּת, נ. (javrutiyut) Amigabilidad. Sociabilidad.

חֲבֵרִי, ת. (javerí) Amigable, amistoso.

חֶבְרָתִי, ת. (jevratí) Social.

חֶבְרָתִיּוּת, נ. (jevratiyut) Sociabilidad.

חָבַשׁ (חָבַשׁ, יַחֲבֹשׁ) פ"י Vendar, atar. Cinchar, ensillar. Encarcelar. Ponerse el sombrero.

-הֵחָבֵשׁ Ser vendado, ser atado. Ser encarcelado. Ser ensillado.

-חַבֵּשׁ Vendar, atar.

-חֻבּוֹשׁ Ser vendado.

חֲבָשָׁה, נ. (javashá) Ensillamiento.

חֲבַת, ר' חֶבֶט.

חֲבִתָּה, נ. (javitá) Tortilla.

חַבְתָּן, ז. (javtán) Tonelero.

חָג, חַג, ז. ר' חַגִּים (jag) Fiesta.

חָגָא, ז. (jagá) Conmoción, temblor.

חָגָב, ז. (jagav) Acrídido.

חָגַג (חַגּוֹתִי, חַגֹּתִי, חַג, חָגַג, יָחֹג) פ"י Celebrar. Bailar.

חֶגֶג, ז. (jégueg) Celebración.

חָגָו, ז. (jagav) Grieta, hendidura.

חָגוּר, ת. (jagur) Ceñido.

חָגוֹר, ז. חֲגוֹרָה, נ. (ja-

gor, jagorá) Cinturón,
correa.
Solem-(jaguigá) חֲגִיגָה, נ.
nidad, fiesta, ceremonia.
So-(jaguiguí) חֲגִיגִי, ת.
lemne.
(jaguiguiyut) חֲגִיגִיּוּת, נ.
Solemnidad.
(jaguiguit) חֲגִיגִית, תה"פ
Solemnemente.
Acci-(jaguirá) חֲגִירָה, נ.
ón de ceñir o ceñirse,
de ponerse un cinturón
Per- (joglá) חָגְלָה, נ.
diz.
חגר (חָגַר, יַחְגֹּר) פ"י
Ceñir. Ceñirse.
Ser ceñido. -חָגוּר
Moverse, oscilar. -הַחְגֵּר
Encojarse. -הִתְחַגֵּר
Cojo. (jiguer) חִגֵּר, ז.
Cojera. (jigrut) חִגְּרוּת, נ
Delgado, (jad) חַד, ת.
afilado, agudo.
Uno. (jad) חַד ש"מ
Prefijos: mono, uni, etc.
(jad-psiguí) -חַד־פְּסִיגִי
Monocotiledóneo.
(jad-paamí) -חַד־פַּעֲמִי
Solo, único.
(jad-tzdadí) -חַד־צְדָדִי
Unilateral.
(jad-shnatí) -חַד־שְׁנָתִי
Anual.
(jad-taiyim) -חַד־תָּאִיִּים
Protozoarios.
Punta, (jod) חֹד, ז.
agudeza.
(jadgoní) חַדְגּוֹנִי, ת.
Monótono.
(jadgoniyut) חַדְגּוֹנִיּוּת, נ
Monotonía.
חדד (חַד, יָחֹד) פ"ע
Afilar, aguzar.
Afilar, aguzar. -חִדֵּד
Ser afilado. -חֻדּוֹד
Afilar, aguzar. -הֵחֵד
Ser afilado. -הוּחַד
Afilarse. -הִתְחַדֵּד
חדה (חָדָה, יֶחְדֶּה) פ"ע
Alegrarse.
Alegrar. -חִדָּה
Afi- (jidud) חִדּוּד, ז.
ladura.
Pun- (jadud) חֲדוּד, ז.
ta.
Pun-(jadudí) חֲדוּדִי, ת.
tiagudo.
(jadudit) חֲדוּדִית, נ.
Cono.
Jú-(jedvá) חֶדְוָה, נ.
bilo, alegría,
(jadofán) חֲדוֹפָן, ז.
Carretilla.
Ta- (jiduk) חִדּוּק, ז.
pón.
Re- (jidush) חִדּוּשׁ, ז.
novación, novedad.
Agu- (jadut) חַדּוּת, נ.
deza.
Per- (jadir) חָדִיר, ת.
meable, penetrable.
Per-(jadirá) חֲדִירָה, נ.
meabilidad. Penetración.
(jadirut) חֲדִירוּת, נ.
Permeabilidad.
Nue-(jadish) חָדִישׁ, ת.
vo, moderno.
(jadishut) חֲדִישׁוּת, נ.
Novedad.
חדל (חָדַל, יֶחְדַּל) פ"ע
Cesar, suspenderse.

חֲדָשָׁה,נ. ר' חֲדָשׁוֹת (jadashá) Novedad, noticia.
חָדְשִׁי,ת. (jodshí) Mensual.
חַדְשָׁן,ז. (jadshán) Renovador.
חַוַּאי,ז. (javay). Colono, granjero.
חוב (חַבְתִּי,חָב,אָחוּב, יָחוּב) פ"ע Deber.
חוֹב,ז. ר' חוֹבוֹת (jov)Deuda.Obligación.
חוֹבֵב,ז. (jovev). Amador, aficionado.
חוֹבְבָן,ז. (vojeván) Aficionado, amador.
חוֹבְבָנוּת,נ. (jovevanut). Afición.
חוֹבָה,נ. (jová) Deber, deuda.
חוֹבֵל,ז. (jovel). Piloto.
חוֹבֶץ, חֲבִצָּה, ר' חֲבֶץ, חֲבִצָּה.
חוֹבֵר,ז. (jover) Mago, hechicero, brujo.
חוֹבֶרֶת,נ. (jovéret) Fascículo, folleto, cuadernillo.
חוֹבֵשׁ,ז. (jovesh) Enfermero, vendedor.
חוג (חָג, יָחוּג) פ"י Describir un círculo. Festejar, celebrar.
חוּג,ז. (jug) Círculo. Trópico. Tertulia, círculo.
חוּג הַסַּרְטָן- (jug-hasar-tán)Trópico de Cáncer.
חוּג הַגְּדִי- (jug-hagdí) Trópico de Capricornio.

הֶחְדֵּל- Cesar.
חָדֵל,ת. Negador.(jadel) Efímero.
חֶדֶל,ז. (jédel) Mundo.
Interrupción.
חִדָּלוֹן,ז. (jidalón) Aniquilamiento.
חֶדֶק,ז. ר' חֲדָקִים (jédek) Zarza. Trompa.
חָדַק,פ"י. Apretar.
הִתְחַדֵּק- Apretarse.
חִדְקוֹנִית,נ.ר' חִדְקוֹנִיּוֹת- (jidconit) Curculiónidos.
חדר (חָדַר, יַחְדֹּר) פ"ע Penetrar.
הֶחְדִּיר- Introducir, hacer entrar.
הָחְדַּר- Ser introducido.
חֶדֶר,ז. ר' חֲדָרִים (jéder) Pieza, cuarto.
חֲדַר הָאֹכֶל- (jadar-haójel) Comedor.
חֲדַר הַמִּטּוֹת, חֲדַר הַמִּשְׁכָּב- (jadar-hamitot, jadar-hamishcav) Alcoba, dormitorio.
חַדְרָן,ז. (jadrán) Camarero.
חִדֵּשׁ,פ"י. Renovar, reanudar.
חֻדַּשׁ- Ser renovado.
הִתְחַדֵּשׁ- Renovarse.
חָדָשׁ,ת. ר' חֲדָשִׁים (jadash) Nuevo.
חֹדֶשׁ,ז. ר' חֳדָשִׁים (jódesh) Mes.
ראש חֹדֶשׁ- (rosh-jódesh) Primer día del mes, el primero del mes.

ón.
(javilá) חֲוִילָה,נ.
Quinta.
Risa. (jujá) חוּכָא,נ.
Apar- (jojer) חוֹכֵר,ז.
cero. Arrendatario.
חוּל,חִיל (חָל, יָחוּל, יָחִיל)
Bailar, danzar.
Temblar, temer. Esperar. Llegar, efectuarse, tener lugar.
חוֹלֵל- Bailar, danzar.
Esperar. Parir. Crear, producir.
הוּחַל- Ser creado. Encontrarse.
הִתְחוֹלֵל- Temblar. Precipitarse.
הִתְחַלְחֵל,ר׳ חַלְחֵל.
חוּל, ר׳ חל.
חוֹל,ז. ר׳ חוֹלוֹת (jol)
Arena. Fénix.
חוֹלֵב,ז. נ׳ חוֹלֶבֶת
(jolev) Ordeñador.
חוֹלֶה,ת. נ׳ חוֹלָה,ר׳ חוֹלִים, נ"ר חוֹלוֹת.
(jolé) Enfermo.
Duna. (jolá) חוֹלָה,נ.
Baile. Enferma.
חוֹלָה,נ. ר׳ חוֹלוֹת
(jolá) Duna.
(jolirá) חוֹלִירָע,נ.
Cólera.
חוֹלִית, ר׳ חוֹלָה.
Bailar. חוֹלֵל,פעו"י.
Esperar. Crear.
הִתְחוֹלֵל- Esperarse. Hacerse. Temblar.
(jolám, חוֹלָם, חוֹלֶם,ז.
jolem) Nombre de la vocal ˙- (=o).

חוֹגֵג,ז. Cele-(jogueg)
brador. Peregrino.
חוּגָה,נ. Alondra.(jugá)
Disco.
חוֹגֵר,ז. Ceñidor, (joguer)
que ciñe.
חוּד (חָד, יָחוּד) פ"י
Proponer un enigma.
חוֹד,ז. Punta. (jod)
חִוָּה,פ"ע. Decir, indicar.
הַחֲוֵה- Decir, mostrar.
חֲוַת דַּעַת- (javat-dáat)
Opinión.
חַוָּה,נ. Finca. (javá)
Burgo.
חִוּוּי,ז. Indica-(jivuy)
ción, opinión.
חִוּוּר־דָּם,ז. (jivur-dam)
Leucemia.
חוֹזֶה,ז. Contrato, (jozé)
pacto. Vidente.
חוֹזֵר,ז. Regre-(jozer)
sador. Circular.
חוֹחַ,ז. ר׳ חוֹחִים, ר׳ חֲוָחִים
Espina, (jóaj)
zarza. Hendidura.
חוּט,ז. Hilo. (jut)
חוּט בַּרְזֶל- (jut-barzel)
Alambre.
חוּט הַשִּׁדְרָה- (jut-hashidrá) Medula espinal.
חוֹטֵא,ז. Pecador. (joté)
חוּטִי,ת. Filiforme. (jutí)
חוֹטֵף,ז. נ׳ חוֹטֶפֶת (jotef) Raptor.
חִוְיַאי,ז. Cir-(jivyay)
caeto.
חֲוָיָה,נ. Opinión, (javayá)
Advenimi nto. Impresi-

So- (jolem) חוֹלֵם, ז.
ñador.
En-(jolaní) חוֹלָנִי, ת.
fermizo.
Saca- (joletz) חוֹלֵץ, ז.
corchos,descorchador.
Pardo, (jum) חוּם, ת.
carmelito.
(jo- חוֹמָה, נ. ר׳ חוֹמוֹת
má) Muro, muralla.
חוּס (חָס, יָחוּס) פ"י
Apiadarse.
(jof) חוֹף, ז. ר׳ חוֹפִים
Orilla, playa, costa.
(jutz) חוּץ, ז. ר׳ חוּצוֹת
Calle, plaza. Exterior.
Fuera de, salvo, excep-
to.
(jutza, -חוּצָה, הַחוּצָה
hajutza) Afuera.
-חוּץ לָאָרֶץ, חוּצָה לָאָרֶץ
(jutz-laaretz, jutza-
laáretz)El extranjero.
(misrad-ha- -מִשְׂרַד הַחוּץ
jutz) Ministerio de re-
laciones exteriores.
(sar-hajutz) -שַׂר הַחוּץ
Ministro de r aciones
exteriores.
(totzéret- -תוֹצֶרֶת חוּץ
jutz)Producto extranjero.
חוּץ, חוּץ מִן, תה"פ.
(jutz, jutz-min) Fuera
de, salvo, excepto.
Tala- (jotzev) חוֹצֵב, ז.
drador.
Este-(jotzel) חוֹצֵל, ז.
rador.
Es-(jotzélet) חוֹצֶלֶת, נ.
tera.
Escalón, (javak) חָוָק, ז.
peldaño.
In- (joker) חוֹקֵר, ז.
vestigador.
חָוַר (חָוַר, יֶחֱוַר) פ"ע
Palidecer.
Aclarar. Blan- -חִוֵּר
quear.
Aclararse. -חֻוַּר
Aclararse. -הִתְחַוֵּר
Páli- (jiver) חִוֵּר, ת.
do.
Hueco, (jor) חוֹר, חֹר, ז.
orificio.
Noble, (jor) חוֹר, חֹר, ז.
hidalgo.
חוֹרֵג, ת. נ׳ חוֹרֶגֶת
(joreg) No propio.
(av-joreg) -אָב חוֹרֵג
Padrastro.
(em-joréguet) -אֵם חוֹרֶגֶת
Madrastra.
(aj-joreg) -אָח חוֹרֵג
Hermanastro.
(ajot-joré- -אָחוֹת חוֹרֶגֶת
guet) Hermanastra.
(ben-joreg) -בֵּן חוֹרֵג
Hijastro.
(bat-jorégu- -בַּת חוֹרֶגֶת
et) Hijastra.
Pa- (jivrá) חִוְרָה, נ.
lidez.
(jivarón) חִוָּרוֹן, ז.
Palidez.
Pá-(javarvar) חֲוַרְוַר, ת.
lido.
חֲוַרוּת, ר׳ חִוָּרוֹן.
En- (joray) חוֹרַי, ז"ר.
caje.
חוֹרִים, חוֹרִין, ז"ר.
(jorim, jorín) Libre,
Señor, noble, hidal-

go.
חוּשׁ, חִישׁ (חָשׁ, יָחוּשׁ,
Apresurarse. Sen- (יָחִישׁ
tir. Preocuparse.
Acelerar. -הֵחִישׁ
Ser acelerado. -הוּחַשׁ
Sentido.(jush) חוּשׁ, ז.
Sentimiento.
(jaméshet -חֲמֵשֶׁת הַחוּשִׁים
hajushim) Los cinco
sentidos.
Antena.(javash) חַוָּשׁ, ז.
Pen- (joshev) חוֹשֵׁב, ת.
sador.
(jushí,.ת, חוּשָׁנִי , חוּשִׁי
jushaní) Sentimental,de
los sentidos.
(jushiyut) חוּשִׁיּוּת, נ.
Sentimentalismo.
Aman- (joshek) חוֹשֵׁק, ז.
te.
Secante,(jotej) חוֹתֵךְ, ז.
cortante.
(jo- .חוֹתָל, ז. חוֹתֶלֶת, נ
tal, jotélet)Envoltura.
חוֹתָם, ז. ר' חוֹתָמוֹת
(jotam` Sello
Firmante,(jotem) חוֹתֵם, ז.
signatario. Suscrip-
tor.
חוֹתֶמֶת, נ. ר' חוֹתָמוֹת
(jotémet) Sello.
Sue- (jotén) חוֹתֵן, ז.
gro.
(joténet) חוֹתֶנֶת, נ.
Suegra.
חָזֹה (חָזָה, יֶחֱזֶה) פ"י
Ver, mirar. Profetizar.
Examinar.
Pecho, (jazé) חָזֶה, ז.
seno. Tórax.

חֲזָה, ר' חוֹזֶה.
Visión,(jazón) חָזוֹן, ז.
profecía.
Forti-(jizuk) חִזּוּק, ז.
ficación, refuerzo.
Vuelta,(jizur) חִזּוּר, ז.
regreso, rodeo.
Visión.(jazut) חָזוּת, נ.
Vista. Forma. Pacto,
contrato.
(jazutí) חָזוּתִי, ת.
Óptico.
Li-(jazazit) חֲזָזִית, נ.
quen. Llaga, úlcera.
Pecto- (jazí) חָזִי, ת.
ral.
Cha-(jaziyá) חֲזִיָּה, נ.
leco. Sostén.
חִזָּיוֹן, ז. ר' חֶזְיוֹנוֹת
(jizayón) Visión. Vis-
ta. Drama.
Relám-(jaziz) חָזִיז, ז.
pago. Liquen.
Puerco,(jazir) חֲזִיר, ז.
marrano, cerdo.
Vuelta,(jazirá) חֲזִירָה, נ
regreso. Devolución.
Puerca.
(jazir-yam) חֲזִיר־יָם, ז.
Cav[illegible].
(ja[illegible]ut) חֲזִירוּת, נ.
Marranada, cochinada.
(jazirit) חֲזִירִית, נ.
Escrófula, lamparones.
חֲזִית, נ. ר' חֲזִיתוֹת
(jazit) Frente.
חָזֹם (חָזַם, יַחֲזוֹם) פ"י
Arrancar.
Tu- (jazamá) חֲזָמָה, נ.
lipán.
חַזָּן, ז. ר' חַזָּנִים

se.
Repe-(jazará) .חֲזָרָה,נ
tición. Retorno, regreso.
Repe-(jazrán) .חַזְרָן,ז
tidor.
Bambú.(jizrán).חִזְרָן,ז
Sorbo,(juzrar).חֻזְרָר,ז
serbo, serbal.
Le-(jazéret) .חַזֶּרֶת,נ
chuga. Parotiditis.
(jaj) חַחִים ר׳ .חָח,ז
Zarcillo, pendiente.
חָט, ר׳ חָטָא
חָטָא (חָטָא, יֶחֱטָא) פ"ע
Pecar.
Purificar. חִטֵּא-
Seducir, hacer הֶחֱטִיא-
pecar. Errar.
Purificarse. הִתְחַטֵּא-
Insistir.
(jet)חֲטָאִים ר׳ .חֵטְא,ז
Pecado.
(ja- חַטָּאִים ר׳ .חַטָּא,ז
tá) Pecador.
חַטָּאָה, חֲטָאָה, חַטָּאת,נ.
(jataá, jatat) Pecado, crimen.
חָטַב (חָטַב, יַחְטֹב) פ"י
Talar, tumbar.
Esculpir, grabar, חִטֵּב-
cincelar.
Ser cincelado. חֻטַּב-
Escultor,(jatav).חַטָּב,ז
cincelador.
(jitá)חִטִּים ר׳ .חִטָּה,נ
Trigo. Amígdala.
Talado,(jatuv).חָטוּב,ת
tumbado.
Graba-(jituv) .חִטּוּב,ז
dura, escultura.

(jazán) Sochantre, oficiante.
Pro-(jazanut) .חַזָּנוּת,נ
fesión del sochantre.
חָזַק (חָזַק, חָזֵק, יֶחֱזַק, יֶחֱזַק) פ"ע
Ser fuerte, ser robusto, ser vigoroso.
Fortificar, re- חִזֵּק-
forzar.
Tener, coger, asir.הֶחֱזִיק-
Detener. Contener.
Ser cogido, ser הָחֳזַק-
asido. Ser detenido.
Fortificarse, הִתְחַזֵּק-
reforsarse, animarse.
Fuerza, (józek) .חֹזֶק,ז
potencia, vigor.
Fuerte,(jazak) .חָזָק,ת
vigoroso.
Potencia, (jézek).חֵזֶק,ז
fuerza.
Fuerza.(jezcá) .חֶזְקָה,נ
Potencia.
Violen-(jozcá) .חָזְקָה,נ
cia, fuerza.
Cogida.(jazacá).חֲזָקָה,נ
Derecho de propiedad, Opinión aceptada.
חָזַר (חָזַר, יַחֲזֹר) פ"ע
Volver, regresar. Repetir, revisar.
Dar vueltas, bus- חִזֵּר-
car.
Devolver, res- הֶחֱזִיר-
tiruír.
Ser devuelto. הֻחְזַר-
Arrepentirse. חָזַר בּוֹ-
Man- חָזַר עַל הַפְּתָחִים-
digar.
Repetir- חָזַר חֲלִילָה-

Tapi-(jatuva) .נ, חֲטוּבָה
cería.
Busca.(jitut) .ז, חִטּוּט
Picoteo.
חֲטוֹטֶרֶת,נ. ר׳ חֲטוֹטָרוֹת
(jatotéret) Joroba.
Desin- (jituy) .ז, חִטּוּי
fección, purificación.
Raptado,(jatuf).ת, חָטוּף
arrebatado. Puntuado
con un חֲטַף.
חטט (חָטַט, יַחְטֹט) פ"י
Cavar. Rasguñar, ara-
ñar.
Cavar, picotear. -חִטֵּט
Investigar.
(ja- חָטָט,ז. ר׳ חֲטָטִים
tat) Mancha.
Lla-(jatétet) .נ, חֲטֶטֶת
ga, úlcera.
Tala,(jativá) .נ, חֲטִיבָה
Brigada, Unión, unidad.
Objeto precioso.
(bajativá-אַחַת בַּחֲטִיבָה-
ajat) De una vez.
Rapto,(jatifá).נ, חֲטִיפָה
arrepentimiento.
חטם (חָטַם, יַחְטֹם) פ"ע
Contenerse.
(jó- חֹטֶם,ז. ר׳ חֲטָמִים
tem) Nariz. Punto.
Pendien-(jatam) .ז, חַטָּם
te.
Na- (jotmí) .ת, חָטְמִי
sal.
חטף (חָטַף, יַחְטֹף) פ"י
Raptar, arrebatar.
Ser raptado, ser -הֶחְטַף
arrebatado.
(jataf,ja-.ז, חָטָף, חֲטַף
tef) Nombre de la vocal
compuesta con un שְׁוָא (:)
Ejemplo: חֲטַף פַּתָּח (-:)
Raptor.(jatfán).ז, חַטְפָן
(jó- חֹטֶר,ז. ר׳ חֲטָרִים
ter) Rama.
חַטֹּרֶת, ר׳ חֲטוֹטֶרֶת.
(jay) חַי ,ת. ר׳ חַיִּים
Vivo, animado. Cru-
do.
Obligar. Cul-.פ"י, חִיֵּב
par, acusar.
Ser obligado. -חֻיַּב
Ser culpado,acusado.
Obligarse, com- -הִתְחַיֵּב
prometerse.
Obliga-(jayav) .ז, חַיָּב
do. Deudor. Culpable.
Acertijo,(jidá).נ, חִידָה
adivinanza, enigma.
Micro-(jaydak).ז, חַיְדַּק
bio, bacteria.
חיה (חָיָה, יִחְיֶה) פ"ע
Vivir, existir.
Vivificar, ani- -חִיָּה
mar, reparar.
Resucitar. -הֶחֱיָה
Ser resucitado. -הָחְיָה
Resucitarse. -הִתְחַיָּה
(ja- חַיָּה,נ. ר׳ חַיּוֹת
yá) Animal, bestia .
Vida.Tropa. Comadre.
Animado.(jayé) .ת, חַיֶּה
Afir- (jiyuv) .ז, חִיּוּב
mación, positivismo,
Obligación. Culpabi-
lidad.
Po- (bejiyuv) -בְּחִיּוּב
sitivamente, afirmati-
vamente.
Posi-(jiyuví) .ת, חִיּוּבִי

tivo, afirmativo.
Son- (jiyuj) חִיּוּךְ, ז.
risa.
Re- (jiyul) חִיּוּל, ז.
clutamiento.
Ne- (jiyuná) חִיּוּנָה, נ.
cesidades.
Vital.(jiyuní) חִיּוּנִי, ת.
Primordial.
(jiyuniyut) חִיּוּנִיּוּת, נ.
Vitalidad. Necesidad,
obligación.
(jiyunit) חִיּוּנִית, נ.
Vitamina.
(jiyut, חִיּוּת, חַיּוּת, נ.
jayut) Vitalidad, vi-
veza, vivacidad.
Coser. חִיֵּט, פ"י.
חַיָּט, ז. נ׳ חַיֶּטֶת, ר׳
Sastre.(jayat) חַיָּטִים
(já- חַיִט, ז. חַיָּטוּת, נ.
yit, jayatut) Costura,
sastrería.
Vida.(jayim) חַיִּים, ז"ר.
¡Salud!(lejáyim) לְחַיִּים-
Sonreír. חִיֵּךְ, פ"ע.
Tarta- (jayaj) חַיָּךְ, ז.
mudo. Reidor.
Reidor,(jayján) חַיְכָן, ז.
risueño.
(jáyil, חַיִל, חֵיל, ז.
jeyl) Fuerza, vigor .
Tropa. Riqueza.
(jeyl,jel) חֵיל, חֵל, ז.
Armada, tropa. Muro.
(ish-jáyil) אִישׁ חַיִל-
Valiente.
Progresar, עָשָׂה חַיִל-
prosperar.
(ja- חַיָּל, ז. ר׳ חַיָּלִים
yal) Soldado,militar.

חִיל (חָל, יָחוּל) ר׳
חוּל.
Movilizar. חִיֵּל, פ"י.
(jil, חִיל, ז. חִילָה, נ.
jilá) Dolor, miedo.
Mi- (jayalí) חַיָּלִי, ת.
litar.
Mujer(jayélet) חַיֶּלֶת, נ.
soldado.
חִימָאִי, חִימִי, חִימְיָה,
ר׳ כִּימָאִי, כִּימִי, כִּימְיָה.
Gracia, (jin) חִין, ז.
hermosura.
Rela- (jayis) חַיִס, ז.
ción.
Siem- (jay-ad) חַיְעַד, ז.
previva.
Tabi- (jáyitz) חַיִץ, ז.
que.
חִיצוֹן, חִיצוֹנִי, ת.
(jitzón, jitzoní) Ex-
terior. Ateo.
(jitzoni- חִיצוֹנִיּוּת, נ.
yut) Exterioridad.
Seno, (jeyk) חֵיק, ז.
vientre. Dobladillo.
Fig. centro, base.
Nom-(jirik) חִירִיק, ז.
bre de la vocal - (=i)
Rá- (jish) חִישׁ, תה"פ.
pido.
Rapi-(jishá) חִישָׁה, נ.
dez.
Nombre (jet) חֵית, נ.
de la octava letra del
alfabeto hebreo.
Paladar. (jej) חֵךְ, ז.
Esperar. חִכָּה, פ"ע.
Esperar. Pescar. חָכָה-
Anzue- (jacá) חַכָּה, נ.
lo.

Espe- (jicuy) .ז, חִכּוּי
ra.
Sarna, (jicuj) .ז, חִכּוּךְ
comezón, Disputa,
Pala- (jikí) .ת, חִכִּי
dial, del paladar.
In- (jakima) .ת, חַכִּימָא
telijente.
Ar- (jajirá) .נ, חֲכִירָה
riendo, arrendamiento.
חָכַךְ (חָכַךְ, יַחְכֹּךְ) פ"ע
Rascar, arañar.
Arañar. Ronquear. -חִכֵּךְ
Rascarse. -הִתְחַכֵּךְ
(jé- חֵכֶךְ, ז. ר' חֲכָכִים
jej) Sarna.
(jéjej, חֶכֶךְ, ז. חֲכָכִית, נ.
jajjit) Sarna.
(ja-. ת, חַכְלִיל, חַכְלִילִי
jlil, jajlilí) Rojizo.
(jajlilut) .נ, חַכְלִילוּת
Rojez.
חָכַם (חָכַם, יֶחְכַּם) פ"ע
Ser inteligente.
Instruír. -חִכֵּם
Ser inteligente. -חֻכַּם
Hacer inteligen- -הֶחְכִּים
te. Ser inteligente.
Ser inteligente. -הִתְחַכֵּם
Creerse inteligente.
חָכָם, ת. נ' חֲכָמָה, ר'
Inteligen- (jajam) חֲכָמִים
te, Sabio. Perito.
Inte- (jojmá) .נ, חָכְמָה
ligencia, sabiduría.
Inte- (jajmán) .ת, חַכְמָן
ligente.
חָכַר (חָכַר, יַחְכֹּר) פ"י
Tomar en arrendamiento.
Arrendar. -הֶחְכִּיר
Ser arrendado. -הָחְכַּר

Ar- (jajrán) .ז, חַכְרָן
rendatario.
חַל, ר' חַיִל.
חֹל, חוֹל, ז. ר' חֻלִּים,
Profano. (jol) .חֻלִּין
Sucie- (jel-á) .נ, חֶלְאָה
dad. Fig. bajeza.
חָלַב (חָלַב, יַחֲלֹב) פ"י
Ordeñar.
Ser ordeñada. -נֶחְלַב
Ordeñar. -הֶחְלִיב
Leche. (jalav) .ז, חָלָב
(jé- חֵלֶב, ז. ר' חֲלָבִים
lev) Grasa, sebo.
Al- (jelbón) .ז, חֶלְבּוֹן
búmina. Clara de huevo.
(jelboní) .ת, חֶלְבּוֹנִי
Albuminoideo.
Graso, (jelbí) .ת, חֶלְבִּי
grasoso.
(jalavluv) .ז, חֲלַבְלוּב
Euforbio.
Le- (jalbán) .ז, חַלְבָּן
chero.
(jelbená) .נ, חֶלְבְּנָה
Gálbano.
(jalbanut) .נ, חַלְבָּנוּת
Oficio del lechero,
venta de leche.
חָלַד (חָלַד, יֶחֱלַד) פ"ע
Oxidarse, enmohecerse.
Oxidar. Oxi- -הֶחְלִיד
darse.
Cavar. -חִלֵּד
Oxidarse. -הֶחֱלִיד
Mundo, (jéled) .ז, חֶלֶד
universo.
(jó- חֹלֶד, ז. ר' חֻלְדִּים
led) Topo.
Co- (juldá) .נ, חֻלְדָּה
madreja.

חֲלֻדָּה, נ. (jaludá) Orín, moho, óxido.

חָלָה (חָלָה, יֶחֱלֶה) פ"ע Enfermarse.

-הֵחָלֶה Enfermarse.

-חִלָּה Enfermar. Implorar.

-חֻלָּה Enfermarse.

-הֶחֱלָה Enfermar.

-הָחֳלָה Enfermarse.

-הִתְחַלָּה Enfermarse. Implorar.

חַלָּה, נ. (jalá) Bizcocho, pan fino.

-חַלַּת דְּבַשׁ (jalat-dvash) Panal.

חָלוּד, ת. (jalud) Oxidado.

חֲלוּדָה, ר' חֲלֻדָּה.

חַלְוָה, נ. (jalvá) Conserva oriental hecha de ajonjolí, nueces, azucar, etc.

חָלוּט, ת. (jalut) Decidido.

(חֲלוּטִים) לַחֲלוּטִים, לַ-חֲלוּטִין, תה"פ. (lajalutim, lajalutín) Absolutamente, completamente.

חִלּוּי, ז. (jiluy) Imploración.

חָלוּל, ת. (jalul) Vacío, hueco.

חִלּוּל, ז. (jilul) Profanación.

חֲלוֹם, ז. ר' חֲלוֹמוֹת (jalom) Sueño.

חַלּוֹן, ז. ר' חַלּוֹנוֹת (jalón) Ventana.

-חַלּוֹן רַאֲוָה (jalón-raavá) Vitrina.

חִלּוֹנִי, ת. (jiloní) Profano, laico.

חִלּוֹנִיּוּת, נ. (jiloniyut). Laicidad.

חִלּוּף, ז. (jiluf) Cambio, trueque, permutación.

חֲלוֹף, ז. (jalof) Destrucción, arruinamiento, ruina.

חִלּוּפִית, נ. (jilufit) Ameba.

חָלוּץ, ז. (jalutz) Vanguardia. Pionero.

חִלּוּץ, ז. (jilutz) Refuerzo. Salvamiento.

חָלוּץ, ת. (jalutz) Hombre que hizo la חֲלִיצָה Descubierto, destapado.

חֲלוּצָה, נ. (jalutzá) Pionera. Mujer a la cual se ha hecho la : חֲלִיצָה.

חֲלוּצִי, ת. (jalutzí) Pionero.

חָלוּק, ז. (jaluk) Guijarro.

חָלוּק, ת. (jaluk) Dividido, separado.

חִלּוּק, ז. (jiluk) División. Separación. Distribución.

-חִלּוּקֵי דֵּעוֹת (jilukey-deot) Discordancia de opiniones.

חֲלוּקָה, ר' חֲלֻקָּה.

חָלוּשׁ, ת. (jalush) Débil, debilitado.

חֲלוּשָׁה, נ. (jalushá) Debilidad.

חִלָּזוֹן, ז. ר' חִלְזוֹנוֹת

(jilazón) Concha, caracol, ostra.
(jilzoní) .חֶלְזוֹנִי, ת
De forma espiral.
Ve-(jiljul) .חִלְחוּל, ז
neno. Temblor. Penetración.
Penetrar. .חִלְחֵל, פ"ע
Hacer temblar.
Ser penetrado. -הֻלְחוֹל
Temblar. Pe- -הִתְחַלְחֵל
netrar.
Temb-(jaljalá) .חַלְחָלָה, נ
lor, miedo, espanto.
(jaljólet) .חַלְחֹלֶת, נ
Recto (intestino).
חָלַט (חָלַט, יַחְלֹט) פעו"י
Buscar. Verter.
Resolver, deci- -הֶחְלֵט
dir.
Ser decidido. -הָחְלַט
(הַלְטָנִית) לְחַלְטָנִית, תה"פ
(lejaltanit) Completamente.
(já- חֲלִי, ז. ר' חֲלָאִים
lí) Adorno.
(jo- חֳלִי, ז. ר' חֳלָאִים
li) Enfermedad.
(jolí-rá) -חֳלִי רָע
Cólera (enfermedad).
Ac- (jalivá) .חֲלִיבָה, נ
ción de ordeñar.
חֶלְיָה, נ. ר' חֲלָיוֹת
(jelyá) Adorno, ornamento.
(julyá). חֻלְיָה, חוּלְיָה, נ
Vértebra. Eslabón.
(baaley- -בַּעֲלֵי חֻלְיוֹת
julyot) Vertebrados.
חָלִיל, ז. ר' חֲלִילִים
(jalil) Flauta.

(jalila) .חָלִילָה, תה"פ
¡Dios no quiera! Alrededor.
Repetir- -חָזוֹר חֲלִילָה
se.
(jalilit) .חֲלִילִית, נ
Flautín.
Sano.(jalim) .חָלִים, ת
Cali- (jalif) .חָלִיף, ז
fa.
Tra-(jalifá) .חֲלִיפָה, נ
je, vestido. Cambio.
(ja- -חֲלִיפַת מִכְתָּבִים
lifat-mijtavim) Correspondencia.
(jalifot). חֲלִיפוֹת, תה"פ
Alternativamente.
(jalifut) .חֲלִיפוּת, נ
Califato.
חֲלִיפִים, חֲלִיפִין, ז"ר.
(jalifim, jalifín)Cambio, trueque, permutación.
Ce-(jalitzá) .חֲלִיצָה, נ
remonia religiosa en la cual se libra una viuda del hermano de su marido para permitirle el matrimonio con otro. Sacamiento, extracción. Despojo.
חֲלִירַע, ר' חוּלִירָע.
חֲלִישָׁה, חֲלִישׁוּת, נ.
(jalishá, jalishut)Debilidad.
חֲלִישׁוּת (־דַּעַת), נ.
(jalishut-dáat) Sufrimiento, dolor.
Pobre,(jélej) .חֵלֶךְ, ז
miserable.
Pobre,(jeljá) .חֶלְכָה, ת

miserable, desgraciado.

Ser vacío. .חָלַל, פ"ע

Perforar. Herir. -חוֹלֵל

Perforar. Profanar. -חִלֵּל Tocar flauta. Rescatar.

Ser profanado. -חֻלַּל Ser rescatado.

Principiar. -הֵחֵל

Ser principiado. -הוּחַל

Profanarse. -הִתְחַלֵּל Rescatarse.

חָלָל, ז. ר' חֲלָלִים (jalal) Muerto, baja.

חָלָל, ז. (jalil) Espacio, vacío.

חָלָל, ת. (jalal) Impropio para el sacerdocio.

חֲלָלִי, ת. (jalalí) Vacío. Impropio para el sacerdocio.

חָלַם (חָלַם, יַחֲלֹם) פ"ע Soñar. Ser sano.

-הֶחֱלִים Sanar, curar, alentar.

חֶלְמוֹן, ז. (jelmón) Yema de huevo.

חֶלְמוֹנִי, ת. (jelmoní) Parecido a la yema.

חַלָּמוּת, נ. (jalamut) Yema, planta (?).

חַלָּמִישׁ, ז. (jalamish) Pedernal, sílice.

חֶלְמִית, נ. (jelmit) Malva.

חָלַף (חָלַף, יַחֲלֹף) פ"ע Pasar, desaparecer. Atravesar.

-הֶחֱלִף Cambiarse.

-חִלֵּף Mudar, cambiar.

-הֶחֱלִיף Cambiar, mudar, trocar, permutar. Retoñecer.

-הָחֳלַף Ser cambiado, trocado, mudado.

-הִתְחַלֵּף Cambiarse, trocarse.

חֵלֶף, ז. (jélef) Esparto.

חֵלֶף, תה"פ. (jélef) En cambio de.

חַלָּף, ז. ר' חַלָּפוֹת (jalaf) Cuchillo del שׁוֹחֵט.

חַלָּפִית, ר' דַּג־הַחֶרֶב.

חַלְפָן, ז. (jalfán) Cambiador.

חַלְפָנוּת, נ. (jalfanut) Cambio, trueque.

חָלַץ (חָלַץ, יַחֲלֹץ) פעו"י Quitar, sacar, libertar. Alejarse. Hacer la חֲלִיצָה.

-הֵחָלֵץ Ser sacado, salvarse.

-חִלֵּץ Sacar, quitar, salvar.

חֻלְצָה, חוּלְצָה, נ. (jultzá) Blusa, camisa.

חֲלָצַיִם, ז"ר (jalatzáyim) Lomos.

חָלַק (חָלַק, יַחֲלֹק) פעו"י Dividir, distribuír, repartir. Ser liso.

-חִלֵּק Distribuír, repartir, dividir, separar.

-הֵחָלֵק Dividirse, repartirse.

-חֻלּוֹק Ser dividido, ser repartido, ser separado, ser distribuído

-הֶחֱלִיק Alisar, pulir. Deslizar, resbalar.

Resbalar, desli- הַחֲלֵק-
zarse.
Dividirse, se- הִתְחַלֵּק-
pararse, repartirse.
Deslizarse, resbalar.
Liso. (jalak) חָלָק, ת.
Fig. engañador, lisonjeador, adulador.
(jé- חֵלֶק, ז. ר' חֲלָקִים
lek) Parte, porción.
Sección. Propiedad.
Liso. Fig. lisonja.
(jé- חֵלֶק, חָלָק, חַלֻּק, ז.
lek, jalak, jaluk) Guijarro.
(jilak-ubi- חִלָּק וּבִלָּק,
lak) Fulano de tal.
Parte, (jelcá) חֶלְקָה, נ.
porción, sección. Liso. Campo, tierra. Fig. lisonja.
(jalu- חֲלֻקָּה, חֲלוּקָּה, נ.
cá) División, repartición, distribución. Controversia.
Ca- (jalacut) חֲלַקּוּת, נ.
lidad de liso.
(jal- חֲלַקּוּת, חֶלְקוּת, נ.
cut, jelcut) Parte, parcialidad.
חֲלַקּוֹת, חֲלַקְלַקּוֹת, נ"ר.
(jalacot) Adulación, lisonja.
Parcial. (jelkí) חֶלְקִי, ת.
חֶלְקִיּוֹת, ר' חֶלְקוּת.
Par- (jelkit) חֶלְקִיק, ז.
te, porción.
(jalaclak) חֲלַקְלַק, ת.
Liso, resbaladizo.
(jalac[illegible] חֲלַקְלַקָּה, נ. ר[illegible]
Resbal[illegible]

חָלַשׁ (חָלַשׁ, יַחֲלֹשׁ) פ"ע
Debilitarse.
Debilitarse. הֵחָלֵשׁ-
Debilitar. חַלֵּשׁ, הַחֲלֵשׁ-
Debilitarse. הִתְחַלֵּשׁ-
Débil. (jalash) חַלָּשׁ, ת.
Sorteo. (jélesh) חֶלֶשׁ, ז.
חֶלֶשׁ, ז. ר' חֻלְשָׁה.
De- (julshá) חֻלְשָׁה, נ.
bilidad.
(jalashut) חַלָּשׁוּת, נ.
Debilidad.
חַם, חָם, ת. ר' חַמִּים
(jam) Caliente.
(jamim, ja- חַמִּים, חַמִּין-
mín) Agua caliente.
Aguas termales.
Suegro. (jam) חָם, ז.
Calor. (jom) חֹם, ז.
Calentura, fiebre.
חֵמָא, ר' חֶמְאָה.
Man- (jem-á) חֶמְאָה, נ.
tequilla.
Man- (jem-í) חֶמְאִי, ת.
tecoso.
חָמַד (חָמַד, יַחְמֹד) פ"י
Desear, codiciar, querer.
Ser gracioso. הֵחָמֵד-
Codiciar, desear. חַמֵּד-
Hacer codiciar. הַחְמֵד-
(jé- חֶמֶד, ז. ר' חֲמָדִים
med) Encanto, amenidad.
Deseo, (jemdá) חֶמְדָּה, נ.
anhelo.
Codi- (jamdán) חַמְדָן, ת.
cioso, ambicioso.
(jamdanut) חַמְדָנוּת, נ.
Codicia, ambición.
Sol. (jamá) חַמָּה, נ.
Calor. Fiebre.

Ar- (jamush) חָמוּשׁ, ת.
mado.
Ar- (jimush) חִמּוּשׁ, ז.
mamento.
Suegra.(jamot) חָמוֹת, נ.
Calor.(jamut) חַמּוּת, נ.
Babosa.(jómet) חֹמֶט. ז.
Co-(jamidá) חֲמִידָה, נ.
dicia, deseo.
Ga- (jamitá) חֲמִיטָה, נ.
lleta.
Tibio.(jamim) חָמִים, ת.
(jamimut) חֲמִימוּת, נ.
Calor.
Agrio,(jamitz) חָמִיץ, ת.
ácido.
For- (jamitz) חָמִיץ, ז.
raje.
Sopa(jamitzá) חֲמִיצָה, נ.
agria.
(jamitzut) חֲמִיצוּת, נ.
Agrura, acidez.
(jamishí) חֲמִישִׁי, ת.
Quinto.
(jamishiyá) חֲמִישִׁיָּה, נ.
Quinteto.
(jamishit) חֲמִישִׁית, נ.
Quinto.
Caloría.(jumit).נ, חֻמִּית
חמל (חָמַל, יַחְמֹל) פ"ע
Apiadarse.
חֶמֶל, ז. ר׳ חֶמְלָה.
Piedad,(jemlá) חֶמְלָה, נ.
clemencia.
חמם (חַם, יָחֹם) פ"ע
Calentar.
Calentarse. הֵחַם, הֶחָמֵם-
Calentar. חִמֵּם-
Ser calentado. הוּחַם-
Calentarse. הִתְחַמֵּם-
Inver-(jamamá) חֲמָמָה, נ.

(hanetz-ha- הָנֵץ הַחַמָּה-
jamá) Salida del sol.
(shkiat- שְׁקִיעַת הַחַמָּה-
hajamá) Puesta del
sol.
(licuy-jamá) לִקּוּי חַמָּה-
Eclipse de sol.
Cólera,(jemá) חֵמָה, נ.
ira, enojo.
Gra- (jamud) חָמוּד, ת.
cioso.
Codi- (jimud) חִמּוּד, ז.
cia.
(jamudón) חֲמוּדוֹן, ת.
Graciosito.
(jamudot) חֲמוּדוֹת, נ"ר.
Gracia.
Calen-(jimum) חִמּוּם, ז.
tamiento, calefacción.
Calien-(jamum) חָמוּם, ת.
te, calentado.
Robo.(jimús) חִמּוּס, ז.
Agrio,(jamutz) חָמוּץ, ת.
ácido. Colorado, rojo.
Opri-(jamotz) חָמוֹץ, ת.
mido.
Acidi-(jimutz) חִמּוּץ, ז.
ficación.
(jamutzí) חֲמוּצִי, ת.
Agrio, ácido.
Con- (jamuk) חַמּוּק, ז.
torno.
חֲמוֹר, ז. נ׳ חֲמוֹרָה, אָתוֹן
(jamor) Asno, burro.
(jamor-ha- חֲמוֹר הַיָּם-
yam) Bacalao.
Grave,(jamur) חָמוּר, ת.
severo, riguroso, serio.
חֲמוֹרָה, ר׳ אָתוֹן.
As- (jamorí) חֲמוֹרִי, ת.
nal.

nadero, invernáculo.
Idolo. (jamán) .ז, חַמָּן
(jama- ,נ חַמָּנִית ,חַמָּנִיָּה
niyá, -nit) Girasol.
חָמַס (חָמַס, יַחְמֹס) פ"י
Violar. Destruír, corromper.
Ser descubierto, ser destapado. -הֵחָמֵס
Arañar. -חַמֵּס
Violencia, (jamás) ,ז חָמָס
injusticia, saqueo.
(jamás, ,ז. חֶמֶס, חָמָס
jémes) Canela.
Si- (jamsín) .ז, חַמְסִין
roco, viento violento sudeste.
Ra- (jamsán) .ז, חַמְסָן
tero, expoliador.
(jamsanut) .נ, חַמְסָנוּת
Robo, expoliación.
Rúmex, (jum-á) .נ, חֻמְעָה
romaza.
חָמַץ (חָמַץ, יֶחְמַץ) פ"ע
Agriarse, leudar.
Agriar. -חַמֵּץ
Ser agriado. -חֻמּוֹץ
Agriarse. Irritarse. Atrasar. -הֶחְמִיץ
Agriarse. Irritarse. Fig. corromperse. -הִתְחַמֵּץ
Leudo, (jametz) .ז, חָמֵץ
levadura.
Vina- (jómetz) .ז, חֹמֶץ
gre.
Aci- (jumtzá) .נ, חֻמְצָה
do.
Cicér- (jimtzá) .נ, חִמְצָה
cula, garbanzo.
(jimtzún) .ז, חִמְצוּן
Oxido.
Ace- (jamtzitz) .ז, חַמְצִיץ
dera, oxálide.
(jamatzmatz) .ת, חֲמַצְמַץ
Agrio, ácido.
(jamtzán) .ז, חַמְצָן
Oxígeno.
Oxigenar, oxidar. .פ"י, חִמְצֵן
(jamtzaní) .ת, חַמְצָנִי
Oxigenado.
חָמַק (חָמַק, יַחֲמֹק) פ"ע
Escaparse, fugarse.
Fugarse, escaparse. -הִתְחַמֵּק
(חֲמַקְמַקּוֹת) בַּחֲמַקְמַקּוֹת,
(bajamakmacot) .תה"פ
Furtivamente.
חָמַר (חָמַר, יַחְמֹר) פעו"י
Espumar. Calafatear.
Ser difícil. Quemar.
Ser quemado. -הֵחָמֵר
Conducir un asno. -חַמֵּר
Dificultar, agravar. -הֶחְמִיר
As- (jemar) .ז, חֵמָר
falto.
Fig. (jémer) .ז, חֶמֶר
vino.
Colorado, (jamar) .ת, חָמַר
rojo.
(jó- חֳמָרִים 'ר .ז, חֹמֶר
mer) Arcilla. Plaste.
Materia. Cuerpo, substancia. Montón, pila.
Nombre de una medida.
(jómer-golmí) Materia prima. -חֹמֶר גָּלְמִי
Asnero, (jamar) .ז, חַמָּר
asnerizo.
Difi- (jumrá) .נ, חֻמְרָה

met) Odre, pellejo.
(me- .מ"פ, מֵחֲמַת (חֲמַת)
jamat) Por causa de,
por.
Gracia, (jen) .ז, חֵן
agrado.
(jen - jen) חֵן חֵן -חֵן
Gracias.
מָצָא חֵן בְּעֵינֵי, נָשָׂא
Hallar gracia חֵן בְּעֵינֵי
en ojos de: agradar,
gustar.
Baile.(jingá) .נ, חִנְגָּה
חָנָה (חָנָה, יַחֲנֶה) פ"ע
Acampar.
Acampar. -הֶחֱנָה
Embal-(janut) .ז, חָנוּט
samado.
Educa-(jinuj) .ז, חִנּוּךְ
ción. Inauguración.
(beyt-jinuj) בֵּית חִנּוּךְ-
Colegio, escuela.
(majlé- מַחְלֶקֶת הַחִנּוּךְ-
ket-ha-) Seccióncultural.
(misrad- מִשְׂרַד הַחִנּוּךְ-
ha-) Ministerio de edu-
cación.
Edu-(jinují) .ת, חִנּוּכִי
cativo, cultural.
Querido.(janún) .ת, חָנוּן
Gracia,(jinún) .ז, חִנּוּן
perdón.
Clemen-(janún) .ת, חַנּוּן
te, misericordioso.
(jenvanut) .נ, חֶנְוָנוּת
Tienda, venta al detal.
Ten-(jenvaní) .ז, חֶנְוָנִי
dero.
Ahoga-(januk) .ת, חָנוּק
do, estrangulado.
Infinitivo del , חֲנוֹת
verbo חָנָה

cultad, rigor.
Tierra (jamra) .נ, חַמְרָה
rojal.
Oficio(jamarut) .נ, חַמָּרוּת
del asnero, conducción
de asnos.
Ma- (jomrí) .ת, חָמְרִי
terial.
(jomriyut) .נ, חָמְרִיּוּת
Materialismo.
Quemarse. .פ"ע, חֲמַרְמַר
Enrojecerse.
Alu- (jamrán) .ז, חַמְרָן
minio.
(jamranut) .נ, חַמְרָנוּת
Materialismo.
Ma-(jomraní) .ת, חָמְרָנִי
terial.
As- (jaméret) .נ, חַמֶּרֶת
nería.
Armar, equipar. פ"י, חָמַשׁ
Dividir en cinco. -חִמֵּשׁ
Quintuplicar.
Ser dividido o -חֻמַּשׁ
múltiplicado por cinco.
Quintuplicar, -הֶחֱמִשׁ
multiplicar por cinco.
Armarse. -הִתְחַמֵּשׁ
חָמֵשׁ, נ. חֲמִשָּׁה, ז. ש"מ.
(jamesh, jamishá) Cinco.
Quinto.(jómesh) .ז, חֹמֶשׁ
Cadera, cintura. Cada
uno de los cinco pri-
meros libros de la
Biblia.
Penta- (jumash) .ז, חֻמָּשׁ
teuco.
חֲמִשִּׁי, ר' חֲמִישִׁי.
(jamishim) .ש"מ, חֲמִשִּׁים
Cincuenta.
(jé- חֵמֶת, נ. ר' חֲמָתוֹת

חָנוּת, נ. ר' חֲנוּיוֹת (janut) Tienda, almacén.

חָנַט (חָנַט, יַחֲנֹט) פ"י Embalsamar.

הֵחָנֵט- Ser embalsamado.

חֲנֵט, ז. חֲנָטָה, נ. (jénet, janatá) Maduración.

חֲנָטָה, חֲנִיטָה, נ. (janata, -ni-) Embalsamamiento.

חַנָּט, חַנְטָן, ז. (janat, jantán) Embalsamador.

חֲנָיָה, חֲנִיָּה, נ. (janayá, janiyá) Estación, parada, paradero.

חֲנִיטָה, נ. (janitá) Embalsamamiento.

חָנִיךְ, ז. ר' חֲנִיכִים (janij) Joven, alumno, aprendiz.

חֲנִיכָה, נ. (janijá) Alumna. Apellido, mote.

חֲנִיכַיִם, ז"ר. (janijáyim) Encías.

חֲנִינָה, נ. (janiná) Gracia, amnistia, perdón.

חֲנִינוּת, נ. (janinut) Gracia, perdón.

חֲנִיפָה, נ. (janifá) Hipocresía.

חֲנִיקָה, נ. (janicá) Ahogamiento, estrangulación.

חֲנִית, נ. ר' חֲנִיתוֹת (janit) Lanza.

חָנַךְ (חָנַךְ, יַחֲנֹךְ) פ"י Educar. Inaugurar.

הֵחָנֵךְ- Ser inaugurado.

חַנֵּךְ- Educar. Inaugurar.

חֻנַּךְ- Ser educado. Ser inaugurado.

הִתְחַנֵּךְ- Educarse. Inaugurarse.

חֲנֻכָּה, נ. (janucá) Inauguración. Fiesta que empieza el 25 del mes de Kislev.

חֲנֻכִּיָּה, נ. (janikiyá) Candelabro de חֲנֻכָּה.

חִנָּם, תה"פ. (jimam) De balde, gratis.

חֲנָמַל, ז. (janamal) Frío, granizo, escarcha (?).

חָנַן (חָנַן, חַן, יָחֹן, יָחֹן) פ"י Indultar, perdonar, favorecer.

הֵחוֹן, הֵחָנֵן- Ser perdonado, indultado.

חַנֵּן- Implorar, suplicar.

חוֹנֵן- Favorecer.

הִתְחַנֵּן- Rogar, implorar.

חִנָּנוּת, נ. (jinanut) Gracia.

חִנָּנִי, ת. (jinaní) Gracioso.

חָנֵף, ת. ר' חֲנֵפִים (janef) Hipócrita, lisonjero, adulador.

חֹנֶף, ז. (jónef) Hipocresía, lisonja.

חָנַף (חָנַף, יַחֲנֹף, יֶחֱנַף) פ"ע Traicionar, engañar. Ser hipócrita, adular, lisonjear.

הֶחֱנִיף- Profanar. Ser hipócrita, adular.

חֲנֻפָּה, נ. (janupá) Lisonja, hipocresía.

חַנְפָן, ז. (janfán) Lisonjero, hipócrita.

חָנַק (חָנַק יַחֲנֹק) פ"י Ahogar, estrangular.

Ser ahogado, הֵחָנֵק-
ser estrangulado.
Ahogar, estran- חַנֵּק-
gular.
Ahogarse, es- הִתְחַנֵּק-
trangularse.
Ahoga- (jének) .ז, חֶנֶק
miento,estrangulación.
Ázoe,(jancán) .ז, חַנְקָן
nitrógeno.
(jancaní) .ת, חַנְקָנִי
Nitrogenado.
חַס וְחָלִילָה,חַס וְשָׁלוֹם
(jas-vejalilá, jas-ve-
shalom)¡Dios no quiera!
חָסָא, ר' חַסָּה.
Blasfemar, .פ"י, חִסֵּד
injuriar. Hacer bien.
Hacerse o mos- הִתְחַסֵּד-
trarse misericordioso.
(jé- חֶסֶד,ז. ר' חֲסָדִים
sed) Bondad, gracia.
Vergüenza.
חסה (חָסָה, יֶחֱסֶה) פ"ע
Refugiarse.
Lechuga.(jasa) .נ, חַסָּה
חָסוּד,ת. נ' חֲסוּדָה
(jasud) Gracioso.
Ampara-(jasuy) .ת, חָסוּי
do, protegido.
Ahorra-(jasuj) .ת, חָסוּךְ
do, economizado.
Liqui-(jisul) .ז, חִסּוּל
dación.
Endu- (jisum) .ז, חִסּוּם
recimiento.
Endu- (jasum) .ת, חָסוּם
recido.
Inmu-(jisún) .ז, חִסּוּן
nidad, inmunización.
(jasón) .ת, חָסֹן, חָסוֹן

Fuerte, robusto.
Dismi-(jisur) .ז, חִסּוּר
nución. Substracción,
resta. Reducción, fa-
lla.
Refugio,(jasut). נ, חָסוּת
asilo. Protectorado.
Car-(jasjús) .ז, חַסְחוּס
tílago, ternilla.
חָסִיד,ת. נ' חֲסִידָה
(jasid) Fanático, re-
ligioso.
Reli-(jasidá) .נ, חֲסִידָה
giosa. Cigüeña.
(jasidut) .נ, חֲסִידוּת
Fanatismo, devoción.
Refugio,(jasiyá) נ, חֲסִיָּה
asilo.
Re-(jisayón) .ז, חִסָּיוֹן
fugio, asilo.
Oruga.(jasil) .ז, חָסִיל
Obs-(jasimá) .נ, חֲסִימָה
trucción, cierre.
(jasín) .ת, חָסִין, חֲסִין
Fuerte, robusto.
(jasinut) .נ, חֲסִינוּת
Fuerza. Inmunidad.
חָסִית,נ. ר' חֲסִיּוֹת
(jasit) Cebolla.
חָסַךְ (חָסַךְ, יַחְסֹךְ) פ"י
Economizar, ahorrar.
Ahorrar, econo- חַסֵּךְ-
mizar.
חִסָּכוֹן,ז. ר' חֶסְכוֹנוֹת
(jisajón) Ahorramien-
to, economía, ahorro.
Eco-(jasján) .ז, חַסְכָן
nomizador, ahorrador.
(jasjanut) .נ, חַסְכָנוּת
Economía, ahorro.
(jasjaní) .ת, חַסְכָנִי

ro, escabroso.
חָסֵר (חָסַר, יֶחְסַר) פ"ע
Faltar. Disminuír.
Faltar. Ser dis- הֵחָסֵר-
minuído.
Disminuír, sus- חַסֵּר-
traer, restar.
Faltar. Ser dis- חֻסּוֹר-
minuído, sustraído.
Disminuír, sus- הַחְסֵר-
traer, restar. Faltar.
Disminuír. הִתְחַסֵּר-
Faltan-(jaser) חָסֵר, ת.
te, carente.
Falta, (jóser) חֹסֶר, ז.
privación, ausencia.
חֶסֶר, ר' חֹסֶר.
Pala- (jaserá) חֲסֵרָה,
bra que le falta una
de las letras אהו"י.
חִסָּרוֹן, חֶסְרוֹן, ז, ר'
(jisarón, jes- חֶסְרוֹנוֹת
rón) Falta, defecto.
(jaf) חַף, ת. נ' חַפָּה
Inocente.
Atri- (-עַל) חִפֵּא, פ"י.
buír injustamente.
חָפָה (חָפָה, יֶחְפֶּה) פ"י
Tapar, cubrir.
Ser cubierto. הֵחָפֵה-
Tapar, cubrir. חַפֵּה-
Ser cubierto. חֻפָּה-
(ju- חֻפָּה, נ. ר' חֻפּוֹת
pá) Matrimonio. Dosel,
baldaquín.
Pan- (jipá) חִפָּה, נ.
talla (de lámpara).
Cu- (jipuy) חִפּוּי, ז.
bierta.
Hoyo, (jaforá) חֲפוּרָה, נ.
excavación.

Económico.
חָסֹל (חָסַל, יַחְסֹל) פעו"י
Liquidar, terminar, acabar.
Liquidar. Suprimir. חַסֵּל-
Fin, (jasal) חֲסָל, ז.
terminación.
Li- (jaslán) חַסְלָן, ז.
quidador.
חָסֹם (חָסַם, יַחְסֹם) פ"י
Cerrar, tapar, obstruír, barretear. Impedir. Reforzar, endurecer, inmunizar.
Ser obstruído, הֵחָסֵם-
barreteado.
-חַסֵּם, ר' חסם
-הַחֲסֵם, ר' חסם
Ser obstruído, הֻחְסַם-
ser barreteado.
Endurecerse. הִתְחַסֵּם-
Conservar, חָסֹן, פ"י.
cuidar, almacenar.
Ser conservado, הֵחָסֵן-
ser almacenado.
Inmunizar. חַסֵּן-
Ser inmunizado. חֻסַּן-
Almacenar. הַחֲסֵן-
Inmunizarse. הִתְחַסֵּן-
Fuerza, (josen) חֹסֶן, ז.
Riqueza.
חָסֹן, ר' חָסוֹן.
חָסֹף, ר' חָשֹׂף.
As-(jispús) חִסְפּוּס, ז.
pereza.
(jaspanit) חַסְפָּנִית, נ.
Pitiriasis.
Hacer áspe- חִסְפֵּס, פ"י.
ro, escabroso.
Ser hecho áspe- חֻסְפּוּס-

(jafurit) חֲפוּרִית, נ. Fálaris.

Busca, (jipús) חִפּוּשׂ, ז. investigación.

Liberación. (jipush) חִפּוּשׁ, ז.

(jipushit) חִפּוּשִׁית, נ. Escarabajo.

Arremangado. (jafut) חָפוּת, ת.

חָפַז (חָפַז, יַחְפֹּז) פ"ע Apresurarse, darse prisa. Apresurar.

Apresurarse. הֵחָפֵז-

Apresurar. הַחְפֵּז-

Prisa, (jofzá) חָפְזָה, נ. rapidez.

(jipazón) חִפָּזוֹן, ז. Prisa, rapidez.

Paquete. (jafisá) חֲפִיסָה, נ.

Fricción. (jafifá) חֲפִיפָה, נ. Igualdad.

(jafitzá) חֲפִיצָה, נ. Deseo, anhelo.

Excavación. (jafirá) חֲפִירָה, נ.

Busca, (jafishá) חֲפִישָׂה, נ. investigación.

חָפַן (חָפַן, יַחְפֹּן) פ"י Coger con el puño.

Ser cogido con el puño o la mano. הֵחָפֵן-

Puño. (jofen) חֹפֶן, ז.

Bañero. (japán) חַפָּן, ז.

חָפַף (חָפַף, יַחְפֹּף, יָחֹף) פ"ע Lavar la cabeza, friccionar. Cubrir.

Friccionar, lavar la cabeza. חַפֵּף-

Friccionarse. הִתְחוֹפֵף-

חָפֵץ (חָפֵץ, יַחְפֹּץ) פעו"י Querer, desear. Mover.

Deseoso. (jafetz) ..חָפֵץ, ת

(jéfetz) חֵפֶץ, ז. ר' חֲפָצִים Deseo, voluntad. Objeto.

חָפַר (חָפַר, יַחְפֹּר) פ"י Cavar. Espiar.

חָפֵר- (חָפֵר, יֶחְפַּר) פ"ע Avergonzarse.

Ser cavado. Avergonzarse. הֵחָפֵר-

Avergonzar. Avergonzarse. הַחְפֵּר-

Excavación. (jéfer) חֵפֶר, ז. Vergüenza.

Cavador. (japar) חַפָּר, ז.

(jafrur) חַפְרוּר, ז. Mineral.

חֲפַרְפֵּרָה, חֲפַרְפֶּרֶת, נ. (jafarperá, jafarpéret) Topo.

Buscar, חָפַשׂ, חִפֵּשׂ, פ"י. esculcar. Disfrazar.

Ser buscado. הֵחָפֵשׂ- Ser disfrazado.

Ser buscado. Ser disfrazado. חֻפַּשׂ-

Disfrazarse. הִתְחַפֵּשׂ-

Busca. (jefes) חֵפֶשׂ, ז.

Libertarse, librarse. (חָפַשׁ) הֵחָפֵשׁ,

Libertar. חִפֵּשׁ-

Ser libertado. חֻפַּשׁ-

Libertar. הַחְפֵּשׁ-

Ser libertado. הָחְפַּשׁ-

Libertarse. הִתְחַפֵּשׁ-

(jófesh, jufshá) חֹפֶשׁ, ז. חֻפְשָׁה, נ. Libertad. Vacación. Asue-

to.
Libre, (jofshí) .ת, חָפְשִׁי
exento.
(knisá- כְּנִיסָה חָפְשִׁית-
jofshit)Entrada libre.
(jofshiyut) .נ, חָפְשִׁיּוּת
Libertad.Libertinaje.
חָפְשִׁית (בֵּית הַ־) ,ז.
(beyt-hajofshit) Hos-
pital.
Buscón, (japsán).ז, חַפְּשָׂן
buscador.
חפת (חָפַת, יַחְפֹּת) פ"י
Doblar, arremangar.
Arremangar, doblar. חַפֵּת-
Dobla-(jéfet) .ז, חֵפֶת
dillo.
(jetz) חֵץ ,ז. ר' חִצִּים
Flecha. Fig. relám-
pago.
חֲצָאִים, ר' חֵצִי.
Fal-(jatzait) .נ, חֲצָאִית
da.
חצב (חָצַב, יַחְצֹב) פ"י
Cavar, excavar. Tallar,
esculpir. Talar.
Ser talado. Ser הֵחָצֵב-
tallado.
Ser tallado. חֻצּוֹב-
Exterminar. הַחֲצֵב-
Tallador.(jatzav).ז, חַצָּב
Cántaro.(jatzav).ז, חָצָב
(jatzbá,.נ, חַצֶּבֶת, חַצָּבָה
jatzévet) Sarampión.
חצה (חָצָה, יֶחֱצֶה) פ"י
Cruzar. Dividir en dos
partes iguales.
Apartarse, divi- הֵחָצֵה-
dirse en dos.
Apartar, dividir. הַחֲצֵה-
Tal- (jatzuv) .ת, חָצוּב
lado.
Tres-(jatzuvá).נ, חֲצוּבָה
piés, trébedes.
Cruzado, (jatzuy).ת, חָצוּי
dividido.
Cruce, (jitzuy) .ז, חִצּוּי
cruzamiento, división.
Inso-(jatzuf) .ת, חָצוּף
lente, arrogante.
חֲצוֹצְרָה, חֲצוֹצֶרֶת, .נ.
(jatzotzrá, jatzitzé-
ret) Corneta.
(jatzotzrán).ז, חֲצוֹצְרָן
Corneta(el que la toca)
Me- (jatzot) .נ, חֲצוֹת
dianoche.
חֲצִי, ז. ר' חֲצָאִים, חֲ-
Medio, (jetzi) צָיִים
mitad.
(jatzi - i) חֲצִי אִי-
Península.
חִצִּי, ר' חֵץ.
Tal-(jatzivá).נ, חֲצִיבָה
ladura, entalladura.
(jatzi-.נ, חֲצִיָּה, חֲצָיָה
yá-tza-)Cruzamiento.
Be- (jatzil) .ז, חָצִיל
renjena.
(jatzifut) .נ, חֲצִיפוּת
Insolencia.
Sepa-(jatzitz) .ז, חָצִיץ
ración, tabique.
(jatzitzá) .נ, חֲצִיצָה
Tabique, separación.
Hier-(jatzir) .ז, חָצִיר
ba.
Este-(jatzal) .ז, חַצָּל
rador.
(jotzé-.נ, חֹצֶלֶת, חוֹצֶלֶת
let) Estera.
(jotzen, .ז, חֹצֶן, חוֹצֶן

Imi- (jacay) .ז, חַקַּאי
tador.
Precepto,(jucá) .נ, חֻקָּה
ley, orden. Constitución. Reglamento.
Imitar, re- .פ"י, חִקָּה
medar. Dibujar.
Ser imitado. Ser חֻקָּה-
dibujado.
Imi- (jicuy) .ז, חִקּוּי
tación.
Lava-(jicún) .ז, חִקּוּן
do.
Gra- (jicuk) .ז, חִקּוּק
badura. Legislación.
Inves-(jicur) .ז, חִקּוּר
tigación.
Legal. (jukí) .ת, חֻקִּי
Kaki. (jaki) .ז, חָקִי
(jukiyut) .נ, חֻקִּיּוּת
Legalidad, lealtad.
Gra-(jakicá) .נ, חֲקִיקָה
badura. Codificación, legislación.
In-(jakirá) .נ, חֲקִירָה
vestigación.
(jaclaut) .נ, חַקְלָאוּת
Agricultura.
(jaclaí) .ז, חַקְלָאִי
Agricultor.
(jaclaí) .ת, חַקְלָאִי
Agrícola.
Clister, (joken) .ז, חֹקֶן
clistel, lavativa, jeringa. ayuda.
חָקַן (חָקַן, יַחְקֹן) פ"י
Jeringar.
Jeringar. חִקֵּן-
Ser jeringado. חֻקַּן-
חָקַק (חָק, חָקַק, יָחֹק,
יַחְקֹק) פ"י
Tallar, gra-

jetzen) Seno, pecho.
Insolentar. .פ"י, חִצֵּף
Ser insolente, הֶחֱצִף-
insolentar.
Ser insolente, הִתְחַצֵּף-
insolentar.
In- (jutzpá) .נ, חֻצְפָּה
solencia.
Inso-(jutzpán) .ת, חֻצְפָּן
lente, grosero.
(jutzpanut) .נ, חֻצְפָּנוּת
Insolencia, grosería.
(jutzpaní) .ת, חֻצְפָּנִי
Insolente, grosero.
חָצַץ (חָצַץ, יָחֹץ) פ"י
Separar.
Separar. חִצֵּץ-
Ser separado. חֻצּוֹץ-
Gui- (jatzatz) .ז, חָצָץ
jo.
Sepa-(jatzatzá) .נ, חֲצָצָה
ración, tabique.
Tocar la .פ"ע, חִצְצֵר
corneta.
Li-(jatzétzet) .נ, חַצֶּצֶת
tiasis.
Tocar .פ"ע, הֶחֱצֵר (חצר)
la corneta.
חָצֵר, נ. ר' חֲצֵרוֹת (ja-
tzer) Patio. Corte.
חָצֵר, נ. ר' חֲצֵרִים (ja-
tzer) Solar, campo.
(jatzar- חֲצַר הַמַּטָּרָה-
hamatará) Prisión.
Cor-(jatzrán) .ז, חַצְרָן
tesano.
(jatzranut) .נ, חַצְרָנוּת
Cortesanía.
חֵק, ר' חֵיק.
חֹק, ז. ר' חֻקִּים (jok)
Ley. Regla. Precepto.

(jaraim) חֲרָאִים, ז"ר.
Estiércol, excremento.
חָרַב (חָרֵב, יֶחֱרַב, יַחֲרֹב)
Secar. Destruír. פעו"י
Ser destruído.
Ser destruído. הָחֳרַב-
Secarse. חָרוֹב-
Destruír, demoler. Secar. הֶחֱרִיב-
Destruírse. הִתְחָרֵב-
Destruído.(jareu חָרֵב, ת.
Seco.
(jó-rev) Sequedad, sequía. Calor. Destrucción. חֹרֶב, ז. ר' חֳרָבוֹת
(jé-rev) Espada, sable. חֶרֶב, נ. ר' חֲרָבוֹת
(jerev-piyot, jé-rev-pifiyot) Espada de dos filos. חֶרֶב פִּיּוֹת, חֶרֶב פִּי-פִיּוֹת
Cuchillo. (jarbá) חַרְבָּה, נ.
(jorbá) Ruina. חָרְבָּה, נ. ר' חֳרָבוֹת
Ruina. (jaravá) חֲרָבָה, נ.
Pirámide.
Sequía, (jaravá) sequedad. חָרָבָה, נ.
Sequía. (jaravón) חַרְבוֹן, ז.
Fra- (jerbón) caso. חֶרְבּוֹן, ז.
(jurbán) Destrucción, demolición. חֻרְבָּן, ז. ר' חֻרְבָנוֹת
חָרַג (חָרַג, יַחְרֹג) פ"ע
Brinc-r, saltar.
Lan- (jargol) gost-. חַרְגּוֹל, ז.
חָרַד (חָרֵד, יֶחֱרַד) פ"ע
Temer.

bar. Legislar, codificar, promulgar una ley, grabar las leyes.
Ser grabado. Ser legislado, codificado. הֻחְקַק-
Legislar, codificar. חוֹקֵק-
Ser legislado, ser codificado. חֻקּוֹק-
Ser grabado. הוּחַק-
Grabado, (jékek) grabadura. חֶקֶק, ז.
(jé-kek) Ley. חֶקֶק, ז. ר' חֲקָקִים
חָקַר (חָקַר, יַחְקֹר) פ"י
Buscar, investigar, explorar. Avergonzar.
Ser investigado. Ser explorado. Ser avergonzado. הֵחָקֵר-
Investigar. חַקֵּר-
Investigar. הַחְקֵר-
Ser investigado. הִתְחַקֵּר-
Investi-(jéker) gación. Fondo. Límite. חֵקֶר, ז.
Ciu- (jacrá) dadela, plaza fuerte. חַקְרָה, נ.
Inves-(jacrán) tigador. חַקְרָן, ז.
(jacranut) Investigación. חַקְרָנוּת, נ.
Hoyo, (jor) hueco. Noble. חֹר, חוֹר, ז.
(ben-jorim, ben-jorín) Libre. Noble. בֶּן-חֹרִים, בֶּן-חוֹרִין-
Hoyo, (jur) hueco. חֻר, חוּר, ז.

Ser asustado. הֶחֱרַד-
Espantar, asustar. הֶחֱרִיד-
Ser asustado. הָחֳרַד-
Asustarse, temer. הִתְחָרֵד-
(ja- חֲרָדִים ר׳ .ז ,חָרָד
rad) Alacena.
Miedoso. (jared) .ת ,חָרֵד
Religioso, fanático.
(ja- חֲרָדוֹת ר׳ .נ ,חֲרָדָה
radá) Miedo, espanto, terror, susto.
(jardón) .ז ,חַרְדּוֹן
Estelión.
(jardón- .ז ,חַרְדּוֹן-הַצָּב
hatzav) Urodelo.
Mos- (jardal) .ז ,חַרְדָּל
taza.
Pare-(jardalí) .ת ,חַרְדָּלִי
cido a la mostaza.
(jar- .נ ,חַרְדֶּלֶת ,חַרְדְּלִית
delit, jardélet) Arroyo.
חָרָה (חָרָה, יֶחֱרֶה, וַיִּחַר) פ"ע
Irritarse, enojarse, enfadarse, enfurecerse.
Irritar, enfurecer. הֶחֱרָה-
Irritarse, enfurecerse. חָרָה-
Rivalizar, hacer un concurso, competir. Celarse. הִתְחָרָה-
חֲרוּבִים ר׳ .ז ,חָרוּב
(jaruv) Algarroba.
(jaruvit) .נ ,חָרוּבִית
Algarrobo.
חֲרוּזִים ר׳ .ז ,חָרוּז
(jaruz) Verso. Collar. Perla, barrueco.

Enhi-(jaruz) .ת ,חָרוּז
lado, enhebrado. Rimado.
חָרוּז ,ר׳ חֲרֻזָן:
Rít-(jaruzí) .ת ,חֲרוּזִי
mico.
חֲרוּטִים ר׳ .ז ,חָרוּט
(jarut) Cono.
Gra- (jarut) .ת ,חָרוּט
bado.
(jarutí) .ת ,חֲרוּטִי
Cónico.
חֲרוּכָה נ׳ .ת ,חָרוּךְ
(jaruj) Asado, quemado.
(jarul, .ז ,חָרֹל ,חָרוּל
jarol) Espina.
Alar-(jerum) .ז ,חֵרוּם
ma, desgracia.
Chato. (jarum) .ת ,חָרוּם
חֲרוּמַפִּים ר׳ .ז ,חֲרוּמַף
(jarumaf) Chato.
.ז ,חֲרוֹן-אַף ,חָרוֹן
(jarón-af) Ira, cólera, furia.
Insul-(jeruf) .ז ,חֵרוּף
to, injuria.
(jarufá) .נ ,חֲרוּפָה
Novia.
(shifjá- שִׁפְחָה חֲרוּפָה-
jarufá) Concubina.
Oro. (jarutz) .ז ,חָרוּץ
חֲרוּצִים ר׳ .ת ,חָרוּץ
(jarutz) Laborioso, estudioso. Agudo.
Agudo, (jaruk) .ת ,חָרוּק
Puntuado de un חִירִיק.
In- (jaruk) .ז ,חָרוּק
secto.
Re- (jeruk) .ז ,חֵרוּק
chinamiento.
Perfo-(jarur) .ת ,חָרוּר
rado, agujereado.

Ara- (jarush) .ת,חָרוּשׁ
do.
Li- (jerut) .נ,חֵרוּת
bertad.
חֲרוּת,נ. ר׳ חֲרִיּוֹת, חֲ-
רִיּוֹת Palma, (jarut)
rama.
Grabado.(jarut).ת,חָרוּת
חָרַז (חָרַז, יַחֲרֹז) פ"י
Enhilar, enhebrar.Ver-
sificar.
Ser versificadp. הֵחָרֵז-
Ser enhebrado. חֹרַּז-
Ser versificado.
הַחֲרֵז,ר׳ חָרֵז.-
Versificarse. הִתְחָרֵז-
Verso.(jerez) .ז,חֶרֶז
(jaraz, .ז,חַרְזָן ,חָרָז
jarzán) Versificador.
(jarzanut) .נ,חַרְזָנוּת
Versificación.
(jarjavina).נ,חַרְחֲבִינָה
Eringe, cardo corredor.
Dis- (jirjur) .ז,חִרְחוּר
puta, querella. Bra-
mido.
(jar- .ז,חַרְחֻר ,חַרְחוּר
jur) Gangrena.
Enflamar, .פ"י,חִרְחֵר
irritar. Bramar.
Estallar. הִתְחַרְחֵר-
חָרַט (חָרַט, יַחֲרֹט) פ"י
Grabar.
Ser grabado. הֵחָרֵט-
Grabar. חֹרֵט-
Grabar. הֶחֱרִיט-
Arrepentirse. הִתְחָרֵט-
Buril. (jéret) .ז,חֶרֶט
Grabador.(jarat).ז,חָרָט
Arre-(jaratá) .נ,חֲרָטָה
pentimiento.

Proa.(jartom) .ז,חַרְטוֹם
Trompa, hocico.
(jarto- .ז,חַרְטוֹמַן-הַיָּם
mán-hayam) Centrisco.
(jartit) .נ,חַרְטִית
Grabado.
חַרְטֹם,ז., ר׳ חַרְטֻמִּים
(jartom) Mago (de E-
gipto o Babilonia).
(ktav- כְּתַב הַחַרְטֻמִּים-
hajartumim) Jeroglí-
fico.
חַרְטְמוֹן , חַרְטוּמָן ,ז.
(jartmón, jartomán)Be-
cada, chocha.
(jori-af) .ז,חֳרִי-אַף
Ira, enojo, enfado.
Entrela- (jori) .ז,חֹרִי
zamiento, trenza.
Excep-(jarig) .ז,חָרִיג
ción.
(jiryo- .ז"ר,חִרְיוֹנִים
nim)Excremento (de ave)
Ver-(jarizá) .נ,חֲרִיזָה
sificación.
Carte-(jarit) .ז,חָרִיט
re, bolsa.
Gra-(jaritá) .נ,חֲרִיטָה
bado, grabadura.
Tos-(jarijá) .נ,חֲרִיכָה
tadura.
חָרִיף,ת. נ׳ חֲרִיפָה
(jarif) Picante. Fig.
ingenioso.
Acer-(jarifut).נ,חֲרִיפוּת
bidad.Fig. genio.
חָרִיץ,ז., ר׳ חֲרִיצִים
(jaritz) Hueco, ori-
ficio, hoyo. Mayal.
(jaritzá) .נ,חֲרִיצָה
Corte. Decreto.

(jaritzut) .נ, חֲרִיצוּת
Laboriosidad.
Hueco, (jarik) .ז, חָרִיק
hoyo.
Re-(jaricá) .נ, חֲרִיקָה
chinamiento.
Agujero. (jarir) .ז, חָרִיר
Arada. (jarish) .ז, חָרִישׁ
Ara-(jarishá) .נ, חֲרִישָׁה
da, aradura, labranza.
Sordera. Silencio.
(jarishut) .נ, חֲרִישׁוּת
Sordera.
Cal-(jarishí) .ת, חֲרִישִׁי
lado, silencioso.
(jari- .תה"פ, חֲרִישִׁית
shit) Despacio, silenciosamente.
Gra-(jaritá) .נ, חֲרִיתָה
bado.
חָרַךְ (חָרַךְ, יַחֲרֹךְ) פ"י
Tostar.
tostar. -חֲרֵךְ
Ser -חֹרַךְ, הִתְחָרֵךְ
tostado, tostarse.
(ja- חֲרַכִּים .ר׳ .ז, חָרָךְ
raj) Escotilla, hueco.
(jarélet) .נ, חָרֶלֶת
Urticaria.
חָרַם (חָרַם, יַחֲרֹם) פ"י
Jurar.
Confiscar. Ex- -הֶחֱרִים
comulgar. Exterminar.
Ser exterminado, -הֵחָרֵם
ser destruído.
Ser confiscado. -הָחֳרַם
Ser excomulgado.
חֵרֶם, ז. ר׳ חֲרָמִים, חֲ-
Excomu- (jérem) רָמוֹת
nión, anatema. Red.
Destrucción. Alberca

Pesca-(jaram) .ז, חָרָם
dor. Ladrón.
Des-(jormá) .נ, חָרְמָה
trucción, exterminación.
חֶרְמֵשׁ, ז. ר׳ חֶרְמֵשִׁים
(jermesh) Hoz.
Arcilla, (jeres) .ז, חֶרֶס
Sarna. Fig. sol.
Alfa- (jarás) .ז, חָרָס
rero.
Fig. (jarsá) .נ, חַרְסָה
sol.
(jarsina) .נ, חַרְסִינָה
Porcelana.
Tier-(jarsit) .נ, חַרְסִית
ra rojal.
(jaró-.נ, חֲרֹסֶת, חֲרוֹסֶת
set) Compota de manzanas, almendras, nueces, etc. mezcladas con vino y que figura sobre la mesa del סֵדֶר en la Pascua.
חָרַף (חָרַף, יְחָרֵף) פעו"י
Insultar, blasfemar.
Injuriar, blasfe- -חֵרֵף
mar. Exponerse.
Ser injuriado, -הִתְחָרֵף
ser blasfemado.
(jó- חֲרָפִים .ר׳ .ז, חֹרֶף
ref) Invierno.
A (jéref) .תה"פ, חֶרֶף
pesar de.
חֶרְפָּה, נ. ר׳ חֲרָפוֹת
(jerpa) Vergüenza, humillación.
Cana-(jorpí) .ז, חָרְפִּי
rio.
In- (jorpí) .ת, חָרְפִּי
vernal.
חָרַץ (חָרַץ, יֶחֱרַץ) פ"י

Cortar, grabar. Fig. decretar, fijar. Apresurarse. Sacar la lengua.,

הֵחָרֵץ- Ser cortado, ser grabado. Ser fijado, decretado.

הַחֲרֵץ- Decretar.

הִתְחָרֵץ- Hacerse laborioso.

חֶרֶץ, ז. (jéretz) Orificio. Decreto. Ruina.

חַרְצֵב, פ"י. Avasallar, someter.

חַרְצֹב, ז. ר' חַרְצֻבִּים (jartzov) Ganglio.

חַרְצֻבָּה, נ. (jartzubá) Nudo, cadena.

חַרְצִית, נ. (jartzit). Crisantemo.

חַרְצָן, ז. (jartzán). Pepa, grano.

חַרְצָן, ז. (jartzán). Ornitógala.

חַרְצַנָּה, נ. ר' חַרְצָן.

חָרַק (חָרַק, יַחֲרֹק) פ"ע Rechinar.

חֶרֶק, ז. ר' חֲרָקִים (jérek) Insecto.

חַרְקָן, ז. (jarcán) Entomólogo.

חַרְקָנוּת, נ. (jarcanut) Entomología.

חָרַר (חָר, יֵחַר) פ"ע Estar seco, ser caliente.

חִרֵר (חִרֵר, יְחָרֵר) פ"י- Perforar, agujerear.

הֻחוֹר- Quemarse. Estar seco.

חֹרֵר- Libertar.

חֲרֵר, ז. ר' חֲרֵרִים (jarer) Tierra árida.

חָרָר, ז. (jarar) Agujero.

חֲרָרָה, נ. (jarara) Galleta, bizcocho.

חֶרֶשׁ, ז. (jéresh) Silencio, secreto.

חֶרֶשׁ, תה"פ. (jéresh) Silenciosamente.

חָרַשׁ (חָרַשׁ, יַחֲרֹשׁ) פ"י Arar, labrar.

הֵחָרֵשׁ- Ser arado.

חָרַשׁ (חֵרֵשׁ, יֶחֱרַשׁ) פ"ע Callar. Ensordecerse.

הֶחֱרֵשׁ- Ensordecerse. Callar.

חֵרֵשׁ- Ensordecer.

הַחֲרֵשׁ- Callar. Ensordecer. Ensordecerse.

הִתְחָרֵשׁ- Ensordecerse. Murmurar, cuchichear.

חֹרֶשׁ, ז. ר' חֳרָשִׁים (jóresh) Bosque.

חָרָשׁ, ז. ר' חָרָשִׁים (jarash) Maestro, artesano. Hechicero.

חֵרֵשׁ, ת. נ' חֵרֶשֶׁת, ר' חֵרְשִׁים, נ"ר חֵרְשׁוֹת (jeresh). Sordo.

חֵרֵשׁ־אִלֵּם- (jeresh-ilem) Sordomudo.

חֶרֶשׂ, ז. (jeres) Arcilla.

חַרְשָׁאִי, ז (jarshaí) Aparcero.

חֻרְשָׁה, נ. (jorshá) Bosque.

חֵרְשׁוּת, נ. (jereshut) Sordera.

חַרְשָׁף, ז. (jarshaf) Alcachofa.

חֲרֹשֶׁת, נ. (jaróshet) Fabricación.
-בֵּית חֲרֹשֶׁת (beyt-jaróshet) Fábrica.
חֲרָשְׁתִּי, ת. (jaroshtí) Industrial.
חֲרָשְׁתָּן, ז. (jaroshtán) Fabricante.
חָרֹת (חָרַת, יַחֲרֹת) פ"י Grabar.
-הֵחָרֵת Ser grabado.
-הַחֲרֵת Grabar.
חָרָת, ז. (jarat) Aparcero.
חֲרֹתֶת, נ. (jarótet) Grabado.
חֲשַׁאי, ז. (jashay) Silencio, secreto.
-בַּחֲשַׁאי (bajashay) Silenciosamente.
חֲשָׁאִי, ת. (jashaí) Secreto, guardado.
חָשֹׁב (חָשַׁב, יַחְשֹׁב) פ"ע Pensar. Creer, imaginarse.
-הֶחֱשִׁיב Considerar, ver como importante.
-הֵחָשֵׁב Ser considerado.
-חִשֵּׁב Contar, calcular. Considerar, meditar.
-חֻשּׁוֹב Ser pensado, ser considerado.
-הִתְחַשֵּׁב Considerar, tener en cuenta.
חֵשֶׁב, ז. (jéshev) Cinturón, ceñidor.
חַשָּׁב, ז. (jashav) Tenedor de libros.
חֶשְׁבּוֹן, ז. ר' חֶשְׁבּוֹנוֹת (jeshbón) Aritmética. Cálculo. Cuenta.
-הַנְהָלַת חֶשְׁבּוֹנוֹת (han-halat-jeshbonot) Contabilidad.
-מְנַהֵל חֶשְׁבּוֹנוֹת (menahel-jeshbonot) Tenedor de libros.
-בּוֹא בְּחֶשְׁבּוֹן Ser conveniente.
-הָבֵא בְּחֶשְׁבּוֹן Considerar, tener en cuenta.
-הוּבָא בְּחֶשְׁבּוֹן Ser considerado.
חִשָּׁבוֹן, ז. ר' חִשְּׁבוֹנוֹת (jishavón) Astucia, artificio.
חֶשְׁבּוֹנִי, ת. (jeshboní) Aritmético.
חֶשְׁבּוֹנִיָּה, נ. (jeshboniyá) Abaco.
חַשְׁבָן, ז. (jashbán) Matemático.
חַשְׁבֵּן, פ"י. Calcular, contar.
חָשֹׁד (חָשַׁד, יַחְשֹׁד) פ"י Sospechar.
-הֵחָשֵׁד Ser sospechado.
-חַשֵּׁד Sospechar.
-הִתְחַשֵּׁד Ser sospechado.
חֶשֶׁד, ז. (jéshed) Sospecha.
חַשְׁדָן, ז. (jashdán) Sospechoso.
חַשְׁדָנוּת, נ. (jashdanut) Sospecha.
חַשְׁדָנִי, ת. (jashdaní) Sospechoso.
חָשֹׁה (חָשָׁה, יֶחֱשֶׁה) פ"ע Callar.
-הֶחֱשָׁה Callar. Hacer callar.
חָשׁוּב, ת. (jashuv) Im-

portante, considerable.
Inpor-(jishuv) .ז, חִשּׁוּב
tancia. Cálculo, cuenta.
Sos- (jashud) .ת, חָשׁוּד
pechado.
Oscuro, (jashuj) .ת, חָשׁוּךְ
oscurecido.
Fal- (jasuj) . .ת, חָשׂוּךְ
tante, carente.
Malea-(jishul) .ז, חִשּׁוּל
bilidad, ductilidad.
Segun-(jeshván) .ז, חֶשְׁוָן
do mes del calendario
hebreo. Corresponde
a octubre - noviem-
bre.
Des- (jasuf) .ת, חָשׂוּף
cubierto, escotado.
Llanta, (jishuk) .ז, חִשּׁוּק
anillo.
Anillo, (jashuk) .ז, חָשׁוּק
llanta.
Desea- (jashuk) .ת, חָשׁוּק
do.
Desea-(jashucá) נ, חֲשׁוּקָה
da, amante.
Rayo (jishur) .ז, חִשּׁוּר
de rueda.
Pen-(jashivá) .נ, חֲשִׁיבָה
samiento.
(jashivut) .נ, חֲשִׁיבוּת
Importancia.
Dúctil, (jashil) .ת, חָשִׁיל
maleable.
Reba- (jasif) .ז, חָשִׂיף
ño.
Es-(jasifá) .נ, חֲשִׂיפָה
cote, destapadura.
De- (jashicá) .נ, חֲשִׁיקָה
seo, anhelo.
Haxix, (jashish) .ז, חֲשִׁישׁ
hachich.
חָשַׁךְ, (חָשַׁךְ, יֶחְשַׁךְ) פ"ע
Oscurecer.
Oscurecerse. הֶחְשַׁךְ-
Oscurecer. הֶחְשִׁיךְ-
Oscurecer. הִתְחַשֵּׁךְ-
Oscu- (jóshej) .ז, חֹשֶׁךְ
ridad.
Despre-(jashoj) .ת, חָשֹׁךְ
ciado. Obscurantista.
Oscu- (jashej) .ת, חָשֵׁךְ
ro.
Cesa- (jasaj) .ז, חָשָׂךְ
ción, interrupción.
חָשַׂךְ (חָשַׂךְ, יַחְשֹׂךְ) פעו"י
Ahorrar, economizar.
Cesar. Impedir.
Impedir. Cesar. הֵחָשֵׂךְ-
Os- (jashejá) .נ, חֲשֵׁכָה
curidad.
Os- (jashjut) .נ, חַשְׁכוּת
curidad.
חָשַׁל (חָשַׁל, יַחְשֹׁל) פ"י
Pegar.
Debilitarse. הֵחָשֵׁל-
Debilitar. חִשֵּׁל-
Debilitar. הֶחְשִׁיל-
Debi- (jeshel) .ז, חֶשֶׁל
lidad.
Elec-(jishmul) ז, חִשְׁמוּל
trización.
Elec-(jashmal) .ז, חַשְׁמַל
tricidad.
Electrizar. .פ"י, חִשְׁמֵל
Ser electrizado. חֻשְׁמַל-
Electrizarse. הִתְחַשְׁמֵל-
(jashmalaut) נ, חַשְׁמַלָּאוּת
Electricidad.
(jashmalai) .ז, חַשְׁמַלַּאי
Electricista.
(jashmalí) .ת, חַשְׁמַלִּי

Eléctrico.
חשמלית, נ. ר' חשמליות
(jashmalit) Tranvía.
Señor, (jashmán). ז, חשמן
noble. Cardenal.
Racio-(joshen) .ז, חשן
nal (del sacerdote).
חשף (חשף, יחשף) פ"י
Descubrir, descotar.
Ser descubierto, -החשף
ser descotado.
Descubrir, desta- -החשף
par, descotar.
חשף, ר' גלאי.
Escote, (jesef) .ז, חשף
descote.
Des- (jespá) .נ, חשפה
cortezadura.
חשק (חשק, יחשק) פע"י
Desear, querer. Unir,
pegar.
Unir, pegar. -חשק
Ser unido. -חשוק
Desear, tener -התחשק
ganas.
Deseo, (jéshek) .ז, חשק
anhelo, gana, ansia.
(eyn-li- אין לי חשק-
jéshek) No tengo ganas.
Deseo, (joshcá) .נ, חשקה
anhelo.
Deseo-(jashcán). ז, חשקן
so.
(jashcanut) .נ, חשקנות
Deseo.
(jashcaní) .ת, חשקני
Provocativo.
חשר (חשר, יחשר) פ"י
Tamizar.
Ser tamizado. -החשר
(jósher, .ז, חשר, חשר

jésher) Lluvia, pila,
montón (?).
Pila (jashrá) .נ, חשרה
de agua.
חשש (חשש, יחש, יחשש)
Temer. פ"ע
Temor, (jáshash) .ז, חשש
miedo.
Hierba, (jáshash). ז, חשש
paja.
Mie-(jasheshán). ז, חששן
doso.
Temor, es- (jet) .ז, חת
panto, miedo.
חת, ת. נ' חתה, ר' ח-
(jat) תים, נ"ר חתות
Miedoso, temeroso.
חתה (חתה, יחתה) פ"י
Recoger. Aborrecer.
Cortar. -חתה
Miedo, (jitá) .נ, חתה
temor.
Corte, (jituj) .ז, חתוך
sección.
Corta-(jatuj) .ת, חתוך
do, seccionado.
Pañal. (jitul) .ז, חתול
Venda.
חתול, ז. ר' חתולים
(jatul) Gato.
(jatul- -חתול המדבר
hamidbar) Caracal.
(jatulá) .נ, חתולה
Gata.
Letra, (jatum) .ז, חתום
contrato. Firma. Fin,
terminación. Firmante.
Sellado, (jatum). ת, חתום
Firmado, suscrito. A-
bonado.
Sella-(jitum) .ז, חתום

Gatico.
חָתַם (חָתַם, יַחְתֹּם) פ"י
Firmar. Sellar. Suscri-
birse. Abonarse. Cerrar.
Ser firmado. Ser הֵחָתֵם-
sellado. Ser suscrito.
Cerrar. Sellar. חַתֵּם-
Ser sellado. Ser חֻתּוֹם-
firmado, suscrito.
Hacer firmar. הַחְתֵּם-
Abonar. Suscribir. Se-
llar. Cerrar.
Sellarse. הִתְחַתֵּם-
Can- (jatam) .חַתָּם, ז
ciller.
חֹתֶמֶת, ר' חוֹתֶמֶת.
Casar. .חִתֵּן, פ"י
Casarse. הִתְחַתֵּן-
(ja- חָתָן, ז. ר' חֲתָנִים
tán) Novio. Yerno.
(jatu- חֲתֻנָּה, חֲתוּנָּה, נ.
ná) Casamiento, boda,
matrimonio.
חֹתֶנֶת, ר' חוֹתֶנֶת.
חָתַף (חָתַף, יַחְתֹּף) פ"י
Raptar, arrebatar.
Ser raptado. הֵחָתֵף-
Ladrón. (jétef). .חֶתֶף, ז
Rapto, robo.
(jétef- חֶתֶף-זְבוּבִים, ז.
zvuvim) Moscareta.
חָתַר (חָתַר, יַחְתֹּר) פ"י
Cavar. Remar.
Cavidad, (jéter). .חֶתֶר, ז
vacío.
חָתַת (חַת, יֵחַת) פ"ע
Romperse, asustarse.
Romperse. Temer. הֵחוֹת-
Romper. Asustar. חַתֵּת-
Romper. Asustar. הַחֵת-
Terror. (jatat) .חֲתַת, ז

dura. Terminación,
fin. Subscripción,
acción de firmar o
subscribir.
Casa- (jitún) .חִתּוּן, ז
miento.
Terror, (jatjat). .חַתְחַת, ז
miedo, temor, espanto.
Amonto- (jatiyá). .חֲתִיָּה, נ
namiento.
חֲתִיכָה, נ. ר' חֲתִיכוֹת
(jatijá) Pedazo, trozo,
porción.
חֲתִימָה, נ. ר' חֲתִימוֹת
(jatimá) Firma. Sella-
dura. Subscripción.
Zanja. (jatirá). .חֲתִירָה, נ
Acción de remar.
Terror, (jitit) .חִתִּית, נ
espanto.
חָתַךְ (חָתַךְ, יַחְתֹּךְ) פ"י
Cortar. Pronunciar.
Juzgar.
Ser cortado. Ser הֵחָתֵךְ-
juzgado.
Cortar. Pronun- חַתֵּךְ-
ciar.
Ser cortado. חֻתּוֹךְ-
Cortarse. הִתְחַתֵּךְ-
(jétej, .חֶתֶךְ, חֲתָךְ, ז
jataj) Cortadura, ra-
ja.
Envolver, ven- .חִתֵּל, פ"י
dar.
Ser envuel- חֻתּוֹל, הִתְחַתֵּל-
to, ser vendado.
Cesta (jotal) .חֹתָל, ז
(de palmas).
Envol- (jatulá) .חֲתֻלָּה, נ
tura.
(jataltul) .חֲתַלְתּוּל, ז

ט

ט, Novena letra (tet)
del alfabeto hebreo.
Su valor numérico es 9.
-ט"ו Quince.(tet-vav)
-ט"ז Dieci-(tet-zayin)
seis.
טֵאוּט, ז. Barre-(teut)
dura.
טֵאטֵא, ר' טַאטֵא.
טֵאטֵא (טִאטֵא, יְטַאטֵא) פ"י
Barrer.
-טֻאטָא Ser barrido.
טִאטוּא, ז. Bar-(titú)
redura
טַב, טָבָא, ת. (tav, tavá)
Bueno.
-צַפְרָא טָבָא (tzafra-tava)
Buenos días.
טִבּוּחַ, ז. Degol-(tibúaj)
lación.
טָבוּחַ, ת. Degol-(tavúaj)
lado.
טִבּוּל, ז. Inmer- (tibul)
sión.

טָבוּל, ת. Sumer-(tavul)
gido.
טִבּוּעַ, ז. Hundi-(tibúa)
miento. Acuñación.
טָבוּעַ, ת. Hundido.(tavúa)
טַבּוּר, ז. Omblígo.(tabur)
Fig. centro.
טָבַח (טָבַח, יִטְבַּח) פ"י
Degollar.
-הִטָּבַח Ser degollado.
-טִבַּח. Degollar.
-טֻבּוּח Ser degollado.
טֶבַח, ז. Degol- (tévaj)
lación. Matanza.
טַבָּח, ז. נ' טַבָּחָה, טַבָּ-
חַת, טַבָּחִית Co-(tabaj)
cinero. Degollador.
טִבְחָה, נ. Degol-(tivjá)
lación. Comida.
טַבָּחוּת, נ. (tabajut)
Cocina, oficio del co-
cinero. Degollación.
טַבְטוֹלוֹגְיָה, נ. (tavtolo-
gya) Tautología.

טְבִיחָה,נ. De- (tvijá) gollación.

טְבִילָה,נ. In- (tvilá) mersión. Bautizo.

טְבִיעָה,נ. Hun- (tviá) dimiento. Acuñación.

טָבַל (טָבַל, יִטְבֹּל) פעו"ל Sumergir, empapar, mojar.

-הִטָּבֵל Ser empapado, ser mojado.

-טַבֵּל Sumergir, empapar. Bautizar.

-הַטְבֵּל Empapar, sumergir. Bautizar.

טַבְלָה,נ. ר׳ טַבְלוֹת,טַבָ-לָאוֹת Ta- (tavlá) bla.

טַבְלִית,נ. Ta- (tavlit) blilla.

טַבְלָן,ז. Buzo. (tavlán) Patín (ave).

טָבַע (טָבַע, יִטְבַּע) פ"ע Hundirse.

טָבַע (טָבַע, יִטְבַּע) פ"י Acuñar.

-הִטָּבֵעַ Hundirse. Ser acuñado.

-טַבֵּעַ Hundir.

-טֻבּוֹעַ Ser hundido.

-הַטְבֵּעַ Hundir. Acuñar.

-הָטְבֵּעַ Ser hundido. Ser acuñado.

טֶבַע,ז. Natura-(teva) leza. Carácter.

טִבְעוֹן,ז. Natu-(tiv-ón) ralista.

טִבְעוֹנוּת,נ. (tiv-onut) Naturalismo.

טִבְעוֹנִי,ת. (tiv-oní) Vegetariano.

טִבְעִי,ת. Natu- (tiv-í) ral.

טִבְעִיּוּת,נ. (tiv-iyut) Naturalidad.

טַבַּעַת,נ. ר׳ טַבָּעוֹת (tabáat) Anillo, argolla, sortija.

טַבַּעְתִּי,ת. (taba-tí) Anillado, redondo.

טַבָּק,ז. Tabaco.(tábak)

טְבֶרְיָנִי,ת. (tveryani) De Tiberíade o Tabarieh.

טֵבֵת,ז. Cuarto (tevet) mes del calendario hebreo. Corresponde a diciembre-enero.

טֹגָא, טֹגָה,נ. (taga) Toga.

טִגּוּן,ז. Frei- (tigún) miento, freidura.

טִגֵּן,פ"י. Freír.

-טֻגּוֹן Ser frito.

טִגְרִיס,ז. Tigre.(tigris).

טֵה, ר׳ תֵּה.

טָהוֹר,ת. Puro,(tahor) límpido.

טִהוּר,ז. Puri- (tihur) ficación.

טָהֵר (טָהֵר, יִטְהַר) פ"ע Purificarse, ser purificado.

-הִטַּהֵר Purificarse.

-טַהֵר Purificar.

-טֹהוֹר Ser purificado.

טֹהַר,ז. Pure- (tóhar) za.

טָהֳרָה,נ. Pure-(tohorá) za. Purificación.

טוֹב(טוֹב,טוֹבוּ,טֹבוּ ,-י, יִטַב) פ"ע Ser bueno,

agradar, gustar.
Mejorar. Hacer -הֵטִב
bien.
Ser mejorado. -הוּטַב
Bien, (tuv) טוּב, ז.
bondad. Lo mejor.
Bueno. (tov) טוֹב, ת.
(yom-tov) -יוֹם טוֹב
Día feriado.
(layla-tov) -לַיְלָה טוֹב
Buenas noches.
(érev-tov) -עֶרֶב טוֹב
Buenas tardes.
(bóker-tov) -בֹּקֶר טוֹב
Buenos días.
(mazal-tov) -מַזָּל טוֹב
Buena suerte.
(shaná-tová) -שָׁנָה טוֹבָה
Feliz año.
Bien, (tov) טוֹב, תה"פ.
bueno.
טוֹבָה, נ. ר' טוֹבוֹת
(tová) Favor, bien.
טָוֹה (טָוָה, יִטְוֶה) פ"י
Hilar.
Ser hilado. -הִטָּוֶה
טוּחַ (טָח, יָטוּחַ) פ"י
Enjalbegar.
Ser enjalbegado. -הֻטּוֹחַ
Enjalbegar. -הֵטִיחַ
Distan-(tvaj) טְוָח, ז.
cia.
Pájaro, (tujá) טוּחָה, נ.
ruina (?).
Moli- (tojén) טוֹחֵן, ז.
nero.
טוֹחֶנֶת, נ. ר' טוֹחֲנוֹת
(tojénet) Diente mo-
lar, muela.
טוֹטֶפֶת, נ. ר' טוֹטָפוֹת
(totéfet) Filacteria.
Adorno frontal.
Hi- (tviyá) טְוִיָּה, נ.
lado.
Toxina. (toxín) טוֹקְסִין, ז.
Lanzar, echar. טוּל, פ"ע
Tomar, llevar.
Lanzar, echar. -הֵטִיל
Poner (huevos).
Ser lanzado, ser -הוּטַל
echado. Ser puestos
(huevos).
Tonelada. (ton) טוֹן, ז.
Tono. (ton) טוֹן, ז.
Tundra. (tundrá) טוּנְדְרָה, נ.
Tónico. (tonik) טוֹנִיק, ז.
טוּס (טָס, יָטוּס) פ"ע
Volar.
Hacer volar. -הֵטִיס
טַוָּס, ז. נ' טַוֶּסֶת, טַוָּ-
Pavo real. (tavás) סֶת
Avión, (tusit). טוּסִית, נ
aeroplano.
Equivo-(toé) טוֹעֶה, ת.
cado.
Demandador (toén) טוֹעֵן, ז
טוּף (טָף, יָטוּף),
Hundir, inundar.
(topogra- טוֹפּוֹגְרָפִי, ת.
fi) Topográfico.
(topog- טוֹפּוֹגְרַפְיָה, נ.
rafya) Topografía.
טוֹפֶס, ז. ר' טְפָסִים
(tofes) Ejemplar. For-
mulario, cuestionario.
Fila. (tur) טוּר, ז.
(tur, tu- טוּר, טוּרָא, ז.
ra) Montículo.
Soldado. (turay) טוּרַאי, ז
(turbina) טוּרְבִּינָה, נ.
Turbina.
Ali- (turí) טוּרִי, ת.

ñado.
Devora-(toref) .ז, טוֹרֵף
dor. Carnívoro.
(torpedo) .ז, טוֹרְפֵּדוֹ
Torpedo.
טוּשׁ (טָשׁ, יָטוּשׁ)פעו"י
Volar.
(dyo-tush).נ, (דְּיוֹ) טוּשׁ
Tinta china.
Humedad.(tájav) .ז, טַחַב
Musgo.
Húmedo.(tajuv) .ת, טָחוּב
Bazo. (tjol) .ז, טְחוֹל
Molido.(tajún) .ת, טָחוּן
Muela, (tjon) .ז, טְחוֹן
piedra de molino.
(tjorim) .ז"ר, טְחוֹרִים
Hemorroides,almorranas.
טָחַח (טָח, יָטֹחַ) פ"ע
Ser tapado, ser cubierto.
Moli-(tjiná) .נ, טְחִינָה
enda, moledura.
טָחַן (טָחַן, יִטְחַן) פ"י
Moler.
Ser molido. -הִטָּחֵן
Hacer moler. -טִחֵן
Hacer moler. -הִטְחִין
Molienda,(tajan).ז, טַחַן
moledura.
Moli- (tején) .ז, טֶחָן
nero.
טַחֲנָה,נ. ר' טַחֲנוֹת
(tajaná) Molino.
(tajanat- -טַחֲנַת מַיִם
máyim)Molino de agua.
(tajanat- -טַחֲנַת קִיטוֹר
kitor)Molino de motor.
(tajanat-rú- -טַחֲנַת רוּחַ
aj)Molino de viento.
טֶטְרָאֶדֶר, ר' אַרְבָּעוֹן.

Cualidad,(tiv) .ז, טִיב
carácter.
Mejorar. .פ"י, טִיֵּב
Taiga.(taiga) .נ, טַיְגָה
Cua-(tivut) .נ, טִיבוּת
lidad, carácter.
Sartén.(tigán) .ז, טִיגָן
Mejo- (tiyuv) .ז, טִיּוּב
ramiento.
(tyu- .נ, טְיוּטָה, טְיוּטָא
tá) Borrador.
Paseo, (tiyul).ז, טִיּוּל
excursión.
Tete-(teyón) .ז, טֵיוֹן
ra.
Beleño,(tayún).ז, טַיּוּן
ínula.
Vuelo.(tiyús) .ז, טִיּוּס
Argamasa.(tíaj).ז, טִיחַ
Enjalbegar. .פ"י, טִיֵּחַ
Enjal- (tayaj) .ז, טַיָּח
begador.
(tayajut) .נ, טַיָּחוּת
Enjalbegadura.
Barro, (tit) .ז, טִיט
arcilla.
Pasear. .פ"ע, טִיֵּל
(tayal, .ז, טַיְלָן, טַיָּל
taylán) Paseante.
Pasea-(tayélet).נ, טַיֶּלֶת
dero. Paseante (fem.).
Barro. (tin) .ז, טִין
'tiná) .נ, טִינָא,טִינָה
Odio.
Aviador,(tayás).ז, טַיָּס
piloto.
Vue- (tayis) .ז, טַיִס
lo.
Vuelo. (tisá) .נ, טִיסָה
Avión,(tisán) .ז, טִיסָן
aeroplano.

Es- (tayéset) .טַיֶּסֶת, נ
cuadrilla.
Gota, (tif) .טִיף, ז
goteo.
Tifo.(tifus) .טִיפוּס, ז
(tifus- טִיפוּס הַבְּהָרוֹת—
habeharot) Tifus exantemático.
(-hameá- טִיפוּס הַמְּעַיִם—
yim)Tifus abdominal.
(-jozer) טִיפוּס חוֹזֵר—
Tifus recurrente.
Agüero, (táyir) .טַיָּר, ז
presagio.
Pueble-(tirá) .טִירָה, נ
cillo.Fortaleza.Palacio.
Cade-(tirón) .טִירוֹן, ז
te, soldado joven.
.טִירָן, טִירָנוּת, ר׳ עָרִיץ
Nombre de (tet) .טֵית, נ
la novena letra del
alfabeto hebreo.
Orga- (tikus) .טִכּוּס, ז
nización, arreglo.
Téc-(tejnay) .טֶכְנַאי, ז
nico.
(tejnolog) .טֶכְנוֹלוֹג, ז
Tecnólogo.
(tejnolog- טֶכְנוֹלוֹגְיָה, נ
ya) Tecnología.
Téc- (tejni) .טֶכְנִי, ת
nico.
(tejniyón) .טֶכְנִיּוֹן, ז
Colegio tecnológico.
(téjnica) .טֶכְנִיקָה, נ
Técnica.
טכס (טָכַס, יִטְכֹּס) פ״י
Arreglar, ordenar poner
en orden, organizar.
Ordenar, organi- טִכֵּס—
zar.

Ser ordenado, ser טֻכַּס—
organizado.
Aconsejarse, טִכֵּס עֵצָה—
pedir consejo.
טֶכֶס, ז. ר׳ טְכָסִים
(tejes) Ceremonia.
Tasa.(taxa) .טַכְּסָה, נ
Texto.(text) .טֶכְּסְט, ז
(textil) .טֶכְּסְטִיל, ז
Textil.
.טַכְּסִי, ר׳ מוֹנִית
(taximéter). טַכְּסִימֶטֶר, ז
Taxímetro.
Tác-(tajsís) .טַכְסִיס, ז
tica, estrategia.
(tajsisán) .טַכְסִיסָן, ז
Estratego.
Obrar estraté- טִכְסֵס, פ״י
gicamente.
טַל, ז. ר׳ טְלָלִים
(tal) Rocío.
טלא (טָלָא, יִטְלָא) פ״י
Remendar.
Remendar. טִלֵּא—
Ser remendado. טֻלָּא—
Remendar. הִטְלָא—
טְלָא, טְלַאי, ז. ר׳ טְלָ־אִים
(tele, tlay)
Remiendo.
.טֶלֶגְרָמָה, נ. ר׳ מִבְרָק
(telegraf) .טֶלֶגְרָף, ז
Telégrafo.
Telegrafiar. טִלְגְרֵף, פ״י
(telegrafay) טֶלֶגְרָפַאי, ז
Telegrafista.
(telegrafi) .טֶלֶגְרָפִי, ת
Telegráfico.
(tele- .טֶלֶגְרָפִית, תה״פ
grafit)Telegráficamente
טָלֶה, ז. ר׳ טְלָאִים, טְ־לָיִים
Cordero.(talé)

טָלָה (טָלָה, יִטְלֶה) פ"י
Remendar.
Man- (talû) .טָלוּא,ת
chado.
(televizya) .טֶלֶוִיזְיָה,נ
Televisión.
Ro- (talul) .טָלוּל,ת
ciado.
Rociada, (tilul) .טִלּוּל,ז
rociamiento.
Bur- (tlulá) .טְלוּלָא,ז
la.
Tras-(tiltul) .טִלְטוּל,ז
lado.
Trasladar. .טִלְטֵל,פ"י
Echar, lanzar.
Tras- הִטַּלְטֵל, הִתְטַלְטֵל-
ladarse.
Corre-(taltal) .טַלְטַל,ז
dera, cursor.
Lan-(taltelá) .טַלְטֵלָה,נ
zamiento.
טְלִי, ר' טְלָאִי.
טַלְיָא, ז. נ' טַלְיְתָא
(talyá) Joven.
Ti- (tilyá) .טִלְיָה,נ
lo.
(ta- .טַלִּיסְמָא, טַלִּיסְמָן, ז
lismá,-mán) Talismán.
טַלִּית, טַלֵּית, נ. ר' טַלִּ-
יּוֹת, טַלִּיתוֹת, טַלֵּיתִים
(talit, talet) Taled: manto con franjas con que se cubren los judíos durante la oración de la mañana.
Rociar. Te- .טִלֵּל,פ"י
char.
Rociar. הִטַּלֵּל-
(tilelón) .טִלְלוֹן,ז
Tilo.

טְלָלִים, ר' טַל.
(telescop) .טֶלֶסְקוֹפּ,ז
Telescopio.
טֶלֶף, ז. ר' טְלָפַיִם
(télef) Casco.
Te- (telefón) .טֶלֶפוֹן,ז
léfono.
(telegonay) .טֶלֶפוֹנַאי,ז
Telefonista.
(telefoni) .טֶלֶפוֹנִי,ת
Telefónico.
(tele- .טֶלֶפוֹנִית,תה"פ
fónit)Telefónicamente.
Telefonear .טִלְפֵּן,פ"י
(telepatya) .טֶלֶפַּתְיָה,נ
Telepatía.
Talco.(talk) .טַלְק,ז
טָמֵא (טָמֵא, יִטְמָא) פ"ע
Ser impuro, ser sucio, impurificarse.
Profanar, ensu- טִמֵּא-
ciar.
Ser profanado, טֻמּוֹא-
ser ensuciado.
Profa- (הִתְטַמֵּא) הִטַּמֵּא-
narse, ensuciarse.
Ser (הִתְטַמֵּא) הִטַּמֵּא-
profanado, impurificado.
(ta- .טָמֵא,ת. ר' טְמֵאִים
mé) Impuro, sucio.
Im- (tum-á) טֻמְאָה,נ
pureza.
Ser es- ,(טמה) הִטַּמָּה
túpido, tonto, torpe.
Estú-(tamum) .טָמוּם,ת
pido, torpe, bobo.
Escon-(tamún) .טָמוּן,ת
dido, oculto.
Se- (tmuná) .טְמוּנָה,נ
creto, misterio.
Tor-(timtum) .טִמְטוּם,ז

peza. Amasamiento, amasadura.
טִמְטֵם, פ"י. Tapar. Fig. embrutecer. Amasar.
-טֻמְטַם Ser embrutecido.
-הִטַּמְטֵם (הִתְטַמְטֵם) Embrutecerse.
טִמְיוֹן, ז. Te-(timyón) sorería, fisco. Abismo.
טְמִינָה, נ. Ocul-(tminá) tación.
טְמִיעָה, נ. Asi- (tmiá) milasión.
טָמִיר, ת. Secre-(tamir) to, oculto.
טְמִירָה, נ. Ocul- (tmirá) tación.
טמן (טָמַן, יִטְמֹן) פ"י Ocultar, esconder.
-הִטָּמֵן Ser escondido, ser ocultado.
-טִמֵּן Esconder, ocultar.
-הִטְמִין Esconder, ocultar.
-הָטְמַן Ser escondido, ser ocultado.
(טמע) הִטָּמַע, טָמַע, (הִתְ-טַמֵּעַ), Asimilarse.
-הִטְמִיעַ Asimilar.
טֶמְפּוֹ, ז. Tiempo. (tempo)
טֶמְפֶּרָטוּרָה, נ. (tempera-tura) Temperatura.
טֶמְפֶּרָמֶנְט, ז (temperament) Temperamento.
טֶנֶא, ז. Cesto, (tene) canasta.
טַנְבּוּר, ז. Pan- (tanbur) dereta.
טַנְגוֹ, ז. Tango. (tango)
טַנְגֶנְס, ז. Tan-(tanguens). gente.

טֶנְדֶּנְצְיָה, ר' מְגַמָּה, נְטִיָּה.
טֶנְדֶּר, ז. Camio-(ténder) neta, ténder.
טִנּוּף, ז. Basura, (tinuf) porquería.
טֶנוֹר, ז. Tenor. (tenor)
טֶנִי, ז. Aljo- (teni) faina, platón.
טֶנִיס, ז. Tenis. (tenis)
-טֶנִיס־שֻׁלְחָן (tenis-shulján) Ping pong.
טנן (טָנַן, יִטְנֹן) פ"ע Humedecerse.
-טִנֵּן Humedecer.
-טֻנַּן Ser humedecido.
-הִטֵּן Humedecer.
(טנף) הִטַּנֵּף, Ensuciar-se.
-טִנֵּף Ensuciar.
-טֻנַּף Ser ensuciado.
-הִטַּנֵּף (הִתְטַנֵּף) Ensuciarse.
טִנֹּפֶת, נ. Basu-(tinófet) ra, porquería.
טַנְק, ז. Tanque. (tank)
טַס, ז. Plancha, (tas) lámina. Bandeja.
טֶסֶה־טֶסֶה, ר' זִגְזַג
טַסִּית, נ. Ban- (tasit) dejita.
טעה (טָעָה, יִטְעֶה) פ"ע Equivocarse.
-הִטְעָה Equivocar.
טָעוּן, ת. Cargado. (taún) Necesita, debe ser, tiene que.
טְעוֹן, ז. Carga, (teón) cargamento.
טִעוּן, ר' טְעִינָה.
טָעוּת, נ. ר' טָעֻיּוֹת

gir.
Ser cargado. הִטָּעֵן-
Ser punzado. טֹעַן-
Cargar. הַטְעֵן-
Carga.(toan) טֹעַן, ז.
Queja,(taaná) טַעֲנָה, נ.
argumento, reclamación, exigencia.
Infinitivo del טַעַת, verbo נָטַע.
Niños. (taf) טַף, ז.
טִפָּה, נ. ר' טִפּוֹת,טִפִּים
(tipá) Gota.
(tipografi).טִפּוֹגְרָפִי, ת
Tipográfico.
(tipogra-.טִפּוֹגְרַפְיָה, נ
fya) Tipografía.
Edu- (tipúaj) .טִפּוּחַ, ז
cación, vigilancia, cuidado. Mojadura.
Húme-(tafúaj) .טָפוּחַ, ת
do, mojado.
Cuida-(tipul) .טִפּוּל, ז
do, vigilancia, atención, ocupación.
Pega-(taful) .טָפוּל, ת
do, unido.
(tfulá) .טְפוּלָה, נ
Afijo.
Tipo. (tipús) .טִפּוּס, ז
Carácter. Acción de trepar.
(tipusí) .טִפּוּסִי, ת
Típico.
Lleno.(tafuf) .טָפוּף, ת
Bobo,(tafush) .טָפוּשׁ, ת
torpe, estúpido.
Niñez,(taput) .טַפּוּת, נ
infancia.
(téfaj, .טֶפַח, טֹפַח, ז
tófaj) Puño, palma

(taut) Error, equivocación, errata,falta.
Equivo-(teiyá) .טְעִיָּה, נ
cación, acción de equivocarse.
Sabroso,(taim) .טָעִים, ת
delicioso.
Sabo-(teimá) .טְעִימָה, נ
reo, Acentuación.
Carga,(teiná) .טְעִינָה, נ
cargadura. Pollada,, pollazón.
טָעַם (טָעֵם, יִטְעַם) פ"י
Gustar,probar,saborear.
Ser probado. הִטָּעֵם-
Gustar, probar. טַעֵם-
Hacer probar, sa-הַטְעֵם-
borear. Acentuar. Explicar.
Ser probado. Ser הָטְעַם-
sazonado.Ser acentuado.
(tá- טַעַם, ז. ר' טְעָמִים
am) Sabor, gusto. Acento. Orden.
(táam-gan-טַעַם גַּן-עֵדֶן-
eden) Sabor a paraíso.
(báal-táam) בַּעַל טַעַם-
Hombre de buen gusto.
(beló-táam) בְּלֹא טַעַם-
Sin motivo.
(milot-ha- מִלּוֹת הַטַּעַם-
táam) Preposiciones.
(jasar-táam) חֲסַר טַעַם-
Sin sabor.
Por orden(mitáam) מִטַּעַם-
de, en nombre de.
טָעַן (טָעַן, יִטְעַן) פ"י
Cargar. Reclamar, exi-

טָפַח (טָפַח, יִטְפַּח) פ"ע Hincharse, inflarse. Pegar, golpear, palmear. Humedecer

הִטָּפַח- Humedecerse.

טִפֵּחַ- Ensanchar. Palmear. Educar. Recoger.

הִטְפִּחַ- Humedecer.

טְפָחָה, טִפְחָה, נ. (tfajá, tifjá) Viga.

טִפְטוּף, ז. Goteo. (tiftuf) Llovizna.

טִפְטֵף, פ"ע. Gotear. Lloviznar.

טַפְטֶפֶת, נ. Cuentagotas, gotero. (taftéfet)

טְפִי, ז. Cuentagotas, aceitera. (tfi)

טִפִּי, ת. Goteado, (tipí) de o como la gota.

אֶבֶן טִפִּית, אֶבֶן טִפִּין, ר' נְטִיף.

טְפֵי, תה"פ. Más. (tfey)

טְפִיחָה, נ. Golpeo, (tfijá) golpeadura.

טַפִּיט, ז. Tapiz, (tapit) servilleta.

טַפִּיל, טָפִיל, ת. (tapil, tafil) Parásito.

טְפִילָה, נ. Ocupación. (tfilá)

טְפִילוּת, נ. (tfilut) Parasitismo.

טַפִּילִי, ת. Parásito. (tapilí)

טַפִּיר, ז. Tapir. (tapir)

טָפַל (טָפַל, יִטְפֹּל) פ"י Pegar, unir.

הִטָּפֵל- Pegarse, unirse. Meterse donde no lo llaman.

טִפֵּל- Ocuparse de, cuidar.

טֻפּוֹל- Ser ocupado.

הִטַּפֵּל- (הִתְטַפֵּל) Unirse. Ocuparse de.

טָפֵל, ת. Accesorio. Insípido. (tafel)

טֶפֶל, ז. Goma. (téfel) Pasta para fijar vidrios.

(טפל) טְפָלִים, טַפְלַיָּא, ז"ר (tfelim, taflayá) Niños.

טְפֵלָה, נ. Suplemento. Accesorio. (tfelá)

טֹפֶס, ר' טוֹפֶס.

טִפֵּס, פ"י. Trepar, encaramarse.

הִטְפֵּס- Copiar.

הֻטְפַּס- Ser copiado.

טַפְסָר, טִפְסָר, ז. (tafsar, tifsar) Señor, príncipe.

טָפַף (טָפַף, יִטְפֹּף) פ"ע Caminar con orgullo.

טֹפֶר, ז. Garra. (tófer)

טִפֵּשׁ, ת. נ' טִפְּשָׁה (tipesh) Estúpido, tonto, bobo, torpe.

טֶפֶשׁ, ז. Torpeza, tontería. (téfesh)

טָפַשׁ, פ"ע. Embrutecerse.

טִפְּשׁוֹן, ת. (tipshón) Bobito.

טִפְּשׁוּת, נ. Estupidez, torpeza. (tipshut)

טִפְּשִׁי, ת. Bobo, tonto, estúpido. (tipshí)

טַצְדָּקָה, נ. (tatzdecá) Pretexto.

Tacto. (takt) .ז ,טַקְט
Tác- (takti) .ת ,טַקְטִי
tico.
(táctica) .נ ,טַקְטִיקָה
Táctica.
.טִקֵּס, ר׳ טֶכֶס
Organizar, lle- פ"י ,טִקֵּס
var a cabo.
Ser organizado, טֻקַּס—
ser arreglado.
(traguedya) .נ ,טְרָגֶדְיָה
Tragedia.
Trágico.(tragui) .ת ,טְרָגִי
(traguiyut) .נ ,טְרָגִיּוּת
Tragedia.
(tragui- .נ ,טְרָגִיקוֹמֶדְיָה
comedya) Tragicomedia.
(traguicón) .ז ,טְרָגִיקוֹן
Actor o autor trágico.
טרד (טָרַד, יִטְרֹד) פ"ע
Expulsar. Empujar. Go-
tear. Obrar, ocuparse.
Vaciar.
Ser expulsado. הִטָּרֵד—
Embrollarse.
Embrollar. טֵרֵד—
Importunar. Em- הַטְרֵד—
brollar.
Ser importunado. הָטְרַד—
(té- .ז ,טֶרֶד, טֶרֶד מְזַמֵּר
red-mezamer) Tordo.
Preo-(tirdá) .נ ,טִרְדָּה
cupación, importunidad.
Impor-(tardán) .ז ,טַרְדָן
tuno, enfadoso.
(tardanut) .נ ,טַרְדָנוּת
Importunidad.
Tara. (tara) .נ ,טָרָה
(trubadur) .ז ,טְרוּבָּדוּר
Trovador.
Expul-(terud) .ז ,טֵרוּד
sión. Importunidad,
preocupación.
Ocu- (tarud). .ת ,טָרוּד
pado.
Agudo, (taruz) .ת ,טָרוּז
afilado.
Débil.(tarut) .ת ,טָרוּט
Sal-(trutá) .נ ,טְרוּטָה
món.
(trombón) .ז ,טְרוֹמְבּוֹן
Trombón.
(trunyá) .נ ,טְרוּנְיָה
Furia.
Locura.(teruf) .ז ,טֵרוּף
Enloquecimiento.
Devo-(taruf) .ת ,טָרוּף
rado. Embrollado.
(tropos- .נ ,טְרוֹפּוֹסְפֵרָה
fera) Troposfera.
Tró-(tropi) .ת ,טְרוֹפִּי
pico.
(tropizm) .ז ,טְרוֹפִּיזְם
Tropismo (sufijo).
.טְרוֹפִּיק, ר׳ חוּג
Terror.(teror) .ז ,טֵרוֹר
טֵרוֹרִיזְם, ר׳ אֵימְתָנוּת
.טֵרוֹרִיסְט, ר׳ אֵימְתָן
Ele- (tarzán) .ת ,טַרְזָן
gante.
(tarzanut) .נ ,טַרְזָנוּת
Elegancia.
טרח (טָרַח, יִטְרַח) פ"ע
Penar, trabajar. can-
sarse.
Importunar, mo- הַטְרֵחַ—
lestar, hacer penar.
Ser importunado, הָטְרַח—
ser molestado.
Pena, (tóraj) .ז ,טֹרַח
importunidad.
Pena.(tirjá) .נ ,טִרְחָה

Pena.(tarjut) טִרְחוּת, נ.
Impor-(tarján) טַרְחָן, ת.
tuno, enfadoso.
(tarjanut) טַרְחָנוּת, נ.

Toda-(térem). טֶרֶם, תה"פ
vía no. Antes que.
Antes (betérem) -בְּטֶרֶם
que.

י

Décima (yod o yud) ,י
letra del alfabeto
hebreo. Su valor
numérico es 10.
יאב (יָאַב, יִיאַב) פ"ע
Desear, querer.
Deseo,(yéev) יְאֵב, ז.
anhelo.
יאה (יָאָה, יִיאָה) פ"ע
Convenir, ser hermoso.
Conveni-(yaé) יָאֶה, ת.
ente, apropiado, bonito.
(yeor) יְאוֹר, יְאֹר, ז.
Río. El Nilo.
Deses-(yeush) יֵאוּשׁ, ז.
peración.
Bien,(yaut) יָאוּת, תה"פ.
conveniente.
Con-(cayaut) -כַּיָּאוּת
venientemente, en
orden.
Aceptar. (יאל) הוֹאִיל,
Servirse, dignarse.
Empezar.

Embrutecerse, -הִוָּאֵל
entorpecerse.
(יאש) הִתְיָאֵשׁ, הִוָּאֵשׁ,
Desesperarse.
Desesperar. -יָאַשׁ
Ser convenien- יָאַת, פ"ע
te, ser bonito.
Hermosearse. -הִוָּאֵת
Llorar, la- יָבַב, פ"ע.
mentar.
Lloro,(yevavá) יְבָבָה, נ.
gemido, lamentación.
Impor- (yevú) יְבוּא, ז.
tación.
Im- (yevuán) יְבוּאָן, ז.
portador.
Lloro,(yibuv) יִבּוּב, ז.
gemido, sollozo.
Pro- (yevul) יְבוּל, ז.
ducción , cosecha.
Extir-(yibul) יִבּוּל, ז.
pación. Jubileo.
Casami-(yibum) יִבּוּם, ז.
ento con la יְבָמָה.

Se-(yeveshut). יְבֵשׁוּת,נ.
quedad.
Se-(yevóshet) יֹבֶשֶׁת,נ
quedad. Desecación.
יַבֶּשֶׁת,נ. ר׳ יַבָּשׁוֹת
(yabéshet) Continente,
tierra.
Con-(yabashtí) יַבַּשְׁתִּי,ת.
tinental.
Campo.(yaguev) יָגֵב,ז.
Estar triste. יָגָה,פ"ע.
Entristecerse. הִוָּגָה-
Entristecer. הוֹגָה ,יָגָה-
Yaguar.(yaguar) יָגוּאָר,ז.
An- (yagón) יָגוֹן,ז.
gustia.
Mie- (yagor) יָגוֹר,ת.
doso.
Tra-(yeguivá). יְגִיבָה,נ.
bajo agrícola.
Can-(yaguía) יָגִיעַ,ת.
sado, fatigado.
Fati-(yeguía) יְגִיעַ,ז.
ga, cansancio.
Pena,(yeguiá). יְגִיעָה,נ.
cansancio, trabajo.
יָגַע(יָגֵעַ,יָגַע,יִיגַע)
Penar, cansarse, פ"ע
trabajar.
Importunar, ha- יִגֵּעַ-
cer penar.
Ser importunado, יוּגַּע-
ser cansado.
Fatigar, הוֹגַעַ, הִגִּיעַ-
cansar.
Cansarse, fa- הִתְיַגֵּעַ-
tigarse.
Cansa-(yaguéa) יָגֵעַ,ת.
do, fatigado.
Pena,(yega) יֶגַע,ז.
cansancio, trabajo.

Dese-(yibush) יִבּוּשׁ,ז.
cación.
Mosca.(yavjush) יַבְחוּשׁ,ז
Desarraigar, יָבַל,פ"י.
extirpar.
Conducir, הוֹבִיל ,הוּבַל-
guiar, llevar.
Ser conducido, הוּבַל-
ser llevado.
(ya- יָבָל,ז. ר׳ יְבָלִים
val) Arroyo, riachuelo.
(ya- יַבֶּלֶת,נ. ר׳ יַבָּלוֹת
bélet) Verruga, callo.
יַבֶּלֶת, ר׳ יַבָּלוֹת.
Cuñado, (yavam) יָבָם,ז.
cuñado llamado por la
ley mosaica a casarse
con su יְבָמָה.
Casarse con la. יִבֵּם,פ"י
viuda de un hermano
muerto sin tener hijos
Casarse con הִתְיַבֵּם-
el יָבָם.
Cuñada,(yevamá). יְבָמָה,נ
viuda de una hermano
muerto sin tener hi-
jos.
יְבָמוֹת,נ. ר׳ יְבוּם.
יָבַשׁ (יָבֵשׁ, יִיבַשׁ)פ"ע
Secarse.
Secar. יִבֵּשׁ-
Secar. Avergon- הוֹבִישׁ-
zar. Avergonzarse.
Ser secado. יֻבַּשׁ-
Secarse. הִתְיַבֵּשׁ-
(ya- יָבֵשׁ,ת. נ׳ יְבֵשָׁה
vesh) Seco.
Sequía,(yóvesh) יֹבֶשׁ,ז.
sequedad.
Tierra,(yabashá). יַבָּשָׁה,נ
tierra firme.

Producto (yagá) יְגָע, ז.
del trabajo.
יָגֹר (יָגֹרְתִּי, יָגֹר) פ"ע
Temer.
יָד, נ. זוגי יָדַיִם, ר'
Mano. (yad) יָדַיִם, יָדוֹת
Fig. fuerza. Asa. Parte, porción. Monumento. Orilla, borde. Lugar, sitio.
(yad-tejavá) יָד רְחָבָה-
Generosidad.
(yad - ramá) יָד רָמָה-
Valentía.
(yad-takifá) יָד תַּקִּיפָה-
Autoridad.
(mishlaj-yad) מִשְׁלַח יָד-
Profesión.
Hechar mano שָׁלַח יָד בְּ-
en: empezar. Hacer mal, robar, matar, castigar.
Escu- יָצָא יְדֵי הַבְּרִיּוֹת-
char los consejos de la gente.
Cumplir יָצָא יְדֵי חוֹבָה-
con el deber.
(netilat- נְטִילַת יָדַיִם-
yadáyim) Ablución.
Tender la ma- פָּשַׁט יָד-
no: mendigar, pedir limosna.
(ya- יָדוֹ עַל הָעֶלְיוֹנָה-
dó-al-haelyoná) Él es el vencedor.
(ya- יָדוֹ עַל הַתַּחְתּוֹנָה-
dó-al-hatajtoná) El es el vencido.
Al lado.(al-yad) עַל יָד-
Por intermedio de, por medio de.

(al-yedey) עַל יְדֵי-
Por medio de.
(kil-ajar- כִּלְאַחַר יָד-
yad) Por otra parte.
(ozlat-yad) אָזְלַת יָד-
Imposibilidad.
(bejózek- בְּחֹזֶק יָד-
yad) Con mano fuerte, con fuerza.
(ktav-yad) כְּתַב־יָד-
Manuscrito.
(cótzer-yad) קֹצֶר יָד-
Imposibilidad.
(ktzar-yad) קְצַר יָד-
Débil, imposibilitado.
(sheón-yad) שְׁעוֹן יָד-
Reloj de mano.
Echar שָׁלַח יָד בְּנַפְשׁוֹ-
mano a su alma: suicidarse.
(rfe-yadá- רְפֵה יָדַיִם-
yim) Débil.
Amigarse, הִתְיַדֵּד (ידד)
amistarse.
יָדָה (יָדָה, יִידֶה) פ"י
Tirar, lanzar.
Lanzar, tirar, יַדֵּה-
echar.
Confesar. Agra- הוֹדָה-
decer.
Confesarse. הִתְוַדָּה-
Chispa, (yedod) יְדוֹד, ז.
centella.
(yedonit) יְדוֹנִית, נ.
Esposas, manilla.
Famoso. (yadúa) יָדוּעַ, ת.
Conocido. Sabido.
יְדִיד, ז. נ' יְדִידָה, ר'
Amigo (yadid) יְדִידִים
íntimo.
(yedidut) יְדִידוּת, נ.

daísmo.
Conver-(yihud) .יִהוּד, ז
sión al judaísmo.
(yehudón) .יְהוּדוֹן, ז
Judío.
Judío.(yehudí).יְהוּדִי, ז
(yehudiyá) .יְהוּדִיָּה, נ
Judía.
(yehudit).יְהוּדִית, תה"פ
En hebreo.
(yehudit) .יְהוּדִית, נ
Jerga. Judeo. Idish.
(ye- יְהוּדִית אַשְׁכְּנַזִּית-
hudit-ashkenazit) Judeo-alemán, Idish.
(ye- יְהוּדִית סְפָרַדִּית-
hudit-sfaradit) Judeo-español.
Nombre de Dios. ,יְהוָה
(se lee Adonay y no se pronuncian sus letras).
Sea, impera-(yehí).יְהִי
tivo del verbo הָיָה
Orgul-(yahir) .יָהִיר, ת
loso.
(yehirut) .יְהִירוּת, נ
Orgullo.
Dia-(yahalom).יַהֲלוֹם, ז
mante.
(yahalomán) .יַהֲלוֹמָן, ז
Diamantista.
(yahalo- .יַהֲלוֹמָנוּת, נ
manut) Grabado.Comercio de diamantes.
יָהַר (יָהַר, יִיהַר) פ"ע
Enorgullecerse.
Enorgullecerse.הִתְיַהֵר-
Or- (yohará) .יָהֳרָה, נ
gullo.
יוֹבֵל, ז. ר' יוֹבְלִים

Amistad.
(yedidutí) .יְדִידוּתִי, ת
Amistoso.
Aviso,(yediá).יְדִיעָה, נ
información, noticia.
Conocimiento.
Manija.(yadit).יָדִית, נ
יָדַע (יָדַע, יֵדַע) פ"י
Saber. Conocer.
Aparecer. Ser הִוָּדַע-
sabido,Ser conocido.
Determinar, in- יִדֵּעַ-
dicar.
Avisar. Castigar. הוֹדִיעַ-
Ser avisado. הוּדַע-
Hacer- הִתְוַדֵּעַ, הִתְיַדֵּעַ-
se conocer.
Conoci-(yeda) .יֶדַע, ז
miento.
(yid-oní) .יִדְּעוֹנִי, ז
Hechicero.
Con-(yad-ut) .יַדְעוּת, נ
ciencia.
Sabio,(yad-án).יַדְעָן, ז
erudito.
(yad-anut) .יַדְעָנוּת, נ
Sabiduría.
יִדְּעֹנִי, ר' יִדְּעוֹנִי.
Uno de los (yah) ,יָהּ
nombres de Dios.
יָהַב (צווי הַב,הָבָה,
הָבִי, הָבוּ) פ"י
Dar,pre-
sentar, entregar.
Carga.(yehav) .יְהָב, ז
Fig. esperanza.
Judaizar,con-.יִהֵד, פ"י
vertir al judaísmo.
Convertirse al הִתְיַהֵד-
judaísmo.
Ju-(yahadut) .יַהֲדוּת, נ

(yom-shlishí) Martes. -יום שְׁלִישִׁי
(yom-reví) Miércoles. -יום רְבִיעִי
(yom-jamishí) Jueves. -יום חֲמִישִׁי
(yom-shishí) Viernes. -יום שִׁשִּׁי
(yom-shabat) Sábado. -יום שַׁבָּת
El día. (hayom) Hoy. Hoy día. -הַיּוֹם
(cayom, kehayom) Hoy día. -כַּיּוֹם, כְּהַיּוֹם
Días. (yamim) Año. -יָמִים
(yamim-noraim) El primer día del año (Rosh-hashaná) y el Día de la Expiación (Kipur) Los días que separan a estas fiestas. -יָמִים נוֹרָאִים
(miyamav) Nunca. -מִיָּמָיו
(yemey-kédem) La antigüedad. -יְמֵי קֶדֶם
(yemey-habeynáyim) Edad Media -יְמֵי הַבֵּינַיִם
(bin-yom) En un día. -בֶּן יוֹם
(sjir-yom) Jornalero. -שְׂכִיר יוֹם
(órej-yamim) Longevidad. -אֹרֶךְ יָמִים
Entrar en los días: envejecer -בּוֹא בַּיָּמִים
(divrey-hayamim) Historia. -דִּבְרֵי הַיָּמִים
-מְלֵא יָמִים, שְׂבַע יָמִים (mle-yamim, sva-yamim)

(yovel) Jibileo. Cordero. Cuerno, cacho.
יוּבַל, ז. (yuval) Afluente de un río.
יוֹבְשָׁנִי, ת. (yovshaní) Seco.
יוֹגֵב, ז. (yoguev) Labrador, cultivador.
יוֹד, יוּד, ז. (yod, yud) Nombre de la décima letra del alfabeto.
יוֹד, ז. (yod) Yodo.
יוֹדִית, ר' יְהוּדִית.
יוֹהָרָה, ר' יֻהֲרָה.
יוֹזֵם, ז. (yozem) Iniciador.
יוּחֲסִין (מְגִילַּת־) (meguilat-yojasín) Genealogía.
יוּטָה, נ. (yuta) Yute.
יוֹלֵדָה, יוֹלֶדֶת, נ. (yoledá, yolédet) Parturienta. Fig. madre.
יוֹלְדִים, ז"ר. (yoldim) Parientes.
יוּלִי, ז. (yuli) Julio.
יוֹם, ז. ר' יָמִים, זוּגִי יוֹמַיִם
Día. (yom)
(yom-hulédet) Cumpleaños. -יוֹם הֻלֶּדֶת
(yom-tov) Día feriado, fiesta. -יוֹם טוֹב
(yom-yom) Todos los días. -יוֹם יוֹם
(yom-yomí) Diario. -יוֹם יוֹמִי
(yom-rishón) Domingo. -יוֹם רִאשׁוֹן
(yom-shení) Lunes. -יוֹם שֵׁנִי

Lleno de días: viejo.
(beló-yomó) בְּלֹא יוֹמוֹ-
Prematuramente.
Vivir הַאֲרֵךְ יָמִים-
mucho tiempo.
-יוֹם ה׳ יוֹם הַדִּין
(yom-adonay, yom-hadín)
El día del juicio.
Día. (yoma) .יוֹמָא, ז
Diario (yomón). יוֹמוֹן, ז
(periódico).
יוֹמִי, ת. נ׳ יוֹמִית
(yomí)Diario.Diurno.
(itón-yomí) עִתּוֹן יוֹמִי-
Diario, periódico, gaceta.
(poel-yomí) פּוֹעֵל יוֹמִי-
Jornalero.
(yomit) .יוֹמִית, תה"פ
Diariamente.
(yomam) .יוֹמָם, תה"פ
De día.
(yomam-valayla) יוֹמָם וָלַיְלָה-
Día y noche.
Diario.(yomán). יוֹמָן, ז
Noticiero.
Helenizar. .יִוֵּן, פ"י
Helenizarse. הִתְיַוֵּן-
Barro, (yavén) .יָוֵן, ז
fango, lodo.
Gre- (yaván) .יָוָן, ז
cia.
יוֹן, ז. יוֹנָה, נ. ר׳ יוֹנִים
(yon, yoná)
Palomo, paloma.
Ion. (yon) .יוֹן, ז
(yavnut) .יַוְנוּת, נ
Helenismo.
Grie-(yevaní) .יְוָנִי, ת
go.
Junio.(yuni) .יוּנִי, ז

Len-(yevanit) .יְוָנִית, נ
gua griega.
יוֹנֵק, ז. ר׳ יוֹנְקִים
(yonek) Criatura. Mamífero.
(yonkim) .יוֹנְקִים, ז"ר
Mamíferos.
Pelo(yonéket) .יוֹנֶקֶת, נ
absorbente(de una raíz)
Ca-(yoézer) .יוֹעֶזֶר, ז
bello (planta).
יוֹעֵץ, ז. ר׳ יוֹעֲצִים
(yoetz) Consejero.
(yotz-anit). יוֹצְאָנִית, נ
Ramera. Callejera.
(yotzet-jutz) .יוֹצֵאת-חוּץ, נ
Callejera, ramera
Crea-(yotzer) .יוֹצֵר, ז
dor. Alfarero, ollero.
Nombre de una oración.
Caza-(yokesh) .יוֹקֵשׁ, ז
dor.
(yokéshet) .יוֹקֶשֶׁת, נ
Torpedero.
Deca-(yored) .יוֹרֵד, ז
dente. Emigrante.
Yambo.
(yored-yam) יוֹרֵד יָם-
Batelero, barquero.
(yorédet) .יוֹרֶדֶת, נ
Arroyo.
Tem- (yoré) .יוֹרֶה, ז
prana (primera lluvia que cae en otoño). Tirador.
Cal- (yorá) .יוֹרָה, נ
dera.
יוֹרֵשׁ, ז. ר׳ יוֹרְשִׁים
(yoresh) Heredero.
(yoresh-é- יוֹרֵשׁ עֶצֶר-

יַחַד, יַחְדָו, יַחְדָּיו, תה"פ (yájad,,jajdav) Juntos.
Unión, (yájad) יַחַד, ז. fraternidad.
Unión, (yijud) יִחוּד, ז. Unificación. Aislamiento. Espe-(beyijud) בְּיִחוּד- cialmente. Aparte.
(emunat- אֱמוּנַת הַיִּחוּד- hayijut) Monoteísmo.
Es- (yijul) יִחוּל, ז. peranza.
Calor. (yijum) יִחוּם, ז. Excitación sexual.
Gene- (yijús) יִחוּס, ז. alogía. Relación. Atribución. Distinción.
יִחוּסִי, ר' יַחֲסִי.
In- (yijur) יִחוּר, ז. jerto.
Solo, (yajid) יָחִיד, ת. único. Singular.
(yejidey- יְחִידֵי סְגֻלָּה- sgulá) Privilegiados.
(yeji- יְחִידוֹ שֶׁל עוֹלָם- dó-shel-olam) Fig. Dios.
(lijidim) לִיחִידִים- Al detal.
(reshut- רְשׁוּת הַיָּחִיד- hayajid) Bien particular
Uni-(yejidá) יְחִידָה, נ. dad. Unica. Alma.
(yejidut) יְחִידוּת, נ. Soledad. Unidad.
Solo, (yejidí) יְחִידִי, ת. único.
Deseo-(yajil) יָחִיל, ת. so.
Esperar. הוֹחִיל, (יחל) Desesperarse.

tzer) Heredero presunto.
Habi-(yoshev) יוֹשֵׁב, ז. tante. Sentado.
(yoshev- יוֹשֵׁב רֹאשׁ- rosh) Presidente.
(yoter) יוֹתֵר, תה"פ. Más.
(yoder-mi- יוֹתֵר מִדַּי- day) Demasiado.
Mucho, (beyoter) בְּיוֹתֵר- muy. Especialmente.
(lejol-ha- לְכָל הַיּוֹתֵר- yoter) Por lo mucho.
(pa- פָּחוֹת אוֹ יוֹתֵר- jot-o-yoter) Poco más o menos.
יוֹתֶרֶת (־הַכָּבֵד), נ. (yotéret-hacaved) Diafragma.
יְזוּאִיט, ר' יֵשׁוּעִי.
Nom- (yizcor) יִזְכֹּר, bre de una oración fúnebre.
יָזַם (יָזַם, יִזֹּם) פ"ע Pensar, tramar. Iniciar.
Ini- (yozmá) יָזְמָה, נ. ciativa.
Ser o es- יָזַן, (יזן) tar gordo.
Sudor. (yeza) יֶזַע, ז. Ceñidor.
יָחַד (יָחַד, יַחַד) פ"ע Unirse, ser unido.
Unir. Unificar. יִחֵד- Proclamar como único. Fijar, determinar.
Ser fijado, ser יֻחַד- determinado. Ser unido.
Unirse. הִתְיַחֵד-

rarse, pertenecer.
יָטַב (טוב, יִיטַב) פ"ע
Gustar, ser bueno, ser agradable.
Hacer bien, hacer הֵיטֵב- un favor. Mejorar.
Ser mejorado. הוּטַב-
El nombre (adonay) ,יי de Dios. En la Biblia es escrito también : יְהֹוָה
(ya- יַיִן, ז. ר' יֵינוֹת yin) Vino.
(yayin-nesej) יַיִן נֶסֶךְ- Vino de libación (prohibido por la ley).
יַיִן שָׂרוּף, יַיִן שָׂרָף- (yayin-saruf, yayin-saraf) Aguardiente.
(beyt-haya- בֵּית הַיַּיִן- yain) Taberna.
(yayin-ben יַיִן בֶּן חֹמֶץ- jómetz) Santo hijo de un perverso.
(jómetz- חֹמֶץ בֶּן יַיִן- ben-yayin) Perverso hijo de un santo.
Vini- (yayán) .יַיָּן, ז cultor.
Vinoso. (yeyní) .יֵינִי, ת
Vini-(yeynán) .יֵינָן, ז cultor.
יֵישׁ, ר' יֵין שָׂרוּף.
Es (yajol) .יָכוֹל, תה"פ posible, quizá.
(ya- יָכוֹלְנִי, יְכוֹלָנִי- jolni, jejolani) Puedo.
Discutir, ,הִוָּכַח (יכח) convencerse.
Probar, demost- הוֹכַח- rar. Reprochar. Juz-

Esperar. Con- יִחֵל- fiar.
Esperar, confiar. הוֹחִיל-
יָחַם (יָחַם, יֵחַם) פ"ע
Calentarse, excitarse.
Calentarse. Ca- יִחֵם- lentar, excitar.
Gamo. (yajmur) .יַחְמוּר, ז
Eléboro (yajmún) .יַחְנוּן, ז
Atribuír. .יִחֵס, פ"י
Proporcionar.
Ser atribuído. יוּחַס-
Ser considerado.
Tratar. Ser הִתְיַחֵס- relativo. Pertenecer. Considerarse.
יַחַס, יַחַשׂ, ז. ר' יְחָסִים
(yajas) Relación. Tratamiento. Origen.
יֹחַס, ז. יוּחֲסִין, יְחָסִין, ז"ר
(yojas, yujasín, yo-jasín) Genealogía.
Caso (yajasá) .יַחֲסָה, נ (en gramática).
(yajasut) .יַחֲסוּת, נ
Relatividad. Relativismo.
(torat- תּוֹרַת הַיַּחֲסוּת- hayajasut) El relativismo de Einstein.
Rela- (yajasí) .יַחֲסִי, ת tivo, proporcional.
(yajasiyut) .יַחֲסִיּוּת, נ
Relativismo.
Noble, (yajsán) .יַחְסָן, ז distinguido.
(ya- יָחֵף, ת. נ' יְחֵפָה jef) Descalzo.
Des- .(יחף) יָחַף, פ"י calzar.
Conside- ,(יחש) הִתְיַחֵשׂ

(yaldutí) יַלְדוּתִי, ת. Infantil.
(yalduti-yut) יַלְדוּתִיוּת, נ. Infantilidad.
Niño. (yalud) יָלוּד, ז.
Nacido. (yilod) יִלּוֹד, ת.
Na-(yeludá) יְלוּדָה, נ. cimientos.
Hijo, (yalid) יְלִיד, ז. nacido. Indígena. Natural de, originario de.
Paro. (yelidá) יְלִידָה, נ.
יְלָךְ, ר׳ הָלַךְ.
Gemir, lamen- יָלַל, פ"ע. tar. Maullar.
-הֵילִיל (עתיד יְיֵלִיל, יְלִיל, יְהֵילִיל) Lamen-tar, gemir.
Ser lamentado. -הוּלַל
(yélel, יְלֵל, ז. יְלָלָה, נ. yelalá) Gemido, lamentación. Maullido.
Sar-(yaléfet) יַלֶּפֶת, נ. na, salpullido.
Espe- (yélek) יֶלֶק, ז. cie de langosta.
Por-(yalcut) יַלְקוּט, ז. talibros, maleta. Colección.
(yam) יָם, ז. ר׳ יַמִּים Mar. Oeste, occidente.
Hacia el (yama) -יַמָּה occidente.
-הַיָּם הָאֶמְצָעִי, הַיָּם הָאַחֲרוֹן, הַיָּם הַגָּדוֹל, הַיָּם הַתִּיכוֹן (hayam-haem-tzaí, hayam-haajarón, hayam-hagadol, hayam-hatijón) El mar Mediterráneo.
-יָם הָעֲרָבָה, הַיָּם הַקַּד-

gar, arbitrar. Castigar. Destinar, fijar, determinar.
Ser probado, ser -הוּכַח demostrado. Ser castigado.
Discutir. -הִתְוַכַּח
יָכֹל (יָכֹלְתִּי, יָכֹל, יָכָלוּ, אוּכַל, יוּכַל) פ"ע Poder. Vencer, triunfar.
(kiv-yajol, kvayajol) -כִּבְיָכוֹל, כְּבְיָכוֹל Como si fuera posible. Dios.
Posi-(yejólet) יְכֹלֶת, נ. bilidad.
(báal-yejó-let) -בַּעַל יְכֹלֶת Posibilitado. Todopoderoso.
יָלַד (יָלְדָה, תֵּלֵד) פ"י Parir. Engendrar.
Nacer. -הִוָּלֵד
Partear. Rejuvenecer, considerar como niño. -יִלֵּד
Nacer. -יִלּוֹד
Parir, crear. -הוֹלִיד
Hacer parir. Brotar.
Nacer. -הוּלַד
Pertenecer a. -הִתְיַלֵּד
(yéled) יֶלֶד, ז. ר׳ יְלָדִים Niño.
(yéled-zkunim) -יֶלֶד זְקֻנִים Hijo menor.
יַלְדָּה, נ. ר׳ יְלָדוֹת (yaldá) Niña.
יַלְדוֹן, ז. נ׳ יַלְדוֹנֶת (yaldón) Niñito.
Niñez, (yaldut). יַלְדוּת, נ. infancia.

מוני , ים המות, ים המלח, ימה של סדום (yam-haaravá,hayam-hacadmoní, yam- hamávet, yam-hamélaj,yamá-shel-sdom) El Mar Muerto, el Lago Asfaltites.

-ים כנרת, ים גנוסר, ימה של טבריה (yam-kinéret, yam-guinosar, yamá-shel-tiberyá) El Lago de Genesaret, el Lago de Tiberíade o Tabarieh.

(lif-at-yam) לפאת ים- Hacia el occidente.

(leshón-yam) לשון ים- Golfo.

(yam - suf) ים סוף- El Mar Rojo.

(hayam-has- הים השקט- haket)Océano Pacífico.

Aguas ter- (yem) .ז ,ים males, mulo, (?).

Ma- (yamaut) .נ ,ימאות rinería.

Mari- (yamay) .ז ,ימאי nero.

Laguna,(yamá) .נ ,ימה lago.

ימות, ר' יום.

Marino, (yamí) .ת ,ימי marítimo, naval.

Flota.(yamiyá).נ ,ימיה

ימים, ר' יום.

Dere- (yamín) .ז ,ימין cho.Sud, sur. Partido conservador.

(yemina) .תה"פ ,ימינה Hacia la derecha.

De- (yeminí) .ת ,ימיני recho. De la tribu de Benjamín. Del lado derecho.

Nitra-(yamlúaj) ז ,ימלוח ria.

Día (yemamá) .נ ,יממה y noche.

Preparar. Di- .פ"י ,ימן rigirse hacia la derecha.

Ser adiestrado, -ימון ser ágil.

Dirigirse הימין ,הימן- hacia la derecha. Usar la mano derecha.

De- (yemaní) .ת ,ימני recho.

(yemaniniyut).נ ,ימניות Conservatismo.

Cambiar, ,הימיר (ימר) convertir.

Enorgullecerse, התימר- alabarse. Deleitarse. Convertirse (?).

ינה (ינה, יינה) פ"י

Destruír, arruinar.

Engañar. Oprimir, frustrar. הונה-

Enero.(yánuar).ז ,ינואר

Niño.(yanuca) .ז ,ינוקא

Niño,(yanik) .ז ,יניק joven.

Mama-(yenicá) .נ ,יניקה da, chupada. Renuevo.

ינק (ינק, יינק) פ"י

Mamar.

Amamantar. היניק-

(yan-נ.,ינקותא ,ינקות cut, yancuta) Juventud, infancia.

(yancutí) .ת ,ינקותי

Juvenil.
Buho, (yanshuf). ז, יַנְשׁוּף
mochuelo.
יָסַד (יָסַד, יִיסַד) פ"י
Fundar.Basar.Fijar.
Ser fundado. Re- הִוָּסֵד-
unirse.
Fundar. Basar. יִסֵּד-
Fijar. Ordenar.
Ser fundado. יֻסּוֹד-
Ser fundado. Ser הוּסַד-
fijado.
Fundarse. Ba- הִתְיַסֵּד-
sarse.
Funda-(yesud) .ז, יְסוּד
ción, fundamento.
יְסוֹד, ז. ר' יְסוֹדוֹת
(yesod) Fundamento, ba-
se. Cimiento.Elemento.
Funda-(yisud) .ז, יִסּוּד
ción.
Fun- (yesudá) .נ, יְסוּדָה
damento, morada.
(yesodí) .ת, יְסוֹדִי
Fundamental.
(yesodiyut). נ, יְסוֹדִיּוּת
Base.
יִסּוּר, ז. יִסּוּרִים, ז"ר.
(yisur, yisurim) Tor-
mentos, suplicios, tor-
turas.
יָסַךְ (יָסַךְ, יִיסַךְ) פ"י
Derramar, verter.
Jazmín. (yasmín) ז, יַסְמִין
יָסַף (יָסַף, יִיסַף) פ"י
Continuar, seguir, au-
mentar.
Ser aumentado, הִוָּסֵף-
agregado, añadido.
Aumentar, agre- הוֹסֵף-
gar, añadir.

Aumentarse, הִתְוַסֵּף-
agregarse.
יָסַר (יָסַר, יִיסַר) פ"י
Castigar. Gobernar,
mandar.
Escarmentar, ser הִוָּסֵר-
moralizado.
Castigar. Fijar, יִסֵּר-
atar.
Atar. הֵיסֵר-
Ser (הִתְוַסֵּר) הִוַּסֵּר-
moralizado.
יָעַד (יָעַד, יִיעַד) פ"י
Fijar, determinar,
indicar.Prometer.Reu-
nir, convocar.
Reunirse, ser הִוָּעֵד-
convocado.Ser fijado.
Destinar, fijar. יִעֵד-
Ser destinado. יֻעוֹד-
Destinar, fijar. הוֹעֵד-
Reunirse, ser convoca-
do. Invitar.
Ser dirigido. הוּעַד-
Ser destinado.
הִתְוַעֵד, ר' נוֹעַד. -
Promesa.(yáad) .ז, יַעַד
Destinación.
יָעָה (יָעָה, יִיעֶה) פ"י
Barrer, quitar.
(yaé) יָעֶה, ז. ר' יָעִים
Pala.
Destina-(yiud) .ז, יִעוּד
ción, fijación. Pro-
mesa.
Des- (yaud) .ת, יָעוּד
tinado.
Silvi-(yiur) .ז, יִעוּר
cultura, forestación.
Ser arro- , הֵעֵז (יעז)
gante, ser insolente.

Pa- (yaará) יַעֲרָה, נ.
nal.
Sil- (yaarí) יַעֲרִי, ת.
vestre, forestal.
Sil-(yaarán) יַעֲרָן, ז.
vicultor.
(yaaranut) יַעֲרָנוּת, נ.
Silvicultura.
יָפָה (יָפָה, יִיפֶה) פ"ע
Ser hermoso, ser bello, ser bonito.
Embellecer, her- -יִפָּה
mosear.
Ser hermoseado, -יֻפָּה
ser embellecido.
Hermosearse, -הִתְיַפָּה
embellecerse.
Autorizar, -יִפָּה כֹּחַ
dar pleno poder.
יָפֶה, ת. נ׳ יָפָה, ר׳ יָ-
(yafé) פִים, נ"ר יָפוֹת
Hermoso, lindo, bonito, bello. Bien.
(ayin-yafá) -עַיִן יָפָה
Buen ojo, benevolencia.
(yefé-mar-é) -יְפֵה מַרְאֶה
Hermoso, bonito.
(yefat-mar- -יְפַת מַרְאֶה
é) Hermosa, bella.
(yefé-eyna- -יְפֵה עֵינַיִם
yim) Que tiene ojos bellos.
יְפֵהפֶה, יְפֵהפִי, ת. נ׳
(yefé-fé, yefé- יְפֵהפִיָּה
fí) Lindo, hermosísimo.
Embel- (yipuy) יִפּוּי, ז.
lecimiento.
(yipuy-cóaj) -יִפּוּי כֹּחַ
Poder, autorización.
Suspirar, הִתְיַפֵּחַ (יפח)
prorrumpir en sollozos.
Belleza, (yofi) יֹפִי, ז.

Envolver, יָעַט, פ"י.
vestir.
Desti-(yeidá) יְעִידָה, נ.
nación, fijación.
Eficaz, (yail) יָעִיל, ת.
útil.
(yeilut) יְעִילוּת, נ.
Utilidad, eficacia.
Servir, הוֹעִיל, (יעל)
ser útil.
Cor- (yael) יָעֵל, ז.
zo.
Gor- (yaalá) יַעֲלָה, נ.
za.
(yaalat-jen) -יַעֲלַת חֵן
Corza graciosa, fig.
mujer hermosa.
יַעַן, מ"ח. (-אֲשֶׁר, -כִּי)
(yaan-asher, yaan-ki)
Porque, puesto que, ya que, por.
(yaén) יָעֵן, ז. נ׳ יְעֵנָה
Avestruz.
יָעַף (יָעַף, יִיעַף) פ"ע
Cansarse. Volar.
Cansado, (yaef) יָעֵף, ת.
fatigado.
Vuelo. (yeaf) יְעָף, ז.
יָעַץ (יָעַץ, אִיעַץ, יִיעַץ)
Aconsejar. פ"י
Consultar, tomar -הִוָּעֵץ
consejo.
Aconsejar. -יִעֵץ
Aconsejarse, -הִתְיָעֵץ
consultar, tomar consejo.
יַעַר, ז. ר׳ יְעָרוֹת, יְעָ-
Bosque, (yáar) רִים
selva. Panal.
יָעַר (יָעַר, יִיעַר) פ"י
Cultivar bosques.

hermosura.

(clil-yofi) כְּלִיל יֹפִי- Bello, lindísimo.

(clilat-yofi) כְּלִילַת יֹפִי- Bella, lindísima, hermosísima.

Belleza, hermosura. (yofyut) .יָפְיוּת, נ

Ser hermoso, ser bello. יָפְיָפָה, פ"ע

-יְפֵיפֶה, יְפֵיפִי, ר' יְפֵה-פֶה.

(yefeyfut) .יְפֵיפוּת, נ Belleza, hermosura.

(יפע) הוֹפִיעַ, פעו"י.

Aparecer. Resplandecer, brillar.

Resplandor, hermosura. (yif-á) .יִפְעָה, נ

יָצָא (יָצָא, יָצָאתִי, אֵצֵא, לָצֵאת) פ"ע

Salir. Irse.

Cumplir con su deber.

Sacar, extraer. -הוֹצִיא

Ser sacado, ser extraído. -הוּצָא

-הַיְצֵא, ר' הוֹצֵא.

-יוֹצֵא חֲלָצַיִם, יוֹצֵא יָרֵךְ, יוֹצֵא מֵעַיִם (yotzé-jalatzáyim, yotzé-yárej, yotzé-meáyim) El que sale de las entrañas: hijo.

Salir el alma: morir. -יָצָא רוּחַ

Salir a la luz: ser editado. -יָצָא לָאוֹר

Ser libertado. -יָצָא לְחָפְשִׁי

Cumplir con el deber. -יָצָא יְדֵי חוֹבָה

Enloquecerse, volverse loco. -יָצָא מִדַּעְתּוֹ

Salir al encuentro de. -יָצָא לִקְרַאת

Hacer cumplir con el deber. -הוֹצִיא יְדֵי חוֹבָה

Vivir todo el año, vivir un año. -הוֹצִיא שְׁנָתוֹ

Sacar a la luz: editar, publicar. -הוֹצִיא לָאוֹר

Sacar calumnia: calumniar. -הוֹצִיא לַעַז

Sacar calumnia: calumniar. -הוֹצִיא דִּבָּה

Callejero. (yatz-án) .יַצְאָן, ז

(yatz-anit) .יַצְאָנִית, נ Callejera. Ramera.

Pararse, erigirse. (יצב) נִצַּב,

Poner, establecer, erigir. -הִצִּיב

Ser puesto, ser eregido. -הֻצַּב

Presentarse. Pararse. -הִתְיַצֵּב

Presentar. .יִצֵּג, פ"י

Ser presentado. -יֻצַּג

Presentar, exponer, exhibir. -הִצִּיג

Ser presentado, ser exhibido. -הֻצַּג

(yitz-har) .יִצְהָר, ז Aceite.

Exportación. (yetzú) .יְצוּא, ז

(yetzuán) .יְצוּאָן, ז Exportador.

Estabilidad. Estabilización. (yitzuv) .יִצּוּב, ז

Presen-(yitzug). ז, יִצּוּג
tación. Exposición.
Tiro,(yatzul) .ז, יָצוּל
tirante.
יָצוּעַ, ז. ר׳ יְצוּעִים
(yatzúa) Lecho, cama.
Fundi-(yatzuk) .ת, יָצוּק
do. Derramado.
(yetzucá) .נ, יְצוּקָה
Fundición.
יְצוּר, ז. ר׳ יְצוּרִים
(yetzur) Criatura,
sér.
Fabri-(yiztur). ז, יִצּוּר
cación.
Hijo.(yatzí) .ז, יָצִיא
Refugiado.
Sa- (yetziá). נ, יְצִיאָה
lida.
Es- (yatziv) .ת, יַצִּיב
table.
Esta-(yetzivá). נ, יַצִּיבָה
bilidad. Posición.
(yetzivut) .נ, יַצִּיבוּת
Estabilidad.
Pre-(yetzigá). נ, יְצִיגָה
sentación, colocación.
Gale-(yatzía) .ז, יָצִיעַ
ría, balcón. Piso de
una casa.
Fun-(yetzicá). נ, יְצִיקָה
dición. Derramamiento.
Sér, (yetzir) .ז, יְצִיר
criatura.
Cre-(yetzirá). נ, יְצִירָה
ación. Obra maestra.
(יצע) הִצֵּעַ, פעו"י.
Aconsejar. Proponer.
Ofrecer.
Ser puesta(la ca- -הֻצַּע
ma).Ser aconsejado,
ser propuesto, ser
ofrecido.
יָצַק (יָצַק, יִצֹּק) פ"י
Derramar, verter. Fun-
dir.
Derramar, verter. -הוּצַק
Fundir.
Derramar, verter. -הִצִּיק
Poner.
Ser derramado, ser -הֻצַּק
vertido. ser fundi-
do.
Der- -יָצַק מַיִם עַל יְדֵי
ramar agua al lado de,
ser discípulo de.
(yatzéket) .נ, יַצֶּקֶת
Hierro fundido.
יָצַר (יָצַר, יִיצַר, יִצֹּר)
Crear. Pensar. For- פ"י
mar.
Crearse, ser -הִוָּצֵר
creado.
Ser creado. Ser -יִצּוֹר
fabricado.
Ser creado. -הוּצַר
(yé- יֵצֶר, ז. ר׳ יְצָרִים
tzer) Pasión, obsesión.
Instinto. Criatura, sér.
Producción.
(yétzer-tov) -יֵצֶר טוֹב
Buena inclinación.
(yétzer-rá) -יֵצֶר רָע
Tentación, obsesión,
mala inclinación.
Ins-(yitzrí) .ת, יִצְרִי
tintivo.
Pro-(yatzrán) .ז, יַצְרָן
ductor, fabricante.
(yatzranut) .נ, יַצְרָנוּת
Producción, fabricación.
יָצַת (יָצַת, יִצַּת) פ"ע

Quemar, encender.
Quemarse, ser quemado. הֻצַּת-
Quemar, encender. Incitar. הַצֵּת-
Ser quemado. הוּצַת-
יֶקֶב, ז. ר׳ יְקָבִים (yé-kev) Bodega.
יָקַד (יָקַד, יֵקַד; יִיקַד) פ"ע
Quemar, encender.
Encender. יִקֵּד-
Ser encendido, ser quemado. הוּקַד-
יִקְהָה, נ. Orde, (yik-ha) obediencia (?).
יְקוֹד, ז. In- (yecod) cendio.
יָקוּד, ז. Fogón. (yacud)
יְקוּם, ז. Uni-(yecum) verso, cosmos. Sér, criatura.
יָקוֹשׁ, יָקוּשׁ, ז. (yaco-sh, yacush) Trampa.
יְקִידָה, נ. (yekidá) Fogón.
יְקִיצָה, נ. Des-(yekitzá) pertamiento.
יַקִּיר, ת. Que- (yakir) rido. Importante.
יַקִּנְתּוֹן, ז. (yakintón) Jacinto.
יָקַע (יָקַע, יֵקַע) פ"ע
Dislocarse. Retirarse, alejarse.
Colgar. Fig. publicar. הוֹקַע-
Ser colgado. Fig. ser publicado. הוּקַע-
יָקַץ (יָקַץ, יִיקַץ) פ"ע
Despertarse.
Despertarse. הֵקִיץ-

יָקֵץ, ת. Des- (yaketz) pierto.
יָקַר (יָקַר; יִיקַר, יֵקַר) פ"ע
Ser querido, ser importante, ser caro, ser precioso.
Honrar, respetar. Encarecer. יִקֵּר-
Encarecer. Estimar, apreciar, respetar, honrar. הוֹקִיר-
Ser encarecido. הוּקַר-
Encarecerse. הִתְיַקֵּר-
יָקָר, ת. נ׳ יְקָרָה, ר׳ יְקָרִים, נ"ר יְקָרוֹת (ya-car) Caro. Precioso. Estimado, querido.
יְקַר הַמְּצִיאוּת- (yecar-hamtziut) Raro.
יְקַר רוּחַ- (yecar-rúaj) Delicado, noble.
יְקָר, ז. Magnifi-(yecar) cencia, esplendor. Preciosidad.
יֹקֶר, ז. Cares- (yóker) tía.
בְּיֹקֶר- Caro (beyóker)
יַקְרוּת, נ. Cares-(yacrut) tía.
יַקְרָן, ז. Ca- (yacrán) rero.
יַקְרָנוּת, נ. (yacranut) Carestía.
יָקַשׁ (יָקַשׁ, יִיקֹשׁ) פעו"י
Tender una trampa, armar un lazo.
Caer en una trampa. הוּקַשׁ-
יָרֵא (יָרֵא, יִירָא) פעו"י
Temer, asustarse, espantarse.

Mostrar, enseñar. הוֹרָה-
Tirar.
(yeroar) יְרוֹאָר, ז.
Férula.
Bajo, (yarud) יָרוּד, ת.
bajado.
Baja, (yerud) יְרוּד, ז.
decadencia.
יָרוֹק, ר׳ יָרָק.
Varec. (yerocá) יְרוֹקָה, נ.
יְרוּשָׁה, ר׳ יְרֻשָּׁה.
He- (yerushí) יְרוּשִׁי, ת.
reditario.
(ya- יָרֵחַ, ז. ר׳ יְרֵחִים
réaj) Luna. Satélite.
(licuy-ya- לִקּוּי יָרֵחַ—
réaj) Eclipse de luna.
(ad-bli-ya- עַד בְּלִי יָרֵחַ-
haréaj) Hasta que no haya luna, siempre, eternamente.
(yé- יֶרַח, ז. ר׳ יְרָחִים
raj) Mes.
יֶרַח הָאֵיתָנִים, ר׳ תִּשְׁרֵי.
יֶרַח בּוּל, ר׳ חֶשְׁוָן.
יֶרַח זִיו, ר׳ אִיָּר.
Re- (yarjón) יַרְחוֹן, ז.
vista mensual.
Lunar. (yerejí) יַרְחִי, ת.
Mensual.
ירט (יָרַט, יִירַט) פע״י
Ser nocivo, perjudicar, hacer daño.
יָרִיב, ז. ר׳ יְרִיבִים
(yariv) Rival, adversario.
יָרִיד, ז. ר׳ יְרִידִים
(yarid) Feria, mercado.
Baja, (yeridá) יְרִידָה, נ.
bajada, descendimiento.

Asuatar, ser הִוָּרֵא-
espantoso.
Asustar, espantar. יֵרֵא-
Asustarse, espantarse. הִתְיָרֵא-
(yaré) יָרֵא, ת. נ׳ יְרֵאָה
Temeroso, que teme.
יְרֵא אֱלֹהִים, יְרֵא שָׁמַיִם-
(yeré-elohim, yeré-shamáyim) Que teme a Dios, que teme al cielo, devoto, piadoso.
Temor, (yir-á) יִרְאָה, נ.
miedo.
יִרְאַת אֱלֹהִים, יִרְאַת שָׁמַיִם
(yir-at-elohim, yir-at-shamáyim) Temor a Dios, temor al cielo, devoción.
(yir-at- יִרְאַת הַכָּבוֹד
hacavod) Veneración.
Rival, (yarev) יָרֵב, ז.
adversario.
(yarbuz) יַרְבּוּז, ז.
Amaranto.
Jerbo. (yarboá) יַרְבּוּעַ, ז.
ירד (יָרַד, יֵרֵד) פ״ע
Bajar, descender.
Bajar. הוֹרִיד-
Ser bajado. הוּרַד-
Empobrecerse. יָרַד מִנְּכָסִים-
Bajar de יָרַד מִגְּדֻלָּה-
la grandeza: decaer.
Yarda. (yard) יַרְד, ז.
Jordán. (yardén) יַרְדֵּן, ז.
ירה (יָרָה, יִירֶה) פ״י
Tirar, lanzar, arrojar, disparar.
Ser tirado. הִיָּרָה-

decadencia, caída.
Tiro, (yeriyá) יְרִיָּה, נ.
disparo.
Tela. (yeriá) יְרִיעָה, נ.
Hoja de papel, pliego.
Espu-(yericá). יְרִיקָה, נ.
to, expectoración.
יָרֵךְ, נ. ר׳ יְרֵכַיִם, יְ-
רֵכוֹת Muslo. (yarej)
(yotz-ey- יוֹצְאֵי יָרֵךְ-
yárej) Fig. hijos.
יְרֵכָה, נ. זוגי יַרְכָתַיִם
(yerejá) Lado, extremo, extremidad, fondo.
(yarketey- אֶרֶץ יַרְכְּתֵי-
áretz) Las extremidades de la tierra.
Vacilar, tem- יָרַע, פ"ע.
bal, temer.
Empeorar, vol- הוֹרֵעַ-
ver peor.
יָרַק (יָרֵק, יִירַק) פ"י
Escupir, espectorar.
Verdear, ser verde.
Verdear, ser ver- הוֹרִיק-
de. Volver verde.
יָרֹק, ת. נ׳ יְרֻקָּה, ר׳
Verde. (yarok) יְרֻקִּים
יֶרֶק, יָרָק, ז. ר׳ יְרָקוֹת
(yérek, yarak) Verdura, hierba, legumbre.
-(gan-hayarak) גַּן הַיָּרָק-
Huerta.
Icte-(yeracón) ז, יֵרָקוֹן
ricia.
Verdor. (yarcut) נ, יַרְקוּת
Ver-(yarcán) .ז, יַרְקָן
dulero.
(yeracrak) .ת, יְרַקְרַק
Verdoso.

יָרַשׁ (יָרֵשׁ, יִירַשׁ) פ"י
Heredar. Conquistar.
Empobrecerse. Ex- הִוָּרֵשׁ-
pulsar.
Saquear, robar. יָרֵשׁ-
Legar, dejar en הוֹרִישׁ-
herencia. Empobrecer.
Expulsar. Exterminar.
He- (yerushá) יְרֻשָּׁה, נ.
rencia.
יְרֵשָׁה, ר׳ יְרֻשָּׁה.
Realidad, (yesh) יֵשׁ, ז.
existencia.
Hay, (yesh) יֵשׁ, תה"פ.
existe, tiene.
יֶשְׁנִי, יֶשְׁךָ, יֶשְׁנוֹ, וכו׳-
(yeshní, yeshjá, yeshnó)
Estoy, estás, está, etc.
(yesh-le- יֵשׁ לְאֵל יָדוֹ-
el-yadó) Tiene la posibilidad, puede.
(yesh-omrim) יֵשׁ אוֹמְרִים-
Hay quien dice.
(yesh-et- יֵשׁ אֶת נַפְשִׁי-
nafshí) Quiero, deseo.
יָשַׁב (יָשֵׁב, יֵשֵׁב) פ"ע
Sentarse. Vivir, morar, habitar.
Colonizar, poblar. יִשֵּׁב-
Calmar, tranquilizar, sosegar.
Ser poblado, Ser יֻשַּׁב-
calmado. Ser sentado.
Sentar. Estable- הוֹשִׁיב-
cer, colonizar.
Ser establecido, הוּשַׁב-
Ser poblado. Ser sentado.
Establecerse. הִתְיַשֵּׁב-
Tranquilizarse, calmarse.

Desierto.
Di- (yashir) .ת, יָשִׁיר
recto, derecho.
Viejo,(yashish). ז, יָשִׁישׁ
anciano.
יָשַׁם (יָשַׁם, יֵשַׁם, יֵשֵׁם)פ"ע
Despoblarse.
Despoblar. הֵשַׁם-
יָשַׁן (יָשַׁן, יִישַׁן) פ"ע
Dormir.
Envejecer, hacer- הִנָּשֵׁן-
se viejo.
Adormecer. Enve- יִשֵּׁן-
jecer, hacer viejo.
Ser adormecido. יֻשַּׁן-
Envejecer, ha- הִתְיַשֵּׁן-
cerse viejo. Ser ador-
mecido.
(ya- יָשֵׁן .ת, נ׳ יְשֵׁנָה
shén) Dormido.
יָשָׁן .ת, נ׳ יְשָׁנָה, ר׳
Viejo.(yashán) יְשָׁנִים
Vejez.(joshen) .ז, יֹשֶׁן
(yeshnut) .נ, יְשֵׁנוּת
Existencia,efectividad.
Dor-(yashnán) .ת, יַשְׁנָן
milón.
Ser .פ"ע, הִוָּשַׁע (ישע)
salvado, libertado.
Salvar,libertar. הוֹשַׁע-
(yesha) .ז, יֶשַׁע, יֵשַׁע
Salvación.
Jaspe.(yashfé) .ז, יָשְׁפֵה
יָשַׁר (יָשַׁר, יִישַׁר) פ"ע
Ser justo, recto.
Enderezar,aplanar. יִשֵּׁר-
Ser enderezado. יֻשַּׁר-
Enderezar. הֵיְשִׁר-
Enderezarse. הִתְיַשֵּׁר-
(ya- יָשָׁר .ת, ר׳ יְשָׁרִים
shar) Derecho, plano.

Presidir. יָשַׁב ראש-
Colo-(yashván) .ז, יַשְׁבָן
nizador.
(yashvanut) .נ, יַשְׁבָנוּת
Colonización.
(yashvaní) .ת, יַשְׁבָנִי
Colonizador.
País (yishuv) .ז, יִשּׁוּב
poblado. Población.Ra-
zón. Colonización.
(yishuv- יִשּׁוּב הַדַּעַת-
hadáat) Razón, juicio.
Sen-(yashuv) .ת, יָשׁוּב
tado. Poblado.
Ci-(yishuví) .ת, יִשּׁוּבִי
vilizado, poblado.
Ador-(yishún) .ז, יִשּׁוּן
mecimiento. Envejeci-
miento.
(yeshúa- .ז, יְשׁוּעַ-הַבֵּן
habén) Rescate del
hijo (primogénito).
Sal-(yeshuá) .נ, יְשׁוּעָה
vación, liberación.
Je- (yeshuí) .ז, יְשׁוּעִי
suíta.
יְשׁוּעָתָה, ר׳ יְשׁוּעָה.
Apla-(yishur) .ז, יִשּׁוּר
namiento,enderezamiento.
Exis-(yeshut) .נ, יֵשׁוּת
tencia, efectividad.
Dolor,(yéshaj) .ז, יֶשַׁח
mal (?).
Tender .פ"י, הוֹשֵׁשׁ (ישש)
Ser tendido. הוּשַׁשׁ-
Asen-(yeshivá) .נ, יְשִׁיבָה
tamiento, acción de
sentarse.Sesión. Se-
minario, colegio de
estudios talmúdicos.
(yeshimón) .ז, יְשִׁימוֹן

Rec- (yósher) ‏יֹשֶׁר, ז.‏ titud, derechura.

Is-(yisrael) ‏יִשְׂרָאֵל, ז.‏ rael. Israelita. Judío que no es ni ‏כֹּהֵן‏ ni ‏לֵוִי‏

(éretz-yis- ‏אֶרֶץ יִשְׂרָאֵל‏- rael) La Tierra de Israel, Palestina.

(medinat- ‏מְדִינַת יִשְׂרָאֵל‏- El Estado de Israel.

(yisraelí) ‏יִשְׂרְאֵלִי, ת.‏ Israelita.

(yisraelit). ‏יִשְׂרְאֵלִית, נ.‏ Israelita. Mujer que no es ni ‏כֹּהֵן‏ ni ‏לֵוִי‏ De Israel(fem.).

Rec-(yishrá) ‏יִשְׁרָה, נ.‏ titud, derechura.

Epí-(yeshurún) ‏יְשֻׁרוּן, ז.‏ teto dado al pueblo de Israel.

(yashrut) ‏יַשְׁרוּת, נ.‏ Rectitud.

Recto, (yashrán). ‏יַשְׁרָן, ז.‏ justo.

(yashranut) ‏יַשְׁרָנוּת, נ.‏ Rectitud.

Ser viejo. ‏יָשַׁשׁ, פ"ע.‏

Envejecer. ‏-יִשֵּׁשׁ‏

Ser envejecido. ‏-יֻשַּׁשׁ‏

(ya- ‏יָתֵד, נ. ר' יְתֵדוֹת‏ ted) Estaca, clavo.

(ktav-ha- ‏כְּתַב הַיְתֵדוֹת‏- yetedot) Escritura cuneiforme.

Clavar. ‏יִתֵּד, פ"י.‏

Acción (yitud) ‏יִתּוּד, ז.‏ de clavar.

Pinzas, (yatuj) ‏יַתּוּךְ, ז.‏ chuzo.

‏יָתוֹם, ז. נ' יְתוֹמָה, ר'‏

Huér- (yatom) ‏יְתוֹמִים‏ fano.

(yetom, ‏יְתוֹם, יִתּוּם, ז.‏ yitum) Orfandad. Pérdida de los padres, estado de huérfano.

Resto, (yitur) ‏יִתּוּר, ז.‏ exceso.

Mos- (yatush) ‏יַתּוּשׁ, ז.‏ quito.

Res- (yatir) ‏יַתִּיר, ת.‏ tante.

(yatirut) ‏יַתִּירוּת, נ.‏ Resto, exceso.

(yitajén) ‏יִתָּכֵן, תה"פ.‏ Es posible.

Quedar huér- ‏יָתַם, פ"ע.‏ fano, perder los padres.

Hacer huérfano. ‏-יִתֵּם‏

Perder los padres, quedar huérfano. ‏-הִתְיַתֵּם‏

(ye- ‏יֹתֶם, ז. יַתְמוּת, נ.‏ tom, yatmut) Orfandad.

Sobrar, ‏(יתר) הוּתַר,‏ quedar.

Aumentar, agregar, añadir. ‏-יִתֵּר‏

Restar, quedar, ser restante, sobrar. ‏-יִתּוֹר‏

Dejar. Sobresalir, ser más importante. ‏-הוֹתִר‏

Sobresalir, ser superior. ‏-הוּתַר‏

Quedar. ‏-הִתְיַתֵּר‏

(ya- ‏יָתֵר, ת. נ' יְתֵרָה‏ ter) Sobresaliente. Aventajado.

Cuerda, (yéter) ‏יֶתֶר, ז.‏ cordón. Resto, superfluo, exceso. Hipote-

(yeterut) יְתֵרוּת, נ.
Superioridad.
Resto, (yatéret) יַתֶּרֶת, נ
parte excedente. Cápsula.
(yatéret- hacaved) Diafragma. יַתֶּרֶת הַכָּבֵד-
(yatéret-hakilyá) Cápsula sobrerrenal. יַתֶּרֶת הַכִּלְיָה-

nusa.
Más. (yéter) יֶתֶר, תה"פ.
(yéter-mikén) Además. -יֶתֶר מִכֵּן
(yéter-al-ken) Además. -יֶתֶר עַל כֵּן
Resto, (yitrá) יִתְרָה, נ.
exceso. Economía.
(yitrón) Ventaja. יִתְרוֹן, ז. ר' יִתְרוֹנוֹת

כ

Undécima le- (caf) ,כ
tra del alfabeto hebreo.
Su valor es 20.
כְּ־ (כַּ־, כָּ־, כּ־, כֵּ־, כֶּ־)
(ke, ca, ca, ki, ke,ke)
Como, según.
כָּאַב (כָּאַב, יִכְאַב) פ"ע
Doler.
Doler, sentir -הִכָּאֵב
dolor.
Causar dolor, -הַכְאֵב
hacer sufrir.
Ser causado do- -הָכְאַב
lor, ser hecho sufrir.
(ke- כְּאֵב, ז. ר׳ כְּאֵבִים
ev) Dolor.
Pobre, (caé) .כָּאֶה, ת
miserable.
Ser .הִכָּאָה, פ"ע (כאה)
debilitado.
Hacer sufrir, -הַכְאָה
causar dolor.
Do- (cauv) .כָּאוּב, ת
loroso.

כֵּאוּר, כָּאוּר, ר׳ כֵּעוּר,
כָּעוּר.
(כְּאוֹרָה) לִכְאוֹרָה, תה"פ
(lij-orá) Aparente-
mente.
Dolor, (keivá) .כְּאֵיבָה, נ
sufrimiento.
(can) .כָּאן, תה"פ
Aquí.
De (micán) -מִכָּאן
aquí.
(micán- -מִכָּאן וְאֵילָךְ
veeylej)En adelante.
כָּאֵר, הִתְכָּאֵר, ר׳ כָּעַר.
(caasher) .כַּאֲשֶׁר, מ"ח
Cuando.
Ex- (cabaut) .כַּבָּאוּת, נ
tinción.
Bom- (cabay) .כַּבַּאי, ז
bero.
Asar, exponer .כִּבֵּב, פ"י
al fuego.
(cabav, .כַּבָּב, כְּבָב, ז
kvav) Asado.

כָּבֵד (כָּבֵד, יִכְבַּד) פ"ע
Ser pesado, pesar. Ser grave, ser serio. Ser numeroso.
Ser respetado, -הִכָּבֵד
honrado. Ser abundante, numeroso.
Respetar, honrar. -כִּבֵּד
Embellecer. Endurecer. Limpiar.
Ser respetado, -כֻּבַּד
ser honrado.
Volver pesado. -הִכְבִּיד
Volver numeroso. Endurecer.
Ser vuelto pe- -הָכְבַּד
sado.
Respetarse, hon- -הִתְכַּבֵּד
rarse. Tener el honor de. Ser respetado. Ser limpiado.
Hígado. (caved) .ז ,כָּבֵד
Pesado. (caved) .ת ,כָּבֵד
Numeroso, grande.
(kvad-ozen) -כְּבַד אֹזֶן
Sordo.
(kvad-lev) -כְּבַד לֵב
Caprichoso, duro de corazón.
-כְּבַד לָשׁוֹן, כְּבַד פֶּה
(kvad-lashón, kvad-pe)
Tartamudo.
(kéved-avón) -כֶּבֶד עָוֹן
Pecador, cargado de pecados.
Peso, (kóved) .ז ,כֹּבֶד
pesadez. Gravedad.
(cóved-rosh) -כֹּבֶד רֹאשׁ
Importancia, gravedad.
(mercaz- -מֶרְכַּז הַכֹּבֶד
hacóved) Centro de gravedad.
(ca- כָּבוֹד, ת. נ׳ כְּבוּדָה
vod) Importante.
Equi-(kvudá) .נ ,כְּבוּדָּה
paje, riqueza.
Pe- (kvedut) .נ ,כְּבֵדוּת
sadez. Gravedad. Fig. dificultad.
כָּבָה (כָּבָה, יִכְבֶּה) פ"ע
Apagarse, extinguirse.
Ser apagado. -הִכָּבֵה
Apagar, extinguir. -כִּבָּה
Ser apagado. -כֻּבָּה
Apagarse. -הִתְכַּבֵּה
Asa- (kibuv) .ז ,כִּבּוּב
miento.
Honor, (cavod) .ז ,כָּבוֹד
respeto, veneración.
El reve- (kvod) -כְּבוֹד
rendo...., el excelentísimo...,
En ho- (livod) -לִכְבוֹד
nor de. Señor, título de una carta o sobre.
-בְּכָבוֹד, בְּכָבוֹד רַב,
(bejavod, be- בְּכָל הַכָּבוֹד
javod-rav, bejol-hacavod)
Con honor, con todo el respeto, atentamente.
(ot-cavod) -אוֹת כָּבוֹד
Medalla.
(beyt-haca- -בֵּית הַכָּבוֹד
vod) Excusado, retrete.
Su re- (kvodó) -כְּבוֹדוֹ
verencia, usted.
Respeto, (kibud) .ז ,כִּבּוּד
honra, honor. Limpiadura.
Apaga-(cavuy) .ת ,כָּבוּי
do, extinguido.

Apaga-(kivuy) .ז, כִּבּוּי miento, extinción.

Estéril, árido, infecundo. Vendado, atado. (cavul) .ת, כָּבוּל

Turba.(cavul) .ז, כָּבוּל Tierra estéril (?).

Pipeta,(kvul) .ז, כְּבוּל bombilla.

Envuelto, cubierto. (cavún) .ת, כָּבוּן

Lavamiento, lavado(de ropa). (kibús) .ז, כִּבּוּס

Lavadura, lavazas. (kvusá) .נ, כְּבוּסָה

Conquista. Acción de encurtir, conservación de substancias alimenticias. Apretadura. (kibush) .ז, כִּבּוּשׁ

Conquistado. Encurtido. (cavush) .ת, כָּבוּשׁ

(kvushim) .ז"ר, כְּבוּשִׁים Encurtidos.

-דִּבְרֵי כִּבּוּשִׁים,כִּבּוּשִׁין (divrey-kibushim,kibushín) Palabras influentes.

Extinción, apagamiento. (kviyá) .נ, כְּבִיָּה

(kivyajol) .תה"פ, כִּבְיָכוֹל Como si fuera posible.

Atamiento. (kvilá) .נ, כְּבִילָה

Lavable. (cavís) .ת, כָּבִיס

Lavamiento, lavadura (de ropa). (kvisá) .נ, כְּבִיסָה

Grande,(cabir) .ת, כַּבִּיר fuerte, enorme.

Tapiz,(kvir) .ז, כְּבִיר alfombra.

(cabirut) .נ, כַּבִּירוּת Fuerza, poder.

Carretera, calle. (kvish) .ז, כְּבִישׁ

Conquista. Apretadura. (kvishá) .נ, כְּבִישָׁה

(kvishut) .נ, כְּבִישׁוּת Conquista.

Tapa,(cavcav) .ז, כַּבְכָּב tapón.

כבל (כָּבַל, יִכְבֹּל) פ"י Amarrar, atar.

Ser atado. -הִכָּבֵל

Atar, amarrar. -כַּבֵּל

Ser atado, -כֻּבַּל

(kével) Cable, cadena. .ז, ר' כְּבָלִים כֶּבֶל

(cavlograma) Cablegrama. .נ, כַּבְלוֹגְרָמָה

כבן (כָּבַן, יִכְבֹּן)כִּבֵּן, פ"י Cubrir, tapar.

כבס (כָּבַס, יִכְבֹּס)כִּבֵּס, פ"י Lavar la ropa.

-כֻּבַּס, הִכָּבֵס, הִתְכַּבֵּס Ser lavada la ropa.

Lavandero. (cabás) .ז, כַּבָּס

(kvasim) .ז"ר, כְּבָסִים Ropa blanca.

Lavandera. (cabéset) .נ, כַּבֶּסֶת

Sombrerero. (cav-án) .ז, כַּבְעָן

כבר (כָּבַר, יִכְבֹּר) פ"י Cribar.

Ser cribado. -הִכָּבֵר

Exceder. -הַכְבֵּר

Ya.(kvar) .תה"פ, כְּבָר

(mik- -מִכְּבָר, זֶה כְּבָר

כַּד,זו"נ. ר׳ כַּדִּים
(cad) Cántaro, vasija, jarro, jarra.
Rdondo, (cad) .כַּד,ת
oblongo.
Cuando.(cad) .כַּד,תה"פ
Redon- (cod) .כֹּד,ז
dez.
Digno,(kedaí) .כְּדַאי,ת
que vale la pena,útil.
(ke- .כְּדַאי, כְּדַי,תה"פ
day) Vale la pena.
(kedaiyut) .כְּדָאִיּוּת,נ
Validez.
Alfarero.(cadad).כַּדָּד,ז
(cado-,כַּדּוּמֶה, וְכַדּוּמֶה
mé, vejadomé) Etcétera.
כַּדּוּר,ז. ר׳ כַּדּוּרִים
(cadur) Pelota,esfera, globo.
(cadur-haá-כַּדּוּר הָאָרֶץ-
retz)Globo terrestre.
(cadur- כַּדּוּר מִשְׂחָק-
misjak) Pelota.
(cadur-yad) כַּדּוּר יָד-
Juego de pelota.
(cadur-sal) כַּדּוּר סַל-
Baloncesto,basket-ball.
(cadur-af) כַּדּוּר עָף-
Volley-ball.
(cadur-po- כַּדּוּר פּוֹרֵחַ-
réaj)Globo aerostático.
(cadur-ré- כַּדּוּר רֶגֶל-
guel)Fútbol, balón.
(caduraglán).כַּדּוּרַגְלָן,ז
Futbolista.
Es-(cadurí) .כַּדּוּרִי,ת
férico.
(caduriyut).כַּדּוּרִיּוּת,נ
Esfericidad.

var, ze-kvar) Ya, hace algún tiempo.
Criba,(kvará) .כְּבָרָה,נ
harnero,tamiz,cedazo.
(kivrat-é- כִּבְרַת אֶרֶץ-
retz) Espacio de camino.
כִּבְרַת אֲדָמָה, קִבְרַת-
(kivrat-adamá, קַרְקַע
kivrat-cárca)Terreno, espacio de tierra.
Pasa- (kévesh) .כֶּבֶשׁ,ז
dizo. Encurtido. Secreto.
כֶּבֶשׂ,ז. נ׳ כִּבְשָׂה, ר׳
Cordero.(kéves) כְּבָשִׂים
כָּבַשׁ (כָּבַשׁ, יִכְבֹּשׁ) פ"י
Conquistar. Encurtir.
Ser conquistado. הִכָּבֵשׁ-
Ser encurtido.
Conquistar. En- כַּבֵּשׁ-
curtir. Apretar.
Ser conquistado. כֻּבַּשׁ-
Ser encurtido.
הַכְבֵּשׁ, ר׳ כָּבַשׁ-
Ser conquis- הִתְכַּבֵּשׁ-
tado.
Conquis-(cabash).כַּבָּשׁ,ז
tador. Encurtidor.
(kivsá, .כִּבְשָׂה, כַּבְשָׂה,נ
cavsá) Oveja.
Mis-(kivsón) .כִּבְשׁוֹן,ז
terio, secreto. Horno, hoguera.
Horno,(kivshán).כִּבְשָׁן,ז
hoguera.
En-(kabéshet) .כַּבֶּשֶׁת,נ
curtido.
(kegón) .כְּגוֹן,תה"פ
Como, por ejemplo.

(cadurit) .כַּדּוּרִית, נ
Glóbulo.
כְּדֵי, ר׳ כְּדַאי.
כְּדֵי, בִּכְדֵי, תה"פ. (ke-
dey, bijdey) Para.
כְּדִי, בִּכְדִי, תה"פ. (ke-
dí, bijdí) Inútilmente.
כַּדִּית, נ. (cadit) Jarra,
jarro.
כַּדְכֹּד, ז. (cadcod) Carbúnculo. Jacinto.
כִּדְלְקַמָּן, תה"פ. (kedil-
kemán) Como lo siguien-
te, como en adelante.
כָּדַן (כָּדַן, יִכְדֹּן) פ"י
Atar, amarrar.
-כֻּדּוֹן Ser atado, ser
amarrado, Ser pun-
zado.
-כִּדֵּן Punzar, pin-
char.
(כדר) הִתְכַּדֵּר, Vol-
verse redondo.
-כַּדֵּר Poner redondo.
כַּדְרוּת, כַּדְרִיּוּת, נ.
(cadrut, cadriyut) Es-
fericidad.
כַּדֹּרֶת, נ. (cadóret) Bola,
globo, glóbulo.
כֹּה, תה"פ. (co) Así,
de esta forma.
-כֹּה לֶחָי (co-lejay)
¡Bendito seas! ¡Dios
te bendiga!
-עַד כֹּה (ad-có) Has-
ta ahora. Hasta a-
quí.
-בֵּין כֹּה וָכֹה (beyn-co-
vajó) Mientras, mi-
entras tanto.
כְּהֹגֶן, תה"פ. (kehóguen)
Convenientemente.
כָּהָה (כָּהָה, יִכְהֶה) פ"ע
Oscurecerse.
-כֵּהָה Oscurecer. Oscu-
recerse.
-הִכְהָה Oscurecer.
כֵּהֶה, ת. נ׳ כֵּהָה (kehé)
Oscuro.
כֵּהָה, נ. (kehá) Curación,
cura, remedio.
כִּהוּי, ז. (kihuy) Oscure-
cimiento.
כָּהוּי, ת. (cahuy) Oscuro.
Opaco.
כֵּהוּן, כִּהוּן, ז. (kehún,
kihún) Servicio. Sa-
cerdocio.
כֵּהוּת, נ. (kehut) Oscu-
ridad.
כְּהִיָּה, נ. כִּהָיוֹן, ז.
(kehiyá, kihayón) Os-
curidad.
כֹּהֶל, ז. (cóhel) Alcohol.
כָּהֳלִי, ת. (coholí) Al-
cohólico.
כַּהֲלָכָה, תה"פ. (cahalajá)
Bien, convenientemente.
כִּהֵן, פ"ע. Ejercer el
sacerdocio. Servir,
estar en servicio.
-הִתְכַּהֵן Ser designado
como sacerdote. Ser
empleado.
כֹּהֵן, ז. ר׳ כֹּהֲנִים (co-
hén) Sacerdote.
-כֹּהֵן גָּדוֹל (cohén-ga-
dol) Sumo sacerdote.
-כֹּהֵן הֶדְיוֹט (cohén-he-
dyot) Sacerdote común.
-תּוֹרַת הַכֹּהֲנִים (torat-
hacohanim) El Leví-

Menti-(cozev) .כּוֹזֵב,ת
roso.
כּוּחַ (כָּח, יָכוּחַ) פ"ע
Escupir, expectorar.
Ciervo.(coy) .כּוֹי,ז
Quema-(kviyá) .כְּוִיָּה,נ
dura.
Frun- (kvitzá).כְּוִיצָה,נ
cimiento,encogimiento.
Nicho, (cuj) .כּוּךְ,ז
gruta.
כּוֹכָב,ז. ר' כּוֹכָבִים
(cojav) Estrella,astro.
(cojav-ha- כּוֹכַב הַיָּם-
yam) Asteria.
(cojav-léjet) כּוֹכַב לֶכֶת-
Planeta.
כּוֹכַב שֶׁבֶט (שָׁבִיט,שֶׁבֶת)-
(cojav-shévet,-shavit)
Cometa.
(cojav-shé- כּוֹכַב שֶׁבֶת-
vet) Estrella fija.
(jozé- חוֹזֶה בַּכּוֹכָבִים-
bacojavim)Astrólogo.
(oved- עוֹבֵד כּוֹכָבִים-
cojavim) Pagano.
(mitzpé- מִצְפֵּה כּוֹכָבִים-
cojavim) Observatorio
astronómico.
(cojavón) .כּוֹכָבוֹן,ז
Estrellita. Asterisco.
Es-(cojaví) .כּוֹכָבִי,ת
trellado. Astral.
(cojavit) .כּוֹכָבִית,נ
Estelaria.
(cojévet) .כּוֹכֶבֶת,נ
Planeta Venus.
כּוּל (כָּל, יָכוּל) פ"י
Medir.
Contener, com- הֵכִיל-
prender.

tico.
Sa- (kehuná) .כְּהֻנָּה,נ
cerdocio. Servicio,fun-
ción, empleo.
(cahena) .כָּהֵנָּה,מ"ג
Como ellas.
Sa- (cohaní) .כֹּהֲנִי,ת
cerdotal.
Sa-(cohénet) .כֹּהֶנֶת,נ
cerdotisa.Hija o mujer
del sacerdote o כֹּהֵן.
כּוֹאֵב,ת. ר' כּוֹאֲבִים
(coev) Doloroso, que
duele.
Lavan-(covés) .כּוֹבֵס,ז
dero.
כּוֹבַע,ז. ר' כּוֹבָעִים
(cova) Sombrero.
(cova- כּוֹבַע הַמְּנוֹרָה-
hamnorá) Pantalla.
(co- .כּוֹבָעִי, כּוֹבְעָן,ז
vaí,cov-án)Sombrerero.
(covait) .כּוֹבָעִית,נ
Casquete, calota.
Redon-(coded) .כּוֹדֵד,ת
do.
כָּוָה((כָּוָה, יִכְוֶה) פ"י
Quemar.
Quemarse. הִכָּוֶה-
Quemar. כִּוָּה, הִכְוָה-
Venta-(cavá) .כַּוָּה,נ
na, ventanilla.
Quemado.(cavuy).כָּווּי,ת
Direc-(kivún) .כִּוּוּן,ז
ción.
(kivún- כִּוּוּן הָרוּחוֹת-
harujot)Orientación.
Frun-(kivutz) .כִּוּוּץ,ז
cimiento,encogimiento.
Cubile- (cuz) .כּוּז,ז
te.

(coljit) כּוֹלְכִית, נ.
Culícido.
Comu-(colel) כּוֹלֵל, ז.
nidad, sociedad.
Con- (colel) כּוֹלֵל, ת.
tiene, comprende.
כּוֹלֵרָה, ר׳ חוֹלִירַע.
Co-(coleri) כּוֹלֵרִי, ת.
lérico.
(colerina) כּוֹלֵרִינָה, נ.
Colerina.
Bra- (cumaz) כּוּמָז, ז.
zalete, pulsera (?).
כּוֹמֶר, ר׳ כֹּמֶר.
כּוּן (כָּן, יָכוּן) פ״י
Tenerse derecho. Arreglar.
Estar listo, הִכּוֹן-
pronto, preparado. Ser estable. Ser conveniente. Ser valiente, ser fuerte.
Establecer, hacer estable. כּוֹנֵן-
Preparar, alistar. Establecer, hacer estable. הָכֵן-
Ser preparado. Ser establecido. הוּכַן-
Prepararse, alistarse. Establecerse. הִכּוֹנֵן, הִתְכּוֹנֵן-
Dirigirse. Indicar. Asestar, visar, apuntar. Tener la intención de. Templar. Orientar. כִּוֵּן, פ״י.
Ser dirigido. Ser templado. כֻּוַּן-
Tener la intención de. Referirse. הִתְכַּוֵּן-

Dirigirse. Orientarse. Apuntarse.
(cavân) Bizcocho. כַּוָּן, ז. ר׳ כַּוָּנִים
כַּוָּן, ר׳ כִּיוּן.
Intención. (cavaná) כַּוָּנָה, נ.
(bejavaná) בְּכַוָּנָה-
Adrede, intencionalmente.
Adaptación, arreglo. (kivnún) כִּוְנוּן, ז.
Adaptar, arreglar. כִּוְנֵן, פ״י.
(conenut) כּוֹנְנוּת, נ.
Disposición.
(conanit) כּוֹנָנִית, נ.
Anaquel.
Punto, (cavénet) כַּוֶּנֶת, נ. mira (de unaarma).
(cos) כּוֹס, נ. ר׳ כּוֹסוֹת
Vaso. Copa. Fig. destino. Mochuelo.
(cos-rúaj) כּוֹס רוּחַ-
Ventosa.
כּוֹסִיָּה, כּוֹסִית, נ. ר׳ כּוֹסִיּוֹת
(cosiyá, cosit)
Copa. Fig. trago.
Estufa. (cófaj) כּוּפָח, ז.
Multiplicador. (cofel) כּוֹפֵל, ז.
כּוֹפֵר, ז. ר׳ כּוֹפְרִים
(cofer) Herético, ateo.
כָּוַץ (כָּוַץ, יִכְוַץ) פ״ע
Arrugarse, encogerse.
Encoger. כִּוֵּץ-
Encogerse. הִתְכַּוֵּץ-
Crisol. (cur) כּוּר, ז.
Nombre (cor) כּוֹר, ז.
de una medida (diez אֵיפָה

כָּזָב, ז. ר' כְּזָבִים (ca-zav) Mentira.
-אִישׁ כָּזָב (ish-cazav) Mentiroso.
כַּזְבָן, ז. (cazbán) Mentiroso.
כַּזְבָנוּת, נ. (cazbanut) Mentira.
כַּזְבָנִי, ת. (cazbaní) Mentiroso.
כְּזוּב, ז. (kizuv) Mentira, acción de mentir.
כֹּחַ, ז. ר' כֹּחוֹת (cóaj) Fuerza.
-כֹּחַ סוּס (cóaj-sus) Caballo de vapor.
-כֹּחַ צֶנְטְרִיפוּגָלִי (cóaj-tzentrifugáli) Fuerza centrífuga.
-כֹּחַ צֶנְטְרִיפֶּטָלִי (cóaj-tzentripetáli) Fuerza centrípeda.
-אֵין כֹּחַ (eyn-cóaj) Débil.
-בָּא־כֹּחַ (ba-cóaj) Apoderado, autorizaso, representante.
-בָּאוּת כֹּחַ, בִּיאַת כֹּחַ (baut-cóaj, biat-cóaj) Autorización, poder, representación.
-יַפֵּה כֹּחַ Autorizar, dar pleno poder.
-יִפּוּי כֹּחַ (yipuy-cóaj) Autorización, poder.
(כחד) הִכָּחֵד, Ser ocultado, ser disimulado.
-כַּחֵד Ocultar, disimular.
-הַכְחֵד Ocultar. Destruír, arruinar.

o treinta סְאָה).
כּוֹרֵיאוֹגְרַפְיָה, נ. (coreyografya) Coreografía.
כּוֹרֵךְ, ז. ר' כּוֹרְכִים (corej) Encuadernador.
כּוֹרָל, ז. (coral) Coral.
כּוֹרָלִי, ת. (coralí) Coral.
כּוֹרֵם, ז. ר' כּוֹרְמִים (corem) Viñero.
כַּוְרָן, ז. (cavrán) Colmenero, apicultor.
כַּוְרָנוּת, נ. (cavranut) Apicultura.
כַּוֶּרֶת, נ. ר' כַּוֶּרוֹת (cavéret) Colmena.
כּוּשׁ, ז. (cush) Rueca.
כּוּשִׁי, ז. נ' כּוּשִׁית, ר' כּוּשִׁים (cushí) Negro.
כּוֹשֵׁל, ז. (coshel) Pobre, débil, miserable.
כּוֹשָׁרוֹת, נ"ר. (cosharot) Felicidad (?).
כּוֹתֵב, ז. ר' כּוֹתְבִים (cotev) Escritor. Punta del buril.
כּוֹתֶבֶת, נ. (cotévet) Dátil seco.
כּוּתִי, ז. נ' כּוּתִית (cutí) Samaritano.
כּוֹתֶרֶת, נ. ר' כּוֹתָרוֹת (cotéret) Corola, Capitel. Título.
כּוֹתֵשׁ, ז. (cotesh) Mortero.
כָּזֹב (כָּזַב, יִכְזַב) פ"ע Mentir.
-הִכָּזֵב Ser hallado mentiroso.
-כַּזֵּב Mentir.
-הַכְזֵב Desmentir. Desesperar.

Escupir, ex- .פ"ע ,כָּחָה
pectorar.
Débil,(cajush).ת ,כָּחוּשׁ
flaco.
De- (kejush) .ז ,כְּחוּשׁ
bilidad, flaqueza.
(cojí, .ת ,כֹּחָנִי , כֹּחִי
cojaní) Potencial.
.כֹּחִיּוּת, כֹּחָנִיּוּת, נ
(cojiyut, cojaniyut)
Fuerza, potencia.
Acci-(kjilá) .נ ,כְּחִילָה
ón de azular.
(kjishá) .נ ,כְּחִישָׁה
Debilidad, flaqueza.
Negación.
(kjishut) .נ ,כְּחִישׁוּת
Debilidad, flaqueza.
כָּחַל (כָּחַל, יִכְחַל) פ"ע
Azular.
כָּחֹל ,ת. נ׳ כְּחֻלָּה, ר׳
Azul.(cajol) כְּחֻלִּים
Brasil.(cájal) .ז ,כַּחַל
Ubre. (kjal) .ז ,כְּחָל
Color (cójal) .ז ,כֹּחַל
azul.
(kjaljal) .ת ,כְּחַלְחַל
Azulado.
כָּחַשׁ (כָּחַשׁ, יִכְחַשׁ) פ"ע
Enflaquecer.
Enflaquecer. -הִכָּחֵשׁ
Rebajarse.
Negar. -כִּחֵשׁ
Negar. Enfla- -הִכְחִישׁ
quecer.
Ser hallado -הֻכְחַשׁ
mentiroso.
Enflaquecer. -הִתְכַּחֵשׁ
Rebajarse.
Menti-(cájash) .ז ,כַּחַשׁ
ra. Flaqueza.

Menti- (kjash) .ז ,כֶּחָשׁ
roso.
Por que.(ki) .מ"ח ,כִּי
Que. Si. Sino.
Acaso, (vejí) -וְכִי
Y si.
Aunque.(af-ki) -אַף כִּי
Con mayor razón.
Aunque,(im-ki) -אִם כִּי
a pesar de que.
Sino, (ki-im) -כִּי אִם
solamente, sólo.
Quemadura.(ki) .ז ,כִּי
(cayaut) .תה"פ ,כַּיָּאוּת
Convenientemente.
Grano,(kiv) .ז ,כִּיב
absceso.
Herida,(kid) .ז ,כִּיד
ruina.
Chispa,(kidor).ז ,כִּידוֹר
centella.
Lanza,(kidón) .ז ,כִּידוֹן
pica.
Batalla,(kidor).ז ,כִּידוֹר
sitio (?).
Medi-(kiyul) .ז ,כִּיּוּל
ción, medida.
(cayom) .תה"פ ,כַּיּוֹם
Hoy, hoy día.
Satur-(kiyún) .ז ,כִּיּוּן
no (ídolo).
(keyván) .תה"פ ,כֵּיוָן
Como, puesto que.
Lavabo,(kiyor) .ז ,כִּיּוֹר
lavamanos.
Plas-(kiyur) .ז ,כִּיּוּר
tecido.
(kíaj, .נ ,כִּיחָה .ז ,כִּיחַ
kijá) Expectoración,
escupina.
Escupir, ex- .פ"ע ,כִּיחַ

pectorar.
Mir-(kijlí) .כִּיכְלִי, ז
lo.
כִּיל (כָּל, יָכִיל) פ"י
Medir. Arreglar, or-
ganizar.
Medir. Arreglar, -כִּיֵּל
componer.
Medida,(cáyil) .כַּיִל, ז
medición.
Medidor,(cayal) .כַּיָּל, ז
agrimensor.
Cortina,(kilá) .כִּילָה, נ
mosquitero.
Que (kilón) .כִּילוֹן, ז
tiene cabeza alargada.
Ava-(kilut) .כִּילוּת, נ
ricia, mezquindad.
Avaro,(kilay) .כִּילַי, ז
mezquino.
Químico.(kimai) .כִּימַאי, ז
Plé- (kimá) .כִּימָה, נ
yades.
Quími- (kimi) .כִּימִי, ת
co.
Quí- (kimya) .כִּימְיָה, נ
mica.
Qui-(kinín) .כִּינִין, ז
nina.
Bolsillo.(kis) .כִּיס, ז
Bolsa.
(kis-hama- -כִּיס הַמָּרָה
rá) Vesícula biliar.
Carte-(cayás) .כַּיָּס, ז
rista.
Relleno,(kisán) .כִּיסָן, ז
bizcocho.
כֵּיף, ר' כֵּף.
Roca,(keyfá) .כֵּיפָה, נ
piedra.
(keytzad) .כֵּיצַד, מ"ש

Cómo?
rabar. Plas- .כַּיֵּר, פ"י
ecer.
er grabado. -כֻּיַּר
er plastecido.
ogón, (kirá) .כִּירָה, נ
stufa.
כִּירוּרג, ר' מְנַתֵּחַ.
kirurgui) .כִּירוּרְגִי, ת
uirúrgico.
kirurgya) .כִּירוּרְגִיָּה, נ
irugía.
kiráyim) .כִּירַיִם, ז"ר
stufa.
ue- (kishor) .כִּשׁוֹר, ז
a.
sí. (caj) .כָּךְ, תה"פ
beyn-כָּךְ -בֵּין כָּךְ וּבֵין
aj-ubeyn-caj) De una
anera o de otra, de
odos modos.
an- (co-caj) כָּל כָּךְ
o.
Qué (ma-bejaj) -מָה בְּכָךְ
ay?
mitoj-caj) -מִתּוֹךְ כָּךְ
e esto.
ad-kdey- -עַד כְּדֵי כָּךְ
aj) Tanto, hasta es-
e grado.
al-yedey- -עַל יְדֵי כָּךְ
aj) Así, de esta ma-
era.
sí.(caja) .כָּכָה, תה"פ
ki- כִּכָּר, ז. ר' כִּכָּרוֹת
ar) Panecillo, hoga-
a. Círculo. Plaza.
odo. (col) ,כֹּל, כָּל-
ntero. Cada.
bejol-zot) -בְּכָל זֹאת
in embargo.

(col-zman- כָּל זְמַן שֶׁ-
she-) Todo tiempo que,
siempre que.
(col - caj) כָּל כָּךְ-
Tanto.
Todo (col-od) כָּל עוֹד-
tiempo que.
(col-icar) כָּל עִקָּר-
Completamente.
(col-shehú) כָּל שֶׁהוּא-
Alguno.
(col-shekén) כָּל שֶׁכֵּן-
Con mayor razón.
Todo. (hacol) הַכֹּל-
Todos.
(lo-col- לֹא כָּל שֶׁכֵּן-
shekén)Con mayor razón.
(bejol-ofen) בְּכָל אֹפֶן-
De todos modos.
(bejol-zot) בְּכָל זֹאת-
Con todo, sin embargo,
a pesar de todo.
(micol-ma- מִכָּל מָקוֹם-
com) Sin embargo.
(saj-hacol) סַךְ הַכֹּל-
Total.
(lejol-ha- לְכָל הַפָּחוֹת-
pajot) Por lo menos.
כָּלָא (כָּלָא, יִכְלָא) פ"י
Encarcelar.
Ser encarcelado. הִכָּלֵא-
Cesar.
Terminar. כַּלֵּא-
כֶּלֶא, בֵּית כֶּלֶא, ז. (ke-
le, beyt-kele) Cárcel,
prisión.
כִּלְאַיִם, ז"ר. (kil-áyim)
Mezcla. Hibridación,
mistura.
כָּלַב, הִכְלִיב, פ"י. Hilvanar.

Hilvanarse, ser הִתְכַּלֵּב-
hilvanado.
כֶּלֶב, ז. ר' כְּלָבִים (ké-
lev) Perro.
(kélev-yam) כֶּלֶב יָם-
Foca. Tiburón.
כֶּלֶב נָהָר, כֶּלֶב מַיִם-
(kélev-náhar, kélev-má-
yim) Perro de agua.
(kélev- כֶּלֶב שׁוֹטֶה-
shoté) Perro rabioso.
Per- (calbá) כַּלְבָּה, נ.
ra.
Per-(calbón) כַּלְבּוֹן, ז.
rito.
Perru-(calbí) כַּלְבִּי, ת.
no, canino.
(clavlav) כְּלַבְלָב, ז.
Perrito.
(clavlavón) כְּלַבְלְבוֹן, ז.
Perrito.
(calbanut) כַּלְבָנוּת, נ.
Adiestramiento de perros
Rabia. (calévet) כַּלֶּבֶת, נ.
כָּלָה (כָּלָה, יִכְלֶה) פעו"י
Terminar, acabar. Ex-
terminar. Ser termina-
do, acabado.
Terminar, acabar. כִּלָּה-
Exterminar.
Ser terminado. כֻּלָּה-
Ser extermina- הִתְכַּלָּה-
do.
Termi- (calé) כָּלֶה, ת.
nado. Efímero.
(co- כָּלֵה בָרָק, כָּלֵה רַעַם
lé-barak, colé-ráam) Pa-
rrarayos.
(calá) כַּלָּה, נ. ר' כַּלּוֹת
Novia. Nuera.
Extermina-(calá) כָּלָה, נ.

Vejez, (kélaj) .כֶּלַח, ז
vigor (?).
Viejo, (kiljí) .כִּלְחִי, ת
usado.
(cli) כְּלִי, ז. ר׳ כֵּלִים
Vaso, jarro. Instrumento. Vestido, vestimenta. Organo.
(cley-zayin) -כְּלֵי זַיִן
Armas.
(cley-zémer) -כְּלֵי זֶמֶר
Instrumentos músicos.
(cli-mivtá) -כְּלִי מִבְטָא
Periódico, órgano.
(cley-neguiná) -כְּלֵי נְגִינָה Instrumentos músicos.
(-shluvim) -כֵּלִים שְׁלוּבִים Vasos comunicantes.
(nosé-kelim) -נוֹשֵׂא כֵּלִים Escudero.
.כֵּלַי, ר׳ כֵּילַי
(calí-barek) .כַּלִּיא־בָרָק, ז Pararrayos.
Detención, (cliá) .כְּלִיאָה, נ encarcelamiento.
Torno. (clivá) .כְּלִיבָה, נ
Estuche, cajita.
כִּלְיָה, נ. ר׳ כְּלָיוֹת
(kilyá) Riñón. Fig. pensamiento.
(musar-clayot) -מוּסַר כְּלָיוֹת Remordimiento.
Ruina, (clayá) .כְּלָיָה, נ
exterminación, destrucción.
Destrucción, (kilayón) .כִּלָּיוֹן, ז ruina, exterminación.
(kilyón-eynáyim) -כִּלְיוֹן עֵינַיִם Ansia.

ción, aniquilación.
Mosquitero. (kilá) .כִּלָּה, נ
Encarcelado. (calú) .כָּלוּא, ת Intercalado.
.כְּלוּא, בֵּית־כְּלוּא, ז
(beyt-clu) Prisión, cárcel.
Jaula. (cluv) .כְּלוּב, ז
Fin, (kiluy) .כִּלּוּי, ז
terminación. Destrucción, exterminación.
Encerrado. (caluy) .כָּלוּי, ת
Encerrado, (calul) .כָּלוּל, ת comprendido, incluído.
(clulot) .כְּלוּלוֹת, נ"ר
Esponsales.
Nada. (clum) .כְּלוּם, ז
¿Es (clum) .כְּלוּם, מ"ש verdad que?
(clomar) .כְּלוֹמַר, תה"פ
Es decir.
כְּלוֹנָס, ז. ר׳כְּלוֹנְסָאוֹת
(clonás) Estaca, pilar. Zanco.
כְּלוּנְסָה, נ. ר׳כְּלוּנְסָאוֹת
(clunsá) Pilote, estaca, pilar.
Cloro. (clor) .כְּלוֹר, ז
(clorozis). ז ,כְּלוֹרוֹזִיס
Clorosis.
(clorofor) .כְּלוֹרוֹפוֹרְם, ז Cloroformo.
(clorofil). ז ,כְּלוֹרוֹפִיל
Clorofila.
Clorito. (clorid) .כְּלוֹרִיד, ז
(clot-hanéfesh) .כְּלוֹת־נֶפֶשׁ, ז Nostalgia.

Totalidad.
-כְּלָל, כְּלָל וּכְלָל, כְּלָל (clal, clal-ujlal, וְעִקָּר clal-veicar) Absolutamente, completamente, totalmente.
Incluído.(bijlal) -בִּכְלָל
Generalmente.
De (miclal) ··מִכְּלָל de esto.
(yotzé- -יוֹצֵא מִן הַכְּלָל min-haclal) Excepción, exceptuación.
(ad-vead- -עַד וָעַד בִּכְלָל bijlal) Inclusive. Hasta... inclusive.
(tovat- -טוֹבַת הַכְּלָל haclal) Bien general.
כָּלַל (כָּלַל, יִכְלֹל) פ"י
Terminar, perfeccionar, Encerrar, incluír, contener, comprender. Generalizar.
Ser generalizado. -הִכָּלֵל
Ser contenido.
Terminar, perfec- -כַּלֵּל cionar, acabar. Generalizar.
Ser contenido, -כֻּלּוֹל ser comprendido.
Incluír, encer- -הַכְלֵל rar.
Ser incluído. -הֻכְלַל
Coronarse, ser -הִתְכַּלֵּל coronado.
כְּלָלוּת, כְּלָלִיּוּת, נ. (cla-lut, claliyut) Generalidad, conjunto.
Común, (clalí) כְּלָלִי, ת. general.
Aver- (כלם) הִכָּלֵם,

כִּלְיוֹתִי, ת. (kilyotí) Renal.
כָּלִיל, ת. (calil) Perfecto, entero, todo.
כְּלִיל, ז. (clil) Corona.
-כָּלִיל, תה"פ. (calil) Enteramente, completamente, totalmente.
-כְּלִיל יֹפִי (clil-yofi) Lindo, bellísimo, hermosísimo.
-כְּלִילַת יֹפִי (clilat-yofi) Linda, bellísima, hermosísima.
כְּלִימָה, ר' כְּלִמָּה.
כְּלִיף, ר' חָלִיף.
כְּלִיפוֹת, ר' חֲלִיפוֹת.
כְּלִיא רַעַם, ר' כְּלִיא בָרָק
כֶּלֶךְ, ז. (kélej) Férula.
כֶּלֶךְ, מ"ק. (calej) ¡Vete!
כִּלְכּוּל, ז. (kilcul) Mantenimiento, manutención.
כִּלְכֵּל, פ"י. Mantener, nutrir. Aguantar.
-כֻּלְכַּל Ser mantenido. Ser abastecido.
-הִתְכַּלְכֵּל Mantenerse.
כַּלְכָּלָה, נ. (calcalá) Economía. Manutención, alimentación. Cesto.
כַּלְכָּלִי, ת. (calcalí) Económico.
כַּלְכְּלָן, ז. (calcalán) Economista.
כְּלָל, ז. ר' כְּלָלִים, ר' כְּלָלוֹת (clal) Regla. Conjunto. Principio.

gonzarse.
Avergonzar. הַכְלֵם-
Avergonzarse, הִכָּלֵם-
ser avergonzado.
Vergüen-(climá) .נ, כְּלִמָּה
za, pudor, pena.
כַּלָּנִיָּה, כַּלָּנִית, נ. ר׳
(calaniyá, ca- כַּלָּנִיּוֹת
lanit) Anemona.
(calanit- אֲדֻמָּה כַּלָּנִית-
adumá) Amapola.
(kil-umat-she) כִּלְעֻמַּת שֶׁ
Como.
Mancha (kélef) .ז, כֶּלֶף
de rojez.
(clapey) .תה"פ, כְּלַפֵּי
Hacia, delante de.Contra. Respecto a.
Según(kimdumé) ,כִּמְדֻמֶּה
parece, parece que,
se cree que.
(even-.נ ,(אֶבֶן־) כְּמֵדָה
kmidá) Piedra (?).
כָּמַהּ (כָּמַהּ, יִכְמַהּ) פ"ע
Anhelar, desear.
(cama,.תה"פ, כַּמָּה, כַּמֶּה
camé) Cuanto. ¿Cuánto?
A cómo,(bejama) בְּכַמָּה-
por cuánto.
(ben-cama) בֶּן כַּמָּה-
¿Cuántos años tiene?
Hasta(ad-cama) עַד כַּמָּה-
cuándo? Tanto.
עַל אַחַת כַּמָּה וְכַמָּה-
(al-ajat-cama-vejama)
Con mayor razón.
Como.(kma) .תה"פ, כְּמָה
(kmehín) .ז"ר, כְּמֵהִין
Trufa.
Como.(kmo) .תה"פ, כְּמוֹ
כָּמוֹנִי, כְּמוֹתִי, כָּמוֹךָ,-
כָּמוֹךְ, כָּמוֹהוּ, כְּמוֹתוֹ,
(camoni, kmotí, וכו׳
camoja, kmotjá, camohu,
kmotó) Como yo,como tú,
como él, etc.
Desea-(camuha) .ת, כָּמוּהַּ
do.
Comi- (camón) .ז, כַּמּוֹן
no.
Miste- (camús) .ת, כָּמוּס
rioso, secreto,oculto.
Clero.(kmurá) .נ, כְּמוּרָה
Arru-(camush) .ת, כָּמוּשׁ
gado.
כְּמוֹת, ר׳ כְּמוֹ.
(ca- כַּמּוּת, נ. ר׳ כַּמֻּיּוֹת
mut) Cantidad.
Cu-(camutí) .ת, כַּמּוּתִי
antitativo.
Anhelo,(kmihá).נ, כְּמִיהָה
deseo.
Cle- (kmirá) .נ, כְּמִירָה
mencia. Maduración (artificial).
Se- (kmishá) .נ, כְּמִישָׁה
camiento.
כָּמַן (כָּמַן, יִכְמֹן) פ"י
Ocultar.
Ocultar,esconder. כִּמֵּן-
Ocultar, escon- הִכְמִין-
der.
Refugio,(kmaná).נ, כְּמָנָה
escondrijo.
Pim-(camnón) .ז, כַּמְנוֹן
pinela.
כָּמַס (כָּמַס, יִכְמֹס) פ"י
Ocultar, disimular.
Ser ocultado. הִכָּמֵס-
Ocultar. הִכְמִיס-
(cim-at) .תה"פ, כִּמְעַט
Casi.

Al- (cámfor) .כַּמְפוּר, ז
canfor.
כָּמַר (כָּמַר, יִכְמֹר) פ"י
Madurar. Extender la red. Calentar.
Calentarse. -הִכָּמֵר
Apiadarse.
Extender la red. -הַכְמֵר
Hacerse sacer- -הִתְכַּמֵּר
dote, hacerse cura.
(cómer, .כֹּמֶר, כֹּמֶר, ז
comar) Cura, sacerdote.
כֶּמֶר, כֻּמָּר, ז. ר׳ כְּמָרִים
(kémer, kumar) Fruta madura.
Sa- (cumarut) .כְּמֻרוּת, נ
cerdocio.
Con-(comriyá) .כֻּמְרִיָּה, נ
vento, monasterio.
Calor, (kimrir). כִּמְרִיר, ז
oscuridad (?).
כְּמָרִית, נ. ר׳ כְּמָרִיּוֹת
(kmarit) Sacerdotisa.
כָּמַשׁ (כָּמַשׁ, יִכְמֹשׁ) פ"ע
Secarse, marchitarse.
Marchitarse, ar- -הִכָּמֵשׁ
rugarse, secarse.
Arrugar, marchitar. -כַּמֵּשׁ
Arrugarse. -הִתְכַּמֵּשׁ
Seco, (camesh) .כָּמֵשׁ, ת
arrugado.
Gorro. (cumtá) .כֻּמְתָּה, נ
(ken, can) .כֵּן, כַּן, ז
Base, soporte. Función, empleo. Verdad. Piojo.
(ken) כֵּן, ת. ר׳ כֵּנִים
Recto, justo.
Sí. Así. (ken) .כֵּן, תה"פ
Si es (im-ken) -אִם כֵּן
así. Entonces.
Hasta (ad-can) -עַד כָּן
ahora.
Por (al-ken) -עַל כֵּן
esto.
(bején, uv- -בְּכֵן, וּבְכֵן
jén) Entonces.
(a- אַחַר כֵּן, אַחֲרֵי כֵן
jar-ken, ajarey-jen)
Después.
(ela-im-ken) -אֶלָּא אִם כֵּן
Solamente si.
(af-al- -אַף עַל פִּי כֵן
pi-jen) Sin embargo, a pesar de esto.
(kiná) כִּנָּה, נ. ר׳ כִּנִּים
Piojo.
Llamar. Cali- .כִּנָּה, פ"י
ficar, apellidar, poner un sobrenombre.
Ser llamado. -כֻּנָּה
Llamarse. -הִתְכַּנָּה
Planta. (caná) .כַּנָּה, נ
Injerto. Soporte.
Llamado, (canuy). כָּנוּי, ת
apellidado.
כִּנּוּי, ז. ר׳ כִּנּוּיִים
(kinuy) Sobrenombre. Título. Sufijo pronominal. Epíteto.
Esta- (kinún) .כִּנּוּן, ז
blecimiento, consolidación.
Brase- (canón) .כָּנוּן, ז
ro.
Reunión, (kinús). כִּנּוּס, ז
Colección. acogimiento.
Mujer (knusá) .כְּנוּסָה, נ
casada.
Banda. (knufyá) כְּנוּפְיָה, נ
כִּנּוֹר, ז. ר׳ כִּנּוֹרוֹת,
Violín. (kinor) כִּנּוֹרִים
Cítara.

Rea- (kenut) כֵּנוּת, נ.
lidad, lealtad.
In- (knimá) כְּנִימָה, נ.
secto.
Entra-(knisá) כְּנִיסָה, נ.
da. Acceso. Introducción. Casamiento.
Su- (kniá) כְּנִיעָה, נ.
misión. Docilidad.
(kniut) כְּנִיעוּת, נ.
Docilidad, sumisión.
Piojos.(kinam) כִּנָּם, ש"ק
Pio- (kinémet) כִּנֶּמֶת, נ.
jería.
Envolver. כָּנַן, פ"י.
Ser envuelto. -כֻּנַּן
Tor-(canénet) כַּנֶּנֶת, נ.
no.
כָּנַס (כָּנַס, יִכְנֹס) פ"י
Reunir, juntar, recoger.
Entrar. -הִכָּנֵס
Reunir, juntar, -כַּנֵּס
recoger.
Ser reunido, ser -כֻּנַּס
recogido.
Meter, introdu- -הַכְנֵס
cir, hacer entrar.
Reunirse, recogerse. -הִתְכַּנֵּס
Introducir לַחֻפָּה -הַכְנֵס
al matrimonio, casar.
-הַכְנֵס בִּבְרִיתוֹ שֶׁל אַבְ-
Introducir רָהָם אָבִינוּ
en la alianza de Abraham: circuncidar.
Recibir אוֹרְחִים -הַכְנֵס
huéspedes, dar hospitalidad.
Reunión, (kenes) כֶּנֶס, ז.
junta.
Igle-(knesiyá) כְּנֵסִיָּה, נ
sia. Congreso. Reunión.
Parla-(knéset) כְּנֶסֶת, נ.
mento. Reunión, asamblea. Sinagoga.
(-yisrael) -כְּנֶסֶת יִשְׂרָאֵל
La Nación Judía.
(beyt-knéset) -בֵּית כְּנֶסֶת
Sinagoga.
Ser sometido, (כנע) הִכָּנֵעַ
tido.
Someter, subyugar. -הַכְנֵעַ
Ser sometido. -הֻכְנַע
Mer- (kin-á) כִּנְעָה, נ.
cancía. Sometimiento.
Ca- (knáan) כְּנַעַן, ז.
naán.
Ca-(knaaní) כְּנַעֲנִי, ת.
naneo. Comerciante, mercader.
כָּנַף (כָּנַף, יִכְנֹף) פ"י
Recoger.
Ser cubierto. -הִכָּנֵף
Cubrir. -הַכְנֵף
(ca- כָּנָף, נ. ר' כְּנָפַיִם
naf) Ala. Faldón. Extremidad. Vela.
בֶּן כָּנָף, בַּעַל-, עוֹף-,
(ben-canaf, bá- , צִפּוֹר-
al-, of-, tzipor-) Fig.
ave.
Deshonrar. -גַּלֵּה כָּנָף
כַּנְפוּר, ר' כַּמְפוּר.
כְּנֻפְיָה, ר' כְּנוּפְיָה.
(knufyón) כְּנֻפְיוֹן, ז.
Bandido.
(knufyatí) כְּנֻפְיָתִי, ת.
De la banda.
Tocar el כִּנֵּר, פ"י.
violín.
(ca- כַּנָּר, ז. נ' כַּנָּרִית
nar) Violinista.

(canir-é) כַּנִּרְאֶה, תה"פ.
Parece que.
Ca-(canarit) כַּנָּרִית, נ.
nario. Violinista.
(knat) כְּנָת, ז. ר' כְּנָוֹת
Compañero, colega.
Trono, silla.(kes). כֵּס, ז.
(ki- כִּסֵּא, ז. ר' כִּסְאוֹת
sé) Silla, asiento.
(kisé-ha- כִּסֵּא הַכָּבוֹד-
cavod) Trono de Dios.
(kisé-mar- כִּסֵּא מַרְגּוֹעַ-
góa) Silla hamaca.
Me-(kisé-nóa) כִּסֵּא נוֹעַ-
cedora, balancín.
(beyt-kisé) בֵּית כִּסֵּא-
Excusado, retrete.
(kese) כֶּסֶא, כֶּסֶה, ז.
Luna llena. Luna nu-
eva (?).
Sil-(kis-ón) כִּסְאוֹן, ז.
lita.
Co- (cusbar) כֻּסְבָּר, ז.
riandro.
כָּסֹה (כָּסָה, יִכְסֶה) פ"י
Tapar, cubrir.
Ser cubierto, הִכָּסֵה-
ser tapado.
Cubrir, tapar. כִּסֵּה-
Ser cubierto, ser כֻּסָּה-
tapado.
Taparse, cu- הִתְכַּסֵּה-
brirse.
Cor-(casúaj) כָּסוּחַ, ת.
tado.
Corte.(kisúaj) כִּסּוּחַ, ז.
Cubier-(kisuy) כִּסּוּי, ז.
ta, envoltura, tapa.
Animal (casul) כָּסוּל, ת.
que tiene una cadera
más larga que la otra

Roí- (casús) כָּסוּס, ת.
do.
כִּסּוּף, ז. כִּסּוּפִים, ז"ר.
(kisuf, kisufim) Deseo,
anhelo.
Pla- (casuf) כָּסוּף, ת.
teado.
Vesti-(ksut) כְּסוּת, נ.
menta, vestido.
(ksut-ey- כְּסוּת עֵינַיִם-
náyim)Fig. pretexto.
Cortar, כָּסַח, כַּסֵּחַ, פ"י.
talar.
Cortarse, ser הִכָּסַח-
cortado.
Guan-(ksayá) כְּסָיָה, נ.
te.
Corte,(ksijá) כְּסִיחָה, נ.
acción de cortar.
Tonto,(ksil) כְּסִיל, ז.
estúpido, bobo. Orión.
(ksilofón) כְּסִילוֹפוֹן, ז.
Xilófono.
Es-(ksilut) כְּסִילוּת, נ.
tupidez, torpeza.
Corte (ksimá) כְּסִימָה, נ.
del pelo.
Mas- (ksisá) כְּסִיסָה, נ.
ticación, roedura.
Estregar, כִּסְכֵּס, פ"י.
frotar, fregar.
Fre-(caskéset) כַּסְכֶּסֶת, נ.
gajo, estropajo.
כָּסֹל (כָּסַל, יִכְסַל) פ"ע
Entorpecerse.
Estupidez,(késel) כֶּסֶל, ז.
torpeza. Entrañas. Es-
peranza.
Torpeza,(kislá) כִּסְלָה, נ.
estupidez. Esperanza.
Tercer (kislev) כִּסְלֵו, ז.

Kaa- (ca-ba) כַּעֲבָה,נ.
ba.
Enoja-(caús) כָּעוּס,ת.
do, irritado.
Feal- (kiur) כִּעוּר,ז.
dad.
Feo. (caur) כָּעוּר,ת.
(keeyn) כְּעֵין,תה"פ.
Como.
Irri-(keisá) כְּעִיסָה,נ.
tación.
(keirut) כְּעִירוּת,נ.
Fealdad.
(cá- כַּעַךְ,ז. ר׳ כְּעָכִים
aj) Galleta.
Tos,(ki-cúa) כִּעְכּוּעַ,ז.
cacareo.
Toser, ca- כִּעְכַּע,פ"ע.
carear.
כָּעַס (כָּעַס, יִכְעַס) פ"ע
Enojarse, irritarse.
Irritar, כִּעֵס, הִכְעִיס-
enojar.
Enojarse, irri- הִתְכַּעֵס-
tarse.
Ser irritado, הֻכְעַס-
ser enojado.
Cólera, (cáas) כַּעַס,ז.
ira, enojo.
Colé- (caasán) כַּעֲסָן,ז.
rico, irascible.
(caasanut) כַּעֲסָנוּת,נ.
Irascibilidad.
Afear. כִּעֵר,פ"י.
Afearse. הִכְעִיר-
Afear. הִכְעִיר-
Afearse. הִתְכַּעֵר-
כַּעַשׂ, ר׳ כַּעַס.
כַּף,נ. ר׳ כַּפּוֹת, זוגי
Cuchara. (caf) כַּפַּיִם
Palma de la mano.Plan-

mes del calendario
hebreo. Corres-
ponde a noviembre-
diciembre.
כָּסַם (כָּסַם, יִכְסֹם) פ"י
Cortar el pelo.
כֻּסֶּמֶת,נ. ר׳ כֻּסְּמִים
(cusémet) Espelta.
כְּסַנּוּעַ, ר׳ כֵּסֵא נוֹעַ.
כִּסֵּס,פ"ע. Roer. Parti-
cipar.
כָּסַף (כָּסַף, יִכְסֹף) פ"ע
Anhelar, desear. Aver-
gonzrse.
Anhelar, desear. הִכָּסֵף-
Ser deseado. Avergon-
zarse.
Avergonzar. כִּסֵּף-
Platear. Poner הִכְסִיף-
pálido.
Deseo, (cósef) כֹּסֶף,ז.
anhelo.
(ké- כֶּסֶף,ז. ר׳ כְּסָפִים
sef) Plata. Dinero.
-כֶּסֶף חַי, ר׳ כַּסְפִּית.
Fi- (ksafim) -כְּסָפִים
nanzas.
Orfe- (casaf) כַּסָּף,ז.
bre.
Resi- (cuspá) כֻּסְפָּה,נ.
duo.
Platea-(caspí) כַּסְפִּי,ת.
do, de plata.Financiero
כַּסְפִּי, ר׳ כַּסָּף.
Mercurio.(caspit) כַּסְפִּית,נ
Caja de(caséfet) כַּסֶּפֶת,נ
caudales. Registradora.
(ké- כֶּסֶת,נ. ר׳ כְּסָתוֹת
set) Almohada.
Col- (casat) כַּסָּת,ז.
chonero.

Obligar, forzar.
כָּפָה (כָּפָה, יִכְפֶּה) פ"י,
Obligar, forzar. Voltear. Apaciguar, calmar.
Voltear. Obligar, -כִּפָּה
forzar.
Ser volteado. -הִכָּפָה
Rama. (capá) כַּפָּה, נ.
Palma de la mano.
Bóveda. (kipá) כִּפָּה, נ.
Solideo, calota.
Reinar so- מָלַךְ בְּכִפָּה-
bre todo el mundo.
(kipat-ha- כִּפַּת הַשָּׁמַיִם-
shamáyim) La bóveda celeste.
Obli- (cafuy) כָּפוּי, ת.
gado.
Envol- (kipuy) כִּפּוּי, ז.
tura, cubierta.
(kfuy- כְּפוּי טוֹבָה, ת.
tová) Ingrato, desagradecido.
Doble, (caful) כָּפוּל, ת.
multiplicado. Compuesto. Múltiplo.
Multi-(kipul) כִּפּוּל, ז.
plicación.
Do- (kfulá) כְּפוּלָה, נ.
blez. Pliegue.
Ham- (cafún) כָּפוּן, ת.
briento.
Curvo, (cafuf) כָּפוּף, ת.
doblado, inclinado, sometido.
(kfor) כְּפוֹר, כְּפֹר, ז.
Escarcha. Tapadera, -pa (?).
Perdón, (kipur) כִּפּוּר, ז.
expiación, gracia.
-יוֹם כִּפּוּר, יוֹם כִּפּוּ-

ta del pie. Pala. Guante. Platillo de balanza.
(caf-zjut) כַּף זְכוּת-
Argumento justificado.
(lejaf-zjut) לְכַף זְכוּת-
Favorablemente.
(caf-jová) כַּף חוֹבָה-
Argumento acusatorio.
(lejaf-jová) לְכַף חוֹבָה-
Desfavorablemente.
(caf-moznáyim) כַּף מֹאזְנַיִם- Platillo.
(caf-hanáal) כַּף הַנַּעַל-
Calzador.
(caf-sayadim) כַּף סַיָּדִים- Trulla, llana.
Aplaudir, batir palmas. מָחָא כַּף-
(nikyón-capáyim) נִקְיוֹן כַּפַּיִם Fidelidad.
Alzar los נָשָׂא כַּפַּיִם- brazos. Bendecir los sacerdotes o כֹּהֲנִים
(nesiat-capáyim) נְשִׂיאַת כַּפַּיִם- Bendición de los sacerdotes כֹּהֲנִים
Aplaudir, batir palmas. מָחָא כַּף-
Dar la mano, תָּקַע כַּף- chocarla. Fig. hacer juramento.
(tkiat-caf) תְּקִיעַת כַּף-
Acción de dar la mano. Fig. juramento.
Nombre de (caf). כַּף, נ. la undécima letra del alfabeto hebreo.
(kef) כֵּף, ז. ר' כֵּפִים
Roca, peñasco.
כָּפָא (כָּפָא, יִכְפָּא) פ"י

רִים, יוֹם הַכִּפּוּרִים
(yom-kipur, yom-kipurím, yom-hakipurim) Día de la Expiación.

Es- (kforí) .ת, כְּפוֹרִי
carchado.

.כַּפּוֹרֶת, ר׳ כַּפֹּרֶת

Feo, (cafush) .ת. כָּפוּשׁ
dañado.

Sos- (cafut) .ז, כָּפוּת
tén.

Atado, (cafut) .ת, כָּפוּת
unido.

Gigan-(kipéaj) .ת, כִּפֵּחַ
te.

Como, (kfi) .תה"פ, כְּפִי
según.

Tur-(cafiya) .נ, כָּפִיָּה
bante.

Obliga-(kfiyá) .נ, כְּפִיָּה
ción. Volteo. Epi-
lepsia.

(kfiyat- כְּפִיַּת טוֹבָה-
tová) Ingratitud.

In- (kifyón) .ז, כִּפְיוֹן
clinación.

In- (kfiyut) .נ, כְּפִיּוּת
clinación.

Do- (cafil) .ז, כָּפִיל
ble.

Multi-(kfilá) .נ, כְּפִילָה
plicación, duplicación.

(kfilut) .נ, כְּפִילוּת
Multiplicidad.

כָּפִיס, ז. ר׳ כְּפִיסִים
(cafís) Viga. Ladrillo. Espátula.

Do- (cafif) .ת, כָּפִיף
blegable.

Incli-(kfifá) .נ, כְּפִיפָה
nación, agachada.

(kfifut) .נ, כְּפִיפוּת
Sometimiento.

Cacho-(kfir) .ז, כְּפִיר
rro. Leoncillo.

Nega-(kfirá) .נ, כְּפִירָה
ción. Ateísmo, herejía.
Leona joven.

Cesta, (kfishá) .נ, כְּפִישָׁה
canasta.

כַּפִּית, נ. ר׳ כַּפִּיּוֹת
(capit) Cucharita.

Ata- (kfitá) .נ, כְּפִיתָה
dura, acción de atar.

.כַּפְכָּף, ר׳ קַבְקָב

כָּפַל (כָּפַל, יִכְפֹּל) פ"י
Multiplicar. Duplicar.

Ser multiplicado. -הִכָּפֵל
Ser duplicado.

Multiplicar. Do- -כַּפֵּל
blar.

Ser multiplicado. -כֻּפַּל
Ser doblado.

Multiplicar. Du- -הַכְפֵּל
plicar.

Ser duplicado. -הֻכְפַּל
Ser multiplicado.

Doblarse. Mul- -הִתְכַּפֵּל
tiplicarse.

(ké- כֶּפֶל, ז. ר׳ כְּפָלִים
fel) Multiplicación.

(lúaj-haké- -לוּחַ הַכֶּפֶל
fel) Tabla de multiplicación

(kifláyim) -כִּפְלַיִם
El doble.

Multi-(caflán) .ז, כַּפְלָן
plicador.

כָּפַן (כָּפַן, יִכְפַּן) פ"י
Encorvar, inclinar, agachar. Tener hambre.

Hambre. (cafán) .ז, כָּפָן

Dátil (cofnit) .נ. כָּפְנִית

en la víspera del Día de la Expiación para que sean perdonados sus pecados
(cafrí, .ז, כַּפְרִי , כְּפָרִי kfarí) Campesino, campestre, rústico, rural.
כַּפְרִיּוּת, כְּפָרִיּוּת, נ. (cafriyut, kfariyut) Rusticidad.
Ateo. (cafrán) .ז, כַּפְרָן Mentiroso.
(cafranut) .נ, כַּפְרָנוּת Negación, falsedad. Herejía, ateísmo.
Pro-(capóret) .נ, כַּפֹּרֶת piciatorio, cubierta del santuario.
כָּפַשׁ (כָּפַשׁ, יִכְפֹּשׁ) פ"י Llenar.
Ser hollado, ser הִכָּפֵשׁ- pisado.
Hollar, pisar, הִכְפִּישׁ- rebajar, humillar.
Ser pisado, ser הָכְפַּשׁ- hollado.
Depósi-(cófesh) .ז, כֹּפֶשׁ to (de olivas).
כָּפַת (כָּפַת, יִכְפֹּת) פ"י Atar, amarrar.
Ser atado, ser הִכָּפֵת- amarrado.
Atar, amarrar. כִּפֵּת-
Ser atado. כֻּפַּת-
Atar, amarrar. הִכְפִּית-
Nudo, (kéfet) .ז, כֶּפֶת ojal.
Albón-(cuftá) .נ, כֻּפְתָּה diga.
Bo- (caftor) .ז, כַּפְתּוֹר tón.

verde.
כָּפַף (כָּפַף, יָכֹף, יִכְפֹּף) Encorvar, inclinar, פ"י agachar, doblar. Obligar, forzar.
Ser obligado, ser הִכֹּף- sometido.
Ser encorvado, הִכָּפֵף- ser doblado.
Encorvar, ibcli- הִכְפִּיף- nar.
Encorvarse, הִתְכּוֹפֵף- inclinarse, agacharse.
Incli-(kéfef) .ז, כֶּפֶף nación.
Guan-(kfafá) .נ, כְּפָפָה te.
כָּפַר (כָּפַר, יִכְפֹּר) פ"י Alquitranar. Negar. Ser ateo.
Perdonar, expiar. כִּפֵּר- Purificar. Tranquilizar, calmar.
Ser perdonado. כֻּפַּר- Ser anulado.
Ser הִכָּפֵר, הִתְכַּפֵּר- perdonado.
Negar la כָּפַר בְּעִקָּר- existencia de Dios.
(k- כְּפָרִים ר' .ז, כְּפָר far) Pueblo, burgo, villa.
Pue- (cófer) ;ז, כֹּפֶר blecillo. Rescate. Asfalto. Ciprés.
כַּפָּרָה, נ. ר' כַּפָּרוֹת (caparà) Expiación, perdón.
(caparot) כַּפָּרוֹת- Gallos o gallinas que los judíos degollan

כַּפְתּוֹר וָפֶרַח- (caftor-vaféraj) Fig. lindo, hermosísimo.

כִּפְתּוּר, ז. (kiftur) Abotonadura.

כִּפְתֵּר, פ"י. Abotonar.

כַּר, ז. ר' כָּרִים (car) Cordero. Camello. Silla de montar. Pasturaje, prado. Almohada. Ariete, máquina militar antigua.

כֹּר, ז. (cor) Nombre de una medida (ver כּוֹר).

כְּרַב, ז. (crav) Campo arado o sembrado.

כָּרַב (כָּרַב, יִכְרֹב) פ"י Labrar, arar.

כְּרָבָא, ר' כְּרוּב.

כִּרְבֵּל, פ"י. Cribar, tamizar.

כֻּרְבַּל- Ser envuelto.

הִתְכַּרְבֵּל- Envolverse.

כַּרְבֹּלֶת, נ. (carbólet) Cresta.

כְּרַגָּא, כְּרַגָּה, נ. (craga) Contribución por persona.

כֵּרָה, נ. (kerá) Festín, banquete.

כָּרָה (כָּרָה, יִכְרֶה) פ"י Cavar, excavar. Comprar. Preparar un banquete, hacer la comida. Tramar.

הִכָּרָה- Ser excavado.

הִכְרָה- Hacer un banquete. Amontonar.

כְּרוּב, ז. ר' כְּרוּבִים (cruv) Querubín (ángel).

יוֹשֵׁב הַכְּרוּבִים- (yosh-ev-ha-) Fig. Dios.

כְּרוּב, ז. (cruv) Repollo.

כְּרוּבִית, נ. (cruvit) Coliflor.

כְּרוּז, ז. (cruz) Proclamación, anuncio.

כָּרוֹז, ז. ר' כָּרוֹזוֹת (caroz) Anunciador.

כָּרוּי, ת. (caruy) Excavado. Comprado.

כָּרוּךְ, ת. (caruj) Envuelto, encuadernado.

כָּרוּךְ בְּ- (caruj-be) Necesita, exige, reclama.

כְּרוּכְיָה, נ. (crujyá) Grulla.

כְּרוּכִית, נ. ר' כְּרוּכִיּוֹת (crujit) Sándwich.

כְּרוּם, ז. (crum) Colibrí. Color rojo.

כְּרוּם הַיָּם- (crum-hayam) Crisolito.

כְּרוֹם, ז. (crom) Cromo.

כְּרוֹמוֹזוֹמָה, נ (cromozoma) Cromosoma.

כְּרוֹמוֹסְפֵרָה, נ. (cromosfera) Cromosfera.

כְּרוֹמָטִי, ת. (cromati) Cromático.

כְּרוֹנוֹלוֹגִי, ת (cronologui) Cronológico.

כְּרוֹנוֹלוֹגְיָה, נ. (cronologya) Cronología.

כְּרוֹנוֹמֶטֶר, ז. (cronométer) Cronómetro.

כְּרוֹנִי, ת. (croni) Crónico.

כְּרוֹנִיקָה, נ. (crónica) Crónica.

כָּרוּת, ת. Corta-(carut) do, arrancado.

כָּרַז (כָּרַז, יִכְרֹז) פ"י Anunciar, proclamar.

-הַכְרֵז Anunciar.

-הֻכְרַז Ser anunciado.

כְּרָזָה, נ. Cartel,(crazá) anuncio, aviso.

כַּרְזִיל, ז. Apren-(carzil) diz de pastor.

(כרח) הִכְרִחַ, פ"י Obli-gar, forzar.

-הֻכְרַח Ser obligado.

כֹּרַח, ז. Obliga-(córaj) ción, necesidad.

-עַל כָּרְחִי, בְּעַל כָּרְחִי, עַל כָּרְחֲךָ, וכו'. (al-corjí, beal-corjí, al-corjajá) A pesar mío, a pesar tuyo,etc.:contra la voluntad, obligatoriamente.

כַּרְטוֹגְרַפְיָה, נ. (carto-grafya) Cartografía.

כַּרְטוֹן, ז. Car-(cartón) tón.

כַּרְטוֹתֵיקָה, נ (cartotey-ca) Tiquetera.

כַּרְטִיס, ז. Ti-(cartís) quete,billete,boleta.

כַּרְטִיסִיָּה, נ. (cartisiyá) Tiquetera.

כַּרְטִיסָן, ז. (cartisán) Tiquetero.

כַּרְטֶסֶת, נ. (cartéset) Tiquetera.

כָּרִי, ז. Guardia,(carí) mensajero (?).

כְּרִי, ז. ר' כְּרָיִים (cri) Montón de granos de trigo.

כְּרִיבָה, נ. Ara-(crivá) do.

כְּרִיָּה, נ. Exca-(criyá) vación.

כְּרִיזָה, נ. Pro-(crizá) clamación,anunciación.

כָּרִיחַ, ת. Nece-(caríaj) sario, indispensable.

כָּרִיךְ, ז. ר' כְּרִיכִים (carij) Envoltura. Sándwich.

כְּרִיכָה, נ. Envol-(crijá) vimiento. Encuadernación. Forro.

כְּרִיכִיָּה, נ. (crijiyá) Encuadernación, taller del encuadernador.

כְּרִיסְטוּס, ז. (cristus) Cristo.

כְּרִיעָה, נ. Arrodil-(criá) lamiento.

כָּרִישׁ, ז. Selacio.(caresh)

כָּרִית, נ. Al- (carit) mohadilla.

כְּרִיתָה, נ. Arran-(critá) camiento. Exterminación. Divorcio.

כְּרִיתוּת, נ. (critut) Divorcio.

כָּרַךְ (כָּרַךְ, יִכְרֹךְ) פ"י Envolver. Encuadernar. Arrollar.

-הִכָּרֵךְ Ser envuelto. Ser encuadernado.

-כֵּרֵךְ Envolver.

-כֹּרַךְ Ser envuelto. Ser encuadernado.

-הִכְרִיךְ Envolver.

-הִתְכָּרֵךְ Envolverse, ser envuelto.

כֶּרֶךְ, ז. ר' כְּרָכִים (ké-

carlata, carmesí.
Car-(carmín) .ז, כַּרְמִין
mín.
Jardín.(carmel).ז, כַּרְמֶל
Espiga fresca. Car-
mín.
Es-(carmilí) .ת, כַּרְמִלִי
carlata, carmesí.
כֶּרֶס, כָּרֶס, ז. ר׳. כְּרֵסוֹת
(kéres, cáres) Vientre,
panza, barriga.
(cursá) .נ, כֻּרְסָה, כֻּרְסָא
Sillón.
Roe- (kirsum). ז, כִּרְסוּם
dura.
Roer. .פ"י, כִּרְסֵם
Ser roído. -כֻּרְסַם
Co- (kirsam) .ז, כִּרְסָם
riza.
(carz-.ז, כַּרְסְתָן, כַּרְסָן
án, carsetán) Barrigón.
כָּרַע (כָּרַע, יִכְרַע) פ"ע
Inclinarse, arrodillarse, prosternarse.
Someter, subyu- -הִכְרִיעַ
gar. Hacer sucumbir.
Pesar demasiado.
Ser decidido. Ser -הֻכְרַע
sometido, sucumbido.
כֶּרַע, כָּרָע, ז. ר׳ כְּרָעַיִם
(kera, cará) Rodilla,
pierna, muslo.
Apio.(carpás) .ז, כַּרְפַּס
Lino,(carpás) .ז, כַּרְפַּס
tela fina.
כֶּרֶץ, כֶּרֶץ שִׁלְשׁוּלִי, ז.
(kéretz-shilshulí) Ascáride.
(carak- .נ, כָּרַקְטֶרִיסְטִיקָה
terística) Característica.
Talabar-(carar) .ז, כָּרָר

rej) Rollo. Tomo. Paquete. Encuadernación
(craj) כְּרָךְ, ז. ר׳ כְּרַכִּים
Ciudad.
(ben-craj) -בֶּן כְּרַךְ
Ciudadano.
(crakey-ha- -כְּרַכֵּי הַיָּם
yam) Ciudades marítimas.
Engas-(carcov) .ז, כַּרְכֹּב
te, entablamiento.
Engastar, .פ"י, כַּרְכֵּב
encuadrar.
Salto.(kircur). ז, כִּרְכּוּר
Escondida.
(car- .ז, כַּרְכּוֹם, כַּרְכֹּם
com) Azafrán, croco.
Azafranar. .פ"י, כַּרְכֵּם
Ser azafranado. -כֻּרְכַּם
Azafranarse, -הִתְכַּרְכֵּם
ser azafranado.
Aza-(carcumí) .ת, כַּרְכֻּמִי
franado.
Brincar, sal- פ"י, כִּרְכֵּר
tar, bailar.
Trompo.(kircar). ז, כִּרְכָּר
Coche,(kircará) .נ, כִּרְכָּרָה
carroza. Dromedario,
camello.
(car- .נ, כַּרְכַּשְׁתָּה, כַּרְכֶּשֶׁת
késhet, carcashtá) El
recto.
Paque-(crójet) .נ, כְּרֹכֶת
te.
כָּרַם (כָּרַם, יִכְרֹם) פ"י
Amontonar. Trabajar en
un viñedo.
Aza- (carom) .ת, כָּרֹם
franado.
(ké- כֶּרֶם, ז. ר׳ כְּרָמִים
rem) Viña, viñedo.
Es-(carmil) .ז, כַּרְמִיל

Engordarse, cubrirse de grasa.
Bru- (kishuf) .ז ,כִּשּׁוּף jería, hechicería.
כָּשׁוֹר, ז, ר׳ כָּשׁוֹרִים (cashor) Viga.
(cashurá) .תה"פ ,כַּשּׁוּרָה En orden.
Cus- (kshut) .נ ,כְּשׁוּת cuta. Plumón, vello.
Hacha, (cashil) .ז ,כַּשִּׁיל machete.
Movi-(kishcush)ז ,כִּשְׁכּוּשׁ miento.
Mover, agi- .פ"י ,כִּשְׁכֵּשׁ tar.
כָּשַׁל (כָּשַׁל, יִכְשֹׁל) פ"י
Tropezar, fracasar.
Tropezar, fraca- -הִכָּשֵׁל sar, frustrarse.
Hacer fracasar, -הִכְשִׁיל hacer tropezar.
Ser fracasado, -הֻכְשַׁל ser tropezado.
(késhel, .ז ,כִּשָּׁלוֹן ,כֶּשֶׁל kishalón) Fracaso.
Como. (keshem) .מ"ח ,כְּשֵׁם
Hacer hechi- .פ"ע ,כִּשֵּׁף zos, encantar.
Ser encantado. -כֻּשַּׁף
Ser encantado. -הִתְכַּשֵּׁף
Hechi-(cashaf) .ז ,כַּשָּׁף cero.
(ké- כְּשָׁפִים ר׳ .ז ,כֶּשֶׁף shef) Hechizo.
He-(cashafut) .נ ,כַּשָּׁפוּת chicería.
Brujo, (cashfán). ז ,כַּשְׁפָן hechicero.
(cashfanut) .נ ,כַּשְׁפָנוּת

tero, guarnicionero.
כֶּרֶשׁ, ר׳ כְּרָשִׂים
-כַּרְשִׁין, ז. כַּרְשִׁינָא, כַּרְ שִׁינָה(carshín, carshina)
Vicia.
כָּרַת (כָּרַת, יִכְרֹת) פ"י
Cortar, derribar, tumbar, exterminar.
Ser cortado, ser -הִכָּרֵת derribado, ser exterminado.
Cortar, derribar. -כֵּרֵת
Ser cortado. -כֹּרַת
Exterminar. Ter- -הִכְרִית minar, acabar.
Ser exterminado. -הָכְרַת
Ser terminado.
Hacer un -כָּרַת בְּרִית pacto, contratar una alianza.
(ca- כְּרֵתוֹת ר׳ .ז ,כָּרֵת ret) Exterminación, extinción, muerte prematura (por causa de un pecado).
Tronco, (córet) .ז ,כֹּרֶת tallo.
Vicia, (cartí) .ז ,כַּרְתִּי arveja.
Una (cretí) .ז ,כְּרֵתִי parte de la guardia de David; la otra se llamaba פְּלֵתִי.
Cor- (késev) .ז ,כֶּשֶׂב dero.
Ove- (kisbá) .נ ,כִּשְׂבָּה ja.
Caldeo. (casdí) .ז ,כַּשְׂדִּי
Fig. astrólogo, mago.
Caldea. (casdim) ,כַּשְׂדִּים
כָּשָׂה (כָּשָׂה, יִכְשֶׂה) פ"ע

Ser dictado. -הֻכְתַּב
Escribirse,man- -הִתְכַּתֵּב
tener correspondencia.
(ktav) כְּתָב, ז. ר׳ כְּתָבִים
Escrito, orden. Escritura, letra.
(ktav-ja- -כְּתָב חֲלִיפִים
lifim) Letra de cambio.
(ktav-ha- -כְּתָב הַחַרְטֻמִּים
jartumim) Jeroglíficos.
(-hayete- -כְּתָב הַיְתֵדוֹת
dot) Escritura cuneiforme.
(ktav-yad) -כְּתַב־יָד
Manuscrito.
(ktav-mors) -כְּתָב מוֹרְס
Escritura Morse.
-כְּתַב־עֵת, כְּתַב־עִתִּי, כְּתַב־עִתִּים
(ktav-et, ktav-
ití, ktav-itim) Periódico.
(kitvey-ha- -כִּתְבֵי הַקֹּדֶשׁ
códesh) La Sagrada Escritura.
Por (bijtav) -בִּכְתָב
escrito.
(torá-she- -תּוֹרָה שֶׁבִּכְתָב
bijtav) La doctrina escrita: la Biblia.
(otiyot- -אוֹתִיּוֹת כְּתָב
ktav) Letras manuscritas.
Cor- (catav) כַּתָּב, ז. ׳
responsal.
Cor- (catavá) כַּתָּבָה, נ.
respondencia.
Contra-(ktubá) כְּתֻבָּה, נ.
to nupcial.
Broma, (catavut) כַּתָּבוּת, נ
chanza, epigrama.
Grá- (ktaví) כְּתָבִי, ת.
fico.
Es- (catván) כַּתְבָן, ז.

Hechicería.
(cashfanit) כַּשְׁפָנִית, נ.
Hechicera, bruja.
כָּשֵׁר (כָּשַׁר, יִכְשַׁר) פ"ע
Ser justo, ser apto, valer, ser útil.
Ser apto, ser -הֻכְשַׁר
útil, valer.
Preparar, adap- -הִכְשִׁיר
tar, hacer apto.
Ser adaptado, -הֻכְשַׁר
ser preparado.
Prepararse, -הִתְכַּשֵּׁר
adaptarse.
כָּשֵׁר, ת. נ׳כְּשֵׁרָה, ר׳
Legítimo, (casher) כְּשֵׁרִים
bueno, autorizado, permitido por la ley mosaica.
Utilidad, (cósher) כֹּשֶׁר, ז
aptitud, capacidad, posibilidad.
(sheat-cósher) -שְׁעַת כֹּשֶׁר
Momento oportuno.
כִּשְׁרוֹן, ז. ר׳ כִּשְׁרוֹנוֹת
(kishrón) Disposición, aptitud, talento.
(kishronut) כִּשְׁרוֹנוּת, נ.
Disposición, talento.
(kishroní) כִּשְׁרוֹנִי, ת.
Apto, talentoso.
Utili-(cashrut) כַּשְׁרוּת, נ
dad, legitimidad, calidad de lo permitido.
כַּת, נ. ר׳ כִּתּוֹת, כִּתִּים
(cat) Secta, grupo.
כָּתֹב (כָּתַב, יִכְתֹּב) פ"פ
Escribir.
Ser escrito. -הִכָּתֵב
Escribir. -כִּתֵּב
Dictar. -הִכְתִּיב

cribiente.Mecanógrafo.
(catvanut) .כַּתְבָנוּת, נ
Mecanografía, dacti-
lografía.
(catvanit) .כַּתְבָנִית, נ
Mecanógrafa, dactiló-
grafa.
(coté-.כֹּתֶבֶת, כּוֹתֶבֶת, נ
vet) Dátil.
כְּתֹבֶת, נ. ר׳ כְּתֹבוֹת
(któvet) Dirección.
Inscripción.
(któvet- כְּתֹבֶת קַעֲקַע-
cáaca) Tatuaje.
(kitá) כִּתָּה, נ. ר׳ כִּתּוֹת
Clase. Secta. Grupo.
Escri-(catuv) .כָּתוּב, ת
to.
(ktuvim) .כְּתוּבִים, ז"ר
Hagiógrafos.
כְּתוּבָה, ר׳ כְּתֻבָּה.
כְּתוּבֶת, ר׳ כְּתֹבֶת.
כְּתוּנֶת, ר׳ כֻּתֹּנֶת.
Man- (catum) .כָּתוּם, ת
chado.
Carga,(kituf) .כִּתּוּף, ז
acción de cargar.
Car- (catuf) .כָּתוּף, ת
gado.
Rodeo,(kitur) .כִּתּוּר, ז
acción de rodear.
Tritu-(kitush).כִּתּוּשׁ, ז
ración.
Moli-(catush) .כָּתוּשׁ, ת
do, triturado.
Tritu-(kitut). .כִּתּוּת, ז
ración.
Tritu-(catut) .כָּתוּת, ת
rado.
Ortogra-(ktiv).כְּתִיב, ז
fía.Versión bíblica.

(ktiv-jaser) כְּתִיב חָסֵר-
Ortografía carente,que
le faltan las letras ו,י.
(ktiv-malé) כְּתִיב מָלֵא-
Ortografía completa,
con las letras ו,י.
Es- (ktivá) .כְּתִיבָה, נ
critura.
(ktivá-ta- כְּתִיבָה תַּמָּה-
má) Caligrafía.
(ktivat- כְּתִיבַת הָאָרֶץ-
haáretz) Geografía.
(mjonat- מְכוֹנַת כְּתִיבָה-
ktivá) Máquina de es-
cribir.
(shulján- שֻׁלְחַן כְּתִיבָה-
ktivá) Escritorio.
Or- (ktiví) .כְּתִיבִי, ת
tográfico.
Mache-(catish) .כַּתִּישׁ, ז
te.
Tri- (ktishá) .כְּתִישָׁה, נ
turación.
Moli-(catit) .כָּתִית, ז
do, triturado.
Tri- (ktitá) .כְּתִיתָה, נ
turación.
(có- כֹּתֶל, ז. ר׳ כְּתָלִים
tel) Pared, muralla.
(hacótel-הַכֹּתֶל הַמַּעֲרָבִי-
hamaaraví) El Muro de
los Lamentos.
Al- (cotlit) .כֻּתְלִית, נ
bóndiga.
Ser man- ,(כתם) הִכָּתֵם
chado.
Manchar. הַכְתֵּם-
Ser manchado. הֻכְתַּם-
(ké- כֶּתֶם, ז. ר׳ כְּתָמִים
tem) Mancha.Fig. oro.
כָּתֹם, ת. נ׳ כְּתֻמָּה, ר׳

כְּתַמְתַּם Anaran-(catom) jado.

כֹּתֶם, ז. Anaran-(cótem) jado.

כִּתָּן, כַּתָּן, ז. ר׳ כְּתָנָה.

כַּתָּן, ז. Hilador.(catán)

כֻּתְנָה, נ. Lino.(cutná)

כֻּתֹּנֶת, כְּתֹנֶת, נ. ר׳ כָּתְנוֹת Camisa.(cutónet) Túnica.

-כְּתֹנֶת לַיְלָה (któnet-layla) Camisa de noche, pijama.

כָּתֵף, נ. זוגי כְּתֵפַיִם, ר׳ כְּתֵפוֹת Hom-(catef) bro. Hombrillo.

-כְּתֵפוֹת Ti-(ktefot) rantes, calzonarias.

כָּתַף, כִּתֵּף, פ״י. Alzar los hombros. Cargar sobre los hombros.

-הִכְתִּף Poner sobre los hombros.

-הָכְתַּף Ser puesto sobre los hombros, ser cargado.

כַּתָּף, ז. Mozo de(cataf) cordel, carguero.

כְּתֵפָה, נ. ר׳ כְּתֵפוֹת Hombrillo.

כִּתְפָּה, נ. ר׳ כְּתֵפוֹת Tirante.

כְּתֵפִיָּה, נ. Escla-(ktefiyá) vina, pelerina.

(כתר) הֻכְתַּר, Ser coronado.

-כִּתֵּר Coronar.

-הִכְתִּיר Coronar.

-הֻכְתַּר Ser coronado.

כֶּתֶר, ז. ר׳ כְּתָרִים (kéter) Corona.

-כֶּתֶר מַלְכוּת (kéter-maljut) Corona real.

כֹּתֶרֶת, ר׳ כּוֹתָרוֹת.

כָּתַשׁ (כָּתַשׁ, יִכְתֹּשׁ) פ״י Moler, triturar, machacar.

-הִכָּתֵשׁ Ser machacado, ser triturado.

-כִּתֵּשׁ Triturar, machacar.

-כֻּתַּשׁ Ser triturado, ser machacado.

-הִתְכַּתֵּשׁ Pelear, disputar.

כֹּתֶשׁ, ז. Mortero.(cótesh) Rama.

כַּתְשָׁן, ז. Macha-(catshán) cador. Buscapleitos.

כָּתַת (כַּתּוֹתִי, כַּת, יָכֹּת) פ״י Triturar, machacar, moler, quebrantar, romper.

-כִּתֵּת Moler, machacar, triturar, quebrantar, romper.

-כֻּתַּת Ser machacado, ser quebrantado.

-הִכַּת Romper, quebrantar, triturar, machacar.

-הֻכַּת Ser quebrantado, ser machacado, ser triturado.

כִּתָּתִי, ת. נ׳ כִּתָּתִית, ר׳ כִּתָּתִיִּים, נ״ר כִּתָּתִיּוֹת (kitatí) Sectario. De la clase, del grupo.

כִּתָּתִיּוּת, נ. (kitatiyut) Sectarismo, división, separación, discordancia.

ל

Duodé- (lámed) ל,
cima letra del alfabe-
to hebreo.Su valor nu-
mérico es 30.
(le, , לְ-, לַ-, לָ-, לֶ-, לִ-
la, le, le) A, para, de.
לִי, לְךָ, לָךְ, לוֹ, לָהּ,
לָנוּ, לָכֶם, לָכֶן, לָהֶם,
(li, lejá, laj, lo, לָהֶן
lah, lanu, lajem, lajén,
lahem, lahén) A mí
(tengo), a ti (tienes)
a ti (tienes, fem.), a
él (tiene), a ella
(tiene), a nosotros
(tenemos), a vosotros
(tenéis), a vosotras
(tenéis), etc.
No. (lo) לא, מל"ש.
Sin. (beló) בְּלֹא-
Pero, (haló) הֲלֹא-
pero si.
Si no. (való) וָלֹא-

Como si (keló) כְּלֹא-
no.
Sinn Por- (leló) לְלֹא-
que no.
Que no. (sheló) שֶׁלֹּא-
Para que no.
Si no. (im-lo) אִם לֹא-
(lo-jlum) לֹא כְלוּם-
Nada.
(lo-col-she- לֹא כָּל שֶׁכֵּן-
kén)Con mayor razón.
No-dios:(lo-el) לֹא אֵל-
ídolo.
Toda-(od-lo) עוֹד לֹא-
vía no.
לָאָה (לָאָה, יִלְאֶה) פ"ע
Cansarse. No poder.
Cansarse. הִלְאָה-
Cansar. הֶלְאָה-
(leé) לֵאֶה, ת. נ׳ לְאָה
Cansado, fatigado.
No. (lav) לָאו, מל"ש.
לָאו, ז. ר׳ לָאוִים, לָאֵ-

לֵב, ז. ר׳ לְבָבוֹת, לִ-
בּוֹת Corazón. (lev)
בְּכָל לֵב- (bejol-lev)
De todo corazón, con mucho gusto.
גְּבַהּ לֵב- Or- (góvah-lev)
gullo.
חֲסַר לֵב- (jasar-lev)
Cruel.
טוֹב לֵב- Bueno.(tov-lev)
Contento, alegre.
אֹמֶץ לֵב- (ómetz-lev)
Valor, ánimo.
בְּלֵב אֶחָד- (belev-ejad)
De acuerdo.
אָמַר אֶל לִבּוֹ- Decirse
a sí mismo.
אָמַר בְּלֵב- Imaginarse,
decirse a sí mismo.
דִּבֵּר עַל לֵב- Seducir
con palabras.
נָפַל לֵב- Temer, asus-
tarse, acobardarse.
רַךְ לֵב- Miedo-(raj-lev)
so, cobarde.
שִׂים לֵב- Cuidar, poner
atención.
שָׁפַךְ לֵב- Derramar el
corazón: desahogarse.
לָבָא, ר׳ לֵב.
לָבָא, ר׳ לָבִיא.
לְבִאָה, נ. Leo- (liv-á)
na.
לֵבָב, ר׳ לֵב.
(לבב) הִלְבֵּב, פ"ע Hacer-
se sensato, hacerse juicioso, adquirir inteligencia.
לִבֵּב- Freír, hacer buñuelos. Cautivar.
הִלְבֵּב- Adquirir inteli-

לַיִן Prohibición, (lav)
interdicción.
לָאוּי, ת. Cansado, (lauy)
fatigado.
לְאוּמִי, לְאוּמָנִי, ר׳
לְאֻמִּי, לְאֻמָּנִי.
לְאוּמִיּוּת, לְאוּמָנוּת, ר׳
לְאֻמִּיּוּת, לְאֻמָּנוּת.
לְאוּת, נ. Cansan-(leut)
cio, fatiga.
לָאַט (לָאַט, יְלָאַט) פ"י
Cubrir, tapar, envolver, ocultar.
לְאַט, תה"פ. Des-(leat)
pacio, lentamente.
לָאט, ז. Secreto, (lat)
escondite.
בַּלָּאט- Silen-(bala-t)
ciosamente, secretamente.
לַא"י, נ. Libra (lay)
palestina.
לְאַלְתַּר, תה"פ. (leáltar)
En seguida, al punto.
לְאֹם, ז. ר׳ לְאֻמִּים (le-
om) Nación, pueblo.
(לאם) הִלְאִם, פ"י Naci-
onalizar.
לְאֻמִּי, ת. Nacio-(leumí)
nal. Nacionalista.
לְאֻמִּיּוּת, נ. (leumiyut)
Nacionalidad. Nacionalismo.
לְאֻמָּנוּת, נ. (leumanut)
Nacionalismo extremista.
לְאֻמָּנִי, ת. Nacio-(leumani)
nalista extremista.
לֵאמֹר, תה"פ. (le-mor)
Así, es decir.
לְאָן, תה"פ. (leán)
¿Adónde?

gencia. Cautivar.

Cor- (levaví) .ת, לְבָבִי
dial.

(levaviyut) .נ, לְבָבִיּוּת
Cordialidad, afección, amistad.

Sólo, (levad) .תה"פ, לְבַד
solamente, salvo, excepto, aparte. Solo.

Sólo, (bilvad) בִּלְבַד-
solamente, únicamente.

Aparte (milvad) מִלְּבַד-
de, salvo, fuera de, excepto.

-לְבַדִּי, לְבַדְּךָ, לְבַדּוֹ, וכו'
(levadí, levadjá, levadó) Sólo yo, sólo tú, sólo él. Yo solo, etc.

לבד (לָבַד, יִלְבֹּד) פ"י
Unir, juntar.

Proclamar único. לִבֵּד-

Ser único, ser לֻבּוֹד-
proclamado único.

Unirse. הִתְלַבֵּד-

Fieltro. (léved) .ז, לֶבֶד

Llama. (laba) .נ, לַבָּה
Lava.

Cora- (libá) .נ, לִבָּה
zón.

Soplar, in- .פ"י, לִבָּה
flamar.

Ser soplado, ser לֻבָּה-
inflamado.

Inflamarse, en- הִתְלַבָּה-
cenderse.

Encan-(libuv) .ז, לִבּוּב
to, atractivo.

לָבוּב ,ת. ר' לְבוּבִים
Envuelto. De forma de corazón.

Unido, (lavud) .ת, לָבוּד
aliado, asociado.

Pena, (libut) .ז, לִבּוּט
dificultad.

Infla- (libuy) .ז, לִבּוּי
mación, encendimiento.

Incan- (libún) .ז, לִבּוּן
descencia. Blanquición. Balnqueo,

לִבּוֹנָאָה (כְּתָב־) ,ז.-(kt-
av-libonaá) Antigua escritura hebrea.

In- (levoná) .נ, לְבוֹנָה
cienso.

לְבוֹנְטוֹרְיָה, ר' מַעְבָּדָה.

Ves- (lavush) .ת, לָבוּשׁ
tido.

Vesti-(levush) .ז, לְבוּשׁ
do, traje. vestimenta.

(levizbez) .ז, לְבִזְבֵּז
Cuadro.

לבט (לָבַט, יִלְבֹּט) פ"י
Incomodar, atormentar.

Tropezar. הִלָּבֵט-

Atormentar. לִבֵּט-

Ser atormentado. לֻבּוֹט-

Atormentarse, הִתְלַבֵּט-
penar.

Pena, (lévet) .ז, לֶבֶט
dificultad.

לָבִיא ,ז. ר' לְבָאִים
(laví) León.

(leviá, .נ, לְבִיָּה ,לְבִיאָה
leviyá) Leona.

לְבִיבָה ,נ. ר' לְבִיבוֹת
(levivá) Buñuelo.

לַבִּיָּה, ר' לוּבְיָה.

לַבִּירִינְת ,ז. (labirint)
Laberinto.

Ves-(levishá) .נ, לְבִישָׁה
tido, acción de vestir.

לְבָנֶה, ז. Alamo. (livné)
לִבְנָה, נ. Linfa. (livná)
לְבָנוֹן, ז. (levanón) Líbano.
לַבְנוּן, ז. (lavnún) Albur.
לַבְנוּנִי, ת. (lavnuní) Blanquecino, blancuzco.
לַבְנוּנִית, נ. (lavnunit) Blancura.
לַבְנוּת, לַבְנִינוּת, נ. (lavnut, lavninut) Blancura.
לְבָנִים, ז"ר. (levanim) Ropa blanca.
לַבְנִית, נ. (lavnit) Córnea.
לַבְקָן, ת. (lavcán) Albino. Carente de pigmentos.
לַבְקָנוּת, נ. (lavcanut) Albinismo.
לָבַשׁ (לָבַשׁ, יִלְבַּשׁ) פ"י Vestir, vestirse.
-לֻבַּשׁ Ser vestido.
-הִלְבִּישׁ Vestir.
-הָלְבַּשׁ Ser vestido.
-הִתְלַבֵּשׁ Vestirse.
לֹג, לוֹג, ז. ר' לֻגִּים (log) Medida para los líquidos. Un log contiene seis huevos y es la duodécima parte de un hin (הִין); una סְאָה contiene seis קַב y un קַב cuatro לֹג.
ל"ג בָּעֹמֶר, (lag-baómer) Fiesta del 18 del mes de Iyar (אִיָּר).
לְגַבֵּי, מ"י (legabey) Respecto a.
לָגַז (לָגַז, יִלְגֹּז) פ"י Recoger.

לְבַל, תה"פ. Para (leval) que no.
לִבְלֵב, פ"ע. Germinar, brotar.
לִבְלוּב, ז. Flo- (livluv) recimiento.
לַבְלָר, ז. Copista, (lavlar) tenedor de libros, escribiente, secretario.
לַבְלָרוּת, נ. (lavlarut) Secretariado.
לָבַן (לָבַן, יִלְבַּן) פ"י Hacer ladrillos.
-לִבֵּן Blanquear.
-לֻבַּן Ser blanqueado.
-הִלְבִּין Blanquear, hacer palidecer, humillar.
-הִתְלַבֵּן Blanquearse. Blanquecerse.
לֶבֶן, ז. Yogurt, (leben) kumis.
לָבָן, ת. נ' לְבָנָה, ר' לְבָנִים Blanco. (laván)
לַבָּן, ז. Ladril- (labán) lero. Lavandero.
לֹבֶן, ז. Blan- (loven) cura.
-לֹבֶן שֶׁל בֵּיצָה (loven-shel-beytzá) Clara de huevo.
-לֹבֶן שֶׁבָּעַיִן (loven-she-baáyin) La córnea.
לְבַנְבַּן, ת. (levanbán) Blanquecino, blancuzco.
לְבָנָה, נ. Luna. (levaná)
-חֲצָאֵי לְבָנָה (jatzaey-levaná) Paréntesis.
לְבֵנָה, נ. ר' לְבֵנִים (levená) Ladrillo.
לְבֹנָה, ר' לְבוֹנָה.

Calum-(luzá) .נ ,לוּזָה
nia, maledicencia.
לוּחַ, ז. ר׳ לוּחוֹת, גם
Tablero.(lúaj) לְוָחִים
Lámina. Placa. Tabla.
Calendario.almanaque.
-לוּחַ הַבְּרִית, לוּחוֹת
(lúaj-habrit,lu- הַבְּרִית
jot-habrit) Las Tablas
de la Ley.
(lúaj-taraf) -לוּחַ טָרָף
Almanaque exfoliador,
almanaque de taco.
(lúaj-haké- -לוּחַ הַכֶּפֶל
fel) La tabla de mul-
tiplicación.
(lujotá- .ז"ר ,לוּחוֹתַיִם
yim) Los lados de la
nave. Dominó.
Plaqueta.(lujit) .נ ,לוּחִית
לוֹחֵם, ז. ר׳ לוֹחֲמִים
(lojem) Guerrero.
לוט (לָט, יָלוּט) פ"י
Envolver, cubrir.
Envolver, cubrir. -הָלַט
Envoltura,(lot) .ז ,לוֹט
cubierta.
Envuelto,(lut) .ת ,לוּט
cubierto.
Lotería.(loto) .ז ,לוֹטוֹ
Loto (planta).
Loto (lotus) .ז ,לוֹטוּס
(planta).
לֵוַי, ר׳ לְוַאי.
(shem-levay) -שֵׁם לְוַי
Sobrenombre, apodo.
(le- לֵוִי, ז. ר׳ לְוִיִּם
ví) Levita.
Mujer o (leviyá) .נ ,לְוִיָּה
hija del levita. Levi-
tismo.

Corona.(livyá) .נ ,לִוְיָה
Guirnalda. Desgracia.
(levayá,.נ ,לְוָיָה, לְוִיָּה
leviyá) Acompañamiento.
Exequias, funerales.
(ben-levayá) -בֶּן לְוָיָה
Compañero.
(lo- לוֹיָה, נ. ר׳ לוֹיוֹת
yá) Ornamento, arrabá,
capitel.
Le- (livyatán).ז ,לִוְיָתָן
viatán. Ballena.
(lojsán) .תה"פ ,לוֹכְסָן
Oblicuamente.
(lul) לוּל, ז. ר׳ לוּלִים
Gallinero. Cavidad.Ca-
racol, escalera de for-
ma espiral.
Galli- (laval) .ז ,לַוָּל
nero, persona que tra-
ta en gallinas.
(lu- .מ"ח ,לוּלֵא, לוּלֵי
lry) Si no.
לוּלָאָה, נ. ר׳ לוּלָאוֹת
(lulaá) Ojal. Nudo, la-
zo.
לוּלָאִי, ר׳ לוּלָן.
לוּלָב, ז. ר׳ לוּלָבִים
(lulav) Rama de palme-
ra que es santificada
para la fiesta de los
Tabernáculos.
Tornil-(lolav) .ז ,לוֹלָב
lo.
(lulaví) .ת ,לוּלָבִי
De forma de tornillo.
Acró-(lulyán) .ז ,לוּלְיָן
bata.
(lulyanut) .נ ,לוּלְיָנוּת
Acrobatismo.
(lulyaní) .ת ,לוּלְיָנִי

Acrobático.
מַדְרֵגוֹת לוּלְיָנִיּוֹת-
(madregot-lulyaniyot)
Caracol, escalera de
forma espiral.
Galli-(lulán) .ז ,לוּלָן
nero, persona que tra-
ta en gallinas.
(lumbago) .ז ,לוּמְבָּגוֹ
Lumbago.
(lombard) .ז ,לוֹמְבַּרְד
Lombardo (banco).
לוּן (לָן, יָלוּן) פ"ע
Alojarse.
Alojar, הֵלֵן ,הָלַן-
hospedar.
Ser alojado, הִתְלוֹנֵן-
alojarse. Quejarse.
לוּעַ, ר' לַע.
לוּעַ (לָע, יָלוּעַ) פעו"י
Tragar, engullir. Tar-
tamudear.
לוֹעֵז, ז. ר' לוֹעֲזִים
(loez) Extranjero, no
judío, que no habla
hebreo, meteco.
Ex-(loazí) .ת ,לוֹעֲזִי
tranjero.
(loaziyut) .נ ,לוֹעֲזִיּוּת
Extranjerismo.
(loazit) .נ ,לוֹעֲזִית
Langua extranjera, no
hebrea.
Arum. (luf) .ז ,לוּף
Arísaro.(lufit).נ ,לוּפִית
Bufón.(lotzetz).ז ,לוֹצֵץ
לוֹקוֹמוֹטִיב, ר' קַטָּר.
Compra-(lokéaj).ז ,לוֹקֵחַ
dor. Tomador.
לוֹקָלִי, ר' מְקוֹמִי.
לוֹקָלִיזַצְיָה, ר' אִתּוּר.

Lord. (lord) .ז ,לוֹרְד
(lordoza) .נ ,לוֹרְדוֹזָה
Lordosis.
לוּשׁ (לָשׁ, יָלוּשׁ) פ"י
Amasar.
Ser amasado. הִלּוֹשׁ-
Ser amasado. הוּלַשׁ-
Borde,(lazbez) .ז ,לַזְבֵּז
cuadro.
Perver-(lezut) .נ ,לְזוּת
sidad, maldad.
(lezut- לְזוּת שְׂפָתַיִם-
sfatáyim) Calumnia,
mentira.
Vigor, (léaj) .ז ,לֵחַ
savia, humedad.
Húmedo, (laj) .ת ,לַח
fresco.
Humedad.(lejá) .נ ,לֵחָה
Materia, pus.Escupina.
(lejud) .תה"פ ,לְחוּד
Aparte, separadamente,
especialmente.
Car- (lejum) .ז ,לְחוּם
ne.
לָחוּץ ,ת. נ' לְחוּצָה, ר' לְחוּצִים
Apre- (lajutz)
tado, estrecho.
Hume- (lajut) .נ ,לַחוּת
dad.
(mad-lajut) מַד־לַחוּת-
Higrómetro.
לְחִי, לֶחִי, ז.ר' לְחָיַיִם
(léji) Mejilla, quija-
da. Tabla.
(stirat-le- סְטִירַת לֶחִי-
ji) Bofetada, cachetada.
Qui- (lejyá) .נ ,לְחָיָה
jera.
Por la (lejayey) ,לְחַיֵּי
salud de.

(lejáyim) לְחַיִּים!
¡Salud!
La- (lejijá) לְחִיכָה,נ.
medura.
Guer-(lajim) לָחִים,ת.
rero.
Com-(lejimá) לְחִימָה,נ.
bate, pelea.
Pre-(lejitzá) לְחִיצָה,נ.
sión, apretadura.
לָחִיץ,ז. ר׳ לְחִיצִים
(lajitz) Broche.
Mur-(lejishá) לְחִישָׁה,נ.
murio, cuchicheo.
לָחַךְ (לָחַךְ, יִלְחַךְ) פ"י
Pacer, ramonear, lamer.
Lamer, pacer, ra- לִחֵךְ-
monear. Exterminar.
Ser pacido. לֻחַךְ-
Llan- (léjej) לֶחֶךְ,ז.
tén.
Hu-(lijlúaj) לִחְלוּחַ,ז.
medecimiento.
(lajlují) לַחְלוּחִי,ת.
Poco húmedo.
(lajlujit) לַחְלוּחִית,נ.
Humedad. Frescura.
(laja- לַחֲלוּטִין,תה"פ.
lutín) Absolutamente,
completamente.
Mojar, hu- לִחְלַח,פ"י.
medecer, humectar.
Ser humedecido. לֻחְלַח-
Humedecerse, הִתְלַחְלֵחַ-
mojarse.
לָחַם (לָחַם, יִלְחַם) פ"י
Guerrear, luchar.
Guerrear, lu- הִלָּחֵם-
char, pelear.
Soldar. לִחֵם, הַלְחֵם-
Ser soldado. הֻלְחַם-

Guerrear, luchar. הִתְלַחֵם-
(lé- לֶחֶם,ז. ר׳ לְחָמִים
jem) Pan. Fig. alimento, banquete.
-פְּרוּסַת לֶחֶם, פַּת לֶחֶם
(prusat-léjem, pat-léjem) Tajada de pan.
-לֶחֶם הַמַּעֲרֶכֶת, לֶחֶם הַ-פָּנִים
(léjem-hamaaréjet, léjem-hapanim) Pan de la Proposición.
Guerra, (lajem) לָחֶם,ז.
combate, lucha.
לָחֶם, ר׳ לָחוּם.
De (lajmí)
pan, como el pan, parecido al pan.
Con-(lajmit) לַחְמִית,נ.
juntiva.
לַחְמָנִיָּה, לַחְמָנִית,נ. ר׳ לַחְמָנִיּוֹת
(lajmaniyá, lajmanit) Panecillo.
Cantar. לִחֵן,פ"י.
Componer una הִלְחִין-
melodía.
Ser compuesta una הֻלְחַן-
melodía.
Melo- (lajan) לַחַן,ז.
día.
Con- (lejená) לְחֵנָה,נ.
cubina.
לָחַץ (לָחַץ, יִלְחַץ) פ"י
Apretar, oprimir.
Ser apretado, הִלָּחֵץ-
apretarse.
Presión. (lájatz) לַחַץ,ז.
Opresión, aprieto, necesidad.
לַחְצָנִית,נ. ר׳ לַחְצָנִיּוֹת
(lajtzanit) Broche.
לָחַשׁ (לָחַשׁ, יִלְחַשׁ) פ"י

Murmurar, cuchichear,
susurrar. Soplar (la
lección).
Ser murmurado. הִלָּחֵשׁ-
Murmurar, susur- לַחֵשׁ-
rar. Exorcizar.
Hablar en voz הִתְלַחֵשׁ-
baja, cuchichear.
(lá- לַחַשׁ, ז. ר׳ לְחָשִׁים
jash) Exorcismo, pala-
bras místicas. Joya de
mujer (?). Cuchicheo.
En voz(belájash) בְּלַחַשׁ-
baja, cuchicheando.
Apun-(lajshán). לַחְשָׁן, ז.
tador, soplador.
(lajshanut) לַחְשָׁנוּת, נ.
Acción de apuntar,ofi-
cio del apuntador.
Jadear, (לחת) הַלְחֵת,
acezar.
(lot) לֹט, ז. ר׳ לְטִים
Mastic, almáciga.
-בַּלָּט, ר׳ לָאט, בַּלָּאט.
לָט, ר׳ לוּט.
La- (letaá) לְטָאָה, נ.
garto.
Cari-(lituf) לִטּוּף, ז.
cia.
Aguza-(litush). לִטּוּשׁ, ז
miento, afiladura, pu-
limiento, bruñidura.
(latini) לָטִינִי, ז.
Latino.
(latinit) לָטִינִית, נ.
Latín.
Caricia.(letifá). לְטִיפָה, נ
(lati- לָטִיפוּנְדְּיָה, נ.
fundya) Latifundio.
Bru-(letishá). לְטִישָׁה, נ
ñidura, pulimiento.

(letishut) לְטִישׁוּת, נ.
Brillo.
Cisto, jara. (lótem) לֹטֶם, ז
לָטַף (לָטַף, יִלְטֹף) פ"י
Acariciar.
Acariciar, לִטֵּף-
Ser acariciado. לֻטַּף-
Caricia. (létef) לֶטֶף, ז.
(latfanî) לַטְפָנִי, ת.
Acariciador.
לִטְרָא, לִטְרָה, נ. ר׳ לִטְ-
Libra. (litra) רָאוֹת
Litro.
לָטַשׁ (לָטַשׁ, יִלְטֹשׁ) פ"י
Afilar, bruñir, pulir,
alisar.
Bruñir, alisar, לִטֵּשׁ-
pulir.
Ser bruñido, לֻטַּשׁ-
ser pulido.
A mí. (li) לִי, מ"ג.
Yo tengo.
ל"י, לירה ישראלית, נ.
(li) Libra israelita.
(liberal) לִיבֵּרָל. ז.
Liberal.
(liberali) לִיבֵּרָלִי, ת.
Liberal.
לִיבֵּרָלִיּוּת, נ. לִיבֵּרָלִיזְם,
(liberaliyut, libera- .ז
lizm) Liberalismo.
Liga. (liga) לִיגָה, נ.
Al la-(leyad) לְיַד, מ"י.
do, cerca de.
לֵידָה, ר׳ לֵדָה.
A. (lidey) לִידֵי, מ"י.
En manos de. Hasta.
לִידֵר, ר׳ מַנְהִיג.
לִיזָה, ר׳ לוּזָה.
Calum-(lizá) לִיזָה, נ.
nia, máledicencia.

לִיטוּרְגִּי, ת. (liturgui) Litúrgico.
לִיטוּרְגְּיָה, נ. (liturgya) Liturgia.
לִיטֶר, ז. ר' לִטְרִים (líter) Litro.
לִיטֶרָטוּרָה, ר' סִפְרוּת.
לִיטֶרָרִי, ר' סִפְרוּתִי.
לַיִל, לֵיל, לַיְלָה, ז. ר' לֵילוֹת (láyil, leyl, layla) Noche.
-הַלַּיְלָה (halayla) La noche. Esta noche.
-לַיְלָה טוֹב (layla-tov) Buenas noches.
-לֵיל מְנוּחָה (leyl-mnujá) Buenas noches.
-לֵיל שַׁבָּת (leyl-shabat) Viernes por la noche.
-יוֹמָם וָלַיְלָה (yomam-valayla) Día y noche.
-לֵיל שִׁמּוּרִים (leyl-shimurim) Noche de la guardia: primera noche de la pascua.
-אֲרוֹן לַיְלָה (arón-layla) Mesa de noche.
-חֲצוֹת לַיְלָה (jatzot-layla) Media noche.
-כְּתֹנֶת לַיְלָה (któnet-layla) Camisa de noche.
-סִיר לַיְלָה (sir-layla) Bacín.
לֵילִי, ת. (leylí) Nocturno.
לִילִית, נ. (lilit) Lechuza. Fantasma.
לִילָךְ, ז. (lílaj) Lila.
לִימוֹן, ז. (limón) Limón.
לִימוֹנָדָה, נ. (limonada) Limonada.

לִימוֹנִי, ת. (limoní) Cítrico.
לִימְפָה, נ. (limfa) Linfa.
לִין, ר' לוּן.
לִינְגְּוִיסְטִיקָה, נ. (ling-vística) Lingüística.
לִינָה, נ. (liná) Posada, aposentamiento.
לִינוֹטִיפּ, ז. (linotip) Linotipo.
לִינוֹל, לִינוֹלֵיאוּם, ז. (lino, linoleyum) Linóleo.
לִיף, ז. ר' לִיפִים (lif) Filamento.
לִיץ (לָץ, יָלִיץ) פ"ע Chancear, burlarse.
-הֵלִיץ Desviar. Traducir. Justificar.
-לוֹצֵץ Chancear, burlarse.
-הִתְלוֹצֵץ Chancear.
לֵיצָן, ז. (leytzán) Bufón, payaso.
לֵיצָנוּת, נ. (leytzanut) Bufonada, chanza.
לִיקְוִידָטוֹר, ר' חַסְלָן.
לִיקְוִידַצְיָה, ר' חִסּוּל.
לִיקוֹצִיט, ז. (licotzit) Leucocito.
לִירָה, נ. ר' לִירוֹת (lira) Libra (moneda). Lira.
לִירִי, ת. (liri) Lírico.
לִירִיּוּת, נ. (liriyut) Lirismo.
לִירִיקָה, נ. (lírica) Lírica.
לַיִשׁ, ז. (láyish) León.
לַיָּשׁ, ז. (layash) Amasador.

Ama-(lishá) .לִישָׁה, נ
samiento.
(leyt) .לֵית, תה"פ
No hay.
(litogra- .לִיתוֹגְרָפִי, ת
fi) Litográfico.
(litogra- לִיתוֹגְרַפְיָה, נ
fya) Litografía.
Litio.(lityum) .לִיתְיוּם, ז
(letargui) .לֵיתַרְגִּי, ת
Letárgico.
(letargya) .לֵיתַרְגְּיָה, נ
Letargo.
Imperative del ,לֵךְ
verbo הָלַךְ.
A ti. (lejá) .לְךָ, מ"ג
Tienes.
A ti. (laj) .לָךְ, מ"ג
Tienes (fem.).
לַכָּא, ר' לַכָּה.
(lij-orá) .לִכְאוֹרָה, תה"פ
Aparentemente.
לכד (לָכַד, יִלְכּוֹד) פ"י
Coger, capturar.
Ser capturado. -הִלָּכֵד
Unir. -לִכֵּד
Ser unido. -לֻכּוֹד
Unirse. -הִתְלַכֵּד
Trampa, (léje) .לֶכֶד, ז
lazo.
Laca, (laca) .לַכָּה, נ
barniz.
Laquear. .לִכָּה, פ"י
Ser laqueado. -לֻכָּה
Unión, (licud) .לִכּוּד, ז
concordia.
Cogido. (lajud) .לָכוּד, ת
capturado.
Laqueo, (licuy) .לִכּוּי, ז
acción de laquear.
(lejidá) .לְכִידָה, נ
Captura, conquista.
Sal- (lajís) .לָכִיס, ז
món.
(lejol- לְכָל הַיּוֹתֵר, תה"פ
hayoter) Por lo mu-
cho.
(le- .לְכָל הַפָּחוֹת, תה"פ
jol-hapajot) Por lo me-
nos.
Sucie-(lijluj) .לִכְלוּךְ, ז
dad.
(lijlujit) .לִכְלוּכִית, נ
Cenicienta.
Ensuciar. .לִכְלֵךְ, פ"י
Ser ensuciado. -לֻכְלַךְ
Ensuciarse. -הִתְלַכְלֵךְ
Mug- (lajleján) .לַכְלְכָן, ז
riento, sucio.
A voso-(lajem) .לָכֶם, מ"ג
tros. Tenéis.
A voso-(lajén) .לָכֶן, מ"ג
tras. Tenéis (fem.).
Por esto, (lajén) .לָכֵן, מ"י
por este motivo.
Obli-(lijsún) .לִכְסוּן, ז
cuidad.
לִכְסֵן, ר' לוֹכְסָן.
לֶכְּסִיקוֹגְרָף, ר' מִלּוֹנַאי.
לֶכְּסִיקוֹגְרָפִי, ר' מִלּוֹנִי.
לֶכְּסִיקוֹגְרַפְיָה, ר' מִלּוֹ-
נָאוּת.
(lexicón) .לֶכְּסִיקוֹן, ז
Lexicón, léxico.
Fila- (léjesh) .לֶכֶשׁ, ז
manto.
Infinitivo del ,לֶכֶת
verbo הָלַךְ.
(lejat- .לְכַתְּחִילָּה, תה"פ
jila) Del principio.
Nombre (lámed) .לָמֶד, נ
de la duodécima letra

del alfabeto hebreo.
לָמַד (לָמַד, יִלְמַד) פ"ע
Estudiar, aprender.
Ser estudiado, הִלָּמֵד-
ser aprendido.
Enseñar. לַמֵּד-
Ser enseñado. לֻמַּד-
Aprender, es- הִתְלַמֵּד-
tudiar.
Justificar לַמֵּד זְכוּת-
a uno.
Incriminar לַמֵּד חוֹבָה-
a uno, acusar.
Estudio.(lémed) לֶמֶד, ז.
Estu-(lamed) לָמֵד, ת.
diado.
Sabio,(lamdán) לַמְדָן, ז.
docto, erudito.
(lamdanut) לַמְדָנוּת, נ.
Erudición, sabiduría.
(lamdaní) לַמְדָנִי, ת.
Sabio, erudito.
(lama, לָמָּה, לָמֶה, מ"ש.
lamé) ¿Porqué?
(lama-li) לָמָּה לִי-
Para qué quiero, para
qué.
Lama. (lama) לָמָה, ז.
A ellos.(lamó) לָמוֹ, מ"ג.
A, al. (lamó) לְמוֹ, מ"י.
Estudia-(lamud) לָמוּד, ת.
do, acostumbrado.
Estu-(limud) לִמּוּד, ז.
dio. Instrucción. Teo-
ría. Estudiante, apren-
diz. Enseñanza.
Teó- (limudí) לִמּוּדִי, ת.
rico, del estudio.
Causa.(lamut) לָמוּת, נ.
(lemata) לְמַטָּה, תה"פ.
Abajo.

En- (lemidá) לְמִידָה, נ.
señanza.
Quejarse. לַמְלֵם, פ"ע.
Tartamudear.
(limán) לְמָן, לִימָן, ז.
Puerto.
(lemá-la) לְמַעְלָה, תה"פ.
Arriba.
Para, (lemáan). לְמַעַן, מ"ח
para que, a fin de, en
favor de, en pro de.
(lemáan-ha- לְמַעַן הַשֵּׁם-
shem)Por amor a Dios.
לְמַעֲנִי, לְמַעַנְךָ, וכו'-
(lemaaní, lemaanjá)Por
o para mí, por o para
ti, etc.
(lemafréa). לְמַפְרֵעַ, תה"פ
De contado, de antemano,
con anticipación.
(lamrot) לַמְרוֹת, תה"פ.
Aunque, a pesar de.
(lemish-í). לְמִשְׁעִי, תה"פ
Propiamente.
A noso-(lanu) לָנוּ, מ"ג.
tros. Tenemos.
לָסוּ, ר' פְּלָצוּר.
Cami-(lesutá) לְסוּטָה, נ.
:ola.
Robar, saquear. לָסַט, פ"י.
Robo, (listut) לִסְטוּת, נ.
saqueo.
לִסְטִי, לִסְטִים, לִסְטִיס,
(listí, listim, lis- ז.
tís) Ladrón, bandido.
(listiyut) לִסְטִיּוּת, נ.
Robo, saqueo.
Sa- לִסְטֵם, לִסְטֵס, פ"י.
quear, robar.
(lé- לֶסֶת, נ. ר' לְסָתוֹת
set) Maxilar, quijada,

mandíbula.
(lóa) לֹעַ, ז. ר׳ לֹעוֹת
Garganta.Boca(de animal).
(לעב) הִלְעִיב, פ"י. Humillar, rebajar.
Ser humillado. הָלְעַב-
Humil- (láav) לַעַב, ז.
lación.
לָעַג (לָעַג, יִלְעַג) פ"ע
Burlarse.
Ser burlado.Que- הִלָּעֵג-
dar tartamudo.
Burlarse. הִלְעִיג-
Ser burlado. הָלְעַג-
Burla,(láag) לַעַג, ז.
irrisión.
Si-(laad) לָעַד, תה"פ.
empre, eternamente.
לָעָה (לָעָה, יִלְעֶה) פ"י
Tartamudear, hablar tonterías.
Burla,(liug) לִעוּג, ז.
irrisión.
Bur- (laug) לָעוּג, ת.
lado.
לָעוֹז, ז. ר׳ לָעוֹזוֹת
(laoz) Extranjero.
Engul-(laut) לָעוּט, ת.
lido.
(leolam) לְעוֹלָם, תה"פ.
Siempre, eternamente.
לָעוֹן, ת. נ׳ לְעוֹנָה
(laón) Angustioso.
לָעוּס, ת. נ׳ לְעוּסָה
(laús) Masticado.
לָעַז (לָעַז, יִלְעַז) פ"ע
Hablar mal, calumniar.
Hablar no hebreo.
Calumniar, hablar הִלְעִיז-
mal de alguien. Hacer
hablar no en hebreo.

Calumnia.(láaz) לַעַז, ז.
Idioma extranjero, lengua no hebrea.
לָעַט (לָעַט, יִלְעַט) פ"ע
Tragar, engullir, comer.
Dar de comer, הִלְעִיט-
engordar.
Ser engordado. הָלְעַט-
Bur- (leigá) לְעִיגָה, נ.
la, irrisión.
Ca- (leizá) לְעִיזָה, נ.
lumnia, maledicencia.
En- (leitá) לְעִיטָה, נ.
gorde.
(leeyl) לְעֵיל, תה"פ.
Encima, arriba.
(mil-eyl) מִלְעֵיל-
De encima, grave, llano, que tiene la sílaba penúltima acentuada.
Mas- (leisá) לְעִיסָה, נ.
ticación.
(leéla) לְעֵלָּא, תה"פ.
Arriba, encima de.
(leumat) לְעֻמַּת, תה"פ.
Enfrente de, contra, comparando a.
(laan, לַעַן, ז. לַעֲנָה, נ.
laaná) Ajenjo. Amargura.
Escro-(loanit). לֹעֲנִית, נ.
fularia.
לָעַס (לָעַס, יִלְעַס) פ"י
Masticar.
Ser masticado. הִלָּעֵס-
לָעַע (לָעַע, לַע, יָלַע, יָלֹעַ) פ"י
Tragar, engullir.
לַעֲרַךְ, ר׳ עֵרֶךְ.
En (leet) לְעֵת, תה"פ.
tiempo de.

Antes, antes de, enfrente de, delante de. לִפְנֵי, לְפָנֶיךָ, לְפָנַיִךְ, לְפָנָיו, לְפָנֶיהָ, לְפָנֵינוּ, לִפְנֵיכֶם, לִפְנֵיכֶן, לִפְנֵיהֶם, לִפְנֵיהֶן (lefanay, lefaneyja, lefanáyij lefanav, lefaneyha, lefaneynu, lifneyjem, lifneyjén, lifneyhem, lifneyhén) Delante de mí, delante de ti, etc.

לִפְנֵי וְלִפְנִים, לִפְנֵי לִפְנִים (lifnay-velifni, lifnay-lifnim) Santuario. Fig. el interior, el cnetro.

לְפָנִים, תה"פ. (lefanim) Antiguamente.

לִפְנִים, תה"פ. (lifnim) Adentro.

לִפְעָמִים, תה"פ (lif-amim) A veces.

לָפַף (לָפַף, יִלְפֹּף) פ"י Envolver.

-לָפַף Envolver.

לְפָפָה, נ. (lefafá) Envoltura, fajadura.

לִפְרָקִים, תה"פ. (lefrakim) A veces.

לָפַת (לָפַת, יִלְפֹּת) פ"י Coger, abrazar, envolver

-הִלָּפֵת Turbarse, serpentear.

-לִפֵּת Sazonar.

-לֻפַּת Ser sazonado.

לֶפֶת, נ. ר' לְפָתוֹת (léfet) Nabo.

לִפְתָּן, ז (liftán) Compota. Comida de nabos.

לְפֶתַע, לְפֶתַע פִּתְאֹם, תה"פ

-לְעֵת עַתָּה (leet-atá) Por ahora.

-לְעִתִּים (leitim) A veces.

-מֵעֵת לְעֵת (meet-leet) De vez en cuando.

לֶפֶד, לִפְדָּא, ז. (léfed, lifdá) Dulce.

לְפוּם, מ"י. (lefum) Según.

לִפּוּף, ז. (lipuf) Envolvimiento.

לָפוּף, ת. (lafuf) Envuelto.

לָפוּת, ת. (lafut) Asegurado, consolidado.

לִפּוּת, נ. (liput) Acción de sazonar.

לְפָחוֹת, תה"פ. (lefajot) Por lo menos.

לְפִי, מ"י. Según, (lefí) conformemente a.

לַפִּיד, ז (lapid) Antorcha, tea.

לְפִיכָךְ, מ'. (lefijaj) Por este motivo.

לְפִיפָה, נ. (lefifá) Envolvimiento.

לְפִיתָה, נ. (lefitá) Compota. Abrazo.

לִפְלוּף, ז. (lifluf) Jugo, pus, materia.

לִפְנוֹת, תה"פ. (lifnot) Cerca a, a eso se.

-לִפְנוֹת בֹּקֶר (lifnot-bóker) Alba, temprano por la mañana.

-לִפְנוֹת עֶרֶב (lifnot-érev) Crepúsculo, poco antes de oscurecer.

לִפְנֵי, תה"פ. (lifney)

לָקוּת, לְקוּתָה, ר' לִקּוּי
לָקַח (לָקַח, יִקַּח) פ"י
Tomar, coger.
Ser tomado, ser -הִלָּקַח
cogido, ser llevado.
Ser cogido, ser -לֻקַּח
tomado, ser llevado.
Ser tomado. En- -הִתְלַקַּח
cenderse.
Tomar mujer: -לָקַח אִשָּׁה
casarse.
-לָקַח חֵבֶל, לָקַח חֵלֶק
Tomar parte, partici-
par.
-לָקַח נָקָם, לָקַח נְקָמָה
Vengarse.
Estudio, (lécaj) .ז ,לֶקַח
lección, moral.
לָקַט (לָקַט, יִלְקֹט) פ"י
Recoger, espigar.
Ser recogido. -הִלָּקֵט
Ser recogido. -לֻקַּט
Recoger espigar. -לִקֵּט
Dar de comer. -הִלְקִיט
Recogerse, reu- -הִתְלַקֵּט
nirse.
Recogimi-(léket) .ז ,לֶקֶט
ento, espigadura. Co-
lección.
לַקְטִיקָא, לַקְטִיקָה, נ.
(lactica) Silla de
manos.
Azoteo, (lekiyá). נ ,לְקִיָּה
paliza. Defecto.
Toma, (lekijá) .נ ,לְקִיחָה
cogedura, transporte,
traslado.
Espi-(lekitá) .נ ,לְקִיטָה
gadura, recogimiento.
La- (lekicá) .נ ,לְקִיקָה
medura.

(lefeta, lefeta-pit-om)
De pronto, de súbito,
súbitamente.
(letz) לֵץ, ז. ר' לֵצִים
Bufón, payaso, burlón.
לָצוֹן, ז. לָצוּת, לֵצוֹת,
(latzón, latzut, le- .נ
tzot) Burla, irrisión.
לָקָה (לָקָה, יִלְקֶה) פ"ע
Ser azotado. Sufrir,
enfermarse.
-הִלְקָה, ר' לָקָה.
Azotar, pegar. -הִלְקָה
Ser azotado. -הֻלְקָה
(litzmi- .לִצְמִיתוּת,תה"פ
tut) Para siempre.
לָקוֹחַ, ז. ר' לָקוֹחוֹת
(lacóaj) Cliente, com-
prador.
Toma, (licúaj) .ז ,לִקּוּחַ
cogida.
Reco- (licut) .ז ,לִקּוּט
gimiento, recolección.
(licutim) .ז"ר ,לִקּוּטִים
Antología, florilegio.
לָקוֹט, ז. ר' לָקוֹטוֹת
(lacot) Recogedor.
Defec-(lacuy) .ת ,לָקוּי
tuoso, imperfecto.
Defecto, (licuy). ז ,לִקּוּי
deterioración, eclipse.
(licuy-jamá) -לִקּוּי חַמָּה
Eclipse de sol.
(licuy-le- -לִקּוּי לְבָנָה
vaná) Eclipse de luna.
La- (laconi) .ת ,לָקוֹנִי
cónico.
(lacóniyut). נ ,לָקוֹנִיּוּת
Laconismo.
(laconizm) .ז ,לָקוֹנִיזְם
Laconismo.

log) Laringólogo.
Aba-(lerá) לְרַע, תה"פ
jo.
De aba-(milrá) -מִלְּרַע
jo, agudo (acento), que tiene la acentuación en la última sílaba.
Jugo, (leshad) לְשַׁד, ז.
savia, grasa, gordura.
Ju- (leshadí) לְשַׁדִּי, ת.
goso.
Jugo-(lashud) לָשׁוּד, ת.
so.
לָשׁוֹן, זו"נ. ר' לְשׁוֹנוֹת
(lashón) Lengua. Idioma, lengua, lenguaje.
-לְשׁוֹן הַדִּבּוּר, הַלָּשׁוֹן הַמְדֻבֶּרֶת
(leshón-hadibur, halashón-hamdubéret) El lenguaje hablado.
(leshón-ha- -לְשׁוֹן הָרַע
rá) Chisme, difamación, maledicencia.
Burlarse. -הֶאֱרִיךְ לָשׁוֹן
Acusar, ha- -הִכָּה לָשׁוֹן
blar mal de uno.
Ladrar. -חָרַץ לָשׁוֹן
-לָשׁוֹן נוֹפֵל עַל לָשׁוֹן
(lashón-nofel-al-lashón) Homónimo.
Hablar mal -שָׁנַן לָשׁוֹן
de uno.
(jelcat-la- -חֶלְקַת לָשׁוֹן
shón) Hipocresía.
(amum- -עָמוּם בִּלְשׁוֹנוֹ
bilshonó) Tartamudo.
(leshón-yam) -לְשׁוֹן יָם
Golfo.
(leshón-ha- -לְשׁוֹן הַקֹּדֶשׁ
códesh) La lengua santa: el hebreo.

Tar-(lakish) לָקִישׁ, ת.
dío.
Lame-(lucluk) לַקְלוּק, ז.
dura.
Lamer, lamber. לִקְלֵק, פ"ל
Ser lamido. -הִתְלַקְלֵק
(lecamán) לְקַמָּן, תה"פ.
En seguida, a continuación.
A (dilcamán) -דִּלְקַמָּן
continuación, que viene en seguida.
(kedilcamán) -כִּדְלְקַמָּן
Como lo dicho a continuación.
לקק (לָקַק, יָלֹק, יָלֹקְק)
לִקֵּק Lamer, lamber. פ"י
Ser lamido. -הֻלְקַק
לַקְקָן, ז. נ' לַקְקָנִית
(lakecán) Glotón.
(lakecanut) לַקְקָנוּת, נ.
Glotonería.
(licrat) לִקְרַאת, תה"פ.
Contra, en ocasión de, a la encuentra de.
Demorar, הִלְקִישׁ, (לקש)
tardar.
Recoger los fru- -לִקֵּשׁ
tos tardíos.
Demorar, tardar. -הִלְקִישׁ
Tardar, demorar. -הֻלְקַשׁ
Retoño, (lékesh) לֶקֶשׁ, ז.
planta tardía.
Mu-(larov) לָרֹב, תה"פ.
cho, bastante. A menudo.
(lerabot) לְרַבּוֹת, תה"פ.
Inclusive.
(leréguel) לְרֶגֶל, תה"פ.
Por, por causa de, en ocasión de, con motivo de
(laringo- לָרִינְגוֹלוֹג, ז.

תּוֹרַת הַלָּשׁוֹן- (torat-ha-lashón) Gramática.

לְשׁוֹנִי, ת. (leshoní) Lingual.

-דּוּ-לְשׁוֹנִי (du-leshoní) Bilingüe.

לְשׁוֹנִיּוּת, נ (leshoniyut) Lenguaje.

-דּוּ-לְשׁוֹנִיּוּת (du-leshoniyut) Bilingüismo.

לָשִׁיד, ת. (lashid) Jugoso.

לֶשֶׁךְ, ז. (léshej) Cajón.

לִשְׁכָּה, נ. ר׳ לְשָׁכוֹת, לְשָׁכוֹת (lishcá) Cuarto, sala, oficina. Célula.

לַשְׁלֶשֶׁת, נ. (lashléshet) Excremento.

לְשֵׁם, מ"י. (leshem) Para.

לֶשֶׁם, ז. (léshem) Ópalo.

(לשן) הַלְשִׁין, פ"י. Acusar, denunciar.

לִשְׁנָא, ר׳ לָשׁוֹן.

לַשְׁנָן, ז. (lashnán) Verboso.

לְשֶׁעָבַר, תה"פ (lesheavar) Antiguamente, antes. Ex (prefijo).

לְתִיתָה, נ. (letitá) Mojadura.

לֶתֶךְ, ז. ר׳ לְתָכִים (létej) Nombre de una medida; la mitad de un כּוֹר, 15 סְאָה, 5 אֵיפָה (197 litros)

לָתַת (לָתַת, יִלְתֹּת) פ"י Mojar.

-הִלָּתֵת Ser mojado, ser empapado, ser puesto en agua.

לֶתֶת, ז. (létet) Malta.

מ

Mucho, (meod) .תה"פ ,מְאֹד
muy, bien.
Fuerza, (meod) .ז ,מְאֹד
poder, posibilidad.
Exagerar, ,הִמְאִיד (מאד)
hacer mucho.
Ahu- (menudé) .ת ,מְאֻדֶּה
mado.
Fre- (meodí) .ת ,מְאֹדִי
cuente.
(meodiyut) .נ ,מְאֹדִיּוּת
Demasía, abundancia.
Mar-(maadim) .ז ,מַאֲדִים
te (planeta).
En- (meudam) .ת ,מְאֻדָּם
rojecido, rojo.
מֵאָה ,ש"מ. זוגי מָאתַיִם,
Cien, (meá) ר' מֵאוֹת
ciento.
(מאה) הִמְאָה, הִמְאוֹת,
Centuplicar.
Amante, (meahev) .ז ,מְאַהֵב
enamorado.
Ena- (meohav) .ת ,מְאֹהָב

Décimatercera (mem) ,מ
letra del alfabeto hebreo. Su valor numérico es 40.
De. (mi, me), ,מִ־ ,מֵ־
Gra-(maavús) .ז ,מַאֲבוּס
nero. Pesebre.
Petri-(meubán) .ת ,מְאֻבָּן
ficado. Estupefacto.
Gal-(meubatz) .ת ,מְאֻבָּץ
vanizado.
Pol- (meubak) .ת ,מְאֻבָּק
voriento.
Lucha, (maavak) .ז ,מַאֲבָק
pelea.
An- (maavak) .ז ,מַאֲבָק
tera.
Unido, (meugad) .ת ,מְאֻגָּד
asociado.
Rodea-(meugaf) .ת ,מְאֻגָּף
do, encuadrado.
Bo- (meagref) .ז ,מְאַגְרֵף
xeador.
Cerrado (meugraf) .ת ,מְאֻגְרָף

morado.
Flirt,(maahav) .ז, מַאֲהָב
coqueteo, galanteo.
Desea-(meuvé) .ת, מְאֻוֶּה
do.
מַאֲוַי, ז. ר' מַאֲוַיִּים
(maavay).Deseo, anhelo.
Nada. (meum) .ז, מְאוּם
(meumá) .תה"פ, מְאוּמָה
Nada.
Nega-(meún) .ז, מֵאוּן
tiva, repulsa,renuncia
Repug-(maós) .ז, מָאוֹס
nancia, fastidio.
(meús, .ז, מְאוּס ,מֵאוּס
miús) Repugnancia,fastidio.
Repug- (maús) .ת, מָאוּס
nante, fastidioso.
מָאוֹר, ז. ר' מְאוֹרוֹת,
Astro. (maor) מְאוֹרִים
Claridad, brillo,alumbrado, luz. Lumbrera, tragaluz.
(hamaor- הַמָּאוֹר הַגָּדוֹל-
hagadol) La lumbrera mayor: el sol.
(hamaor- הַמָּאוֹר הַקָּטָן-
hacatán) La lumbrera menor: la luna.
Airea-(meuvar) .ת, מְאֻוָּר
do, ventilado.
Cueva, (meurá) .נ, מְאוּרָה
caverna.
Nombre(meorá) .נ, מְאוֹרָה
de unos cánticos.
Ven-(meavrer) .ז, מְאַוְרֵר
tilador.
Ven-(meuvrar) .ת, מְאֻוְרָר
tilado, aireado.
Bá-(meoshash) .ת, מְאוֹשָׁשׁ
sico. Sólido.
Seña-(meotet) .ז, מְאוֹתֵת
lador.
Oyen-(maazín) .ז, מַאֲזִין
te.
Hori- (meuzán) .ת, מְאֻזָּן
zontal. Balanceado.
Balance.(maazán) ז, מַאֲזָן
Nivel.(maazená) נ, מַאֲזֵנָה
(moznáyim) ז"ז, מֹאזְנַיִם
Balanza.
(moz- מֹאזְנֵי מִכְתָּבִים-
ney-mijatvim) Pesacartas.
(mozney- מֹאזְנֵי מִרְקַחַת-
mircájat) Balanza de precisión.
(mozney- מֹאזְנֵי קְפִיץ-
kfitz) Balanza de resorte.
(mozney- מֹאזְנֵי שֻׁלְחָן-
shulján) Balanza de Roberval.
מֹאזְנַיִם עֶשְׂרוֹנִיִּים-
(moznáyim-esroniyim)
Báscula decimal.
Natu-(meuzraj).ת, מְאֻזְרָח
ralizado.
Unido.(meujad) .ת, מְאֻחָד
Unido.(meujé) .ת, מְאֻחֶה
Mane-(maajez) .ז, מַאֲחֵז
cilla.
Mani- (maajaz) .ז, מַאֲחָז
ja.
Al-(meujsán) .ת, מְאֻחְסָן
macenado.
Tardío,(meujar).ת, מְאֻחָר
demorado. Tarde.
Retra-(méajer) .ת, מְאַחֵר
sado, tardío.
(meajar- תה"פ, מֵאַחַר שֶׁ-

En- (meucaf) .ת, מְאֻכָּף
sillado.
(meelav) .מ"ג, מֵאֵלָיו
De suyo.
Se- (mealémet).נ, מְאַלֶּמֶת
gadora.
Doma-(mealef) .ז, מְאַלֵּף
dor. Instructor.
Doma- (meulaf) .ת, מְאֻלָּף
do.
Obli-(meultaz) .ת, מְאֻלָּץ
gado.
Cre-(maamín) .ז; מַאֲמִין
yente, fiel.
Entre-(meamén) .ז, מְאַמֵּן
nador.
Entre-(meumán) .ת, מְאֻמָּן
nado.
מַאֲמָץ, ז. ר' מַאֲמַצִּים
(maamataz) Esfuerzo.
Adop-(meumatz) .ת, מְאֻמָּץ
tivo, adoptado. Hecho
con esfuerzos.
מַאֲמָר, ז. ר' מַאֲמָרִים,
Palabra.(maamar)מַאֲמָרוֹת
Artículo.Apotegma, máxima.
Rec- (meumat) .ת, מְאֻמָּת
tificado.
¿Quién?(man) .מ"ש, מָאן
Este.
מָאֵן (מֵאֵן, יְמָאֵן) פ"ע
Negarse, rehusar.
(meén,maén).ת, מָאֵן, מֵאֵן
Que rehusa.
Verti-(meunaj) .ת, מְאֻנָּךְ
cal, perpendicular.
De (meuncal) .ת, מְאֻנְקָל
forma de garabato.
מָאַס (מָאַס, יִמְאַס) פ"י
Desdeñar, fastidiarse.

she) Puesto que.
Qué, (may) .מ"ש, מַאי
qué es.
Mayo. (may) .ז, מַאי
Car- (meayed) .ז, מְאַיֵּד
burador.
Evapo-(meuyad) .ת, מְאֻיָּד
rado, volatilizado.
Eva- (meuyaj) .ת, מְאֻיָּךְ
luado.
Ter- (meuyam) .ת, מְאֻיָּם
rible.
(meeymatay) מ"ש, מֵאֵימָתַי
¿Desde cuándo?
Nega- (meuyán) .ת, מְאֻיָּן
tivo.
¿De(meáyin).תה"פ, מֵאַיִן
dónde? Por falta de.
Repug-(meisá) .נ, מְאִיסָה
nancia, desdén, fastidio.
Re-(meisut) .נ, מְאִיסוּת
pugnancia, fastidio.
מֵאִית, נ. ר' מֵאִיּוֹת
(meit) Centésimo.
De- (meujzav) .ת, מְאֻכְזָב
sengañado, desilusionado.
מַאֲכָל, ז. ר' מַאֲכָלוֹת,
Comida, (maajal) מַאֲכָלִים
alimento.
(etz-maajal) עֵץ-מַאֲכָל
Árbol frutal.
Dige-(meucal) .ת, מְאֻכָּל
rido. Quemado.
Pobla-(meujlás).ת, מְאֻכְלָס
do, habitado.
Comi-(maajólet).נ, מַאֲכֹלֶת
da. Piojo.
Cu- (maajélet).נ, מַאֲכֶלֶת
chilla, cuchillo, navaja.

Fastidiarse, ser הִמָּאֵס-
desdeñado. Fundirse.
Fastidiar. הַמְאֵס-
Repug- (maas) .ז מְאֹס
nancia, fastidio.
Alma-(meusam) .ת,מְאֻסָּם
cenado.
Colec- (measef).ז,מְאַסֵּף
tor, recogedor.
Reco- (meusaf) .ת,מְאֻסָּף
gido, recolectado.
Cárcel,(maasar).ז,מַאֲסָר
prisión.
Cosa (maafé) .ז,מַאֲפֶה
horneada.
(maafiyá) .נ,מַאֲפִיָּה
Panadería.
Ca-(meufyán) .ת,מְאֻפְיָן
racterizado.
Oscu- (maafel) .ז,מַאֲפֵל
ridad, sombra.
Oscu-(maafelá) נ,מַאֲפֵלָה
ridad, sombra.
(ma-pelyá) .נ,מַאְפֵּלְיָה
Sombra, oscuridad.
Ñulo,(meupás) .ת,מְאֻפָּס
negativo.
Adap- (meupatz).ת,מְאֻפָּץ
tado, arreglado.
Pinta-(meupar) .ת,מְאֻפָּר
do,aderezado con afeites.
Ceni-(maaferá) נ,מַאֲפֵרָה
cero.
Que (meutzbá).ת,מְאֻצְבָּע
tiene forma de dedos.
Acli-(meuclam).ת,מְאֻקְלָם
matado.
Picar.פ"י,הַמְאֵר (מאר)
Infectar, contaminar,
ensuciar.
Embos-(maarav) .ז,מַאֲרָב
cada.
Tropa,(mearev) .ז,מְאָרֵב
emboscada.
Or-(meurgán) .ת,מְאֻרְגָּן
ganizado.
Or- (mearguén).ז,מְאַרְגֵּן
ganizador.
Maldi- (meerá) .נ,מְאֵרָה
ción.
Laya,(maarofá) נ,מַאֲרוֹפָה
pala.
Anfi- (mearéaj).ז,מְאָרֵחַ
trión.
Hotel,(maarajá) נ,מַאֲרָחָה
hospedaje.
Oblongo,(moaraj) ת,מֹאֳרָךְ
alargado.
Novio,(meorás) .ז,מְאֹרָס
prometido.
Novia,(meorasá) נ,מְאֹרָסָה
prometida.
מְאֹרָע,ז. ר׳ מְאֹרָעוֹת
(meorá) Advenimiento,
acontecimiento.
Unido (moarak) .ת,מֹאֳרָק
al suelo.
Que (meushcán).ת,מְאֻשְׁכָּן
tiene testículos grandes.
מְאֻשָּׁר,ת. נ׳ מְאֻשָּׁרָה,מְ-
Dichoso, (meushar) אֻשֶּׁרֶת
feliz.Aprobado.
Con-(meushash) .ת,מְאֻשָּׁשׁ
solidado.
De.Por.(meet) .מ"י,מֵאֵת
(ma-táyim) .ש"מ,מָאתַיִם
Doscientos.
Loca-(meutar) .ת,מְאֻתָּר
lizado.
Féti-(mav-ish).ת,מַבְאִישׁ
do.
Expli-(mevaer) .ת,מְבָאֵר

cativo, interpretador.
Expli-(mevoar) .ת,מְבֹאָר
cado, interpretado.
Adul-(mevugar) .ת,מְבֻגָּר
to.
Aisla-(mevudad).ת,מְבֻדָּד
do, separado.
Ais- (mavded) .ז,מַבְדֵּד
lador.
Di-(mevadéaj) .ת,מְבַדֵּחַ
vertido, cómico.
Ale-(mevudaj) .ת,מְבֻדָּח
gre, contento.
Sepa-(mavdil).ת,מַבְדִּיל
rador, que separa, que
distingue.
Sepa-(muvdal) .ת,מֻבְדָּל
rado, distinguido.
Dife-(mivdal) .ז,מִבְדָּל
rencia.
Mate- (mivdak).ז,מִבְדָּק
ria examinada.
Apa-(mivdacá).נ,מִבְדָּקָה
rato examinante.
Dis- (mevudar).ת,מְבֻדָּר
persado.
Hor-(mavhil) .ת,מַבְהִיל
roroso, espantoso.
Bril-(mavhik).ת,מַבְהִיק
lante.
Asus-(mevohal).ת,מְבֹהָל
tado.
Brutal,(mevoham).ת,מְבֹהָם
bestial.
So- (muvhak) .ת,מֻבְהָק
bresaliente.
מָבוֹא, ז. ר׳ מְבוֹאוֹת,
Entrada,(mavó) מְבוֹאִים
acceso, corredor. In-
troducción, prefacio,
prólogo.

(mevó-ha- מְבוֹא הַשֶּׁמֶשׁ-
shémesh) Poniente, oc-
cidente.
מָבוֹי, ז. ר׳ מְבוֹאוֹת,
Calle- (mavoy) מְבוֹיִים
juela.
מָבוֹךְ, ז. ר׳ מְבוֹכִים
(mavoj) Laberinto.
Em- (mevujá) .נ,מְבוּכָה
brollo, perplejidad,
Di- (mabul) .ז,מַבּוּל
luvio.
Der- (mevusá) .נ,מְבוּסָה
rota.
Fuente,(mabúa) .ז,מַבּוּעַ
origen.
De- (mevucá) .נ,מְבוּקָה
vastación.
מְבוּשִׁים, ז״ר. מְבוּשַׁיִם,ז״ז
(mevushim, mvusháyim)
Desnudez.
(mevuzbaz) .ת,מְבֻזְבָּז
Gastado, desperdiciado.
Des- (mevuzé) .ת,מְבֻזֶּה
deñado.
Lo (mivjor) .ז,מִבְחוֹר
mejor.
Examen.(mivján).ז,מִבְחָן
Prueba, ensayo.
Pro-(mavjená) .נ,מַבְחֵנָה
beta.
La (mivjar) .ז,מִבְחָר
flor y nata,lo mejor.
Ele-(muvjar) .ת,מֻבְחָר
gido,escogido,lo mejor.
Cu- (mavjesh) .ז,מַבְחֵשׁ
charón.
(ma- מַבָּט, ז. ר׳ מַבָּטִים
bat) Mirada, ojeada.
Expre-(mivtá) .ז,מִבְטָא
sión, locución, pro-

nunciación.
Ex- (mevutá) .ת,מְבֻטָּא
presado.Pronunciado.
Con- (mivtaj) .ז,מִבְטָח
fianza,seguridad, ga-
rantía.
Ase-(mavtéaj) .ז,מַבְטֵחַ
gurador.
Ase-(muvtaj) .ת,מֻבְטָח
gurado.
Ase- (mevutaj) .ת,מְבֻטָּח
gurado.
Cance-(mevutal).ת,מְבֻטָּל
lado,anulado,abolido.
Sin-(muvtal) .ז,מֻבְטָל
trabajo.
For-(mevután) .ת,מְבֻטָּן
rado.
Pues-(mevuyam) .ת,מְבֻיָּם
to en escena.
Que en-(mevín) .ת,מֵבִין
tiende, que comprende.
Lleno(mevuyar) .ת,מְבֻיָּר
de hoyos.
Aver-(mevuyash).ת,מְבֻיָּשׁ
gonzado.
Ver-(mevish) .ת,מֵבִישׁ
gonzoso.
Que (mevayesh) .ת,מְבַיֵּשׁ
avergüenza, vergonzo-
so, que hace dar pe-
na.
Domes-(mevuyat).ת,מְבֻיָּת
ticado.
(mavkirá) .נ,מַבְכִּירָה
Primeriza.
Ma- (mevucar) .ת,מְבֻכָּר
duro.
Em- (mevulbal).ת,מְבֻלְבָּל
brollado.
Relieve.(mivlat)ז,מִבְלָט

Que (mavlig) .ת,מַבְלִיג
se contiene.
(mavliguit) .נ,מַבְלִיגִית
Esfuerzo, abstención.
Corto, (mevulam).ת,מְבֻלָּם
arrugado.
Traga-(muvlá) .ת,מֻבְלָע
do, engullido.
(mavláat) .נ,מַבְלַעַת
Glotis.
Desier-(mevulak).ת,מְבֻלָּק
to, asolado.
(mibiltí) .תה"פ,מִבִּלְתִּי
Porque no.
Cons-(mivné) .ז,מִבְנֶה
titución, estructura.
Per- (mevusam) .ת,מְבֻסָּם
fumado. Ebrio,borracho.
Ba- (mevusás) .ת,מְבֻסָּס
sado.
Expre- (mabá) .ז,מַבָּע
sión, pronunciación.
(mibá- .תה"פ,מִבַּעַד לְ־
ad-le) Detrás de.
De- (mav-é) .ז,מַבְעֶה
vastación.
(mib-od) .תה"פ,מִבְּעוֹד
Antes que, antes.
Encen-(mevoar) .ת,מְבֹעָר
dido. Exterminado.
En- (mav-er) .ז,מַבְעֵר
cendedor.
(mibifnim)תה"פ,מִבִּפְנִים
De adentro.
Que (mebutzal) .ת,מְבֻצָּל
tiene cebollas.
Ejecu-(mevutzá).ת,מְבֻצָּע
tado, realizado.
Eje- (mevatzéa).ז,מְבַצֵּעַ
cutor.
Eje- (mivtzá) .ז,מִבְצָע

cución, campaña.
מִבְצָר, ז. ר׳ מִבְצָרִים
(mivtzar) Fuerte, fortificación, ciudadela, fortaleza.
For- (mvutzar) .ת, מְבֻצָּר
tificado.
Ven-(mavtzerá). נ, מַבְצֵרָה
dimiador.
Rajado, (mevucá). ת, מְבֻקָּע
roto, forzado.
מְבַקֵּר, ז. ר׳ מְבַקְּרִים
(mevaker) Visitante. Crítico. Censor.
Criti-(mevucar). ת, מְבֻקָּר
cado. Visitado. Controlado.
Soli-(mevakesh). ז, מְבַקֵּשׁ
citante, solicitador.
Soli-(mevucash). ת, מְבֻקָּשׁ
citado, pedido, buscado.
Sana-(mivraá). נ, מִבְרָאָה
torio.
Des- (mavreg) .ז, מַבְרֵג
tornillador.
Ator-(muvrag) .ת. מֻבְרָג
nillado.
Des- (mevorag) .ת, מְבֹרָג
tornullado.
Ter-(mavregá). נ, מַבְרֵגָה
raja.
Hecho (mevurzal) .ת, מְבֻרְזָל
o cubierto con hierro.
Con-(muvraj) .ת, מֻבְרָח
trabandeado.
Fugi-(mivraj) .ז, מִבְרָח
tivo.
Mu-(mavrájat). ז, מַבְרַחַת
jer que oculta su fortuna de su marido para que éste no pueda heredarla.

מַבְרִיא, ז. נ׳ מַבְרִיאָה
(mavrí) Convaleciente.
Con-(mavríaj) .ז, מַבְרִיחַ
trabandista.
Bril-(mavrik) .ת, מַבְרִיק
lante.
Ben-(mevoraj) .ת, מְבֹרָךְ
decido, bendito.
Arro-(muvraj) .ת, מֻבְרָךְ
dillado.
Muy (mevoratz) .ת, מְבֹרָץ
lleno.
Te- (mivrak) .ז, מִבְרָק
legrama.
Ofi-(mivracá) .נ, מִבְרָקָה
cina de telégrafos.
Esco-(mevorar) .ת, מְבֹרָר
gido. Aclarado.
Cepil-(mevorash). ת, מְבֹרָשׁ
lado.
מִבְרֶשֶׁת, נ. ר׳ מִבְרָשׁוֹת
(mivréshet) Cepillo.
מְבַשֵּׁל, ז. נ׳ מְבַשֶּׁלֶת
(mevashel) Cocinero.
Coci-(mevushal). ת, מְבֻשָּׁל
nado.
Coc-(mivshal) .ז, מִבְשָׁל
ción.
Ca-(mavshelá) .נ, מַבְשֵׁלָה
lentador.
Per-(mevusam) .ת, מְבֻשָּׂם
fumado.
Per-(mivsamá) .נ, מִבְשָׂמָה
fumería.
Avisa-(mevusar). ת, מְבֻשָּׂר
do, informado.
Avisa-(mevaser). ז, מְבַשֵּׂר
dor, anunciador.
Cor- (mevutar) .ת, מְבֻתָּר
tado.
Mago (sa- (mag) .ז, מָג

cerdote persa).

מגאל, ת. (megoal) Sucio, ensuciado.

מגבה, נ. (migbá) Recaudación, cobranza.

מגביל, ז. (magbil) Adjetivo.

מגביר, ז. (magbir) Que refuerza, amplifica.

מגביר קול- (magbir-col) Megáfono.

מגבית, נ. ר' מגביות (magbit) Recaudación, cobranza.

מגבל, ת. (mugbal) Limitado.

מגבל, ת. (megubal) Mezclado.

מגבלה, נ (migbalá) Trenza.

מגבן, ז. (megabén) Quesero.

מגבנה, נ. (magbená) Fábrica de quesos.

מגבנן, ת (meguvnán) Jorobado, corcovado.

מגבע, ז (migbá) Sombrero de copa.

מגבעת, נ. (migbáat) Sombrero. Turbante.

מגבר, ת. (mugbar) Reforzado, intenso.

מגבש, ת. (megubash) Cristalizado.

מגבת, נ. ר' מגבות (maguévet) Toalla.

מגג (מגג, ימגג) פ"י Ablandar.

-מוגג Ablandar.

מגד, ז. (mégued) Lo mejor.

(מגד) המגד, Endulzar.

מגדיר, ז. (magdir) Definidor. Vademécum.

מגדל, ז. ר' מגדלים, מגדלות Torre. (migdal) Armario, cómoda.

מגדל- החמצה (migdal-hajmatzá) Silo.

מגדל- מים (migdal-máyim) Elevatorio.

מגדל- צופים (migdal-tzofim) Atalaya.

מגדל, ז. (megadel) Cultivador, criador.

מגדל, ת. (megudal) Amplificado, agrandado.

מגדל, ת. (mugdal) Amplificado, agrandado.

מגדלור, ז. (migdalor) Faro.

מגדלת, נ (megadélet) Ñiñera. Mujer que trenza.

מגדלת (זכוכית־), נ. (zejujit-magdélet) Lente, lupa.

מגדן, ז. מגדנה, מגד- נת, נ. ר' מגדנות (migdá, migdaná, migdénet) Regalo. Dulce, confitura.

מגדר, ת. (mugdar) Definido.

מגדר, ת. (megudar) Rodeado, cercado.

מגה, ת. (mugá) Corregido.

מגהץ, ז. ר' מגהצים (mag-hetz) Plancha.

מגהץ, ת. (megohatz) Planchado.

מגוב, ז. (magov) Rastrillo.

Arro-(megolal).ת, מְגוֹלָל
llado.
Abi-(meguván) .ת, מְגֻוָּן
garrado.
Pistón,(magof) .ז, מָגוֹף
válvula.
Tapón,(megufá).נ, מְגוּפָה
tapa.
(ma-.נ, מְגוֹרָה .ז, מָגוֹר
go,megorá) Espanto.
Ex- (migur) .ז, מִגּוּר
terminación.
Es- (megurá) .נ, מְגוּרָה
panto, susto, terror.
(megurim) .ז"ר, מְגוּרִים
Morada, domicilio.
Hechi-(magosh) .ז. מָגוֹשׁ
cero.
(migzazá- .ז"ר, מִגְזָזַיִם
yim) Esquiladora.
Exa-(magzim) .ז, מַגְזִים
gerador.
Ma-(magazín) .ז, מָגָזִין
gazine.
Exa- (mugzam) .ת, מֻגְזָם
gerado.
Exa-(migzam) .ז, מִגְזָם
geración.
Trozo,(migzar) .ז, מִגְזָר
pedazo.
Cor-(magzerá) .נ, מַגְזֵרָה
tadora.
Corna-(magaj) .נ, מַגָּח
da.
Ridí-(megujaj) .ת, מְגֻחָךְ
culo.
Mági- (magui) .ת, מָגִי
co.
Fun-(meguigá) .נ, מְגִיגָה
dición.
Narrador,(maguid.ז, מַגִּיד
anunciador.Predicador.
Que tie-(meguyad).ת, מְגֻיָּד
ne las venas hinchadas
o çortadas.
(maguidut) .נ, מַגִּידוּת
Predicación.
Pre-(maguidí) .ת, מַגִּידִי
dicador.
Cor- (maguíha) .ז, מַגִּיהַּ
rector.
מַגָּיָה, ר' קֶסֶם.
Reclu-(meguyás).ת, מְגֻיָּס
tado, movilizado.
Conver-(meguyar).ת, מְגֻיָּר
tido al judaísmo.
Ca- (maguish) .ז, מַגִּישׁ
marero.
Hoz. (magal) .ז, מַגָּל
Hacer podrir, .פ"י, מִגֵּל
criar materia.
Llenarse de הִתְמַגֵּל-
materia.
Azote,(maglev) .ז, מַגְלֵב
látigo.
(megulgal) .ת, מְגֻלְגָּל
Arrollado.
.נ, (בֵּיצָה־) מְגֻלְגֶּלֶת
(beytzá-megulguélet)
Huevo tibio.
Seco,(muglad) .ת, מֻגְלָד
que tiene costra.
Rollo(meguilá) .נ, מְגִלָּה
(de pergamino), libro.
(megullat- מְגִלַּת יֻחֲסִין-
yujasín) Registro ge-
nealógico.
(jamesh-me- חֲמֵשׁ מְגִלּוֹת-
guilot) Los cinco li-
bros: Cantar de los can-
tares,Ruth,Lamentacio-
nes,Ecclesiastés,Esther.

Des-(megulé) .ת,מְגֻלֶּה
cubierto, escotado.
Pus, (muglá) .נ,מֻגְלָה
materia.
(megalomán) .ז,מֶגָלוֹמָן
Megalómano.
(megaloman-.נ,מֶגָלוֹמַנְיָה
ya) Megalomanía.
(megulván) .ת,מְגֻלְוָן
Galvanizado.
Afei-(megulaj) .ת,מְגֻלָּח
tado.
Bar-(megaléaj) .ז,מְגַלֵּחַ
bero.
(mag-.נ,מַגְלֵלָה, מִגְלֶלֶת
lelá, miglélet) Metro
de cinta.
Ibis.(maglán) .ז,מַגְלָן
Buril.(maglef) .ז,מַגְלֵף
Grabado.(megulaf).ת,מְגֻלָּף
Cin-(miglafá).נ,מִגְלָפָה
cografía.
(miglashá-.ז"ר,מִגְלָשַׁיִם
yim) Ski, esquí.
Que(muglatí) .ת,מֻגְלָתִי
tiene materia o pus.
Fundir, der-.פ"י,מִגְמֵג
retir.
Fundirse, der-הִתְמַגְמֵג-
retirse.
מְגַמְגֵּם,ז. נ׳ מְגַמְגֶּמֶת
(megamguem) Tartamudo.
(megumgam) .ת,מְגֻמְגָּם
Tartamudeado.
Direc-(megamá) .נ,מְגַמָּה
ción. Tendencia.
Cica-(megumam) .ת,מְגֻמָּם
trizado, manchado.
In- (mugmar) .ז,מֻגְמָר
cienso.
Ter-(mugmar) .ת,מֻגְמָר
minado.
(megamatí) .ת,מְגַמָּתִי
Tendencial.
(megamati- .נ,מְגַמָּתִיּוּת
yut) Tendencia.
Entregar. Pro-.פ"י,מִגֵּן
teger, defender.
Defenderse, pro-הִתְמַגֵּן-
tegerse.
(ma- מָגֵן,ז. ר׳ מָגִנִּים
guén) Escudo, broquel.
Fig. protección.
(maguén-david)מָגֵן-דָּוִד-
Escudo de David: escu-
do y emblema de los ju-
díos en forma de es-
trella de seis pun-
tas.
Protec-(meguén) .ז,מֵגֵן
tor.
Regalo,(magán) .ז,מַגָּן
acto voluntario.
(al-magán) עַל מַגָּן-
De balde, gratis.
Intro-(mugnav) .ת,מֻגְנָב
ducido furtivamente.
Ador-(megundar)ת,מְגֻנְדָּר
nado, hermoseado.
Su- (meguiná) .נ,מְגִנָּה
frimiento.
Inde-(meguné) .ת,מְגֻנֶּה
cente, infame.
Pan-(maguinor).ז,מַגִּנוֹר
talla.
(magnézyum).ז,מַגְנֶזְיוּם
Magnesio.
Magnetizar. .פ"י,מִגְנֵט
Ser magnetizado. מֻגְנַט-
Magnetizarse. הִתְמַגְנֵט-
Imán.(magnet) .ז,מַגְנֵט
Mag-(magneti) .ת,מַגְנֵטִי

quitaron los huesos.
Dolor(migrén) .ז, מִגְרֶן
de cabeza.
מַגְרֵסָה, נ. ר' מַגְרוֹס.
Falta,(migrá) .ז, מִגְרָע
defecto.
Gra- (megorá) .ת, מְגֹרָע
noso, granujoso.
(mi- .מִגְרָעָה, מִגְרַעַת, נ
graá, migráat)Defecto,
vicio.
Des-(megur-án).ת, מְגֻרְעָן
granado.
(ma-.מַגְרֵף, ז. מַגְרֵפָה, נ
gref, mafrefá) Rastri-
llo.
Ter-(megrafá) .מְגְרָפָה, נ
rón.
Aser-(megorar) .ת, מְגֹרָר
ruchar.
Re- (migrar) .ז, מִגְרָר
molque.
(migrará) .מִגְרָרָה, נ
Trineo.
(migréret) .מִגְרֶרֶת, נ
Rallo.
מִגְרָשׁ, ז. ר' מִגְרָשִׁים
(migrash)Campo, lote.
Ex- (megorash) .ת, מְגֹרָשׁ
pulsado.
Charol,(magash) .ז, מַגָּשׁ
bandeja.
Acercado,(mugash)ת, מֻגָּשׁ
traído, servido.
Eje-(magshim) .ז, מַגְשִׁים
cutor.Que hace llover.
Rea-(mugsham) .ת, מֻגְשָׁם
lizado.
Gro-(mgusham) .ת, מְגֻשָּׁם
sero.
Unido(megushar).ת, מְגֻשָּׁר

nético.
(magnétiyut) נ, מַגְנֵטִיּוּת
Magnetismo.
מַגְנִיּוֹן, ר' מַגְנֶזְיוּם.
(magnesya) .מַגְנֶסְיָה, נ
Magnesia.
Olla,(magués) .ז, מָגֵס
platillo.
Contacto.(magá) ז, מַגָּע
Asco,(mig-al) .ז, מִגְעָל
repugnancia.
(mig-éret) .מִגְעֶרֶת, נ
Maldición, mal.
(ma- מַגָּף, ז. ר' מַגָּפַיִם
gaf) Bota.
Epi- (maguefá).מַגֵּפָה, נ
demia.
מְגָפוֹן, ר' מַגְבִּיר קוֹל
Rodea-(megupaf).ת, מְגֻפָּף
do. Abrazado.
Azu-(megaper) .ז, מְגַפֵּר
frador.
Azu-(megupar) .ת, מְגֻפָּר
frado.
Destruír, ar-.פ"י, מָגַר
ruinar.
Ser destruído, מֻגּוֹר-
ser arruinado.
Lima.(magred) .ז, מַגְרֵד
Ras-(megorad) .ת, מְגֹרָד
pado, rascado.
Ral-(magrédet) נ, מַגְרֶדֶת
lo, lima. Almohaza.
Ca-(meguerá) .מְגֵרָה, נ
jón. Serrucho, sierra.
Molino.(magrós) ז, מַגְרוֹס
(magrofit) .מַגְרוֹפִית, נ
Vertedera.
Ri- (mugral) .ת, מֻגְרָל
fado, sorteado.
Que le(megoram).ת, מְגֹרָם

por un puente.
(mad) מַדִּים ר' .ז ,מַד
Vestido, traje, vestimenta, vestidura.
Uni- (madim) -מַדִּים
forme.
Preo-(mud-ag) .ת ,מֻדְאָג
cupado, inquieto.
Fo- (mad-or) .ז ,מַדְאוֹר
tómetro.
Re-(meduvlal) .ת ,מְדֻבְלָל
vuelto, embrollado.
Pe- (mudbak) .ת ,מֻדְבָּק
gado.
Pe- (midabek) .ת ,מִדַּבֵּק
gajoso.
Ró-(madbecá) .נ ,מַדְבֵּקָה
t'lo.
,מִדְבָּרִים ר' .ז ,מִדְבָּר
(mid- מִדְבָּרִיּוֹת .מִדְבָּרוֹת
bar)Desierto.
מְדַבְּרִים ר' .ז ,מְדַבֵּר
(medaber)El que habla.
Habla,(midbar) .ז ,מִדְבָּר
palabra.
Hablado(medubar) .ת ,מְדֻבָּר
Ha-(midabrá) .נ ,מְדַבְּרָה
bla, palabra.
Desi-(midbarí) .ת ,מִדְבָּרִי
erto, Salvaje.
(midbariyut) .נ ,מִדְבָּרִיּוּת
Desolación. Salvajez.
Cor-(medubash) .ת ,מְדֻבָּשׁ
covado, jorobado.
Cría (midgué) .ז ,מִדְגֶּה
de peces.
Bos- (midgam) .ז ,מִדְגָּם
quejo, esquicio.
In- (mudgar) .ת ,מֻדְגָּר
cubado.
Má- (madguerá) .נ ,מַדְגֵּרָה
quina incubadora.
Cuña,(madguesh) .ז ,מַדְגֵּשׁ
lanceta.
Acen-(mudgash) .ת ,מֻדְגָּשׁ
tuado. Que tiena .דָּגֵשׁ
(madguéshem) .ז ,מַדְגֶּשֶׁם
Pluviómetro.
(מָדַד, יָמֹד, יִמְדֹּד) מָדַד
Medir. פ"י
Ser medido. -הִמַּדֵּד
Medir. -מִדֵּד
Medir. -מוֹדֵד
Ser medido. -הֻמְדַּד
Extenderse. -הִתְמוֹדֵד
Medirse, competir, rivalizar.
Medida,(méded) .ז ,מֶדֶד
medición.
(midá) מִדּוֹת ר' .נ ,מִדָּה
Medida. Cantidad. Regla,principio. Cualidad,virtud. Impuesto.
(midá- -מִדָּה כְּנֶגֶד מִדָּה
kenégued-midá) Recompensa según lo merecido
(midat-hadín) -מִדַּת הַדִּין
Justicia, equidad.
(midat- -מִדַּת הָרַחֲמִים
harajamim) Misericordia, indulgencia.
(midat-órej) -מִדַּת אֹרֶךְ
Unidad de longitud.
(midat-shétaj) -מִדַּת שֶׁטַח
Unidad de superficie.
(midat-néfaj) -מִדַּת נֶפַח
Unidad de volumen.
(midat-halaj) -מִדַּת הַלַּח
Medida para líquidos.
(midat-haya- -מִדַּת הַיָּבֵשׁ
vesh) Medida de capacidad para los sólidos.

(midat-haz- מִדַּת הַזְּמַן-
mán) Unidad del tiempo.
(midat- מִדַּת הַחֲסִידוּת-
hajasidut) Devoción,
fervor religioso.
אִישׁ מִדָּה, אִישׁ מִדּוֹת-
(ish-midá, ish-midot)
Gigante. Hombre
virtuoso.
(jojmat- חָכְמַת הַמִּדּוֹת-
hamidot) Geometría.
(kne-midá) קְנֵה מִדָּה-
Escala.
(torat-ha תּוֹרַת הַמִּדּוֹת-
midot) Ética.
Opre-(mad-heva) מַדְהֵבָה, נ.
sión.
Unta-(medohán) מְדֹהָן, ת.
do, alquitranado.
Medi- (madud) מָדוּד, ת.
do.
Medi-(midud) מִדּוּד, ז.
ción, medida.
Enfer-(madvé) מַדְוֶה, ז.
medad, sufrimiento.
Me-(meduza) מֶדוּזָה, נ.
dusa.
מַדּוּחַ, ז. ר' מַדּוּחִים
(madúaj) Desviación,
tentación.
(madvim) מַדְוִים, ז"ר.
Vestidos.
מָדוֹךְ, ז. ר' מְדוֹכִים
(madoj) Mano de mortero.
Mor-(medojá) מְדוֹכָה, נ.
tero. Sillón.
מָדוֹן, ז. ר' מְדוֹנִים
(madón) Disputa, que-
rella.
Seño-(madona) מָדוֹנָה, נ.
ra. Madona.

(madúa) מַדּוּעַ, מ"ש.
¿Porqué?
מָדוֹר, ז. ר' מְדוֹרוֹת
(mador) Morada, pieza.
Sección. Piso.
Ho-(medurá) מְדוּרָה, נ.
guera.
Gra-(medushá) מְדוּשָׁה, נ.
nos trillados.
Vir-(midotí) מִדּוֹתִי, ת.
tual, ético.
(madzavit) מַדְזָוִית, ז.
Transportador.
(mad-zman) מַדְזְמַן, ז.
Cronómetro.
(madzérem) מַדְזֶרֶם, ז.
Amperímetro.
Expul-(mudaj) מֻדָּח, ת.
sado, destronado.
Error, (midjé) מִדְחֶה, ז.
pérdida.
(madjalav) מַדְחָלָב, ז.
Lactómetro, pesaleche.
Ter-(madjom) מַדְחֹם, ז.
mómetro.
Com-(madjés) מַדְחֵס, ז.
presor.
מַדְחֵף, ז. ר' מַדְחֲפִים
(madjef) Hélice.
Im-(madjefá) מַדְחֵפָה, נ.
pulso, empuje.
(madjashmal) מַדְחַשְׁמָל, ז.
Electrómetro.
To-(midey) מִדֵּי, תה"פ.
do tiempo que, siempre que
De (miday) מִדַּי, תה"פ.
lo necesario.
(le- לְמַדַּי, תה"פ. (מדי)
maday) Bastante.
(mediana) מֶדִיאָנָה, נ.
Mediana.

Medi-(medidá) מְדִידָה, נ.
da, medición.
(jojmat-חָכְמַת הַמְּדִידָה-
hamdidá) La ciencia de
la medición: geometría
(medyum) מֶדְיוּם, ז.
Medio.
Seduc-(madíaj) מַדִּיחַ, ז.
tor, engañador.
(madim) מַדִּים, ז"ר.
Uniforme.
Dis-(midyán) מִדְיָן, ז.
puta, querella.
Dis-(midín) מִדִּין, ז"ר.
putas, tapetes (?).
(yosh-יוֹשְׁבֵי עַל מִדִּין-
vey-al-midín) Fig.
jueces.
(medinaut) מְדִינָאוּת, נ.
Diplomacia.
(medinaí) מְדִינַאי, ז.
Diplomático.
(medinaí) מְדִינָאִי, ת.
Diplomático.
מְדִינָה, נ. ר' מְדִינוֹת
(mediná) Estado.País.
Po-(mediní) מְדִינִי, ת.
lítico. Estatal, del
estado.
(mediniyut) מְדִינִיּוּת, נ.
Política.
(medinatí) מְדִינָתִי, ת.
Político.
מְדִיצִינָה, ר' רְפוּאָה.
מְדִיצִינִי, ר' רְפוּאִי.
Pun-(medayek) מְדַיֵּק, ת.
tual, cumplido.
Pre-(meduyak) מְדֻיָּק, ת.
ciso, exacto.
מְדִיקָמֶנְט, ר' תְּרוּפָה.
(medishá) מְדִישָׁה, נ.
Trillo, trilladera.
Opre-(medaké) מְדַכֵּא, ת.
sor.
Opri-(meduké) מְדֻכָּא, ת.
mido.
(madcóved) מַדְכֹּבֶד, ז.
Barómetro.
Opre-(medajdej) מְדַכְדֵּךְ, ת.
sor.
Opri-(medujdaj) מְדֻכְדָּךְ, ת.
mido.
(madcóhel) מַדְכֹּהֶל, ז.
Alcoholímetro.
Di-(madcóaj) מַדְכֹּחַ, ז.
namómetro.
Pen-(meduldal) מְדֻלְדָּל, ת.
diente.Débil, flaco.
(madlé) מַדְלֶה, ז.
Grúa.
Sa- (mudlé) מֻדְלֶה, ת.
cado, elevado,alzado.
(madlajut) מַדְלַחוּת, נ.
Higrómetro.
(madlájatz) מַדְלַחַץ, ז.
Manómetro.
Me-(medalya) מְדַלְיָה, נ.
dalla.
(medalyón) מְדַלְיוֹן ז
Medallón.
Ca-(midlaá) מִדְלָעָה, נ.
labazar.
En- (madlek) מַדְלֵק, ז.
cendedor.
En- (mudlak) מֻדְלָק, ת.
cendido.
Em- (medumdam) מְדֻמְדָּם, ת.
brollado. Borracho.
Ideal,(medumé) מְדֻמֶּה, ת.
imaginario.
Ima- (medamé) מְדַמֶּה, ת.
ginario.

(madmáyim) מַדְמַיִם, ז.
Contador de agua.
Pan-(madmená) מַדְמֵנָה, נ.
tano, basurero.
Llo- (medumá) מְדֻמָּע, ת.
roso.
(madmaalot) מַדְמַעֲלוֹת, ז.
Transportador.
מָדָן, ז. מְדָנִים, ז"ר.
(madán,medanim) Querella, disputa, pelea.
Civilizar. מִדֵּן, פ"י.
Civilizarse. -הִתְמַדֵּן
En- (medunag) מְדֻנָּג, ת.
cerado.
(madnéshem) מַדְנֶשֶׁם, ז.
Espirómetro.
(ma- מַדָּע, ז. ר' מַדָּעִים
dá) Ciencia.
(madaey- -מַדָּעֵי הַחֶבְרָה
hajevrá) Sociología.
(-hateva) -מַדָּעֵי הַטֶּבַע
Ciencias Naturales.
(-hayaha- -מַדָּעֵי הַיַּהֲדוּת
dut)Ciencias judaicas.
(madaey- -מַדָּעֵי הָרוּחַ
harúaj) Letras.
(ish-madá) -אִישׁ מַדָּע
Hombre de ciencia, científico.
(madovi) מַדְעֹבִי, ז.
Pie de rey.
Cien-(madaí) מַדָּעִי, ת.
tífico.
(madaiyut) מַדָּעִיּוּת, נ.
Ciencia.
Cien-(mad-aán) מַדְעָן, ז.
tífico.
(ma- מַדָּף, ז. ר' מַדָּפִים
daf) Anaquel, estante. Trampa.

Ti-(madpís) מַדְפִּיס, ז.
pógrafo, impresor.
Di-(meduplam) מְדֻפְלָם, ת.
plomado, titulado.
Im- (midpás) מִדְפָּס, ז.
preso.
Im- (mudpás) מֻדְפָּס, ת.
preso.
(medakdek) מְדַקְדֵּק, ז.
Puntual, exacto. Gramático.
Pre-(medukdak) מְדֻקְדָּק, ת.
ciso, exacto.
Re-(medaclem) מְדַקְלֵם, ז.
citador.
Re-(meduclam) מְדֻקְלָם, ת.
citado.
Pica-(meducar) מְדֻקָּר, ת.
do, punzado,estocado.
(madkerá) מַדְקֵרָה, נ.
Estocada.
Es- (medarbén) מְדַרְבֵּן, ת.
timulante.
Es-(medurbán) מְדֻרְבָּן, ת.
poleado. Estimulado.
En for-(medorag) מְדֹרָג, ת.
ma de escalones.
Gra-(mudrag) מֻדְרָג, ת.
duado.
מַדְרֵגָה, נ. ר' מַדְרֵגוֹת
(madregá) Escalón, peldaño, grado.
(madrúaj) מַדְרוּחַ, ז.
Anemómetro.
Es- (midrón) מִדְרוֹן, ז.
carpa, declive, talud, inclinación.
(midroní) מִדְרוֹנִי, ת.
Escarpado.
(madrigal) מַדְרִיגָל, ז.
Madrigal.

מַדְרִיךְ, ז. ר׳ מַדְרִיכִים
(madrij) Conducto,guía.
Instructor.
Paso,(midraj) .ז, מִדְרָךְ
huella.
Diri-(mudraj) .ת, מֻדְרָךְ
gido, guiado.
(madérej) .ז, מַדְרֵךְ
Taxímetro.
Andén,(midrajá) .נ, מִדְרָכָה
acera.
Diri-(mudram) .ת, מֻדְרָם
gido hacia el sud.
Paso,(midrás) .ז, מִדְרָס
huella.
(midrasá) .נ, מִדְרָסָה
Limpiabarros.
(madráad) .ז, מַדְרַעַד
Sismógrafo.
(mi- מִדְרָשִׁים .ז, מִדְרָשׁ
drash) Interpretación,
comentario, enseñanza,
teoría, investigación.
Midrash:comentario so-
bre la Biblia.
(beyt-mid- בֵּית מִדְרָשׁ-
rash) Casa de estudio,
colegio, seminario.
מִדְרָשָׁה, נ. ר׳ בֵּית מִדְרָשׁ
(midrashí) .ת, מִדְרָשִׁי
Del מִדְרָשׁ.
Cu- (medushá) .ת, מְדֻשָּׁא
bierto de pasto.
Pasto,(midshaá).נ, מִדְשָׁאָה
prado, pasturaje.
(madshétaj) .ז, מַדְשֵׁטַח
Planímetro.
Acei-(medushán).ת, מְדֻשָּׁן
toso.
(ma,.מג"ס ,מֶה ,מַה ,מָה
me) ¿Qué? ¿Cuál? Lo

que. Algo.
(dvar-ma) דְּבַר מָה-
Algo, alguna cosa.
¿Qué(ma-bejaj) מַה בְּכָךְ-
hay? Algo, cosa sin
valor.
Al- (zman-ma) זְמַן מָה-
gún tiempo.
¿Sobre(al-ma) עַל מָה-
qué? ¿Porqué?
¿Qué (ma-lejá) מַה לְּךָ-
tienes? ¿Porqué? ¿Por
qué motivo?
(mehavhev) .ת, מְהַבְהֵב
Vacilante.
(mehuvhav) .ת, מְהֻבְהָב
Asado.
Va- (mah-bil) .ת, מַהְבִּיל
poroso. Equivocado.
De- (mehugán) .ת, מְהֻגָּן
cente.
מְהַגֵּר, ז. ר׳ מְהַגְּרִים
(mehaguer) Emigrante.
(mahadurá) .נ, מַהֲדוּרָה
Edición.
Edi-(mah-dir) .ז, מַהְדִּיר
tor.
מְהַדֵּק, ז. ר׳ מְהַדְּקִים
(mehadek) Gancho,apre-
tador.
Apre-(mehudak) .ת, מְהֻדָּק
tado.
Her- (mehudar). .ת, מְהֻדָּר
moseado, adornado.
Cui- (mehader) .ת, מְהַדֵּר
dadoso.
Ser o es- ,הֻמְהָה (מהה)
tar usado.
Demorarse. הִתְמַהְמֵהַּ-
(ma- .מ"ש ,מַהִי ׳נ ,מַהוּ
hu) ¿Qué? ¿Qué él...?

bado, loado.
(mahalumá) מַהֲלֻמָּה, נ.
Golpe, choque.
De (mehem) מֵהֶם,
ellos.
¿Qué (ma-hem) מָהֵם,
son?
Demo- (מהמה) הִתְמַהְמֵהַּ,
rarse.
Abis-(mahamorá) מַהֲמֹרָה, נ.
mo, cavidad.
¿Qué (ma-hén) מָהֵן,
son? (fem.).
De (me-hén) מֵהֶן,
ellas.
(mehandés) מְהַנְדֵּס, ז.
Ingeniero.
Vol- (mehupaj) מְהֻפָּךְ, ת.
teado, volcado.
Tró- (mahpaj) מַהְפָּךְ, ז.
pico.
(mah-pejá) מַהְפֵּכָה, נ.
Revolución.
(mah-pjan) מַהְפְּכָן, ז.
Revolucionario.
(mah-pjanut) מַהְפְּכָנוּת, נ
Revolución.
(mah-pjaní) מַהְפְּכָנִי, ת.
Revolucionario.
(mah-péjet) מַהְפֶּכֶת, נ.
Cepo (suplicio).
(beyt-ha-mah-péjet) בֵּית הַמַּהְפֶּכֶת- Prisión, cárcel.
(mehapnet) מְהַפְּנֵט, ז.
Hipnotizador.
(mehupnat) מְהֻפְּנָט, ת.
Hipnotizado.
מָהֹר (מָהַר, יִמְהַר) פ"י
Apresurarse, apurarse.
Dotar.

¿Qué es?
Viejo, (mahuha) מָהוּהַּ, ת.
usado.
מָהוּל, ת. ר' מְהוּלִים
(mahul) Mezclado. Circunciso.
Con-(mehumá) מְהוּמָה, נ.
fusión, pánico.
Prisa, (mihur) מִהוּר, ז.
rapidez.
Natura-(mahut) מַהוּת, נ.
leza, propiedad.
(mahutí) מַהוּתִי, ת.
Cualitativo.
Cir- (mehilá) מְהִילָה, נ.
cuncisión.
Ho- (meheymán) מְהֵימָן, ת.
nesto, digno de confianza.
(meheymanut) מְהֵימָנוּת, נ
Fidelidad, honestidad.
מָהִיר, ת.: נ' מְהִירָה
(mahir) Rápido, pronto.
(mehir-jemá) מְהִיר חֵמָה-
Irascible.
(mehirut) מְהִירוּת, נ.
Prontitud, Velocidad, rapidez, aceleración.
מָהֹל (מָהַל, יִמְהֹל) פ"י
Mezclar. Circuncidar.
Ser mezclado. הִמָּהֵל-
Marcha, (mahalaj) מַהֲלָךְ, ז
camino. Cambio (de auto).
Viaje-(mehalej) מְהַלֵּךְ, ז
ro, transeúnte.
Ave-(mahalajá) מַהֲלָכָה, נ
nida.
Ala-(mahalal) מַהֲלָל, ז.
banza.
Ala- (mehulal) מְהֻלָּל, ת.

Apresurarse, הִמַּהֵר-
apurarse.
Apresurarse, apu- מַהֵר-
rarse. Apresurar.
Rá-(maher) .תה"פ,ת,מַהֵר
pido, pronto, ligero.
Dote. (móhar) .ז,מֹהַר
(meherá) .תה"פ,ת,מְהֵרָה
Rápido, pronto, lige-
ro.
Rá- (bimherá) בִּמְהֵרָה-
pido, pronto, pron-
tamente, ligero.
(mehurhar) .ת,מְהֻרְהָר
Pensativo.
Des- (meharés) .ז,מְהָרֵס
tructor.
Der- (mehutaj) .ת,מְהֻתָּךְ
retido, fundido.
(mahatalá) .נ,מַהֲתַלָּה
Farsa, chanza, irrisión.
Moa-(moaví) .ת,מוֹאָבִי
bita, de Moab.
Acla- (muar) .ת,מוּאָר
rado.
Traí- (muvá) .ז,מוּבָא
do.
Cita, (muvaá) .נ,מוּבָאָה
texto.
Trans-(movil).ז,מוֹבִיל
portador.
(movili-נ,מוֹבִילִיזַצְיָה
zatzya) Movilización.
Condu-(muval) .ת,מוּבָל
cido, llevado, trans-
portado.
Signi-(muván) .ז,מוּבָן
ficado, significación.
Na- (camuván) כַּמּוּבָן-
turalmente.
Compren-(muván) ת,מוּבָן
dido, entendido.
Pisotea-(muvás).ת,מוּבָס
do, hollado. Derrotado.
In- (muvar) .ת,מוּבָר
culto.
מוג (מָג, יָמוּג) פעו"י
Derretirse, fundirse.
Debilitar.
Derretirse, fun- הִמּוֹג-
dirse.
Derretir, fundir. מוֹגֵג-
Derretirse. הִתְמוֹגֵג-
(mug-lev) .ת,מוּג־לֵב
Cobarde.
Defen-(mugán) .ת,מוּגָן
dido, protegido.
Cer- (mugaf) .ת,מוּגָף
rado.
Medidor. (moded).ז,מוֹדֵד
Índice.
Confe-(modé) .ז,מוֹדֶה
sor. Agradecido.
מוֹדָה, ר׳ אֲפֻדָּה.
Infor-(modía) .ז,מוֹדִיעַ
mador, anunciador.
Modelo. (model) .ז,מוֹדֶל
Conoci- (modá) .ז,מוֹדָע
do, amigo.
Conocido. (mudá).ז,מוּדָע
מוֹדָעָה,נ. ר׳ מוֹדָעוֹת
(modaá) Aviso, anuncio,
cartel.
Cono-(modáat) .נ,מוֹדַעַת
cida, amiga.
(moderni) .ת,מוֹדֶרְנִי
Moderno.
(moderni- .נ,מוֹדֶרְנִיּוּת
yut) Modernismo.
(moderniz-.ז,מוֹדֶרְנִיזְם
m) Modernismo.
(moder-.נ,מוֹדֶרְנִיזַצְיָה

nizatzya) Modernización
(moderni- .ז, מוֹדֶרְנִיסְט
st) Modernista.
Ecoi-(muhad) .ת, מוּהָד
co.
Veri- (mohel) .ז, מוֹהֵל
ficador de la cir-
cuncisión.
Banana. (moz) .ז, מוֹז
(mozaica) .נ, מוֹזָאִיקָה
Mosaico.
Taber-(mozeg) .ז, מוֹזֵג
nero.
Musa. (muza) .נ, מוּזָה
Movi- (muzaz) .ת, מוּזָז
do.
(muzeyon) .ז, מוּזֵיאוֹן
Museo.
Aba- (muzal) .ת, מוּזָל
ratado.
Raro, (muzar) .ת, מוּזָר
extraño.
(muzarut) .נ, מוּזָרוּת
Extrañeza, rareza.
Derretir-, הֵמוֹחַ (מוח)
se, ablandarse.
Cele- (mujag) .ת, מוּחָג
brado, festejado.
Calen-(mujam) .ת, מוּחָם
tado.
Per- (muján) .ת, מוּחָן
donado.
Borra-(mojek) .ז, מוֹחֵק
dor, goma de borrar.
Con-(mujash) .ת, מוּחָשׁ
creto.
(mujashí) .ת, מוּחָשִׁי
Sensible, palpable.
(mujashi- .נ, מוּחָשִׁיוּת
yut) Concreto.
מוט (מָט, יָמוּט) פ"ע
Vacilar, temblar.
Tropezar, vacilar, הֵמוֹט-
caer.
Rebajar, echar. הֵמֵט-
Caer, conmo- הִתְמוֹטֵט-
verse.
(mot) מוֹט, ז. ר' מוֹטוֹת
Barra, vara, yugo. Obs-
táculo.
El (mutav) .ז, מוּטָב
bien.
(mutav) .תה"פ, מוּטָב
Mejor, bien, bueno.
Palo, (motá) .נ, מוֹטָה
yugo. Opresión.
Arrima-(muté) .ת, מוּטֶה
do, recostado.
Mo- (motor) .ז, מוֹטוֹר
tor.
(motori) .ת, מוֹטוֹרִי
Motor.
Echado, (mutal) .ת, מוּטָל
lanzado, botado.
מוך (מָךְ, יָמוּךְ) פ"ע
Empobrecerse, ser humi-
llado, quedar en la mi-
seria.
Humillar, rebajar. הֵמֵךְ-
Pelusa, (moj) .ז, מוֹךְ
vello.
מוֹכָ"ז, מוסר כתב זה, ז.
(mocaz) Portador, titu-
lar.
Proba-(mujaj) .ת, מוּכָח
do, demostrado.
Re- (mojíaj) .ז, מוֹכִיחַ
prensor.
Conte-(mujal) .ת, מוּכָל
nido, comprendido.
Listo, (muján) .ת, מוּכָן
pronto, preparado.

מוּכָנִי, ת. (mujní) Me-cánico.
מוּכָנִית, תה"פ. (mujnit) Mecánicamente.
מוֹכֵס, ז. (mojés) Aduanero.
מוֹכְסָן, ר' מוֹכֵס.
מוֹכֵר, ז. נ' מוֹכֶרֶת (mojer) Vendedor.
מוּל (מָל, יָמוּל) פ"י Circuncidar.
-הִמּוֹל Ser circunciso.
-הֵמַל Cortar, exterminar.
מוּל, ת. Circunciso. (mul)
מוּל, פ"י. (mul) Enfrente.
מו"ל, מוציא לאור, ז. (mol) Editor.
מוֹלָד, ז. (molad) Nacimiento. Nueva luna.
-חַג הַמּוֹלָד (jag-hamolad) Navidad.
מוֹלֶדֶת, נ. (molédet) Patria. Nacimiento. Pariente, procedencia.
מו"לוּת, נ. (molut) Edición.
מוּלָט, ז. נ' מוּלָטִית (mulat) Mulato.
מוּלְיָאר, ז. (mulyar) Caldera, perol.
מוֹלִיד, ז. (molid) Creador, regenerador.
מוֹלִיךְ, ז. (molij) Conductor, guía.
מוֹלִיכוּת, נ. (molijut) Conducción.
מוֹלֵיקוּלָה, נ. (moleycúla) Molécula.
מוֹלֵיקוּלָרִי, ת. (moleycu-lari) Molecular.
מוּלִית, נ. (mulit) Mullo, salmonete (pez).
מְוֻלָּן, ת. (mevulán) Cubierto de una cortina.
מוּם, ז. (mum) Defecto corporal, imperfección.
-בַּעַל מוּם (báal-mum) Inválido.
(מוּם) הוּמַם, Hacerse imperfecto, defectuoso.
מוּמוֹס, ז. (mumós) Bufón, payaso.
מוּמְיָה, נ. (mumya) Momia.
מוּמָם, ת. (mumam) Defectuoso, inválido.
מוֹמֶנְט, ז. (moment) Momento.
מוּמָס, ת. (mumás) Derretido.
מוּמָר, ז. נ' מוּמֶרֶת (mumar) Convertido.
מוּמָרוּת, נ. (mumarut) Conversión.
מוּמָת, ת. (mumat) Matado, muerto.
מוּנָד, ת. (munad) Echado, lanzado, botado.
מוֹנָדָה, נ. (monada) Mónada.
מוֹנֶה, ז. (moné) Numerador.
מוֹנֶה, ז. (moné) Contador.
מוֹנוֹגַמְיָה, נ. (monogamya) Monogamnia.
מוֹנוֹגְרַמָּה, נ. (monograma) Monograma.
מוֹנוֹגְרַפְיָה, נ (monogra-

grafya) Monografía.
(monotoni) .ת, מונוטוני
Monótono.
(momoto- .נ, מונוטוניות
niyut) Monotonía.
(monotip) .ז, מונוטיפ
Monotipia.
(monolog) .ז, מונולוג
Monólogo.
(monomán) .ז, מונומן
Monomaníaco.
מונומנט, ר' מצבה.
(monoman- .נ, מונומניה
ya) Monomanía.
מונופול, מונופול-
(monopol,monopo- .ז, ין
lín) Monopolio.
(monoplán) .ז, מונופלן
Monoplano.
(monote- .ז, מונותאיזם
izm) Monoteísmo.
(monote- .ז, מונותאיסט
ist) Monoteísta.
(mono- .ת, מונותאיסטי
teísti) Monoteísta.
(monizm) .ז, מוניזם
Monismo.
מונישה, נ. ר' מוני-
(monita) שות, מונישין
Moneda. Reputación, fama, nombre.
מונית, נ. ר' מוניות
(monit) Taxi.
Asus-(munás) .ת, מונס
tado, espantado.
Movi-(muná) .ת, מונע
do.
Impe- (monéa) .ז, מונע
dimento.
(monarj) .ז, מונרך
Monarca.

(monarjiya) .נ, מונרכיה
Monarquía.
(monarjizm) ז, מונרכיזם
Monarquismo.
(monarjist) ז, מונרכיסט
Monárquico.
Caracol,(musav). ז, מוסב
escalera de forma espiral.
מוסד, ז. ר' מוסדות
(mosad)Establecimiento. Fundación. Cimiento.
Fundado.(musad). ת, מוסד
Ale- (musat) .ת, מוסט
jado.
Aumen-(mosif) .ת, מוסיף
tador.
(musicay) .ז, מוסיקאי
Músico.
(música) .נ, מוסיקה
Música.
(musicali) .ת, מוסיקלי
Músical.
Garage,(musaj) .ז, מוסך
cobertizo.
(muslín) .ז, מוסלין
Muselina.
מוסף, ז. ר' מוספים
(musaf)Suplemento,adición. Oración suplementaria de los sábados y días feriados.
(musketer) .ז, מוסקטר
Mosquetero.
Moral,(musar) .ז, מוסר
urbanidad. Cuerda.
(musar-has-kel) מוסר השכל- Moral, moralidad.
(musar-clayot) מוסר כליות- Remordimiento.

Entre-(moser) מוֹסֵר, ז.
gador. Delator,denun-
ciador.Cuerda,cadena.
Cuer-(mo á) מוֹסֵרָה, נ.
da, cadena.
Moral,(musarí) מוּסָרִי, ת.
ético.
(musariyut) מוּסָרִיּוּת, נ.
Moralidad.
Mora-(musrán) מוּסְרָן, ז.
lista.
(musranut) מוּסְרָנוּת, נ.
Moralidad, ética.
Inci-(musat) מוּסָת, ת.
tado.
Nublo-(muav) מוּעָב, ת.
so.
מוֹעֵד, ז. ר' מוֹעֲדִים,
(moed) גם מוֹעֲדוֹת.
Tiempo fijo,época fi-
ja. Fiesta, día feri-
ado.Señal. Sacrificio
de fiesta. Reunión.
(bemoadó) בְּמוֹעֲדוֹ-
En su tiempo.
Enton-(lamoed) לַמּוֹעֵד-
ces,en ese tiempo.
(moa- מוֹעֲדִים לְשִׂמְחָה-
dim-lesimjá) Feliz
fiesta.
(jol-hamo- חוֹל הַמּוֹעֵד-
ed) Mediados de fies-
ta.
Sitio (moad) מוֹעָד, ז.
de reunión.
מוּעָד, ת. נ' מוּעֶדֶת
(muad) Advertido. Di-
rigido, destinado.
Sitio(muadá) מוּעָדָה, נ.
de reunión.
Club.(moadón) מוֹעֲדוֹן, ז

Poco, (muat) מוּעָט, ת.
disminuído, reducido.
Prove-(moil) מוֹעִיל, ת.
choso, útil.
Desco-(muam) מוּעָם, ת.
lorado, pálido.
מוּעֲמָד, ר' מֻעֲמָד..
Vola- (muaf) מוּעָף, ת.
do.
Cansan-(muaf) מוּעָף, ז.
cio, fatiga.
Conse-(moetzá) מוֹעֵצָה, נ.
jo, pensamiento.
Con-(moatzá) מוֹעָצָה, נ.
sejo, asamblea.
(moatztí) מוֹעַצְתִּי, ת.
Del consejo.
Opre-(muacá) מוּעָקָה, נ.
sión, presión.
Adver-(muar) מוּעָר, ת.
tido. Despertado.
Dorado.(mufaz) מוּפָז, ת.
Propa-(muftaz) מוּפָץ, ת.
gado, difundido.
Ex- (mufak) מוּפָק, ת.
traído.
Anula-(mufar) מוּפָר, ת.
do, cancelado.
מוֹפֵת, ז. ר' מוֹפְתִים
(mofet) Milagro.Señal.
Modelo, ejemplo.
Ejem-(moftí) מוֹפְתִי, ת.
plar. Milagroso.
Muftí.(mufti) מוּפְתִי, ז.
(motz) מוֹץ, מֹץ, ז.
Paja.
Salida,(motzá) מוֹצָא, ז.
origen, entrada.Expor-
tación. Este, oriente,
levante.
-מוֹצָא שְׂפָתַיִם, מוֹצָא פֶּה

Erigi-(mucam) .מוּקָם, ת
do, alzado, elevado.
Rodea-(mucaf) .מוּקָף, ת
do. Fiado.
מוֹקֵשׁ, ז. ר׳ מוֹקְשִׁים
(mokesh) Trampa, lazo.
Torpedo.
Com- (mucash) .מוּקָשׁ, ת
parado.
מוּר (מָר, מֵר, יָמִיר) פ״י
Cambiar, permutar, trocar.
Cambiarse. הִמּוֹר-
Cambiar, trocar, הֵמֵר-
mudar, convertir, permutar.
Ser convertido, הוּמַר-
ser cambiado.
Mudar de reli- הֵמֵר דָּת-
gión, convertirse.
מוֹרָא, ז. ר׳ מוֹרָאִים
(morá) Miedo, espanto, susto. Milagro. Veneración.
Ter-(moraá) .מוֹרָאָה, נ
ror, espanto, miedo.
מוֹרָג, ז ר׳ מוֹרִיגִים
(morag) Trillo.
מוֹרָד, ז. ר׳ מוֹרָדוֹת
(morad) Vertiente, bajada.
מוֹרֵד, ז. נ׳ מוֹרֶדֶת, ר׳
Rebelde. (mored) מוֹרְדִים
Bajado, (murad) .מוּרָד, ת
descendido.
מוֹרָדָה, נ. ר׳ מוֹרָדוֹת
(moradá) Bajada.
מוֹרֶה, ז. נ׳ מוֹרָה, ר׳
Profesor, (moré) מוֹרִים
maestro, institutor.
(moré-dérej) מוֹרֵה דֶּרֶךְ-
Guía.

(motzá-sfatáyim, motzá-pé) Lo que sale de los labios: palabra, habla.
(motzaey- מוֹצָאֵי שַׁבָּת-
shabat) La salida del sábado: el sábado por la noche.
Saca-(mutzá) .מוּצָא, ת
do, extraído. Exportado.
Ori-(motzáá) .מוֹצָאָה, נ
gen. Excusado.
Sa-(motzí) cador, מוֹצִיא, ז
cador, extractor.
(motzí- מוֹצִיא לָאוֹר-
laor) Editor.
(motzí- מוֹצִיא לְפוֹעַל-
lefóal) Ejecutor.
Lleno, (mutzaf) .מוּצָף, ת
invadido.
Cuerpo (mutzak) .מוּצָק, ז
sólido. Fundición.
Firme, (mutzak) .מוּצָק, ת
sólido, duro, fuerte.
(mutzacut) .מוּצָקוּת, נ
Solidez.
(mutzéket) .מוּצֶקֶת, נ
Fundición.
Pro- (mutzar) .מוּצָר, ז
ducto.
Bota. (mok) .מוֹק, ז
Exterminar. הֵמַק (מוק)
Vomita-(muká) .מוּקָא, ת
do.
מוֹקֵד, ז. ר׳ מוֹקְדִים
(moked) Foco.
Focal. (mokdí) .מוֹקְדִי, ת
(mukyón) .מוּקְיוֹן, ז
Bufón, payaso.
Que (mokir) .מוֹקִיר, ת
respeta, reconoce.

pado, vaciado.
מוֹרָשׁ, ז. ר׳ מוֹרָשִׁים,
מוֹרָשָׁה, נ. ר׳ מוֹרָשׁוֹת
(morashá) Posesión, herencia, bien.
מוֹרַת רוּחַ, ר׳ מָרָה.
מוּשׁ (מָשׁ, יָמוּשׁ) פעו"י
Moverse. Mover, quitar, alejar.
Alejar, quitar, הֵמִישׁ-
mover.
מוֹשָׁב, ז. ר׳ מוֹשָׁבִים
(moshav) Habitación, morada, domicilio residencia. Sesión. Sede, asiento. Pueblo, colonia.
(beyt-moshav) בֵּית מוֹשָׁב-
Casa habitada.
(ir-moshav) עִיר מוֹשָׁב-
Ciudad habitada.
(moshav-zkenim) מוֹשַׁב זְקֵנִים- Hospicio de ancianos.
(moshav-le-tzim) מוֹשַׁב לֵצִים- Compañía de escarnecedores.
Devuel-(mushav).ת, מוּשָׁב
to, restituído.
מוֹשָׁבָה, נ. ר׳ מוֹשָׁבוֹת
(moshavá) Colonia.
Que (moshaví) .ת, מוֹשָׁבִי
tiene asiento.
Tendi-(mushat) .ת, מוּשָׁט
do, extendido.
Que (moshiv) .ת, מוֹשִׁיב
sienta.
Tende-(moshit).ת, מוֹשִׁיט
dor, que extiende.
Salva-(moshía).ז, מוֹשִׁיעַ
dor, libertador.

(moré-ho-raá) מוֹרֵה הוֹרָאָה- Juez.
(moré-sha-ot) מוֹרֵה שָׁעוֹת- Reloj.
Rebelde.(moré).ז, מוֹרֶה
Arquero.
Maestra,(morá).נ, מוֹרָה
profesora. Cuchilla, navaja.
Olido,(muraj) .ת, מוּרָח
olfateado.
Calvo,(murat) .ת, מוֹרָט
pelado.
Que (morid) .ת, מוֹרִיד
hace bajar.
Que (morik) .ת, מוֹרִיק
desocupa. Que escupe. Que verdea.
Empo-(morish).ת, מוֹרִישׁ
brecedor. Que deja en herencia.
מוֹרָל, ר׳ מוּסָר.
מוֹרָלִי, ר׳ מוּסָרִי.
מוֹרָלִיזְם, ר׳ מוּסָרְנוּת.
מוֹרָלִיסְט, ר׳ מוּסָרָן.
Eleva-(muram) .ת, מוּרָם
do, alzado.
(moringa) .מוֹרִנְגָּה, נ
Moringa.
מוֹרְס (אָלֶף בֵּית-)
(álef-beyt-mors) Alfabeto Morse.
(morfo-logya) מוֹרְפוֹלוֹגְיָה, נ.- Morfología.
(morfyum) .מוֹרְפִיוּם, ז
Morfina.
(morfinizm) מוֹרְפִינִיזְם.ז
Morfinismo.
(morfi-nist) מוֹרְפִינִיסְט, ז.- Morfinómano.
Desocù-(murak) .ת, מוּרָק

Atrac-(moshej) .ת, מוֹשֵׁךְ
tivo.
(moshjot) .נ"ר, מוֹשְׁכוֹת
Riendas, bridas.
מוֹשֵׁל, ז. ר' מוֹשְׁלִים
(moshel) Gobernador,
jefe.
מוֹשָׁעָה, נ. ר' מוֹשָׁעוֹת
(moshaá) Salvación.
Almiz-(mushk) .ז, מוּשְׁק
clero. Almizcle.
Can- (mushar) .ת, מוּשָׁר
tado.
מוּת (מֵת, יָמוּת) פ"ע
Morir, fallecer.
Matar, dar הֵמִית ,מוֹתֵת-
o condenar a muerte.
Ser matado, ser הוּמַת-
ejecutado.
(má- מָוֶת, ז. ר' מִיתוֹת
vet) Muerte, falleci-
miento, defunción.
מוֹתָה, נ. ר' מָוֶת.
Que (motir) .ז, מוֹתִיר
deja. Que permite.
מוֹתָר, ז. ר' מוֹתָרִים
(motar) Exceso, prefe-
rencia, privilegio, be-
neficio, resto.
(motarot) .נ"ר, מוֹתָרוֹת
Lujo, excesos.
Debi-(mutash) .ת, מוּתָּשׁ
litado.
מִזְבֵּחַ, ז. ר' מִזְבְּחוֹת
(mizbéaj) Altar.
Abo-(mezubal) .ת, מְזֻבָּל
nado, estercolado.
Ba-(mizbalá) .נ, מִזְבָּלָה
surero, muladar.
(mé- מֶזֶג, ז. ר' מְזָגִים
zeg) Mezcla. Temperamento.

(mézeg-ha- מֶזֶג הָאֲוִיר-
avir) Clima.
מָזֹג (מָזַג, יִמְזֹג) פ"י
Mezclar. Derramar, verter.
Ser mezclado. Ser הִמָּזֵג-
vertido, derramado.
Mezclar, amalga- מִזֵּג-
mar.
Mezclarse, amal- הִתְמַזֵּג-
gamarse.
מְזֻגָּג, ר' זֻגָּג.
Que (mezugag) .ת, מְזֻגָּג
tiene vidrios.
(mezugzag) .ת, מְזֻגְזָג
Zigzagueado.
Natu- (mizguí) .ת, מִזְגִּי
ral, del temperamento.
Débil, (mazé) .ת, מָזֶה
extenuado (?).
מַזֶּה (מה זה), מל"ש.
(ma-ze) ¿Qué es esto?
Que hi- (maze) .ז, מַזֶּה
sopea. Fig. sacer-
dote.
Dora-(muz-hav) .ת, מֻזְהָב
do.
Iden- (mezohé) .ת, מְזֹהֶה
tificado.
Bril-(maz-hir) .ת, מַזְהִיר
lante. Advertidor.
Sucio, (mezoham) .ת, מְזֹהָם
infectado.
Adver-(muz-har) .ת, מֻזְהָר
tido, prevenido.
Mezcla-(mazug) .ת, מָזוּג
do. Vertido.
Mezcla, (mizug) .ז, מִזּוּג
unión.
Unido, (mezuvag) .ת, מְזֻוָּג
mezclado.
(mizvadá) .נ, מִזְוָדָה

Pre-(bemezid) בְּמֵזִיד- meditadamente, adrede, intencionalmente.
Cin-(mezíaj) מְזִיחַ, ז. turón, ceñidor.
Ar- (mezuyán) מְזֻיָּן, ת. mado.
Nutri-(mezín) מְזִין, ת. vo, alimenticio, nutricio.
Fal-(mezuyaf) מְזֻיָּף, ת. sificado.
Fal- (mezayef) מְזַיֵּף, ז. sificador.
Diablo (mazik) מַזִּיק, ז. pernicioso.
Perju- (mazik) מַזִּיק, ת. dicial, dañino.
Pu- (mezujzaj) מְזֻכְזָךְ, ת. rificado.
מַזְכִּיר, ז. נ׳ מַזְכִּירָה (mazkir) Secretario. Recordador.
(mazkirut) מַזְכִּירוּת, נ. Secretaría.
Puri-(mezakej) מְזַכֵּךְ, ז. ficador.
Puri-(mezucaj) מְזֻכָּךְ, ת. ficado.
Recor-(muzcar) מֻזְכָּר, ת. dado, acordado.
מַזְכֶּרֶת, נ. ר׳ מַזְכָּרוֹת (mazkéret) Memoria, recuerdo.
(ma- מַזָּל, ז. ר׳ מַזָּלוֹת zal) Suerte, destino. Constelación.
(mazal-tov) מַזָּל טוֹב- Buena suerte.
(leróa-maza- לְרֹעַ מַזָּלוֹ- ló) Para desgracia suya,

Maleta, valija.
Gra-(mezavé) מְזָוֶה, ז. nero, despensa.
An- (mezuvé) מְזֻוֶּה, ת. guloso.
Jam-(mezuzá) מְזוּזָה, נ. ba. Pergamino que contiene los versículos 4 -9 del capítulo 6 y los versículos 13-21 del capítulo 11 del Deuteronomio y que es atado por los judíos a la jamba derecha de la puerta (esto es ordenado por estos mismos versículos).
Mazut.(mazut) מָזוּט, ז.
מָזוֹן, ז. ר׳ מְזוֹנוֹת (mazón) Alimentos, víveres, comida.
Nu- (mezoní) מְזוֹנִי, ת. trivo, nutricio, alimenticio.
Llaga, (mazor) מָזוֹר, ז. úlcera. Vendaje.
(mazyor) מָז׳וֹר, ז. Mayor (en música).
(mazyori) מָז׳וֹרִי, ת. Mayor (en música).
(mé- מֵזַח, ז. ר׳ מְזָחִים zaj) Cinturón, ceñidor. Rompeolas.
(mazjilá) מַזְחִילָה, נ. Canal, canalón.
מִזְחֶלֶת, נ. ר׳ מִזְחָלוֹת (mizjélet) Trineo.
Mez-(mezigá) מְזִיגָה, נ. cla. Vertimiento.
מֵזִיד, ת. נ׳ מְזִידָה (mezid) Premeditado.

desgraciadamente.
-בִּישׁ־מַזָּל , רַע־מַזָּל
(bish-mazal, ra-mazal)
Desafortunado.
-בֶּן־מַזָּל , בַּר־מַזָּל (ben-mazal, bar-mazal) Afortunado.
מַזְלֵג, ז. ר׳ מַזְלְגוֹת
(mazleg) Tenedor.
מְזֻלְעָף, ת. (mezul-af)
Tempestuoso.
מַזְלֵף, ז. Vapo-(mazlef)
rizador. Regadera.
מְזֻלָּף, ת. Vapo-(mezulaf)
rizado. Regado.
מֻזְלָף, ת. Rega-(muzlaf)
do.
מְזִמָּה, נ. ר׳ מְזִמּוֹת
(mezimá) Malicia, mala intención, mal pensamiento, proyecto.
-בַּעַל מְזִמּוֹת (báal-mezimot) Hombre de malos pensamientos.
מִזְמוּז, ז. Estre-(mizmuz)
gadura, ablandamiento.
מִזְמוּטִים, ז"ר. (mizmutim) Diversiones.
מִזְמוֹר, ז. ר׳ מִזְמוֹרִים,
גם מִזְמוֹרוֹת (mizmor)
Himno, salmo, cántico.
מִזְמֵז, פ"י. Ablandar, estregar.
-הִתְמַזְמֵז Ablandarse, estregarse.
מַזְמִין, ז. Anfi-(mazmín)
trión, invitador.
מְזֻמָּן, ת. Pre- (mezumán)
parado, listo.
-בִּמְזֻמָּן , בִּמְזֻמָּנִים (bim-zumán, bimzumanim) Al
contado.
-מְזֻמָּנִים (mezumanim)
Contante, dinero.
-מוּכָן וּמְזֻמָּן (muján-umzumán) Pronto y listo.
מֻזְמָן, ת. Invi-(muzmán)
tado, convidado.
מִזְּמָן, תה"פ. (mizmán)
Hace mucho tiempo.
מְזַמֵּר, ז. Can- (mezamer)
tante, cantor.
מַזְמֵרָה, נ. Po-(mazmerá)
dadera.
מְזַמְּרָה, נ. Po- (mezamrá)
dadera, tijeras (?).
מְזַמֶּרֶת, נ. Can-(mezaméret)
tora, cantante.
מְזַמְּתָה, ר׳ מְזִמָּה.
מִזְנוֹן, ז. ר׳ מִזְנוֹנִים,
מִזְנוֹנוֹת Apa-(miznón)
rador, buffet.
מִזְנוֹנַאי, ז. (miznonay)
Dueño de un buffet.
מֻזְנָח, ת. Aban-(muznaj)
donado.
מְזַעְזֵעַ, ת. (meza-zéa)
Conmovedor.
מְזֻעְזָע, ת. Con-(mezu-zá)
movido.
מִזְעָר, תה"פ. (miz-ar)
Poco.
-מְעַט מִזְעָר (meat-miz-ar) Muy poco.
מְזֻפָּף , מְזֻפֶּת, ת. (mezupaf, mezupat) Alquitranado.
מְזֻקָּן, ת. Vie-(mezucán)
jo, envejecido.
מִזְקָף, ז. Blo-(mizcaf)
cao. Pagaré.
מְזֻקָּק, ת. Des-(mezucak)

tilado, purificado.
מַזְקֵקָה, נ. Des-(mazkecá)
tilador.
מַזָּר, ז. ר׳ מַזָּרוֹת (ma-
zar) Astro, planeta,
constelación.
מָזוֹר (מָזַר, יָמוֹר) פ"י
Hilar. Dañarse.
-מַזֵּר Madurecer.
-מְזוֹר Ser bastardo.
מַזְרֵבָה, נ. Car-(mazrevá)
rete, carreta.
מִזְרֶה, ז. Criba, (mizré)
harnero.
מִזְרָה, נ. Granos(mizrá)
cribados.
מְזֹרֶה, ת. Cribado, (mezorá)
dispersado. Tendido.
מְזָרֵז, ת. Esti-(mezarez)
mulante.
מְזֹרָז, ת. Esti-(mezoraz)
mulado, hábil.
מִזְרָח, ז. Este, (mizraj)
oriente, levante.
-הַמִּזְרָח הַקָּרוֹב (hamiz-
raj-hacarov) El Cercano Oriente.
-הַמִּזְרָח הָרָחוֹק (hamiz-
raj-harajok) El Extremo Oriente.
-הַמִּזְרָח הַתִּיכוֹן (hamiz-
raj-hatijón) El Medio
Oriente.
-אַרְצוֹת הַמִּזְרָח (artzot-
hamizraj) Los países
orientales.
-בְּנֵי הַמִּזְרָח, עֲדוֹת
הַמִּזְרָח (beney-hamizraj,
adót-hamizraj) Comunidades judías de origen oriental.

מִזְרָחִי, ת. Ori-(mizrají)
ental.
מִזְרָחִיּוּת, נ (mizrajiyut)
Orientalismo.
מִזְרְחָן, ז. (mizreján)
Orientalista.
מִזְרְחָנוּת, נ (mizrejanut)
Orientalismo.
מְזָרִים, ז"ר. (mezarim)
Cielo (?).
מֻזְרָם, ת. Arro-(muzram)
jado, echado.
מִזְרָן, ז. ר׳ מִזְרָנִים
(mizrón) Colchón.
מִזְרָע, ז. Semil-(mizrá)
la, sementera.
מַזְרֵעָה, נ. Sem-(mazreá)
bradera.
מִזְרָק, ז. Tazón. (mizrak)
מַזְרֵק, ז. Inyec-(mazrek)
tor.
מֻזְרָק, ת. Inyec-(muzrak)
tado. Echado, lanzado.
מַזְרֵקָה, נ. Sur-(mazrecá)
tidor.
מַזְרֵקוֹר, ז. (mazrecor)
Proyectil.
מֹחַ, ז. ר׳ מֹחוֹת (móaj)
Cerebro.
מֵחַ, ז. ר׳ מֵחִים (méaj)
Gordura.
מָחֹא (מָחָא, יִמְחָא) פ"ע
(-יָד, -כַּף) Aplaudir,
palmotear.
מְחָאָה, נ. Pro-(mejaá)
testa, objeción.
מַחֲבֵא, ז. Refu- (majavé)
gio, escondrijo.
מַחֲבוֹא, ז. Escon-(majavó)
drijo. Secreto.
מַחֲבוֹאָה, נ. (majavoá)

Escondrijo.
מַחֲבוֹי , ר׳ מַחֲבוֹא.
Ra- (majbet) .ז, מַחְבֵּט
queta.
Tril-(majbetá) .נ, מַחְבֵּטָה
ladora.
Des-(mejabel) .ת, מְחַבֵּל
tructor, corruptor, de-
monio.
Cor- (mejubal) .ת, מְחֻבָּל
rompido, perjudicado.
Ba- (mejubatz) .ת, מְחֻבָּץ
tido, hecho de man-
teca.
(majbetzá) .נ, מַחְבֵּצָה
Batidero.
Abra- (majavak) .ז, מַחֲבָק
zo.
Abra- (mejubak) .ת, מְחֻבָּק
zado.
מְחַבֵּר, ז. ר׳ מְחַבְּרִים
(mejaber) Autor, escri-
tor. Que reune.
Reu- (majbar) .ז, מַחְבָּר
nión, compañía.
Unido. (mejubar) .ת, מְחֻבָּר
Compuesto.
En- (majber) .ז, מַחְבֵּר
sambladura.
מַחְבֶּרֶת .נ. ר׳ מַחְבָּרוֹת
(majbéret) Cuaderno.
Unión, nudo.
Au-(mejabéret) .נ, מְחַבֶּרֶת
tora. Correa, viga.
מַחֲבַת, נ. ר׳ מַחֲבָתוֹת
(majavat) Sartén.
Rue-(majguer) .ז, מַחְגֵּר
da dentada.
Ce-(majagóret) .נ, מַחֲגֹרֶת
ñidor, cinturón.
Afi-(mejudad) .ת, מְחֻדָּד
lado, aguzado.
(majded, .ז, מַחְדֵּד, מְחַדֵּד
mejaded) Tajalápices.
Afilador.
In- (mujdar) .ת, מֻחְדָּר
troducido.
Reno-(mejudash) .ת, מְחֻדָּשׁ
vado.
Re- (mejadesh) .ז, מְחַדֵּשׁ
novador.
מָחָה (מָחָה, יִמְחֶה) פ"י
Borrar, limpiar. Exter-
minar. Tocar. Prohibir.
Pegar, azotar. Protes-
tar.
Borrarse. Ser הִמָּחֵה-
exterminado. Ablandarse.
Borrar. Protes- מִחָה-
tar.
Borrar. Extermi- הִמְחָה-
nar. Dar un cheque. Di-
solver. Experimentar.
Ser borrado, ser מֻחָה-
exterminado.
Recibir un cheque הֻמְחָה-
Especializarse, הִתְמַחָה-
hacerse experto.
מָחוֹג, ז. ר׳ מְחוֹגִים
(majog) Gesto. Manecil-
la, saeta, saetilla.
Com-(mejugá) .נ, מְחוּגָה
pás. Círculo.
Pala-(mejvá) .נ, מֶחְוָה
bra, habla.
Indi-(majavé) .ז, מַחֲוֶה
cador, señal.
מָחוֹז, ז. ר׳ מְחוֹזוֹת,גם
Región, (majoz) מְחוֹזִים
distrito.
Re- (mejozí) .ת, מְחוֹזִי
gional.

Borra-(mijuy) .ז, מְחוּי
dura. Protesta, pro-
testación.
Borra-(majuy) .ת, מָחוּי
do. Fig. eunuco.
מָחוֹךְ, ז. ר׳ מְחוֹכִים
(majoj) Corsé. Risa.
מָחוֹל, ז. ר׳ מְחוֹלוֹת
(majol) Baile, danza.
Cercado. Círculo.
Per- (majul) .ת, מָחוּל
donado.
Danza, (mejolá) נ, מְחוֹלָה
baile.
Bai-(mejolit) נ, מְחוֹלִית
le de San Vito.
מְחוֹלֵל, ז. נ׳ מְחוֹלֶלֶת
(mejolel) Bailarín.
Creador.
Cere- (mojón) .ז, מחון
belo.
In- (majaván) .ז, מַחֲוָן
dicador.
Apto, (mejonán) ת, מְחוֹנָן
capaz, hábil. Perdonado.
Aplas-(majutz) .ת, מָחוּץ
tado, herido.
Bor- (majuk) ..ת, מָחוּק
rado.
Le-(mejokek) .ז, מְחוֹקֵק
gislador. Buril.
(beyt- בֵּית הַמְחוֹקְקִים-
hamjokekim) Asamblea
legislativa.
Claro, (mejuvar) ת, מְחֻוָּר
evidente.
Dolor, (mejush) .ז, מֵחוּשׁ
enfermedad.
מָחוֹשׁ, ז. ר׳ מְחוֹשִׁים
(majosh) Antena (de
insecto)

(ma- מַחֲזֶה, ז. ר׳ מַחֲזוֹת
jazé) Visión. Espectá-
culo, drama.
Dra-(majazay) .ז, מַחֲזַאי
maturgo.
Ven-(mejezá) .נ, מֶחֱזָה
tana, orificio (?).
Ci-(majazor) .ז, מַחֲזוֹר
clo. Restitución, de-
volución. Período. Ri-
tual de oraciones.
(majazor- מַחֲזוֹר זְרָעִים-
zraim) Rotación (de
cultivos).
(majazor- מַחֲזוֹר גָּדוֹל-
gadol) Ciclo solar.
(majazor- מַחֲזוֹר קָטָן-
catán) Ciclo lunar.
(majazorí) .ת, מַחֲזוֹרִי
Periódico.
(majazori- .נ, מַחֲזוֹרִיּוּת
yut) Periodicidad.
Es- (majaziyá) .נ, מַחֲזִיָּה
pectáculo corto.
(majaziror) .ז, מַחֲזִירוֹר
Reflector.
Es-(majazit) .נ, מַחֲזִית
pejo.
Re- (mejuzak) .ת, מְחֻזָּק
forzado, fortificado.
Teni-(mujzak) .ת, מָחְזָק
do, cogido. Detenido.
Que va(mejazer) .ז, מְחַזֵּר
y vuelve. Pretendiente,
mujeriego.
De- (mujzar) .ת, מָחְזָר
vuelto. Reflejado.
Pe-(majazóret) .נ, מַחֲזֹרֶת
ríodo(en gramática).
מָחַט (מָחַט, יִמְחַט) פ"י
Sonarse. Limpiar.

(má- מַחַט, ז. ר׳ מְחָטִים jat) Aguja.
Puri- (mejutá) מְחֻטָּא, ת. ficado.
Como (majtaní) מַחְטָנִי, ת. una aguja, delgado.
Rap- (majataf) מַחֲטָף, ז. to.
Que (mjutaf) מְחֻטָּף, ת. tiene un חֲטָף.
Jo- (mejutar) מְחֻטָּר, ת. robado.
Golpe, (mji) מְחִי, ז. choque.
Cere- (mojí) מֹחִי, ת. bral.
(meji- מְחִיאַת־כַּפַּיִם, נ. at-capáyim) Aplauso.
Obli- (mejuyav) מְחֻיָּב, ת. gado.
Obli- (mejayev) מְחַיֵּב, ת. gatorio. Acusador.
Sus- (mijyá) מִחְיָה, נ. tento, alimento. Ser, animal. Tumor.
Borra- (mejiyá) מְחִיָּה, נ. dura. Exterminación.
Re- (mejuyal) מְחֻיָּל, ת. clutado.
Per- (mejilá) מְחִילָה, נ. dón.
Bar- (mejitzá) מְחִיצָה, נ. rera, tabique, separación.
Bor- (mejicá) מְחִיקָה, נ. radura.
Pre- (mejir) מְחִיר, ז. cio.
Tari- (mejirón) מְחִירוֹן, ז. fa, lista de precios.
(mejishá) מְחִישָׁה, נ.

Sensibilidad.
Puré, (mejit) מְחִית, נ. legumbres aplastadas.
Es- (mejuké) מְחֻכֶּה, ת. perado.
Ar- (majkir) מַחְכִּיר, ז. rendador.
In- (mejucam) מְחֻכָּם, ת. teligente.
Ar- (mujcar) מֻחְכָּר, ת. rendado, alquilado.
מָחַל (מָחַל, יִמְחֹל) פ"י Perdonar.
Ser perdonado. –הִמָּחֵל
Ser anulado, cancelado, abolido.
Ser perdonado. –הֻמְחַל
Ser cancelado, anulado.
Enfer- (májal) מַחַל, ז. medad.
Jugo, (mójal) מֹחַל, ז. zumo.
Le- (majlavá) מַחְלָבָה, נ. chería.
Oxi- (mujlad) מֻחְלָד, ת. dado.
מַחֲלָה, נ. ר׳ מַחֲלוֹת (majalá) Enfermedad.
(majalá- מַחֲלָה מִדַּבֶּקֶת– midabéket) Enfermedad contagiosa.
(majalat- מַחֲלַת רוּחַ– rúaj) Locura.
En- (majalé) מַחֲלֶה, ז. fermedad.
Gruta, (mejilá) מְחִלָּה, נ. cueva, caverna, cavidad.
En- (majaluy) מַחֲלוּי, ז. fermedad.
In- (mejuljal) מְחֻלְחָל, ת.

compacto.
Deci-(mujlat) מֻחְלָט, ת.
dido. Absoluto.
Con-(majalim). ת. מַחֲלִים
valeciente.
(majali- ז"ר, מַחֲלִקַיִם.
cáyim) Patines.
Pro-(mejulal) מְחֻלָּל, ת.
fanado. Hueco.
In- (mojalán) מָחֳלָן, ז.
dulgente.
Cam-(maj-lef) מַחְלֵף, ז.
bio, cambiador.
Cu- (majalaf) מַחֲלָף, ז.
chillo, navaja.
Cam-(mujlaf) מֻחְלָף, ת.
biado.
Tren-(majlafá) מַחְלָפָה, נ.
za.
Tira-(majletz) מַחְלֵץ, ז.
buzón, sacacorchos,
descorchador.
(majala- מַחֲלָצוֹת, נ"ר.
tzot) Ropa de gala.
(majletzá- מַחְלְצַיִם, ז"ר
yim) Llana, trulla.
Divi-(mejalek) מְחַלֵּק, ז.
sor. Distribuidor.
Ce- (majlek) מַחְלֵק, ז.
pillo, alisador.
Dis- (mejulak) מְחֻלָּק, ת.
tribuído. Dividido.
Ali-(mujlak) מֻחְלָק, ת.
sado, allanado.
מַחְלָקָה, נ. ר' מַחְלָקוֹת
(majlacá) Clase, curso. División. Sección.
Separación.
(majalóket) מַחֲלֹקֶת, נ.
Discordancia. Separación, división, sección.
(majlaktí) מַחְלַקְתִּי, ת.
Seccional, divisional,
de la clase.
De- (mujlash) מֻחְלָשׁ, ת.
bilitado.
Cí- (majalat) מַחֲלַת, נ.
tara (?) Nombre de una hada.
Tetera, (mejam) מֵחַם, ז.
samovar.
מַחֲמָאָה, נ. ר' מַחֲמָאוֹת
(majamaá) Felicitación,
enhorabuena, parabién.
Man-(majmeá) מַחְמֵאָה, נ.
tequillera, mantequera.
מַחְמָד, ז. ר' מַחֲמַדִּים
(majmad) Delicia.
(majamu- מַחֲמוּדִים, ז"ר.
dim) Riquezas.
Seve-(majmir) מַחְמִיר, ז.
ro, riguroso.
Ma-(mujamadi) מֻחַמָּדִי, ת.
hometano.
Favo-(majmal) מַחְמָל, ז.
rito, deseado, querido.
Ca- (mejumam) מְחֻמָּם, ת.
lentado.
Acidez, (majmatz) מַחְמָץ, ז.
agrura.
Aci-(mujmatz) מֻחְמָץ, ת.
dulado, acídulo.
Oxi-(mejumtzán) מְחֻמְצָן, ת.
genado.
(majmétzet) מַחְמֶצֶת, נ.
Levadura.
מַחֲמָר, ר' חַמָּר.
(mejumash) מְחֻמָּשׁ, ז.
Pentágono.
Quín-(mejumash) מְחֻמָּשׁ, ת.
tuplo.

מחמת, מ"י Por,(mejamat) por causa de, por miedo de.

מחנאות, נ. (majanaut) Campamento.

מחנה, ז. ר' מחנות, נב מחנים Campo,(majané) campamento.

מחנה ריכוז (majané-ricuz) Campo de concentración.

מחני, ת. Cerebral.(mojaní)

מחנך, ז. נ' מחנכת, ר' מחנכים Educa-(mejanej) dor, instructor, profesor jefe de grupo.

מחנך, ת. Edu-(mejunaj) cado.

מחנק, ז Ahogo,(majanak). estrangulación, sofocación.

מחנק, ת. Aho-(mejunak) gado, estrangulado.

מחסה, מחסה, ז. (maja-sé, majsé) Protección, asilo, refugio, amparo.

מחסום, ז. Bo-(majsom) zal. Barrera, cercado, Blocao, fuerte.

מחסומית, נ. (majsomit) Consolidación.

מחסור, ז Falta,(majsor) defecto, privación, carencia.

מחסל, ת. Ter-(mejusal) minado, liquidado.

מחסם, ת. En-(mejusam) durecido.

מחסן, ז. Depó-(majsán) sito, almacén.

מחסן, ת. In-(mejusán) munizado.

מחסנאות, נ (majsanaut). Depósito.

מחסנאי, ז. (majsanay) Guardalmacén.

מחסנית, נ. (majsanit) Cargador, depósito.

מחספס, ת. Es-(mejuspás) cabroso,rudo,áspero.

מחסר, ז. Subs-(mejaser) traendo.

מחסר, ת. Res-(mejusar) tado. Carente.

מחפה, ת. Cu-(mejupé) bierto, tapado.

מחפה, ז. Botín,(majafé) polaina.

מחפצה, נ. (mejpatzá) Escriño.

מחפר, ז. Ex-(majper) cavador.

מחפרת, נ. (majpóret) Excavación.

מחפש, ת. Libe-(mejupash) rado.

מחפש, ת. Bus-(mejupás) cado. Disfrazado.

מחץ (מחץ, ימחץ) פ"י Herir, romper, quebrantar.

המחץ- Herirse, quebrantarse.

מחץ, ז. ר' מחצים (má-jatz) Llaga, herida.

מחצב, ז. ר' מחצבים (majtzev) Talladura (de piedras).

מחצב, ז. Mine-(majtzav) ral. Cantera.

מחצבה, נ. (majtzavá)

Cantera.
(majtzaví) .ת, מַחְצָבִי
Mineral.
Mi- (mejetzá) .נ, מֶחֱצָה
tad, medio.
Bar-(mejitzá) .נ, מְחִצָּה
rera, tabique.
(majatzit) .נ, מַחֲצִית
Mitad, medio.
(majtzélet) .נ, מַחְצֶלֶת
Estera.
In-(mejutzaf) .ת, מְחֻצָּף
solente, arrogante.
Ar- (mejatzetz).ז, מְחַצֵּץ
quero.
(mejtzatzá) .נ, מַחְצָצָה
Palillo.
(mejatzetzer).ז, מְחַצְצֵר
Corneta.
מָחַק (מָחַק, יִמְחֹק, יִמְחַק)
Borrar. Romper, que- פ"י
brantar. Alisar.
Borrarse, ser הִמָּחֵק-
borrado.
Borrar. מַחֵק-
(má- ר' מְחָקִים .ז, מַחַק
jak) Borrador, goma
de borrar.
Bor- (mejak) .ז, מְחַק
rador.
Borradu-(mjak) .ז, מְחָק
ra, borrón.
Imi-(mejaké) .ז, מְחַקֶּה
tador.
Imi- (mejuké) .ת, מְחֻקֶּה
tado.
Gra-(mejucak) .ת, מְחֻקָּק
bado. Legislado.
מֶחְקָר, ז. ר' מֶחְקָרִים
(mejcar) Estudio, in-
vestigación, busca.
Secreto.
In-(mejcarí) .ת, מֶחְקָרִי
vestigatorio.
(majcóret) .נ, מַחְקֹרֶת
Investigación.
Ma-(majar) .תה"פ, מָחָר
ñana.
(caet-majar) כָּעֵת מָחָר-
Mañana a estas ho-
ras.
Ex- (majraá) .נ, מַחֲרָאָה
cusado, retrete.
Des- (mojrav) .ת, מָחֳרָב
truído.
Da-(mejurbán) .ת, מְחֻרְבָּן
ñado. Fracasado.
Es- (mojrad) .ת, מָחֳרָד
pantado, asustado.
Enhi-(mejoraz) .ת, מְחֹרָז
lado. Versificado.
מַחֲרֹזֶת, נ. ר' מַחֲרוֹזוֹת
(majarozet) Collar.
Fila, hilera.
(mejarjer) .ז, מְחַרְחֵר
Provocador.
Tal-(majaratá).נ, מַחֲרָטָה
ler del grabador.
(majaretá) .נ, מַחֲרֵטָה
Máquina de grabar.
(majariv) .ז, מַחֲרִיב
Destructor.
Es- (majarid).ת, מַחֲרִיד
pantoso, terrible.
(majarish) .ת, מַחֲרִישׁ
Ensordecedor. Silencioso.
Tos- (mejoraj) .ת, מְחֹרָךְ
tado, dorado.
Con-(mojram) . .ת, מָחֳרָם
fiscado. Excomulgado.
In- (mejoraf) .ת, מְחֹרָף
sultado.

Per-(mejoratz) .ת ,מְחֹרָץ
forado, agujereado.
(majaretzá) .נ ,מַחֲרֵצָה
Taladro, perforador.
Per-(mejorar) .ת ,מְחֹרָר
forado, agujereado.
מַחֲרֵשָׁה ,נ. ר' מַחֲרֵשׁוֹת
(majareshá) Arado.
מַחֲרֶשֶׁת, ר' מַחֲרֵשָׁה.
El (majarat) .נ ,מָחֳרָת
día siguiente.
(mojara- .תה"פ ,מָחֳרָתַיִם
táyim) Pasado mañana.
Hacer פ"י ,הִמְחִישׁ (מחש)
algo de un modo
concreto.
Ser hecho de -הֻמְחַשׁ
un modo concreto, con-
cretamente.
Hacerse concre- -הִתְמַחֵשׁ
to.
Con-(mejashev) .ת ,מְחַשֵּׁב
tador.
Con-(mejushav) ת ,מְחֻשָּׁב
tado. Considerado.
Pen-(majashav) .ז ,מַחֲשָׁב
samiento.
(majashavá) .נ ,מַחֲשָׁבָה
Pensamiento, idea.
(majashaví) .ת ,מַחֲשַׁבִי
Mental, imaginario.
(majashévet) .נ ,מַחֲשֶׁבֶת
Arte.
(melé- מְלֶאכֶת מַחֲשֶׁבֶת-
jet-) Obra de arte.
(majashavtí) .ת ,מַחֲשַׁבְתִּי
Mental.
Des- (majsof) .ז ,מַחְשׂף
cote, escote, escota-
dura.
מַחְשָׁךְ ,ז. ר' מַחֲשַׁכִּים
(majshaj) Oscuridad.
Os-(mujshaj) .ת ,מֻחְשָׁךְ
curecido.
En- (mejushal) .ת ,מְחֻשָּׁל
durecido.
(mejushmal) .ת ,מְחֻשְׁמָל
Electrizado.
(mejashmel) .ז ,מְחַשְׁמֵל
Electrizador.
מַחְשׂף, ר' מַחְשׂוֹף.
Anil-(mejushak).ת ,מְחֻשָּׁק
lado, que tiene llantas.
Bra- (majtá) .נ ,מַחְתָּה
sero, braserillo.
Des- (mejitá) .נ ,מְחִתָּה
trucción, ruina, des-
gracia.
Cor- (mejutaj) .ת ,מְחֻתָּךְ
tado.
Corte, (mejtaj) .ז ,מֶחְתָּךְ
cortadura.
Cor- (majtej) .ז ,מַחְתֵּךְ
tafrío, cortahierro.
Ta- (majtejá) .נ ,מַחְתֵּכָה
jadera.
Ven- (mejutal) .ת ,מְחֻתָּל
dado.
Fir-(mejutam) .ת ,מְחֻתָּם
mado.
מְחֻתָּן ,ז. נ' מְחֻתֶּנֶת
(mejután) Casado. Pari-
ente de uno de los es-
posos respecto al del otro.
מַחְתֶּרֶת ,נ. ר' מַחְתָּרוֹת
(majtéret) Hoyo, aber-
tura. Escondrijo. Clan-
destinidad, movimiento
clandestino.
Mate. (mat) .ז ,מָט
Meteoro. (meteor) ז ,מֶטֵאוֹר
(meteoro- ז ,מֶטֵאוֹרוֹלוֹג

log)Meteorologista.
(meteo-.ת, מֶטֶאוֹרוֹלוֹגִי
rologui)Meteorológico.
(mete-.נ, מֶטֶאוֹרוֹלוֹגְיָה
orologya)Meteorología.
(meteorit) .ז, מֶטֶאוֹרִיט
Meteorito.
מַטְאֲטֵא, ז. ר׳ מַטְאַטְאִים
(ma-até) Escoba.
Bar-(metaté) .ז, מְטַאטֵא
redor.
Bar-(metutá) .ת, מְטֻאטָא
rido.
(metabo- .ז, מֶטַבּוֹלִיזְם
lizm) Metabolismo.
Co- (mitbaj) .ז, מִטְבָּח
cina.
Ma- (matbéaj) .ז, מַטְבֵּחַ
tanza.
(mitbajón) .ז, מִטְבָּחוֹן
Cocinita.
מִטְבָּחַיִם (בֵּית־), ז.
(beyt-hamitbajáyim)
Matadero.
Bau-(matbil) .ז, מַטְבִּיל
tista. Mojador.
Moja-(mutbal) .ת, מֻטְבָּל
do. Bautizado.
(mitbalá) .נ, מִטְבָּלָה
Bañadero.
מַטְבֵּעַ, זו"נ ר׳ מַטְבְּעוֹת
(matbéa) Moneda.
Sel- (mitbá) .ז, מִטְבָּע
lo.
Hun- (mutbá) .ת, מֻטְבָּע
dido. Acuñado.
Anil-(metubá) .ת, מְטֻבָּע
lado. Hunido.
Acu-(mitbaá) .נ, מִטְבָּעָה
ñación.
Mo- (matbeí) .ת, מַטְבְּעִי
netario.
(matbeán) .ז, מַטְבְּעָן
Acuñador.
Fri- (metugán) .ת, מְטֻגָּן
to.
(mitá) מִטָּה, נ. ר׳ מִטּוֹת
Cama, lecho.
Vara,palo,(maté).ז, מַטֶּה
rama. Tribu. Apoyo,
sostén. Jefatura.
(hamaté- הַמַּטֶּה הַכְּלָלִי
haclalí) El Estado
Mayor.
Aba-(mata) .תה"פ, מַטָּה
jo.
Abajo,(lemata) לְמַטָּה
bajo, debajo.
De (milmata) מִלְּמַטָּה
abajo.
Recos- (muté) .ת, מֻטֶּה
tado,arrimado,inclinado.
Injusticia,(muté).ז, מֻטֶּה
perversidad.
Exten- (mutá) .נ, מֻטָּה
sión.
Puri- (metohar).ת, מְטֹהָר
ficado.
Canal,(metahéret) .נ, מְטַהֶרֶת
tubo.
Perdón, (matú) .ז, מַטּוּ
excusas.
Hila-(matvé) .ז, מַטְוֶה
do.
Campo (mitvaj) .ז, מִטְוָח
para ejercitarse en el tiro.
Hi- (matviyá) .נ, מַטְוִיָּה
landería.
מָטוֹס, ז. ר׳ מְטוֹסִים
(matós)Avión,aeroplano.
Tiro (mataj) .ז, מַטָּח
continuo.

Dis-(matajavé) ז, מְטַחֲוֶה
tancia al blanco.
Alma-(matjén) ז, מַטְחֵן
zara, molino de aceite
(matjená) נ, מַטְחֵנָה
Molino.
(metutélet) נ, מְטֻטֶּלֶת
Péndola. Plomada. Servilleta, trapo.
Que me-(metiv) ת, מֵטִיב
jora, que hace bien.
Mejo-(metuyav) ת, מְטֻיָּב
rado, abonado.
Enjal-(metuyaj) ת, מְטֻיָּח
begado.
Barro-(metuyat) ת, מְטֻיָּט
so.
Vara, (metil) ז, מֵטִיל
varilla.
Pase-(metayel) ז, מְטַיֵּל
ante, excursionista.
Predi-(matif) ז, מַטִּיף
cador, moralista.
Arre-(metucás) ת, מְטֻכָּס
glado, ordenado.
Puesto, (mutal) ת, מֻטָּל
acostado, echado.
Re-(metulá) ת, מְטֻלָּא
mendado.
Obli-(matalá) נ, מַטָּלָה
gación.
(metalur- נ, מֵטַלּוּרְגְיָה
gya) Metalurgia.
מִטַּלְטֵל, ז. ר' מִטַּלְטְלִים
(mitaltal) mi- מִטַּלְטְלִין
taltelím, -ín) Bienes muebles, ropas equipaje.
מְטַלְטֶלֶת, ר' מְטֻטֶּלֶת.
(metultal) ת, מְטֻלְטָל
Transportable.

מַטְלִית, נ. ר' מַטְלִיּוֹת
(matlit) Servilleta, trapo.
Ro-(metulal) ת, מְטֻלָּל
ciado.
מְטַלְנִית, ר' מַטְלִית.
Infec-(metumá) ת, מְטֻמָּא
tado, ensuciado.
Vaci-(mitmut) ז, מִטְמוּט
lación, oscilación.
Te-(matmón) ז, מַטְמוֹן
soro oculto.
מַטְמוֹנִית, נ. ר' מַטְמוֹנִיּוֹת
(matmonit) Tesoro, secreto.
(bematmo- בְּמַטְמוֹנִיּוֹת
niyot) Secretamente.
(matmurá) נ, מַטְמוּרָה
Silo.
(metamor- נ, מֶטָמוֹרְפוֹזָה
foza) Metamorfosis.
Mover, hacer פ"י, מִטְמֵט
oscilar.
Oscilar, conmo- הִתְמַטְמֵט
verse, caer.
Es-(metumtam) ת, מְטֻמְטָם
túpido, bobo, tonto.
Ocul-(mutmán) ת, מֻטְמָן
to.
(matmónet) נ, מַטְמֹנֶת
Tesoro oculto.
Mez-(mutmá) ת, מֻטְמָע
clado, asimilado.
(metem- נ, מֶטֶמְפְּסִיכוֹזָה
psicosa) Metempsicosis.
(matán) תה"פ, מַטָּן
Abajo, debajo.
Sucio, (metunaf) ת, מְטֻנָּף
repugnante.
Mojado, (metunán) ת, מְטֻנָּן
húmedo. Barroso.

Plantío,(matá) .ז, מַטָּע
Siembra, plantación.
Plantío.(mataá).נ, מַטָּעָה
Siembra, plantación.
Equi- (mut-é) .ת, מֻטְעֶה
vocado, erróneo.
Que (mat-é) .ת, מַטְעֶה
equivoca, equívoco.
(mitáam) .תה"פ, מִטַּעַם
Por orden de, de.
מַטְעַם ,ז. ר' מַטְעַמִּים
(mat-am) Manjar agra-
dable, golosina.
Acen-(mut-am) .ת, מֻטְעָם
tuado.
(mat-amiyá) .נ, מַטְעַמִיָּה
Lonchería.
De-(mat-émet) .נ, מַטְעֶמֶת
gustación.
Carga,(mit-án) .ז, מִטְעָן
cargamento.
Car- (mut-án) .ת, מֻטְעָן
gado.
Esto- (metoán) .ת, מְטֹעָן
cado.
מַטַּעַת, ר' מַטָּעָה.
Me- (metafora) .נ, מֶטָפוֹרָה
táfora.
Cria-(metupaj) .ת, מְטֻפָּח
do, alimentado.
מִטְפַּחַת ,נ. ר' מִטְפָּחוֹת
(mitpájat) Pañuelo.
(mitpájat- מִטְפַּחַת רֹאשׁ-
rosh) Pañoleta.
Go-(metaftef) .ז, מְטַפְטֵף
tero, cuentagotas.
(metafisi) .ת, מֶטָפִיסִי
Metafísico.
(metafísi- .נ, מֶטָפִיסִיקָה
ca) Metafísica.
Car-(metupal) .ת, מְטֻפָּל
gado, sobrecargado.
Culti-(metapel).ז, מְטַפֵּל
vador, criador.
Tre- (metupás) .ת, מְטֻפָּס
pado.
מְטַפֵּס ,ז. ר' מְטַפְּסִים
(metapés)Trepador.
Entor(metupash).ת, מְטֻפָּשׁ
pecido, embrutecido,
entontecido.
מַטְּקָס, ר' מַטְכָּס.
מָטָר ,ז. ר' מְטָרוֹת, גם מְטָרִים
Lluvia.(matar)
(matar-so- מְטַר סוֹחֵף-
jef) Aguacero.
Ser rega- ,הֻמְטַר (מטר)
do por la lluvia.
Hacer llover. הִמְטִיר-
Metro.(méter) .ז, מֶטֶר
E- (mutrad) .ת, מֻטְרָד
chado. Molestado.
Moles-(mitrad) .ז, מִטְרָד
tia.
Inten-(matará) .נ, מַטָּרָה
ción, meta, fin. Blan-
co. Prisión.
Metro(metro) .ז, מֶטְרוֹ
(metro- .נ, מֶטְרוֹלוֹגְיָה
logya) Metrología.
(matrona) .נ, מַטְרוֹנָה
Matrona.
(metronom) .ז, מֶטְרוֹנוֹם
Metrónomo.
מַטְרוֹנִית, מַטְרוֹנִיתָא, ר' מַטְרוֹנָה.
(metropo- ז, מֶטְרוֹפּוֹלִיט
lit) Metropolitano.
(metropo- ז, מֶטְרוֹפּוֹלִין
lín) Metrópoli.
Mo- (mutraj) .ת, מֻטְרָח
lestado.

Métri- (metri) .ת, מטרי
co.
מטריאלי, ת: חמרי.
מטריאליות, ר' חמריות.
מטריאליזם, ר' חמרנות.
(materia-. ז, מטריאליסט
list) Materialista.
(matery- ת, מטריאליסטי
alísti) Materialista.
Im- (matrid) .ת, מטריד
portuno, molesto.
Pa- (mitriyá) .נ, מטריה
raquas.
מטריצה, ר' אם, אמה.
Mé-(métrica) .נ, מטריקה
trica.
Loco, (metoraf) .ת, מטרף
alocado.
(metushtàsh) .ת, מטשטש
Borrado, rayado.
Quien, (mi) .מ"ג, מי
quién, quienes.
(mi-yitén) מי יתן-
¡Ojalá! ¡Dios quiera!
(mi- מישהו, מי שהוא-
shehú) Alguien, algu-
no.
Mi. (mi) .ז. מי
De- (meyoash) .ת, מיאש
sesperado.
Cal-(meyubal) .ת, מיבל
loso.
Se- (meyubash) .ת, מיבש
cado.
Cansa-(meyaguéa) ת, מיגע
do, fatigoso.
Cansa-(meyugá) .ת, מיגע
do, fatigado.
En (miyad) .תה"פ, מיד
seguida, inmediatamente.
Amis-(meyudad) .ת, מידד
tado, amigado.

De, (midey) .מ"ח, מידי
por.
In- (miyadí) .ת, מידי
mediato.
(miyadiyut) .נ, מידיות
Inmediación.
Co- (meyudá) .ת, מידע
nocido, amigo.
Ju- (meyuhad) .ת, מיהד
daizado.
(mi-hu) ,(מי הוא) מיהו
¿Quién es?
Pero, (mihu) .מ"ח, מיהו
sin embargo. Puesto
que.
Ca-(mihut) .נ, מיהות
lidad.
Cla- (miyún) .ז, מיון
sificación.
(mayonit) .נ, מיונית
Mayonesa.
Ini-(meyuzam) .ת, מיזם
ciado.
Luju-(meyuzán) .ת, מיזן
rioso. Engordado.
(mizan- .ז, מיזנתרופ
trop) Misántropo.
(mizan- .ת, מיזנתרופי
trópi) Misantrópico.
(mizan- .נ, מיזנתרופיה
tropya) Misantropía.
Fra- (meyza) .ז, מיזע
nela.
Su- (meyuzá) .ת, מיזע
doso.
Par- (meyujad) .ת, מיחד
ticular, especial.
Unifi-(meyajed) .ז, מיחד
cador.
(meyujadut) .נ, מיחדות
Particularidad, pecu-

liaridad.
מֵיחוּשׁ, ר' מֵחוּשׁ.
מְיֻחָל, ת. (meyujal) Es-
perado.
מְיֻחָם, ת. (meyujam) In-
citado.
מְיֻחָס, ת (meyujás) Noble,
hidalgo, distinguido.
מֵיִט, ז. (máyit) Caída,
conmoción.
מֵיטָב, ז. (meytav) Lo
mejor.
מִיכָה, נ. (mijá) Empo-
brecimiento.
מִיכָל, ז. (mijal) Arroyo.
מֵיכָל, ז (meyjal) Tanque,
מִיל, ז. ר' מִילִין (mil)
Milla.
-אֶבֶן מִיל (even-mil)
Poste.
מִיל, ז. (mil) Milésima
de libra.
מֵילָא, מ"ק. (meyla) No
le hace.
-מִמֵּילָא (mimeyle) Solo,
De suyo. De todos modos.
מְיַלֵּד, ז. (meyaled) Partero.
מְיַלְּדוּת, נ. (meyaldut)
Partería, oficio del
partero.
מְיַלֶּדֶת, נ. (meyalédet)
Partera.
מִילָה, נ. (milá) Cir-
cuncisión.
מֵילָה, נ. (meylá) Fraxí-
nea.
מִילוֹרְד, ז. (milord)
Milord.
מִילִיגְרָם, ז. (miligram)
Miligramo.
מִילִיטָרִיזְם, ז. (milita-
rizm) Militarismo.
מִילִיטָרִיסְט, ז. (milita-
rist) Militarista.
מִילִיטָרִיסְטִי, ת. (milita-
risti) Militarista.
מִילִימֶטֶר, ז. (miliméter)
Milímetro.
מִילִימֶטְרִי, ת. (milimétri)
Milimétrico.
מִילִיצְיָה, נ. (militzya)
Milicia.
מֵילָת, נ. (meylat) Lana.
Lóbulo de la oreja.
מַיִם, ז"ר. ר' מֵימוֹת
(máyim) Agua.
-מַיִם רִאשׁוֹנִים (máyim-
rishonim) Ablución an-
tes de la comida.
-מַיִם אַחֲרוֹנִים (máyim-
ajaronim) Ablución des-
pués de la comida.
-מֵי מֶחְצָב (mey-mejtzav)
Aguas minerales.
-מֵי דְבַשׁ (mey-dvash)
Hidromel.
-מַיִם זֵידוֹנִים (máyim-
zeydonim) Aguas tem-
pestuosas.
-מַיִם מְזֻקָּקִים (máyim-me-
zucakim) Agua pura.
-מַיִם מִינֶרָלִיִּים (máyim-
minerályim) Aguas mi-
nerales.
-מַיִם מְלוּחִים (máyim-
melujim) Agua salada.
-מַיִם מְתוּקִים (máyim-
metukim) Agua dulce.
-מֵי בֹשֶׂם (mey-bósem)
Agua de olor, perfume.
-מֵי רַגְלַיִם (mey-ragIá-

Here-(minut) .מִינוּת, נ. jía.
Sexual.(miní) .מִינִי, ת. Del género.
(miniatu-.מִינְיָאטוּרָה, נ ra) Miniatura.
(miniatu-.מִינְיָאטוּרִי, ת ri) En miniatura.
Minio.(mínyum).מִינְיוּם, ז
(minimali) .מִינִימָלִי, ת Mínimo.
.מִינִיסְטֶר, ר׳ שַׂר
(minis- .מִינִיסְטֶרְיוֹן, ז teryón) Ministerio.
(meynicut) .מֵינִיקוּת, נ Amamantamiento.
מֵינֶקֶת, נ. ר׳ מֵינִיקוֹת (meynéket) Nodriza.
Mi- (mineral) .מִינֶרָל, ז neral.
(mineralog).מִינֶרָלוֹג, ז Mineralogista.
(mineralo-.מִינֶרָלוֹגְיָה, נ gya) Mineralogía.
(minerali) .מִינֶרָלִי, ת Mineral.
Fun- (meyased).מְיַסֵּד, ז dador.
Fun- (meyusad) .מְיֻסָּד, ת dado, basado.
(misyón) .מִיסְיוֹן, ז Misión.
(misyoner) .מִיסְיוֹנֶר, ז Misionero.
Des- (meyuad) .מְיֻעָד, ת tinado. Fijado.
Con-(meyaetz) .מְיָעֵץ, ז sejero, asesor.
Fo- (meyuar) .מְיֹעָר, ת restado.
Embel-(meyupé) .מְיֻפֶּה, ת

yim) Orina.
(mey-shtiyá) מֵי שְׁתִיָּה- Agua potable.
Regar, dar de .מַיֵּם, פ"י beber, traer agua.
(mimeograf).מִימֵאוֹגְרָף, ז Mimeógrafo.
Solu- (meymá) .מֵימָה, נ ción.
.מֵימוֹת, ר׳ מַיִם
Acuá- (meymí) .מֵימִי, ת tico, acuoso.
Can-(meymiyá).מֵימִיָּה, נ timplora.
(meymiyut) .מֵימִיּוּת, נ Acuosidad.
Dies-(meyumán).מְיֻמָּן, ת tro.
Diri-(maymín).מַיְמִין, ת gido hacia la derecha.
(mímica) .מִימִיקָה, נ Mímica.
(mimicón) .מִימִיקוֹן, ז Mímico.
Hidró-(meymán) .מֵימָן, ז geno.
.מֵימָר, ז. מֵימְרָה, נ (meymar, meymrá) Apotegma, palabra.
(min)מִין, ז. ר׳ מִינִים Calidad. Especie, género. Sexo. Herético.
Como, (kemín) כְּמִין- según.
De su (ben-minó)בֶּן מִינוֹ- clase, sexo o calidad.
Clasificar. .מִיֵּן, פ"י
Clasi- (mayán) .מַיָּן, ז ficador.
Menos.(minus) .מִינוּס, ז
Menor.(minor) .מִינוֹר, ז

lecido, hermoseado.
(meyupé-cóaj) מְיֻפֵּה כֹּחַ-
Apoderado, represen-
tande.
(mi- מִיץ, ז. ר׳ מִיצִים
tz) Jugo.
Ex- (meyutzá) מְיֻצָּא, ת.
portado.
Con-(meyutzav) מְיֻצָּב, ת.
solidado.
Re- (meyatzeg) מְיַצֵּג, ז.
presentante, delegado,
apoderado.
Re- (meyutzag) מְיֻצָּג, ת.
presentado.
Pe- (mitzá) מִיצָה, נ.
dúnculo.
Fa- (meyutzar) מְיֻצָּר, ת.
bricado.
Mica. (mica) מִיקָה, נ.
Al- (máyish) מַיִשׁ, ז.
mez.
Senta-(meyushav) מְיֻשָּׁב, ת.
do. Colonizado.
Co- (meyashev) מְיַשֵּׁב, ז.
lonizador.
Pla-(mishor) מִישׁוֹר, ז.
no. Llano, llanura.
Nivel. Justicia.
(mishor- מִישׁוֹר מְשֻׁפָּע-
meshupá) Plano incli-
nado.
(mishorí) מִישׁוֹרִי, ת.
Plano.
(han- הַנְדָּסָה מִישׁוֹרִית-
dasá-mishorit) Geome-
tría plana.
(tzu- צוּרָה מִישׁוֹרִית-
ra-) Figura plana.
Ador-(meyushán) מְיֻשָּׁן, ת.
mecido. Muy viejo.

En- (meyushar) מְיֻשָּׁר, ת.
derezado.
(meysharim) מֵישָׁרִים, ז״ר
Justicia, equidad,
rectitud.
בְּמֵישָׁרִים, בְּמֵישָׁרִין-
(bemeysharim, -rín) Equi-
tativamente, francamente,
sinceramente.
מִיתָה, נ. ר׳ מִיתוֹת
(mitá) Muerte.
(mitá-ja- מִיתָה חֲטוּפָה-
tufá) Muerte repen-
tina.
(mitologui) מִיתוֹלוֹגִי, ת.
Mitológico.
(mitolog- מִיתוֹלוֹגְיָה, נ.
ya) Mitología.
Mito. (mitos) מִיתוֹס, ז.
מִיתוּתָא, ר׳ מִיתָה.
Huér-(meyutam) מְיֻתָּם, ת.
fano.
מֵיתָר, ז. ר׳ מֵיתָרִים
(meytar) Cuerda.
(cli-mey- כְּלֵי מֵיתָרִים-
tarim) Instrumento mú
sico de cuerdas.
מְיֻתָּר, ת. נ׳ מְיֻתֶּרֶת
(meyutar) Inútil, so-
brante, superfluo.
Pobre, (maj) מַךְ, ת.
miserable.
מַכְאוֹב, ז. ר׳ מַכְאוֹבִים
(maj-ov) Sufrimiento,
dolor.
Do- (maj-iv) מַכְאִיב, ת.
loroso.
Rama. (majbed) מַכְבֵּד, ז.
Escoba.
Respe-(mejubad) מְכֻבָּד, ת.
table, respetado.

Ban-(mejabédet) .נ ,מְכַבֶּדֶת
deja, charol.
Ex- (mejabé) .ז ,מְכַבֶּה
tinguidor.
(mejebé-esh) מְכַבֵּה־אֵשׁ-
Bombero.
Abun-(majbir) .ז ,מַכְבִּיר
dancia.
(lemajbir) לְמַכְבִּיר-
Mucho, bastante.
(majbená) .נ ,מַכְבֵּנָה
Gancho de cabeza.
La- (mejubás) .ת ,מְכֻבָּס
vado.
La-(mijbasá) .נ ,מִכְבָּסָה
vandería.
Criba,(mijbar) .ז ,מִכְבָּר
cedazo.
Pren-(mejubash) .ת ,מְכֻבָּשׁ
sado.
Pren-(majbesh) .ז ,מַכְבֵּשׁ
sa.
Fá- (mijbashá) .נ ,מִכְבָּשָׁה
brica de curtidos.
Que (mejudán) .ת ,מְכֻדָּן
tiene una lanza.
Re-(mejudar) .ת ,מְכֻדָּר
dondo,esférico.
(ma- מַכּוֹת ר׳ .נ ,מַכָּה
cá) Golpe. Herida.De-
rrota. Plaga.
(macat- מַכַּת בְּכוֹרוֹת-
bejorot) La plaga de
los primogénitos.
(macat-shé- מַכַּת שֶׁמֶשׁ-
mesh) Insolación.
(macot- מַכּוֹת מִצְרַיִם-
mitzráyim) Las pla-
gas de Egipto.
Pegado.(muké) .ת ,מֻכֶּה
(muké-yaré- מֻכֵּה יָרֵחַ-
aj) Sonámbulo.
(muké- מֻכֵּה סַנְוֵרִים-
sanverim) Ciego, ofus-
cado.
(muké-tima- מֻכֵּה תִמָּהוֹן-
hón) Asombrado.
Que-(mijvá) .נ ,מִכְוָה
madura.
Canil-(majoj) .ז ,מָכוֹךְ
la.
מָכוֹן ,ז. ר׳ מְכוֹנִים
(majón) Establecimien-
to, instituto. Base.
Diri-(mejuván) .ת ,מְכֻוָּן
gido. Conforme. Tem-
plado.
(mikevān) .תה״פ ,מִכֵּוָן
Puesto que.
Re- (majvén) .ז ,מַכְוֵן
gulador.
(mejonaut) .נ ,מְכוֹנָאוּת
Mecánica.
(mejonay) .ז ,מְכוֹנַאי
Mecánico.
Má- (mejoná) .נ ,מְכוֹנָה
quina.
(mejonat- מְכוֹנַת יְרִיָּה-
yeriyá) Ametrallado-
ra.
(-ktivá) מְכוֹנַת כְּתִיבָה-
Máquina de escribir.
(mejo- מְכוֹנַת קִיטוֹר-
nat-kitor) Máquina de
vapor.
(-tefirá) מְכוֹנַת תְּפִירָה-
Máquina de coser.
מְכוֹנִית ,נ. ר׳ מְכוֹנִיּוֹת
(mejonit) Automóvil,co-
che, carro.
Mecá-(mejonén) .ז ,מְכוֹנֵן
nico. Constituyente.

(mejuvnán) . ת, מְכֻוְנָן
Adaptado, arreglado.
Arru-(mejuvatz). ת, מְכֻוָּץ
gado.
Con-(mijvatz) . ז, מִכְוָץ
vulsión.
Ven- (majur) . ת, מָכוּר
dido.
(me- . נ, מְכוּרָה, מְכוֹרָה
jora, mejurá) Patria.
מְכוּרָה, ר' מְכֹרָה.
Col-(mijvéret). נ, מִכְוֶרֶת
menar.
(mijvartán) . ז, מִכְוַרְתָּן
Colmenero.
(mejoratí) . ת, מְכוֹרָתִי
De la patria.
Mar- (macosh) . ז, מַכּוֹשׁ
tillo. Hacha. Golpe.
Tecla.
(macoshit) . נ, מַכּוֹשִׁית
Castañeta. Xilófono.
Pobre-(majut) . נ, מָכוּת
za.
Ex- (muj-jad) . ת, מֻכְחָד
terminado.
Pin-(mikjol) . ז, מִכְחוֹל
cel.
Men-(mejajesh) . ז, מְכַחֵשׁ
tiroso.
Des-(mujejash). ת, מֻכְחָשׁ
mentido.
Po- (majij) . ת, מָכִיךְ
bre.
Con-(mejil) . ת, מֵכִיל
tenedor.
Cur-(mejiná) . נ, מְכִינָה
so preparatorio.
Cono- (makir) . ז, מַכִּיר
cido.
Plas-(mejuyar). ת, מְכֻיָּר
tecido.
Ven- (mejirá) . נ, מְכִירָה
ta.
מָכַךְ (מָכַךְ, יָמֹךְ) פ"ע
Ser rebajado, ser humillado.
Caerse, destruírse. -הִמֹּךְ
Ser rebajado, ser humillado. -הֻמַּךְ
Cru- (mujlá) . ת, מֻכְלָא
zado.
Redil, (mijlaá). נ, מִכְלָאָה
aprisco.
Redil, (mijlá) . נ, מִכְלָה
aprisco. Jarro (?).
Ter- (mejulé) . ת, מְכֻלֶּה
minado, acabado.
Mag-(mijlol) . ז, מִכְלוֹל
nificencia. Colección, conjunto.
(majlulim) ז"ר, מַכְלוּלִים
Magnificencias.
Per- (mijlal) . ז, מִכְלָל
fección. Enciclopedia, libro científico.
Con- (mujlal) . ת, מֻכְלָל
tenido. General.
(mijlalá) . נ, מִכְלָלָה
Universidad.
Ali-(macólet) . נ, מַכֹּלֶת
mentos.
(mij- . ז, מִכְמָר, מִכְמוֹר
mor, mijmar) Red, trampa.
Aplastar, . פ"י, מִכְמֵךְ
oprimir.
Aplas- -מֻכְמַךְ, הִתְמַכְמֵךְ
tarse.
Tesoro(mijmán) . ז, מִכְמָן
oculto.

Es- (mijmás) .ז, מִכְמָס
condrijo.
Red, (mijmar) .ז, מִכְמָר
trampa.
מִכְמֹרֶת, מִכְמֶרֶת, נ. ר׳
(mijmóret, mij-מִכְמָרוֹת
méret) Red.
(mijmartán) .ז, מִכְמַרְתָּן
Redero.
Deno-(mejuné) .ת, מְכֻנֶּה
minado, apellidado.
Deno-(mejané) .ז, מְכַנֶּה
minador.
(-meshutaf)מְכַנֶּה מְשֻׁתָּף-
Denominador común.
Me- (mejaní) .ת, מֵכָנִי
cánico.
(mejaniyut) .נ, מֵכָנִיּוּת
Mecanicismo.
מֵכָנִיזָם, ר׳ מַנְגָּנוֹן.
In- (majnís) .ז, מַכְנִיס
troductor.
(maj- מַכְנִיס אוֹרְחִים-
nís-orjim) Hospita-
lario.
(mejánica) .נ, מֵכָנִיקָה
Mecánica.
Pio-(mejunam) .ת, מְכֻנָּם
joso.
Pro-(mijnás) .ז, מִכְנָס
visión.
Reu-(mejunás) .ת, מְכֻנָּס
nido, convocado.
In- (mujnás) .ת, מֻכְנָס
troducido.
(mijnasá-.ז"ר, מִכְנָסַיִם
yim) Pantalón.
Alado.(mejunaf).ת, מְכֻנָּף
Aduana.(mejes) .ז, מֶכֶס
Tributo.
(beyt-mejes) בֵּית מֶכֶס-
Aduana (la oficina).
מָכֹס (מָכַס, יָמְכֹּס) פ"י
Cobrar la aduana.
Número,(mijsá) .נ, מִכְסָה
cantidad, suma.
מִכְסֶה, ז. ר׳ מִכְסָאוֹת
(mijsé)Tapa, cubierta.
Puente (mejasé).ז, מְכַסֶּה
de un barco. Vestido.
Cubierta.
Tapa-(mejusé) .ת, מְכֻסֶּה
do, cubierto.
(máximum) .ז, מַכְּסִימוּם
Máximo, máximum.
(maximáli) .ת, מַכְּסִימָלִי
Máximo.
(maxima- .ז, מַכְּסִימָלִיסְט
list) Maximalista.
Pla-(majsif) .ת, מַכְסִיף
teado.
Adua-(mujsán) .ז, מֻכְסָן
nero.
Roí- (mejusás) .ת, מְכֻסָּס
do.
Pla-(mujsaf) .ת, מֻכְסָף
teado.
(me-מְכֹעֶרֶת ׳נ .ת, מְכֹעָר
joar) Feo.
Mul-(majpil) .ז, מַכְפִּיל
tiplicador.
Mul- (mujpal) .ת, מֻכְפָּל
tiplicado.
Mul- (mejupal) .ת, מְכֻפָּל
tiplicado.Duplicado.
(majpelá) .נ, מַכְפֵּלָה
Producto.
(mearat- מְעָרַת הַמַּכְפֵּלָה-
hamajpelá) La caverna
de Majpelá: nombre del
sepulcro de los patri-
arcas y sus esposas.

מְכֻפָּר, ת. (mejupar) Perdonado.
מְכֻפְתָּר, ז. (mejuftar) Abotonado.
מָכֹר (מָכַר, יִמְכֹּר) פ"י Vender.
-הִמָּכֵר Ser vendido.
-הִתְמַכֵּר Venderse.
מֶכֶר, ז. (méjer) Venta. Mercancía. Precio.
מַכָּר, ז. (macar) Conocido.
מֻכָּר, ת. נ׳ מֻכֶּרֶת (mucar) Conocido.
מְכֻרְבָּל, ת. (mejurbal) Vestido, envuelto.
מִכְרֶה, ז. (mijré) Excavación, hoyo. Mina.
מְכֵרָה, נ. (mjerá) Armas, patria(?).
מֻכְרָז, ת. (mujraz) Anunciado.
מֻכְרָח, ת. (mujraj) Obligado, forzado.
מַכְרִיז, ז. (majriz) Heraldo, anunciador.
מַכְרִיעַ, ז. נ׳ מַכְרַעַת (majría) Anfíbraco. Que hace sucumbir, que gana
מְכֹרָךְ, ת. (mejoraj) Encuadernado.
מְכֻרְכָּב, ת. (mejurcav) Adornado.
מְכֻרְכָּם, ת. (mejurcam) Azafranado.
מְכַרְסֵם, ז. ר׳ מְכַרְסְמִים (mejarsem) Roedor.
מְכֻרְסָם, ת. (mejursam) Roído.
מְכַרְסֶמֶת, נ. (mejarsémet) Roedor.

מֻכְרָע, ת. (mujrá) Vencido.
מֻכְרָת, ת. (mujrat) Cortado.
מִכְשׁוֹל, ז. (mijshol) Obstáculo.
מַכְשִׁיר, ז. ר׳ מַכְשִׁירִים (majshir) Instrumento, aparato, utencilio.
מֻכְשָׁל, ת. (mujshal) Fracasado.
מַכְשֵׁלָה, נ. (majshelá) Obstáculo.
מְכַשֵּׁף, ז. נ׳ מְכַשֵּׁפָה (mejashef) Hechicero, brujo.
מְכֻשָּׁף, ת. (mejushaf) Encantado.
מְכַשְׁפוּת, נ. (mejashfut) Hechicería.
מְכַשְׁפָן, ר׳ מְכַשֵּׁף.
מֻכְשָׁר, ת. (mujshar) Apropiado, adaptado. Apto, talentoso.
מִכְתָּב, ז. ר׳ מִכְתָּבִים (mijtav) Carta.
-מִכְתַּב הַמְלָצָה (mijtav-hamlatzá) Carta de recomendación.
-מִכְתָּב חוֹזֵר (mijtav-jo-zer) Circular.
-מִכְתָּב עִתִּי (mijtav-ití) Periódico.
-מִכְתָּב רָשׁוּם (mijtav-ra-shum) Carta recomendada
מֻכְתָּב, ת. (mujtav) Dictado.
מַכְתֵּב, ז. (majtev) Buril. Pizarrín.
מַכְתֵּבָה, נ. (majtevá) Escritorio.

nitud, totalidad.
Stock.(mlay) מְלַאי, ז.
Depósito (de arma).
מַלְאָךְ, ז. ר' מַלְאָכִים
(mal-aj) Mensajero. Angel.
מְלָאכָה, נ. ר' מְלָאכוֹת
(mlajá) Obra, trabajo, labor, faena, ocupación, oficio.
(meléjet-yad) מְלֶאכֶת יָד- Trabajo manual.
(meléjet-majashévet) מְלֶאכֶת מַחֲשֶׁבֶת- Obra de arte.
(beyt-mlajá) בֵּית מְלָאכָה- Taller.
(báal-mlajá) בַּעַל מְלָאכָה- Artesano, profesional.
Mi-(mal-ajut). מַלְאֲכוּת, נ. sión, embajada.
(melajutí) מְלָאכוּתִי, ת. Artificial.
(melajutiyut) מְלָאכוּתִיּוּת, נ. Artificialidad.
An- (mal-ají) מַלְאָכִי, ת. gélico, angelical.
מְלֶאכֶת, ר' מְלָאכָה.
Nacio-(mul-am) מֻלְאָם, ת. nalizado.
Alber-(milet) מִלֵּאת, נ. ca, arroyo. Relleno.
Encan-(melabev). מְלַבֵּב, ת. tador.
De for-(melubav). מְלֻבָּב, ת. ma de corazón.
Fuera(milvad). מִלְּבַד, מ"י de, salvo, excepto, a excepción de.
Fá- (milbadá) מִלְבָּדָה, נ. brica de fieltro.

Frag-(mejitá) מְכִתָּה, נ. mento, trozo, pedazo.
Co- (majtir) מַכְתִּיר, ז. ronador.
Epi-(mijtam) מִכְתָּם, ז. grama.
Man-(mujtam) מֻכְתָּם, ת. chado.
Car-(mejatef) מְכַתֵּף, ז. guero, mozo de cordel.
Car-(mujtaf) מֻכְתָּף, ת. gado.
Co- (mujtar) מֻכְתָּר, ת. ronado. Titulado.
Ro- (mejutar) מְכֻתָּר, ת. deado.
Al- (mujtar) מֻכְתָּר, ז. calde.
Mor-(majtesh) מַכְתֵּשׁ, ז. tero. Cavidad.
מַכְתֶּשֶׁת, נ. ר' מַכְתֵּשׁ.
מָלֵא (מָלֵא, יִמְלָא) פ"י
Estar lleno, llenarse.
Llenarse. Cumplirse. הִמָּלֵא-
Llenar. Cumplir. מַלֵּא- Reunir.
Ser llenado. מֻלֹּא- Ser cumplido.
Llenarse. Reunirse. הִתְמַלֵּא-
מָלֵא, ת. נ' מְלֵאָה, ר' מְלֵאִים, נ"ר מְלֵאוֹת
(malé) Lleno.
(mlo) מְלֹא, מְלוֹא, ז. Abundancia, plenitud.
Fruta (mleá) מְלֵאָה, נ. madura.
Fati-(mal-é) מַלְאֶה, ת. goso, cansado.
Ple-(mleut) מְלֵאוּת, נ.

Ar- (melubé) .ת, מְלֻבָּה
diente.
Ves-(malbush) .ז, מַלְבּוּשׁ
tido.
Blan-(malbín) .ת, מַלְבִּין
queador, que blanquea.
Can-(melubán) .ת, מְלֻבָּן
dente. Completo.
Rec-(malbén) .ז, מַלְבֵּן
tángulo. Cuadro.
Fá-(milbaná) .נ, מִלְבָּנָה
brica de ladrillos.
Rec-(malbení) .ת, מַלְבֵּנִי
tángulo.
(milvar) .תה"פ, מִלְּבַר
Salvo, excepto, en total.
Ves-(melubash) .ת, מְלֻבָּשׁ
tido.
(milbashá) .נ, מִלְבָּשָׁה
Guardarropa.
Agua hir-(méleg).ז, מֶלֶג
viendo (para desplumar).
מָלַג (מָלַג, יִמְלֹג) פ"י
Desplumar, (con agua hirviendo).
Ser desplumado -הִמָּלֵג
(con agua hirviendo).
מִלְּגֵו, מִלְּגָו, תה"פ.
(milguev, milgav) Inclusivamente.
Horca. (malguez).ז, מַלְגֵּז
מִלָּה, נ. ר' מִלִּים, נסמ-לות, מִלִּין
Pa- (milá)
labra, término.
Ca- (melohat) .ת, מְלֻהָט
dente, incandescente,
Plenitud, (milú).ז, מִלּוּא
totalidad. Relleno.
(miluim) -מִלּוּאִים
Rellenos. Suplementos,
aumentos.
(jeyl-miluim) Tropa de reserva. -חֵיל מִלּוּאִים
Fuerte, (miló) .ז, מִלּוֹא
fortificación.
(mlo) .ז, מְלֹא, מְלוֹא
Abundancia, plenitud.
Cua- (miluá) .נ, מִלּוּאָה
dro.
Usu- (mlog) .ז, מְלוֹג
fructo.
Des- (malug) .ת, מָלוּג
plumado.
(malugmá) .נ, מָלוּגְמָה
Compresa.
Me- (melodi) .ת, מֶלוֹדִי
lodioso, melódico.
(melodya) .נ, מֶלוֹדְיָה
Melodía.
(melodrama).נ, מֶלוֹדְרָמָה
Melodrama.
(melodra-máti) Melodramático. .ת, מֶלוֹדְרָמָתִי
Acree-(malvé) .ז, מַלְוֶה
dor, prestador.
(malvé-beribit) Usurero. -מַלְוֶה בְּרִבִּית
Prés- (milvé) .ז, מִלְוֶה
tamo.
Prés- (milvá) .נ, מִלְוָה
tamo.
מְלַוֶּה, ז. ר' מְלַוִּים
(melavé) Acompañante.
Acom-(meluvé) .ת, מְלֻוֶּה
pañado.
Sa- (malúaj) .ת, מָלוּחַ
lado.
(dag-malúaj) -דָּג מָלוּחַ
Arenque.
Mal- (malúaj) .ז, מַלּוּחַ

va.
(melujit) .מְלוּחִית, נ
Ensalada.
Fuga, (milut) .מִלּוּט, ז
huída.
Relleno, (miluy). מִלּוּי, ז
acción de llenar.
(miluy- מִלּוּי חוֹבָה-
jová) Cumplimiento con
el deber.
(miluy- מִלּוּי מָקוֹם-
macom) Reemplazo, su-
plencia.
Reino. (melujá) מְלוּכָה, נ
Reinado.
(zera- זֶרַע הַמְּלוּכָה-
hamlujá) Familia re-
al.
(kisé- כִּסֵּא הַמְּלוּכָה-
hamlujá) El trono.
(ir-ham- עִיר הַמְּלוּכָה-
lujá) Capital.
Mo-(meluján) .מְלוּכָן, ז
nárquico.
(melujanut). מְלוּכָנוּת, נ
Monarquismo.
(melujaní) .מְלוּכָנִי, ת
Monárquico.
Pa- (milul) .מִלּוּל, ז
labra, habla.
Ver-(milulí) .מִלּוּלִי, ת
bal, oral.
(miluliyut). מִלּוּלִיּוּת, נ
Verbalismo.
מֶלוֹן, ר׳ אֲבַטִּיחַ צָהֹב
Hotel. (malón) .מָלוֹן, ז
מִלּוֹן, ז. ר׳ מִלּוֹנִים, גם
Dic- (milón) מִלּוֹנוֹת
cionario.
(milonay) .מִלּוֹנַאי, ז
Lexicógrafo.

(milonaut) .מִלּוֹנָאוּת, נ
Lexicografía.
Per- (meluná) .מְלוּנָה, נ
rera. Choza.
(milonut) .מִלּוֹנוּת, נ
Lexicografía.
Ar- (malosh) .מָלוֹשׁ, ז
tesa.
(mé- מֶלַח, ז. ר׳ מְלָחִים
laj) Sal.
מָלַח (מָלַח, יִמְלַח) פ״י
Salar.
Ser salado. De- הִמָּלַח-
saparecer.
Ser salado. Ser מֻלַּח-
mezclado.
Ser salado. הֻמְלַח, הָמְלַח-
(ma- מַלָּח, ז. ר׳ מַלָּחִים
laj) Marinero.
(ma- מְלָח, ז. ר׳ מְלָחִים
laj) Andrajo, jirón.
Sa- (maléaj) .מָלֵחַ, ת
lado.
Sa- (melejá) .מְלֵחָה, נ
ladar.
Cali- (mlejut) מְלֵחוּת, נ
dad de lo salado.
Ma- (malajut) .מַלָּחוּת, נ
rinería.
Salino, (maljí) .מִלְחִי, ת
de sal.
Autor (maljín) .מַלְחִין, ז
melódico, melodista.
Sal- (miljit) .מִלְחִית, נ
solácea.
La- (melajej) .מְלַחֵךְ, ז
medor.
Sol-(melujam) .מְלֻחָם, ת
dado.
מִלְחָמָה, נ. ר׳ מִלְחָמוֹת
(miljamá) Guerra.

(miljémet-ezrajim) מִלְחֶמֶת אֶזְרָחִים- Guerra civil.
(miljémet-guerila) מִלְחֶמֶת גֵּרִילָה- Lucha de guerrillas.
(miljémet-devarim) מִלְחֶמֶת דְּבָרִים- Guerra de palabras: discusión
(miljémet-jová, miljémet-mitzvá) מִלְחֶמֶת חוֹבָה, מִלְחֶמֶת מִצְוָה- Guerra obligatoria para la defensa de Palestina o para su conquista.
(miljémet-maguén) מִלְחֶמֶת מָגֵן- Guerra defensiva.
(miljémet-maamadot) מִלְחֶמֶת מַעֲמָדוֹת- Lucha de clases.
(miljémet-reshut) מִלְחֶמֶת רְשׁוּת- Guerra voluntaria para la conquista de un país.
(ish-miljamá) אִישׁ מִלְחָמָה- Varón de guerra, guerrero.
Declarar la guerra. הַכְרֵז מִלְחָמָה-
(miljémet-tigrá) מִלְחֶמֶת תִּגְרָה- Guerra ofensiva.
(maljemá) מַלְחֵמָה, נ. Soldador.
מִלְחֶמֶת, ר׳ מִלְחָמָה.
(miljamtí) מִלְחַמְתִּי, ת. Guerrero.
(meljatzáyim) מֶלְחָצַיִם, ז"ר Torno.
(maljétzet) מַלְחֶצֶת, נ. Torno.
He- (melajesh) מְלַחֵשׁ, ז. chicero, brujo.
Nitro, (melájat) מְלַחַת, נ. salitre.
(melájat-haashlegán) מְלַחַת הָאַשְׁלָגָן- Salitre, nitro.
מִלֶּט, ר׳ לֶטֶת.
Cemento. (mélet) מֶלֶט, ז.
Huír, fugarse. (מלט) הִמָּלֵט,
Salvar, hacer huír. מִלֵּט-
Hacer huír, salvar. Parir. הִמְלִיט-
Fugarse, escaparse, huír. הִתְמַלֵּט-
(maltoza) מַלְטוֹזָה, נ. Maltosa.
(maltánit) מַלְטָנִית, נ. Paridera.
Pulido, bruñido. (melutash) מְלֻטָּשׁ, ת.
(maltéshet) מַלְטֶשֶׁת, נ. Afiladera.
Plenitud. Relleno, cosa llena o completa. (mliá) מְלִיאָה, נ.
(mliim) מְלִיאִים, ז"ר Rellenos.
Desplumadura. (meligá) מְלִיגָה, נ.
Millón. (milyón) מִלְיוֹן, ז.
(milyonit) מִלְיוֹנִית, נ. Millonésimo.
(milyoner) מִלְיוֹנֵר, ז. Millonario.
Arenque. (malíaj) מָלִיחַ, ז.
Salado. (malíaj) מָלִיחַ, ת.

Unido, (melucad). מְלֻכָּד, ת. pegado.
(malcódet) מַלְכֹּדֶת, נ. Trampa, lazo, artificio.
Laquea- (meluké). מְלֻקֶּה, ת. do.
(מַלְכָּה, נ. ר' מְלָכוֹת (malcá) Reina.
(malcat-ha- מַלְכַּת הַיֹּפִי- yofi) Reina de belleza.
מַלְכוּת, נ. ר' מַלְכֻיוֹת (maljút) Reino. Reinado.
(maljutí) מַלְכוּתִי, ת. Real.
Ma- (malajit) מַלָּכִיט, ז. laquita.
(melujlaj) מְלֻכְלָךְ, ת. Sucio, desaseado.
Moloc, (milcon) מִלְכֹּם, ז. ídolo de Amón.
(ma-la- (מה לכם) מַלָּכֶם jem) ¿Qué tenéis?
Reina (meléjet) מְלֶכֶת, נ. del cielo, diosa.
(miljat- מִלְכַּתְּחִלָּה, תה"פ. jila) Del principio, desde un principio.
Palabra, (mélel) מֶלֶל, ז. habla.
Borde, (mlal) מְלָל, ז. orilla.
מָלַל (מָלַל, יָמֹל, יִמְלֹל) Estregar. Moler. פ"ע Hilvanar. Cocinar.
Ser secado, se- הִמּוֹל- carse.
Ser molido. הֻמְלַל-
Hablar, murmurar. מִלֵּל-
Secarse, marchi- מוֹלֵל-

Sa- (melijá) מְלִיחָה, נ. ladura.
(melijut) מְלִיחוּת, נ. Calidad de lo salado.
Parto. (mlitá) מְלִיטָה נ,
Es- (melilá) מְלִילָה, נ. piga seca. Movimiento. Escarcha.
Tra- (melitz) מֵלִיץ, ז. ductor. Protector, defensor.
(melitzá) מְלִיצָה, נ. Retórica, alegoría, elocuencia.
(melitzí) מְלִיצִי, ת. Alegórico.
Acci- (melicá) מְלִיקָה, נ. ón de matar un ave introduciendo la uña en su pescuezo o torciéndolo.
(milyard) מִלְיַרְד, ז. Millar.
מִלִּית, נ. ר' מִלִּיּוֹת (milit) Palabra que no es sustantivo o verbo.
מָלַךְ (מָלַךְ, יִמְלֹךְ) פ"ע Reinar.
Resolver, pen- הִמָּלֵךְ- sar, deliberar.
Coronar, pro- הִמְלִיךְ- clamar rey.
Ser coronado, הָמְלַךְ- proclamado rey.
Coronarse, pro- הִתְמַלֵּךְ- clamarse rey. Pensar, deliberar.
מֶלֶךְ, ז. ר' מְלָכִים (mé- lej) Rey.
Moloc, (mólej) מֹלֶךְ, ז. ídolo de Amón.

tarse.
Ser cortado, הִתְמוֹלֵל-
ser arrancado.
Palo.(malmed) מַלְמֵד, ז.
Maes-(melamed) מְלַמֵּד, ז.
tro, enseñador.
Estu-(melumad) מְלֻמָּד, ת.
diado, sabio, erudito.
(melamdut) מְלַמְּדוּת, נ.
Profesorado.
Mur-(milmul) מִלְמוּל, ז.
murio.
Murmurar, מִלְמֵל, פ"ע
balbucir.
Ser murmura- הִתְמַלְמֵל-
do.
Mu- (malmalá) מַלְמָלָה, נ.
selina.
(melancóli) מֶלַנְכּוֹלִי, ת.
Melancólico.
מֶלַנְכּוֹלְיָה, ר' מָרָה שְׁחֹרָה
Mule-(mil-oz) מִלְעוֹז, ז.
dicencia.
מִלְעֵיל, ר' לְעֵיל.
Es- (mel-án) מֶלְעָן, ז.
tipe.
En- (melupaf) מְלֻפָּף, ת.
vuelto.
(melafefón) מְלָפְפוֹן, ז.
Pepino.
Sa- (melupat) מְלֻפָּת, ת.
zonado.
Ser agra-, הִמְלִיץ (מלץ)
dable, sabroso.
Defender, re- הִמְלִיץ-
comendar.
מֶלְצַר, ז. נ' מֶלְצָרִית
(meltzar) Camarero.
Intendente.
(meltzarut) מֶלְצָרוּת, נ.
Oficio del camarero.

מָלַק (מָלַק, יִמְלֹק) פ"י
Matar a un ave introdu-
ciendole la uña en su pescuezo o torciendoselo.
Ser arrancado הִמָּלֵק-
(el pescuezo de un
ave).
Pega-(mulké) מֻלְקֶה, ת.
do, azotado.
Eclíp-(milké) מִלְקֶה, ז.
tica.
Botín,(malcóaj) מַלְקוֹחַ, ז
captura.
Pala-(malcóaj) מַלְקוֹחַ, ז.
dar.
(malcojáyim) מַלְקוֹחַיִם-
Paladar.
(malcolmi- מַלְקוֹלְמִיָּה, נ.
ya) Malcolmia.
Tardía(malcosh) מַלְקוֹשׁ, ז
(última lluvia).
מַלְקוּת, נ. ר' מַלְקִיּוֹת
(malcut) Azotazo.
(melcajá- מֶלְקָחַיִם, ז"ר.
yim) Pinzas.
Pin-(melcájat) מֶלְקַחַת, נ.
zas.
Pin- (malket) מַלְקֵט, ז.
zas.
Reco- (melucat) מְלֻקָּט, ת.
gido, coleccionado.
מַלְקֶטֶת, נ. ר' מַלְקֵט.
Lami- (melucak) מְלֻקָּק, ת.
do.
Malaria,(malarya) מָלַרְיָה, נ
fiebre palúdica.
(milrá) מִלְרַע, תה"פ.
Agudo, acentuado en la
última sílaba.
Agu-(milraí) מִלְרָעִי, ת.
do.

מַלְשִׁין, ז. ר׳ מַלְשִׁינִים
(málshín) Denunciador, delator, acusador.
(malshinut). מַלְשִׁינוּת, נ
Delación, acusación.
מַלְשִׁינִי, ר׳ מַלְשִׁין.
Habla, (miltá) מִלְתָא, נ.
palabra.
Guar-(meltajá). מֶלְתָּחָה, נ
darropa, vestuario, guardarropía.
מַלְתָּעָה, נ. ר׳ מַלְתָּעוֹת
(maltaá) Diente incisivo.
Nombre de (mem) מֵם, נ.
la décimatercera letra del alfabeto hebreo.
מַמְאִיר, ת. נ׳ מַמְאֶרֶת
(mam-ir) Contagioso, punzante, picante.
(mambrana) מֶמְבְּרָנָה, נ.
Membrana.
(mamgurá) מַמְגּוּרָה, נ.
Granero. Cómoda.
Lleno(memugal) מְמֻגָּל, ת.
de pus o materia.
(me- מֵמַד, ז. ר׳ מְמַדִּים
mad) Dimensión.
(shloshá- שְׁלֹשָׁה מְמַדִּים-
memadim) Tres dimensiones
Ci- (memudán) מְמֻדָּן, ת.
vilizado.
מָמוֹן, ז. ר׳ מָמוֹנוֹת
(mamón) Bien, riqueza, dinero.
(báal-mamón) בַּעַל מָמוֹן-
Rico, capitalista.
Finan-(mimún) מִמּוּן, ז.
ciación, desembolso, pago.
(mamonay) מָמוֹנַאי, ז.
Financiero.
(mamoní) מָמוֹנִי, ת.
Financiero.
מְמוּרְנָדוּם, ר׳ תַּזְכִּיר.
Rea- (mimush) מִמּוּשׁ, ז.
lización.
(ממות) מְמוֹתִים, ז"ר.
(memotim) Muerte.
Mamut. (mamuta) מָמוּתָה, נ.
Mez- (memuzag) מְמֻזָּג, ת.
clado. Templado.
(aclim-me- אַקְלִים מְמֻזָּג-
muzag) Clima templado.
מַמְזֵר, ז. נ׳ מַמְזֶרֶת
(mamzer) Bastardo.
(mamzerut) מַמְזֵרוּת, נ.
Bastardía.
Bas-(mamzerí) מַמְזֵרִי, ת.
tardo.
Exper-(mumjé) מֻמְחֶה, ת.
to, especialista.
Gor- (memujé) מְמֻחֶה, ת.
do, aceitoso.
Pa- (mimjatá) מִמְחָטָה, נ.
ñuelo.
(mumjiyut) מֻמְחִיּוּת, נ.
Especialidad, experiencia.
Re- (memutar) מְמֻטָּר, ת.
gado.
Re-(mamterá) מַמְטֵרָה, נ.
guera, regadero.
Clasi-(memayén). מְמַיֵּן, ז
ficador.
Clasi-(memuyán). מְמֻיָּן, ת
ficado.
Venta. (mimcar) מִמְכָּר, ז.
Mercancía.
(micaj-u- מִקָּח וּמִמְכָּר-
mimcar) Compra y venta.
מִמְכֶּרֶת, ר׳ מִמְכָּר.
Muela, (mémel) מֶמֶל, ז.

piedra de moler.
Rel-(memulá) מְמֻלָּא, ת.
leno.
(memalé- מְמַלֵּא־מָקוֹם, ז.
macom) Lugartenien-
te.
Sa- (memulaj) מְמֻלָּח, ת.
lado.Fig.inteligente.
(mi- מִמְלָח, ז. מִמְלָחָה, נ.
mlaj, mimlajá) Sala-
dero.
(mim- מִמְלָחָה, מַמְלֵחָה, נ.
lajá,mamlejá) Salero.
Rei-(mamlajá) מַמְלָכָה, נ.
no, imperio.
(mamlajut) מַמְלָכוּת, נ.
Reino, reinado.
מַמְלֶכֶת, ר' מַמְלָכָה.
(mamlajtí) מַמְלַכְתִּי, ת.
Del gobierno,imperial.
Fi- (memumán) מְמֻמָּן, ת
nanciado, costeado.
Rea-(memumash) מְמֻמָּשׁ, ת.
lizado.
Costear, de- מִמֵּן, פ"י.
sembolsar,financiar.
Ser costeado, ser מֻמַּן-
financiado.
Costearse, fi- הִתְמַמֵּן-
nanciarse.
Nom-(memuné) מְמֻנֶּה, ת.
brado, designado.
מִמֶּנָּה, מִמֶּנּוּ, ר' מִן.
De-(memunut) מְמֻנּוּת, נ.
signación, nombrami-
ento.
מִמֶּנִּי, ר' מִן.
Motor, (memuná) מְמֻנָּע, ת.
movido.
Mez- (mimsaj) מִמְסָךְ, ז.
cla.

(memusmar) מְמֻסְמָר, ת.
Clavado.
(memasper) מְמַסְפֵּר, ז.
Numerador.
(memuspar) מְמֻסְפָּר, ת.
Numerado.
Entre-(mimsar) מִמְסָר, ז.
ga, cosa entregada.
(mimsará) מִמְסָרָה, נ.
Engranaje.
Tro-(mim-ad) מִמְעָד, ז.
piezo, fracaso.
Dis-(memuat) מְמֻעָט, ת.
minuído, aminorado.
Aplas-(memuaj) מְמֻעָךְ, ת.
tado.
Signo, (mimtzá) מִמְצָא, ז.
rastro.
In- (mamtzí) מַמְצִיא, ז.
ventor.
Medio, (memutzá) מְמֻצָּע, ת.
mediano. Promedio, tér-
mino medio.
Po- (mimcak) מִמְקָק, ז.
dredumbre.
Amargu- (mémer) מֶמֶר, ז.
ra.
(mamré) מַמְרֵא, מַמְרָה, ת.
Desobediente.
Pista, (mimraá) מִמְרָאָה, נ.
aeródromo.
(mamrorim) מַמְרֹרִים, ז"ר.
Amarguras.
Unta-(mimraj) מִמְרָח, ז.
dura.
(mimrájat) מִמְרַחַת, נ.
Compota.
Chaira(mamret) מַמְרֵט, ז.
de zapatero.
Puli-(memorat) מְמֹרָט, ת.
do. Usado, gastado.

Desplumado, pelado.
(memurtat) .ת, מְמֻרְטָט
Usado, viejo.
Es- (mumratz) .ת, מֻמְרָץ
timulado.
Amar-(memorar) .ת, מְמֹרָר
gado.
Rea- (mamash) .ז, מַמָּשׁ
lidad.
Real-(mamash) תה"פ, מַמָּשׁ
mente, efectivamente.
Realizar. .פ"י, מִמֵּשׁ
Ser realizado. -מֻמַּשׁ
Realizarse. -הִתְמַמֵּשׁ
Rea-(mamashut) .נ, מַמָּשׁוּת
lidad.
Un- (mimshaj) .ז, מִמְשָׁח
ción.
(memushtar) .ת, מְמֻשְׁטָר
Disciplinado.
Real, (mamashí) .ת, מַמָּשִׁי
efectivo, material.
(mamashiyut) .נ, מַמָּשִׁיּוּת
Realidad.
In- (mimshaj) .ז, מִמְשָׁךְ
centivo, aliciente.
Largo, (memushaj) .ת, מְמֻשָּׁךְ
prolongado, durable,
alargado.
(memushcán) .ת, מְמֻשְׁכָּן
Hipotecado.
Pro- (mimshal) .ז, מִמְשָׁל
verbio. Dominación,
autoridad.
(mimshalá) .נ, מִמְשָׁלָה
Alegoría, fábula.
(mimshalot) -מִמְשָׁלוֹת
Proverbios.
(memshalá) .נ, מֶמְשָׁלָה
Gobierno, autoridad.
(memshaltí) .ת, מֶמְשַׁלְתִּי

Gubernamental.
(memushmá) .ת, מְמֻשְׁמָע
Disciplinado.
Ruido. (mimshak) .ז, מִמְשָׁק
Economía. Propiedad,
dominio.
(memushcaf) .ת, מְמֻשְׁקָף
Que tiene anteojos.
Abo-(memutag) .ת, מְמֻתָּג
zalado. Que tiene מֶתֶג.
(mimtaná) .נ, מִמְתָּנָה
Sala de espera.
מַמְתָּק .ז. ר׳ מַמְתַּקִּים
(mamtak) Dulce, confite.
Dulce, (memutak) .ת, מְמֻתָּק
endulzado.
En- (mumtak) .ת, מֻמְתָּק
dulzado.
Maná. (man) .ז, מָן
Fig. comida, alimento.
¿Qué? (min) .מל"ש, מָן
¿Quién?
מִן (מִ־, מֵ־,) מ"י.
(min, mi, me) De, desde.
-מִמֶּנִּי, מִמְּךָ, מִמֵּךְ, מִמֶּנּוּ, מִמֶּנָּה,
מִמֶּנּוּ, מִכֶּם, מִכֶּן,
מֵהֶם, מֵהֶן,
(mimeni, mimjá, mimej, mimenu, mimena, mimenu, mikem, mikén, mehem, mehén) De mí, de tí, de él, de ella, de nosotros, de vosotros, de vosotras, de ellos, de ellas.
Con- (manay) .ז, מַנַּאי
tador.
Dis-(min-am) .ז, מִנְאָם
curso.
Adúl-(menaef) .ז, מְנָאֵף
tero.

In- (menoatz) .ת, מְנֹאָץ
sultado.
Se-(minbatá) .נ, מִנְבָּטָה
millero.
Seco.(menugav) .ת, מְנֻגָּב
Limpiado.
Mango.(mango) .ז, מַנְגּוֹ
(manguiná) .נ, מַנְגִּינָה
Música, melodía.
Mú-(menaguén) .ז, מְנַגֵּן
sico.
To- (menugán) .ת, מְנֻגָּן
cado.
(manganón) .ז, מַנְגָּנוֹן
Mecanismo.
Mor-(menugás) .ת, מְנֻגָּס
dido.
Con-(menugá) .ת, מְנֻגָּע
tagiado.
Gene-(menadev) .ז, מְנַדֵּב
roso, bienhechor.
Ca- (mindá) .נ, מִנְדָּה
tastro, censo.
Ex- (menudé) .נ, מְנֻדֶּה
comulgado.
(mandoli- .נ, מַנְדּוֹלִינָה
na) Mandolina.
Man-(mandat) .ז, מַנְדָּט
dato.
(mandatori) .ת, מַנְדָּטוֹרִי
Mandatorio.
(mandarina) .נ, מַנְדָּרִינָה
Mandarina.
מָנֹה (מָנָה, יִמְנֶה) פ"י
Contar, enumerar. Designar, nombrar.
Ser contado. -הִמָּנֵה
Participar.
Designar, nombrar. -מַנֵּה
Ser nombrado, ser -מֻנֵּה
designado.
Considerar como. -הַמְנֵה
contar entre.
Ser designado, -הִתְמַנֵּה
ser nombrado.
(ma- מָנֶה, ז. ר' מָנִים
né) Mina: antigua moneda hebrea.
(ma- מָנָה, נ. ר' מָנוֹת
ná) Porción, parte, cuota. Ración. Cociente.
(mo- מֹנֶה, ז. ר' מֹנִים
né) Vez.
מִנְהָג, ז. ר' מִנְהָגִים
(min-hag) Rito, costumbre, hábito. Conducta.
Diri-(mun-hag) .ת, מֻנְהָג
gido. Acostumbrado.
(min-haguí) .ת, מִנְהָגִי
Acostumbrado.
Jefe, (man-hig) .ז, מַנְהִיג
guía, cabecilla, conductor.
(man-higut) .נ, מַנְהִיגוּת
Dirección.
מְנַהֵל, ז. ר' מְנַהֲלִים
(menahel) Director, gerente, rector, administrador, jefe.
-מְנַהֵל חֶשְׁבּוֹנוֹת, מְנַהֵל פִּנְקָסִים
(menahel-jeshbonot, menahel-pincasim) Tenedor de libros, contable.
Direc-(min-hal) .ז, מִנְהָל
ción, administración.
Diri-(menohal) .ת, מְנֹהָל
gido.
Rec-(min-halá) .נ, מִנְהָלָה
toría, dirección.
מִנְהָרָה, נ. ר' מִנְהָרוֹת
(min-hará) Túnel. Gruta.

Plu-(menuvatz) .ת, מְנֻוָּץ moso, plúmeo.
En- (manor) .ז, מָנוֹר jullo, enjulio.
מְנוֹרָה, נ. ר׳ מְנוֹרוֹת (menorá) Lámpara, candelabro. Bombilla.
Res- (menuzal) .ת, מְנֻזָּל friado.
Re- (menuzaf) .ז, מְנֻזָּף prendido, regañado.
Ais- (menuzar) .ת, מְנֻזָּר lado, alejado.
Con- (minzar) .ז, מִנְזָר vento, monasterio. Príncipe.
Puesto, (munaj) .ת, מֻנָּח colocado.
Tér- (munaj) .ז, מֻנָּח mino.
מִנְחָה, נ. ר׳ מְנָחוֹת (minjá) Presente, regalo. Sacrificio. Oración de la tarde.
Con- (menajem) .ז, מְנַחֵם *solador.
מְנַחֵם אָב, ר׳ אָב
He-(menajesh) .ז, מְנַחֵשׁ chicero, brujo.
(mantisa) .נ, מַנְטִיסָה Mantisa.
מְנִי, מְנָי, ר׳ מַן.
Destino, (mení) .ז, מְנִי nombre de un ídolo (?).
(manyak) .ז, מַנְיָאק Maníaco.
Manía. (manya) .נ, מַנְיָה
מְנָיָה, נ. ר׳ מְנָיוֹת (menayá) Bono. Parte.
Cuenta, (mniyá) .נ, מִנְיָּה enumeración.

Minué. (menuet). ז. מְנוּאֶט
Sacu-(manod) .ז, מָנוֹד dida, movimiento.
מָנוֹחַ, ז. ר׳ מְנוֹחִים (manóaj) Tranquilidad, reposo.
Di- (manóaj) .ת, מָנוֹחַ funto, muerto.
Re- (menujá) .נ, מְנוּחָה poso, tranquilidad.
Con- (manuy) .ת, מָנוּי tado, enumerado. Nombrado. Abonado.
Nom- (minuy) .ז, מִנּוּי bramiento.
Feo. (menuval) .ת, מְנֻוָּל Indecente, malo, perverso, malvado.
Pa- (minval) .ז, מִנְוָל ñoleta.
(manométer) .ז, מָנוֹמֶטֶר Manómetro.
Hol- (manón) .ז, מָנוֹן gazán, haragán.
Dosis, (minún) .ז, מִנּוּן indicación.
De- (menuván) .ת, מְנֻוָּן generado.
Fuga, (manós) .ז, מָנוֹס huída. Refugio.
(menusá) .נ, מְנוּסָה Fuga, huída.
Motor. (manóa) .ז, מָנוֹעַ
Evi- (manúa) .ת, מָנוּעַ tado. Impedido.
Pa- (manof) .ז, מָנוֹף lanca.
(manofay) .ז, מָנוֹפַאי Palanquero.
(manu- .נ, מָנוּפַקְטוּרָה factura) Manufactura.

(minsará) . מִנְסָרָה, נ.
Prisma.
מָנַע (מָנַע, יִמְנַע) פ"י
Impedir.
Abstenerse. Ce- הִמָּנֵעַ-
sar.
Impedir, estor- הַמְנֵעַ-
bar.
Cer- (man-ul) . מַנְעוּל, ז.
radura, chapa. Candado.
Calza-(min-al) . מִנְעָל, ז.
do, zapato.
Cal- (menoal) . מְנֹעָל, ת.
zado.
(man-amim). מַנְעַמִּים, ז"ר
Golosinas.
מְנַעֲנֵעַ, ז. ר' מְנַעַנְעִים
(menaanéa) Tecla. Timbales.
Menea-(menoar) . מְנֹעָר, ת.
do, agitado.
Cri- (menupé) . מְנֻפֶּה, ת.
bado.
In- (menupaj) . מְנֻפָּח, ת.
flado, inchado.
Que-(menupatz) . מְנֻפָּץ, ת.
brantado.
De (menutzé) . . מְנֻצֶּה, ת.
forma de pluma.
Ven-(menatzéaj). מְנַצֵּחַ, ז.
cedor. Jefe de or-
questa.
Ven-(menutzaj) . מְנֻצָּח, ת.
cido.
Ex- (menatzel) . מְנַצֵּל, ז.
plotador.
Ex- (menutzal) . מְנֻצָּל, ת.
plotado.
Re-(menutzán) . מְנֻצָּן, ת.
toñecido.
Per- (menakev) . מְנַקֵּב, ז.
forador.

Colo-(maníaj) . מַנִּיחַ, ז.
cador.
Manila. (manila) מָנִילָה, נ.
(minim) . מִנִּים, ז"ר.
Acordeón. Nombre de un instrumento músico usado en la antigüedad.
(mináyin) . מִנַּיִן, מל"ש.
¿De dónde?
Cuenta, (minyán). מִנְיָן, ז.
número. Enumeración. Diez hombres (para la oración judía). Quorum.
Nu- (minyaní) . מִנְיָנִי, ת.
mérico.
Me-(menisk) . מְנִיסְק, ז.
nisco.
Motor. (menía) . מֵנִיעַ, ז.
Causa, provocador.
מְנִיעָה, מְנִיעוּת, נ.
(meniá, meniut) Obstáculo.
Aba- (menifá) . מְנִיפָה, נ.
nico.
(manikur) . מָנִיקוּר, ז.
Manicuro.
(menumnam) . מְנֻמְנָם, ת.
Dormitado.
Civi-(menumás) . מְנֻמָּס, ת.
lizado, cortés.
Ex- (menumak) . מְנֻמָּק, ת.
plicado.
Abi-(menumar) . מְנֻמָּר, ת.
garrado.
Expe-(menusé) . מְנֻסֶּה, ת.
rimentado.
Re- (menusaj) . מְנֻסָּח, ת.
dactado.
Aser-(menusar) . מְנֻסָּר, ת.
ruchado.

Per- (menucav) .ת, מְנֻקָּב
forado.

El que(menaked). ז, מְנַקֵּד
puntua (el texto hebreo)

Pun- (menucad) .ת, מְנֻקָּד
tuado.

Lim- (menaké) .ז, מְנַקֶּה
piador.

Lim- (menuké) .ת, מְנֻקֶּה
piado, limpio.

מְנַקִּיָּה, נ. ר׳ מְנַקִּיּוֹת
(menakiyá) Tubo que era puesto debajo de los panes de la Proposición para que no enmohecieran.

מְנַקִּין, ר׳ אִמּוּם.

Pi- (menucar) .ת, מְנֻקָּר
cado, picoteado.

Per- (menaker). ז, מְנַקֵּר
sona que quita los tendones de la carne que son prohibidos por la ley mosaica.

Mani-(minshar). ז, מִנְשָׁר
fiesto, proclamación.

(mansóret) .נ, מַנְסֶרֶת
Aserradero.

מְנָת, נ. ר׳ מְנָאוֹת, גם מְנָיוֹת
Parte, (menat)
porción. Destino.

(al-menat) עַל מְנָת-
Para.

(minta). נ, מִנְתָּה, מִנְתָּא
Menta.

Men-(mentol) .ז, מֶנְתּוֹל
tol.

Ma- (mantur) .ז, מַנְתּוּר
tico.

Ci- (menatéaj). ז, מְנַתֵּחַ
rujano, operador.

Ope-(menutaj) .ת, מְנֻתָּח
rado. Analisado. Cortado.

Cor- (menutak) .ת, מְנֻתָּק
tado, desunido.

Sal- (menater) .ז, מְנַתֵּר
tador, brincador.

(mas) מַס, ז. ר׳ מִסִּים
Impuesto, censo.

(mas-hajnasá) מַס הַכְנָסָה-
Impuesto sobre la renta.

(mas-oved) מַס עוֹבֵד-
Pueblo tributario, pueblo vencido.

Ser sometido, הָיָה לָמַס-
subyugado, avasallado.

Sucio, (mesoav) .ת, מְסֹאָב
infectado.

Ensa- (masay) .ז, מַסַּאי
yista.

Que ro- (mesev) .ז, מֵסֵב
dea. Sentado. Participante. Endosante.

(me- מֵסַב, ז. ר׳ מְסַבִּים
sav) Reclinatorio.

Ta- (misbaá) .נ, מִסְבָּאָה
berna.

Causa. (mesabev). ז, מְסַבֵּב
Rueda motora.

(me- מְסַבֵּב עַל הַפְּתָחִים-
sabev-al-haptajim) Fig. mendigo.

Resul-(mesubav). ז, מְסֻבָּב
tado, consecuencia.

Rodeo, (mesibá) .נ, מְסִבָּה
vuelta. Fiesta particular.

Senta-(mesubé) .ת, מְסֻבֶּה
do a la mesa, arrimado.

Em- (misbaj) .ז, מִסְבָּךְ
brollo.

Com- (mesubaj) .ת, מְסֻבָּךְ
plicado, embrollado.
En- (mesubán) .ת, מְסֻבָּן
jabonado.
Fá- (misbaná) .נ, מִסְבָּנָה
brica de jabón.
Ex- (musbar) .ת, מֻסְבָּר
plicado.
Amalgama, (méseg) .ז, מֶסֶג
combinación.
Mez- (misgad) .ז, מִסְגָּד
quita.
Apto, (mesugal) .ת, מְסֻגָּל
capaz de, apropiado.
(mesagnén) .ז, מְסַגְנֵן
Corrector del estilo.
Es-(mesugnán) .ת, מְסֻגְנָן
tilizado. Corregido.
Cer-(masguer) .ז, מַסְגֵּר
rajero. Candado, cerradura. Prisión, cárcel.
Encer-(musgar) .ת, מֻסְגָּר
rado.
Cer- (mesugar) .ת, מְסֻגָּר
rado, encerrado.
Cier-(misgar) .ז, מִסְגָּר
re.
(masguerut) .נ, מַסְגְּרוּת
Cerrajería (el oficio).
(masgueriyá) .נ, מַסְגֵּרִיָּה
Cerrajería (el taller)
מִסְגֶּרֶת, נ. ר' מִסְגְּרוֹת
(misguéret) Marco, cuadro. Paréntesis. Ciudadela.
(bemisguéret) בְּמִסְגֶּרֶת-
Como, en el programa de, dentro de.
(masad) .ז, מַסָּד, מַסַּד
Base.
Acomo-(mesader) .ז, מְסַדֵּר
dador. Cajista.

Acomodador. Cajista.
Arre-(mesudar) .ת, מְסֻדָּר
glado.
Orden. (misdar) .ז, מִסְדָּר
Organización. Filas, formación.
Ca-(misdará) .נ, מִסְדָּרָה
jetín.
מִסְדְּרוֹן, ז. ר' מִסְדְּרוֹנִים, מִסְדְּרוֹנוֹת
(misderón) Corredor, vestíbulo.
Má-(masdéret) .נ, מַסְדֶּרֶת
quina de componer.
מָסָה (מָסָה, יִמְסֶה) פ"ע
Derretirse.
Derretir. הַמְסֵה-
Examen, (masá) .נ, מַסָּה
prueba. Ensayo. Ruina, desgracia. Masa.
Contri- (misá) .נ, מִסָּה
bución.
(masó, me- .ז, מְסוֹ, מָסוֹ
só) Fermento.
מַסְוֶה, ז. ר' מַסְוִים
(masvé) Velo.
Disi- (musvé) .ת, מֻסְוֶה
mulado.
Carga. (masoy) .ז, מָסוֹי
Mez- (masuj) .ת, מָסוּךְ
clado.
Escon-(misuj) .ז, מִסּוּךְ
dimiento. Postura de cortinas.
Seto (mesujá) .נ, מְסוּכָה
vivo.
מָסוּל, ז. ר' מְסוּלִים
(masul) Pantufla, babucha.
Mon- (musón) .ז, מֻסוֹן
zón.
Masón, (masón) .ז, מָסוֹן
francmasón.

Podre- (mesós) .ז, מְסוֹס
dumbre.
(mesocarp) .ז, מְסוֹקַרְפּ
Mesocarpio.
מַסּוֹר, ר' מַשּׂוֹר.
מָסוֹר, ז. ר' מְסוֹרוֹת
(masor) Delator.
מָסוּר, ת. נ' מְסוּרָה
(masur) Entregado, dado. Consagrado, dedicado.
Ma- (masorá) .נ, מָסוֹרָה
sora.
Se-(masorit). נ, מַסּוֹרִית
gueta, sierra pequeña.
Tra-(masorán) .ז, מָסוֹרָן
dicionalista.
(masortí) .ת, מָסוֹרְתִּי
Tradicional.
Al- (masaj) .תה"פ, מַסָּח
ternativamente (?).
Ale- (musaj) .ת, מֻסָּח
jado, olvidado.
Cola (misjav) .ז, מִסְחָב
de un vestido.
Ex- (masjet) .ז, מַסְחֵט
primidor.
Ex- (masjit) .ז, מַסְחִיט
primidor.
Co- (misjar) .ז, מִסְחָר
mercio.
(beyt-mis- בֵּית מִסְחָר -
jar) Casa comercial.
Co-(misjarí) .ת, מִסְחָרִי
mercial.
Ver-(mesajrer) ת, מְסַחְרֵר
tiginoso.
(mastodón) .ז, מַסְטוֹדוֹן
Mastodonte.
(mistori) .ת, מִסְטוֹרִי
Misterioso.
(mistorín) .ז, מִסְטוֹרִין
Misterio.
Místi- (misti). ת, מִסְטִי
co.
(mistiyut) .נ, מִסְטִיּוּת
Misticismo.
Acu-(mastín) .ז, מַסְטִין
sador.
(misti- .נ, מִסְטִיפִיקַצְיָה
ficatzya) Mistificación.
(mística) .נ, מִסְטִיקָה
Mística.
Golpe, (mistar) .ז, מִסְטָר
bofetada.
Só-(masivi) .ת, מַסִּיבִי
lido.
(masiviyut). נ, מַסִּיבִיּוּת
Solidez.
Rodea-(mesuyag). ת, מְסֻיָּג
do, cercado.
Al- (masig) .ז, מַסִּיג
canzador.
En- (mesuyad) .ת, מְסֻיָּד
calado.
Ale- (masíaj) .ת, מַסִּיחַ
jador, olvidadizo.
Inci-(mesit) .ת, מֵסִית
tante, incitador.
Mez-(mesijá) .נ, מְסִיכָה
cla.
Cierto, (mesuyam) ת, מְסֻיָּם
fijado, definido.
So- (masís) .ת, מָסִיס
luble.
(mesisut) .נ, מְסִיסוּת
Solubilidad.
Ayuda-(mesayéa). ת, מְסַיֵּעַ
dador, auxiliar.
Fi- (mesuyaf) .ת, מְסֻיָּף
nal, último.
Cer-(mesifás). ז, מְסִיפָס
cado.

Ladrón.(masik) .ז ,מַסִּיק
Encendedor. Concluyen-
te, conclusivo.
.מַסִּיק, ר׳ מַצִּיק
En- (mesirá) .נ ,מְסִירָה
trega. Denuncia.
(mesirut) .נ ,מְסִירוּת
Abnegación,consagración.
(mesirut- מְסִירוּת נֶפֶשׁ-
néfesh) Abnegación.
(masit, .נ ,מֵסִית ,מַסִּית
mesit) Incitador.
מָסַךְ (מָסַךְ ,יִמְסֹךְ) פ״י
Mezclar, derramar,
verter.
Mez- (mésej) .ז ,מֶסֶךְ
cla.
Telón, (masaj) .ז ,מָסָךְ
pantalla, cortina.
Pantal-(mesaj) .ז ,מֵסַךְ
la.
Másca-(masejá) .נ ,מַסֵּכָה
ra. Disfraz. Estatua,
ídolo.
Acep-(muscam) .ת ,מֻסְכָּם
tado. Convencional.
Con-(mesucam) .ת ,מְסֻכָּם
cluído.
Mise-(miskén) .ז ,מִסְכֵּן
rable, pobre.
Empobrecer, .פ״י ,מִסְכֵּן
hacer miserable.
Empobrecerse, הִתְמַסְכֵּן-
quedar en la miseria.
(mesucán) .ת ,מְסֻכָּן
Peligroso.
(miskenot) .נ״ר ,מִסְכְּנוֹת
Graneros, depósitos.
(mesujsaj) .ת ,מְסֻכְסָךְ
Áspero. Embrollado.
Azu-(maskerá) .נ ,מִסְכֵּרָה
carera, azucarero.
,מַסֶּכֶת ,נ. ר׳ מַסֶּכְתּוֹת
(masé- מַסֶּכְתִּיּוֹת ,מַסָּכוֹת
jet) Tejido. Trata-
do.
Caro, (mesulá) .ת ,מְסֻלָּא
fino.
Fer-(mesilay) .ז ,מְסִלָּאִי
roviario.
Vía, (mesilá) .נ ,מְסִלָּה
camino.
(mesilat- מְסִלַּת בַּרְזֶל-
barzel) Ferrocarril.
Vía, (maslul) .ז ,מַסְלוּל
camino. Órbita.
Reanudar- חָזַר לְמַסְלוּל-
se, restablecerse, re-
cobrarse, volver.
Gra- (mesulam) .ת ,מְסֻלָּם
duado.
Mu- (muslemí) .ת ,מֻסְלְמִי
sulmán.
On-(mesulsal) .ת ,מְסֻלְסָל
dulado, crespo.
Roco-(mesulá) .ת ,מְסֻלָּע
so, peñascoso.
Falso, (mesulaf) .ת ,מְסֻלָּף
apócrifo.
Echado, (mesulak) .ת ,מְסֻלָּק
expulsado. Pagado.
Dis- (mesulat) .ת ,מְסֻלָּת
tinguido.
Piedra (mesamá) .נ ,מְסָמָא
(para tapar una cavidad).
Ciego, (mesumá) .ת ,מְסֻמָּא
cegado.
Estre-(mismús) .ז ,מִסְמוּס
gamiento. Derretimiento.
מִסְמָךְ ,ז. ר׳ מִסְמָכִים
(mismaj) Documento.
Diplo-(musmaj) .ת ,מֻסְמָךְ

mado. Autorizado.
Do- (mismají) .ת, מִסְמָכִי
cumental.
Pre-(mesumal) .ת, מְסֻמָּל
sentado.
En-(mesumam) .ת, מְסֻמָּם
venenado.
Seña-(mesumán) .ת, מְסֻמָּן
lado, indicado.
Estregar, de- פ"י, מַסְמֵס
rretir, ablandar, frotar.
Derretirse. הִתְמַסְמֵס-
Ablandarse, estregarse, frotarse.
Son- (mesumak) .ת, מְסֻמָּק
rojado.
מַסְמֵר, ז. ר' מַסְמְרִים
(masmer) Clavo, puntilla.
Clavar. .פ"י, מַסְמֵר
Ser clavado. מֻסְמַר-
Cla- (mesumar) .ת, מְסֻמָּר
vado.
(masméret) .נ, מַסְמֶרֶת
Tacha, clavo.
Des-(mesanver) .ת, מְסַנְוֵר
lumbrador, ofuscador.
Des-(mesunvar) .ת, מְסֻנְוָר
lumbrado, ofuscado.
Fil- (mesunán) .ת, מְסֻנָּן
trado, colado.
Fil- (masnén) .ז, מַסְנֵן
tro.
(mesanénet) .נ, מְסַנֶּנֶת
Filtro, coladera.
Uni- (mesunaf) .ת, מְסֻנָּף
do.
Fundirse, הִמַּס, (מסס)
derretirse, disolverse.
Derretir, fun- הֵמֵס-
dir.
Derretir, מוֹסֵס, מֵסֵס-
fundir.
Ser derretido, הוּמַס-
ser fundido.
Derretirse, הִתְמוֹסֵס-
fundirse.
מְסֹס. ר' מְסוֹסָ
Tripa, (méses) .ז, מֶסֶס
intestino.
Viaje, (masá) .ז, מַסָּע
itinerario.
Llevado, (musá) .ת, מֻסָּע
transportado.
Apoyo, (mis-ad) .ז, מִסְעָד
sostén, soporte.
מִסְעָדָה, נ. ר' מִסְעָדוֹת
(mis-adá) Restaurante.
Rami-(mesoaf) .ת, מְסֹעָף
ficado, separado.
Disper-(mesoar) .ת, מְסֹעָר
sado. Irritado.
Per- (mus-ar) .ת, מֻסְעָר
turbado.
Tem- (mis-ar) .ז, מִסְעָר
pestad.
Se- (maspeg) .ז, מַסְפֵּג
cante.
Lamen- (misped) .ז, מִסְפֵּד
tación, velorio.
Lamen- (muspad) .ת, מֻסְפָּד
tado, velado.
For- (mispó) .ז, מִסְפּוֹא
raje.
Nu- (mispur) .ז, מִסְפּוּר
meración.
Unido, (mesupaj) .ת, מְסֻפָּח
adherido.
Pa- (mispajá) .נ, מִסְפָּחָה
ñoleta (?).
(mispájat) .נ, מִסְפַּחַת

Salpullido.
Su- (maspik) .ת,מַסְפִּיק
ficiente.
Du- (mesupak) .ת,מְסֻפָּק
doso. Suministrado.
Pro- (mesapek) .ז,מְסַפֵּק
veedor.
Duda. (mispak) ז,מִסְפָּק
מִסְפָּר, ז. ר' מִסְפָּרִים
(mispar) Número, cifra.
Cantidad. Enumeración.
(mis- אִי־רַצְיוֹנָלִי מִסְפָּר-
par-iratzyonáli) Número irracional.
(mispar- אִי־זוּגִי מִסְפָּר-
i-zuguí) Número impar.
(mispar- זוּגִי מִסְפָּר-
zuguí) Número par.
(mispar- חִיּוּבִי מִסְפָּר-
jiyuví) Número positivo.
(-yesodí) יְסוֹדִי מִסְפָּר-
Adjetivo numeral cardinal.
(-sidurí) סִדּוּרִי מִסְפָּר-
Adjetivo numeral ordinal.
(mispar- רִאשׁוֹנִי מִסְפָּר-
rishoní) Número primo.
(mispar- רַצְיוֹנָלִי מִסְפָּר-
ratzyonali) Número racional.
(mispar- שְׁלִילִי מִסְפָּר-
shlilí) Número negativo.
(leeyn- לְאֵין מִסְפָּר-
mispar) Sin número.
Numerar, po- פ"י,מִסְפֵּר
ner números.
Ser numera- מֻסְפָּר-
do.
Narra- (mesaper). ז,מְסַפֵּר
dor, relator.
Con- (mesupar) .ת,מְסֻפָּר
tado, narrado. Moti-
lado.
Pe- (mispará) .נ,מִסְפָּרָה
luquería.
Nu- (misparí) .ת,מִסְפָּרִי
mérico, numeral.
(mispará- .ז"ז,מִסְפָּרַיִם
yim) Tijeras.
Pin- (mispéret). נ,מִסְפֶּרֶת
zas.
מָסַק (מָסַק, יִמְסֹק) פ"י
Recoger (olivas).
Ser recogido הִמָּסֵק-
(olivas).
Encendido. (musak) .ת,מֻסָּק
Deducido.
Ape- (mesucal) .ת,מְסֻקָּל
dreado.
Con- (mascaná) .נ,מַסְקָנָה
clusión, deducción, consecuencia.
(mascaní) .ת,מַסְקָנִי
Deductivo.
(mascaniyut). נ,מַסְקָנִיּוּת
Deducción.
Ins- (miscar) .ז,מִסְקָר
pección.
מָסַר (מָסַר, יִמְסֹר) פ"י
Entregar, dar. Denunciar, acusar.
Ser entregado. הִמָּסֵר-
Entregarse, con- הִתְמַסֵּר-
sagrarse, dedicarse.
Car- (mesurbal). ת,מְסֻרְבָּל
gado.
En- (mesorag) .ת,מְסֹרָג
trecruzado, Tejido.
(masregá) .נ,מַסְרֵגָה
Aguja.
Raya- (mesurgal). ת,מְסֻרְגָּל
do.
Car- (masará) .נ,מַסָּרָה

pintería.
Fil- (musrat) .ת, מֻסְרָט
mado, cinematografiado.
(mesartet) .ז, מְסַרְטֵט
Topógrafo.
(mesurtat) .ת, מְסֻרְטָט
Dibujado.
Fil- (masrit) .ז, מַסְרִיט
mador.
Bar- (masrej) .ז, מַסְרֵךְ
riguera.
Tradi-(masrán) .ז, מַסְרָן
cionalista, sabio judío
que colaboró en la es-
critura de la masora.
Cas-(mesorás) .ת, מְסֹרָס
trado.
Pa- (mesaref) .ז, מְסָרֵף
riente, tío mater-
no.
מַסְרֵק, ז. ר' מַסְרְקוֹת
(masrek) Peine, peini-
lla. Almohaza.
Pei- (mesorak) .ת, מְסֹרָק
nado.
Es-(masrecá) .נ, מַסְרֵקָה
carpidor, batidor.
Tra-(masóret) .נ, מָסֹרֶת
dición. Masora.
Sartén. (masret) .נ, מַסְרֵת
Tra-(masortí) .ת, מָסָרְתִּי
dicional.
Incita- (musat) .ת, מֻסָּת
do.
Pica- (meset) .ז, מַסָּת
pedrero.
(mistaber) .ת, מִסְתַּבֵּר
Que se explica.
(mistaber) .תה"פ, מִסְתַּבֵּר
Se comprende que.
(mistaguef) .ת, מִסְתַּגֵּף
Asceta.
Refu-(mistor) .ז, מִסְתּוֹר
gio, amparo.
מִסְתּוֹרִין, ר' מִסְטוֹרִין.
(mistorín) ז"ר, מִסְתּוֹרִין
Misterio.
(mistayeg) .ת, מִסְתַּיֵּג
Discorde, desconfor-
me.
Ob- (mistakel) .ז, מִסְתַּכֵּל
servador.
Ta- (mastem) .ז, מַסְתֵּם
pón, tapa.
(mistamá) .תה"פ, מִסְתָּמָא
Probablemente.
Tapón. (mastemá) נ, מַסְתֵּמָה
In-(mistanén) .ז, מִסְתַּנֵּן
filtrado.
Ra-(mistaef) .ת, מִסְתָּעֵף
mificado.
Con-(mistapek) .ת, מִסְתַּפֵּק
forme. Dudoso.
מִסְתָּר, ז. ר' מִסְתָּרִים
(mistar) Refugio, es-
condrijo, secreto.
Escon-(mustar) .ת, מֻסְתָּר
dido, ocultado.
Pica-(mesatet) .ז, מְסַתֵּת
pedrero, cantero.
La- (mesutat) .ת, מְסֻתָּת
brado.
Ela-(meubad) .ת, מְעֻבָּד
borado, perfeccionado.
Acto, (ma-bad) .ז, מַעְבָּד
labor, acción.
La- (ma-badá) נ, מַעְבָּדָה
boratorio.
Centro, (maavé) .ז, מַעֲבֶה
interior, espesura.
Grue-(meubé) .ת, מְעֻבֶּה
so, condensado.

Al- (maavat) .ז ,מַעֲבָט
jofaina.
Lom-(ma-batá) .נ ,מַעֲבָּטָה
bardo.
Pa- (maavid) .ז ,מַעֲבִיד
trón,el que emplea.
Es- (maavit) .נ ,מַעֲבִית
pesura.
Cami-(maavar) .ז ,מַעֲבָר
no, pasaje.
Pasa- (moovar) .ת ,מָעֳבָר
do, trasladado.
Hor-(ma-ber) .ז ,מַעְבֵּר
ca.
מַעְבָּרָה,נ. ר׳ מַעְבָּרוֹת
(maebará) En el Estado de Israel: sitio en el cual son recibidos provisionalmente los nuevos inmigrantes. Vado, camino, pasaje. Balsadera. Puente.
(ma-bóret) .נ ,מַעְבֹּרֶת
Balsa, balsadera.
Em-(meubéret) .ת ,מְעֻבֶּרֶת
barazada, preñada.
(shaná-me שָׁנָה מְעֻבֶּרֶת-
ubéret) Año bisiesto.
Enmo-(meubash) .ת ,מְעֻבָּשׁ
hecido.
(ma-guilá) .נ ,מַעְגִּילָה
Rodillo, rollo.
Circun-(ma-gal) .ז ,מַעְגָּל
ferencia. Camino.
(-jasum) מַעְגָּל חָסוּם-
Circunferencia inscrita.
Cir-(josem) מַעְגָּל חוֹסֵם-
cunferencia circunscrito.
Re- (meugal) .ת ,מְעֻגָּל
dondo, redondeado.
Melan-(meugam) .ת ,מְעֻגָּם
cólico, triste.
Ancla-(maagán) .ז ,מַעֲגָן
dero, fondeadero.
מָעַד (מָעַד, יִמְעַד) פ"ע
Tropezar.
הִמָּעֵד- Tropezar.
הַמְעֵד- Hacer tropezar.
מַעֲדָן, ז. ר׳ מַעֲדַנּוֹת,
מַעֲדַנִּים Nudo, (maadán)
unión.
Deli-(meudán) .ת ,מְעֻדָּן
cado.
(maadanim) .ז"ר ,מַעֲדַנִּים
Delicias.
Mi- (ma-dén) .ז ,מַעְדֵּן
neral.
Aza- (ma-der) .ז ,מַעְדֵּר
dón.
(maá) מָעָה,נ. ר׳ מָעוֹת
Grano, pepita. Moneda, óbolo.
Dinero, (maot) מָעוֹת-
plata.
Galleta. (maog) .ז ,מָעוֹג
Gesto, mueca.
Con-(meoded) .ת ,מְעוֹדֵד
solador, consolativo.
Es- (meodad) .ת ,מְעוֹדָד
timulado.
Error, (maavá) .נ ,מַעֲוָה
pecado.
מָעוֹז, ז. ר׳ מָעֻזִּים
(maoz) Fortaleza, protección, salvaguardia.
Poco, (maut) .ת ,מָעוּט
chico, pequeño, pobre.
Minoría, (miut) .ז ,מִעוּט
minoridad. Disminución.
Mini- (miután) .ז ,מִעוּטָן
malista.
Aplas- (miuj) .ז ,מִעוּךְ

norar.
Disminuír, amino- הִמְעִיט -
rar, achicar, reducir.
Disminuírse, ami- הִתְמַעֵט -
norarse, reducirse.
מְעַט, ת. נ׳ מְעַטָּה, ר׳
Poco. (meat) מְעַטִּים
(muat) מֻעָט, ת. נ׳ מֻעֶטֶת
Poco.
(ma- מַעֲטֶה, ז. ר׳ מַעֲטִים
até) Envoltura.
מַעֲטִיר, ת. נ׳ מַעֲטִירָה
(maatir) Coronado.
Cuba (maatán) מַעֲטָן, ז.
(de olivas).
En- (meutaf) מְעֻטָּף, ת.
vuelto.
מַעֲטָפָה, נ. ר׳ מַעֲטָפוֹת
(maatafá) Envoltura, cu-
bierta, funda. Sobre.
(maatafit) מַעֲטָפִית, נ.
Envoltura.
En-(maatéfet) מַעֲטֶפֶת, נ.
voltura.
Coro- (meutar) מְעֻטָּר, ת.
nado.
Intestino. (meí) מְעִי, ז.
Ruina.
In- (meí-gas) מְעִי גַּס -
testino grueso.
In- (meí-dak) מְעִי דַּק -
testino delgado.
מְעִי אָטוּם, מְעִי עִוֵּר -
(meí-atum, meí-iver)
Intestino ciego.
Tro- (meidá) מְעִידָה, נ.
piezo.
Aplas-(meijá) מְעִיכָה, נ.
tamiento.
Abrigo, (meil) מְעִיל, ז.
sobretodo. Saco.

tamiento.
Aplas- (mauj) מָעוּךְ, ת.
tado.
Niño, (meolel) מְעוֹלֵל, ז.
muchacho.
(meolam) מֵעוֹלָם, תה"פ.
Eternamente, siempre.
Nunca.
מָעוֹן, ז. ר׳ מְעוֹנִים,
Morada, (maón) מְעוֹנוֹת
habitación.
מְעוֹנָה, נ. ר׳ מָעוֹן.
Hechi-(meonén) מְעוֹנֵן, ז.
cero.
Vuelo. (mauf) מָעוּף, ז.
Fig. tinieblas. Ima-
ginación.
Vola-(meofef) מְעוֹפֵף, ז.
dor, volante.
Des- (maor) מָעוֹר, ז.
nudez.
Des- (meorer) מְעוֹרֵר, ז.
pertador.
De- (meuvat) מְעֻוָּת, ת.
pravado.
Di- (maot) מָעוֹת, נ"ר.
nero.
מָעוֹז, ר׳ מָעוּז.
Mor-(maazivá) מַעֲזִיבָה, נ.
tero.
מָעֹזֶן, ז. ר׳ מָעֻזִּים
(maozen) Protección,
fortaleza.
(maot) מָעֹט, ת. נ׳ מְעֻטָּה
Afilado.
מָעַט (מָעַט, יִמְעַט) פ"ע
Disminuír, ser peque-
ño, poco.
Ser disminuído, הֻמְעַט -
ser poco.
Disminuír, ami- מִעֵט -

Traición, (máal) .ז, מַעַל
pecado, crimen, falsificación.
Alzamiento, (móal) .ז, מֹעַל elevación.
(mi-máal) De arriba, de encima. (מעל) מִמַּעַל, תה"פ.
Altura, (maalé) .ז, מַעֲלֶה elevación, colina. Alzador.
(maalé-guerá) -מַעֲלֵה גֵרָה Rumiante.
מַעֲלָה, נ. ר׳ מַעֲלוֹת
(maalá) Grado, rango. Subida, elevación. Dignidad, clase. Escalón.
-מַעֲלָתוֹ, מַעֲלַת כְּבוֹדוֹ
(maalató, maalat-kevodó) Su Reverencia, Su Eminencia.
(ma- -מַעֲלַת כְּבוֹד תּוֹרָתוֹ
alat-kevod-torató) Su Reverencia.
(hod-maala- -הוֹד מַעֲלָתוֹ
tó) Su Majestad.
(sir-ha- -סִיר הַמַּעֲלוֹת
maalot) Portacomidas, fiambrera.
(má-la) .מַעְלָה, תה"פ
Arriba, encima.
Arri-(lemá-la) -לְמַעְלָה
ba, encima.
De (milmá-la) -מִלְמַעְלָה
arriba, de encima.
Dis- (meulé) .מְעֻלֶּה, ת
tinguido.
מַעֲלִית, נ. ר׳ מַעֲלִיּוֹת
(maalit) Ascensor.
מַעֲלָל, ז. ר׳ מַעֲלָלִים
(maalal) Acto, acción,

Delito, (meilá) .מְעִילָה, נ
traición.
(meilón) .מְעִילוֹן, ז
Saco, abrigo.
Tri-(meáyim) .מֵעַיִם, ז"ר
pas, entrañas, intestinos.
מַעְיָן, ז. ר׳ מַעְיָנִים,
Fuente, (ma-yán) מַעְיָנוֹת
pozo. Atención.
(meeyn) .מֵעֵין, תה"פ
Como, algo como.
Lo- (meuyán) .מְעֻיָּן, ז
sanje, rombo. Crisantemo.
Equi-(meuyán) .מְעֻיָּן, ת
librado.
Consul-(meayén) .מְעַיֵּן, ז
tante, lector. Investigador
(ma- .מַעְיָנָה, נ, מַעְיָנָא
yaná) Cólico.
Opresor, (meik) .מֵעִיק, ת
opresivo.
Desper-(meir) .מֵעִיר, ת
tador. Insinuante.
מָעַךְ (מָעַךְ, יִמְעַךְ) פ"י
Aplastar.
Ser aplastado. -הִמָּעֵךְ
Aplastar, oprimir. -מִעֵךְ
Ser aplastado. -מֹעוּךְ
Aplastarse. -הִתְמַעֵךְ
Atra-(meucav) .מְעֻכָּב, ת
sado. Detenido.
Dige-(meucal) .מְעֻכָּל, ת
rido.
Entur-(meucar) .מְעֻכָּר, ת
biado, turbio.
Su-(maajóret) .מַעֲכֹרֶת, נ
ciedad. Fig. pecado.
מָעַל (מָעַל, יִמְעַל) פ"ע
Traicionar, pecar.

מַעֲמָק, ז. ר' מַעֲמַקִּים (maamak) Profundidad.
מַעַן, ז. (máan) Dircci-ón. Respuesta.
מַעֲנָה, ר' מַעֲוֹן.
מַעֲנֶה, ז. (maané) Res-puesta.
מְעֻנֶּה, ת. (meuné) Oprimi-do, atormentado. Ayunador.
מַעֲנָה, נ. (maaná) Sur-co.
מְעַנְיֵן, ת. (meanyén) Inte-resante.
מְעֻנְיָן, ת. (meunyán) Inte-resado.
מַעֲנִית, נ. (maanit) Sur-co.
מְעֻנָּן, ת. (meunán) Nu-blado.
מְעִסָּה, נ. (meisá) Masa, pasta.
מְעֻסָּק, ת. (moasak) Em-pleado.
מַעְפִּיל, ז. (ma-pil) Ani-moso, arriesgado. In-migrante prófugo.
מַעְפָּל, ז. (ma-pal). Riesgo.
מְעֻפָּר, ת. (meupar) Pol-voroso, polvoriento.
מַעֲפֹרֶת, נ. (maafóret) Capa, manto.
מְעֻפָּשׁ, ת. (meupash) En-mohecido.
מַעֲצָב, ז. מַעֲצֵבָה, נ. (ma-atzav, maatzevá) Tris-teza, angustia.
מְעֻצָּב, ת. (meutzav). Forma-do, elaborado.
מְעַצְבֵּן, ת. (meatzbén) Ener-vante.
מְעֻצְבָּן, ת. (meutzbán). Ner-

obra.
מַעְלָן, תה"פ. (ma-lan) Ar-riba.
מְעֻלָּף, ת. (meulaf) En-vuelto.
מֵעִם, מ"י. (meím) De.
מַעֲמָד, ז. ר' מַעֲמָדוֹת (maamad) Clase. Posi-ción. Circunstancia.
הַמַּעֲמָד הַבֵּינוֹנִי (hama-amad-habeynoní) La clase media.
מִלְחֶמֶת מַעֲמָדוֹת (mil-jémet-maamadot) Lucha de clases.
מַעֲמָד, ז. ר' מַעֲמָדִים (moamad) Lugar, pues-to, posición.
מְעֻמָּד, ת. (meumad) Para-do.
מֻעֲמָד, מֻעֲמָד, ז. (muamad, moamad) Candidato.
מֻעֲמָדוּת, נ. (muamadut) Candidatura.
מַעֲמָדִי, ת. (maamadí) De la clase.
מַעֲמִיד, ז. (maamid) Base, soporte. Colocador.
מְאַמֵּל, ז. (meamel) En-trenador, profesor de gimnasia.
מְעֻמְלָן, ת. (meumlán)
Almidonado.
מַעֲמָס, ז. (maamás) Car-ga.
מְעֻמָּס, ת. (meumás) Car-gado.
מַעֲמָסָה, נ. (maamasá) Car-ga.
מְעֻמְעָם, ת. (meum-am) Os-curo.

tuoso.
Desnu- (máar) מַעַר, ז.
dez.
Mez- (meorav) מְעֹרָב, ת.
clado. Mixto.
Oes- (maarav) מַעֲרָב, ז.
te, occidente. Comercio.
Oc-(maaravi) מַעֲרָבִי, ת.
cidental.
(hacótel- הַכֹּתֶל הַמַּעֲרָבִי-
hamaaravi) El Muro
de los Lamentos.
(maaraviyut) מַעֲרָבִיּוּת, נ.
Occidentalismo.
מַעַרְבֹּלֶת, נ. ר' מַעַרְבּוֹלוֹת
(maarbólet) Torbellino,
remolino.
(meurgal) מְעֻרְגָּל, ת.
Cilindrado.
(maargólet) מַעֲרֹגֶלֶת, נ.
Cilindro, rollo.
Lla-(maaré) מַעֲרֶה, ז.
nura.
Unido, (meoré) מְעֹרֶה, ת.
pegado.
Caver-(meará) מְעָרָה, נ.
na, gruta.
Rol-(maaroj) מַעֲרוֹךְ, ז.
lo.
(maarufyá) מַעֲרוּפְיָה, נ.
Clientela.
מַעֲרוּמִים, ר' מַעֲרֻמִּים
Des-(meurtal) מְעֻרְטָל, ת.
vestido, desnudo.
Ora-(maariv) מַעֲרִיב, ז.
ción de la noche.
Eva-(maarij) מַעֲרִיךְ, ז.
luador, estimador.
Ad- (maaritz) מַעֲרִיץ, ז.
mirador.

vioso.
Ce- (maatzad) מַעֲצָד, ז
pillo de carpintero.
Duro, (meutzé) מְעֻצֶּה, ת.
transformado en tabla.
Obs-(ma-tzor) מַעְצוֹר, ז.
táculo, impedimento.
Freno.
Tris-(maatziv) מַעֲצִיב, ת
te.
Po-(maatzamá) מַעֲצָמָה, נ.
tencia.
Arres-(ma-tzar) מַעְצָר, ז
to. Impedimento.
Fre-(ma-tzer) מַעְצֵר, ז.
no.
Impe-(meutzar) מְעֻצָּר, ת.
dido. Exprimido.
(maatzéret) מַעֲצֶרֶת, נ.
Prensa, almazara, lagar.
Cúbico. (meucav) מְעֻקָּב, ת
Cubo.
מַעֲקֶה, ז. ר' מַעֲקִים
(maaké) Baranda, antepecho.
Vere-(maacof) מַעֲקוֹף, ז.
da, acera, andén.
Si- (meucal) מְעֻקָּל, ת.
nuoso. Embargado.
Tor-(meucam) מְעֻקָּם, ת.
cido.
Ro- (meucaf) מְעֻקָּף, ת.
deado.
Pun-(meucatz) מְעֻקָּץ, ת.
tiagudo.
Cas-(meucar) מְעֻקָּר, ת.
trado. Exterminado.
Es- (meaker) מְעַקֵּר, ת.
terilizador.
מַעֲקָשׁ, ז. ר' מַעֲקָשִׁים
(maacash) Camino tor-

מַעֲרָךְ, ז. ר' מַעֲרָכִים
(maaraj) Pensamiento, plan. Disposición.

Pro- (moaraj) מְעֹרָךְ, ת
longado, alargado.

Fila.(maarajá) מַעֲרָכָה, נ
Armada, campamento.Acto (teatral). Sistema. Campo de batalla. Combate.. Serie.

מַעֲרֶכֶת, נ. ר' מַעֲרָכוֹת
(maaréjet) Redacción. Serie. Juego.

(léjem- הַמַּעֲרֶכֶת לֶחֶם-
hamaaréjet) El pan de la Exposición.

(maarjón) מַעֲרְכוֹן, ז.
Pieza teatral de un solo acto.

Amon-(meoram) מְעֹרָם, ת.
tonado.

(maarumim) מַעֲרֻמִּים, ז"ר.
Desnudez.

Ape-(mear-er) מְעַרְעֵר, ז.
lante, replicador.

Gota.(maaraf) מַעֲרָף, ז.

(meurpal) מְעֻרְפָּל, ת.
Nebuloso.

Guil-(maaréfet) מַעֲרֶפֶת, נ
lotina.

Vio-(maaratzá) מַעֲרָצָה, נ
lencia, fuerza(?).

מַעַשׂ, ר' מַעֲשֶׂה.

מַעֲשָׂב, ז. מַעֲשָׂבָה, נ.
(maasev, maasevá) Herbario, herbaje.

Arti-(meusé) מְעֻשֶּׂה, ת.
ficial. Obligatorio.

מַעֲשֶׂה, ז. ר' מַעֲשִׂים
(maasé) Hecho, acción, acto. Cuento,narración, relato.Casualidad,caso.

Real-(lemaasé) לְמַעֲשֶׂה-
mente, en realidad, en verdad, efectivamente.

(maasé- מַעֲשֵׂה בְּרֵאשִׁית-
bereshit) Cosmogonía, creación.

(maasé-jo- מַעֲשֵׂה חוֹשֵׁב-
shev) Obra de arte.

(maasé- מַעֲשֵׂה מֶרְכָּבָה-
mercavá) Teogonía.

(maasé- מַעֲשֵׂה קְדֵרָה-
kderá) Manjar.

Inci- (measé) מְעַשֶּׂה, ז.
tador, provocador.

Arti- (meusé) מְעֻשֶּׂה, ת.
ficial.

Real, (maasí) מַעֲשִׂי, ת.
práctico. Practicable.

Cuento,(maasiyá) מַעֲשִׂיָּה, נ
relato, historieta.

(maasiyut) מַעֲשִׂיּוּת, נ.
Práctica, hecho.

Fu- (meashén) מְעַשֵּׁן, ז.
mador.

Fu- (meushán) מְעֻשָּׁן, ת.
mado.

Chi-(maashená) מַעֲשֵׁנָה, נ.
menea.

(maashacot) מַעֲשַׁקּוֹת, נ"ר
Opresión.

מַעֲשֵׂר, ז. ר' מַעַשְׂרוֹת
(maaser) Diezmo.

De- (meushar) מְעֻשָּׂר, ז.
cágono.

Listo,(meutad) מְעֻתָּד, ת.
pronto, preparado.

Ple-(ma-tor) מַעְתּוֹר, ז.
garia, súplica.

(beyt-ha- בֵּית הַמַּעְתּוֹר-
m-tor)Fig.El Templo.

pe) Armónica.
Coro-(mipuy) .ז, מִפּוּי
grafía.
Dis- (mefuzar) .ת, מְפֻזָּר
persado. Distraído.
Soplo.(mapaj) .ז, מַפָּח
Reventón.
(mapaj-néfesh) מַפַּח נֶפֶשׁ-
Desaire, dolor, angustia, desesperación.
Asus-(mufjad) .ת, מֻפְחָד
tado, espantado.
Forja,(mapajá) .נ, מַפָּחָה
herrería.
Car-(mefujam) .ת, מְפֻחָם
bonizado.
Res- (mufjat) .ת, מֻפְחָת
tado, disminuído, reducido.
Últi-(maftir) .ז, מַפְטִיר
mo lector de la Ley en la sinagoga.
En- (mefutam) .ת, מְפֻטָּם
gordado.
Des- (mefutar) .ת, מְפֻטָּר
pedido, destituído.
Ceni-(mefuyaj) .ת, מְפֻיָּח
zoso.
Rimado,(mefuyat) ת. מְפֻיָּט
versificado.
Con- (mefuyás) .ת, מְפֻיָּס
vencido,tranquilizado.
Dis- (mefitz) .ז, מְפִיץ
tribuidor.
Que (mefik) .ת, מְפִיק
produce.
Punto (mapik) .ז, מַפִּיק
puesto en la ה (הּ) cuando se encuentra en el fin de la palabra para indicar que ésta es pro-

Co- (ma-tik) .ז, מַעְתִּיק
pista, copiador.
Copiador.(ma-tek) ז, מַעְתֵּק
Co- (moatak) .ת, מֻעְתָּק
piado.
Es- (mefoar) .ת, מְפֹאָר
pléndido
(mip-at) .מ"י, מִפְּאַת
Por.
Bom-(mufgaz) .ת, מֻפְגָּז
bardeado.
Mos-(mafguía) .ז, מַפְגִּיעַ
quito.
Exi-(mafguía) .ת, מַפְגִּיעַ
gente.
(bemafguía) בְּמַפְגִּיעַ-
Imperativamente.
Obs-(mifgá) .ז, מִפְגָּע
táculo.
Dañado,(mefugal) ת, מְפֻגָּל
podrido, enmohecido.
Ma- (mifgán) .ז, מִפְגָּן
nifestación.
Obs- (mifgá) .ז, מִפְגָּע
táculo.
Atra-(mefaguer) .ת, מְפַגֵּר
sado.
En- (mifgash) .ז, מִפְגָּשׁ
cuentro, cita.
Rescate.(mifdé) .ז, מִפְדֶּה
Em- (mefudar) .ת, מְפֻדָּר
polvado.
(mapá) מַפּוֹת ר' .נ, מַפָּה
Mapa. Mantel.
Fuel-(mapúaj) .ז, מַפּוּחַ
le.
(mapujit) .נ, מַפּוּחִית
Fuelle.
(mapujit-yad) מַפּוּחִית-יָד-
Acordeón.
(mapujit- מַפּוּחִית-פֶּה-

nunciada.
Anula-(mefir) .ז, מְפִיר
dor.
מַפִּית,נ. ר׳ מַפִּיוֹת
(mapit) Servilleta.
Que (mefaké) .ת, מְפַכֶּה
brota, que surge.
Escla-(mefucaj) ת, מְפֻכָּח
recido, aclarado. Que
no está borracho.
Desecho, (mapal) .ז, מַפָּל
residuo.
(mapal-máyim) מַפַּל מַיִם-
Salto, catarata.
Echado, (mupal) .ת, מֻפָּל
tumbado, derribado.
Magní-(muflá) ת, מֻפְלָא
fico, distinguido, es-
pléndido.
Mara- (miflaá) נ, מִפְלָאָה
villa.
Separa-(muflag) ת, מֻפְלָג
do. Distinguido. Grande.
Sepa-(mefulag) .ת, מְפֻלָּג
rado, discorde.
מִפְלָגָה,נ. ר׳ מִפְלָגוֹת
(miflagá) Partido.
(miflagtí) .ת, מִפְלַגְתִּי
Partidista.
Caída, (mapalá) .נ, מַפָּלָה
ruina, derrota.
מַפָּלָה, ר׳ מַפֶּלֶת.
Distin-(muflé) .ת, מֻפְלֶה
guido.
Corta-(mefulaj) ת, מְפֻלָּח
do, dividido.
Refugio, (miflat) ז, מִפְלָט
asilo, amparo.
Huído, (muflat) .ת, מֻפְלָט
fugado, lanzado.
Per- (maflit) .ז, מַפְלִיט
cutor, percusor.
Ora-(miflal) .ז, מִפְלָל
ción, plegaria.
Hú- (mefulam) .ת, מְפֻלָּם
medo.
Apla-(mefulás) .ת, מְפֻלָּס
nado, alisado.
Ni-(miflesá) .נ, מִפְלָסָה
vel de agua.
Pi-(mefulpal) .ת, מְפֻלְפָּל
cante. Fig. espiritual,
inteligente.
מִפְלָץ, ז. ר׳ מִפְלֶצֶת.
מִפְלֶצֶת, נ. ר׳ מִפְלְצוֹת
(miflétzet) Monstruo.
Pasa-(miflash) .ז, מִפְלָשׁ
je. Extensión.
Des- (mefulash). ת, מְפֻלָּשׁ
cubierto, abierto.
מַפֹּלֶת, נ. ר׳ מַפּוֹלוֹת
(mapólet) Derrumbe.
Ruina.
Caída, (mapélet) .נ, מַפֶּלֶת
ruina, decadencia.
(mofné, .ת, מֻפְנֶה, מָפְנֶה
mufné) Dirigido.
Libre, (mefuné) .ת, מְפֻנֶּה
desocupado.
Direc-(mifné) .ז, מִפְנֶה
ción.
Por-(mipney) .מ״י, מִפְּנֵי
que.
(mipney-ma) מִפְּנֵי מָה-
¿Porqué?
Con- (mefunak) .ת, מְפֻנָּק
sentido, mimado.
(mefuncás) ת, מְפֻנְקָס
Anotado, apuntado.
Pér- (mifsad) .ז, מִפְסָד
dida.
Pas-(mefustar). ת, מְפֻסְטָר

(maftzélet) .נ, מַפְצֶלֶת
Cepillo de carpintero.
מַפְצֵעַ, ר' מַפְצֵחַ.
Re- (mefutzatz).ת, מְפֻצָּץ
ventado.
Bom- (muftzatz).ת, מֻפְצָץ
bardeado.
Extraí-(mupak) .ת, מוּפָק
do, sacado.
Enume-(mifcad) .ז, מִפְקָד
ración. Mandamiento,
mandato, orden. Revis-
ta, inspección.
Co- (mefaked) .ז, מְפַקֵּד
mandante.
Con- (mufcad) .ת, מֻפְקָד
signado, colocado.
Co- (mifcadá) .נ, מִפְקָדָה
mando.
(me- מְפַקֵּחַ .ז, נ' מְפַקַּחַת
fakéaj) Inspector.
Inteli-(mefucaj)ת, מְפֻקָּח
gente. Vigilado.
Depo-(mafkid) .ז, מַפְקִיד
sitante, consignador.
מַפְקִיעַ (שְׁעָרִים, מְחִירִים)
(mafkía-shearim,-meji-
rim) Encarecedor.
Enca- (mufcá) .ת, מֻפְקָע
recido. Dado.
Du-(mefukpak) .ת, מְפֻקְפָּק
doso.
Tapa-(mefucak) .ת, מְפֻקָּק
do, corchado.
מֻפְקָר .ת. נ' מֻפְקֶרֶת
(mufcar) Abandonado.
Rame-(mufkéret)נ, מֻפְקֶרֶת
ra, prostituta.
Sepa- (meforad).ת, מְפֹרָד
rado.
Sepa- (mufrad) .ת, מֻפְרָד

teurizado.
(mefastéret).נ, מְפַסְטֶרֶת
Pasteurizadora.
Se- (mafsik) .ז, מַפְסִיק
parador, suspendedor.
Gra-(mefusal) .ת, מְפֻסָּל
bado.
Cu-(mafsélet).נ, מַפְסֶלֶת
ña, buril.
Ace-(mifsaá) .נ, מִפְסָעָה
ra, andén.
(mefuspás) .ת, מְפֻסְפָּס
De mosaico.
Pun- (mefusak) .ת, מְפֻסָּק
tuado. Dividido. Sepa-
rado.
Sus- (mufsak) .ת, מֻפְסָק
pendido.
Inter-(mafsek) .ז, מַפְסֵק
ruptor.
Acto, (mif-al) .ז, מִפְעָל
acción, obra. Institu-
ción.
Fun- (muf-al) .ת, מֻפְעָל
cionado.
מִפְעָלָה, נ. ר' מִפְעָל.
(mefu-naj) .ת, מְפֻעְנָח
Descifrado.
Ruina, (mapatz) .ז, מַפָּץ
destrucción. Este-
ra.
(ma- מַפֵּץ .ז, ר' מַפָּצִים
petz) Maza, hacha.
Aper- (miftzé) .ז, מִפְצֶה
tura.
Parte-(maftzéaj) ז, מַפְצֵחַ
nueces, cascanueces.
(maftzitz) .ז, מַפְצִיץ
Bombardero.
Rami-(mefutzal).ת, מְפֻצָּל
ficado.

rado.
Sepa- (mifrad) .ז ,מִפְרָד
ración.
Se- (mafredá) .נ ,מַפְרֵדָה
parador.
(mâfrédet) .נ ,מַפְרֶדֶת
Malvácea.
Fe- (mufré) .ת ,מֻפְרֶה
cundado.
Exa- (mufraz) .ת ,מֻפְרָז
gerado.
(mefurzal) .ת ,מְפֻרְזָל
Herrado.
Vola-(mufraj) .ת ,מֻפְרָח
do.
Detal-(meforat) ת ,מְפֹרָט
lado.
מַפְרִיס ,ז. ר' מַפְרִיסִים
(mafrís) Animal de
pezuña.
Obs- (mafría) .ז ,מַפְרִיעַ
táculo. Molestoso.
Des- (mufraj) .ת ,מֻפְרָךְ
mentido.
Mulea, (mafreja) נ ,מַפְרֵכָה
piedra de moler.
Her- (mefurcás) ת ,מְפֻרְכָּס
moseado, adornado.
Man-(mefarnés) ז ,מְפַרְנֵס
tenedor, sustento.
מְפֻרְסָם ,ת נ' מְפֻרְסֶמֶת
(mefursam) Famoso, cé-
lebre, ilustre.
(מפרע) לְמַפְרֵעַ ,תה"פ.
(lemafréa) Anticipada-
mente, con anticipaci-
ón, de antemano.
Moles-(mufrá) .ת ,מֻפְרָע
tado, importunado,
suspendido.
Paga-(mifraá) .נ ,מִפְרָעָה
miento a cuenta.
מִפְרָץ ,ז. ר' מִפְרָצִים
(mifratz) Golfo, ba-
hía.
Ar- (meforatz) .ת ,מְפֹרָץ
ticulado.
Ar- (mifrak) .ז ,מִפְרָק
ticulación.
Liqui-(mefarek) .ז ,מְפָרֵק
dador.
Desar-(meforak) .ת ,מְפֹרָק
mado, desmontado.
(mafréket) .נ ,מַפְרֶקֶת
Nuca.
Pul- (meforar) .ת ,מְפֹרָר
verizado.
מִפְרָשׂ ,ז. ר' מִפְרָשִׂים
(mifrás) Vela. Exten-
sión.
Co-(mefaresh) .ז ,מְפָרֵשׁ
mentador.
Expli-(meforash) .ת ,מְפֹרָשׁ
cado, comentado.
(hashem- הַשֵּׁם הַמְּפֹרָשׁ-
hameforash) El nombre
de Dios.
Bar-(mefaresh) .ז ,מְפָרֵשׁ
quero.
Sepa-(mufrash) .ת ,מֻפְרָשׁ
rado, alejado.
(mifrasit) .נ ,מִפְרָשִׂית
Lancha de velas.
Abs-(mufshat) .ת ,מֻפְשָׁט
tracto.
Echa-(mufshal) .ת ,מֻפְשָׁל
do, lanzado.
In- (mifsaá) .נ ,מִפְשָׂעָה
gle.
Sepa-(mefusak) .ת ,מְפֻשָּׂק
rado.
Inter-(mefasher) ז ,מְפַשֵּׁר

mediario, árbitro.
Se- (mefuté) מְפֻתֶּה, ת.
ducido, engañado.
מַפְתֵּחַ, ז. ר' מַפְתְּחוֹת
(maftéaj) Llave. Ín-
dice. Clave.
(maftéaj- מַפְתֵּחַ אַנְגְּלִי-
anglí) Llave inglesa.
(demey-maf- דְּמֵי מַפְתֵּחַ-
téaj) Prima.
מִפְתָּח, ז. ר' מִפְתָּחִים
(miftaj) Abertura.
Gra-(mefatéaj) מְפַתֵּחַ, ז.
bador. Que se desciñe.
Desa-(mefutaj) מְפֻתָּח, ת.
rrollado.
Sor-(maftía) מַפְתִּיעַ, ת.
prendente.
Tor- (miftal) מִפְתָּל, ז.
tuosidad.
Tor- (mefutal) מְפֻתָּל, ת
tuoso.
Um- (miftán) מִפְתָּן, ז.
bral.
Asom- (muftá) מֻפְתָּע, ת.
brado, sorprendido.
מֵץ, ר' מוֹץ.
מָצָא (מָצָא, לִמְצֹא) פ"י
Encontrar, hallar.
Ser encontrado, הִמָּצֵא-
encontrarse, hallarse,
estar presente.
Presentar, trans- הַמְצֵא-
mitir, dar, remitir.
Inventar.
Ser dado, remi- הֻמְצָא-
tido, transmitido, pre-
sentado. Ser inventado.
Encontarse, הִתְמַצֵּא-
hallarse.
Estado, (matzav) מַצָּב, ז.
situación. Posición.
Campamento.
(matzav-hajén) מַצַּב הָכֵן-
Estado de alerta.
(matzav-rúaj) מַצַּב רוּחַ-
Genio.
מַצַּב רוּחַ טוֹב (מְרוֹמָם),
(matzav-rúaj-tov) עַלִּיז
Buen genio.
מַצַּב רוּחַ רַע (נוּגֶה)-
(matzav-rúaj-rá) Mal
genio.
Puesto, (mutzav) מֻצָּב, ת.
colocado.
Re- (mitzbá) מִצְבָּא, ז.
clutamiento.
Guar-(matzavá) מַצָּבָה, ז.
nición.
(ma- מַצֵּבָה, נ. ר' מַצֵּבוֹת
tzevá) Monumento.
Pin-(matzbóa) מַצְבּוֹעַ, ז.
cel.
(mitzbatá- מִצְבָּטַיִם, ז"ז
yim) Tenazas.
Co- (matzbí) מַצְבִּיא, ז.
mandante, jefe.
Vo- (matzbía) מַצְבִּיעַ, ז.
tador.
Pin-(metzubá) מְצֻבָּע, ת.
tado.
Tin-(mitzbáá) מִצְבָּעָה, נ.
torería.
Acu- (matzber) מַצְבֵּר, ז.
mulador.
מַצֶּבֶת, ר' מַצֵּבָה.
Actitud, (matzag) מַצָּג, ז.
postura, posición.
Expues-(mutzag) מֻצָּג, ת.
to, presentado.
Ciuda- (metzad) מְצָד, ז.
dela.

מַצָּד, ז. (matzad) Desfile, parada.

מְצֻדָּד, ת. (metzudad) Arrimado, desviado.

-בִּמְצֻדָּד (bimtzudad) Indirectamente, por los lados.

מְצָדָה, נ. (metzadá) Ciudadela, fuerte.

מִצְדָּע, ז. (mitzdá) Saludo militar.

מֻצְדָּק, ת. (mutzdak) Justificado.

מָצֹה (מָצָה, יִמְצֶה) פ"י Apretar, exprimir, oprimir. Chupar.

-הִמָּצֵה Ser exprimido, apretado.

-מַצֵּה Exprimir. Examinar.

-הִתְמַצֵּה Exprimirse, ser exprimido.

מַצָּה, נ. ר' מַצּוֹת (matzá) Pan ázimo. Disputa, querella.

-מַצָּה שְׁמוּרָה (matzá-shmurá) Pan ázimo hecho de trigo conservado desde la siega.

-חַג הַמַּצּוֹת (jag-hamatzot) La fiesta del pan ázimo: la Pascua.

מֻצְהָב, ת. (mutz-hav) Pintado de amarillo.

מִצְהָלָה, נ. ר' מִצְהָלוֹת (mitz-halá) Alegría, júbilo.

מִצְהָר, ז. (mitz-har) Meridiano.

מָצוּא, ת. (matzú) Encontrado. Común.

מְצוּבָה, נ. (metzuvá) Trespiés.

מָצוֹד, ז. ר' מְצוֹדִים (matzod) Trampa, red. Ciudadela.

מְצוֹדֵד, ז. (metzoded) Seductor.

מְצוּדָה, נ. (metzudá) Ciudadela. Fig. amparo, refugio.

מְצוּדָה, ר' מְצוּדָה.

מִצְוָה, נ. ר' מִצְווֹת (mitzvá) Precepto, orden. Acto bueno.

-בַּר מִצְוָה, ר' בַּר.

מְצַוֶּה, ז. (metzavé) Ordenador.

מָצוּי, ת. (matzuy) Encontrado. Común, ordinario.

מִצּוּי, ז. (mitzuy) Expresión.

מְצוּל, ז. (metzul) Profundidad.

מְצוּלָה, נ. (metzulá) Profundidad, abismo.

מִצּוּעַ, ז. (mitzúa) Medición.

מָצוֹף, ז. (matzof) Boya.

מְצוֹפִית, נ. (metzofit) Telescopio.

מְצוּפִית, נ. (metzufit) Boca.

מָצוּץ, ת. (matzutz) Chupado.

מְצוֹצָה, נ. (metzotzá) Chupador.

מָצוֹק, ז. (matzok) Opresión.

מָצוּק, ז. (matzuk) Columna, cimiento.

Sal-(matzil) .מַצִּיל, ז
vador.
Exce-(metzuyán).מְצֻיָּן, ת
lente. Señalado.
Me- (metzía) מְצִיעָא, ת
dio, central.
(metziut) .מְצִיעוּת, נ
Mitad, medio.
Que (metzuyatz).מְצֻיָּץ, ת
tiene flecos o franjas.
Que tiene moño o copete.
Chu-(metzitzá).מְצִיצָה, נ
pada.
Opre-(metzik) .מֵצִיק, ז
spr.
(metzikut) .מְצִיקוּת, נ
Solidificación.
Di- (metzuyar) .מְצֻיָּר, ת
bujado.
En- (matzit) .מַצִּית, ז
cendedor.
Umbro- (metzal) .מֵצַל, ת
so, sombroso.
Cru- (mutzlav) מֻצְלָב, ת
cificado. Cruzado.
Cam-(metzilá) .מְצִלָּה, נ
pamilla.
Pro- (mitzlol).מִצְלוֹל, ז
fundidad. Zambullida.
Acer-(mutzlaj) .מֻצְלָח, ת
tado, hecho con éxito.
Tra-(mitzlaj) .מִצְלָח, ז
vesía.
Cru- (matzliv).מַצְלִיב, ז
cificador.
(matzli- .מַצְלִיבִים, ז"ר
vim) Crucíferos.
(matzlíaj) .מַצְלִיחַ, ת
Próspero, prosperado.
Azo-(matzlif) .מַצְלִיף, ז

Soli-(mitzuk) .מִצּוּק, ז
dificación.
Opre-(metzucá) .מְצוּקָה, נ
sión, angustia.
Sitio.(matzor) .מָצוֹר, ז
Circunvalación. Ciudadela. Opresión.
Ciu-(metzurá).מְצוּרָה, נ
dadela, fuerte.
Que- (matzut) .מַצּוּת, נ
rella, disputa.
Fren-(métzaj) .מֵצַח, ז
te.
Ro- (mitzjá) .מִצְחָה, נ
dillera. Visera.
(mitzjit) .מִצְחִית, נ
Visera.
(metzujtzaj) .מְצֻחְצָח, ת
Embolado. Brillante.
(metzaj. מְצַחְצֵחַ־נַעֲלַיִם, ז
tzéaj-naaláyim)Embolador.
(metzutat) .מְצֻטָּט, ת
Citado.
Ganga.(metziá).מְצִיאָה, נ
Hallazgo. Encuentro.
(metziut) .מְצִיאוּת, נ
Realidad. Existencia.
(yecar- יְקַר מְצִיאוּת-
metziut) Raro.
(metziutí) .מְצִיאוּתִי, ת
Real, existente.
(metziu-.מְצִיאוּתִיּוּת, נ
tiyut) Realidad.
Pre- (matzig) .מַצִּיג, ז
sentador. Actor.
Muni-(metzuyad) מְצֻיָּד, ת
cionado, proveído.
Ex- (metziyá) .מְצִיָּה, נ
presión.
Gal-(matziyá) .מַצִּיָּה, נ
letica.

Gorro. Turbante.
Ponerse el לָבַשׁ מִצְנֶפֶת- turbante: convertirse al islamismo.
מָצַע (מָצַע, יִמְצַע) פ"י
Poner en medio.
Poner en medio, מִצַּע- dividir en dos.
Estar en medio. מֻצַּע-
Poner en medio. הִמְצִיעַ-
Dividir en dos.
Estar en medio. הִתְמַצֵּעַ-
Acon-(mutzá) מֻצָּע, ת. sejado. Ofrecido.
(ma- מַצָּע, ז. ר׳ מַצָּעוֹת tzá) Cama, lecho, colchón.
Paso. (mitz-ad). מִצְעָד, ז.
Parada, desfile.
Botón, (matzait). מַצְעִית, נ. brote.
Cu- (metzoaf) מְצֹעָף, ת. bierto.
Tris-(metzaer) מְצַעֵר, ת. te, que entristece, doloroso.
Poco, (mitz-ar) מִצְעָר, ז. bagatela.
·(lamitz-ar) לְמִצְעָר- Por lo menos. Para poco tiempo.
Ata-(mitzpé) מִצְפֶּה, ז. laya.
(mitzpé- מִצְפֵּה כּוֹכָבִים- cojavim) Observatorio.
Atala-(metzapé) מְצַפֶּה, ז. ya(el hombre)Esperador.
Es- (metzupé) מְצֻפֶּה, ת. perado. Enchapado.
Con-(matzpún) מַצְפּוּן, ז. ciencia. Tesoro oculto.

tador.
Dia-(matzlel) מַצְלֵל, ז. pasón.
Retra-(metzulam) מְצֻלָּם, ת. tado, fotografiado.
(mátzlemá) מַצְלֵמָה, נ.
Máquina de retratar.
Po- (metzulá) מְצֻלָּע, ז. lígono.
(matzlefá) מַצְלֵפָה, נ.
Azote.
(metzal- מְצַלְצְלִים, ז"ר. tzelim) Dinero sonante.
Ci- (metzulak) מְצֻלָּק, ת. catrizado.
(metziltá- מְצִלְתַּיִם, ז"ר yim) Timbales.
En- (matzmed) מַצְמֵד, ז. granaje.
Uni- (metzumad). מְצֻמָּד, ת. do.
(mitzmutz) מִצְמוּץ, ז.
Guiño.
Flora. (mitzmaj). מִצְמָח, ז.
Guiñar, ha- מִצְמֵץ, פ"י. cer guiños. Chupar.
Chuparse. הִתְמַצְמֵץ-
(metzumtzam) מְצֻמְצָם, ת.
Limitado.
Seca-(metzumak) מְצֻמָּק, ת. do, seco.
Uni-(metzumat). מְצֻמָּת, ת. do. Conservado.
Pa- (matznéaj) מַצְנֵחַ, ז. racaídas.
Res-(metzunán) מְצֻנָּן, ת. friado.
Ocul-(mutzná) מֻצְנָע, ת. to, guardado.
(mitznéfet) מִצְנֶפֶת, נ.

(jojmat-חָכְמַת הַמַּצְפּוּן-
hamatzpún) Ética.
(matzpuní) .ת, מַצְפּוּנִי
De la conciencia.
Brú-(matzpén) .ז, מַצְפֵּן
jula.
Ocul-(mutzpán) .ת, מֻצְפָּן
tado, oculto.
Apre-(metzupaf).ת, מְצֻפָּף
tado, oprimido.
(מָצַץ, מָץ, יָמֹץ, יָמֹצּ) מָצַץ
פ"י
Chupar.
Ser chupado. הִמָּצֵץ-
Chupo.(métzetz) .ז, מֶצֶץ
Cu-(matzéket) .נ, מַצֶּקֶת
charón.
(me- מְצָרִים .ר .ז, מֵצַר
tzar) Angustia, aflic-
ción. Estrecho.
Límí- (métzer) .ז, מֶצֶר
te.
(beyn-ham בֵּין הַמְּצָרִים-
tzarim) Entre los lími-
tes: angustiosamente.
(bli-me- בְּלִי מְצָרִים-
tzarim) Sin límites.
(bar-métzer) בַּר מֶצֶר-
Vecino limítrofe.
(מָצַר, יָמְצֹר) מָצַר פ"י
Limitar.
Egip-(mitzrí) .ת, מִצְרִי
cio.
Nece-(mitzraj) .ז, מִצְרָךְ
sidad.
Limí-(mitzrán) .ז, מִצְרָן
trofe.
(mitzranut) .נ, מִצְרָנוּת
Leyes o reglas de ve-
cindad.
Le- (metzorá) .ת, מְצֹרָע
proso.

Cri- (matzref) .ז, מַצְרֵף
sol.
Adjun-(metzoraf) .ת, מְצֹרָף
to. Purificado.
Encen-(matzat) .ז, מַצָּת
dedor.
Bujía (matzet) .ז, מַצֶּת
(de automóvil).
Encen- (mutzat) .ת, מֻצָּת
dido.
Podredumbre, (mak) .ז, מַק
putrefacción.
Cuña. (macav) .ז, מַקָּב
Con-(mecubav) .ת, מְקֻבָּב
vexo.
Pa- (makbil) .ת, מַקְבִּיל
ralelo.
(makbilón) .ז, מַקְבִּילוֹן
Paralelipípedo.
(makbilit) .נ, מַקְבִּילִית
Paralelogramo.
Re- (mecabel) .ז, מְקַבֵּל
ceptor.
Recibi-(mecubal) .ת, מְקֻבָּל
do. Aceptado.
Caba- (mecubal) .ז, מְקֻבָּל
lista.
Hom- (makván) .ז, מַקְבָּן
bre que tiene la cabe-
za puntiaguda.
Reco-(mecubatz) .ת, מְקֻבָּץ
gido, coleccionado.
Reu- (mikbatz) .ז, מִקְבָּץ
nión.
Aber- (makévet) .נ, מַקֶּבֶת
tura. Martillo.
Pocillo. (makedá) .נ, מַקֵּדָה
Perforador.
Barre-(makdéaj) .ז, מַקְדֵּחַ
na, taladro.
Dañado(mukdaj) .ת, מֻקְדָּח

(makdejá) .מַקְדֵּחָה, נ
Berbiquí.
Tem- (mukdam) .מֻקְדָּם, ת
prano.
(bemukdam) -בְּמֻקְדָּם
Temprano.
Coe- (mecadem) .מְקַדֵּם, ז
ficiente.
Pa-(mikdamá) .מִקְדָּמָה, נ
gamento anticipado.
Lugar(mikdash) .מִקְדָּשׁ, ז
santo. Templo.
(beyt-ha- בֵּית הַמִּקְדָּשׁ-
mikdash) El Templo.
San-(mecudash) .מְקֻדָּשׁ, ת
tificado, sagrado.
Con-(mukdash) .מֻקְדָּשׁ, ת
sagrado.
Por- (mikdesh) .מִקְדֶּשׁ, ז
ción sagrada.
(mekudéshet) .מְקֻדֶּשֶׁת, נ
Mujer casada.
Em- (muk-hé) .מֻקְהֶה, ת
botado.
Pú- (mak-hel) .מַקְהֵל, ז
blico.
Coro.(mak-helá) מַקְהֵלָה, נ
(mak-helatí).מַקְהֵלָתִי, ת
Coral.
Martil- (macov). מַקֹּב, ז
lo.
Cuña. (macod) .מַקּוֹד, ז
Reunión.(mikvé). מִקְוֶה, ז
Hilos, mercancía (?).
Arca de agua. Esperanza.
מִקְוָה, נ. ר׳ מִקְווֹת,
Arca (mikvá) מִקְוָאוֹת
de agua.
Espe-(mecuvé) .מְקֻוֶּה, ת
rado.

Re- (micúaj) .מִקּוּחַ, ז
gateo.
(maculatu-. מָקוּלָטוּרָה, נ
ra) Maculatura.
(macolín) .מָקוֹלִין, ז
Matadero. Carnicería.
מָקוֹם, ז. ר׳ מְקוֹמוֹת
(macom) Lugar, puesto, sitio.
(macom- מָקוֹם גֵּאוֹמֶטְרִי-
gueometri) Lugar geométrico.
El lu-(hamacom) -הַמָּקוֹם
gar. Fig. Dios.
En (bimcom) -בִּמְקוֹם
lugar de.
(micol-ma- מִכָּל מָקוֹם-
com) En todo caso. Sin embargo.
(memalé-ma- מְמַלֵּא מָקוֹם-
com) Lugarteniente.
Locali-(micum) .מִקּוּם, ז
zación.
Lo- (mecomí) .מְקוֹמִי, ת
cal.
מְקוֹנֵן, ז. נ׳ מְקוֹנֶנֶת
(meconén) Lamentador, velador.
Tren-(mecuvatz).מְקֻוָּץ, ת
sado.
מָקוֹר, ז. ר׳ מְקוֹרוֹת
(macor) Fuente. Origen, raíz. Infinitivo.
Pico.(macor) .מַקּוֹר, ז
(macor- מַקּוֹר־הַחֲסִידָה, ז
hajasidá)Pico de cigüeña.
Ori-(mecorí) .מְקוֹרִי, ת
ginal.
(mecoriyut) .מְקוֹרִיּוּת, נ
Originalidad.

Cum-(mecuyam) .ת, מְקֻיָּם
plido, realizado.
Fia- (mekif) .ת, מְקִיף
dor.
Envol- (makif) ת, מַקִּיף
vente, que rodea.
Desper-(mekitz).ת, מֵקִיץ
tador, que se despierta o despierta.
Gol- (makish) .ז, מַקִּישׁ
peador.
Que (mekish) .ז, מֵקִישׁ
compara.
(ma- מַקֵּל, ז. ר׳ מַקְלוֹת
kel) Palo. Bastón.
Que (mekel) .ת, מֵקֵל
facilita o alivia.
Per- (maclev) .ז, מַקְלֵב
cha.
Com- (miclé) .ז, מִקְלֶה
bustión, incendio.
Bol- (maclot) .ז, מַקְלוֹט
són.
Duchá-(meculaj).ת, מְקֻלָּח
do.
מִקְלַחַת, נ. ר׳ מִקְלָחוֹת
(miclájat) Regadera, ducha.
Recep-(maclet) .ז, מַקְלֵט
tor.
Refu-(miclat) .ז, מִקְלָט
gio, asilo, amparo.
Gra- (muclat) .ת, מֻקְלָט
bado. Recibido.
Mal-(meculal) .ת, מְקֻלָּל
dito.
Ala-(meculás) .ת, מְקֻלָּס
bado, glorificado.
Ame- (miclá) .ז, מִקְלָע
tralladora.
Sol-(miclaán) .ז, מִקְלָעָן

Martil-(macosh).ז, מַקּוֹשׁ
lo, golpeador.
Acción(micush) .ז, מִקּוּשׁ
de minar.
Toma.(micaj) .ז, מִקָּח
Compra. Precio. Mercancía.
(micaj-u- מִקָּח וּמִמְכָּר-
mimcar) Compra y venta, comercio.
Mer-(macajá) .נ, מַקָּחָה
cancía.
Reducido(muktán) .ת, מֻקְטָן
Corta-(mecutá) .ת, מְקֻטָּע
do, arrancado.
Seg- (miktá) .ז, מִקְטָע
mento.
Ar- (mecutaf) .ת, מְקֻטָּף
rancado.
Des-(maktefá) .נ, מַקְטֵפָה
cocador, cortadora.
Sa- (miktar) .ז, מִקְטָר
humador.
Sa- (muktar) .ת, מֻקְטָר
humado.
Sa- (mecutar) .ת, מְקֻטָּר
humado, perfumado.
(mecatreg) .ז, מְקַטְרֵג
Acusador.
Al-(mecatrá) .נ, מְקַטְרָה
tar para sahumar.
Man-(miktoren).ז, מִקְטֹרֶן
to, sobretodo. Smoking.
מִקְטֶרֶת, נ. ר׳ מִקְטָרוֹת
(miktéret) Pipa. Incensario.
Paya-(mukyón) .ז, מֻקְיוֹן
so, bufón.
(mukyoni) .ת, מֻקְיוֹנִי
Bufón, chocarrero, del payaso.

dado que ametralla.

מִקְלַעַת, נ. ר׳ מִקְלָעוֹת (micláat) Trenza, malla. Honda.

מְקֻלָּף, ת. Pe- (meculaf) lado, mondado.

מְקֻלְקָל, ת. Da- (meculcal) ñado. Corrompido.

מִקְמוּק, ז. Po-(mikmuk) dredumbre.

מְקֻמָּח, ת. Ha- (mecumaj) rinoso.

מְקֻמָּט, ת. Arru-(mecumat) gado.

מְקֻמָּץ, ת. Cer- (mecumatz) rado.

מְקַמֵּץ, ת. Aho-(mecametz) rrador, avaro.

מִקְמֵק, פ"י. Dañar, echar a perder.

הִתְמַקְמֵק- Podrirse, dañarse.

מְקֻמָּר, ת. Abo-(mecumar) vedado.

מְקַנֵּא, ת. Celo-(mecané) so, envidioso.

מִקְנֶה, ז. ר׳ מִקְנִים (mikné) Ganado. Compra.

מִקְנָה, נ. Compra. (mikná) Precio.

מְקֻנָּח, ת. Lim-(mecunaj) piado.

מִקְסְטוּרָה, נ. (mikstura) Mixtura.

מַקְסִים, ת. En- (maksim) cantador, fascinante.

מִקְסָם, ז. Hechi-(miksam) cería, sortilegio.

מֻקְסָם, ת. Encan-(muksam) tado, fascinado.

מְקֹעָר, ת. Cón- (mecoar) cavo.

מַקָּף, מַקֵּף, ז. (macaf, ma-kef) Guión.

מֻקָּף, ת. Rodea- (mucaf) do.

מֻקְפָּא, ת. Conge-(mukpá) lado, helado.

מִקְפָּא, ז. Gela-(mikpá) tina.

מְקֻפָּד, ת. Corta-(mecupad) do, envuelto (?).

מְקַפָּה, נ. Es- (mecapá) pumadera.

מִקְפָּה, נ. Maza- (mikpá) morra, gacha.

מְקֻפָּח, ת. Enga-(mecupaj) ñado, robado. Vencido. Injusto, erróneo.

מַקְפִּיד, ת. Se- (makpid) vero.

מִקְפָּל, ז. In- (mikpal) clinación.

מְקֻפָּל, ת. Dobla-(mecupal) do.

מַקְפֵּצָה, נ. Tram-(makpetzá) polín.

מִקְצָב, ז. Ritmo. (miktzav) Ración.

מֻקְצָב, ת. Desti-(muktzav) nado.

מֻקְצֶה, ת. Desti-(muktzé) nado, separado.

מֻקְצֶה, ז. Cuchil-(muktzé) lo para cortar higos o uvas. Montón de higos, pasas, etc., secos: Cerco. Fig. persona honorable. Objeto cuyo uso es prohibido los sábados y días feria-

Podre- (mecak) .ז, מֶקֶק
dumbre.
Cuca- (macak) .ז, מַקָּק
racha.
Refri- (mecar) .ז, מְקָר
gerador.
מִקְרָא, ז. ר' מִקְרָאִים,
Lectu-(micrá) מִקְרָאוֹת
ra. Convocación. Sagrada Escritura. Versículo bíblico.
Llãma-(mecorá) .ת, מְקֹרָא
do. convocado, invitado.
Leído. (mucrá) .ת, מֻקְרָא
Recitado.
Cres- (micraá) .נ, מִקְרָאָה
tomatía. Sala de lectura.
Bí- (micraí) .ת, מִקְרָאִי
blico.
Amigo, (mecorav) .ת, מְקֹרָב
compañero.
Acer- (mucrav) .ת, מֻקְרָב
cado.
Te- (macrévet) .נ, מַקְרֶבֶת
lescopio.
(mi- מִקְרֶה, ז. ר' מִקְרִים
cré) Casualidad, advenimiento. Destino.
(micré-lay- מִקְרֵה לַיְלָה
la) Polución nocturna.
Techo, (mecaré) .ז, מְקָרֶה
tejado.
Neve-(mekerá) .נ, מְקֵרָה
ra. Refrescador.
Cubier-(mecoré) .ת, מְקֹרֶה
to.
(micro- מִקְרוֹאוֹרְגָנִיזְם, ז
organizm) Microorganismo.
מִקְרוֹב, ר' חַיְדַק.
(micro- מִקְרוֹבִּיוֹלוֹגְיָה, נ.
biyológya) Microbiología

dos.
מִקְצוֹעַ, ז. ר' מִקְצוֹעוֹת
(miktzóa) Parte, sección, ramo. Profesión, oficio. Rincón, ángulo. Lado.
Cu- (maktzúa) .ז, מַקְצוּעַ
chillo.
(maktzuá) .נ, מַקְצוּעָה
Cepillo de carpintero.
(miktzoí) .ת, מִקְצוֹעִי
Profesional.
(miktzoán) .ז, מִקְצוֹעָן
Profesional.
Es-(maktzif) ת, מַקְצִיף
pumoso.
Rin-(mekutz-á) .נ, מְקֻצְעָה
cón, ángulo.
Má-(maktzeá) .נ, מַקְצֵעָה
quina de forjar.
Bati-(maktzef) .ז, מַקְצֵף
dera.
Bati-(muktzaf) ת, מֻקְצָף
do. Irritado.
(miktzéfet) .נ, מִקְצֶפֶת
Merengue.
Cor-(mecutzatz). ת, מְקֻצָּץ
tado. Fig. reducido.
Acor-(mecutzar). ת, מְקֻצָּר
tado, reducido.
Se-(maktzerá) .נ, מַקְצֵרָה
gadora.
Poco, (miktzat) .נ, מִקְצָת
parte.
Podrir- פ"ע, הֵמַק (מקק)
se, secarse, dañarse, descomponerse.
Descomponer, dañar, echar a perder. הֵמַק-
Destruírse, ser destruído. הוּמַק-

gía.
(micrómeter) מִקְרוֹמֶטֶר, ז.
Micrómetro.
(micromé- מִקְרוֹמֶטְרִי, ת.
tri) Micrométrico.
Mi-(micrón) מִקְרוֹן, ז.
(micros- מִקְרוֹסְקוֹפּ, ז.
cop) Microscópio.
(micros- מִקְרוֹסְקוֹפִּי, ת.
copi) Microscópico.
(microfón) מִקְרוֹפוֹן, ז.
Micrófono.
(micro- מִקְרוֹקוֹסְמוֹס, ז.
cosmos) Microcosmo.
(macro- מַקְרוֹקוֹסְמוֹס, ז.
cosmos) Macrocosmo.
(mecurzal) מְקֻרְזָל, ת.
Redondo, unido (?).
Pe- (mucraj) מֻקְרָח, ת
lado.
Casual, (micrí) מִקְרִי, ת.
accidental.
(micriyut) מִקְרִיּוּת, נ.
Casualidad.
Re- (macrín) מַקְרִין, ת.
luciente.
Que (mucram) מֻקְרָם, ת.
tiene costra.
Radia-(mucrán) מֻקְרָן, ת.
do, irradiado.
Ras- (mecorá) מְקֹרָע, ת.
gado, desgarrado.
Forma-(mecoratz) מְקֹרָץ, ת
do, hecho.
(micrétzet) מִקְרֶצֶת, נ.
Pedazo de masa.
מְקַרְקְעִים, מְקַרְקְעִין, ז"ר.
(mecarkeim, mecarkeín)
Bien inmueble.
Neve-(mecarer) מְקָרֵר, ז.
ra, refrigerador.

Res- (mecorar) מְקֹרָר, ת.
friado. Enfriado.
Con-(mucrash) מֻקְרָשׁ, ת.
gelado.
מִקְשָׁה, נ. ר' מִקְשָׁאוֹת
(mikshá) Calabazar.
מִקְשָׁה, נ. ר' מִקְשׁוֹת
(mikshá) Pieza labra-
da. Solidez.
Com- (mikshé) מִקְשֶׁה, ז.
postura del cabello.
En- (mukshé) מֻקְשֶׁה, ת.
durecido. Difícil.
Inte-(makshé) מַקְשֶׁה, ז.
rrogador.
Duro, (mukshaj) מֻקְשָׁח, ת.
endurecido, cruel.
Ador-(mecushat) מְקֻשָּׁט, ת.
nado.
Relle-(mikshí) מִקְשִׁי, ת.
no, sólido.
מִקְשָׁן, ר' מַקְשֶׁה.
Ra-(mecushcash) מְקֻשְׁקָשׁ, ת
yado.
Que (mecuscás) מְקֻשְׂקָשׂ, ת.
tiene escamas.
Co- (mecasher) מְקַשֵּׁר, ז.
municador.
Ata-(mecushar) מְקֻשָּׁר, ת.
do. Comunicado.
Ar- (macushat) מְקֻשָּׁת, ת.
queado.
Amargura. (mar) מַר, ז.
Gota. Laya, azadón.
(mar) מַר, ת. נ' מָרָה
Amargo. Cruel. Triste.
(mar) מַר, ז. נ' מָרַת
Señor, don.
Mirra. (mor) מֹר, ז
(mer) מֵר, ז. ר' מֵרִים
Comprador, adquiridor (?)

Elevarse, (מרא) הַמְרֵא,
volar. Hacer volar.
Señor. (mará) מָרָא, ז.
מַרְאֶה, ז. ר׳ מַרְאוֹת,
מַרְאִים Vista, (mar-é)
aspecto. Visión. Forma.
Es- (mar-á) מַרְאָה, נ.
pejo. Visión.
Buche. (mur-á) מֻרְאָה, נ
Mostrado. (mor-é) מָרְאֶה, ת
Mi- (mar-it) מַרְאִית, נ.
rada.
(mar-it-a- מַרְאִית עַיִן-
yin) Mirada.
(lemar- לְמַרְאִית עַיִן-
it-ayin) Aparentemente.
(merosh) מֵרֹאשׁ, תה"פ.
Del principio.
מְרַאֲשׁוֹת, מַרְאֲשׁוֹת, נ"ר.
(merashot, mar-ashot)
Cabecera.
Man-(merubav) מְרֻבָּב, ת.
chado. De diez mil-
lares.
Fila, (marbag) מַרְבָּג, ז.
montón (de piedras).
Tepe-(marvad) מַרְבַד, ז.
te, alfombra, tapiz.
Mucho, (mirbá) מִרְבָּה, נ.
abundancia.
Gran (marbé) מַרְבֶּה, ז.
cantidad. Que aumenta,
añade o hace mucho una
cosa.
Nume-(merubé) מְרֻבֶּה, ת.
roso, grande.
(marbé- מַרְבֵּה־רַגְלַיִם, ז.
ragláyim) Miriópodo.
Mayo-(marbit) מַרְבִּית, נ.
ría. Interés, usura.

Rama. (murbit) מֻרְבִּית, נ.
Pila de piedras.
Her-(murbaj) מֻרְבָּךְ, ת.
vido.
Cua- (merubá) מְרֻבָּע, ת.
drado.
Cuadra-(merubá) מְרֻבָּע, ז.
do, cuadro. Cuadrilátero.
Cu-(mirbáat) מִרְבַּעַת, נ.
bil, guarida.
(mar- מַרְבֵּץ, מִרְבָּץ, ז.
betz, mirbatz) Cubil,
guarida.
Acos-(murbatz) מֻרְבָּץ, ת.
tado. Propagado. Rega-
do.
Re- (merubatz) מְרֻבָּץ, ת.
gado.
En- (marbek) מַרְבֵּק, ז.
gordadero.
Sur-(merugav) מְרֻגָּב, ת.
cado.
Repo-(margóa) מַרְגּוֹעַ, ז.
so, tranquilidad.
(murgaz, מֻרְגָּז, מְרֻגָּז, ת.
merugaz) Irritado, fu-
rioso, enojado.
Acos-(murgal) מֻרְגָּל, ת.
tumbrado.
מְרַגֵּל, ז. ר׳ מְרַגְּלִים
(meraguel) Espía.
(marguelot) מַרְגְּלוֹת, נ"ר
Pies de la cama.
Es-(meraglut) מְרַגְּלוּת, נ
pionaje.
מַרְגָּלִית, נ. ר׳ מַרְגָּלִיּוֹת
(margalit) Perla.
(meraguélet) מְרַגֶּלֶת, נ
Espía (fem.).
Mon-(marguemá) מַרְגֵּמָה, נ
tón de piedras. Ame-

tralladora.

(marganit) מַרְגָּנִית, נ. Anagalis.

Tran- (murgá) מֻרְגָּע, ת. quilizado, reposado.

Tran-(margueá) מַרְגֵּעָה, נ. quilidad, reposo.

(margarina) מַרְגָּרִינָה, נ. Margarina.

(murgash, מֻרְגָּשׁ, ת. מֻרְגָּשׁ, mergash) Sentido.

Emocio-(merugash) מְרֻגָּשׁ, ת. nado, conmovido.

Esta-(margash) מַרְגָּשׁ, ז. do general.

(marguesha) מַרְגֵּשָׁה, נ. Emoción.

מָרַד (מָרַד, יִמְרֹד) פ"ע Traicionar. Sublevarse. (פ"י) Afligir, angustiar.

Sublevar. הִמְרִיד-

Rebelión, (méred) מֶרֶד, ז. insurrección.

Aplas-(merudad) מְרֻדָּד, ת. tado en láminas.

Pala. (mardé) מַרְדֶּה, ז.

Produc-(mirdé) מִרְדֶּה, ז. ción de la miel.

Re- (mardut) מַרְדּוּת, נ. belión. Castigo, tormento.

Re- (mardán) מַרְדָּן, ז. belde.

(mardanut) מַרְדָּנוּת, נ. Rebeldía.

Re-(mardaní) מַרְדָּנִי, ת. belde.

Al- (mardáat) מַרְדַּעַת, נ. barda.

Per- (murdaf) מֻרְדָּף, ת. seguido.

מָרָה (מָרָה, יִמְרֶה) פ"ע Desobedecer, ser rebelde.

Desobedecer, traicionar, ofender. Engordar, cebar. הִמְרָה-

Amar- (morá) מֹרָה, נ. gura, dolor.

(morat-rúaj) מֹרַת רוּחַ- Angustia, dolor.

Amar- (moré) מֹרֶה, ת. go.

Bilis, (mará) מָרָה, נ. hiel. Laya. Fig. amargura, aflicción, dolor, angustia.

Arrojar la hiel: enojarse, enfadarse. זָרַק מָרָה-

(mará-shjorá) מָרָה שְׁחוֹרָה- Melancolía.

Amo- (merohat) מְרֹהָט, ת. blado.

Triste, (marud) מָרוּד, ת. melancólico. Melancolía.

Salvia. (marvá) מַרְוָה, נ.

Untado. (marúaj) מָרוּחַ, ת.

Unta- (merúaj) מֵרוּחַ, ז. miento, untadura.

Ancho, (meruvaj) מְרֻוָּח, ת. amplio.

Dis- (mirvaj) מִרְוָח, ז. tancia.

(meróaj-éshej) מְרוֹחַ־אֶשֶׁךְ, ז. Que tiene los testículos aplastados.

Calvo, (marut) מָרוּט, ת. pelado, arrancado.

Lustra-(merut) מֵרוּט, ז. ción.

מָרוֹם, ז. ר׳ מְרוֹמִים
(marom) Altura, eleva-
ción. Fig. cielo.
Ar- (lamarom) לַמָּרוֹם-
riba, hacia arriba,
a las alturas.
(meromam) מְרוֹמָם, ת.
Alto, elevado.
Maronita (maronit). מָרוֹנִיט, ז.
(merotz, מֵרוֹץ, מְרוּץ, ז.
merutz) Carrera.
Car-(merutzá) מְרוּצָה, נ.
rera.
Purifi-(meruk) מֵרוּק, ז.
cación. Pulimiento.
Pulido, (maruk) מָרוּק, ת.
liso.
(merukim) מְרוּקִים, ז"ר.
Untamiento, unción.
De-(merocán) מְרוֹקָן, ת.
socupado, vaciado.
(marocani) מָרוֹקָנִי, ת.
Moro, marroquí.
Apio. (maror) מָרוֹר, ז.
Hierba amarga.
Amar- (marur) מָרוּר, ת.
go.
Amargu-(merur) מְרוּר, ז.
ra, aflicción.
Amar-(merorá) מְרוֹרָה, נ.
gura.
(merorim) מְרוֹרִים, ז"ר.
Hierbas amargas.
(meroshash) מְרוֹשָׁשׁ, ת.
Empobrecido.
Domina-(marut) מָרוּת, נ.
ción, subordinación.
Canal. (marzev) מַרְזֵב, ז.
Dobladillo. Talego.
Grito, (marzéaj) מַרְזֵחַ, ז.
banquete (?).

(beyt-mar- בֵּית מַרְזֵחַ-
zéaj) Taberna.
(marzeján) מַרְזְחָן, ז.
Tabernero.
מָרַח (מָרַח, יִמְרַח) פ"י
Untar.
Ser untado. הִמָּרַח-
Untar. Alisar. מֵרַח-
Ser untado. Ser הִתְמָרֵחַ-
alisado.
Espa-(merjav) מֶרְחָב, ז.
cio. Fig. libertad.
En- (murjav) מֻרְחָב, ת.
sanchado, ampliado.
Del (merjaví) מֶרְחָבִי, ת.
espacio.
(merjavyá) מֶרְחַבְיָה, נ.
Espacio.
Apia-(merujam) מְרֻחָם, ת.
dado.
מֶרְחָץ, ז. ר׳ מֶרְחֲצָאוֹת
(merjatz) Baño.
(beyt-mer- בֵּית מֶרְחָץ-
jatz) Baño.
Baña-(merujatz) מְרֻחָץ, ת.
do, lavado.
Dis- (merjak) מֶרְחָק, ז.
tancia. Lugar alejado.
(me- מֻרְחָק מְרֻחָק, ת.
rujak, murjak) Alejado.
מַרְחֶשְׁוָן, ר׳ חֶשְׁוָן.
(marjéshet) מַרְחֶשֶׁת, נ.
Cacerola, cazuela.
מָרַט (מָרַט, יִמְרֹט) פ"י
Arrancar. Alisar, afi-
lar.
Ser arrancado, הִמָּרֵט-
ser pelado.
מֹרַט, ר׳ מָרַט. -
Ser arrancado, pela- מֹרַט-
do. Ser afilado.

Ser desplumado, הִתְמָרֵשׁ-
arrancado, pelado.
Arran-(meruté) מְרֻשֶּׁה, ת.
do, pelado, calvo.
Arrancar, pe- מֵרֵשׁט, פ"י.
lar.
(marti- מַרְשִׁירוֹלוֹגְיָה, נ.
rologya) Martirologio.
(mri, meri) מְרִי , מֶרִי, ז.
Obstinación, terquedad.
Amargura.
Animal (mri) מְרִיא, ז.
engordado (?).
מְרִיב, ז. ר' מְרִיבִים
(meriv) Adversario.
Dis-(merivá) מְרִיבָה, נ.
puta, querella.
Rebe-(meridá) מְרִידָה, נ.
lión, insurrección.
(meridián) מֶרִידִיאָן, ז.
Meridiano.
Un-(merijá) מְרִיחָה, נ.
tamiento, untadura.
Arran-(meritá) מְרִיטָה, נ.
camiento.
Alzador, (merim) מֵרִים, ז.
elevador. Dáctilo.
Sal- (muryás) מֻרְיָס, ז.
muera.
Me- (merisá) מְרִיסָה, נ.
neo.
Que (meritz) מֵרִיץ, ז.
hace correr.
Car-(meritzá) מְרִיצָה, נ.
retilla.
Puli-(mericá) מְרִיקָה, נ.
miento.
Poco (marir) מָרִיר, ת.
amargo.
(merirut) מְרִירוּת, נ.
Amargura.

Amar-(merirí) מְרִירִי, ת.
go, venenoso.
Viga, (marish) מָרִישׁ, ז.
madero.
מָרִית, נ. ר' מָרִיּוֹת
(marit) Trulla, llana.
Ablandar. (מרך) הֵמֵרַךְ,
Ablandarse. הֻמְרַךְ-
Ablandarse. הִתְמָרֵךְ-
(mórej- מֹרֶךְ, ז. (-לֵב)
lev) Cobardía.
(merjaot) מֵרְכָאוֹת, נ"ר.
Comillas.
Silla (mercav) מֶרְכָּב, ז.
da montar. Montura,
arreos, arnés.
Com- (murcav) מֻרְכָּב, ת.
puesto. Montado.
Com- (merucav) מְרֻכָּב, ת.
puesto.
Car-(mercavá) מֶרְכָּבָה, נ.
roza.
Comil-(merjá) מֵרְכָה, נ.
la.
Em- (marcol) מַרְכּוֹל, ז.
pleado.
Cla- (marcof) מַרְכּוֹף, ז.
vija.
Cen- (mercaz) מֶרְכָּז, ז.
tro.
(mercaz-ha- מֶרְכַּז הַכֹּבֶד-
cóved) Centro de gra-
vedad.
Centra-(merucaz) מְרֻכָּז, ת.
lizado. Concentrado.
Centra-(merakez) מְרַכֵּז, ז.
lizador. Organizador.
Señalar el מִרְכֵּז, פ"י.
centro, centrar.
Cen-(mercazí) מֶרְכָּזִי, ת.
tral.

se daba en España a los judíos conversos
Ale-(marnín) מַרְנִין, ת. grador.
מָרְגַן, ר' מָרָן.
Mezclar. Ex- מָרַס, פ"י. primir. Moler.
Marzo. (mars) מַרְס, ז.
Llaga, (mursá) מֻרְסָה, נ. úlcera.
Em- (merusán) מְרֻסָּן, ת. bridado.
Va- (marsés) מַרְסֵס, ז. porizador.
Vapo-(merusás) מְרֻסָּס, ת. rizado. Quebrantado.
Que- (merusak) מְרֻסָּק, ת. brantado.
(me- מֵרַע, ז. ר' מֵרְעִים rá) Conocido.
(me- מֵרַע, ז. ר' מְרֵעִים rá) Perverso. Malicia.
Enferme-(mrá) מְרַע, ז. dad. Enfermo.
Ham-(mur-av) מֻרְעָב, ת. breado.
Tem- (mur-ad) מֻרְעָד, ת. bloroso, hecho temblar.
Prado, (mir-é) מִרְעֶה, ז. pasturaje.
Amis-(mereut) מֵרְעוּת, נ. tad.
Prado, (mar-it) מַרְעִית, נ. pasturaje. Rebaño.
Enve-(mur-al) מֻרְעָל, ת. nenado.
Res-(meruanán) מְרֻעֲנָן, ת. tablecido.
Con- (mur-ash) מֻרְעָשׁ, ת. movido.
Médico. (merapé) מְרַפֵּא, ז.

(ma- מַעְגָּלִים מֶרְכָּזִיִּים-galim-mercaziyim) Círculos concéntricos.
(mercaziyá) מֶרְכָּזִיָּה, נ. Oficina central.
Com-(markiv) מַרְכִּיב, ז. ponente.
Ablan-(merucaj) מְרֻכָּךְ, ת. dado.
(marcólet) מַרְכֹּלֶת, נ. Comercio.
Incli-(murcán) מֻרְכָּן, ת. nado.
Abo- (merukás) מְרֻכָּס, ת. tonado.
(marxizm) מַרְכְּסִיזְם, ז. Marxismo.
(marxist) מַרְכְּסִיסְט, ז. Marxista.
(marxisti) מַרְכְּסִיסְטִי, ת. Marxista.
Ablan-(merujraj) מְרֻכְרָךְ, ת. dado.
En- (mirmá) מִרְמָה, נ. gaño, astucia.
Enga-(merumé) מְרֻמֶּה, ת. ñado, estafado.
Enga-(meramé) מְרַמֶּה, ז. ñador, estafador.
Alu-(merumaz) מְרֻמָּז, ת. dido.
(marmita) מַרְמִיטָה, נ. Marmota.
Ho- (mirmás) מִרְמָס, ז. lladura.
Eno- (מרמר) הִתְמַרְמֵר, jarse, irritarse.
Rabino, (marán) מָרָן. Gran Rabino.
(maránim) מָרָנִים, ז"ר Marranos: nombre que

Curador, curativo.
Clí-(mirpaá) .נ ,מִרְפָּאָה
nica. Consultorio.
Col- (mirpad) .ז ,מִרְפָּד
chón.
Enta-(merupad) .ת ,מְרֻפָּד
pizado.
(mir-נ ,מִרְפָּדִיָּה ,מִרְפָּדָה
padá, marpediyá) Tapi-
cería.
מִרְפָּה, ר' מַרְפֵּא.
Debi-(merupé) .ת ,מְרֻפֶּה
litado.
Viejo,(merupat).ת ,מְרֻפָּט
usado.
(mirpéset) .נ ,מִרְפֶּסֶת
Balcón.
Co- (marpek) .ז ,מַרְפֵּק
do.
Char-(mirpás) .ז ,מִרְפָּשׂ
ca.
(meru- ת ,מֻרְפָּשׁ ,מְרֻפָּשׁ
pash,murpash) Turpio.
Ser fuer-,הֻמְרַץ (מרץ)
te.
Estimular, for- -הֵמְרִיץ
talecer.
Valor, (méretz) .ז ,מֶרֶץ
ánimo.
מֶרֶץ, ר' מֶרֶס.
Sa- (merutzé) .ת ,מְרֻצֶּה
tisfecho.
Ora- (martzé) .ז ,מַרְצֶה
dor, conferenciante.
Pro- (murtzé) .ת ,מֻרְצֶה
nunciado.
(martzuf) .ז ,מַרְצוּף
Saco.
Ase-(meratzéaj).ז ,מְרַצֵּחַ
sino.
Ra- (merutzá) ת ,מרצע

yado.
מַרְצֵעַ, ז. ר' מַרְצְעִים
(martzéa) Lezna,punzón.
Pa- (merutzaf) ת ,מְרֻצָּף
vimentado.
(martzéfet) .נ ,מַרְצֶפֶת
Baldosa, baldosín.
Que-(merutzatz).ת ,מְרֻצָּץ
brantado.
מרק (מָרַק, יִמְרֹק) פ"י
Alisar, pulir.Limpiar.
Terminar, acabar.
Ser limpiado. -הִמָּרֵק
Ser limpiado. -מֹרַק
Limpiar. Alisar. -מֵרֵק
Limpiar. -הֵמֵרִק
Ser limpiado. -הִתְמָרֵק
(ma- מְרָקִים 'ר ,ז ,מָרָק
rak) Sopa.
Po- (murcav) .ת ,מֻרְקָב
drido.
Baile,(mircad) .ז ,מִרְקָד
danza.
(merculis) .ז ,מֶרְקוּלִיס
Mercurio (dios).
Re- (marcóa) .ז ,מַרְקוֹעַ
tazo de tela.
Hier- (mercaj) .ז ,מֶרְקַח
bas aromáticas.
Per- (merucaj) .ת ,מְרֻקָּח
fumado.
Un-(mercajá) .נ ,מֶרְקָחָה
güento,remedio. Olla.
(mircájat) .נ ,מִרְקַחַת
Ungüento, remedio.Mer-
melada.
(beyt-mir- בֵּית מִרְקַחַת-
cájat)Farmacia,botica.
Marqués.(markíz) ז ,מַרְקִיז
Bor- (merucam) .ת ,מְרֻקָּם
dado.

Aplas-(merucá) .ת,מְרֻקָּע
tado.
Es- (mircacá) .נ,מִרְקָקָה
cupidera.
מרר (מָרַר, יֵמַר) פ"ע
Ser o estar amargo.
Amargar. מֵרֵר-
Amargar. Llorar, הֵמַר-
lamentar.
Amargar. הִמְרִר-
Amar- (mérer) .ז,מֶרֶר
gura.
מְרֹרָה, ר' מְרוֹרָה.
Bilis, (mererá) .נ,מְרֵרָה
hiel.
Marcha. (marsh) .ז,מַרְשׁ
Auto-(marshé) .ז,מַרְשֶׁה
rizador.
Auto-(murshé) .ז,מֻרְשֶׁה
rizado. Apoderado.
(beyt-mur- בֵּית מֻרְשִׁים-
shim) Parlamento.
Par-(murshón) .ז,מֻרְשׁוֹן
lamento.
(murshoní) .ת,מֻרְשׁוֹנִי
Parlamentario.
Ne- (merushal) .ת,מְרֻשָּׁל
gligente.
Ma- (marshal) .ז,מַרְשָׁל
riscal.
Boceto, (mirsham) .ז,מִרְשָׁם
croquis.
Per- (merushá) .ת,מְרֻשָּׁע
verso, depravado.
Cul-(murshá) .ת,מֻרְשָׁע
pable.
Ma-(marsháat) .נ,מַרְשַׁעַת
licia, maldad. Malvada.
Em-(merushash) .ת,מְרֻשָּׁשׁ
pobrecido.
De (merushat) .ת,מְרֻשָּׁת

malla.
Sal[illegible] (marat) .נ,מָרַת
[illegible]
מֹרַת רוּחַ, ר' [illegible]
[illegible] (murtaj) .ת,מֻרְתָּח
[illegible]
[illegible] (merutaj) .ת,מְרֻתָּח
[illegible]
Hervor. (mirtaj) .ז,מִרְתָּח
[illegible] (murtá) .ת,מֻרְתָּע
do, [illegible].
Só- (martef) .ז,מַרְתֵּף
tano.
Del (martefí) .ת,מַרְתְּפִי
sótano.
Comu- (meratek) .ת,מְרַתֵּק
nicador. Apasionante.
Ama- (merutak) .ת,מְרֻתָּק
do.
(ma- מַשָּׂאוֹת ר' .ז,מַשָּׂא
sá) Carga. Visión, pro-
fecía. Canto. Contribu-
ción, impuesto.
(masá-umatán) מַשָּׂא וּמַתָּן-
Negociación.
(masá-néfesh) מַשָּׂא נֶפֶשׁ-
Anhelo, deseo, ideal.
(masó) .ז,מַשּׂוֹא ,מַשֹּׂא
Preferencia. Carga.
(masó-pa- מַשּׂוֹא פָּנִים-
nim) Parcialidad, pre-
ferencia.
Obje- (musá) .ז,מֻשָּׂא
to.
Causa, (mashá) .ז,מַשָּׁא
interés.
מַשְׁאָב .ז, ר' מַשְׁאַבִּים
(mash-av) Pozo, abre-
vadero.
Bom-(mash-evá) .נ,מַשְׁאֵבָה
ba.

Deuda,(mashaá) .נ, מַשָּׁאָה
préstamo.
Carga.(masoy) .ז, מַשּׂוֹאִי
Os-(mashaón) .ז, מַשָּׁאוֹן
curidad. engaño (?).
Pre-(mish-al) .ז, מִשְׁאָל
gunta, consulta.
(mish-al-am) מִשְׁאַל-עָם
Referéndum.Plebiscito.
Pre-(mush-al) .ת, מֻשְׁאָל
guntado. Figurado.
(mi- .נ, מִשְׁאָלָה, מִשְׁאֶלֶת
sh-alá, mish-élet) De-
seo, voluntad.
Res-(mush-ar) .ת, מֻשְׁאָר
tante, dejado.
Ar-(mish-éret) .נ, מִשְׁאֶרֶת
tesa. Resto.
Ele- (mas-et) .נ, מַשְׂאֵת
vación, ascención. Co-
lumna de humo. Regalo,
presente. Carga. Pro-
fecía, visión. Impues-
to.
(mas-at-né- מַשְׂאַת-נֶפֶשׁ
fesh) Ideal.
So- (mashav) .ז, מַשָּׁב
plo.
Fino,(meshubaj).ת, מְשֻׁבָּח
muy bueno.
Ju- (mushbá) .ת, מֻשְׁבָּע
ramentado. Convencido.
Hep-(meshubá) .ז, מְשֻׁבָּע
tágono.
Es- (meshubatz).ת, מְשֻׁבָּץ
caqueado.
מִשְׁבֶּצֶת, .נ, ר' מִשְׁבְּצוֹת
(mishbétzet) Cuadro.
Cri- (mashber) .ז, מַשְׁבֵּר
sis. Rupturo.
Ola. (mishbar) .ז, מִשְׁבָּר
Crisis.
In-(meshubash) .ת, מְשֻׁבָּשׁ
correcto, erróneo.
Rui- (mishbat) .ז, מִשְׁבָּת
na, destrucción.
Anu-(mushbat) .ת, מֻשְׁבָּת
lado. Despedido, desti-
tuído.
Idea, (musag) .ז, מֻשָּׂג
noción.
Alcan- (musag) .ת, מֻשָּׂג
zado.
Alcance.(masag) .ז, מַשָּׂג
Forta-(misgav) .ז, מִשְׂגָּב
leza. Fig. amparo, re-
fugio, protección,asi-
lo.
Error,(mishgué).ז, מִשְׁגֶּה
falta.
Vi-(mashguíaj).ז, מַשְׁגִּיחַ
gilante. Celador.
Unión (mishgal).ז, מִשְׁגָּל
sexual.
Loco.(meshugá) .ת, מְשֻׁגָּע
Al- (maséguet) .נ, מַשֶּׂגֶת
cance.
Ras-(masdedá) .נ, מַשְׂדֵּדָה
trillo, rastra.
Emi- (mashder) .ז, מַשְׁדֵּר
sora, estación radio-
fónica.
Trans-(meshudar).ת, מְשֻׁדָּר
mitido,radiodifundido.
מָשָׁה (מָשָׁה, יִמְשֶׁה) פ"י
Sacar, extraer.
Sacar, extraer. הִמְשָׁה-
Deuda,(mashé) .ז, מַשֶּׁה
préstamo.
מַשֶּׁהוּ (מַה שֶּׁהוּא) .ז,
(mashehú) Algo. Cosa
pequeña, bagatela.

מַשּׂוֹא, ר' מַשָּׂא.
De-(meshoá) .מְשׁוֹאָה, נ
solación.
De- (mashuá) .מַשּׁוּאָה, נ
solación.
Ho- (masuá) .מַשּׂוּאָה, נ
guera.
Ecua-(mishvaá). מִשְׁוָאָה, נ
ción.
Bri- (meshuvá). מְשׁוּבָה, נ
bonada.
Er- (meshugá) .מְשׁוּגָה, נ
ror, falta.
(cav-.ז ,(קַו הַ־) מַשְׁוֶה
hamashvé)El ecuador.
Com- (mushvé) .מֻשְׁוֶה, ת
parado.
Un- (mashúaj) .מָשׁוּחַ, ת
tado, ungido.
מָשׁוֹחַ, ז. ר' מְשׁוֹחוֹת
(mashóaj)Agrimensor.
מָשׁוֹט, ז. ר' מְשׁוֹטִים
(mashot) Remo.
(meshotet) .מְשׁוֹטֵט, ז
Paseante.
Ma- (mishuy) .מִשּׁוּי, ז
saje.
Saca- (mashuy) .מָשׁוּי, ת
do, extraído.
Car- (masoy) .מַשּׂוֹי, ז
ga.
מַשְׁוִיָּה, ר' מִשְׁוָאָה.
(mashvit) .מַשְׁוִית, נ
Cepillo de carpintero.
Tira-(mashuj) .מָשׁוּךְ, ת
do, extendido.
Seto (mesujá) .מְשׂוּכָה, נ
vivo.
Com- (mashul) .מָשׁוּל, ת
parado.
Com- (mishul) .מִשּׁוּל, ז
paración.
Por, (mishum). מִשּׁוּם, מ"י
para. Como. Porque.
Asom-(meshomem) מְשׁוֹמֵם, ת
brado. Terrible.
(mishvaní) .מִשְׁוָנִי, ת
Ecuatorial. Compara-
tivo.
Lima. (mashof) .מַשּׁוֹף, ז
Sierra, (masor) .מַשּׂוֹר, ז
serrucho.
Me- (mesurá) .מְשׂוּרָה, נ
dida para líquidos.
מְשׁוֹרֵר, ז. נ' מְשׁוֹרֶרֶת
(meshorer) Poeta. Can-
tor, cantante.
מִשְׁוֶרֶת, נ. ר' מִשְׁוָרוֹת,
(mishvé- זוגי מִשְׁוָרַיִם
ret) Estribo.
Júbilo, (masós) .מָשׂוֹשׂ, ז
alegría.
Tan-(mishush) .מִשּׁוּשׁ, ז
teo, tocamiento.
An-(meshoshá) .מְשׁוֹשָׁה, נ
tena.
Tor-(moshzar) .מָשְׁזָר, ת
cido, trenzado.
Com-(mishzar) .מִשְׁזָר, ז
binación.
מָשַׁח (מָשַׁח, יִמְשַׁח) פ"י
Ungir, consagrar. Un-
tar.
Ser untado. Ser הִמָּשַׁח־
ungido.
So- (meshujad) .מְשֻׁחָד, ת
bornado.
Na- (misjé) .מִשְׂחֶה, ז
tación.
מִשְׁחָה, נ. ר' מְשָׁחוֹת
(mishjá) Ungüento, po-
mada. Unción.

מָשְׁחָת, מֻשְׁחָת, ת. (moshjat, mushjat) Corrom-
pido, dañado.

מִשְׁטוֹחַ, ז. Ex-(mishtóaj)
tensión.

מְשֻׁטָּח, ת. Apla-(meshutaj).
nado, alisado.

מִשְׁטָח, ז. Su- (mishtaj)
perficie.

מְשֻׁטָּח, ת. Apla-(meshutaj).
nado.

מִשְׁטָחָה, נ. (mishtajá)
Tapete, tapiz.

מַשְׂטִין, ז. Acu-(mastín)
sador.

מַשְׂטֵמָה, נ. (mastemá)
Odio.

מִשְׁטָר, ז. Go- (mishtar)
bierno, regimen.

מִשְׁטֵר, פ"י. Disciplinar,
ordenar.

מִשְׁטָרָה, נ. (mishtará)
Policía.

מִשְׁטָרָה חֲשָׁאִית- (mishta-
rá-jashait) Policía se-
creta.

מִשְׁטָרָה צְבָאִית- (-tzvait)
Policía militar.

מִשְׁטַרְתִּי, ת. (mishtartí)
Policiaco.

מֶשִׁי, ז. Seda. (meshi)

מֶשִׁי מְלָאכוּתִי- (meshi-
mlajutí) Seda artificial.

מַשִּׂיג, ז. Alcan-(masig)
zador, que alcanza.

מָשִׁיחַ, ז. ר' מְשִׁיחִים
(mashíaj) Mesías.

מֵשִׂיחַ, ת. Que ha-(mesíaj)
bla o hace hablar.

מְשִׁיחָה, נ. Un-(meshijá)
ción, consagración.

מִשְׁחַת נַעֲלַיִם- (mishjat-
na-laáyim) Betún.

מִשְׁחַת שִׁנַּיִם- (mishjat-
shináyim) Dentífrico,
pasta dentál.

מִשְׁחָה, נ. Parte, (mishjá)
porción.

מׇשְׁחָה, נ. Parte, (moshjá)
porción.

מֻשְׁחָז, ת. Agu-(mushjaz)
zado, afilado.

מַשְׁחֶזֶת, נ. (mashjézet)
Afiladera.

מַשְׁחִית, ז. Des-(mashjit)
tructor, exterminador.
Red, trampa.

אֳנִיַּת מַשְׁחִית- (oniyat-
mashjit) Torpedero,
barco de guerra.

מֻשְׁחָל, ת. En- (mushjal)
hilado, enhebrado.

מְשֻׁחָף, ת. Tu-(meshujaf)
berculoso.

מְשֻׁחָק, ת. Usa-(meshujak)
do, viejo.

מִשְׂחָק, ז. ר' מִשְׂחָקִים
(misjak) Juego. Jugue-
te.Espectáculo.Burla.

מְשַׂחֵק, ז. Juga-(mesajek)
dor. Actor.

מִשְׁחָר, ז. Aurora.(mishjar)

מֻשְׁחָר, ת. En- (mushjar)
negrecido.

מְשֻׁחְרָר, ת. (meshujrar)
Libertado, libre.

חַיָּל מְשֻׁחְרָר- (jayal-)
Militar en retiro.

מַשְׁחֵת, ז. Ruina, (mashjet)
destrucción.

מׇשְׁחָת, ז. Cor- (moshjat)
rupción, defecto.

Continuar, pro- הִמָּשֵׁךְ-
longarse. Ser atraído,
arrastrado.
Prolongarse, הִתְמַשֵּׁךְ-
continuar.
Dura- (méshej) .ז, מֶשֶׁךְ
ción, continuación,pro-
longación. Extensión.
Término, tiempo fijo.
Largor, longitud.
Du- (beméshej) בְּמֶשֶׁךְ-
rante.
(beméshej- בְּמֶשֶׁךְ הַזְּמַן-
hazmán)Con el tiempo.
Remol-(mashaj) .ז, מַשָּׁךְ
cador.
Lecho,(mishcav).ז, מִשְׁכָּב
cama. Fig. tumba.
(jadar-ha- חֲדַר הַמִּשְׁכָּב-
mishcav) Dormitorio.
Fig. en- נָפַל לְמִשְׁכָּב-
fermarse.
Acos-(mushcav) .ת, מֻשְׁכָּב
tado.
(mashcujit).נ, מַשְׁכּוּכִית
Macho cabrío.
מַשְׁכּוֹן ,ז. ר' מַשְׁכְּנוֹת
(mashcón) Arras,empeño,
prenda, hipoteca.
Ac-(mishcún) .ז, מִשְׁכּוּן
-ción de hipotecar.
מַשְׁכֻּנָה,ז. ר' מַשְׁכַּנְתָּא
Sa- (maskil) .ת, מַשְׂכִּיל
bio, inteligente. Sal-
mo.
(maskilí) .ת, מַשְׂכִּילִי
Sensato, sabio.
Ma-(mashkim) .ז, מַשְׁכִּים
drugador.
Ar- (maskir) .ז, מַשְׂכִּיר
rendador, alquilador.

Untamiento. Hilo.
(meshijut) .נ, מְשִׁיחוּת
Mesianismo.Sacerdocio.
(meshijí) .ת, מְשִׁיחִי
Mesiánico.
(meshijiyut)נ, מְשִׁיחִיּוּת
Mesianismo, creencia
en el Mesías.
Na-(meshit) .ת, מְשִׁיט
vegante.
Cur- (meshit) .ז, מְשִׁיט
siva.
Se- (mishyí) .ת, מִשְׁיִי
doso.
(meshijá) .נ, מְשִׁיכָה
Tracción, atracción.
Colo-(mesimá).נ, מְשִׂימָה
cación. Obligación.
Im- (mishyám) .ז, מִשְׁיָם
peratoria.
Un-(meshifá) .נ, מְשִׁיפָה
güento.
Tan- (mashik) .ז, מַשִּׁיק
gente.
(ma- מַעְגָּלִים מַשִּׁיקִים-
galim-mashikim) Cir-
cunferencias tangentes
Tan-(meshishá)נ, מְשִׁישָׁה
teo. Masaje.
מָשַׁךְ (מָשַׁךְ, יִמְשֹׁךְ) פ"י
Tirar. Prolongar.Atra-
er. Arrastrar. Durar,
continuar.
Ser tirado,arras-הִמָּשֵׁךְ-
trado. Ser atraído.Du-
rar, prolongarse, con-
tinuar.
Prolongarse. מֻשַּׁךְ-
Tirar. Prolongar,הִמְשִׁיךְ-
durar, continuar. Se-
guir.

Es- (maskit) .נ, מַשְׂכִּית
tampa, imagen, forma.
Mosaico.
Inte-(muscal) .ת, מֻשְׂכָּל
ligente, sabio.
Idea, (muscal) .ז, מֻשְׂכָּל
noción.
(muscal- מֻשְׂכָּל רִאשׁוֹן-
rishón) Axioma.
Mu-(meshaclá) .נ, מְשַׁכְּלָה
jer que aborta.
Per-(meshujlal). ת, מְשֻׁכְלָל
feccionado.
(meshakélet) .נ, מְשַׁכֶּלֶת
Que aborta.
מִשְׁכָּן, ז. ר׳ מִשְׁכָּנוֹת,
Mora-(mishcán) מִשְׁכָּנִים
da, habitación. Taber-
náculo.
Hipotecar. .פ"י, מִשְׁכֵּן
Ser hipotecado. מֻשְׁכַּן-
Ser hipotecado. הִתְמַשְׁכֵּן-
Que (meshucán) .ת, מְשֻׁכָּן
vive o habita.
(meshajnéa) .ת, מְשַׁכְנֵעַ
Convincente.
(meshujná) .ת, מְשֻׁכְנָע
Convencido.
(mashcantá) .נ, מַשְׁכַּנְתָּא
Hipoteca.
Emb (meshaker) .ת, מְשַׁכֵּר
briagador.
Em- (meshucar) .ת, מְשֻׁכָּר
briagado.
Al- (muscar) .ת, מֻשְׂכָּר
quilado, arrendado.
מַשְׂכֹּרֶת, נ. ר׳ מַשְׂכּוֹרוֹת
(mascóret) Pagamento,
sueldo, salario.
מָשַׁל (מָשַׁל, יִמְשֹׁל) פ"י
Gobernar, mandar. Com-
parar.
Ser comparado, הִמָּשֵׁל-
parecer.
Componer o decir מַשֵּׁל-
fábulas o parábolas.
Ser comparado, הִתְמַשֵּׁל-
compararse.
(ma- מָשָׁל, ז. ר׳ מְשָׁלִים
shal) Ejemplo, modelo.
Parábola. Comparación.
Por (lemashal) לְמָשָׁל-
ejemplo.
Se pa-(mashal-le) מָשָׁל לְ-
rece a, es como.
(dérej-mashal) דֶּרֶךְ מָשָׁל-
Por ejemplo.
Gobierno, (móshel) ז, מֹשֶׁל
autoridad. Semejanza.
Cru- (meshulav).ת, מְשֻׁלָּב
zado.
(mishlévet) .נ, מִשְׁלֶבֶת
Monograma.
Pa- (meshalá) .נ, מְשָׁלָה
rábola.
In-(meshul-hav) .ת, מְשֻׁלְהָב
flamado. Emocionado.
מִשְׁלוֹחַ, ז. ר׳ מִשְׁלוֹחִים
(mishlóaj) Expedición,
envío.
(mishlaj) .ז, מִשְׁלָח
Envío.
(mishlaj-yad) מִשְׁלַח יָד-
Profeción, ocupación,
oficio.
Envia-(meshulaj) .ת, מְשֻׁלָּח
do, mandado. Delegado,
representante.
(mishlájat) .נ, מִשְׁלַחַת
Delegación. Mensaje,
misión.
(meshulájat) .נ, מְשֻׁלַּחַת

(meshulshal) .ת ,מְשֻׁלְשָׁל
Purgado.
.ת ,מַשְׂמְאִיל ,מַשְׂמָאלִי
(masmil) Izquierdo,zurdo.
Con-(meshumad) .ת ,מְשֻׁמָּד
vertido, apóstata.
Ex- (mushmad) .ת ,מֻשְׁמָד
terminado, aniquilado.
(meshumadut) .נ ,מְשֻׁמָּדוּת
Apostasía.
De- (meshamá) .נ ,מְשַׁמָּה
solación.
(mashmot) .ז ,מַשְׁמוֹט
Carterista.
(mishmush) .ז ,מִשְׁמוּשׁ
Tanteo.
Ale-(mesaméaj) .ת ,מְשַׂמֵּחַ
grador, alegre.
(mushmat) .ת ,מֻשְׁמָט
Prescindido.
(mashmim) .ת ,מַשְׁמִים
Asombrado.
(mashmitz) .ת ,מַשְׁמִיץ
Vergonzoso.
מִשְׁמָן ,ז. ר׳ מִשְׁמַנִּים
(mishmán) Gordura.
Acei-(meshumán).ת ,מְשֻׁמָּן
tado, lubricado.
Oc- (meshumán) .ז ,מְשֻׁמָּן
tógono.
Oído,(mishmá) .ז ,מִשְׁמָע
audición. Obediencia, atención.
מַשְׁמָע ,ז. ר׳ מַשְׁמָעוֹת
(mashmá) Significación, significado.
(mashmaut) .נ ,מַשְׁמָעוּת
Significado.
(mashmaí) .ת ,מַשְׁמָעִי
Significativo.

Mujer divorciada.
Pu- (mishlat) .ז ,מִשְׁלָט
esto estratégico, blocao.
Do-(mushlat) .ת ,מֻשְׁלָט
minante.
El (mishley) ,מִשְׁלֵי
libro de los Proverbios.
Ale- (meshalí) .ת ,מְשָׁלִי
górico.
Com-(mashlim) .ת ,מַשְׁלִים
plementario. Terminador.
Gan-(mashlit) .נ ,מַשְׁלִית
cho.
Acha-(mushlaj) .ת ,מֻשְׁלָךְ
do, arrojado, botado.
Pri-(meshulal) .ת ,מְשֻׁלָּל
vado de, falto de.
Pa-(meshulam) .ת ,מְשֻׁלָּם
gado. Completo.
Ter-(mushlam) .ת ,מֻשְׁלָם
minado, completo.
Ter- (mishlam) .ז ,מִשְׁלָם
minación, fin.
Tri-(meshulash). ז ,מְשֻׁלָּשׁ
ángulo.
(me- מְשֻׁלָּשׁ יְשַׁר זָוִית-
shulash-yeshar-zavit)
Triángulo rectángulo.
(me- מְשֻׁלָּשׁ שְׁוֵה צְלָעוֹת-
shulash-shvé-tzlaot)
Triángulo equilátero.
(me- מְשֻׁלָּשׁ שְׁוֵה שׁוֹקַיִם-
shulash-shvé-shocáyim)
Triángulo isósceles.
Tri-(meshulash). ת ,מְשֻׁלָּשׁ
ple. Secuestrado.
(meshalshel) .ת ,מְשַׁלְשֵׁל
Purgativo.

מִשְׁמַעַת, נ. (mishmáat)
Disciplina, obediencia.
Guardia real.

מִשְׁמַעְתִּי, ת. (mishma-tí)
Obediencial.

מֻשְׁמָץ, ת. Acu-(mushmatz)
sado, denunciado, ata-
cado.

מְשַׁמֵּר, ז. Con-(meshamer)
servador.

מְשֻׁמָּר, ת. Con-(meshumar)
servado, guardado.

מִשְׁמָר, ז. ר׳ מִשְׁמָרִים,
מִשְׁמָרוֹת Guar-(miahmar)
dia. Cárcel, prisión.
Período.

מִשְׁמָרָה, נ. (mishmará)
Guardia nocturna.

מְשַׁמְּרוּת, נ. (meshamrut)
Conservatismo.

מִשְׁמֶרֶת, נ. ר׳ מִשְׁמָרוֹת
(mishméret) Guardia.
Conservación. Orden.
Obligación. Período.

מְשַׁמֶּרֶת, נ. (meshaméret)
Coladera, filtro.

מַשְׁמֵשׁ, פ"י. Tocar, palpar, tentar.
Ser palpado. מֻשְׁמוּשׁ-

מִשְׁמֵשׁ, מִשְׁמָשׁ, ז. (mish-
mesh, mishmash) Alba-
ricoque.

מְשֻׁמָּשׁ, ת. (meshumash)
Usado.

מְשַׁמֵּשׁ, ז. Uten-(meshamesh)
cilio. Servidor.

מְשֻׁמָּד, ת. Ex-(meshumat)
comulgado.

מְשַׂנֵּא, ז. Ene-(mesané)
migo.

מִשְׁנֶה, ז. ר׳ מִשְׁנִים
(mishné) Doble, segun-
do. Vice. Ayudante. Copia.

מִשְׁנֵה תּוֹרָה (mishné-to-
rá) Copia de la Ley. El
Deuteronomio.

מִשְׁנָה, נ. Estu-(mishná)
dio. Mishná: colección
de decisiones jurídi-
cas y de comentarios a
la Biblia; forma con
la Guemará (גְּמָרָא) el
Talmud.

מְשֻׁנֶּה, ת. Raro, (meshuné)
extraño.

מַשְׁנֶה, ז. Ma- (mashné)
estro, profesor, ins-
tructor.

מִשְׁנִי, ת. Se- (mishní)
gundo. De la Mishná.

מְשֻׁנָּן, ת. Es- (meshunán)
tudiado. Dentado.

מְשֻׁנָּס, ת. Ce- (meshunás)
ñido.

מְשִׁסָּה, נ. Bo- (meshisá)
tín, saqueo.

מְשֻׁסֶּה, ת. In- (meshusé)
citado.

מְשֻׁסָּע, ת. Cor- (meshusá)
tado, desgarrado.

מְשֻׁסָּף, ת. Des-(meshusaf)
garrado.

מְשֻׁעְבָּד, ת. (meshu-bad)
Subyugado.

מְשַׁעְבֵּד, ז. (mesha-bed)
Subyugador.

מִשְׁעוֹל, ז. Cami-(mish-ol)
no, senda.

(משעי) לְמִשְׁעִי, תה"פ.
(lemish-í) Totalmente,
completamente, limpia-
mente.

(meshu-mad) .ת, מְשֻׁעְמָד
Convertido, apóstata.
(meshaamem) .ת, מְשַׁעֲמֵם
Aburridor, fastidioso.
(meshuamam) .ת, מְשֻׁעֲמָם
Aburrido.
Apoyo,(mish-án).ז, מִשְׁעָן
sostén.
(ma-.נ, מַשְׁעֵנָה .ז, מַשְׁעֵן
sh-én, mash-ená) Apo-
yo, sostén, soporte.
Bastón.
מִשְׁעֶנֶת, נ. ר' מִשְׁעָנוֹת
(mish-énet) Respaldo,
apoyo. Bastón.
Es- (meshoar) .ת, מְשֹׁעָר
timado, supuesto.
Es- (meshaer) .ז, מְשַׁעֵר
timador. Que supone.
Su- (mish-ar) .ז, מִשְׁעָר
posición, conjetura.
Medida.
(mish-ará) .נ, מִשְׂעָרָה
Bolsa, mercado.
(mis-éret) .נ, מִשְׂעֶרֶת
Cepillo.
(meshaashéa) .ת, מְשַׁעֲשֵׁעַ
Divertido, ameno.
Cal-(mispájat) .ז, מִשְׂפָּח
vicie. Fig. injus-
ticia.
מִשְׁפָּחָה, נ. ר' מִשְׁפָּחוֹת
(mishpajá) Familia.
Clase,raza.Especie.
(báal-mish- בַּעַל מִשְׁפָּחָה-
pajá)Padre de familia.
(shem-mish- שֵׁם מִשְׁפָּחָה-
pajá) Apellido.
(mishpajtí) .ת, מִשְׁפַּחְתִּי
Familiar.
(mishpajti- .נ, מִשְׁפַּחְתִּיּוּת
yut) Familiaridad.
מִשְׁפָּט, ז. ר' מִשְׁפָּטִים
(mishpat) Juzgado.
Orden, precepto.Con-
ducta,costumbre.Fra-
se. Pleito.
(mishpat- מִשְׁפָּט קָדוּם-
cadum) Prejuicio.
(mishpatim) מִשְׁפָּטִים-
Derecho,jurisprudencia.
(beyt-mish- בֵּית מִשְׁפָּט-
pat) Tribunal.
(mishpatí) .ת, מִשְׁפָּטִי
Judicial.
Que (mashpil) .ז, מַשְׁפִּיל
rebaja o humilla.
(mashpía) .ת, מַשְׁפִּיעַ
Influente, influyente.
מַשְׁפֵּךְ, ז. ר' מַשְׁפְּכִים
(mahpej) Regadera.
Embudo.
Re- (mushpal) .ת, מֻשְׁפָּל
bajado, humillado.
Ces-(mashpélet).נ, מַשְׁפֶּלֶת
to, canasto.
Bi- (mesupam) .ת, מְשֻׂפָּם
gotudo.
In- (meshupá) .ת, מְשֻׁפָּע
clinado.
In- (mushpá) .ת, מֻשְׁפָּע
fluído.
Per-(meshupatz) .ת, מְשֻׁפָּץ
feccionado.
Me- (meshupar) .ת, מְשֻׁפָּר
jorado, perfeccionado.
(meshufshaf) .ת, מְשֻׁפְשָׁף
Frotado, estregado.
(mishpetá- ז"ר, מִשְׁפְּתַיִם
yim) Aprisco, redil.
(mé- מֶשֶׁק, ז. ר' מְשָׁקִים
shek) Finca. Posesión.

(méshek- bá- משק בית-
yit) Oficios domés-
ticos.
Tumul- (mashak) .ז ,משק
to, ruido. Dueño de
una finca, colono.
משקה ,ז. משקאות ,נס
Bebi- (mashké) משקים
da. Escanciador. Tier-
ra regada. Abrevador,
que da de beber.
Rega-(mushké) .ת ,משקה
do. Abrevado.
משקול, ר׳ משקל.
(mashcof) .ז ,משקוף
Dintel.
De la (mishkí) .ת ,משקי
finca.
(mashkif) .ז ,משקיף
Observador.
משקל ,ז. ר׳ משקלים,
Peso.(mishcal) משקלות
Métrica.
(mishcal- משקל אטומי-
atomi) Peso atómico.
(mishcal- משקל סגלי-
segulí)Peso específico
(shivuy- שווי משקל-
(mishcal) Equilibrio.
משקלת, נ.ר׳ משקולות
(mishcólet) Plomada.
Pesa.
משקלת, ר׳ משקלת.
Res-(meshucam) .ת ,משקם
tablecido.
Sedi- (mishcá) .ז ,משקע
mento. Hundimiento.
Precipitado.
Hun-(meshucá) .ת ,משקע
dido.
Consig-(mushcá) .ת ,משקע

nado, invertido.
(mishcafá- .ז"ז ,משקפים
yim) Anteojos, gafas.
משקפת, נ.ר׳ משקפות
(mishkéfet) Gemelos,
lentes.
Re- (meshucatz) .ת ,משקץ
pugnante, fastidioso.
משרד, ז. ר׳ משרדים
(misrad) Ministerio.
Oficina.
(misradut) .נ ,משרדות
Trabajos de oficina.
De (misradí) .ת ,משרדי
la oficina.
(misradán) .ז ,משרדן
Burócrata.
(misradanut) .נ ,משרדנות
Burocracia.
(misradaní) .ת ,משרדני
Burocrático.
Empleo,(misrá) .נ ,משרה
cargo. Dominación, po-
der, autoridad.
Infu- (mishrá) .נ ,משרה
sión, maceración. Ju-
go.
(mashrokit) .נ ,משרוקית
Pito.
(mesartet) .ז ,משרטט
Topógrafo.
(mesurtat) .ת ,משרטט
Dibujado.
(meshuryán) .ת ,משוריין
Blindado, acorazado.
Sa- (mashrit) .נ ,משרית
ladero.
In- (mashrán) .ז ,משרן
ductor.
Tío (mesaref) .ז ,משרף
materno.

Que-(misréfet). נ, מִשְׂרֶפֶת
ma, combustión.
Habi-(mishratz). ז, מִשְׁרָץ
tación, morada.
Ar- (mushrash) .ת, מֻשְׁרָשׁ
raigado.
Desar-(meshorash) ת, מְשֹׁרָשׁ
raigado.
Sar- (masret) .נ, מַשְׂרֵת
tén.
מְשָׁרֵת, ז. נ׳ מְשָׁרֶתֶת
(mesharet) Sirviente, criado.
מָשַׁשׁ (מָשַׁשׁ, יָמֹשׁ) פ״י
Palpar, tentar, tocar.
Tentar, palpar, מִשֵּׁשׁ-
tocar.
Dejar palpar, de- הֵמִשׁ-
jar tentar.
Rea- (meshash) .ז, מְשָׁשׁ
lidad, existencia.
He- (meshushá) .ז, מְשֻׁשָּׁה
xágono.
מִשְׁתֶּה, ז. ר׳ מִשְׁתָּאוֹת
(mishté) Banquete, festín. Bebida.
(beyt-mish- בֵּית מִשְׁתֶּה-
té) Bar, taberna.
(mashtocá) .ז, מַשְׁתּוֹקָא
Silencio.
Base. (mashtit) נ, מַשְׁתִּית
Se-(mashtelá). נ, מַשְׁתֵּלָה
millero, almáciga.
Es-(mishtamet) ז, מִשְׁתַּמֵּט
capado, huído, prófugo.
Ori-(mishtaná) נ, מִשְׁתָּנָה
nadero, urinario.
Que (mishtané). ת, מִשְׁתַּנֶּה
se cambia.
Aso-(meshutaf) .ת, מְשֻׁתָּף
ciado, común.

(mejané-me- מְשֻׁתָּף מְכַנֶּה-
shutaf) Denominador común.
Pa- (meshutak) .ת, מְשֻׁתָּק
ralizado, paralítico.
(mushtat) .ת, מֻשְׁתָּת
Basado.
(mishtatef) ז, מִשְׁתַּתֵּף
Partícipe.
(met) ז. ר׳ מֵתִים, מֵת
Muerto, difunto.
Ciu- (matá) .ז, מָתָא
dad.
Sui-(mit-abed). ז, מִתְאַבֵּד
cida.
(mit-agref) .ז, מִתְאַגְרֵף
Boxeador, púgil.
(mit-onén) .ז, מִתְאוֹנֵן
Que se queja.
Cor-(mat-im) .ת, מַתְאִים
respondiente. Que cae o viene bien.
(mat-i- .נ״ר, מַתְאִימוֹת
mot) Molares, muelas.
(zavi- מַתְאִימוֹת, זָוִיּוֹת-
yot-mat-imot) Ángulos correspondientes.
Si- (metoam) .ת, מְתֹאָם
métrico. Paralelo.
Adap-(mut-am) .ת, מֻתְאָם
tado, ajustado.
Si- (mit-am) .ז, מִתְאָם
metría.
Des-(metoar) .ת, מְתֹאָר
crito. Calificado.
Con- (mit-ar) .ז, מִתְאָר
torno.
(mitboded) .ת, מִתְבּוֹדֵד
Aislado.
(mitbolel) .ז, מִתְבּוֹלֵל
Asimilador.
(mitbonén) .ז, מִתְבּוֹנֵן

Observador.
Sa- (metubal) מְתֻבָּל, ת.
zonado.
Mon- (matbén) מַתְבֵּן, ז.
tón de paja.
מָתַג (מָתַג, יִמְתֹּג) פ"י
Poner un מֶתֶג debajo
de una letra.
Embridar. Poner מִתֵּג-
un מֶתֶג debajo de
una letra.
Ser embridado, הֻמְתַּג-
puesta la brida.
(mé- מֶתֶג, ז. ר' מְתָגִים
teg) Brida, riendas.
Bacilo. Botón. Raya
vetical que se pone
debajo de una letra
y que prolonga la sí-
laba.
(mitgorer) מִתְגּוֹרֵר, ת.
Que vive o habita.
(mitgoshesh) מִתְגּוֹשֵׁשׁ, ז.
Luchador.
De for-(mitguí). מִתְגִּי, ת.
ma de bastoncillo.
(mitgayés) מִתְגַּיֵּס, ז.
Reclutado.
Que (matug) מָתוּג, ת.
tiene un מֶתֶג.
מֵתוֹדָה, ר' שִׁיטָה.
(metodo- מֵתוֹדוֹלוֹגִי, ת.
logui) Metodológico.
(metodo- מֵתוֹדוֹלוֹגְיָה, נ.
logya) Metodología.
מֵתוֹדִי, ר' שִׁיטָתִי.
(metodist) מֵתוֹדִיסְט, ז.
Metodista.
(metódica) מֵתוֹדִיקָה, נ.
Metódica.
Bo- (mitvá) מִתְוָה, נ.
ceto, croquis.
Esbo- (mutvé) מֻתְוֶה, ת.
zado, bocetado, trazado.
Es- (matúaj) מָתוּחַ, ת.
tirado.
Esti-(mitúaj) מִתּוּחַ, ז.
ramiento.
מְתַוֵּךְ, ז. נ' מְתַוֶּכֶת, ר'
In- (metavej) מְתַוְּכִים
termediario.
De,(mitoj) מִתּוֹךְ, מ"י.
de adentro.
Mode- (matún) מָתוּן, ת.
rado, lento, tranquilo.
Mode-(mitún) מִתּוּן, ז.
ración.
(metofef) מְתוֹפֵף, ז.
Tamborilero.
Dulce.(matok) מָתוֹק, ת.
Endul-(mituk) מִתּוּק, ז.
zadura. Moderación.
Lanzado,(mutaz) מֻתָּז, ת.
echado. Arrancado.
מָתַח (מָתַח, יִמְתַּח) פ"י
Estirar, extender, ten-
der.
Ser extendido, הִמָּתַח-
ser estirado.
Extender,estirar. מִתַּח-
Extender,estirar. הִמְתִּחַ-
Extenderse. הִתְמַתֵּחַ-
Estira-(métaj) מֶתַח, ז.
miento. Tensión.
מַתְחִיל, ז. נ' מַתְחִילָה,
(matjil) ר' מַתְחִילִים
Principiante.
(mitjakem) מִתְחַכֵּם, ת.
Bufón.
Comen-(mutjal) מֻתְחָל, ת.
zado, empezado.
(mitjamek) מִתְחַמֵּק, ת.

Escapado.
(mitjased) .מִתְחַסֵּד, ת
Hipócrita.
(mitjapés) .מִתְחַפֵּשׂ, ת
Disfrazado.
Ri-(mitjaré) .מִתְחָרֶה, ז
val, competidor.
(matay) .מָתַי, מל"ש
Cuando. ¿Cuándo?
(metivtá) .מְתִיבְתָּא, נ
Escuela talmúdica.
Que (metuyag) .מְתֻיָּג, ת
tiene un מֶתֶג
(mityahed) .מִתְיַהֵד, ת
Judaizante.
(mityavén) .מִתְיַוֵּן, ת
Helenista.
Elás-(matíaj) .מָתִיחַ, ת
tico.
Es-(metijá) .מְתִיחָה, נ
tiramiento, tensión.
(metijut) .מְתִיחוּת, נ
Elasticidad. Tensión.
Es-(metuyal) .מְתֻיָּל, ת
tirado. Envuelto.
(metim) .מְתִים, ז"ר
Hombres, mortales.
(metey-mis- מְתֵי מִסְפָּר-
par) Algunos.
מְתִינָה, ר' מְתִינוּת.
(metinut) .מְתִינוּת, נ
Circunspección. Moderación.
Dul-(meticá) .מְתִיקָה, נ
zura.
(meticut) .מְתִיקוּת, נ
Dulzura.
Liber-(matir) .מַתִּיר, ז
tador. Permitidor, autorizador.
(mityashev) .מִתְיַשֵּׁב, ז
Colonizador.
[illegible]-(mutaj) .מֻתָּךְ, ת
do, derretido.
Re-(matcón) .מַתְכּוֹן, ז
ceta.
Medi-(metucán) .מְתֻכָּן, ת
do, pesado, contado.
(metujnán) .מְתֻכְנָן, ת
Planeado, proyectado.
(matcónet) .מַתְכֹּנֶת, נ
Cantidad. Proporción.
(matcuntí) .מַתְכֻּנְתִּי, ת
Proporcinal.
מַתֶּכֶת, נ. ר' מַתָּכוֹת
(matéjet) Metal.
([illegible]atéjet) אַל־מַתֶּכֶת-
Metaloide.
(matajtí) .מַתַּכְתִּי, ת
Metálico.
Ca-(matlaá) .מַתְלָאָה, נ
lamidad, desgracia.
[illegible]-(metlé) .מַתְלֶה, ז
[illegible].
(mitlahev) .מִתְלַהֵב, ת
Entusiasta.
(mitlahla-h-lé-.מִתְלַהְלֵהַּ, ת
hal) Enloquecido.
(mitlonén) .מִתְלוֹנֵן, ת
Que se queja.
[illegible]-(metulam) .מְתֻלָּם, ת
[illegible].
Es-(mitlamed) .מִתְלַמֵּד, ז
tudiante, aprendiz. Autodidacta.
Purpú-(metulá) .מְתֻלָּע, ת
reo. Gusaniento.
Mue-(metal-é) .מְתַלְּעָה, נ
la, diente molar.
(metultal) .מְתֻלְתָּל, ת
Ondulado.
[illegible] (metom) .מְתֹם, ז
[illegible].

(matemati) .ת ,מָתֵמָטִי
Matemático.
(matama- .ז ,מָתֵמָטִיקַאי
ticay) Matemático.
(matemática) .נ ,מָתֵמָטִיקָה
Matemática.
(matmid) .ת ,מַתְמִיד
Asiduo.
Sor-(matmíha) .ת ,מַתְמִיהַּ
prendente.
מַתְמָן, ר׳ מַשְׁמָן.
(mó- מָתְנַיִם ,ר׳ .ז ,מֹתֶן
ten) Cadera.
מָתַן (מָתַן, יִמְתַּן) פ"ע
Ser o estar blando o
húmedo.
Moderar. Obrar מִתֵּן-
con tranquilidad.
Esperar. הִמְתִּין-
Moderarse. הִתְמַתֵּן-
Regalo, (matán) .ז ,מַתָּן
presente.
Acen- (meten) .ז ,מֶתֶן
tuación.
(mitnagued) .ת ,מִתְנַגֵּד
Adversario.
(mitnadev) .ת ,מִתְנַדֵּב
Voluntario.
מַתָּנָה, נ. ר׳ מַתָּנוֹת
(mataná) Regalo, pre-
sente, obsequio.
Tra- (mutné) .ת ,מֻתְנֶה
tado. Condicional.
Hilo (mitná) .נ ,מִתְנָה
de suspensión.
(mitnavén) .ת ,מִתְנַוֵּן
Degenerado.
Cha-(motniyá) .נ ,מָתְנִיָּה
leco.
(motnáyim) .ז"ר ,מָתְנַיִם
Cadera.

מַתְנִיתָא, ר׳ מִשְׁנָה.
Ti- (mitnán) .ז ,מִתְנָן
melácea.
Lum-(maténet) .נ ,מָתֶנֶת
bago.
Repug-(metoav) .ת ,מְתֹעָב
nante.
Que (mat-é) .ת ,מַתְעֶה
equivoca.
Cana-(metoal) .ת ,מְתֹעָל
lizado.
(mit-amel) .ז ,מִתְעַמֵּל
Gimnasta.
Re- (mitpalel) .ז ,מִתְפַּלֵּל
zador, que reza.
(mitpalsef) .ז ,מִתְפַּלְסֵף
Filosofador.Filosofastro.
Cos-(mitpará) .נ ,מִתְפָּרָה
turería, sastrería.
מתק (מָתַק, יִמְתַּק) פ"ע
Endulzarse.
Endulzar.Moderar. מִתֵּק-
Ser endulzado. הֻמְתַּק-
Ser modorado.
Endulzar. הִמְתִּיק-
Endulzarse. הִתְמַתֵּק-
Dulce,(matak) .ז ,מָתָק
golosina.
Dulzu- (métek) .ז ,מֶתֶק
ra.
Dulzu- (mótek) .ז ,מֹתֶק
ra.
(miycabel) .ת ,מִתְקַבֵּל
Admisible.
(mitcadem) .ת ,מִתְקַדֵּם
Adelantado.Progresista.
(mitcomem) .ז ,מִתְקוֹמֵם
Rebelde.
Agre-(matkif) .ז ,מַתְקִיף
sor.
Gli- (mitkit) .נ ,מִתְקִית

cerina.
Repa-(metakén) .ז ,מְתַקֵּן
rador.
Arre-(metucán) .ת ,מְתֻקָּן
glado,reparado.Corregido.
Adap-(mutcán) .ת ,מֻתְקָן
tado, ajustado.
Me- (mitcán) .ז ,מִתְקָן
canismo.
(mitcapel) .ת ,מִתְקַפֵּל
Que se dobla.
(metaktak) .ת ,מְתַקְתַּק
Poco dulce.
Desatado,(mutar).ת ,מֻתָּר
libre. Permitido.
(meturbat) .ת ,מְתֻרְבָּת
Civilizado.
.ז ,מְתַרְגֵּם , מְתֻרְגְּמָן
(metarguem,meturgue-
mán) Traductor, in-
térprete.

(meturgam) .ת ,מְתֻרְגָּם
Traducido.
Co- (matrim) .ז ,מַתְרִים
lector de cuotas o con-
tribuciones.
En-(meturmal) .ת ,מְתֻרְמָל
vainado.
Bar- (mitrás) .ז ,מִתְרָס
ricada.
Ex- (metoratz) .ת ,מְתֹרָץ
plicado.
מְתֻשָּׁע ,ז. ר' מְתֻשָּׁעִים
(metushá) Eneágono.
Multiplicado por nu-
eve.
Regalo,(matat) .נ ,מַתָּת
presente, obsequio,
don.
(matat-elo-מַתַּת אֱלֹהִים-
him) Don de Dios, don
del cielo.

Décimacuarta (nun) נ
letra del alfabeto he-
breo. Su valor numéri-
co es 50.
Por fa- (na) נָא, מ"ק
vor, favor.
Crudo, medio (na) נָא, ת.
cocido.
(nod) נאדות ר' ,ז. נֹאד
Odre, pellejo.
Célu- (nodón) נאדון, ז.
la, alvéolo.
Magní- (ne-dar) נֶאְדָּר, ת.
fico, fantástico.
(naá) נָאוֹת ר' ,נ. נָאָה
Morada.
נָאָה (נָאֲתָה, יִנְאֶה) פ"ע
Ser agradable, hermoso.
Embellecerse. [illegible]
Adornar, embel- [illegible]
lecer, hermosear.
Hermosearse, em- [illegible]
bellecerse, adornarse.
Bello, (naé) נָאֶה, ת.
bonito, hermoso.
Amado, (neehav) נֶאֱהָב, ת.
amante.
נָאֶה (נָאֲתָה, יִנְאֶה) פ"ע
ר' נָאָה.
(na- נָאוָה ,נ' ,ת. נָאוֶה
vé) Hermoso, bonito.
(neolo- נֵאוֹלוֹגִיזְם, ז.
guizm) Neologismo.
(neoliti) נֵאוֹלִיתִי, ת.
Neolítico.
Discur- (neum) נְאוּם, ז.
so.
Neón. (neón) נֵאוֹן, ז.
Adul- (niuf) נִאוּף, ז.
terio.
Ultra- (niutz) נִאוּץ, ז.
je, insulto.
Lumi- (naor) נָאוֹר, ת.
noso. Inteligente, ci-
vilizado.
נָאוֹת, ר' אוֹת.
Conve- (naot) נָאוֹת, ת.
niente.

נְאוֹת מִדְבָּר, נ"ר. (neot-midbar) Pasto del desierto, oasis.
נֶאְזָר, ת. Ce- (ne-ezar) ñido.
נָאִיבִי, ת. In- (naívi) genuo, sencillo.
נָאִיבִיּוּת, נ. (naiviyut) Ingenuidad, sencillez.
נֶאֱכָל, ת. Co- (neejal) mestible.
נֶאֱלָח, ת. In- (neelaj) fectado, sucio.
נֶאֱלָם, ת. En- (neelam) mudecido.
נֶאֱלָץ, ת. Obli-(neelatz) gado.
נאם (נָאַם, יִנְאַם) פ"י Orar, pronunciar un discurso.
נְאֻם, ר' נְאוּם.
נֶאֱמָן, ת. נ' נֶאֱמָנָה, Fiel. (neemán) נֶאֱמֶנֶת
נֶאֱמָן, ז. Ora-(neemán) dor.
נֶאֱמָנוּת, נ. (neemanut) Fidelidad.
נאף (נָאַף, יִנְאַף) פ"ע Cometer adulterio. Fig. abandonar los preceptos de Dios.
נֶאְפָּד, ת. Ce- (ne-pad) ñido.
נַאֲפוּפִים, ז"ר (naafufim) Adulterio.
נאץ (נִאֵץ, יְנָאֵץ) פ"י Desdeñar, despreciar, insultar, blasfemar.
-נִאֵץ Desdeñar, blasfemar.
-הִנָּאֵץ Ser insultado, ser desdeñado.
-הִתְנָאֵץ Ser desdeñado, ser blasfemado.
נְאָצָה, נֶאָצָה, נ. (neatzá) Insulto, blasfemia.
נֶאֱצָל, ת. Dis-(neetzal) tinguido. Influído.
נאק (נָאַק, יִנְאַק) פ"ע Gritar, gemir.
נַאַק, ז. נְאָקָה, נ. (náak, neacá) Gemido, lloro, sollozo.
נָאקָה, נ. Ca- (na-cá) mella.
נֵאֵר, פ"י. Profanar.
נֵאָר, ת. Maldito. (near)
נֶאְשָׁם, ת. Acu-(neesham) sado.
נִבָּא, פ"ע. Profetizar.
-הִנָּבֵא Profetizar, predecir.
-הִתְנַבֵּא Profetizar.
נֶבֶג, ז. Brote, (néveg) botón.
נִבְדָּל, ת. Dis- (nivdal) tinto. Separado.
נִבְהָל, ת. Asus-(niv-hal) tado.
נְבוּאָה, נ. Pro- (nevuá) fecía. Predicción.
נְבוּאִי, ת. Pro- (nevuí) fético.
נָבוּב, ת. Vacío, (navuv) hueco.
נָבוּט, ת. Bro- (navut) tado.
נָבוֹךְ, ת. Embrol-(navoj) lado.
נִבּוּל, ז. Igno- (nibul) minia.
-נִבּוּל פֶּה (nibul-pe)

Calidad de hueco.
(nevijá) נְבִיחָה, נ.
Ladrido.
Brote, (nevitá). נְבִיטָה, נ
brotadura.
Mar-(nevilá) נְבִילָה, נ.
chitamiento.
Efusi-(neviá) נְבִיעָה, נ.
ón, derramamiento.
נְבִיעוּת, ר׳ נְבִיעָה.
נֶבֶךְ, ז. ר׳ נְבָכִים
(névej) Profundidad.
נָבֹל (נָבַל, יִבּוֹל) פ"ע
Marchitarse.
Deshonrar. Ensu- נִבֵּל-
ciar. Marchitar.
Deshonrarse. הִתְנַבֵּל-
Infa- (naval) נָבָל, ת.
me, vil, cobarde.
נֵבֶל, נֶבֶל, ז. ר׳ נְבָלִים
(nével) Odre, pellejo.
Arpa, lira.
In- (nevalá) נְבָלָה, נ.
famia.
Ca- (nevelá) נְבֵלָה, נ.
dáver.
Ver- (navlut) נַבְלוּת, נ.
güenza, pudor.
Tra-(nivlá) נִבְלָע, ת.
gado.
Salir, brotar, נָבַע, פ"ע.
surgir. Deducirse.
Expresar, hablar. הִבִּיעַ-
Corrumpirse, dañarse.
Des- (niv-é) נִבְעֶה, ת.
cubierto.
Ig- (niv-ar) נִבְעָר, ת.
norante. Tonto.
נָבֹק (נָבַק, יִבֹּק) פ"ע
Embrollarse.
Probo, (navar) נָבָר, ת.

Cinismo, grosería.
In- (navón) נָבוֹן, ת.
teligente.
(nevonut) נְבוֹנוּת, נ.
Inteligencia.
נִבְזֶה, ת. נ׳ נִבְזָה
(nivzé) Grosero.
Gro-(nivzut) נִבְזוּת, נ.
sería.
נָבַח (נָבַח, יִנְבַּח) פ"ע
Ladrar.
Ladrar. -נִבֵּחַ
Ladri-(névaj) נֶבַח, ז.
do.
La- (nivjá) נִבְחָה, נ.
drido.
La- (navjān) נַבְחָן, ז.
drador.
Exa-(nivjān) נִבְחָן, ז.
minado.
נִבְחָר, ת. נ׳ נִבְחֶרֶת
(nivjar) Fino. Escogido. Delegado, diputado.
(nivjéret) נִבְחֶרֶת-
Equipo, cuadrilla.
(beyt- בֵּית הַנִּבְחָרִים-
hanivjarim) Parlamento.
Brote. (névet) נֶבֶט, ז.
נָבֹט (נָבַט, יִנְבֹּט) פ"ע
Brotar.
Ser visto. הִנָּבֵט-
Ver, mirar. נִבֵּט-
Ver, mirar. הִבִּיט-
נָבִיא, ז. נ׳ נְבִיאָה ר׳
Profeta. (naví) נְבִיאִים
Orador.
(neviut) נְבִיאוּת, נ.
Prpfecía.
Pro-(nevií) נְבִיאִי, ת.
fético.
(nevivut) נְבִיבוּת, נ.

Néguev.
Azotar. נָגַד, פ"י
Decir. הִגִּיד-
Ser dicho. הֻגַּד-
Oponerse, con- הִתְנַגֵּד-
trariar.
Cpntra.(néqued. נֶגֶד, מ"י
Delante de, enfrente de.
Enfren-(kenégued)כְּנֶגֶד-
te de. Contra.
De en-(minégued) מִנֶּגֶד-
frente, de lejos.
Enfren-(lenégued)לְנֶגֶד-
te de.
Remol- (nagad) נַגָּד, ז.
cador.
Con- (negdí) נֶגְדִּי, ת.
trario, opuesto.
(negdiyut) נֶגְדִּיּוּת, נ.
Contrariedad.
נָגַהּ (נָגַהּ, יִגַּהּ) פ"ע
Brillar, lucir.
Corregir. Bril- הִגִּיהַּ-
lar.
Ser corregido. הֻגַּהּ-
Claridad,(nógah). נֹגַהּ, ז
brillo, luz. Venus.
Luz,(negohá) נְגֹהָה, נ.
brillo, claridad.
Seca- (naguv) נָגוּב, ת.
do, enjugado.
Seca- (niguv) נִגּוּב, ז.
miento.
Contra-(nigud) נִגּוּד, ז.
riedad, oposición.
Prin- (nagod) נָגוֹד, ז.
cipal, esencial.
Cor- (nagúaj) נָגוּחַ, ת.
neado, acorneado.
Música,(nigún) נִגּוּן, ז.
melodía.

honesto, honorable.
נָבַר (נָבַר, יִנְבַּר) פ"ע
Excavar, cavar.
Ser, (nivrá) נִבְרָא, ז.
criatura.
(nevroza) נֶבְרוֹזָה, נ.
Neurosis.
(nevroti) נֶבְרוֹטִי, ת.
Neurótico.
(nevrolog) נֶבְרוֹלוֹג, ז.
Neurólogo.
(nevrolo- נֶבְרוֹלוֹגְיָה, נ.
gya) Neurología.
(nevrón) נֶבְרוֹן, ז.
Neurona.
(nevritis) נֶבְרִיטִיס, ז.
Neuritis.
(nivréjet) נִבְרֶכֶת, נ.
Laguna.
(nevralgya) נֶבְרַלְגְּיָה, נ.
Neuralgia.
(nevrasteni) נֶבְרַסְתֶּנִי, ת
Neurasténico.
(nevras- נֶבְרַסְתֶּנְיָה, נ.
tenya) Neurastenia.
(nivréshet) נִבְרֶשֶׁת, נ.
Lámpara.
Sud. (néguev) נֶגֶב, ז.
Tierra árida, seque-
dad. Desierto que
se encuentra en el
sud de Israel.
נָגַב (נָגַב, יִגֹּב) פ"ע
Secar.
Secar, enjugar. נִגֵּב-
Ser secado. נֻגַּב-
Dirigirse hacia הִנְגִּיב-
sel sud.
Enjugarse, se- הִתְנַגֵּב-
carse.
Del (negbí) נֶגְבִּי, ת.

Me-(niguní) נְגוּנִי, ת.
lódico, músico.
Mor- (nagús) נָגוּס, ת.
dido.
Toca-(nagúa) נָגוּעַ, ת.
do. Contaminado.
Opri-(nagús) נָגוּשׂ, ת.
mido.
Opre- (nigús) נִגּוּשׂ, ז.
sión.
Ro- (nigzal) נִגְזָל, ת.
bado.
Cor- (nigzar) נִגְזָר, ת.
tado. Decretado.
נָגַח (נָגַח, יִגַּח) פ"י
Cornear, acornear.
Cornear, acornear. נִגַּח-
Ser corneado. נֻגַּח-
Hacer cornear. הִגִּיחַ-
Luchar, pelear. הִתְנַגֵּחַ-
נַגָּח, נַגְחָן, ז. (nagaj, nagján) Acorneador.
(negativ) נֶגָטִיב, ז.
Negativo.
נֶגָטִיבִי, ר' שְׁלִילִי.
Se- (neguivá) נְגִיבָה, נ.
camiento.
נָגִיד, ז. ר' נְגִידִים
(naguid) Título dado, en la Edad Media, a los jefes de las comunidades judías de Turquía, Egipto y España. Jefe, director, gobernador. Rico, opulento.
(neguidut) נְגִידוּת, נ.
Autoridad, poder. Riqueza, opulencia. Cargo del נָגִיד.
Cor-(neguijá) נְגִיחָה, נ.
nada.

Me-(neguiná) נְגִינָה, נ.
lodía. Música. Acento.
(neguinatí) נְגִינָתִי, ת.
Musical.
Mor-(neguisá) נְגִיסָה, נ.
dedura.
To- (neguiá) נְגִיעָה, נ.
camiento. Contacto.
Virus. (naguif) נָגִיף, ז.
Cho-(neguifá) נְגִיפָה, נ.
que.
Cor-(neguirá) נְגִירָה, נ.
riente, goteo.
Acer-(neguishá) נְגִישָׁה, נ.
camiento.
Opre-(neguisá) נְגִישָׂה, נ.
sión.
Des- (niglé) נִגְלֶה, ז.
cubierto, revelado.
Tocar (un ins- נִגֵּן, פ"י
trumento músico).
Ser tocado. Ser נֻגַּן-
acentuado.
Hacer tocar. Es- הַנְגֵּן-
cribir una melodía.
Mú- (nagán) נַגָּן, ז.
sico.
Melodía, (néguen) נֶגֶן, ז.
música.
Morde- (negues) נֶגֶס, ז.
dura, mordisco.
נָגַס (נָגַס, יִגֹּס) פ"י
Morder, mordiscar.
נָגַע (נָגַע, יִגַּע) פ"ע
Tocar.
Ser matado, ser הִנָּגַע-
exterminado.
Matar, exterminar. נִגֵּעַ-
Pegar, contaminar.
Ser matado. Ser נֻגַּע-

contaminado.
Llegar. Alcan- הַגַּע-
zar.
Contaminarse, הִתְנַגֵּעַ-
ser contaminado.
(al-gáat) אַל-גַּעַת-
Prohibido toçar.
(benoguéa-le) בְּנוֹגֵעַ לְ-
Respecto a.
Tie-(noguéa-le) נוֹגֵעַ לְ-
ne relación con.
(né- ר' נְגָעִים .ז, נֶגַע
ga) Llaga, plaga, ca-
lamidad.
נָגַף (נָגַף, יִגֹּף) פ"י
Matar, exterminar. De-
rrotar.
Ser matado, ser הִנָּגֵף-
exterminado.
Matar, exterminar. נַגֵּף-
Ser matado. נֻגַּף-
Tropezar, ser הִתְנַגֵּף-
derrotado.
Plaga.(néguef) .ז, נֶגֶף
Tropiezo, obstáculo.
Fluír, co-, הִנָּגֵר (נגר)
rrerse, manar.
Derramar, echar, הִגֵּר-
matar.
Ser derramado. הֻגַּר-
Car- (nagar) .ז, נַגָּר
pintero.
Líqui-(nigar) .ת, נִגָּר
do, flúido.
Canal, (néguer) .ז, נֶגֶר
recipiente.
Car-(nagarut) .נ, נַגָּרוּת
pintería (el oficio).
Car-(nagariyá) .נ, נַגָּרִיָּה
pintería (el taller).
Arras-(nigrar) .ת, נִגְרָר

trado. Remolcado.
Tor-(nigrash) .ת, נִגְרָשׁ
mentoso, tempestuoso.
נָגַשׂ (נָגַשׂ, יִגֹּשׂ) פ"י
Oprimir. Forzar, obli-
gar.
Ser oprimido. הִנָּגֵשׂ-
Ser forzado.
נָגַשׁ (נָגַשׁ, יִגַּשׁ) פ"ע
Acercarse.
Acercarse, apro- הִנָּגֵשׁ-
ximarse.
Acercar. Presen- הַגֵּשׁ-
tar, dar, ofrecer.
Ser acercado. Ser הֻגַּשׁ-
ofrecido, ser dado.
Chocarse, en- הִתְנַגֵּשׁ-
contrarse.
Montón. (ned) .ז, נֵד
Odre, pellejo.
Errante, (nad) .ת, נָד
vagabumdo.
נָדַב (נָדַב, יִדֹּב) פ"י
Donar, dar generosa-
mente.
Dar generosamente, נַדֵּב-
donar.
Ser donado, dado, הִנָּדֵב-
ofrecido.
Ofrecerse volun- הִתְנַדֵּב-
tariamente. Donar, dar
generosamente.
Limos-(nedavá) .נ, נְדָבָה
na. Ofrenda.
Ringle-(nidbaj) .ז, נִדְבָּךְ
ra de piedras.
Gene- (nadván) .ז, נַדְבָן
roso.
(nadvanut) .נ, נַדְבָנוּת
Generosidad.
נָדַד (נָדַד, יִדֹּד, יְנַדֵּד) פ"ע

Errar, viajar, vagabundear. Mover.
Alejar. נִדֵּד-
Ser alejado. נוּדַּד-
Alejar, expulsar. הֵנִיד-
Ser alejado. הֻנַּד-
Moverse. הִתְנוֹדֵד-
Insom- (néded) נֶדֶד, ז.
nio.
Alejar, expul- נִדָּה, פ"י
sar. Excomulgar.
Ser excomulgado. נֻדָּה-
Ser alejado, ale הִתְנַדָּה-
jarse. Ser excomulgado
Don, (nede) נֵדֶה, ז.
regalo, presente.
Mens- (nidá) נִדָּה, נ.
truación.
Asom-(nid-ham) נִדְהָם, ת.
brado, sorprendido.
(nedod) נְדוֹד, נְדֹד, ז.
Vagancia.
Ines- (nadud) נָדוּד, ת.
table.
(nedudim) נְדוּדִים, ז"ר.
Vagancia. Insomnio.
Ana- (niduy) נִדּוּי, ז.
tema, excomunión.
(nidón, נִדּוֹן, נָדוֹן, ת.
nadón) Tratado. Juzgado.
נְדוּנְיָא, נְדוּנְיָה, נ.
(nedunyá) Dote.
Ais- (nadur) נָדוּר, ת.
lado, alejado.
Tril- (nadosh) נָדוֹשׁ, ת.
lado.
נָדַח (נָדַח, יִדַּח) פ"י
Empujar, meter.
Ser empujado. הֻנְדַּח-
Ser desviado.

Desviar. Expul- הִדִּיחַ-
sar. Rechazar.
Ser expulsado. הֻדַּח-
Expul-(nidaj) נִדָּח, ת.
sado, desterrado.
Atra- (nidjé) נִדְחֶה, ת.
sado. Rechazado.
Gene- (nadiv) נָדִיב, ת.
roso.
(nedivut) נְדִיבוּת, נ.
Generosidad.
Va-(nedida) נְדִידָה, נ.
gancia.
La- (nadyán) נַדְיָן, ז.
vadero.
Volá- (nadif) נָדִיף, ת.
til.
Vola-(nedifut) נְדִיפוּת, נ
tilización.
Raro. (nadir) נָדִיר, ת.
(nedirut) נְדִירוּת, נ.
Rareza, escasez.
Opri- (nidcá) נִדְכָּא, ת.
mido.
Opri- (nidké) נִדְכֶּה, ת.
mido, quebrantado.
Ciem- (nadal) נָדָל, ז.
piés.
(nidmé) נִדְמֶה, תה"פ.
Parece, se cree, apa-
rentemente.
Vaina. (nedán) נְדָן, ז.
Dote. (nadán) נָדָן, ז.
Regalo, don.
Cunar, mecer, נִדְנֵד, פ"י.
mover.
Cunarse, me- הִתְנַדְנֵד-
cerse, moverse.
Cuna.(nadnedá) נַדְנֵדָה, נ.
Columpio.
Meci-(nidnud) נִדְנוּד, ז.

da, balanceo.

נִדְנְיָה, ר׳ נִדְנוּנְיָה.

נָדַף (נָדַף, יִדֹּף) פ"י Disipar, rechazar. Propagarse.

הִנָּדֵף- Disiparse, dispersarse.

הִתְנַדֵּף- Volatilizarse.

נִדָּף, ת. (nidaf) Disipado, dispersado.

נֶדֶף, ז. (nédef) Volatilización.

נָדַר (נָדַר, יִדֹּר) פ"ע Votar, hacer un voto.

הִנָּדֵר- Ser votado.

הִדִּיר- Hacer votar.

הֻדַּר- Ser votado.

נֶדֶר, נֵדֶר, ז. ר׳ נְדָרִים (néder) Voto, promesa.

נַדָּר, נַדְרָן, ז. נ׳ נַדָּרִית, נַדְרָנִית (nadar, nadrán) Votador.

נִדְרָס, ת. (nidrás) Pisado, hollado.

נֹהַּ, ז. (noha) Lloro, sollozo.

נָהָג, נֶהָג, ז. (nahag, nehag) Conductor, chofer.

נֹהַג, ז. (nóhag) Costumbre.

נָהַג (נָהַג, יִנְהַג) פ"י Conducir, gobernar, manejar. Acostumbrar.

נִהֵג- Manejar, conducir. Gemir, gritar.

הִנְהִיג- Acostumbrar. Dirigir, conducir.

הֻנְהַג- Ser acostumbrado.

הִתְנַהֵג- Portarse, manejarse.

נֶהְדָּר, ת. (nehedar) Espléndido, magnífico, excelente.

נָהָה (נָהָה, יִנְהֶה) פ"ע Gemir, lamentar, gritar. Desear.

הִנָּהָה- Desear.

נִהוּג, ז. (nihug) Conducción.

נָהוּג, ת. (nahug) Conducido. Acostumbrado.

נִהוּל, ז. (nihul) Dirección.

נְהוֹר, נְהוֹרָא, ז. (nehor, nehorá) Luz.

סַגִּי נְהוֹר- (saguí-nehor) Fig. ciego.

בִּלְשׁוֹן סַגִּי נְהוֹר- (bil-shón-saguí-nehor) Al contrario, al revés.

נְהִי, ז. (nehí) Lamentación, lloro, gemido.

נְהִיגָה, נ. (nehigá) Conducción.

נִהְיָה, נ. (niheyá) Lloro, lamentación.

נְהִילָה, נ. (nehilá) Dirección, administración.

נְהִימָה, נ. (nehimá) Gemido, bramido.

נְהִיקָה, נ. (nehicá) Rebuzno.

נָהִיר, ת. (nahir) Claro.

נְהִירָה, נ. (nehirá) Brillo. Participación.

נְהִירוּת, נ. (nehirut) Aclaración.

נִהֵל, פ"י. Conducir, manejar. Dirigir, administrar.

הִתְנַהֵל- Caminar, condu-

cirse. Ser dirigido.
Pro- (nóhal) .ז, נֹהַל
cedimiento.
Ale- (nahalá) .ת, נַהֲלָא
jado, expulsado.
Ma- (nahalol) .ז, נַהֲלֹל
leza.
נָהַם (נָהַם, יִנְהֹם) פ"ע
Gemir, rugir, bramar.
(ná- .נ, נְהָמָה .ז, נַהַם
ham, nahamá) Gemido,
bramido, mugido.
Que (nehené) .ת, נֶהֱנֶה
goza o se deleita.
(nehenatán) .ז, נֶהֱנְתָן
Gozador.
נָהַק (נָהַק, יִנְהַק) פ"ע
Rebuznar.
(náhak, .נ, נְהָקָה .ז, נַהַק
nehacá) Rebuzno.
נָהַר (נָהַר, יִנְהַר) פ"ע
Precipitarse, afluír.
Brillar, lucir.
Alumbrar. Fig. הִנְהִר-
instruír.
Ser alumbrado. הָנְהַר-
Fig. ser instruído.
נָהָר, ז. ר׳ נְהָרוֹת, גם
Río. (náhar) נְהָרִים
Luz.(nehará) .נ, נְהָרָה
Riachuelo.
Flu- (neharí) .ת, נְהָרִי
vial, del río.
Impedir. פ"י, הֵנִיא (נוא)
Tonto,(noal) .ת, נוֹאָל
torpe, estúpido.
נוֹאֵם, ז. ר׳ נוֹאֲמִים
(noem) Orador.
נוֹאֵף, ז. נ׳ נוֹאֶפֶת
(noef) Adúltero.
נוב (נָב, יָנוּב) פ"ע

Brotar. Hablar.
Hacer brotar. נוֹבֵב-
Hacer brotar. הֵנֵב-
De- (noash) .ת, נוֹאָשׁ
sesperado.
Desespe- אָמַר נוֹאָשׁ-
rarse.
Novela.(novela) .נ, נוֹבֶלָה
(novelist) .ז, נוֹבֶלִיסְט
Novelista.
Hoja(novélet) .נ, נוֹבֶלֶת
o fruta marchitada.
Substitución.
(novémber) .ז, נוֹבֶמְבֶּר
Noviembre.
Que (novéa) .ת, נוֹבֵעַ
brota o surge. Fig.
deducido.
(et-novéa) עֵט נוֹבֵעַ-
Estilógrafo.
Tris- (nugué) .ת, נוּגֶה
te, melancólico.
נוּגָה, ר׳ נֻגָּה.
Tris- (nugá) .נ, נוּגָה
teza, melancolía.
Que (noguéa) .ת, נוֹגֵעַ
toca .
(benoguéa-le) בְּנוֹגֵעַ לְ-
Con relación a.
Opre- (nogués) .ז, נוֹגֵשׂ
sor.
נוּד (נָד, יָנוּד) פ"ע
Cunarse, mecerse, mo-
verse. Viajar, errar.
Huír. Mover la cabeza,
lamentar.
Cunar,mover. Ale- הֵנֵד-
jar.
Moverse. In- הִתְנוֹדֵד-
quitarse.
Vagancia.(nod) .ז, נוֹד

נוֹד, ר' נאד
Vaga- (navad) .ז ,נַוָּד
bundo, nómada.
Erran-(noded) .ז ,נוֹדֵד
te, nómada.
Va- (navadut) .נ ,נַוָּדוּת
gancia.
Famoso,(nodá) .ת ,נוֹדָע
ilustre. Cònocido.
נָוָה (נָוָה, יִנְוֶה) פ"ע
Descansar. Morar. Ser
hermoso, bonito.
Embellecerse, -הִנָּוֶה
hermosearse.
Adornar, embelle- -נַוֵּה
cer, hermosear.
Adornar, embel- -הַנְוֵה
lecer.
Embellecerse. -הִתְנַוֵּה
Degenerar.
Morada. (navé) .ז ,נָוֶה
Aprisco, redil, pas-
turaje, prado.
(nevé-cáyi z) -נְוֵה קַיִץ
Casa de veraneo.
(navé) נָוֶה ,ת. נ' נָוָה
Hermoso, bonito.
Morada. (navá) .נ ,נָוָה
Pasturaje, prado.
Infa-(nivul) .ז ,נִוּוּל
mia. depravación.
Dege-(nivún) .ז ,נִוּוּן
neración.
נוֹזֵל, ז. ר' נוֹזְלִים
(nozel) Líquido.
נוּחַ (נָח, יָנוּחַ) פ"ע
Descansar, reposar,
calmarse.
Calmarse,,tran- -הֵנוֹחַ
quilizarse.
Calmar, tranqui- -הָנֵחַ
lizar. Dejar. Poner,
colocar. Suponer.
Ser tranquiliza- -הוּנַח
do.Ser puesto, coloca-
do. Ser supuesto.
Reposo,(nóaj) .ז ,נוֹחַ
tranquilidad.
Cómodo.(nóaj) .ת ,נוֹחַ
Tranquilo. Fácil.
Lugar (nojá) .נ ,נוֹחָה
de reposo.
Como-(nojut) .נ ,נוֹחוּת
didad. Facilidad.
(nojiyut) .נ ,נוֹחִיּוּת
Comodidad. Servicios
(de una casa).
Hechi-(nojesh) .ז ,נוֹחֵשׁ
cero, brujo.
נוּט (נָט, יָנוּט) פ"ע
Moverse, vacilar, os-
cilar.
Pilo- (navat) .ז ,נַוָּט
to.
Incli-(noté) .ת ,נוֹטֶה
nado.
(navatut) .נ ,נַוָּטוּת
Pilotaje.
Guar- (noter) .ז ,נוֹטֵר
dia, guardián.
(notrut) .נ ,נוֹטְרוּת
Guardia.
(notaryón) .ז ,נוֹטַרְיוֹן
Notario. Notaría. Es-
critor.
(notaryonil .ת ,נוֹטַרְיוֹנִי
Notarial.
(notaricón) ז ,נוֹטָרִיקוֹן
Abreviatura,abreviación.
Hermosura,(noy) .ז ,נוֹי
belleza.
Actual,(nojaj) .ת ,נוֹכָח

presente.
Pre-(nojéaj) .נוֹכֵחַ, ת
sente.
(nojejut) .נוֹכְחוּת, נ
Presencia.
(nojejí) .נוֹכְחִי, ת
Actual.
Astu-(nojell) .נוֹכֵל, ז
to, hipócrita.
(nojlut) .נוֹכְלוּת, נ
Astucia, hipocresía.
Ensuciar, .נִוֵּל, פ"י
afear. Tejer.
Ser afeado. -נֻוַּל
Afearse. -הִתְנַוֵּל
Nacido.(nolad) .נוֹלָד, ז
Futuro, porvenir.
In-(navlut) .נַבְלוּת, נ
famia. Fealdad.
נוּם (נָם, יָנוּם) פ"ע
Dormitar. Hablar.
Nómada.(nomad) .נוֹמָד, ז
Sueño.(numá) .נוּמָה, נ
(nominali) .נוֹמִינָלִי, ת
Nominal.
(nimina- .נוֹמִינָלִיזְם, ז
lizm) Nominalismo.
(numis- .נוּמִיסְמָטִיקָה, נ
mática) Numismática.
.נוּמֶרָטוֹר, ר' מְמַסְפֵּר
.נוּמֶרַצְיָה, נ. ר' מִסְפּוּר
Cre- .(נוּן) הִנּוֹן, פ"ע
cer, multiplicarse.
Nombre de (nun) .נוּן, נ
la décimacuarta letra
del alfabeto hebreo.
Hacer degenerar. .נִוֵּן, פ"י
Degenerar. -הִתְנַוֵּן
(נונה) הִתְנַוְּנָה, פ"ע
Degenerar.
(nuntziyus) .נוּנְצִיוּס, ז
Nuncio.

נוּס (נָס, יָנוּס) פ"ע
Huír, fugarse.
Causar la fuga, -הֵנֵס
hacer huír.
נוּסָח, נוּסְחָה, ר' נֹסַח, נֻסְחָה.
(nostalgya) .נוֹסְטַלְגְּיָה, נ
Nostalgia.
נוֹסֵעַ, ז. ר' נוֹסְעִים
(noséa) Viajero, pasajero.
Com-(nosaf) .נוֹסָף, ת
plementario.
(nosaf-al) -נוֹסָף עַל
Fuera de, además de.
נוּעַ (נָע, יָנוּעַ) פ"ע
Moverse, vacilar, oscilar. Vagar, errar.
Ser movido. -הֻנּוֹעַ
Mover, incitar. -הֵנַע
Mo- -הִתְנוֹעֵעַ, הִתְנַעֲנֵעַ
verse, oscilar.
Movimiento.(nóa) .נוֹעַ, ז
Convo-(noad) .נוֹעָד, ת
cado. Preparado.
Valien-(noaz) .נוֹעָז, ת
te, animoso.
.נוֹצֵץ, ר' נָצַץ
נוּף (נָף, יָנוּף) פ"י
Rociar, dispersar.
Agitar, mover, -נוֹפֵף
izar.
Izar. Mover, agi- -הֵנַף
tar.
Ser izado. Ser -הוּנַף
agitado, ser movido.
Ser izado, ele- -הִתְנוֹפֵף
varse.
(nof) נוֹף, ז. ר' נוֹפִים
Cima. Paisaje, panorama.

נוֹפֵל, ת. ר׳ נוֹפְלִים (nofel) Que cae. Cautivo.

נוֹפֶשׁ, ז. Con- (nofesh) valeciente.

(נוץ) נוֹצֵץ, פ"ע. Bril- lar, resplandecer, Brotar, surgir. -הֵנֵץ

נוֹצָה, נ. ר׳ נוֹצוֹת (notzá) Pluma.

נוֹצִי, ת. Plu- (notzí) moso, plumado.

נוֹצָן, ז. Plu- (notzán) mero.

נוֹצֵץ, ת. Bril-(notzetz) lante, luciente.

נוֹצָר, ר׳ יָצַר.

נוֹצֵר, ז. Guar-(notzer) dia, guardián.

נוֹצְרִי, ת. (notzrí) Cristiano.

(נוק) הֵינִיק, פ"י. Amamantar.

נוֹקֵב, ת. Per- (nokev) forador, punzante.

נוֹקֵד, ז. Pastor, (noked) dueño de ovejas, criador de ovejas.

נוֹקְדָן, ז. (nokdán) Pedante.

נוֹקְדָנוּת, נ. (nokdanut) Pedantería.

נוֹקְדָנִי, ת. (nokdaní) Pedante.

נוֹקְמָנִי, ת. (nokmaní) Vengativo.

נוּר, נוּרָא, ז. (nur, nu- rá) Luz, fuego.

נוֹרָא, ת. נ׳ נוֹרָאָה, ר׳ נוֹרָאִים Terrible. (norá)

נוֹרָה, ר׳ יָרָה.

נוּרָה, נ. Bombil-(nurá) lo, bombilla.

נוּרִית, נ. Ra- (nurit) núnculo.

נוֹרְמָה, נ. Norma. (norma)

נוֹרְמָלִי, ת. (normali) Normal.

נוֹרְמָלִיּוּת, נ. (normali- yut) Normalidad.

נוֹשֵׂא, ז. Porta-(nosé) dor. Sujeto, tema.

-נוֹשֵׂא כֵּלִים (nosé-ke- lim) Escudero.

נוֹשְׂאִי, ת. Sub-(nos-í) jetivo.

נוֹשָׁב, ת. Po- (noshav) blado.

נוֹשֶׁה, ז. Acree- (noshé) dor.

נוֹשָׁן, ת. Viejo, (noshán) viejísimo.

נוֹתָר, ת. Resto, (notar) restante.

נָזָה (נָזָה, יִזֶּה, יֵז, יִז) פ"ע Rociar, regar.

-הִזָּה Rociar, disper- sar, arrojar.

נִזּוּל, ז׳ Fun- (nizul) dición.

נִזּוֹן, ר׳ זוּן.

נָזוּף, ת. Re- (nazuf) prendido.

נָזוּר, ת. Coro- (nazur) nado.

נָזַח (נָזַח, יִזַּח) פ"ע Correrse, moverse.

נָזִיד, ז. Sopa, (nazid) manjar, comida.

נָזִיל, ת. Flúi- (nazil) do.

נְזִילוּת, נ. (nezilut)

dicado.
Ne- (nizcak) .ת,נִזְקָק
cesitado.
(né- נֵזֶר, ז. ר׳ נְזָרִים
zer) Corona, diadema.
נָזַר (נָזַר, יִזֹּר, יִזַּר) פ"ע
Abstenerse.
Abstenerse, ale- הִנָּזֵר-
jarse.
Alejar, separar. הִזִּיר-
Tranquilo,(naj) .ת,נָח
reposado.
Escon-(nejbá) .ת,נֶחְבָּא
dido, ocultado.
נחה (נָחָה, יִנְחֶה) פ"י
Conducir, guiar.
Guiar,conducir. הִנְחָה-
Diri- (najuy) .ת,נָחוּי
gido, conducido.
Conso-(nijum) .ז,נִחוּם
lación, condolencia.
Nece- (najutz) .ת,נָחוּץ
sario.
(col- .ת,(קוֹל-) נָחוּר
najor) Voz ronca.
Ron- (nijur) .ז,נִחוּר
quera.
De o (najush) .ת,נָחוּשׁ
como el cobre.
Adi- (nijush) .ז,נִחוּשׁ
vinación.
Co- (nejushá) .נ,נְחוּשָׁה
bre.
Bajo,(najut) .ת,נָחוּת
rudimentario.
Ban-(nejutá) .נ,נְחוּתָה
deja.
Con- (nejiyá) .נ,נְחִיָּה
ducción.
En- (najil) .ז,נָחִיל
jambre.

Fluidez.
Cor-(nezilá) .נ,נְזִילָה
riente, goteo.
Reprensión(nzifá).נ,נְזִיפָה
נְזִיקִים, נְזִיקִין,ז"ר.
(nezikim, nezikín) Da-
ño, perjuicio.
נָזִיר,ז. ר׳ נְזִירִים
(nazir) Monje. Ermi-
taño. Nazareno.
נְזִירָה,נ. ר׳ נְזִירוֹת
(nezirá) Monja. Naza-
rena.
Na-(nezirut).נ,נְזִירוּת
zareato. Vida mona-
cal. Abstención.
נָזַל (נָזַל, יִזַּל) פ"ע
Correrse, fluír, ma-
nar. Gotear.
Derretir, hacer הִזִּיל-
gotear.
Líquido,(nézel) .ז,נֶזֶל
lluvia. Catarro.
Ca- (nazélet) .נ,נַזֶּלֶת
tarro.
(né- נֶזֶם,ז. ר׳ נְזָמִים
zem) Pendiente, arete.
Fu- (niz-am) .ת,נִזְעָם
rioso, encolerizado.
En- (niz-af) .ת,נִזְעָף
colerizado, furioso.
נִזְעַק, ר׳ זָעַק.
נזף (נָזַף, יִזֹּף) פ"י
Reprender.
Dañarse, הִנָּזֵק, (נזק)
perjudicarse.
Perjudicar. הִזִּיק-
Ser perjudicado. הֻזַּק-
Per- (nézek) .ז,נֶזֶק
juicio, daño.
Perju- (nizak) .ת,נִזָּק

(nejilot) .נ"ר ,נְחִילוֹת
Nombre de un instru-
mento músico.
(nejitzut) .נ ,נְחִיצוּת
Necesidad, urgencia.
Ron-(nejirá) .נ ,נְחִירָה
quido. Ronquera.
(nejirá- .ז"ז ,נְחִירַיִם
yim) Ventanas de la nariz.
Ba-(nejitá) .נ ,נְחִיתָה
jada, aterrizaje.
(nejitut) .נ ,נְחִיתוּת
Bajeza, inferioridad.
נָחַל (נָחַל, יִנְחַל) פ"י
Heredar. Lograr.
Hacer he- הִנְחִיל ,נַחֵל-
redar, dejar en heren-
cia.
Heredar, poseer. הָנְחַל-
Heredar, esta- הִתְנַחֵל-
blecerse.
(ná- נְחָלִים 'ר .ז ,נַחַל
jal) Arroyo, riachue-
lo.
Here- (najalá) .נ ,נַחֲלָה
dad, finca, hacien-
da.
Ria- (najlá) .נ ,נַחְלָה
chuelo, arroyo.
(najalieli) .ז ,נַחֲלִיאֵלִי
Aguzanieves.
Consolar- ,הִנָּחֵם (נחם)
se. Arrepentirse.
Consolar. נַחֵם-
Ser consolado. נֻחַם-
Consolar- הִנָּחֵם ,הִתְנַחֵם-
se. Arrepentirse.
Cosuelo. (nójam) .ז ,נֹחַם
Arrepentimiento.
נֶחְמָד ,ת. נ' נֶחְמָדָה
(nejmad) Gracioso.

(ne- נֶחָמוֹת 'ר .נ ,נֶחָמָה
jamá) Consolación.
נַחְנוּ ,ר' אֲנַחְנוּ.
Teme-(nejpaz) .ת ,נֶחְפָּז
rario.
Rapi- (nájatz) .ז ,נַחַץ
dez. Acentuación.
Apresurarse. .פ"י ,נַחֵץ
Acentuar.
נָחַר (נָחַר, יִנְחַר) פ"י
Roncar. Degollar. Cor-
rerse, fluír.
Degollar. Roncar. נַחֵר-
(nájar, .נ ,נַחֲרָה .ז ,נַחַר
najará) Ronquido. Re-
lincho.
Ron-(najarán) .ז ,נַחְרָן
oador.
Com-(nejeratz) .ת ,נֶחֱרָץ
pleto, absoluto.
Adivinar. .פ"י ,נַחֵשׁ
Encobrar. הִנְחֵשׁ-
(na- נְחָשִׁים 'ר .ז ,נָחָשׁ
jash) Culebra, serpiente.
Sor- (nájash) .ז ,נַחַשׁ
tilegio. Adivinación.
Adivi- (nejash) .ז ,נֶחָשׁ
no.
Onda, (najshol) .ז ,נַחְשׁוֹל
tempestad.
Ar-(najshón) .ז ,נַחְשׁוֹן
riesgado.
(najshoní) .ת ,נַחְשׁוֹנִי
Arriesgado.
Fra- (nejshal) .ת ,נֶחְשָׁל
casado. Atrasado.
Co- (nejóshet) .נ ,נְחֹשֶׁת
bre.
Co-(nejushtí) .ת ,נְחֻשְׁתִּי
brizo, cúprico.
(nejush- .ז"ז ,נְחֻשְׁתַּיִם

Ser conjugado. Ser declinado.
Neto. (neto) .ז, נָטוֹ
Incli-(natuy) .ת, נָטוּי nado. Extendido. Conjugado. Declinado.
Ca- (natul) .ת, נָטוּל rente.
Plan-(natúa) .ת, נָטוּעַ tado.
Goteo,(nituf) .ז, נִטּוּף acción de gotear.
Guar- (nator) .ז, נָטוֹר dia, guardián.
(natura- .ז, נָטוּרָלִיזְם lizm) Naturalismo.
(natura- .ז, נָטוּרָלִיסְט list) Naturalista.
(natura- .ת, נָטוּרָלִיסְטִי listi) Naturalista.
Aban-(natush) .ת, נָטוּשׁ donado.
Emi- (natosh) .ז, נָטוֹשׁ grante.
Des- (netiyá) .נ, נְטִיָּה viación, desvío, inclinación. Tendencia.
(netiyat- נְטִיַּת הַפְּעָלִים- hapealim) Conjugación.
(netiyat- נְטִיַּת הַשֵּׁמוֹת- hashemot) Declinación.
Car- (natil) .ת, נָטִיל gado.
Toma,(netilá) .נ, נְטִילָה cogida, llevada.
(netilat- נְטִילַת יָדַיִם- yadáyim) Ablución.
(netilat- נְטִילַת רְשׁוּת- reshut) Autorización, permiso.
Planta.(natía) .ז, נָטִיעַ

táyim) Esposas.
(nejushtán) .ז, נְחֻשְׁתָּן Culebra de cobre.
(nejushtaní) .ת, נְחֻשְׁתָּנִי Cúprico.
נָחַת (נָחַת, יִנְחַת, יֵחַת) Bajar, aterrizar. פ"ע
Ser bajado. -הִנָּחֵת
Bajar, precipitar. -הִנְחִית
Ser bajado. -הֻנְחַת
(na- .ת, נָחֵת ר' נְחִתִּים jet) Acampado.
Reposo,(nájat) .נ, נַחַת tranquilidad. Comodidad.
(nájat-rúaj) -נַחַת רוּחַ Placer.
Tran- (benájat) -בְּנַחַת quilamente.
Baja- (nájat) .ז, נַחַת da.
Pana-(najtom) .ז, נַחְתּוֹם dero.
(najtomar) .ז, נַחְתּוֹמָר Panadería.
(nejitim) .ת, נְחִתִּים Acampados.
Cal-(najtán) .ת, נַחְתָּן mo, tranquilo.
נָטָה (נָטָה, אֶטֶּה, תֵּטֶּה, יֵטֶּה) פעו"י Inclinar, desviar, apartar. Extender, tender. Conjugar. Declinar.
Ser extendido. -הִנָּטֵה
Ser conjugado. Ser declinado.
Extender, inclinar, desviar. Conjugar. Declinar. -הִטָּה
Ser inclinado. -הֻטָּה

נָטַף (נָטַף, יִטֹּף)פעו"י
Fluír, gotear. Fig. hablar, expresar.
-נִטַּף Gotear.
-הִטִּיף Gotear. Fig. hablar, predicar.
נָטָף, ז. Bálsamo. (nataf)
נֶטֶף, ז. ר' נְטָפִים (nétef) Gota.
נָטַר (נָטַר, יִטֹּר) פ"י
Guardar, cuidar, vigilar. Guardar rencor.
נִטְרוֹגְלִיצֶרִין, ז. (nitroglitzerín) Nitroglicerina.
נִטְרוּק, ז. Abreviación. (nitruk)
נִטְרֵק,פ"י Abreviar, escribir abreviaturas.
נָטַשׁ (נָטַשׁ, יִטֹּשׁ) פ"י
Abandonar, dejar. Extenderse. Permitir.
-הִנָּטֵשׁ Ser abandonado. Extenderse.
-נִטּוֹשׁ Ser abandonado.
נִי, ז. Lamantación, (ni) lloro.
נִיב, ז. ר' נִיבִים (niv) Fruto. Fig. expresión, palabra. Diente canino.
-נִיב שְׂפָתַיִם (niv-sfatáyim) Expresión, palabra.
נִיבוֹן, ז. Lexicón. (nivón)
נִיד, ז. Movimiento. (nid)
נָיֵד, ת. Mueble. (nayed)
-נִכְסֵי דְנָיְדֵי (nijsey-denaydey) Bienes muebles.

נְטִיעָה, נ. Plantación. (netiá)
נָטִיף, ז. ר' נְטִיפִים (natif) Estalagmita, estalactita.
נְטִיפָה, נ Goteo. (netifá)
Collar.
נְטִירָה, נ. Rencor. (netirá)
נְטִישָׁה, נ Abandono. (netishá)
נְטִישׁוּת, נ. (netishut) Abandono.
נָטַל (נָטַל, יִטֹּל) פ"י
Tomar, quitar.
-הִנָּטֵל Ser tomado, ser quitado, llevado.
-נִטֵּל Tomar, levantar, alzar.
-הִטִּיל Arrojar, echar. Poner, imponer.
-הֻטַּל Ser puesto, ser impuesto.
-נָטַל יָדַיִם Lavarse las manos.
-הִטִּיל אֵימָה Asustar, espantar.
-הִטִּיל בֵּיצִים Poner huevos.
נֵטֶל, ז. Carga. (nétel)
נַטְלָה, נ. Jarro, jarra. (natlá)
נָטַע (נָטַע, יִטַּע) פ"י
Plantar. Fig. fijar.
-הִנָּטַע Ser plantado.
נֶטַע, ז. ר' נְטָעִים (neta) Planta. Plantación.
נַטָּע, ז. Plantador. (natá)
נִטְעָן, ת. Acusado. Cargado. (nit-án)

-נִכְסֵי דְּלָא נָיְדֵי (nij-sey-delá-naydey) Bienes inmuebles.

נָיָד, ת. Errante, (nayad) nómada.

נִידָה, נ. Movi- (nidá) miento.

נַיָּדוּת, נ. Va-(nayadut) gancia.

נַיֶּדֶת, נ. Pa-(nayédet) trulla.

נִיהִילִיזְם, ז. (nihilizm) Nihilismo.

נִיהִילִיסְט, ז. (nihilist) Nihilista.

נָיוֹת, נ"ר. Es-(nayot) cuela, colegio.

נַיָּח, ת. Calmo, (nayaj) tranquilo.

נִיחָא, ת. Bueno, (nijá) tranquilo.

נִיחָה, נ. Tran-(nijá) quilidad, reposo.

נְיָחָה, נ. Tran-(neyajá) quilidad.

נִיחוֹחַ (רֵיחַ-), ז. (rey-aj-nijóaj) Aroma.

נִיחוֹחִי, ת. (nijojí) Aromático.

נִיחוּתָא, נ. (nijutá) Tranquilidad, reposo.

נֵיטְרָלִי, ת. (neytrali) Neutral.

נֵיטְרָלִיּוּת, נ. (neytra-liyut) Neutralidad.

נִיל. ז. Añil, (nil) índigo.

נַיְלוֹן, ז. Ny- (naylón) lón.

נִילוּס, ז. El Nilo. (nilus)

נִים, ת. Dormido. (nim)

נִימָא, נ. Hilo, (nimá) pelo, cabello.

נִימָה, נ. ר׳ נִימִין, -ים (nimá) Hilo. Pelo, cabello. Cuerda. Vaso capilar.

נִימוּס, ז. Cor-(nimús) tesía, urbanidad.

נִימִי, ת. Capi- (nimí) lar.

נִימִיּוּת, נ. (nimiyut) Capilaridad.

נַיְמָן, ז. Dor-(naymán) milón.

נִימְפָה, נ. Nin-(nimfa) fa. Novia.

נִימְפֵיאָה, נ. (nimfeya) Ninfea, nenúfar.

נִין, ז. Bisnieto. (nin) Fig. descendiente.

נִיסָה, נ. Fuga, (nisá) huída.

נִיסָן, ז. Primer (nisán) mes del antiguo calendario hebreo. Es actualmente el séptimo y corresponde a abril.

נִיסָנִי, ת. Del (nisaní) mes de Nisán.

נִיעַ, ז. Escupina, (nía) flema, moco.

נִיעָה, נ. Movimien- (niá) to.

נִיצוֹץ, ז. ר׳ נִיצוֹצוֹת גם נִיצוֹצִים (nitzotz) Chispa.

נִיקוֹטִין, ז. (nicotín) Nicotina.

נִיקֶל, ז. Níkel. (níkel)

נְיָר, ז. ר׳ נְיָרוֹת (ne-yar) Papel.

Arraigar, הַכּוֹת שָׁרָשִׁים- echar raíces.
(najé) נָכֶה, ת. נ׳ נְכִים
Mutilado.
(nejé-rúaj) נְכֵה רוּחַ-
Triste, melancólico.
(nejé-rag- נְכֵה רַגְלַיִם-
láyim) Lisiado de los pies.
Malvado, (nejé) נֵכֶה, ז.
perverso.
Des- (nicuy) נִכּוּי, ז.
cuento.
נָכוֹן, ת. נ׳ נְכוֹנָה, ר׳ נְכוֹנִים
Justo, (najón)
verdadero. Dispuesto, pronto, listo.
(el— נָכוֹן, לְנָכוֹן) אֶל נָכוֹן-
najón, lenajón) En realidad, en verdad.
Ver-(nejoná) נְכוֹנָה, נ.
dad, franqueza.
Dis-(nejonut) נְכוֹנוּת, נ.
posición. Verdad.
Escar-(nicush) נִכּוּשׁ, ז.
da, escardadura.
נְכוֹת (בֵּית־), ר׳ נְכֹאת.
Inva- (nejut) נָכוּת, נ.
lidez.
Desen- (nijzav) נִכְזָב, ת.
gañado.
En- (nójaj) נֹכַח, תה"פ.
frente.
Enfren-(lenójaj) לְנֹכַח-
te. Por. Considerando, en vista de.
Justo, (najóaj) נָכֹחַ, ת.
recto.
נָכֹחַ (נָכַח, יִנְכַּח) פ"ע
Estar presente, participar.

נִיר (נָר, יָנִיר) פ"י
Roturar.
Barbe- (nir) נִיר, ז.
cho. Cultivo. Descendiente. Yugo.
(niyariyá) נְיָרִיָּה, נ.
Papelería.
Car-(neyóret) נְיֹרֶת, נ.
tón.
נָכָא, ת. נ׳ נְכֵאָה, ר׳ נְכֵאִים
Triste, (najé)
melancólico.
Ser ex- (נכא) הִנָּכֵא,
pulsado, rechazado.
(nejaím) נְכָאִים, ז"ר.
Tristeza, abatimiento.
Al- (nejot) נְכֹאת, נ"ר.
helí.
(beyt-nejot) בֵּית נְכֹאת-
Museo.
Hono- (nijbad) נִכְבָּד, ת.
rable, respetable, respetado. Cargado.
נֶכֶד, ז. נ׳ נֶכְדָּה, ר׳ נְכָדִים
Nieto. (néjed)
So- (nejdán) נֶכְדָּן, ז.
brino.
(nejdanit) נֶכְדָּנִית, נ.
Sobrina.
Ser pega- (נכה) הִנָּכָה,
do, golpeado.
Disminuír, restar. נִכָּה-
Amortizar.
Ser pegado. Ser amortizado. נֻכָּה-
Pegar, golpear. הִכָּה-
Matar. Destruír.
Ser pegado, golpeado. Ser matado. הֻכָּה-
Calum- הַכּוֹת בַּלָּשׁוֹן-
niar.

נִכְחָד, ת. (nijejad) Ale-jado.

נִכְחָה, נ. ר' נְכחוֹת (nejojá) Justicia.

נָכְחוּת, נ (nojejut) Pre-sencia.

נָכְחִי, ת. (nojejí) Pre-sente. Actual.

נִכָּיוֹן, ז. (nicayón) Des-cuento, deducción. A-mortización.

נִכֵּל, פ"ע. Conspirar, engañar.

-הִתְנַכֵּל Conspirar.

נֶכֶל, ז. ר' נְכָלִים (né-jel) Malicia, astucia.

נִכְלָם, ת. (nijlam) Aver-gonzado.

נִכְנָע, ת (nijná) Some-tido, subyugado. Dócil.

נֶכֶס, ז. ר' נְכָסִים (ne-jes) Bien, riqueza.

-נִכְסֵי דְנָיְדֵי (nijsey-denaydey) Bienes muebles.

-נִכְסֵי דְלָא נָיְדֵי (nij-sey-delá-naydey) Bienes inmuebles.

-יָרַד מִנְּכָסָיו Empobre-cerse.

נִכְסָף, ת. (nijsaf) Desea-do. Deseoso, anheloso, ansioso, que desea o quiere.

נִכְפֶּה, ת. נ' נִכְפֵּית (nijpé) Epiléptico.

נִכְפָּל, ז. (nijpal) Multi-plicando. Multiplicado.

נִכְפָּף, ת. (nijpaf) Ple-gable, doblegable.

(נכר) הִנְכִּיר, Distin-guir. Disfrazarse.

-נִכֵּר Distinguirse. Des-conocer, enajenar. En-cerrar.

-הִכִּיר Conocer. Recono-cer. Presentar.

-הֻכַּר Ser conocido. Ser reconocido.

-הִתְנַכֵּר Disfrazarse, disimularse.

נֶכֶר, נֹכֶר, ז. (néjer, nójer) Desgracia.

נֵכָר, ז. (nejar) Ex-tranjero.

-בֶּן נֵכָר (ben-jejar) Extranjero.

נִכָּר, ת. נ' נִכֶּרֶת (nicar) Conocido. Considerable.

-נִכָּר שֶׁ (nicar-she) Se nota que, se advierte que, se ve que.

נָכְרִי, ת. (nojrí) Extran-jero. No-judío. Raro.

-פֵּאָה נָכְרִית (peá-noj-rit) Peluca.

נָכְרִיָּה, נָכְרִית, נ. (noj-riyá, nojrit) Extran-jera. No judía.

נָכְרִיּוּת, נ. (nojriyut) Extranjería.

נִכֵּשׁ, פ"י. Escardar.

-נֻכַּשׁ Ser escardado.

-הִכִּישׁ Pegar. Morder.

-הִתְנַכֵּשׁ Escardarse, ser escardado.

נִלְבָּב, ת. (nilbav) En-cantador. Amable.

נִלְהָב, ת. (nil-hav) Entu-siasmado.

נִלְוֶה, ת. (nilvé) Acom-pañante.

נָלוֹז ,ת. Astuto,(naloz) injusto.

נְלִיזָה ,נ. Des-(nelizá) viación.

נִלְעָג ,ת. Ridí-(nil-ag) culo. Burlado.

נִמְאָס ,ת Fas- (nim-ás) tidioso.

נִמְבְזֶה ,ת. Des-(nemivzé) preciable.

נִמְהָר ,ת. Teme-(nim-har) rario, impetuoso.

נָמוֹג ,ת. Derre-(namog) tido. Conmovido.

נָמוֹךְ, נָמוּךְ ,ת. נ׳ נְמוּ- כָה, נְמוּכָה, ר׳ נְמוּכִים (namoj,namuj) Bajo. Inferior.

נִמּוֹל ,ת. Circunciso (nimol)

נִמּוֹס, ר׳ נִימוּס.

נִמּוּק ,ז. Causa, (nimuk) motivo.Excusa, razón.

נִמּוֹק, ר׳ מָקַק.

נָמוֹר ,ת. Rayado.(namor)

נִמּוּר ,ז. Rayado.(nimur)

נָמוֹשׁ ,ת De- (namosh) bilitado.

נָמֵי ,מ"ח. Tam- (namí) bién.

נְמִיגָה ,נ. Der-(nemigá) retimiento.

נְמִיָּה ,נ. Marta.(nemiyá)

נְמִיכוּת ,נ. (nemijut) Bajeza. Inferioridad.

נְמִיסָה ,נ. Der- (nemisá). retimiento.

(נמך) הִנְמִיךְ ,פ"י. Ba- jar. Rebajr.

הֻנְמַךְ- Ser bajado, ser rebajado.

נֹמֶךְ ,ז. Bajeza,(nómej) profundidad.

נְמַכְמַךְ ,ת. (nemajmaj) Bajito, poco bajo.

נָמַל (נָמֵל, יִמֹּל) פ"י Circuncidar.

נָמָל, נָמֵל, ז. ר׳ נְמָלִים (namel,namal) Puerto.

נְמָלָה ,נ. ר׳ נְמָלִים (nemalá) Hormiga.

נְמָלִי ,ת. Fór- (nemalí) mico, de la hormiga.

נִמְלָץ ,ת. Re- (nimlatz) tórico.

נִמְנוּם ,ז. Sue-(nimnum) ño liviano.

נִמְנֵם ,פ"ע. Dormitar.

הִתְנַמְנֵם- Dormirse, dormitar.

נַמְנְמָן ,ז. (namnemán) Dormilón.

נִמְנָע ,ת. Absten-(nimná) cionista, Impedido.

מִן הַנִּמְנָע- (min-hanim-ná) Imposible, irrealizable.

נִמֵּס ,פ"י. Civilizar.

נָמֵס ,ת. נ׳ נְמַסָּה (na-més) Derretido,fundido.

נִמְצָא ,ת. נ׳ נִמְצֵאת ר׳ נִמְצָאִים Exis- (nimtzá) tente. Presente.

נֶמֶק ,ז. ר׳ נְמָקִים (né-mek) Podredumbre.

נִמֵּק ,פ"י. Explicar, interpretar.

נֻמַּק- Ser explicado, interpretado.

נמק, ר׳ מָקַק.

נִמֵּר ,פ"י. Abigarrar.

נֻמַּר- Ser abigarrado.

נָמֵר ,ז. נ׳ נְמֵרָה, ר׳

Tigre.(namer) נְמֵרִים
(nemer-ha- נְמַר הַגָּמָל-
gamal) Jirafa.
Del (nemerí) .ת, נִמְרִי
tigre.
(gamal-ne- גָּמָל נִמְרִי-
merí) Jirafa.
Abso-(nimratz) ת, נִמְרָץ
luto, Violento.
(nimratzot) נִמְרָצוֹת-
Enérgicamente, cons-
tantemente.
Mancha (némesh) .ז, נֶמֶשׁ
de rojez.
Signi-(nimshal). ז, נִמְשָׁל
ficado, sentido.
Prolon-(nimshaj) ת, נִמְשָׁךְ
gado, continuado.
Exten-(nimtaj) .ת, נִמְתָּח
dido. Estirado.
(na- נַנָּס, ז. נ׳ נַנֶּסֶת
nas) Enano.
Ena- (nanasí) .ת, נַנָּסִי
no, diminuto.
(nes) נֵס, ז. ר׳ נִסִּים
Milagro. Bandera.
נָסַב (נָסַב, יָסֹב) פ"י
Rodear.
Causa,(nesibá) .נ, נְסִבָּה
motivo.
Pa-(nisbal) .ת, נִסְבָּל
ciente.
נָסַג (נָסַג, יִסַּג) פ"י
Recular, retroceder.
Alejar, hacer הִסִּיג-
retroceder.
Ser alejado. הֻסַּג-
נָסָה (נָסָה, יִסֶּה) פ"י
Alzar, elevar.
Ser ensayado. הִנָּסָה-
Ensayar. נִסָּה-

Ser ensayado. נֻסָּה-
Ser examinado, הִתְנַסָּה-
Tener experiencia.
Retro-(nasog) .ת, נָסוֹג
cedido.
Re- (nisúaj) .ז, נִסּוּחַ
dacción.
Ensa- (nisuy) .ז, נִסּוּי
yo. Experimento. Ex-
periencia.
Derra- (nisuj) .ז, נִסּוּךְ
mamiento. Libación.
נָסוּךְ, ת. נ׳ נְסוּכִים
(nasuj) Vertido, der-
ramado, mezclado.
נָסַח (נָסַח, יִסַּח) פ"י
Arrancar. Redactar.
Ser arrancado. הִנָּסַח-
Ser redactado.
Redactar. נִסַּח-
Alejar. הַסַּח-
Dejar de pen- הַסַּח דַּעַת-
sar, olvidar.
Texto. (nósaj) .ז, נֹסַח
Rito. Ejemplar.
Fórmu-(nusjá) .נ, נֻסְחָה
la. Texto.
For-(nusjatí) .ת, נֻסְחָתִי
mulario.
Recu-(nesigá) .נ, נְסִיגָה
lada, retroceso.
Sue- (nasyuv) .ז, נַסְיוּב
ro.
נִסָּיוֹן, ז. ר׳ נִסְיוֹנוֹת
(nisayón) Experimento,
ensayo,,experiencia.
(báal-nisa- בַּעַל נִסָּיוֹן-
yón) Experimentado.
Tener éxi- עָמַד בְּנִסָּיוֹן-
to.
Ser exa- עָמַד לְנִסָּיוֹן-

Izar la ban- .נָסַס, פ"י
dera, elevar.
Izar, levantar, נוֹסֵס-
elevar, alzar.
Flotar. Res- הִתְנוֹסֵס-
plandecer, brillar.
נָסַע (נָסַע, יִסַּע) פעו"י
Viajar.
Ser arrancado. הִנָּסַע-
Hacer viajar. Di- הִסִּיעַ-
rigir, conducir.
Ser llevado, ser הֻסַּע-
conducido.
Viaje. (nesa) .נֶסַע, ז
Con- (nis-ar) .נִסְעָר, ת
movido.
Suple- (nispaj).נִסְפָּח, ז
mento. Agregado.
נָסַק (נָסַק, יִסַּק) פ"ע
Subir.
Ser calentado. הִנָּסֵק-
Calentar. הִסִּיק-
Ser calentado. הֻסַּק-
נָסַר (נָסַר, יִסֹּר) פ"י
Serruchar, aserrar.
Serruchar, aser- נִסֵּר-
rar.
Ser aserrado, הִנָּסֵר-
ser serruchado.
(né- נֶסֶר, ז. ר' נְסָרִים
ser) Lámina, tabla.
Ser-(nesóret) .נְסֹרֶת, נ
rín, viruta.
Incita-(nisat) .נִסָּת, ת
do, engañado, seducido.
Oculto, (nistar).נִסְתָּר, ת
ocultado. Tercera per-
sona (mas.).
(nistarot).נִסְתָּרוֹת, נ"ר
Misterios, secretos.
Móvil. (ná) .נָע, ת

minado.
(nisyoní) .נִסְיוֹנִי, ת
Experimental.
נָסִיךְ, ז. ר' נְסִיכִים
(nasij) Príncipe. Li-
bación. Ídolo.
Prin-(nesijá).נְסִיכָה, נ
cesa. Libación.
(nesijut) .נְסִיכוּת, נ
Principado.
Expe-(nasyán) .נַסְיָן, ז
rimentador.
Tris- (nasís) .נָסִיס, ז
teza, sufrimiento.
Via-(nesiá) .נְסִיעָה, נ
je.
Ase- (nesirá).נְסִירָה, נ
rradura.
נָסַךְ (נָסַךְ, יִסֹּךְ) פ"י
Derramar, verter. Un-
gir. Fundir.
Ser ungido. Ser הִנָּסֵךְ-
Derramado.
Derramar, verter, נִסֵּךְ-
libar.
Derramar, verter, הִסִּיךְ-
libar.
Hacer príncipe. הִנְסִיךְ-
Ser derramado, הֻסַּךְ-
ser vertido.
Derramarse, הִתְנַסֵּךְ-
verterse.
נֶסֶךְ, נֵסֶךְ, ז. ר' נְסָכִים
(nésej)Libación.Ídolo.
Auto-(nismaj) .נִסְמָךְ, ת
rizado, diplomado, gra-
duado. Primera de las
dos palabras que for-
man la סְמִיכוּת.
Indi-(nismán) .נִסְמָן, ת
cado, señalado.

Errante.
(ne- נֶעְדָּר, ת. נ׳ נֶעְדֶּרֶת
dar) Desaparecido. Au-
sente.
Tor- (naavé) נַעֲוֶה, ת.
cido.
Cerrado. (naul) נָעוּל, ת.
Calzado.
Cla- (nautz) נָעוּץ, ת.
vado, hincado.
Vacío, (naur) נָעוּר, ת.
desocupado.
Meneo, (niur) נִעוּר, ז.
sacudimiento.
Despierto. (neor) נֵעוֹר, ת.
נְעוּרוֹת, נ"ר. ר׳ נְעוּרִים
(neurim) נְעוּרִים, ז"ר.
Infancia, niñez.
Clau-(neilá) נְעִילָה, נ.
sura. Calzadura. Úl-
tima oración del Día
de la Expiación (Yom-
Kipur).
Agra- (naim) נָעִים, ת.
dable.
Melo-(neimá) נְעִימָה, נ.
día, canto. Agrada-
ble.
(neimut) נְעִימוּת, נ.
Gracia.
נָעִיץ, ת. ר׳ נְעִיצִים
(naitz) Cavidad, hoyo.
Hin-(neitzá) נְעִיצָה, נ.
cadura.
Sacu-(neirá) נְעִירָה, נ.
dida, sacudimiento. Re-
buzno.
נֶעְכָּר, ת. נ׳ נֶעְכֶּרֶת
(ne-car) Triste. Daña-
do.
נָעַל (נָעַל, יִנְעַל) פ"י

Cerrar. Clausurar. Cal-
zar.
Ser clausurado. הִנָּעֵל-
Calzar. הַנְעֵל-
(ná- נַעַל, נ. ר׳ נְעָלִים
al) Calzado, zapato.
Humilla-(neelav) נֶעֱלָב, ת.
do, ofendido.
Ele- (naalé) נַעֲלֶה, ת.
vado, distinguido.
Supe-(naalut) נַעֲלוּת, נ.
rioridad, sublimidad.
Desa-(ne-lam) נֶעְלָם, ז.
parecido. Incógnita.
Ale- (neelás) נֶעֱלָס, ת.
gre.
נָעַם (נָעַם, יִנְעַם) פ"ע
Ser agradable.
Ser agradable. הִנָּעֵם-
Hacer agradable. הַנְעֵם-
Ser agradable. הָנְעַם-
Deleitarse. הִתְנָעֵם-
Gracia, (nóam) נֹעַם, ז.
hermosura.
נַעֲמִית, נ. ר׳ נַעֲמִיּוֹת
(naamit) Avestruz.
Agra-(naamán) נַעֲמָן, ת.
dable.
Opri- (naané) נַעֲנֶה, ת.
mido.
Sacu-(ni-núa) נִעְנוּעַ, ז.
dimiento, meneo.
Menear, agi- נִעְנֵעַ, פ"י.
tar, mover, sacudir.
Ser agitado, me- נְעֻנְעַ-
neado, movido.
Moverse, agi- הִתְנַעֲנֵעַ-
tarse.
Menta. (ná-na) נַעֲנַע, ז.
נָעַץ (נָעַץ, יִנְעַץ) פ"י
Clavar, hincar, fijar.

Ser hincado. הִנָּעֵץ-
(ná- נְעָצִים ר' .ז, נַעַץ
atz) Tachuela.
(naatzutz) .ז, נַעֲצוּץ
Espina, hoyo (?).
Ar- (neetzar) .ת, נֶעֱצָר
restado, detenido.
נָעַר (נָעַר, יִנְעַר) פ"י
Sacudir, agitar, mo-
ver, menear, rebullir.
Ser sacudido, הִנָּעֵר-
meneado.
Sacudir, agitar, נִעֵר-
menear, rebullir.
Ser sacudido, de- נֹעַר-
socupado.
Despertar. הַנְעֵר-
Sacudirse. Me- הִתְנַעֵר-
nearse, rebullirse.
נַעַר, ז. נ' נַעֲרָה, ר'
Niño, (náar) נְעָרִים
muchacho, joven.
Juventud.(nóar) .ז, נֹעַר
נַעֲרָה, נ. ר' נְעָרוֹת
(naará) Muchacha, mo-
za, joven.
Ju-(naarut) .נ, נַעֲרוּת
ventud, puerilidad.
Ad- (naaratz) .ת, נַעֲרָץ
mirable.
Es- (neóret) .נ, נְעֹרֶת
topa.
Heri- (nifgá) .ת, נִפְגָּע
do.
Cribar, cer- .פ"י, נִפָּה
ner.
Ser cribado, ser נֻפָּה-
cernido.
Criba, (nafá) .נ, נָפָה
cedazo, tamiz. Distri-
to, región.

Infla-(nipúaj) .ז, נִפּוּחַ
miento. Hinchamiento.
נָפוּחַ, ת. ר' נְפוּחִים
(nafúaj) Inflado. Hin-
chado.
Criba-(nipuy) .ז, נִפּוּי
do, cernidura, cernido.
Pichón.(nipul) .ז, נִפּוּל
Pan mal cocido.
Caído, (naful) .ת, נָפוּל
echado.
נָפוֹץ, ת. ר' נְפוֹצִים
(nafotz) Propagado, co-
nocido, famoso.
Roto, (nafutz) .ת, נָפוּץ
quebrantado.
Rompi-(niputz) .ז, נִפּוּץ
miento, quebrantamiento.
(nefutzot).נ"ר, נְפוּצוֹת
Dispersión.
נָפַח (נָפַח, יִפַּח) פ"י
Soplar. Inflar.
Ser inflado. הִנָּפַח-
Inflar. Hinchar. נִפֵּחַ-
Soplar.
Ser inflado. נֻפַּח-
Alejar, recha- הִפֵּחַ-
zar.
Inflarse. Hin- הִתְנַפֵּחַ-
charse.
Fig. morir. נָפַח נֶפֶשׁ-
Volu- (néfaj) .ז, נֶפַח
men. Capacidad.
Herrero, (napaj) .ז, נַפָּח
hojalatero.
Her-(napajut) .נ, נַפָּחוּת
rería (el oficio).
Her-(napajiyá) .נ, נַפָּחִיָּה
rería, hojalatería.
Petróleo.(neft) .ז, נֶפְט
Neptuno(neptún).ז, נֶפְטוּן

(naftalín) .ז, נַפְטָלִין
Naftalina.
Di- (niftar) .ת, נִפְטָר
funto. Libre, exento.
So- (nefijá) נ, נְפִיחָה
plo. Pedo.
(nefijut) .נ, נְפִיחוּת
Hinchamiento.
נָפִיל, ז. ר׳ נְפִילִים
(nafil) Gigante.
Caída. (nefilá) .נ, נְפִילָה
Decadencia.
(joli-ha- חֳלִי הַנְּפִילָה-
nfilá) Epilepsia.
Rom-(nefitzá) נ, נְפִיצָה
pimiento, quebranta-
miento. Propagación.
(nefitzut) .נ, נְפִיצוּת
Propagación.
Re-(nefishá) .נ, נְפִישָׁה
poso, tranquilidad.
Tur- (nófej) .ז, נֹפֶךְ
quesa.
נָפַל (נָפַל, יִפֹּל) פ"ע
Caer.
Tumbar, echar. הִפִּיל-
Abortar.
Precipitarse, הִתְנַפֵּל-
atacar, agredir.
Ser echado. הֻפַּל-
Enfer- נָפַל לְמִשְׁכָּב-
marse.
Proster- נָפַל עַל פָּנָיו-
narse.
Aborto. (néfel) .ז, נֵפֶל
נִפְלָא, ת. נ׳ נִפְלָאָה
(niflá) Maravilloso,
magnífico.
(niflaot) .נ"ר, נִפְלָאוֹת
Milagros, maravillas.
Ba- (nifnuf) .ז, נִפְנוּף

lanceo, agitación, os-
cilación.
Agitar, ha- .פ"י, נִפְנֵף
cer flotar, ondear.
Flo- הִתְנַפְנֵף, הִנַּפְנֵף-
tar, ondear.
Per- (nifsad) .ת, נִפְסָד
dido. Corrompido.
Pa- (nif-al) .ת, נִפְעָל
sivo.
Agi- (nif-am) ת, נִפְעָם
tado, conmovido.
נָפַץ (נָפַץ, יִפֹּץ) פ"ע
Dispersarse. Quebran-
tar. Sonarse.
Quebrantar, rom- נִפֵּץ-
per. Dispersar.
Ser quebrantado. נֻפַּץ-
Quebrantarse, הִתְנַפֵּץ-
romperse.
Explo- (néfetz) .ז, נֶפֶץ
sión, crujido.
Deto- (napatz) .ז, נַפָּץ
nador.
נָפַק (נָפַק, יִפֹּק) פ"ע
Salir.
Sacar, extraer. הִפִּיק-
Ser extraído. הֻפַּק-
Ausen-(nifcad) .ת, נִפְקָד
te. Recordado.
(naf- .נ, נַפְקָה, נַפְקָנִית
cá, nafcanit) Prosti-
tuta, ramera.
נִפְרָד, ת. נ׳ נִפְרֶדֶת
(nifrad) Separado. Im-
par, non.
Vio- (nifratz) .ת, נִפְרָץ
lentado. Propagado.
Descansar, .פ"ע, נָפַשׁ
reposar.
Reposar, des- הִנָּפֵשׁ-

(netz) נֵץ, ז. ר׳ נִצִּים
Brote, botón. Buitre.
(netz-jalav) נֵץ־חָלָב, ז.
Ornitógala.
נָצָא (נָצָא, יִצָּא) פ"ע
Volar.
Dere- (nitzav) נִצָּב, ז.
cho, recto, vertical,
perpendicular. Mango.
נָצָה (נָצָה, יִצֶּה) פ"ע
Volar. Luchar, comba-
tir. Ser destruído.
Pelear, luchar, הִנָּצָה־
combatir.
Incitar a la הַצֵּה־
pelea.
Luchar, dispu- הִתְנַצָּה־
tar, pelear.
Des- (nitzé) נִצֶּה, ת.
truído.
Brote, (nitzá) נִצָּה, נ.
botón.
Venci-(nitzúaj) נִצּוּחַ, ז.
miento, victoria. Di-
rección.
(jojmat- חָכְמַת הַנִּצּוּחַ־
hanitzúaj) Dialéctica.
(nitzují) נִצּוּחִי, ת.
Dialéctico.
Pelea, (nitzuy) נִצּוּי, ז.
disputa.
Explo- (nitzul) נִצּוּל, ז.
tación, aprovechamiento.
Sal- (nitzol) נִצּוֹל, ת.
vado, sobreviviente.
Pro-(netzulá) נְצוּלָה, נ.
fundidad.
Sur- (nitzok) נִצּוֹק, ז.
tidor.
נָצוּר, ת. ר׳ נְצוּרִים
(natzur) Oculto. Sitia-
cansar.
Hacer des- הַנְפֵּשׁ־.
cansar.
נֶפֶשׁ, זו"נ. ר׳ נְפָשׁוֹת
(néfesh) Alma, vida.
Monumento. Fig. per-
sona.
(néfesh-jayá) נֶפֶשׁ חַיָּה־
Alma. Ser.
(néfesh-yafá) נֶפֶשׁ יָפָה־
Delicadeza.
(góal-néfesh) גֹּעַל נֶפֶשׁ־
Repugnancia.
(hish- הִשְׁתַּפְּכוּת הַנֶּפֶשׁ־
tapjut-hanéfesh) Desa-
hogo.
(mapaj-néfesh) מַפַּח נֶפֶשׁ־
Desengaño, fracaso.
(mar-néfesh) מַר נֶפֶשׁ־
Amargura. Irritado.
Matar. הִכָּה נֶפֶשׁ־
יָצָא נֶפֶשׁ, נָפַח נֶפֶשׁ־
Morir.
(meshiv-né- מֵשִׁיב נֶפֶשׁ־
fesh) Fortificante.
Impacientarse. קָצַר נֶפֶשׁ־
Des- (nófesh) נֹפֶשׁ, ז.
canso, reposo, tran-
quilidad.
Psi-(nafshí) נַפְשִׁי, ת.
cológico. Cordial.
Miel, (nófet) נֹפֶת, נ.
panal.
(nafshiyut) נַפְשִׁיּוּת, נ.
Cordialidad.
Pe- (nifshá) נִפְשָׁע, ת.
cador, culpable.
(naftu- נַפְתּוּלִים, ז"ר
lim) Lucha, combate.
Tor-(niftal) נִפְתָּל, ת.
cido, tortuoso.

do. Escondrijo.
(netzurot) נְצוּרוֹת-
Secretos, cosas ocultas.
Cris-(nitzur) נִצּוּר, ז.
tianización.
נָצַח (נָצַח, יִנְצַח) פ"י
Brillar. Vencer, ganar.
Perpetuarse. Ser הִנָּצַח-
vencido, rendido, ganado.
Vencer, ganar. נִצֵּחַ-
Dirigir (un coro u orquesta).
Ser dirigido. Ser נֻצַּח-
vencido.
Inmortalizar, הַנְצֵחַ-
perpetuar.
Vencer, ganar. הִתְנַצֵּחַ-
(nétzaj) נֵצַח, נֶצַח, ז.
Brillo, luz, replandor. Eternidad, perpetuidad.
לָנֶצַח, לְנֵצַח נְצָחִים-
(lanétzaj, lenétzaj-netzajim)Eternamente
(ad-nétzaj) עַד נֶצַח-
Eternamente.
(ni- נִצָּח, ת. נ׳ נִצַּחַת
tzaj) Eterno, durable.
Decisivo.
נִצָּחוֹן, ז. ר׳ נִצְחוֹנוֹת
(nitzajón) Triunfo, victoria.
נִצְחוּת, נִצְחִיּוּת, נ.
(nitzjut, nitzjiyut)
Eternidad.
Eter-(nitzjí) נִצְחִי, ת.
no.
Ven- (natzján) נַצְחָן, ז.
cedor. Terco, obstinado.
(natzjanut) נַצְחָנוּת, נ.
Obstinación, terquedad.
(natzjaní) נַצְחָנִי, ת.
Terco, obstinado.
Co- (natziv) נָצִיב, ז.
lumna.
Go- (netziv) נְצִיב, ז.
bernador, virrey.
(netzivut) נְצִיבוּת, נ.
Virreinato, comisaría.
Re- (natzig) נָצִיג, ז.
presentante.
(netzigut) נְצִיגוּת, נ.
Representación.
נַצְיוֹנָלִי, ר׳ לְאֻמִּי.
נַצְיוֹנָלִיּוּת, נַצְיוֹנָלִיזְם,
ר׳ לְאֻמִּיּוּת.
נַצְיוֹנָלִיזַצְיָה, ר׳ הַלְאָמָה.
נַצְיוֹנָלִיסְט, ר׳ לְאֻמָּנִי.
(netzilut) נְצִילוּת, נ.
Rendimiento.
Mica.(natzitz) נָצִיץ, ז.
Salvarse. ,הִנָּצֵל (נצל)
Salvar. Explotar. נִצֵּל-
Aprovechar.
Salvar. Dejar, הַצֵּל-
guardar.
Ser salvado. הֻצַּל-
Desvestirse, הִתְנַצֵּל-
salvarse de. Disculparse, justificarse.
Ex- (natzlán) נַצְלָן, ז.
plotador.
(natzlanut) נַצְלָנוּת, נ.
Explotación.
(natzlaní) נַצְלָנִי, ת.
Explotador.
Res-(nitzólet) נִצֹּלֶת, נ.
to, residuo.

rar.
Ser perforado. -נָקוֹב
Ser nombrado, -הִנָּקֵב
ser llamado.
(né- נֶקֶב, ז. ר׳ נְקָבִים
kev) Hueco, orificio,
perforación.
Hembra.(nekevá). נְקֵבָה, נ
Femenino.
נִקְבָּה, נ. ר׳ נְקָבוֹת
(nikbá) Túnel. Perforación, hoyo, hueco.
(nakbuví) .נַקְבּוּבִי, ת
Poroso.
(nakbuvi- .נַקְבּוּבִיּוּת, נ
yut) Porosidad.
(nakbuvit) .נַקְבּוּבִית, נ
Poro.
(nak-.נַקְבוּת, נְקֵבוּת, נ
but, nekevut) Matriz.
Femineidad.
(nakvutí) .נַקְבוּתִי, ת
Femenino.
(neke-.נְקֵבִי, נְקֵבָתִי, ת
ví, nekevatí) Femenino.
נָקֹד (נָקַד, יִנְקֹד) פ"י
Puntear, puntuar. Brillar.
Ser punteado, -הִנָּקֵד
puntuado.
Puntuar, puntear. -נַקֵּד
Limpiar.
Ser puntuado. -נֻקּוֹד
נָקֹד, ת. נ׳ נְקֻדָּה, ר׳
Puntua-(nacod) נְקֻדִּים
do, punteado, manchado.
Punto.(necudá) .נְקֻדָּה, נ
Punto-vocal.
(necudá- -נְקֻדָּה וּפְסִיק
ufsik) Punto y coma.

Brote,(nitzán) .נִצָּן, ז
botón.
(nitznutz) .נִצְנוּץ, ז
Brillo.
Brillar.Fig..נִצְנֵץ, פ"ע
brotar.
Re- (nitz-ak) .נִצְעָק, ת
gañado. Gritado.
נָצֹץ (נָצַץ, יִנְצֹץ, יָנֵץ)
Brillar, chispear. פ"ע
Brotar, florecer.
Brotar, florecer. -הֵנֵץ
Fig. alzarse (el sol).
Brillar, chis-הִתְנוֹצֵץ-
pear.
נָצֹר (נָצַר, יִצֹּר) פ"י
Guardar, vigilar,ocultar. Sitiar. Cerrar.
Ser guardado, -הִנָּצֵר
ser ocultado.
Cristianizar. -נַצֵּר
Ser guardado. -הִנָּצֵר
Convertirse al -הִתְנַצֵּר
cristianismo, cristianizarse.
(né- נֵצֶר, ז. ר׳ נְצָרִים
tzer) Brote, vástago.
Fig. descendiente.
Pi- (nitzrá) .נִצְרָה, נ
caporte.
(natzrut) .נַצְרוּת, נ
Cristianismo.
Ne- (nitzraj) .נִצְרָךְ, ת
cesitado.
נָקֹב (נָקַב, יִנְקֹב, יִקֹּב)
Perforar, horadar, פ"י
agujerear. Fijar, designar. Insultar.
Ser perforado. -הִנָּקֵב
Ser designado.
Horadar, perfo- -נַקֵּב

(necudat- מַבָּט נְקֻדַּת-
mabat)Punto de vista.
Pun- (nakdán) .ז, נַקְדָן
tuador, persona que
puntua los libros
de la Ley.
Mi- (nakdán) .ז, נַקְדָן
nucioso.
(nicudim) .ז"ר, נִקֻּדִים
Pan seco.
(necuda- .נ"ז, נְקֻדָּתַיִם
táyim) Dos puntos.
Limpiarse, הִנָּקֵה (נקה)
Ser purificado, ser
perdonado,disculpado.
Limpiar. Perdo- נִקָּה-
nar, disculpar.
Ser limpiado, נֻקָּה-
limpiarse. Ser perdo-
nado, disculpado.
Limpiarse, pu- הִתְנַקָּה-
rificarse.
Camella(nacá) .נ, נָקָה
Per- (nacuv) .ת, נָקוּב
forado.
Per- (nicuv) .ז, נִקּוּב
foración.
(be- .נ, (בֵּית-) נְקוּבָה
yt-necuvá) Ano, culo,
orificio.
Pun- (nacud) .ת, נָקוּד
tuado.
Pun- (nicud) .ז, נִקּוּד
tuación.
נְקוּדִים, ר' נִקֻּדִים.
נְקוּדָתַיִם, ר' נְקֻדָּתַיִם.
Dese-(nicuz) .ז, נִקּוּז
cación.
Cogido,(nacut) .ת, נָקוּט
empleado, usado.
Limpia-(nicuy) .ז, נִקּוּי

miento, limpiadura.
Lavado.
Per- (nacuf) .ת, נָקוּף
forado.
Golpe,(nicuf) .ז, נִקּוּף
golpeo.
Per- (nacur) .ת, נָקוּר
forado, picado.
Perfo-(nicur) .ז, נִקּוּר
ración, picoteo.
Desecar, se-. פ"י, נִקֵּז
car.
Ser desecado. נֻקַּז-
Sangrar. (דָּם-) הִקִּיז-
Ser sangrado. הֻקַּז-
נָקַט (נָקַט, יִנְקֹט) פ"י
Tomar, coger, servirse
de, emplear. Desdeñar.
Proveer, abas- נִקֵּט-
tecer.
נָקִי, ת. נ' נְקִיָּה, ר'
Limpio. (nakí) נְקִיִּים
Libre, inocente.
(nekí-hadá- הַדַּעַת נְקִי-
at) Delicado.
(nekí-ca- כַּפַּיִם נְקִי-
páyim) Inocente.
(dam-nakí) דָּם נָקִי-
Sangre (persona) ino-
cente.
(lashón-- נְקִיָּה לָשׁוֹן-
nekiyá) Eufemismo.
Aber-(nekivá) .נ, נְקִיבָה
tura, perforación.
Aseo,(nicayón). ז, נִקָּיוֹן
limpieza. Inocencia.
(nikyón- כַּפַּיִם נִקְיוֹן-
capáyim) Inocencia.
(nikyón- שִׁנַּיִם נִקְיוֹן-
shináyim)Fig. hambre.
Lim-(nekiyut) .נ, נְקִיּוּת

pieza. Fig. inocencia.
To-(nekitá) .נְקִיטָה, נ
ma, empleo, uso, ejer-
cicio.
Ven-(nekimá) .נְקִימָה, נ
ganza.
Lu- (nekiá) .נְקִיעָה, נ
xación.
Gol-(nekifá) .נְקִיפָה, נ
pe, golpeo.
Hueco,(nakik) .נָקִיק, ז
hoyo, orificio.
Pico-(nekirá).נְקִירָה, נ
tada, picoteo.
Gol-(nekishá).נְקִישָׁה, נ
pe, golpeo.
Fá- (nakel) .נָקֵל, תה"פ
cil.
Fácil-(benakel) בְּנָקֵל-
mente,con facilidad.
Insig-(niklé) .נִקְלֶה, ת
nificante.Despreciado.
Fa- (necalá) .נְקַלָּה, נ
cilidad.
(al-necalá) עַל נְקַלָּה-
Fácilmente.
נָקַם (נָקַם, יִקֹּם) פ"י
Vengar.
Ser vengado. Ven-הִנָּקֵם-
garse.
נַקֵּם, ר' נָקַם-
Ser vengado. הֻקַּם-
Vengarse. הִתְנַקֵּם-
(nácam, נְקָמָה, נ .נָקָם, ז
necamá) Venganza.
Ven- (nakmán) .נַקְמָן, ז
gador, vengativo.
(nakmanut) .נַקְמָנוּת, נ
Venganza.
Sal- (naknik) .נַקְנִיק, ז
chichón.

(naknikiyá).נַקְנִיקִיָּה, נ
Salchichería.
נַקְנִיקִית, נ. ר' נַקְנִיקִיּוֹן
(naknikit) Salchicha.
נָקַע (נָקַע, יִקַּע) פ"ע
Dislocarse.
Luxa- (néca) .נֶקַע, ז
ción. Cavidad.
נָקַף (נָקַף, יִנְקֹף, יִקֹּף)
Remolinear, re- פע"י
molinar, dar vueltas.
Ser rodeada (la הִנָּקֵף-
cabeza).
Grabar. Cortar, נִקֵּף-
herir.
Rodear. Contener, הִקִּיף-
comprender. Fiar, dar
a crédito.
Ser rodeado. הֻקַּף-
Sacudida,(nókef).נֹקֶף, ז
sacudimiento.
Golpe.(nékef) .נֶקֶף, ז
Herida,(nikpá) .נִקְפָּה, נ
llaga.
נָקַר (נָקַר, יִקֹּר) פ"י
Perforar, agujerear.
Picar, picotear.
Perforar. Picar, נִקֵּר-
picotear, pinchar,pun-
zar.
Ser perforado. הִנָּקֵר-
Ser picado, picoteado.
Ser perforado, pi-נֻקַּר-
cado, picoteado.
Pico- (néker) .נֶקֶר, ז
teo.
Hoyo, (nicrá) .נִקְרָה, נ
cavidad, hueco.
(necrolog) .נֶקְרוֹלוֹג, ז
Necrología.
(necroman-.נֶקְרוֹמַנְטִיָּה, נ

Aceite de nardo.
Dor- (nirdam) .נִרְדָּם, ת
mido profundamente.
Per- (nirdaf) .נִרְדָּף, ת
seguido.
(shemot-שֵׁמוֹת נִרְדָּפִים-
nirdafim) Sinónimos.
(nardshir) .נַרְדְּשִׁיר, ז
Ajedrez.
In- (nirpé) .נִרְפֶּה, ת
dolente, perezoso.
In- (nirput) .נִרְפּוּת, נ
dolencia.
Tur- (nirpás) .נִרְפָּשׂ, ת
bio.
Acep- (nirtzé) .נִרְצֶה, ת
tado.
Ase- (nirtzaj) .נִרְצָח, ת
sinado.
(narcoza) .נַרְקוֹזָה, נ
Narcosis.
(narcoti) .נַרְקוֹטִי, ת
Narcótico.
(narcóti- נַרְקוֹטִיקוּם, ז
cum) Narcótico.
(narkizm) .נַרְקִיזְם, ז
Narcisismo.
Nar- (narkís) .נַרְקִיס, ז
ciso.
Vaina, (nartik) נַרְתִּיק, ז
estuche, funda.
נָשָׂא (נָשָׂא, יִשָּׂא) פ"י
Alzar, levantar, elevar. Llevar, cargar. Aguantar, sufrir. Perdonar. Hablar, decir. Brotar. Respetar. Contar. Enorgullecerse. Quemar.
Ser alzado, ser הִנָּשֵׂא-
elevado. Ser llevado,

tya) Necromancia.
(nikriyá) .נִקְרִיָּה, נ
Pico (pájaro).
Mi- (nacrán) .נַקְרָן, ז
nucioso.
(nacranut) .נַקְרָנוּת, נ
Minuciosidad.
Golpear. Ten- .נָקַשׁ, פ"י
der una trampa.
Ser tendida. הִנָּקֵשׁ-
Tender una tram- נַקֵּשׁ-
pa.
Golpear. Compa- הַקֵּשׁ-
rar.
Conspirar, com- הִתְנַקֵּשׁ-
plotar.
Mise-(nikshé) .נִקְשֶׁה, ת
rable, desgraciado.
Endu- (nukshé) .נֻקְשֶׁה, ת
recido, duro, seco.
Du- (nukshut) .נֻקְשׁוּת, נ
reza.
(ner) נֵר, ז. ר׳ נֵרוֹת
Vela, bujía.
Visto. (nir-é) .נִרְאֶה, ת
Visible.
Irri-(nirgaz) .נִרְגָּז, ת
tado, furioso.
(narguil) .נַרְגִּיל, ז
Nuez de coco.
(narguila) .נַרְגִּילָה, נ
Narguile.
Calum-(nirgán) .נִרְגָּן, ת
niador, intrigante.
(nirganut) .נִרְגָּנוּת, נ
Calumnia, intriga.
Con-(nirgash) .נִרְגָּשׁ, ת
movido.
(nerd) נֵרְדְּ, ז. ר׳ נְרָדִים
Nardo.
(nardinón) .נַרְדִּינוֹן, ז

Rechazar. Hacer הַשֵּׁב-
soplar.
(né- נֶשֶׁב, ז. ר' נְשָׁבִים
shev) Soplo. Trampa,
red.
Cás-(nishóvet) נִשְׁבֶּת, נ.
cara, residuo.
Conse- הִשִּׂיג, פ"י (נשג)
guir. Alcanzar. Comprender. Replicar.
Ser alcanzado. הֻשַּׂג-
Ser conseguido.
Ele- (nisgav) נִשְׂגָּב, ת.
vado, sublime.
(nashdur) נַשְׁדּוּר, ז.
Amoníaco.
נשה (נָשָׁה יִשֶּׁה) פ"י
Abandonar, olvidar. Pedir una deuda.
Ser olvidado. הִנָּשֶׁה-
Hacer olvidar. נַשֵּׁה-
Pedir una deuda. הַשֵּׁה-
Hacer olvidar. Disminuír.
(guid-ז, (גִּיד הַ-) נָשֶׁה
hanashé) Tendón, nervio
ilíaco (?).
נָשׂוּא, ת. נ' נְשׂוּאָה
(nasú) Cargado, alzado.
Casado. Atributo.
(nesú-avón) נְשׂוּא עָוֹן-
Perdonado.
(nesú-pa- נְשׂוּא פָּנִים-
nim) Respetable.
נִשּׂוּאִים, נִשּׂוּאִין, ז"ר.
(nisuím, nisuín) Matrimonio.
בּוֹא בִּבְרִית הַנִּשּׂוּאִין-
Casarse, contraer matrimonio.
Casa- (nasuy) נָשׂוּי, ת.
do.

ser cargado. Casarse.
Elevar, alzar. נַשֵּׂא-
Alimentar, nutrir.
Transportar.
Cargar, llevar. הַשֵּׂא-
Encender. Casar.
Ser elevado, ser נֻשּׂוֹא-
alzado.
Elevar- הִתְנַשֵּׂא, הִנַּשֵּׂא-
se. Enorgullecerse.
Casarse, נָשׂא אִשָּׁה-
contraer matrimonio.
נָשׂא חֵן, נָשׂא חֶסֶד (בְּ-
עֵינֵי)-
Agradar, gustar.
Alzar la mano: נָשׂא יָד-
jurar.
נָשׂא עָוֹן, נָשׂא פֶּשַׁע-
Perdonar.
Mirar. Per- נָשׂא פָּנִים-
donar. Preferir.
Cortar la ca- נָשׂא רֹאשׁ-
beza. Contar. Enorgullecerse.
Regatear. נָשׂא וְנָתַן-
Traficar, negociar.
Aconsejar. הַשֵּׂא עֵצָה-
Elevado, (nisá) נִשָּׂא, ת.
alzado, alto.
נָשָׁא (נָשָׁא, יִשָּׁא) פ"י
Trasladar. Pedir una deuda.
Ser engañado, se- הִנָּשֵׁא-
ducido, desviado.
Engañar, desviar, הַשֵּׁא-
seducir. Incitar.
Don, (nisé-t) נְשֵׂאת, נ.
regalo, presente.
נָשַׁב (נָשַׁב, יִשַּׁב) פ"ע
Soplar. Ventear.
נַשֵּׁב ר' נָשַׁב-

נְשִׁילָה, נ. (neshilá) Caí-da.
נָשִׁים, נ"ר (nashim) Plural de אִשָּׁה.
נְשִׁימָה, נ. (neshimá) Res-piración.
נְשִׁיקָה, נ. (neshicá) Beso.
נְשִׁירָה, נ. (neshirá) Caída, acción de caer (frutas, hojas, el pelo, etc.).
נָשַׁךְ (נָשַׁךְ, יִשֹּׁךְ, יִשַּׁךְ) פ"י Morder. Usurear. Mordiscar.
-נָשַׁךְ Morder.
-נִשַּׁךְ Ser mordido.
-הִשִּׁיךְ Hacer morder. Usurear.
נֶשֶׁךְ, ז. (néshej) Usura, interés. Comezón.
נִשְׁכָּה, נ. (nishcá) Sala, cuarto, pieza.
נַשְׁכָן, ז. נ׳ נַשְׁכָנִית (nashján) Mordedor.
נִשְׂכָּר, ת. (niscar) Alquilado, arrendado. Empleado. Ganancioso.
נָשַׁל (נָשַׁל, יִשֹּׁל) פעו"י Caer. Descalzarse. Expulsar.
-הִנָּשֵׁל Caer. Ser expulsado.
-נִשֵּׁל Expulsar.
-הִשִּׁיל Tumbar, echar.
נֶשֶׁל, ז. (néshel) Caída.
נָשַׁם (נָשַׁם, יִשֹּׁם) פ"ע Respirar.
-נָשַׁם Respirar.
-הִתְנַשֵּׁם Respirar con dificultad.

נָשׁוּךְ, ת. נ׳ נְשׁוּכָה (nashuj) Mordido.
נִשּׁוּל, ז. (nishul) Expulsión.
נִשּׁוּם, ז. (nishum) Respiración.
נִשּׁוּק, ז. (nishuk) Beso, acción de besar.
נָשׁוּק, ת. (nashuk) Armado. Besado.
נִשְׁחָת, ת. (nishjat) Corrompido.
נְשִׁי, נֶשִׁי, ז. (neshí, neshi) Deuda.
נָשִׁי, ת. (nashí) Femenino, mujeril.
נָשִׂיא, ז. ר׳ נְשִׂיאִים (nasí) Presidente.
-נְשִׂיאִים (nesiim) Nubes.
נְשִׂיאָה, נ. (nesiá) Alzamiento. Carga.
-נְשִׂיאַת אִשָּׁה (nesiat-ishá) Casamiento.
-נְשִׂיאַת כַּפַּיִם (nesiat-capáyim) Bendición de los sacerdotes כֹּהֲנִים en la sinagoga.
נְשִׂיאוּת, נ. (nesiut) Elevación, alzamiento. Presidencia.
-נְשִׂיאוּת עָוֹן (nesiut-avón) Perdón.
נְשִׁיבָה, נ. (neshivá) Soplo. Acción de ventear.
נְשִׁיָּה, נ. (neshiyá) Olvido.
נָשִׁיּוּת, נ. (nashyut) Femineidad.
נְשִׁיכָה, נ. (neshijá) Mordedura, mordisco.

Alma.(néshem) .ז ,נֶשֶׁם
Respiración.
נְשָׁמָה,נ. ר׳ נְשָׁמוֹת
(neshamá) Alma.
נָשַׁף (נָשַׁף, יִשֹּׁף) פ"י
Soplar. Respirar.
(né- נֶשֶׁף,ז. ר׳ נְשָׁפִים
shef) Noche, oscuridad. Alba. Baile.
Alto,(nishpé) .ת,נִשְׁפֶּה
elevado.
Inflamar- ,הִנָּשֵׂק (נשק)
se, encenderse.
Encender. הַשֵּׂק-
נָשַׁק (נָשַׁק, יִשַּׁק) פעו"י
Besar. Armarse.
Besar. נַשֵּׁק-
Ser besado. נֻשֹּׁק-
Tocar. Acercar, הַשֵּׁק-
hacer besar.
Arma- (néshek) .ז ,נֶשֶׁק
mento, armas.
Ar- (nashak) .ז ,נַשָּׁק
mador.
נָשַׁר (נָשַׁר, יִשַּׁר) פ"ע
Caer.
Hacer caer, הַשֵּׁר ,נַשֵּׁר-
echar, tumbar.
(né- נֶשֶׁר,ז. ר׳ נְשָׁרִים
sher) Águila. Caída.
Aqui-(nishrí) .ת.נִשְׁרִי
lino, aguileño.
Que-(nisraf) .ת ,נִשְׂרָף
mado
נָשַׁת (נָשַׁת, יִשַּׁת) פ"ע
Secarse. Faltar.
Secarse. הִנָּשֵׁת-
Secarse. הֻנְשַׁת-
Car-(nishtaván) ז ,נִשְׁתְּוָן
ta, misiva, documento.
Acu- (nitbá) .ז ,נִתְבָּע
sado.
Ope- (nitúaj) .ז ,נִתּוּחַ
ración. Análisis.
Derre-(natuj) .ת ,נָתוּךְ
tido, fundido.
Dado.(natún) .ת ,נָתוּן
Conocido.
De- (nitutz) .ז ,נִתּוּץ
molición.
Inter-(nituk) .ז ,נִתּוּק
rupción, arrancamiento.
Cas- (natuk) .ת ,נָתוּק
trado.
Salto,(nitur) .ז ,נִתּוּר
brinco.
Recular, ,הִנָּתֵז (נתז)
retroceder. Salpicar.
Salpicar, ser נִתַּז-
arrojado.
Arrancar, arrojar, הִתִּיז-
echar. Acentuar la letra ז.
Salpicar, ser ar- הֻתַּז-
rojado. Ser arrancado.
Ser ope- ,הִנָּתַח (נתח)
rado. Ser cortado.
Operar. Analizar. נִתַּח-
Cortar, disecar.
Ser operado. Ser נֻתַּח-
analizado. Ser cortado.
(né- נֵתַח,ז. ר׳ נְתָחִים
taj) Pedazo, trozo.
(na- נָתִיב,ז. נְתִיבָה,נ
tiv, netivá) Camino, senda.
Fun-(netijá) .נ ,נְתִיכָה
dición.
נָתִין,ז. ר׳ נְתִינִים
(natín) Ciudadano, sujeto. Servidor del templo.

En- (netiná) .נ, נְתִינָה
trega.
Na-(netinut).נ, נְתִינוּת
cionalidad, sujeción.
De- (netitzá).נ, נְתִיצָה
molición.
Ar- (neticá) .נ, נְתִיקָה
rancamiento.
(neticut) .נ, נְתִיקוּת
Incomunicación.
De- (natir) .ת, נָתִיר
satable.
Sal- (netirá).נ, נְתִירָה
to, brinco.
Ar-(netishá) .נ, נְתִישָׁה
rancamiento.
נָתַךְ (נָתַךְ, יִתַּךְ) פ"ע
Verter, derramar.
Ser derretido, -הִנָּתֵךְ
ser fundido.
Fundir,derretir, -הִתִּיךְ
Derramar, verter.
Ser fundido, ser -הֻתַּךְ
derretido.
נָתַן (נָתַן, יִתֵּן) פ"י
Dar, entregar. Poner.
Permitir, dejar.
Ser dado. Ser -הִנָּתֵן
puesto.Ser permitido.
Ser dado. -הֻתַּן
Fig. -נָתַן חֵן בְּעֵינֵי
gustar, agradar.
-נָתַן לֵב לְ, נָתַן אֶל לֵב
Darse cuenta de, fi-
jarse en, considerar.
Fijar -נָתַן עֵינַיִם בְּ
los ojos en.
(mi-yitén) -מִי יִתֵּן
¡Dios quiera!
נָתַס (נָתַס, יִתֹּס) פ"י

Destruír.
Ser arran- הִנָּתֵעַ (נתע)
cado, ser destruído.
Des- (nit-av) .ת, נִתְעָב
deñado, despreciado.
נָתַץ (נָתַץ, יִתֹּץ) פ"י
Destruír, demoler.
Ser destruído, -הִנָּתֵץ
ser demolido.
Destruír,romper. -נַתֵּץ
Ser destruído, -נֻתַּץ
ser demolido.
Ser demolido, ser -הֻתַּץ
destruído.
נָתַק (נָתַק, יִתֹּק) פ"י
Arrancar,alejar, des-
conectar. Gotear.
Ser arrancado, -הִנָּתֵק
interrumpido, desconec-
tado, alejado. Ser cal-
vo.
Arrancar,alejar, -נַתֵּק
desconectar, romper,
interrumpir.
Alejar. -הַתֵּק
Ser alejado. -הֻנְתַּק
Separarse, ale- -הִתְנַתֵּק
jarse.
Tiña.(nétek) .ז, נֶתֶק
Ataca-(nitcaf) .ת, נִתְקָף
do, agredido, asaltado.
נָתַר (נָתַר, יִתַּר) פ"ע
Saltar, brincar.
Saltar, brincar. -הִנָּתֵר
Ser permitido.
Brincar, saltar. -נַתֵּר
Desatar. Permitir, -הַתֵּר
dejar.
Ser desatado. Ser -הֻתַּר
permitido.
Nitro, (néter) .ז, נֶתֶר

natrón.
So- (natrán) נַתְרָן, ז.
dio.
נָתַשׁ (נָתַשׁ, יִתּשׁ) פ"י
Arrancar, extirpar.
Expulsar.
Ser arrancado, -הִנָּתֵשׁ

ser destruído. Ser
abandonado.
Debilitar. Arran- -נַתֵּשׁ
car.
Arrancar. Debi- -הַתֵּשׁ
litar.
Ser arrancado. -הֻתַּשׁ

ס

Décima- (sámej) ,ס
quinta letra del alfa-
beto hebreo. Su valor
numérico es 60.
פ"י (סָאַב ,יִסְאַב) סָאב
Ensuciar, profanar.
Ensuciar, profa- סָאֵב-
nar.
Ser ensuciado, סֹאב-
ser profanado.
Ensuciarse, pro-הִסְתָּאֵב-
fanarse.
Impu- (sáav) .ז ,סַאַב
reza, suciedad.
Im- (seavón) .ז ,סֵאָבוֹן
pureza, suciedad.
סְאָה, נ. ר׳ סְאִים, סְאוֹת
(seá) Tercio de una
אֵיפָה (13 litros).
Impu- (seuv) .ז ,סֵאוּב
reza, suciedad.
Impu- (sauv) .ת ,סָאוּב
ro, sucio.

Ruido.(seón) .ז ,סְאוֹן
Sandalia (?).
Calzarse,mar-.פ"ע ,סָאַן
char (?).Hacer ruido.
Calzado.(soén) .ת ,סֹאֵן
La pun-(sa-sá) .ז ,סַאסָא
ta de una espiga.
Me- (ʼsa-s-á) .נ ,סַאסְאָה
dida (?).
Dos (sa-táyim) ,סָאתַיִם
סְאָה.
סָב, סַבָּא, ז. נ׳ סָבָה,
Abuelo.(sav, sava) סַבְתָּא
Anciano, viejo.
פ"י (סָבָא ,יִסְבָּא) סָבא
Beber, emborracharse.
Bebi- (sové) .ז ,סֹבֵא
da.
Abuelito.(saba) .ז ,סַבָּא
Tabernero.
Borra-(sov-ut) נ ,סֹבְאוּת
chera, embriaguez.
סָבב(סַב, סָבַב, יסֹב, יָסֹב)

Rodar, girar, פעו"ל dar vueltas. Motivar, causar. Sentarse a la mesa.

Voltearse,dar vu- הִסֵּב- eltas, rodar, girar.

Girar, hacer סוֹבֵב- dar vueltas.

Rodear. Causar. סַבֵּב- Cambiar.

Girar, voltear, הָסֵב- hacer dar vueltas.Sentarse a la mesa. Causar. Transferir.

Ser girado, ser הוּסַב- volteado.

Girar, dar הִסְתּוֹבֵב- vueltas.

Fig. סַבֵּב עַל הַפְּתָחִים- mendigar.

Abuela.(savá) סָבָה, נ. Anciana, vieja.

Motivo, (sibá) סִבָּה, נ. causa. Calamidad, accidente.

Vuelta,(sibuv) סִבּוּב, ז. rodeo, rotación.

Cir-(sibuví) סִבּוּבִי, ת. cular, rotativo.

Compli-(sibuj) סִבּוּךְ, ז. cación, embrollo.

Compli-(savuj) סָבוּךְ, ת. cado, embrollado.

Jabón. (sabón) סַבּוֹן, ז.

Jabona-(sibún) סִבּוּן, ז. dura. Saponificación.

(sabonay) סַבּוֹנַאי, ז. Jabonero.

(saboniyá) סַבּוֹנִיָּה, נ. Jabonera.

(sabonit) סַבּוֹנִית, נ. Saponaria, jabonera.

Que (savur) סָבוּר, ת. piensa,cree u opina.

סָבוֹרָא, ז. ר' סָבוֹרָאִים (savorá) Sabio judío de Babilonia.

Be- (sviá) סְבִיאָה, נ. bida, beber.

Al-(saviv) סָבִיב, תה"פ. rededor.

(svivot) סְבִיבוֹת- Alrededores, contornos.

סְבִיבָה, נ. ר' סְבִיבוֹת (svivá) Alrededor,cercanía.

Trom-(sviyón) סְבִיבוֹן, ז. po.

Sen (savyón) סַבְיוֹן, ז. (planta).

Em- (savij) סָבִיךְ, ת. brollador.

סָבִיל, ז. ר' סְבִילִים (savil) Pasivo.

Si- (sibila) סִבִּילָה, נ. bila.Trabajo penoso.

(sevilut) סְבִילוּת, נ. Modo pasivo.

(su- סֻבִּים, סֻבִּין, ז"ר. bim,subín) Salvado.

סָבַךְ (סָבַךְ, יִסְבֹּךְ) פ"י Complicar, embrollar.

Embrollarse, הִסָּבֵךְ- ser embrollado.

Complicar, em- סַבֵּךְ- brollar.

Ser complicado, סֻבַּךְ- ser embrollado.

Embrollarse, com- הֻסְבַּךְ- plicarse.

Embrollarse, הִסְתַּבֵּךְ-

complicarse.
(sevaj) .ז, סְבָךְ , סְבַךְ
Matorral, maleza, espesor, grosor, espesura.Fig. embrollo.
Espe- (sóvej) .ז, סֹבֶךְ
sura (de una selva).
Rebo-(sevajá) .נ, סְבָכָה
zo. Verja, reja.
Silbón (sibjí) .ז, סִבְכִּי
סָבֹל (סָבַל, יִסְבֹּל) פ"י
Sufrir. Aguantar.Cargar.
Ser o estar cargado. -סֻבַּל
Ser cargado. -הִסְתַּבֵּל
Hacerse pesado.
Mozo (sabal) .ז, סַבָּל
de cordel, carguero.
Carga.(sével) .ז, סֵבֶל
Fig. sufrimiento.
Carga.(sóvel) .ז, סֹבֶל
Traba-(sivlá) .נ, סִבְלָה
jo penoso, trabajo forzado.
(sivlón) .ז, סִבְלוֹן
Carga.
(sivlo- נ"ר, סִבְלוֹנוֹת
not) Regalos.
Pa- (savlán) .ת, סַבְלָן
ciente.
(savlanut) .נ, סַבְלָנוּת
Paciencia.
(savlaní) .ת, סַבְלָנִי
Paciente.
Es- (sibólet) .נ, סִבֹּלֶת
piga. Pic niç.
Enjabonar. .פ"י, סַבֵּן
Saponificar, fabricar jabón.
Enjabonarse. -הִסְתַּבֵּן

סָבֹר (סָבַר, יִסְבֹּר) פ"ע
Pensar,creer,opinar.
Explicar. -הִסְבִּיר
Ser explicado. -הֻסְבַּר
Explicarse. -הִסְתַּבֵּר
Aclararse, ser claro, evidente.
Espe- (séver) .ז, סֵבֶר
ranza.
(séver-pa- סֵבֶר פָּנִים-
nim) Benevolencia.
Sensa- (sabar) .ז, סָבָר
to.
Opi- (svará) .נ, סְבָרָה
nión.
Des-(sabóreg) .ז, סַבֹּרֶג
tornillador.
Sen- (savrán) .ז, סַבְרָן
sato, inteligente.
Abue-(savta) .נ, סַבְתָּא
la.
Causal,(sibatí) .ת, סִבָּתִי
que tiene una causa.
סָגֹד (סָגַד, יִסְגֹּד) פ"ע
Prosternarse.
Prosternarse. -סָגַד
Sagú. (sagó) .ז, סָגוֹ
Eleva-(siguy) .ז, סִגּוּי
ción, grandeza.
Ele- (saguy) .ת, סָגוּי
vado, alto.
Apropia-(sigul).ז, סִגּוּל
ción, adaptación.
Puntua-(sagul) .ת, סָגוּל
do de un סֶגוֹל.
(segol, .ז, סֶגֹּל , סֶגוֹל
seguel) Nombre de una vocal (ֶ=e).
Viola-(sagol) .ת, סָגוֹל
do, violáceo.
Pun-(sgolí) .ת, סְגוֹלִי

Espe-(sgulí) ת, סְגֻלִּי
cífico.
(sguliyut) נ, סְגֻלִּיּוּת
Especificidad.
Lugar- (sgan) ז, סְגָן
teniente, vice (pref.).
(sgan-ham- סְגַן הַמְּנַהֵל
nahel) Vicerrector.
Lugar-(séguen) ז, סֶגֶן
teniente.
Esti-(signón) ז, סִגְנוֹן
lo. Pabellón, bandera.
Redac-(signún) ז, סִגְנוּן
ción.
(signoní) ת, סִגְנוֹנִי
Estilístico.
Lu- (sganut) נ, סְגָנוּת
gartenencia, cargo de
lugarteniente.
Redactar, פ"י, סִגְנֵן
corregir el estilo.
Mezclar. פ"י, סִגְסֵג
(sagsóguet) נ, סַגְסֹגֶת
Mezcla.
Atormentar. פ"י, סִגֵּף
Atormentar. -הִסְגִּיף
Ser atormentado. -סֻגַּף
Atormentarse. -הִסְתַּגֵּף
As- (sagfán) ז, סַגְפָן
ceta.
(sagfanut) נ, סַגְפָנוּת
Ascetismo.
סָגַר (סָגַר, יִסְגֹּר) פ"י
Cerrar. Encerrar.
Cerrarse. Ence- -הִסָּגֵר
rrarse.
Encerrar, entre- -סִגֵּר
gar.
Ser cerrado. Ser -סֻגַּר
encerrado.
Encerrar, entre- -הִסְגִּיר

tuado de un סְגוֹל.
Ator-(saguf) ת, סָגוּף
mentado.
Tor- (siguf) ז, סִגּוּף
mento, suplicio.
Cerro-(segor) ז, סְגוֹר
jo, cerradura. Oro ma-
cizo. Alabarda.
Cerra-(sagur) ת, סָגוּר
do. Encerrado.
(sa- תה"פ, סַגִּיא, סַגִּי
guí) Mucho, bastante.
(saguí-ne- -סַגִּי נְהוֹר
hor) Fig. ciego.
(bil- -בִּלְשׁוֹן סַגִּי נְהוֹר
shón-saguí-nehor) Al
contrario.
Alto, (saguiv) ת, שַׂגִּיב
elevado.
Pros-(seguidá) נ, סְגִידָה
ternación.
Es- (sugyá) נ, סֻגְיָה
tudio.
Clau-(sguirá) נ, סְגִירָה
sura, cierre.
Adaptar, apro- פ"י, סִגֵּל
piar, aclimatar.
Apropiar, adap- -הִסְגִּיל
tar, aclimatar.
Ser adaptado, ser -סֻגַּל
apropiado.
Adaptarse, apro- -הִסְתַּגֵּל
piarse, aclimatarse.
Violeta. (séguel) ז, סֶגֶל
Cuerpo, cuadro.
סֶגֹּל, ר' סְגוֹל.
(segalgal) ת, סְגַלְגַּל
Oval, redondo.
Pro- (sgulá) נ, סְגֻלָּה
piedad. Virtud. Cali-
dad. Tesoro. Remedio.

gar.
Ser encerrado, הֻסְגַּר-
ser entregado.
Encerrarse, הִסְתַּגֵּר-
aislarse.
(sgar, sé- .ז ,סְגָר, סֶגֶר
guer)Cerrojo, cerradura.
Es- (sigrón) .ז ,סִגְרוֹן
cudero.
Agua-(sagrir) .ז ,סַגְרִיר
cero. Lluvioso.
(sagrirut) .נ ,סַגְרִירוּת
Clima lluvioso.
Cepo. (sad) .ז ,סַד
Sodoma. (sdom) סְדוֹם
So- (sdomí) .ת ,סְדוֹמִי
domita.Fig.perverso.
Raja-(saduk) .ת ,סָדוּק
do, hendido.
Hende-(siduk) .ז .סִדּוּק
dura. Masa.
Arre- (sidur) .ז ,סִדּוּר
glo, reparación. Ri-
tual de oraciones.
Arre-(sadur) .ת ,סָדוּר
glado.
Del (sidurí) .ת ,סִדּוּרִי
orden. Ordinal.
(mispar-) מִסְפָּר סִדּוּרִי-
Adjetivo numeral ordinal.
סָדִין, ז. ר' סְדִינִים
(sadín) Sábana.
Hen-(sdicá) .נ ,סְדִיקָה
dedura.
Re- (sadir) .ת ,סָדִיר
gular.
Arre-(sdirá) .נ ,סְדִירָה
glo.
(sdirut) .נ ,סְדִירוּת
Regularidad.
Yunque, (sadán) .ז ,סַדָּן
bigornia.
Ta- (sadná) .נ ,סַדְנָה
-ller.
סדר (סָדַק. יִסְדֹּק) פ"י
Hender, rajar.
Ser hendido. הִסָּדֵק-
-סַדֵּק, ר' סָדַק.
(sé- סֶדֶק, ז. ר' סְדָקִים
dek) Hendedura, grie-
ta, rajadura.
Deta- (sidkí) .ת ,סִדְקִי
llista, buhonero.
Bu- (sidkit) .נ ,סִדְקִית
honería.
סדר (סָדַר, יִסְדֹּר) פ"י
Arreglar, ordenar.
Ser arreglado. הִסָּדֵר-
Arreglar. Ordenar. סַדֵּר-
Reparar.
Ser arreglado, סֻדַּר-
ser reparado.
Arreglar, ordenar. הִסְדִּיר-
Arreglarse, or- הִסְתַּדֵּר-
denarse, repararse.
(sé- סֵדֶר, ז. ר' סְדָרִים
der) Orden. Arreglo.
División, serie. Pri-
mera noche de la
Pascua.
En (beséder) בְּסֵדֶר-
orden.
(séder-ha- סֵדֶר הַיּוֹם-
yom) Programa.
Cajista, (sadar) .ז ,סַדָּר
tipógrafo.
Serie. (sidrá) .נ ,סִדְרָה
Capítulo bíblico.
סַדְרָן, ז. נ' סַדְרָנִית
(sadrán) Acomodador.
Ordenador.
(sadranut) .נ ,סַדְרָנוּת

Acomodación.
סָהֵד, פ"י. Testimoniar, atestiguar.
הַסְהֵד- Atestiguar, testimoniar.
סָהֵד, ז. (sahed) Testigo.
סַהֲדוּתָא, נ. (sahaduta) Testimonio.
סָהוּר, ת. (sahur) Que tiene luna.
סַהַר, ז. (sáhar) Luna.
סֹהַר, ז. (sóhar) Cárcel, prisión.
בֵּית הַסֹּהַר- (beyt-ha-sóhar) Prisión, cárcel.
סַהֲרוֹן, ז. (saharón) Adorno lunado.
סַהֲרוּרִי, ת. (saharurí) Somnámbulo.
סַהֲרוּרִיּוּת, נ. (saharuriyut) Somnambulismo.
סוֹאֵן, ת. (soén) Ruidoso.
סוֹבֵא, ז. (sové) Borracho, ebrio.
סוֹבֵב, ז. (sovev) Círculo, cerco.
סוּבְטְרוֹפִּי, ת. (subtropí) Subtropical.
סוּבְּיֶקְט, ז. (subyekt) Sujeto.
סוּבְּיֶקְטִיבִי, ת. (subyektivi) Subjetivo.
סוּבְּיֶקְטִיבִיּוּת, נ. (subyektiviyut) Subjetividad.
סוּבְּיֶקְטִיבִיזְם, ז. (subyektivizm) Subjetivismo.
סוֹבֵל, ת. (sovel) Sufridor, que sufre.

סוּבְּלִימַצְיָה, נ. (sublimatzya) Sublimación.
סוֹבְלָנוּת, נ. (sovlanut) Tolerancia.
סוֹבְלָנִי, ת. (sovlaní) Tolerante.
סוּבְּסִידְיָה, נ. (subsidya) Subsidio.
סוּבֶּרֶנִי, ר' רִבּוֹנִי.
סוּבֶּרֶנִיּוּת, ר' רִבּוֹנוּת.
סוּג (סָג, יָסוּג) פ"ע Alejarse, recular, retroceder.
הֻסּוּג- Recular, retroceder.
סוּג, ת. (sug) Cercado, rodeado. Arrimado, desviado.
סוּג, ז. ר' סוּגִים (sug) Especie, género, categoría, tipo, clase. Canasto, cesto.
סוּגָה, נ. (sugá) Seto, vallado.
סוּגִי, ת. (suguí) Categórico, específico, de la clase.
סוּגַר, ז. (sugar) Jaula, Bozal.
סוֹגֵר, ז. (soguer) Paréntesis. Segundo hemistiquio.
סוֹגְרַיִם- (sográyim) Paréntesis.
סוּד (סָד, יָסוּד) פ"י Encalar.
סַיֵּד- Murmurar, cuchichear.
סוּד, ת. (sud) Enacalado.
סוֹד, ז. ר' סוֹדוֹת (sod)

Secreto. Misterio.
Consejo, asamblea.
Sosa, (soda) .נ, סוֹדָה
soda.
Secre- (sodí) .ת, סוֹדִי
to, misterioso.
(sodiyut) .נ, סוֹדִיּוּת
Misterio, misticismo.
Cer-(sodaní) .ז, סוֹדָנִי
vecero.
(sodanit) .נ, סוֹדָנִית
Cervecería.
Chal, (sudar) .ז, סוּדָר
pañoleta. Chaqueta,
sweater.
Ordi- (soder) .ת, סוֹדֵר
nal.
Di- .פ"י, הַסְוֵה (סוה)
simular.
Ser disimulado. הֻסְוָה-
Ser ocultado.
Cla- (sivug) .ז, סִוּוּג
sificación.
פ"ע (סָח, יָסוּחַ) סוּחַ
Hablar, decir.
Hablar, decir. הֵסַח-
Ba- (sujá) נ, סוּחָה
sura.
סוֹחֵר, ז. ר' סוֹחֲרִים
(sojer) Comerciante,
mercader.
(so- .נ, סֹחֵרָה, סוֹחֵרָה
jerá) Escudo.
(sojé-.נ, סֹחֶרֶת, סוֹחֶרֶת
ret) Mármol.
Moverse. ,הֵסוֹט (סוט)
Mover, agitar. הֵסֵט-
Des- (soté) .ת, סוֹטֶה
viado.
Mujer (sotá) .נ, סוֹטָה
infiel.

Soja, (soya) .נ, סוֹיָה
soya.
פ"י (סָךְ, יָסוּךְ) סוּךְ
Ungir, untar.
Untar, ungir. Cer- הֵסֵךְ-
car.
Ser ungido, untado. הוּסַךְ-
Exonerar הֵסֵךְ אֶת רַגְלָיו-
el vientre.
(soj, .נ, סוֹכָה .ז, סוֹךְ
sojá) Rama grande.
Para- (sojej) .ז, סוֹכֵךְ
guas, quitasol. Umbela.
(sojej- סוֹכֵךְ נְפִילָה-
nefilá) Paracaídas.
(sojeji- .ז"ר, סוֹכְכִיִּים
yim) Umbelíferas.
סוֹכֵן, ז. נ' סוֹכֶנֶת
(sojén) Agente. Ge-
rente.
(sojnut) .נ, סוֹכְנוּת
Agencia.
Zarza, (sol) .ז, סוֹל
rama.
Sol. (sol) .ז, סוֹל
Sal- (soled) .ת, סוֹלֵד
tador. Fastidioso.
In- (soljan) .ת, סוֹלְחָן
dulgente.
(soljanut) .נ, סוֹלְחָנוּת
Indulgencia.
(solist) .ז, סוֹלִיסְט
Solista.
Te- (solelá) .נ, סוֹלְלָה
rraplén. Batería. Bate-
ría eléctrica.
(solélet) .נ, סוֹלֶלֶת
Batería eléctrica.
(solánum) .ז, סוֹלָנוּם
Solano (planta).

(solfezy) .ז, סוֹלְפֶג׳
Solfeo.
Cegarse. ,הִכּוֹם (סום)
סוּמָא, סוּמֵא, ז. נ׳ סוּמָה
(sumá, somé) Ciego.
Sostén.(somej) .ז, סוֹמֶךְ
Segunda de las dos palabras que forman la סְמִיכוּת.
(sumponya) .נ, סוּמְפּוֹנְיָה
Cornamusa. Sinfonía.
Sabana(savana) .נ, סָוָנָה
Sonata.(sonata) .נ, סוֹנָטָה
Soneto.(soneta) .נ, סוֹנֶטָה
(sus) סוּס, ז. ר׳ סוּסִים
Caballo. Golondrina.
(cóaj-sus) כֹּחַ סוּס-
Caballo de vapor.
(sus-haye- סוּס הַיְאוֹר-
or) Hipopótamo.
(sus-hayam) סוּס הַיָּם-
Hipocampo.
Yegua.(susá) .נ, סוּסָה
Caba- (susón) .ז, סוּסוֹן
llito. Hipocampo.
Del (susí) ת, סוּסִי
caballo.
Impe- (soé) .ת, סוֹעֶה
tuoso.
Tempes-(soer) ת, סוֹעֵר
tuoso. Conmovido.
Yunco, (suf) .ז, סוּף
caña.
סוּף (סָף, יָסוּף) פ״ע
Terminarse, cesar.
Terminar. הֵסֵף-
Término, (sof) .ז, סוֹף
fin.
In- (eyn-sof) אֵין סוֹף-
finito, eternidad. No hay fin,no tiene fin.

Fig. Dios, el Eterno.
(sof-sof) סוֹף סוֹף-
Por fin,en fin,al fin y al cabo.
(basof, לְבַסּוֹף, בַּסּוֹף-
levasof) Al fin, al final. Por fin.
(sof-col- סוֹף כָּל סוֹף-
sof)Por fin, al fin.
Ab- (sofeg) .ז, סוֹפֵג
sorbente. Secante.
La- (sofed) .ז, סוֹפֵד
mentador.
Tem- (sufá) .נ, סוּפָה
pestad, huracán.
סוֹפִי, ת. נ׳ סוֹפִית
(sofí) Final.
(eyn-sofí) אֵין סוֹפִי-
Infinito.
(sofizm) .ז, סוֹפִיזְם
Sofismo.
סוֹפִיכָס, ר׳ סִימֶת.
(sofist) .ז, סוֹפִיסְט
Sofista.
(sofís- .נ, סוֹפִיסְטִיקָה
tica) Sofistería.
Su- (sofit) .נ, סוֹפִית
fijo.
סוֹפֵר, ז. נ׳ סוֹפֶרֶת
(sofer) Escritor. Escriba.
(sotzyal) ,סוֹצְיָאל
Social.
(sotzyalí) .ת, סוֹצְיָאלִי
Social.
(sotzya- .נ, סוֹצְיָאלִיּוּת
liyut) Sociabilidad.
(sotzya- .ז, סוֹצְיָאלִיזְם
lizm) Socialismo.
(sotz- .נ, סוֹצְיָאלִיזַצְיָה
yalizatzya) Sociali-

bediente.
Ser sedu- (סות) הִסּוֹת
cido, ser incitado.
Seducir, הֵסֵת, הֲסַת-
tentar, incitar.
Ser seducido, הוּסַת-
tentado, incitado.
(sut) סות, נ. ר׳ סותות
Vestido, manto.
סָחַב (סָחַב, יִסְחַב) פ"י
Arrastrar, tirar.
Ser arrastrado. הִסָּחֵב-
Arrastrar, tirar. הִסְחֵב-
Arrastrarse. הִסְתַּחֵב-
סְחָבָה, נ. ר׳ סְחָבוֹת
(sjavá) Jirón, rasgón, trapo, rodilla.
Quitar, lim- סָחָה, פ"י
piar.
Tirado, (sajuv) סָחוּב, ת.
arrastrado.
Expri- (sajut) סָחוּט, ת.
mido.
Nado, (sijuy) סִחוּי, ז.
natación.
Cartí-(sajús) סָחוּס, ז.
lago, ternilla.
Arras-(sajuf) סָחוּף, ת.
trado.
Al- (sjor) סְחוֹר, תה"פ.
rededor.
Mer-(sjorá) סְחוֹרָה, נ.
cancía.
(sjora- סְחוֹרָנִית, תה"פ.
nit) Alrededor.
סָחַט (סָחַט, יִסְחַט) פ"י
Exprimir, estrujar.
Ser exprimido, הִסָּחֵט-
ser estrujado.
Ex- (sajtán) סַחְטָן, ז.
primidor. Estafador.

zación.
(sotzya- סוֹצְיָאלִיסְט, ז.
list) Socialista.
(sotz- סוֹצְיָאלִיסְטִי, ת.
yalisti) Socialista, del socialismo.
(sotzyo- סוֹצְיוֹלוֹג, ז.
log) Sociólogo.
(sotzyo- סוֹצְיוֹלוֹגִי, ת.
logui) Sociológico.
(sotz- סוֹצְיוֹלוֹגְיָה, נ.
yologya) Sociología.
(socrati) סוֹקְרָטִי, ת.
Socrático.
סוּר (סָר, יָסוּר) פ"ע
Alejarse, desviarse. Entrar, venir. Cesar.
Alejar, des- סוֹרֵר-
viar.
Alejar, quitar, הֵסֵר-
sacar.
Ser alejado, הוּסַר-
quitado.
Rama. (sur) סוּר, ז.
Costumbre.
(sur) סוּר, ת. נ׳ סוּרָה
Alejado.
סוּר, ר׳ שְׂאוֹר.
Bar- (savar) סַוָּר, ז.
quero.
(sevar) סְוָר, סְוָאר, ז.
Montón, pila.
Reja, (sorag) סוֹרָג, ז.
cercado.
(savarut) סַוָּרוּת, נ.
Marinería.
סוּרִי, ת. ר׳ סוּרִים
(suri) Sirio.
Si- (sursi) סוּרְסִי, ת.
rio.
Deso- (sorer) סוֹרֵר, ז.

סַחְטָנוּת, נ. (sajtanut) Estafa.

סְחִי, ז. (sji) Basura.

סְחִיבָה, נ. (sjivá) Arrastramiento.

סְחִיטָה, נ. (sjitá) Estrujamiento, expresión, acción de exprimir.

סְחִיפָה, נ. (sjifá) Arrastramiento.

סָחִישׁ, ז. (sajish) Lo que crece de suyo.

סַחְלָב, ז. (sajlav) Salep.

סָחַף (סָחַף, יִסְחַף) פ"י Arrastrar.

-הִסָּחֵף Ser arrastrado.

-סַחֵף Arrastrar.

-הִסְתַּחֵף Arrastrarse, ser arrastrado.

סַחַף, ז. (sájaf) Poso, sedimento.

סָחַר (סָחַר, יִסְחַר) פ"י Traficar, comerciar, negociar.

-סַחֵר, ר' סָחוֹר.

סַחַר, ז. (sájar) Comercio. Mercancía.

סְחַרְחַר, ת. (sjarjar) Vertiginoso, mareado, agitado.

סְחַרְחֵרָה, נ. (sejarjerá) Tío vivo.

סְחַרְחֹרֶת, נ. (sjarjóret) Mareo, vértigo.

סַחְרָן, ז. (sajrán) Comerciante.

סַחְרָנוּת, נ. (sajranut) Comercio.

סַחְרֵר, פ"י. Marear, agitar.

-הִסְתַּחְרֵר Marearse, agitarse.

סֵט, ז. ר' סֵטִים (set) Desobediente.

סְטֵאָרִין, ז. (stearín) Estearina.

סָטָה (סָטָה, יִסְטֶה) פ"ע Alejarse, desviarse. Prostituír.

סְטוֹאִי, ת. Estoico.(stoi)

סְטוֹאִיּוּת, נ. (stoiyut) Estoicismo.

סְטוֹאִיקָן, ז. (stoicán) Estoico.

סְטוּדְיוֹ, ז. Estudio.(studio)

סְטוּדֶנְט, ז. (student) Estudiante.

סְטָטוּט, ז. Estatuto.(statut)

סְטָטוֹסְקוֹפּ, ז. (statoscop) Estetoscopio.

סְטָטִי, ת. (stati) Estático.

סְטָטִיּוּת, נ. (statiyut) Estatismo.

סְטָטִיסְט, ז. (statist) Estadista.

סְטָטִיסְטִי, ת. (statisti) Estadístico.

סְטָטִיסְטִיקַאי, ז. (statisticay) Estadista.

סְטָטִיסְטִיקָה, נ. (statística) Estadística.

סְטָטִיקָה, נ. (stática) Estática.

סְטִיָּה, נ. (stiyá) Desviación.

סְטִיסְפַקְצְיָה, נ. (satisfaktzya) Satisfacción.

(stipend- סְטִיפֶּנְדְיָה, נ.
ya) Beca.
Sátira.(satira) סָטִירָה, נ.
Bofe-(stirá) סְטִירָה, נ.
tada, bofetón.
Sa- (satiri) סָטִירִי, ת.
tírico.
(satirican) סָטִירִיקָן, ז.
Escritor satírico.
(stalagmit) סְטָלַגְמִיט, ז.
Estalagmita.
(stalaktit) סְטָלַקְטִיט, ז.
Estalactita.
סָטַן (סָטַן, יִסְטֹן) פ"י
Acusar, perseguir.
Acusar,perseguir. הַסְטֵן-
Ser acusado. הוּסְטַן-
Pistola (sten) סְטֶן, ז.
ametralladora.
(stenogra- סְטֶנוֹגְרַמָּה, נ.
ma) Estenograma.
סְטֶנוֹגְרָף, ר' קַצְרָן.
סְטֶנוֹגְרָפִי, ר' קַצְרָנִי.
סְטֶנוֹגְרַפְיָה, ר' קַצְרָנוּת.
Es-(stantza) סְטַנְצָה, נ.
tancia, estrofa.
סָטַר (סָטַר, יִסְטֹר) פ"י
Abofetear.
Abofetear. סַטֵּר-
(sitra- סִטְרָא אַחְרָא, ז.
ajra)Imperio del diablo.
(stereotip) סְטֶרֵאוֹטִיפּ, ז
Estereotipia.
(stereo- סְטֶרֵאוֹטִיפִּי, ת.
tipi) Estereotípico.
(stereo- סְטֶרֵאוֹמֶטְרְיָה, נ.
metrya)Estereometría.
(stereos- סְטֶרֵאוֹסְקוֹפּ, ז.
cop) Estereoscopio.
(stron- סְטְרוֹנְצְיוֹם, ז.
tzyom) Estroncio.

(struk- סְטְרוּקְטוּרָה, נ.
tura) Estructura.
(stratos- סְטְרָטוֹסְפֶרָה, נ
fera) Estratosfera.
(sterili) סְטֶרִילִי, ת.
Esterilizado.
(ste- סְטֶרִילִיזַצְיָה, נ.
rilizatzya) Esterili-
zación.
Abo- (satrán) סַטְרָן, ז.
feteador.
(stetos- סְטֶתוֹסְקוֹפּ, ז.
cop) Estetoscopio.
Filamen- (siv) סִיב, ז.
to.
Fila- (siví) סִיבִי, ת.
mentoso.
Escoria.(sig) סִיג, ז.
Cerca,(seyag) סְיָג, ז.
cercado, vallado.
Cercar. סַיֵּג, פ"י.
Ser cercado. סֻיַּג
Cercarse, ser הִסְתַּיֵּג-
cercado. Limitarse.
Ci-(sigara) סִיגָרָה, נ.
garro.
(sigariyá) סִיגָרִיָּה, נ.
Cigarillo.
Cal. (sid) סִיד, ז.
Encalar. סַיֵּד, פ"י.
Ser encalado. סֻיַּד-
Endurecerse. הִסְתַּיֵּד-
Encala- (sayad) סַיָּד, ז.
dor.
De cal (sidí) סִידִי, ת.
o calcio.
Calcio.(sidán) סִידָן, ז.
Cla- (siyug) סִיּוּג, ז.
sificación.
Enca- (siyud) סִיּוּד, ז.
ladura.

Pesa-(siyut) .ז, סִיּוּט
dilla.
Fin, (siyum) .ז, סִיּוּם
terminación.
סִיּוֹמֶת, ר' סִיֹּמֶת.
Noveno(siván) .ז, סִיוָן
mes del calendario hebreo. Corresponde a mayo-junio.
Ayuda,(siyúa) .ז, סִיּוּעַ
socorro.
Es- (siyuf) .ז, סִיּוּף
grima.
Visita,(siyur) .ז, סִיּוּר
exploración.
(se- סְיָח, ז. נ' סְיָחָה
yaj) Potro.
סִיחַ, ר' סוּחַ
Palmo.(sit) .ז, סִיט
Mayo-(sitón) .ז, סִיטוֹן
rista.
(sitonay) .ז, סִיטוֹנַאי
Mayorista.
(sitonut) .נ, סִיטוֹנוּת
Negocio al por mayor.
(besitonut) בְּסִיטוֹנוּת-
Al por mayor.
סִיכָה, נ. ר' סִיכּוֹת
(sijá)Unción, untadura.
סִילוֹ, ר' מִגְדַּל-הַחִמְצָה.
סִילוֹאֶט, ר' צְלָלִית.
Canal,(silón) .ז, סִילוֹן
acueducto. Chorro.
(metós-si- מְטוֹס סִילוֹן-
lón)Avión de reacción.
סִילוֹנִית, ר' סִירוֹנִית.
(silicat) .ז, סִילִיקָט
Silicato.
Terminar, aca- פי", סִיֵּם
bar. Señalar.

Ser terminado, סֻיַּם-
ser acabado.
Terminarse, הִסְתַּיֵּם-
acabarse.
Teso- (simá) .נ, סִימָה
ro.
(simulta- .ת, סִימוּלְטָנִי
ni) Simultáneo.
(simetri) .ת, סִימֶטְרִי
Simétrico.
(simetrya) .נ, סִימֶטְרִיָּה
Simetría.
סִימָן, ר' סֵמָן.
Su- (siyómet) .נ, סִיֹּמֶת
fijo.
Punta, (sin) .ז, סִין
clavo, grapa. China.
Sínodo.(sinod) .ז, סִינוֹד
(sinolog) .ז, סִינוֹלוֹג
Sinólogo.
(sinolog- .נ, סִינוֹלוֹגְיָה
ya) Sinología.
Seno.(sinús) .ז, סִינוּס
(sinópsis) .ז, סִינוֹפְּסִיס
Sinopsis.
Sabio.Sinaí(sinay) .ז, סִינַי
Chino.(sini) .ז, סִינִי
סִינָר, ר' סִנָּר.
Golondri-(sis) .ז, סִיס
na. Filamento.
Caba- (sayás) .ז, סַיָּס
llerizo.
(sis- .נ, סִיסְמָה, סִיסְמָא
má) Lema, divisa.
(seysmo- .נ, סֵיסְמוֹגְרַמָּה
grama) Sismograma.
(seysmograf) ז, סֵיסְמוֹגְרָף
Sismógrafo.
(sismogra- .ת, סֵיסְמוֹגְרָפִי
fi).Sismográfico.

סִיסְמוֹמֶטֶר, ז. (sismomé-
ter) Sismómetro.
סִיסָנִית, נ. (sisanit)
Poa.
סִיֵּעַ, פ"י. Ayudar, so-
correr.
הִסְתַּיֵּעַ- Ser ayudado,
ser socorrido.
סִיעָה, נ. Clase, (siá)
sociedad, partido, secta.
סִיַּעְתָּא, נ. (siya-tá)
Ayuda, socorro.
סִיעָתִי, ת. Sec-(siatí)
tario.
סִיעָתִיּוּת, נ. (siatiyut)
Sectarismo.
סַיִף, ז. Esgrima. (sáyif)
Espada.
סִיֵּף, פ"ע. Esgrimir.
Exterminar.
סִיּוּף- Restar, sobrar,
quedar.
הִסְתַּיֵּף- Esgrimir. Exterminar.
סַיָּף, ז. Esgri-(sayaf)
mador.
סֵיפָא, ז. Fin. (seyfa)
סִיפוֹן, ז. Si- (sifón)
fón.
סִיפִילִיטִיקָן, ז. (sifili-
ticán) Sifilítico.
סִיפִילִיס, ז. (sifilis)
Sífilis.
סֵיפָן, ז. Gladio, (seyfán)
gladíolo, espadaña.
סִיקוּס, ז. Ojo (sicus)
(de una tabla).
סִיקָרִי, סִיקָרִיקוֹן, ז.
(sicari, sicaricón) La-
drón, bandido.

סִיר, ז. ר' סִירִים, גם סִירוֹת Olla. (sir)
Espina.
סִיר-לַיְלָה- (sir-layla)
Bacín.
סִיר-הַמַּעֲלוֹת- (sir-ha-
maalot) Portacomidas,
fiambrera.
סִיר-לַחַץ- (sir-lájatz)
Olla de presión.
סִיר-רַחַץ- (sir-rájatz)
Lavabo, lavamanos.
סִיֵּר, פ"י. Visitar, ex-
plorar.
סֻיַּר- Ser visitado, ser
explorado.
סִירָה, נ. Barca, (sirá)
lancha. Espina. Pri-
sión. Cercado.
סִירַת דּוּגָה- (sirat-
dugá) Lancha de pesca.
סִירַת מִפְרָשִׂים, סִירַת רוּחַ-
(sirat-mifrasim,
sirat-rúaj) Velero,
lancha de velas.
סִירַת מְשׁוֹטִים- (sirat-
meshotim) Lancha de
remos.
סִירַת קִיטוֹר- (sirat-
kitor) Lancha de vapor.
סִירוֹנִית, נ. (sironit)
Ninfa, sirena.
סִירוֹפּ, ז. Siró, (sirop)
jarabe.
סַיָּרוּת, נ. Explo-(sayarut)
ración.
סִירִית, נ. Olli-(sirit)
ta, olla pequeña.
סִירֵנָה, נ. Si- (sirena)
rena.

Riesgo, (sicún) .ז, סִכּוּן
peligro.
Opri-(sajuf) .ת, סָכוּף
mido.
Tor- (sicuf) .ז, סִכּוּף
mento, sufrimiento.
(sajey-shé-.ת, סְבֵי־שֶׁמֶשׁ
mesh) Bisojo, bizco.
Mi- (sjiyá) .נ, סְכִיָּה
rada.
Vista,(sicayón).ז, סִכָּיוֹן
mirada.
Es- (sjeyma) .נ, סְכֵימָה
quema.
(sjeymati) .ת, סְכֵימָתִי
Esquemático.
סַכִּין, זו"נ.ר' סַכִּינִים
(sakín) Cuchillo.
(sakinay) .ז, סַכִּינַאי
Ladrón.
Obs- (sjirá) .נ, סְכִירָה
trucción.
סכך (סָכַךְ, יָסֹךְ) פ"י
Tapar, cubrir, techar.
Cubrir, techar, סִכֵּךְ-
tapar.
Ser tapado, ser סֻכַּךְ-
techado.
Cubrir, techar. הֵסֵךְ-
Tejar.
Ser cubierto, ser הֻסַּךְ-
techado.
Ser cubierto, הִסְתּוֹכֵךְ-
ser techado.
Exone- הֵסֵךְ אֶת רַגְלָיו-
rar el vientre.
Techo. (sjaj) .ז, סְכָךְ
El que (sacaj) .ז, סַכָּךְ
hace techos.
Techo, (sejajá) .נ, סְכָכָה

Pa-(sayéret) .נ, סַיֶּרֶת
trulla.
Multitud, (saj) .ז, סַךְ
gentío, público.
En pú- (basaj) בְּסַךְ-
blico,
Cantidad, (saj) .ז, סַךְ
suma, número.
(saj-hacol) סַךְ הַכֹּל-
Total, suma.
Espesura. (soj) .ז, סֹךְ
Tienda, toldo, pabe-
llón.
סכה (סָכָה, יִסְכֶּה) פ"ע
Ver, mirar.
(su- סֻכָּה, נ. ר' סֻכּוֹת
cá) Tienda, cabaña,
tabernáculo, choza.
Fiesta (sucot) סֻכּוֹת-
de los Tabernáculos.
(si- סִכָּה, נ. ר' סִכּוֹת
cá) Alfiler. Gancho.
Trans-(sajuy) .ת, סָכוּי
parente.
Espe- (sicuy) .ז, סִכּוּי
ranza, perspectiva.
Techo. (sicuj) .ז, סִכּוּךְ
Acción de techar.
Tapa- (sajuj) .ת, סָכוּךְ
do, cubierto.
Aboli-(sicul) .ז, סִכּוּל
ción, anulación.
(sejolasti).ת, סְכוֹלַסְטִי
Escolástico.
(sejolás-.נ, סְכוֹלַסְטִיקָה
tica) Escolasticismo.
Suma, (sjum) .ז, סְכוּם
cantidad.
Con- (sicum) .ז, סִכּוּם
clusión. Liquidación.

sobradillo.
סָכֹל (סָכַל, יִסְכֹּל) פ"ע
Ser trope, estúpido.
הִסְכִּל- Embrutecerse,
entorpecerse.
סַכֵּל- Dañar, corromper.
Embrutecer.
הִסְכֵּל- Ser torpe, bruto,
estúpido.
הִסְתַּכֵּל- Mirar, observar.
סָכָל, ז., ר' סְכָלִים (sa-
jal) Estúpido, tonto.
סֶכֶל, ז., סִכְלוּת, נ. (séjel, sijlut) Estupidez.
סָכֹם (סָכַם, יִסְכֹּם) פ"פ
Sumar, concluír.
סַכֵּם- Concluír. Liqui-
dar. Sumar. Resumir.
הַסְכֵּם- Aceptar.
הֻסְכַּם- Ser aceptado.
הִסְתַּכֵּם- Sumarse. Re-
sumirse.
סֶכֶם, ז. (séjem) Suma,
cantidad. Aceptación.
סָכֹן (סָכַן, יִסְכֹּן) פ"ע
Servir, ser útil.
הִסָּכֵן- Arriesgarse, exponerse.
סַכֵּן- Arriesgar, ex-
poner.
סֻכַּן- Ser arriesgado,
ser expuesto.
הִסְכֵּן- Acostumbrarse,
ser acostumbrado.
הִסְתַּכֵּן- Arriesgarse,
exponerse.
סַכָּנָה, נ. (sacaná) Peligro, riesgo.
סַכְּנוּאַלִי, ר' מִלּוּנִי.
סִכְסוּךְ, ז. (sijsuj)
Conflicto, choque.

סַכְסוֹפוֹן, ז. (saxofón)
Saxófono.
סַכְסֵךְ, פ"י. Incitar, in-
trigar, provocar. Mez-
clar, revolver.
סֻכְסַךְ- Ser incitado,
ser provocado. Ser em-
brollado.
הִסְתַּכְסֵךְ- Incitarse. Embrollarse, mezclarse.
סַכְסְכָן, ז. (sajseján)
Intrigante.
סַכְסְכָנוּת, נ (sajsejanut)
Intriga.
סָכֹף (סָכַף, יִסְכֹּף) פ"י
Atromentar.
סַכֵּף- Atromentar.
הִסְכֵּף- Desanimar.
סָכֹר (סָכַר, יִסְכֹּר) פ"י
Tapar, obstruír.
הִסָּכֵר- Ser tapado, ser
obstruído.
סַכֵּר- Encerrar, entre-
gar.
הִסְתַּכֵּר- Ser encerrado,
ser entregado.
סֶכֶר, ז. (séjer) Dique,
esclusa. Tapón, obs-
trucción.
סֻכָּר, ז. Azúcar. (sucar)
סַכָּר, ז. (sacar) Esclu-
sero.
סֻכָּרִיָּה, נ. (sucriyá) Dulce,
confite, bombón.
סָכָרִין, ז. (sajarín) Sa-
carina.
סֻכֶּרֶת, נ. (sukéret) Dia-
betes.
סָכֹת (סָכַת, יִסְכֹּת) פ"ע
Escuchar.

Escuchar. -הַסְכֵּת
(sal) סַלִּים .ר .ז .סַל
Cesto, canasta.
Ser pesado., סָלָא (סלא)
Pesar más, pesar -הִסְלִיא
bastante.
פ"ע (סָלַד .יִסְלֹד) סָלֹד
Brincar.
Brincar. Elevar, -סִלֵּד
alabar.
Alabanza, (séled) .ז .סֶלֶד
glorificación.
Selah: (sélah) .מ"ק .סֶלָה
palabra bíblica cuyo
significado exacto
se ignora.
(sélah) .תה"פ ,סֶלָה
Eternamente.
פ"י (סָלָה .יִסְלֶה) סָלֹה
Rebajar, humillar, ho-
llar.
Rebajar, humillar, -סִלָּה
hollar.
Pesar más. -סָלָה
(siloguizm) .ז ,סִלּוֹגִיזְם
Silogismo.
Alaban-(silud) .ז ,סִלּוּד
za. Terror, miedo.
Per- (salúaj) .ת ,סָלוּחַ
donado.
Pavimen-(salul) .ת ,סָלוּל
tado, construído.
Apla- (silul) .ז ,סִלּוּל
namiento, construcción.
Ces- (slulá) .נ ,סְלוּלָה
tillo, canastillo.
(salón, .ז , סִלּוֹן , סָלוֹן
silón) Espino. Canal,
tubo.
Sala, (salón) .ז ,סָלוֹן
salón.
Pecado. (siluf) .ז ,סִלּוּף
Falsificación.
Ale- (siluk) .ז ,סִלּוּק
jamiento, expulsión.
Pagamiento. Muerte.
פ"ע (סָלַח .יִסְלַח) סָלֹחַ
Perdonar, excusar.
Ser perdonado. -הִסָּלַח
(sa- .ז ,סַלָּח ,סַלְחָן ,סָלְחָן
laj, salján, solján) Per-
donador, indulgente.
(saljanut) .נ ,סַלְחָנוּת
Indulgencia.
(saljaní) .ת ,סַלְחָנִי
Indulgente.
Ensa- (salat) .ז .סָלָט
lada.
Asco, (slidá) .נ ,סְלִידָה
repugnancia.
Sue- (sulyá) .נ ,סֻלְיָה
la.
Per- (slijá) .נ ,סְלִיחָה
dón.
(slijot) -סְלִיחוֹת
Salmos y cánticos de
los días de ayuno y
penitencia.
Carre- (slil) .ז ,סְלִיל
te. Tornillo.
Ces- (slilá) .נ ,סְלִילָה
tillo. Construcción
(de una carretera).
Ci- (slilí) .ת ,סְלִילִי
líndrico.
Fin, (slik) .ז ,סְלִיק
terminación. Escondrijo.
,סְלֹל (סַל ,סָלַל ,יִסְלֹל
Aplanar, alla- פ"י (יָסֹל
nar, abrir camino, cons-

truír (una carretera).
Alabar, loar, glori-
ficar.
Frotar, estre- סוֹלֵל-
gar.
Hollar, opri- הִכְתוֹלֵל-
mir.
(su- סֻלָּם, ז. ר׳ סֻלָּמוֹת
lam) Escala, escalera
de mano.
Sal-(salmón) סַלְמוֹן, ז.
món.
(salmandra) סַלְמַנְדְּרָא, נ.
Salamandra.
(selenyum) סֶלֶנְיוּם, ז.
Selenio.
Riza-(silsul) סִלְסוּל, ז.
do, rizamiento, ondu-
lación. Trino. Gran-
deza. Alabanza.
Encrespar,on- סִלְסֵל, פ"י
dular,rizar.Apreciar,
considerar.Acariciar.
Ejecutar un trino.
Ser encrespado, סֻלְסַל-
rizado, ondulado.
Encresparse,on- הִסְתַּלְסֵל-
dularse.
En- (salsalá) סַלְסָלָה, נ.
caje.
Ces-(salsilá) סַלְסִלָּה, נ.
tillo, canastillo.
(se- סֶלַע, ז. ר׳ סְלָעִים
la) Roca, peñasco.Nom-
bre de una moneda an-
tigua. Fig. vigor,for-
taleza, apoyo.
Roco- (sal-í) סַלְעִי, ת.
so, peñascoso.
Lan- (sol-am) סָלְעָם, ז.

gostín.
Torcer, per- סִלֵּף, פ"י.
vertir. Destruír, ar-
ruinar.
Per- (sélef) סֶלֶף, ז.
versidad.
סָלַק (סָלֵק, יִסְלַק) פ"י
Elevar, alzar.
Alejar, excluír, סִלֵּק-
echar, expulsar, lan-
zar. Pagar.
Ser echado,ex- סֻלּוֹק-
pulsado.Ser pagado.
Alejarse, re- הִסְתַּלֵּק-
tirarse. Fig. morir.
Remo- (sélek) סֶלֶק, ז.
lacha.
סִלְקָא, ר׳ סֶלֶק.
(silcanit) סִלְקָנִית, נ.
Sopa de remolacha.
Sémola.(sólèt) סֹלֶת, נ.
Cribar. Es- סִלֵּת, פ"י.
coger.
Ser separado, es- סֻלַּת-
cogido.
Fabri- (salat) סַלָּת, ז.
cante de sémola.
(saltanit) סַלְתָּנִית, נ.
Sardina.
(sam) סַם, ז. ר׳ סַמִּים
Veneno. Perfuma, aro-
ma. Remedio.
Cegarse. הִסָּמֵא (סמא),
Cegar. סִמֵּא-
Cegarse, הִסְתַּמֵּא-
Ce- (simaón) סִמָּאוֹן, ז.
guedad, ceguera.
Dia- (samael) סַמָּאֵל, ז.
blo, demonio.
סִמְבּוּלִי, ר׳ סִמְלִי.

סִמְבּוֹלִיּוּת, סִמְבּוֹלִיזְם, ר׳ סִמְלִיּוּת.

סַמְבּוּק, ז. (sambuk) Lila.

סַמְבַּטְיוֹן, ז. (sambatyón) Nombre dado en el Talmud a un río legendario.

סִמְבִּיוֹז, ז. (simbiyoz) Simbiosis.

סְמָדַר, ז. (semadar) Cierne.

סָמוֹבָר, ז. (samovar) Samovar.

סָמוּי, ת. (samuy) Ciego. Oculto.

סִמּוּי, ז. (simuy) Ceguedad, ceguera.

סָמוּךְ, ת. (samuj) Cercado. Arrimado, apoyado, firme.

סָמוֹךְ, ז. סָמוֹכָה, נ. (samoj, samojá) Apoyo, soporte, sostén.

סִמּוּם, ז. (simum) Envenenamiento.

סִמּוּן, ז. (simún) Señalamiento.

סִמּוּק, ז. (simuk) Rojez, sonrojo.

סָמוּק, ת. (samuk) Rojo, colorado.

סְמוֹקִינְג, ז. (smoking) Smoking.

סִמּוּר, ז. (simur) Clavadura.

סָמוּר, ת. (samur) Erizado.

סִמְטָא, סִמְטָה, נ. ר׳ סִמְטָאוֹת (simtá) Callejuela.

סִמֶטְרִי, ת. (simetri) Simétrico.

סִמֶטְרִיָּה, נ. (simetrya) Simetría.

סָמִיד, ז. (samid) Sémola.

סַמְיוּת, נ. (samyut) Ceguedad.

—סַמְיוּת הַלֵּב (samyut-halev) Fig. ceguedad.

סָמִיךְ, ת. (samij) Denso, espeso, compacto.

סְמִיכָה, נ. (smijá) Autorización, promoción. Arrimo, arrimadura.

סְמִיכוּת, נ. (smijut) Promoción, autorización, título, grado. Genitivo, unión o anexiónde dos palabras.

סֶמִינָר, סֶמִינַרְיוֹן, ז. (seminar, seminaryón) Seminario.

סֶמִינָרִי, סֶמִינַרְיוֹנִי, ת. (seminari, seminaryoni) Del seminario.

סֶמִינָרִיסְט, ז. (seminarist) Seminarista.

סָמִיר, ת. (samir) Cabelludo.

סָמַךְ (סָמַךְ, יִסְמֹךְ) פ"י Proteger, apoyar. Arrimar. Autorizar. Graduar.

—הִסָּמֵךְ Apoyarse, arrimarse. Ser autorizado, ser graduado. Espesarse, condensarse.

—סַמֵּךְ Sostener, apoyar. Espesar, condensar.

Señalar, indi- סַמֵּן-
car.
Ser señalado. סֻמַּן-
Ser señalado. הִסְתַּמֵּן-
סִמָּן, ר' סִמָּנִים.
Señal, (simán) סִמָּן, ז.
seña, indicio. Síntoma, Garganta.
(besimán- בְּסִמָּן טוֹב-
tov) Con buena suerte.
(simaney- סִמָּנֵי פִּסּוּק-
pisuk) Puntuación.
(simán-cri- סִמַּן קְרִיאָה-
á) Punto de exclamación.
(simán-shee- סִמַּן שְׁאֵלָה-
lá) Punto de interrogación.
סִמְפּוֹן, ז. ר' סִמְפּוֹנוֹת
(simpón) Vena, arteria, tubo, vaso. Bronquio. Contrato.
(simponón) סִמְפּוֹנוֹן, ז.
Bronquíolo.
(simfoni) סִמְפוֹנִי, ת.
Sinfónico.
(simfonya) סִמְפוֹנְיָה, נ.
Sinfonía.
(simptom) סִמְפְּטוֹם, ז.
Síntoma.
(simpati) סִמְפָּתִי, ת.
Simpático.
(simpatya) סִמְפַּתְיָה, נ.
Simpatía.
Estar o ser סָמַק, פ"ע.
rojo, sonrojarse.
Enrojecer, sonro- סִמֵּק-
jar.
Sonrojarse, ru- הִסְמִיק-
borizarse.
Rojez, (sómek) סֹמֶק, ז.
rubor.

Ser apoyado, ser סֻמַּךְ-
sostenido.
Espesar, conden- הִסְמִיךְ-
sar. Arrimar, acercar.
Ser arrimado, הָסְמַךְ-
acercado. Ser graduado, autorizado.
Apoyarse, con- הִסְתַּמֵּךְ-
tar con.
(sémej, סֶמֶךְ, סְמָךְ, ז.
smaj) Sostén, base, soporte, apoyo.
Nombre de (sámej). סָמֶךְ, נ.
la décimaquinta letra del alfabeto hebreo.
Au- (samjut) סַמְכוּת, נ.
torización, permiso.
Experiencia.
סֶמֶל, סֵמֶל, ז. ר' סְמָלִים
(sémel) Escudo. Emblema, símbolo.
Sargen- (samal) סַמָּל, ז.
to.
An- (smalím) סְמָלִים, ז"ר.
drajos.
Simbolizar. סִמֵּל, פ"י.
Ser simbolizado. הִסְתַּמֵּל-
Colle- (simlón). סִמְלוֹן, ז.
ra.
Sim- (simlí) סִמְלִי, ת.
bólico.
(simliyut) סִמְלִיּוּת, נ.
Simbolismo.
Envenenar. סִמֵּם, פ"י.
Ser envenenado. סֻמַּם-
La- (semamit) סְמָמִית, נ.
garto.
Sazón, (samemán). סַמְמָן, ז.
remedio, aroma.
Ser señalado., הֻסְמַן (סמן)

סָמַר (סָמַר, יִסְמֹר) פ"ע Clavar. Erizarse, entiesarse.
-סִמֵּר Clavar. Erizarse, entiesarse.
-סֻמַּר Ser clavado. Entiesarse, erizarse.
-הִסְתַּמֵּר Erizarse, entiesarse.
סָמָר, ת. (samar) Erizado, cabelludo.
סָמָר, ז. (samar) Junco.
סְמַרְטוּט, ז. (semartut) Trapo.
סְמַרְטוּטָר, ז. (smartutar) Trapero.
סְמַרְמֹרֶת, ר׳ צְמַרְמֹרֶת.
סְנָאִי, ז. נ׳ סְנָאִית (snaí) Ardilla.
סַנְגְוִינִי, ת. (sangvini) Sanguíneo.
סַנְגּוֹר, ר׳ סַנֵּיגוֹר.
סַנְדְוִיץ׳, ר׳ כָּרִיךְ.
סִנְדִּיקָט, ז. (sindicat) Sindicato.
סִנְדִּיקָטִי, ת. (sindicati) Sindical.
סִנְדִּיקָלִיזְם, ז (sindicalizm) Sindicalismo.
סִנְדִּיקָלִיסְט, ז (sindicalist) Sindicalista.
סַנְדָּל, ז. ר׳ סַנְדָּלִים (sandal) Sandalia.
סַנְדְּלָר, ז. (sandlar) Zapatero.
סַנְדְּלָרוּת, נ. (sandlarut) Zapatería(el oficio).
סַנְדְּלָרִיָּה, נ (sandlariyá) Zapatería(el taller).
סַנְדָּק, ז. נ׳ סַנְדְּקִית (sandak) Padrino.
סַנְדְּקָאוּת, נ. (sandecaut) Padrinazgo.
סְנֶה, ז. ר׳ סְנָאִים (sne) Zarza.
סַנְהֶדְרִין, נ. (sanhedrín) Sanhedrín: tribunal de los antiguos judíos de Jerusalén.
סִנְוּוּר, ז. (sinvur) Deslumbramiento, ofuscación.
סִנּוּן, ז. (sinún) Coladura, filtración.
סְנוּנִית, נ. ר׳ סְנוּנִיּוֹת (snunit) Golondrina.
סְנוֹקֶרֶת, נ (snokéret) Puñetazo, puño.
סִנְוֵר, פ"י. Deslumbrar, ofuscar, cegar.
-הִסְתַּנְוֵר Deslumbrarse, ofuscarse, cegarse.
סַנְוֵרִים, ז"ר. (sanverim) Ceguera. Ofuscación.
סָנַט (סָנַט, יִסְנֹט) פ"ע Irritar, importunar.
סֶנְט, ז. (sent) Cent. Centavo.
סֶנָט, ז. (senat) Senado.
סֶנָטוֹר, ז. (senator) Senador.
סֶנָטוֹרְיוּם, ר׳ בֵּית הַבְרָאָה
סֶנְטִיגְרַם, ז. (sentigram) Centigramo.
סֶנְטִילִיטֶר, ז. (centiliter) Centilitro.
סֶנְטִימֶטֶר, ז (sentiméter) Centímetro.
סֶנְטִימֶנְטָלִי, ר׳ רַגְשָׁנִי.
סֶנְטִימֶנְטָלִיּוּת, ר׳ רַגְשָׁנוּת.

סְנַטְבְּכִים. ר׳ תַּחְבִּיר
סַנְטֵר, ז. (santer) Quija-da, mandíbula, barba.
סַנְטָר, ז. (santar) Vigi-lante.
סַנֵּיגוֹר, ז. (saneygor) Defensor.
סַנֵּיגוֹרְיָה, נ. (saneygor-ya) Defensa, abogacía.
סָנִיטָרִי, ת. (sanitari) Sanitario.
סְנִיף, ז. (snif) Sucur-sal, agencia. Parte. Anexión, unión.
סִנְכְּרוֹנִי, ת. (sincroni) Sincrónico.
סִנְכְּרוֹנִיזְם, ז. (sincro-nizm) Sincronismo.
סִנְכְּרוֹנִיזַצְיָה, נ. (sinc-ronizatya) Sincronización.
סִנֵּן, פ"י. Colar, filtrar.
סֻנַּן- Ser colado, ser filtrado.
הִסְתַּנֵּן- Filtrarse, pe-netrar.
סֶנְסוּאָלִי, ת (sensuali) Sensual.
סֶנְסוּאָלִיזְם, ז. (sensua-lizm) Sensualismo.
סַנְסָן, ז. Rama, (sansán) palma.
סֶנְסַצְיָה, נ. (sensatzya) Sensación.
סֶנְסַצְיוֹנִי, ת. (sensatz-yoni) Sensacional.
סָנַף (סָנַף, יִסְנֹף) פ"י Unir, anexar, agregar.
סֻנּוֹף- Ser unido, ser anexado.
הִסְתַּנֵּף- Anexarse, unir-se.
סְנַפִּיר, ז. Ale-(snapir) ta.
סָנַק (סָנַק, יִסְנֹק) פ"י Alejar, empujar, echar, arrojar.
סִנֵּק- Alejar, empujar, echar, arrojar.
סִנְקוֹפָּה, נ. (sincopa) Síncopa.
סַנְקְצְיָה, נ. (sanktzya) Sanción.
סִנָּר, ז. ר׳ סִנָּרִים (si-nor) Delantal.
סִנֵּר, פ"י Poner el delantal.
סֻנַּר- Ser puesto el delantal.
הִסְתַּנֵּר- Ponerse el de-lantal.
סִנְתֶּזָה, נ. Sín-(sinteza) tesis.
סִנְתֶּטִי, ת. Sin-(sinteti) tético.
סַס, ז. Tiña. (sas)
סַסְגוֹנִי, ת. (sasgoní) Policromo.
סַסְגוֹנִיּוּת, נ. (sasgoni-yut) Policromía.
סִסְגֵּן, פ"י. Abigarrar, pintar.
סֻסְגַּן- Ser abigarrado.
סִסְטֶמָה, ר׳ שִׁיטָה.
סִסְטֶמָתִי, ר׳ שִׁיטָתִי.
סִסְטֶמָתִיּוּת, ר׳ שִׁיטָתִיּוּת.
סִסְטֶמָתִיקָה, נ. (sistemá-tica) Clasificación.
סָעַד (סָעַד, יִסְעַד) פ"י Comer, cenar. Socorrer, ayudar.

Tem-(saaranî) .ת, סַעֲרָנִי pestuoso, tormentoso.
(saf) סַף, ז. ר׳ סִפִּים Umbral. Jarra.
(shomer-ha- שׁוֹמֵר הַסַּף- saf) Ujier.
סָפַג (סָפַג, יִסְפֹּג) פ"י Chupar, absorber, secar.
Secar, absorber. סַפֵּג-
Absorber, secar. הִסְפִּג-
Secarse, comprimirse. הִסְתַּפֵּג-
Seca- (sapag) סַפָּג, ז. dor.
Buñue-(sufgán) סֻפְגָּן, ז. lo.
(sufganiyá) סֻפְגָּנִיָּה, נ. Buñuelo.
סָפַד (סָפַד, יִסְפֹּד) פ"ע Velar, llorar.
Ser velado, ser הִסָּפֵד- llorado.
Endechar, pronunciar un sermón fúnebre. הַסְפֵּד-
סַפְדָן, ז. נ׳ סַפְדָּנִית (safdán) Lamentador, velador.
סָפָה (סָפָה, יִסְפֶּה) פעו"י Arruinar, destruír, exterminar. Aumentar, añadir, agregar.
Ser exterminado. הִסָּפֵה-
Ser cogido.
Aumentar, añadir, agregar. הַסְפֵּה-
Sofá, (sapá) סַפָּה, נ. canapé.
Absorbi-(sipug). סִפּוּג, ז. miento, absorción.

Ser socorrido, הִסָּעֵד- ayudado, apoyado.
Ayudar, apoyar, סַעֵד- socorrer.
Dar de comer. הַסְעֵד-
Ser apoyado, הִסְתַּעֵד- socorrido, ayudado.
Ayuda, (sáad) סַעַד, ז. socorro, apoyo.
(seudá) סְעֻדָּה, סְעוּדָה, נ. Comida, festín, banquete, cena.
Tempes-(saur) סָעוּר, ת. tuoso, tormentoso.
סָעִיף, ז. ר׳ סְעִיפִים (saif) Ramificación. Parágrafo, artículo.
Cortar, rom- סָעַף, פ"י. per. Dividir.
Ser cortado, ramificado, dividido. סֹעַף-
Ramificarse. הִסְתַּעֵף-
Incons-(seef) סֵעֵף, ת. tante.
Ramifica- (saef) סַעַף, ז. ción.
Rama, (seapá) סְעַפָּה, נ ramificación.
סָעַר (סָעַר, יִסְעַר) פ"ע Ser o estar tempestuoso, tormentoso.
Embravecerse, agitarse, irritarse. הִסָּעֵר-
Dispersar. סָעֵר-
Ser dispersado. סֹעַר-
Dispersar. הַסְעֵר-
Embravecerse. הִסְתַּעֵר-
(sáar, סַעַר, ז. סְעָרָה, נ. seará) Tempestad, tormenta, borrasca.

Esponja.(sfog) .ז ,סְפוֹג
Secante.
Impreg-(safug) .ת ,סָפוּג
nado.
Es- (sfoguí) .ת ,סְפוֹגִי
ponjoso.
(sfoguiyut) .נ ,סְפוֹגִיּוּת
Esponjosidad.
Ane- (sipúaj) .ז ,סִפּוּחַ
xión.
Oculto,(safún) .ת ,סָפוּן
ocultado. Cubierto.
Importante.
Techo.(sipún) .ז ,סִפּוּן
Puente de un bar-
co.
(sepontani) .ת ,סְפּוֹנְטָנִי
Espontáneo.
(seponta- .נ ,סְפּוֹנְטָנִיּוּת
niyut) Espontaneidad.
Satis- (sipuk) .ז ,סִפּוּק
facción. Fuerza. Duda.
Abastecimiento, provi-
sión, suministro. Po-
sibilidad.
Cuento,(sipur) ז ,סִפּוּר
relato, narración. Cor-
te del pelo.
Con- (safur) .ת ,סָפוּר
tado.
Es-(seporadi) .ת ,סְפּוֹרָדִי
porádico.
Nú- (seforá) .נ ,סְפוֹרָה
mero.
Depor-(sport) .ז ,סְפּוֹרְט
te, sport.
(sportaí) .ז ,סְפּוֹרְטַאי
Deportista.
(sportiví) .ת ,סְפּוֹרְטִיבִי
Deportivo.

Na- (sipurí) .ת ,סִפּוּרִי
rrativo.
סָפַח (סָפַח, יִסְפַּח) פ"י
Anexar, agregar, unir.
Anexarse, adhe- הִסָּפַח-
rir, unirse, asociarse.
Anexar, unir, a- סִפַּח-
gregar.
Ser anexado, ser סֻפַּח-
unido.
Asociarse, unir- הִסְתַּפֵּחַ-
se. Compartir.
Lo que (séfaj) .ז ,סֶפַח
crece de suyo.
Sar-(sapájat) .נ ,סַפַּחַת
na, excrecencia.
(septémber) .ז ,סֶפְּטֶמְבֶּר
Septiembre.
Ab- (sfigá) .נ ,סְפִיגָה
sorción, absorbimiento.
Aumen- (sfiyá) .נ ,סְפִיָּה
to.
Lo que(safíaj) .ז ,סָפִיחַ
crece de suyo.
Nave,(sfiná) .נ ,סְפִינָה
buque, barco.
(sfinat- סְפִינַת אֲוִיר-
avir) Aeróstato, nave.
Es- (sfinx) .ז ,סְפִינְכְּס
finge.
Posi- (sficá) .נ ,סְפִיקָה
bilidad. Abastecimiento.
Zafiro.(sapir) .ז ,סַפִּיר
Habi- (safir) ז ,סְפִיר
chuela.
Cuenta,(sfirá) .נ ,סְפִירָה
cómputo. Enumeración.
Numeración. Era. Es-
fera.

-הַסְּפִירָה, הַסְּפִירָה הַ-
כְּלָלִית, סְפִירַת הַנּוֹצְ-
רִים (hasfirá, hasfirá-
haclalit, sfirat-ha-
notzrim) La era cris-
tiana.
סְפִירָה, ר' כַּדּוּר.
סְפֵירוֹאִיד, ז. (sfeyroid)
Esferoide.
סְפֵירוֹמֶטֶר, ז. (sfeyro-
méter) Esferómetro.
סְפִּירוֹמֶטֶר, ז. (spiromé-
ter) Espirómetro.
סְפִירוּת, נ. Es-(sefirut)
critura.
סְפִירְט, ר' כֹּהֶל.
סַפִּירִי, ת. Za- (sapiri)
firino.
סְפִּירִיטוּאָלִיזְם, ז. (spi-
ritualizm) Espiritua-
lismo.
סְפִּירִיטוּאָלִיסְט, ז. (spi-
ritualis)Espiritualista.
סְפִּירִיטִיזְם, ז. (spiritizm)
Espiritismo.
סְפִּירִיטִיסְט, ז. (spiri-
tist) Espiritista.
סְפִּירִיטִיסְטִי, ת. (spiri-
tisti) Espiritista.
סְפִּירָלִי, ת. (spirali)
Espiral.
סֵפֶל, ז. ר' סְפָלִים (sé-
fel)Taza, pocillo.
סַפְלוּל, ז. Aris-(saflul)
toloquia.
סָפַן (סָפֵן, יִסְפֹּן) פ"י
Ocultar. Cubrir. Con-
siderar, respetar.
סֶפֶן, ז. Cosa (sefen)
oculta.

סַפָּן, ז. Bar- (sapán)
quero, batelero.
סַפָּנוּת, נ. Ma-(sapanut)
rinería.
סְפַנְיוֹלִית, ר' סְפָרַדִּית.
סִפְסוּף, ז. Higo(sifsuf)
tardío.
סִפְסוּר, ז. Es- (sifsur)
peculación.
סַפְסָל, ז. Banco.(safsal)
Pupitre.
סְפַּסְמָה, נ. Es- (spasma)
pasmo.
סִפְסֵף, פ"י. Arrancar.
Pinchar. Quemar.
סַפְסָר, ז. In- (safsar)
termediario. Especu-
lador.
סִפְסֵר, פ"ע. Especular.
סַפְסָרוּת, נ. (safsarut)
Especulación.Corretaje.
סַפְסָרִי, ת. (safsarí)
Especulativo.
(ספף) הִסְתּוֹפֵף, Pararse
sobre el umbral. Fre-
cuentar.
סְפֶּצְיָאלִי, ר' מְיֻחָד.
סְפֶּצְיָאלִיסְט, ר' מֻמְחֶה.
סְפֶּצִיפִי, ר' סְגֻלִּי.
סְפֶּצִיפִיּוּת, ר' סְגֻלִּיּוּת.
סְפֶּצִיפִיקַצְיָה, נ. (spetzi-
ficatzya)Especificación.
סָפַק (סָפֵק, יִסְפֹּק) פ"י
Pegar, golpear. Aplau-
dir, palmotear. Arre-
pentirse. Bastar, ser
suficiente.
-סִפֵּק Abastecer, pro-
veer, suministrar. Pal-
motear. Satisfacer.

Ser contado, relatado, narrado. סֻפַּר-
Cortarse el pelo. הִסְתַּפֵּר-
(séfer) Libro. Registro. סֵפֶר, ז. ר׳ סְפָרִים
(séfer-zicarón) Memorándum, libro de apuntes. סֵפֶר זִכָּרוֹן-
(séfer-zijronot) Memorándum, libro de apuntes. סֵפֶר זִכְרוֹנוֹת-
(séfer-hayájas) Registro genealógico. סֵפֶר הַיַּחַשׂ-
(séfer-critut) Acto de divorcio סֵפֶר כְּרִיתוּת-
(séfer-torá) Libro de la Ley, rollo de la Ley. סֵפֶר תּוֹרָה-
Numeración, enumeración. Orilla, frontera, borde. (sfar) סְפָר, ז.
(yishuv-sfar) Población limítrofe. יִשּׁוּב סְפָר-
(sappar) Peluquero, barbero. סַפָּר, ז. נ׳ סַפָּרִית
Escritor. (safrá) סַפְרָא, ז.
El Levítico. (sifra) סִפְרָא, ז.
(sfarágos) Espárrago. סְפָרָגוֹס, ז.
España. (sfarad) סְפָרַד, ז.
Español. (sfaradí) Sefardí, sefardita: judío de origen español, descendiente de los expulsados de España en 1492. סְפָרַדִּי, ז.

Ser suministrado, abastecido, proveído. Estar en duda. סֻפַּק-
Abastecer, suministrar. Bastar, alcanzar. Posibilitar. הִסְפִּיק-
Satisfacerse, contentarse. Dudar. הִסְתַּפֵּק-
Necesidad. Poder, posibilidad. (séfek) סֶפֶק, ז.
(safek) Duda, incertidumbre. סָפֵק, ז. ר׳ סְפֵקוֹת
Proveedor, suministrador. (sapak) סַפָּק, ז.
(speculativi) Especulativo. סְפֶּקוּלָטִיבִי, ת.
סְפֶּקוּלָט, ר׳ סַפְסָר.
(speculatzya) Especulación. סְפֶּקוּלַצְיָה, נ.
Incertidumbre. (sfecut) סְפֵקוּת, נ.
סְפֶּקְטְרוּם, ר׳ תַּחֲזִית.
(spektroscop) Espectroscopio. סְפֶּקְטְרוֹסְקוֹפּ, ז.
(spaktrali) Espectral. סְפֶּקְטְרָלִי, ת.
(sfaklarya) Espejo. סְפַקְלַרְיָה, נ.
Escéptico. (safcán) סַפְקָן, ז.
(safcanut) Escepticismo. סַפְקָנוּת, נ.
Escéptico. (safcaní) סַפְקָנִי, ת.
סָפַר (סָפַר, יִסְפֹּר) פ״י
Contar.
Ser contado. הִסָּפֵר-
Contar, narrar, relatar. Cortar el pelo. סִפֵּר-

סְפָרַדִּית, נ. Es-(sfaradit)
pañol. Judeo-español.
סִפְרָה, נ. Ci- (sifrá)
fra.
סִפְרוֹן, ז. Li- (sifrón)
breta, librito.
סִפְרוּר, ז. Nu-(sifrur)
meración.
סַפָּרוּת, נ. Pe-(saparut)
luquería (el oficio).
סִפְרוּת, נ. Li- (sifrut)
teratura.
-סִפְרוּת יָפָה (sifrut-
yafá) Bellas letras.
סִפְרוּתִי, ת. (sifrutí)
Literario.
סֶפָרָטוֹר, ר' מַפְרֵדָה.
סֶפָּרָטִיזְם, ז. (separatizm)
Separatismo.
סֶפָּרָטִיסְטִי, ת. (separa-
tisti) Separatista.
סִפְרִיָּה, נ. (sifriyá)
Biblioteca.
סְפֶּרְמָטוֹזוֹאוֹן, ז. (sper-
matozoón) Esperma.
סַפְרָן, ז. Bi- (safrán)
bliotecario.
סַפְרָנוּת, נ. (safranut)
Biblioteca, oficio del
bibliotecario.
סִפְרֵר, פ"י. Numerar.
-סֻפְרַר Ser numerado.
סָפַת (סָפַת, יִסְפֹּת) פ"י
Mojar. Empapar. Cortar.
Salar. Engordar.
סַק, ר' שַׂק.
סַקַּאי, ז. Fabri-(sacay)
cante de sacos.
סֵקֵב, הֵסְקֵב, פ"י. Rascar,
herir.

סִקּוּד, ז. Casti-(sicud)
go, suplicio.
סִקּוּל, ז. La- (sicul)
pidación.
סֶקוּלָרִיזַצְיָה, נ. (secula-
rizatzya) Secularización.
סֶקוּנְדָה, נ. (secunda)
Segundo.
סֶקוּנְדָרִי, ת. (secundari)
Secundario.
סְקוּפָּה, נ. Um- (secufá)
bral.
סִקּוּר, ז. Guiño, (sicur)
mirada.
סֶקְשָׁה, ר' בַּת.
סֶקְטוֹר, ז. Sec-(sector)
tor.
סְקִי, ז. Ski, esquí. (ski)
סְקִילָה, נ. La- (skilá)
pidación.
סְקִיצָה, נ. Bo- (skitza)
ceto.
סְקִירָה, נ. Mi- (skirá)
rada. Revista.
סָקַל (סָקַל, יִסְקֹל) פ"י
Lapidar, apedrear.
-הִסָּקֵל Ser lapidado,
apedreado.
-סִקֵּל Lapidar, apedrear.
Despedregar.
-סֻקַּל Ser apedreado, lapidado. Ser despedregado.
סְקַנְדָּל, ז. Es- (skandal)
cándalo.
סֶקֶפְּטִי, ת. Es- (sekepti)
céptico.
סֶקֶפְּטִיּוּת, סֶקֶפְּטִיצִיזְם,
ז. (sekeptiyut, sekepti-
tzizm) Escepticismo.
סֶקֶפְּטִיק, ז. (seképtik)

Escéptico.
סְקֶצְיָה, ר׳ מַחְלָקָה.
סָקַר (סָקַר, יִסְקֹר) פ"י
Mirar, examinar. Pintar.
-הִסָּקֵר Ser mirado, ser examinado.
-סַקֵּר Pintar de rojo.
סֶקֶר, ז. Mirada, (séker) observación.
סִקְרָא, סִקְרָה, נ. (sicrá)
Rojo, colorado.
סַקְרָן, ז. נ׳ סַקְרָנִית
(sacrán) Curioso.
סַקְרָנוּת, נ. (sacranut)
Curiosidad.
סַקְרָנִי, ת. (sacraní)
Curioso.
סַר, ת (sar) Triste, irritado.
סָרֵב, פ"ע. Rehusar, negarse.
סָרָב, ז. (sarav) Espina.
סֶרֶב, ז. (sérev) Negativa, repulsa.
סַרְבָּל, ז. (sarbal) Calzones anchos.
סַרְבֵּל, פ"י. Vestir, envolver. Cargar.
-סֻרְבַּל Ser vestido, envuelto. Ser cargado.
-הִסְתַּרְבֵּל Cargarse, consolidarse.
סַרְבָן, ז. (sarbán) Caprichoso, que rehusa.
סַרְבָנוּת, נ. (sarbanut)
Capricho, negativa.
סַרְבָנִי, ת. (sarbaní) Que rehusa o se niega.

סָרַג (סָרַג, יִסְרֹג) פ"י
Tejer, trabajar a punto de aguja.
-סָרֵג Tejer, tejer a punto de aguja.
-סֹרַג Ser tejido.
-הִסְתָּרֵג Tejerse, entrelazarse.
סֶרֶג, ז. (séreg) Silla de montar.
סֹרֶג, ז. (soreg) Cerca, reja, barrera.
סִרְגּוּל, ז. (sirgul) Delineación, delineamiento.
סַרְגִּיד, ז. (sarguid) Punta, extremidad.
סַרְגֵּל, ז. (sarguel) Regla.
סַרְגֵּל, פ"י. Rayar, trazar, delinear.
סַרְדִּין, ז. ר׳ סַרְדִּינִים
(sardín) Sardina.
סַרְדְּיוֹט, ז. ר׳ סַרְדְּיוֹטוֹת,
סַרְדְּיוֹטִין (sardyot)
Capitán.
סָרָה, נ. (sará) Rebelión, desobediencia.
סִרְהֵב, פ"י. Insistir.
סִרְהוּב, ז. (sir-huv) Insistencia.
סֵרוּב, ז. (seruv) Negativa, repulsa.
סָרוּג, ת. (sarug) Tejido.
סֵרוּג, ז. (serug) Tejido.
-לְסֵרוּגִין (leseruguín)
Alternativamente.
סֵרוּחַ, ז. (serúaj) Fetidez, hediondez.
סָרוּחַ, ת. ר׳ סְרוּחִים

(sarúaj) Hediondo. Extendido,tendido.

סָרוּט, ר׳ שָׂרוּט.

סָרוּךְ, ת. (saruj) Tirado.

סֵרוּס, ז. (serús) Castración. Traslado.

סָרוּק, ת. (saruk) Peinado.

סַרְזֶ׳נְט, ז. (sarzyent) Sargento.

סָרַח (סָרַח, יִסְרַח) פ"ע Heder. Extenderse.Fig. pecar.

Heder, dañarse, echarse a perder. הִסָּרַח-

Heder. Dañar, corromper. הַסְרֵחַ-

סֶרַח, ז. (séraj) Fetidez. Cola de un vestido.

סִרְחוֹן, ז. ר׳ סִרְחוֹנוֹת (sirjón) Hediondez, fetidez.Fig. pecado.

סַרְחָן, ז. (sarján) Fig. pecador.

סֻרְחָן, ז. (surján) Pecado.

סָרַט (סָרַט, יִסְרֹט) פ"י Rasguñar.

Rasguñarse. הִסָּרֵט-

Rasguñar. סָרֵט-

Filmar. הַסְרֵט-

Ser filmado. הֻסְרַט-

Rasguñarse. הִסְתָּרֵט-

סֶרֶט, ז. ר׳ סְרָטִים (séret) Cinta. Película.

סִרְטוּט, ז. (sirtut) Dibujo, lineamiento.

סַרְטֵט, ר׳ שַׂרְטֵט.

סַרְטָט, ז. (sartat) Topógrafo.

סַרְטִיפִיקָט, ר׳ תְּעוּדָה.

סַרְטָן, ז. (sartán) Cangrejo. Cáncer.

סַרְטָנִי, ת. (sartaní) Canceroso.

סְרִי, סְרִי. ז. (serí, seri) Hediondez, fetidez.

סָרִיג, ז. (sarig) Tejido. Reja, red.

סְרִיגָה, נ. (srigá) Tejido. Reja, red.

סְרִיָה, נ. (serya) Serie.

סִרְיוֹן, ז. ר׳ סִרְיוֹנוֹת (siryón) Coraza.

סְרִיחָה, נ. (srijá) Fetidez, hediondez.

סְרִיטָה, נ. (sritá) Rasguño, araño.

סָרִיס, ז. ר׳ סָרִיסִים (sarís) Eunuco.

סְרִיס-אָדָם- (sris-adam) Castrado accidentalmente.

סְרִיס-חַמָּה- (sris-jamá) Castrado de nacimiento.

סְרִיסוּת, נ. (srisut) Castración.

סָרִיק, ת. (sarik) Vacío; desocupado.

סָרִיק, ז. (sarik) Galleta.

סְרִיקָה, נ. (sricá) Peinado, peinadura.

סָרַךְ (סָרַךְ, יִסְרֹךְ) פ"ע Pegar, unir. Herir.

Unirse, pegarse. הִסָּרֵךְ-

Unirse,pegarse. הִסְתָּרֵךְ-

סֶרֶךְ, ז. (sérej) Costum-

סְרָק, ז. Vacío, (srak) hueco.
סָרָק, ז. Rojo, (sarak) colorado.
סַרְקוֹמָה, נ. (sarcoma) Sarcoma.
סַרְקוֹפָג, ז. (sarcofag) Sarcófago.
סַרְקַזְם, ז. Sar-(sarcazm) casmo.
סַרְקַסְטִי, ת. (sarcasti) Sarcástico.
סָרֹר (סָרַר, יָסֹר, יִסְרֹר)
פ"ע Desobedecer, ser indócil, pertinaz.
סְתַגְלָן, ז. Opor-(staglán) tunista.
סְתַגְלָנוּת, נ. (staglanut) Oportunismo.
סְתַגְלָנִי, ת. (staglaní) Oportunista.
סְתָו, ז. Otoño. (stav)
סְתָוִי, ת. Oto- (staví) ñal.
סָתוּם, ת. Tapado, (satum) obstruído.
סִתּוּם, ז. Obs- (situm) trucción, tapamiento.
סְתָוָנִי, ר' סְתָוִי.
סִתְוָנִית, נ. (sitvanit) Cólquico.
סָתוּר, ת. Destruí-(satur) do. Desordenado. Contradicho.
סִתּוּת, ז. Talla, (situt) entalladura.
סְתִימָה, נ. Obs- (stimá) trucción, tapamiento.
סְתִירָה, נ. Des- (stirá) trucción. Contradicción.

bre.
סִרְכָא, סִרְכָה, נ. (sirjá) Costumbre. Adherencia. Defecto.
סֶרֶן, ז. ר' סְרָנִים (se-ren) Capitán. Eje.
-רַב-סֶרֶן (rav-seren) Mayor.
סֵרֶנָדָה, נ. (serenada) Serenata.
סָרֵס, פ"י. Castrar.
-סֹרַס Ser castrado.
-הִסְתָּרֵס Ser castrado.
סַרְסוּר, ז. Corre-(sarsur) dor, intermediario.
סַרְסוּרְיָה, נ. (sarsuryá) Corretaje.
סַרְסֵר, פ"ע. Intermediar, intervenir.
סַרְסָרוּת, נ. (sarsarut) Corretaje.
סַרְעַף, ז. Pen- (sar-af) samiento.
סַרְעַפָּה, נ. Pen-(sar-apá) samiento.
סַרְעֶפֶת, נ. Dia-(sar-éfet) fragma.
סְרָף, ז. Resina. (sraf)
סִרְפַּד, ז. Or- (sirpad) tiga.
סַרְפֶּדֶת, נ. Ur- (sarpédet) ticaria.
סָרֹק (סָרַק, יִסְרֹק) פ"י
Peinar.
-הִסָּרֵק Ser peinado.
-סָרֵק Peinar. Pintar de rojo.
-הִסְרֵק Peinar. Pintar de rojo.
-הִסְתָּרֵק Peinarse.

Ocultación.
סָתַם (סָתַם, יִסְתֹּם) פ"י
Obstruír, tapar. Ocul-
tar, cerrar.
Ser obstruído, הִסָּתֵם-
tapado. Ser ocultado.
Obstruír, tapar. סַתֵּם-
Ser obstruído, סֻתּוֹם-
ser tapado.
Obstruírse, ta- הִסְתַּתֵּם-
parse. Cesar.
Así,(stam) סְתָם,תה"פ.
símplemente.
Genera- (stam) סְתָם, ז.
lidad, vaguedad.
(min-hastam) מִן הַסְּתָם-
Probablemente.
Tapa, (sétem) סֶתֶם, ז.
tapón.
סְתָמָא, ז. ר' סְתָם.
(mistamá) מִסְתָמָא-
Probablemente.
Vago, (stamí) סְתָמִי, ת.
indefinido, imperso-
nal. Neutro.
(stamiyut) סְתָמִיּוּת, נ.
Vaguedad, generalidad.
סָתַר (סָתַר, יִסְתֹּר) פ"י
Destruír, demolir.Con-
tradecir.
Esconderse, ocul-הִסָּתֵר-
tarse. Arruinarse.

Esconder. סַתֵּר-
Ser escondido, סֻתּוֹר-
ser ocultado.
Esconder, ocul- הַסְתֵּר-
tar.
Esconderse, הִסְתַּתֵּר-
ocultarse.
(sé- סֵתֶר, ז. ר' סְתָרִים
ter) Misterio, secre-
to. Escondrijo.
Se- (baséter) בַּסֵּתֶר-
cretamente.
(beyt-hasé- בֵּית הַסֵּתֶר-
ter) Escondrijo.
(dvar-séter) דְּבַר סֵתֶר-
Secreto.
(leshón-sé- לְשׁוֹן סֵתֶר-
ter)Confidencia.Calumnia.
(léjem-sta- לֶחֶם סְתָרִים-
rim) Pan robado.
Pro- (sitrá) סִתְרָה, נ.
tección.
סָתַת (סָתַת, יִסְתֹּת) פ"י
Tallar piedras.
Tallar o labrar סַתֵּת-
piedras.
Ser tallado, ser סֻתַּת-
labrado.
Talla- (satat) סַתָּת, ז.
dor.
Ta-(satatut) סַתָּתוּת, נ.
lla, entalladura.

ע

Décimasexta (ayin) ,ע
letra del alfabeto he-
breo. Su valor numéri-
co es 70.

(ov) עב, ז. ר׳ עבים
Umbral. Columna, viga.
Cubierta.

עב, זו"נ. ר׳ עבים, גם
Nube. Espe- (av) עבות
sura. Umbral. Tejido.

Grueso, (av) עב, ת.
gordo.

(av) עב, ז. ר׳ עבים
Espesura.

Espesar, con- .עבב, פ"י
densar. Anublarse.
Anublarse. העבב-
Espesarse, con-התעבב-
densarse.

עבד (עבד, יעבד) פ"י
Trabajar, laborar. La-
brar. Servir, adorar.
Ser trabajado, העבד-
labrado. Ser servido,
ser adorado.
Ser trabajado, ser עבד-
elaborado, labrado.
Elaborar, trabajar, עבד-
labrar.
Hacer trabajar. העבד-
Ser elaborado.. התעבד-

(é- עבד, ז. ר׳ עבדים
ved) Esclavo, sier-
vo.

Acto, (avad) עבד, ז.
acción.

(uvdá) עבדא, עבדה, נ.
Hecho, acción, suceso,
efecto.

Servi-(avudá) עבדה, נ.
dumbre.

Ser- (avdut) עבדות, נ.
vidumbre, esclavitud.

Curti-(avdán) עבדן, ז.
dor. Fabricante.

(avdanut) עבדנות, נ.

naje religioso.
(avot) .ז, עֲבוֹט, עֲבֹט
Empeño, prenda, arras.
Produc-(avur) .ז, עֲבוּר
to.
(avur, בַּעֲבוּר, עֲבוּר-
baavur) Para. Porque.
Para que.
(levaavur) לְבַעֲבוּר-
Para que.
(avur-ki) עֲבוּר כִּי-
Porque.
Preñez, (ibur) .ז, עִבּוּר
embarazo, concepción.
Intercalación, adición
de un mes en los años
bisiestos. Producto de
la tierra, cerelales.
Enmo- (ibush) .ז, עִבּוּשׁ
hecimiento.
Nu- (avot) .נ"ר, עֲבוֹת
bes.
Grueso. (avot) .ת, עָבוֹת
עֲבוֹת, זו"נ. ר׳ עֲבוֹתִים,
Cuerda. (avot) עֲבוֹתוֹת
Rama frondosa.
Grosor. (avut) .נ, עַבּוּת
עָבַט (עָבַט, יַעֲבֹט) פ"י
Tomar prenda. Prestar
a prenda.
Desviar, torcer, עִבֵּט-
embrollar.
Prestar a prenda. הֶעֱבִט-
Carga. (avtit) .ז, עַבְטִיט
Es-(ovi) .ז, עֳבִי, עֳבִי
pesor, grosor. Maleta.
Nube (aviv) .ז, עָבִיב
pequeña.
Silla (avit) .ז, עָבִיט
de montar. Aljofaina.
Pasa- (avir) .ת, עָבִיר

Industria.
(avdecán) .ז, עַבְדְּקָן
Barbudo.
Efec-(uvdatí) .ת, עֻבְדָּתִי
tivo, real.
עָבָה (עָבָה, יַעֲבֶה) פ"ע
Ser espeso, grueso.
Engrosarse, ser הֵעָבָה-
grueso.
Condensar, espe- עִבָּה-
sar, engrosar.
Ser grueso, engro- עֻבָּה-
sado.
Engrosarse. הַעֲבָה-
Engrosarse. הָעֳבָה-
Engrosarse, con- הִתְעַבָּה-
densarse.
(avé) .ת, נ׳ עָבָה, עָבֶה
Grueso.
Elabo- (ibud) .ז, עִבּוּד
ración.
Ela- (avud) .ת, עָבוּד
borado, trabajado.
Tra-(avodá) .נ, עֲבוֹדָה
bajo, labor. Servicio.
עֲבוֹדָה זָרָה, עֲבוֹדַת-
אֱלִילִים, עֲבוֹדַת כּוֹ-
כָבִים וּמַזָּלוֹת (avodá-za-
rá, avodat-elilim, avo-
dat-cojavim-umazalot)
Idolatría.
(avodá- עֲבוֹדָה מְפָרֶכֶת-
mefaréjet) Trabajo pe-
noso.
(avodat-a- עֲבוֹדַת אֲדָמָה-
damá) Agricultura.
(avodat- עֲבוֹדַת פֶּרֶךְ-
pérej) Trabajo forzado.
(avodat- עֲבוֹדַת הַקֹּדֶשׁ-
hacódesh) Servicio re-
ligioso, culto, home-

dero.
Paso,(avirá) .עֲבִירָה, נ
acción de pasar.
עָבַר (עָבַר, יַעֲבֹר) פעו"י
Pasar, atravesar. Penetrar.
Ser pasado. הֵעָבֵר-
Fecundar, empre- עִבֵּר-
ñar. Hacer bisiesto.
Pecar. Incorporar.
Ser empreñada, עֻבַּר-
fecundada. Cambiarse.
Hacer pasar,trans- הֶעֱבִיר-
ferir, trasladar,llevar, transmitir.
Empreñarse. Irri- הִתְעַבֵּר-
tarse. Hacerse bisiesto.
Pasado,(avar) .עָבָר, ז
imperfecto,pretérito.
De (lesheavar) לְשֶׁעָבַר-
antes, antiguo, ex (prefijo).
(é- עֵבֶר, ז. ר' עֲבָרִים
ver) Lado.
Más (meéver-le) מֵעֵבֶר לְ-
allá, del otro lado de.
(éver-ha- עֵבֶר הַיַּרְדֵּן-
yardén)Transjordania.
Feto, (ubar) .עֻבָּר, ז
embrión.
Paso,(avará) .עֲבָרָה, נ
pasaje. Balsadera.
Ira, (evrá) .עֶבְרָה, נ
cólera. Orgullo.
(averá) עֲבֵרָה, עֲבֵירָה, נ
Pecado, transgresión.
(báal-averá) בַּעַל עֲבֵרָה-
Pecador.
Mujer (ubará) .עֻבָּרָה, נ
embarazada.
Ira,(ibarón) .עִבָּרוֹן, ז
cólera.
He- (ivrur) .עִבְרוּר, ז
braización.
עִבְרִי, ז. נ' עִבְרִיָּה, גם
עִבְרִית, ר' עִבְרִים עִבְ-
Hebreo.(ivrí) רִיִּים
(ivriyut) .עִבְרִיּוּת, נ
Hebraísmo.
Pe-(avaryán) .עֲבַרְיָן, ז
cador, transgresor,delincuente.
Hebreo,(ivrit). עִבְרִית, נ
lengua hebraica.
Hebraizar. .עִבְרֵר, פ"י
Hebraizarse. הִתְעַבְרֵר-
עָבַשׁ (עָבַשׁ, יַעֲבַשׁ) פ"ע
Podrirse.
Podrir, enmohe- עִבֵּשׁ-
cer.
Enmohecerse,ser הֵעָבֵשׁ-
enmohecido.
Enmohecerse, הִתְעַבֵּשׁ-
podrirse.
Enmo- (avesh) .עָבֵשׁ, ת
hecido.
Moho. (óvesh) .עֹבֶשׁ, ז
Torcer, en- .עִבֵּת, פ"י
trelazar.
(avot) עָבֹת, ת. נ' עֲבֻתָּה
Frondoso, espeso.
עָגַב (עָגַב, יַעֲגֹב) פ"ע
Enamorarse, desear.
(ugav) .עֻגָב, עוּגָב, ז
Órgano.
Lasci-(agavá) .עֲגָבָה, נ
via.
Nal-(agavot) עֲגָבוֹת, נ"ר
gas, trasero.

Pa-(agavim). ז"ר, עֲגָבִים
labras amorosas.
(agbanut) .נ, עַגְבָנוּת
Coquetería.
(agvaniyá) .נ, עַגְבָנִיָּה
Tomate.
Sí- (aguével) .נ, עַגֶּבֶת
filis.
Bizcocho.(ugá) .נ, עֻגָה
Ponque. Círculo.
(le- .נ, (לְשׁוֹן־) עֲגָה
shón-agá) Jerga, caló,
lengua vulgar.
Cír- (igul) .ז, עִגּוּל
culo.
Cir-(igulí) .ת, עִגּוּלִי
cular.
Tris- (agum) .ת, עָגוּם
te, melancólico.
Aban- (agún) .ת, עָגוּן
donado. Último.
Unión.(igún) .ז, עִגּוּן
Abandono.
Mujer(aguná) .נ, עֲגוּנָה
abandonada.
Gru- (agur) .ז, עָגוּר
lla.
(agurán) .ז, עֲגוּרָן
Grúa.
עָגִיל, ז. ר׳ עֲגִילִים
(aguil) Zarcillo, arete, pendiente.
An- (aguiná) .נ, עֲגִינָה
claje,
עָגֹל, ת. נ׳ עֲגֻלָּה, ר׳
Redondo.(agol) עֲגֻלִּים
עָגַל (עָגַל, יַעֲגֹל) פ"י
Redondear, hacer un
círculo.
Redondearse. הֵעָגֵל-
Redondear. Girar, עַגֵּל-
hacer dar vueltas, voltear.
Redondear. Arro- הַעֲגֵל-
llar.
Redondearse. הִתְעַגֵּל-
Rodar, girar.
(é- עֵגֶל, ז. ר׳ עֲגָלִים
guel) Ternero, becerro.
Redon- (óguel) .ז, עֹגֶל
dez.
(עגלא) בַּעֲגָלָא, תה"פ.
(baagalá) Rápidamente.
Oval, (agalgal). ת, עֲגַלְגַּל
redondo.
עֶגְלָה, נ. ר׳ עֲגָלוֹת
(eglá) Ternera.
עֲגָלָה, נ. ר׳ עֲגָלוֹת
(agalá) Coche, carruaje, carro.
(eglat-jó- עֶגְלַת־חֹרֶף-
ref) Trineo.
Co- (eglón) .ז, עֶגְלוֹן
chero.
(eglonut) .נ, עֶגְלוֹנוּת
Oficio del cochero.
Fabri-(aglán) .ז, עַגְלָן
cante de coches.
עגם (עָגַם, יֶעְגַּם) פ"ע
Entristecerse. Balbucir, tartamudear.
Entristecerse. הֵעָגֵם-
Entristecer. הַעֲגֵם-
Tris- (éguem) .ז, עֶגֶם
teza. melancolía.
עָגְמָה, עָגְמַת־נֶפֶשׁ, נ.
(agmat-néfesh) Melancolía, tristeza.
(agmumí) .ת, עַגְמוּמִי
Triste.
(agmimut) .נ, עַגְמִימוּת
Tristeza.

(ad-kdey- עַד כְּדֵי כָּךְ-
caj) Tanto.
Has- (ad-co) עַד כֹּה-
ta ahora.Hasta aquí.
Hasta (ad-ki) עַד כִּי-
que.
Antes (ad-lo) עַד לֹא-
que.
(ad-עַד מְאֹד, עַד לִמְאֹד-
meod, ad-lim-od) Mucho, excesivamente.
(ad-meherá) עַד מְהֵרָה-
Pronto, rápido.
Has-(ad-matay) עַד מָתַי-
ta cuando.
(ad-olam) עַד עוֹלָם-
Eternamente, siempre.
Hasta (ad-she) עַד שֶׁ-
que. Mientras que, durante que.
(ad-sheló) עַד שֶׁלֹּא-
Hasta que no.
עֵד, ז.נ׳ עֵדָה, ר׳ עֵדִים
(ed) Testigo.
(ed-reiyá) עֵד רְאִיָּה-
Testigo presente.
(ed-shmiá) עֵד שְׁמִיעָה-
Testigo auricular.
עֵד, ז. ר׳ עִדִּים (ed)
Trapo.
עֵדָה, נ. ר׳ עֵדוֹת (edá)
Comunidad. Colectividad. Precepto.
עדה (עָדָה, יַעֲדֶה)פעו"י
Pasar, marchar. Adornarse.
Adornar, hermosear. הֶעֱדָה-
Estí- (idud) עִדּוּד, ז.
mulo.
Ador- (aduy) עֲדוּי, ת.

Anclar. עָגַן, פ"ע.
Ser abandonado הֵעָגֵן-
(por su esposa).
Abandonar (una עִגֵּן-
mujer).
Ser abandonada. הִתְעַגֵּן-
עֹגֶן, ז. ר׳ עֳגָנִים (o-
guen) Ancla.
Eternidad. (ad) עַד, ז.
Botín.
לָעַד, עֲדֵי עַד עַד עוֹלְ-
מֵי עַד (laad, adey-ad-
ad-olam) Eternamente, para siempre.
(miní-ad) מִנִּי עַד-
Siempre.
עַד, מ"י. ס׳ עֲדֵי (ad)
Hasta. Mientras. Durante.
עָדַי, עָדֶיךָ, עָדָיו,וכו׳-
(aday, adeyja, adav)
Hasta mí, hasta ti, hasta él, etc.
(ad-eyn- עַד אֵין סוֹף-
sof) Sin fin.
Sólo (ad-im) עַד אִם-
si, solamente si.
(ad- עַד אָן, עַד אָנָה-
an, ad-ana) ¿Hasta cuándo?
Has-(ad-bosh) עַד בּוֹשׁ-
ta desesperarse, hasta cansarse.
(ad-bli-day עַד בְּלִי דַי-
Sin fin.
(ad-bli- עַד בְּלִי יָרֵחַ-
yaréaj) Mientras dure la luna, siempre.
(ad-ve- עַד וְעַד בִּכְלָל-
ad-bijlal) Inclusive, inclusivamente.

nado.
Moli- (idún) עִדּוּן, ז.
cie, afeminación, ablan-
damiento.
Labran-(idur) עִדּוּר, ז.
za, escardadura.
Tes- (edut) עֵדוּת, נ.
timonio. Precepto. Ley.
Virginidad. Atesta-
ción.
(adí) עֲדִי, ז. ר׳ עֲדָיִים
Adorno, joya. Fig. ju-
ventud.
עֲדֵי, ר׳ עַד.
עָדִין, ת. נ׳ עֲדִינָה
(adín) Delicado, sua-
ve.
(adayin) עֲדַיִן, תה"פ.
Todavía.
De-(adinut) עֲדִינוּת, נ.
licadeza, suavidad.
Mejor, (adif) עָדִיף, ת.
superior.
Su-(adifut) עֲדִיפוּת, נ.
perioridad.
La- (adirá) עֲדִירָה, נ.
branza, escardadura.
Lo (idit) עִדִּית, נ
mejor.
(adlayadá) עַדְלָיָדַע, נ.
Carnaval.
Hacer deli- עִדֵּן, פ"י.
cado, suavizar.
Ser suavizado, -עֻדַּן
hecho delicado.
Deleitarse. Afe- -הִתְעַדֵּן
minarse, hacerse deli-
cado, suavizarse.
(eden) עֵדֶן, ז. ר׳ עֲדָנִים
Placer, delicias.
(gan-eden) -גַּן עֵדֶן

Paraíso. Gloria.
(táam-gan-eden) -טַעַם גַּן עֵדֶן
eden) Sabor a paraí-
so.
Tiempo, (idán) עִדָּן, ז.
época.
(adén, עֲדֶן, עֲדֶנָא, תה"פ
adena) Hasta ahora, to-
davía.
Placer, (edná) עֶדְנָה, נ.
deleite.
Inmortalizar. עִדְעֵד, פ"ע
עָדַף (עָדַף, יַעְדֹּף) פ"ע
Exceder, sobrar.
Exceder. Pre- -הֶעְדִּיף
ferir.
Exceso. (ódef) עֹדֶף, ז.
Resto. Vueltas.
עָדַר (עָדַר, יַעְדֹּר) פ"י
Labrar, escardar.
Ser labrado, ras- -הֵעָדֵר
trillado. Ausentarse,
faltar.
Rastrillar, la- -עִדֵּר
brar. Suprimir.
Omitir, supri- -הֶעְדִּיר
mir.
(é- עֵדֶר, ז. ר׳ עֲדָרִים
der) Rebaño.
De o (edrí) עֶדְרִי, ת.
como el rebaño.
עֲדָשָׁה, נ. ר׳ עֲדָשִׁים
(adashá) Lenteja.
עֲדָשָׁה, נ. ר׳ עֲדָשׁוֹת
(adashá) Lente. Cris-
talino.
Secta- (adatí) עֲדָתִי, ת.
rio.
Obscu- (עוב) הֵעִיב, פ"י.
recer, nublar.
עוֹבֵד, ז. ר׳ עוֹבְדִים

(oved) Trabajador.
(oved- עוֹבֵד אֱלִילִים-
elilim) Idólatra.
עוֹבְדָה, ר׳ עֻבְדָּה.
Tran- (over) עוֹבֵר, ת.
seúnte. Que pasa.
(over-va- עוֹבֵר וָשָׁב-
shav) Transeúnte,
pasajero.
עוג (עָג, יָעוּג) פ"י
Hacer una circunferencia. Cocer.
עוֹגֵב, ז. נ׳ עוֹגֶבֶת
(oguev) Amante.
עוּגָב, ר׳ עֻגָב.
עוּגָבַאי, ז.
(ugavay)
Organista.
Biz- (ugá) עוּגָה, נ.
cocho. Hoyo. Círculo,
redondo.
Hoyo.(uguiyá) עוּגִיָּה, נ.
Bizcochito.
עוּגִין, ר׳ עֻגֶן.
Atar, ama- עָגַד, פ"י.
rrar.
Animar, alentar, עוֹדֵד-
consolar, estimular.
Atestiguar, tes- הֵעֵד-
timoniar, declarar.
Convocar. Advertir.
Unir. Comparar.
Ser advertido. הוּעַד-
Animarse. הִתְעוֹדֵד-
Más. (od) עוֹד, תה"פ.
Otro. Todavía.
עוֹדִי, עוֹדֶנִּי, עוֹדְךָ, וכו׳-
(odí, odeni, odjá) Todavía yo, todavía estoy, todavía tú, todavía estás, etc.

Más, otro, (beod) בְּעוֹד-
otros, dentro de. Todo
tiempo que.
Y más. (veod) וְעוֹד-
Etcétera.
(od-meat) עוֹד מְעַט-
Otro un poco, dentro
de poco, pronto.
En (beod-she) בְּעוֹד שֶׁ-
tiempo que.
(beod-moed) בְּעוֹד מוֹעֵד-
A tiempo, temprano,
antes.
Desde (medodí) מֵעוֹדִי-
mi existencia, nunca
en mi vida.
(veló- וְלֹא עוֹד אֶלָּא-
od-ela) Y no solamente esto sino que también
Es-(odedut) עוֹדְדוּת, נ.
tímulo.
עוה (עָוָה, יַעֲוֶה) פ"ע
Pecar.
Torcerse, encor- הֵעָוָה-
varse. Pervertirse.
Torcer, encorvar. עִוָּה-
Pervertir, corromper.
Pecar. Corrom- הֶעֱוָה-
per, pervertir.
Corrup- (avá) עַוָּה, נ.
ción, perversión.
Peca- (ivuy) עִוּוּי, ז.
do, crimen.
עָוֹן, עָוֹן, ז. ר׳ עֲוֹנוֹת
(avón) Pecado.
Perver-(ivut) עִוּוּת, נ.
sión, corrupción.
Buitre. (oz) עוֹז, ז.
עוֹז, ר׳ עֹז.
עוז (עָז, יָעוּז) פ"ע

causto. Injusticia.
Muchacha,(ulá) עוּלָה, נ
niña.
Injus- (avlá) עַוְלָה, נ.
ticia, perversidad.
(olel, עוֹלֵל, עוֹלָל, ז.
olal) Niño.
עוֹלֵלָה, נ. ר׳ עוֹלֵלוֹת
(olelá) Rebusca.
עוֹלָם ז. ר׳ עוֹלָמוֹת,
(olam) גם עוֹלָמִים
Mundo. Eternidad.
(beyt-olam) בֵּית-עוֹלָם
Cementerio.
(beyt-ola בֵּית-עוֹלָמִים
mim) Fig. El Templo.
Siempre,(leolam) לְעוֹלָם
para siempre, eternamente.
(leolam-va- לְעוֹלָם וָעֶד
ed) Siempre, eternamente.
Desde (meolam) מֵעוֹלָם
hace mucho tejmpo.
(meolam-lo) מֵעוֹלָם לֹא
Nunca.
Pa-(ad-olam) עַד-עוֹלָם
ra siempre,eternamente.
(haolam-ha- הָעוֹלָם הַזֶּה
zé) Esta mundo.
הָעוֹלָם הַבָּא,עוֹלַם הָ-
(haolam-habá,olam- אֱמֶת
haemet) El mundo futuro, la vida futura.
(leolamim) לְעוֹלָמִים
Siempre, eternamente.
(olamit) עוֹלָמִית
Eternamente, siempre.
Mun-(olamí) עוֹלָמִי, ת.
dial. Eterno.
(olamiyut) עוֹלָמִיּוּת, נ.

Refugiarse. Animarse,
fortificarse.
Atreverse. Reu- הֵעֵז
nir.
עוֹזֵר, ז. נ׳ עוֹזֶרֶת, ר׳
Ayudante.(ozer) עוֹזְרִים
(ozéret) עוֹזֶרֶת, נ.
Criada, sirvienta.
עוט (עָט, יָעוּט) פ״ע
Reprender. Precipitarse.
Envuel-(oté) עוֹטֶה, ת.
to. Triste.
Que en-(otef) עוֹטֵף, ז.
vuelve. Empacador.
Gesto,(avayá) עֲוָיָה, נ.
mueca.
Niño. (avil) עֲוִיל, ז.
Perverso, malvado.
Odio- (oyén) עוֹיֵן, ת.
so, que odia.
Convul-(avit) עֲוִית, נ.
sión, calambre.
Malvado,(ojer) עוֹכֵר, ז.
perverso.
Pecar, hacer עָוֵל, פ״ע.
indecencias.
Pecador,(aval) עַוָּל, ז.
perverso, malvado.
Muchacho,(ul) עוּל, ז.
niño.
Yugo.(ol) עוֹל, עֹל, ז.
Fig. esclavitud.
Injus-(ável) עָוֶל, ז.
ticia.
Que sube. (olé) עוֹלֶה, ז
Que cuesta.Inmigrante.
עוֹלֶה רֶגֶל, ר׳ עוֹלֵי רֶ-
Pe- (olé-réguel) גֶל
regrino.
Holo-(olá) עוֹלָה, עֹלָה, נ

escalón.
עוֹקֵב, ז Perse- (okev) guidor.
עוּקָה, נ. Hoyo, (ucá) vacío, hueco.
עוֹקֶץ, ת. Pun- (oketz) zante. Mordaz.
עוֹקְצָנוּת, נ. (oktzanut) Mordacidad.
עוֹקְצָנִי, ת. (oktzaní) Punzante. Mordaz.
עוֹקְרָנִי, ת. Des-(ocraní) tructor.
עור (עָר, יָעוּר) פעו"ל Despertarse. Inquietar. Estar desnudo.
הֵעוֹר- Despertarse. Estar desnudo. Fig. animarse, estimularse.
עוֹרֵר- Despertar. Fig. animar, estimular. Sacudir, mover.
הֵעִיר- Despertar. Fig. animar, estimular. Destruír. Cuidar. Notar, reprender, censurar.
הוּעַר- Ser reprendido, ser censurado.
הִתְעוֹרֵר- Despertarse. Fig. animarse, estimularse.
עִוֵּר, פ"י. Cegar.
הִתְעַוֵּר- Cegarse.
עוֹר, ז. ר׳ עורות (or) Cuero. Piel.
עִוֵּר, ז. ר׳ עִוְרִים (iver) Ciego.
עוֹרֵב, ז. Cuervo. (orev)
עִוָּרוֹן, ז. Ce-(ivarón) guedad, ceguera.
עִוְּרוּת, נ. ר׳ עִוְּרוֹן

Universalidad.
עַוְלָתָה, עוֹלָתָה, נ. (avlatá, olatá) Injusticia, perversidad.
עוֹמֵד, ת. Parado. (omed)
עוֹמֵם, ת. Apagado, extinguido. (omem)
(ערן) עוֹנֵן, פ"י. Conjurar muertos, exorcizar.
עָוֹן, ר׳ עָווֹן.
עוֹנָה, נ Período, (oná) época, tiempo. Estación. Deber conyugal, morada (?). Hilo.
עוֹנֵן, ז. נ׳ עוֹנְנָה (onén) Hechicero, bruja.
עוֹנָתִי, ת. Es- (onatí) tacional.
עִוְעִים, ז"ר. (iv-im) Embrollo, confusión.
עוף (עָף, יָעוּף) פ"ע Volar. Cansarse. Encenderse.
עוֹפֵף- Volar. Agitar.
הֵעִיף- Hacer volar. Lanzar, echar, arrojar.
הוּעַף- Ser arrojado, lanzado, echado.
הִתְעוֹפֵף- Volar.
עוֹף, ז. ר׳ עופות (of) Ave.
עוֹפֶרֶת, נ. Plo-(oféret) mo.
עוץ (עָץ, יָעוּץ) פ"י Aconsejar.
עוֹצֵר, ז. Gober- (otzer) nador. Detenedor.
עוֹצֶר, ר׳ עֹצֶר.
(עוק) הֵעִיק, פ"י Apretar, oprimir, aplastar.
עָוָק, ז. Peldaño, (avak)

Re- (orej) עוֹרֵךְ, ז.
dactor.
עוֹרֵךְ־דִּין, ז. ר׳ עוֹרְכֵי־
Abogado. (orej-din) דִּין
עוֹרֶף, ז. ר׳ עֳרָף.
עוֹרֶק, ז. ר׳ עוֹרְקִים
(órek) Vena. Vaso.
(av-ha- אַב הָעוֹרְקִים-
orkim) La aorta.
Re- (orer) עוֹרֵר, ז.
plicador.
Ce- (avéret) עַוֶּרֶת, נ.
guedad, ceguera.
עוּשׁ (עָשׁ, יָעוּשׁ) פ״ע
Apresurarse.
Hacedor, (osé) עוֹשֶׂה, ז.
que hace.
Torcer, en- עַוֵּת, פ״ע.
corvar, corromper,
pervertir.
Apoyar, forti- עוּת-
ficar (?).
Ser torcido, עֻוּוֹת-
ser pervertido.
Torcerse, co- הִתְעַוֵּת-
rromperse.
Injus- (avatá) עַוָּתָה, נ.
ticia, agravio.
(otomani) עוֹתוֹמָנִי, ת.
Otomano.
Fal- (avtán) עַוְתָן, ז.
sificador.
(az) עַז, ת. נ׳ עַזָּה
Fuerte, valiente, vio-
lento, intenso.
(az-métzaj) עַז מֵצַח-
Insolente.
(az-néfesh) עַז נֶפֶשׁ-
Valiente. Hambriento.
(az-panim) עַז פָּנִים-
Insolente.

(az-rúaj) עַז רוּחַ-
Valiente.
Fuerza, (az) עַז, ז.
vigor.
עֵז, נ. ר׳ עִזִּים, ז׳
Cabra. (ez) תַּיִשׁ
גְּדִי עִזִּים, שְׂעִיר עִזִּים,-
(gdi-izim, צְפִיר עִזִּים
seir-izim, tzfir-izim)
Macho cabrío.
Vigor, (oz) עֹז, עוֹז, ז.
fuerza, ánimo. Protec-
ción. Gloria, honor.
(oz-panim) עֹז פָּנִים-
Orgullo. Insolencia.
(oz-rúaj) עֹז רוּחַ-
Valentía.
Aza- (azazel) עֲזָאזֵל, ז.
zel: lugar en el cual
era arrojado el cabrío
emisario. Demonio, dia-
blo, infierno.
עָזַב (עָזַב, יַעֲזֹב) פ״י
Dejar. Abandonar. Ayu-
dar. Fortificar.
Ser dejado. Ser הֵעָזֵב-
abandonado.
Ser dejado. Ser עֻזַּב-
abandonado.
Divorciar. הַעֲזֵב-
Ser abandonado. הִתְעַזֵּב-
He- (izavón) עִזָּבוֹן, ז.
rencia. Mercancía.
Cabra (izá) עִזָּה, נ
(en la poesía).
Dejado. (azuv) עָזוּב, ת.
Abandonado.
Deso- (azuvá) עֲזוּבָה, נ.
lación. Abandonada.
Niño (azuví) עֲזוּבִי, ז.
abandonado.

Fuerza,(ezuz) .ז, עֱזוּז
valentía.
Fuerte,(izuz) .ת, עִזּוּז
valiente.
Ayudado,(azur) .ת, עָזוּר
socorrido.
Inso-(azut) .נ, עַזּוּת
lencia.
(azut-pa- עַזּוּת פָּנִים-
nim) Insolencia.
עָזַז (עָזַז, עַז, יָעֹז) פעל׳
Ser fuerte, ser vigoroso, ser valiente.Reforzarse.
Ser fuerte, ser הֵעֵז-
valiente.
Conducir cabras. עִזֵּז-
Ser inso-(פָּנִים) הֵעֵז-
lente.
Reforzarse, ani- הִתְעַזֵּז-
marse.
Dejada,(azivá) .נ, עֲזִיבָה
dejación. Abandono.
De-(azivut) .נ, עֲזִיבוּת
solación.
Fuerte.(aziz) .ת, עָזִיז
Bui-(ozniyá) .נ, עָזְנִיָּה
tre.
In- (azpán) .ז, עַזְפָּן
solente.
(azpanut) .נ, עַזְפָּנוּת
Insolencia.
עָזַק (עָזַק, יַעֲזֹק) פ״י
Apretar. Cavar,excavar.
Cavar, excavar. עִזֵּק-
(azac,. .נ, עֲזָקָה .ז, עֲזָק
azacá) Campo rodeado de una zanja.
עָזַר (עָזַר, יַעֲזֹר) פ״י
Ayudar, socorrer.

Ser ayudado, ser הֵעָזֵר-
socorrido.
Ayudar, apoyar. הַעֲזֵר-
Ayuda,(ézer) .ז, עֵזֶר
socorro, asistencia.
Ace- (uzrad) .ז, עֻזְרָד
rolo.
Ayuda, (ezrá) .נ, עֶזְרָה
socorro, asistencia, apoyo.
Atrio (azará) .נ, עֲזָרָה
del Templo.
(ezrat-na- עֶזְרַת נָשִׁים-
shim) Lugar conservado en las sinagogas para las mujeres.
עֻזְרָר, ר׳ עֻזְרָד.
עֶזְרַת, עֶזְרָתָה, ר׳ עֶזְרָה.
(et) עֵט, ז. ר׳ עֵטִים
Pluma, portaplumas.
(et-novéa) עֵט נוֹבֵעַ-
Estilógrafo.
(et-oféret) עֵט עוֹפֶרֶת-
Lápiz.
עָטָה (עָטָה, יַעֲטֶה) פעו״י
Envolver. Envolverse, cubrirse.
Envolver,cubrir. הַעֲטֵה-
Envuel- (atuy) .ת, עָטוּי
to, cubierto.
עָטוּף, ת. נ׳ עֲטוּפָה
(atuf) Envuelto, cubierto.Débil. Tardío.
Envol- (ituf) .ז, עִטּוּף
vimiento.
Adorno.(itur) .ז, עִטּוּר
Coronamiento.
Corona- (atur) .ת, עָטוּר
do, adornado.
Estor-(itush) .ז, עִטּוּשׁ
nudo.

Motivo, (atí) .ז ,עֲטִי
causa

Envol- (atiyá) .נ ,עֲטִיָּה
tura.

Pecho, (atín) ז ,עֲטִין
teta, ubre.

Manto, (atif) .ז ,עֲטִיף
vestido.

Envol-(atifá) .נ ,עֲטִיפָה
tura. Envolvimiento.

Es- (atishá) .נ ,עֲטִישָׁה
tornudo.

Mur- (atalef) .ז ,עֲטַלֵּף
ciélago.

עָטַן (עָטַן, יַעֲטֹן) פ"י
Poner las aceitunas en la prensa.

עָטַף (עָטַף, יַעֲטֹף) פ"י
Envolver, cubrir. Debilitarse.

Ser envuelto. -הֵעָטֵף
Debilitarse.

Envolver. -עַטֵּף

Debilitarse. -הַעֲטֵף

Envolverse. De- -הִתְעַטֵּף
bilitarse.

עָטַר (עָטַר, יַעְטֹר) פ"י
Rodear, coronar.

Ser coronado. -הֵעָטֵר

Rodear, coronar. -עַטֵּר
Adornar.

Ser coronado, -עֻטּוֹר
ser adornado.

Cpronar. -הַעֲטֵר

Coronarse, ser -הִתְעַטֵּר
coronado.

עֲטָרָה, נ. ר' עֲטָרוֹת
(atará) Corona, diadema.

Brea, (itrán) .ז ,עִטְרָן
alquitrán.

עֲטֶרֶת, ר' עֲטָרָה.

עָטַשׁ (עָטַשׁ, יַעֲטֹשׁ) פ"ע
Estornudar.

Estornudar. -עַטֵּשׁ

Estornudar. -הִתְעַטֵּשׁ

(i) עִי, ז. ר' עִיִּים
Ruina.

Fiesta, (eyd) .ז ,עֵיד
día feriado.

Medi- (iyún) .ז ,עִיּוּן
tación, reflexión, atención. Ojeada.

Con (beiyún) -בְּעִיּוּן
atención, atentamente.

Men- (iyuní) .ת ,עִיּוּנִי
tal, teórico.

(iyuniyut) .נ ,עִיּוּנִיּוּת
Mentalidad.

(á- עַיִט, ז. ר' עֵיטִים
yit) Buitre.

Su- (ilaí) .ת ,עִילָּאִי
perior.

Eter-(eylom) .ז ,עֵילוֹם
nidad.

Fuerza.(ayam) .ז ,עַיָם

עַיִן, נ. ר' עֵינַיִם ס'
Ojo. (ayin) עֵינֵי

En reali-(beayin) -בְּעַיִן
dad. Exacto, preciso.

(keeyn, מֵעֵין ,כְּעֵין-
meeyn) Como.

-עַיִן טוֹבָה, עַיִן יָפָה
(ayin-tová, ayin-yafá)
Benevolencia, generosidad, buenos ojos.

-עַיִן רָעָה, עַיִן הָרָע
(ayin-raá, eyn-hará)
Malos ojos, perversidad, malicia.

Un(héref-ayin) -הֶרֶף־עַיִן

librar.
Ser equilibrado. עַיֵּן-
Equilibrarse. הִתְעַיֵּן-
עָיֵף (עָיַף, יַעֲיַף) פ"ע
Cansarse, fatigarse.
Cansar, fatigar. עַיֵּף-
Cansarse. הִתְעַיֵּף-
(ayef) עָיֵף, ת. נ׳ עֲיֵפָה
Cansado, fatigado.
(eyfá, עֵיפָה, עֵיפָתָה, נ
eyfata) Obscuridad.
Can- (ayefá) עֲיֵפָה, נ.
sancio, fatiga.
Can-(ayefut) עֲיֵפוּת, נ.
sancio, fatiga.
Obs-(eyfatá) עֵיפָתָה, נ.
curidad.
עִיר, נ. ר׳ עָרִים (עֲיָרוֹת)
(ir) Ciudad.
(ir-hacódesh) עִיר הַקֹּדֶשׁ-
La Ciudad Santa.
עִיר וָאֵם, עִיר הַמְּלוּכָה-
(ir-vaem- עִיר הַמַּמְלָכָה
ir-hamlujá, ir-hmamla-
já) La ciudad del rei-
no: la capital.
(ir-habirá) עִיר הַבִּירָה-
La capital.
(rosh-hair) רֹאשׁ הָעִיר-
Burgomaestre, alcalde.
(ir) עִיר, ז. ר׳ עִירִין
Angel.
(á- עַיִר, ז. ר׳ עֲיָרִים
yir) Borriquillo.
Burgo, (ayará) עֲיָרָה, נ.
villa.
עִירוֹנִי, ת. ר׳ עִרוֹנִיִּים
(ironí) Municipal, ur-
bano. Ciudadano.
Mu- (iriyá) עִירִיָּה, נ.
nicipio, alcaldía.

abrir y cerrar de ojos.
(tov-ayin) טוֹב עַיִן-
Benévolo, generoso.
(mar-it-a- מַרְאִית עַיִן-
yin) Vista, mirada.
(lemar-it- לְמַרְאִית עַיִן-
ayin) Aparentemente.
Ava-(tzar-ayin) צַר עַיִן-
ro, mezquino.
(tzarut-ayin) צָרוּת עַיִן-
Mezquindad.
(ra-ayin) רַע עַיִן-
Malévolo, perverso.
(ajizat- אֲחִיזַת עֵינַיִם-
eynáyim) Virtualidad.
Engaño.
(gva-eyná- גְּבַהּ עֵינַיִם-
yim) Orgulloso.
(eyná- עֵינַיִם גְּבֹהוֹת-
yim-gvohot) Orgullo.
(kilyón- כִּלְיוֹן עֵינַיִם-
eynáyim) Impaciencia.
(rum-ey- רוּם עֵינַיִם-
náyim) Orgullo.
De- (leeyney) לְעֵינֵי-
lante de.
Pu-(bavat-ayin) בָּבַת עַיִן-
pila, niña del ojo.
מָצָא חֵן בְּעֵינֵי, נָשָׂא-
Hallar gracia חֵן בְּעֵינֵי
en ojos de: agradar,
gustar.
עַיִן, נ. ר׳ עֵינוֹת, עֲיָנוֹת
(ayin) Fuente.
Nombre de (ayin). עַיִן, נ.
la décimasexta letra
del alfabeto hebreo.
Odiar, mirar עָיַן, פ"י.
con malos ojos.
Meditar, reflexio- עַיֵּן-
nar. Ver, ojear. Equi-

(ajirut) .עֲכִירוּת,נ
Turbiedad.
Digerir. Que- .עִכֵּל,פ"י
mar, consumir.
Ser digerido. Ser עֻכַּל-
quemado, consumido.
Digerirse. Que- הִתְעַכֵּל-
marse, consumirse.
.עַכְנָא,ז , עֶכֶן , עֶכֶן
(aján, ejen, ajná) Cu-
lebra, serpiente.
Cadena, (ejes) .עֶכֶס,ז
brazalete.
Resonar, ha- .עִכֵּס,פ"ע
cer ruido.
עכר (עָכַר , יַעְכֹּר) פ"י
Turbar, enturbiar.
Ser enturbiado. הֵעָכֵר-
Enturbiar. הֶעְכִּר-
Po-(ajrmrí) .עַכְרוּרִי,ת
co turbio.
.עַכְשָׁו , עַכְשָׁיו,תה"פ
(ajshav) Ahora. Actual-
mente.
Ví- (ajshuv) .עַכְשׁוּב,ז
bora.
Ac- (ajshaví) .עַכְשָׁוִי,ת
tual, presente.
Altura, (al) .עַל,ז
elevación.
Encima de, (al) .עַל,מ"י
sobre.
-עָלַי , עָלֶיךָ , עָלַיִךְ ,עָ-
לָיו , עָלֶיהָ , עָלֵינוּ ,
עֲלֵיכֶם,עֲלֵיכֶן , עֲלֵיהֶם ,
(alay, aleyja, a- עֲלֵיהֶן
láyij, alav, aleyha, ale-
ynu, aleyjem, aleyjén, a-
leyhem, aleyhén) Sobre
mí, sobre ti, sobre ti
(fem.), sobre él, sobre

As- (irit) .עִירִית,נ
fódelo.
Des- (eyrom) ת, עֵירֹם
nudo.
Villa-(ayaratí).ת, עֲיָרָתִי
no, de la villa.
Conste-(áyish) .עַיִשׁ,ז
lación de la Osa mayor.
Osa (ben-áyish) בֶּן עַיִשׁ-
menor.
Impedir, de- .עִכֵּב,פ"י
tener, demorar.
Detenerse, de- הִתְעַכֵּב-
morarse.
Ser detenido. עֻכַּב-
Demora, (acavá) .עַכָּבָה,נ
impedimiento.
(acavish) .עַכָּבִישׁ,ז
Araña.
(curey- קוּרֵי עַכָּבִישׁ-
acavish) Telaraña.
עַכְבָּר,ז. ר' עַכְבָּרִים
(ajbar) Ratón. Músculo.
(ajbarón) .עַכְבָּרוֹן,ז
Ratoncillo.
(ajberosh) .עַכְבְּרוֹשׁ,ז
Rata.
Demora, (ikuv) .עִכּוּב,ז
detención.
(bli-ikuv) בְּלִי עִכּוּב-
Sin demora.
Tra- (acuz) .עַכּוּז,ז
sero, nalgas.
Diges-(icul) .עִכּוּל,ז
tión. Combustión.
Turbio. (ajur) .עָכוּר,ת
Triste.
Tur- (icur) .עִכּוּר,ז
biedad.
Acción(ajirá) .עֲכִירָה,נ
de enturbiar.

(al-menat, al-menat-she) Para que.
(al-necalá) עַל נְקַלָּה - Fácilmente.
Con (al-smaj) עַל סָמָךְ - base, basándose en.
(al-pe, עַל פֶּה, בְּעַל פֶּה - beal-pe) De memoria.
Según, (al-pi) עַל פִּי - conformemente a.
(al-pirov) עַל פִּי רֹב - En al mayoría de los casos.
(af-al-pi-jen) אַף עַל פִּי כֵן - Sin embargo, a pesar de esto.
Sobre, (al-pney) עַל פְּנֵי - encima de.
(al-col-panim) עַל כָּל פָּנִים - En todo caso.
Se- (al-shum) עַל שׁוּם - gún.
(al-shum-she) עַל שׁוּם שֶׁ - Porque.
En (al-shem) עַל שֵׁם - nombre de. Por. Para.
De encima (meal) מֵעַל - de.
Encima (meal-le) מֵעַל לְ - de.
עַל, ר׳ עוֹל.
(עלא) לְעֵלָּא, תה"פ. (lee-la) Encima de, sobre.
Su- (ilaut) עִלָּאוּת, נ. perioridad.
עִלָּאִי. ר׳ עִילָּאִי.
עָלַב (עָלַב, יַעֲלֹב) פ"י Ofender, humillar.
Ser ofendido, הֵעָלֵב - ser humillado.

ella, sobre nosotros, sobre vosotros, sobre vosotras, sobre ellos, sobre ellas. Debo, debes, debe, etc.
(al-odot) עַל אוֹדוֹת - Sobre, por.
Sobre, (meal-le) מֵעַל לְ - por encima de.
עַל אַחַת כַּמָּה וְכַמָּה - (al-ajat-cama-vejama) Con mayor razón.
Aunque, (al-af) עַל אַף - a pesar de.
(al-asher) עַל אֲשֶׁר - Sobre, porque.
(al-gav, al-gabey) עַל גַּב, עַל גַּבֵּי - Sobre, encima de.
Por, (al-dvar) עַל דְּבַר - con respecto a.
A nom-(al-dáat) עַל דַּעַת - bre de, con aceptación de.
En la (al-harov) עַל הָרֹב - mayoría de los casos.
Cerca (al-yad) עַל יַד - de, al lado.
Por (al-yedey) עַל יְדֵי - medio de.
(al-yedey-caj) עַל יְדֵי כָּךְ - Así.
(al-col-panim) עַל כָּל פָּנִים - En todo caso.
Por (al-ken) עַל כֵּן - esto.
עַל כָּרְחוֹ, בְּעַל כָּרְחוֹ - (al-corjó, beal-corjó) A pesar de él.
(al-lo-da-var) עַל לֹא דָּבָר - De nada.
עַל מְנַת, עַל מְנַת שֶׁ -

Ofender, humi- הֶעֱלִיב-
llar.
Ofensa, (ólev) עֹלֶב, ז.
injuria.
Ofen-(elbón) עֶלְבּוֹן, ז.
sa.
Tar- (ileg) עִלֵּג, ת.
tamudo.
Caló, (ilgá) עִלְגָה, נ.
jerga.
Tar- (ilgut) עִלְגוּת, נ.
tamudeo.
עָלָה (עָלָה, יַעֲלֶה) פ"ע
Subir, elevarse, alzarse.
Subir,elevarse. הֵעָלֵה-
Alejarse.
Subir, alzar, הֶעֱלָה-
elevar. Encender. Conceder, otorgar.
Ser subido, ser עֻלָּה-
elevado.
Ser subido, ser הָעֳלָה-
elevado.
Elevarse, alzarse, הִתְעַלָּה-
enorgullecerse, engrandecerse.
Quemarse, עָלָה בָאֵשׁ-
incendiarse.
Lograr, עָלָה בְיָד-
poder.
Encolerizarse עָלָה חֵמָה-
embravecerse.
Tener éxi- עָלָה יָפֶה-
to.
עָלָה עַל לֵב, עָלָה עַל- רוּחַ, עָלָה עַל דַּעַת
Ima-ginarse, pensar, ocurrírsele.
Peregrinar. עָלָה לְרֶגֶל-
Rumiar. הֶעֱלָה גֵרָה-

(alé) עָלֶה, ז. ר' עָלִים
Hoja.
Causa, (ilá) עִלָּה, נ.
motivo.
(alá) עָלָה, ת. ר' עָלוֹת
Que cría.
עָלוּב, ת. נ' עֲלוּבָה
(aluv) Miserable. Humilde.
עֲלָוָה, ר' עֲלָיָה.
Envuel-(alut) עָלוּט, ת.
Eleva- (iluy) עִלּוּי, ז.
ción. Genio. Superioridad. Aumento, alza.
Capaz (alul) עָלוּל, ת.
de. Susceptible de. Débil. Verbo cuyas tres letras del infinitivo no aparecen en todos los tiempos.
Mis- (alum) עָלוּם, ת.
terioso, oculto.
Ocul- (ilum) עִלּוּם, ז.
tación, disimulación.
(alumim) עֲלוּמִים, ז"ר.
Juventud.
Bole- (alón) עָלוֹן, ז.
tín, folleto.
Des- (iluf) עִלּוּף, ז.
mayo.
San- (alucá) עֲלוּקָה, נ.
guijuela.
עָלַז (עָלַז, יַעֲלֹז) פ"ע
Alegrarse.
Alegre, (alez) עָלֵז, ת.
contento.
(élez, עֶלֶז, עֶלְזָה, נ.
elzá) alegría, júbilo.
Obscuri- (élet) עֶלֶט, ז.
dad.

Epopeya, poema.
(baalilut)Claramente. (עלילות)בַּעֲלִילוּת, תה"פ
(aliliyá) עֲלִילִיָּה, נ.
Hecho, acción.
De(alilatí) עֲלִילָתִי, ת.
hazañas.
Vi- (alimut) עֲלִימוּת, נ.
gor, fuerza.
(alitzut) עֲלִיצוּת, נ.
Alegría, júbilo.
עָלַל(עָלַל, יַעֲלֹל) פ"י
Trabajar. Irse.
Hacer, obrar. -עוֹלֵל
Rebuscar.
Ser hecho. -עוֹלַל
Elevar. Calumniar. -הֶעֱלִיל
Abusar. -הִתְעַלֵּל, הִתְעוֹלֵל
Desaparecer. (עלם) הֶעֱלִים,
Ocultar. -עַלֵּם
Ocultar, disimular. -הֶעְלִים
Ser ocultado, desaparecido. -הָעֳלַם
Desaparecer, ocultarse. -הִתְעַלֵּם
(é- עֶלֶם, ז. ר׳ עֲלָמוֹת
lem) Olvido.
(é- עֶלֶם, ז. ר׳ עֲלָמִים
lem)Adolescente, joven.
(alam, al- עָלַם, עָלְמָא, ז.
má) Mundo.
(beyt-ol- -בֵּית עָלְמִין
mín) Cementerio.
(bealma) -בְּעָלְמָא
Simplemente.
(al- עַלְמָה, נ. ר׳ עֲלָמוֹת
má)Señorita, doncella.

Obs-(alatá) עֲלָטָה, נ.
curidad.
Pistilo.(eli) עֱלִי, ז.
Tronco. Mano de mortero.
Supe- (ilí) עִלִּי, ת.
rior.
So- (aley) עֲלֵי, תה"פ.
bre, encima de.
Ofen-(alivá) עֲלִיבָה, נ.
sa, humillación.
(alivut) עֲלִיבוּת, נ.
Humillación, ofensa.
עֲלִיָּה, נ. ר׳ עֲלִיּוֹת
(aliyá) Subida. Elevación. Peregrinación. Lo mejor. Ascención. Llamamiento a la lectura de la Ley en las sinagogas. Desván. Reunión.
(aliyá-le- -עֲלִיָּה לְרֶגֶל
réguel) Peregrinación.
(aliyad-ha- -עֲלִיַּת הַגַּג
gag) Desván.
Su- (elyón) עֶלְיוֹן, ת.
perior. Alto, sublime.
(elyonut) עֶלְיוֹנוּת, נ.
Superioridad. Altura.
עַלִּיז, ת. נ׳ עַלִּיזָה
(aliz) Alegre.
(alizut) עַלִּיזוּת, נ.
Alegría.
Taller. (alil) עֲלִיל, ז.
Cla- (baalil) -בַּעֲלִיל
ramente.
Ha- (alilá) עֲלִילָה, נ.
zaña, hecho, acto. Calumnia.
(shir-alilá) -שִׁיר עֲלִילָה

(alamot) .עֲלָמוֹת, נ"ר
Nombre de un instru-
mento músico.
Ju- (almut) .עַלְמוּת, נ
ventud.
עלס (עָלַס, יַעֲלֹס) פ"ע
Alegrarse.
Alegrarse. הֶעֱלֵס-
Alegrar. עַלֵּס-
Alegrarse. הִתְעַלֵּס-
Alegría, (eles) .עֶלֶס, ז
júbilo.
Tragar, en- .עִלַּע, פ"י
gullir.
Hoji-(al-ol) .עַלְעוֹל, ז
ta. Tempestad.
Ac- (il-ul) .עִלְעוּל, ז
ción de ojear.
Hoji- (al-al) .עַלְעַל, ז
ta, hojuela.
Soplar, arras- עִלְעֵל, פ"ע
trar. Hojear.
Cubrir, en- עִלֵּף, פ"י
volver. Desmayar.
Ser envuelto. Des- עֻלַּף-
mayarse.
Desmayarse. En- הִתְעַלֵּף-
volverse.
Dé- (ulpé) .עֻלְפֶּה, ת
bil.
עלץ (עָלַץ, יַעֲלֹץ) פ"ע
Alegrarse.
Alegrar. הֶעֱלִיץ-
Alegría, (életz) .עֶלֶץ, ז
júbilo.
Jú-(eltzón) .עֶלְצוֹן, ז
bilo, alegría.
Oro-(alóket) .עֲלֹקֶת, נ
banca.
Achi- (ólesh) .עֹלֶשׁ, ז
coria.

(am) עַם, ז. ר' עַמִּים
Pueblo, nación.
(am-haáretz) עַם הָאָרֶץ-
Población indígena, pue-
blo del país. Fig. igno-
rante.
(am-haar- עַם הָאַרְצוּת-
tzut) Ignorancia.
Unirse a הֵאָסֵף אֶל עַמּוֹ-
su pueblo: morir.
Con. (im) עִם, מ"י
Junto, cerca.
-עִמִּי, עִמָּדִי, עִמְּךָ, עִ-
מָּךְ, עִמּוֹ, עִמָּהּ, עִמָּנוּ,
עִמָּכֶם, עִמָּכֶן, עִמָּם, עִמָּן,
(imí, imadí, עִמָּהֶם, עִמָּהֶן
imjá, imaj, imó, imá, ima-
nu, imajem, imajén, imam,
imán, imahem, imahén) Con-
migo, contigo, conti-
go (fem.), con él, con
ella, con nosotros, con
vosotros, con vosotras,
etc.
De. (emim) מֵעִם-
(im- עִם זֶה, עִם כָּל זֶה-
ze, im-col-ze) A pesar
de esto.
עמד (עָמַד, יַעֲמֹד) פ"ע
Pararse. Cesar.
Poner, fijar, co- הַעֲמֵד-
locar, establecer, pa-
rar.
Ser parado, pues- הָעֳמַד-
to, colocado.
Tener éxi- עָמֹד בִּבְחִינָה-
to en un examen.
Presen- עָמֹד לִבְחִינָה-
tarse a un examen.
Cumplir su עָמֹד בְּדִבּוּר-
palabra.

Resis- עָמַד עַל דְּבָרָיו -
tir.
Ser juzga- עָמַד בְּדִין -
do.
Tener éxi- עָמַד בְּנִסָּיוֹן -
to.
Pararse de- עָמַד בִּפְנֵי -
lante de, oponerse a.
Pararse a עָמַד לִימִין -
la derecha: defender.
Fingir, הַעֲמֵד פָּנִים -
aparentar.
Suble- הַעֲמֵד פָּנִים בְּ- -
varse contra.
Lugar, (ómed) עֹמֶד ז.
puesto.
Lugar, (emdá) עֶמְדָּה נ.
posición, puesto, actitud, estado.
Con-(imadí) עִמָּדִי מ"ג.
migo.
עַמּוּד ז. ר' עַמּוּדִים
(amud) Columna. Poste, estaca. Estrado, tarima. Altura. Ambón, pupitre. Página. Rayo de luz. Atril.
(amud-ha- עַמּוּד הַשִּׁדְרָה -
shidrá) Columna vertebral.
(amud-ha- עַמּוּד הַשַּׁחַר -
shájar) Alba, aurora.
Colum-(amudá) עַמּוּדָה נ.
na (de una página).
Empa- (amum) עָמוּם ת.
ñado.
Amo- (amoní) עַמּוֹנִי ת.
nita.
Car- (amús) עָמוּס ת.
gado.
(amús- עָמוּס בִּלְשׁוֹנוֹ -
bilshonó) Tartamudo.

Aga- (imur) עִמּוּר ז.
villadura.
Atado,(amut) עָמוּת ת.
unido.
Pa- (amidá) עֲמִידָה נ.
rada. Levantamiento. Colocación, postura, puesta. Nombre de una oración que contiene 18 bendiciones. Existencia. Estado.
(baamidá) בַּעֲמִידָה -
De pie, en pie.
Agente,(amil) עָמִיל ז.
comisionista.
Co- (amilut) עֲמִילוּת נ.
rretaje.
Al- (amilán) עֲמִילָן ז.
midón.
Car- (amisá) עֲמִיסָה נ.
ga.
Gavi- (amir) עָמִיר ז.
lla.
Com- (amit) עָמִית ז.
pañero, amigo.
עָמַל (עָמַל, עָמֵל, יַעֲמֹל) פ"י
Trabajar, penar.
Cansar. Ejercitar. עִמֵּל -
Ejercitarse, הִתְעַמֵּל -
hacer gimnasia.
Traba- (amel) עָמֵל ז.
jador.
Pena, (amal) עָמָל ז.
trabajo.
Comi- (amalá) עַמְלָה נ.
sión, corretaje.
Traba- (amelá) עֲמֵלָה נ.
jadora. Obrera (abeja).
Almidonar. עִמְלֵן פ"י.
Ser almidonado. עֻמְלַן -
Almidonarse. הִתְעַמְלֵן -

עמם (עמם, יעמם) פ"י
Obscurecer. Dificul-
tar.
Ennegrecer, obs- עמם-
curecer.
Obscurecer, en- העם-
negrecer.
Ser obscurecido, הועם-
ser ennegrecido.
Naci- (amamí) .ת, עממי
onal, popular.
(amamiyut) .נ, עממיות
Popularidad.
עמס (עמס, יעמס) פ"י
Cargar.
Cargar. עמס-
Ser cargado. עמוס-
Cargar. העמס-
Carga. (omes) .ז, עמס
Obs- (im-um) .ז, עמעום
curidad.
Obscurecer. .פ"ע, עמעם
Disimular, aparentar.
Tratar, decidir, dis-
cutir.
Ser obscurecido. עמעם-
Cerrar los ojos. פ"י, עמץ
Ser cerrados התעמץ-
los ojos.
עמק (עמק, יעמק) פ"ע
Ser profundo, hondo.
Profundizar. העמק-
Profundizar. התעמק-
עמק, ת. נ׳ עמקה, ר׳
Hondo, (amok) עמקים
profundo.
(ómek) עמק, ז. ר׳ עמקים
Profundidad.
(émek) עמק, ז. ר׳ עמקים
Valle.
Pro- (amcut) .נ, עמקות
fundidad.
(amakí, .ת, עמקי , עמקי
imkí) Vallista, valluno.
Pen- (amcán) .ת, עמקן
sador.
Agavillar, .פ"י, עמר
atar.
Oprimir, sub- התעמר-
yugar.
עמר, ז. ר׳ עמרים
(ómer) Gavilla. Omer:
nombre de una medida
(décima parte de una
איפה, como 4 litros).
עמש, ר׳ עמס..
Compa- (עמת) העמת, פ"י
rar. Amigar.
ענב (ענב, יענב) פ"י
Atar, amarrar, hacer
un nudo.
Ser atado. הענב-
הענב, ר׳ ענב.
(e- ענב, ז. ר׳ ענבים
nav) Uva. Orzuelo.
(invey-sné) ענבי סנה-
Grosella.
(invey-shu- ענבי שועל-
al) Uva de lobo.
Grano. (anavá) .נ, ענבה
Racimo de uvas.
Ba- (inbal) .ז, ענבל
dajo.
Ambar. (ánbar) .ז, ענבר
Deleitar, cau- .פ"י, ענג
sar placer.
Ser deleitado. ענוג-
Deleitarse, go- התענג-
zar.
Placer, (óneg) .ז, ענג
deleite.
(anog) ענג, ת. נ׳ ענגה

Delicado, suave, afeminado, blando.
עָנַד (עָנַד, יַעֲנֹד) פ"י.
Atar, amarrar.
עָנָה (עָנָה, יַעֲנֶה) פ"י.
Contestar, responder. Replicar. Atormentarse. Otorgar, conceder. convenir.
נַעֲנָה- Ser contestado, respondido. Ser escuchado. Ser humillado, rebajado.
עִנָּה- Atormentar. Cantar. Torcer. Violar, violentar.
עֻנָּה- Ser atormentado, ser maltratado.
הֶעֱנָה- Maltratar, atormentar. Empobrecerse.
הֶעֱנִי- Empobrecerse.
הִתְעַנָּה- Atormentarse.
עָנָו, ת. נ' עֲנָוָה, ר' עֲנָוִים Modesto. (anav) humilde. Miserable.
עָנוּב, ת. Atado, (anuv) amarrado.
עִנּוּג, ז. Deleite, (inug) placer.
עָנוּד, ת. Atado. (anud) amarrado.
עֲנָוָה, נ. Modestia. (anavá)
עִנּוּי, ז. Tormento, (inuy) suplicio. Mortificación.
עֲנוֹק, ר' עֲנָק.
עָנוּשׁ, ת. Castigado. (anush)
עֱנוּת, נ. Tormento, (enut) angustia.
עֲנוֹת, נ. Canto, (anot) música.
עֲנוֹת, Infinitivo del verbo עָנָה.
עַנְוְתָן, ז. Modesto. (anvetán)
עַנְוְתָנוּת, נ. (anvetanut) Modestia.
עָנִי, ת. נ' עֲנִיָּה, ר' עֲנִיִּים, נ"ר עֲנִיּוֹת (aní) Pobre.
עֳנִי, עֹנִי, ז. (oni) Pobreza.
עֲנִיבָה, נ. Corbata. Nudo. (anivá)
עֲנִידָה, נ. Atadura. (anidá)
עֲנִיָּה, נ. Contestación, respuesta. (aniyá)
עֲנִיּוּת, נ. Pobreza. (aniyut)
עִנְיָן, ז. ר' עִנְיָנִים (inyán) Asunto. Interés. Materia, sujeto.
תֹּכֶן הָעִנְיָנִים (tojen-hainyanim) Índice.
עִנְיֵן, פ"י. Interesar.
הִתְעַנְיֵן- Interesarse.
עִנְיָנִי, ת. Interesante. (inyaní) Del sujeto o la materia, del tema.
עֲנִישָׁה, נ. Castigo. (anishá)
עָנַן, פ"י. Anublar.
עוֹנֵן- Hacer hechizos.
עֻנַּן- Anublarse.
הֶעֱנִן- Anublar.
הִתְעַנֵּן- Anublarse.
עָנָן, ז. ר' עֲנָנִים (anán) Nube.

עֲנָנָה, נ. Nu- (ananá)
blado.
עָנָף, ז. ר' עֲנָפִים (a-
naf) Rama. Ramo.
עָנֵף, ת. נ' עֲנֵפָה (anef)
Frondoso.
עֶנֶף, ז. Ramaje,(énef)
ramazón.
עָנֵף, פ"י Cortar las
ramas.
הַעֲנֵף- Cubrirse de
ramas.
עֲנָק, ז. ר' עֲנָקִים (a-
nak) Gigante. Collar.
ענק (עָנַק, יַעֲנֹק) פ"י
Rodear, ceñir.
הַעֲנֵק- Gratificar, re-
compensar.
עֵנֶק, ז. Grati- (ének)
ficación.
עֲנָקִי, ת. Gi- (anakí)
gantesco.
עֲנָקִיּוּת, נ. (anakiyut)
Gigantez.
ענש (עָנַשׁ, יַעֲנֹשׁ) פ"י
Castigar.
הֵעָנֵשׁ- Ser castigado.
הַעֲנֵשׁ- Castigar.
עֹנֶשׁ, ז. ר' עֳנָשִׁים (ó-
nesh) Castigo, puni-
ción.
עָסָה, פ"י. Apretar, ex-
primir. Amasar. Hacer
un masaje.
עִסָּה, נ. Masa. (isá)
עִסּוּי, ז. Expre- (isuy)
sión.
עָסוּק, ת. Ocu- (asuk)
pado.
עִסּוּק, ז. Ocu- (isuk)
pación.
עַסְיָן, ז. Masa-(asyán)
jista.
עַסְיָנוּת, נ. (asyanut)
Masaje, oficio del ma-
sajista.
עָסִיס, ז. Jugo. (asís)
עֲסִיסִי, ת. Ju- (asisí)
go.
עֲסִיסִיּוּת, נ. (asisiyut)
Jugosidad.
עָסִיק, ז. Con- (asik)
testación.
עסס (עָסַס, יַעֲסֹס) פ"י
Apretar, exprimir.
עֲסָסִית, נ. ר' עֲסָסִיּוֹת
(asasit) Tallarín,
pasta, fideo.
עסק (עָסַק, יַעֲסֹק) פ"ע
Ocuparse.
הַעֲסֵק- Ocupar.
הִתְעַסֵּק- Ocuparse.
עֵסֶק, ז. ר' עֲסָקִים (é-
sek) Negocio. ocupa-
ción, asunto. Queja,
contestación.
עָסֵק, ת. Ocupa- (asek)
do.
עִסְקָא. עִסְקָה, נ. (iscá)
Negocio.
עִסְקִי, ת. Del (iskí)
negocio.
עַסְקָן, ז. Accio-(askán)
nista.
עַסְקָנוּת, נ. (ascanut)
Actividad social.
עָפֵר, ר' עֹפֶר, עָפָר.
עָף, ת. Volante. (af)
Evaporable.
עִפּוּי, ז. Pro- (ipuy)
tección. Cansancio.

Infec-(ipush) .ז,עִפּוּשׁ
ción, enmohecimiento.
(ofi)עֳפָאִים ר' .ז,עֳפִי
Rama.
Vue- (afifá) .נ,עֲפִיפָה
lo.
Co-(afifón) .ז,עֲפִיפוֹן
meta (juguete).
(afitzut) .נ,עֲפִיצוּת
Acidez.
Endurecer. .פ"י,עָפַל
Enorgullecerse. עֻפַּל-
Arriesgarse. הֶעְפִּיל-
Torre. (ófel) .ז,עֹפֶל
(migdal-ó- מִגְדַּל עֹפֶל-
fel) Torre Eiffel.
(afolim) .ז"ר,עֳפָלִים
Hemorroides.
Pestañear, .פ"י,עִפְעֵף
mover les párpados.
עַפְעַף, ז. ר' עַפְעַפַּיִם
(af-af) Párpado.
Bello-(afatz) .ז,עָפָץ
ta.
Arrojar barro .פ"י,עִפֵּר
o tierra.
Ser cubierto de עֻפַּר-
tierra.
Cubrirse de הִתְעַפֵּר-
polvo o de tierra.
Tierra,(afar) .ז,עָפָר
arena. Ceniza.
(ófer עֳפָרִים ר' .ז,עֹפֶר
Cabrito.
De color (afor) .ת,עָפֹר
de tierra.
Ga- (afrá) .נ,עַפְרָה
cela. Yacimiento,capa.
עִפָּרוֹן, ז. ר' עֶפְרוֹנוֹת
(iparón) Lápiz.

Alon-(efroní) ז,עֶפְרוֹנִי
dra.
De (afrurí) .ת,עַפְרוּרִי
color de tierra.
(afrurit) .נ,עַפְרוּרִית
Arena, polvo.
עֹפֶרֶת, ר' עוֹפֶרֶת.
Plum-(ofrit) .נ,עֹפְרִית
bagínea.
Enmohecer. .פ"י,עִפֵּשׁ
Enmohecerse.
Enmohecerse. הִתְעַפֵּשׁ-
(etz) עֵץ, ז. ר' עֵצִים
Árbol. Leña.
(e- עֵץ-מַאֲכָל, עֵץ פְּרִי
tz-maajal, etz-pri)
Árbol frutal.
עָצַב (עָצַב, יַעֲצֹב) פ"י
Entristecer.
Entristecerse. הֶעֱצַב-
Entristecer. For- עִצֵּב-
mar.
Entristecer. הֶעֱצִיב-
Entristecerse. הִתְעַצֵּב-
(é- עֶצֶב, ז. ר' עֲצָבִים
tzev) Nervio. Imagen,
ídolo. Pena, dolor.
Pena, labor.
Angus-(ótzev) .ז,עֹצֶב
tia, dolor. Ídolo.
Ídolo. (atzav) .ז,עָצָב
(a- עַצָּב, ז. ר' עַצָּבִים
tzav) Trabajador.
Triste.(atzev) .ת,עָצֵב
Trabajo(atzbá).נ,עַצְבָּה
forzado.Labor penosa.
Do-(itzavón) .ז,עִצָּבוֹן
lor, angustia.
Tris-(atzvut).נ,עַצְבוּת
teza.

mir. Consonante.
Leñoso. (etzí) .ת, עֵצִי
Tris-(atzívá) .נ, עֲצִיבָה
teza.
Cie-(atzimá) .נ, עֲצִימָה
rre, cerramiento.
(atzimut) .נ, עֲצִימוּת
Enormidad, intensidad.
עָצִיץ, ז. ר' עֲצִיצִים
(atzitz) Maceta.
Arres-(atzir) .ז, עָצִיר
tado, detenido.
Arres-(atzirá) .נ, עֲצִירָה
tación, arresto, detención. Estreñimiento.
(atzi- עֲצִירַת גְּשָׁמִים-
rat-gshamim) Falta de lluvia.
(atzirut) .נ, עֲצִירוּת
Estreñimiento.
Ser pe- ,עָצַל (עצל)
rezoso.
Hacer perezoso. עִצֵּל-
Tener pereza. הִתְעַצֵּל-
(atzel) עֲצֵלָה ,נ' .ת, עָצֵל
Perzoso, haragán, holgazán.
Pe- (atzlut) .נ, עַצְלוּת
reza.
עַצְלָן .ת. נ' עַצְלָנִית
(atzlán) Perezoso, haragán, holgazán.
(atzlanut) .נ, עַצְלָנוּת
Pereza.
(atzaltá- .ז"נ, עֲצַלְתַּיִם
yim) Pereza.
עָצַם (עָצַם, יַעֲצֹם) פעו"ל
Ser fuerte, ser numeroso. Cerrar (los ojos)
Cerrar (los ojos) .עִצֵּם-
Quebrantar, romper.

Ner-(atzaví) .ת, עַצְבִּי
vioso.
Poner ner- .פ"י, עִצְבֵּן
vioso.
Ponerse ner- הִתְעַצְבֵּן-
vioso.
(atzbanut) .נ, עַצְבָּנוּת
Nervosidad.
(atzbaní) .ת, עַצְבָּנִי
Nervioso.
An- (atzévet) .נ, עַצֶּבֶת
gustia, melancolía.
עָצָה (עָצָה, יַעֲצֶה) פ"י
Cerrar los ojos.
Luchar, oponerse. הֵעָצָה-
Hueso (atzé) .ז, עָצֶה
sacro.
Leña, (etzá) .ש"ק, עֵצָה
árboles.
(etzá) עֵצָה, נ. ר' עֵצוֹת
Consejo.
Tris- (atzuv) .ת, עָצוּב
te.
Mode- (itzuv) .ז, עִצּוּב
lado.
Trans- (itzuy) .ז, עִצּוּי
formación en tabla.
Enor- (atzum) .ת, עָצוּם
me, numeroso. Cerrado.
Fuer- (itzum) .ז, עִצּוּם
za, potencia.
Queja, (atzumá) .נ, עֲצוּמָה
petición.
Ex- (atzor) .ז, עָצוֹר
primidor.
עָצוּר, ת. ר' עֲצוּרִים
(atzur) Preso, arrestado, detenido.
Expre- (itzur) .ז, עִצּוּר
sión, acción de expri-

הַעֲצֵם- Hacer fuerte, hacer numeroso.

הִתְעַצֵּם- Discutir. Endurecerle. Apostar.

עֶצֶם, נ. ר' עֲצָמוֹת (é-tzem) Hueso.

עֶצֶם, ז. ר' עֲצָמִים (é-tzem) Lo principal, la esencia. Cuerpo.

עַצְמִי, עַצְמְךָ, עַצְמוֹ וכו' (atzmí, atzmejá, atzmó) Yo mismo, tú mismo, él mismo, etc.

בְּעַצְמִי, בְּעַצְמְךָ, וכו' (beatzmí, beatzmejá) Yo mismo, tú mismo, etc.

לְעַצְמִי- A mí (leatzmí) mismo. Sólo yo.

מֵעַצְמִי, מֵעַצְמְךָ, מֵעַצְמוֹ- (meatzmí, meatzmejá, meatzmó) De mí mismo, de mí, de ti mismo, de ti, de él mismo, de él, etc.

שֵׁם-עֶצֶם (shem-étzem) Substantivo.

שֵׁם-עֶצֶם כְּלָלִי (-clalí) Nombre común.

שֵׁם-עֶצֶם פְּרָטִי (shem-etzem-pratí) Nombre propio.

עֹצֶם, ז. (ótzem) Fuerza, potencia.

עַצְמָאוּת, נ. (atzmaut) Independencia.

יוֹם-הָעַצְמָאוּת (yom-ha-atzmaut) El día de la independencia.

עַצְמָאִי, ת. (atzmaí) Independiente.

עָצְמָה, נ. (otzmá) Vigor, potencia, fuerza.

עַצְמוּת, נ. (atzmut) Calidad, naturaleza, esencia.

עַצְמִי, ת. (atzmí) Personal. Subjetivo.

אַהֲבָה-עַצְמִית (ahavá-atzmit) Amor propio. egoísmo.

עַצְמִיּוּת, נ. (atzmiyut) Subjetividad.

עָצַר (עָצַר, יַעֲצֹר) פ"י Arrestar, detener. Impedir, parar. Gobernar.

הֵעָצֵר- Ser detenido, ser arrestado. Ser impedido, ser parado, ser estorbado.

עַצֵּר- Impedir, parar, detener. Convocar.

עֶצֶר, ז. (étzer) Gobierno, reino.

עֹצֶר, ז. (ótzer) Poder, potencia. Opresión. Toque de queda.

עֲצָרָה, נ. (atzará) Reunión, congregación.

עֲצֶרֶת, נ. (atzéret) Reunión solemne, congregación.

שְׁמִינִי-עֲצֶרֶת (shminí-atzéret) Nombre dado al octavo día de la Fiesta de los Tabernáculos.

עָקָא, נ. (acá) Desgracia, calamidad.

דָּא-עָקָא (da-acá) Eso es lo malo, lo malo es que.

עָקַב (עָקַב, יַעֲקֹב) פ"י
Engañar. Coger del talón. Perseguir, seguir.
Seguir, perseguir. -עִקֵּב
עָקֵב, ז. ר' עֲקֵבִים, עִקְּבוֹת
Talón, Tacón. (akev) Planta del pie. Huella, vestigio.
עָקֹב, ת. נ' עֲקֻבָּה (acov)
Tortuoso.
עֵקֶב, ז (ékev) Consecuencia, fin.
עֵקֶב אֲשֶׁר, עֵקֶב כִּי- (ékev-asher, ékev-ki) Porque, por causa de.
עָקְבָּה, נ. (okbá) Engaño, astucia.
עֲקֵבִי, ת. (akeví) Consecuente.
עֲקֵבִיּוּת, נ. (akeviyut) Consecuencia.
עָקַד (עָקַד, יַעֲקֹד) פ"י
Atar, amarrar.
Ser atado, ser amarrado. -הֵעָקֵד
-עֲקַד, הֵעָקֵד, ר' עָקַד.
עָקֹד, ת. נ' עֲקֻדָּה, ר'
עֲקֻדִּים (acod) Manchado, abigarrado.
עֵקֶד, ז. (éked) Reunión.
עֲקֵדָה, נ. (akedá) Atadura (de la víctima).
-עֲקֵדַת יִצְחָק (akedat-yitzjak) Sacrificio de Isaac.
עָקָה, נ. (acá) Opresión.
עִקּוּב, ז. (icuv) Persecución.
עָקוּד, ת. (acud) Atado, amarrado.

עִקּוּל, ז. (icul) Embargo. Sinuosidad.
עִקּוּם, ז. (icum) Torsión.
עָקוּם, עָקֹם, ת. (acum, acom) Torcido.
עָקוּץ, ת. (acutz) Picado, pinchado, punzado.
עָקוּר, ת. (acur) Arrancado.
עִקּוּר, ז. (icur) Arrancamiento.
עִקֵּשׁ, ת. (acush) Torcido.
עָקִיב, ת. (akiv) Consecuente.
עֲקִיבוּת, נ. (akivut) Consecuencia.
עֲקִידָה, ר' עֲקֵדָה
עֲקִימָה, נ. (akimá) Torsión.
עָקִיף, ת. (akif) Indirecto.
-בַּעֲקִיפִים, בַּעֲקִיפִין (baakifim, beakifin) Indirectamente, con astucia.
עֲקִיפָה, נ. (akifá) Rodeo.
עֲקִיצָה, נ. (akitzá) Picadura, pinchazo.
עֲקִירָה, נ. (akirá) Arrancamiento.
עָקַל, [illegible] Embargar. [illegible]cer.
Ser torcido. -נֶעְקַל
Ser embargado. -עֻקַּל
Ser torcido.
Torcerse. -הִתְעַקֵּל
עִקֵּל, ת. (ikel) Torcido, patituerto.
עֲקַלְקַל, ת. (acalcal)

Torcido. tortuoso.
(acalca- .נ"ר ,עֲקַלְקַלּוֹת
lot) Camino tortuoso.
Fig. engaño.
Si-(acalatón) ת ,עֲקַלָּתוֹן
nuoso, tortuoso.
עקם (עָקַם, יַעֲקֹם) פ"י
Torcer.
Torcer. עִקֵּם-
Torcerse. הִתְעַקֵּם-
עָקֹם, ר' עָקוּם.
Dia- (acumá) .נ ,עֲקֻמָּה
grama.
עַקְמוּמִית, עֲקַמִּימוּת, נ.ר'
(akmumit, ak- עֲקַמְמִיּוּת
mimut) Torcedura, sinu-
osidad. Fig. astucia.
As- (akmán) .ז ,עַקְמָן
tuto, engañador.
(akmanut) .נ ,עַקְמָנוּת
Astucia.
As- (akmaní) .ת ,עַקְמָנִי
tuto.
עקף (עָקַף, יַעֲקֹף) פ"י
Rodear. Fig. obrar
con astucia.
Ser rodeado, ser הֻעֲקַף-
cercado.
עקץ (עָקַץ, יַעֲקֹץ) פ"י
Arrancar. Picar, pin-
char, morder.
Ser pinchado, pi- הֵעָקֵץ-
cado, mordido.
(ó- ר' עֳקָצִים .ז ,עֹקֶץ
ketz) Aguijón. Tajo,
punta. Cóccix.
(óketz- .ז ,עֹקֶץ הָעַקְרָב
haakrav) Heliotropio.
Cóc- (uktzá) .נ ,עֻקְצָה
cix. Tajo, punta.

עקר (עָקַר, יַעֲקֹר) פ"י
Desarraigar, arrancar.
Mudarse de casa.
Ser arrancado, הֵעָקֵר-
ser desarraigado.
Arrancar, cas- עִקֵּר-
trar.
Castrar. הַעֲקֵר-
Ser castrado. הִתְעַקֵּר-
Ser castrado. עֻקַּר-
(acar) עֲקָרָה 'ז, נ .ז ,עָקָר
Infecundo, estéril.
(akéret-há- עֲקֶרֶת-בַּיִת
yit) Ama de casa.
Raíz. (icar) .ז ,עִקָּר
Principal, esencial.
Principio.
Especi-(beicar) בְּעִקָּר-
almente, principalmente.
En- (col-icar) כָּל עִקָּר-
teramente, absoluta-
mente.
(cofer-bei- כּוֹפֵר בְּעִקָּר-
car) Ateo.
Hijo, (éker) .ז ,עֵקֶר
descendiente.
עַקְרָב, ז., ר' עַקְרַבִּים
(acrav) Escorpión. Ala-
crán. Escorpio. Mane-
cilla de reloj.
Mata (acrabán) .ז ,עַקְרַבָּן
espinosa.
Prin-(icarón) .ז ,עִקָּרוֹן
cipio, base.
(ecroní) .ת ,עֶקְרוֹנִי
Principal.
(ecroniyut) נ ,עֶקְרוֹנִיּוּת
Principalidad.
(ecro- .תה"פ ,עֶקְרוֹנִית
nit) Principalmente.

Ser mezclado. עֹרַב-
Obrar por la no- הֶעֱרִיב-
che. Hacer agradable.
Apostar. Mez- הִתְעָרֵב-
clarse.
(haarev-shé- הַעֲרֵב שֶׁמֶשׁ-
mesh) Puesta del sol.
(arev) עָרֵב, ת. נ׳ עֲרֵבָה
Sabroso, grato, agra-
dable.
(a- עָרֵב, ז. ר׳ עֲרֵבִים
rev) Fiador.
Cuarta (arov) עָרֹב, ז.
plaga de Egipto: mos-
cas, fieras (?).
Plebe, (érev) עֵרֶב, ז.
populacho. Trama.
(shti-vaa- שְׁתִי וָעֵרֶב-
rev) Largura y an-
chura. Fig. cruz.
(érev) עֶרֶב, ז. ר׳ עֲרָבִים
La tarde. Víspera. De-
sierto. Mezcla.
(érev-érev) עֶרֶב עֶרֶב-
Todas las tardes.
(érev-shabat) עֶרֶב שַׁבָּת-
Viernes por la noche.
Mezclar, re- עִרְבֵּב, פ"י.
volver, rebullir.
Ser mezclado, עֻרְבַּב-
revuelto, confundido.
Mezclarse, re- הִתְעַרְבֵּב-
volverse.
(a- עֲרָבָה, נ. ר׳ עֲרָבוֹת
ravá) Desierto. Estepa.
Sauce. (aravá) עֲרָבָה, נ.
Bar- (arevá) עֲרֵבָה, נ.
quete. Artesa.
Garan- (arubá) עֲרֻבָּה, נ.
tía. Empeño, arras.
Mez- (irbuv) עִרְבּוּב, ז.

Es- (acarut) עֲקָרוּת, נ.
terilidad.
Prin- (icarí) עִקָּרִי, ת.
cipal.
עָקַשׁ (עָקַשׁ, יַעֲקֹשׁ) פ"י
Torcer, voltear. Fig.
corromper.
Ser torcido. Fig. הֶעֱקַשׁ-
ser corrompido.
Torcer, corromper. עִקֵּשׁ-
Obstinarse. הִתְעַקֵּשׁ-
(ikesh) עִקֵּשׁ, ת. נ׳ עִקֶּשֶׁת
Terco, caprichoso.
עִקֵּשׁ לֵב, עִקֵּשׁ שְׂפָתַיִם-
(ikesh-lev, ikesh-sfa-
táyim) Malicioso, astuto.
As- (ikshut) עִקְּשׁוּת, נ.
tucia. Obstinación.
Ca- (akshán) עַקְשָׁן, ת.
prichoso, terco, obs-
tinado.
(akshanut) עַקְשָׁנוּת, נ.
Terquedad, obstinación.
Obs- (akshaní) עַקְשָׁנִי, ת.
tinado, caprichoso.
Enemigo. (ar) עָר, ז.
Laurel. (ar) עָר, ז.
Despierto. (er) עֵר, ת.
Casual. (aray) עֲרַאי, ת.
Provisio- (araí) עֲרָאִי, ז.
nal, temporal.
(ar-iyut) עֲרָאִיּוּת, נ.
Temporalidad.
עָרַב (עָרַב, יַעֲרֹב) פ"י
Comerciar. Afianzar.
Empeñar.
Ser agradable. הֶעֱרִיב-
Atardecer.
Mezclar. Ser agra- עָרֵב-
dable, agradar, gus-
tar.

co.
עָרָה (עָרָה, יַעֲרֶה) פ"ע
Desvestirse, desnudarse.
-הֵעָרָה Desvestirse, desnudarse. Unirse.
-עֵרָה Desvestir. Destruír. Unir.
-הֶעֱרָה Desvestir, desnudar.
-עֹרָה Ser unido.
-הֵעָרָה Unirse,
-הִתְעָרָה Desvestirse, desnudarse. Arraigarse, unirse.
עֵרוּב, ז. Mezcla.(eruv) Confusión.
-עֵרוּב פָּרָשִׁיּוֹת (eruv-parashiyot) Capítulos o versículos que no se encuentran en su lugar en el Pentateuco. Fig. confusión.
עָרוּג, ת. Sur- (arug) cado.
עֲרוּגָה, נ. Arria-(arugá) te.
עֲרוּגִית, נ. ר' עֲרוּגִיּוֹת (aruguit) Arriate pequeño.
עָרוֹד, ז. ר' עֲרוֹדוֹת (arod) Asno salvaje.
עֶרְוָה, נ. ר' עֲרָיוֹת (ervá) Desnudez, órgano sexual. Defecto. Ignominia, infamia. Fornicación.
-גִּלּוּי עֲרָיוֹת (guiluy-arayot) Fornicación.
עֵרוּי, ז. Verti-.(eruy) miento.

cia. Confusión.
עִרְבּוּבְיָה, נ. (irbuvyá) Embrollo, confusión.
עִרְבּוּל, ז. Lí- (irbul) mite. Mezcla.
עֵרָבוֹן, ז. ר' עֶרְבוֹנוֹת (eravón) Arras.
עֲרֵבוּת, נ. Ga- (arevut) rantía.
עֲרֵבוּת, נ. De- (arevut) leite, placer, agrado.
עַרְבִי, עֲרָבִי, ז. נ' עַרְ-בִיָּה, ר' עֲרָבִים (arví, araví) Árabe.
עַרְבַּיִם (בֵּין הָ-), זוגי, (beyn-haarbáyim) Crepúsculo.
עַרְבִית, עֲרָבִית, נ. (arvit, aravit) Árabe, arábigo, lengua árabe.
עַרְבִית, נ. Tar- (arvit) de.
עִרְבֵּל, פ"י. Cribar, tamizar.
-עֻרְבַּל Ser mezclado.
-הִתְעַרְבֵּל Mezclarse. Embrollarse.
עַרְבָּל, ז. Criba, (arbal) cedazo.
עֲרַבֶסְקָה, נ. (arabesca) Arabesco.
עָרַג (עָרַג, יַעֲרֹג) פ"ע Codiciar, desear.
עֶרְגָּה, נ. Deseo, (ergá) anhelo.
עֶרְגּוֹן, ז. ר' עֶרְגָּה.
עָרַד (עָרַד, יַעֲרֹד) פ"י Expulsar, exterminar.
עַרְדָּל, ז. ר' עַרְדָּלַיִם (ardal) Galocha, chan-

ערוך, ת. נ׳ ערוכה (aruj) Arreglado.
ערום, ת. נ׳ ערומה (arum) Astuto.
ערום, ר׳ ערֻמים
ערום, ז. (erum) Amontonamiento.
ערוף, ת. (aruf) Desnucado.
ערוץ, ז. (arutz) Barranco.
ערות, נ. (erut) Viveza.
ערטול, ז. (irtul) Acción de desvestir.
ערטילאות, נ. (artilaut) Desnudez.
ערטילאי, ת. (artilay) Desnudo.
ערטל, פ"י. Desnudar.
-ערטל Desnudarse, ser desnudado.
-התערטל Desnudarse.
עריבה, נ. (arivá) Atardecer.
עריגה, נ. (arigá) Deseo, anhelo.
עריה, נ. (eryá) Desnudez.
עריה, נ. (ariyá) Efluvio, emanación.
עריון, ז. (erayón) Desnudez.
עריות, ר׳ ערוה.
עריכה, נ. (arijá) Redacción. Arreglo, preparación.
-עריכת דין (arijat-din) Abogacía.
עריס, ז. (arís) Parra, emparrado.
עריסה, נ. (arisá) Cuna. Masa.
עריפים, ז"ר. (arifim) Nubes.
עריפה, נ. (arifá) Acción de desnucar.
עריץ, ז. ר׳ עריצים (aritz) Déspota, tirano.
עריצות, נ. (aritzut) Tiranía, despotismo.
עריק, ז. (arik) Desertor.
עריקה, נ. (aricá) Deserción.
עריקות, נ. (aricut) Deserción.
ערירות, נ. (arirut) Esterilidad.
ערירי, ת. (arirí) Solo, sin hijos.
ערך (ערך, לערך) פ"י Arreglar, preparar. Comparar. Redactar.
-הערך Ser arreglado, preparado. Ser redactado. Ser estimado.
-העריך Estimar, valuar.
-ערך שלחן Poner la mesa.
-ערך מלחמה Hacer la querra, guerrear.
ערך, ז. ר׳ ערכים (érej) Valor. Mérito. Fila. Relación. Evaluación.
-ערך בגדים (érej-bgadim) Traje, vestido.
-בערך (beérej) Aproximadamente, poco más o menos.

Poco (léerej) לְעֶרֶךְ- más o menos, aproximadamente.

(érej-ha-dimyón) עֶרֶךְ הַדִּמְיוֹן- El positivo.

(érej-ha-haflagá) עֶרֶךְ הַהַפְלָגָה- El superlativo.

(érej-hayitrón) עֶרֶךְ הַיִּתְרוֹן- El comparativo.

(érej-mulat) עֶרֶךְ מֻחְלָט- Valor absoluto.

(érej-meshulash) עֶרֶךְ מְשֻׁלָּשׁ- Regla de tres.

נְיָרוֹת עֶרֶךְ, שִׁטְרֵי- עֶרֶךְ (neyarot-, shitrey-) Documentos de valor.

(báal-érej) בַּעַל עֶרֶךְ- Importante, caro.

חֲסַר עֶרֶךְ, נְטוּל עֶרֶךְ- (jasal-érej, netul-érej) Sin valor.

Ins-(arcaá) עַרְכָּאָה, נ. tancia.

Sufijo (erkí) עֶרְכִּי, ת. valente.

עַרְכַּי, ז. ר' עַרְכָּאוֹת (arkey) Tribunal.

עָרַל (עָרַל, יַעֲרֹל) פ"י Cubrir, tapar. Considerar como incircunciso.

Envenenarse, Es- הֶעֱרִיל- tar desnudo.

עָרֵל, ת. ר' עֲרֵלִים (arel) Incircunciso. Fig. no judío.

Es-(arel-lev) עֲרֵל לֵב- túpido, torpe, tonto, bobo.

(arel-sfatáyim) עֲרֵל שְׂפָתַיִם- Tartamudo.

Fig. (arelá) עֲרֵלָה, נ. no judía.

עָרְלָה, נ. ר' עֲרָלוֹת (orlá) Prepucio. Fig. frutos de los tresprimeros años.

Fig.(orlat-lev) עָרְלַת לֵב- estupidez, torpeza.

Esta-(arelut) עֲרֵלוּת, נ. do del incircunciso.

עָרַם (עָרַם, יַעֲרֹם) פ"ע Amontonar. Ser astuto.

Amontonarse. הֶעֱרַם-

Ser astuto. Ha- הֶעֱרִים- cerse astuto. Hacerse inteligente.

Amontonarse. הִתְעָרֵם-

עָרֹם, ת. נ' עֲרֻמָּה, ר' עֲרֻמִּים Desnudo. (arom)

עֹרֶם, ז., עָרְמָה, נ. (órem, ormá) Astucia. Inteligencia.

Pila, (aremá) עֲרֵמָה, נ. montón.

Poco(armumí) עַרְמוּמִי, ת. astuto.

עַרְמוּמִיּוּת, עַרְמוּמִית, נ. (armumiyut, armumit) Astucia.

Cas-(armón) עַרְמוֹן, ז. taña. Castaño.

Cas-(armoní) עַרְמוֹנִי, ת. taño.

(armimut) עַרְמִימוּת, נ. Desnudez.

Vi-(eranut) עֵרָנוּת, נ. veza.

Vivo, (eraní) עֵרָנִי, ת. listo, despiertp.

Desleír, me- עָרַס, פ"י.
near. Construír una cabaña.
Desleírse, di- הִתְעָרֵס-
solverse.
Ha- (arsal) עַרְסָל, ז.
maca.
Mezclar. עִרְסֵל, פ"י.
Mecerse. Em- הִתְעַרְסֵל-
brollarse.
Maza- (arsán) עַרְסָן, ז.
morra.
Ape- (ir-ur) עִרְעוּר, ז.
lación. Réplica.
Apelar. Re- עִרְעֵר, פ"י.
plicar. Destruír, ar-
rancar.
Ser destruído. הִתְעַרְעֵר-
Solo, (ar-ar) עַרְעָר, ת.
abandonado, desnudo.
Sin hijos.
Ene- (ar-ar) עַרְעָר, ז.
bro. Queja, réplica.
עָרַף (עָרַף, יַעֲרֹף) פעו"י
Desnucar. Destruír.
Gotear.
Ser des- הִתְעָרֵף, הֵעָרֵף-
nucado, desnucarse.
(ó- עֹרֶף, ז. ר' עֳרָפִים
ref) Nuca. Fig. espalda.
הָפַךְ עֹרֶף, נָתַן עֹרֶף,
פָּנָה עֹרֶף, הִפְנָה עֹרֶף
Dar o volver la espalda, huír.
Endurecer הִקְשָׁה עֹרֶף-
la espalda: Fig. obstinarse.
(kshi-óref) קְשִׁי עֹרֶף-
Terquedad, obstinación.
(kshe-óref) קְשֵׁי עֹרֶף-

Terco, obstinado.
Vam- (arpad) עַרְפָּד, ז.
piro.
Em- (irpul) עִרְפּוּל, ז.
brollo, confusión.
De la (orpí) עָרְפִּי, ת.
nuca. Fig. posterior.
Nie- (arafel) עֲרָפֶל, ז.
bla.
Obscurecer. עִרְפֵּל, פ"י.
Fig. embrollar.
Ser obscureci- עֻרְפַּל-
do.
Obscurecerse. הִתְעַרְפֵּל-
Fig. embrollarse.
Ne-(arpilí) עַרְפִּילִי, ת.
buloso.
(arpiliyut) עַרְפִּילִיּוּת, נ.
Obscuridad.
עָרַץ (עָרַץ, יַעֲרֹץ) פעו"י
Espantar, asustar. Temer, tener miedo.
Ser terrible, ser הֵעָרֵץ-
formidable.
Asustar. Admirar, הַעֲרֵץ-
venerar.
Ser venerado, הֶעֱרַץ-
ser admirado.
Poder, (éretz) עֶרֶץ, ז.
fuerza. Cielo.
Grilo. (artzav) עַרְצָב, ז.
(eratzón) עֶרְצוֹן, ז.
Erosión.
Aguar- (árak) עָרָק, ז.
diente.
עָרַק (עָרַק, יַעֲרֹק) פ"ע
Huír. Desertar.
Cor-(arketá) עַרְקְתָא, נ.
dón.
Replicar. עָרֹר, פ"ע.

Réplica,(arar) .ז, עֲרָר
queja.
(e- עֲרָשׂוֹת ר׳ .ז, עֶרֶשׂ
res) Cuna.
(dfus-eres) דְּפוּס עֶרֶשׂ-
Incunable.
Polilla. (ash) .ז, עָשׁ
Constelación de la
Osa mayor.
(é- עֲשָׂבִים ר׳ .ז, עֵשֶׂב
sev) Hierba, pasto.
Arrancar hi- .פ"י, עִשֵּׂב
erbas o pasto.
Coleccionar hier-הֶעֱשִׂב-
bas o pasto.
Her-(esboní).ת, עֶשְׂבּוֹנִי
bario, herbáceo.
Her-(isbiyá) .נ, עִשְׂבִּיָּה
bario.
עשה (עָשָׂה, יַעֲשֶׂה) פ"י
Hacer.
Ser he-הֵעָשׂוֹת, הֵעָשֶׂה-
cho.
Incitar, tentar. עִשָּׂה-
Apretar, exprimir.
Ser hecho. עֻשָּׂה-
Incitar,mover a. הֶעֱשָׂה-
Prosperar, עָשָׂה חַיִל-
tener éxito.
Hacer las עָשָׂה צְרָכִים-
necesidades: exonerar
el vientre.
Escar- (isuv) .ז, עִשּׂוּב
dadura,herborización.
עָשׂוּי, ת. נ׳ עֲשׂוּיָה
(asuy) Hecho. Acos-
tumbrado.
Fumiga-(ishún) .ז, עִשּׁוּן
ción, ahumado. Acción
de fumar.
Duro, (ashún) .ת, עָשׁוּן
sólido.
Opre- (ashok) .ז, עָשׁוֹק
sor, saqueador.
Opri- (ashuk) .ת, עָשׁוּק
mido, saqueado.
Dece-(asor) .ש"מ, עָשׂוֹר
na. Décimo.Decacordio.
Diez- (isur) .ז, עִשּׂוּר
mo.
De- (asorí) .ת, עֲשׂוֹרִי
cimal.
Duro, (ashot) .נ, עָשׁוֹת
sólido.
Infinitivo del , עֲשׂוֹת
verbo עָשָׂה.
Confec-(asiyá) .נ, עֲשִׂיָּה
ción, fabricación,
hechura.
עָשִׁיר, ת. נ׳ עֲשִׁירָה
(ashir) Rico.
(ashirut) .נ, עֲשִׁירוּת
Riqueza.
Dé- (asirí) .ת, עֲשִׂירִי
cimo.
עֲשִׂירִיָּה, עֲשִׂירִית, נ.
(asiriyá,asirit)Déci-
mo,la décima parte.
Puesto,(ashit) .ת, עָשִׁית
colocado.
עָשַׁן (עָשַׁן, יֶעְשַׁן) פ"ע
Ahumar, humear.
Fumar. Ahumar. עִשֵּׁן-
Ser fumado. עֻשַּׁן-
Humearse. הִתְעַשֵּׁן-
Humean- (ashén) .ת, עָשֵׁן
te.
Humo. (ashán) .ז, עָשָׁן
Cólera, ira.
Humo- (ashón) ..ת, עָשׁוֹן
so, gris.
Fuma-(ashnán) .ז, עַשְׁנָן

décima parte de la
אֵיפָה . Décimo.
(esroní) .ת, עֶשְׂרוֹנִי
Decimal.
(esrim) .ש"מ, עֶשְׂרִים
Veinte.
(esrimón) .ז, עֶשְׂרִימוֹן
Icosaedro.
עֲשֶׂרֶת, נ. ר׳ עֲשָׂרוֹת
(aséret) Decena.
Debilitarse, .פ"ע, עָשַׁשׁ
aflojarse.
Debilitar. -עִשֵּׁשׁ
Pelear, lu- -הִתְעוֹשֵׁשׁ
char.
עֲשָׁשִׁית, נ. ר׳ עֲשָׁשִׁיּוֹת
(ashashit) Lámpara (de petróleo o aceite).Lámina.
עָשַׁת (עָשַׁת, יַעֲשֹׁת) פ"ע
Ser grueso.
Arrepentirse. -הִתְעַשֵּׁת
(é- עֶשֶׁת, ז. ר׳ עֲשָׁתוֹת
shet) Bloque, masa.
(עשתון) עֶשְׁתּוֹנוֹת, עֶשְׁ-
(eshtonot- .ז"ר, תּוֹנִים
eshtonim) Pensamientos, ideas, intenciones.
Embro- -אִבֵּד עֶשְׁתּוֹנוֹתָיו
llarse, confundirse, enredarse.
Idea, (ashtut) .נ, עַשְׁתּוּת
pensamiento.
עַשְׁתֵּי עָשָׂר, ז. עַשְׁתֵּי
(ashtey-asar, .נ, עֶשְׂרֵה
ashtey-esré) Once (mas.) Once (fem.).
As-(ashtóret) .נ, עַשְׁתֹּרֶת
tarte, Astarot: diosa del cielo entre los pueblos semíticos.

dor. Fumaria.
Punta (óshef) .ז, עֹשֶׁף
de una hacha.
עָשַׁק (עָשַׁק, יַעֲשֹׁק) פ"י
Oprimir, atormentar, saquear, engañar. Llevar.
Ser oprimido, -הֵעָשֵׁק
ser saqueado.
Saquear, oprimir. -עִשֵּׁק
Ser saqueado, -עֻשַּׁק
ser oprimido.
Opre- (óshek) .ז, עֹשֶׁק
sión. Saqueo, engaño.
Pelear, ,הִתְעַשֵּׁק (עשק)
disputar.
Pelea, (ések) .ז, עֵשֶׂק
disputa.
עָשַׁר (עָשַׁר, יַעֲשַׁר) פ"ע
Enriquecerse.
Enriquecerse. -הֵעָשֵׁר
Enriquecer. -עִשֵּׁר
Enriquecer. En- -הֶעֱשִׁיר
riquecerse.
Enriquecerse. -הִתְעַשֵּׁר
Rique-(ósher) .ז, עֹשֶׁר
za.
עָשַׂר (עָשַׂר, יַעְשֹׂר) פ"י
Tomar el diezmo.
Ser dado o toma- -הֵעָשֵׂר
do el diezmo.
Dar o to- -עִשֵּׂר, הַעֲשֵׂר
mar el diezmo.
Ser dado el -עֻשּׂוּר
diezmo.
Ser dado el -הִתְעַשֵּׂר
diezmo.
Diez (éser) .ש"מ, עֶשֶׂר
(fem.).
Diez (asará) .ש"מ, עֲשָׂרָה
(mas.).
La (isarón) .ז, עשרון

עֵת,נ.ר׳ עִתִּים,עִתּוֹת
(et) Tiempo, época,
término.
En tiempo (beet) בְּעֵת-
de
Ahora. (caet) כָּעֵת-
Actualmente.
En tiempo (leet) לְעֵת-
de.
(leet-atá) לְעֵת עַתָּה-
Por ahora, por el momento.
En (bejol-et) בְּכָל עֵת-
todo tiempo.
מֵעֵת אֶל עֵת,מֵעֵת לְעֵת-
(meet-el-et,meet-leet)
De un momento al otro,
de un día al otro.
Pre- (beló-et) בְּלֹא עֵת-
maturamente.
A (leitim) לְעִתִּים-
veces.
(leitim- לְעִתִּים קְרוֹבוֹת-
crovot) Con frecuencia,
a menudo.
(leitim- לְעִתִּים רְחוֹקוֹת-
rejocot) Raramente.
Pe- (ktav-et) כְּתָב עֵת-
riódico.
Preparar, dis- עִתֵּד,פ"י.
poner.
Ser preparado, עֻתּוֹד-
ser dispuesto.
Prepararse, dis- הִתְעַתֵּד-
ponerse.
Ahora.(ata) עַתָּה,תה"פ.
Ahora,(ata-ze) עַתָּה זֶה-
ahora mismo.
De (meata) מֵעַתָּה-
ahora.
Un momento,(itá) עִתָּה,נ.
un instante.
Manso.(atud) עָתוּד,ז.
Fig. jefe.
Prepara- (itud) עִתּוּד,ז.
ción.
(atudot) עֲתוּדוֹת,נ"ר.
Fuerte,fortificación.
Milicia, armada de reserva.
עִתּוֹן,ז. ר׳ עִתּוֹנִים
(itón) Periódico, gaceta.
(itonaut) עִתּוֹנָאוּת,נ.
Periosimo.
(itonay) עִתּוֹנָאִי,ז.
Periodista.
Pren-(itonut) עִתּוֹנוּת,נ.
sa.
Temporario,(ití) עִתִּי,ת.
periódico. Preparado.
Futu- (atid) עָתִיד,ת.
ro, Preparado.
(leatid- לֶעָתִיד לָבוֹא-
lavó) En adelante, para el futuro.
(atidot) עֲתִידוֹת,נ"ר
Tiempo venidero.
Mag- (atik) עָתִיק,ת.
nífico.
Anti- (atik) עַתִּיק,ת.
guo, viejo.
(aticot) עַתִּיקוֹת,נ"ר
Antigüedades.
An-(aticut) עַתִּיקוּת,נ.
tigüedad.
Rido, (atir) עָתִיר,ת.
opulento.
Peti- (atirá) עֲתִירָה,נ.
ción, súplica.
Obscure- (עתם) הֶעְתִּים,

עָתַר (עָתַר, יֶעְתַּר) פ"ע
Rogar, suplicar.
Escuchar, oír, הֵעָתֵר-
otorgar. Ser abundante.
Rogar, suplicar. הַעְתֵּר-
Sobrcargar.
Enriquecerse. הִתְעַתֵּר-
Humo, (atar) עָתָר, ז.
columna de humo.
Súplica, (éter) עֶתֶר, ז.
ruego. Horca.
Sú- (atará) עֲתָרָה, נ.
plica, ruego.
Abun-(atéret) עֲתֶרֶת, נ.
dancia.

cerse.
עָתַק (עָתַק, יֶעְתַּק) פ"ע
Trasladarse, moverse.
Prosperar, ser fuerte.
Ser copiado. הֵעָתֵק-
Ser copiado. Ser הָעְתַּק-
trasladado.
Copiar. Tradu- הֶעְתִּיק-
ci. Trasladar.
Ser trasladado. הִתְעַתֵּק-
Orgullo, (atak) עָתָק, ז.
arrogancia.
Enorme, (atek) עָתֵק, ת.
grande.
Fuerza. (ótek) עֹתֶק, ז.

פ

Décimasepti-(pe,fe) ,פ
ma letra del alfabeto
hebreo. Su valor nu-
mérico es 80.
Nombre de la (pe) פֵּא, נ.
décimaseptima letra
del alfabeto hebreo.
Exter- הִפְאָה, פ"י (פאה)
minar, destruír.
(peá) פֵּאָה, נ. ר' פֵּאוֹת
Lado, extremidad. Rin-
cón. Bucle de la sien.
Cosecha dejada en los
rincones de los cam-
pos para los pobres.
Válvula.
(peá-noj- פֵּאָה נָכְרִית-
rit) Peluca.
Por, (mip-at) מִפְּאַת-
por causa de.
Feudal. (feodal) פֵּאוֹדָל, ז.
(feodali) פֵּאוֹדָלִי, ת.
Feudal.
(feodali- פֵּאוֹדָלִיּוּת, נ.
yut) Feudalismo.
Po- (peón) פֵּאוֹן, ז.
liedro.
Fauna. (fauna) פָּאוּנָה, נ.
(du- דּוּ־פְּאִי, ת. (פאי)
peí) Diedro.
Adornar. Re- פֵּאֵר, פ"י.
buscar. Glorificar.
Ser adornado. פֹּאַר-
Adornar. הִפְאִיר-
Adornarse. הִתְפָּאֵר-
Glorificarse, alabar-
se.
Magni- (peer) פְּאֵר, ז.
ficencia. Tiara, tur-
bante.
(porá, פֹּארָה, פֻּארָה, נ.
purá) Rama. Cuerda.
Ro- (parur) פָּארוּר, ז.
jez, brillo (?).
Sal-(pa-rey) פָּארֵי, ז"ר.
vado.
Fá- (fábula) פָּבוּלָה, נ.
bula.

Ca- (pguirá) .פְּגִירָה, נ
dáver.
En-(pguishá) .פְּגִישָׁה, נ
cuentro. Cita.
Hacer repug- .פִּגֵּל, פ"י
nante, dañar, corromper.
Ser dañado, co- -פֻּגַּל
rrompido.
Dañarse, co- -הִתְפַּגֵּל
rromperse.
Rá- (pugla) .פֻּגְלָה, נ
bano.
פגם (פָּגַם, יִפְגֹּם) פ"י
Dañar, corromper, deteriorar.
Dañarse, dete- -הִפָּגֵם
riorarse.
Lesión, (pgam) .פְּגָם, ז
defecto, avería, deterioración.
(pigment) .פִּגְמֶנְט, ז
Pigmento.
Ma- .(פגן) הִפְגִּין, פ"י
nifestar, exponer públicamente.
Ser manifestado, -הֻפְגַּן
expuesto públicamente.
Campe-(pagán) .פַּגָּן, ז
sino. Pagano.
(paganiyut) .פַּגָּנִיּוּת, נ
Paganismo.
פגע (פָּגַע, יִפְגַּע) פ"י
Encontrar, chocar. Pegar. Atacar. Conmover. Matar. Tocar.
Ser tocado. Ser -הִפָּגַע
conmovido. Ser muerto.
Ser herido.
Insistir. Pegar. -הִפְגִּיעַ
Atacar.

(fébruar) .פֶּבְּרוּאָר, ז
Febrero.
Fi- (fibrín) .פִּבְּרִין, ז
brina.
(pag, pa- .פַּג, ז. פַּגָּה, נ
gá) Higo verde, fruta verde.
Pagoda.(pagoda) .פָּגוֹדָה, נ
Fagot. (fagot) .פָּגוֹט, ז
Has- (pigul) .פִּגּוּל, ז
tío, repugnancia.
Dañado, (pagum) .פָּגוּם, ת
corrompido.
Anda- (pigum) .פִּגּוּם, ז
miada, andamiaje.
Conta-(pagúa) .פָּגוּעַ, ת
minado. Herido.
Retra-(pigur) .פִּגּוּר, ז
so, atraso.
Car- (pagosh) .פָּגוֹשׁ, ז
tucho.
Pro- (pagaz) .פָּגָז, ז
yectil.
Bom- .(פגז) הִפְגִּיז, פ"י
bardear.
Ser bombardea- -הֻפְגַּז
do.
Daga, (pigyón) .פִּגְיוֹן, ז
puñal.
Lesi-(pguimá) .פְּגִימָה, נ
ón, avería. Disminución. Brecha. Menguante.
Ave-(pguimut) .פְּגִימוּת, נ
ría, defecto.
Gri- (pguiná) .פְּגִינָה, נ
to.
Cho- (pguiá) .פְּגִיעָה, נ
que, colisión, contacto. Ofensa.
(pguiá- -פְּגִיעָה בְּכָבוֹד
bejavod) Ofensa.

-פָּגַע בִּכְבוֹדוֹ Ofender.

פֶּגַע, ז. ר׳ פְּגָעִים (pé-ga) Accidente, desastre, plaga. Demonio.

פָּגַר, פ"ע. Estar cansado. Retardar, estar atrasado. Destruír.

-פּוּגַר Ser destruído.

-הִתְפַּגֵּר Ser destruído. Morir.

פֶּגֶר, ז. ר׳ פְּגָרִים (pé-guer) Cadáver.

פַּגְרָא, פַּגְרָה, נ. (pagrá) Vacación, asueto.

פִּגָּרוֹן, ז. (pigarón) Retraso, atraso.

פַּגְרָן, ז. (pagrán) Atrasado.

פַּגְרָנוּת, נ. (pagranut) Retraso, atraso.

פָּגַשׁ (פָּגַשׁ, יִפְגֹּשׁ) פ"ע Encontrar.

-הִפָּגֵשׁ Encontrarse.

-הִפְגִּישׁ Hacer encontrar.

-הֻפְגַּשׁ Encontrarse.

-הִתְפַּגֵּשׁ Encontrarse.

פֶּדְגּוֹג, פַּדְגּוֹג, ז. (pedagog, padgog) Pedagogo.

פֶּדָגוֹגִי, ת. (pedagogui) Pedagógico.

-פֶּדָגוֹגְיָה, נ. (pedagogya) Pedagogía.

פָּדָה (פָּדָה, יִפְדֶּה) פ"י Rescatar, redimir.

-הִפָּדָה Ser rescatado.

-הִפְדָּה Rescatar.

-הֻפְדָּה Ser rescatado.

פִּדּוּי, ז. ר׳ פִּדּוּיִים (peduy) Rescate.

פָּדוּי, ת. ר׳ פְּדוּיִים (paduy) Rescatado.

פְּדוּת, נ. (pedut) Rescate, redención.

פַּדַּחַת, נ. (padájat) Frente.

פְּדָיָה, נ. (pdiyá) Rescate, redención.

פִּדְיוֹם, ר׳ פִּדְיוֹן.

פִּדְיוֹן, ז. ר׳ פִּדְיוֹנוֹת (pidyón) Rescate.

-פִּדְיוֹן הַבֵּן (pidyón-habén) Rescate del primogénito.

פֶּדִיקוּר, ז. (pedicur) Pedicuro.

פַּדָּן, ז. (padán) Yugo. Campo.

פֶּדַנְט, ז. (pedant) Pedante.

פָּדַע (פָּדַע, יִפְדַּע) פ"י Rescatar, redimir.

פֶּדֶר, ז (péder) Diafragma.

פֶדֶרָטִיבִי, ת. (federativi) Federativo.

פֶדֶרָלִי, ת. (federali) Federal.

פֶדֶרָלִיזְם, ז. (federalizm) Federalismo.

פֶדֶרָלִיסְט, ז. (federalist) Federalista.

פֶדֶרַצְיָה, נ. (federatzya) Federación..

פֶּה, ז. ר׳ פִּיּוֹת, גם פֵּיוֹת, פִּיפִיּוֹת, ס׳ פִּי (pe) Boca. Borde, extremidad. Abertura.

-פֶּה אֶחָד (pe - ejad) Unánimemente.

-מְלֹא מִפֶּה, אֶל פֶּה, מְלֹא מִפֶּה לְפֶה (malé-mipé-el-pe, malé-mipé-lafé) Lle-

no de extremo a extremo.
Con(bejol-pe) בְּכָל פֶּה-
apetito, con avidez, con gana.
(al- עַל פֶּה, בְּעַל פֶּה-
pe, beal-pe) De memoria.
(kvad-pe) כְּבַד פֶּה-
Tartamudo.
(nibul-pe) נִבּוּל פֶּה-
Infamia, grosería.
(pitjón-pe) פִּתְחוֹן פֶּה-
Pretexto. Habla, facultad de hablar.
Según.(al-pi) עַל פִּי-
(pi-hata- פִּי הַטַּבַּעַת-
báat) Ano.
(po). פה (פא, פו), תה"פ
Aquí.
Boste-(pihuk) פִּהוּק, ז.
zo.
Bostezar. פִּהֵק, פ"ע.
Bos-(pahacán) פַּהֲקָן, ז.
tezador.
Rubia.(puá) פּוּאָה, נ.
(poética) פּוֹאֶטִיקָה, נ.
Poética.
(po- פּוֹאֵימָה, פּוֹאֶמָה, נ.
ema) Poema.
פּוֹאֶסְיָה, ר' פִּיּוּט.
Fobia.(fobya) פּוֹבְּיָה, נ.
(publi- פּוּבְּלִיצִיסְט, ז.
tzist) Publicista.
(pu- פּוּבְּלִיצִיסְטִיקָה, נ.
blitzística) Publicidad.
פּוּג (פָּג, יָפוּג) פ"ע
Entiesarse. Cesar. Volatilizarse.
Entiesarse. הֵפוֹג-
Quitar, sacar. הֵפָג-
Enfriar. Apaciguar.
Entiesarse. הִתְפּוֹגֵג-
Divertirse.
Desem- הָפֵג אֶת הַיַּיִן-
briagar.
Cesa- (pugá) פּוּגָה, נ.
ción.
(pogrom) פּוֹגְרוֹם, ז.
Pogrom.
(podagra) פּוֹדַגְרָה, נ.
Podagra.
(puding) פּוּדִינְג, ז.
Pudín, pudding.
Pol- (pudra) פּוּדְרָה, נ.
vos.
Pose. (poza) פּוֹזָה, נ.
(pozitiv) פּוֹזִיטִיב, ז.
Positivo.
פּוֹזִיטִיבִי, ר' חִיּוּבִי.
(poziti- פּוֹזִיטִיבִיזְם, ז.
vizm) Positivismo.
(poziti- פּוֹזִיטִיבִיסְט, ז.
vist) Positivista.
(pozitzya) פּוֹזִיצְיָה, נ.
Posición.
Bizco,(pozel) פּוֹזֵל, ת.
bisojo.
פּוּחַ (פָּח, יָפוּחַ) פ"ע
Soplar. Irritar.
Soplar. Exhalar הֵפִיחַ-
un olor. Hablar. Alejar.
פּוֹחֵז, ת. ר' פּוֹחֲזִים
(pojez) Temerario, atolondrado.
Andra-(pojéaj) פּוֹחֵחַ, ת.
joso, desharrapado.
Alfa-(pojer) פּוֹחֵר, ז.
rero.
Amino-(pojet) פּוֹחֵת, ת.
rado, reducido, dismi-

nuído.
פוטו, Foto. (foto)
פוטואלקטרי, ת. (fotoe-
lectri) Fotoeléctrico.
פוטוגני, ת. (fotogueni)
Fotogénico.
פוטוגרף, ר׳ צלם.
פוטוגרפי, ת. (fotogra-
fi) Fotográfico.
פוטוגרפיה, נ. (fotogra-
fya) Fotografía.
פוטוטפיה, נ. (fototipya)
Fototipia.
פוטוליתוגרפיה, נ (fo-
tolitografya) Fotoli-
tografía.
פוטון, ז. Fotón. (fotón)
פוטוספירה, נ. (fotos-
feyra) Fotosfera.
פוטוריזם, ז. (futurizm)
Futurismo.
פוטוריסט, ז. (futurist)
Futurista.
פוטוריסטי, ת. (futuris-
ti) Futurista.
פוטנציאל, ז. (potentz-
yal) Potencial.
פוטנציאלי, ת. (poten-
tzyali) Potencial.
פוטנציה, נ׳ עצמה.
פוטש. ז. Potasa.(potash)
פוך, ז. Brasil. (puj)
Carbúnculo, rubí.
פול, ז. ר׳ פולים (pol)
Haba.
פוליאדר, ז. (poliéder)
Poliedro.
פוליגון, ר׳ מצלע.
פוליגלוט, ז. (poliglot)
Poligloto.
פוליגמי, ת. (poligami)
Polígamo.
פוליגמיה, נ. (poligam-
ya) Poligamia.
פוליו, ז. Folio.(folio)
פוליו, ר׳ שתוק ילדים.
פוליטון, ז. (polyatón)
Aceite de rosas.
פוליטורה, נ. (politura)
Barniz. Barnizado.
פוליטי, ת. (politi)
Político.
פוליטיקאי, ז. (politi-
cay) Político.
פוליטיקה, נ. (política)
Política.
פוליטיקן, ז. (politicán)
Politicón.
פוליטכניון, ז. (politej-
niyón) Politécnico.
פולינום, ז. (polinom)
Polinomio.
פוליסה, נ. (polisa)
Pólisa.
פוליפ, פוליפוס, ז. (po-
lip, polipus) Pólipo.
פוליפוני, ת. (polifoni)
Polifónico, polífono.
פוליפוניה, נ. (polifo-
nya) Polifonía.
פוליתאיזם, ז. (polite-
ízm) Politeísmo.
פוליתאיסט, ז. (polite-
ist) Politeísta.
פוליתאיסטי, ת. (polite-
isti) Politeísta.
פולמוס, ז. (pulmós)
Polémica.
פולמוסי, ת. (pulmusí)
Polémico.
פולקה, נ. Polka.(polca)
פולקלור, ז. (folclor)

Folklore.
(folclori) .ת, פּוֹלְקְלוֹרִי
Del folklore.
Po- (polari) .ת, פּוֹלָרִי
lar.
(polari- .נ, פּוֹלָרִיזַצְיָה
zatzya) Polarización.
(pum, pumá) ז, פּוּם, פּוּמָא
Boca.
Según. (lefum) לְפוּם-
פּוּמְבִּי, ר' פֻּמְבִּי.
פון (פָּן, יָפוּן) פ"ע
Vacilar, dudar.
פּוּנְדָה, ר' פֻּנְדָּה.
פּוּנְדָּק, ר' פֻּנְדָּק.
(fonogra- .נ, פּוֹנוֹגְרָמָה
ma) Fonograma.
(fonograf) .ז, פּוֹנוֹגְרָף
Fonógrafo.
(fonolog- .נ, פּוֹנוֹלוֹגְיָה
ya) Fonología.
Foné-(foneti) .ת, פּוֹנֶטִי
tico.
(fonética) .נ, פּוֹנֶטִיקָה
Fonética.
(funktzya) .נ, פּוּנְקְצְיָה
Función.
(funktz- ת, פּוּנְקְצְיוֹנָלִי
yonali) Funcional.
פּוּסְטָה, ר' דֹּאַר.
(postulat) .ז, פּוֹסְטוּלָט
Postulado.
פּוֹסְפוֹר, ר' זַרְחָן.
Fos-(fosfat) .ז, פּוֹסְפָט
fato.
Casuís-(posek) .ז, פּוֹסֵק
ta. Decididor, que de-
cide o decreta.
Esti- .פ"י, הֵפִיעַ (פוע)
mular, despertar.
פּוֹעֵל, ז. נ' פּוֹעֶלֶת, נ'

Obre- (poel) פּוֹעֲלִים
ro. Que funciona.
Del (poalí) ת, פּוֹעֲלִי
obrero.
(populari) .ת, פּוֹפּוּלָרִי
Popular.
(populari- נ, פּוֹפּוּלָרִיּוּת
yut) Popularidad.
(popu- .נ, פּוֹפּוּלָרִיזַצְיָה
larizatzya) Populari-
zación.
פוץ (פָּץ, יָפוּץ) פ"ע
Dispersarse, disiparse,
extenderse.
הֵפוֹץ-, ר' פוץ.
Bombardear. Re- פּוֹצֵץ-
ventar, totear.
Dispersar, propa- הֵפֵץ-
gar. Quebrantar. Dis-
persarse.
Reventarse. הִתְפּוֹצֵץ-
Hacer explosión. To-
tearse.
Obs- (pucá) .נ, פּוּקָה
táculo.
Ateo. (poker) .ז, פּוֹקֵר
Póker. (póker) .ז, פּוֹקֶר
Suerte, (pur) .ז, פּוּר
destino.
Temblar. .פ"ע, פור
Deshacer, desmi- פּוֹרֵר-
gajar, desmenuzar.
Anular, abolir. הֵפֵר-
Ser anulado. הוּפַר-
Deshacerse, הִתְפּוֹרֵר-
desmenuzarse, desmi-
gajarse.
Lagar. (purá) .נ, פּוּרָה
Medida para el vino.
פּוֹרֶה, ת. נ' פּוֹרִיָּה,
Fecundo, (poré) פּוֹרֶה

Un (purtá) .פורְתָא, נ
poco.
פוש (פָּש, יָפוּש) פ"ע
Aumentar, multiplicarse. Engordar. Descansar, reposar. Brincar.
Dispersarse. הֵפוּש-
Que (poshet) .פּושֵׁט, ת
tiende.
(poshet-yad) פּושֵׁט-יָד
Mendigo.
(poshet-re- פּושֵׁט-רֶגֶל
guel) Quebrado.
פּושֵׁעַ, ז. נ׳ פּושַׁעַת
(poshéa) Pecador. Criminal, delincuente.
פּושֵׁר, ת. נ׳ פּושֶׁרֶת
(posher) Tibio.
Bobo, (poté) פּותֶה, ת
tonto.
Goz- (potá) .פּותָה, נ
ne.
Abre-(potján) .פּותְחָן, ז
latas.
Lla-(potájat) .פּותַחַת, נ
ve maestra.Cerradura.
Que (poter) .פּותֵר, ז
resuelve.
Oro puro. (paz) .פָּז, ז
Biz- (pizul) .פִּזּוּל, ז
quera, estrabismo.
Dis- (pazur) .פָּזוּר, ת
persado, disperso.Distraído.
Dis- (pizur) .פִּזּוּר, ז
persión.
(pizur-ha- פִּזּוּר-הַנֶּפֶש
néfesh) Distracción.
פָּזז (פָּז, פָּזַז, יָפֹז)פ"ע
Moverse.
Bailar, brincar, פִּזֵּז-

fértil.
(furúncul).פּוּרוּנְקוּל, ז
Furúnculo, divieso.
(fu- .פּוּרוּנְקוּלוזִיס, ז
runculosis) Furunculosis.
פּורֵחַ, ת. נ׳ פּורַחַת
(poréaj) Floreciente.
Volante, volador.
(poriyut) .פּורִיּוּת, נ
Fertilidad.
(puritani) .פּוּרִיטָנִי, ת
Puritano.
(purita- .פּוּרִיטָנִיּוּת, נ
niyut) Puritanismo.
Pu- (purim) .פּוּרִים, ז
rim: fiesta celebrada el 14 del mes de Adar en conmemoración de la liberación de los israelitas en el tiempo de Mardoqueo y Ester.
פּורְמוּלָה, ר׳ נֻסְחָה.
פּורְמוּלָר, ר׳ טוֹפֶס.
(formali) .פּורְמָלִי, ת
Formal.
פּורְמָלִיּוּת, נ.פּורְמָלִיזְם,
(formaliyut,forma- .ז
lizm) Formalismo.
(formalín) .פּורְמָלִין, ז
Formalina, formol.
(formalist)פּורְמָלִיסְט, ז
Formalista.
Ban- (poréa) .פּורֵעַ, ז
dido, bribón.
פּורְעָנוּת, ר׳ פֻּרְעָנוּת.
פּורְקָן, ר׳ פֻּרְקָן.
Disi-(poresh) .פּורֵש, ז
dente.

(pajey-né- פַּחֵי נֶפֶשׁ-
fesh) Decepción, pesa-
dumbre.
פָּחַד (פָּחַד, יִפְחַד) פ"ע
Temr, tener miedo, a-
sustarse.
Tener miedo, asus- הִפָּחֵד-
tarse.
Temer, tener mie- פַּחֵד-
do, asustarse.
Asustar, espan- הַפְחֵד-
tar, atemorizar.
Ser asustado, ser הָפְחַד-
espantado.
(pá- פַּחַד, ז. ר׳ פְּחָדִים
jad) Susto, miedo, te-
mor, pavor.
Espan-(pajdá) פַּחְדָּה, נ.
to, terror, miedo.
פַּחְדָן, ת. נ׳ פַּחְדָנִית
(pajdán) Miedoso, co-
barde.
(pajdanut) פַּחְדָנוּת, נ.
Miedo, cobardía.
Mie-(pajdaní) פַּחְדָנִי, ת.
doso.
Bajá. (peja) פֶּחָה, נ.
Gobernador.
Asus- (pajud) פָּחוּד, ת.
tado.
Baja-(pajavá) פַּחֲוָה, נ.
lato.
Apre- (pajuz) פָּחוּז, ת.
surado.
Barra-(pajón) פָּחוֹן, ז.
ca.
Liso, (pajús) פָּחוּס, ת.
aplastado.
פָּחוּת ... ר׳ פְּחוּתִים
(pajut) Mediocre, di -
minuído, aminorado.

saltar.
Dorar. הַפֵּז-
Ser purificado. הוּפַּז-
Teme- (paziz) פָּזִיז, ת.
rario.
(pzizut) פְּזִיזוּת, נ.
Temeridad, precipitación.
Biz- (pzilá) פְּזִילָה, נ
quera, estrabismo.
פָּזַל (פָּזַל, יִפְזַל) פ"ע
Ser bizco, bizquear.
Hacerse bizco. הִפָּזֵל-
Bizco, (pazlán) פַּזְלָן, ז.
bisojo.
(bazlaní) פַּזְלָנִי, ת.
Bizco, tuerto.
Cantar. פִּזֵּם, פ"י.
Ser cantado. הִתְפַּזֵּם-
Cán-(pizmón) פִּזְמוֹן, ז.
tico. Estribillo, re-
tornelo.
Media, (puzmak) פֻּזְמָק, ז.
calzado.
Dispersar, es- פִּזֵּר, פ"י
parcir, disipar.
Ser dispersado, הִפָּזֵר-
ser disipado.
Ser dispersado, פֻּזּוֹר-
ser disipado.
Dispersarse. הִתְפַּזֵּר-
Dis-(pizarón) פִּזָּרוֹן, ז.
tracción.
Pró- (pazrán) פַּזְרָן, ז.
digo, malgastador, di-
sipador.
(pazranut) פַּזְרָנוּת, נ.
Prodiqalidad.
(paj) פַּח, ז. ר׳ פַּחִים
Trampa, lazo, red. Lá-
mina. Lata. Tarro, ja-
rro.

ta, disminución, defecto. Humillación.
פֻּחְלָץ, ז. (pujlatz) Saco, costal.
(פחם) הִפְחִם, Ser negro como el carbón.
-פִּחֵם Carbonizar. Ennegrecer.
-פֻּחַם Ser carbonizado. Ser ennegrecido.
-הִתְפַּחֵם Carbonizarse. Ennegrecerse.
פֶּחָם, ז. ר׳ פְּחָמִים (pejam) Carbón. Hollín. Bajá.
-נְיַר פֶּחָם (neyar-pejam) Papel carbón.
פַּחְמָה, נ. (pajmá) Carbonato.
פִּחְמוּן, ז. (pijmún) Carbonización.
פֶּחָמִי, ז. (pejamí) Carbonero. Herrero.
פַּחְמִי, ת. (pajmí) Carbónico.
פַּחְמֵימָה, נ. (pajmeymá) Hidrato de carbono.
פַּחְמָן, ז. (pajmán) Carbono.
-דּוּ-תַּחְמֹצֶת הַפַּחְמָן (du-tajmótzet-hapajmán) Anhídrido carbónico.
פַּחְמָנִי, ת. (pajmaní) Carbónico.
פַּחֶמֶת, נ. (pajémet) Carbunco, carbunclo.
פחס (פָּחַס, יִפְחַס) פ"י Aplastar.
-הִפָּחֵס Ser aplastado.
פֶּחָר, ז. (pajar) Alfarero.

פָּחוֹת, תה"פ. (pajot) Menos.
-פָּחוֹת אוֹ יוֹתֵר (pajot-o-yoter) Poco más o menos.
-לֹא פָּחוֹת וְלֹא יוֹתֵר (lo-pajot-veló-yoter) Ni más ni menos.
-לְפָחוֹת, לְכָל הַפָּחוֹת (lefajot, lejol-hapajot) Por lo menos.
פִּחוּת, נ. (pijut) Disminución.
פחז (פָּחַז, יִפְחַז) פ"ע Ser atolondrado.
-הִפְחִיז Atolondrar, hacer atolondrado.
פַּחַז, ז. (pájaz) Atolondramiento, precipitación.
פַּחֲזוּת, נ. (pajazut) Precipitación.
פַּחֲזָן, ז. (pajazán) Atolondrado.
פַּחֲזָנוּת, נ. (pajazanut) Atolondramiento.
פַּחֲזָנִי, ת. (pajazaní) Temerario, precipitado.
פֶּחָח, נ. (pejaj) Hojalatero.
פֶּחָחוּת, נ. (pejajut) Hojalatería (el oficio)
פֶּחָחִיָּה, נ. (pejajiyá) Hojalatería (el taller).
פְּחִיסָה, נ (pejisá) Aplastamiento.
פַּחִית, נ. ר׳ פַּחִיּוֹת (pajit) Placa. Lata.
פְּחִיתָה, נ. (pjitá) Disminución.
פְּחִיתוּת, נ. (pjitut) Fal-

פַּחַת, ז ו"נ. ר' פְּחָתִים
(pajat) Hoyo, excava-
ción, trampa.
פָּחֹת (פָּחַת, יִפְחַת) פעל"י
Disminuír, aminorar,
reducir.
Ser disminuído, הִפָּחֵת-
reducido, aminorado.
-פַּחֵת, ר' פָּחֹת.
Disminuír, res- הַפְחֵת-
tar, aminorar.
Ser disminuído, הֻפְחַת-
reducido, restado.
Disminu-(pjat) .פְּחָת, ז
ción, reducción.
De- (pjétet) .פְּחֶתֶת, נ
fecto, depresión.
To- (pitdá) .פִּטְדָה, נ
pacio.
(fata- .פָטָה־מוֹרְגָנָה, נ
morgana) Espejismo.
(ptotéret) .פְּטוֹטֶרֶת, נ
Tallo.
En- (pitum) .פִּטּוּם, ז
gorde.
(pitumey- פִּטּוּמֵי מִלִּים-
milim) Habladuría, char-
latanería.
Engor-(patum) .פָּטוּם, ת
dado.
Libre, (patur) .פָּטוּר, ת
exento.
Tallo, (patur) .פָּטוּר, ז
brote.
(pturey- פְּטוּרֵי צִצִּים-
tzitzim) Botones, brotes.
Libera-(pitur) .פִּטּוּר, ז
ción, exención. Cuer-
da.
(piturim) .פִּטּוּרִים, ז"ר
Despedida, despedimi-
ento, dimisión.
(guet-pitu- גֵּט פִּטּוּרִין-
rín) Carta de repu-
dio.
Char- (patit) .פַּטִּיט, ז
latán.
Muer-(ptirá) .פְּטִירָה, נ
te, fallecimiento.
Mar- (patish) .פַּטִּישׁ, ז
tillo.
(ben-patish) בֶּן פַּטִּישׁ-
Martillejo.
Fe- (fetish) .פֶטִישׁ, ז
tiche.
(fetishizm) .פֶטִישִׁיזְם, ז
Fetichismo.
Fram- (pétel) .פֶּטֶל, ז
buesa.
פָטָלִי. ר' גוֹרָלִי.
פָטָלִיּוּת, נ. פָטָלִיזְם, ז.
(fataliyut, fatalizm)
Fatalismo.
(fatalist) .פָטָלִיסְט, ז
Fatalista.
Ser engor- הִפָּטֵם (פטם)
dado.
Engordar, cebar. פִּטֵּם-
Sazonar.
Ser engordado. פֻּטַּם-
Ser sazonado.
Engordarse. הִתְפַּטֵּם-
Engor- (patam) .פַּטָּם, ז
dador. Buey engordado.
Sazón, (pétem) .פֶּטֶם, ז
aroma.
Punta, (pitam) .פִּטָּם, ז
extremidad.
Punta, (pitmá) .פִּטְמָה, נ
extremidad.
Paten- (patent) .פָּטֶנְט, ז
te.

(patriar- .ז, פַּטְרִיאַרְכָט
jat) Patriarcado.
(patri- .ת, פַּטְרִיאַרְכָלִי
arjali) Patriarcal.
פִּטְרִיָּה, נ. ר׳ פִּטְרִיּוֹת
(pitriyá) Hongo.
(patriyot) .ז, פַּטְרִיּוֹט
Patriota.
(patrioti) .ת, פַּטְרִיּוֹטִי
Patriota.
(patrio- .נ, פַּטְרִיּוֹטִיּוּת
tiyut) Patriotismo.
(patritzi) .ת, פַּטְרִיצִי
Patricio.
.פִּי, ר׳ פֶּה
.פִּי, ר׳ פָּא
Ruda, (peygam) .ז, פֵּיגָם
(planta).
(pizyama) .נ, פִּיגָ׳מָה
Piyama, pijama.
Desgracia, (pid) .ז, פִּיד
calamidad.
Hada. (feyá) .נ, פֵיָה
Punta, (piyá) .נ, פִּיָּה
boca, abertura.
Poe- (piyut) .ז, פִּיּוּט
sía.
Poé- (piyutí) .ת, פִּיּוּטִי
tico.
Va-(piyonit) .נ, פִּיּוֹנִית
cúolo, válvula.
Excu-(piyús) .ז, פִּיּוּס
sa. Paz, apaciguamiento.
Fiord. (fyord) .ז, פְיוֹרְד
.פִּיּוֹת, ר׳ פֶּה
.פִּיזְי׳, ר׳ פִּיסִי־
Ho- (píáj) .ז, פִּיחַ
llín.
Pintar con .פ״י, פִּיֵּחַ
hollín.
Ser pintado con פֻּיַּח־

Cubo. (pitás) .ז, פִּטָּס
Ha- (pitput) .ז, פִּטְפּוּט
bladuría, charlatanería.
Charlar, .פ״ע, פִּטְפֵּט
parlotear.
פַּטְפְּטָן, ז. נ׳ פַּטְפְּטָנִית
(patpetán) Charlatán,
hablador, boquirroto.
(patpetanut) .נ, פַּטְפְּטָנוּת
Habladuría, charlata-
nería.
פָּטַר (פָּטַר, יִפְטֹר) פ״י
Despedir, exentar. Sa-
lir. Permitir. Mandar.
Librar. Divorciar. Mo-
rir.
Ser liberado, הִפָּטֵר־
exento. Morir. Desem-
barazarse, deshacerse.
Liberar. Despe- פַּטֵּר־
dir.
Ser despedido. פֻּטַּר־
Despedir. Libe- הִפְטִיר־
rar. Terminar. Leer
la הַפְטָרָה.
Desembarazarse, הִתְפַּטֵּר־
Hacer dimisión, dimitir.
(péter, .נ, פִּטְרָה .ז, פֶּטֶר
pitrá) Abertura. Fig.
primogénito.
.פֶּטְרוֹלֵיאוּם, ר׳ נֵפְט
Pa- (patrón) .ז, פַּטְרוֹן
trón, protector.
(patronut) .נ, פַּטְרוֹנוּת
Patronato, protección.
פֶּטְרוֹסִילְיוֹן, פֶּטְרוֹסְלִי־
(petrosilyón, .ז, נוֹן
petroslinón) Perejil.
(patriarj) .ז, פַּטְרִיאַרְךְ
Patriarca, jefe de fa-
milia.

hollín.
Soplo.(pijá) .נ, פִּיחָה
Tinta(pijón) .ז, פִּיחוֹן
china.
Escribir poe-.פ"ע, פִּיֵּט
sías, versificar.
Poeta, (payat) .ז, פַּיָּט
versificador.
Poe- (páyit) .ז, פַּיִט
sía.
Poeta.(paytán) .ז, פַּיְטָן
Elefante.(pil) .ז, פִּיל
(shen-pil) שֶׁן-פִּיל
Marfil.
פִּילֶגֶשׁ, פִּלֶגֶשׁ, נ. ר׳
Con-(pilégesh) פִּילַגְשִׁים
cubina.
(fil-har-.ת, פִּילְהַרְמוֹנִי
moni) Filarmónico.
(fil-h-.נ, פִּילְהַרְמוֹנְיָה
armonya) Filarmonía.
פִּילוֹלוֹג, ר׳ בַּלְשָׁן.
פִּילוֹלוֹגִי, ר׳ בַּלְשָׁנִי.
פִּילוֹלוֹגְיָה, ר׳ בַּלְשָׁנוּת.
Ele--(pilón) .ז, פִּילוֹן
fantito.
פִּילוֹסוֹף, פִּילוֹסוֹפוֹס, ז.
(filosof, pilosofos)
Filósofo.
(filosofi).ת, פִּילוֹסוֹפִי
Filosófico.
(filo- .נ, פִּילוֹסוֹפְיָה
sofya) Filosofía.
(filoxera).נ, פִּילוֹקְסֶרָה
Filoxera.
פִּילַטֶלְיָה, ר׳ בּוּלָאוּת.
פִּילַטֶלִיסְט, ר׳ בּוּלַאי.
(filigrán) .ז, פִּילִיגְרָן
Filigrana.
Film. (film) .ז, פִּילְם
(filan- .ז, פִּילַנְתְּרוֹפּ
trop) Filántropo.
(filan- .ת, פִּילַנְתְּרוֹפִּי
tropi) Filantrópico.
(filan-.נ, פִּילַנְתְּרוֹפְּיָה
tropya) Filantropía.
Moneda (pim) .ז, פִּים
antigua, bocas (?).
Grasa,(pimá) .נ, פִּימָה
gordura.
Pestillo,(pin) .ז, פִּין
lengüeta.
(pingvin) .ז, פִּנְגְוִין
Pingüino.
(finansi) .ת, פִּינַנְסִי
Financiero.
(finan- .ז"ר, פִּינַנְסִים
sim) Finanzas.
(finansist) ז, פִּינַנְסִיסְט
Financista, financiero.
Apaciguar, .פ"י, פִּיֵּס
convencer, tranquilizar.
Ser tranquiliza- פֻּיַּס-
do, convencido.
Apaciguar, tran- הָפֵּס-
quilizar, calmar. Decretar. Sortear. Exentar.
Apaciguarse, cal- הִתְפַּיֵּס-
marse, tranquilizarse,
convencerse.
(pa- פַּיִס, ז. ר׳ פְּיָסוֹת
yis) Suerte.
(pisim) .ז"ר, פִּיסִים
Impuestos.
Físi- (fisi) .ת, פִּיסִי
co.
(fisi- .נ, פִּיסִיּוֹגְנוֹמְיָה
yognomya) Fisionomía.
Fisiognomonía.
(fisiyolog) .ז, פִּסִיּוֹלוֹג
Fisiólogo.

פִיסְיוֹלוֹגִי, ת. (fisiologui) Fisiológico.

פִיסְיוֹלוֹגְיָה, נ. (fisioligya) Fisiología.

פִיסִיקַאי, ז. (fisicay) Físico.

פִיסִיקָה, נ. (física) Física.

פִיסִיקָלִי, ת. (fisicali) Físico.

פַיְסָן, ז. (paysán) Intermediario, sosegador.

פַיְסָנוּת, נ (paysanut) Pacificación, apaciguamiento.

פַיְסָנִי, ת. (paysaní) Pasificador, convencedor.

פִיף, ז. (pif) Orla, ribete, borde.

פִיפִיוֹת, נ"ר. (pifiyot) Cortes, tajos. Bocas.

פִיצוּץ, ז. (pitzutz) Bombardeo. Explosión.

פִיק, ז. (pik) Vacilación, oscilación.

פִיקָה, נ. (picá) Tapón, Oscilación, vacilación. Excrecencia. Punta de la rueca. Cartílago.

פִיקָס, ז. (picás) Púrpura.

פִיר, ז. (pir) Pozo, excavación, mina.

פִירוֹטֶכְנִיקָה, נ. (pirotéjnica) Pirotecnia.

פִירוֹקְסִילִין, ז. (piroksilín) Piroxilina.

פִירָט, ז. (pirat) Pirata.

פִירָמִידָה, נ. (piramida) Pirámide.

פִיתוֹם, ז. (pitom) Ventrílocuo.

פַּךְ, ז. ר' פַּכִּים (paj) Tarro, jarro.

פָּכָה, פ"ע Correr, fluír, manar.

פִּכּוּי ז. (picuy) Precipitación.

פִּכַּח, פ"י Desembriagar.

הִתְפַּכֵּחַ- Desembriagarse.

פִּכֵּחַ, ת. (pikéaj) Desembriagado.

פִּכָּחוֹן, ז. (picajón) Desembriagamiento.

פִּכְחוּת, נ. (pikjut) Desembriagamiento.

פַּכִּית, נ. (pakit) Bote, pote.

פַּכְסָם, ז. (pajsam) Galleta.

פִּכְפּוּךְ, ז. (pijpuj) Ruido, manantío.

פִּכְפֵּךְ, פ"ע Brotar, manar.

פָּכַר (פָּכַר, יִפְכֹּר) פ"י Quebrantar, romper, tumbar.

פִּכֵּר- Quebrantar, romper, tumbar.

(פלא) הִפָּלֵא, פ"ע. Ser asombroso. Ser imposible.

פִּלֵּא- Pagar, cumplir.

הִפְלִא- Hacer maravillas. Asombrar. Prometer.

הִתְפַּלֵּא- Asombrarse, sorprenderse, maravillarse.

הַפְלֵא וָפֶלֶא- (haflé-vafele) Maravillosamente.

¡Qué milagro! ¡Qué maravilla!

פֶּלֶא, ז. ר׳ פְּלָאִים, גם פְּלָאוֹת Maravilla, (pele) prodigio.

-פְּלָאִים Mara- (plaim) villosamente, extraordinariamente.

-פִּלְאֵי פְּלָאִים (pil-ey-plaim) Maravillas extraordinarias.

-בְּאֹרַח פֶּלֶא (beóraj-pele) Maravillosamente.

-הַפְלֵא וָפֶלֶא (hafléqva-fele) Qué maravilla Maravillosamente.

פָּלֵאוֹגְרָף, ז. (paleograf) Paleógrafo.

פָּלֵאוֹגְרָפִי, ת. (paleografi) Paleográfico.

פָּלֵאוֹגְרַפְיָה, נ. (paleografya) Paleografía.

פָּלֵאוֹזוֹאִי, ת. (paleozói) Paleozoico.

פָּלֵאוֹלִיתִי, ת. (paleoliti) Paleolítico.

פָּלֵאוֹנַזְם, ז. (pleonazm) Pleonasmo.

פָּלֵאוֹנְטוֹלוֹג, ז. (paleontolog) Paleontólogo.

פָּלֵאוֹנְטוֹלוֹגְיָה, נ. (paleontologya) Paleontología.

פִּלְאִי, ת. Raro, (pil-í) maravilloso.

פְּלִאִי, ת. Oculto. (peli)

פְּלֶבֵּי, ז. Plebeyo. (plebey)

פִּלְבֵּל, פ"ע. Mover, agitar, pestañear.

פְּלֶבִּיסְצִיט, ז (plebistzit) Plebiscito.

פָּלַג, פ"י. Separar, dividir, desunir.

-הִפָּלֵג Separarse, dividirse.

-הִפְלִג Alejar. Alejarse. Navegar, zarpar.

-הֻפְלַג Ser separado, ser distinguido.

-הִתְפַּלֵּג Separarse, dividirse.

פֶּלֶג, ז. ר׳ פְּלָגִים (pé-leg) Arroyo. Porción.

פֶּלֶג, פְּלַג, ז. (péleg, plag) Parte, mitad.

פִּלֵּג, ז. Camarero. (pileg)

פֶּלֶג, ז. Separación. (péleg)

פְּלָגָה, נ. División. (plagá) Secta, familia. Controversia.

פְּלֻגָּה, נ. División, (plugá) sección, Sociedad, familia.

פְּלַגְיָט, ז. (plagyat) Plagio.

פְּלַגְיָאטוֹר, ז (plagyator) Plagiario.

פְּלֶגְמָטִי, ת. (flegmati) Flegmático, flemático.

פְּלֶגְמָטִיוּת, נ. (flegmátiyut) Carácter flemático.

פְּלֶגְמָטִיק, ז. (flegmatik) Flématico.

פַּלְגָן, ז. Controversista. (palgán)

פַּלְגָנוּת, נ. (palganut) Controversia.

פַּלְגָס, ז. Púber, (palgás) joven.

פִּלֶגֶשׁ, ר׳ פִּילֶגֶשׁ.

món.
פְּלוֹנִי, ז. נ׳ פְּלוֹנִית
(ploní) Fulano. Un
desconocido.
(ploní- פְּלוֹנִי אַלְמוֹנִי-
almoní) Fulano, fulano
de tal.
Consi-(pilús) .פִּלּוּס, ז
deración. Examen.
Más. (plus) .פְּלוּס, ז
.פְּלוּרָה, ר׳ צִמְחִיָּה
Ves- (pilush) .פִּלּוּשׁ, ז
tíbulo, entrada.
פָּלַח (פָּלַח, יִפְלַח) פ"י
Surcar, arar. Servir.
Cortar. Penetrar, פִּלַּח-
traspasar. Parir.
Gajo, (pélaj) .פֶּלַח, ז
pedazo.
(pélaj-réjev) פֶּלַח רֶכֶב-
Muela superior.
פֶּלַח תַּחְתִּית, פֶּלַח שֶׁכֶב-
(pélaj-tajtit, pélaj-
shéjev) Muela inferior.
Fellah. (palaj) .פַּלָּח, ז
Campesino.
Agri-(paljá) .פַּלְחָה, נ
cultura.
Cul- (pulján) .פֻּלְחָן, ז
to.
Cul-(puljaní) .פֻּלְחָנִי, ת
tual.
פָּלַט (פָּלַט, יִפְלֹט) פ"ע
Huír, fugarse. Sacar,
extraer, vomitar, es-
cupir.
Fugarse, sal- הִפָּלֵט-
varse.
Salvar, liberar. פַּלֵּט-
Parir.
Sacar, extraer. הִפְלִיט-

Po- (plugtá) .פְּלֻגְתָּא, נ
lémica, controversia.
Po- (plugatí) .פְּלֻגָּתִי ת
lémico.
Acero. (péled) .פֶּלֶד, ז
Llama.
Acero. (pladá) .פְּלָדָה, נ
Llama.
(tzémer- צֶמֶר פְּלָדָה-
pladá) Lana de acero.
(feldmar- .פֶּלְדְמַרְשָׁל, ז
shal) Feldmariscal.
פָּלָה (פָּלָה, יִפְלֶה) פ"י
Buscar (piojos, insec-
tos, etc.).
Ser distinguido. הִפָּלֵה-
Asombrarse.
Buscar(insectos). פַּלֵּה-
Arreglar, organizar.
Separar, distin- הִפְלָה-
guir. Burlarse. Pre-
ferir.
.פַּלְהֶדְרִין, ר׳ סַנְהֶדְרִין
Divi- (pilug) .פִּלּוּג, ז
sión, separación.
.פְּלוּגְתָּא, ר׳ פְּלֻגְתָּא
Echado, (palut) .פָּלוּט, ת
extraído, sacado.
(plutón) .פְּלוּטוֹן, ז
Plutón.
(pluto- .פְּלוּטוֹקְרָט, ז
crat) Plutócrata.
(pluto- .פְּלוּטוֹקְרָטִי, ת
crati) Plutocrático.
(pluto- .פְּלוּטוֹקְרַטְיָה, נ
cratya) Plutocracia.
Busca, (piluy) .פִּלּוּי, ז
investigación.
Ple- (pilul) .פִּלּוּל, ז
garia, súplica.
Plu- (pluma) .פְּלוּמָה, נ

Salvar.
Salva- (palet) .ז ,פֶּלֶט
ción.
(pa- פְּלֵטִים 'ר .ז ,פָּלֵט
let) Fugitivo.
(ple- .נ ,פְּלֵיטָה ,פְּלֵטָה
tá) Resto, lo que que-
da salvo.
(platoni) .ת ,פְּלָטוֹנִי
Platónico.
Plaza, (platya).נ ,פְּלַטְיָה
lugar público.
Pa- (palatín) .ז ,פָּלָטִין
lacio.
(platina) .נ ,פְּלָטִינָה
Platino.
(platfor- .נ ,פְּלַטְפוֹרְמָה
ma) Plataforma.
Panade-(palter).ז ,פַּלְטֵר
ro. Panadería.
Pa-(palterín).ז ,פַּלְטֵרִין
lacio.
.פְּלִי ,'ר פְּלָאִי
Mara- (pliá) .נ ,פְּלִיאָה
villa.
Adver-(plig) .ת ,פְּלִיג
sario, opuesto.
Dis- (pligá) .נ ,פְּלִיגָה
cordencia, disputa.
Plé- (pleyada).נ ,פְּלֵיָדָה
yades. Pléyade.
La- (pliz) .ז ,פְּלִיז
tón.
Arado, (plijá) .נ ,פְּלִיחָה
aradura.
פָּלִיט ,ז. 'ר פְּלִיטִים
(palit) Fugitivo.
.פְּלִיטָה ,'ר פְּלֵטָה
Vómito, (plitá).נ ,פְּלִיטָה
extracción, sacamiento.
(plitat-pe) פְּלִיטַת פֶּה-
Palabra involuntaria.
פָּלִיל ,ז. 'ר פְּלִילִים
(palil) Juez.
Pro-(plilá) .נ ,פְּלִילָה
ceso, juicio.
(plilut) .נ ,פְּלִילוּת
Discusión.
Cri- (plilí) .ת ,פְּלִילִי
minal.
(pliliyá) .נ ,פְּלִילִיָּה
Juicio, justicia.
(pliliyut) .נ ,פְּלִילִיּוּת
Criminalidad.
Flirt. (fli-t) .ז ,פְּלִירְט
In- (plishá) .נ ,פְּלִישָׁה
vasión.
(pé- פְּלָכִים 'ר .ז ,פֶּלֶךְ
lej) Departamento, dis-
trito. Círculo. Oficio,
profesión. Muleta. Rue-
ca.
Ser lanza-, הֻפְּלַל (פלל)
do, arrojado.
Juzgar, condenar. פִּלֵּל-
Imaginarse. Rezar.
Rezar, orar. הִתְפַּלֵּל-
Oración, (pélel) .ז ,פֶּלֶל
rezo.
(palmuda) .נ ,פַּלְמוּדָה
Atún.
Fu-(palmoní) .ז ,פַּלְמוֹנִי
lano.
.פַּלְמוֹס ,'ר פּוּלְמוֹס
Con- ,הִתְפַּלְמֵס (פלמס)
trovertir.
(planetar- .ז ,פְּלָנֶטַרְיוֹן
yón) Planetario.
(planiméter).ז ,פְּלָנִימֶטֶר
Planímetro.
(plani- .נ ,פְּלָנִימֶטְרִיָּה
metrya) Planimetría.

Franela.(flanel) ז, פְּלָנֵל
Aplanar.Pesar. פ"י, פִּלֵּס
Nivelar.
Balanza.(peles) .ז, פֶּלֶס
Nivel.
(peles-máyim) פֶּלֶס־מַיִם-
Nevel de agua.
Golpe,(pulsá) .נ, פֻּלְסָא
choque.
Plás-(plasti) .ת, פְּלַסְטִי
tico.
(plastiyut) .נ, פְּלַסְטִיּוּת
Plasticidad.
(plástica) .נ, פְּלַסְטִיקָה
Plástica.
פְּלַסְטֶר, ר׳ פְּלַסְתֵּר.
Plasma.(plasma) נ, פְּלַסְמָה
(pla-.ז, פְּלַסְתֵּר, פְּלַסְטֶר
ster)Engaño,mentira.
(ktav-plas-כְּתָב־פְּלַסְתֵּר-
ter) Libelo.
Filoso-, הִתְפַּלְסֵף, פִּלְסֵף
far.
Po- (pilpul) .ז, פִּלְפּוּל
lémica, controversia.
(báal-pil- בַּעַל פִּלְפּוּל-
pul) Controversista.
Controver- .פ"ע, פִּלְפֵּל
tir, discutir.
Discutir, con- הִתְפַּלְפֵּל-
trovertir.
פִּלְפֵּל, ז. ר׳ פִּלְפְּלִים
(pilpel)Pimienta, ají.
(pal-.ז, פַּלְפְּלָן, פִּלְפְּלָן
pelán, pilpelán) Con-
troversista.
(palpelanut).נ, פַּלְפְּלָנוּת
Casuística.
Ají.(pilpélet).נ, פִּלְפֶּלֶת
Pimienta.
Asustar. .פ"י, פִּלֵּץ

Tener miedo,temer.פָּלַץ-
Asustar. הִפְלִיץ-
Temblar. הִתְפַּלֵּץ-
Pavor,(péletz) .ז, פֶּלֶץ
miedo, terror.
Lazo,(platzur).ז, פְּלָצוּר
lazo corredizo.
(palatzut) .נ, פַּלָּצוּת
Miedo, espanto.
פָּלַשׁ (פָּלַשׁ, יִפְלֹשׁ) פ"ע
Invadir.
Penetrar. Exami- פִּלֵּשׁ-
nar, buscar.Descubrir.
Ser abierto. פֻּלַּשׁ-
Rodar, girar. הִתְפַּלֵּשׁ-
(plishtí) .ת, פְּלִשְׁתִּי
Filisteo.
(palestina).נ, פָּלֶשְׂתִּינָה
Palestina.
Peletheo;(pletí).ז, פְּלֵתִי
una parte de la guar-
dia de David.
Pú- (púmbi) .ת, פֻּמְבִּי
blico.
(pumbiyut) .נ, פֻּמְבִּיּוּת
Publicidad.
פָּמוֹט, ז. ר׳ פְּמוֹטוֹת
(pamot) Palmatoria.
(pa-.נ, פַּמַּלְיָה, פַּמַּלְיָא
malya) Familia, acom-
pañantes.
(pumpiyá) .נ, פֻּמְפִּיָּה
Rallo.
(pamflet) .ז, פַּמְפְלֶט
Libelo, panfleto.
Para que(pen) .מ"י, פֶּן
no. Quizá. Que no.
Cara, modo,(pan) .ז, פָּן
manera.
Tiempo,(pnay) .ז, פְּנַאי
ocio.

Golo- (panag) .ז ,פנג
sina, harina (?).
(ping-pong) .ז ,פנג-פונג
Ping pong.
Funda, (punda) .נ ,פנדה
bolsa, cinturón.
Pan-(pandura) .נ ,פנדורה
dorga, instrumento mú-
sico.
Me- (pundak) .ז ,פנדק
són, posada.
(pu- .ז ,פנדקי ,פנדקאי
ndecay, pundakí) Posa-
dero, mesonero.
פנה (פנה, יפנה) פ"ע
Dirigirse. Irse. De-
socuparse.
Desocuparse, ser הפנה-
desocupado. Morir.
Desocupar, eva- פנה-
cuar, vaciar.
Dirigir, voltear. הפנה-
Desocupar.
Ser dirigido, הפנה-
ser volteado. Deso-
cuparse
Desocuparse. התפנה-
Ser desocupado. פנה-
Rincón, (piná) .נ ,פנה
Dirección.
אבן פנה, ראש פנה-
(even-piná, rosh-piná)
Piedra angular.
(pa- .ת. נ׳ פנויה-ה ,פנוי
nuy) Desocupado. Li-
bre. Soltero.
Desocu-(pinuy) .ז ,פנוי
pación, evacuación.
Acción (pinuk) .ז ,פנוק
de mimar o consentir.
(panorama) .נ ,פנורמה
Panorama.
(pantograf) .ז ,פנטוגרף
Pantógrafo.
(pantomi- .נ ,פנטומימה
ma) Pantomima.
פנטי, ר׳ קנאי.
פנטיות, ר׳ קנאות.
פנטיק, ר׳ קנאי.
(fantasti) .ת ,פנטסטי
Fantástico.
(fantasya) .נ ,פנטסיה
Fantasía.
Inten-(pniyá) .נ ,פניה
ción. Dirección, acción
de dirigir o dirigir-
se.
Fénix. (fénix) .ז ,פניכס
פנים, ז"ר, גם נ"ר.
(panim) Cara. Superfi-
cie. Aspecto. Cólera.
Fig. modo, manera.
(panim- פנים אל פנים-
el-panim) Cara a cara,
enfrente.
עז פנים, קשה פנים-
(az-panim, kshe-panim)
Insolente.
Favorecer, האר פנים-
ser benévolo.
Pedir, ro- חלה פנים-
gar.
Favorecer, נשא פנים-
obrar con parcialidad.
קדם פנים, הקבל פנים-
Salir a la encuentra
de.
Rehusar, השב פנים-
negar.
Irritarse, רעם פנים-
embravecerse.
Delante (bifney) בפני-

de:
Antes de.(lifney) לִפְנֵי-
Delante de.
Antes.(lefanim) לְפָנִים-
Delante.
En-(el-pney) אֶל פְּנֵי-
frente.
(al-col- עַל כָּל פָּנִים-
panim) En todo caso.
(bifney- בִּפְנֵי עַצְמוֹ-
atzmó)De suyo. Solo,
Sobre,(al-pney) עַל פְּנֵי-
encima de.En presencia
de, en vida de.
(sé- סֵבֶר פָּנִים יָפוֹת-
ver-panim-yafot) Be-
nevolencia.
Porque. (mipney) מִפְּנֵי-
Contra. De.
(mipney-ma) מִפְּנֵי מָה-
¿Porqué?
Inte- (pnim) פְּנִים, ז.
rior, centro.
(pnima) פְּנִימָה, תה"פ.
Adentro.
פְּנִימִי, ת. נ׳ פְּנִימִית
(pnimí) Interior.
(pnimiyá) פְּנִימִיָּה, נ.
Internado.
(pnimiyut) פְּנִימִיּוּת, נ.
Interioridad,intimidad.
פְּנִינָה, נ. ר׳ פְּנִינִים
(pniná) Perla.
(penitzi- פֶּנִיצִילִין, ז.
lín) Penicilina.
Pánico.(pánica) פָּנִיקָה, נ.
Fe- (feniki) פֵנִיקִי, ת.
nicio.
Plato,(pincá) פִּנְכָּה, נ.
platón.
(melajej- מְלַחֵךְ פִּנְכָּה-
pinca) Lameplatos,go-
loso.
(pa- פָּנָס, ז. ר׳ פָּנָסִים
nás) Linterna.
(panás-késem) פָּנַס קֶסֶם-
Linterna mágica.
Pénsum(pénsum) פֶּנְסוּם, ז.
Pen-(pensya) פֶּנְסְיָה, נ.
sión.
(pensyón) פֶּנְסְיוֹן, ז.
Pensión.
(pensyoner) פֶּנְסְיוֹנֶר, ז.
Pensionista.
Consentir, פִּנֵּק, פ"י..
mimar.
Ser mimado, ser פֻּנּוּק-
consentido.
Consentirse, הִתְפַּנֵּק-
mimarse.
Libre-(pincás) פִּנְקָס, ז.
ta. Registro.
(han- הַנְהָלַת פִּנְקָסִים-
halat-pincasim)Tenedu-
ría de libros.
(mena- מְנַהֵל פִּנְקָסִים-
hel-pincasim) Tenedor
de libros.
Registrar, פִּנְקֵס, פ"י
apuntar.
Te-(pinkesán) פִּנְקְסָן, ז.
nedor de libros.
(pinkesanut) פִּנְקְסָנוּת, נ
Contabilidad.
(pancryás) פַּנְקְרֵיאָס, ז.
Páncreas.
Parte (pénet) פֶּנֶת, נ.
superior del zapato.
Pan-(panteón) פַּנְתֵּאוֹן, ז.
teón.
(panteizm) פַּנְתֵּאִיזְם, ז.
Panteísmo.

Anulación.
Cance-(pasul) .ת, פָּסוּל
lado, anulado. Impropio.
Defecto.(psul) .ז, פְּסוּל
Ver- (pasuk) .ז, פָּסוּק
sículo,frase. Abscisa.
Deter-(pasuk) .ת, פָּסוּק
minado.
Puntia-(pisuk) .ז, פִּסּוּק
ción. Separación. Determinación,fijación.
He-(psukit) .נ, פְּסוּקִית
mistiquio.
Pasaje.(pasazy).ז, פַּסָז׳
פָּסַח (פָּסַח, יִפְסַח) פ"ע
Pasar, traspasar.Vacilar. Celebrar la Pascua. Saltar, prescindir.
Quedar cojo. הִפָּסֵחַ-
Bricar, saltar. פַּסֵּחַ-
(pé- פְּסָחִים ר׳ .ז, פֶּסַח
saj) Pascua. Sacrificio pascual.
פֶּסַח שֵׁנִי, פֶּסַח קָטָן-
(pésaj-sheni,pésaj-catán) Sacrificio pascual ofrecido el 14 del mes de Iyar (אִיָּר) por quellos que no lo habían hecho en su tiempo.
(pi- פִּסְחִים ר׳ .ת, פִּסֵּחַ
séaj) Cojo, tullido.
Pascua (pasja) .ז, פַּסְחָא
(católica).
Co- (pisajón).ז, פִּסְחוֹן
jera.
Co- (pisjut) .נ, פִּסְחוּת
jera.

(panteíst) .ז, פַּנְתֵּאִיסְט
Panteísta.
(panteís- .ת, פַּנְתֵּאִיסְטִי
ti) Panteísta.
פַּנְתָּה, ר׳ פֵּנֶת.
Pan- (panter) .ז, פַּנְתֵּר
tera.
(pas) פַּסִּים ר׳ .ז, פַּס
Riel. Faja, cinta, raya. Línea. Coyuntura de los dedos. Pedazo. Tabla.
(psevdo- .ז, פְּסֶבְדוֹנִים
nim) Seudónimo.
פָּסַג (פָּסַג, יִפְסֹג) פ"ע
Alzarse, elevarse.
Ensanchar, al- פ"י, פַּסֵּג
zar, elevar. Arrancar.
Ser inclinado, פֻּסַּג-
movido, agitado.
Pisar, hollar. הִפְסִיג-
Cima, (pisgá) .נ, פִּסְגָּה
vértice.
Dañarse, הִפָּסֵד (פסד)
corromperse. Tener una pérdida.
Perder. Dañar, הַפְסֵד-
corromper.
Dañado,(pased) .ת, פָּסֵד
corrompido.
Daño,(pseda) .נ, פְּסֵדָה
pérdida.
Trozo, (pisá) .נ, פִּסָּה
pedazo. Abundancia.
(pisat-yad) פִּסַּת יָד-
Palma de la mano.
(pisat-réguel) פִּסַּת רֶגֶל-
Planta del pie.
Escul-(pisul) .ז, פִּסּוּל
tura. Poda, escamonda.

Irre-(pasján) .ז, פַּסְחָן
soluto.
(pasjanut) .נ, פַּסְחָנוּת
Irresolución.
Pas-(pistur) .ז, פִּסְטוּר
teurización.
(pastorela) .נ, פַּסְטוֹרֶלָה
Pastorela.
(festival) .ז, פֶּסְטִיבָל
Festival.
Pasivo (pasiv) .ז, פַּסִיב
(en contabilidad).
Pa- (pasivi) .ת, פַּסִיבִי
sivo.
(pasiviyut) .נ, פַּסִיבִיּוּת
Pasividad.
Coti- (psig) .ז, פְּסִיג
ledón.
Coti-(psiguí) .ת, פְּסִיגִי
ledóneo.
Fai-(pasyón) .ז, פַּסְיוֹן
sán.
Salto.(psijá) .נ, פְּסִיחָה
Prescindencia.
(psijo- .נ, פְּסִיכוֹאָנָלִיזָה
analiza)Psicoanálisis.
(psijoza) .נ, פְּסִיכוֹזָה
Psicosis.
(psijo- .ת, פְּסִיכוֹטֶכְנִי
tejni) Psicotécnico.
(psijo .נ, פְּסִיכוֹטֶכְנִיקָה
téjnica)Psicotecnia.
(psijolog) .ז, פְּסִיכוֹלוֹג
Psicólogo.
(psijo- .ת, פְּסִיכוֹלוֹגִי
logui) Psicológico.
(psijo- .נ, פְּסִיכוֹלוֹגְיָה
logya) Psicología.
(psijo .ז, פְּסִיכוֹלוֹגִיזְם
loguizm)Psicologismo.
(psijofat) .ז, פְּסִיכוֹפָּת
Psicópata.
(psi .נ, פְּסִיכוֹפָּתוֹלוֹגְיָה
jopatologya) Psicopatología.
Psí-(psiji) .ת, פְּסִיכִי
quico.
(psijia- .ז, פְּסִיכִיאָטוֹר
tor) Psiquiatra.
(psiji- .נ, פְּסִיכִיאַטְרִיָּה
atriya) Psiquiatría.
Can- (psilá) .נ, פְּסִילָה
celación, anulación.Escultura. Cantera.
(pesilim) ז"ר, פְּסִילִים
Cantera. Ídolos.
Pe- (pesimi) .ת, פֶּסִימִי
simista.
(pesimiyut) .נ, פֶּסִימִיּוּת
Pesimismo.
(pesimizm) .ז, פֶּסִימִיזְם
Pesimismo.
(pesimist) .ז, פֶּסִימִיסְט
Pesimista.
Paso.(psiá) .נ, פְּסִיעָה
Mo- (psifás) .ז, פְּסִיפָס
saco. Peón.
Coma. (psik) .ז, פְּסִיק
Sepa-(psicá) .נ, פְּסִיקָה
ración. Ruptura, sección. Canal. Lista.
Olla,(psajter) .ז, פְּסַכְתֵּר
marmita.
פ"י (פָּסַל, יִפְסֹל) פָּסַל
Anular, cancelar. Esculpir, tallar. Declarar impropio.
Ser cancelado, -הִפָּסֵל
anulado. Hacerse impropio. Ser esculpido.
Cortar. Escul- -פִּסֵּל
pir.

Declarar im- הַפְסֵל-
propio.
(pé- פֶּסֶל, ז. ר׳ פְּסִלִים
sel) Estatua. Ídolo.
Escul-(pasal) פַּסָּל, ז.
tor, estatuario.
Es- (pislón) פִּסְלוֹן, ז.
tatua pequeña.
Es-(pasalut) פַּסָּלוּת, נ.
cultura.
De- (paslut) פַּסְלוּת, נ.
fecto.
Basu-(psólet) פְּסֹלֶת, נ.
ra, resto.
(psanter) פְּסַנְתֵּר, ז.
Piano.
(psanter- פְּסַנְתֵּר כָּנָף-
canaf) Piano de cola.
פְּסַנְתְּרָן, ז. נ׳ פְּסַנְתְּרָנִית
(psanterán) Pianista.
פָּסַס (פַּס, יָפֹס) פ"ע
Cesar, terminarse.
Sepa- (פָּסַס, יְפַסֵּס)-
rar.
פָּסַע (פָּסַע, יִפְסַע) פ"ע
Caminar, andar.
Caminar, andar. פִּסֵּעַ-
Caminar,andar, הִפְסֵעַ-
marchar.
Es- (pispús) פִּסְפּוּס, ז.
parcimiento.
פַּסְפּוֹרְט, ר׳ דַּרְכּוֹן.
Dispersar. פִּסְפֵּס, פ"י.
Quemar. Desenredar.
פָּסַק (פָּסַק, יִפְסֹק) פע"י
Cesar, suspenderse.Decidir. Fijar. Separar.
Decretar. Leer un versículo.
Suspenderse.Ser הִפָּסֵק-
decidido. Dividirse.

Puntuar. Suspen- פִּסֵּק-
der. Cortar.
Cesar, suspender. הִפְסִיק-
Separar.
Ser suspendido, הֻפְסַק-
terminarse.
Sepa- (pések) פֶּסֶק, ז.
ración.
(psak-din) פְּסַק־דִּין, ז.
Sentencia.
Versí-(piscá) פִּסְקָה, נ.
culo. Separación. Parte.
Fiscal.(fiscali) פִּסְקָלִי, ת.
Sepa-(psoket) פְּסֹקֶת, נ.
ración.
Dota.(psikta) פְּסִקְתָּא, נ
Nombre de un Midrash (מִדְרָשׁ).
Pis-(pistak) פִּסְתַּק, ז.
tacho.
פָּעָה (פָּעָה, יִפְעֶה) פ"ע
Gritar, gemir. Silbar.
Cuchichear.
Gritar, gemir. הִפְעָה-
פָּעוֹט, ז. ר׳ פְּעוֹטוֹת
(paot) Niño, párvulo.
Pequeño,(paut) פָּעוּט, ת.
chico.
Pasivo.(paul) פָּעוּל, ת.
Ser. (paul) פָּעוּל, ז.
Aper- (piur) פִּעוּר, ז.
tura.
Abier-(paur) פָּעוּר, ת.
to.
Grito.(peiyá) פְּעִיָּה, נ.
Balido.
Acti- (pail) פָּעִיל, ת.
vo.
Ac-(peilut) פְּעִילוּת, נ.
tividad.

Ac-(pealtán) פַּעַלְתָּן, ז. tivo.
(paaltanut). פַּעַלְתָּנוּת, נ. Actividad.
פָּעַם (פָּעַם, יִפְעַם) פ"י Golpear, palpitar.
Palpi- הִפָּעֵם, הִתְפָּעֵם- tar, conmoverse
-פַּעַם, ר' פָּעַם.
(pá- פַּעַם, נ. ר' פְּעָמִים am) Vez. Paso. Pie. Golpe. Yunque.
La vez.(hapáam) הַפַּעַם- Esta vez.
Algu-(ey-fáam) אֵי-פַּעַם- na vez.
(aj-hapáam) אַךְ הַפַּעַם- Sólo esta vez.
(lif-amim) לִפְעָמִים- A veces.
(páam-ajat) פַּעַם אַחַת- Una vez.
Dos (paamáyim) פַּעֲמַיִם- veces.
(mipáam- מִפַּעַם לְפַעַם- lefáam)De vez en cuando.
(midey-páam) מִדֵּי פַּעַם- De vez en cuando.
(shuv-páam) שׁוּב פַּעַם- Otra vez.
Cam-(paamón) פַּעֲמוֹן, ז. pana.
(paamonit) פַּעֲמוֹנִית, נ. Campánula.
(paamonar) פַּעֲמוֹנָר, ז. Campanero.
Des-(pienúaj) פִּעְנוּחַ, ז. ciframiento.
Descifrar. פִּעְנֵחַ, פ"י.
Pene-(piepúa) פִּעְפּוּעַ, ז. tración.

Gol-(peimá) פְּעִימָה, נ. pe, golpeo.
Aper-(peirá) פְּעִירָה, נ. tura.
פָּעַל (פָּעַל, יִפְעַל) פ"י Obrar, hacer, funcionar, trabajar. Influír
Ser hecho, ser הִפָּעֵל- creado.
Ser hecho, ser הִתְפָּעֵל- creado. Ser influído. Conmoverse.
(pó- פֹּעַל, ז. ר' פְּעָלִים al) Verbo. Trabajo, labor, ocupación, acción. Provecho, ganancia.
En rea-(befóal) בְּפֹעַל- lidad, efectivamente.
-יָצָא לְפֹעַל, יָצָא אֶל הַפֹּעַל Realizarse, ejecutarse.
-הוֹצִיא לְפֹעַל, הוֹצִיא אֶל הַפֹּעַל Realizar, ejecutar.
(póal-omed) פֹּעַל עוֹמֵד- Verbo intransitivo.
(póal-yo- פֹּעַל יוֹצֵא- tzé) Verbo transitivo.
(póal-jozer) פֹּעַל חוֹזֵר- Verbo reflejo.
-פָּעַל, פִּעֵל, פֻּעַל, הִפְעִיל, הָפְעַל, הִתְפַּעֵל (paal, piel, pual, hif-il, ho-al, hitpael) Formas de las conjugacipnes de los verbos hebreos.
Acci-(peulá) פְּעֻלָּה, נ. ón. Influencia. Salario, sueldo.
Ver- (poalí) פָּעֳלִי, ת. bal.

Penetrar, פִּעְפֵּעַ, פע"י
infiltrarse. Romper.
Derretir.
פָּעַר (פָּעַר, יִפְעַר) פ"י
Abrir (la boca). Exo-
nerar el vientre.
Exonerar el vien- פִּעֵר-
tre, defecar.
Peptona(peptón). פֶּפְטוֹן, ז.
(pafilyón) פַּפִּילְיוֹן, ז.
Pabellón.
(papirus) פַּפִּירוּס, ז.
Papiro.
Pep-(pepsín) פֶּפְּסִין, ז.
sina.
פָּצָה (פָּצָה, יִפְצֶה) פ"י
Abrir (la boca). Sal-
var.
Indemnizar. פִּצָּה-
Ser indemniza- פֻּצָּה-
do.
Que- (pitzúaj) פִּצּוּחַ, ז.
brantamiento.
Indem-(pitzuy) פִּצּוּי, ז.
nización.
Des- (pitzul) פִּצּוּל, ז.
cortezamiento.
Roto,(patzum) פָּצוּם, ת.
rajado.
פָּצוּעַ, ת. נ' פְּצוּעָה, ר'
Herido.(patzúa) פְּצוּעִים
Bom-(pitzutz) פִּצּוּץ, ז.
bardeo. Explosión.
Ás- (patzur) פָּצוּר, ת.
pero.
פָּצַח (פָּצַח, יִפְצַח) פ"י
Abrir, estallar.
Quebrantar, rom- פִּצַּח-
per.
(pé- פֶּצַח, ז. פִּצְחָה, נ.
tzaj, pitzjá) Alegría,
éxtasis.
Ale-(ptzijá) פְּצִיחָה, נ.
gría, canto.
Co- (patzim) פָּצִים, ז.
lumna, poste.
He- (petziá) פְּצִיעָה, נ.
rida.
(patzifizm). פָּצִיפִיזְם, ז
Pacifismo.
(patzifist). פָּצִיפִיסְט, ז
Pacifista.
(patzifis- פָּצִיפִיסְטִי, ת.
ti) Pacifista.
Lima.(ptzirá) פְּצִירָה, נ.
Limadura. Insisten-
cia.
(ptzirápim) פְּצִירָה פִּים-
Lima.
Dividirse, הִפָּצֵל (פצל)
ramificarse.
Pelar, descasca- פִּצֵּל-
rar.Dividir,ramificar.
Ser ramificado. פֻּצַּל-
Ramificarse. הִפְצִיל-
Dividirse, ra- הִתְפַּצֵּל-
mificarse.
Pela-(ptzalá) פְּצָלָה, נ.
da, lugar pelado.
פָּצַם (פָּצַם, יִפְצֹם) פ"י
Romper, quebrantar.
פָּצַע (פָּצַע, יִפְצַע) פ"י
Herir. Romper, quebran-
tar.
Ser herido, he- הִפָּצַע-
rirse.Ser quebrantado.
Romper, quebran- פִּצֵּעַ-
tar.
Romper. Separar. הִפְצִיעַ-
Ramificarse.
Romperse, rami- הִתְפַּצֵּעַ-
ficarse.

do.
Visitar. Examinar. פָּקַד-
Pasar revista. Dirigir.
Ser contado. Faltar, ausentarse. Ser examinado. פֻּקַּד-
Confiar, recomendar. Designar. Consignar, depositar. הִפְקִיד-
Ser depositado, consignado. Nombrar, designar. הָפְקַד-
Ser contado. הִתְפַּקֵּד, הִתְפָּקֵד-
פֶּקֶד, ר׳ פְּקָדוֹן.
Orden. (pecudá) פְּקֻדָּה, נ.
Ocupación, empleo, función. Magistradura, administración. Castigo. Destinación.
(beyt-hap-cudot) Cárcel, prisión. -בֵּית הַפְּקֻדּוֹת
פִּקָּדוֹן, ז. ר׳ פִּקְדוֹנוֹת (picadón) Arras, prenda. Depósito.
Hoyo, (picá) agujero. פִּקָּה, נ.
(picá-shel-garguéret) Laringe. -פִּקָּה שֶׁל גַּרְגֶּרֶת
Orden. (picud) Inspección. פִּקּוּד, ז.
Contado. Guardado. (pacud) פָּקוּד, ת.
(pkudim) Cuenta, suma, total. פְּקוּדִים, ז"ר
Del (picudí) comandante. פִּקּוּדִי, ת.
Abierto. (pacúaj) פָּקוּחַ, ת.
Ins- (picúaj) פִּקּוּחַ, ז.

פֶּצַע, ז. ר׳ פְּצָעִים (pé-tza) Herida. Grano. Lesión.
Dátil verde. (patz-il) פַּצְעִיל, ז.
Quebrantar, romper. פִּצְפֵּץ, פ"י.
Romper. Reventar. פָּצַץ, פ"י.
Quebrantar. Totear, reventar, Bombardear. -פוֹצֵץ
Ser bombardeado. Ser reventado. -פֻּצַּץ
Bombardear. -הִפְצִיץ
Ser bombardeado. -הֻפְצַץ
Reventarse, totearse. -הִתְפּוֹצֵץ
Detonador. (patzatz) פַּצָּץ, ז.
Bomba. (ptztzá) פְּצָצָה, נ.
(ptzatzá-atómit) Bomba atómica. -פְּצָצָה אֲטוֹמִית
(ptzatzat-meymán) Bomba H. -פְּצָצַת מֵימָן
פָּצַר (פָּצַר, יִפְצֹר) פ"ע
Pedir, suplicar.
Obstinarse. Insistir. -הִפְצִיר
פָּקַד (פָּקַד, יִפְקֹד) פ"י
Ordenar. Contar, enumerar. Recordarse. Visitar. Pasar revista. Ser privado. Destinar. Castigar. Examinar.
Faltar, ausentarse. Ser castigado. Ser visitado. Ser destinado. Ser recorda- -הִפָּקֵד

Factura.
(fiktivi) .פִּקְטִיבִי, ת
Ficticio.
(piktim) .פִּקְטִים, ז"ר
Mugre, suciedad.
פָּקִיד, ז. נ׳ פְּקִידָה, ר׳
Em- (pakíd) פְּקִידִים
pleado, funcionario.
Intendente.
Em- (pkidá) .פְּקִידָה, נ
pleada. Inspección.
Recuerdo.
(pekidut) .פְּקִידוּת, נ
Empleo. Administración.
(pkidutí) .פְּקִידוּתִי, ת
Burocrático.
Aber-(pkijá) .פְּקִיחָה, נ
tura.
Man- (pkía) .פְּקִיעַ, ז
cha.Gavilla. Correa.
Grie-(pkiá) .פְּקִיעָה, נ
ta. Anulación.
Acci-(pkicá) .פְּקִיקָה, נ
ón de corchar.
Fakir.(fakir) .פָּקִיר, ז
Pelar, des- פִּקֵּל, פ"י
cascarar.
פָּקַם (פָּקַם, יִפְקֹם) פ"י
Tapar, obstruír. Inclinar.
Pic (piknik) .פִּקְנִיק, ז
nic.
פָּקַס (פָּקַס, יִפְקֹס) פ"י
Rizar, encrespar.Abrir la boca. Tender,extender. Ponerse colorete.
Tumbar. -פִּקֵּס
(faksimile) .פַקְסִימִילֶה, ז
Facsímile.
פָּקַע (פָּקַע, יִפְקַע) פעו"י
Reventarse, rajarse,

pección,vigilancia.
(picúaj-né- -פִּקּוּחַ נֶפֶשׁ
fesh) Salvación de una persona.
Fa-(faculta) .פָּקוּלְטָה, נ
cultad.
Roto,(pacúa) .פָּקוּעַ, ת
reventado.
Colo-(pacuá) .פָּקוּעָה, נ
quíntida.
Cor-(pacuk) .פָּקוּק, ת
chado, tapado.
Acción(picuk) .פִּקּוּק, ז
de corchar.
(pkokélet) .פְּקוֹקֶלֶת, נ
Ramificación.
פָּקַח (פָּקַח, יִפְקַח) פ"י
Abrir (los ojos o las orejas).
Abrirse. -הִפָּקַח
Vigilar, inspeccionar. Abrir. -פִּקֵּחַ
Ser vigilado. -פֻּקַּח
Hacerse perspicaz.
Hacerse perspi- -הִתְפַּקֵּחַ
caz, inteligente.
(pi- פִּקֵּחַ, ת. נ׳ פִּקַּחַת
kéak) Perspicaz, clarividente.
(pa- פַּקָּח, ז. נ׳ פַּקָּחִית
caj)Vigilante,inspector
(pkaj-cóaj) .פְּקַח־קוֹחַ, ז
Liberación.
Vi-(pacajut) .פַּקָּחוּת, נ
gilancia, inspección.
Cla-(pikjut) .פִּקְחוּת, נ
rividencia,perspicacia.
(piktograf) .פִּקְטוֹגְרָף, ז
Pictografía.
פִּקְטוֹר, ר׳ גּוֹרֵם.
(factura) .פַּקְטוּרָה, נ

henderse. Saltar, bro-
tar. Terminarse.
Hender, rajar. פקע-
Hender, rajar, הפקע-
romper. Cortar. Sacar,
sustraer. Encarecer.
Enca- הפקע את השער-
recer.
(pe- פקע, ז. ר' פקעים
ca) Yema, brote, botón.
Ruido. Grieta, hende-
dura. Salto, brinco.
Pe- (pkáat) פקעת, נ.
lota, carrete.
Duda, (pikpuk) פקפוק, ז.
vacilación.
Dudar, פקפק, פע"י.
vacilar. Desatar.
Ser dudado. פקפק-
(pakpecán) פקפקן, ז.
Escéptico.
(pakpecanut) פקפקנות, נ
Escepticismo.
(pakpecaní) פקפקני, ת.
Escéptico.
(fiktzya) פקציה, נ.
Ficción.
פקק (פקק, יפקק) פ"י
Tapar, corchar.
Moverse. Per- התפקק-
donar.
(pkak, pé- פקק, פקק, ז.
kek) Corcho.
(pakéket) פקקת, נ.
Trombosis.
פקר (פקר, יפקר) פ"ע
Ser ateo.
Abandonar. הפקר-
Ser aban- הפקר, הפקר-
donado.
Hacerse ateo. התפקר-

Cha-(pacrés) פקרס, ז.
queta.
(par) פר, ז. ר' פרים
Buey, toro.
(par-ben- פר בן בקר-
bacar) Toro joven.
פר השור, שור פר-
(par-hashor, shor-par)
Toro viejo.
Fruc- (פרא) הפרא, פ"י.
tificar.
(pe- פרא, ז. ר' פראים
re) Salvaje.
(pere-adam) פרא אדם-
Salvaje.
(pir- פראות, פראות, נ.
ut, praut) Salvajismo.
פראי, ת. ר' פראיים
(pir-í) Salvaje.
(parabola) פרבולה, נ.
Parábola.
(parabo- פרבולואיד, ז.
loid) Paraboloide.
(parvar) פרבר, פרור, ז.
Arrabal.
Marchitar- (פרג) הפרג
se. Cambiarse.
Papa- (parag)) פרג, ז
verácea.
Biom-(pargod) פרגוד, ז.
bo, mampara. Bastidor.
Lá- (pargol) פרגול, ז.
tigo.
La- (pirgul) פרגול, ז.
tigueo.
Po- (parguit) פרגית, נ.
lla.
Com- (parguel) פרגל, ז.
pás.
Azotar, la- פרגל, פ"י.
tiguear.

פָּרֹד (פָּרַד, יִפְרֹד) פ"י
Separar.
Separarse. הִפָּרֵד-
Separar. פָּרֵד-
Ser separado, פֹּרוּד-
separarse.
Separar, desunir. הַפְרֵד-
Separarse, de- הִתְפָּרֵד-
sunirse.
Átomo. (prad) פְּרָד, ז.
פֶּרֶד, ז. נ׳ פִּרְדָּה, ר׳
Mulo. (péred) פְּרָדִים
Sepa-(predá) פְּרֵדָה, נ
ración, despedida.
Mu- (pirdá) פִּרְדָּה, נ
la.
Molé-(prudá) פְּרוּדָה, נ.
cula.
(paradoks) פָּרָדוֹכְּס, ז.
Paradoja.
(parado- פָּרָדוֹכְּסָלִי, ת.
xali) Paradójico.
Ató- (pradí) פְּרָדִי, ת.
mico.
(pirdanit) פִּרְדָּנִית, נ.
Callejera, ramera.
פַּרְדֵּס, ז. ר׳ פַּרְדֵּסִים
(pardés) Naranjal.
Due-(pardesán) פַּרְדְּסָן, ז
ño de un naranjal.
(pardesanut) פַּרְדְּסָנוּת, נ.
Cultivo de naranjos,
oficio de su dueño.
פָּרֹה (פָּרָה, יִפְרֶה) פע"י
Crecer, multiplicarse.
Fructificar.
Fertilizar. הַפְרֵה-
Ser fertilizado. הֻפְרֵה-
Fructificar.
(par פָּרָה, נ. ר׳ פָּרוֹת
Vaca.

(par-hedrín) פַּרְהֶדְרִין, ז
Asamblea, consejo, reunión.
פַּרְהֶסְיָא, פַּרְהֶסְיָה, נ.
(par-hesya) Publicidad.
(befar-hesya) בְּפַרְהֶסְיָה-
Públicamente.
(pro- פְּרוֹבִינְצְיָאלִי, ת.
vintzyali) Provincial.
(provin- פְּרוֹבִינְצְיָה, נ.
tzya) Provincia.
(problema) פְּרוֹבְּלֶמָה, נ.
Problema.
(prognoza) פְּרוֹגְנוֹזָה, נ.
Pronóstico.
פְּרוֹגְרַמָּה, ר׳ תָּכְנִית.
Pro-(progrés) פְּרוֹגְרֶס, ז
greso.
(progre- פְּרוֹגְרֶסִיבִי, ת.
sivi) Progresivo.
(progres- פְּרוֹגְרֶסְיָה, נ.
ya) Progresión.
Sepa- (perud) פֵּרוּד, ז.
ración, desunión.
Sepa- (parud) פָּרוּד, ת.
rado, desunido.
(produk- פְּרוֹדוּקְטִיבִי, ת
tivi) Productivo.
Pa-(parodi) פָּרוֹדִי, ת.
ródico.
(parodya) פָּרוֹדְיָה, נ.
Parodia.
Piel (parvá) פַּרְוָה, נ.
de abrigo.
פָּרוּז, ת. ר׳ פְּרָזִי.
Neu- (peruz) פֵּרוּז, ז.
tralización.
Pro-(prozaí) פְּרוֹזָאִי, ת.
saico.
(prozaicán) פְּרוֹזָאִיקָן, ז

Prosista.

פְּרוּזְבּוּט, פְּרוּזְבּוּטִים, ז. (pruzbot, pruzbutis) Embajador.

פְּרוֹזְבּוֹל, ז. (prozbol) Documento dado por el tribunal rabínico en el año sabático a los acreedores para que éstos no pierdan sus derechos sobre las sumas prestadas.

פְּרוֹזְדוֹר, ז. (prozdor) Corredor, vestíbulo.

פְּרוֹזָה, נ. Pro-(proza) sa.

פֵּרוּט, ז. Acción(perut) de detallar, detalle. Cambio, destrueque.

פְּרוּטָה, נ. Mone-(prutá) da pequeña. Actualmente, la milésima parte de la libra israelita.

פְּרוֹטוֹטִיפּ, ז. (prototip). Prototipo.

פְּרוֹטוֹמָה, נ. (protoma) Busto.

פְּרוֹטוֹן, ז. (protón) Protón.

פְּרוֹטוֹפְּלַסְמָה, נ. (proto-plasma) Protoplasma.

פְּרוֹטוֹקוֹל, ז. (protocol). Protocolo.

פְּרוֹטֶסְט, ז. (protest) Protesta.

פְּרוֹטֶסְטַנְט, ז. (protestant) Protestante.

פְּרוֹטֶקְטוֹרָט, ז. (protectorat) Protectorado.

פְּרוֹטֶקְצְיָה, נ. (protexya). Parcialidad.

פְּרוֹטֶקְצְיוֹנִיזְם, ז. (pro-tektzyonizm) Proteccionismo.

פְּרוֹטְרוֹט, ז. (protrot) Menudo (pequeño).

בִּפְרוֹטְרוֹט- (bifrotrot) Detalladamente.

פְּרוּי, ז. Multi-(peruy) plicación.

פְּרוֹיֶקְט, ז. (proyekt) Proyecto.

פְּרוֹיֶקְצְיָה, נ. ר׳ הֶטֵּל.

פֵּרוּךְ, ז. Que-(peruj) brantamiento.

פָּרוּךְ, ת. Roto,(paruj) quebrantado.

פְּרוֹלוֹג, ר׳ הַקְדָּמָה.

פְּרוֹלֶיטָרִי, ת. (proleyta-ri) Proletario.

פְּרוֹלֶיטַרְיוֹן, ז. (prole-ytaryón) Proletariado.

פְּרוֹמֶבִּיָּה, ר׳ פְּרֶמְבִּיָּה.

פְּרוֹמִיל, ז. (promil) Por mil.

פַּרְוָן, ז. Fabri-(parván) cante o vendedor de pieles.

פַּרְוָנוּת, נ. (parvanut) Comercio de pieles.

פְּרוֹנוֹמַסְיָה, נ. (parono-masya) Paronomasia.

פַּרְוַנְקָא, ז. (parvanca) Delegado. Cartero.

פָּרוּס, ת. Exten-(parús) dido, tendido.

פְּרוּסָה, נ. Taja-(prusá) da, rebanada.

פְּרוֹסוֹדְיָה, נ. (prosodya). Prosodia.

פְּרוֹסְפֶּקְט, ז. (prospekt) Prospecto.

פָּרוּעַ, ת. (parúa) Desgreñado, despeinado. Descubierto. Corrompido.

פֵּרוּעַ, ז (perúa) Acción de desvestirse.

פָּרוּף, ת. (paruf) Unido.

פְּרוֹפּוֹרְצְיָה, נ. (proportzya) Proporción.

פְּרוֹפּוֹרְצְיוֹנִי, פְּרוֹפּוֹרְצְיוֹנָלִי, ת. (proportzyono,-nali) Proporcional.

פְּרוֹפִיל, ז. (profil) Perfil.

פְּרוֹפִילַקְטִי, ת. (profilactí) Profiláctico.

פְּרוֹפִילַקְטִיקָה, נ. (profiláctica) Profiláctica.

פְּרוֹפֶּלֶר, ר' מַדְחֵף.

פְּרוֹפָנַצְיָה, נ. ר' חִלּוּל

פְּרוֹפֶסוֹר, ז. (profésor) Profesor (de universidad).

פְּרוֹפֶסוּרָה, נ. (profesura) Profesorado.

פְּרוֹפֶסְיוֹנָלִי, ר' מִקְצוֹעִי

פָּרוּץ, ת. (parutz) Violentado, violado.

פְּרוּצָה, נ. (prutzá) Prostituta, ramera.

פְּרוֹצְדוּרָה, נ. (protzedura) Procedimiento.

פְּרוֹצֶנְט, ז. (protzent) Porcentaje.

פֵּרוּק, ז. (peruk) Descarga. Desarme. Liquidación.

פָּרוּק, ת. (paruk) Descargado.

פְּרוֹקְלָמַצְיָה, נ. (proclamatzya) Proclamación.

פָּרְוָר, ר' פַּרְבָּר.

פָּרוּר, ז. (parur) Olla, marmita.

פֵּרוּר, ז. (perur) Miga, migaja. Desmigajamiento, desmenuzamiento.

פֵּרוּשׁ, ז. (perush) Explicación, comentario.

-בְּפֵרוּשׁ (beferush) Francamente, claramente, explícitamente.

פָּרוּשׁ, ת. ר' פְּרוּשִׁים (parush) Separado. Miembro de una secta judía cuyos adversarios eran los צְדוּקִים. Fringílido.

פָּרוּשׂ, ר' פָּרוּס.

פֵּרוֹת, ר' פְּרִי.

פְּרוֹתֶזָה, נ. (proteza) Prótesis.

(פרז) הִפְרִיז, פ"ע. Exagerar.

-הֻפְרַז Ser exagerado.

פָּרָז, ז. (paraz) Jefe, juez.

פְרָזֵאוֹלוֹגְיָה, נ. (frazeologya) Fraseología.

פִּרְזָה, נ. ר' פְּרָזוֹת (pirzá) Lugar abierto o descubierto.

-עָרֵי הַפְּרָזוֹת (arey-haprazot) Ciudades sin murallas.

פִּרְזוּל, ז. (pirzul) Herraje.

פְּרָזוֹן, ז. (prazón) Ciudad sin muralla.

פְּרָזוֹת, תה"פ. (prazot) Sin muralla.

פְּרָזִי, ז. (prazí) Sin muralla. Ciudadano de ciudad sin murallas.

פְּרֶזִידֶנְט, ר׳ נָשִׂיא.

פָּרָזִיט, ר׳ טַפִּיל.

פַּרְזֵל, פ"י. Herrar.

פָּרַח (פָּרַח, יִפְרַח) פ"ע Florecer. Volar. Fig. prosperar.

-הִפְרִיחַ Hacer florecer. Hacer volar.

פֶּרַח, ז. ר׳ פְּרָחִים (pé-raj) Flor.

פִּרְחָח, ז. Bri-(pirjaj) bón, truhán, tunante, pillo.

פִּרְחָחוּת, נ. (pirjajut) Bribonería.

פָּרַט (פָּרַט, יִפְרֹט) פ"י Descambiar, destrocar, detallar. Gorgear. Tocar.

-הִפָּרֵט Ser descambiado. Ser detallado.

-פִּרֵט Gritar.

פֶּרֶט, ז. Granos (péret) caídos después de la vendimia. Non, impar. Detalle.

פְּרָט, ז. Detalle. (prat) Individuo.

-פְּרָט לְ- Sal-(prat-le) vo, fuera de.

-בִּפְרָט Espe- (bifrat) cialmente.

-לִפְרָט גָּדוֹל (lifrat-gadol) Desde la creación, ejemplo:
שנת ה׳תרצ"ח לפרט גדול.

-לִפְרָט קָטָן (lifrat-catán) Desde la creación del mundo sin las unidades de mil, ejemplo:
שנת תרצ"ח לפרט קטן.

פְּרָטָה, נ. Lista (pratá) detallada.

פְּרָטוּת, נ. De- (pratut) talle.

-בִּפְרָטוּת (bifratut) Detalladamente.

פְּרָטִי, ת. נ׳ פְּרָטִית (pratí) Particular, privado, propio.

פְּרָטִיּוּת, נ. (pratiyut) Individualismo.

פַּרְטִיזָן, ז. (partizán) Partidario.

פְּרִי, ז. ר׳ פֵּרוֹת (pri) Fruta. Fruto. Producto.

-פְּרִי בֶּטֶן (pri-béten) Frutos del vientre: hijos.

פְּרִיבִילֶגְיָה, ר׳ זְכוּת.

פְּרִיגָטָה, נ. (frigata) Fragata.

פְּרִידָה, נ. Sepa-(pridá) ración, despedida. Paloma. Grano, pedazo.

פְּרִיָּה, נ. Ferti-(priyá) lidad, fructificación, Reproducción, multiplicación.

פְּרֵיהִסְטוֹרִי, ת. (preyhis-tori) Prehistórico.

פְּרֵיהִסְטוֹרְיָה, נ. (preyhi-storrya) Prehistoria.

פֶּרְיוֹדִי, ת. (peryodi) Periódico.

פֶּרְיוֹדִיּוּת, נ. (peryodi-yut) Periodicidad.

Fer-(piryón) פִּרְיוֹן, ז.
tilidad. Producto.
(prizma) פְּרִיזְמָה, נ.
Prisma.
Flo-(prijá) פְּרִיחָה, נ.
rescencia. Vuelo. De-
sarollo(de la lepra).
Cam-(pritá) פְּרִיטָה, נ.
bio, acción de cambiar
o descambiar.Acción de
tocar (piano o arpa).
Frá- (parij) פָּרִיךְ, ת.
jil, quebradizo.
Que-(prijá) פְּרִיכָה, נ.
brantamiento, rompimi-
ento.
(primado- פְּרִימָדוֹנָה, נ.
na) Prima donna.
Des-(prima) פְּרִימָה, נ.
cosido, acción de des-
coser.
Re-(primus) פְּרִימוּס, ז.
verbero, cocinilla.
פְּרִימֶטֶר, ר׳ הֶקֵף.
(primi- פְּרִימִיטִיבִי, ת.
tivi) Primitivo.
(primi- פְּרִימִיטִיבִיּוּת, נ.
tiviyut)Lo primitivo.
פְּרִינְצִיפּ, ר׳ עִקָּרוֹן.
Exten-(prisá) פְּרִיסָה, נ.
sión. Tajadura.
(prisat- פְּרִיסַת שָׁלוֹם-
shalom) Saludes.
(periscop) פְּרִיסְקוֹפּ, ז.
Periscopio.
Ac-(priá) פְּרִיעָה, נ.
ción de cabellar. Des-
garro de la piel del
prepucio después de la
circuncisión. Destruc-
ción. Amortización.

Al- (prifá) פְּרִיפָה, נ.
filer. Unión.
פְּרִיפֶרְיָה, ר׳ הֶקֵף.
פָּרִיץ, ז. ר׳ פְּרִיצִים
(paritz) Violento,dés-
pota, cruel.
Vio-(pritzá) פְּרִיצָה, נ.
lación.
(pritzut) פְּרִיצוּת, נ.
Inmoralidad. Insolen-
cia.
Desar-(parik) פָּרִיק, ת.
mable.
Des-(pricá) פְּרִיקָה, נ.
carga. Desarme.
Mem- (parish) פָּרִישׁ, ז.
brillo.
Exten-(prisá) פְּרִישָׂה, נ.
sión, estiramiento.
Separación(prishá) פְּרִישָׁה, נ.
(prishut) פְּרִישׁוּת, נ.
Separación, aislamien-
to, alejamiento.
פָּרַךְ (פָּרֵךְ, יִפְרֹךְ) פ"י
Quebrantar, romper.
Ser quebrantado, הִפָּרֵךְ-
quebrado, roto.
Quebrantar, rom- פֵּרֵךְ-
per. Preguntar algo di-
fícil. Estregar.
Romper, quebran- הִפְרֵךְ-
tar.
Ser quebrantado, הִתְפָּרֵךְ-
quebrantarse.
Quebran-(pérej) פֶּרֶךְ, ז.
tamiento. Opresión.
(avodat-pé- עֲבוֹדַת פֶּרֶךְ-
rej) Trabajo forzado,
trabajo penoso.
Asa- (paraj) פָּרָךְ, ז.
dor.

פִּרְכָּא, פִּרְכָה, נ. (pirja) Contradicción.

פִּרְכּוּס, ז. (pircús) Adornamiento, embellecimiento. Agitación.

פַּרְכִיל, ז. (parjil) Sarmiento.

פִּרְכֵּס, פ"י. Agitarse, moverse.

פָּרֹכֶת, נ. ר' פָּרוֹכוֹת (paróјet) Cortina que cubre el santuario.

פְּרֶלוּדְיָה, נ. (preludya) Preludio.

פְּרֶלִימִינָרִי, ת. (preliminari) Preliminar.

פַּרַלֶּלוֹגְרַם, ר' מַקְבִּילִית

פַּרַלֶּלִי, ר' מַקְבִּיל.

פַּרַלֶּלִיוּת, ר' הַקְבָּלָה.

פַּרַלֶּלִיזְם, ר' הַקְבָּלָה, תַּקְבֹּלֶת.

פַּרְלָמֶנְט, ז. (parlament) Parlamento.

פַּרְלָמֶנְטָרִי, ת. (parlamentari) Parlamentario.

פָּרַם (פָּרַם, יִפְרֹם) פ"י Descoser. Rasgar, desgarrar.

הִפָּרֵם- Descoserse, ser descosido.

פֶּרֶם, ז. פִּרְמָה, נ. (pérem, pirma) Trozo, pedazo.

פְּרֻמְבִּיָּה, נ. (prumbiyá) Brida.

פִּרְמָה, נ. (firma) Firma.

פִּרְמְיָה, ר' פְּרָס.

פֶּרְמֶנְט, ז. (ferment) Fermento.

פַּרְמַנֶּנְטִי, ר' תְּמִידִי.

פָּרָן, ז. (parán) Faro.

(פרן) הִפְרִין, פ"י. Dar una dote.

פֻּרְנָה, נ. (purná) Horno.

פְּרֶנוֹלוֹגְיָה, נ. (frenologya) Frenología.

פִּרְנוּס, ז. (pinús) Manutención.

פִּרְנֵס, פ"י. Mantenar. Dar. Arreglar.

הִתְפַּרְנֵס- Mantenerse, sostenerse.

פַּרְנָס, ז. ר' פַּרְנָסִים (parnás) Sustentante. Administrador.

פַּרְנָסָה, נ. (parnasá) Manutención.

פַּרְנָסוּת, נ. (parnasut) Administración.

פְּרַנְקוֹלִין, ז. (francolín) Francolín.

פָּרַס (פָּרַס, יִפְרֹס) פ"י Cortar, tajar. Tender, extender.

הִפָּרֵס- Ser cortado, tajado. Ser extendido.

הִפְרִיס- Tener la pezuña hendida.

פָּרַס, ז. (parás) Persia.

פְּרָס, ז. (pras) Premio, recompensa. Mitad.

פֶּרֶס, ז. (peres) Esmerejón.

פַּרְסָה, נ. ר' פַּרְסוֹת (parsá) Pezuña, casco. Herradura.

פַּרְסָה, נ. ר' פַּרְסָאוֹת (parsá) Nombre de una medida itineraria equivalente a 4 kilómetros y medio.

tines, sublevaciones.
פֻּרְעָנוּת, נ. ר׳ פֻּרְעָנִיּוֹת
(pur-anut) Castigo, ca-
lamidad, desgracia.
פָּרַף (פָּרַף, יִפְרֹף) פ"י
Atar, unir, abotonar.
פִּרְפּוּמֶרְיָה, ר׳ מִבְשָׂמָה.
In- (pirpur) פִּרְפּוּר, ז.
quietud.
(perfo- פֶּרְפּוֹרָטוֹר, ז.
rátor) Perforadora.
פַּרְפִּיכְּס, ר׳ קְדֹמֶת.
Pa- (parafín) פָּרָפִין, ז.
rafina.
Ma- (parpar) פַּרְפַּר, ז.
riposa. Corbatín.
Agitarse, פִּרְפֵּר, פ"י.
moverse.
פַּרְפֶּרֶת, נ. ר׳ פַּרְפְּרָאוֹת
(parpéret) Sobrecomida,
postre, sobremesa.
פָּרַץ (פָּרַץ, יִפְרֹץ) פ"י
Violar, violentar. for-
zar. Estallar. Extender-
se, multiplicarse. So-
meter. Pedir, suplicar.
Romper, quebrantar. Des-
bordar.
Ser quebrantado, הִפָּרֵץ-
violentado. Extender-
se.
Ser quebrantado, פּוֹרַץ-
violentado, destruído.
Violentar, rom- הִפְרִיץ-
per, quebrantar.
Sublevarse. Pre- הִתְפָּרֵץ-
cipitarse.
פֶּרֶץ, ז. ר׳ פְּרָצִים,
Abertu-(péretz) פְּרָצוֹת
ra, brecha. Irrupción.
Corriente da agua. Fig.

Farsa. (farsa) פַּרְסָה, נ.
Pu- (pirsum) פִּרְסוּם, ז.
blicación.
פִּרְסוֹמֶת, ר׳ פִּרְסֹמֶת.
(personal) פֶּרְסוֹנָל, ז.
Personal.
(presti- פְּרֶסְטִיזְ׳ה, נ.
zya) Prestigio.
Persa. (parsí) פַּרְסִי, ת.
Publicar. פִּרְסֵם, פ"י.
Ser publicado. פֻּרְסַם-
Publicarse. הִתְפַּרְסֵם-
Hacerse famoso.
(pirsómet) פִּרְסֹמֶת, נ.
Publicación.
פַּרְסָן, ז. נ׳ פַּרְסָנִית
(parsán) Andariego,
callejero.
(pers- פֶּרְסְפֶּקְטִיבָה, נ..
pectiva) Perspectiva.
Que (parsetán) פַּרְסְתָן, ת,
tiene pezuñas grandes.
פָּרַע (פָּרַע, יִפְרַע) פ"י
Descubrir, desvestir.
Desgreñar. Pagar, sal-
dar, amortizar. Ven-
garse. Rasgar la piel
del prepucio despu-
és de la circuncisión.
Ser pagado, sal- הִפָּרַע-
dado, amortizado. Ser
desgreñado. Ser cor-
rompido, corromperse.
Desvestirse. פֵּרַע-
Castrar.
Molestar. הִפְרִיעַ-
Amor-(peraón) פֵּרָעוֹן, ז.
tización, pagamento.
(par-osh) פַּרְעוֹשׁ, ז.
Pulga.
Mo-(praot) פְּרָעוֹת, נ"ר.

desgracia, calamidad.
פִּרְצָה, נ. ר׳ פְּרָצוֹת
(pirtzá) Abertura, brecha. Fig. desgracia.
פַּרְצוּף, ז. ר׳ פַּרְצוּפִים, פַּרְצוּפוֹת
Cara, (partzuf) rostro, semblante. Fisionomía.
(partzufí) פַּרְצוּפִי, ת.
Facial. Que tiene cara o rostro.
Pintar o des- פִּרְצֵף, פ"י
cirbir la cara o la fisionomía.
פרק (פָּרַק, יִפְרֹק) פ"י
Descargar. Desarmar. Separar, alejar. Fig. salvar, libertar.
Desarmarse. Des- הִפָּרֵק-
cargarse.
Quebrantar, rom- פֵּרֵק-
per, destruír. Desarmar. Descargar. Resolver, explicar. Pelar, descascarar.
Ser descargado, פֹּרַק-
Ser desarmado.
Descargarse. הִתְפָּרֵק-
Desarmarse.
(pé- פֶּרֶק, ז. ר׳ פְּרָקִים
rek) Capítulo. Fracción. Articulación. Edad viril, pubertad. Miembro. Época. Robo.
A (lifrakim) לִפְרָקִים-
veces.
Acostar sobre. פִּרְקֵד, פ"י
la espalda.
Acostarse so- הִתְפַּרְקֵד-
bre la espalda.
Acos-(prakdán). פַּרְקְדָן, ת
tado sobre la espalda.
Res-(pircón) פִּרְקוֹן, ז.
cate, liberación.
פְּרַקְטִי, ר׳ שִׁמּוּשִׁי, מַ-
עֲשִׂי.
(práctica) פְּרַקְטִיקָה, נ.
Práctica.
Defender. פִּרְקְלֵט, פ"י.
(praclit) פְּרַקְלִיט, ז.
Abogado.
(pracli- פְּרַקְלִיטוּת, נ.
tut) Abogacía.
(pracmátya). פְּרַקְמַטְיָה, נ.
Comercio, mercancía.
Li- (purcán) פֻּרְקָן, ז.
beración.
Sa-(pircán) פִּרְקָן, ז.
licor.
Desmigajar, פָּרַר, פ"י.
desmenuzar.
Anular, abolir, הֵפֵר-
suprimir.
Ser anulado, הוּפַר-
abolido.
פּוֹרֵר, הִתְפּוֹרֵר, ר׳ פּוּר.
(preroga- פְּרֵרוֹגָטִיבָה, נ.
tiva) Prerrogativa.
פרש (פָּרַשׂ, יִפְרֹשׂ) פ"י
Extender, tender. Cortar.
Ser extendido, הִפָּרֵשׂ-
tendido.
Extender, ten- פֵּרֵשׂ-
der. Dispersar.
פרש (פָּרַשׁ, יִפְרֹשׁ) פעו"י
Explicar. Separarse.
Separarse. Ser הִפָּרֵשׁ-
explicado. Ser dispersado.
Explicar. Navegar. פֵּרֵשׁ-
Separarse, alejarse.

Ser explicado. פֹּרַשׁ-
Separar. Desti- הִפְרִישׁ-
nar. Morder. Secretar,
segregar.
Ser separado. הֻפְרַשׁ-
Ser secretado.
Explicarse. הִתְפָּרֵשׁ-
Ex- (péresh) .ז, פֶּרֶשׁ
cremento.
Jine- (parash) .ז, פָּרָשׁ
te. Caballero.
Co-(parshéguen) ז, פַּרְשֶׁגֶן
pia. Resumen.
(parshedón) .ז, פַּרְשְׁדוֹן
Recto.
,פָּרָשָׁה, נ. ר׳ פָּרָשִׁיּוֹת
Expli-(parashá) פְּרָשׁוֹת
cación. Fijación. Sec-
ción de la Biblia, ca-
pítulo. Versículo.
(parashat-דְּרָכִים פָּרָשַׁת-
drajím) Encrucijada.
פָּרָשׁוּט, ר׳ מִצְנָח.
Ca- (parashut) .נ, פָּרָשׁוּת
ballería.
Extender, .פ״י, פַּרְשֵׁז
tender.
Co- (parshán) .ז, פַּרְשָׁן
mentador.
(parshanut) .נ, פַּרְשָׁנוּת
Interpretación.
(parat-yam) .נ, פָּרַת-יָם
Sirenio, vaca marina.
(pa- .נ, פָּרַת-מֹשֶׁה-רַבֵּנוּ
rat-moshé-rabenu) Co-
chinilla.
פַּרְתָּם, ז. ר׳ פַּרְתְּמִים
(partem) Noble, prín-
cipe.
Abundan-(pash) .ז, פַּשׁ
cia, multitud.

פָּשָׂה (פָּשָׂה, יִפְשֶׂה) פ״ע
Ensancharse.
Sim- (pashut) .ת, פָּשׁוּט
ple, ordinario. Ten-
dido, extendido.
(shaná-p- שָׁנָה פְּשׁוּטָה-
shutá) Año no bisiesto.
Senti- (pshut) .ז, פְּשׁוּט
do propio.
(pshutó-פְּשׁוּטוֹ כְּמַשְׁמָעוֹ-
kemashmaó) Sentido co-
mún y corriente.
Exten- (pishut) .ז, פִּשּׁוּט
sión. Simplificación.
Re- (pishur) .ז, פִּשּׁוּר
conciliación.
פָּשַׁח (פָּשַׁח, יִפְשַׁח) פ״י
Romper, rasgar.
Romper, rasgar. פִּשַּׁח-
Romperse. הִפָּשַׁח-
פָּשַׁט (פָּשַׁט, יִפְשֹׁט) פע״י
Desvestir, desnudar,
quitar. Extender, ten-
der. Dispersarse. Pre-
cipitarse. Explicar.
Aplanar.
Ser extendido, הִפָּשֵׁט-
tendido. Ser quitado.
Desvestir. Tender. פִּשֵּׁט-
Aplanar. Simplificar.
Ser tendido, ser פֻּשַּׁט-
extendido. Ser simpli-
ficado.
Desvestir, desnu- הִפְשִׁיט-
dar, quitar.
Desvestirse, des- הִתְפַּשֵּׁט-
nudarse. Extenderse.
Dilatarse. Alisarse.
Tender la mano: יָד פָּשַׁט-
mendigar.
Quebrarse. רֶגֶל פָּשַׁט-

פְּשָׁט, ז. (pshat) Sentido simple.

פַּשְׁטוּת, נ. (pashtut) Simplicidad, sencillez.

פַּשְׁטִידָה, נ. (pashtida) Bizcocho, torta.

פַּשְׁטָן, ז. (pashtán) Simplificador.

פָשִׁיזְם, ז. (fashizm) Fascista.

פִּשְׁיוֹן, ז. (pisyón) Expansión.

פְּשִׁיחָה, נ. (pshijá) Hendedura, grieta.

פָּשִׁיט, ת. (pashit) Extensivo.

פְּשִׁיטָא, ז. (pshita) Nombre de una moneda. Traducción siriaca de la Biblia.

פְּשִׁיטָא, תה"פ. (pshita) Simplemente.

פְּשִׁיטָה, נ. (pshitá) Extensión. Acción de desvestir o desvestirse.

-פְּשִׁיטַת יָד (pshitat-yad) Mendiquez.

-פְּשִׁיטַת רֶגֶל (pshitat-réguel) Bancarrota, quiebra.

פְּשִׁיטוּת, נ. (pshitut) Simplicidad, sencillez. Derecho de herencia de toda persona que no es primogénita.

-בִּפְשִׁיטוּת (bifshitut) Simplemente.

פָשִׁיסְט, ז. (fashist) Fascista.

פָשִׁיסְטִי, ת. (fashisti) Fascista.

פְּשִׁיעָה, נ. (pshiá) Crimen. Negligencia.

(פשל) הִפְשִׁיל, פ"י. Poner, colgar. Doblar.

פָּשַׁע (פָּשַׁע, יִפְשַׁע) פ"י Pecar. Traicionar. Transgredir.

-הִפָּשֵׁעַ Ser expulsado, ser separado.

-הִפְשִׁיעַ Hacer pecar, incitar.

פֶּשַׂע, ז. ר' פְּשָׂעִים (pesa) Paso.

פָּשַׂע (פָּשַׂע, יִפְשַׂע) פ"י Marchar, caminar, andar, hollar, pisar.

פֶּשַׁע, ז. ר' פְּשָׁעִים (pesha) Crimen, delito, pecado, transgresión.

פִּשְׁפּוּשׁ, ז. (pishpush) Busca, pesquisa.

פִּשְׁפֵּשׁ, ז. (pishpesh) Chinche.

פִּשְׁפֵּשׁ, פ"י. Buscar, examinar.

פָּשַׂק (פָּשַׂק, יִפְשַׂק) פ"י Abrir ampliamente.

-פִּשֵּׂק Abrir ampliamente.

פָּשַׁר (פָּשַׁר, יִפְשַׁר) פע"י Derretirse. Entibiarse. Reconciliar.

-הִפָּשֵׁר Derretirse. Entibiarse.

-פִּשֵּׁר Reconciliar, conciliar. Desatar. Calmar, tranquilizar.

-הִפְשִׁיר Derretir. Entibiar. Reconciliarse.

-הִתְפַּשֵּׁר Reconciliarse, ponerse de acuerdo.

mida, víveres.
Pro- (pitgam) .ז, פִּתְגָּם
verbio. Orden, decreto.
Especie (pita) .נ, פִּתָּה
de pan oriental.
פתה (פָּתָה, יִפְתֶּה) פִּעֵל"י
Ser engañado, ser seducido. Engañar.
Ser seducido, ser engañado. -הִפָּתָה
Engañar, seducir. -פִּתָּה
Ser engañado, ser seducido. -פֻּתָּה
Engañarse, ser engañado, seducido. -הִתְפַּתָּה
Vulva. (potá) .נ, פֹּתָה
Gozne.
פָּתוּחַ, ת. נ׳ פְּתוּחָה
(patúaj) Abierto. Cada una de las letras ,מ ,כ
צ ,פּ ,נ cuando se encuentran en medio de la palabra.
Desarro-(pitúaj). ז, פִּתּוּחַ
llo, desenvolvimiento.
Revelado. Grabado.
(patogueni) .ת, פָּתוֹגֶנִי
Patogénico.
Aplas-(patuy) .ת, פָּתוּי
tado.
Seduc-(pituy) .ז, פִּתּוּי
ción, engaño.
Mez- (patuj) .ת, פָּתוּךְ
clado.
Mez- (pituj) .ז, פִּתּוּךְ
cla.
Unido, (patul) .ת, פָּתוּל
atado.
Retor-(pitul) .ז, פִּתּוּל
cimiento.
(patologui) .ת, פָּתוֹלוֹגִי

Expli-(pésher) .ז, פֵּשֶׁר
cación, significado.
Re- (psharà) .נ, פְּשָׁרָה
conciliación, acuerdo, convención.
Sen-(pishrón) .ז, פִּשְׁרוֹן
tido, significado.
Con-(pashrán) .ז, פַּשְׁרָן
ciliador.
(pashranut) .נ, פַּשְׁרָנוּת
Conciliación.
(pashraní) .ת, פַּשְׁרָנִי
Conciliatorio.
(pi- .ז, פִּשְׁתָּן .נ, פִּשְׁתָּה
shtá, pishtán) Lino.
(pishtaní) .ז, פִּשְׁתָּנִי
Comerciante o fabricante de lino.
(pishtanit) .נ, פִּשְׁתָּנִית
Linaria.
(pat) .נ, פַּת ר׳ פִּתִּים
Tajada (de pan). Pan.
Pedazo.
(pat-bag) פַּת-בַּג, פַּתְבַּג
Comida.
(pat-jarevá) פַּת חֲרֵבָה
Pan seco.
(pat-arvit) פַּת עַרְבִית
Cena.
(pat-shaja- פַּת שַׁחֲרִית
rit) Desayuno.
פַּת, ר׳ פִּתָּה.
פִּתְאוֹם, פִּתְאֹם, תה"פ.
(pit-om) De pronto, de repente, súbitamente repentinamente.
Re-(pit-omí) .ת, פִּתְאֹמִי
pentino, súbito.
(pit-omi- .נ, פִּתְאֹמִיּוּת
yut) Repente, ímpetu.
Co- (patbag) .ז, פַּתְבַּג

Patológico.

פָּתוֹלוֹגְיָה, נ. (patologya) Patología.

פָּתוֹס, ז. (patos) Patetismo.

פְּתוּתִים, ז"ר. (ptutim) Pedazos.

פָּתַח (פָּתַח, יִפְתַּח) פ"י Abrir. Empezar, comenzar, principiar.

-הִפָּתַח Ser abierto. Ser empezado, comenzado.

-פִּתַּח Abrir. Desarrollar, desenvolver. Revelar. Desatar. Grabar.

-פֻּתַּח Ser desarrollado, desenvuelto. Ser revelado.

-הִתְפַּתַּח Desarrollarse. Desatarse.

פֶּתַח, ז. ר' פְּתָחִים (pétaj) Abertura, puerta, portón, hueco.

פֵּתַח, ז. (pétaj) Apertura, principio.

פִּתֵּחַ, ת. (pitéaj) Clarividente.

פַּתָּח, ז. (pataj) Escultor.

פַּתָּח, פַּתַח, ז. (pataj) Nombre de una vocal (ַ =a).

פִּתְחוֹן, ז. (pitjón) Abertura.

-פִּתְחוֹן פֶּה (pitjón-pe) Pretexto.

פָּתֵטִי, ת. (pateti) Patético.

פָּתֵטִיּוּת, נ. (patetiyut) Patetismo.

פֶּתִי, ת. נ' פְּתָיָה, ר' פְּתָאִים, פְּתָיִים (peti) Bobo, tonto, estúpido.

פְּתִי, ז. (pti) Estupidez, torpeza, idiotez.

פְּתִיגִיל, ז. (ptiguil) Manto, vestido.

פְּתִיָּה, נ. (ptiyá) Engaño, seducción.

פִּתָּיוֹן, ז. (pitayón) Incentivo, aliciente.

פְּתַיּוּת, נ. (ptayut) Estupidez, torpeza.

פְּתִיחָה, נ. (ptijá) Apertura. Introducción, prólogo. Puñal.

פְּתִיחְתָּא, נ. (ptijta) Introducción, prólogo.

פְּתִיכָה, נ. (ptijá) Mezcla.

פְּתִיל, ז. (ptil) Cordón, hilo.

פָּתִיל, ת. (patil) Atado, unido.

פְּתִילָה, נ. (ptilá) Mecha. Retorcimiento.

פְּתִילִיָּה, נ. (ptiliyá) Cocinilla, infiernillo.

פָּתִין, ז. (patín) Traviesa.

פְּתִיעָה, נ. (ptiá) Sorpresa.

פָּתִיר, ת. (patir) Soluble.

פְּתִירָה, נ. (ptirá) Solución.

פָּתִית, ז. (patit) Miga, pedazo de pan.

פְּתִיתָה, נ. (ptitá) Miga. Desmenuzamiento.

פָּתַךְ (פָּתַךְ, יִפְתֹּךְ) פ"י

Desme- (pitut). ז, פִּתּוּת
nuzamiento.
Desmigajar, פ"י, פִּתֵּת
desmenuzar.
Desmigajarse, הִתְפַּתֵּת-
desmenuzarse,
פָּתַק (פָּתַק, יִפְתֹּק) פ"י
Abrir.Echar, arrojar.
Abrir. Echar, arro-פִּתֵּק-
jar.
Ser abierto. הִפָּתֵק-
פֶּתֶק, פְּתָק, ז. פִּתְקָא,
(pétek, ptak, נ. ,פִּתְקָה
pitcá) Billete, esquela, papeleta.
פָּתַר (פָּתַר, יִפְתֹּר) פ"י
Resolver.
Ser resuelto. הִפָּתֵר-
פִּתְרוֹן, ז. ר' פִּתְרוֹנִים,
So- (pitrón) פִּתְרוֹנוֹת
lución. Explicación, significado.
פַּתְשֶׁגֶן, ר' פַּרְשֶׁגֶן
פָּתַת (פָּתַת, יִפֹּת) פ"י
Desmenuzar, desmigajar.

Mezclar.
פָּתַל (פָּתַל, יִפְתֹּל) פ"י
Retorcer, trenzar.
Luchar. Ser הִפָּתֵל-
perverso.
Torcerse, dar הִתְפַּתֵּל-
rodeos.
Tor- (patlán) .ז, פַּתְלָן
cedor.
(patlanut) נ, פַּתְלָנוּת
Tortuosidad.
(ptaltol) .ת, פְּתַלְתֹּל
Torcido.
Naja, (peten) ז, פֶּתֶן
áspid.
De (peta) .תה"פ, פֶּתַע
pronto, de repente.
De pron-(befeta) בְּפֶתַע-
to, de repente.
בְּפֶתַע פִּתְאֹם, לְפֶתַע פִּתְ-
(befeta-pit-om, lefe-אֹם
ta-pitomm) De repente, de pronto.
Sor- .פ"י, הַפְתֵּעַ (פתע)
prender, asombrar.
Ser sorprendido.

צ, Décimaoctava(tzadi) letra del alfabeto hebreo. Su valor numérico es 90.

צא, Imperativo del verbo יָצָא.

צֵאָה, נ. Excre- (tzeá) mento.

צאה, ר׳ צוֹאָה.

צָאָה, פ"י. Despreciar, desdeñar.

צָאוּי, ת. Sucio, (tzauy) ensuciado.

צאי, ר׳ צוֹאִי.

צֶאֱלִים, ז"ר. (tzeelim) Loto. Sombras.

צֹאן, זו"נ. Ga- (tzon) nado menor.

צֶאֱצָא, ז. ר׳ צֶאֱצָאִים (tzeetzá) Hijo, descendientes.

צֵאת, Infinitivo del verbo יָצָא.

צָב, ז. ר׳ צַבִּים (tzav) Tortuga. Coche.

צָבֹא (צָבָא, יִצְבָּא) פ"ע Reunirse. Servir.

-הִצָּבֵא Reunirse, movilizarse.

-הַצְבֵּא Reunir, reclutar, movilizar.

צָבָא, ז. ר׳ צְבָאוֹת (tzavá) Armada, ejército. Servicio. Victoria. Servicio militar.

-אִישׁ צָבָא (ish-tzavá) Soldado, militar.

-שַׂר צָבָא (sar-tzavá) Capitán, general.

צְבָאִי, ת. Mili- (tzvaí) tar.

צְבָאִיוּת, נ.. (tzvaiyut) Militarismo.

צָבֹה (צָבָה, יִצְבֶּה) פ"ע Inflarse, hincharse.

-הִצָּבֵה, ר׳ צָבָה.

-צַבֵּה Inflar, hinchar.

Inflar, hinchar. הִצְבָּה-
Infla-(tzavé) .ת, צָבֶה
do, hinchado.
(tza- צְבוּעָה .נ´ צְבוּעָ .ת, צָבוּעַ
vúa) Pintado. Hipócrita.
Hiena. (tzavóa) .ז, צָבוֹעַ
Amon-(tzavur) .ת, צָבוּר
tonado.
Públi-(tzibur) .ז, צִבּוּר
co. Conjunto. Pila.
(shelíaj- שְׁלִיחַ צִבּוּר
stzibur) Sochantre, oficiante.
Pú-(tziburí) .ת, צִבּוּרִי
blico.
(tziburiyut) .נ, צִבּוּרִיּוּת
Publicidad.
In- (tzevut) .נ, צְבוּת
chazón.
צָבַט (צָבַט, יִצְבֹּט) פ"י
Pellizcar. Coger, amarrar, atar.
Ser pellizcado. הִצָּבֵט-
צְבִי, ז. נ´ צְבָיִם, ר´ צְ-
Ciervo. (tzvi) בָיִים
Gloria, magnificencia.
הֵנִּיחַ (מָעוֹת) עַל קֶרֶן
Poner (el dinero) הַצְּבִי
en los cuernos del toro (ciervo).
Cierva. (tzviyá) .נ, צְבִיָּה
Fig. muchacha hermosa.
De-(tzivyón) .ז, צִבְיוֹן
seo, anhelo. Belleza.
Pe- (tzvitá) .נ, צְבִיטָה
llizco. Cogedura.
Colo-(tzviá) .נ, צְבִיעָה
ración, teñidura, pintado.
(tzviut) .נ, צְבִיעוּת
Hipocresía.
Acu-(tzvirá) .נ, צְבִירָה
mulación, amontonamiento.
צָבַע (צָבַע, יִצְבַּע) פ"י
Teñir, pintar, colorar.
Coger (con los dedos).
Ser pintado, ser הִצָּבֵעַ-
teñido.
Pintar, teñir. צָבַּע-
Votar. Señalar הִצְבִּיעַ-
con el dedo. Alzar el dedo.
Pintarse, te- הִצְטַבֵּעַ-
ñirse.
(tzé- צְבָעִים ר´ .ז, צֶבַע
va) Color. Pintura.
(tziv-ey-ma- צִבְעֵי מַיִם-
yim) Acuarela.
Pin- (tzabá) .ז, צַבָּע
tor.
Co- (tziv-ón) .ז, צִבְעוֹן
lor.
Tu-(tziv-oní) .ז, צִבְעוֹנִי
lipán.
Abi-(tziv-oní) .ת, צִבְעוֹנִי
garrado.
Pin-(tzabaut) .נ, צַבָּעוּת
tura.
צָבַר (צָבַר, יִצְבֹּר) פ"י
Amontonar, acumular, recoger.
Ser amontonado, הִצָּבֵר-
acumulado, recogido.
Amontonarse, הִצְטַבֵּר-
acumularse.
Pila, (tzéver) .ז, צֶבֶר
montón.
(tzavar, .ז, צַבָּר, צָבָר

tzabar) Cacto.
(tza צָבָר, ז. נ׳ צַבָּרִית
bar) Fig. nacido en
Israel.
צבת (צָבַת, יִצְבֹּת) פ"י
Unir, atar.
Coger, agarrar. צָבַת-
Pinzas.(tzévet) צֶבֶת, ז.
Gavilla, montón.
Te- (tzvat) צְבָת, ז.
nazas.
For-(tzavtán) צַבְתָּן, ז.
fícula, tijereta.
צַד, ז. ר׳ צְדָדִים, צִדִּים
(tzad) Lado, borde.Adversario, partido. Manera, modo, forma.
Al lado.(mitzad) מִצַּד-
Del lado.
מִצִּדִּי, מִצִּדְּךָ, וכו׳-
(mitzidi,mitzidjá) De mi parte, de tu parte, etc.
De (min-hatzad) מִן הַצַּד-
un lado.
Arrimar, in- צִדֵּד, פ"י.
clinar. Apoyar, favorecer.
Ser arrimado. צֻדַּד-
Arrimarse, in- הִצְטַדֵּד-
clinarse.
צְדָדִי, ת. נ׳ צְדָדִית
(tzdadí) Lateral. Accesorio.
(jad-tzdadí) חַד-צְדָדִי-
Unilateral.
(tzdadiyut) צְדָדִיּוּת, נ.
Calidad de accesorio.
צדה (צָדָה, יָצֻדָה) פעו"י
Espiar. Destruírse.
Ser destruído, הִצָּדָה-
destruírse.
Destruír. הַצְדָּה-
Ser destruído. הֻצְדָּה-
Arri-(tzidud) צִדּוּד, ז.
mo, apartamiento.
(tzdudit) צְדוּדִית, נ.
Perfil.
Jus-(tziduk) צִדּוּק, ז.
tificación.
(tziduk- צִדּוּק הַדִּין-
hadín) Justificación del juicio.
צְדוֹקִי, ת. ר׳ צְדוֹקִים
(tzdokí) Miembro de la secta judía opuesta a la de los פְּרוּשִׁים
Nombre (tzadi) צָדִי, נ
de la décimaoctava letra del alfabeto hebreo.
Mala (tzdiyá) צְדִיָּה, נ.
intención.
(tza צַדִּיק, ת. נ׳ צַדֶּקֶת
dik) Justo, virtuoso. Rabino.
(tzadicut) צַדִּיקוּת, נ.
Justicia, devoción.
(tzeda, צֶדַע, ז. צִדְעָה, נ
tzid-á) Sien.
Saludar (צדע) הַצְדֵּעַ,
militarmente.
(tzé צֶדֶף, ז. ר׳ צְדָפִים
def) Nácar.
Os- (tzidpá) צִדְפָּה, נ.
tra.
Con- (tzidpí) צִדְפִּי, ת.
chado.
צדק (צָדַק, יִצְדַּק) פ"ע
Tener razón. Justificarse.Ser inocente.
Ser justifica- הִצְטַדֵּק-
do.

Justificar. צַדֵּק-
Justificar, dis- הִצְדִּיק-
culpar.
Ser jus- הִצְדַּק, הֻצְדַּק-
tificado, ser discul-
pado.
Justificarse, הִצְטַדֵּק-
disculparse.
Jus- (tzédek) צֶדֶק, ז.
ticia. Liberación,
salvación. Júpiter
(planeta).
Jus-(tzdacá) צְדָקָה, נ.
ticia. Caridad, bene-
ficencia. Limosna.
Pie-(tzadcut) צַדְקוּת, נ.
dad, devoción.
צַדְקָן, ז. נ' צַדְקָנִית
(tzadcán) Justo, pia-
doso.
צהב (צָהַב, יִצְהַב) פ"ע
Brillar, lucir, ser
dorado. Gritar.
Amarillecer, ama- הִצְהִיב-
rillarse. Pintar de
amarillo.
Brillar, ser הָצְהַב-
pintado de amarillo.
צָהֹב, ת. נ' צְהֻבָּה, ר'
Ama- (tzahov) צְהֻבִּים
rillo.
Amari-(tzóhav) צֹהַב, ז.
llez.
(tzehav-hav) צְהַבְהַב, ת.
Amarillento.
Ic-(tzahévet) צַהֶבֶת, נ.
tericia.
Ama- (tzahuv) צָהוּב, ת.
rillo, dorado.
Acción(tzihuv) צִהוּב, ז.
de pintar de amarillo.

Eno-(tzehivá) צְהִיבָה, נ.
jo, cólera, ira.
(tzehivut) צְהִיבוּת, נ.
Amarillez.
צהל (צָהַל, יִצְהַל) פ"ע
Relinchar. Estar con-
tento, alegre.
Gritar,relinchar. צִהֵל-
Hacer relinchar. הִצְהִיל-
Alegrar.
Grito (tzáhal) צַהַל, ז.
de alegría.
צַה"ל, צבא הגנה לישראל
(tzáhal) Ejército de
defensa israelita.
Gri-(tzoholá) צָהֳלָה, נ.
to de alegría.
Re- (tzahalá) צַהֲלָה, נ.
lincho.
Lustrar. צָהַר, פ"י.
Lustrar, dar bri- הִצְהִיר-
llo. Declarar. Estru-
jar, exprimir.
Lum- (tzóhar) צֹהַר, ז.
brera, tragaluz, ven-
tanilla.
(tzohorá- צָהֳרַיִם, ז"ר.
yim) Mediodía.
(cav-ha- קַו הַצָּהֳרַיִם-
tzohoráyim) Primer me-
ridiano.
Orden, (tzav) צַו, ז.
mandamiento.
Ex- (tzoá) צוֹאָה, נ.
cremento.
Tes- (tzavaá) צַוָּאָה, נ.
temento. Mandamiento.
Sucio,(tzoí) צוֹאִי, ת.
ensuciado.
Cue- (tzavar) צַוָּאר, ז.
llo, pescuezo.

(tzavarón) .ז, צַוָּארוֹן
Cuello.
Pin- (tzovéa) .ז, צוֹבֵעַ
tor.
צוד (צָד, יָצוּד) פ"י
Cazar. Pescar. Perse-
guir.
Ser cazado. -הִצוֹד
Cazar. Fig. se- -צוֹדֵד
ducir, cautivar
Proveerse, abas- -הִצְטַיֵּד
tecerse.
צוֹדֵק, ת. נ' צוֹדֶקֶת
(tzodek) Justo, que
tiene razón.
Ordenar, man-. צִוָּה, פ"י
dar.
Ser ordenado. -צֻוָּה
Ser ordenado. -הִצְטַוָּה
צוֹהֵל, ת. ר' צוֹהֲלִים
(tzohel) Alegre, con-
tento.
Or- (tzivuy) .ז, צִוּוּי
den, mandamiento. Im-
perativo.
צוח (צָוַח, יִצְוַח) פ"ע
Gritar.
Gritar. -צִוֵּחַ
Gri- (tzévaj) .ז, צֶוַח
to.
Gri-(tzvajá) .נ, צְוָחָה
to.
Gri- (tzavján) .ז, צַוְחָן
tador, gritón.
Gri-(tzavjaní) .ת, צַוְחָנִי
tador.
Gri-(tzvijá) נ, צְוִיחָה
to.
(tzvitzá) .נ, צְוִיצָה
Silbo, silbido.
Abis- (tzul) .ז, צוּל
mo, profundidad.
Cru-(tzolev) .ת, צוֹלֵב
zado.
Abis-(tzulá) .נ, צוּלָה
mo, profundidad.
צוֹלֵל, ז. נ' צוֹלֶלֶת
(tzolel) Zambullidor.
Buzo.
(tzolélet) .נ, צוֹלֶלֶת
Submarino.
צוֹלֵעַ, ת. נ' צוֹלַעַת
(tzoléa) Cojo.
צום (צָם, יָצוּם) פ"ע
Ayunar.
צוֹם, ז. ר' צוֹמוֹת
(tzom) Ayuno.
Reino(tzoméaj) .ז, צוֹמֵחַ
vegetal.
(tzo- .ז, צוֹמָח, צוֹמֵעַ
maj, tzoméa) Animal que
no tiene orejas.
Seco,(tzomek) ת, צוֹמֵק
arrugado.
Roca,(tzunam) .ז, צוּנָם
peñasco.
Frío.(tzonén) .ת, צוֹנֵן
Fresco, helado.
(tzonenim) .ז"ר, צוֹנְנִים
Agua fría.
צוֹעֲנִי, ז. נ' צוֹעֲנִיָּה,
(tzoaní) ר' צוֹעֲנִים
Gitano, cíngaro.
Ayu- (tzoer) ז, צוֹעֵר
dante, criado.
צוף (צָף, יָצוּף) פ"ע
Correrse, desbordarse.
Flotar, sobrenadar.
Inundar. Hacer -הֵצִיף
flotar.
Panal.(tzuf) .ז, צוּף
Hidromel.

צוֹפֶה, ז. נ׳ צוֹפָה, ר׳
צוֹפִים Espec-(tzofé)
tador. Boy-scout, explorador. Centinela.
צוֹפָר, ז. Pito.(tzofar)
Sirena.
צִוֵּץ, פ"ע. Gorjear, pi-
tar, silbar.
צוּק (צָק, יָצוּק) פ"י
Verter, derramar, derretir, fundir.
-הֵצִיק Atormentar, importunar, oprimir.
-הוּצַק Ser oprimido, ser atormentado.
צוּק, ז. Roca, (tzuk)
peñasco.
צוֹק, ז. צוּקָה, נ. (tzok,
tzucá) Opresión.
צוּר (צָר, יָצוּר) פ"י
Rodear, sitiar. Atar, amarrar. Perseguir, inquietar. Ser estrecho. Formar.
-הִצּוֹר Ser sitiado.
צַוָּר, ר׳ צַוָּאר.
צוּר, ז. ר׳ צוּרִים
(tzur) Roca, peñasco.
Fig. fortaleza.
צוֹרֵב, ת. Pican-(tzorev)
te, mordaz.
צוֹרְבָנִי, ת. (tzorvaní)
Mordaz.
צוֹרְבָא־מֵרַבָּנָן, ז. (tzor-
va-merabanán) Erudito joven.
צוּרָה, נ. Forma,(tzurá)
aspecto.
צַוָּרוֹן, ר׳ צַוָּארוֹן.
צוֹרֵף, ז. Pla- (tzoref)
tero, joyero.

צוֹרְפוּת, נ. Jo-(tzorfut)
yería.
צוֹרֵר, ז. Per- (tzorer)
seguidor.
צוּרָתִי, ת. (tzuratí)
Formal.
צָוַת, פ"ע. Unirse, adhe-
rir.
-הִצְטַוֵּת Adherir, unirse.
צֶוֶת, ז. Grupo,(tzévet)
sociedad. Tripulación.
Personal.
צַוְתָּא, ז. Com- (tzavta)
pañía.
-בְּצַוְתָּא (betzavta)
En compañía, juntos.
צוֹתֵת, פ"ע. Escuchar.
Buscar, invertigar.
צַח, ת. נ׳ צָחָה (tzaj)
Claro, puro.
צָחֶה, ת. Seco, (tzijé)
צַחוּן, ת. Sucio,(tzajún)
Hediondo.
צְחוֹק, ז. Risa.(tzjok)
Burla.
צָחוֹר, ר׳ צָחֹר.
צְחוֹר, ז. Blan- (tzjor)
cura.
צְחוּת, נ. Cla-(tzjut)
ridad.
צָחַח (צָחַח, צַח, יִצַח) פ"ע
Ser claro, puro.
צִחָיוֹן, ז. Se- (tzijayón)
quedad.
צָחִיחַ, ת. Seco, (tzajíaj)
árido.
צְחִיחַ, ז. Se- (tzejíaj)
quedad, sequía.
צְחִיחָה, נ. Tie-(tzjijá)
rra árida.

צְחִיחוּת, נ. (tzejijut) Sequedad, aridez.
צָחַן, פ"ע. Heder. Fig. pecar.
צַחַן, ז. צַחֲנָה, נ. (tzaja, tzajaná) Hediondez, fetidez.Fig.pecado.
צִחְצוּחַ, ז. (tzijtzúaj) Embetunado. Resplandor, brillo. Ruido.
צַחְצוֹחַ, ז. (tzajtzóaj) Gota.
צַחְצוּחִית, נ. (tzajtzujit) Gota.
צִחְצַח, פ"י. Embolar, embetunar. Dar brillo, lustre.
צֻחְצַח- Ser lustraso.
צַחְצָחוֹת, נ"ר. (tzajtzajot) Sequía. Claridad.
צָחַק (צָחַק, יִצְחַק) פ"ע Reír.
צִחֵק- Jugar. Reír.
הִצְחִיק- Hacer reír.
הִצְטַחֵק- Sonreír.
צְחוֹק, ר' צְחוֹק.
צַחְקָן, ז., נ' צַחְקָנִית. (tzajacán) Reidor.
צַחְקָנִי, ת. Rei-(tzajcaní) dor, burlón.
צַחַר, ז. Blan- (tzájar) cura.
צָחוֹר, ת. Blan-(tzajor) co.
צָחַר (צָחַר, יִצְחַר) פ"ע Blanquear.
הִצְחִיר- Blanquear.
צְחַרְחַר, ת. (tzajarjar) Blancuzco, blanquecino.

צִי, ז. ר' צִיִּים, צִים (tzi) Flota. Nave.
צִיאָן, ז. Cia-(tzián) nógeno.
צִיב, ז. Hilo, (tziv) filamento.
צִיבִילִי, ר' אֶזְרָחִי.
צִיבִילִיזַצְיָה, ר' תַּרְבּוּת.
צַיִד, ז. Caza. (tzáyid)
צַיָּד, ז. Caza-(tzayad) dor.
צִיֵּד, פ"י. Proveer, suministrar, municionar, prevenir.
צֻיַּד- Ser proveído, ser municionado.
הִצְטַיֵּד- Proveerse, municionarse.
צֵידָה, נ. Pro- (tzeydá) visiones.
צִידָה, נ. Caza. (tzidá)
צֵידָנִי, ת. Ha- (tzeydaní) lagador, adulador.
צִידוֹן, ז. Si- (tzidón) dón (hoy Saida).
צִידוֹנִי, ת. (tzidoní) Sidonita.
צִיָּה, נ. ר' צִיּוֹת (tziyá) Sequía. Lugar desierto.
צִיּוּד, ז. Provi-(tziyud) sión, suministro.
צָיוֹן, ז. Tie- (tzayón) rra árida.
צִיּוּן, ז. Nota, (tziyún) calificación. Indicación. Señal.
צִיּוֹן, Sión: (tziyón) Jerusalén. El pueblo de Israel. Israel, Palestina.

צִיּוֹנוּת, נ. (tziyunut)
Sionismo.
צִיּוֹנִי, ז. Sio-(tziyoní)
nista.
צִיּוֹנִיּוּת, נ. (tziyoni-
yut) Sionismo.
צִיּוּץ, ז (tziyutz) Silbo,
silbido.
צִיּוּר, ז. Dibu-(tziyur)
jo. Descripción.
צִיּוּרִי, ת. Pin-(tziyurí)
toresco. Imaginario.
צִיּוּת, ז. Obe- (tziyut)
diencia.
צִיטָטָה, נ. (tzitata)
Cita.
צִילִינְדֶר, ז (tzilínder)
Cilindro. Sombrero de
copa.
צִילָן, ר' צַלְיָן.
צַיְמָן, ז. כ' צַיְמָנִית
(tzaymán) Ayunador.
צִיֵּן, פ"י Designar, se-
ñalar, indicar. Espe-
cificar.
צֻיַּן- Ser designado,
ser señalado. Ser es-
pecificado.
הִצְטַיֵּן- Distinguirse,
ser excelente.
צִינוֹק, ז. Ca-(tzinok)
labozo.
צִינִי, ת. Cí- (tzini)
צִינִיּוּת, נ. (tziniyut)
Cinismo.
צִינִיקָן, ז. (tzinicán)
Cínico.
צִינְק, ר' אָבָץ.
צִינְקוֹגְרָף, ז. (tzinco-
graf) Cincógrafo.
צִינְקוֹגְרַפְיָה, נ-(tzinco-
grafya) Cincografía.
צִיף, ז. צִיפָּה, נ. (tzif,
tzifá) Copo.
צִיפָה, נ. Flo- (tzifá)
tación, flotamiento.
צִיץ (צָץ, יָצִיץ) פ"ע
Florecer, crecer, bro-
tar.
צִיֵּץ- Piar, silbar.
Franjear, franjar.
צֻיַּץ- Ser franjeado,
franjado.
הֵצִיץ- Mirar, observar.
Florecer, brotar. Bri-
llar.
צִיץ, ז. Flor. (tzitz)
Ala. Hilo.
צִיצָה, נ. Flor. (tzitzá)
Fleco.
צִיצִית, נ. ר' צִיצִיּוֹת
(tzitzit) Franja, fle-
co, pezuelo.
צִיקִים, ז"ר. (tzikim)
Golosinas.
צִיקָדָה, נ. (tzicada)
Cicádido.
צִיקְלוֹן, ז. Ci-(tziclón)
clón.
צִיקְלוֹפּ, ז. (tziclop)
Cíclope.
צַיְקָן, ז. Mez- (tzaycán)
quino, avaro.
צַיְקָנוּת, נ. (tzaycanut)
Avaricia, mezquindad.
צִיר, ז. Gozne. (tzir)
Dolor. Embajador. Di-
putado, delegado. Eje.
Jugo. Forma, imagen.
הַצִּיר הַדְּרוֹמִי- (hatzir-
hadromí) El polo
sud.

(hatzir- הציר הצפוני -
hatzfoní) El polo nor-
te.
Dibujar, pin- צייר, פ"י
tar. Fig. describir.
Imaginarse.
Ser dibujado, -צויר
ser pintado.
Disfrazarse. -הצטייר
Pintarse. Imaginarse.
(tza- צייר, ז. נ' ציירת
yar) Dibujante.
Nom-(tzeyré) צירה, ז.
bre de la vocal ·· = e.
Em- (tzirut) צירות, נ.
bajada, legación.
צירן, ת. נ' צירנית
(tzirán) Lloroso.
(tzircu- צירקולציה, נ.
latzya) Circulación.
צירקולר, ר' חוזר.
Obedecer. ציית, פ"ע.
צייתן, ת. נ' צייתנים
(tzaytán) Obediente.
(tzaytanut) צייתנות, נ.
Obediencia.
(tzaytaní) צייתני, ת.
Obediente.
(tzel) צל, ז. ר' צללים
Sombra.
צלב (צלב, יצלב) פ"י
Cruzar, crucificar.
Ser crucificado. -הצלב
Cruzarse. Cru- -הצטלב
cificarse. Santiguar-
se.
(tzlab, tzé- צלב, צלב, ז.
lev) Cruz.
(hatzlav- -הצלב האדום
haadom) La cruz roja.
(tzlav-ha- -צלב הקרס
keres) Cruz gammada.
(masá-hatz- -מסע הצלב
lav) La Cruzada.
-נוסעי הצלב, נושאי-
(nos-ey-hatzlav) הצלב
Los cruzados.
Cru- (tzlavón). צלבון, ז
cecita, cruz pequeña.
Cru-(tzalbán) צלבן, ז.
zado.
צלה (צלה, יצלה) פ"י
Asar.
Ser asado. -הצלה
Brillar, (צלהב) צלהב,
ser brillante.
Violon-(tchelo) צ'לו, ז
celo.
Cruz, (tzelov) צלוב, ז.
patíbulo.
Cruza-(tzaluv) צלוב, ת.
do. Cricificado.
(tzlojit) צלוחית, נ.
Frasco, botella.
Asa- (tzaluy) צלוי, ת.
do.
Claro, (tzalul) צלול, ת.
límpido.
Puri- (tzilul) צלול, ז.
ficación.
(tzeluloid) צלולואיד, ז
Celuloide.
(tzeluloza) צלולוזה, נ.
Celulosa.
Foto- (tzilum) צלום, ז.
grafía.
An- (tzlofaj) צלופח, ז.
guila.
(tzlot, צלות, צלותא, נ.
tzlota) Súplica, rezo.
צלח (צלח, יצלח) פע"י
Prosperar, triunfar.

Pasar, atravesar.Ser
capaz.
Cortar, dividir. צַלֵּחַ-
Prosperar, tener הִצְלִיחַ-
éxito.
Prós- (tzaléaj) צָלֵחַ, ת.
pero.
צְלָחָה, ר׳ צַלַּחַת.
Do- (tziljá) צִלְחָה, נ.
lor de cabeza.
(tzaljit) צַלְחִית, נ.
Platillo.
צַלַּחַת, נ. ר׳ צַלָּחוֹת
(tzalájat) Plato.
(tzalí, צָלִי, ז., צְלִי,
tzolí) Asado.
Som- (tzelí) צְלִי, ת.
broso, sombrío.
Cruci-(tzlivá) צְלִיבָה, נ
fixión.
Ac- (tzliyá) צְלִיָּה, נ.
ción de asar.
Tra-(tzlijá) צְלִיחָה, נ.
vesía.
So- (tzlil) צְלִיל, ז.
nido.
Zam- (tzlilá). צְלִילָה, נ.
bullida, zambullimien-
to, zambullidura.
Pu-(tzlilut). צְלִילוּת, נ.
reza, claridad.
צַלְיָן, ז. נ׳ צַלְיָנִית
(tzalyán) Rezador.Pe-
regrino.
Co- (tzliá) צְלִיעָה, נ.
jera, claudicación.
Ti- (tzlifá) צְלִיפָה, נ.
roteo. Golpeo.
צלל (צָלַל, יִצְלֹל) פ"ע
Zambullir. Hundirse.
Temblar. Ser sombra-
do.
Repicar. הַצוֹל-
Estar o ser claro. צָלַל-
Repicar.Sombrar. הֵצַל-
Aclararse. הִצְלַל-
Hundir. Aclarar, הֵצֵל-
hacer claro.
Hundirse. הִצְטַלֵּל-
צְלָל, ר׳ צֵל.
(tzlalit) צְלָלִית, נ.
Silueta.
(tze- צֶלֶם, ז. ר׳ צְלָמִים
lem) Forma, figura,
imagen. Ídolo.
Fo- (tzalam) צַלָּם, ז.
tógrafo.
Retratar, fo- צִלֵּם, פ"י.
tografiar.
Ser retratado, צֻלַּם-
fotografiado.
Retratarse, fo- הִצְטַלֵּם-
tografiarse.
Obs-(tzalmón) צַלְמוֹן, ז.
curidad. Silueta.
Obs-(tzalmávet) צַלְמָוֶת, ז
curidad, sombra.
(tzalmoniyá) צַלְמָנִיָּה, נ.
Fotografía. Cámara,
maquina de retratar.
צלע (צָלַע, יִצְלַע) פ"ע
Cojear.
Hacerse cojo. הִצְטַלַּע-
צֶלַע-, ר׳ צָלַע.
Des- (tzela) צֶלַע, ז.
trucción, ruina,
(tze- צֵלָע, נ. ר׳ צְלָעוֹת
la) Costilla. Lado,Vi-
ga.
Cos- (tzal-á) צַלְעָה, נ.
tilla. Fig. mujer.
Po- (tzal-ón) צַלְעוֹן, ז.

lígono.
Cos-(tzal-it) .נ ,צלעית
tilla asada o frita.
Ti- (tzalaf) .ז ,צלף
rador.
Al- (tzalaf) .ז ,צלף
caparra.
Tirar. .פ"י ,צלף
Azotar, zurria- הצליף-
gar.
(tzalafut) .נ ,צלפות
Puntería.
So-(tziltzul) .ז ,צלצול
nido, repique, cam-
paneo.
Ceñi-(tziltzol) .ז ,צלצול
dor, cinturón.
Ar- (tziltzal) .ז ,צלצל
pón.
Sonar, to- .פ"ע ,צלצל
car. Telefonear.
(tzeltze- .ז"ר ,צלצלים
lim) Timbales.
(tzaltzelaní) .ת ,צלצלני
Ruidoso.
Cicatrizar, .פ"י ,צלק
rajar, cortar.
(tzaléket) .נ ,צלקת
Cicatriz.
צמא (צמא, יצמא) פ"ע
Tener sed.
Dar sed. הצמא-
צמא ,ת. נ' צמאה, ר'
Sediento.(tzamé) צמאים
Sed. (tzamá) .ז ,צמא
(tzim - á) .נ ,צמאה
Sed.
Sed.(tzimaón) .ז ,צמאון
Tierra árida.
Pega- (tzamog) .ת ,צמג
joso.

Goma (tzémeg) .ז ,צמג
arábiga. Caucho.
צמד (צמד, יצמד) פ"י
Atar, unir.
Ser unido, ser הצמד-
atado.
Ser atado, ser צמוד-
unido.
Atar, unir. הצמיד-
Unirse. הצטמד-
(tzé- צמד ,ז. ר' צמדים
med) Par, pareja. Yu-
go.
Duo, (tzimdá) .נ ,צמדה
dueto.
(tza- צמה ,נ. ר' צמות
má) Trenza.
Unido,(tzamud) .ת ,צמוד
atado, adyacente.
Unión.(tzimud) .ז ,צמוד
Homonimia.
Cre-(tzimúaj) .ז ,צמוח
cimiento, brotadura.
Seco,(tzamuk) .ת ,צמוק
arrugado.
Pasa.(tzimuk) .ז ,צמוק
Contracción.
Cor- (tzamut) .ת ,צמות
tado.
צמח (צמח, יצמח) פ"ע
Crecer, brotar, echar
vástagos.
Brotar. Renovar- הצטמח-
se.
Crecer, brotar. צמח-
Hacer crecer, הצמיח-
hacer brotar.
(tzé- צמח ,ז. ר' צמחים
maj) Vegetación. Mata,
planta. Vegetal. Ampo-
lla. Fig. Mesías.

Que no(tziméaj) .ת, צָמֵחַ
tiene orejas o que las
tiene muy pequeñas.
(tzimjón) .ז, צִמְחוֹן
Brote.
(tzimjonut). נ, צִמְחוֹנוּת
Vegetarianismo.
(tzimjoní) .ת, צִמְחוֹנִי
Vegetariano.
(tzimjoniyá) .נ, צִמְחוֹנִיָּה
Restaurante o tienda
de vegetarianos.
Zoó-(tzimjay) .ז, צִמְחַי
fito.
Ve- (tzimjí) .ת, צִמְחִי
getal.
Flo-(tzimjiyá). נ, צִמְחִיָּה
ra.
Pega-(tzamig) .ת, צָמִיג
joso, viscoso.
Llan-(tzamig) .ז, צָמִיג
ta, neumático.
(tzmigut) .נ, צְמִיגוּת
Viscosidad.
Bra- (tzamid) .ז, צָמִיד
zalete, pulsera, ma-
nilla.
Uni- (tzamid) .ת, צָמִיד
do, pegado, adherido.
(tzmidut) .נ, צְמִידוּת
Adhesión, unión.
Cre-(tzmijá) .נ, צְמִיחָה
cimiento.
(tzamim) .ז"ר, צַמִּים
Trampa, sequía(?).
Ar- (tzmicá) .נ, צְמִיקָה
rugamiento, secamiento.
La- (tzamir) .ת, צָמִיר
noso.
Eter-(tzamit) .ת, צָמִית
no, perpetuo.

(tzmitut) .נ, צְמִיתוּת
Eternidad.
(litzmitut) לִצְמִיתוּת-
Eternamente, para siem-
pre.
Higo (tzémel) .ז, צֶמֶל
maduro. Fig. madurez.
Que (tzimem) .ת, צִמֵּם
tiene orejas gruesas.
Ce- (tzement) .ז, צֶמֶנְט
mento.
צֶמַע, ר' צָמָא.
Es-(tzimtzum) .ז, צִמְצוּם
trechez. Economía.Par-
cimonia, frugalidad.
Simplificación.
(betzimtzum) בְּצִמְצוּם-
Económicamente. Exac-
tamente.
Limitar,res- פ"י, צִמְצֵם
tringir. Ser puntual,
ser exacto. Envolver,
cubrir. Simplificar
(quebrados).
Ser restringido. צֻמְצַם-
Ser simplificado.
Restringirse, הִצְטַמְצֵם-
reducirse. Simplificar-
se.
צמק (צָמַק, יִצְמַק) פ"ע
Secarse, arrugarse.
Secar, arrugar. צִמֵּק-
Arrugarse,secarse. צֻמַּק-
Secarse, arru- הִצְטַמֵּק-
garse.
Frutas (tzémek) .ז, צֶמֶק
secas.
(tzé- צְמָרִים ר' .ז, צֶמֶר
mer) Lana.
(tzémer-gue- צֶמֶר גֶּפֶן-
fen) Algodón.

La- (tzamar) .ז ,צַמָּר
nero.
La- (tzamrí) .ת ,צַמְרִי
noso.
(tzemarmóret) .נ ,צְמַרְמֹרֶת
Escalofrío.
Ci-(tzaméret) .נ ,צַמֶּרֶת
ma, vértice.
צמת (צָמַת, יִצְמֹת) פעו"י
Exterminar. Apretar.
Apretarse, unirse.
Secarse,arrugarse.
Ser exterminado. הִצָּמֵת-
Unirse. Arrugarse.
Oprimir, apretar. צַמֵּת-
Destruír, exterminar.
Restringir, economi-
zar. Trenzar.
Ser unido. Ser צֻמּוֹת-
accesorio.
Exterminar, ani- הַצְמֵת-
quilar. Alejar.
Nudo,(tzómet) .נ ,צֹמֶת
unión.
(tzen) צְנִים ר' .ז ,צֵן
Espina.
Cesta, (tzaná) .נ ,צַנָּא
canasta.
Frío. (tziná) .נ ,צִנָּה
Resfrío. Escudo, pa-
vés. Espina. Cesta.
Canoa. Roca.
צִנָּה, ר' צֹאן.
(tzenovar) .ז ,צְנוֹבָר
Pino.
Seco,(tzanum) .ת ,צָנוּם
arrugado, flaco.
Res- (tzinún) .ז ,צִנּוּן
frío.
Frío, (tzanún) .ת ,צָנוּן
fresco.

Rá- (tznon) .ז ,צְנוֹן
bano (blanco).
(tznonit) .נ ,צְנוֹנִית
Rábano.
Modes-(tzanúa) .ת ,צָנוּעַ
to. Casto.
En- (tzanuf) .ת ,צָנוּף
vuelto.
צְנוֹק, ר' צִינוֹק.
צִנּוֹר, .ז ר' צִנּוֹרוֹת,
Tubo, (tzinor) צִנּוֹרִים
canal.
צִנּוֹרָה, צִנּוֹרִית, .נ
(tzinorá,tzinurit)Gan-
cho, garfio.Horquilla,
horca.
(tzenzor) .ז ,צֶנְזוֹר
Censor.
(tzenzura) .נ ,צֶנְזוּרָה
Censura.
צנח (צָנַח, יִצְנַח) פ"ע
Caer. Rebajar.
Pa- (tzanján) .ז ,צַנְחָן
racaidista.
(tzanjanut) .נ ,צַנְחָנוּת
Paracaidismo.
(tzen- .ת ,צֶנְטְרִיפוּגָלִי
trifugali)Centrífugo.
(tzentri- .ת ,צֶנְטְרִיפֶּטָלִי
petáli) Centrípeto.
(tzentra- .ז ,צֶנְטְרָלִיזְם
lizm) Centralismo.
(tzentra .נ ,צֶנְטְרָלִיזַצְיָה
lizatzya) Centraliza-
ción.
Caída,(tznijá) .נ ,צְנִיחָה
bajada.
צְנִים, .ז ר' צְנִימִים
(tzanim) Tostada.
Espi-(tzanín) .ז ,צָנִין
na.

volvimiento.
(tzintzénet) .צִנְצֶנֶת, נ
Botellón, jarra.
Ca- (tzanéret) .צַנֶּרֶת, נ
ñería.
Tubo, (tzantar) .צַנְתָּר, ז
canal.
(tzá-צְעָדִים ר׳ .צַעַד, ז
ad) Paso.
צעד (צָעַד, יִצְעַד) פ"ע
Marchar. Dar un paso.
Hacer marchar. -הִצְעִד
Llevar, conducir.
Paso. (tzeadá) .צְעָדָה, נ
Ajorca, brazalete.
צעה (צָעָה, יִצְעֶה) פעו"י
Caminar, marchar. Ser
sometido. Acostarse.
Vaciar.
Vaciar. Mover, -צִעָה
mecer.
Paso. (tzeidé) .צְעִידָה, נ
Marcha.
Velo. (tzaif) .צָעִיף, ז
Bufanda.
צָעִיר, ז. נ׳ צְעִירָה, ר׳
Joven. (tzaír) צְעִירִים
Jo- (tzeirá) .צְעִירָה, נ
ven (fem.).
(tzeirón) .צְעִירוֹן, ז
Mozuelo, mocetón.
(tzeirut) .צְעִירוּת, נ
Juventud.
צען (צָעַן, יִצְעַן) פ"ע
Viajar, trasladarse.
Envolver, cu- .צָעַף, פ"י
brir.
Envolver, cu- -הִצְעִיף
brir.
Ser envuelto, ser -הָצְעַף
cubierto.

(tzninim) צְנִינִים, ז"ר
Agua fría.
Mo-(tzniut) .צְנִיעוּת, נ
destia. Castidad.
Tur-(tzanif) .צָנִיף, ז
bante.
Re- (tznifá) .צְנִיפָה, נ
lincho. Gorjeo, mur-
mullo. Envolvimiento.
Ca- (tzinit) .צִנִּית, נ
llo. Dátil duro.
(tzun- .צֻנְמָא, צֻנְמָה, נ
má) Peñasco, roca.
Se-(tzinamón). צִנָּמוֹן, ז
quía, aridez.
צנן (צָנַן, יִצַּן) פ"ע
Enfriarse.
Enfriar. -צִנֵּן
Ser enfriado. -צֻנַּן
Enfriar. -הֵצַן
Enfriarse. -הִצְטַנֵּן
Resfriarse. -הִצְטַנֵּן
Esconder, .צָנַע, פ"י
ocultar.
Ocultar, es- -הִצְנִיעַ
conder.
Ser escondido, -הֻצְנַע
ser ocultado.
Esconderse. -הִצְטַנֵּעַ
Mostrarse modesto.
Modes-(tzena) .צֶנַע, ז
tia. Parcimonia.
Se- (tzin-á) .צִנְעָה, נ
creto.
(betzin-á) -בְּצִנְעָה
Secretamente.
צנף (צָנַף, יִצְנֹף) פ"י
Envolver. Relinchar.
Re- (tzénef) .צֶנֶף, ז
lincho.
En- (tznefá) .צְנֵפָה, נ

צַעֲצוּעַ, ז. ר' צַעֲצוּעִים
(tzaatzúa) Juguete.
צָעַק (צָעַק, יִצְעַק) פ"ע
Gritar.
Ser convocado, הִצָּעֵק-
llamado, reunido.
Gritar. צַעֵק-
Convocar, lla- הַצְעֵק-
mar, reunir.
צְעָקָה, נ. ר' צְעָקוֹת
(tzeacá) Grito. Cla-
mor.
צַעֲקָן, ז. נ' צַעֲקָנִית
(tzaacán) Gritón.
(tzaacanut) צַעֲקָנוּת, נ.
Gritería.
(tzaacaní) צַעֲקָנִי, ת.
Gritón.
צָעַר (צָעַר, יִצְעַר) פ"ע
Ser pequeño, poco.
Entristecer, en- צַעֵר-
fadar.
Ser entristecido. צֹעַר-
Disminuír, ami- הַצְעֵר-
norar. Rejuvenecer.
Disminuírse. הִצָּעֵר-
Entristecerse. הִצְטַעֵר-
Sentirlo, lamentar.
Pesar, (tzáar) צַעַר, ז.
angustia, dolor.
Boya. (tzaf) צַף, ז.
צַף, ר' צוּף
צָפַד (צָפַד, יִצְפַּד) פ"ע
Arrugarse. Unir.
צַפְדִּינָא, צַפְדִּינָה, נ.
(tzafdina) Escorbuto.
Té- (tzapédet) צַפֶּדֶת, נ.
tanos, tétano.
צָפָה (צָפָה, לִצְפּוֹת) פ"ע
Cubrir. Mirar, obser-
var. Profetizar.

Esperar. Acechar. צַפֵּה-
Enchapar, cubrir.
Ser esperado. Ser צֻפֵּה-
enchapado, cubierto.
Funda, (tzipá) צִפָּה, נ.
envoltura.
Seco, (tzafud) צָפוּד, ת.
arrugado.
Espe- (tzafuy) צָפוּי, ת.
rado, previsto.
En- (tzipuy) צִפּוּי, ז.
chapado.
Nor- (tzafón) צָפוֹן, ז.
te.
Oculto, (tzafún) צָפוּן, ת.
escondido.
Sep- (tzfoní) צְפוֹנִי, ת.
tentrional.
Estre-(tzafuf) צָפוּף, ת.
cho, angosto, apretado.
צִפּוֹר, צִפֹּר, ז. ר' צִפְּ-
Pájaro. (tzipor) רִים
Burbuja. Gorrión.
(tzipor-eden) צִפּוֹר-עֵדֶן
Ave del paraíso.
Pa- (tziporá) צִפּוֹרָה, נ
jarito.
Pi- (tzifjá) צַפְּחָה, נ.
zarra.
Ja-(tzapájat) צַפַּחַת, נ.
rra, botija.
Espe-(tzipiyá) צִפִּיָּה, נ.
ra.
Obser-(tzfiyá) צְפִיָּה, נ.
vación.
Biz-(tzapijit) צַפִּיחִית, נ.
cocho.
צָפִיעַ, ז. ר' צְפִיעִים
(tzafía) Excremento.
Niña, (tzfiá) צְפִיעָה, נ.
moza.

Pe-(tzapéket) צַפֶּקֶת, נ.
ritonitis.
צִפֵּר (צִפֵּר, יְצַפֵּר) פ"ע
Pitar. Trenzar. Madrugar.
(tzéfer, צְפַר, צְפַר, ז.
tzfar) Mañana.
Paja- (tzapar) צַפָּר, ז.
rero.
Maña- (tzafra) צַפְרָא, נ.
na.
(tzafra-ta- צַפְרָא טָבָא
va) Buenos días.
צְפַרְדֵּעַ, ז. ר׳ צְפַרְדְּעִים
(tzfardéa) Rana.
(tzaparut) צַפָּרוּת, נ.
Avicultura.
Bri-(tzafrir) צַפְרִיר, ז.
sa.
צִפֹּרֶן, נ. ר׳ צִפָּרְנַיִם
(tziporen) Uña. Pluma de escribir. Buril. Alhelí.
(tzipor- צִפָּרְנֵי־חָתוּל, ז.
ney-jatul) Caléndula, maravilla. Uña de gato.
Ca- (tzéfet) צֶפֶת, נ.
pitel.
Al- (tzicalón) צִקְלוֹן, ז.
forja, mochila.
Infinitivo del צֶקֶת,
verbo יָצַק.
(tzar) צַר, ת. נ׳ צָרָה
Estrecho, angosto.
Mez-(tzar-ayin) צַר־עַיִן
quino, avaro.
Es- (tzar-móaj) צַר מֹחַ
túpido, tonto.
Lo (tzar-li) צַר לִי
siento, lamento.
En (batzar-lo) בַּצַּר לוֹ

(tzfifut) צְפִיפוּת, נ.
Estrechez.
Macho (tzafir) צָפִיר, ז.
cabrío.
Pito. (tzfirá) צְפִירָה, נ.
Aurora. Corona. Guardia, guardián. Ciclo, época.
Man- (tzafit) צָפִית, נ.
tel.
(tzepelín) צֶפֶּלִין, ז.
Zeppelin.
צָפַן (צָפַן, יִצְפֹּן) פ"י
Ocultar, esconder, guardar. Espiar.
Ser ocultado, הִצָּפֵן־
escondido. Ocultarse.
Ocultar, escon- הַצְפֵּן־
der. Dirigirse hacia el norte.
Víbora. (tzefa) צֶפַע, ז.
(tz... oní) צִפְעוֹנִי, ז.
Víbora
Apretar. צָפַף, פ"י.
Ser apretado. הִצָּפֵף־
Apretarse, es- הִצְטוֹפֵף־
trecharse.
(tziftzuf) צִפְצוּף, ז.
Pito, pitada.
Pitar. Sil- צִפְצֵף, פ"ע.
bar, gorjear. Apretarse. Sobrenadar, flotar, nadar.
Ser pitado. צֻפְצַף־
Apretarse. הִצְטַפְצֵף־
(tzaftzefá) צַפְצֵפָה, נ.
Pito.
(tzaftzafá) צַפְצָפָה, נ.
Álamo.
Peri- (tzéfek) צֶפֶק, ז.
toneo.

sus angustias.
Persegui-(tzar) .ז ,צַר
dor, enemigo. Peñasco,
roca. Opresión. Zar.
Pedernal,(tzor) .ז ,צֹר
sílice. Tiro.
צָרַב (צָרַב, יִצְרַב) פ"י
Quemar.
Quemarse. הִצָּרֵב-
(tzara- .נ ,צָרֶבֶת ,צָרְבָא
vá) Cicatriz.
Se-(tzeravón) .ז ,צְרָבוֹן
quía.
Infla-(tzrévet) .נ ,צָרֶבֶת
mación. Quemadura.
.נ ,צַרְדָּא, צַרְדָּה, צָרֶדֶת
(tzardá , tzarédet) Ic-
tericia. Ronquera.
(etz- .נ ,(~אֶצְבַּע) צְרֵדָה
ba-tzredá) Dedo del
corazón.
(tza- צָרוֹת ר' .נ ,צָרָה
rá) Angustia, desgra-
cia, calamidad. Dolor.
Enemiga.
Que- (tzaruv) .ת ,צָרוּב
mado.
Ron- (tzarud) .ת ,צָרוּד
co.
Puntua-(tzaruy) .ת ,צָרוּי
do de un צֵירֶה.
Nece-(tzeruj) .ז ,צֵרוּךְ
sidad.
He- (tzarum) .ת ,צָרוּם
rido, golpeado.
Le- (tzarúa) .ת ,צָרוּעַ
proso.
Puro,(tzaruf) .ת ,צָרוּף
purificado.
Unión,(tzeruf) .ז ,צֵרוּף
anexión. Purificación.

Cambio (de dinero).
.צֵרוּף ,ר' צֵרוּף
Atado,(tzarur) .ת ,צָרוּר
Guardado, conservado.
צְרוֹר ,ז. ר' צְרוֹרוֹת
(tzror) Paquete. Bol-
sa. Pedazo.
Es- (tzarut) .נ ,צָרוּת
trechez.
(tzarut-móaj) צָרוּת-מֹחַ
Estupidez.
(tzarut-ayin) צָרוּת-עַיִן
Mezquindad, avari-
cia.
צָרַח (צָרַח, יִצְרַח) פ"ע
Gritar.
Gritar. הִצְטָרֵחַ-
Gri- (tzrajá) .נ ,צְרָחָה
to.
Gri- (tzarján) .ז ,צַרְחָן
tón, gritador.
(tzarjanut) .נ ,צַרְחָנוּת
Gritería.
(tzori, .ז ,צֳרִי , צְרִי
tzri) Bálsamo.
In- (tzrivá) .נ ,צְרִיבָה
flamación, quemadura.
Seco,(tzarid) .ת ,צָרִיד
árido.
(tzridut) .נ ,צְרִידוּת
Ronquera.
Torre,(tzeríaj) .ז ,צְרִיחַ
ciudadela.
Gri-(tzrijá) .נ ,צְרִיחָה
to.
Nece-(tzarij) .ת ,צָרִיךְ
sario. obligatorio.
Hay (tzarij) תה"פ ,צָרִיךְ
que, se debe.
Nece-(tzrijá) .נ ,צְרִיכָה
sidad, uso.

צָרַף (צָרַף, יִצְרֹף) פ"י
Fundir, purificar.
Ser fundido, ser הִצָּרֵף-
purificado.
Fundir, purificar. צֵרֵף-
Cambiar (dinero).
Adherir, unir- הִצְטָרֵף-
se.
Fran-(tazrfat) .צָרְפַת, נ
cia.
(tzarfatí) .צָרְפָתִי, ת
Francés.
(tzarfatit) .צָרְפָתִית, נ
Ididma francés.
(tzar- .צַרְצוּר, צְרָצַר, ז
tzur, tzratzar) Grillo.
Producir el .צִרְצֵר, פ"ע
sonido del grillo.
צָרַר (צָרַר, יָצֹר, יֵצַר)
Atar, un r. Opri- פע"י
mir. Ser oprimido, ser
estrecho, apretado. Te-
ner angustias, sufrir,
aguantar.
Ser atado, הִצָּרֵר-
ser unido, ser empa-
cado, ser embalado.
Ser acumulado.
Ser atado, ser צוֹרֵר-
unido. Atarse, unirse.
empacarse, empaquetarse.
embalarse.
Oprimir, causar הֵצַר-
angustias.
Estrecharse, הוּצַר-
angostarse.
צָרָתָה, ר' צָרָה.
(tzitá, .צִתָּה, צִתִּית, נ
tzitit) Fósforo.
Encen- .צִתֵּת, הִצִּת, פ"י
der.

(tzrijut) .צְרִיכוּת, נ
Necesidad.
צְרִיף, ז. ר' צְרִיפִים
(tzrif) Barraca.
Alum-(tzarif) .צָרִיף, ז
bre.
Pu- (tzrifá) .צְרִיפָה, נ
rificación.
(tzrifón) .צְרִיפוֹן, ז
Barraca pequeña.
צָרַךְ (צָרַךְ, יִצְרַךְ) פע"י
Necesitar, deber, te-
ner que.
Ser obligado, הִצָּרֵךְ-
deber, tener que.
Obligar. הִצְרִיךְ-
Ser obligado. הֻצְרַךְ-
Necesitar. הִצְטָרֵךְ-
צֹרֶךְ, ז. ר' צְרָכִים
(tzórej) Necesidad.
Defecar, עָשָׂה צְרָכָיו-
exonerar el vientre.
(col-tzorcó) כָּל צָרְכּוֹ-
Enteramente, comple-
tamente.
Con-(tzarján) .צַרְכָן, ז
sumidor, cliente.
(tzarjaniyá) .צַרְכָנִיָּה, נ
Cooperativa de consumo.
צָרַם (צָרַם, יִצְרֹם) פ"י
Herir, cortar, ara-
ñar.
צַרְמוֹנְיָה, ר' טֶקֶס.
צָרַע (צָרַע, יִצְרַע) פ"ע
Hacerse leproso.
Hacerse lepro- הִצְטָרֵעַ-
so.
Avis-(tzir-á) .צִרְעָה, נ
pa.
Le- (tzaráat) .צָרַעַת, נ
pra.

ק

Décima-(cof,cuf) ק,
novena letra del al-
fabeto hebreo. Su va-
lor numérico es 100.
Vómito. (ke) קא, ז.
(caolín) קאולין, ז.
Caolín.
(cautchuk) קאוצ'וק, ז.
Caucho.
Cuervo.(caac) קאק, ז.
(caat) קָאַת, קְאַת, נ.
Pelícano.
(cav) קַב, ז. ר' קַבִּים
Nombre de una medida
(aproximadamente 2,2
litros) Fig. cantidad
pequeña. Muleta. Zan-
co.
קָבַב(קָבַב, קַב, יִקֹּב)פ"י
Maldecir.
(kevá)קֵבָה, נ. ר' קֵבוֹת
Estómago.
Ma- (cová) קֳבָה, נ.
triz, útero.

Tienda, (cubá) קֻבָּה, נ.
pabellón.
Recep- (kibul) קִבּוּל, ז.
ción.
(beyt-kibul) בֵּית-קִבּוּל
Depósito, arca de
agua.
(cli-kibul) כְּלִי-קִבּוּל
Jarro, jarra, vasija,
tarro.
Fijo.(cavúa) קָבוּעַ, ת.
Fija- (kivúa) קִבּוּעַ, ז.
ción.
Reu- (kibutz) קִבּוּץ, ז.
nión, asamblea. Colec-
ción. Colonia coope-
rativa.
(kibutz- קִבּוּץ-גָּלֻיּוֹת
galuyot) Reunión de
los desterrados.
(shem-kibutz) שֵׁם-קִבּוּץ
Colectivo.
Nombre (cubutz) קֻבּוּץ, ז.
de la vocal ֻ = u.

Puntua-(cavutz) קָבוּץ, ת.
do de un קִבּוּץ.
Gru-(kvutzá) קְבוּצָה, נ.
po. Banda. Equipo.
Colonia cooperativa.
Co- (kibutzí) קִבּוּצִי, ת.
lectivo.
(kibutzi- קִבּוּצִיּוּת, נ.
yut) Colectivismo.
(kvutzatí) קְבוּצָתִי, ת.
Colectivo.
En- (cavur) קָבוּר, ת.
terrado.
Tum-(kvurá) קְבוּרָה, נ.
ba, sepulcro. Entier-
ro, sepultura.
Da- (cuvyá) קֻבְיָא, נ.
do.
Dado.(cubiyá) קֻבִּיָּה, נ.
Cubo. Ficha.
(cubizm) קוּבִּיזְם, ז.
Cubismo.
Ga-(cabinet) קַבִּינֶט, ז.
binete.
Fi- (kviá) קְבִיעָה, נ.
jación. Destinación.
Fi-(kviut) קְבִיעוּת, נ.
jación. Perpetuidad,
constancia.
Co-(kvitzá) קְבִיצָה, נ.
lección. Recogimiento.
En-(kvirá) קְבִירָה, נ.
tierro.
קבל (קָבַל, יִקְבֹּל) פ"י
Quejarse.
Recibir. Aceptar. -קִבֵּל
Acoger.
Ser recibido. -קֻבַּל
Ser aceptado.
Ser o estar en- -הִקְבִּיל
frente, paralelo.Aco-
ger.
Ser puesto pa- -הֻקְבַּל
ralelamente.
Recibirse. Acep- -הִתְקַבֵּל
tarse.
Con-(cavol) קָבוֹל, תה"פ.
tra, enfrente.
Arie- (cóvel) קֹבֶל, ז.
te.
Con- (cabal) קַבָּל, ז.
tratista.
Con- (cabal) קַבָּל, ז.
tratista.
Pro- (kiblá) קִבְלָה, נ.
testa, protestación.
Recep-(cabalá) קַבָּלָה, נ.
ción, recibimiento.Re-
cibo. Cábala.
(cabalat- -קַבָּלַת פָּנִים
panim) Acogimiento,
recibimmiento.
(cabalat-sha- -קַבָּלַת שַׁבָּת
bat) Recepción del sá-
bado (con oraciones,
cánticos,etc.).
קַבָּלוֹת, ר' קַבְּלָנוּת.
Caba-(cabalí) קַבָּלִי, ת.
lístico.
Con- (cablán) קַבְּלָן, ז.
tratista.
(cublana) קֻבְלָנָה, נ.
Queja.
(cablanut) קַבְּלָנוּת, נ.
Contrata.
Por (cablaní) קַבְּלָנִי, ת.
contrata.
Re- (kibólet) קִבֹּלֶת, נ.
cepción, recibimiento,
empresa,
Repugnar. קָבַס, פ"י.
Asco, (keves) קֶבֶס, ז.

repugnancia.
En-(kibóset) קִבֹּסֶת, נ.
gaño.
Im-(kvastán) קַבְּסְתָן, ז.
portuno.
קבע (קָבַע, יִקְבַּע) פ"י
Robar, saquear. Cla-
var. Fijar. Estable-
cer. Destinar.
Ser fijado. הִקָּבַע-
Fijar. קִבֵּעַ-
Ser fijado. קֻבַּע-
Ser fijado. הֻקְבַּע-
Cosa (keva) קֶבַע, ז.
fija o determinada.
Copa, (cubáat) קֻבַּעַת, נ.
hez (?).
קבץ (קָבַץ, יִקְבֹּץ) פ"י
Reunir, recoger.
Reunirse, ser הִקָּבֵץ-
reunido.
Reunir, reco- קִבֵּץ-
ger.
Ser reunido. קֻבּוּץ-
Reunirse. הִתְקַבֵּץ-
(có- קֹבֶץ, ז. ר' קְבָצִים
vetz) Colección.
Arti- (kévetz) קֶבֶץ, ז.
culación.
Men- (cabtzán) קַבְּצָן, ז.
digo.
(cabtzanut) קַבְּצָנוּת, נ.
Mendiguez.
Chan-(cavcav) קַבְקַב, ז.
clo, galocha.
קבר (קָבַר, יִקְבֹּר) פ"י
Enterrar, sepultar.
Ser enterrado, הִקָּבֵר-
ser sepultado.
Enterrar, sepul- קִבֵּר-
tar.

Ser enterrado. קֻבּוּר-
קֶבֶר, ז. ר' קְבָרִים, גם
Tumba, (kéver) קְבָרוֹת
sepulcro.
(beyt-kva- בֵּית קְבָרוֹת-
rot) Cementerio.
(cabar, קַבָּר, קַבְּרָן, ז.
cabrán) Sepulturero,
enterrador.
Harina (kibar) קִבָּר, ז.
mal molida, salvado.
Cabaret.(cabaret) קַבָּרֶט, ז.
קַבְּרָן, ר' קַבָּר.
(kvarnún) קְבַרְנוּן, ז.
Gobio.
Pi-(cabarnit) קַבַּרְנִיט, ז.
loto, capitán.
Bi- (kibóret) קִבֹּרֶת, נ.
ceps.
קדד (קַד, יִקֹּד) פ"ע
Prosternarse. Cortar.
Ser cortado. הִקַּדֵּד-
Perforar. קִדֵּד-
Perforar. הִקְדִּיד-
As- (kéded) קֶדֶד, ז.
trágalo.
קדה (קָדָה, יִקְדֶּה) פ"ע
Doblar la cabeza.
Inclinación.(kidá) קִדָּה, נ.
Canelo. Canela.
Cor- (cadud) קָדוּד, ת.
tado.
Perfo-(kidúaj) קִדּוּחַ, ז.
ración.
Per- (cadúaj) קָדוּחַ, ת.
forado.
An- (cadum) קָדוּם, ת.
tiguo.
דֵּעָה קְדוּמָה, מִשְׁפָּט-
(deá-kdumá,mishpat קָדוּם
cadum) Prejuicio.

Quemar. Causar הַקְדֵּחַ- el paludismo.Horadar.
Que- (kédaj) קֶדַח, ז. madura.
Palu-(cadájat) קַדַּחַת, נ. dismo, malaria.
(cadajtanut) קַדַּחְתָּנוּת, נ. Calor, calentura.
(cadajtaní) קַדַּחְתָּנִי, ת. Caliente.
Cadete.(cadet) קָדֶט, ז.
Cor- (kdidá) קְדִידָה, נ. te.
Per- (kdijá) קְדִיחָה, נ. foración.
Este,(cadim) קָדִים, ז. oriente.
(cadima) קָדִימָה, תה"פ. Adelante.
Ade- (kdimá) קְדִימָה, נ. lanto, adelantamiento. Preferencia.
(din-kdimá) דִּין- קְדִימָה Preferencia.
(dmey-kdi- דְּמֵי- קְדִימָה má) Pago a cuenta.
Obs- (kdirá) קְדִירָה, נ. curecimiento.
Ora- (cadish) קַדִּישׁ, ז. ción de los huérfanos. Santificación del nombre de Dios.
(kedal, קְדַל, קֶדֶל, ז. kédel) Nuca.
קָדַם (קָדַם, יִקְדַּם) פעו"י Preceder, anteceder.
Anteceder, pre- הִקְדִּים- ceder.
Preceder,anteceder. קִדֵּם- Salir al encuentro de. Saludar.

Ade- (kidum) קִדּוּם, ז. lanto, adelantamiento, progreso.
(kdumim) קְדוּמִים, ז"ר. Tiempo remoto.
(kdomaní) קְדוֹמָנִי, ת. Anterior,
(kdoraní) קְדוֹרַנִּי, ת. Oscuro.
(kdo- קְדוֹרַנִּית,תה"פ. ranit) Tristemente.
קָדוֹשׁ,ת. נ' קְדוֹשָׁה,ר' קְדוֹשִׁים Santo,(cadosh) sagrado. Mártir.
(ha הַקָּדוֹשׁ- בָּרוּךְ הוּא cadosh-baruj-hu) El Santo, bendito sea: Dios.
San- (kidush) קִדּוּשׁ, ז. tificación.
(kidush- קִדּוּשׁ- הַחֹדֶשׁ hajódesh) Fijación del primer día del mes. Oración de este día.
(kidush- קִדּוּשׁ- הַלְּבָנָה halvaná) Oración hecha delante de la luna los primeros días del mes.
(kidush-ha- קִדּוּשׁ- הַשֵּׁם shem) Santificación del nombre de Dios.
קִדּוּשִׁים, קִדּוּשִׁין, ז"ר. (kidushim, kidushín) Matrimonio.
קָדַח (קָדַח, יִקְדַּח) פעל"י Encender. Encenderse. Tener fiebre,enfermar de calenturas. Horadar, taladrar.
Ser taladrado, הִקָּדַח- perforado. Quemarse.

Preceder, ante- הַקְדֵּם-
ceder. Salir al en-
cuentro.Adelantarse.
Ser adelantado. הֻקְדַּם-
Adelantarse, הִתְקַדֵּם-
progresar.
Frente,(kédem) .ז ,קֶדֶם
Oriente. Antigüedad.
An-(códem) .תה"פ ,קֹדֶם
tes.
(có- קֹדֶם כֹּל, קֹדֶם לְכֹל-
dem-col,códem,lacol)
Antes de todo.
An- (cadmá) .נ ,קַדְמָה
tigüedad.
Pro- (kidmá) .נ ,קִדְמָה
greso, adelanto.Orien-
te, parte anterior.
(kedma) .תה"פ ,קֵדְמָה
Hacia el oriente.
An-(cadma) .תה"פ ,קַדְמָה
tes de, antes que.
An-(cadmón) .ת ,קַדְמוֹן
tiguo. Anterior.
(cadmoní) .ת ,קַדְמוֹנִי
Oriental. Antiguo.
Anti-(cadmut).נ ,קַדְמוּת
güedad.Estado anterior.
Ante-(kidmí) .ת ,קִדְמִי
rior, delantero.
(cadmiyum) .ז ,קַדְמִיּוּם
Cadmio.
Pre-(kidómet) .נ ,קִדֹּמֶת
fijo.
(cadentza) .נ ,קָדֶנְצָה
Cadencia.
Cráneo.(codcod) .ז ,קָדְקֹד
Vértice,cima.Mollera.
קדר (קָדַר, יִקְדֹּר) פ"ע
Obscurecerse.Fig. en-
tristecerse. Horadar,
perforar.
Ser horadado, הִקָּדֵר-
ser perforado.
Horadar, per- קַדֵּר-
forar.
Obscurecer. הַקְדֵּר-
Fig. entristecer.
Obscurecerse. הִתְקַדֵּר-
Alfa- (cadar) .ז ,קַדָּר
rero.
Olla, (kderá) .נ ,קְדֵרָה
puchero.
Al- (cadarut) .נ ,קַדָּרוּת
farería.
Obs- (cadrut) .נ ,קַדְרוּת
curidad.
קדש (קָדַשׁ, יִקְדַּשׁ) פע"ו
Ser santo.
Ser consagrado. הִקָּדֵשׁ-
Santificarse.
Consagrar. San- קַדֵּשׁ-
tificar. Preparar. Pu-
rificar. Prohibir. De-
cir el קִדּוּשׁ.
Ser santificado. קֻדַּשׁ-
Ser casada.
Consagrar, dedi- הַקְדֵּשׁ-
car. Santificar.
Ser consagrado, הֻקְדַּשׁ-
ser dedicado.Ser san-
tificado.
Santificarse. הִתְקַדֵּשׁ-
Purificarse.Prepararse.
Prohibirse. Casarse.
(có- קֳדָשִׁים ר' .ז ,קֹדֶשׁ
desh) Santidad. San-
tuario.
(códesh-le) קֹדֶשׁ לְ-
Sagrado a. Destinado
para.
(códesh- קֹדֶשׁ הַקֳּדָשִׁים-

hacodashim) El Santo
de los Santos,el san-
tuario.
-ה- אדמת הקדש,ארץ
(admat-hacódesh, קדש
éretz-hacódesh) La
Ciudad Santa.
.ארון הקדש,ר' ארון-
(kitvey- כתבי הקדש-
hacódesh) La Sagrada
Escritura.
(leshón- לשון הקדש-
hacódesh)Fig. hebreo.
(rúaj-hacó- רוח הקדש-
desh)El Espíritu Santo.
(ca- קדש,ז. נ' קדשה
desh) Fornicador.
San- (kdushá) .קדשה,נ
tidad. Tercera ben-
dición de la עמידה.
(kdeshut) .קדשות,נ
Fornicación.
(codashim) קדשים,ז"ר
Sacrificios.
קהה (קהה, יקהה) פ"ע
Ser debilitado. Ser
embotado.
Ser debilitado. הקהה-
Ser embotado.
Embotarse. קהה-
Embotar. הקהה-
Embotarse. התקהה-
(kehé)קהה נ' .קהה,ת
Embotado. Agrio.
Em- (kehut) .קהות,נ
botadura.
Es- (kehayón) .קהיון,ז
tupidez. Repugnancia.
Convocar,reu- .קהל,פ"י
nir.
Ser reunido, ser הקהל-
convocado, reunirse.
Convocar, reu- הקהיל-
nir.
Reunirse. התקהל-
Público.(cahal) .קהל,ז
Puęblo, multitud. Con-
gregación.
En (becahal) בקהל-
público.
Comu-(kehilá) קהלה,נ
nidad. Reunión.
(kehiliyá) .קהליה,נ
República.
Eccle-(cohélet) ,קהלת
siastés.
קו ,קו,ז.ר' קוים
(cav) Línea, raya.Habla
(cav-órej) קו ארך-
Meridiano.
(cav-rójav) קו רחב-
Paralelo.
(cav-hamash-המשוה קו-
vé) El ecuador.
(cav-ha- קו הצהרים-
tzohoráyim) Primer me-
ridiano.
(coedu- .קואדוקציה,נ
catzya) Coeducación.
(coopera-.קואופרטיב,ז
tiv) Cooperativa.
(coope- .קואופרטיבי,ת
rativi) Cooperativo.
(coope- .קואופרציה,נ
ratzya) Cooperación.
(coordi-.קואורדינטה,נ
nata) Coordenada.
(coor- .קואורדינציה,נ
dinatzya)Coordinación.
(coalitzya).קואליציה,נ
Coalición.
(coalitz-קואליציוני,ת

yoni) Coalicionista.
קוֹאֶפִיצְיֶנְט, ר׳ מְקַדֵּם.
Co- (cobalt) ז, קוֹבַּלְט
balto.
Capace-(cova) .ז, קוֹבַע
te, sombrero de acero.
Có- (códex) .ז, קוֹדֶכְּס
digo.
קוֹדֶם, ת. נ׳ קוֹדֶמֶת
(codem) Anterior.
(kvadril- ז, קְוַדְרִילְיוֹן
yón) Cuatrillón.
(kvadrant) .ז, קְוַדְרַנְט
Cuadrante.
Oscuro.(coder) .ת, קוֹדֵר
Fig. triste.
Esperar. .פ"ע, קִוָּה
Reunirse. -הִקָּוֶה
Ser esperado. -קֻוָּה
Espe- (covė) .ז, קוֹוֶה
rador.
Espe- (kivuy) .ז, קִוּוּי
ranza. Reunión.
Reuni-(cavuy) .ת, קָוּוּי
do, recogido.
Desa-(kivutz) .ז, קִוּוּץ
rraigo.
Corto.(cavutz) .ת, קָוּוּץ
Espinoso.
(kvórum) .ז, קְווֹרוּם
Quórum.
San- .פ"י, הֵקֵז (קוז)
grar.
Te- (cozaza) .נ, קוֹזָזָה
rrón.
Co- (cozak) .ז, קוֹזָק
saco.
קוט (קָט, יָקוּט) פ"ע
Repugnar, fastidiarse,
aborrecer.
Ser repugnado. -הִקּוֹט

Pelear, reñir, -הִתְקוֹטֵט
disputar.
Nom- (cutit) .נ, קוּטִית
bre de una moneda pe-
queña.
(cotanguéns) .ז, קוֹטַנְגֶּנְס
Cotangente.
Espe- (kviyá) .נ, קְוִיָּה
ranza.
(kvinta) .נ, קְוִינְטָה
Quinta.
(kvintil- ז, קְוִינְטִילְיוֹן
yón) Quintillón.
(col) קוֹל, ז. ר׳ קוֹלוֹת
Voz. Voto. Ruina. Or-
den.
(col-ejad) -קוֹל אֶחָד
A una voz, unánimemen-
te.
Voz (col-ram) -קוֹל רָם
alta.
-הֵרִים קוֹל, נָשָׂא קוֹל
Alzar la voz.
-שָׁמַע בְּקוֹל, שָׁמַע לְקוֹל
Obedecer.
(coloíd) .ז, קוֹלוֹאִיד
Coloide.
Cu- (culón) .ז, קוּלוֹן
lombio.
(colonya- .ת, קוֹלוֹנְיָאלִי
li) Colonial.
קוֹלוֹנְיָה, ר׳ מוֹשָׁבָה.
(coloni- נ, קוֹלוֹנִיזַצְיָה
zatzya) Colonización.
(colonel) .ז, קוֹלוֹנֶל
Coronel.
Manga, (cólaj) .ז, קוֹלָח
manguera.
קוּלְטוּרָה, ר׳ תַּרְבּוּת.
Vocal. (colí) .ת, קוֹלִי
Del sonido.

locado.
Sublevarse, in- הִתְקוֹמֵם-
surreccionarse.
Erec- (cum) .ז, קוּם
ción.
(combi- .נ, קוֹמְבִּינַצְיָה
natzya) Combinación.
(comedya) .נ, קוֹמֶדְיָה
Comedia.
Altura, (comá) .נ, קוֹמָה
estatura. Piso de una
casa.
(comuna) .נ, קוֹמוּנָה
Comuna.
(comunizm) .ז, קוֹמוּנִיזְם
Comunismo.
(comunist) .ז, קוֹמוּנִיסְט
Comunista.
(comunis- .ת, קוֹמוּנִיסְטִי
ti) Comunista.
(comuni- .ז, קוֹמוּנִיקָט
cat) Comunicado.
(comoni- .נ, קוֹמוּנִיקַצְיָה
catzya) Comunicación.
Goma, (comos) .ז, קוֹמוֹס
resina.
קוֹמְשָׁה, ר׳ כּוֹכָב שָׁבִיט.
Pelo, (comey) .ז, קוֹמֵי
cabello.
Cómico. (comi) .ת, קוֹמִי
(comisyón) .ז, קוֹמִיסְיוֹן
Comisión.
(comisyo- .ז, קוֹמִיסְיוֹנֶר
ner) Comisionista.
Có- (comicán) .ז, קוֹמִיקָן
mico, comediante.
(comemi- .תה"פ ,קוֹמְמִיּוּת
yut) Derecho, sin mie-
do, con seguridad.
Co- (comando) .ז, קוֹמַנְדוֹ
mando.

(colitis) .ז, קוֹלִיטִיס
Colitis.
Nom- (colyás) .ז, קוֹלְיָס
bre de un pescado.
Femur. (culit) .נ, קוּלִית
Balde, cubo.
Dia- (colán) .ז, קוֹלָן
pasón. Goma.
Ci- (colnóa) .ז, קוֹלְנוֹעַ
nematógrafo, cine.
(colnoí) .ת, קוֹלְנוֹעִי
Cinematográfico.
קוֹלָנִי, ת. נ׳ קוֹלָנִית
(colaní) Gritón.
Tron- (colás) .ז, קוֹלָס
cho.
Tira- (coléa) .ת, קוֹלֵעַ
dor.
(colektiv) .ז, קוֹלֶקְטִיב
Colectividad.
(colectivi) .ת, קוֹלֶקְטִיבִי
Colectivo.
קוֹלֶקְטִיבִיּוּת, נ. קוֹלֶקְטִי-
(colectiviyut, .ז, בִיזְם
-vizm) Colectivismo.
קוֹלֶקְצְיָה, נ. ר׳ אֹסֶף.
Collar. (colar) .ז, קוֹלָר
Cadena.
(colrabi) .ז, קוֹלְרַבִּי
Col.
קוּם (קָם, יָקוּם) פ"ע
Levantarse, pararse.
Sublevarse. Cumplirse.
Elevar, levan- קוֹמֵם-
tar, erigir.
Elevar, levantar, הֵקִם-
erigir, establecer.
Renovar, arreglar,
reparar.
Ser erigido, le- הוּקַם-
vantado, puesto, co-

קוֹמָנִית, נ. (comanit) Moho.

קוֹמְפּוֹזִיטוֹר, ז. (compo- zítor) Compositor.

קוֹמְפּוֹזִיצְיָה, נ. (compo- zitzya) Composición.

קוֹמְפּוֹנֶנְט, ז. (component) Componente.

קוֹמְפִּילַצְיָה, נ. (compi- latzya) Compilación.

קוֹמְפְּלִיקַצְיָה, ר' סִבּוּךְ, תִּסְבֹּכֶת, הִסְתַּבְּכוּת.

קוֹמְפְּלֶכְּס, ז. (complex) Complejo.

קוֹמְפְּרוֹמִיס, ז. (compro- mís) Compromiso.

קוֹמְפְּרֶסוֹר, ז. (compre- sor) Compresor.

(קרן) קוֹנֵן, פ"ע. La- mentar, llorar.

קוֹנְגְלוֹמֶרָט, ז. (conglo- merat) Conglomerado.

קוֹנְגְּרֶס, ז. Con-(congrés) greso.

קוֹנְדִּיטוֹן, ז. (conditón) Vino aromático.

קוֹנְדִּיטוֹרְיָה, נ. (condi- torya) Confitería.

קוֹנְדֶנְסָטוֹר, ז. (conden- sátor) Condensador.

קוֹנֶה, ז. נ' קוֹנָה (co- né) Comprador. Cliente. Patrón, dueño.

קוֹנוּס, ז. Cono. (conus)

קְוַנְט, ז. Cuanto. (kvant)

קוֹנְטִינֶנְט, ז. ר' יַבֶּשֶׁת.

קוֹנְטִינֶנְטָלִי, ר' יַבַּשְׁתִּי.

קוֹנְטַקְט, ר' מַגָּע.

קוֹנְטְרַבַּנְדָה, ר' הַבְרָחָה.

קוֹנְטְרַבַּס, ר' בַּטְנוּן.

קוֹנִי, ת. Cónico. (coni)

קוֹנְיָאק, ז. Co- (coñac) ñac, cognac.

קוֹנְיָה, נ. Pol-, (conyá) vo.

קוֹנְיוּנְקְטוּרָה, נ. (con- yuntura) Coyuntura.

קוֹנְכִיָּה, קוֹנְכִית, נ. (cunjiyá-jit) Caracol.

קוֹנָם, מ"ק. Prohi-(conam) bido, no.

-קוֹנָם שֶׁ- (conam-she) Juro que.

קוֹנְסוּל, ז. Cón-(cónsul) sul.

קוֹנְסוּלְיָה, נ. (consulya) Consulado.

קוֹנְסוֹנַנְט, ר' עִצּוּר.

קוֹנְסוֹרְצְיוֹן, ז. (consor- tzyón) Consorcio.

קוֹנְסְטִיטוּצְיָה, ר' חֻקָּה.

קוֹנְסְטִיטוּצְיוֹנִי, ת. (constituzyoni) Constitucional.

קוֹנְסִילְיוּם, ז. (consil- yum) Concilio.

קוֹנְסְפִּירַצְיָה, נ. (cons- piratzya) Conspiración.

קוֹנְסְפֶּקְט, ז. (conspekt) Resumen.

קוֹנְסֶרְבָטוֹרְיוֹן, ז. (con- servatoryón) Conservatorio

קוֹנְסֶרְבָטִיבִי, ר' שַׁמְרָנִי.

קוֹנְסֶרְבָטִיזְם, ז. ר' שַׁמְרָנוּת.

קוֹנְסֶרְבִים, ר' שִׁמּוּרִים.

קוֹנְפֵדֶרַצְיָה, נ. (confede- ratzya) Confederación.

קוֹנְפְלִיקְט, ר' סִכְסוּךְ.

קוֹנְפֶקְצְיָה, נ. (confektz- ya) Confección.

קוֹנְצֶנְטְרִי, ר' מֶרְכָּזִי.

קונצרט, ז. (contzert) Concerto. Concierto.

קונצרטינה, נ. (contzertina) Concertina.

קונקורדט, ז. (concordat) Concordato.

קונקורדנציה, נ. (concordantzya) Concordancia.

קונקורנציה, נ. (concurentzya) Competencia.

קונקורס, ז. ר׳ תחרות.

קונקרטי, ת. (concreti) Concreto.

קוסינוס, ז. (cosinus) Coseno.

קוסם, ז. Mago. (cosem)

קוסמוגוניה, נ. (cosmogonya) Cosmogonía.

קוסמוגרפיה, נ. (cosmografya) Cosmografía.

קוסמולוגיה, נ. (cosmologya) Cosmología.

קוסמוס, ר׳ יקום.

קוסמופוליט, ז. (cosmopolit) Cosmoppolita.

קוסמופוליטיות, נ. (cosmopolitiyut) Cosmopolitismo.

קוסמטי, ת. (cosmeti) Cosmético.

קוסמטיקה, נ. (cosmética) Cosmético.

קוסמי, ת. (cosmi) Cósmico.

קוף, ז. ר׳ קופים (cof) Mico, mono.

קוף, קוף, נ. (cof, cuf) Nombre de la décimanovena letra del alfabeto hebreo.

קוף, ז. (cuf) Agujero, hueco.

קופיץ, ז. (cofitz) Machete, cortante.

קוץ (קץ, יקוץ) פ"ע Fastidiarse. Despertarse. Temer. Cortar. Fijar un precio.

קוץ- Quitar las espinas.

הקץ- Despertarse. Despertar. Exterminar, aniquilar.

התקיץ- Secarse, arrugarse.

התקוץ- Ser quitadas las espinas.

קוץ, ז. ר׳ קוצים (cotz) Espina. Corona que adorna una letra.

קוץ, ז. (cavatz) Recogedor de espinas.

קוצה, נ. (kvutzá) Bucle, mecha.

קוצה, נ. (cotzá) Corona sobre una letra.

קוצי, ת. (cotzí) Espinoso.

קוציץ, ז. (cotzitz) Acanto.

קוצני, ת. (cotzaní) Espinoso.

קוצץ, ת. (cotzetz) Que corta o arranca.

קוצר, ז. (cotzer) Segador.

קוקא, ז. (coca) Coca.

קוקאין, ז. (cocaín) Cocaína.

קוקוס, ז. (cocus) Coco.

קוקיה, נ. (cukiyá) Cuclillo.

קור (קר, יקור) פ"י

Cavar.
Sacar. הָקֵר-
(cur)קוּרִים ר׳ .ז ,קוּר
Telaraña.
(cor,co- .ז ,קוֹרָא ,קוֹר
rá) Troncho.
Perdiz.(coré) .ז ,קוֹרֵא
Lector.
Acer- (curvá) .נ ,קוּרְבָה
camiento.
(cordya- .ז ,קוֹרְדְיָקוֹס
cos) Zapato.
Viga, (corá) .נ ,קוֹרָה
madero, tronco. Repo-
so. Carcaj.
(corat-gag) קוֹרַת-גַּג-
Fig. amparo, asilo.
(corat-rúaj)קוֹרַת-רוּחַ-
Satisfacción.
קוֹרוּפְּצְיָה, ר׳ שְׁחִיתוּת.
(corot) .נ"ר ,קוֹרוֹת
Sucesos, acontecimi-
entos. Historia.
קוּרְטֶם, זנ ר׳ רְבִיעִיָּה.
קוֹרָל, ז. ר׳ קוֹרָלִים
(coral) Coral.
Bri- (corén) ת ,קוֹרֵן
llante. Radiador.
(coranit) .נ ,קוֹרָנִית
Tomillo.
An- (curnás) .ז ,קוּרְנָס
tena.
Curso. (curs) .ז ,קוּרְס
Cur-(cursiv).ז ,קוּרְסִיב
sivo.
קוֹרֶסְפּוֹנְדֶנְט, ר׳ כַּתָּב
(co- .נ ,קוֹרֶסְפּוֹנְדֶנְצְיָה
respondentzya) Co-
rrespondencia.
Cuerpo.(corpus).ז ,קוֹרְפּוּס
(corporal).ז ,קוֹרְפּוֹרָל

Caporal.
קוֹרְפּוֹרַצְיָה, נ. ר׳ אִגּוּד.
(kvartza) .נ ,קְוַרְצָה
Cuarzo.
קוֹשׁ (קָשׁ, יָקוּשׁ) פ"י
Poner una trampa.
Es- (cushán) .ז ,קוּשָׁן
critura.
Atador.(cosher).ז ,קוֹשֵׁר
Rebelde.
Ca- (cazeín) .ז ,קָזֵאִין
seína.
(cazu- .נ ,קָזוּאִיסְטִיקָה
ística) Casuística.
(cazuari- .נ ,קָזוּאָרִינָה
na) Casuarina.
Casino.(cazino)ז ,קָזִינוֹ
Mar- (cajván) .ז ,קַחְוָן
garita.
Infinitivo del ,קַחַת
verbo לָקַח.
Pequeño, (cat) .ת ,קַט
poco, chico.
Exter- (kétev) .ז ,קֶטֶב
minación,mortandad.
Polo. (cótev) .ז ,קֹטֶב
Eje. Lagar.
Po- (cotbí) .ת ,קָטְבִּי
lar.
Acu-(categor) .ז ,קָטֵגוֹר
sador.
Ca-(categori).ת ,קָטֵגוֹרִי
tegórico.
(ha- הַצִּוּוּי הַקָּטֵגוֹרִי-
tzivuy-hacategori) El
imperativo categórico.
(categorya) .נ ,קָטֵגוֹרְיָה
Acusación.
Cor- (catum) .ת ,קָטוּם
tado.
Tra- (ktumá) .נ ,קְטוּמָה

pecio.
In- (kitúa) קִטּוּעַ, ז.
cisión, amputación.
Ampu- (catúa) קָטוּעַ, ת.
tado, cortado.
Arran-(catuf) קָטוּף, ת.
cado, cortado.
Arran-(kituf) קִטּוּף, ז.
camiento, recolección.
Atado, (catur) קָטוּר, ת.
unido.
Incen-(kitur) קִטּוּר, ז.
sación.
In- (ktorá) קְטוֹרָה, נ.
cienso.
קָטַט, הִתְקוֹטֵט, ר׳ קוט.
Pelea, (ktatá) קְטָטָה, נ.
disputa, querella.
Ma- (ktila) קְטִילָא, ת.
tado, muerto.
Rup-(ktimá) קְטִימָה, נ.
tura, rompimiento.
Pe- (ktina) קְטִינָא, ת.
queño, chico.
Tala, (ktiá) קְטִיעָה, נ.
derribo.
Cose- (catif) קָטִיף, ז.
cha. Recolección.
Re- (ktifá) קְטִיפָה, נ.
colección, arranca-
miento. Terciopelo.
קָטַל (קָטַל, יִקְטֹל) פ״י
Matar, asesinar.
Ser muerto. הִתְקַטֵּל-
Ase- (kétel) קֶטֶל, ז.
sinato.
Co- (catlá) קַטְלָה, נ.
llar.
Catá-(catalog) קָטָלוֹג, ז.
logo.
Ca- (cataliz) קָטָלִיז, ז.
tálisis.
(catalizá- קָטָלִיזָטוֹר, ז.
tor) Catalizador.
Pel-(catlit) קַטְלִית, נ.
vis.
קַטְלָן, ז. ר׳ קַטְלָנִית
(catlán) Asesino.
Fa-(catlaní) קַטְלָנִי, ת.
tal.
קָטַם (קָטַם, יִקְטֹם) פעו״י
Cortar, arrancar. Cu-
brir de ceniza.
Ser cortado, הִקָּטֵם-
amputado.
Ce- (kitma) קִטְמָא, ז.
niza.
קָטֹן (קָטַן, יִקְטַן) פ״ע
Ser pequeño, ser poco
considerado.
Disminuír, reducir, הִקְטִין-
achicar, aminorar.
Disminuír, achi- הִתְקַטֵּן-
carse, reducirse.
Ser reducido, ser הֻקְטַן-
achicado.
קָטָן, ת. נ׳ קְטַנָּה, ר׳
Chico, (catán) קְטַנִּים
pequeño. Menor.
קֹטֶן, ר׳ קְטָן.
Peque- (coten) קֹטֶן, ז.
ñez. Dedo auricular.
Chico, (catén) קָטֵן, ת.
que se achica.
Pe-(catnuní) קַטְנוּנִי, ת.
queño, minucioso.
Pe- (catnut) קַטְנוּת, נ
queñez. Bajeza.
(ktan- קְטַנְטַן, קְטַנְטֹן, ת.
tá,-tón) Chiquito.
קִטְנִית, נ. ר׳ קִטְנִיּוֹת
(kitnit) Grano, legum-

bre seca. Guisante.

קָטַסְטְרוֹפָּה, נ. (catas-trofa) Catástrofe.

קָטַע (קָטַע, יִקְטַע) פ"י Amputar, cortar.

-קַטֵּעַ Cortar, amputar.

-קוּטַּע Ser amputado.

-הִקְטִיעַ Atravesar.

-הִתְקַטֵּעַ Ser amputado, ser cortado.

קִטֵּעַ, ז. Ampu- (kitéa) tado.

קֶטַע, ז. ר' קְטָעִים (ke-ta) Fragmento, segmento. Trozo.

קָטַף (קָטַף, יִקְטֹף) פ"י Arrancar, recolectar.

-הִקָּטֵף Ser arrancado, ser recolectado.

-קַטֵּף Arrancar, recolectar.

-קוּטַף Ser arrancado, ser recolectado.

-הִתְקַטֵּף Arrancarse, ser recolectado.

קֶטֶף, ז. Bálsa- (ktaf) mo.

קַטַפְרֵס, ז. (catafrés) Pendiente.

קָטָקוֹמְבָּה, נ. (catacom-ba) Catacumbas.

קִטְקֵט, פ"י. Adelgazar.

קָטַר (קָטַר, יִקְטֹר) פ"י Atar, unir. Elevarse.

-קִטֵּר Incensar. Sacrificar.

-קוּטַר Ser perfumado.

-הִקְטִיר Incensar. Quemar (un sacrificio).

-הָקְטַר Ser incensado. Ser quemado.

-הִתְקַטֵּר Perfumarse, ser perfumado.

קַטָּר, ז. Máquina (catar) de vapor. Locomotora.

קִטֵּר, ז. Sahu- (kiter) merio.

קֹטֶר, ז. Diámetro. (cóter). Eje.

קַטְרָב, ז. Colle- (catrav) ra. Estambre.

קִטְרֵג, פ"י. Inculpar, acusar.

-הִתְקַטְרֵג Ser acusado, acusarse.

קִטְרוּג, ז. Incul- (kitrug). pación, acusación.

קְטֹרֶת, נ. In- (któret) cienso.

קִיא, ז. Vómito. (ki)

קִיא (קָא, יָקִיא) פ"י Vomitar.

-הֵקִיא Vomitar.

קִיבָה, ר' קֵבָה.

קִידָה, ר' קִדָּה.

קִיּוּם, ז. Exis- (kiyum) tencia. Confirmación, cumplimiento. Conservación.

קִיוֹסְק, ז. Kios- (kyosk) quo, quiosquo.

קִיחָה, נ. Toma, (kijá) acción de tomar.

קַיִט, ז. Vera- (cáyit) neo.

קֵיְטָא, ז. Vera- (cayta) no.

קִיטוֹן, ז. ר' קִיטוֹנִיּוֹת (kitón) Dormitorio, alcoba.

קִיטוֹר, ז. Vapor. (kitor) Humo.

(kyam,k- .ז ,קִיָּמָא ,קִיָּם
yama)Existencia,realidad, cumplimiento.

Levan- (kimá) .נ ,קִימָה
tamiento,erección. Realización,cumplimiento.

Re- (kimum) .ז ,קִימוּם
construcción.

(kimono) .ז ,קִימוֹנוֹ
Kimono, quimono.

Exis-(cayamut) .נ ,קַיָּמוּת
tencia.

Hoja, (cayin) .ז ,קַיִן
cuchilla.

Que tie-(cayán) .ת ,קַיָּן
ne testículos grandes.

Lamen- (kiná) .נ ,קִינָה
tación, elegía.

Ci- (kineti) .ת ,קִינֶטִי
nético.

(ener-אֶנֶרְגִּיָה קִינֶטִית-
gya-kinétit) Energía cinética.

(kinética) .נ ,קִינֶטִיקָה
Cinética.

Hie- (kisós) .ז ,קִיסוֹס
dra (planta).

(kisosit) .נ ,קִיסוֹסִית
Esmilácea.

Pali-(keysam) .ז ,קֵיסָם
llo, astilla.

César,(keysar) .ז ,קֵיסָר
emperador.

(keysarut) .נ ,קֵיסָרוּת
Imperio.

Hez. (kifá) .נ ,קִיפָה

Mú- (kifón) .ז ,קִיפוֹן
jol (pez).

Le- (kifuf) .ז ,קִיפּוּף
chuza.

Verano.(cáyitz) .ז ,קַיִץ

(mjonat-מְכוֹנַת קִיטוֹר-
kitor) Máquina de vapor.

Va-(kitorí) .ת ,קִיטוֹרִי
poroso.

Ve- (caytán) .ז ,קַיְטָן
raneante.

Casa(caytaná) .נ ,קַיְטָנָה
de veraneo.

Tordo,(kijlí) .ז ,קִיכְלִי
zorzal.

Kilo. (kilo) .ז ,קִילוֹ

(kilogram) .ז ,קִילוֹגְרַם
Kilogramo.

(kilogra- ז ,קִילוֹגְרַמֶּטֶר
méter)Kilográmetro.

(kilovat) .ז ,קִילוֹוָאט
Kilovatio.

(kilolí- .ז ,קִילוֹלִיטֶר
ter) Kilolitro.

(kilométer).ז ,קִילוֹמֶטֶר
Kilómetro.

Pa- (kilón) .ז ,קִילוֹן
lanca.

(kilanit) .נ ,קִילָנִית
Albatros.

(kilarín) .ז ,קִילָרִין
Almacén.

Confirmar. .פ"י ,קִיֵּם
Cumplir,ejecutar.Conservar.

Efectuarse,reali- קֻיַּם-
zarse. Confirmarse, cumplirse.

Existir. Con- הִתְקַיֵּם-
firmarse. Cumplirse, realizarse.

Enemigo. (kim) .ז ,קִים

(ca- קַיֶּמֶת 'נ .ת ,קַיָּם
yam) Estable, constante. Existente.

קַיִץ (קָץ, יָקִיץ) פ"ע
Veranear.
Traer en el ve- קַיֵּץ-
rano.
Secarse, mar- הִתְקַיֵּץ-
chitarse.
Fig. קִיֵּץ אֶת הַמִּזְבֵּחַ-
sacrificar.
Perso-(cayatz) .ז, קַיָּץ
na que seca higos.
Fru- (keytzá) .נ, קֵיצָה
tas de verano.
Tala. (kitzá) .נ, קִיצָה
Despertamiento.
Ex- (kitzón) .ת, קִיצוֹן
tremo, último.
Ve-(keytzón) .ת, קֵיצוֹן
raniego.
(kitzoní) .ת, קִיצוֹנִי
Extremo. Extremista.
(kitzoni- .נ, קִיצוֹנִיּוּת
yut) Extremismo.
Vera-(keytzí) .ת, קֵיצִי
niego.
(keytzanit) .נ, קֵיצָנִית
Carlina.
Ricino.(kik) .ז, קִיק
Cuervo.
(shemen-kik) שֶׁמֶן קִיק-
Aceite de ricino.
(kicayón) .ז, קִיקָיוֹן
Ricino.
(kikyoní) .ת, קִיקְיוֹנִי
Efímero.
(kicalón) .ז, קִיקָלוֹן
Vergüenza.
(kir) קִירוֹת ר' .ז, קִיר
Pared.
Ruido, (kish) .ז, קִישׁ
sonido.
Pati-(kishán) .ת, קִישָׁן

tuerto.
Jarro,(kitón) .ז, קִיתוֹן
tarro.
קַל, ת.נ' קַלָּה, ר' קַלִּים,
Fácil.(cal) נ"ר קַלּוֹת
Liviano.
(cal-dáat) קַל דַּעַת-
Irreflexivo.
(cal-vajómer) קַל וָחֹמֶר-
Con mayor razón.
Facili- (col) .ז, קֹל
dad.
(calá-ilán) .ז, קַלָּא־אִילָן
Color azul.
(colev, .ז, קֹלֶב, קֹלָב
colav) Percha.
(kilbóset) .נ, קִלְבֹּסֶת
Fémur.
Re- (calgás) .ז, קַלְגָּס
cluta, soldado.
Reclutar. .פ"י, קִלְגֵּס
קָלָה (קָלָה, יִקְלֶה) פ"י
Tostar. Quemar. Ser
envilecido.
Ser tostado. Ser נִקְלָה-
envilecido.
Envilecer, hu- הִקְלָה-
millar.
Alivio, (culá) .נ, קֻלָּה
facilitación.
Club. (club) .ז, קְלוּב
Chorro,(kilúaj). ז, קִלּוּחַ
torrente, corriente.
Absor-(calut) .ת, קָלוּט
bido,arraigado,recibi-
do. Unido.
Tos- (caluy) .ת, קָלוּי
tado.
Ver- (calón) .ז, קָלוֹן
güenza, deshonor.
Alabanza.(kilús) .ז, קִלּוּס

Tren- (calúa) .ת ,קלוע
zado, entrelazado.
Pela- (kiluf) .ז ,קלוף
dura.
Pela- (caluf) .ת ,קלוף
do.
Cor-(kilufá) .נ ,קלופה
teza.
Tri-(clufit) .נ ,קלופית
pa.
Da- (clokel) .ת ,קלוקל
ñado, malo.
(calorya) .נ ,קלוריה
Caloría.
(calori- .ז ,קלורימטר
méter) Calorímetro.
Dé- (calush) .ת ,קלוש
bil. Líquido.
Faci- (calut) .נ ,קלות
lidad. Liviandad.
Fá- (becalut) -בקלות
cilmente.
-קלות דעת, קלות ראש
(calut-daat, calut-rosh)
Irreflexión.
קלח (קלח, יקלח) פ"ע
Correrse, fluír.
Manar, fluír. -קלח
Darse una du- -התקלח
cha.
(ké- קלח ז. ר' קלחים
laj) Brote. Tallo. Torrente.
Olla, (caléjat) .נ ,קלחת
caldera.
קלט (קלט, יקלט) פ"י
Absorber. Coger, recibir, captar.
Ser absorbido, -הקלט
captado, arraigado.
Grabar, regis- -הקליט

trar (los sonidos).
Ser grabado, ser -הקלט
registrado.
קלי, קליא ז. ר' קליות
(calí) Cosa tostada.
(caligraf) .ז ,קליגרף
Calígrafo.
(caligraf- .נ ,קליגרפיה
ya) Caligrafía.
(caley- .ז ,קלידוסקופ
doscop) Caleidoscopio.
Tos- (cliyá) .נ ,קליה
tadura.
קליום, ר' אשלגן.
Absor-(clitá) .נ ,קליטה
ción. Arraigamiento.
Grabación.
Simple, (calil) .ת ,קליל
claro, fácil, chico.
(calilut) .נ ,קלילות
Facilidad.
(clima- .נ ,קלימטולוגיה
tologya) Climatología.
Cli- (cliyent) .ז ,קליינט
ente.
(cliyentu- .נ ,קליינטורה
ra) Clientela.
Clí- (clini) .ת ,קליני
nico.
(clínica) .נ ,קליניקה
Clínica.
Entre-(cliá) .נ ,קליעה
lazamiento, entretejido. Tiro, tiramiento,
lanzamiento.
Pela- (clifá) .נ ,קליפה
dura. Cáscara.
Dis- (clishá) .נ ,קלישה
minución, reducción.
Del-(clishut) .נ ,קלישות
gadez. Debilidad.

קָלַל (קַל, יֵקַל) פ"ע
Ser liviano. Ser peque
ño, insignificante. Ser
alivianado, aliviado.
Ser aliviado, הֲקוֹל-
alivianado.
Maldecir. קִלֵּל-
Ser maldito. קֻלַּל-
Aliviar. Facili- הֵקֵל-
tar. Disminuír. Des-
deñar.
Ser aliviado. הוּקַל-
Ser facilitado.
Bri- (calal) .ת, קָלָל
llante.
Cán- (calal) .ז, קָלָל
taro.
Mal- (claĺá) .נ, קְלָלָה
dición.
Mal- (calelán) .ז, קַלְלָן
decidor, maldiciente.
(calambur) ז, קַלַמְבּוּר
Calembour, retruécano.
Plu- (culmós) .ז, קֻלְמוֹס
ma de escribir.
(clementi- .נ, קְלֶמֶנְטִינָה
na) Mandarina.
Plu- (calmar) .ז, קַלְמָר
mero.
Desdeñar, des- פ"י, קִלֵּס
preciar. Glorificar,
alabar.
Burlarse. Ala- הִתְקַלֵּס-
barse. Glorificarse.
Burla. (keles) .ז, קֶלֶס
Alabanza.
Bur- (calasá) .נ, קַלָּסָה
la.
Clási- (clasi) .ת, קְלָסִי
co.
(clasifi- .נ, קְלָסִיפִיקַצְיָה
catzya) Clasificación.
(clasitzi- .ז, קְלָסִיצִיזְם
zm) Clasicismo.
(clasicón) .ז, קְלָסִיקוֹן
Clásico.
Luz, (claster) .ז, קְלַסְתֵּר
brilló.
(claster- קְלַסְתֵּר פָּנִים-
panim) Rasgos del ros-
tro.
קָלַע (קָלַע, יִקְלַע) פ"י
Tirar, lanzar, arrojar.
Trenzar, entrelazar.
Ser tirado, ser הֻקְלַע-
lanzado.
Tejer, entrelazar, קִלֵּעַ-
trenzar. Lanzar, tirar.
Hondero. (calá) .ז, קַלָּע
Tirador, puntero.
(ke- קְלָעִים ר' .ז, קֶלַע
la) Honda. Proyectil.
Camarote, pieza, toldo.
Tejido, trenza, en-
trelazamiento.
קָלַף (קָלַף, יִקְלֹף) פ"י
Pelar, mondar.
Ser pelado, ser הִקָּלֵף-
mondado.
Pelar, mondar. קִלֵּף-
Ser pelado. קֻלַּף-
Pelarse, mon- הִתְקַלֵּף-
darse.
(claf) קְלָפִים ר' .ז, קְלָף
Pergamino. Naipe, carta.
Cásca- (clipá) .נ, קְלִפָּה
ra, corteza.
(cleptomán) .ז, קְלֶפְּטוֹמָן
Cleptómano.
(clepto- .נ, קְלֶפְּטוֹמַנְיָה
manya) Cleptomanía.
קַלְפִּי, קַלְפֵּי ,ז.ר' קַל-

(calpey, calpí) פִּיּוֹת
Urna.
קַלְצִיּוּם, ר׳ סִידָן..
Daño,(kilcul) קִלְקוּל, ז.
corrupción, deterio-
ración.
Malo,(clokel) קְלֹקֵל, ת.
dañado.
Dañar, dete- קִלְקֵל, פ"י
riorar, corromper.
Ser dañado, ser קֻלְקַל-
corrompido.
Dañarse, co- הִתְקַלְקֵל-
rromperse.
Des-(calcalá) קַלְקָלָה, נ.
gracia. Daño. Pecado.
(clarinet) קְלָרִינֶט, ז.
Clarinete.
(cletical) קְלֵרִיקָל, ז.
Clerical.
(clericali) קְלֵרִיקָלִי, ת.
Clerical.
(clericá- קְלֵרִיקָלִיּוּת, נ.
liyut) Clericalismo.
Hor-(kilshón) קִלְשׁוֹן, ז.
ca, horquilla. Diente
de un instrumento.
Cesta. (kélet) קֶלֶת, נ.
Embudo.
Enemigo. (cam) קָם, ז.
Que se (cam) קָם, ת.
para o se levanta.
Primero,(camá) קַמָּא, ת
anterior.
Pri-(camaut) קַמָּאוּת, נ.
macía.
Cosecha,(camá) קָמָה, נ.
mies. Columna.
Arru- (kimut) קִמּוּט, ז.
gamiento. Arruga.
Arru- (camut) קָמוּט, ת.
gado.
Seco, (camul) קָמוּל, ת.
marchitado.
קָמוּם, ר׳ קִימוּם.
Apre- (camutz) קָמוּץ, ת.
tado, cerrado. Puntua-
do de un קָמַץ.
Eco- (kimutz) קִמּוּץ, ז.
nomía.
Con- (camur) קָמוּר, ת.
vexo, abovedado.
Con- (kimur) קִמּוּר, ז.
vexidad.
Espi- (kimosh) קִמּוֹשׁ, ז.
na.
Enco- (קמז) הִקָּמֵז, פ"ע,
gerse.
Harina.(kémaj) קֶמַח, ז.
קמח (קָמַח, יִקְמַח) פ"י
Moler.
Enharinar. קִמַּח-
קִמְחָא, ר׳ קֶמַח.
Oídio,(kimajón). קִמְחוֹן, ז,
oídium.
Hari- (kimjí) קִמְחִי, ת.
noso.
קמט (קָמַט, יִקְמֹט) פ"י
Arrugar. Aplastar.
Arrugar. קִמֵּט-
Ser arrugado. קֻמּוּט-
Arrugarse. הִתְקַמֵּט-
Arru- (kémet) קֶמֶט, ז.
ga. Dobladillo.
Dobla- (cómet) קֹמֶט, ז.
dillo.
Arru- (camtut). קַמְטוּט, ז,
ga.
Armario,(camtar). קַמְטָר, ז,
aparador.
Eiás- (camiz) קָמִיז, ת.

tico.
(kmizut) קְמִיזוּת, נ.
Elasticidad.
Hari-(camíaj) קָמִיחַ, ת.
noso, enharinado.
Que (camit) קָמִיט, ת.
se arruga.
Arru- (kmitá) קְמִיטָה, נ.
ga, arrugamiento.
Mar- (kmilá) קְמִילָה, נ.
chitamiento.
Horno,(camín) קָמִין, ז.
chimenea.
Amu- (camey-a) קָמֵיעַ, ז.
leto, talismán.
Puña-(kmitzá) קְמִיצָה, נ.
do. Dedo anular.
Con-(kmirut) קְמִירוּת, נ.
vexidad.
קָמַל (קָמַל, יִקְמַל) פ"ע
Marchitarse.
Marchitar. הִקְמִל־
Seco, (camel) קָמֵל, ת.
marchitado.
קַמָּן, ר' לְקַמָּן.
קָמַע (קָמַע, יִקְמַע) פ"י
Atar, envolver.
קִמְעָא, קִמְעָה, תה"פ.
(kim-á) Poco.
(kim-á-kim- קִמְעָה קִמְ־
á) Poco a poco.
(kim-onay) קִמְעוֹנַאי, ז.
Detallista,minorista.
(kim-onut) קִמְעוֹנוּת, נ.
Venta al pormenor,venta al detal.
(kim-oní) קִמְעוֹנִי, ת.
Detallista,minorista.
Cam-(campón) קַמְפּוֹן, ז.
po, estadio.
Alcan-(cámfor) קַמְפוֹר, ז.
for.
קָמַץ (קָמַץ, יִקְמֹץ) פ"י
Tomar un puñado. Cerrar.
Ser tomado a pu- הִקָּמֵץ־
ñados. Ser cerrado.
Economizar. Amon- קִמֵּץ־
tonar, recoger.
(có- קֹמֶץ, ז. ר' קְמָצִים
metz) Puñado.
Nombre (camatz) קָמָץ, ז.
de la vocal ָ = a.
Hoyo,(kumtzá) קֻמְצָא, ז.
pozo.
Pu- (camtzutz) קַמְצוּץ, ז.
ñado pequeño.
קַמְצָן, ת. נ' קַמְצָנִית
(camtzán) Avaro.
(camtzanut) קַמְצָנוּת, נ.
Avaricia.
(camtzaní) קַמְצָנִי, ת.
Avaro.
Cafe-(cumcum) קֻמְקוּם, ז.
tera, tetera.
קָמַר (קָמַר, יִקְמֹר) פ"י
Abovedar.
Bó- (kimrón) קִמְרוֹן, ז.
veda.
קַמְרוֹן, ר' קוֹלָן.
Ca- (cameri) קָמֶרִי, ת.
mero.
Es- (kimshón) קִמְשׁוֹן, ז.
pina.
(ken) קֵן, ז. ר' קִנִּים
Nido.
Celarse, קִנֵּא, פִּעֵל.
envidiar.
Irritar. הִקְנֵא־
Celarse, en- הִתְקַנֵּא־
vidiar.
Fanático,(caná) קַנָּא, ז.

celoso. Celador.
Celos,(kin-á) .נ, קִנְאָה
envidia. Fervor.
Fa- (canaut) .נ, קַנָּאוּת
natismo.
קַנַּאי, ת. נ׳ קַנָּאִית
(canay) Celoso, envi-
dioso. Fanático.
Ce- (can-án) .ת, קַנְאָן
loso.
(can-atán) .ת, קַנְאָתָן
Celoso, envidioso.
Cortar. Es- .פ"י, קִנֵּב
cardar.
Cortar (las ho- הַקְנֵב-
jas).
Cá- (canavós).ז, קַנָּבוֹס
ñamo.
(canguru) .ז, קֶנְגּוּרוּ
Canguro.
קַנְדִּידָט, ר׳ מֻעֲמָד.
קַנְדִּידָטוּרָה, ר׳ מֻעֲמָדוּת
(canditón) .ז, קַנְדִּיטוֹן
Vino aromático.
Palo.(cundás) .ז, קֻנְדָּס
Tunante, bribón.
קנה (קָנָה, יִקְנֶה) פ"י
Comprar. Crear. Ad-
quirir.
Ser comprado. הִקָּנֵה-
Destinar. Vender.הַקְנֵה-
Dar, entregar.
קָנֶה, ז. ר׳ קָנִים (ca-
né) Caña, junco. Ta-
llo. Cañón (de arma).
Tráquea.
(knémidá) קְנֵה־מִדָּה-
Escala de un mapa.
(kné-súcar) קְנֵה־סֻכָּר-
Caña de azúcar.
Nido, (kiná) .נ, קִנָּה

morada.
Faná- (canó) .ת, קַנּוֹא
tico, celoso.
Lim- (kinúaj) .ז, קִנּוּחַ
pieza, limpiamiento.
(kinúaj-se-קִנּוּחַ סְעֻדָּה-
udá) Postre, sobremesa,
sobrecomida.
Celos, (kinuy) .ז, קִנּוּי
envidia.
Com- (canuy) .ת, קָנוּי
prado.
Nidi- (kinún) .ז, קִנּוּן
ficación.
Cesto,(canón) .ז, קַנּוֹן
canasto, cesta, canas-
ta. Canon.
(knunyá) .נ, קְנוּנְיָה
Engaño, abuso.
Mos- (kinof) .ז, קִנּוֹף
quitero.
(knokénet) .נ, קְנוֹקֶנֶת
Filamento (de algunas
hojas)Vaso sanguíneo.
Limpiar. .פ"י, קִנַּח
Limpiarse. הִתְקַנַּח-
Enfa-.פ"י, הִקְנִיט (קנט)
dar, irritar, moles-
tar.
Molesto,(canet) .ת, קָנֵט
despreciado.
Enfa-(kintur) .ז, קִנְטוּר
do, irritación.
(cantina) .נ, קַנְטִינָה
Cantina.
Pa- (cantar) .ז, קַנְטָר
lanca.
Irritar, en-.פ"י, קִנְטֵר
fadar, molestar.
Irritarse, en-הִתְקַנְטֵר-
fadarse.

קנטרן, ז. (canterán) Mo-lestón, pleitista.
קנטרנות, נ. (canteranut) Intriga.
קונטרס, ז. (cuntrás) Folleto, cuadernillo. Pliego. Comentario de Rashi sobre el Talmud.
קניבה, נ. (knivá) Arrancamiento.
קניבל, ז. (canibal) Caníbal.
קניבליות, נ. (canibaliyut) Canibalismo.
קניה, נ. (kniyá) Compra.
קניון, ז. (cañón) Cañón.
קנין, ז. (kinyán) Bien, posesión. Criatura.
קניסה, נ. (knisá) Multa.
קנם, ת. (canom) Canelo.
קנמון, ז. (kinamón) Canela.
קנן, פ"ע. Anidar. Vivir, morar.
-קונן Morar, vivir.
קנס (קנס, יקנס) פ"י Multar, imponer una multa.
-הקנס Ser multado.
קנס, ז. ר' קנסות (knas) Multa.
קנץ, ז. (kénetz) Fin.
קנקל, ז. (kincal) Enrejado.
קנקן, ז. (cancán) Cántaro.
קנקנתום, ז. (cancantum) Sulfato de cobre.

קנרס, ז. (kinrás) Alcachofa.
קנת, נ. (kénet) Asa.
קנתור, ר' קנטור.
קנתל, ז. (cantel) Alforjas.
קנתר, ר' קנטר.
קנתרן, ר' קנטרן.
קנתרנות, ר' קנטרנות.
קסדה, נ. (casdá) Casco.
קסוה, נ. (casvá) Copa, taza.
קסום, ת. (casum) Encantado.
קסום, ז. קסימה, נ. (kisum, ksimá) Hechizo, encanto.
קסיה, נ. (casyá) Mantel. Cubierta.
קסם (קסם, יקסם) פ"י Adivinar. Encantar.
-קסם, ר' קסם.
-קוסם Ser encantado, ser fascinado.
-הקסם Encantar, fascinar.
-הקסם Ser encantado, fascinarse.
קסם, ז. ר' קסמים (késem) Magia. Encanto, fascinación.
קסם, ר' קיסם.
קסם, ז. (casam) Mago.
קסמית, נ. (kismit) Palillo, astilla.
קסס (קסס, יקסס) פ"ע Agriarse.
-קוסס Cortar, talar.
קססה, נ. (ksasá) Terrón.

קָפָא (קָפָא, יִקְפָּא) פ"ע
Congelarse.
Congelarse. הִקָּפֵא-
Congelar, he- הִקְפִּא-
lar.
He- (kipaón) .ז, קִפָּאוֹן
lada, congelación. In-
diferentismo.
Caje- (cupaí) .ז, קֻפָּאִי
ro.
Ca- (cafeín) .ז, קָפֵאִין
feína.
Cortar, acor- .פ"י, קִפֵּד
tar.
Irritarse. Ser הִתְקַפֵּד-
severo, rígido.
Des- (kfadá) .נ, קְפָדָה
trucción. Severidad.
Se- (capdán) .ת, קַפְּדָן
vero, rígido.
Ri-(capdanut) .נ, קַפְּדָנוּת
gidez, severidad.
Rí-(capdaní) .ת, קַפְּדָנִי
gido, severo.
Espumar, qui- .פ"י, קִפָּה
tar la espuma.
Ser congelado, הִקָּפֵה-
congelarse.
Caja. (cupá) .נ, קֻפָּה
Cesto. Registradora.
Café. (café) .ז, קָפֶה
Helado,(cafú) .ת, קָפוּא
congelado.
Erizo.(kipod) .ז, קִפּוֹד
Lechuza.
Cule- (kipoz) .ז, קִפּוֹז
bra (?).
Daño,(kipúaj) .ז, קִפּוּחַ
perjuicio, pérdida.
Es- (kipuy) .ז, קִפּוּי
puma. Espumadura.

Nombrar em- .פ"י, קִסֵּר
perador.
Ser nombrado . הִתְקַסֵּר-
emperador.
קֵסָר, ר' קֵיסָר.
(ksarketín).ז, קְסַרְקְטִין
Cuartel.
Tinte-(késet) .נ, קֶסֶת
ro.
(có- .נ, קֹסֶת ר' קְסָתוֹת
set) Techo.
Cón- (caur) .ת, קָעוּר
cavo.
Con- (kiur) .ז, קִעוּר
cavidad.
Ruido,(ki-cúa) ז, קִעְקוּעַ
murmullo. Tatuaje.
Tatuar.Desa- .פ"י, קִעְקֵעַ
rraigar,demoler. Ca-
carear,hacer ruido.
Ser desarrai- הִתְקַעְקֵעַ-
gado.
Ta- (ca-ca) .ז, קַעְקַע
tuaje.
(któvet- כְּתֹבֶת קַעְקַע-
ca-ca) Tatuaje.
Cavar, hacer .פ"י, קִעֵר
cóncavo.
Conca- (cóar) .ז, קֹעַר
vidad.
קְעָרָה, נ. ר' קְעָרוֹת
(keará) Áljofaina,jo-
faina, platón.
(caarurí) .ת, קְעַרוּרִי
Cóncavo.
(caarurit) .נ, קְעַרוּרִית
Concavidad.
(caaruri- .נ, קְעַרוּרִיּוּת
yut) Concavidad.
Pla-(caarit) .נ, קְעָרִית
to sopero, aljofaina.

קָפוּי, ת. (cafuy) Congelado.

קִפּוּל, ז. (kipul) Doblamiento. Dobladillo.

קִפּוּץ, ז. (kiputz) Salto, brinco.

קָפוּץ, ת. (cafutz) Cerrado.

קָפַח (קָפַח, יִקְפַּח) פ"ע Insolar.

-קִפַּח Destruír, perjudicar. Herir. Saquear, robar. Perder. Ganar, vencer.

-קֻפַּח Ser robado, saqueado, frustrado.

קִפֵּחַ, ת. Alto. (kipéaj)

קְפִיאָה, נ. (kfiá) Congelación.

קְפִיחָה, נ. (kfiá) Golpeadura, golpeo.

קַפִּיטוּלַצְיָה, נ. (capitulatzya) Capitulación.

קַפִּיטָל, ז. (capital) Capital.

קַפִּיטָלִיזְם, ז. (capitalizm) Capitalismo.

קַפִּיטָלִיסְט, ז. (capitalist) Capitalista.

קַפִּיטָלִיסְטִי, ת. (capitalisti) Capitalista.

קַפִּיטָן, ז. (capitán) Capitán.

קַפִּילָרִי, ת. (capilari) Capilar.

קְפִיץ, ז. ר' קְפִיצִים (cafitz) Resorte.

קְפִיצָה, נ. (kfitzá) Salto, brinco.

קְפִיצִי, ת. (kfitzí) Elástico.

קְפִיצִיּוּת, נ. (kfitziyut) Elasticidad.

קָפַל (קָפַל, יִקְפֹּל) פ"י Doblar.

-קִפֵּל Doblar.

-קֻפַּל Ser doblado.

-הִתְקַפֵּל Doblarse.

קֶפֶל, ז. (kéfel) Dobladillo, pliegue.

קַפְלֶט, ז. (caflet) Peluca.

קַפֶּנְדַּרְיָא, נ. (capendarya) Camino corto.

קֻפְסָא, קֻפְסָה, נ. (cufsá) Caja. Alcancía.

קַפְסֹלֶת, נ. (cafsólet) Cápsula.

קָפַץ (קָפַץ, יִקְפֹּץ) פ"ע Saltar, brincar. Cerrar. Fig. apresurarse.

-הִקָּפֵץ Saltar, brincar. Gesticular. Cerrarse.

-קִפֵּץ Saltar, brincar. Apresurar.

-הִקְפִּיץ Hacer saltar.

קֶפֶץ, ז. (kéfetz) Articulación.

קַפְצָן, ז. (caftzán) Saltador.

קַפְרִיזָה, נ. (capriza) Capricho.

קָפַש (קָפַש, יִקְפֹּש) פ"י Arrebatar, raptar.

קֵץ, ז. ר' קִצִּים (ketz) Fin.

-מִקֵּץ Al cabo de. (miketz)

קָצַב (קָצַב, יִקְצֹב) פ"י Cortar. Fijar.

-הִקָּצֵב Ser fijado.

-הִקְצִיב Fijar.

-קִצֵּב Cortar. Dividir.

קֶצֶב, ז. ר׳ קְצָבִים (kétzev) Fin, extremidad. Ritmo. Forma.

קַצָּב, ז. (catzav) Carnicero.

קִצְבָּה, נ. (kitzbá) Medida. Subvención.

קַצָּבוּת, נ. (catzavut) Carnicería (el oficio).

קצה (קָצָה, יִקְצֶה) פ״י Cortar. Separar, dividir. Exterminar.

הִקָּצָה- Ser cortado. Ser terminado.

קִצָּה- Cortar, talar.

הִקְצָה- Rascar, raspar. Separar, destinar.

הֻקְצָה- Ser separado.

קָצֶה, ז. ר׳ קְצָווֹת (catzé) Extremidad, punta.

קְצָה, נ. (catzá) Extremidad.

קֵצֶה, ז. (ketze) Fin.

קָצוּב, ת. (catzuv) Racionado, fijado. Rítmico.

קִצּוּב, ז. (kitzuv) Racionamiento.

קְצָוִי, ת. (ktzaví) Extremo.

קִצּוּי, ז. (kitzuy) Peladura.

קִצּוּעַ, ז. (kitzúa) Peladura.

קָצוּף, ת. (catzuf) Irritado, enojado.

קָצוּץ, ת. (catzutz) Cortado.

קִצּוּץ, ז. (kitzutz) Corta, corte, tala. Disminución, supresión.

קִצּוּר, ז. (kitzur) Acortamiento. Resumen.

קָצוּר, ת. (catzur) Cortado.

קֶצַח, ז. (kétzaj) Neguilla.

קָצִין, ז. ר׳ קְצִינִים (catzín) Oficial. Príncipe. Capitán.

קְצִינוּת, נ. (ktzinut) Oficialidad, grado del oficial.

קְצִיעָה, נ. (ktziá) Canela. Higos secos. División de la filacteria.

קָצִיף, ת. (catzif) Espumoso.

קְצִיפָה, נ. (ktzifá) Cólera. Crema.

קְצִיצָה, נ. (ktzitzá) Tala, corta. Vaina. Albóndiga. División de la filacteria.

קָצִיר, ז. (catzir) Cosecha. Tala, corta. Ramificación. Fig. matanza, destrucción.

קְצִירָה, נ. (ktzirá) Recolección.

קְצֻנָּה, נ. (ktzuná) Oficialidad.

קצע (קָצַע, יִקְצַע) פ״י Raspar. Hacer pan de higos.

קִצֵּעַ- , ר׳ קצע.

הִקְצִיעַ- Raspar. Acepillar, alisar.

הֻקְצַע- Ser acepillado, ser alisado.

קצף (קָצַף, יִקְצֹף) פ״ע Irritarse, enfadarse,

Desanimarse, קְצַר נֶפֶשׁ-
desalentarse.
קָצֵר, קָצָר, ת.נ׳ קְצָרָה,
(catzer, ca- ר׳ קְצָרִים
tzar) Corto, breve.
קְצַר־אַפַּיִם, קְצַר־רוּחַ-
(ktzar-apáyim, ktzar-rúaj) Impaciente.
(ktzar-yad) קְצַר־יָד-
Débil, imponente.
(ktzar-ya- קְצַר־יָמִים-
mim) Efímero.
(ktzar-reut) קְצַר־רְאוּת-
Miope, corto de vista.
Bre- (cótzer) קֹצֶר, ז.
vedad.
(cótzer-rúaj) קֹצֶר רוּחַ-
Impaciencia.
Corto (kétzer) קֶצֶר, ז.
circuito.
Pala-(catzrá) קַצְרָה, נ.
cio.
As- (catzrit) קַצֶּרֶת, נ.
ma.
קַצְרָן, ז. נ׳ קַצְרָנִית
(catzrán) Taquígrafo.
(catzranut) קַצְרָנוּת, נ.
Taquigrafía.
As-(catzéret) קַצֶּרֶת, נ.
ma.
Iktzat) קְצָת, תה"פ.
Poco.
Cacao. (cacao) קָקָאוֹ, ז.
(car) קַר, ת. נ׳ קָרָה
Frío, fresco, helado.
(car-rúaj) קַר רוּחַ-
Flemático.
Frío. (cor) קֹר, ז.
קָרָא (קָרָא, יִקְרָא) פ"י
Llamar. Gritar. Leer.

enojarse.
Irritar, enfa- הִקְצִיף-
dar, encolerizar.
Irritarse, en- הִתְקַצֵּף-
colerizarse.
Cólera. (kétzef) קֶצֶף, ז.
Espuma.
Ira, (ktzafá) קְצָפָה, נ.
cólera.
Có- (kitzafón) קִצָּפוֹן, ז.
lera.
Es-(catzéfet) קַצֶּפֶת, נ.
puma.
קָצַץ (קָצַץ, יִקְצֹץ) פ"י
Cortar, talar. Fijar, racionar.
Ser cortado. הִקָּצֵץ-
Ser fijado.
Cortar, talar. קִצֵּץ-
Fijar.
Ser cortado. Ser קֻצּוֹץ-
disminuído, reducido.
Vaina. (kétzetz) קֶצֶץ, ז.
Rup-(ktzatzá) קְצָצָה, נ.
tura. Bosque cuyos árboles deben ser talados.
Vi- (ktzótzet) קְצֹצֶת, נ.
ruta.
קצר (קָצַר, יִקְצֹר) פעו"י
Cortar, segar. Ser corto, acortarse.
Ser cortado, ser הִקָּצֵר-
segado.
Acortar, abre- קִצֵּר-
viar.
Acortar, abre- הִקְצִיר-
viar.
Acortarse, abre- הִתְקַצֵּר-
viarse.
Impacientarse קְצַר רוּחַ-

Reunir, convocar. Protestar. Suceder, pasar, ocurrir, acontecer.

Ser llamado. Ser leído. Ser convocado. Encontrarse. הִקָּרֵא-

Ser llamado. Ser convocado. קוֹרָא-

Dictar, leer. הַקְרֵא-

Ser leído. הֻקְרָא-

הִתְקָרֵא, ר' הִקָּרֵא.

Versículo. (cra) קְרָא, ז.

Sabio, erudito. Caraíta. Calabaza. (cará) קָרָא, ז.

Caraísmo. (caraut) קָרָאוּת, נ.

קָרָאִי, ז. ר' קָרָאִים (caraí) Caraíta: sectario judío que rechaza la doctrina ortodoxa de los rabinos.

Corán, Alcorán. (cur-án) קֻרְאָן, ז.

קָרַב (קָרֵב, יִקְרַב) פ"ע Acercarse. Ser sacrificado.

Acercarse, ser acercado. Ser sacrificado. הִקָּרֵב-

Acercar, aproximar. Sacrificar. קָרֵב-

Acercar, aproximar. Sacrificar. הַקְרֵב-

Acercarse, aproximarse. הִתְקָרֵב-

Ser acercado; aproximado. הָקְרַב-

Lucha, combate. (crav) קְרָב, ז.

Duelo. (du-crav) דּוּ-קְרָב-

קֶרֶב, ז. ר' קְרָבַיִם (kérev) Entrañas. Centro, interior, mitad, medio, seno.

Proximidad. Parentesco. (curvá) קֻרְבָה, נ.

Proximidad. Parentesco. (kirvá) קִרְבָה, נ.

Parentesco. Cercanía, proximidad. (crevut) קְרֵבוּת, נ.

Guerrero, del combate. (craví) קְרָבִי, ת.

קָרְבָּן, ז. ר' קָרְבָּנוֹת (corbán) Sacrificio. Víctima.

(cardinal) קַרְדִּינָל, ז. Cardenal.

קַרְדֹּם, ז. ר' קַרְדֻּמִּים, קַרְדֻּמּוֹת Hacha. (cardom)

Hachear. קִרְדֵּם, פ"י.

קָרָה (קָרָה, יִקְרֶה) פע"י Acontecer, pasar, suceder, ocurrir.

Encontrarse casualmente. הִקָּרֵה-

Techar. קֵרָה-

Ser techado. קֹרָה-

Hacer encontrar. Fijar, destinar. הִקְרָה-

Frío. (cará) קָרָה, נ.

קָרוּא, ת. נ' קְרוּאָה, ר' קְרוּאִים Leído. (carú) Llamado. Invitado, convidado.

Cerca. Cercano. Pariente. (carov) קָרוֹב, ת.

En breve, pronto, próxi- (becarov) בְּקָרוֹב-

Croquet (croket) .ז, קְרוֹקֶט
Enfria-(kerur) .ז, קֵרוּר
miento, refrigeración.
Cua- (carush) .ת, קָרוּשׁ
jado, coagulado.
Riza-(kirzul) ז, קִרְזוּל
do, rizamiento.
Rizar, en- .פ"י, קִרְזֵל
crespar.
קָרַח (קָרַח, יִקְרַח) פ"י
Hacer calvo.
Encalvecer. הִקְרִיחַ-
Hacer calvo. הִקְרִיחַ-
Encalvecer. הָקְרַח-
Encalvecer. הִתְקָרֵחַ-
(ke- קָרַחַת ר׳ נ. ת., קֵרֵחַ
réaj) Calvo.
Hielo. (kéraj) .ז, קֶרַח
Calva.
Cal- (corjá) .נ, קָרְחָה
va.
Alud, (carjón) .ז, קַרְחוֹן
ventisquero.
Cal- (kerejut) .נ, קֵרְחוּת
vez, calvicie.
Cal- (carján) .ת, קַרְחָן
vo.
Cal- (carájat) .נ, קָרַחַת
va.
Quila- (carat) .ז, קָרָט
te.
Grano. (córet) .ז, קֹרֶט
Un (curtov) .ז, קֻרְטוֹב
poco.
(cartograf) .ז, קַרְטוֹגְרָף
Cartógrafo.
(cartogra- .ת, קַרְטוֹגְרָפִי
fi) Cartográfico.
(carto- .נ, קַרְטוֹגְרַפְיָה
grafya) Cartografía.
Cor-(kirtum) .ז, קִרְטוּם
mamente.
De (micarov) מִקָּרוֹב-
cerca. De hace poco
tiempo.
Cerca-(keruv) .ז, קֵרוּב
nía, proximidad.
Apro-(bekeruv) בְּקֵרוּב-
ximadamente.
(crovot) .נ"ר, קְרוֹבוֹת
Cánticos suplementari-
os de los sábados y dí-
as feriados.
Abreviatura de:, קרוב"ץ
קול רנה וישועה באהלי
Canticos de los צדיקים
sábados y días feria-
dos.
Car- (kerud) .ז, קֵרוּד
dadura.
Acción (keruy) .ז, קֵרוּי
de techar. Casualidad.
Lla- (cruyá) .נ, קְרוּיָה
mamiento.
Mambra-(crum) .ז, קְרוּם
na. Costra.
Mem- (crumí) .ת, קְרוּמִי
branoso.
Mem-(crumit) .נ, קְרוּמִית
brana.
Radia- (kerún) .ז, קֵרוּן
ción.
קָרוֹן .ז, ר׳ קְרוֹנוֹת
(carón) Vagón. Furgón.
Va-(cronit) .נ, קְרוֹנִית
goneta.
Genu- (kerús) .ז, קֵרוּס
flexión.
Roto, (carúa) .ת, קָרוּעַ
rasgado, desgarrado.
Hecho, (carutz) .ת, קָרוּץ
creado.

ta, tala.
Car-(cartón) .ז, קַרְטוֹן
tón.
Tiza.(kirtón) .ז, קִרְטוֹן
Cortar (la .פ"י, קִרְטֵם
punta de una rama).
Cár- (curtam) .ז, קֻרְטָם
tama, alazor.
Estregar con פ"י, קִרְטֵס
tiza.
Brincar, sal- .פ"י, קִרְטֵץ
tar.
Variante (cri) .ז, קְרִי
masorética, lectura.
Oposición, (cri) .ז, קְרִי
Desgracia. Polución
nocturna.
Llamado. (carí) .ת, קָרִיא
Invitado. Legible.
Lec- (criá) .נ, קְרִיאָה
tura. Llamamiento. Ex-
clamación, grito. Pro-
clamación.
Acer-(crivá) .נ, קְרִיבָה
camiento, aproximación.
Pro-(crivut). נ, קְרִיבוּת
ximidad. Parentesco.
Ciu- (kiryá) .נ, קִרְיָה
dad. Barrio.
Crítico.(criti).ת, קְרִיטִי
(criteryón).ז, קְרִיטֶרְיוֹן
Criterio.
.קְרִימִינָלִי, ר' פְּלִילִי
For- (crimá) .נ, קְרִימָה
mación de la costra.
Locu-(caryán) .ז, קַרְיָן
tor. Lector.
Ra- (criná) .נ, קְרִינָה
diación.
(crino- .נ, קְרִינוֹלִינָה
lina) Crinolina.

Arro-(crisá) .נ, קְרִיסָה
dillamiento.
(cri-.נ, קְרִיסְטָלוֹגְרַפְיָה
staligrafya) Cristalo-
grafía,
Desga-(criá) .נ, קְרִיעָה
rradura, desgarramiento.
Gui-(critzá) .נ, קְרִיצָה
ño.
Cricket .(criket) .ז, קְרִיקֶט
(carica- .נ, קָרִיקָטוּרָה
tura) Caricatura.
Fres- (carir) .ת, קָרִיר
co, poco frío.
Ca-(caryera) .נ, קָרְיֶרָה
rrera.
Fres-(crirut). נ, קְרִירוּת
cura. Frío.
Jugo (carish) .ז, קָרִישׁ
coagulado.
Coa- (crishá) .נ, קְרִישָׁה
gulación, cuajadura,
cuajamiento.
קָרַם (קָרַם, יִקְרֹם) פעו"י
Encostrar. Encostrar-
se.
Encostrar. En- הִקְרִים-
costrarse.
Tapiz. (cram) .ז, קְרָם
Crema. (crem) .ז, קְרֶם
(crema- .ז, קְרֶמָטוֹרְיוּם
tóryum) Crematorio.
Te- (carmid) .ז, קַרְמִיד
ja.
Dif-(carémet) .נ, קָרֶמֶת
teria.
קָרַן (קָרַן, יִקְרַן) פ"ע
Brillar, radiar.
Tener cuernos, הִקְרִין-
Proyectar. Radiar.
קֶרֶן, נ. ר' קְרָנַיִם, גם

Cuerno.(keren) קַרְנוֹת
Trompeta. Rayo(de luz)
Rincón. Línea derecha
indeterminada. Fondo,
capital. Ala de un
ejército.
(keren-za- קֶרֶן זָוִית-
vit) Rincón.
(carney- קַרְנֵי אוּמָן-
umán) Ventosas.
(keren-ha- קֶרֶן הָאַלּוֹן-
alón) Ardilla.
(keren-ha- קֶרֶן הַיְסוֹד-
yesod) Fondo de recons-
trucción.
קֶרֶן הַקַּיֶּמֶת לְיִשְׂרָאֵל-
(keren-hacayémet-le-
yisrael) Fondo nacio-
nal israelita.
(carney- קַרְנֵי רֶנְטְגֶן-
rentguén) Rayos de
Roentgen.
Car-(carnaval) קַרְנָבָל, ז
naval.
Dia-(carnezol) קַרְנְזוֹל, ז
gonal.
Radian-(carní) קַרְנִי, ת.
te, brillante. Córneo.
Cór- (carnit) קַרְנִית, נ.
nea.
Cor- (carnán) קַרְנָן, ת.
nudo.
Mar- (curnás) קֻרְנָס, ז.
tillo.
Rino-(carnaf) קַרְנַף, ז.
ceronte.
קָרַס (קָרַס, יִקְרֹס) פ"ע
Encorvarse, sucumbir.
(ke- קֶרֶס, ז. ר׳ קְרָסִים
res) Corchete, broche.
Roe-(kirsum) קִרְסוּם, ז.

dura.
קַרְסֹל, ז. ר׳ קַרְסֻלַּיִם, גם
Talón, (carsol) קַרְסֻלּוֹת
calcañar.
Roer. Ramo- קִרְסֵם, פ"י.
near.
Ser roído. Ser הִתְקַרְסֵם-
ramoneado.
קָרַע (קָרַע, יִקְרַע) פ"י
Rasgar, desgarrar.
Ser rasgado. הִקָּרַע-
קֵרַע, ר׳ קֹרַע.-
Rasgarse, des- הִתְקָרַע-
garrarse.
(ke- קֶרַע, ז. ר׳ קְרָעִים
ra) Desgarradura, ras-
gón. Jirón, andrajo.
Crepe, (crep) קְרֶפ, ז.
crespón.
Puer-(carpad) קַרְפַּד, ז.
co espín.
(carpiyón) קַרְפִּיּוֹן, ז.
Carpa.
(car- קַרְפִּיף, קַרְפֵּף, ז.
pif, carpef) Cercado.
קָרַץ (קָרַץ, יִקְרֹץ) פ"י
Cortar. Formar, amol-
dar. Grabar. Pinchar,
picar.
Ser cortado. הִקָּרֵץ-
Cortar. קֵרֵץ-
Ser cortado. קֹרוֹץ-
Formar, amol- הִקְרִיץ-
dar.
Guiñar. קָרַץ עֵינַיִם-
Morderse קָרַץ שְׂפָתַיִם-
los labios.
Matanza, (kéretz) קֶרֶץ, ז.
destrucción. Pedazo.
curtzá). קֻרְצָא, קֻרְצָה, נ
Calumnia, maledicencia,

Calumniar, אָכַל קַרְצָא-
hablar mal.
Ras-(kirtzuf). ז, קִרְצוּף
padura.
קַרְצִית, נ. ר׳ קַרְצִיּוֹת
(cartzit) Ixoda.
Raspar, al- . פ"י, קִרְצֵף
mohazar.
קַרְקְבָן, ר׳ קוּרְקְבָן.
Ca- (kircur) . ז, קִרְקוּר
careo.
Cir- (kircás). ז, קִרְקָס
co.
קַרְקַע, זו"נ. ר׳ קַרְקָעוֹת
(carcá) Base. Terreno.
Fig. bienes inmuebles.
Te- (carcaí) . ת, קַרְקָעִי
rreno, inmueble.
Ba-(carcait). נ, קַרְקָעִית
se, fondo.
Cortar la . פ"י, קִרְקֵף
cabeza.Quitar la piel.
Ca-(carkéfet). נ, קַרְקֶפֶת
beza, cráneo.
Cacarear, . פ"י, קִרְקֵר
croar. Destruír.
Ser destruído. קֻרְקַר-
קַרְקְרָן, ת. נ׳ קַרְקְרָנִית
(carkerán)Cacareador.
(carkéret) . נ, קַרְקֶרֶת
Base, fondo.
Sonar, gol- . פ"ע, קִרְקֵשׁ
pear.
Cam-(carcash) . ז, קַרְקַשׁ
panilla, cascabel.
קרר (קָרַר, יָקֹר) פ"ע
Enfriar, refrescar.
Refrescar, enfri- קֵרֵר-
ar.
Enfriarse. Res-הִתְקָרֵר-
friarse.

Coche- (carar) . ז, קָרָר
ro.
קרשׁ (קָרַשׁ, יִקְרֹשׁ) פ"ע
Coagularse, cuajarse,
entiesarse.
Coagularse. הִקְרִישׁ-
Coagular, cuajar. הִקְרִישׁ-
(ké- קֶרֶשׁ, ז. ר׳ קְרָשִׁים
resh)Tabla.Antílope,
cabra (?).
קֶרֶת, קַרְתָּא, קַרְתָּה, נ.
(kéret, cartá) Ciudad.
(corat-rú- . נ, קֹרַת-רוּחַ
aj) Satisfacción, re-
poso, tranquilidad.
Pro- (cartán) . ז, קַרְתָּן
vincial.
(cartanut) . נ, קַרְתָּנוּת
Provincialismo.
קַרְתָּנִי, ר׳ קַרְתָּן.
Paja. (cash) . ז, קַשׁ
Cerda.
קשׁב (קָשַׁב, יִקְשַׁב) פ"ע
Escuchar.
Escuchar. הִקְשִׁיב-
Atento, (cashav) . ת, קַשָּׁב
Aten- (késhev) . ז, קֶשֶׁב
ción.
Aten- (kishbá) . נ, קִשְׁבָּה
ción.
(kishavón) . ז, קִשָּׁבוֹן
Atención.
קשׁה (קָשָׁה, יִקְשֶׁה) פ"ע
Ser duro.Ser difícil.
Endurecerse, ser הִקְשָׁה-
duro.
Penar, tener di- קֻשָּׁה-
ficultades.
Endurecer. Endu- הִקְשָׁה-
recerse. Hacerse difí-
cil.

Lámina, tabla.
Cala- (kishut) .נ, קִשּׁוּת
baza.
Pa-(cashot) .נ"ר, קָשׁוֹת
labras duras, ásperas, fuertes.
Endure- ,הִקְשָׁה (קשח)
cer.
.קֹשֶׁט ,ר׳ ,קֹשֶׁט
Costo (cosht) .ז, קֹשְׁט
(planta). Ananá.
(cosht,có-.ז, קֹשֶׁט ,קֹשְׁט
shet) Verdad, justicia, lealtad.
פ"י (קִשֵּׁט, יְקַשֵּׁט) קשט
Adornar.
Adornar. -קִשֵּׁט
Ser adornado. -קֻשַּׁט
Preparar, arre- -הִקְשִׁט
glar.
Adornarse. -הִתְקַשֵּׁט
(co- קְשָׁיִים ,ר׳ .ז, קֹשִׁי
shi) Dificultad. Terquedad.
Con di-(becoshi) -בְּקֹשִׁי
ficultad, apenas, pasable.
(cushyá).נ, קֻשְׁיָה ,קֻשְׁיָא
Pregunta, cuestión, problema.
Du-(cashyut) .נ, קַשְׁיוּת
reza. Severidad.
(kshijut-.נ, קְשִׁיחוּת־לֵב
lev) Crueldad, insensibilidad.
Nom- (kshitá) .נ, קְשִׂיטָה
bre de una moneda.
Difi-(cashyán) .ז, קַשְׁיָן
cultoso.
Ata- (kshirá) .נ, קְשִׁירָה
dura, amarradura.

Ser endurecido. -הֻקְשָׁה
Ser difícil.
Endurecerse. -הִתְקַשָּׁה
Tener dificultades.
קָשָׁה,ת. נ׳ קָשָׁה, ר׳
קָשִׁים Duro. Di- (cashé)
fícil. Terco. Cruel.
-קְשֵׁה־יוֹם, קְשֵׁה־רוּחַ
(kshe-yom,kshe-rúaj)
Desgraciado.
(kshe-hava- -קְשֵׁה־הֲבָנָה
ná)Testarudo, cabeciduro.
(kshe - lev) -קְשֵׁה־לֵב
Terco. Cruel.
(kshe-óref) -קְשֵׁה־עֹרֶף
Terco, obstinado.
(kshe-pa- -קְשֵׁה־פָּנִים
nim) Sinvergüenza.
(kshe-tfi- -קְשֵׁה־תְּפִיסָה
sá) Testarudo, cabeciduro.
קִשּׁוּא ,ז. ר׳ קִשּׁוּאִים
(kishú) Calabaza.
Aten- (cashuv) .ת, קָשׁוּב
to.
Copa, (casvá) .נ, קַשְׂוָה
cáliz.
Duro,(cashúaj) .ת, קָשׁוּחַ
cruel.
Adorno,(kishut).ז, קִשּׁוּט
Joya.
Endu-(kishuy) .ז, קִשּׁוּי
recimiento.
Unión,(kishur) .ז, קִשּׁוּר
atadura. Cinta.
Atado,(cashur) .ת, קָשׁוּר
amarrado. Fuerte.
(kishurim).ז"ר, קִשּׁוּרִים
Cintas, adornos.
Paja.(kishush) .ז, קִשּׁוּשׁ

municación.
קשש (קָשַׁשׁ, יְקֹשׁ) פ"י
Recoger.
Recoger. קוֹשֵׁשׁ-
Reunirse. הִתְקוֹשֵׁשׁ-
Paja.(kishóshet) קַשֹּׁשֶׁת, נ.
Tabla.
(ké- קֶשֶׁת, נ. ר' קְשָׁתוֹת
shet) Arco. Arco iris.
(ben-késhet) בֶּן קֶשֶׁת-
Fig. flecha.
Ar- (cashat) קַשָּׁת, ז.
quero.
Ar- (cashtí) קַשְׁתִּי, ת.
queado.
Iris(cashtit) קַשְׁתִּית, נ.
(del ojo).
קַשְׁתָּנִית, נ. ר' קַשְׁתָּנִיּוֹת
(cashtanit) Barrena.
Arco.
קַת, קַתָּה, נ. ר' קַתּוֹת
(cat,catá) Mango, asa,
asidero.
קָתֶדְרָה, נ. ר' קָתֶדְרָאוֹת
(catedra) Cátedra. Tarima, estrado.
קָתוֹד, ז. ר' קָתוֹדִים
(catod) Cátodo.
Ar- (cashtut) קַשְׁתּוּת, נ.
queaje, convexidad.
Flexibilidad, elasticidad.
קָתוֹלִי, ת. נ' קָתוֹלִית,
(catoli) ר' קָתוֹלִיִּים
Católico.
(catoliyut) קָתוֹלִיּוּת, נ.
Catolicismo.
Pernil,(cótel) קֹתֶל, ז.
jamón.
Gui-(catrós) קַתְרוֹס, ז.
tarra.

Paja.(cashish) קַשִּׁישׁ, ז.
Vendaje.
Viejo,(cashish) קָשִׁישׁ, ת.
anciano.
Ve-(kshishut) קְשִׁישׁוּת, נ.
jez, anciandad.
Piti-(cashit) קַשִּׁית, נ.
llo.
(kishcush) קִשְׁקוּשׁ, ז.
Zumbido. Charla. Mamarracho.
Sonar, hacer קִשְׁקֵשׁ, פ"ע.
zumbar, golpear. Charlar, molestar. Hacer mamarrachos.
Cavar, ex- קִשְׁקֵשׁ, פ"י.
cavar.
Paja.(cashcash) קַשְׁקַשׁ, ז.
Tabla.
(cas- קַשְׂקַשׂ, ז. קַשְׂקֶשֶׂת, נ.
cás,-késet) Escama.
קשר (קָשַׁר, יִקְשֹׁר) פ"י
Atar, amarrar. Conspirar, complotar.
Ser atado, ser הִקָּשֵׁר-
amarrado.
Atar, amarrar. קִשֵּׁר-
Ser atado. קֻשּׁוֹר-
Ser atado. הֻקְשַׁר-
Atarse. Complo- הִתְקַשֵּׁר-
tar, conspirar. Comunicarse.
(ké- קֶשֶׁר, ז. ר' קְשָׁרִים
sher) Nudo. Complot, conspiración. Comunicación, relación. Articulación. Amuleto. Unión. Contrato.
Comu- (cashar) קַשָּׁר, ז.
nicador.
Co- (casharut) קַשָּׁרוּת, נ.

ר

Vigésima (resh) ,ר
letra del alfabeto he-
breo. Su valor numéri-
co es 200.
רָאָה (רָאָה, לִרְאוֹת) פ"י
Ver.
Ser visto. Apa- הֵרָאָה-
recer.
Ser visto. נִרְאָה-
Mostrar. Demos- הֶרְאָה-
trar.
Ser mostrado. הָרְאָה-
Verse. Mostrar- הִתְרָאָה-
se. Luchar, combatir.
רָאָה חַיִּים, רָאָה טוֹב-
Gozar, disfrutar.
כַּנִּרְאֶה, לְפִי הַנִּרְאֶה-
(canir-é, lefí-hanir-é)
Parece que.
רָאָה, ר׳ רָאָה.
(reá) רֵאָה, נ. ר׳ רֵאוֹת
Pulmón.
Vista, (raavá) רַאֲוָה, נ.
exhibición.

En (leraavá) לְרַאֲוָה-
exhibición.
(jalón-ra- חַלּוֹן־רַאֲוָה-
avá) Vitrina.
רָאוּי, ת. נ׳ רְאוּיָה, ר׳
Digno, (rauy) רְאוּיִים
que merece.
(reor- רֵאוֹרְגַנִיזַצְיָה, נ.
ganizatzya) Reorganización.
Vista. (reut) רְאוּת, נ.
Vista. (roí) רֳאִי, ז.
Aspecto. Estiércol.
(beyt-har-í) בֵּית הָרְאִי-
Estómago. Buche.
(reí) רְאִי, ז. ר׳ רְאִיִּים
Espejo. Vista, aspec-
to.
Vista. (reiyá) רְאִיָּה, נ.
Menstruación.
Prueba, (reayá) רְאָיָה, נ.
demostración, argu-
mento.
Entre- (reayón) רֵאָיוֹן, ז.
vista. Audiencia.

quejos.
–רֹאשׁ־הַשָׁנָה (rosh-hashaná) Primer día del año,
principio del año.
–רָאשֵׁי־תֵבוֹת (rashey-te-
vot) Abreviaturas. Le-
tras iniciales.
–כֹּבֶד־רֹאשׁ (cóved-rosh)
Seriedad.
–קַלּוּת־רֹאשׁ (calut-rosh)
Irreflexión.
Veneno. (rosh) רֹאשׁ, ז.
Opio.
Pri-(rishón) רִאשׁוֹן, ת.
mero.
(rishoná). רִאשׁוֹנָה, תה"פ.
Primero, primeramente.
(barishoná) בָּרִאשׁוֹנָה–
Antes, primero.
רִאשׁוֹנוּת, רִאשׁוֹנִיּוּת, נ.
(rishonut, rishoniyut)
Prioridad, primacía.
(rishoní) רִאשׁוֹנִי, ת.
Primero. Primo.
Pre-(rashut) רָאשׁוּת, נ.
sidencia, autoridad.
רָאשִׁי, ת. נ' רָאשִׁית
(rashí) Principal. Pri-
mero, grande.
Ca-(roshiyá) רֹאשִׁיָּה, נ.
bezada.
Co- (reshit) רֵאשִׁית, נ.
mienzo, principio. Pri-
micia.
Al (bereshit) בְּרֵאשִׁית–
principio, al comien-
zo.
(reshit) רֵאשִׁית, תה"פ.
Antes, primero.
–סֵפֶר בְּרֵאשִׁית, בְּרֵאשִׁית
(séfer-bereshit, bereshit

Vista, (reiyut) רְאִיּוּת, נ.
claridad.
Ci- (reinóa) רְאִינוֹעַ, ז.
nematógrafo.
(reinoí) רְאִינוֹעִי, ת.
Cinematográfico.
Real. (reali) רֵאָלִי, ת.
Rea-(realiyut) רֵאָלִיּוּת, נ.
lismo. Realidad.
(realizm) רֵאָלִיזְם, ז.
Realismo.
(realist) רֵאָלִיסְט, ז.
Realista.
(realisti) רֵאָלִיסְטִי, ת.
Realista.
Reno. (reem) רְאֵם, ז.
Ob-(ra-mot) רָאמוֹת, נ"ר.
jetos preciosos.
(reaktzya) רֵאַקְצְיָה, נ.
Reacción.
Pobreza.(resh) רֵאשׁ, ז.
(rosh) רֹאשׁ, נ. ר' רָאשִׁים
Cabeza. Cima, vértice.
Principio, comienzo.
Jefe, cabecilla. Rami-
ficación, división.
Primero, (berosh) בְּרֹאשׁ–
primeramente, al co-
mienzo, al principio.
Del (merosh) מֵרֹאשׁ–
principio.
(rosh-jódesh) רֹאשׁ־חֹדֶשׁ–
Primer día del mes.
(yoshev-rosh) יוֹשֵׁב־רֹאשׁ–
Presidente.
(-hamem- רֹאשׁ־הַמֶּמְשָׁלָה–
shalá) Primer ministro.
(-hair) רֹאשׁ־הָעִיר–
Alcalde, burgomaestre.
(rashey- רָאשֵׁי־פְּרָקִים–
prakim) Resumen, bos-

rav) Alumno.
Arquero. (rav) רַב, ז.
Mayoría. (rov) רֹב, ז.
Muchedumbre, gran cantidad.
Bastante. (larov) -לָרֹב
(al-harov, al-pi-rov) -עַל הָרֹב, עַל פִּי רֹב
Generalmente.
רָבֹב (רָבַב, רַב, רַבָּה) פעו"י
Ser numeroso. Arrojar, lanzar. Poner goma.
Llover. Aceitar. -רַבֵּב
Ser aceitado. -רֻבַּב
Pomada, (revav) רְבָב, ז.
grasa. Mancha.
Diez (revavá) רְבָבָה, נ.
mil. Fig. miríada.
רָבֹג (רָבַג, יִרְבֹּג) פ"י
Amontonar.
(ravgoní) רַבְגוֹנִי, ת.
Variado.
(ravgoniyut) Variedad. רַבְגוֹנִיּוּת, נ.
רָבֹד (רָבַד, יִרְבֹּד) פ"י
Tender,
Poner un collar. -הִרְבִּד
Extensión. (réved) רֶבֶד, ז.
Acera, (róved) רֹבֶד, ז.
terraza. Balcón. Anaquel, estante.
Mancha, (revad) רְבָד, ז.
suciedad.
Crecer, multiplicarse, aumentarse, engrandecerse. רָבֹה, פ"ע.
Multiplicar, agran- -רִבָּה

Génesis.
(shabat-bereshit) Primer sábado después de la Fiesta de los Tabernáculos en el cual se empieza la lectura de la Ley en las sinagogas. -שַׁבַּת בְּרֵאשִׁית
Primitivo. (reshití) רֵאשִׁיתִי, ת.
(reshitiyut) Calidad de primitivo. רֵאשִׁיתִיּוּת, נ.
Renacuajo. (roshán) רֹאשָׁן, ז.
רַב, ת. נ' רַבָּה, ר' רַבִּים
Mucho, (rav) abundante, numeroso, bastante, harto.
(rav-eyvar) Polinomio. -רַב־אֵיבָר
En público. (barabim) -בָּרַבִּים
No más, (rav) suficiente, bastante. רַב, תה"פ.
(rav) Rabino. רַב, ז. ר' רַבָּנִים
(rav-aluf) General. -רַב־אַלּוּף
(rav-jovel) Capitán de un barco. -רַב־חוֹבֵל
(rav-turaí) Caporal. -רַב־טוּרָאִי
Jefe (rav-mag) de los magos. -רַב־מָג
(rav-samal) Sargento mayor. -רַב־סַמָּל
(rav-seren) Mayor. -רַב־סֶרֶן
Escuela. (bey-rav) -בֵּי־רַב
(bar-bey- -בַּר בֵּי־רַב

dar.
Multiplicar, au- הַרְבָּה-
mentar. Hacer mucho.
Multiplicarse, הִתְרַבָּה-
Capi- (rabá) רַבָּה, נ.
tal.
(ribó) רִבּוֹ, רִבּוֹא, ז.
Diez mil.
Vacío,(revuvá) רְבוּבָה, נ.
abertura.
Multi-(ribuy) רִבּוּי, ז.
plicación.Plural. Au-
mento.Gran cantidad.
Empa- (ravuj) רָבוּךְ, ת.
pado, escaldado.
רְבוּלוּצְיָה, ר' מַהְפֵּכָה.
רְבוּלוּצְיוֹנִי, ר' מַהְפְּכָנִי.
רְבוּלוּצְיוֹנֶר, ר' מַהְפְּכָן.
Dueño,(ribón) רִבּוֹן, ז.
patrón, señor.
רִבּוֹן הָעוֹלָמִים, רִבּוֹנוֹ-
(ribón-haola-, שֶׁל עוֹלָם
mim,ribonó-shel-olam)
El Patrón del mundo;
Dios.
So-(ribonut). רִבּוֹנוּת, נ
beranía.
So-(riboní) רִבּוֹנִי, ת.
berano. Divino.
Acertijo.(rebus) רֶבּוּס, ז
Cua- (ravúa) רָבוּעַ, ת.
drado.
Cuadro,(ribúa) רִבּוּעַ, ז.
cuadrado.
Acos-(ravutz) רָבוּץ, ת.
tado.
Nove-(revutá) רְבוּתָה, נ.
dad.
Rabino. (rabí) רַבִּי, ז.
Maestro.
(revivim) רְבִיבִים, ז"ר

Gotas.
Co- (ravid) רָבִיד, ז.
llar.
Multi-(reviyá) רְבִיָּה, נ.
plicación.
Pa- (revijá) רְבִיכָה, נ.
pilla.
Cuarto.(revía) רְבִיעַ, ז.
Cuadrante.
Tempo-(reviá) רְבִיעָה, נ.
rada de las lluvias.
Acoplamiento.
(reviá- רְבִיעָה רִאשׁוֹנָה-
rishoná) Primera tem-
porada de las lluvias
(desde el primero has-
ta el décimoseptimo
día de Jeshván).
(reviá- רְבִיעָה שְׁנִיָּה-
shniyá) Segunda tem-
porada de las lluvias
(desde el 17 hasta el
23 de Jeshván).
(reviá- רְבִיעָה שְׁלִישִׁית-
shlishit) Tercera tem-
porada de las lluvias
(desde el 23 hasta el
fin de Jeshván).
רְבִיעִי, ת. נ' רְבִיעִית
(revií) Cuarto.
(reviiyá) רְבִיעִיָּה, נ.
Cuarteto.
(reviit) רְבִיעִית, נ.
Cuarto. Temporada de
las lluvias.
(revitzá) רְבִיצָה, נ..
Acostamiento.
Interés.(ribit). רִבִּית, נ
Usura.
(malvé- מַלְוֶה בְּרִבִּית-
beribit) Usurero.

(ribit-de- רִבִּית דְּרִבִּית-
ribit)Interés compuesto.
(ribit- רִבִּית פְּשׁוּטָה-
psutá)Interés simple.
(revmatizm). ז, רֶבְמָטִיזְם
Reumatismo.
(ra- רַבָּן, ז. ר׳ רַבָּנִים
bán) Rabino. Campeón.
Maestro.
(rabanaut) .נ, רַבָּנָאוּת
Campeonato.
Ra-(rabanut) .נ, רַבָּנוּת
binado. Soberanía.
Ra- (rabaní) .ת, רַבָּנִי
bínico.
De la (rubaní) .ת, רֻבָּנִי
mayoría.
La (rabanit) .נ, רַבָּנִית
esposa del Rabino.
Nues-(rabanán) , רַבָּנָן
tros Rabinos.
De (derabanán) דְּרַבָּנָן-
nuestros Rabinos.
רָבַע (רָבַע, יִרְבַּע) פ"ע
Acoplar. Regar. Ser
cuadrado.
Ser acoplado. הֵרָבַע-
Regar. Cuadrar, רִבֵּעַ-
hacer el cuadrado de
un número.
Ser cuadrado. רֻבַּע-
Acoplar. Regar. הִרְבִּיעַ-
(re- רֶבַע, ז. ר׳ רְבָעִים
va) En cuarto. Lado
de un cuadrado.Cama,
lecho. Lluvia.
Barrio. (rova) .ז, רֹבַע
Cuarto.
Tata- (ribéa) .ז, רִבֵּעַ
ranieto.
Re- (riv-ón) .ז, רִבְעוֹן
vista trimestral.
Del (revaí) .ת, רְבָעִי
cuarto año.
רָבַץ (רָבַץ. יִרְבַּץ) פ"ע
Yacer, acostarse.
Regar, rociar, רִבֵּץ-
propagar, dispersar.
Acostar. Fijar, הִרְבִּיץ-
cimentar. Regar. Pro-
pagar. Pegar,golpear.
Ser acostado. הֻרְבַּץ-
Ser propagado.
Ser regado. הִתְרַבֵּץ-
Maja- (révetz) .ז, רֶבֶץ
da.
(ravtzdadí) .ת, רַבְצְדָדִי
Variado.
(ravtzdadi- נ, רַבְצְדָדִיּוּת
yut) Variedad.
(ravtzal-ón). ז, רַבְצַלְעוֹן
Polígono.
Yun- (rivcá) .נ, רִבְקָה
ta.
Glorificar, .פ"י, רִבְרֵב
enorgullecer.
Enorgullecerse, הִתְרַבְרֵב-
glorificarse.
Or-(ravreván) .ת, רַבְרְבָן
gulloso.
(ravrevanut). נ, רַבְרְבָנוּת
Orgullo.
Mu- (rabat) .תה"פ, רַבַּת
cho.
Grande,(rabatí) .ת, רַבָּתִי
importante.
Terrón.(réguev) .ז, רֶגֶב
Deseo,(rigug) .ז, רִגּוּג
anhelo.
Cólera,(riguz) .ז, רִגּוּז
ira, furia.
Furioso,(raguz) .ת, רָגוּז

Irascibilidad.
Iras-(ragzaní). רַגְזָנִי, ת.
cible.
Irri-(reguizá). רְגִיזָה, נ.
tación, furia.
רָגִיל, ת. נ׳ רְגִילָה
(raguil) Acostumbrado.
Como (caraguil) כָּרָגִיל-
de costumbre.
Es-(reguilá) רְגִילָה, נ.
pionaje.
Há-(reguilut). רְגִילוּת, נ.
bito, costumbre.
La-(reguimá) רְגִימָה, נ.
pidación.
Tran-(reguiá) רְגִיעָה, נ.
quilización. Acuerdo.
רָגִישׁ, ת. נ׳ רְגִישָׁה
(raguish) Sensible.
Emo-(reguishá). רְגִישָׁה, נ.
ción.
(reguishut) רְגִישׁוּת, נ.
Sensibilidad.
רָגַל (רָגַל, יִרְגֹּל) פ"ע
Calumniar, hablar mal
de uno.
Acostumbrarse. הֻרְגַּל-
Espiar. Acompañar, רִגֵּל-
conducir. Calumniar.
Acostumbrar. הִרְגִּיל-
Acostumbrarse. הִתְרַגֵּל-
(ré- רֶגֶל, נ. ר׳ רַגְלַיִם
guel) Pie. Pata.
A (baréguel) בָּרֶגֶל-
pie.
Por, (leréguel) לְרֶגֶל-
por motivo de.
(mey-raglá- מֵי רַגְלַיִם-
yim) Orina.
(pshitat- פְּשִׁיטַת רֶגֶל-
réguel) Bancarrota.

irritado.
Atado, (ragul) רָגוּל, ת.
amarrado.
Espio-(rigul) רִגּוּל, ז.
naje.
(regulátor). רֶגוּלָטוֹר, ז
Regulador.
(regulatz- רֶגוּלַצְיָה, נ.
ya) Regulación.
Lapi- (rigum) רִגּוּם, ז.
dación.
Queja, (rigún) רִגּוּן, ז.
pretexto.
Resta-(ragúa) רָגוּעַ, ת.
blecido. Embravecido.
Emo- (ragush) רָגוּשׁ, ת.
cionado.
Emo- (rigush) רִגּוּשׁ, ז.
ción.
רָגַז (רָגַז, יִרְגַּז) פ"ע
Irritarse, embravecer-
se, enfurecerse.
Irritarse, em- הֻרְגַּז-
bravecerse.
Irritar, embrave- רִגֵּז-
cer.
Irritar, embra- הִרְגִּיז-
vecer, enfurecer.
Ser irritado, em- הֻרְגַּז-
bravecido.
Irritarse, embra- הִתְרַגֵּז-
vecerse, enfurecerse.
Conmo-(ragaz) רַגָּז, ת.
vido, inquieto.
Furia, (róguez) רֹגֶז, ז.
ira, cólera.
Furia, (rogzá) רָגְזָה, נ.
ira, cólera.
Colé-(ragzán) רַגְזָן, ז.
rico, irascible.
(ragzanut) רַגְזָנוּת, נ.

(cal-raglá- קַל רַגְלַיִם-
yim) Ligero, ágil.
(ré- רְגָלִים ר׳ .נ ,רֶגֶל
guel) Fiesta. Vez.
(shalosh- שָׁלֹשׁ רְגָלִים-
regalim) Las tres fies-
tas: Pascua, Pentecos-
tés y la Fiesta de los
Tabernáculos.
Pedes-(raglí) .ת ,רַגְלִי
tre. Peón, peatón.
(jeyl-rag- חֵיל-רַגְלִים-
lim) Infantería.
(raglí) .תה"פ ,רַגְלִי
A pie.
רגם (רָגַם, יִרְגֹּם) פ"י
Apedrear, lapidar.
Ametra-(ragam) .ז ,רַגָּם
llador.
Asam- (rigmá) .נ ,רִגְמָה
blea, congregación.
רגן (רָגַן, יִרְגַּן) פ"ע
Desobedecer.
Quejarse. הִרְגִּין-
רַגֵּן-, ר׳ רָגַן.
Re- (reguent) .ז ,רֶגֶנְט
gente.
(regenerat- .נ ,רֶגֶנֶרַצְיָה
zya) Regeneración.
רגע (רָגַע, יִרְגַּע) פע"י
Arrugar. Tranquilizar,
calmar.
Tranquilizarse, הֵרָגַע-
calmarse.
Tranquilizar, הִרְגִּיעַ-
calmar. Estar calmo.
Ser tranquiliza- הֻרְגַּע-
do.
Calmo, (raguéa) .ת ,רָגֵעַ
tranquilo.
(re- רְגָעִים ר׳ .ז ,רֶגַע
ga) Momento, instante.
Minuto.
Calma, (roga) .ז ,רֹגַע
tranquilidad.
Momen-(rig-í) .ת ,רִגְעִי
táneo.
Regreso(regrés). ז ,רֶגְרֶס
(regresivi) .ת ,רֶגְרֶסִיבִי
Regresivo.
רגש (רָגַשׁ, יִרְגַּשׁ) פ"ע
Conmoverse, embravecer-
se, hacer ruido.
Sentir. Embra- הִרְגִּישׁ-
vecer.
Ser sentido. הֻרְגַּשׁ-
Conmoverse. הִתְרַגֵּשׁ-
Senti-(réguesh) .ז ,רֶגֶשׁ
do. Sentimiento. Sen-
sibilidad. Ruido.
Sen- (ragash) .ת ,רַגָּשׁ
sible.
Ruido, (rigshá) .נ ,רִגְשָׁה
tumulto.
(rigshiyut) .נ ,רִגְשִׁיּוּת
Sensibilidad.
Sen-(ragshán) .ת ,רַגְשָׁן
sible, sentimental.
(ragshanut) .נ ,רַגְשָׁנוּת
Sentimentalismo.
Sen-(ragshaní). ת ,רַגְשָׁנִי
sible, sentimental.
Radar. (radar) .ז ,רָדָאר
רדד (רָדַד, רַד, יָרֹד) פ"י
Aplastar, someter.
Aplastar, someter. רִדֵּד-
Ser aplastado. רֻדַּד-
Aplastar. הֵרֵד-
Cosa (réded) .ז ,רֶדֶד
aplastada.
רדה (רָדָה, יִרְדֶּה) פ"י
Dominar, mandar. Qui-

(redifat- רְדִיפַת כָּבוֹד
cavod) Ambición.

(redifut)   נ, רְדִיפוּת.
Persecución.

Ra-(radical)   ז, רְדִיקָל.
dical.

(radicali)   ת, רְדִיקָלִי.
Radical.

רְדִיקָלִי זְם, נ, רְדִיקָלִיוּת.
(radicaliyut,radica-   ז.
lizm) Radicalismo.

Dor-   פ"ע, הֵרָדֵם (רדם)
mirse.

Hacer dormir,   הִרְדִּים-
adormecer.

Ser adormecido,   הָרְדַּם-
hecho dormir.

Sueño (rédem)   ז, רֶדֶם.
ésado.

Le- (radémet)   נ, רַדֶּמֶת.
targo.

רָדֹף (רָדַף, יִרְדֹּף) פ"י
Perseguir.

Ser perseguido.   הֵרָדֵף-
Perseguir.   רֻדַּף-
Ser perseguido.   הָרְדּוֹף-
Perseguir.   הַרְדֵּף-
Ser perseguido.   הָרְדַּף-
Infinitivo del   רֶדֶת.
verbo יָרֹד.

רָהֹב (רָהַב, יִרְהַב) פ"ע
Enorgullecerse. Pedir,
rogar, suplicar.

Enorgullecer.   הִרְהִיב-
Encantar.

Enorgullecerse,   הִתְרַהֵב-
alabarse.

(ráhav,ró-. ז, רַהַב, רֹהַב)
hav) Orgullo.

(rehabi- נ, רֶהַבִּילִיטַצְיָה
litzya) Rehabilitación.

tar, coger. Tumbar.
Apretar.

Vencer, subyugar. רָדָה-
Castigar.

Ser castigado. הֵרָדָה-
Someter.   הִרְדָּה-

Apla- (ridud)   ז, רִדּוּד.
namiento.

Apla-(radud)   ת, רָדוּד.
nado, aplastado.

Sumi- (riduy)   ז, רִדּוּי.
sión. Castigo.

Dor- (radum)   ת, רָדוּם.
mido.

Per- (raduf)   ת, רָדוּף.
seguido. Apresurado.

Carre-(riduf)   ז, רִדּוּף.
ra.

Manto, (redid)   ז, רְדִיד.
sobretodo.

Toma, (rediyá)   נ, רְדִיָּה.
quita. Dominación.

Radio.(radyo)   ז, רַדְיוֹ.
(radyo- רַדְיוֹ-אַקְטִיבִי-
activi) Radioactivo.

(-telegraf רַדְיוֹ-טֶלֶגְרָף-
Radiotelegrafía.

(-téle- רַדְיוֹ-טֶלֶפוֹן-
fon) Radiotelefonía.

Radio, (rádyum) ז, רַדְיוּם.
(metal).

Radio(rádyus). ז, רַדְיוּס.
(de circunferencia).

(radyátor)   ז, רַדְיָטוֹר.
Radiador.

Dormi-(radim)   ת, רָדִים.
do.

Ara-(radyán)   ז, רַדְיָן.
dor.

Perse-(redifá נ, רְדִיפָה.
cución,perseguimiento.

רָהָה (רָהָה, יִרְהֶה) פ"ע
Temer.
Moblaje,(rihut) רִהוּט, ז
mobiliario. Acción de amueblar.
Acos- (rahut) רָהוּט, ת.
tumbrado, corriente.
Amueblar. רִהֵט, פ"י.
Ser amueblado. רֻהוּט-
Poner vigas. הִרְהִט-
(rá- רַהַט, ז. ר' רְהָטִים
hat) Pila.
Flui-(rihatá) רְהָטָא, ז.
dez.
רָהִיט, ז. ר' רְהִיטִים
(rahit) Mueble.
רְהִיטָה, רְהִיטוּת, נ.
(rehitá, rehitut)Prisa, fluidez.
Hipo- (רהן) הִרְהֵן, פ"י
tecar.
Ser hipotecado. הָרְהַן-
(roé)רוֹאֶה, ז. נ' רוֹאָה
Vidente, profeta. Espectador. Que ve.
(roé-jesh רוֹאֶה חֶשְׁבּוֹן-
bón)Tenedor de libros.
Fig. (root) רוֹאוֹת-
ojos.
Fusil,(rové) רוֹבֶה, ז.
escopeta. Arquero.
Robot.(robot) רוֹבּוֹט, ז.
(rubidyón) רוּבִּידְיוֹן, ז
Rubidio.
(robinia) רוֹבִּנְיָה, נ.
Robinia.
Furio-(roguez) רוֹגֵז, ת.
so, bravo, irritado.
Que- (roguén) רוֹגֵן, ת.
jumbroso.
רוד (רָד, יָרוּד) פ"ע
Bajar.
Pala. (rodé) רוֹדֶה, ז.
(rodyón) רוֹדְיוֹן, ז.
Rodio.
(rudiment) רוּדִימֶנְט, ז
Rudimento.
Dic- (rodán) רוֹדָן, ז.
tador.
(rodanut) רוֹדָנוּת, נ.
Dictadura.
Per- (rodef) רוֹדֵף, ז.
seguidor.
רָוָה (רָוָה, יִרְוֶה) פ"ע
Saciarse, hartarse.
Saciar. Regar. רִוָּה-
Saciarse, hartarse.
Regar, saciar, הִרְוָה-
dar de beber.
Saciarse, har- הִתְרַוָּה-
tarse.
De rie-(ravé) רָוֶה, ת.
go, regado. Saciado.
Ancho,(ravúaj) רָוּחַ, ת.
amplio.
Regado,(ravuy) רָוּוּי, ת.
Riego.(rivuy) רִוּוּי, ז.
Acción de abrevar.
Conde.(rozén) רוֹזֵן, ז.
Príncipe.
רָוַח (רָוַח, יִרְוַח) פ"ע
Ser aliviado. Ser común, corriente.
Ensanchar. Airear, רִוַּח-
ventilar.
Ser ensanchado. רֻוַּח-
Ser aireado,ventilado.
Oler. הֵרִיחַ-
Ganar. Ser aliviado. Aliviar. הִרְוִיחַ-
Aliviarse. Ventilarse. הִתְרַוַּח-

רוּחַ, ז״נ. ר׳ רוּחוֹת
(rúaj) Viento. Soplo.
Alma. Fantasma. Espíritu. Demonio. Lado.
(ish-rúaj) אִישׁ־רוּחַ-
Profeta.
(órej-rúaj) אֹרֶךְ־רוּחַ-
Paciencia.
(érej-rúaj) אֶרֶךְ־רוּחַ-
Paciente.
(góvah-rúaj) גֹּבַהּ־רוּחַ-
Orgullo.
(gvah-rúaj) גְּבַהּ־רוּחַ-
Orgulloso.
(gas-rúaj) גַּס־רוּחַ-
Orgulloso. Grosero.
(dacá-rúaj) דַּכָּא־רוּחַ-
Oprimido.
(morat-rúaj) מֹרַת־רוּחַ-
Amargura, tristeza.
(nájat-rúaj) נַחַת־רוּחַ-
Reposo, tranquilidad.
(nejé-rúaj) נְכֵה־רוּחַ-
Oprimido.
(cótzer-rúaj) קֹצֶר־רוּחַ-
Impaciencia.
(cor-rúaj) קַר־רוּחַ-
Calma.
(corat-rúaj) קֹרַת־רוּחַ-
Satisfacción.
(kshe-rúaj) קְשֵׁה־רוּחַ-
Triste, melancólico.
(rúaj-jayim) רוּחַ־חַיִּים-
Soplo de vida.
(rúaj-hacó- רוּחַ־הַקֹּדֶשׁ-
desh) Espíritu Santo.
(shafl-rúaj) שְׁפַל־רוּחַ-
Humilde, modesto.
(rúaj-raá) רוּחַ־רָעָה-
Demonio.
(rúaj-tza- רוּחַ־תְּזָזִית-
zit) Locura.
(rúaj-tzra- רוּחַ־צְרָדָה-
dá) Vértigo.
Respirar. שָׁאַף רוּחַ-
(shéver-rúaj) שֶׁבֶר־רוּחַ-
Tristeza, melancolía.
Ancho, (ravéaj) רָוֵחַ, ת, amplio.
Espacio, (révaj) רֶוַח, ז. distancia, intervalo.
Liberación. Ganancia.
Abun- (berévaj) בְּרֶוַח-
dantemente.
Con- (revajá) רְוָחָה, נ.
suelo, alivio, comodidad, bienestar.
(lirvajá) לִרְוָחָה-
Ampliamente.
Es- (rujaní) רוּחָנִי, ת.
piritual. Intelectual.
(rujaniyut). רוּחָנִיּוּת, נ.
Espiritualidad.
Medida (rótel) רוֹטֶל, ז.
que equivale a 3 kilos.
Acción (reviyá). רְוִיָּה, נ.
de abrevar.
Abun- (revayá) רְוָיָה, נ.
dancia.
Ac- (rivyón) רִוְיוֹן, ז.
ción de abrevar.
Jinete. (rojev) רוֹכֵב, ז.
Injerto.
Buhone- (rojel) רוֹכֵל, ז.
ro, mercader ambulante.
(rojlut) רוֹכְלוּת, נ.
Buhonería.
Cre- (rojsán) רוֹכְסָן, ז.
mallera.
רוּם (רָם, יָרוּם) פ״ע
Elevarse, alzarse. Fig.

Ser .פ"ע ,הֵרוֹעַ (רוע) quebrantado.
Ser cantado. -רוּעַ
Clamar, gritar, -הֵרַע aclamar.
Alegrarse. -הִתְרוֹעֵעַ
Amigarse.
Pastor. (roé) .ז ,רוֹעֶה Fig. siervo, jefe.
Pasto- (roí) .ת ,רוֹעִי ral.
Furio-(roem) .ת ,רוֹעֵם so, bravo.
Obs- (roetz) .ז ,רוֹעֵץ táculo.
Rui- (roesh) .ת ,רוֹעֵשׁ doso.
רוֹפֵא .ז. נ׳ רוֹפְאָה, ר׳ רוֹפְאִים Médico.(rofé)
Blando,(rofés) .ת ,רוֹפֵס débil.
Vaci- (rofef) .ת ,רוֹפֵף lante.
רוּץ (רָץ, יָרוּץ) פ"ע Correr.
Romperse. Apre- -הֵרִיץ surarse.
Correr, apresu- -רוֹצֵץ rarse.
Hacer correr. -הֵרִיץ Apresurar.
Empujarse, an- -הִתְרוֹצֵץ dar, moverse.
רוֹצֵחַ .ז. נ׳ רוֹצַחַת (rotzéaj) Asesino.
Ta- (rotz-án) .ז ,רוֹצְצָן labartero.
(ra- רַוָּק .ת. נ׳ רַוָּקָה vak) Soltero, célibe.
(ravacut) .נ ,רַוָּקוּת Celibato.

enorgullecerse.
Alzar, elevar. -רוֹמֵם Educar. Alabar, glorificar.
Elevarse, al- -הֵרוֹם zarse.
Alzar, elevar, le- -הֵרִים vantar.
Ser elevado, -רוֹמוֹם ser alzado.
Ser elevado, le- -הוּרַם vantado, alzado.
Alzarse, ele- -הִתְרוֹמֵם varse.
Levantar la -הֵרִים קוֹל voz.
Conspirar, -הֵרִים יָד בְּ־ complotar.
(rum, rom) .ז ,רוּם, רוֹם Altura. Fig. orgullo.
Ro- (romaí) .ת ,רוֹמָאִי mano.
(rombus) .ז ,רוֹמְבּוּס Rombo.
Romano.(romi) .ת ,רוֹמִי
Eleva do.(romem).ת ,רוֹמֵם
(ro- .נ ,רוֹמֵמָה, רוֹמְמוּת memá, romemut) Altura, elevación.
Novela.(román) .ז ,רוֹמָן
(romanti) .ת ,רוֹמַנְטִי Romántico.
(romanti- .ז ,רוֹמַנְטִיזְם zm) Romanticismo.
(románti- .נ ,רוֹמַנְטִיקָה ca) Romanticismo.
(romanist) .ז ,רוֹמָנִיסְט Romanista. Novelista.
Ro-(romans) .ז ,רוֹמַנְס mance.
Rondó.(rondo) .ז ,רוֹנְדוֹ

alusión, guiño.
רָזַם (רָזַם, יִרְזֹם) פ"ע
Guiñar.
Re-(rezerva) רֶזֶרְבָה, נ.
serva.
רָזַק, ר' רָסַק.
רָחַב (רָחַב, יִרְחַב) פ"י
Ensancharse. Ser an-
cho.
Ensancharse. -הֶרְחַב
Ensanchar. -הִרְחִב
Ser ensanchado. -הֻרְחַב
Ensancharse. -הִתְרַחֵב
Anchura,(rójav) רֹחַב, ז.
latitud.
Ancho, (rajav) רָחָב, ת.
amplio.
(rejav-ya- -רְחַב יָדַיִם
dáyim) Vasto.
(rójav-lev) -רֹחַב לֵב
Inteligencia.
(yad-rejavá) -יָד רְחָבָה
Generosidad.
(néfesh-re- -נֶפֶשׁ רְחָבָה
javá) Codicia.
Anchura,(rájav) רַחַב, ז.
latitud, espacio.
Plaza,(rejavá) רְחָבָה, נ.
campo.
Anchu-(rajavut) רַחֲבוּת, נ
ra. Prodigalidad.
רְחוֹב, ז. ר' רְחוֹבוֹת
(rejov) Calle.
Miseri-(rajum) רַחוּם, ת.
cordioso, clemente.
Que- (rajum) רָחוּם, ת.
rido.
Vue- (rijuf) רִחוּף, ז.
lo.
רָחוּץ, ת. נ' רְחוּצָה, ר'
Bañado,(rajutz) רְחוּצִים

Far- (rokéaj) רוֹקֵחַ, ז.
macéutico.
(rokjut) רוֹקְחוּת, נ.
Farmacio (el oficio).
Bor-.(rokem) רוֹקֵם, ז.
dador.
Vaciar, de- רוֹקֵן, פ"י.
socupar.
Vaciarse. -הִתְרוֹקֵן
Cepi-(rocaní) רוֹקָנִי, ז.
llo de carpintero.
Ponzo- (rosh) רוֹשׁ, ז.
ña, veneno.
Apun- (roshem) רוֹשֵׁם, ת.
tador, registrador.
Empobrecer, רוֹשֵׁשׁ, פ"י.
debilitar.
רוֹתֵחַ, ת. נ' רוֹתַחַת
(rotéaj) Hirviendo.
רוֹתְחִים, רוֹתְחִין, ז"ר.
(rotjim,rotjín) Agua
hirviendo.
Secreto, (raz) רָז, ז.
misterio.
רָזָה (רָזָה, יִרְזֶה) פ"י
Enflaquecer, ponerse
flaco.
Enflaquecer. -הֶרְזָה
Enflaquecer, po- -הִרְזָה
ner flaco.
Flaco. (razé) רָזֶה, ת.
Fla- (razón) רָזוֹן, ז.
queza. Príncipe.
Secreto,(razí) רָזִי, ת.
misterioso, oculto.
Flaqueza.(razí) רָזִי, ז.
Enfla-(reziyá) רְזִיָּה, נ.
quecimiento.
Se- (razyut) רָזִיּוּת, נ.
creto.
Seña,(rezimá) רְזִימָה, נ.

compadecido.
Apiadarse. -הִתְרַחֵם
Clemen-(rajem) רַחַם, ז.
cia, misericordia.
רֶחֶם, רַחַם, ז.ר׳ רְחָמִים
(réjem, rájam) Matriz, útero.
Mucha-(rajamá) רַחֲמָה, נ.
cha, doncella.
(rajamim) רַחֲמִים, ז"ר.
Piedad, misericordia, clemencia.
Pia- (rajamán) רַחֲמָן, ת.
doso, misericordioso, clemente.
(rajamanut) רַחֲמָנוּת, נ.
Misericordia, clemencia.
Mise-(rajamaní) רַחֲמָנִי, ת.
ricordioso, clemente.
Me-(rajémet) רַחֶמֶת, נ.
tritis.
רָחֹף (רָחַף, יִרְחַף) פ"ע
Temblar, agitarse.
Volar. -רִחֵף
Vuelo. (rájaf) רַחַף, ז.
Temblor.
רָחֹץ (רָחַץ, יִרְחַץ) פעו"י
Lavar, bañar. Bañarse.
Bañarse, lavar- -הִרְחֵץ
se.
Ser bañado, ser -רְחוּץ
lavado.
Lavar, bañar. -הַרְחֵץ
Lavarse, bañar- -הִתְרַחֵץ
se.
Lavado, (rájatz) רַחַץ, ז.
lavamiento.
Baño. (rajtzá) רַחְצָה, נ.
רָחֹק (רָחַק, יִרְחַק) פ"ע
Alejarse. Estar lejos.
Ser alejado. -הֵרָחֵק

lavado.
Baño, (rijutz) רִחוּץ, ז.
lavamiento.
רָחוֹק, ת. נ׳ רְחוֹקָה
(rajok) Lejano. Lejos.
Dis- (rijuk) רִחוּק, ז.
tancia. Alejamiento.
Movi- (rijush) רִחוּשׁ, ז.
miento.
Lle- (rajush) רָחוּשׁ, ת.
no.
רֵחַיִם, ז"ז. ר׳ רֵחַיוֹת
(rejáyim) Muela. Molino.
(rejá- -רֵחַיִם שֶׁל יָד
yim-shel-yad) Molino de mano.
(rejá- -רֵחַיִם שֶׁל מַיִם
yim-shel-máyim) Molino de agua.
(rejá- -רֵחַיִם שֶׁל רוּחַ
yim-shel-rúaj) Molino de viento.
(re- -רֵחַיִם שֶׁל קִיטוֹר
jáyim-shel-kitor) Molino de vapor.
Que- (rajim) רָחִים, ת.
rido.
Vue-(rejifá) רְחִיפָה, נ.
lo.
Baño, (rejitzá) רְחִיצָה, נ.
lavamiento.
Mo- (rejishá) רְחִישָׁה, נ.
vimiento.
רָחֵל, רְחֵלָה, נ. ר׳ רְחֵלִים, רְחֵלוֹת
(rajel, rejelá)
Oveja.
רָחֹם (רָחַם, יִרְחַם) פ"י
Querer, amar.
Apiadarse. -רִחֵם
Apiadarse, ser -רֻחוּם

Tumbar, arrojar.Secar.
Apretar. Vendar, הַרְשָׁה-
curar.
רָשׁוּב,ת. נ׳ רְשׁוּבָה
(ratuv) Mojado.
Tram- (ratov) רַשׁוֹב, ז.
pa.
Des- (ritush) רִשּׁוּשׁ, ז.
garro, desgarramiento.
Des- (ratush) רָשׁוּשׁ, ת.
garrado.
Estremecer, רַשַׁט, פ"ע.
temblar.
Estremecer,tem- הַרְשֵׁט-
blar. Hacer temblar.
Escalo- (rétet) רֶשֶׁט, ז.
frío.
(retivut) רְשִׁיבוּת, נ.
Humedad.
Em- (retiyá) רְשִׁיָּה, נ.
plasto.
רָשַׁן (רָשַׁן, יִרְשַׁן) פ"ע
Gruñir, murmurar.
Correo,(ratán) רָשָׁן, ז.
mensajero, paje.
Gruñi- (réten) רֶשֶׁן, ז.
do.
Des- (ratnán) רַשְׁנָן, ת.
contento.
Ser gordo, רָשֲׁפַשׁ, פ"ע.
engordar.
Quebrantar, רַשֵׁשׁ, פ"י.
romper, desgarrar.
Ser quebrantado, רְשׁוֹשׁ-
desgarrado, roto.
Agua, go- (ri) רִי, ז.
ta (?).
רֵיאָה, ר׳ רֵאָה.
רִיב (רָב,יָרִיב) פעו"י
Luchar, disputar, pelear, reñir.

Alejar. רַחֵק-
Alejar. הַרְחֵק-
Ser alejado. הָרְחַק-
Alejarse. הִתְרַחֵק-
Que se (rajek) רָחֵק, ת.
aleja.
Dis- (rójak) רֹחַק, ז.
tancia.
(rijrúaj) רִחְרוּחַ, ז.
Olfateo.
Olfatear, רַחְרֵחַ, פ"ע.
oler, oliscar.
רָחַשׁ (רָחַשׁ, יִרְחַשׁ) פ"ע
Moverse. Arrastrarse.
Sentir. Murmurar.
Moverse. Arras- רַחֵשׁ-
trarse. Murmurar.
Ser hablado. רֻחַשׁ-
Expresar,hablar, הַרְחֵשׁ-
murmurar. Podrirse.
Suceder,ocurrir, הִתְרַחֵשׁ-
acontecer, pasar.
Gusano.(rájash) רַחַשׁ, ז.
Pensamiento.
(rajashush) רַחֲשׁוּשׁ, ז.
Pensamiento.
(rajashu- רַחֲשׁוּשֵׁי הַלֵּב-
shey-halev) Palabra, habla.
Raqueta.(rájat) רַחַת, נ.
Harnero.
רָטֹב (רָטַב, יִרְטַב) פ"ע
Estar mojado.
Mojar. הַרְטֵב-
Humedad.(rótev) רֹטֶב, ז.
Jugo.
Húmedo,(ratov) רָטֹב, ת.
mojado.
Hu-(ritavón) רִטָּבוֹן, ז.
medad.
רָטֹה (רָטָה, יִרְטֶה) פ"י

Luchar, pelear. הָרֵב-
Castigar. Blasfemar.
רִיב, ז. ר׳ רִיבוֹת, רִי-
Pelea, dis-(riv) בִים
puta, riña, querella.
Mucha-(rivá) רִיבָה, נ.
cha, doncella, moza.
(rigorizm) רִיגוֹרִיזְם, ז.
Rigorismo.
(rigorist) רִיגוֹרִיסְט, ז.
Rigorista.
רִיד (רָד, יָרִיד) פ"ע
Gritar, clamar.
רֵיחַ, ז. ר׳ רֵיחוֹת
(reyaj) Olor.
(jush-ha- חוּשׁ הָרֵיחַ-
reyaj) Olfato.
(reyaj-ni- רֵיחַ נִיחוֹחַ-
jóaj) Olor agradable.
Oler, (ריח) הֵרַח, פ"ע
olfatear, husmear.
Olfa- (rijá) רִיחָה, נ.
to.
Alba-(reyján) רֵיחָן, ז.
haca.
Odo-(reyjaní) רֵיחָנִי, ת.
rífero.
(reytori) רֵיטוֹרִי, ת.
Retórico.
(reytó- רֵיטוֹרִיקָה, נ.
rica) Retórica.
Pestaña.(ris) רִיס, ז.
Veneno. Hipódromo.
Estadio (medida).
(rifot) רִיפוֹת, נ"ר.
Granos trillados.
Ca- (ritzá) רִיצָה, נ.
rrera, corrida.
Ser vacia- (ריק) הָרוֹק
do, desocupado.
Vaciar, desocupar. הָרֵק-

Desenvainar. Armar.
Ser vaciado. הוּרַק-
Vanidad, (rik) רִיק, ז.
nada, vacío.
En (larik) לָרִיק-
vano.
רֵיק, רֵק, ת. נ׳ רֵיקָה,
(reyk, rek) ר׳ רֵיקִים
Vacío, desocupado.
(reyca) רֵיקָא, רֵיקָה, ת.
Vil, abyecto.
Vacío, (reycut) רֵיקוּת, נ.
futilidad.
En (reycam) רֵיקָם, תה"פ.
vano, sin nada.
Vacío. (reycán) רֵיקָן, ת.
Ignorante.
(reycanut) רֵיקָנוּת, נ.
Vacío. Futilidad.
Va- (reycaní) רֵיקָנִי, ת.
cío. Inútil.
Saliva, (rir) רִיר, ז.
moco, baba.
רִיר (רָר, יָרִיר) פ"י
Fluír, correrse.
Dejar fluír. הָרֵר-
Viscoso, (rirí) רִירִי, ת.
mucoso.
(ririyut) רִירִיּוּת, נ.
Mucosidad, viscosidad.
רִישׁ (רָשׁ, יָרִישׁ) פ"ע
Empobrecerse.
Empobrecer. רוֹשֵׁשׁ-
Empobrecerse. הִתְרוֹשֵׁשׁ-
(rish, rey- רִישׁ, רֵישׁ, ז.
sh) Pobreza.
Nombre de (reysh) רֵישׁ, נ.
la vigésima letra del
alfabeto hebreo.
(reysh, רֵישׁ, רֵישָׁא, ז.
reysha) Principio, co-

Campo de concentración.
Ablan-(ricuj) .ז, רִכּוּךְ
damiento.
Mo- (rejujá) .נ, רְכוּכָה
lusco.
Incli-(ricún) .ז, רִכּוּן
nación.
Incli-(rajún) .ת, רָכוּן
nado, agachado.
Abo- (rajús) .ת, רָכוּס
tonado.
Bien, (rejush) .ז, רְכוּשׁ
propiedad. Capital.
Ca-(rejushán) .ז, רְכוּשָׁן
pitalista.
(rejushanut) .נ, רְכוּשָׁנוּת
Capitalismo.
(rejushaní) .ת, רְכוּשָׁנִי
Capitalista.
Blan- (racut) .נ, רַכּוּת
dura.
Concentrar. .פ"י, רִכֵּז
Centralizar.
Ser concentrado. -רֻכַּז
Ser centralizado.
Concentrarse. -הִתְרַכֵּז
Centra- (racaz) .ז, רַכָּז
lizador.
Equi-(rejivá) .נ, רְכִיבָה
tación.
Blan- (rajij) .ת, רַכִּיךְ
duzco, blandujo.
רְכִיכָה, נ. ר' רְכִיכוֹת
(rejijá) Molusco.
(rejijut) .נ, רְכִיכוּת
Blandura.
Calum- (rajil) .ז, רָכִיל
nia, maledicencia.
Calumniar, -הָלַךְ רָכִיל
delatar.
(rejilut) .נ, רְכִילוּת

mienzo. Jefe, presidente.
Po- (rishut) .נ, רִישׁוּת
breza.
Blandura. (roj) .ז, רֹךְ
רַךְ, ת. נ' רַכָּה, ר' רַכִּים
Blando, (raj)
tierno. Fig. joven.
(raj-levav) -רַךְ לֵבָב
Cobarde, miedoso.
Palabras(racot) -רַכּוֹת
blandas, dulces, agradables.
רָכַב (רָכַב, יִרְכַּב) פ"ע
Montar.
Montar. Armar. -הִרְכִּיב
Injertar.
Ser armado, com- -הֻרְכַּב
puesto. Ser injertado.
Armarse, com- -הִתְרַכֵּב
ponerse, unirse.
Carro, (réjev) .ז, רֶכֶב
vehículo. Muela superior. Púa, injerto.
Cochero. (racav) .ז, רַכָּב
Jinete, caballero.
Equi-(rajbá) .נ, רִכְבָּה
tación.
Es- (rejubá) .נ, רְכֻבָּה
tribo.
רַכֶּבֶת, נ. ר' רַכָּבוֹת (rakévet) Tren.
Carro, (rejuv) .ז, רְכוּב
vehículo, coche.
Mon- (rajuv) .ת, רָכוּב
tado.
Rodi-(rejuvá) .נ, רְכוּבָה
lla. Objeto curvo.
Con- (ricuz) .ז, רִכּוּז
centración.
(majané-) -מַחֲנֵה־רִכּוּז

Maledicencia.
Abo-(rejisá) .נ, רְכִיסָה
tonadura, unión.
Ad- (rejishá) .נ, רְכִישָׁה
quisición.
רָכַךְ (רַךְ, יֵרַךְ) פ"ע
Ser blando, ablandarse.
Ablandar. הֵרַךְ-
Ser ablandado. רֻכַּךְ-
Ablandar. הֵרַךְ, הִרְכֵּךְ-
Ablandarse. הִתְרַכֵּךְ-
Ra-(rakéjet) .נ, רַכֶּכֶת
quitismo.
Vender por .פ"י, רָכַל
las calles.
Male- (réjel) .ז, רֶכֶל
dicencia.
Mer- (rejulá) .נ, רְכֻלָּה
cancía.
Doblar, incli- .פ"י, רַכֵּן
nar, encorvar.
Doblar, encor- הִרְכִּין-
var, inclinar.
Ser encorvado, הֻרְכַּן-
doblado, inclinado.
רָכַס (רָכַס, יִרְכֹּס) פ"י
Abotonar, unir.
Abotonar, unir. רַכֵּס-
Pisotear, hollar.
(re- רְכָסִים ר' .ז, רֶכֶס
jes) Cadena (de mon-
tañas). Botón.
(ro- רְכָסִים ר' .ז, רֹכֶס
jes) Engaño, astucia.
Re- (rijpá) .נ, רִכְפָּה
seda.
(rajrují) .ת, רַכְרוּכִי
Blanduzco, blandujo.
(rajrujit) .נ, רַכְרוּכִית
Blandura.
Blan-(rajraj) .ת, רַכְרַךְ
duzco, blandujo.
Ablandar un .פ"י, רִכְרֵךְ
poco.
רָכַשׁ (רָכַשׁ, יִרְכֹּשׁ) פ"י
Adquirir.
Ser adquirido, הֵרָכֵשׁ-
poseer.
Adquirir, com- הִרְכִּישׁ-
prar.
Ser adquirido, הֻרְכַּשׁ-
comprado.
Caba-(réjesh) .ז, רֶכֶשׁ
llo, corcel.
רֶלָטִיבִי, ר' יַחֲסִי.
רֶלָטִיבִיּוּת, נ. רֶלָטִיבִיזְם,
(relativiyut,relati- .ז
vizm) Relativismo.
Relie- (relyef) .ז, רֶלְיֵף
ve.
Alto, ele- (ram) .ת, רָם
vado, sublime.
(zróa-ramá) זְרוֹעַ רָמָה-
Brazo alto: fuerza.
(yad-ramá) יָד רָמָה-
Fig. Fuerza.Orgullo.
(ayin- ramá) עַיִן רָמָה-
Ojo alto: orgullo.
(rum-zulut) .נ, רֻם-זֻלּוּת
Fig. gusano.
En- (ramaut) .נ, רַמָּאוּת
gaño, estafa, fraude.
רַמַּאי, ת. נ' רַמָּאִית
(ramay) Engañador,tram-
poso, estafador.
רָמָה (רָמָה, יִרְמֶה) פ"י
Arrojar,lanzar,tirar.
Engañar,estafar. רִמָּה-
Ser engañado. רֻמָּה-
Encontrarse. הִתְרַמָּה-
Altipla-(ramá) .נ, רָמָה
nicie, meseta.Altura.

Gusa- (rimá) רִמָּה, נ.
no.
Alu- (ramuz) רָמוּז, ת.
dido.
Alu- (rimuz) רִמּוּז, ז.
sión.
Grana-(rimón) רִמּוֹן, ז.
da. Granado.
Holla-(ramús) רָמוּס, ת.
do, pisado.
Cubier-(ramutz) רָמוּץ, ת.
to de ceniza.
Or- (ramut) רָמוּת, נ.
gullo.
רָמַז (רָמַז, יִרְמֹז) פ"ע
Guiñar. Hacer señas.
Aludir.
Ser aludido. Ser -הֻרְמַז
indicado, señalado.
-רַמֵּז, הִרְמִיז, ר' רָמַז.
רֶמֶז, ז. ר' רְמָזִים
(rémez) Seña. Alusión.
רַמְזוֹר, ז. ר' רַמְזוֹרִים
(ramzor) Semáforo.
רֹמַח, ז. ר' רְמָחִים (ró-
maj) Lanza.
Abreviatura de: רַמַטְכָּ"ל
Jefe ראש מטה כללי
del Estado mayor.
Engaño, (remiyá) רְמִיָּה, נ.
estafa.
Guiño (remizá) רְמִיזָה, נ.
Seña. Alusión.
Pi- (remisá) רְמִיסָה, נ.
soteo, holladura.
Arras-(remisá) רְמִישָׁה, נ.
tramiento.
Caballo, (ramaj) רַמָּךְ, ז.
corcel.
רָמַם (רַם, יָרֹם) פ"ע
Alzarse, elevarse.

Allanar (una camino).
Alzarse, ele- -הֵרוֹם
varse.
Elevar, alzar. -רוֹמֵם
Alzar, elevar. -רַמֵּם
Elevarse, al- -הִתְרוֹמֵם
zarse.
רָמַס (רָמַס, יִרְמֹס) פ"י
Pisotear, hollar.
Ser pisoteado, -הֵרָמֵס
ser hollado.
-רַמֵּס, ר' רָמַס.
Piso-(rimsá) רִמְסָה, נ.
teo, holladura.
Ceni-(rémetz) רֶמֶץ, ז.
za caliente.
Ce- (ramotz) רָמֹץ, ת.
niciento.
Alto-(ramcol) רַמְקוֹל, ז.
parlante, altavoz.
רָמַשׂ (רָמַשׂ, יִרְמֹשׂ) פ"ע
Arrastrarse.
Reptil. (remes) רֶמֶשׂ, ז.
Tarde, (rémesh) רֶמֶשׁ, ז.
obscuridad.
Canto, (ron) רֹן, ז.
alegría.
רָנָה (רָנָה, יִרְנֶה) פ"ע
Sonar.
Alegría, (riná) רִנָּה, נ.
júbilo, regocijo. Canto, cántico.
Canto. (rinún) רִנּוּן, ז.
Calumnia.
Renta. (renta) רֶנְטָה, נ.
רָנַן (רָנַן, יָרֹן) פ"ע
Cantar, alegrarse. Llorar, gritar.
Cantar, alegrarse. -רִנֵּן
Calumniar.
Ser cantado, can- -רֻנַּן

tar.
Alegrar, exal- הַרְנֵן-
tar.
Despertarse. הִתְרוֹנֵן-
Canto,(renen) רֶנֶן, ז.
cántico.
Canto,(renaná) רְנָנָה, נ.
alegría. Calumnia.
(renanim) רְנָנִים, ז"ר.
Pájaros de canto.
(renesans) רֵנֵסַנְס, ז.
Renacimiento.
Acción (risún) רִסּוּן, ז.
de embridar.
Riego.(risús) רִסּוּס, ז.
Quebrantamiento.
Re- (rasús) רָסוּס, ת.
gado.
Que- (risuk) רִסּוּק, ז.
brantamiento.
Que- (rasuk) רָסוּק, ת.
brantado.
רְסִיס, ז. ר' רְסִיסִים
(rasís) Gota. Tiesto,
fragmento.
Brida.(resen) רֶסֶן, ז.
Mandíbula, quijada.
Embridar, re- רִסֵּן, פ"י.
frenar.
Ser embridado. רֻסַּן-
הֻרְסַן, ר' רָסַן.
רָסַס (רַס, יָרֹס) פ"י
Regar, rociar.
Regar. Triturar. רִסֵּס-
Ser triturado. רֻסַּס-
Regar. הַרְסֵס-
Triturarse. הִתְרוֹסֵס-
Quebrantar, רִסֵּק, פ"י.
triturar.
Ser quebrantado, רֻסַּק-
ser triturado.

Que- (rések) רֶסֶק, ז.
brantamiento.
רַע, רָע, ת. נ' רָעָה, ר'
Malo. (ra) רָעִים
Mez-(ra-lev) רַע לֵב-
quino. Celoso.
(ra-maala- רַע מַעֲלָלִים-
lim) Perverso,malvado.
Mez- (ra-ayin) רַע עַיִן-
quino, avaro.
(ra-panim) רַע פָּנִים-
Triste.
Mala (shem-ra) שֵׁם רַע-
reputación.
Mal, (ra) רַע, רָע, ז.
malicia, maldad.
(réa) רֵעַ, ז. ר' רֵעִים
Amigo. Prógimo. Pensa-
miento. Ruido, grito.
Maldad, (róa) רֹעַ, ז.
malicia.
רָעֵב (רָעַב, יִרְעַב) פ"ע
Tener hambre.
Hambrear. הַרְעֵב-
Ser hambreado. הָרְעַב-
Tener hambre. הִתְרָעֵב-
(raev) רָעֵב, ת. נ' רְעֵבָה
Hambriento.
Hambre, (raav) רָעָב, ז.
Ham-(reavón) רְעָבוֹן, ז.
bre.
(raavtán) רַעַבְתָן, ת.ז
Voraz, glotón.
(raavtanut) רַעַבְתָנוּת, נ.
Voracidad.
(raavtaní) רַעַבְתָנִי, ת.
Voraz.
רָעַד (רָעַד, יִרְעַד) פ"ע
Temblar.
Ser conmovido, הָרְעַד-
hecho temblar.

samiento.
Mal, (reiut) רְעִיעוּת, נ. maldad.
(reifá) רְעִיפָה, נ. Goteo.
Con- (reishá) רְעִישָׁה, נ. moción, ruido. Temblor.
Tu- (reishut) רְעִישׁוּת, נ. multo, ruido.
Veneno. (ráal) רַעַל, ז.
רָעַל (רָעַל, יִרְעַל) פ"י Velar, cubrir.
Envenenar. הִרְעִיל-
Ser envenenado. הָרְעַל-
Velo. (realá) רְעָלָה, נ.
Toxi- (raalán) רַעֲלָן, ז. na.
רָעַם (רָעַם, יִרְעַם) פ"ע Mugir, bramar, hacer ruido. Tronar.
Tronar. Embravecer, irritar. הִרְעִים-
Irritarse, embravecerse. הִתְרַעֵם-
(rá-am) Trueno. רַעַם, ז. ר' רְעָמִים
Crin, (ra-amá) רַעְמָה, נ. melena.
Refrescar. רַעֲנֵן, פ"י.
Humedecer, humectar.
Refrescarse. הִתְרַעֲנֵן-
Fresco, (raanán) רַעֲנָן, ת. Fig. alegre.
(raananut) רַעֲנָנוּת, נ. Frescura. Fig. alegría.
רָעַע (רַע, יָרֹעַ) פ"ע Ser malo. Romper, quebrantar.
Ser quebrantado, הֵרוֹעַ-
Hacer mal. הֵרַע-
Empeorar. הוּרַע-

Hacer temblar. הִרְעִיד-
Sacudir.
Ser conmovido, הָרְעַד-
hecho temblar.
(ráad, רַעַד, ז. רְעָדָה, נ. readá) Temblor.
רָעָה (רָעָה, יִרְעֶה) פ"י Apacentar. Fig. gobernar. Pacer. Amigarse.
Amigarse. רֵעָה-
Apacentar. Fig. הִרְעָה- dirigir, gobernar.
Amigarse. הִתְרָעָה-
Amiga. (reá) רֵעָה, נ.
Mal. (raá) רָעָה, נ.
Amigo. (reé) רֵעֶה, ז.
רָעוּל, ת. נ' רְעוּלָה (raul) Cubierto.
רָעוּעַ, ת. נ' רְעוּעָה (raúa) Vacilante.
Demo- (riúa) רִעוּעַ, ז. lición.
Tejado, (rauf) רָעוּף, ת. cubierto de tejas.
Amis- (reut) רֵעוּת, נ. tad.
Amiga (reut) רְעוּת, נ. Deseo, anhelo.
De- (reutá) רְעוּתָא, נ. fecto.
Pasturaje, (reí) רְעִי, ז. prado. Excremento, inmundicia.
Tem- (reidá) רְעִידָה, נ. blor.
Pace- (reiyá) רְעִיָּה, נ. dura. Apacentamiento.
Amiga. (ra-yá) רַעְיָה, נ. Esposa, señora.
רַעְיוֹן, ז.. ר' רַעְיוֹנוֹת (ra-yón) Idea. Pen-

Romperse. Ami- הִתְרוֹעֵעַ-
garse.
רָעַף (רָעַף, יִרְעַף) פ"י
Destilar, gotear.
(rá- רַעַף, ז. ר' רְעָפִים
af) Teja.
רָעַץ (רָעַץ, יִרְעַץ) פ"י
Romper, quebrantar.
Antigua (ráatz) .ז ,רַעַץ
escritura hebrea.
Agitar, mo- .פ"י ,רַעְרַע
ver.
Moverse. הִתְרַעְרַע-
רָעַשׁ (רָעַשׁ, יִרְעַשׁ) פ"ע
Hacer ruido. Temblar.
Ser conmovido. הֵרָעֵשׁ-
Agitar, conmo- הִרְעִישׁ-
ver.
Agitarse, con- הִתְרַעֵשׁ-
moverse, temblar.
Ruido.(ráash) .ז ,רַעַשׁ
Temblor de tierra.
Sís- (raashí) .ת ,רַעֲשִׁי
mico.
(raashiyut) .נ ,רַעֲשִׁיּוּת
Movimientos sísmicos.
Rui- (raashán) .ז ,רַעֲשָׁן
doso. Carraca.
(raashanut) .נ ,רַעֲשָׁנוּת
Ruido.
Rui-(raashaní) ת ,רַעֲשָׁנִי
doso. Sensacional.
Desata- (raf) .ת ,רַף
do.
(raf) רַפִּים 'ז. ר ,רַף
Anaquel, estante.
רָפָא (רָפָא, יִרְפָּא) פ"י
Sanar, curar.
Sanarse, curar- הֵרָפֵא-
se.
Sanar, curar. רִפֵּא-

Sanarse, curar- הִתְרַפֵּא-
se.
Cura, (rif-ut) .נ ,רִפְאוּת
curación.
Gi- (refaim) ז"ר ,רְפָאִים
gantes. Muertos.
רָפַד (רָפַד, יִרְפֹּד) פ"י
Tender.
Tender. Entapi- רִפֵּד-
zar.
Ser entapizado. רֻפַּד-
Tapi- (rapad) .ז ,רַפָּד
cero.
Lecho, 'réfed) .ז ,רֶפֶד
cama.
רָפָה (רָפָה, יִרְפֶּה) פ"ע
Debilitarse, desanimar-
se, aflojarse. No tener
דָּגֵשׁ una letra.
Debilitarse, הֵרָפֵה-
tener pereza.
Debilitar, aflo- רִפָּה-
jar.
Debilitarse. רֻפָּה-
Alejarse, irse, הִרְפָּה-
dejar, cesar.
Debilitarse. הִתְרַפָּה-
Tener pereza.
Débil, (rafé) .ת ,רָפֶה
desanimado. Una de las
letras בג"ד כפ"ת sin
דָּגֵשׁ.
(refé-yadá- רְפֵה יָדַיִם-
yim) Débil, flojo.
.רִפּוּא, ר' רִפּוּי
Medici-(refuá) .נ ,רְפוּאָה
na. Remedio. Curación.
Médi-(refuí) .ת ,רְפוּאִי
co, medicinal.
(república) נ ,רֶפּוּבְּלִיקָה
República.

רֶפּוּבְּלִיקָנִי, ת. (republi-
cani) Republicano.
רִפּוּד, ז. (ripud) Tapice-
ría. Entapizado.
רִפּוּי, ז. (ripuy) Cura-
ción.
רָפוּי, ת. (rafuy) Desatado, libre. Sin דָּגֵשׁ.
רַפּוֹרְט, ז. (raport) Cuentas.
רֶפּוֹרְטָז'ָה, נ. (reporta-
zya) Reportaje.
רֵפוֹרְמָה, נ. (reforma)
Reforma.
רֵפוֹרְמָטוֹר, ז. (reformá-
tor) Reformador.
רָפוּת, נ. (rafut) Cali-
de una letra רָפָה
o sin דָּגֵשׁ.
רָפִיא, ת. ר' רְפִיאָה
(rafí) Curable.
רְפִידָה, נ. (refidá) Respaldo. Entapizado, ac-
ción de entapizar.
רַפְיָה, נ. (rafia) Rafia.
רְפִיָּה, נ. (refiyá) Calidad
de letra sin דָּגֵשׁ.
רִפְיוֹן, ז. (rifyón) De-
bilidad. Blandura.
רְפִיפוּת, נ. (refifut)
Debilidad.
רֶפְלֶקְטוֹר, ז. (refléctor)
Reflector.
רֶפְלֶקְס, ז. (reflex) Reflejo.
רָפַס (רָפַס, יִרְפֹּס) פ"ע
Pisotear, hollar.
הֵרָפֵס- Ser pisoteado,
ser hollado.
הִתְרַפֵּס- Someterse, rebajarse.

רַפְסָד, ז. (rafsad) Gan-
chero.
רִפְסֵד, פ"י Conducir
una balsa.
רַפְסוֹדַאי, ז. (rafsoday)
Ganchero.
רַפְסֹדֶת, ר' רַפְסוֹדָה.
רַפְסוֹדָה, נ. (rafsoda) Balsa,
almadía. Escabel.
רַפְּסוֹדְיָה, נ. (rapsodya)
Rapsodia.
רָפַף (רָפַף, יִרְפֹּף) פ"ע
Vacilar.
רוֹפֵף- Vacilar, moverse.
Conmover, sacudir.
רוֹפַף- Ser conmovido.
רְפָפָה, נ. (refafá) Va-
rilla.
רִפֵּק, פ"ע Apoyarse, arrimarse.
הִתְרַפֵּק- Arrimarse, apoyarse.
רִפְרוּף, ז. (rifruf) Re-
voleo, revoloteo.
רֶפֶרֶזֶנְטַנְט, ר' נָצִיג.
רֶפֶרֶזֶנְטַצְיָה, ר' נְצִיגוּת.
רֶפְרֵין, ר' פִּזְמוֹן.
רֶפֶרֶנְדוּם, ז. (referéndum)
Referéndum.
רִפְרֵף, פ"ע Revolotear,
flotar.
הִתְרַפְרֵף- Hacerse ines-
table.
רַפְרֶפֶת, נ. (rafréfet) Pudín,
pudding.
רֶפְרַקְצְיָה, נ. (refraktzya)
Refracción.
רָפַשׁ (רָפַשׁ, יִרְפֹּשׁ) פ"י
Enturbiar. Pisar, ho-
llar, pisotear.
הֵרָפֵשׁ- Ser enturbiado.

gusto.
-רְצוֹנִי, רְצוֹנְךָ, וכו'
(retzoní, retzonjá) Quiero, quieres, etc.
(svá-ratzón) שְׂבַע רָצוֹן-
Satisfecho.
Vo-(retzoní) .רְצוֹנִי, ת
luntario.
Per- (ratzúa) .רָצוּעַ, ת
forado.
Co- (retzuá) .רְצוּעָה, נ
rrea, coyunda.
Seguido.(ratzuf).רָצוּף, ת
Incluso, adjunto. Enlosado.
(ratzuf-ba- רָצוּף בָּזֶה-
zé) Adjunto a ésta.
Acción(ritzuf) .רִצּוּף, ז
de enlosar.
Roto,(ratzutz) .רָצוּץ, ת
quebrantado.Oprimido.
Que- (ritzutz) .רִצּוּץ, ז
brantamiento.
רָצַח (רָצַח, יִרְצַח) פ"י
Asesinar.
Ser asesinado. הֵרָצַח-
Asesinar. רִצֵּחַ-
Ser asesinado. רֻצַּח-
Suicidarse. . הִתְרַצֵּחַ-
Asesi- (rétzaj) .רֶצַח, ז
nato, homicidio.
רַצְחָן, ז. נ' רַצְחָנִית
(ratzján) Asesino.
(ratzjanut) .רַצְחָנוּת, נ
Asesinato.
(ratzjaní) .רַצְחָנִי, ת
Del asesino.
Volun-(retziyá).רְצִיָּה, נ
tad. Aceptación.
(ratzyonali).רַצְיוֹנָלִי, ת
Racional.

Someter, reba- הַרְפֵּשׂ-
jar.
Barro,(réfesh) .רֶפֶשׁ, ז
fango, lodo.
רֶפֶת, נ. ר' רְפָתִים
(réfet) Establo.
Po- (raftán) .רַפְתָּן, ז
trero.
(raftanut) .רַפְתָּנוּת, נ
Oficio del potrero, trabajo del establo.
Pedazo, (ratz) .רַץ, ז
trozo.
Correo, (ratz) .רָץ, ז
paje, peón.
Correr. .רָצָא, פ"ע
Brincar, .רִצֵּד, פ"ע
bailar.
רָצָה (רָצָה, יִרְצֶה) פ"י
Querer. Expiar, perdonar. Satisfacer.
Ser aceptado. הֵרָצָה-
Ser expiado, perdonado.
Calmar. רִצָּה-
Ser o estar sa- רֻצָּה-
tisfecho.
Pagar. Contar. הִרְצָה-
Pronunciar un discurso.
Contentarse. הִתְרַצָּה-
Aceptar. Perdonar.
Desea-(ratzuy).רָצוּי, ת
do. Preferido.
Recon-(ritzuy).רִצּוּי, ז
ciliación. Voluntad.
רָצוֹן, ז. ר' רְצוֹנוֹת
(ratzón) Voluntad.Deseo.
Con (beratzón) בְּרָצוֹן-

רַצְיוֹנָלִיזְם, ז. (ratzyonalizm) Racionalismo.

רַצְיוֹנָלִיסְט, ז. (ratzyonalist) Racionalista.

רְצִיחָה, נ. (retzijá) Asesinato, homicidio.

רָצִין, ר׳ רְצִינִי.

רְצִינוּת, נ. (retzinut) Seriedad. Gravedad.

רְצִינִי, ת. (retziní) Serio. Grave.

רְצִיעָה, נ. (retziá) Perforación.

רָצִיף, ז. (ratzíf) Malecón, muelle, andén.

רְצִיפוּת, נ. (retzifut) Sucesión.

רְצִיצָה, נ (retzitzá) Rompimiento, quebrantamiento.

רָצַם (רָצַם, יִרְצֹם) פ"י Aplastar.

-הֻרְצַם Ser aplastado, aplastarse.

רָצַע (רָצַע, יִרְצַע) פ"י Agujerear, perforar. Zurriagar, azotar.

-הֻרְצַע Ser perforado, ser agujereado.

-רִצַּע Azotar, zurriagar. Cortar (en forma de cintas o correas).

-רֻצַּע Ser cortado (en forma de cintas o correas).

רַצְעָן, ז. (ratz-án) Talabartero, guarninionero. Azotador.

רַצְעָנוּת, נ. (ratz-anut) Talabartería. Zapatería.

רַצְעָנִיָּה, נ. (ratz-aniyá) Talabartería.

רָצַף (רָצַף, יִרְצֹף) פ"י Empedrar, enladrillar, enlosar, pavimentar. Unir, incluír.

-הֻרְצַף Ser enlosado.

-רִצֵּף Enlosar, pavimentar, enladrillar.

רַצָּף, ז. (ratzaf) Empedrador, solador.

רֶצֶף, ז. (rétzef) Llama, brasa.

רִצְפָּה, נ. (ritzpá) Brasa. Suelo, piso.

רָצַץ (רָצַץ, יִרְצֹץ, יָרֹץ) פ"י Romper, quebrantar. Oprimir.

-הוּרַץ Ser quebrantado.

-רִצֵּץ Romper, quebrantar. Oprimir.

-רוֹצֵץ Romper, quebrantar. Oprimir.

-הֵרֵץ Romper, quebrantar.

-הִתְרוֹצֵץ Chocarse, empujarse.

רַק, ת. נ׳ רַקָּה, ר׳ רַקִּים נ"ר רַקּוֹת (rak) Flaco,

רַק, תה"פ. (rak) Sólo, solamente.

-אַךְ וְרַק (aj-verak) Solamente, única y exclusivamente.

רֹק, ז. (rok) Saliva, baba.

רָקַב (רָקַב, יִרְקַב) פ"ע Podrirse.

-הֵרָקֵב Podrirse.

-הִרְקַב Podrir.

-הִתְרַקֵּב Podrirse.

רָקָב, ז. (racav) Podre-

dumbre. Carcoma.
Gan- (rékev) .רֶקֶב, ז
grena.
(rakbuvit) .רַקְבּוּבִית, נ
Podredumbre.
רִקָּבוֹן, ז. ר׳ רִקָּבוֹנוֹת
(ricavón) Putrefacción.
Gan-(rakévet) .רַקֶּבֶת, נ
grena.
רָקַד (רָקַד, יִרְקֹד) פ"ע
Bailar.
Bailar. Cribar. -רִקֵּד
Hacer bailar. -הִרְקִיד
Cribar.
רַקְדָן, ז. נ׳ רַקְדָנִית
(rakdán) Bailarín.
Sien. (racá) .רַקָּה, נ
Temporal.
Podri-(racuv) .רָקוּב, ת
do.
Baile. (ricud) .רִקּוּד, ז
danza.
Un- (ricúaj) .רִקּוּחַ, ז
güento.
Borda-(ricum) .רִקּוּם, ז
do. Formación.
Bor- (racum) .רָקוּם, ת
dado.
Vacia-(ricún) .רִקּוּן, ז
miento.
Aplas-(ricúa) .רִקּוּעַ, ז
tamiento.
Escu- (racuk) .רָקוּק, ת
pido.
רְקוֹרְד, ר׳ שִׂיא.
רָקַח (רָקַח, יִרְקַח) פ"י
Mezclar drogas.
-רִקֵּחַ, ר׳ רָקַח.
Ser mezclado. -רֻקַּח
Ser sazonado.
-הִרְקִיחַ, ר׳ רָקַח.

(récaj,ró- .רֶקַח, רֹקַח, ז
caj) Ungüento.
Farma- (racaj) .רַקָּח, ז
céutico, boticario,
perfumador.
רִקֵּחַ, ר׳ רִקּוּחַ.
Co- (raketa) .רָקֶטָה, נ
hete.
רָקֶשָׁה, ר׳ רַחַת.
Rector.(rectoř .רֶקְטוֹר, ז
Putre-(rakiv) .רָקִיב, ת
factivo.
(rekivut) .רְקִיבוּת, נ
Podredumbre.
Baile, (rekidá). .רְקִידָה, נ
danza.
Bor-(rekimá) .רְקִימָה, נ
dado, bordadura.
Cielo, (rakía) .רָקִיעַ, ז
firmamento.
Malea-(rakía) .רָקִיעַ, ת
ble.
Piso- (rekiá) .רְקִיעָה, נ
teo, golpe.
Ma- (rekiut) .רְקִיעוּת, נ
leabilidad.
Galle-(rakik) .רָקִיק, ז
ta.
Del- (rakik) .רָקִיק, ת
gado.
Ex- (rekicá) .רְקִיקָה, נ
pectoración.
Re- (reclama) .רֶקְלָמָה, נ
clamo.
רָקַם (רָקַם, יִרְקֹם) פ"י
Bordar.Fig. formar.
Bordarse. -הֵרָקֵם
Formar, hacer. -רִקֵּם
Ser bordado. -רֻקַּם
Formarse. -הִתְרַקֵּם
Bor- (rékem) .רֶקֶם, ז

dado.
Borda- (racam) .ז, רֶקֶם
do, bordadura.
Borda-(rikmá) .נ, רִקְמָה
do. Tejido.
Vaciar. פ"י, רָקַן
Ser vaciado. -רֻקַּן
רָקַע (רָקַע, יִרְקַע) פעו"י
Hollar, pisotear, pisar. Extender.
Ser extendido. -הֵרָקַע
Laminar. Enchapar. Remendar. -רִקַּע
Ser laminado. -רֻקּוַע
Extender. Elevarse. -הִרְקַע
Fondo. (reca) .ז, רֶקַע
Fig. motivo, causa.
Ci- (rakéfet) .נ, רַקֶּפֶת
clamen, ciclamino.
רָקַק (רָקַק, יָרֹק) פ"ע
Escupir, expectorar.
Escupir, expectorar. -רִקֵּק
Vaciar,,desocupar. -הֵרֵק
Ser vaciado, ser desocupado. -הוּרַק
(rékek, recac) Pantano. .ז, רֶקֶק, רְקַק
Es- (recakit) .נ, רְקָקִית
cupidera.
Pobre. (rash) .ת, רָשׁ
רַשַּׁאי, ת. נ׳ רַשָּׁאִית
(rashay) Autorizado.
Permitir, ,הִרְשָׁה (רשה)
autorizar.
Ser permitido, ser autorizado. -הֻרְשָׁה
Ser permitido, ser autorizado. -הֻרְשָׁה

Autori-(rishuy) .ז, רִשּׁוּי
zación, licencia.
Negli-(rishul) .ז, רִשּׁוּל
gencia.
Anota-(rishum) .ז, רִשּׁוּם
ción, apuntamiento,registro, apunte. Gráfico.
Apun- (rashum) .ת, רָשׁוּם
tado, anotado, registrado.
רְשׁוּת, נ. ר׳ רְשֻׁיּוֹת
(reshut) Permiso, autorización. Derecho.
(reshut-hayajid) Bien particular. -רְשׁוּת הַיָּחִיד
(reshut-harabim)Bien público. -רְשׁוּת הָרַבִּים
(netilat-reshut) Petición de permiso, autorización. -נְטִילַת רְשׁוּת
Auto- (rashut) .נ, רָשׁוּת
ridad, gobierno. Pobreza.
רִשָּׁיוֹן, ז. נ׳ רִשְׁיוֹנוֹת
(rishayón) Licencia, pase.
Lis-(reshimá) .נ, רְשִׁימָה
ta.
Re- (reshina) .נ, רְשִׁינָה
sina.
Débil,(rashish).ת, רָשִׁישׁ
pobre.
Debilitar. .פ"י, רִשֵּׁל
Ser negligente, ser perezoso. -הִתְרַשֵּׁל
רַשְׁלָן, ת. נ׳ רַשְׁלָנִית
(rashlán) Negligente.
(rashlanut) .נ, רַשְׁלָנוּת
Negligencia.

Ne-(rashlaní).ת, רַשְׁלָנִי
gligente.
רָשַׁם (רָשַׁם, יִרְשֹׁם) פ"י
Apuntar, registrar, a-
notar.
Ser apuntado, הֵרָשֵׁם-
ser registrado.
Ser apuntado, רֻשּׁוֹם-
ser registrado.
Apuntarse, re- הִתְרַשֵּׁם-
gistrarse.
Impre-(róshem) .ז, רֹשֶׁם
sión. Señal.
Regis-(rasham) .ז, רַשָּׁם
trador.
Apunte,(réshem) .ז, רֶשֶׁם
apuntación.
Ofi- (rishmí) .ת, רִשְׁמִי
cial.
(rishmiyut) .נ, רִשְׁמִיּוּת
Calidad de oficial.
(rishmit) .תה"פ, רִשְׁמִית
Oficialmente.
Se- (rashmán) .ז, רַשְׁמָן
cretario, registrador.
Lis-(reshómet) .נ, רְשֹׁמֶת
ta.
רָשַׁע (רָשַׁע, יִרְשַׁע) פ"ע
Pecar, ser perverso,
ser culpable.
Condenar, cul- הַרְשַׁע-
par.
Perfi- (resha) .ז, רֶשַׁע
dia, maldad.
רָשָׁע, ת. נ׳ רְשָׁעָה, רְשָׁעִית
(rashá) Perverso, mal-
vado, culpable.
Mal- (rish-á) .נ, רִשְׁעָה
dad, perfidia.
Mal-(rish-ut) .נ, רִשְׁעוּת
dad.

Centellear, .פ"ע, רָשַׁף
chispear.
Quemarse. רֻשּׁוֹף-
Llama,(réshef) .ז, רֶשֶׁף
chispa. Fiebre, calen-
tura.
(rishrush) .ז, רִשְׁרוּשׁ
Ruido, murmullo.
Hacer ruido, .פ"ע, רִשְׁרֵשׁ
zumbar.
(ré- רֶשֶׁת, נ. ר׳ רְשָׁתוֹת
shet) Red, redecilla,
malla.
Infinitivo del , רֶשֶׁת
verbo יָרַשׁ.
En for-(rashot) .ת, רָשֹׁת
ma de malla o red.
En (rishtí) .ת, רִשְׁתִּי
forma de malla o red.
Re-(rishtit) .נ, רִשְׁתִּית
tina.
Apiadarse, .פ"ע, רָתָה
tener piedad.
רָתוּחַ, ת. נ׳ רְתוּחָה
(ratúaj) Hervido.
Her- (ritúaj) .ז, רִתּוּחַ
vor.
Bueno,(ratuy) ת, רָתוּי
digno.
Sol- (rituj) .ז, רִתּוּךְ
dadura.
En- (ratum) .ת, רָתוּם
ganchado.
Unión,(rituk) .ז, רִתּוּק
adhesión.
(ra- .נ, רְתוּקָה .ז, רַתּוֹק
tok, retucá) Cadena.
Vibra- (ritut) .ז, רִתּוּת
ción, temblor.
רָתַח (רָתַח, יִרְתַּח) פ"ע
Hervir.

-רַתַּח Poner a hervir.

-רֻתַּח Ser puesto a hervir.

-הִרְתִּחַ Hacer hervir.

רֶתַח, ז. ר׳ רְתָחִים (ré-taj) Hervor. Emoción.

רִתְחָה, ר׳ רְתִיחָה.

רַתְחָן, ת. (ratján) Irascible.

רַתְחָנוּת, נ. (ratjanut) Irascibilidad.

רִתְיוֹן, ז. (rityón) Bondad.

רְתִיחָה, נ. (retijá) Ebullición, hervor.

רְתִיחוּת, נ. (retijut) Emoción, hervor.

רַתִּיךְ, ת. (ratij) Fundible.

רַתִּיכוּת, נ. (ratijut) Calidad de fundible.

רְתִיעָה, נ. (retiá) Retroceso.

רַתֵּךְ, פ״י Soldar, fundir.

-רֻתַּךְ Ser soldado.

רַתָּךְ, ז. (rataj) Soldador.

רַתָּכוּת, נ. (ratajut) Soldadura.

רָתַם (רָתַם, יִרְתֹּם) פ״י Enganchar, uncir.

-הֵרָתֵם Ser enganchado, ser uncido.

רֹתֶם, ז. ר׳ רְתָמִים (ró-tem) Enebro.

רִתְמָה, נ. (ritmá) Atelaje, enganche.

רִתְמוּס, ז. (ritmus) Ritmo.

רִתְמִיקָה, נ. (rítmica) Ritmo.

(רתע) הֵרָתַע, Retroceder.

-הֵרָתַע (לְאָחוֹרָיו) Retroceder. Temblar. Mover, agitar, hacer temblar.

רַתֵּף, פ״י. Almacenar.

-רֻתַּף Ser almacenado.

רָתַק (רָתַק, יִרְתֹּק) פ״י Golpear.

-הֵרָתֵק Ser atado. Ser quebrado.

-רַתֵּק Unir, atar.

-רֻתַּק Ser atado.

-הִרְתִּק Golpear, pegar, tocar.

רֶתֶק, ז. ר׳ רְתָקִים (ré-tek) Cadena, conjunto de eslabones trabados, cuerda.

רָתַת (רָתַת, יִרְתַּת) פ״ע Temblar.

-הֵרָתֵת Temblar.

-רַתֵּת Temblar.

רְתֵת, רֶתֶת, ז. (retet, ré-tet) Temblor, miedo.

ש

Vigé-(shin,sin) ש, שׂ
simaprimera letra del
alfabeto hebreo.Su va-
lor numérico es 300.
(she, ,(־שֶׁ, ־שָׁ, ־שַׁ) ־שֶׁ
sha,she) Que.
Cuando. (kshe) -כְּשֶׁ־
Si.
Cuando,(lijshé) -לִכְשֶׁ־
después que.
De que. (mishé) -מִשֶּׁ־
Desde que.
שָׁאב (שָׁאַב, יִשְׁאַב) פ"י
Sacar o tomar algo de
alguna parte (especi-
almente agua).
Ser sacado, ser -הִשָּׁאֵב
extraído.
Llenar, traer -הַשְׁאֵב
agua.
As- (shaavak) שַׁאֲבָק, ז.
piradora.
שָׁאג (שָׁאַג, יִשְׁאַג) פ"ע
Rugir.

Ru- (sheagá) שְׁאָגָה, נ.
gido.
שָׁאה (שָׁאָה, יִשְׁאֶה) פ"ע
Ser asolado.
Ser asolado, aso- -הִשָּׁאֵה
larse.
Devastar, aso- -הַשְׁאֵה
lar.
Asombrarse. -הִשְׁתָּאֵה
Sacado,(shauv) שָׁאוּב, ת.
extraído.
Cubo,(shaov) שָׁאוֹב, ז.
balde.
Se-(sheol) שְׁאוֹל, זו"נ.
pulcro, tumba. Infier-
no.
Pre- (shaul) שָׁאוּל, ת.
guntado. Prestado.
Ruido,(shaón) שָׁאוֹן, ז.
tumulto.
Leva- (seor) שְׂאוֹר, ז.
dura.
(sheat- שְׁאָט (־נֶפֶשׁ), נ.
néfesh) Desdén, des-

precio.
Despreciar, .פ"י .שָׁאט
desdeñar.
Ex- (sheivá) .נ ,שְׁאִיבָה
tracción, acción de
sacar agua de un po-
zo.
Des- (sheiyá) .נ ,שְׁאִיָּה
trucción, desolación,
asolación.
Pre-(sheilá) .נ ,שְׁאִילָה
gunta. Préstamo.
As- (sheifá) .נ ,שְׁאִיפָה
piración.
שָׁאַל (שָׁאַל, יִשְׁאַל) פ"י
Preguntar, pedir, con-
sultar. Tomar prestado.
Ser preguntado. -הִשָּׁאֵל
Preguntar, con- -שָׁאֵל
sultar. Mendigar.
Prestar. Inves- -הַשְׁאֵל
tigar.
Ser prestado. -הָשְׁאֵל
Ser tomado en senti-
do figurado.
Pregun- -שָׁאַל אֶת נַפְשׁוֹ
tarse a sí mismo.
-שָׁאַל לְשָׁלוֹם, שָׁאַל בִּשְׁלוֹם
Saludar.
Pregun-(sheelá) .נ ,שְׁאֵלָה
ta, cuestión. Problema.
(simán- -סִמַּן הַשְּׁאֵלָה
hash-elá) Punto de
interrogación.
For-(sheelón) .ז ,שְׁאֵלוֹן
mulario. Cuestionario.
Dife- (shaaní) .ת ,שַׁאֲנִי
rente.
Vi- .פ"ע ,שַׁאֲנַן (שאן)
vir tranquilamente,
estar tranquilo.

שַׁאֲנָן ,ת. ר' שַׁאֲנַנִּים
(shaanán) Tranquilo.
Tran-(shaanán) .ז ,שַׁאֲנָן
quilidad, alegría.
(shaananut) .נ ,שַׁאֲנַנּוּת
Tranquilidad.
שָׁאַף (שָׁאַף, יִשְׁאַף) פ"י
Aspirar. Respirar. Pi-
sotear, hollar.
Ser aspirado. -הִשָּׁאֵף
Ser respirado.
Am- (shaafán) .ת ,שַׁאֲפָן
bicioso.
(shaafanut) .נ ,שַׁאֲפָנוּת
Ambición.
Am-(shaafaní) .ת ,שַׁאֲפָנִי
bicioso.
Levadura. (seor) .ז ,שְׂאֹר
שָׁאַר (שָׁאַר, יִשְׁאַר) פ"ע
Quedar. Quedarse.
Quedarse. -הִשָּׁאֵר
Dejar. -הַשְׁאֵר
Resto. (shear) .ז ,שְׁאָר
Carne. (sheer) .ז ,שְׁאֵר
Alimento. Fig. parien-
te.
Paren-(shaará) .נ ,שַׁאֲרָה
tesco. Parienta.
Pa-(shaarut) .נ ,שַׁאֲרוּת
rentesco.
Res-(sheerit) .נ ,שְׁאֵרִית
to.
Asustar, es- .פ"י ,שַׁאֲשֵׁא
pantar.
Orgullo. (seet) .נ ,שְׂאֵת
Tumor. Regalo, sacri-
ficio. Sufrimiento.
Desolación. (set) .נ ,שֵׁאת
Infinitivo del ,שְׂאֵת
verbo נָשָׂא.
Anciano, (sav) .ת ,שָׂב

viejo.

Que re- (shav) .ת, שָׁב
gresa o vuelve.

Imperativo del ,שֵׁב
verbo יָשַׁב.

Cau- (shabay) .ז, שַׁבַּאי
tivador.

Frag- (shavav) .ז, שָׁבָב
mento.

Agujerear, שׁוֹבֵב (שבב)
perforar.

Acepillar. So- שָׁבֵב-
meter. Quemar. Romper.

(שבב) הִשְׁתּוֹבֵב, ר׳ שׁוּב.

שָׁבָב, שֶׁבֶב, ז.ר׳ שְׁבָבִים
(shavav, shévev) Astilla, fragmento.

שָׁבֹה (שָׁבָה, יִשְׁבֶּה) פ"י
Cautivar, aprisionar.

Ser cautivado, הִשָּׁבָה-
ser aprisionado.

Agata. (shevó) .ז, שְׁבוֹ

שִׁבּוּט .ז, שִׁבּוּטָא .ז,
(shibut, shibutá) Carpa.

Cauti-(shavuy) .ת, שָׁבוּי
vo, prisionero.

Cau- (shavoy) .ז, שַׁבּוֹי
tivador.

שָׁבוּעַ, ז. זוגי שְׁבוּעַיִם,
Se- (shavúa) ר׳ שָׁבוּעוֹת
mana.

(jag-ha- חַג הַשָּׁבוּעוֹת-
shavuot) Pentecostés.

Jura-(shevuá) .נ, שְׁבוּעָה
mento.

Re-(shavuón) .ז, שְׁבוּעוֹן
vista hebdomadaria, semanario.

Se- (shevuí) .ת, שְׁבוּעִי
manal.

(du-shavuí) דוּ-שְׁבוּעִי-
Bimensual.

Ago-(shavutz) .ת, שָׁבוּץ
nisante. Conmovido.

Encua-(shibutz) .ז, שִׁבּוּץ
dramiento. Fijación.

Ale-(shibutzí) .ת, שִׁבּוּצִי
górico.

Aban-(shibuk) .ז, שִׁבּוּק
dono.

שָׁבוּר, ת. נ׳ שְׁבוּרָה
(shavur) Roto.

Rompi-(shibur) .ז, שִׁבּוּר
miento.

Enmien-(shibush) .ז, שִׁבּוּשׁ
da, error. Embrollo.

Cau- (shevut) .נ, שְׁבוּת
tiverio. Regreso, vuelta. Reposo. Trabajo prohibido el sábado por los rabinos.

Alabar, elo- .פ"י, שַׁבֵּחַ
giar. Mejorar. Calmar.

Ser elogiado, שֻׁבַּח-
ser alabado.

Mejorar. Calmar, הִשְׁבִּחַ-
tranquilizar.

Alabarse. Me- הִשְׁתַּבֵּחַ-
jorarse.

(shé- ר׳ שְׁבָחִים .ז, שֶׁבַח
vaj) Alabanza, elogio.
Mejoramiento. Calidad.

שִׁבְחָה, נ. ר׳ שֶׁבַח.

שָׁבֹט (שָׁבַט, יִשְׁבֹּט) פ"י
Golpear.

(shé- ר׳ שְׁבָטִים .ז, שֵׁבֶט
vet) Palo, vara. Cetro. Lanza. Tribu. Castigo.

Quinto (shvat) .ז, שְׁבָט
mes del calendario judío. Corresponde a e-

nero-febrero.
(shevatbat) .ז, שְׁבַטְבַּט
Equisetácea.
(shvi, .ז, שְׁבִי שֶׁבִי
shevi) Cautiverio.
Chis-(shaviv) .ז, שָׁבִיב
pa.
Cau- (shivyá) .נ, שִׁבְיָה
tiverio.
Cau- (shviyá) .נ, שְׁבִיָּה
tiverio.Aprisionamiento.
Co- (shavit) .ז, שָׁבִיט
meta.
Senda,(shvil) .ז, שְׁבִיל
sendero.
Por,(bishvil) -בִּשְׁבִיל
para.
Sen-(shvilá) .נ, שְׁבִילָה
da, sendero.
Dia- (shavís) .ז, שָׁבִיס
dema.
Sa- (sviá) .נ, שְׂבִיעָה
ciedad, hartura. Sa-
tisfacción.
שְׁבִיעִי, ת. נ׳ שְׁבִיעִית
(shvií) Séptimo.
(ha- הַמַּעֲצָמָה הַשְּׁבִיעִית-
maatzamá-hashviit)Fig.
periodismo.
(shviiyá) .נ, שְׁבִיעִיָּה
Septeto. Séptima.
שְׁבִיעִית, נ. ר׳ שְׁבִיעִיּוֹת
(shviit) Séptimo. Sép-
timo año,año sabático.
Que- (shavir) .ת, שָׁבִיר
bradizo, frágil.
Rom- (shvirá) .נ, שְׁבִירָה
pimiento.
Fra-(shvirut) .נ, שְׁבִירוּת
gilidad.
Cau- (shevit) .נ, שְׁבִית

tiverio.
Paro,(shvitá) .נ, שְׁבִיתָה
huelga. Reposo.
(shvitat- שְׁבִיתַת נֶשֶׁק-
néshek) Armisticio.
Espe- (sóvej) .ז, שֹׂבֶךְ
sura, enredo.
Red, (svajá) .נ, שְׂבָכָה
reja, verja.
Cola (shóvel) .ז, שֹׁבֶל
de un vestido.
Ca- (shablul) .ז, שַׁבְּלוּל
racol.
שִׁבֹּלֶת, נ. ר׳ שִׁבֳּלִים
(shibólet) Espiga. Fig.
rama.
(shibólet- שִׁבֹּלֶת הַזָּקָן-
hazacán) Barba.
(shibólet- שִׁבֹּלֶת נֵרְדְּ-
nerd) Espicanardo.
(shibólet- שִׁבֹּלֶת שׁוּעָל-
shual) Avena.
שָׂבַע (שָׂבַע, יִשְׂבַּע) פ"ע
Saciarse, hartarse.
Saciar, hartar. שִׂבַּע-
Saciar, hartar. הִשְׂבִּיעַ-
Ser saciado. שֻׂבַּע-
Saciarse. הִשְׂתַּבַּע-
Abun- (sava) .ז, שָׂבָע
dancia.
Sacie- (sova) .ז, שֹׂבַע
dad, abundancia.
Harto, (savéa) .ת, שָׂבֵעַ
saciado.
Jurar. ,הִשָּׁבַע (שבע)
Multiplicar por שִׁבַּע-
siete.
Juramentar. הִשְׁבִּיעַ-
Ser juramentado. הֻשְׁבַּע-
Jurar. הִשְׁתַּבַּע-
Siete.(sheva) .ש"מ, שֶׁבַע

(shva-esré) שְׁבַע עֶשְׂרֵה- Diecisiete (fem.).
(shiv-á) שִׁבְעָה, ש"מ, ז. Siete (mas.)
(shiv-á-a- שִׁבְעָה־עָשָׂר- sar) Diecisiete (mas.).
שָׁבְעָה, ר' שָׂבוּעָה.
שָׂבְעָה, נ. Sacie-(sov-á) dad, abundancia.
(shiv-im) שִׁבְעִים, ש"מ. Setenta (mas. y fem.).
(shiv-a- שִׁבְעָתַיִם, ש"מ. táyim) Setena.
שִׁבֵּץ, פ"י. Engastar, encuadrar. Bordar.
Ser engastado, שֻׁבַּץ- bordado, encuadrado.
שָׁבָץ, ז. Apo- (shavatz) plejía.
שׁבק (שָׁבַק, יִשְׁבֹּק) פ"י Dejar, abandonar.
שָׁבַק חַיִּים לְכָל חַי- Fig. morir.
שׂבר (שָׂבַר, יִשְׂבֹּר) פ"ע Mirar, observar.
Esperar. שִׂבֵּר-
שֵׂבֶר, ז. Espe- (séver) ranza.
שׁבר (שָׁבַר, יִשְׁבֹּר) פ"י Romper, quebrantar. Abastecerse
Romperse, que- הִשָּׁבֵר- brarse, quebrantarse.
Romper, quebrar, שִׁבֵּר- quebrantar.
Vender víveres, הַשְׁבֵּר- abastecer. Hacer parir.
Ser quebrantado. הָשְׁבַּר-
Romperse, que- הִשְׁתַּבֵּר- brantarse.
שֶׁבֶר, שֵׁבֶר, ז.ר' שְׁבָרִים

(shéver) Fractura. Rompimiento. Hernia. Fragmento. Fracción, quebrado. Interpretación. Víveres, alimentos.
שִׁבָּרוֹן, ז. Des-(shibarón) trucción. Precio.
(shvarim) שְׁבָרִים, ז"ר. Fragmentos. Fracciones, quebrados.
(shavri- שַׁבְרִירִים, ז"ר. rim) Fragmentos. Rayos de luz.
שִׁבֵּשׁ, פ"י. Dañar. Confundir, embrollar. Hacer faltar.
Ser dañado. Ser שֻׁבַּשׁ- embrollado.
Dañarse. Equi- הִשְׁתַּבֵּשׁ- vocarse.
(shavshévet) שַׁבְשֶׁבֶת, נ. Veleta. Trampa.
(shabeshtá) שַׁבֶּשְׁתָּא, נ. Falta, error.
שׁבת (שָׁבַת, יִשְׁבֹּת) פ"ע Vacar. Descansar. Cesar. Ponerse en huelga.
Cesar, suspenderse. הִשָּׁבֵת-
Terminar, suspender. Poner en huelga. הַשְׁבֵּת-
Ser suspendido, הָשְׁבַּת- terminado. Ser puesto en huelga.
Acción (shévet) שֶׁבֶת, נ. de sentarse. Huelga. Reposo. Aneto.
(sha- שַׁבָּת, נ. ר' שַׁבָּתוֹת bat) Sábado. Día de reposo.

(shabat- שַׁבַּת־בְּרֵאשִׁית- bereshit) Primer sábado después de la Fiesta de los Tabernáculos.

(shabat- שַׁבַּת־הַגָּדוֹל- hagadol) El sábado que precede a la Pascua.

(shabat-za- שַׁבַּת־זָכוֹר- jor) El sábado que precede a Purim.

(shabat-calá) שַׁבַּת־כַּלָּה- El sábado que precede al Pentecostés.

(shabat-na- שַׁבַּת־נַחֲמוּ- jamú) El sábado que sigue al 9 de Av.

(shabat- שַׁבַּת־חֲזוֹן- jazón) El sábado que precede al 9 de Av.

(shabat-pará) שַׁבַּת־פָּרָה- El sábado que precede al I de Nisán.

(shabat-shu- שַׁבַּת־שׁוּבָה- vá) El sábado de los יָמִים נוֹרָאִים

(shabat- שַׁבַּת־שְׁקָלִים- shcalim) El sábado que precede al I de Adar.

(leyl-shabat) לֵיל־שַׁבָּת- El viernes por la noche.

(motzaey- מוֹצָאֵי שַׁבָּת- shabat) El sábado por la noche.

(érev-shabat) עֶרֶב־שַׁבָּת- Viernes. El viernes por la tarde.

Sa-(shabtay) .ז, שַׁבְּתַאי turno.

Menin-(shivtá) .נ, שִׁבְתָּה gitis.

Día (shabatón) .ז, שַׁבָּתוֹן de reposo, descanso.

שַׁבַּתְיָן, ז.ר׳ שַׁבַּתְיָנִים (shabatyán) Sabadista.

שָׂגָא (שָׂגָא, יִשְׂגֶּא) פ"ע Crecer.

Elevar, alzar. הַשְׂגֵּא-

Gran- (ségue) .ז, שֶׂגֶא deza, superioridad.

שָׂגַב (שָׂגַב, יִשְׂגַּב) פ"ע Alzarse, elevarse.

Ser elevado. Fortificarse. הִשָּׂגֵב-

Fortificar, elevar, alzar. שִׂגֵּב-

Ser elevado. Fig. ser protegido. שֻׂגּוּב-

Fortificar. Defender, proteger. הַשְׂגֵּב-

Fortificarse, vencer. הִשְׂתַּגֵּב-

Altura, (séguev) .ז, שֶׂגֶב elevación.

שָׁגַג (שָׁגַג, יִשְׁגֹּג) פ"ע Equivocarse, pecar por ignorancia.

שֶׁגֶג, ז. ר׳ שְׁגָגָה.

Yerro, (shgagá) .נ, שְׁגָגָה error, falta, ignorancia.

Por (bishgagá) בִּשְׁגָגָה- ignorancia, involuntariamente.

שָׁגָה (שָׁגָה, יִשְׁגֶּה) פ"ע Equivocarse. Errar, desviarse.

Equivocar. הַשְׁגֵּה-

שָׂגָה, ר׳ שָׂגָא.

Elevación, altura (siguv) .ז, שִׂגּוּב

Gran- (siguy) .ז, שִׂגּוּי

Enloquecer. שָׁגַע, פ"י.
Ser enloquecido. שֻׁגַּע-
Enloquecerse. הִשְׁתַּגֵּעַ-
שִׁגָּעוֹן, ז. ר' שִׁגְעוֹנוֹת
(shigaón) Locura.
Cría. (shéguer) שֶׁגֶר, ז.
שׁגר (שָׁגַר, יִשְׁגֹּר) פעו"י
Enviar, mandar. Correr, apresurarse.
Mandar, enviar. שִׁגֵּר-
Acostumbrar.
Acostumbrar, in- הִשְׁגִּיר-
culcar.
Ser acostumbra- הֻשְׁגַּר-
do, inculcado.
Cos- (shigrá) שִׁגְרָה, נ.
tumbre. Fluidez.
Reu-(shigarón). שִׁגָּרוֹן, ז.
matismo.
Em- (shagrir) שַׁגְרִיר, ז.
bajador.
(shagrirut). שַׁגְרִירוּת, נ.
Embajada, legación.
Ex- (shagrán) שַׁגְרָן, ז.
pedidor.
Acos-(shigratí). שִׁגְרָתִי, ת.
tumbrado, habitual.
שׁגשׁ (שָׁגַשׁ, יִשְׁגֹּשׁ) פ"ע
Cavar, buscar.
Embrollar. שִׁגֵּשׁ-
Ser embrollado. שֻׁגַּשׁ-
Embrollarse. הִשְׁתַּגֵּשׁ-
Crecer. Fig. שִׂגְשֵׂג, פ"י.
prosperar.
Ramificarse, הִשְׂתַּגְשֵׂג-
embrollarse.
שַׁד, שַׁד, ז. ר' שָׁדַיִם
(shad) Teta, seno.
שֵׁד, ז. נ' שֵׁדָה, ר' שֵׁדִים
(shed) Demonio, diablo.
Robo, (shod) שֹׁד, שׁוֹד, ז.

deza.
Enlo- (shigúa) שִׁגּוּעַ, ז.
quecimiento.
Acos-(shagur) שָׁגוּר, ת.
tumbrado, corriente.
Envío.(shigur) שִׁגּוּר, ז.
Motín, (shigush). שִׁגּוּשׁ, ז.
sedición.
Vi- (שָׁגַח) הִשְׁגִּיחַ, פ"ע.
gilar, cuidar. Mirar.
Ser vigilado, הֻשְׁגַּח-
ser cuidado.
Fuerte, (saguí) שַׂגִּיא, ת.
grande, numeroso.
(saguí) שַׂגִּיא, תה"פ.
Mucho.
Falta, (shguiá). שְׁגִיאָה, נ.
error, equivocación.
Fal- (shguigá) שְׁגִיגָה, נ.
ta, equivocación.
שִׁגָּיוֹן, ז. ר' שִׁגְיוֹנוֹת
(shigayón) Idea, opinión. Cántico. Manía.
Agi-(shguirut) שְׁגִירוּת, נ.
lidad, fluidez.
שׁגל (שָׁגַל, יִשְׁגַּל) פ"י
Forzar, cohabitar, violentar.
Ser violentado, הִשָּׁגֵל-
violado.
Ser violentado, שֻׁגַּל-
violado.
Esposa, (shegal) שֵׁגָל, נ.
mujer.
(shiglona) שִׁגְלוֹנָה, נ.
Concubina.
Unir. Apre- שִׁגֵּם, פ"י.
tar, oprimir. Alisar.
(shgam, שְׁגָם, שֶׁגֶם, ז.
shéguem) Unión, articulación.

fuerzo.
Dia- (shedón) .ז, שִׁדּוֹן
blito.
Que (shadún) , שַׁדּוּן
hay juicio.
Seco.(shaduf) .ת, שָׁדוּף
Emi- (shidur) .ז, שִׁדּוּר
sión,transmisión.Envío.
Envia-(shadur) .ת, שָׁדוּר
do. Emitido.
Todo- (shaday) .ז, שַׁדַּי
poderoso.
Dia- (shedí) .ת, שֵׁדִי
bólico.
Robo,(shdidá) .נ, שְׁדִידָה
saqueo.
Casar. .פ"י, שִׁדֵּךְ
Tranquilizar, הַשְׁדֵּךְ-
calmar.
Desposarse. הִשְׁתַּדֵּךְ-
שַׁדְכָן, ז. נ׳ שַׁדְכָנִית
(shadján)Casamentero.
(shadjanut) .נ, שַׁדְכָנוּת
Casamiento, oficio del
casamentero.
Persuadir, .פ"י, שִׁדֵּל
exhortar.
Hacer lo posi- הִשְׁתַּדֵּל-
ble, esforzarse.
Cam-(shdemá) .נ, שְׁדֵמָה
po. Viñedo, viña.
Secar. .פ"י, שִׁדֵּף
Secarse. הִשָּׁדֵף-
שְׁדֵפָה,נ. שִׁדָּפוֹן,ז.
(shdefá. shidafón) Se-
quedad. sequía.
שָׁדַר (שַׁדֵּר, יְשַׁדֵּר) פ"י
Enviar, mandar.
Emitir, transmi- שִׁדֵּר-
tir, radiodifundir.
Ser emitido שֻׁדַּר-
saqueo.Desgracia.Teta.
Arar, rastri- .פ"י, שִׂדֵּד
llar.
שדד(שָׁדַד, שֹׁד, יִשְׁדֹּד,יָשֹׁד)
Saquear, robar, פ"י
desvalijar. Destruír.
Ser desva- הִשָּׁדֵד ,הֻשַּׁד-
lijado, ser robado,
ser saqueado.
Saquear, robar, שִׁדֵּד-
desvalijar.
Destruír, demo- שׁוֹדֵד-
ler.
Ser destruído, שׁוּדַּד-
ser demolido.
שָׂדֶה,זו"נ. ר׳ שָׂדוֹת
(sadé) Campo.
(sde-ilán) שְׂדֵה אִילָן-
Arboleda.
(sde-hacrav)שְׂדֵה הַקְּרָב-
Campo de batalla.
(sde-yarak) שְׂדֵה יָרָק-
Huerta.
(sde-laván) שְׂדֵה לָבָן-
Huerto.
(sde-mag- שְׂדֵה מַגְנֵטִי-
neti)Campo magnético.
(sde-mir-é) שְׂדֵה מִרְעֶה-
Prado, pasturaje.
(sde-teu- שְׂדֵה תְּעוּפָה-
fá) Aeródromo.
Carro,(shidá) .נ, שִׁדָּה
coche. Cómoda. Esposa,
mujer hermosa.
Desva-(shadud) .ת, שָׁדוּד
lijado, robado.
Robo,(shidud) .ז, שִׁדּוּד
saqueo.
Casa- (shiduj) .ז, שִׁדּוּךְ
miento.
Es- (shidul) .ז, שִׁדּוּל

Esforzarse. הִשְׁתַּדֵּר-
Colum-(shéder) ז. שֶׁדֶר
na vertebral.
Ta- (shidrá) נ. שִׁדְרָה
llo. Columna verte-
bral.
(jut-ha-) חוּט הַשִּׁדְרָה-
Medula espinal.
(amud-ha- עַמּוּד הַשִּׁדְרָה-
shidrá) Columna ver-
tebral.
שְׂדֵרָה, נ. ר' שְׂדֵרוֹת
(sderá) Avenida, paseo,
fila.
שֶׂה, זו"נ. ר' שֵׂיוֹת
(se) Cordero.
Tes- (sahed) ז. שָׂהֵד
tigo.
(sahaduta) נ. שָׂהֲדוּתָא
Testimonio.
שהה (שָׁהָה, יִשְׁהֶה) פ"ע
Tardar, demorar. Morar,
vivir.
Demorar, הַשְׁהֵה, שִׁהָה-
retardar.
Demorar, tar- הִשְׁתַּהֵה-
dar.
Demora, (shihuy) ז. שִׁהוּי
tardanza.
Demo- (shahuy) ת. שָׁהוּי
rado.
Hipo. (shihuk) ז. שִׁהוּק
Ocio, (shahut) נ. שָׁהוּת
plazo, tiempo.
שְׁהִי"י פְּהִי"י (שבת היום
פסת היום), Falta de
motivo suficiente, es-
capatoria, pretexto.
De- (shehiyá) נ. שְׁהִיָּה
mora, tardanza.
Ónice, (shóham) ז. שֹׁהַם
ónix.
Hipar. פ"ע. שָׁהַק
Hipo. (sháhak) ז. שַׁהַק
Roton- (sáhar) ז. שַׂהַר
da.
Collar, (saharón) ז. שַׂהֲרוֹן
media luna.
Elevación. (so) ז. שׂוֹא
Destruc- (sho) ז. שׁוֹא
ción.
Falsedad, (shav) ז. שָׁוְא
vanidad, doblez.
(la- שָׁוְא, לַשָּׁוְא, תה"פ.
shav) En vano, inútil-
mente.
Signo (shva) ז. שְׁוָא
de puntuación (:) que
es una vocal muda y
equivale algunas ve-
ces a la "e".
Ex- (shoev) ז. שׁוֹאֵב
tractor, sacador de
agua de un pozo.
שׁוֹאֵבָה, ר' בֵּית הַשּׁוֹאֵבָה
Destruc-(shoá) נ. שׁוֹאָה
ción. Catástrofe.
Pun- (shvaí) ת. שְׁוָאִי
tuado de un שְׁוָא.
שׁוֹאֵל, ז. נ' שׁוֹאֶלֶת
(shoel) Preguntante, in-
terrogador. Deudor.
שׁוּב (שָׁב, יָשׁוּב) פעו"י
Volver, regresar, re-
tornar. Arrepentirse.
Restaurar, res- שׁוֹבֵב-
tablecer. Pervertir. הָשֵׁב-
Contestar, respon-
der. Devolver.
Ser devuelto, res- הוּשַׁב-
tituído. Ser respondi-
do, contestado.

Ser travieso. הִשְׁתּוֹבֵב-
Hacer vol- הָשֵׁב פָּנִים-
ver rostro: rehusar.
שׁוֹבֵב נֶפֶשׁ, הָשֵׁב נֶפֶשׁ-
Restaurar.
Restaurar, הָשֵׁב רוּחַ-
animar, fortificar.
De (shuv) .שׁוּב, תה"פ
nuevo, otra vez.
Tra-(shovav) נ .שׁוֹבָב, ת
vieso. Rebelde, após-
tata.
(shovevut) .שׁוֹבְבוּת, נ
Travesura.
Reposo, (shuva) .שׁוּבָה, נ
tranquilidad.
Palo- (shóvaj) .שׁוֹבָךְ, ז
mar.
שׁוֹבָךְ, ר׳ שֹׁבֶךְ.
Recibo.(shover). שׁוֹבֵר, ז
Que rompe.
(sho- .שׁוֹבֵר־גַּלִּים, ז"ר
ver-galim) Rompeolas.
Huel-(shovet) .שׁוֹבֵת, ז
guista.
Re- .(שׁוּג) הִשּׂוֹג, פ"ע
cular, retroceder.
Que (shogueg) .שׁוֹגֵג, ת
yerra.
Invo-(beshogueg)בְּשׁוֹגֵג-
luntariamente, por
equivocación.
שׁוּד (שָׁד, יָשׁוּד) פ"י
Errar.
שׁוֹדֵד, ז. ר׳ שׁוֹדְדִים
(shoded) Ladrón, bandolero.
שָׁוֹה (שָׁוָה, יִשְׁוֶה) פ"ע
Valer, igualar, equivaler.
Igualarse. הִשָּׁוֶה-
Igualar. Comparar. שַׁוֵּה-
Poner. Brotar, crecer.
Igualar. Com- הַשְׁוֵה-
parar.
Ser igualado. הֻשְׁוָה-
Ser comparado.
Semejar, igua- הִשְׁתַּוֶּה-
larse. Ponerse de acuerdo.
Plano. (shavé) .שָׁוֶה, ז
שָׁוֶה, ת. נ׳ שָׁוָה, ר׳
Semejante, (shavé) שָׁוִים
parecido. Igual. Digno.
Igual- (shivuy). שִׁוּוּי, ז
dad.
(shivuy-mi- שִׁוּוּי מִשְׁקָל-
shcal) Equilibrio.
(shivuy- שִׁוּוּי זְכֻיּוֹת-
zejuyot) Igualdad de
derechos.
Ven- (shivuk) .שִׁוּוּק, ז
ta.
שׁוּחַ (שָׁח, יָשׁוּחַ) פ"ע
Pasear.
שׁוּחַ (שָׁח, יָשׁוּחַ) פ"ע
Inclinarse, encorvarse.
Ser humillado, הִשְׁתּוֹחֵחַ-
oprimido.
Hoyo, (shujá) .שׁוּחָה, נ
pozo.
Nada- (sojé) .שׂוֹחֶה, ז
dor.
Dego- (shojet) .שׁוֹחֵט, ז
llador. Matarife.
Abun- (sojek) .שׂוֹחֵק, ת
dante. Reidor.
Amigo.(shojer) .שׁוֹחֵר, ת
Amador.
שׁוּט (שָׁט, יָשׁוּט) פע"י
Remar. Flotar, nadar.
Pasear, andar.

Pasear, caminar, שׁוֹטֵט-
andar.
Hacer andar. הֵשֵׁט-
Andar. הִתְשׁוֹטֵט-
שׁוּט (שָׁט, יָשׁוּט) פ"ע
Desviarse.
Látigo,(shot) .ז, שׁוֹט
azote, fuete. Hinojo.
(shot-la- שׁוֹט לָשׁוֹן-
shón) Maledicencia.
(sho- שׁוֹטֶה,ת. נ' שׁוֹטָה
té) Estúpido, bobo.
Lá- (shotet) .ז, שׁוֹטֵט
tigo.
Ca-(shotetut) נ, שׁוֹטְטוּת
llejeo. Reflexión.
Bote,(shutit).נ, שׁוּטִית
lancha.
שׁוֹטֵף,ת. נ' שׁוֹטֶפֶת
(shotef) Precipitado.
Flúido. Corriente.
שׁוֹטֵר,ז. נ' שׁוֹטֶרֶת
(shoter) Agente de po-
licía, gendarme.
Precio,(shovi) .ז, שׁוֹוִי
valor.
(shivyón) .ז, שִׁוְיוֹן
Igualdad.
Gor-(shvisak).ז, שְׁוִיסָק
dana.
שׂוּךְ (שָׂךְ, יָשׂוּךְ) פ"י
Cercar. Proteger.
Tejer, trenzar. שׂוֹכֵךְ-
שׂוֹךְ,ז. שׂוֹכָה,נ. (soj,
sojá) Rama.
(sojá- שׂוֹכָה יְהוּדִית-
yehudit) Acanto.
שׁוֹכְחָן, ר' שַׁכְחָן.
Arren-(sojer) .ז, שׂוֹכֵר
datario.

שׁוּלְיָא, שׁוּלְיָה, שְׁוַלְ-
(shulyá, shvalyá) .ז, יָה
Aprendiz.
(shuláyim) .ז"ז, שׁוּלַיִם
Faldón. Fondo. Mar-
gen.
Des- (sholal) .ת, שׁוֹלָל
nudo, desvestido. Des-
calso. Cautivo.
Nega-(sholel) .ז, שׁוֹלֵל
dor.
Ajo. (shum) .ז, שׁוּם
Estimación. Algo.
Nada,(shum) .תה"פ, שׁוּם
nadie.
(shum-davar) שׁוּם דָּבָר-
Nada.
בְּשׁוּם אוֹפֶן, בְּשׁוּם פָּ-
(beshum-ofen, beshum, נִים
panim) De ningún modo.
Por. (mishum) מִשּׁוּם-
En nombre de.
מִשּׁוּם שֶׁ-, עַל שׁוּם שֶׁ-
(mishum-she, al-shum-
shE- Porque.
(mishum-ma) מִשּׁוּם מָה-
¿Porqué?
(al-shum- עַל שׁוּם מָה-
ma) ¿Porqué?
שׁוּם (שָׁם, יָשׁוּם) פ"י
Estimar, evaluar, ta-
sar.
Ser evaluado. הוּשַׁם-
(shumá) .נ, שׁוּמָה, שׁוּמָא
Evaluación, tasa. Ve-
rruga.
Deci- (sumá) .נ, שׂוּמָה
sión. Puesta.
שׁוֹמֵם,ת. נ' שׁוֹמֵמָה
(shomem) Desierto.

Que (shofej) .ת, שׁוֹפֵךְ derrama.
שׁוֹפְכִים,שׁוֹפְכִין , ז"ר (shofjim,shofjín) Agua inmunda.
Abun- (shoféa) .ת, שׁוֹפֵעַ dante. Oblicuo.
שׁוֹפָר ,ז. ר' שׁוֹפָרוֹת (shofar) Cuerno, bocina. Urna.
Re- .פעו"י, שׁוֹקֵק (שׁוק) gar, rociar. Desear, codiciar.
Vender. -שׁוֹק
Rebosar. -הֵשִׁיק
Desear, anhelar, codiciar. -הִשְׁתּוֹקֵק
שׁוֹק,נ. ר' שׁוֹקַיִם (shok) Muslo. Lado.
שׁוּק,ז. ר' שְׁוָקִים (shuk) Plaza, mercado. Deseo, anhelo.
De- (shucá) .נ, שׁוּקָה seo.
Ti- (shocá) .נ, שׁוֹקָה bia.
Mer- (shukí) .ת, שׁוּקִי cantil. Del mercado.
Po-(shokit) .נ, שׁוֹקִית laina.
Pesa-(shokel) .ז, שׁוֹקֵל do, que pesa.
Cón- (shokéa) .ת, שׁוֹקֵעַ cavo.Que se hunde.
Se- (shokek) .ת, שׁוֹקֵק diento.
שׁוּר (שָׂר, יָשׁוּר) פעו"י Aserrar, serruchar. Luchar. Alejarse.
Hacer gobernar. -הֵשִׂר Alejar.

De-(shomemá) .נ, שׁוֹמֵמָה sierto.
(shomemut) .נ, שׁוֹמְמוּת Desolación.
שׁוֹמֵר, ז. נ' שׁוֹמֶרֶת, ר' שׁוֹמְרִים Guar- (shomer) dián. Vigilante.
Ga-(shomerá) .נ, שׁוֹמֵרָה rita.
(shomroní) .ז, שׁוֹמְרוֹנִי Samaritano.
שׂוֹנֵא, ז. ר' שׂוֹנְאִים (soné) Enemigo.
(sho- שׁוֹנֶה, ת. נ' שׁוֹנָה né) Distinto,diferente.
Es- (shunit) .נ, שׁוּנִית collo.
Gato (shunrá) .נ, שׁוּנְרָה salvaje.
Gritar, invocar. .פע"י, שׁוּעַ
(sheva, .ז, שׁוּעַ, שֶׁוַע shúa)Grito,invocación.
Rico, (shóa) .ז, שׁוֹעַ opulento.
Invo-(shav-á) .נ, שַׁוְעָה cación, clamor.
Zorro.(shual) .ז, שׁוּעָל
(sho- שׁוֹעֵר, ז. נ' שׁוֹעֶרֶת er) Portero,conserje.
שׁוּף (שָׁף, יָשׁוּף) פ"י Apretar. Alisar, raspar, afilar.
Ser raspado. -הוּשׁוּף
Raspado.(shuf) .ת, שׁוּף
Juez.(shofet) .ז. שׁוֹפֵט Arbitro.
(shoftim) -שׁוֹפְטִים Jueces.
Li- (shufyán) .ז, שׁוּפְיָן ma.

שׁוּר (שָׁר, יָשׁוּר) פעו"י
Mirar, observar. Regalar.
Bailar sobre una שַׁוֵּר-
cuerda.
Cantar. Mirar, שׁוֹרֵר-
espiar
Muralla, (shur) שׁוּר, ז.
muro.
Acró-(shavar) שַׁוָּר, ז.
bata.
שׁוֹר, ז. ג׳ פָּרָה, ר׳
Buey, toro. (shor) שְׁוָרִים
(shor-habar) שׁוֹר הַבָּר-
Búfalo.
Línea, (shurá) שׁוּרָה, נ.
raya, fila. Orden.
Tri- (sorá) שׂוֹרָה, נ.
go (?).
Pa-(shurón) שׁוּרוֹן, ז.
pel rayado.
שׂוֹרֵק, ז. שׂוֹרֵקָה, נ.
(sorek, sorecá) Vid de buena calidad.
Nombre (shuruk) שׁוּרֻק, ז.
de la vocal ּ = u.
Gober-(sorer) שׂוֹרֵר, ז.
nador, gobernante.
Ene- (sorer) שׂוֹרֵר, ז.
migo.
Rega- (sus) שׁוּשׁ, ז.
liz.
(shushbín) שׁוּשְׁבִין, ז.
Amigo. Acompañante.
(shushbi- שׁוּשְׁבִינוּת, נ.
nut) Amistad. Regalo.
Com- (shoshat) שׁוֹשָׁט, ז.
pañero.
Ca-(shoshélet) שׁוֹשֶׁלֶת, נ
dena, familia, dinastía.

Lirio. (shoshán) שׁוֹשָׁן, ז.
Papiro. Extremidad. Nombre de un instrumento músico (?)
(shoshaná) שׁוֹשַׁנָּה, נ.
Rosa. Lirio. Punta.
(-yaacov) שׁוֹשַׁנַּת יַעֲקֹב-
Fig. el pueblo de Israel
(-at-yeri- שׁוֹשַׁנַּת יְרִיחוֹ-
jó) Anastasia.
(-at-ha שׁוֹשַׁנַּת הָרוּחוֹת-
rujot) Rosa de los vientos.
(shosha- שׁוֹשַׁנַּת הַמֶּלֶךְ-
nat-hamélej) Anemona.
(-at- שׁוֹשַׁנַּת הָעֲמָקִים
haamakim) Narciso.
(shoshanat- שׁוֹשַׁנַּת יָם-
yam) Actinia.
(shoshénet) שׁוֹשֶׁנֶת, נ.
Roseta.
Habla, (shutá) שׁוּתָא, נ.
conversación.
Cur- (shazuf) שָׁזוּף, ת.
tido, quemado.
Cur-(shizuf) שִׁזּוּף, ז.
tido.
Tren-(shazur) שָׁזוּר, ת.
zado, entrelazado.
שָׁזִיף, ז. ר׳ שְׁזִיפִים
(shazif) Ciruela.
Cur-(shezifá) שְׁזִיפָה, נ.
tido.
Tor-(shzirá) שְׁזִירָה, נ.
sión, entrelazamiento.
שָׁזַף (שָׁזַף, יִשְׁזֹף) פ"י
Curtir. Ver.
Curtirse. הִשְׁתַּזֵּף-
Cur- (shózef) שׁוֹזֵף, ז.
tido.
In-(shizafón) שִׁזָּפוֹן, ז.
solación.

chado, encorvado.
שָׁחוּט, ת. נ׳ שְׁחוּטָה
(shajut) Degollado. Afilado.
Que (shajul) שָׁחוּל, ת. tiene el muslo dislocado. Enhilado.
Pardo, (shajum) שָׁחוּם, ת. moreno.
Caliente-(shajún) שָׁחוּן, ת. te.
Castrado (shajuf) שָׁחוּף, ת. do. Tísico, tuberculoso.
Orgulloso (shajutz) שָׁחוּץ, ת. gulloso.
Risa. (sjok) שְׂחוֹק, ז. Burla. Juego.
Molido (shajuk) שָׁחוּק, ת. lido.
Negrura (shejor) שְׁחוֹר, ז. ra.
Go-(shajavar) שַׁחֲוָר, ז. bernador, gobernante, príncipe.
Petición (shijur) שִׁחוּר, ז. ción, demanda.
Tinta (shijur) שִׁחוּר, ז. ta negra.
Hoyo, (shajut) שַׁחוּת, נ. pozo, foso.
Bajeza (shajut) שַׁחוּת, נ. za, humillación.
Afilar (שחז) הַשְׁחֵז, פ"י. lar, aguzar.
Reconstrucción (shijzur) שִׁחְזוּר, ז. construcción.
Reconstruír, שִׁחְזֵר, פ"י. restaurar.
Ser reconstruído, ser restaudado. שֻׁחְזַר-

שָׁזַר (שָׁזַר, יִשְׁזֹר) פ"י
Retorcer.
Ser retorcido. הָשְׁזַר-
Hilador (shazar) שַׁזָּר, ז. lador.
Columna vertebral (shizrá) שִׁזְרָה, נ. na vertebral.
Inclinado (shaj) שַׁח, ת. nado, encorvado.
Ajedrez. (shaj) שַׁח, ז.
Conversación, habla (séaj) שֵׂחַ, ז. sación, habla.
שָׁחַד (שָׁחַד, יִשְׁחַד) פ"י
Sobornar, corromper.
Sobornar, corromper con dádivas. שִׁחֵד-
Sobornar. הַשְׁחֵד-
Soborno (shójad) שֹׁחַד, ז. no, dádiva.
שָׁחָה (שָׁחָה, יִשְׁחֶה) פ"ע
Inclinarse, encorvarse, agacharse.
Encorvar, inclinar, agachar. הַשְׁחֵה-
Prosternarse. הִשְׁתַּחֲוָה-
Nadar. שָׂחָה, פ"ע.
Natación (saju) שָׂחוּ, ז. ción.
(mey-saju) מֵי שָׂחוּ-
Aguas profundas.
Soborno (shijud) שִׁחוּד, ז. borno.
Afilado (shajuz) שָׁחוּז, ת. lado. Desnudo, desvestido.
(shejuzá) שְׁחוּזָה, ת"נ.
Unido, atado.
(shejóaj) שְׁחוֹחַ, תה"פ.
Humildemente.
Aga-(shajúaj) שָׁחוּחַ, ת.

שָׁחַח (שַׁח, שָׁחַח, יָשֹׁחַ) פ"ע
Encorvarse, inclinarse.
Ser humillado.
Ser inclinado. הִשַּׁח-
Ser humillado.
Rebajar, humillar. הֵשַׁח-
Enfadarse, en- הִשְׁתּוֹחֵחַ-
tristecerse.
שָׁחֹט (שָׁחַט, יִשְׁחַט) פ"י
Exprimir.
שָׁחֹט (שָׁחַט, יִשְׁחַט) פ"י
Degollar.
Ser degollado. הִשָּׁחֵט-
Degollar. שַׁחֵט-
Hacer degollar. הַשְׁחֵט-
(shji, שְׁחִי, שֶׁחִי, ז.
sheji) Sobaco.
Nado. (sjiyá) שְׂחִיָּה, נ.
Natación.
De- (shjitá) שְׁחִיטָה, נ.
gollación.
Ulce- (shjin) שְׁחִין, ז.
ra.
Nada- (sajyán) שַׂחְיָן, ז.
dor.
(sajyanut) שַׂחְיָנוּת, נ.
Natación.
Lo que (shajís) שָׁחִיס, ז.
crece de suyo.
Palí- (shajif) שָׁחִיף, ז.
llo, tablita.
Ri- (sjicá) שְׂחִיקָה, נ.
sa.
(shajit, שַׁחִית, שְׁחִית, נ.
shjit) Pozo, hoyo.
Ho- (shjitá) שְׁחִיתָה, נ.
yo, pozo. Corrupción.
(shjitut) שְׁחִיתוּת, נ.
Corrupción.
León. (shájal) שַׁחַל, ז.

שָׁחֹל, (שָׁחַל, יִשְׁחַל) פ"ע
Gotear, correrse.
Temer, temblar. שַׁחֵל-
Enhilar, enhebrar הַשְׁחֵל-
Ser enhilado, ser הֻשְׁחַל-
enhebrado.
Oti- (shijalá) שִׁחֲלָה, נ.
tis. Ovario.
(shejalim) שְׁחָלִים, ז"ר.
Berro.
Oti- (shjélet) שְׁחֵלֶת, נ.
tis. Uña olorosa.
Res- (shjólet) שְׁחֹלֶת, נ.
to.
Gra- (shájam) שַׁחַם, ז.
nito.
Pardo, (shajom) שָׁחֹם, ת.
oscuro, moreno.
Aje- (shajmat) שַׁחְמָט, ז.
drez.
(shajmatay) שַׁחְמְטַאי, ז.
Ajedrista.
Ca- (שחן) הִשְׁחִין, פ"י.
lentar.
Car- (shijná) שִׁחְנָא, נ.
ga.
Gavio- (shájaf) שַׁחַף, ז.
ta.
Padecer (שחף) הִשְׁתַּחֵף,
tisis.
Debilitar, en- שַׁחֵף-
fkaquecer.
שַׁחֶפֶן, ז. נ' שַׁחֶפֶנִית
(shajafán) Tuberculoso.
(shajafaní) שַׁחֲפָנִי, ת.
Tuberculoso.
Tu- (shajéfet) שַׁחֶפֶת, נ.
berculosis.
שָׁחֹץ (שָׁחַץ, יִשְׁחַץ) פ"י
Enorgullecerse. Devorar.

shájar) El amanecer.
שָׁחֹר (שָׁחַר, יִשְׁחַר) פעו"י
Ennegrecerse. Buscar, investigar.
Madrugar. Pedir, שִׁחֵר- invocar. Acoger.
Ennegrecer. En- הִשְׁחִיר- negrecerse. Madrugar.
Ser ennegrecido. הָשְׁחַר-
שָׁחֹר, ת. נ׳ שְׁחֹרָה, ר׳ שְׁחֹרִים
Negro. (shajor)
(mará-shjorá) מָרָה שְׁחֹרָה-
Melancolía.
Li- (shijrur) שִׁחְרוּר, ז.
beración. Exención.
Mir-(shajarur). שַׁחֲרוּר, ז
lo.
(shajarurit) שַׁחֲרוּרִית, נ
Negrura.
Ju-(shajarut) שַׁחֲרוּת, נ.
ventud. Negrura.
שְׁחַרְחַר, שְׁחַרְחֹר, ת. נ׳
(shejarjor, she- שְׁחַרְחֹרֶת
jarjar) Pardo, moreno.
Ma-(shajarit) שַׁחֲרִית, נ.
ñana. Oración de la mañana.
(pat-shaja- פַּת שַׁחֲרִית-
rit) Desayuno.
Libertar, שִׁחְרֵר, פ"י.
emancipar. Eximir.
Ser libertado. שֻׁחְרוּר-
Ser eximido, exento.
Libertarse. הִשְׁתַּחְרֵר-
Eximirse, exentarse.
Corromper-, (שחת) הִשְׁחִית
se, dañarse.
Corromper, dañar. שִׁחֵת-
Matar. Perjudicar. Pecar.

Enorgullecerse. שָׁחַץ-
Devorar.
Enorgullecerse. הִשְׁתַּחֵץ-
Orgu-(shájatz) שַׁחַץ, ז.
llo. Crueldad. Vergüenza.
Orgu- (shejatz) שֶׁחֶץ, ת.
lloso.
(shajatzit) שַׁחֲצִית, נ.
Orgullo.
שַׁחְצָן, ת. נ׳. שַׁחְצָנִית
(shajtzán) Orgulloso.
(shajatza- שַׁחֲצָנוּת, נ.
nut) Orgullo.
(shajatzaní) שַׁחֲצָנִי, ת.
Orgulloso.
שָׂחַק (שָׂחַק, יִשְׂחַק) פ"ע
Reír.
Jugar. Bromear. שִׂחֵק-
Reír. Hecer reír. הִשְׂחִיק-
(shá- שַׁחַק, ז. ר׳ שְׁחָקִים
jak) Polvo. Nube. Cielo. Vestido viejo.
שָׁחַק (שָׁחַק, יִשְׁחַק) פ"י
Quebrantar, triturar, pulverizar.
Ser triturado. הִשָּׁחֵק-
(shjákim) שְׁחָקִים, ז"ר.
Cielos.
שַׂחְקָן, ז. נ׳ שַׂחְקָנִית
(sajcán) Jugador. Actor.
(sajacanut) שַׂחְקָנוּת, נ.
Actuación, representación
(shá שַׁחַר, ז. ר׳ שְׁחָרִים
jar) Amanecer. Madrugada. Sentido.
אַיֶּלֶת הַשַּׁחַר, הֵילֵל בֶּן-
(ayélet-hashájar, שַׁחַר
heylel-ben-shájar) Venus.
(amud-ha- עַמּוּד הַשַּׁחַר-

Corromper, per- הַשְׁחִית-
vertir. Destruír.
Ser corrompido, הָשְׁחַת-
ser dañado.
Foso, (shájat) .נ, שַׁחַת
hoyo, pozo. Fig. tum-
ba, sepulcro. Heno.
Corrup-(shijet) .ז, שְׁחֵת
ción.
Pecador, (set) .ז, שֵׂט
perverso.
Que flo- (shat) .ת, שָׁט
ta, nada o navega.
שָׂטָה (שָׂטָה, יִשְׂטֶה) פ"ע
Desviarse, alejarse.
(shi- שִׁטָּה .נ, ר' שִׁטִּים
tá) Acacia.
(shitá) שִׁטָּה .נ, ר' שִׁטּוֹת
Método, sistema.
(שטה) הִשְׁטָה, Entorpe-
cerse, enajenarse,
alienarse.
Burlarse, שִׁטָּה-, הִשְׁטָה
reírse.
Alienarse. הִשְׁתַּטָּה-
Apla-(shitúaj) .ז, שִׁטּוּחַ
namiento. Extensión,
acción de extender.
שָׁטוּחַ .ת, נ' שְׁטוּחָה
(shatúaj) Plano, llano.
Burla, (shituy) .ז, שִׁטּוּי
broma.
Odia- (satum) .ת, שָׂטוּם
do, desdeñado.
Enjua-(shatuf) .ת, שָׁטוּף
gado. Fig. dedicado.
Enjua-(shituf) .ז, שִׁטּוּף
gadura.
שְׁטוּת .נ, ר' שְׁטֻיּוֹת
(shtut) Bobada, bobe-
ría, tontería.
Bobo, (shtutí) .ת, שְׁטוּתִי
tonto.
שָׁטַח (שָׁטַח, יִשְׁטַח) פ"י
Extender, tender.
Extender. שִׁטַּח-, הִשְׁטִיחַ
Extenderse. הִשְׁתַּטַּח-
Super-(shétaj) .ז, שֶׁטַח
ficie. Extensión.
Su- (shitjí) .ת, שִׁטְחִי
perficial.
(shitjiyut) .נ, שִׁטְחִיּוּת
Simpleza, ligereza.
Boba, (shatyá). ת"נ, שַׁטְיָה
tonta.
Idio-(shatyut). נ, שַׁטְיוּת
tez.
שָׁטִיחַ .ז, ר' שְׁטִיחִים
(shatíaj) Tapiz, tape-
te, alfombra.
Ex- (shtijá) .נ, שְׁטִיחָה
tensión, acción de ex-
tender o tender.
(setimá) .נ, שְׂטִימָה
Odio.
En- (shtifá) .נ, שְׁטִיפָה
juagadura. Corriente.
(shtifut) .נ, שְׁטִיפוּת
Fluidez.
שָׂטַם (שָׂטַם, יִשְׂטֹם) פ"י
Odiar.
Ser odiado. הִשָּׂטֵם-
שָׂטַן (שָׂטַן, יִשְׂטֹן) פ"י
Acusar, perseguir.
הִשְׂטִין-, ר' שָׂטָן.
Diablo, (satán) .ז, שָׂטָן
demonio. Satanás.
Acu- (sitná) .נ, שִׂטְנָה
sación, maledicencia.
שָׁטַף (שָׁטַף, יִשְׁטֹף) פעו"י

שִׂיחַ (שָׂח, יָשִׂיחַ) פ"י
Hablar, conversar, contar. Quejarse. Pensar.
Hablar, conversar. שׂוֹחֵחַ-
Hablar, coversar. הֵשִׂחַ-
שִׂיחַ, ז. ר' שִׂיחִים (síaj) Mata, arbolillo, arbolito. Palabra, habla. Asunto. Pesadumbre.Pensamiento.
Pozo, (shiaj) .שִׁיחַ, ז excavación.
Nadador. (sayaj) .שַׂיָּח, ז
Conver-(sijá) .שִׂיחָה, נ sación.
Colección de pláticas. (sijón) .שִׂיחוֹן, ז
El (shijor) .שִׁיחוֹר, ז Nilo y sus afluentes.
Remero.(shayat) .שַׁיָּט, ז Nadador.
Nata- (sháyit) .שַׁיִט, ז ción. Navegación.
Línea,(shitá) .שִׁיטָה, נ fila, raya. Método, sistema. Acacia.
Flo-(shayétet) .שַׁיֶּטֶת, נ ta.
(shitatí) .שִׁיטָתִי, ת Metódico, sistemático.
(shitatiyut) שִׁיטָתִיּוּת, נ Metodismo. Método.
Atribuír. .שִׁיֵּךְ, פ"י
Ser atribuído. שֻׁיַּךְ-
Pertenecer, atribuírse. הִשְׁתַּיֵּךְ-
Depen-(shayaj) .שַׁיָּךְ, ת

Correr, manar. Inundar. Enjuagar.
Ser enjuagado. הִשָּׁטֵף-
Ser inundado.
Inundar. שִׁטֵּף, הִשְׁטִיף-
Ser inundado. שֻׁטַּף, הֻשְׁטַף-
Enjuagarse. הִשְׁתַּטֵּף, ז-
(shétef) .שֶׁטֶף, שֵׁטֶף, ז Torrente. Inundación. Enjuagadura. Galope.
(shitafón) .שִׁטָּפוֹן, ז Inundación.
(shtar) שְׁטָר, ז. ר' שְׁטָרוֹת Documento, escrito.Letra de cambio.
(shtar-jov) שְׁטַר חוֹב- Letra de cambio.
Castigar. .שָׁטַר, פ"י
Metó-(shitatí) .שִׁטָּתִי, ת dico, sistemático.
Obsequio,(shay) .שַׁי, ז regalo.
Record. (si) .שִׂיא, ז Elevación.
שִׂיב (שָׂב, יָשִׂיב) פ"ע Ser cano.
(seyv, seyvá) .שֵׂיב, ז. שֵׂיבָה, נ Vejez.
Retorno, (shivá) .שִׁיבָה, נ vuelta, regreso.
Asunto, (sig) .שִׂיג, ז ocupación.
Cal. (sid) .שִׂיד, ז
שִׂיד (שָׂד, יָשִׂיד) פ"י Encalar.
Encalar. שִׂיֵּד-
Navegación. (shiyut) .שִׁיּוּט, ז
Resto.(shiyur) .שִׁיּוּר, ז

de. Perteneciente.
Jeque. (sheyj) שֵׁיךְ, ז.
Per-(shayajut) שַׁיָּכוּת, נ.
tenencia. Relación.
שִׂים (שָׂם, יָשִׂים) פ"י
Poner, meter.
Poner. הֵשַׂם-
Ser puesto. הוּשַׂם-
Tener ojo a, שִׂים לֵב-
cuidar, escuchar.
Poner שִׂים נֶפֶשׁ בְּכַף-
el alma en la palma.
Fig. שִׂים יָד לַפֶּה-
callar.
Poner שִׂים עַיִן עַל-
los ojos en.
Terminar, שִׂים קֵץ לְ-
poner fin a.
Postu-(simá) שִׂימָה, נ.
ra, puesta.
(shin, שִׁין, שִׂין, נ.
sin) Nombre de la vi-
gésimaprimera letra
del alfabeto hebreo.
(sheynim) שֵׁינַיִם, ז"ר.
Orina.
Cemento.(shía) שִׁיעַ, ז.
Liso. (shif) שִׁיף, ת.
Estregar. שִׁיֵּף, פ"י.
Cor- (shifá) שִׁיפָה, נ.
teza.Estregamiento.
שִׁיפּוֹן, ר' שִׁפּוֹן.
שִׁיר (שָׁר, יָשִׁיר) פ"ע
Cantar.
Cantar. שׁוֹרֵר-
Hacer sobrar, שִׁיֵּר-
dejar.
Ser cantado. הוּשַׁר-
Quedar. הִשְׁתַּיֵּר-
שִׁיר, ז. ר' שִׁירִים
(shir) Canto. Canción.
Cántico. Poesía.
(shir- שִׁיר גִּבּוֹרִים-
guiborim) Epopeya.
(shir-záhav) שִׁיר זָהָב-
Soneto.
(shir-hagut) שִׁיר הָגוּת-
Poesía lírica.
(shir-jazut) שִׁיר חָזוּת-
Poesía épica.
(shir-léjet) שִׁיר לֶכֶת-
Marcha.
(shir-am) שִׁיר עַם-
Canción popular.
(shir-eres) שִׁיר עֶרֶשׂ-
Canción de cuna.
(shir-ha- שִׁיר הַשִּׁירִים-
shirim) El Cantar de
los Cantares.
Dejar. שִׁיֵּר, פ"י.
Collar,(sheyr) שֵׁיר, ז.
cadena.
שֵׁיָר, ז. ר' שֵׁיָרִים
(sheyar) Resto.
Via- (shayar) שַׁיָּר, ז.
jero.
(shiraim) שִׁירָאִים, ז"ר
Seda fina.
Canto.(shirá) שִׁירָה, נ.
Poesía. Cántico.
(-habar- שִׁירַת הַבַּרְבּוּר-
bur) Canto del cisne.
(shirat-ha- שִׁירַת הַיָּם-
yam) El Cántico del
mar. (Exodo cap 15).
(bat-hashi- בַּת הַשִּׁירָה-
rá) Musa, numen.
(sheya- שְׁיָרָה, שַׁיָּרָה, נ.
rá,shayará) Caravana.
Can-(shirón) שִׁירוֹן, ז.
cionero.

Poé- (shirí) שִׁירִי, ת.
tico.
(shiyóret) שִׁיֹּרֶת, נ.
Resto, residuo.
Már- (sháyish) שַׁיִשׁ, ז.
mol.
שִׂישׂ (שָׂשׂ, יָשִׂישׂ) ע"ו
Alegrarse.
Alegrar. -הֵשִׂישׂ
Alegría, (sisá) שִׂישָׂה, נ.
júbilo.
Vestido. (shit) שִׁית, נ.
Base. Hoyo, foso.
שִׁית (שָׁת, יָשִׁית) פ"י
Poner. Nombrar. Guerrear.
Poner. -הֵשִׁית
Ser puesto. -הוּשַׁת
Cardo, (sháyit) שַׁיִת, ז.
espina.
(sej) שֵׂךְ, ז. ר' שִׂכִּים
Espina.
Cabaña, (soj) שֹׂךְ, ז.
tienda.
שָׁכַב (שָׁכַב, יִשְׁכַּב) פ"ע
Acostarse.
Ser acostado. -הִשָּׁכֵב
Ser acostado. -שֻׁכַּב
Ser violentado.
Acostar. -הִשְׁכִּיב
Ser acostado. -הָשְׁכַּב, הֻשְׁכַּב
-שָׁכַב עִם אֲבוֹתָיו Acostarse con sus padres: morir.
Solera, (shéjev) שֶׁכֶב, ז.
muela inferior.
Caída. (shjavá) שְׁכָבָה, נ.
Capa, yacimiento.
Capa, (shijvá) שִׁכְבָה, נ.
yacimiento. Efusión.

Acto (shjóvet) שְׁכֹבֶת, נ.
carnal.
Clavo. (sucá) שֻׂכָּה, נ.
שָׁכוּב, ת. נ' שְׁכוּבָה
(shajuv) Acostado.
שָׁכוּחַ, ת. נ' שְׁכוּחָה
(shajúaj) Olvidado.
Gallo. (sejví) שֶׂכְוִי, ז.
Tapado, cubierto. (sajuj) שָׂכוּךְ, ז.
Abandono. Pérdida de los hijos. (shejol) שְׁכוֹל, ז.
שָׁכוּל, ת. נ' שְׁכוּלָה
(shacul) Sin hijos.
Transposición. Metátesis. (sicul) שִׂכּוּל, ז.
Privación de hijos. (shicul) שִׁכּוּל, ז.
Establecido. (shajún) שָׁכוּן, ת.
Habitación, morada. (shicún) שִׁכּוּן, ז.
Barrio. (shjuná) שְׁכוּנָה, נ.
Alquilado, arrendado. (sajur) שָׂכוּר, ת.
Ebrio, (shicor) שִׁכּוֹר, ת.
borracho.
שָׁכַח (שָׁכַח, יִשְׁכַּח) פ"י
Olvidar.
Ser olvidado. -הִשָּׁכַח
Hacer olvidar. -שַׁכַּח, הַשְׁכַּח
Olvidarse, ser olvidado. -הִשְׁתַּכַּח
Que se olvida. (shajéaj) שָׁכֵחַ, ת.
Ol- (shijejá) שִׁכְחָה, נ.

vido.

שַׁכְחָן, ת. נ׳ שַׁכְחָנִית (shajeján) Olvidadizo.

(shajejanut) .שַׁכְחָנוּת, נ Olvido.

(shjiv-merá) .שְׁכִיב מְרַע, ז Enfermo gravemente.

Acos-(shjivá) .שְׁכִיבָה, נ tada, acostamiento.

Cosa (sjiyá) .שְׂכִיָּה, נ preciosa.

Co- (shajíaj) .שָׁכִיחַ, ת mún.

Ol-)(shjijá) .שְׁכִיחָה, נ vido.

(shejijut) .שְׁכִיחוּת, נ Calidad de común.

Tran-(shjijá) .שְׁכִיכָה, נ quilidad, sosiego.

שַׂכִּין, ר׳ סַכִּין.

Di- (shjiná) .שְׁכִינָה, נ vinidad, Dios, Espíritu Santo.

Merce-(sajir) .שָׂכִיר, ז nario.

(sejir-yom) שְׂכִיר יוֹם- Jornalero.

Arren-(sjirá) .שְׂכִירָה, נ damiento, alquiler.

(sjirut) .שְׂכִירוּת, נ Arrendamiento. Sueldo, salario.

שָׁכַךְ(שֹׁךְ, שָׁכֹךְ, יָשֹׁךְ) פ"ע Calmarse, tranquilizarse.

Tranquili- שִׁכֵּךְ, הֵשַׁךְ- zar, calmar.

שָׂכַל (שָׂכֹל, יִשְׂכֹּל) פ"ע Obrar con inteligencia, ser inteligente.

Cruzar. שִׂכֵּל-

Obrar con inteli- הִשְׂכִּיל- gencia, ser inteligente. Prosperar. Considerar. Instruír.

Cruzarse. הִשְׂתַּכֵּל-

Instruírse, הִתְמַשְׂכֵּל- ser inteligente.

(séjel) .שֶׂכֶל, שֵׂכֶל, ז Inteligencia, razón.

שָׁכֹל (שָׁכֹל, יִשְׁכֹּל) פע"י. Ser abandonado, perder a los hijos.

Dejar sin hijos. שִׁכֵּל- Matar exterminar.

Abortar. Exter- הִשְׁכִּיל- minar, matar.

Per-(shijlul) .שִׁכְלוּל, ז fección. Perfeccionamiento

Es- (sijlut) .שִׂכְלוּת, נ tupidez.

Inte- (sijlí) .שִׂכְלִי, ת lectual. Razonable.

Tordo, (sijlí) .שִׂכְלִי, ז zorzal.

(sijliyut) .שִׂכְלִיּוּת, נ Razón, inteligencia.

Perfeccionar. שִׁכְלֵל, פ"י

Ser perfeccio- שֻׁכְלַל- nado.

Perfeccionarse. הִשְׁתַּכְלֵל-

(sijletán) .שִׂכְלְתָן, ז Racinalista.

(sijletanut) .שִׂכְלְתָנוּת, נ Racionalismo.

(sijletaní) .שִׂכְלְתָנִי, ת Racionalista.

Ma- .(שכם) הִשְׁכִּים, פ"ע drugar.

(shéjem, shjem) .שֶׁכֶם, שְׁכֶם, ז Hombro.

-שְׁכֶם אֶחָד (shjem-ejad) Unánimemente.

שִׁכְמִיָּה, נ. (shijmiyá) Manto, capa.

שָׁכַן (שָׁכַן, יִשְׁכֹּן) פ"ע Morar, vivir.

-שִׁכֵּן Establecer.

-הִשְׁכִּין Establecer.

-הֻשְׁכַּן Ser establecido, establecerse.

-הִשְׁתַּכֵּן Establecerse.

שֶׁכֶן, ז. Mora-(shejen) da, habitación.

שָׁכֵן, ז. נ׳ שְׁכֵנָה, ר׳ שְׁכֵנִים Vecino.(shajén) Inquilino. Tullido.

שִׁכְנוּעַ, ז. Con-(shijnúa) vicción, convencimiento.

שְׁכֵנוּת, נ. Ve- (shjenut) cindad.

שִׁכְנֵעַ, פ"י. Convencer.

-שֻׁכְנַע Ser convencido.

-הִשְׁתַּכְנֵעַ Convencerse.

שַׁכַּף, ז. Guar-(shacaf) nicionero.

שָׂכַר (שָׂכַר, יִשְׂכֹּר) פ"י Alquilar, arrendar. Asalariar.

-הִשְׂכִּיר Arrendarse, alquilarse.

-הֻשְׂכַּר Ser arrendado, arrendarse.

-הִשָּׂכֵר Ser arrendado, ser alquilado.

-הִשְׂתַּכֵּר Ganar.

שָׂכָר, ז. Sueldo,(sajar) salario. Recompensa. Alquiler. Pensión.

שֶׂכֶר, ז. Dique.(séjer) Recompensa, sueldo.

שֵׁכָר, ז. Licor.(shejar)

שָׁכֹר (שָׁכַר, יִשְׁכַּר) פ"ע Emborracharse.

-שִׁכֵּר, הִשְׁכִּיר Emborrachar, embriagar.

-הִשְׁתַּכֵּר Emborracharse.

שִׁכָּרוֹן, ז. Em-(shicarón) briaguez, borrachera.

שִׁכְרוּת, נ. Bo-(shijrut) rrachera, embriaguez.

שִׁכְשׁוּךְ, ז. Sa-(shijshuj) cudida, sacudimiento.

שִׁכְשֵׁךְ, פ"י. Sacudir, mover.

שַׁל, ז. Error, (shal) falta, pecado.

שֶׁל, מ"י. De. (shel)

-שֶׁלִּי, שֶׁלְּךָ, שֶׁלָּךְ, שֶׁלּוֹ, שֶׁלָּהּ, שֶׁלָּנוּ, שֶׁלָּכֶם, שֶׁלָּכֶן, שֶׁלָּהֶם, שֶׁלָּהֶן (shelí, sheljá, shelaj, sheló, shelá, shelanu, shelajem, shelajén, shelahem, shelahén) Mío, tuyo, tuyo (fem.), suyo, suyo (fem.) nuestro, vuestro, etc.

-בְּשֶׁל Por. (beshel)

שַׁלְאֲנָן, ת Cal-(shal-anán) mo, tranquilo.

שִׁלֵּב, פ"י. Cruzar.

-שֻׁלַּב Ser cruzado.

-הִשְׁלַב Cruzarse.

-הִשְׁתַּלֵּב Cruzarse.

שָׁלָב, ז. ר׳ שְׁלַבִּים (sha-lav) Escalón, grado.

שִׁלְבֵּק, פ"י. Inflar, hinchar.

שֶׁלֶג, ז. ר׳ שְׁלָגִים (shé-leg) Nieve.

שַׁלְגּוֹן, ז. (shalgón) Alud.

שִׁלְגִּיָּה, נ. (shilguiyá)

Co- (shilut) .שִׁלּוּט, ז
gida, toma.
Enca-(shalul) .שָׁלוּל, ת
denado. Privado de.
Negativo.
(shlulit) .שְׁלוּלִית, נ
Charco.
שָׁלוֹם, ז. ר׳ שְׁלוֹמִים, שְׁלוֹמוֹת
Paz. (shalom)
Salud, bienestar. Saludo, expresión de saludo o despedida.
-הָבֵא שָׁלוֹם, הָטֵל שָׁלוֹם שִׂים שָׁלוֹם
Traer o poner la paz: reconciliar, poner de acuerdo.
-הַחְזֵר שָׁלוֹם Responder a un saludo.
-נָתֹן שָׁלוֹם Saludar.
-שָׁלוֹם עֲלֵיכֶם La paz sea con vosotros, con vosotros la paz.
-שָׁאֹל לְשָׁלוֹם, שָׁאֹל בִּשְׁלוֹם
Preguntar por, saludar.
-דָּרֹשׁ בִּשְׁלוֹם Saludar.
-חַס וְשָׁלוֹם (jas-vesha-lom) Dios no quiera.
-עָלָיו הַשָּׁלוֹם (alav-ha-)
Que en paz descanse.
-מַה שְּׁלוֹמְךָ (ma-shlomja)?
¿Cómo estás?
-דְּרִישַׁת שָׁלוֹם (drishat-shalom) Saludes.
En- (shalum) .שָׁלוּם, ת
tero.
שִׁלּוּם, ז. ר׳ שִׁלּוּמִים
(shilum) Pagamento.
Recompensa.
שְׁלוּמָה, נ. ר׳ שִׁלּוּם.

Blancanieves.
שֶׁלֶד, ז. ר׳ שְׁלָדִים (shé-led) Esqueleto.
שָׁלֹה (שָׁלָה, יִשְׁלֶה) פ"ע
Estar tranquilo. Quitar, sacar.
-הַשְׁלֵה Estar tranquilo.
-שֻׁלָּה Ser sacado.
-שַׁלֵּה Sacar, quitar.
-הַשְׁלֵה Engañar.
שַׁלְהֵב, פ"י. Encender, inflamar.
-שֻׁלְהַב Ser encendido, ser inflamado.
-הִשְׁתַּלְהֵב Encenderse.
(shal-hévet) .שַׁלְהֶבֶת, נ
Llama.
Codorniz.(slav) .שְׂלָו, ז
Tran- (shalev) .שָׁלֵו, ת
quilo.
שַׁלְוָ, ז. ר׳ שַׁלְוָה.
שָׁלֹו, פ"ע. Estar tranquilo.
Cru- (shaluv) ת, שָׁלוּב
zado.
Cruce,(shiluv) .שִׁלּוּב, ז
cruzamiento.
Re- (shalvá) .שַׁלְוָה, נ
poso, tranquilidad.
שָׁלוּחַ, ת. נ׳ שְׁלוּחָה
(shalúaj) Enviado, mandado. Delegado.
Envío.(shilúaj). שִׁלּוּחַ, ז
Repudio.
-שִׁלּוּחִים (shlujim)
Apóstoles.
Rami-(shlujá) .שְׁלוּחָה, נ
ficación, rama.
(shilujim). שִׁלּוּחִים, ז"ר
Repudio. Dote. Envío.

(shlomim).שִׁלּוּמִים, תה"פ
Enteramente.
(shlomanut).שְׁלוֹמָנוּת, נ.
Pacifismo.
שָׁלוּף, ת. נ׳ שְׁלוּפָה
(shaluf)Desenvainado.
Her- (shaluk) .שָׁלוּק, ת
vido, escaldado.
Tri-(shilush) .שִׁלּוּשׁ, ז
plicación,Triplicidad.
(emunat- אֱמוּנַת הַשִּׁלּוּשׁ-
hashilush) Trinidad.
שָׁלוֹשׁ, ר׳ שָׁלֹשׁ.
שָׁלַח (שָׁלַח, יִשְׁלַח) פ"י
Enviar, mandar. Extender.
Ser enviado, ser הִשָּׁלַח-
mandado.
Enviar, mandar. שַׁלַּח-
Despedir, divorciar.
Extender, dispersar.
Ser enviado, man- שֻׁלַּח-
dado, despedido.
Mandar, enviar. הַשְׁלֵחַ-
הִשְׁתַּלַּח, ר׳ הִשְׁלִיחַ.
Poner mano שָׁלַח יָד בְּ-
en: matar.
Arma,(shélaj) .שֶׁלַח, ז
espada. Cuero, piel.
Canal. Rama, ramificación. Anchura.
Curtidor.(shalaj).שַׁלָּח, ז
(shaljufá) .שַׁלְחוּפָה, נ
Tortuga.
שֻׁלְחָן, ז. ר׳ שֻׁלְחָנוֹת
(shulján) Mesa.
Poner la עָרַךְ שֻׁלְחָן-
mesa.
(shulján- שֻׁלְחָן עָרוּךְ-
arúj)Mesa puesta. Colección de preceptos de
la religión judía.
(shuljanut) .שֻׁלְחָנוּת, נ
Cambio.
(shuljaní) .שֻׁלְחָנִי, ת
Banquero.
(shuljaniyá) .שֻׁלְחָנִיָּה, נ
Banco.
שָׁלַט (שָׁלַט, יִשְׁלֹט) פ"ע
Gobernar, dominar.
Ser gobernado. הִשָּׁלֵט-
Apoderar, שַׁלֵּט, הַשְׁלֵט-
hacer dominar.
Apoderarse. הִשְׁתַּלֵּט-
Apoderarse. Ser הָשְׁלַט-
impuesto.
(shé- .שֶׁלֶט, ז. ר׳ שְׁלָטִים
let) Letrero. Escudo.
שִׁלְטוֹן, ז. ר׳ שִׁלְטוֹנוֹת
(shiltón)Gobierno, poder, autoridad.
Sul- (sultán) .שֻׁלְטָן, ז
tán.
(sholtanut) .שָׁלְטָנוּת, נ
Dominación.
Go-(shalétet) .שַׁלֶּטֶת, נ
bernadora.
Secreto,(sheli) .שְׁלִי, ז
silencio.
שִׁלְיָא, ר׳ שׁוּלְיָא.
Es- (shlivá) .שְׁלִיבָה, נ
calón, peldaño. Cruce, cruzamiento.
Ne-(shligá) .שְׁלִיגָה, נ
vada.
Pla-(shilyá) .שִׁלְיָה, נ
centa.
שָׁלִיחַ, ז. ר׳ שְׁלִיחִים
(shalíaj) Mensajero. Delegado. Emisario.
(shelíaj- שְׁלִיחַ צִבּוּר-

botar.
Ser arro- הָשְׁלַךְ, הֻשְׁלַךְ-
jado, echado, lanzado.
Ex- הִשְׁלִיךְ נַפְשׁוֹ מִנֶּגֶד-
poner su vida.
Cá- (shalaj) שָׁלָךְ, ז.
rabo.
Des (shalejet) שַׁלֶּכֶת, נ.
hoje.
שָׁלַל (שָׁלַל, יָשֹׁל, יִשְׁלֹל)
Despojar, saquear. פ"י
Negar. Desenvainar.
Unir. Privar.
Ser negado. Ser הִשָּׁלֵל-
privado.
Ser priva- שׁוֹלַל, שֻׁלַּל-
do, despojado.
Enloquecerse, הִשְׁתּוֹלֵל-
gritar.
Unión, (shlal) שְׁלָל, ז.
hilván.
Botín.(shalal) שָׁלָל, ז.
Paque- (shélel) שֶׁלֶל, ז.
te.
שָׁלַם (שָׁלַם, יִשְׁלַם) פ"ע
Ser terminado. Estar
en paz. Pagar.
Ser terminado. הִשָּׁלֵם-
Pagar. Terminar. שִׁלֵּם-
Cumplir.
Ser pagado. שֻׁלַּם-
Terminar, acabar, הִשְׁלִים-
completar. Cumplir. Re-
conciliar, poner de a-
cuerdo, pacificar.
Ser terminado, הֻשְׁלַם-
acabado, perfeccionado,
completado. Ser reconci-
liado, pacificado.
Perfeccionarse, הִשְׁתַּלֵּם-
especializarse.

tzibur) Oficiante.
(shlijut) שְׁלִיחוּת, נ.
Misión. Mensaje. En-
cargo.
(sha- שַׁלִּיט, ז. נ' שַׁלֶּטֶת
lit) Gobernador.
Do-(shlitá) שְׁלִיטָה, נ.
minación, gobernación,
autoridad, poder.
Feto.(shelil) שְׁלִיל, ז.
Ne-(shlilá) שְׁלִילָה, נ.
gación. Falta.
(shlilut) שְׁלִילוּת, נ.
Falta, privación.
Ne-(shlilí) שְׁלִילִי, ת.
gativo.
(shliliyut). שְׁלִילִיּוּת, נ.
Calidad de negativo.
Saco, (shalif) שָׁלִיף, ז.
costal.
De- (shlifá) שְׁלִיפָה, נ.
senvainamiento.
Es- (shlicá) שְׁלִיקָה, נ.
caldadura.
Ayu- (shalish). שָׁלִישׁ, ז.
dante. Capitán, jefe.
Tercero. Secuestre.
Tercio.(shlish) שְׁלִישׁ, ז.
(shlishón) שְׁלִישׁוֹן, ז.
Tresillo.
(shalishut) שָׁלִישׁוּת, נ.
Secuestro.
שְׁלִישִׁי, ת. נ' שְׁלִישִׁית
(shlishí) Tercero.
(shlishiyá) שְׁלִישִׁיָּה, נ.
Trío.
(shlishit) שְׁלִישִׁית, נ.
Tercio. Tercera.
Ser שָׁלַךְ) הָשְׁלַךְ, פ"י.)
arrojado, echado.
Arrojar, echar, הִשְׁלִיךְ-

שֶׁלֶם, ז. ר' שְׁלָמִים
(shélem) Sacrificio
pacífico.
(sha- שָׁלֵם, ת. נ' שְׁלֵמָה
lem) Entero, completo.
Terminado. Sano, sal-
vo.
(guiz- גִּזְרַת הַשְּׁלֵמִים-
rat-hashlemim) Verbos
cuyas tres letras ra-
dicales se encuentran
en todos los tiempos.
Pago, (shilem) שִׁלֵּם, ז.
recompensa.
Paga- (shalam) שַׁלָּם, ז.
dor.
שַׂלְמָה, ר' שִׂמְלָה.
(shala- שֶׁלָּמָה (שלמה),
ma) Porqué.
Dá- (shalmón) שַׁלְמוֹן, ז.
diva.
Per-(shlemut) שְׁלֵמוּת, נ.
fección.
(bishlemut) בִּשְׁלֵמוּת-
Enteramente.
(shla-tit) שְׁלַעְטִיט, ז.
Peñasco.
שָׁלַף (שָׁלַף, יִשְׁלֹף) פעו"י
Desenvainar.
Ser desenvainado. הִשָּׁלֵף-
Arrancar, escar- הַשְׁלֵף-
dar.
Ser arrancado. הֻשְׁלַף-
Desatarse. הִשְׁתַּלֵּף-
שַׁלְפּוּחִית, נ ר' שַׁלְפּוּחִיּוֹת
(shalpujit) Vejiga.
Bomba. Matriz.
שָׁלַק (שָׁלַק, יִשְׁלֹק) פ"י
Escaldar.
Ser escaldado. הִשָּׁלֵק-
Escaldar. שַׁלֵּק-

Ser escaldado. הִשְׁתַּלֵּק-
Legum- (shélek) שֶׁלֶק, ז.
bres escaldadas.
שָׁלֹשׁ, נ. שְׁלֹשָׁה, ז. ש"מ.
(shalosh, shloshá) Tres.
(shlosh-es- שְׁלֹשׁ עֶשְׂרֵה-
ré) Trece (fem.).
(shloshá-a- שְׁלֹשָׁה עָשָׂר-
sar) Trece (mas.).
Triplicar. שִׁלֵּשׁ, פ"י.
Dividir por tres.
Secuestrar. Di- הַשְׁלֵשׁ-
vidir por tres.
Ser se- הָשְׁלֵשׁ, הֻשְׁלַשׁ-
cuestrado.
Hacer algo por הִשְׁתַּלֵּשׁ-
tercera vez.
Biz- (shilesh) שִׁלֵּשׁ, ז.
nieto.
(shloshéver) שְׁלֹשֶׁבֶר, ז.
Trinomio.
Dia-(shilshul) שִׁלְשׁוּל, ז
rrea. Lombriz.
(shilshom). שִׁלְשׁוֹם, תה"פ
Anteayer.
(tmol-) תְּמוֹל שִׁלְשׁוֹם-
Ayer y anteayer.
(shloshim) שְׁלֹשִׁים, ש"מ.
Treinta.
Purgar. שִׁלְשֵׁל, פעו"י.
Poner. Bajar.
Ser puesto. שֻׁלְשַׁל-
Bajar, enca- הִשְׁתַּלְשֵׁל-
denarse.
שַׁלְשֶׁלֶת, נ. ר' שַׁלְשְׁלָאוֹת,
Ca- (shalshélet) שַׁלְשְׁלוֹת
dena.
Allá, (sham) שָׁם, תה"פ.
allí, ahí.
(shem) שֵׁם, ז. ר' שֵׁמוֹת
Nombre. Reputación,

fama. Dios.
En nombre (beshem) בְּשֵׁם-
de.
Fig. (hashem) הַשֵּׁם-
Dios.
(keshem-she) כְּשֵׁם שֶׁ-
Como,
Para. (leshem) לְשֵׁם-
Por.
En me-(al-shem) עַל שֵׁם-
moria de. A nombre de.
(shem-guf) שֵׁם גּוּף-
Pronombre.
שֵׁם הַמְיוּחָד, שֵׁם הַמְפֹרָשׁ-
(shem-hamyujad, shem-hamforash) Nombre de Dios.
Buen (shem-tov) שֵׁם טוֹב-
nombre, buena fama.
(shem-levay) שֵׁם לְוַי-
Apodo, sobrenombre.
(shem-mispar) שֵׁם מִסְפָּר-
Adjetivo numeral.
(shem-mofshat) שֵׁם מֻפְשָׁט-
Nombre abstracto.
(shem-mish- שֵׁם מִשְׁפָּחָה-
pajá) Apellido.
(shem-meshu- שֵׁם מְשֻׁתָּף-
taf) Homónimo.
(shem-nirdaf) שֵׁם נִרְדָּף-
Sinónimo.
(shem-étzem) שֵׁם עֶצֶם-
Substantivo.
(-clalí) שֵׁם עֶצֶם כְּלָלִי-
Nombre común.
(-pratí) שֵׁם עֶצֶם פְּרָטִי-
Nombre propio.
(shem-kibutz) שֵׁם קִבּוּץ-
Nombre colectivo.
Mal (shem-rá) שֵׁם רַע-
nombre, mala fama.
(leshem-sha- לְשֵׁם שָׁמַיִם-
máyim) Por amor a Dios.
(shem-tóar) שֵׁם תֹּאַר-
Adjetivo calificativo.
(báal-shem) בַּעַל שֵׁם-
Ilustre, famoso.
(baruj-ha- בָּרוּךְ הַשֵּׁם-
shem) Bendito sea Dios, gracias a Dios.
Pue-(shema) שֶׁמָּא, תה"פ.
de ser, quizá.
Valua-(shamay) שַׁמַּאי, ז.
dor, estimador.
Iz- (smol) שְׂמֹאל, ז.
quierda. Liberalismo.
(שָׂמְאֵל) הִשְׂמְאִיל, פ"ע.
Dirigirse hacia la izquierda. Contrariar. Profesar ideas liberales.
שְׂמָאלִי, ת. נ' שְׂמָאלִית
(smalí) Izquierdo. Zurdo. Liberal.
Ser exter-, (שמד) הִשָּׁמֵד
minado, aniquilado.
Convertir. שַׁמֵּד-
Ser convertido. שֻׁמּוֹד-
Exterminar, ani- הַשְׁמֵד-
quilar.
Ser exterminado. הָשְׁמֵד-
Convertirse. הִשְׁתַּמֵּד-
Ser exterminado.
Perse- (shmad) שְׁמָד, ז.
cución.
Devas- (shamá) שַׁמָּה, נ.
tación, desolación.
Allá, (shama) שָׁמָּה, תה"פ.
allí, ahí.
Dis- (shamut) שָׁמוּט, ת.
locado.
Aban- (shimut) שִׁמּוּט, ז.
dono. Luxación, dislo-

tico.
Éxo- (shemot) ,שְׁמוֹת
do.
Exco-(shamutí).ת, שַׁמּוּתִי
mulgado.
שָׂמַח (שָׂמַח, יִשְׂמַח) פ"ע
Alegrarse, regocijarse.
Alegrar, שִׂמַּח, הִשְׂמִחַ-
regocijar.
שָׂמֵחַ,ת. נ׳ שְׂמֵחָה, ר׳
Alegre,(saméaj) שְׂמֵחִים
contento.
שִׂמְחָה,נ. ר׳ שְׂמָחוֹת
(simjá)Alegría,júbilo.
(simjat- שִׂמְחַת תּוֹרָה-
torá) Octavo día de la
Fiesta de los Taber-
náculos.
שָׁמַט (שָׁמַט, יִשְׁמֹט) פעו"י
Soltar dejar.
Ser soltado. Es- הִשָּׁמֵט-
caparse.
Abandonar. Arran- שִׁמֵּט-
car.
Omitir. הִשְׁמִיט-
Ser omitido. הָשְׁמַט-
Escaparse. הִשְׁתַּמֵּט-
Des- (shmitá) .שְׁמִטָּה,נ
canso, intervalo.Quie-
bra.
(shnat-ha- שְׁנַת הַשְּׁמִטָּה-
shmitá) Año sabático.
(she-שֵׁמִי,ת. ר׳ שֵׁמִיִּים
mi) Semítico.
(shemiyut) .שֵׁמִיּוּת,נ
Semitismo.
Co- (smijá) .שְׂמִיכָה,נ
bija, manta.
(shamáyim) .שָׁמַיִם,ז"ר
Cielo.
(shemeymí) .שְׁמֵימִי,ת

cación.
Lé- (shemón) .שֶׁמּוֹן,ז
xico, lexicón.
Lu- (shimún) .שִׁמּוּן,ז
bricación.
שְׁמוֹנָה,ז. שְׁמוֹנֶה,נ. .
(shmoná,-né) Ocho..ש"מ
(shmoná- שְׁמוֹנָה עָשָׂר-
asar)Dieciocho (mas.).
(shmone- שְׁמוֹנֶה עֶשְׂרֵה-
esré)Dieciocho (fem.).
(shmonim) .שְׁמוֹנִים,ש"מ
Ochenta (mas. y fem.).
Oído. (shamúa) .שָׁמוּעַ,ת
Senti- (shamúa).ז,שָׁמוּעַ
do, significado.
Aviso, (shimúa).ז,שִׁמּוּעַ
anuncio.
Rumor. (shmuá).נ,שְׁמוּעָה
Vigi- (shimur) .שִׁמּוּר,ז
lancia.
(shimurim) שִׁמּוּרִים-
Vigilancia.Conservas.
(sha-שָׁמוּר,ת. נ׳ שְׁמוּרָה
mur) Guardado,cuidado.
שְׁמוּרָה,נ. ר׳ שְׁמוּרוֹת
(shmurá) Pestaña.
(matzá- מַצָּה שְׁמוּרָה-
shmurá) Pan ázimo hecho
con trigo conservado
desde la siega.
Uso, (shimush) .שִׁמּוּשׁ,ז
empleo, servicio.
(shimush- שִׁמּוּשׁ הַלָּשׁוֹן-
halashón) Sintaxis.
(oti- אוֹתִיּוֹת הַשִּׁמּוּשׁ-
yot-hashimush) Letras
agregadas al radical.
(jojmat- חָכְמַת הַשִּׁמּוּשׁ-
hashimush)Matemática.
Prác-(shimushí) ת, שִׁמּוּשִׁי

Celeste.
שְׁמִינִי, ת. נ' שְׁמִינִית
(shminí) Octavo.
(shminiyá) .שְׁמִינִיָּה, נ
Octava.
(shminit) .שְׁמִינִית, נ
Octavo. Octava.
Oído, (shmiá) .שְׁמִיעָה, נ
audición.
(shmiatí) .שְׁמִיעָתִי, ת
Auditivo.
Dia- (shamir) .שָׁמִיר, ז
mante. Cardo.
Cui-(shmirá) .שְׁמִירָה, נ
do, vigilancia.
שִׂמְלָה, נ. ר' שְׂמָלוֹת
(simlá) Vestido.
(simlanit) .שִׂמְלָנִית, נ
Falda.
שָׁמַם (שָׁמֵם, יָשֹׁם) פ"ע
Ser asolado, desierto.
Asombrarse.
Ser desierto. הֵשַׁם-
Asombrarse.
Espantar, asus- שׁוֹמֵם-
tar. Asombrarse.
Estar asombra- שׁוֹמוֹם-
do, estupefacto.
Asustar, espantar.הֵשֵׁם-
Destruír, asolar.
Ser destruído, הוּשַׁם-
desierto, asolado.
Asombrarse, הִשְׁתּוֹמֵם-
sorprenderse.
(sha- שָׁמֵם, ת. נ' שְׁמֵמָה
mem) Desierto, asolado.
Embro-(shimem) .שִׁמֵּם, ת
llado.
(shma- .שְׁמָמָה, שִׁמְמָה, נ
má, shimemá) Desierto.
asolación.

Es-(shimamón) .שִׁמָּמוֹן, ז
panto, asombro, dolor.
(semamit) .שְׂמָמִית, נ
Lagarto.
שָׁמַן (שָׁמֵן, יִשְׁמַן) פ"ע
Engordar, estar gordo.
Engrasar, lubricar.שִׁמֵּן-
Valuar, estimar.
Engordar. הִשְׁמֵן-
Engordar. הִשְׁתַּמֵּן-
שָׁמֵן, ת. נ' שְׁמֵנָה, ר'
Gordo. (shamén) שְׁמֵנִים
(she- שֶׁמֶן, ז. ר' שְׁמָנִים
men) Aceite.
(shemen-a- שֶׁמֶן אֲדָמָה-
damá) Aceite mineral.
(shemen-zá- שֶׁמֶן זַיִת-
yit) Aceite de oliva.
(shemen-kik) שֶׁמֶן קִיק-
Aceite de ricino.
Grasa, (shumán) .שֻׁמָּן, ז
gordura.
Gor- (shomen) .שֹׁמֶן, ז
dura.
Acei- (shamán) .שַׁמָּן, ז
tero.
שְׁמֹנָה, ר' שְׁמוֹנָה.
(shamnuní) .שַׁמְנוּנִי, ת
Grasoso, poco gordo.
(shamnuni- .שַׁמְנוּנִיּוּת, נ
yut) Grasa, gordura.
(shamnunit) .שַׁמְנוּנִית, נ
Grasa, gordura.
Acei-(shamní) .שַׁמְנִי, ת
toso.
Nomi-(shmaní) .שְׁמָנִי, ת
nal.
שְׁמֹנִים, ר' שְׁמוֹנִים.
שְׁמַנְמַן, ת. נ' שְׁמַנְמֶנֶת
(shmanmán) Gordito.
(shaménet) .שַׁמֶּנֶת, נ

Ser despreciado, ser desdeñado. הִשָּׁמֵץ-
Des-(shimtzá) honor. שִׁמְצָה, נ.
שָׁמֹר (שָׁמַר, יִשְׁמֹר) פ"י
Guardar, cuidar, vigilar.
Ser cuidado, ser guardado, vigilado. הִשָּׁמֵר-
Vigilar, cuidar. Colar, filtrar. שַׁמֵּר-
Ser cuidado, guardado, vigilado. שֻׁמּוֹר-
Cuidarse. Conservarse. הִשְׁתַּמֵּר-
Hinojo.(shémer) שֶׁמֶר, ז.
(shmarim) Hez. Levadura. שְׁמָרִים, ז"ר.
(shmarjom) Termos. שְׁמַרְחֹם, ז.
Con-(shamrán) servador. שַׁמְרָן, ז.
(shamranut) Conservatismo. שַׁמְרָנוּת, נ.
(shamraní) Conservador. שַׁמְרָנִי, ת.
Servir. Usar, emplear. שַׁמֵּשׁ, פעו"י.
Ser usado, ser empleado. שֻׁמַּשׁ-
Usar, emplear, utilizar. הִשְׁתַּמֵּשׁ-
(sha-mash) Criado, servidor, conserje. שַׁמָּשׁ, ז. נ' שַׁמֶּשֶׁת
(shémesh) Sol. שֶׁמֶשׁ, זו"נ. ר' שְׁמָשׁוֹת
(haarev-) Atardecer. הַעֲרֵב שֶׁמֶשׁ-
(mevó-ha-) מְבוֹא הַשֶּׁמֶשׁ-
Crema.
שָׁמֹעַ (שָׁמַע, יִשְׁמַע) פ"י
Oír, escuchar. Comprender.
Ser oído, escuchado, obedecido. הִשָּׁמֵעַ-
Reunir,convocar. שַׁמֵּעַ-
Hacer oír, avisar. Convocar. הַשְׁמֵעַ-
Ser escuchado, ser obedecido. הִשְׁתַּמֵּעַ-
Obedecer. שָׁמֹעַ בְּקוֹל-
Oído. (shema) Rumor. Reputación. שֵׁמַע, ז.
(kne-shema) Estetoscopio. קְנֵה שֵׁמַע-
Soni- (shema) do. שֶׁמַע, ז.
Fama, (shoma) reputación. שֹׁמַע, ז.
Nombre (shma) de una oración. שְׁמַע,
Au- (shom-á) dición. שְׁמִעָה, נ.
Au- (shim-í) ditivo. שִׁמְעִי, ת.
(shma-tá) Precepto rabínico. שְׁמַעְתָּא, נ.
Sham-(shampú) poo. שַׁמְפּוּ, ז.
(shimpanze) Chimpancé. שִׁמְפַּנְזֶה, ז.
(shampanya) Champaña. שַׁמְפַּנְיָה, נ.
Un poco.(shémetz) שֶׁמֶץ, ז.
Cuchicheo. Maledicencia.
Profanar, ensuciar. שַׁמֵּץ, פ"י.
Calumniar, hablar mal. הַשְׁמֵץ-

Donde el sol se pone.
(macat-shé- מַכַּת שֶׁמֶשׁ-
mesh) Insolación.
(beyn-ha- בֵּין הַשְּׁמָשׁוֹת-
shmashot)Crepúsculo.
שִׁמְשָׁה,נ. ר' שְׁמָשׁוֹת
(shimshá) Vidrio.
שׁוּמְשׁוּם,ר' שמשם.
(shimshón) .ז, שִׁמְשׁוֹן
Helianto.
(shamashut) .נ, שַׁמָּשׁוּת
Conserjería.(oficio).
So- (shimshí) .ת, שִׁמְשִׁי
lar.
(shimshiyá) .נ, שִׁמְשִׁיָּה
Sombrilla, quitasol.
שֻׁמְשֹׁם,ז. ר' שֻׁמְשְׁמִין
(shumshom) Ajonjolí.
Excomulgar. .פ"י, שַׁמֵּת
Ex- (shamtá) .נ, שַׁמְתָּא
comulgación.
(shen) שִׁנַּיִם ר' .נ, שֵׁן
Diente.
(shen-jalav) שֵׁן חָלָב-
Diente de leche.
(shen-toté- שֵׁן תּוֹתֶבֶת-
vet) Diente postizo.
(nikyón- נִקְיוֹן שִׁנַּיִם-
shináyim) Hambre.
(shen-haa- .ז, שֵׁן־הָאֲרִי
rí) Diente de león.
שָׂנֵא (שָׂנֵא, יִשְׂנָא) פ"י
Odiar, detestar.
Ser odiado. הִשָּׂנֵא-
Odiar, detestar. שַׂנֵּא-
Hacer odiar, ha- הַשְׂנֵא-
cer detestar.
שָׂנָא, ר' שָׁנָה.
Odio,(sin-á) .נ, שִׂנְאָה
aborrecimiento.
שְׂנְאוּי, ר' שָׂנוּא.

Trans-(shanay) .ז, שַׁנַּאי
formador.
Fig.(shin-án) .ז, שִׁנְאָן
ángel.
שָׁנָה (שָׁנָה, יִשְׁנֶה) פעל"י
Repetir. Estudiar. Ser
distinto. Cambiar.
Ser repetido, הִשָּׁנֶה-
ser estudiado.
Cambiar, mudar, שַׁנֵּה-
alterar, modificar.
Ser cambiado, al- שֻׁנָּה-
terado, modificado.
Enseñar. הַשְׁנֵה-
Cambiarse, mo- הִשְׁתַּנֵּה-
dificarse.
שָׁנָה,נ. ר' שָׁנִים, ס'
Año. (shaná) שָׁנוֹת
El año.(hashaná) הַשָּׁנָה-
Este año.
(shaná- שָׁנָה מְעֻבֶּרֶת-
meubéret)Año bisiesto.
(shenat-ha-, שְׁנַת הַחַמָּה-
jamá) Año solar.
(shenat- שְׁנַת הַלְּבָנָה-
halbaná) Año lunar.
(shnat-limud) שְׁנַת לִמּוּד-
Año lectivo.
Dos (shnatáyim) שְׁנָתַיִם-
años.
Sueño.(shená) .נ, שֵׁנָה
Mar-(shen-hav) .ז, שֶׁנְהָב
fil.
(shan-hévet) .נ, שַׁנְהֶבֶת
Elefancía.
שָׂנוּא,ת, נ' שְׂנוּאָה,ר'
Odiado.(sanú) שְׂנוּאִים
Repe-(shanuy) .ת, שָׁנוּי
tido. Estudiado.
Cambio,(shinuy).ז, שִׁנּוּי

(shneym-asar) שְׁנֵים עָשָׂר-
Doce (mas.).
Bur-(shniná) .שְׁנִינָה, נ
la, irrisión.
(shninut) .שְׁנִינוּת, נ
Agudeza.
Alud. (snir) .שְׂנִיר, ז
(shenit) .שֵׁנִית, תה"פ
Segundamente. Por segunda vez.

Es- (shanit) .שָׁנִית, נ
carlatina.
שָׁנַן (שָׁנֵן, שֵׁן, ישן) פ"י
Afilar, aguzar.
Aguzar, afilar. -שִׁנֵּן
Inculcar, enseñar.
Ser perforado, -הִשְׁתּוֹנֵן
agujereado.
Punta.(shanán) .שָׁנָן, ז
Estudio.(shenen).שֶׁנֶן, ז
Engra-(shinán) .שִׁנָּן, ז
neje.
Inte-(shinana).שִׁנָּנָא, ת
ligente.
Ceñir. .שִׁנֵּס, פ"י
Chan-(shansa) .שַׁנְסָה, נ
ce.
Vaini-(shénef) .שֶׁנֶף, ז
lla.
שֶׁנֶץ, ז. ר' שְׁנָצוֹת, גם
Correa.(shénetz) שְׁנָצִים
Estrangular, .שִׁנֵּק, פ"י
ahogar.
Ahogarse. ,הִשְׁתַּנֵּק-
Gato (shunrá) .שֻׁנְרָא, ז
salvaje.
Sueño.(shenat) .שְׁנַת, נ
Incisión, señal.
(shenatón) .שְׁנָתוֹן, ז
Anuario.

modificación.
שְׁנוּי, ר' שְׁנוּאָ.
Afi-(shanún) .שָׁנוּן, ת
lado.
Repe-(shinún) .שִׁנּוּן, ז
tición. Afiladura.
(shenunit) .שְׁנוּנִית, נ
Punta, peñasco.
Acción(shinús).שִׁנּוּס, ז
de ceñir.
Ceñido.(shanús).שָׁנוּס, ת
(shantayz) .שַׁנְטָז׳, ז
Chantaje.
(shanta- .שַׁנְטָז׳יסְט, ז
yzist) Chantajista.
Púrpura.(shaní) .שָׁנִי, ז
(toláat- תּוֹלַעַת שָׁנִי-
shaní) Cochinilla.
(she- .שֵׁנִי, ת. נ' שְׁנִיָּה
ní) Segundo.
Dife- (shoni) .שֹׁנִי, ז
rencia.
שֹׁנִי, ר' שְׁנַיִם
Odiado.(saní) .שָׂנִיא, ת
Segun-(shniyá) .שְׁנִיָּה, נ
do. Segunda.
Di-(shinyón) .שִׁנְיוֹן, ז
ferencia.
(shniyoní) .שְׁנִיוֹנִי, ת
Secundario.
Dua-(shniyut).שְׁנִיּוּת, נ
lismo. Dualidad.
(emu- אֱמוּנַת הַשְּׁנִיּוּת-
nat-ha-) Dualismo.
Segun-(shniyí).שְׁנִיִּי, ת
do, secundario.
שְׁנַיִם, ש"מ, ז. ס' שְׁנֵי
(shnáyim) Dos (mas.).
שְׁנֵינוּ, שְׁנֵיכֶם, שְׁנֵיהֶם-
(shneynu, shneyjem, shneyhem)Nosotros dos, etc.

שְׁנָתִי, ת. נ׳ שְׁנָתִית
(shnatí) Anual.
(shnatit) שְׁנָתִית-
Anualmente.
Inci-(shasay) .ז, שַׁסַּאי
tador.
שָׁסֹה (שָׁסָה, יִשְׁסֶה) פ"י
Saquear, raptar.
Incitar. שִׁסָּה-
Ser saqueado. הִשָּׁסָה-
Inci-(shisuy) .ז, שִׁסּוּי
sión.
Roba-(shasuy) .ת, שָׁסוּי
do, saqueado.
Hen- (shasúa) .ת, שָׁסוּעַ
dido.
Hen- (shisúa) .ז, שִׁסּוּעַ
dimiento, desgarro.
שָׁסֹס (שָׁסַס, יָשֹׁס) פ"י
Saquear, raptar.
שָׁסֹעַ (שָׁסַע, יִשְׁסַע) פ"י
Hender, raptar.
Rasgar, desga- שִׁסַּע-
rrar.
Grieta, (shesa) .ז, שֶׁסַע
hendedura.
Hender, rasgar, פ"י, שִׁסֵּף
desgarrar.
Ser desgarrado. שֻׁסַּף-
(shastom) .ז, שַׁסְתּוֹם
Válvula.
Someter, sub- .פ"י, שִׁעְבֵּד
yugar, avasallar. Hipotecar.
Ser sometido, שֻׁעְבַּד-
avasallado. Ser hipotecado.
Someterse. Ser הִשְׁתַּעְבֵּד-
hipotecado.
Su- (shi-bud) .ז, שִׁעְבּוּד
misión, avasallamiento.

שָׁעֹה (שָׁעָה, יִשְׁעֶה) פ"ע
Interesarse, mirar.
Alejarse.
Estar tapado. שֹׁעָה-
Voltear. Cerrar הַשְׁעֵה-
(los ojos).
Inquietarse. הִשְׁתָּעֵה-
Interesarse.
(shaá) שָׁעָה, נ. ר׳ שָׁעוֹת
Hora.
(beshaá-she) בְּשָׁעָה שֶׁ-
En tiempo que.
En tiem-(bish-at) בִּשְׁעַת-
po de.
(sheat-cósher) שְׁעַת כֹּשֶׁר-
Momento oportuno.
(lefí-shaá) לְפִי שָׁעָה-
Por ahora.
Cera.(shaavá) .נ, שַׁעֲוָה
Tos.(shiul) .ז, שִׁעוּל
שָׁעוֹן, ז. ר׳ שְׁעוֹנִים
(shaón) Reloj.
Re- (shaún) .ת, שָׁעוּן
costado.
(shaavaniyá) .נ, שַׁעֲוָנִיָּה
Sténcil.
(shaavanit) .נ, שַׁעֲוָנִית
Hule.
(sheonit) .נ, שְׁעוֹנִית
Pasiflora.
(sheuit) .נ, שְׁעוּעִית
Fríjol, judía, poroto.
Medída.(shiur) .ז, שִׁעוּר
Lección. Curso. Tarea.
Suposición.
(leshiurín) לְשִׁעוּרִין-
A plazos.
(shiur-báyit) שִׁעוּר בַּיִת-
Tarea.
(leyn-shi- לְאֵין שִׁעוּר-
ur) Infinitamente.

Arrimarse,, הִשָּׁעֵן (שען) recostarse, apoyarse.
Apoyarse. שָׁעוֹן-
Arrimar, apoyar, הַשְׁעֵן- recostar.
הִשְׁתַּעֵן, ר' הִשָּׁעֵן.-
Relo-(shaán) שַׁעַן, ז. jero.
שַׂעַף, ז. ר' שְׂעִפִּים
(saef) Pensamiento.
שָׂעַר (שָׂעַר, יִשְׂעַר) פעו"י
Embravecerse. Arrancar. Saber, conocer.
Haber tempestad. הִשְׂעֵר-
Arrancar, arrastrar con fuerza. שַׂעֵר-
Crecer el pelo. הַשְׂעֵר-
Precipitarse. הִשְׂתַּעֵר-
Borrasca,(sáar) שַׂעַר, ז. tempestad. Pavor.
Pelo, (sear) שֵׂעָר, ז. cabello.
(adéret-sear) Pelliza. אַדֶּרֶת שֵׂעָר-
שָׁעַר (שָׁעַר, יִשְׁעַר) פ"ע
Pensar, calcular.
Valuar, estimar, שַׁעֵר- tasar. Suponer. Pararse al lado de la puerta.
Ser estimado. הִשְׁתַּעֵר-
שַׁעַר, ז. ר' שְׁעָרִים
(sháar) Portón. Precio. Estimación. Tribunal.
(maf-kiey-) Encarecedores. מַפְקִיעֵי שְׁעָרִים-
(sháar-hasusim) Hipódromo. שַׁעַר הַסּוּסִים-
(sháar-ha-cavod) Arco triunfal. שַׁעַר הַכָּבוֹד-
(sháar-haksafim) Bolsa de שַׁעַר הַכְּסָפִים-

(jojmat hashiurim) Geometría. חָכְמַת הַשִּׁעוּרִים-
שְׂעוֹרָה, נ. ר' שְׂעוֹרִים
(seorá) Cebada.
שָׁעַשׁ (שָׁעַשׁ, יִשְׁעַשׁ) פ"ע
Caminar, marchar.
Mar-(sheatá) cha. שְׁעָטָה, נ.
(shaatnez) Mistura. שַׁעַטְנֵז, ז.
Liso,(shaía) plano. שָׁעִיעַ, ת.
Cabe-(sair) lludo. שָׂעִיר, ת.
Macho (sair) cabrío. Sátiro. שָׂעִיר, ז.
Ca-(seirá) bra. שְׂעִירָה, נ.
Paso. (sháal) שַׁעַל, ז.
Puñado.(shóal) שֹׁעַל, ז.
Toser. הִשְׁתַּעֵל, (שעל)
(shaalul) Zorrito. שַׁעֲלוּל, ז.
(shaélet) Tos. שַׁעֶלֶת, נ.
Corcho.(sháam) שַׁעַם, ז.
Convertir (al cristianismo). שַׁעְמֵד, פ"י.
Ser convertido (al cristianismo). שֻׁעְמַד-
Con-(shi-nud) versión. שִׁעְמוּד, ז.
Abu-(shi-mum) rrimiento. שִׁעְמוּם, ז.
Me-(shaamum) lancólico. שַׁעֲמוּם, ת.
Aburrir, fastidiar. שַׁעֲמֵם, פ"י.
Aburrirse. הִשְׁתַּעֲמֵם-
(shaamanit) Linóleo. שַׁעֲמָנִית, נ.

yim) Hablador.

שָׁפָה (שָׁפָה, יִשְׁפֶּה) פעו"י
Calmarse, tranquilizar-se. Ser alto. Verter.
Ser alto, eleva- הִשָּׁפֵה- do, elevarse.
Alisar, allanar, שִׁפֵּה- aplanar.
Ser alisado, ace- שֻׁפָּה- pillado.
Sanarse, curar- הִשְׁתַּפֵּה- se.

Asa- (shapud) .שַׁפּוּד, ז dor.

Juicio.(shiput). ז, שִׁפּוּט

Castigo.(shfot). ז, שְׁפוֹט

שָׁפוּי, ת. נ׳ שְׁפוּיָה
(shafuy) Sensato, sano. Liso. Tranquilo.

Viruta.(shipuy). ז, שִׁפּוּי
Inclinación.

שָׁפוּךְ, ת. נ׳ שְׁפוּכָה
(shafuj) Derramado.

(shipulim). שִׁפּוּלִים, ז"ר
Fondo. Cola de un vestido.

Oculto,(safún) .שָׁפוּן, ת ocultado.

Cen- (shipón) .שִׁפּוֹן, ז teno.

Decli- (shipúa). שִׁפּוּעַ, ז ve, bajada.

Encor-(shafuf) .שָׁפוּף, ת vado. Oprimido.

(shfoféret) .שְׁפוֹפֶרֶת, נ
Tubo.
(sh-foféret-shelbeytzá) שְׁפוֹפֶרֶת שֶׁל בֵּיצָה-
Cáscara de huevo.

Rapa-(shiputz) .שִׁפּוּץ, ז ración.

valores.

Dañado,(shoar) .שֹׁעָר, ת corrompido.

שְׂעָרָה, ר׳ סְעָרָה.

שַׂעֲרָה, נ. ר׳ שְׂעָרוֹת
(saará) Pelo, cabello.

שְׁעָרָה, ר׳ שְׁעוֹרָה.

(shaarurá) .שַׁעֲרוּרָה, נ
Corrupción.

(shaaruriyá) שַׁעֲרוּרִיָּה, נ
Escándalo.Abominación.

שַׁעֲרוּרִית, ר׳ שַׁעֲרוּרִיָּה.

(shaarurán) .שַׁעֲרוּרָן, ז
Escandaloso.

(saa-rot-shulamit) שַׂעֲרוֹת־שׁוּלַמִּית, נ Adianto.

שַׁעֲשׁוּעַ, ז. ר׳ שַׁעֲשׁוּעִים
(shaashúa) Diversión.

Divertir. .שִׁעֲשֵׁעַ, פ"י
Ser divertido. שֻׁעֲשַׁע-
Divertirse. הִשְׁתַּעֲשֵׁעַ-

Perforar, .שִׁפֵּד, פ"י agujerear.

(safá) שָׂפָה, נ. ר׳ שָׂפוֹת
Idioma, lengua. Borde, orilla, límite.
(sfat-hayam) שְׂפַת הַיָּם-
Playa.
(sfat-éver) שְׂפַת עֵבֶר-
Fig. el hebreo.

(sa-fá) Labio. שָׂפָה, נ. ר׳ שְׂפָתַיִם
(lezut-sfatáyim) Calumnia. לְזוּת שְׂפָתַיִם-
(motzá-sfatáyim) Fig.palabra. מוֹצָא שְׂפָתַיִם-
(aral-sfa-táyim) Tartamudo. עֲרַל שְׂפָתַיִם-
(posek-sfatayim) Hablador. פּוֹשֵׂק שְׂפָתַיִם-
(ish-sfatá- אִישׁ שְׂפָתַיִם-

Mejo-(shipur) .ז ,שִׁפּוּר
ramiento, mejora.
Puesto,(shafut).ת ,שָׁפוּת
colocado.
Comunicar la .פ"י ,שִׁפֵּחַ
tiña.
שִׁפְחָה, נ. ר' שְׁפָחוֹת
(shifjá) Esclava.
Es- (shifjut) .נ ,שִׁפְחוּת
clavitud.
שפט (שָׁפַט, יִשְׁפֹּט) פ"י
Juzgar.
Ser juzgado. -הִשָּׁפֵט
(shé שֶׁפֶט, ז. ר' שְׁפָטִים
fet) Juicio. Castigo.
(ahuftana) .ת ,שַׁפְטָנָא
Bobo, tonto.
(she שְׁפִי, ז. ר' שְׁפָיִים
fí) Colina.
Tran-(shefi).תה"פ ,שְׁפִי
quilamente.
Tran- (shofi) .ז ,שֹׁפִי
quilidad.
Afila-(shafid) .ת ,שָׁפִיד
do, agudo, cortante.
Jui-(shfitá) .נ ,שְׁפִיטָה
cio.
Re-(shfiyut) .נ ,שְׁפִיּוּת
conciliación.
Derra-(shfijá) נ ,שְׁפִיכָה
me, derramamiento.
(-damim) שְׁפִיכַת דָּמִים-
Asesinato.Humillación.
(shfijut) .נ ,שְׁפִיכוּת
Derrame, derramamiento.
(shfijut שְׁפִיכוּת דָּמִים-
damim) Humillación.
Asesinato.
(shfifón) .ז ,שְׁפִיפוֹן
Víbora.
Pla- (shafir) .ז ,שָׁפִיר

centa.
Bueno,(shapir) .ת ,שַׁפִּיר
bonito.
(shapir) .תה"פ ,שַׁפִּיר
Mejor.
שפך (שָׁפַךְ, יִשְׁפֹּךְ) פ"י
Derramar, verter.
Ser derramado, -הִשָּׁפֵךְ
ser vertido.
Ser derramado. -שֻׁפּוֹךְ
Derramarse, -הִשְׁתַּפֵּךְ
verterse.
Derramar san- שָׁפַךְ דָּם-
gre: matar.
Derramar la שָׁפַךְ חֵמָה-
ira: encolerizarse.
שָׁפַךְ לֵב, שָׁפַךְ נֶפֶשׁ,-
Desahogarse, שָׁפַךְ שִׂיחַ
decir todo.
Derrame,(shéfej).ז ,שֶׁפֶךְ
derramamiento. Desen-
bocadura.
Ure-(shofjá) .נ ,שָׁפְכָה
tra.
Uré- (shofján) .ז ,שָׁפְכָן
ter.
(shofjaní) .ת ,שָׁפְכָנִי
Jugoso.
שפל (שָׁפֵל, יִשְׁפַּל) פ"ע
Bajar. Ser rebajado,
ser humillado.
Bajar. Rebajar, -הִשְׁפִּיל
humillar.
Ser rebajado, -נִשְׁפַּל
ser humillado.
Bajar. Ser pe- -הִשְׁתַּפֵּל
rezoso.
Bajo. (shafal) .ת ,שָׁפָל
Oprimido. Perezoso.
Reflu-(shéfel) .ז ,שֶׁפֶל
jo.

Llano,(shfelá) .נ ,שְׁפֵלָה
llanura.
Llano,(shiflá) .נ ,שִׁפְלָה
llanura.
Ba- (shiflut) .נ ,שִׁפְלוּת
jeza.
Bigote,(safam) .ז ,שָׂפָם
mostacho.
(sha שְׁפַנִּים ר׳ .ז ,שָׁפָן
fán) Conejo.
שָׁפַע (שָׁפַע, יִשְׁפַּע) פ"ע
Abundar. Afluír. Ser
oblicuo, inclinarse.
Inclinar. שִׁפַּע-
Ser inclinado. שֻׁפַּע-
Influír. Dar הִשְׁפִּעַ-
abundantemente. In-
clinarse.
Ser influído. הֻשְׁפַּע-
Bajar. הִשְׁתַּפֵּעַ-
Abun- (shefa) .ז ,שֶׁפַע
dancia.
Abun- (shif-á) .נ ,שִׁפְעָה
dancia.
In- (shapáat) .נ ,שַׁפַּעַת
fluenza.
Reparar, arre- פ"י ,שִׁפֵּץ
glar.
Res- (shéfetz) .ז ,שֶׁפֶץ
tablecimiento.
שָׂפַק (שָׂפַק, יִשְׂפֹּק) פ"ע
Palmotear, aplaudir.
Bastar.
Ser rico, tener הִשְׂפִּק-
en abundancia.
Abundan-(séfek) .ז ,שֶׂפֶק
cia. Duda.
שָׁפַר (שָׁפַר, יִשְׁפַּר) פ"ע
Ser bello, hermoso.
Adornarse, her- הִשְׁפֵּר-
mosearse.

Embellecer, her- שִׁפֵּר-
mosear. Mejorar.
Mejorarse. הִשְׁתַּפֵּר-
Belle- (shéfer) .ז ,שֶׁפֶר
za, hermosura.
Deco-(shapar) .ת ,שַׁפָּר
rador.
Her- (shifra) .ז ,שִׁפְרָא
mosura, belleza.
Tapiz,(shafrir) ז ,שַׁפְרִיר
alfombra.
(shifshuf) .ז ,שִׁפְשׁוּף
Frotamiento.
Frotar, es- .פ"ע ,שִׁפְשֵׁף
tregar.
Ser estregado, שֻׁפְשַׁף-
frotado.
Estregarse, הִשְׁתַּפְשֵׁף-
frotarse.
שְׁפְשֵׁף, ז. שַׁפְשֶׁפֶת, נ. ר׳
שַׁבְשֶׁבֶת.
שָׁפַת (שָׁפַת, יִשְׁפֹּת) פ"י
Poner, preparar.
Ser puesto. הֻשְׁפַּת-
Lá- (sfatón) .ז ,שְׂפָתוֹן
piz labial, colorete.
שְׂפָתַיִם, ר׳ שָׂפָה.
(shfatáyim) .ז"ז ,שְׁפַתַּיִם
Límites. Gancho.
Co- (shétzef) .ז ,שֶׁצֶף
rriente.
Irritarse, .פ"ע ,שָׁצַף
encolerizarse.
(sak) שַׂקִּים ר׳ .ז ,שַׂק
Saco, costal.
Cheque. (chek) .ז ,שֶׁק
Ser .פ"ע ,הֻשְׁקַד (שקד)
atado. Ser encorvado.
שָׁקַד (שָׁקַד, יִשְׁקֹד) פ"ע
Velar. Ser atento, ser
asiduo.

Tener forma de שִׁקֵּד־
almendra.
(sha שְׁקֵדִים ר׳ .ז, שָׁקֵד
ked) Almendra. Almen-
dro. Glándula.
(shkediyá) .נ, שְׁקֵדִיָּה
Almendro.
שַׁקְדָן ,ת.נ׳ שַׁקְדָנִית
(shakdán) Asiduo.
(shakdanut) .נ, שַׁקְדָנוּת
Asiduidad.
Abre- .פ"י, הִשְׁקָה (שקה)
var. Regar.
Ser abrevado. הֻשְׁקָה־
Ser regado.
Ser regado, ser שֻׁקָּה־
húmedo.
Asiduo,(shacud) .ת, שָׁקוּד
aplicado.
Re- (shacut) .ת, שָׁקוּט
choncho.
Bebi- (shicuy) .ז, שִׁקּוּי
da.
Peso,(shicul) .ז, שִׁקּוּל
acción de pesar. Es-
timación.
(shicul- שִׁקּוּל הַדַּעַת
hadáat) Reflexión,con-
sideración, juicio.
Pesa-(shacul) .ת, שָׁקוּל
do. Igual a.
Res- (shicum) .ז, שִׁקּוּם
tablecimiento.
Sumer- (shicúa) .ז, שִׁקּוּעַ
sión. Profundidad, ca-
vidad.
(sha- שְׁקוּעָה ,ת.נ׳ שָׁקוּעַ
cúa) Sumergido.Cóncavo.
Trans-(shacuf) .ת, שָׁקוּף
parente.
Radio-(shicuf) .ז, שִׁקּוּף
grafía.
Abomi-(shicutz) .ז, שִׁקּוּץ
nación. Fig. ídolo.
Din-(shacof) .ז, שַׁקּוֹף
tel.
Guiño.(sicur) .ז, שִׂקּוּר
שָׁקַט (שָׁקַט, יִשְׁקֹט) פ"ע
Descansar. Calmarse,
tranquilizarse.
Calmar, tranqui- הִשְׁקִיט־
lizar. Calmarse.
Ser tranquiliza- הֻשְׁקַט־
do, calmado.
Si- (shéket) .ז, שֶׁקֶט
lencio.
(sha- שְׁקֵטָה ,ת.נ׳ שָׁקֵט
ket) Callado, silencio-
so, pacífico.
Asi- (shkidá) .נ, שְׁקִידָה
duidad, aplicación.
Si- (shkitá) .נ, שְׁקִיטָה
lencio, tranquilidad.
(shkitán) .ז, שְׁקִיטָן
Flamenco.
(sacáyim) .ז"ז, שַׂקַּיִם
Alforjas.
Pues-(shkiá) .נ, שְׁקִיעָה
ta de un astro.
(shkiat- שְׁקִיעַת הַחַמָּה
hajamá)Puesta del sol.
Punta,(shakif) .ז, שָׁקִיף
extremidad.
Golpe,(shkifá) .נ, שְׁקִיפָה
golpeo.
(shkifut) .נ, שְׁקִיפוּת
Transparencia.
Tale- (sakik) .ז, שַׂקִּיק
guillo.
De- (shkicá) .נ, שְׁקִיקָה
seo, anhelo.
(shkicut) .נ, שְׁקִיקוּת

recer. Ser transparente. Mirar.
Mirar, observar. הַשְׁקֵף-
Ser visto. הִשְׁתַּקֵּף-
Ensuciar, שִׁקֵּץ, פ"י
profanar.
Ser ensuciado, שֻׁקַּץ-
ser profanado.
Ensuciarse, הִשְׁתַּקֵּץ-
profanarse.
(shé שֶׁקֶץ, ז. ר' שְׁקָצִים
ketz) Abominación. Reptil. Pícaro, tunante.
שָׁקַק (שָׁקַק, יָשֹׁק) פ"ע
Correr. Desear, querer.
הִשְׁתּוֹקֵק-, ר' שוק.
Pla- (shkak) שְׁקָק, ז.
zuela.
שָׁקַר (שָׁקַר, יִשְׁקֹר) פ"ע
Mentir.
Mentir. שִׁקֵּר-
Ser hallado הִשְׁתַּקֵּר-
mentiroso.
(shé שֶׁקֶר, ז. ר' שְׁקָרִים
ker) Mentira.
En (lashéker) לַשֶּׁקֶר-
vano, inútilmente.
שֶׁקֶר, ר' שַׁקְרָן.
Men- (shicra) שִׁקְרָא, ז.
tira.
שַׁקְרָן, ת. נ' שַׁקְרָנִית
(shacrán) Mentiroso.
(shacranut) שַׁקְרָנוּת, נ.
Mentira.
(shikshuk) שִׁקְשׁוּק, ז.
Ruido.
Resonar. Mo- שִׁקְשֵׁק, פ"י.
jar, empapar.
Callejear, הִשְׁתַּקְשֵׁק-
andar.

Anhelo, deseo.
שְׂקִית, נ. ר' שְׂקִיּוֹת
(sakit) Taleguillo.
שָׁקַל (שָׁקַל, יִשְׁקֹל) פ"י
Pesar. Rimar. Fig. examinar.
Ser pesado. הִשָּׁקֵל-
Pesar. שִׁקֵּל-
Considerar, estimar. הִשְׁקֵל-
Pesarse. הִשְׁתַּקֵּל-
שֶׁקֶל, ז. ר' שְׁקָלִים
(shékel) Siclo.
(shacla- שַׁקְלָא וְטַרְיָא,
vetarya) Negociación.
שִׁקְמָה, נ. ר' שִׁקְמִים
(shikmá) Sicomoro.
Pe-(saknay) שַׂקְנַאי, ז.
lícano.
שָׁקַע (שָׁקַע, יִשְׁקַע) פ"ע
Sumergirse. Ponerse (el sol).
Ser sumergido. הִשָּׁקַע-
Sumergir. שִׁקַּע-
Sumergir, hundir. הִשְׁקִיעַ-
Poner.
Establecerse. הִשְׁתַּקַּע-
Hundirse, sumergirse.
Ser olvodado.
Sumer- (sheca) שֶׁקַע, ז.
sión. Hueco. Toma de corriente.
(shcaarurá). שְׁקַעֲרוּרָה, נ.
Hueco, cavidad.
(shcaarurí). שְׁקַעֲרוּרִי, ת.
Cóncavo.
(shcaa- שְׁקַעֲרוּרִית, נ.
rurit) Concavidad.
שָׁקַף (שָׁקַף, יִשְׁקֹף) פ"ע
Golpear.
Ser visto, apa- הִשָּׁקֵף-

Bebe- (shóket) .נ,שֹׁקֶת
dero, abrevadero.
(sar) שַׂר, ז. ר׳ שָׂרִים
Ministro.
Ombli- (shor) .ז,שֹׁר
go.
Cantor, (shar) .ז,שָׁר
que canta.
Calor (sharav) .ז,שָׁרָב
excesivo. Espejismo.
(שרב) הִשְׁתָּרֵב, פ"ע.
Calentarse.
Estirar, ex- .פ"י,שִׁרְבֵּב
tender. Poner por
equivocación.
Estirarse. הִשְׁתַּרְבֵּב-
Mezclarse.
Esti-(shirbuv) ז,שִׁרְבּוּב
ramiento, extensión.
Ma- (shirbut) .ז,שִׁרְבּוּט
marracho.
Estirar, .פ"י,שִׁרְבֵּט
alargar.
Ce- (sharvit) .ז,שַׁרְבִיט
tro. Rama.
(sharvitay) .ז,שַׁרְבִיטַאי
Bandista.
(shravrav) .ז,שְׁרַבְרָב
Instalador.
(shravra- .נ,שְׁרַבְרָבוּת
vut) Instalación.
Trenzar, en- .פ"י,שָׂרַג
redar.
Ser trenzado, שׂוֹרַג-
ser enredado.
Enredarse, הִשְׂתָּרֵג-
trenzarse.
Luz, (shraga) .נ,שְׁרַגָּא
vela, lámpara.
שָׂרֹד (שָׂרַד, יִשְׂרֹד) פ"ע
Quedar, salvarse.

Dejar. שֵׂרֵד-
(bigdey- ,(בִּגְדֵי-) שְׂרָד
srad) Uniforme.
Bu- (séred) .ז,שֶׂרֶד
ril.
שָׂרֹה (שָׂרָה, יִשְׂרֶה) פ"ע
Luchar.
Señora.(sará) .נ,שָׂרָה
Ministro (mujer).
שָׁרֹה (שָׁרָה, יִשְׁרֶה) פ"י
Mojar, empapar. Morar,
vivir. Desatar, libe-
rar.
Ser empapado, הָשְׁרֵה-
ser mojado.
Libertar. שֵׁרָה-
Mantener. Poner, הִשְׁרָה-
establecer.
Paseo, (shará) .נ,שָׁרָה
alameda.
Cadenilla,(sherá) נ,שֵׁרָה
manilla.
(sharvul) .ז,שַׁרְווּל
Manga.
(sharvulit).נ,שַׁרְווּלִית
Puño (de vestido).
Empa- (sharuy) .ת,שָׁרוּי
pado, puesto (en agua).
En estado de.
שְׂרוֹךְ, ז. ר׳ שְׂרוֹכִים
(sroj) Cordón.
Exten-(sarúa) .ת,שָׂרוּעַ
dido.
שָׂרוּף, ת. נ׳ שְׂרוּפָה, ר׳
Quemado.(saruf) שְׂרוּפִים
Multi-(sherutz).ז,שֵׁרוּץ
plicación.
Puntua-(sharuk).ת,שָׁרוּק
do de un שׁוּרֻק.
Rosa- (saruk) .ת,שָׂרוּק
do.

Desa-(sherush) .ז, שֵׁרוּשׁ
rraigo.

Ser- (sherut) .נ, שֵׁרוּת
vicio.

שָׂרַט (שָׂרַט, יִשְׂרֹט) פ"י
Rasguñar, arañar.

Rasguñarse. -הִשָּׂרֵט
-שֹׂרַט, ר' שָׂרַט.

Rasguño, (séret) .ז, שֶׂרֶט
arañazo.

Raya-(sirtut) .ז, שִׂרְטוּט
do, croquis.

Bajo, (sirtón) .ז, שִׂרְטוֹן
banco de arena.

Rayar, di- .פ"י, שִׂרְטֵט
bujar.

Ser dibujado, -שֻׂרְטַט
ser rayado.

Topó-(sartat) .ז, שַׂרְטָט
grafo.

Ara-(sarétet) .נ, שָׂרֶטֶת
ñazo, rasguño.

Rama, (sarig) .ז, שָׂרִיג
sarmiento.

שָׂרִיד, ז. ר' שְׂרִידִים
(sarid) Fugitivo. Resto.

Mo- (shriyá) .נ, שְׁרִיָּה
jadura. Puesta.

Co- (shiryá) .נ, שִׁרְיָה
raza.

Co- (shiryón) .ז, שִׁרְיוֹן
raza. Blindaje.

(shiryún) .ז, שִׁרְיוּן
Blindaje.

Ras-(sritá) .נ, שְׂרִיטָה
guño, arañazo.

שִׁרְיֵן, ר' שִׁרְיוֹן.

Blindar. .פ"י, שִׁרְיֵן

Ser blindado. -שֻׁרְיַן

She- (sherif) .ז, שֶׁרִיף
riff.

Infla-(sarif) .ת, שָׂרִיף
mable.

Pei- (sarik) .ת, שָׂרִיק
nado.

Sil-(shricá) .נ, שְׁרִיקָה
bo, silbido, chiflido.

שָׁרִיר, ז. ר' שְׁרִירִים
(sharir) Músculo.

Duro. (sharir) .ת, שָׁרִיר
Fuerte.

(shrirut) .נ, שְׁרִירוּת
Dureza. Terquedad.

Minis-(sarit) .נ, שָׂרִית
tro (mujer).

Torcer. Fig. .פ"י, שֵׂרֵךְ
pervertir.

Hele- (sharaj) .ז, שָׁרָךְ
cho.

Ex- .פ"ע, הִשְׂתָּרֵעַ (שָׂרַע)
tenderse.

שַׂרְעַף, ז. ר' שַׂרְעַפִּים
(sar-af) Pensamiento.

שָׂרַף (שָׂרַף, יִשְׂרֹף) פ"י
Quemar. Engullir.

Quemarse. -הִשָּׂרֵף

Quemarse, ser -שֹׂרַף
quemado.

(sa- שָׂרָף, ז. ר' שְׂרָפִים
raf) Culebra venenosa.
Serafín. Colofonia.

Resina. (sraf) .ז, שְׂרָף
Savia.

Incen-(srefá) .נ, שְׂרֵפָה
dio. Combustión.

(shrafraf) .ז, שְׁרַפְרַף
Banqueta.

שָׁרַץ (שָׁרַץ, יִשְׁרֹץ) פעו"י
Arrastrarse. Abundar, multiplicarse, hormiguear.

-הִשְׁרִיץ, ר' שָׁרַץ.

שרץ, ז. ר׳ שרצים
(shéretz) Reptil.
(shéretz- שרץ העוף-
haof) Reptil alado.
Rosado. (sarok) שרק, ת.
שרק (שרק, ישרק) פ"ע
Silbar.
Colo- (sarak) שרק, ז.
rete.
Vid de (sorek) שורק, ז.
buena calidad.
Silbo, (shrecá) שרקה, נ.
silbido.
שרקן, ז. נ׳ שרקנית
(sharcán) Silbador.
(shracrak) שרקרק, ז.
Pico verde (pájaro).
שרר (שרר, ישר) פ"ע
Gobernar, dominar.
Apoderar, hacer השר-
dominar.
Apoderarse, השתרר-
dominar.
Ombli-(shórer) שרר, ז.
go.
Go- (srará) שררה, נ.
bierno, autoridad.
(serarut) שררות, נ.
Autoridad, gobierno.
Desarraigar. שרש, פ"י.
Ser desarraigado. שורש-
Echar raíces.
Echar השריש, השתרש-
raíces.
שרש, ז. ר׳ שרשים
(shóresh) Raíz.
Echar raí- הכה שרשים-
ces.
Ca-(sharshá) שרשה, נ.
denilla.
(shorshón) שרשון, ז.
Raicilla.
(sharshur) שרשור, ז.
Tenia.
Radi-(shorshí) שרשי, ת.
cal.
שרשרת, נ. ר׳ שרשרות
(sharshéret) Cadena.
Servir. שרת, פ"י.
Ser- (sharet) שרת, ז.
vicio.
Lanza. (shirtúa) שרתוע, ז.
Bozal.
שש, נ. ששה, ז. ש"מ.
(shesh, shishá) Seis.
(shesh-esré) שש עשרה-
Dieciseis (fem.).
(shishá-asar) ששה עשר-
Dieciseis (mas.).
Mármol. (shesh) שש, ז.
Lino.
Incitar. ששא, פ"י.
ששבין, ר׳ שושבין.
ששבינות, ר׳ שושבינות.
Dividir o ששה, פ"י.
multiplicar por seis.
Ale- (sasón) ששון, ז.
gría, júbilo.
(shi- ששי, ת. נ׳ ששית
shí) Sexto.
Se-(shishim) ששים, ש"מ.
senta.
Sex- (shishit). ששית, נ.
to.
Color (shashar) ששר, ז.
rojo.
(shet) שת, ז. ר׳ שתות
Nalga.
(shat) שת, ז. ר׳ שתות
Base.
Año. (shatá) שתא, נ.

Si-(shticá) שְׁתִיקָה, נ. lencio.
Oxidarse, en- שָׁתַךְ, פ"ע. mohecerse.
שתל (שָׁתַל, יִשְׁתֹּל) פ"י
Plantar, trasplantar.
Ser plan- הִשָּׁתֵל, הָשְׁתַּל- tado.
Arraigar, echar הִשְׁתֵּל- raíces.
Plan-(shatal) שַׁתָּל, ז. tador.
Plan- (shétel) שֶׁתֶל, ז. tón.
שתם (שָׁתַם, יִשְׁתֹּם) פ"י
Abrir, descubrir.
Hueco,(shétem) שֶׁתֶם, ז. abertura.
Ori- (שתן) הִשְׁתִּין, פ"ע. nar.
Ori- (sheten) שֶׁתֶן, ז. na.
שתע (שָׁתַע, יִשְׁתַּע) פ"ע
Temer.
Asociar. שִׁתֵּף, פ"י.
Asociarse, tomar הִשְׁתַּתֵּף- parte, participar.
(shu- שֻׁתָּף, ז. נ׳ שֻׁתָּפִית taf) Socio.
(shutafut) שֻׁתָּפוּת, נ. Asociación.
So- (shatfán) שַׁתְּפָן, ז. cialista.
(shatfanut) שַׁתְּפָנוּת, נ. Socialismo.
(shatfaní) שַׁתְּפָנִי, ת. Socialista.
שתק (שָׁתַק, יִשְׁתֹּק) פ"ע
Callar. Calmarse.
Hacer ca- הִשְׁתִּק, שִׁתֵּק- llar.

(shtadlán) שְׁתַדְּלָן, ז. Intercesor.
(shtadlanut) שְׁתַדְּלָנוּת, נ Intercesión.
(shtadlaní) שְׁתַדְּלָנִי, ת. Intercesor.
שתה (שָׁתָה, יִשְׁתֶּה) פ"י
Beber, tomar.
Ser bebido. הִשְׁתָּה-
(sha- שָׁתוּי, ת. נ׳ שְׁתוּיָה tuy) Bebido. Borracho.
שָׁתוּל, ת. נ׳ שְׁתוּלָה (shatul) Plantado.
Abier-(shatum) שָׁתוּם, ת. to, descubierto.
Parti-(shituf) שִׁתּוּף, ז. cipación. Asociación.
Co-(shitufí) שִׁתּוּפִי, ת. lectivo.
Calla-(shatuk) שָׁתוּק, ת. do. Paralítico.
Pa- (shituk) שִׁתּוּק, ז. rálisis.
Hijo (shitukí) שְׁתוּקִי, ת. de padre desconocido.
Largor,(shti) שְׁתִי, ז. largura. Bebida.
(shti-vaé- שְׁתִי וָעֵרֶב- rev) A lo largo y a lo ancho. Fig. cruz.
Beber,(shtiyá) שְׁתִיָּה, נ. bebida. Base.
שָׁתִיל, ז. ר׳ שְׁתִילִים (shatil) Plantón.
(shtilá) שְׁתִילָה, נ. Plantación, plantío.
שְׁתַּיִם, ש"מ, נ. ס׳ שְׁתֵּי (shtáyim) Dos (fem.).
(shteym- שְׁתֵּים עֶשְׂרֵה- esré) Doce (fem.).

השתק- Ser hecho callar.

השתתק- Callar. Paralizarse.

שתקן, ז. (shatcán) Silencioso.

שתקנות, נ. (shatcanut) Silencio.

(שתר) השתר, פ"ע Reventar.

שתת (שת, שתת, ישת) פ"י Gotear. Poner. Voltearse.

השתת- Ser fundado.

שתת- Fundar, basar.

שתות- Ser fundado, ser basado.

השתת- Basar.

השתת- Ser fundado, ser basado.

Vigésimase- (tav) ת,
gunda y última letra
del alfabeto. Su va-
lor numérico es 400.
(ta) תָּא, ז. ר' תָּאִים
Célula. Celda.
תָּאַב (תָּאַב, יִתְאַב) פ"ע
Desear, querer, anhe-
lar, aspirar.
Aborrecer. Desear, תָּאֵב-
querer.
Deseoso. (taev) תָּאֵב, ת.
תַּאַב, ז. תַּאֲבָה, נ. ר' תַּאֲוָה.
Ape- (teavón) תֵּאָבוֹן, ז.
tito.
Con (beteavón) בְּתֵאָבוֹן-
apetito.
Limitar. תָּאָה, פ"י.
Búfalo. (teó) תְּאוֹ, ז.
(teodolit) תֵּאוֹדוֹלִיט, ז.
Teodolito.
Deseo, (taavá) תַּאֲוָה, נ.
anhelo. Concupiscencia.
(teolog) תֵּאוֹלוֹג, ז.
Teólogo.
(teologui) תֵּאוֹלוֹגִי, ת.
Teológico, teologal.
(teologya) תֵּאוֹלוֹגְיָה, נ.
Teología.
Simetría. (teum) תֵּאוּם, ז.
תְּאוֹם, ז. נ' תְּאוֹמָה, ר'
Gemelo, (teom) תְּאוֹמִים
mellizo.
Simétrico. (taum) תָּאוּם, ת.
Acci- (teuná) תְּאוּנָה, נ.
dente.
תַּאֲנִי, ר' תַּאֲוְתָנִי.
(teunim) תְּאוּנִים, ז"ר.
Pena, esfuerzo.
(teocrati) תֵּאוֹקְרָטִי, ת.
Teocrático.
(teocrat- תֵּאוֹקְרַטְיָה, נ.
yz) Teocracia.
Des- (teur) תֵּאוּר, ז.
cripción.
Ilu- (teurá) תְּאוּרָה, נ.
minación. Alumbrado.
(teorya) תֵּאוֹרְיָה, נ.

Teoría.
(taavtán) תַּאַוְתָן, ז.
Concupiscente.
(taavtanut). תַּאַוְתָנוּת, נ
Concupiscencia.
(taavtaní) תַּאַוְתָנִי, ת.
Provocativo.
(taajizá) תַּאֲחִיזָה, נ.
Adhesión.
(teatrón) תֵּאַטְרוֹן, ז.
Teatro.
(teatrali) תֵּאַטְרָלִי, ת.
Teatral.
Celular. (taí) תָּאִי, ת.
Celuloso. Celulado.
(teízm) תֵּאִיזְם, ז.
Teísmo.
Celu- (tait) תָּאִית, נ.
losa.
Mal- (taalá) תַּאֲלָה, נ.
dición.
תָּאֹם (תָּאַם, יִתְאַם) פ"ע
Semejar, parecer.
Coincidir, se- הִתְאִם-
mejar.
Poner paralela- תָּאֵם-
mente.
Adaptar, ajus- הַתְאֵם-
tar. Parir gemelos.
Coincidir.
Ser adaptado. הֻתְאַם-
Simetría. (tóam) תֹּאַם, ז.
תְּאֵנָה, נ. ר' תְּאֵנִים,
Higo. (teená) תְּאֵנוֹת
Higuera.
Motivo, (toaná) תֹּאֲנָה, נ.
pretexto.
Pesa-(taaniyá) תַּאֲנִיָּה, נ
dumbre, enfado.
תָּאֹר (תָּאַר, יִתְאַר) פ"י
Cercar, rodear.

Describir. תֵּאֵר-
Ser descrito. תֹּאַר-
(tó- תֹּאַר, ז. ר' תְּאָרִים
ar) Adjetivo, Título.
(tóar-hapóal) תֹּאַר הַפֹּעַל-
Adverbio.
אִישׁ תֹּאַר, טוֹב תֹּאַר,-
(ish-tóar, tov- יְפֵה תֹּאַר
tóar) Hermoso, bello.
(yefat-tóar) יְפַת תֹּאַר-
Hermosa, bella.
(shem-tóar) שֵׁם תֹּאַר-
Adjetivo calificativo.
Fe- (taarij) תַּאֲרִיךְ, ז.
cha, data.
(teashur) תְּאַשּׁוּר, ז.
Boj (?).
(tevá) תֵּבָה, נ. ר' תֵּבוֹת
Caja. Término, palabra. Tribuna.
(tevat-dóar) תֵּבַת דֹּאַר-
Apartado postal.
(rashey- רָאשֵׁי תֵבוֹת-
tevot) Letras iniciales. Abreviaturas.
Fruto, (tvuá) תְּבוּאָה, נ.
producto de la tierra.
Acci- (tibul) תִּבּוּל, ז.
ón de sazonar.
In- (tvuná) תְּבוּנָה, נ.
teligencia.
(tvunatí) תְּבוּנָתִי, ת.
Racional.
De- (tvusá) תְּבוּסָה, נ.
rrota.
Re- (tviá) תְּבִיעָה, נ.
clamación.
Univer-(tevel) תֵּבֵל, ז.
so.
Impu- (tevel) תֶּבֶל, ז.
reza, infamia.

(tavruá) תַּבְרוּאָה, נ. Sanidad.
Man- (tavshil). ז, תַּבְשִׁיל jar.
Corona que (tag). ז, תָּג adorna una letra.
Corona, (tagá) .נ, תָּגָא diadema. Toga.
Re-(tigbóret) .נ, תִּגְבֹּרֶת fuerzo.
Reac- (tguvá) .נ, תְּגוּבָה ción.
Pelea, (tigur) .ז, תִּגּוּר querella. Regateo.
(tiglájat) .נ, תִּגְלַחַת Afeitada.
תַּגְלִית, נ. ר׳ תַּגְלִיּוֹת (taglit)Descubrimiento.
Re- (tagmul) .ז, תַּגְמוּל compensa.
Comerciar, .פ"ע, תִּגֵּר negociar, traficar.
Comer- (tagar) .ז, תַּגָּר ciante, mercader.
Pelea, (tigar) .ז, תִּגָּר riña.
Cólera.(tigrá) .נ, תִּגְרָה Disputa, riña.
Re- (tagrán) .ז, תַּגְרָן gatón.
(tagranut) .נ, תַּגְרָנוּת Comercio. Regateo.
Mo- (tadguim) .ז, תַּדְגִּים delo, ejemplo.
(tad-hemá) .נ, תַּדְהֵמָה Asombro, pavor.
Olmo. (tid-har).ז, תִּדְהָר
Mo- (tadjit) .נ, תַּדְחִית ratoria.
תָּדִיר, ת. נ׳ תְּדִירָה (tadir) Frecuente.

(תבל) הִתְבַּל, Ser sa- zonado.
Sazonar. תִּבֵּל-
Ser sazonado. תֻּבּוֹל-
Ser sazonado.Ser הִתְבַּל- profanado, ensuciado.
תֶּבֶל, ז. ר׳ תְּבָלִין, תַּבְלִין Sazón, (tével) especia.
Nube,(tvalul) .ז, תְּבַלּוּל catarata.
Re- (tavlit) .ז, תַּבְלִיט lieve.
Des- (tvalit) .נ, תַּבְלִית trucción, ruina.
(תבן) הִתָּבֵן, Ser cu- bierto de paja.
Mezclar con paja. תִּבֵּן-
Ser mezclado con תֻּבַּן- paja.
Paja. (teven) .ז, תֶּבֶן
Paje- (tabán) .ז, תַּבָּן ro.
Molde,(tavnit) נ, תַּבְנִית horma. Modelo.
תָּבַע (תָּבַע, יִתְבַּע) פ"י Reclamar. Demandar. Exigir.
Ser reclamado. הִתָּבַע- Ser demandado.
Exi- (tav-án) .ת, תַּבְעָן gente.
(tav-anut) .נ, תַּבְעָנוּת Exigencia.
(tav-aní) .ת, תַּבְעָנִי Exigente.
In- (tav-erá) .נ, תַּבְעֵרָה cendio.
תִּבְרֹגֶת, ז. תַּבְרִיג, ז. (tivróguet,tavrig) Resalto helicoidal.

Fre-(tdirut) .נ, תְּדִירוּת
cuencia, permanencia.
(tadpís) .ז, תַּדְפִּיס
Florilegio.
Gufa.(tadríj) .ז, תַּדְרִיךְ
Té. (te) .ז, תֵּה
תָּהָה (תָּהָה, יִתְהֶה) פ"ע
Asombrarse. Arrepentirse.
Caos. (tohu) .ז, תֹּהוּ
Vanidad.
(tohu-vavo- תֹּהוּ וָבֹהוּ-
hu)Fig. confusión.,
Re-(tehudá) .נ, תְּהוּדָה
sonancia.
תְּהוֹם, זו"נ.ר׳ תְּהוֹמוֹת
(tehom) Abismo, precipicio, profundidad.
Pro-(tehomí) .ת, תְּהוֹמִי
fundo. Abismal.
Arre- (tahut) .נ, תָּהוּת
pentimiento.
Asom-(tehiyá) .נ, תְּהִיָּה
bro. Arrepentimiento.
Ala- (tehilá) .נ, תְּהִלָּה
banza. Resplandor.
Peca-(toholá) .נ, תָּהֳלָה
do, error.
(tahalujá) .נ, תַּהֲלוּכָה
Procesión.
Evo-(tahalij) .ז, תַּהֲלִיךְ
lución. Marcha.
(tehilim) .ז"ר, תְּהִלִּים
Salmos.
(ta-h-pujá) .נ, תַּהְפוּכָה
Engaño, trapacería.
Señal. (tav) .ז, תָּו
Deseo, anhelo. Nota.
(tav-dóar) תָּו־דֹּאַר-
Sello de correos.
Nombre de (tav) .נ, תָּו
la vigésimasegunda letra del alfabeto.
También(tu) .תה"פ, תּוּ
תּוֹא, ר׳ תְּאוֹ.
תּוֹאֲנָה, ר׳ תֹּאֲנָה.
(tovalá) .נ, תּוֹבָלָה
Transporte.
(to- תּוֹבֵעַ, ז.נ׳ תּוֹבַעַת
véa) Demandante.
Tris- (tugá) .נ, תּוּגָה
teza, melancolía.
(to- תּוֹדָה, נ.ר׳ תּוֹדוֹת
dá) Gracias. Gratitud, agradecimiento.
תּוֹדָה רַבָּה, רַב־תּוֹדוֹת-
(todá-rabá,rav-todot) Muchas gracias.
Avi- (todaá) .נ, תּוֹדָעָה
so, anuncio.
Señalar, mar- .פ"י, תִּוָּה
car.
Señalar. הִתְוָה-
Ser séñalado. הֻתְוָה-
Asom- (tohé) .ת, תּוֹהֶה
brado.
Boce- (tivuy) .ז, תִּוּוּי
to, diseño, croquis.
Inter-(tivuj) .ז, תִּוּוּךְ
vención, mediación.
Es-(tojélet) .נ, תּוֹחֶלֶת
peranza.
Señal, (tvay) .ז, תְּוַי
marca.
Tuya. (tuya) .נ, תּוּיָה
Rótu- (tavit) .נ, תָּוִית
lo.
(távej, .ז, תּוֹךְ, תָּוֶךְ
toj) Centro, mitad.
Dentro de, (toj) תּוֹךְ-
(toj-kdey) תּוֹךְ כְּדֵי-
Durante.

(toseftá) תוֹסֶפְתָּא, נ.
Colección de comentarios que no fueron incluídos en la Mishná.
(toseftán) תוֹסֶפְתָּן, ז.
Apéndice.
Abominación. (toevá) תוֹעֵבָה, נ.
Confusión. Mal. (toá) תוֹעָה, נ.
Errante. (toé) תוֹעֶה, ת.
(toélet) תוֹעֶלֶת, נ.
Utilidad, provecho.
(toaltí) תוֹעַלְתִּי, ת.
Útil.
(toaltiyut) תוֹעַלְתִּיּוּת, נ
Utilidad. Utilitarismo.
(toaltán) תוֹעַלְתָּן, ז.
Utilitarista.
(toafot) תוֹעָפוֹת, נ"ר.
Fuerza, grandeza.
¡Puf! (tuf) תּוּף, מ"ק.
(interjección).
תּוּף, ר' תֹּף.
Galleta, tostada. (tufín) תּוּפִין, ז.
Fenómeno. (tofaá) תּוֹפָעָה, נ.
Sastre, (tofer) תּוֹפֵר, ז.
que cose.
Consecuencia, resultado. (totzaá) תּוֹצָאָה, נ.
Origen.
Producto. (totzar) תּוֹצָר, ז.
Producto. (totzéret) תּוֹצֶרֶת, נ.
El que (toquéa) תּוֹקֵעַ, ז.
toca (corneta o bocina)
(tokfán) תּוֹקְפָן, ז.

En, adentro. (be-) בְּתוֹךְ-
De. (mitoj) מִתּוֹךְ-
Intervenir. תִּוֵּךְ, פ"י.
Dividir.
Estar en el תְּוּוֹךְ-
centro.
Castigo. (tojejá) תּוֹכֵחָה, נ.
(tojajá, tojájat) Reproche. תּוֹכָחָה, תּוֹכַחַת, נ.
Interior. (tojí) תּוֹכִי, ת.
(tojiyut) תּוֹכִיּוּת, נ.
Interioridad.
Afijo (tojit). תּוֹכִית, נ.
interior.
Astrónomo.(tojén) תּוֹכֵן, ז.
Consecuencia. Producción. (toladá) תּוֹלָדָה, נ.
Naturaleza.
(toladot) תּוֹלָדוֹת, נ"ר.
Generación. Historia.
Descendencia.
Burlador, burlón. Saqueador. (tolal) תּוֹלָל, ז.
תּוֹלָע, ז. תּוֹלָעָה, תּוֹלַעַת, נ. ר' תּוֹלָעִים
(tola, toleá, toláat) Gusano.
Púrpura. (tola) תּוֹלָע, ז.
Sostén, que apoya o ayuda (tomej) תּוֹמֵךְ, ת.
Efervescente. (tosés) תּוֹסֵס, ת.
תּוֹסֶפֶת, נ. ר' תּוֹסָפוֹת
(toséfet) Suplemento.
Leyes suplementarias de la תּוֹסֶפְתָּא. (tosafot) תּוֹסָפוֹת-

Agresor.
(tokfanut) .נ, תּוֹקְפָנוּת
Agresividad.
(tokfaní) .ת, תּוֹקְפָנִי
Agresivo.
תור (תָּר, יָתוּר) פ"י
Explorar. Espiar.
Explorar, espiar. הֵתֵר-
Desatar. Permitir.
(tor) .ז, ר' תּוֹרִים תּוֹר
Fila. Turno. Tórtola.
Cola. Cordón.
Como, (betor) בְּתוֹר-
en calidad de.
תּוֹרָה, נ. ר' תּוֹרוֹת
(torá) Ley. Ciencia.
Doctrina, teoría.
-תּוֹרָה, סֵפֶר הַתּוֹרָה, תּוֹ-
רַת מֹשֶׁה, סֵפֶר תּוֹרַת ה',
(torá, séfer- תּוֹרַת אֱמֶת
torá, torat-moshé, sé-
fer-torat-adonay, to-
rat-emet) El Penta-
teuco.
(torá-she תּוֹרָה שֶׁבִּכְתָב-
bijtav) El Pentateuco.
(-shebe- תּוֹרָה שֶׁבְּעַל פֶּה-
al-pe) El Talmud.
Como, (betorat) בְּתוֹרַת-
en calidad de.
Con- (torem) .ז, תּוֹרֵם
tribuyente.
El que (torán) .ז, תּוֹרָן
está de turno.
(toranut) .נ, תּוֹרָנוּת
Turno.
Sabio. (toraní) .ת, תּוֹרָנִי
Bíblico.
תּוֹרָשָׁה, נ. ס' תּוֹרָשׁת
(torashá) Atavismo.
(torahstí) .ת, תּוֹרַשְׁתִּי
Atávico.
תּוֹשָׁב, ז. ר' תּוֹשָׁבִים
(toshav) Habitante.
(toshévet) .נ, תּוֹשֶׁבֶת
Base, elemento.
In- (tushiyá) .נ, תּוּשִׁיָּה
teligencia, sabiduría.
Mora. (tut) .ז, תּוּת
Morera.
תּוֹתָב, ת. נ' תּוֹתֶבֶת
(totav) Postizo.
תּוּת-גִּנָּה, תּוּת-שָׂדֶה, נ.
(tut-guiná, tut-sadé)
Fresa.
Cañón. (totaj) .ז, תּוֹתָח
Movi- (tzuzá) .נ, תְּזוּזָה
miento.
Ali- (tzuná) .נ, תְּזוּנָה
mentación.
(tzunatí) .ת, תְּזוּנָתִי
Alimenticio.
Cortar, (תזז) הֵתֵז, פ"י
amputar.
(rúaj. תְּזָזִית (רוּחַ-), נ.
tzazit) Locura.
Tesis. (tezis) .ז, תֵּזִיס
Memo- (tazkir) .ז, תַּזְכִּיר
rándum.
(tizcóret) .נ, תִּזְכֹּרֶת
Memorándum.
(tizmóret) .נ, תִּזְמֹרֶת
Orquesta. Banda.
Pros- (taznut) .נ, תַּזְנוּת
titución.
Cuen- (tazkif) .ז, תַּזְקִיף
ta.
Inyec- (tazrik) .ז, תַּזְרִיק
ción, líquido inyectado.
תָּחַב (תָּחַב, יִתְחַב) פ"י
Clavar, meter.
(tajbulá) .נ, תַּחְבּוּלָה

Artificio, astucia.
(tajburá) .תַּחְבּוּרָה, נ
Comunicación.
Sin-(tajbir) .תַּחְבִּיר, ז
taxis.
As-(tajbelán) .תַּחְבְּלָן, ז
tuto.
(tajbelanut)תַּחְבְּלָנוּת, נ
Astucia.
(tajbóshet) .תַּחְבֹּשֶׁת. נ
Venda.
Fes- (tjigá) .תְּחִגָּה, נ
tival.
Clavado.(tajuv).תָּחוּב, ת
Espon-(tajúaj) .תָּחוּחַ, ת
joso, friable.
Co- (tjulá) .תְּחוּלָּה, נ
mienzo.
Límite,(tjum) .תְּחוּם, ז
frontera.
Sen-(tjushá) .תְּחוּשָׁה, נ
timiento.
Es-(tajazit) .תַּחֲזִית, נ
pectro. Previsión.
תַּחֲזִית מֶזֶג הָאֲוִיר-
(tajazit-mézeg-haavir)
Predicción del tiempo.
(tajazóret) .תַּחֲזֹרֶת, נ
Reconstrucción.
In- (tejivá) .תְּחִיבָה, נ
troducción.
Rena-(tejiyá) .תְּחִיָּה, נ
cimiento.Resurrección.
(tajkemoni) .תַּחְכְּמֹנִי, ז
Sabiduría. Academia.
(תחל) הַתְחֵל, פעו"י.
Empezar, principiar,
comenzar.
Ser empezado, הֻתְחַל-
comenzado,principiado.
Prin- (tjilá) .תְּחִלָּה, נ
cipio, comienzo.
Pri- (batjilá) בַּתְּחִלָּה-
mero. Al principio.
(lejatjilá) לְכַתְּחִלָּה-
De intento, adrede.
Por-(tajaluá).תַּחֲלוּאָה, נ
centaje de enfermos.
(tajalu- .תַּחֲלוּאִים, ז"ר
im) Enfermedades.
(tajaliv) .תַּחֲלִיב, ז
Emulsión.
Subs-(tajalif).תַּחֲלִיף, ז
tituto.
Pre-(tjilit) .תְּחִלִּית, נ
fijo.
Limitar. .תָּחַם, פ"י
Ser limitado. הִתָּחֵם-
Limitar. תִּחֵם-
(tajmitz) .תַּחְמִיץ, ז
Forraje conservado.
(tajmóshet) .תַּחְמֹשֶׁת, נ
Armamento.
Rezo, (tajan) .תַּחַן, ז
plegaria, ruego.
Rezo,(tejiná) .תְּחִנָּה, נ
plegaria, ruego.
Es- (tajaná) .תַּחֲנָה, נ
tación. Paradero.
Ple-(tajanún) .תַּחֲנוּן, ז
garia, ruego.
(tajpóset) .תַּחְפֹּשֶׂת, נ
Disfraz.
(tji- .תְּחִקָּה, תְּחֻקָּה, נ
cá,tjucá) Legislación.
Es- (tajra) .תַּחְרָא, ז
cudo, coraza.
Con-(tajarut) .תַּחֲרוּת, נ
curso. Match. Rivali-
dad. Competencia.
Gra-(tajrit) .תַּחְרִיט, ז
bado.

(tajrim) . תַּחְרִים, ז"ר
Encaje.
Te- (tájash) . תַּחַשׁ, ז
jón (?).
Cál-(tajshiv). תַּחְשִׁיב, ז
culo, cotización.
Bajo,(tájat) . תַּחַת, מ"י
debajo de.En lugar de.
תַּחְתַּי, תַּחְתֶּיךָ, תַּחְתָּיו-
(tajtay,tajteyja, taj-
tav) En lugar de mí,
en lugar de ti, en lu-
gar de él,etc.
Porque.(asher) תַּחַת אֲשֶׁר-
Deba- (mitájat) מִתַּחַת-
jo de.
In- (tajtón) . תַּחְתּוֹן, ת
ferior.
(tajto- . תַּחְתּוֹנִים, ז"ר
nim) Calzoncillos.
(tajto- תַּחְתּוֹנִיּוֹת, נ"ר
niyot) Almorranas.
תַּחְתִּי, ת. נ׳ תַּחְתִּית
(tajtí) Inferior.
Fon- (tajtit). תַּחְתִּית, נ
do, parte inferior.
Ranún- (tiá) . תִּיאָה, נ
culo.
Poner coro- . תִּיֵּג, פ"י
nas (תָּגִים) sobre las
letras.
Acción(tiyug) . תִּיּוּג, ז
de poner coronas תָּגִים
sobre las letras.
(tyo-. תְּיוֹמָה, תְּיוֹמֶת, נ
má, tyómet) Gemela.
Tetera.(teyón) . תֵּיוֹן, ז
Ar- (tiyuk) . תִּיּוּק, ז
chivo.
Ex- (tiyur) . תִּיּוּר, ז
ploración.

Medio.(tijón) . תִּיכוֹן, ת
Mediana. Secundario.
(hayam-ha-) הַיָּם הַתִּיכוֹן-
El Mar Mediterráneo.
תִּיכוֹנִי, ת. נ׳ תִּיכוֹנִית
(tijoní) Medio. Secun-
dario (enseñanza).
תִּיכֶף, ר׳ תֵּכֶף.
Alam- (táyil) . תַּיִל, ז
brada.
(táyil- תַּיִל דּוֹקְרָנִי-
dokraní)Alambre de púas.
(gder-táyil) גְּדֵר-תַּיִל-
Alambrada.
(timrot) . תִּימְרוֹת, נ"ר
Columnas (de humo).
תִּינוֹק, ז. נ׳ תִּינוֹקֶת,
(tinok) ר׳ תִּינוֹקוֹת
Bebé,nene,criatura.
Sud. (teymán) . תֵּימָן, ז
Yemen.
In-(tinokí) . תִּינוֹקִי, ת
fantil.
Cartera.(tik) . תִּיק, ז
Folder. Estuche. Ma-
letín.
Archivar. . תִּיֵּק, פ"י
Ser archivado. תֻּיַּק-
Empa- (teycu) . תֵּיקוּ, ז
te.
Blata.(ticán) . תִּיקָן, ז
(ta- תַּיָּר, ז. נ׳ תַּיֶּרֶת
yar) Turista.
Explorar. . תִּיֵּר, פ"י
Vino.(tirosh) . תִּירוֹשׁ, ז
Tu-(tayarut) . תַּיָּרוּת, נ
rismo.
Maíz. (tiras) . תִּירָס, ז
Mazorca.
(tá- תַּיִשׁ, ז. ר׳ תְּיָשִׁים
yish) Cabro.

Cabar.(teyshá) .נ, תִּישָׁה
Astucia, (toj) .ז, תֹּךְ
opresión.
As- (tjajim) תְּכָכִים-
tucia.
(taj) תַּכִּים ר׳ .ז, תַּךְ
Sutura.
(tijbóset) .נ, תִּכְבֹּסֶת
Lavado.
Ser .פ"ע, תֻּכָּה (תכה)
humillado, oprimido.
Azul. (tjol) .ז, תְּכוֹל
Cali-(tjuná) .נ, תְּכוּנָה
dad, propiedad. Plan.
Astronomía.
Inme- (tajuf) .ת, תָּכוּף
diato. Urgente.
(tu- תֻּכִּיִּים ר׳ .ז, תֻּכִּי
kí) Loro.
Suce-(tjifá) .נ, תְּכִיפָה
sión. Urgencia.Costura
Su- (tjifut).נ, תְּכִיפוּת
cesión.
Fin. (téjel) .ז, תֶּכֶל
(tajol) תְּכֻלָּה נ׳ .ת, תָּכֹל
Azul celeste.
Fin. (tijlá) .נ, תִּכְלָה
Deseo, anhelo.
Fin,(tajlit) .נ, תַּכְלִית
resultado, finalidad.
(tajlití) .ת, תַּכְלִיתִי
Intencional.
(tajliti- .נ, תַּכְלִיתִיּוּת
yut) Teleología. Fin.
Color (tjélet) .נ, תְּכֵלֶת
azul claro.
Azul(tjeltí) .ת, תְּכֶלְתִּי
claro, azul celeste.
תִּכֵּן (תִּכֵּן, יְתַכֵּן) פ"י
Examinar. Planear.
Ser examinado. הִתְכַּן-

Ser justo.
Examinar, medir. תִּכֵּן-
Fijar.
Ser examinado, תֻּכַּן-
medido. Ser fijado.
(to- תְּכָנִים ר׳ .ז, תֹּכֶן
jen) Contenido. Resu-
men.
Plan,(tijnún) .ז, תִּכְנוּן
proyecto.
תָּכְנִית, נ. ר׳ תָּכְנִיּוֹת
(tojnit) Plan, plano,
proyecto. Programa.
Planear, .פ"י, תִּכְנֵן
planificar.
Es- (tajsís) .ז, תַּכְסִיס
trategia.
(tajsisí) .ת, תַּכְסִיסִי
Estratégico.
(tajsisán) .ז, תַּכְסִיסָן
Estratégico.
(tajsisa- .נ, תַּכְסִיסָנוּת
nut) Estrategia.
תכף (תָּכַף, יִתְכֹּף) פ"י
Unir. Sucederse.
Unir. הִתְכַּף-
Inme-(téjef).תה"פ, תֶּכֶף
diatemente,en seguida.
Pa- (tajrij) .ז, תַּכְרִיךְ
quete. Envoltura.
(tajrijim) תַּכְרִיכִים-
Mortaja.
Ador-(tajshit).ז, תַּכְשִׁיט
no, joya.
Pre-(tajshir) .ז, תַּכְשִׁיר
parativo.
Co- (tijtóvet).נ, תִּכְתֹּבֶת
rrespondencia.
Es- (tajtiv) .ז, תַּכְתִּיב
crito, dictado.
(tel) תִּלִּים ר׳ .ז, תֵּל

Arran-(tlishá). נ, תְּלִישָׁה camiento.
(tlishut) .נ, תְּלִישׁוּת Arrancamiento.
Elevar, acu-.פ"י, תָּלַל mular, amontonar.
Ser elevado, amon-תֻּלַּל- tonado.
Burlarse, chan- הִתֵּל- cear.
Ser burlado. הוּתַּל-
Tu- (talélet) .נ, תַּלֶּלֶת berculosis.
(té- תְּלָמִים 'ר .ז, תֶּלֶם lem) Surco.
Surcar, ,הִתְלִם (תלם) arar.
Ense- (talmud).ז, תַּלְמוּד ñanza, estudio. Talmud: colección de tradiciones rabínicas, comentario sobre la Biblia.
(talmudí) .ת, תַּלְמוּדִי Talmúdico.
Canal, (talmey) .ז, תַּלְמֵי acueducto.
,תַּלְמִידָה 'נ .ז, תַּלְמִיד (talmid) תַּלְמִידִים 'ר Alumno. Discípulo.
.תְּלוּנָה 'ר ,תְּלֻנָּה
Quitar los .פ"י, תָּלַע gusanos. Enrojecer.
Estar vestido תּוֹלַע- de púrpura. Estar lleno de gusanos.
.תָּלַע 'ר ,הִתְלַע-
(talpiyot).נ"ר ,תַּלְפִּיּוֹת Escuela militar. Murallas.
תָּלַשׁ (תָּלַשׁ, יִתְלֹשׁ) פ"י

Colina. Escombro.
(tla-ilán). ז, תְּלָא־אִילָן Hurón.
Pena, (tlaá) .נ, תְּלָאָה calamidad, mal.
(tal-uvá) .נ, תַּלְאוּבָה Sequía, sequedad.
(tilbóshet) .נ, תִּלְבֹּשֶׁת Traje, vestido.
תָּלָה (תָּלָה, יִתְלֶה) פ"י Colgar, suspender. Depender. Ahorcar.
Ser colgado, sus- הִתָּלָה- pendido, ahorcado.
Colga- (talú) .ת, תָּלוּא do, suspendido.
תָּלוּי .ת, 'נ תְּלוּיָה (taluy) Colgado. Dependiente. Crucificado.
Oreja, (tloy) .ז, תְּלוֹי asa.
Ele- (tilul) .ז, תִּלּוּל vación.
Alto, (talul) .ת, תָּלוּל elevado, escarpado.
Que- (tluná) .נ, תְּלוּנָה ja.
Cupón. (tlush) .ז, תְּלוּשׁ
Arran-(talush) .ת, תָּלוּשׁ cado.
Aljaba, (tli) .ז, תְּלִי carcaj. Percha.
Suspen-(tliyá) .נ, תְּלִיָּה sión. Ahorcadura. Cadalso, horca.
(tlilut) .נ, תְּלִילוּת Escarpa, escarpadura.
Ver- (talyán) .ז, תַּלְיָן dugo.
Re- (talish) .ז, תָּלִישׁ colección.

Arrancar.
Arrancar. תַּלֵּשׁ-
Ser arrancado. הִתַּלֵּשׁ-
(tlat,.ש"מ, תְּלָתָא , תְּלָת
tlata) Tres.
(tlat-evar) תְּלַת־אֵבָר-
Trinomio.
(tlat-ofán) תְּלַת־אוֹפָן-
Triciclo.
Verru-(tiltul) ז, תִּלְתּוּל
ga.Rizado,rizamiento.
Bucle,(taltal) .ז, תַּלְתַּל
Montículo, colina.
Trébol.(tiltán) ז, תִּלְתָּן
Trí-(tiltaní).ת, תִּלְתָּנִי
fido.
(tam) ת. נ׳ תַּמָּה ,תָּם
Inocente, cándido.Per-
fecto.
Simpleza, (tom) .ז, תֹּם
candidez.
(tmad,té- .ז, תֶּמֶד , תְּמַד
med) Aguapié.Hidromel.
תָּמַד (תָּמַד, יִתְמַד) פ"י
Mojar. Continuar.
Ser mesclado. הִתַּמֵּד-
Mezclar. Fabricar תִּמֵּד-
aguapié.
Continuar, ser הַתְמֵד-
asiduo.
Continuar,durar. הִתְמֵד-
תָּמַהּ (תָּמַה, יִתְמַה) פ"ע
Asombrarse, sorpren-
derse.
Asombrar. תִּמַּהּ-
Asombrar, sor- הִתְמִהַּ-
prender.
Asombrarse. הִתַּמַּהּ-
Fig. el (tamáh) .נ, תַּמָּה
pueblo de Israel.
Asom- (tameha) .ת, תָּמֵהַּ
brado.
Asombro.(témah) .ז, תְּמַהּ
Candi- (tumá) .נ, תֻּמָּה
didez, simpleza.
(timahón) .ז, תִּמָּהוֹן
Asombro.
Asom- (tamúha) .ת, תָּמוּהַּ
brado. Asombroso.
Nombre (tamuz) .ז, תַּמּוּז
del décimo mes del ca-
lendario hebreo. Corres-
ponde a junio - julio.
Nombre de un ídolo.
Des-(tmutá) .נ, תְּמוּטָה
trucción.
Ayer.(tmol) .תה"פ, תְּמוֹל
Re- (tmuná) .נ, תְּמוּנָה
trato, grabado, foto-
grafía. Aspecto.
Apa- (timur) .ז, תִּמּוּר
rición.
En cam-(tmur).מ"י, תְּמוּר
bio de, en lugar de.
Cam- (tmurá) .נ, תְּמוּרָה
bio, trueque. Compen-
sación, recompensa.
Inte- (tamut) .נ, תַּמּוּת
gridad. Perfección.
Muer- (tmutá) .נ, תְּמוּתָה
te, mortalidad.
(ben-tmutá) בֶּן תְּמוּתָה-
Mortal.
Plato,(tamjuy).ז, תַּמְחוּי
bandeja. Hospicio.
Puré.(tamjit) .נ, תַּמְחִית
(tamid) .תה"פ, תָּמִיד
Siempre.
Per- (tmidut).נ, תְּמִידוּת
manencia.
Per- (tmidí) .ת, תְּמִידִי
manente.

Asom- (tmihá) .נ ,תְּמִיהָה
bro.
Ayuda, (tmijá) .נ ,תְּמִיכָה
socorro, apoyo, sub-
vención.
Per- (tamim) .ת ,תָּמִים
fecto, entero. Justo,
sincero.
תֻּמִּים, ר׳ אוּרִים.
Sen-(tmimut) .נ ,תְּמִימוּת
cillez, ingenuidad.
תָּמַךְ (תָּמַךְ, יִתְמֹךְ) פ"י
Sostener, apoyar, so-
correr, ayudar, sub-
venis, auxiliar.
Ser ayudado, apo- הִתָּמֵךְ-
yado, subvenido.
(timlájat) .נ ,תִּמְלַחַת
Solución de sal.
תָּמַם (תַּם, יִתֹּם) פ"ע
Terminar, acabar. Ter-
minarse, acabarse.
Ser terminado, הֻתַּם-
acabado.
Terminar, perfec- תִּמֵּם-
cionar.
Terminar, perfec- הֵתַם-
cionar.
Ser sincero. הִתַּמֵּם-
Terminar.
Ser o hacerse הִתַּמֵּם-
sincero.
La octa-(tomen) .ז ,תֹּמֶן
va parte de un קַב.
(temaniyón) .ז ,תְּמַנְיוֹן
Octaedro.
Derre- (temes) .ז ,תֶּמֶס
timiento, fundición.
Di- (tmisá) .נ ,תְּמִסָּה
solución.
Co- (timsaj) .ז ,תִּמְסַח
codrilo.
Aviso, (tamsir). ז ,תַּמְסִיר
anuncio.
Re- (tamtzit) .נ ,תַּמְצִית
sumen. Esencia.
(tamtzití) .ת ,תַּמְצִיתִי
Concentrado. Esencial.
(ta- תָּמָר, ז. ר׳ תְּמָרִים
mar) Dátil. Palmera.
Palmera, (tómer) .ז ,תֹּמֶר
datilera.
Subir, ele- .פ"ע ,תָּמַר
varse, alzarse.
Subir, elevarse. הִתַּמֵּר-
Palmera, (tmará). נ ,תְּמָרָה
datilera. Dátil.
En- (timrún) .ז ,תִּמְרוּן
trenamiento.
תִּמְרוֹן, ז. ר׳ תִּמְרוֹנִים
(tímrón) Maniobra.
Cos- (tamruk) .ז ,תַּמְרוּק
mético, afeite.
(tamrukiyá) .נ ,תַּמְרוּקִיָּה
Perfumría.
(tamru- .ז"ר ,תַּמְרוּרִים
rim) Amarguras.
(tamshíaj) .ז ,תַּמְשִׁיחַ
Pintura.
Chacal. (tan) .ז ,תַּן
(ta- תַּנָּא, ז. ר׳ תַּנָּאִים
ná) Tradicionalista.
תְּנַאי, ז. ר׳ תְּנָאִים
(tnay) Condición.
Es- (tnaim) תְּנָאִים-
ponsales.
תָּנָה (תָּנָה, יִתְנֶה) פ"ע
Convenir, ponerse de
acuerdo. Estudiar.
Alabar. Repetir, תַּנֵּה-
estudiar.
Convenir, poner הִתְנָה-

culada, retroceso.
Fer- (tasís) תָּסִיס, ת. mentescible.
Fer- (tsisá) תְּסִיסָה, נ. mentación.
תַּסְכִּית, ז. ר' תַּסְכִּיתִים (taskit) Radionovela, grabación.
תָּסַס (תָּסַס, יִתְסֹס) פ"ע Fermentar.
Hacer fermentar. הַתְסֵס-
Fermento.(toses). תֹּסֶס, ז.
(tispóret) תִּסְפֹּרֶת, נ. Corte del pelo.
(tasrit) תַּסְרִיט, ז. Escenificación.
To-(tisróket) תִּסְרֹקֶת, נ. cado, peinado.
תָּעַב, ז. ר' תּוֹעֵבָה.
(תעב) הִתְעַב, Ser fastidioso, abominable.
Aborrecer, despreciar. Fastidiar. תִּעֵב-
Ser aborrecido. תֹּעַב-
Aborrecer, despreciar. הַתְעֵב-
(taavurá) תַּעֲבוּרָה, נ. Tráfico.
תָּעָה (תָּעָה, יִתְעֶה) פ"ע Errar.
Ser engañado. הִתָּעָה- Vacilar.
Equivocar, inducir en un error. הַתְעָה-
Execra-(tiuv) תִּעוּב, ז. ción, aborrecimiento.
Docu- (tiud) תִּעוּד, ז. mentación.
Cer-(teudá) תְּעוּדָה, נ. tificado. Diploma.Ley.

una condición.
Opo- (tnuá) תְּנוּאָה, נ. sición. Calumnia.
Pro- (tnuvá) תְּנוּבָה, נ. ducto, fruto.
Osci-(tnudá) תְּנוּדָה, נ. lación. Vagancia.
Re- (tnujá) תְּנוּחָה, נ. poso, tranquilidad.
(tnuj-. תְּנוּךְ (־אֹזֶן), ז. ozen) Lóbulo de la oreja.
Sue- (tnumá) תְּנוּמָה, נ. ño.
Mo- (tnuá) תְּנוּעָה, נ. vimiento. Gesto. Vocal. Circulación.
Movi-(tnufá) תְּנוּפָה, נ. miento, agitación.Impulso, ímpetu.
Horno.(tanur) תַּנּוּר, ז.
(tanju- תַּנְחוּמִים, ז"ר. mim) Condolencia.
תַּנִּי, ר' תַּנָּאִי.
(tanín, תַּנִּין, תַּנִּים, ז. tanim) Ballena. Cocodrilo.
Biblia.(tanaj) תַּנַ"ךְ, ז.
(tanají) תַּנַ"כִי, ת. Bíblico.
Hemos vis- (tnan) תְּנַן, to, hemos estudiado.
Ca-(tinshémet) תִּנְשֶׁמֶת, נ. maleón. Buho.
Rodeo.(tsibá) תְּסִבָּה, נ. Revolución.
תַּסְבִּיךְ, ז. תִּסְבֹּכֶת, נ. (tasbij,tisbójet) Embrollo. Complejo.
Re- (tsugá) תְּסוּגָה, נ.

Fin, meta, destino.
(teudat- תְּעוּדַת בַּגְרוּת-
bagrut) Bachillerato.
תְּעוּדַת־זֶהוּת (זהוי)-
(teudat-zeut-(zehuy)-)
Cédula, .carta de i-
dentidad. תְּעוּדַת כָּבוֹד-
(teudat- .
cavod)Diploma de honor.
Cañe- (teul) .ז, תְּעוּל
ría, canalización.
Vue-(teufá) .נ, תְּעוּפָה
lo.
Opre-(teucá) .נ, תְּעוּקָה
sión.
Des- (teurá) .נ, תְּעוּרָה
pertamiento.
Va- (teiyá) .נ, תְּעִיָּה
gancia.
Reme- (táal) .ז, תַּעַל
dio.
Canalizar. .פ"י, תִּעֵל
Ser canalizado. תֻּעַל-
Sanar, curar. הִתְעַל-
Zo- (taalá) .ז, תַּעֲלָא
rro.
Canal.(tealá) .נ, תְּעָלָה
Remedio.
תַּעֲלוּל, ז. ר' תַּעֲלוּלִים
(taalul) Tunante, pí-
caro. Picardía.
(taalumá) .נ, תַּעֲלוּמָה
Secreto, misterio.
(taamulá) .נ, תַּעֲמוּלָה
Propaganda.
(taamulatí). ת, תַּעֲמוּלָתִי
Propagandista.
Pro-(taamlán) .ז, תַּעַמְלָן
pagandista.
Pla- (taanug) .ז, תַּעֲנוּג
cer, deleite, gusto.

תַּעֲנִית, נ. ר' תַּעֲנִיּוֹת
(taanit) Ayuno.
(taasucá) .נ, תַּעֲסוּקָה
Empleo, ocupación.
Po-(taatzumá). נ, תַּעֲצוּמָה
der, potencia, fuerza.
Navaja (táar) .ז, תַּעַר
de afeitar. Vaina, es-
tuche.
Mez-(taaróvet). נ, תַּעֲרֹבֶת
cla.
(ben-taa- בֶּן תַּעֲרוּבוֹת-
rovot) Mestizo.
Ga-(taaruvá) .נ, תַּעֲרוּבָה
rantía, fianza, caución.
(ben-taa- בֶּן תַּעֲרוּבוֹת-
ruvot) Rehén.
(taarujá) .נ, תַּעֲרוּכָה
Exposición.
Ta- (taarif) .ז, תַּעֲרִיף
rifa.
In-(taasiyá) .נ, תַּעֲשִׂיָּה
dustria.
In-(taasiyán). ז, תַּעֲשִׂיָּן
dustrial.
(taasiyanut). נ, תַּעֲשִׂיָּנוּת
Industrialismo.
(taasiyatí) .ת, תַּעֲשִׂיָּתִי
Industrial.
(ta-tuim). ז"ר, תַּעְתּוּעִים
Burla, engaño.
(ta-tik) .ז, תַּעְתִּיק
Transcripción.
Burlarse, .פ"י, תִּעְתַּע
engañar.
Burlarse, des- הִתְעַתֵּעַ-
deñar.
(tof) תֹּף, ז. ר' תֻּפִּים
Tambor.
(tof-miryam) תֹּף מִרְיָם-
Pandereta.

תַּפְאוּרָה, נ. (taf-urá) Decoración, adorno.
תִּפְאָרָה, תִּפְאֶרֶת, נ. (tif-
ará, tif-éret) Adorno,
magnificencia, gloria.
תַּפּוּז, ז. (tapuz) Naranja.
תַּפּוּחַ, ז. ר' תַּפּוּחִים
(tapúaj) Manzana. Man-
zano. Pila, montón.
-תַּפּוּחַ אֲדָמָה (tapúaj-
adamá) Papa.
-תַּפּוּחַ זָהָב (tapúaj-
zahav) Naranja.
-תַּפּוּחַ עֵץ (tapúaj-etz)
Manzana.
תָּפוּחַ, ת. (tafúaj) Hinchado, inflado.
תְּפוּנָה, נ. (tfuná) Du-
da.
תָּפוּס, ת. נ' תְּפוּסָה
(tafús) Ocupado.
תְּפוּס, ז. (tfus) Es-
tribo.
תְּפוּסָה, נ. (tfusá) Po-
sesión.
תְּפוּצָה, נ. ר' תְּפוּצוֹת
(tfutzá) Dispersión.
תְּפוּקָה, נ. (tfucá) Producto, producción.
תִּפּוּר, ז. (tipur) Cos-
tura.
תָּפוּר, ת. (tafur) Cosido.
תָּפוּשׂ, ת. (tafús) Cogido.
תָּפַח (תָּפַח, יִתְפַּח) פ"ע
Inflarse. Leudar.
-הִתְפַּח Inflarse. Leudar.
תֶּפַח, ז. (téfaj) Cosa
inflada.
תְּפִיחָה, נ. (tfijá) In-
flamiento.

תְּפִיסָה, נ. (tfisá) Co-
gida. Cárcel, prisión.
Comprensión.
תְּפִירָה, נ. (tfirá) Costura.
תֻּפִּית, נ. (tupit) Tamboril.
תָּפֵל (תָּפַל, יִתְפַּל) פ"י
ר' טָפַל.
תָּפֵל, ת. (tafel) Soso,
insípido, desabrido.
תִּפְלָה, נ. (tiflá) In-
sulsez, insipidez.
תְּפִלָּה, נ. (tfilá) Rezo,
oración. Filacteria.
תִּפְלוּת, נ. (tiflut) Insulsez, tontería.
תְּפֵלוּת, נ. (tfelut) Insipidez, insulsez.
תְּפִלִּין, נ"ר. (tfilín)
Filacterias.
תִּפְלֶצֶת, נ. (tiflétzet)
Pavor, terror.
תַּפְנוּק, ז. (tafnuk) Placer, deleite.
תַּפְנִית, נ. (tafnit) Dirección.
תָּפַס (תָּפַס, יִתְפֹּס) פ"י
Coger, tomar, asir. De-
tener. Ocupar.
-הִתָּפֵס Ser cogido. Ser
detenido.
-הַתְפֵּס Hacer coger. Hacer detener.
תָּפַף, פ"ע. Tamborear.
-תּוֹפֵף Tamborear.
תַּפְקִיד, ז. (tafkid) Papel.
Servicio. Orden. Tarea.
תָּפַר (תָּפַר, יִתְפֹּר) פ"י
Coser.
-הִתָּפֵר Ser cosido.
-תִּפֵּר Coser.

Cos- (téfer) .ז ,תֶּפֶר
tura.
(tifrájat) .נ ,תִּפְרַחַת
Inflorescencia.
Menú,(tafrit) .ז ,תַּפְרִיט
minuta.
תָּפַשׂ (תָּפַשׂ, יִתְפֹּשׂ) פ"י
Coger. Detener.
Ser cogido. Ser הִתָּפֵשׂ-
detenido.
Coger, trepar(?). תַּפֵּשׂ-
Infierno.(tófet) .נ ,תֹּפֶת
Muladar. Pira.
Pira, (tofté) .ז ,תָּפְתֶּה
hoguera.
Ex- (tzugá) .נ ,תְּצוּגָה
hibición.
For-(tzurá) .נ ,תְּצוּרָה
mación.
Re-(tatzlum) .ז ,תַּצְלוּם
trato, fotografía.
Ob- (tatzpit).נ ,תַּצְפִּית
servación.
Ne-(titzrójet).נ ,תִּצְרֹכֶת
cesidad.
Pa-(tikbólet).נ ,תִּקְבֹּלֶת
ralelismo.
Pre-(takdim) .ז ,תַּקְדִּים
cedente.
תִּקְוָה,נ. ר' תִּקְווֹת
(tikvá)Esperanza.Cordón
(aní-tikvá) אֲנִי תִּקְוָה-
Espero.
Consis-(tkumá) .נ ,תְּקוּמָה
tencia.Restablecimiento.
Arreglo,(ticún) .ז ,תִּקּוּן
reparación.Corrección.
Bocina.(tacóa) .ז ,תָּקוֹעַ
Clavado.(tacúa) .ת ,תָּקוּעַ
Perío-(tkufá).נ ,תְּקוּפָה
do, época. Ciclo.Lap-
so.
(tkufatí) .ת ,תְּקוּפָתִי
Periódico.
Pesado.(takil) .ת ,תַּקִּיל
Normal.(takín) .ת ,תַּקִּין
(tkinut) .נ ,תְּקִינוּת
Normalidad.
cci-(tkiá) .נ ,תְּקִיעָה
n de bocinar. Sonido
(de corneta obocina).
Introducción.
(tkiat-caf) תְּקִיעַת כַּף-
Choque de manos. Fig.
juramento, promesa.
Pode- (takif) .ת ,תַּקִּיף
roso, violento.
Ata- (tekifá)נ, תְּקִיפָה
que, agresión.
(tkifut) .נ ,תְּקִיפוּת
Violencia.
תָּקַל (תָּקַל, יִתְקַל) פ"ע
Pesar, ser pesado.
Tropezar, cho- הִתָּקֵל-
carse.
Hacer tropezar, הִתְקֵל-
chocar.
Obs- (tacalá) .נ ,תַּקָּלָה
táculo.
Disco.(taclit).ז ,תַּקְלִיט
תָּקַן (תָּקַן, יִתְקַן) פ"ע
Arreglarse.
Arreglarse. Co- הִתָּקֵן-
rregirse.
Arreglar, repa- תִּקֵּן-
rar. Corregir,
Ser arreglado, תֻּקַּן-
reparado, corregido.
Preparar.Instituír.הִתְקִין-
Normali-(token) .ז ,תֹּקֶן
dad.Norma,reglamento.
Arre-(tacaná) .נ ,תַּקָּנָה

vilizado. Cultural.
(tarbuti- .תַּרְבּוּתִיּוּת, נ
yut) Civilización.
(tarbitz ,תַּרְבִּיץ, תַּרְבֵּץ ז
tarbetz) Patio. Academia, escuela.
In- (tarbit) .תַּרְבִּית, נ
terés.
Civilizar, .תִּרְבֵּת, פ"י
domesticar.
Ser civilizado, תֻּרְבַּת-
ser domesticado.
(trovtor) .תַּרְבְּתוֹר, ז
Coliflor.
Pin- .(תרג) הִתְרִיג, פ"י
tar de amarillo.
Tra- (targum) .תַּרְגּוּם, ז
ducción. Arameo. Traducción aramea de la Biblia.
Tra-(tirgum) .תִּרְגּוּם, ז
ducción.
Ejer-(targuil). תַּרְגִּיל, ז
cicio.
Ejercitar. .תִּרְגֵּל, פ"י
Con-(tirgólet). תִּרְגֹּלֶת, נ
junto de ejercicios.
Traducir. .תִּרְגֵּם, פ"י
Ser traducido. תֻּרְגַּם-
Ser traducido. הִתַּרְגֵּם-
(turguemán) .תֻּרְגְּמָן, ז
Traductor. Trujamán, intérprete, dragomán.
Espi- (téred) .תֶּרֶד, ז
naca.
Modo-(tardemá). תַּרְדֵּמָה, נ
rra, sueño pesado.
(תרה) הִתְרָה (בְּ-), פ"י
Advertir.
Ser advertido. הֻתְרָה-
Cu- (tarvad) .תַּרְוָד, ז

glo, reparacipon. Reglamento. Reforma.
Re- (tacanón) .תַּקָּנוֹן, ז
glamento.
תָּקַע (תָּקַע, יִתְקַע) פ"י
Tocar la corneta, bocinar. Clavar,
Ser tocada (la הִתָּקַע-
corneta). Ser clavado.
Hacer tocar la הִתְקִיעַ-
corneta.
Sonido (teca) .תֶּקַע, ז
(de corneta o bocina).
Enchufe.(teca) .תֶּקַע, ז
תָּקַף (תָּקַף, יִתְקֹף) פ"י
Atacar.
Ser atacado. הִתָּקֵף-
Atacar, agredir. הִתְקִיף-
Ser atacado. הֻתְקַף-
Poder, (tókef) .תֹּקֶף, ז
fuerza, violencia.
Pre-(taktziv) .תַּקְצִיב, ז
supuesto. Subvención.
Re-(taktzir) .תַּקְצִיר, ז
sumen.
Pin- (téker) .תֶּקֶר, ז
chazo.
Fes-(ticróvet) תִּקְרֹבֶת, נ
tín. Ofrenda.
Techo, (ticrá) .תִּקְרָה, נ
cielo raso.
(tarbush) .תַּרְבּוּשׁ, ז
Fez.
תַּרְבּוּת, נ. ר' תַּרְבֻּיּוֹת
(tarbut) Cultura. Civilización.
(ben-tarbut) בֶּן-תַּרְבּוּת
Civilizado.
(tarbut- תַּרְבּוּת רָעָה-
raá) Depravación.
Ci-(tarbutí) .ת.תַּרְבּוּתִי

charón.
(tromboza). נ, תְּרוֹמְבּוֹזָה
Trombosis.
Ofren-(trumá) .נ, תְּרוּמָה
da, contribución.
Dis- (trumí) .ת, תְּרוּמִי
tinguido.
(trumiyá) .נ, תְּרוּמִיָּה
Parte, porción.
(tronos) .ז, תְּרוֹנוֹס
Trono.
Re- (truá) .נ, תְּרוּעָה
tumbo, resonancia, ruido, clamor, grito.
Re- (trufá) .נ, תְּרוּפָה
medio.
Res- (terutz) .ז, תֵּרוּץ
puesta. Pretexto.
Defecar , הִתְרִיז (תרז)
(por susto). Asustarse.
Defecar (por הַתְרָז־
susto).
Tilo.(tirzá) .נ, תִּרְזָה
Sus-(tarjif) .ז, תַּרְחִיף
pensión (química).
Dos.(trey) .ש"מ, תְּרֵי
(trey-asar) תְּרֵי עֲשָׂר־
Doce, los doce profetas menores.
תְּרִיס, ז. ר׳ תְּרִיסִים
(tris) Postigo. Escudo.
(baaley- בַּעֲלֵי תְּרִיסִין־
trisín) Defensores de la Ley.
(terysar) .ז, תְּרֵיסָר
Docena. Doce.
(treysar- .ז, תְּרֵיסַרְיוֹן
yón) Duodeno.
Com-(tirkóvet) נ, תִּרְכֹּבֶת
binación. Compuesto.

Va- (tarcós) .ז, תַּרְכּוֹס
lija.
Sue- (tarkiv) .ז, תַּרְכִּיב
ro.
Esen-(tarkiz) .ז, תַּרְכִּיז
cia, concentración.
פ"י (תָּרַם, יִתְרֹם) תָּרַם
Contribuír, ofrecer.
Ser contribuído, הִתָּרֵם־
ser ofrecido.
Hacer contribuír. הַתְרֵם־
Ser hecho contribuír. הָתְרַם־
(termo- נ, תֶּרְמוֹדִינָמִיקָה
dinámica) Termodinámica.
Lu- (turmus) .ז, תֻּרְמוּס
pino.
Ter- (termos) .ז, תֶּרְמוֹס
mos.
(termostat) .ז, תֶּרְמוֹסְטָט
Termóstato.
(termos- .ז, תֶּרְמוֹסְקוֹפּ
cop) Termoscopio.
Térmico.(termi) .ת, תֶּרְמִי
Mo- (tarmil) .ז, תַּרְמִיל
rral, alforjas. Vaina, funda.
As- (tarmit) .נ, תַּרְמִית
tucia, artificio.
Hacer vainas. פ"ע, תַּרְמֵל
Mástil (toren) .ז, תֹּרֶן
de un barco. Asta de la bandera.
תַּרְנְגוֹל, ז. נ׳ תַּרְנְגֹלֶת
(tarnegol) Gallo.
(tarnegol- תַּרְנְגוֹל הֹדּוּ־
hodu) Pavo, pisco.
Atre- .פ"ע, הִתְרֵס (תרס)
verse.
Bocinar, הַתְרֵעַ, (תרע)
tocar la trompeta.
Que-(tarumán) .ז, תַּרְעוּמָן

jumbroso, descontento.
Ve- (tar-elá) .נ, תַּרְעֵלָה
neno.
(tar-ómet) .נ, תַּרְעֹמֶת
Odio, rencor.
Texto. (tóref) .ז, תֹּרֶף
Debilidad.
Car- .פ"ע, הִתְרִיף (תרף)
comerse, corromperse.
Des-(turpá) .נ, תּוּרְפָּה
nudez, debilidad.
Li- (tarput) .נ, תַּרְפּוּת
bertinaje.
(trafim) .ז"ר, תְּרָפִים
Ídolos domésticos.
Responder, .פ"ע, תָּרַץ
explicar.
Nom- (tarcav) .ז, תַּרְקָב
bre de una medida(media
סְאָה o tres קַב).
(tarkiyá) .נ, תַּרְקִיָּה
Turquesa.
Cro-(tarshim) .ז, תַּרְשִׁים
quis.
Cri-(tarshish) ז, תַּרְשִׁישׁ
solito.
Dos.(tartey) .ש"מ, תַּרְתֵּי
Dispersar. .פ"י, תַּרְתֵּר
Débil, (tash) .ת, תַּשׁ
debilitado.
Ala-(tishbajá) נ, תִּשְׁבָּחָה
banza, elogio.
Teji-(tashbetz) .ז, תַּשְׁבֵּץ
do de cuadros. Cruci-
grama.
Que-(tishbóret) נ, תִּשְׁבֹּרֶת
brados, fracciones.
תְּשׂוּאָה, נ. ר׳ תְּשׂוּאוֹת
(tshuá) Clamor.
Res-(tshuvá) .נ, תְּשׁוּבָה
puesta, contestación.

Arrepentimiento, pe-
nitencia.
Pos-(tsumá) .נ, תְּשׂוּמָה
tura, posición.
Nove-(tishúa) .ז, תְּשׁוּעַ
na parte.
Sal- (tshuá) .נ, תְּשׁוּעָה
vación, socorro, ayu-
da. Victoria.
Deseo, (tshucá). נ, תְּשׁוּקָה
anhelo.
Re- (tshurá) .נ, תְּשׁוּרָה
galo, obsequio, don,
presente.
Dé- (tashush) .ת, תָּשׁוּשׁ
bil.
De- (tashut) .נ, תַּשּׁוּת
bilidad.
Ju-(tishjóret). נ, תִּשְׁחֹרֶת
ventud.
תְּשִׁיעִי, ת. נ׳ תְּשִׁיעִית
(tshií) Noveno.
(tshiit) .נ, תְּשִׁיעִית
Noveno.
(tshishut) .נ, תְּשִׁישׁוּת
Debilidad.
Pa-(tshlum) .ז, תַּשְׁלוּם
gamento. Retribución.
Em-(tashmish) .ז, תַּשְׁמִישׁ
pleo, uso. Objeto.
Cohabitación.
(tash- ז, תַּשְׁנוּק, תַּשְׁנִיק
nuk, tashnik) Sofoca-
ción.
Dividir o .פ"י, תִּשַּׁע
multiplicar por nueve.
Ser dividido o תֻּשַּׁע-
multiplicado por nueve.
תֵּשַׁע, נ. תִּשְׁעָה, ז. ש"מ.
(tesha, tish-á) Nue-
ve.

(tsha-esré) תְּשַׁע עֶשְׂרֵה- Diecinueve (fem.).

(tish-á-asar) תִּשְׁעָה עָשָׂר- Diecinueve(mas.).

(tish-im) .תִּשְׁעִים, ש"מ Noventa.(mas, y fem.).

De-(tishpójet) תִּשְׁפֹּכֶת, נ. rrame.

Don, (tésher) .תֶּשֶׁר, ז regalo, presente.

תָּשַׁר (תָּשַׁר, יִתְשֹׁר) פ"י Regalar.

Ser regalado. -הִתָּשֵׁר

Regalar. -הַתְשֵׁר

Primer(tishrí) .תִּשְׁרֵי, ז mes del calendario hebreo; corresponde a septiembre-octubre.

תָּשַׁשׁ (תָּשַׁשׁ, יִתְשַׁשׁ) פ"ע Debilitarse.

Debilitar. -הַתֵּשׁ

Base,(tashtit).תַּשְׁתִּית, נ. fondo.

Infinitivo del ,תֵּת verbo נָתֹן.

Bajo, (tat) .תַּת, תה"פ debajo de, sub (pref.).

(tat-hacará, tat-yeda) תַּת־הַכָּרָה, תַּת־יֶדַע- Subconsciencia.

(tat-yamí) תַּת־יַמִּי- Submarino.

In- (tataá) .תַּתָּאָה, ת ferior.

(tito-rá) תִּתּוֹרָא, תִּתּוֹרָה, נ. Ala de sombrero.

Pri- (tatrán) .תַּתְרָן, ז vado del olfato.

(tatranut) .תַּתְרָנוּת, נ Privación del olfato.

מִלּוּאִים וְתִקּוּנִים

Suplemento

Agréguese: .אתור, ז Localización.

(bégued-yam) .בֶּגֶד־יָם, ז Traje de baño.

(bahamiyut) .בַּהֲמִיּוּת, נ Brutalidad.

Agrégue- .בּוּל־הַכְנָסָה, נ se: sello fiscal.

Corríjase: .בִּילְהַרְצִיָּה, נ Bilharzia.

Corríjase: .בַּלָלַיְקָה, נ Balalaika.

Agréguese: ,בָּרוּךְ הַבָּא Bienvenido.

(gayétzet) .גַּיֶּצֶת, נ Fresa, avellanador.

(gumi-le-isá) גּוּמִי־לְעִיסָה, נ. Chicle.

(du-sha-vuón) .דּוּ־שְׁבוּעוֹן, ז Revista bimensual.

Agréguese: .דַּוְשָׁה, נ Acelerador.

Agréguese: .דָּקוּר, ת Estocado.

Estoquear. .דָּקַר, פ"י

(holej-ré-guel) .הוֹלֵךְ־רֶגֶל, ז Peatón.

(helicóp-ter) .הֶלִיקוֹפְּטֶר, ז Helicóptero.

Agréguese: .הַקְצָבָה, נ

jashmalí) Circuito.
(mitzraní) .ת, מִצְרָנִי
Vecino.
Erec- (mekim) .ת, מֵקִים
tor, constructor.
Eleva-(masaá) .נ, מַשָּׂאָה
ción. Columna (de humo).
(mashma- .ז"ר, מַשְׁמַנִּים
nim) Comidas grasosas.
Agréguese: .ז, מִתְפַּלֵּל
Orante.
Agréguese: ,סִמָּן
Enhorabue- בְּסִמָּן טוֹב-
na.
Calum- ,הִסְקִיף (סקף)
niar, hablar mal.
Agréguese: ,עֲקָבָה
(col- כָּל עֲקָבָה לְטוֹבָה-
acavá-letová) No hay mal
que por bien no venga.
Reden-(podé) .ז, פּוֹדֶה
tor, rescatador.
Lla-(peléshet) .נ, פְּלֶשֶׁת
nura occidental de Israel.
Agréguese: ,צַלַּחַת
(-meofé- צַלַּחַת מְעוֹפֶפֶת-
fet) Platillo volador.
Agréguese: .ז, צַלָּף
Puntero.
Agréguese: ,קְלִיעָה
(-lamata קְלִיעָה לַמַּטָּרָה-
rá) Tiro al blanco.
Infinitivo del ,שֶׁבֶת
verbo יָשַׁב.
Agréguese: ,שֶׁמֶן
Aceite de שֶׁמֶן דָּגִים-
hígado de bacalao.
Por-(taajuz) .ז, תַּאֲחוּז
centaje.
(tsumat-lev) ,תְּשׂוּמֶת-לֵב
Atención.

Subvención.
Agréguese: .נ, הַשְׁקָעָה
Inversión.
Agréguese: .ת, חָסֵר
Falto de.
Agréguese: ,חָסוּת
(tajat-ja- תַּחַת חָסוּת-
sut) Patrocinado por,
auspiciado por.
Corríjase: ,חִנּוּךְ
הַחִנּוּךְ-
Agréguese: .ת, חֲרָשְׁתִּי
Fabril.
Agréguese: .ז, יוֹעֵץ
Asesor.
(kélev- ז, כֶּלֶב-גִּשּׁוּשׁ
guishush) Perro de
busca.
(caet) .תה"פ, כָּעֵת
Ahora.
Agréguese: .נ, לִשְׁכָּה
Gabinete.
Agréguese: .ז, מְבַקֵּר
Visitador.
Agréguese: .ת, מְדֻמֶּה
Presunto.
Agréguese: .ת, מוּבָן
Por supuesto.
Agréguese: ,מַזָּל
Enhorabue- בְּמַזָּל טוֹב-
na.
Agréguese: .ז, מוֹקֵשׁ
Mina.
(mejarsémet) .נ, מְכַרְסֶמֶת
Fresa, avellanador.
Agrégue- .ז, מְמַלֵּא-מָקוֹם
se: Sustituto.
(masejat- .ז, מַסֵּכַת-גַּז
gaz) Máscara antigás.
(miskenut) .נ, מִסְכֵּנוּת
Pobreza, miseria.
(ma-gal- .ז, מַעְגָּל-חַשְׁמַלִּי

Algunas indicaciones importantes

Pronunciación: La pronunciación exacta de las palabras hebreas ha sido dada entre paréntesis, en letras latinas, lo que facilita notablemente su lectura.

Se ha empleado:

h	en	lugar	de	ח
j	"	"	"	כ
j	"	"	"	ח
z	"	"	"	ז
sh	"	"	"	ש
tz	"	"	"	צ

Verbos: Los verbos han sido siempre puestos en su raíz que es generalmente de tres letras y las principales formas han sido dadas entre paréntesis. Puesto que en el lenguaje hablado y muy a menudo en el escrito se agrega al infinitivo la ' ל', ésta deberá ser suprimida para poder encontrar el verbo en la letra correspondiente; así, por ejemplo, han de buscarse los verbos לֶאֱכֹל en אָכַל, לִשְׁבֹּר en שָׁבַר, etc. De la misma manera, siempre deberá ser separada la raíz, por ejemplo; שָׁתִיתִי se encontrará en שָׁתָה, לְהִזְדַּקֵּן en זָקֵן, וַיֵּלֶךְ en הָלַךְ, לִרְאוֹת en רָאָה, לְהִתְיַשֵּׁב en יָשַׁב, etc.

Otras palabras: Como es natural, toda palabra deberá ser buscada, sin sus flexiones, en la letra correspondiente. Así, por ejemplo, סוּסִי se buscará en סוּס, יְלָדָיו en יֶלֶד, etc. Se debe pues, cuando se tiene alguna vacilación acerca de la ortografía, consultar el diccionario en las diversas letras en que puede encontrarse la palabra buscada. En general suelen confundirse, por el parecido de su pronunciación:

la	ח	con		la	כ	
"	ת	"		"	ס	
"	כ	"		"	ק	
"	א	"		"	ע	y la ה

Así mismo, ha de buscarse la palabra con y sin la ' י' o la ' ו', ya que a menudo suele emplearse el כְּתִיב מָלֵא y dichas letras deben ser suprimidas para poder encontrar la palabra en el lugar correspondiente.

También es conveniente, especialmente al traducir al hebreo, de emplear el sustantivo hebreo en lugar del verbo o del adjetivo español; por ejemplo, "linterna mágica" se traducirá פָּנַס־קְסָם.

Puesto que el presente de los verbos hebreos suele usarse también como sustantivo (como שׁוֹתֶה = bebo, bebes, etc., el que bebe), ha de buscarse, al no ser hallada la palabra en su puesto, la raíz del verbo (que será en el caso anterior שָׁתָה).

NUEVO DICCIONARIO

HEBREO-ESPAÑOL

POR

ABRAHAM COHEN FERNANDEZ

Contiene:

Las palabras de la Biblia, la literatura medieval, contemporánea y moderna, el ritual de oraciones y muchos neologismos.

EDITORIAL SIGAL
CORRIENTES 2854
BUENOS AIRES

Made in the USA
Coppell, TX
10 August 2021

60273637R00383